PRO GO

PRO GO

Golang을 이용한 안정적이고 효율적인
소프트웨어 프로그래밍

김지원 옮김   애덤 프리먼 지음

에이콘

에이콘출판의 기틀을 마련하신 故 정완재 선생님 (1935-2004)

"나의 사랑스러운 아내 재키 그리피스^{Jacqui Griffyth}에게 이 책을 바칩니다.

(나의 귀염둥이에게도 이 책을 바칩니다.)"

옮긴이 소개

김지원(jiwonkim.public@gmail.com)

현대자동차에서 클라우드 서비스 개발자로 근무하고 있으며, 2021년부터 현재까지 Go 언어를 활용해 다양한 시스템을 개발하고 있다. 요즘은 Go 언어로 쿠버네티스 오퍼레이터를 개발하면서 열심히 공부 중이다.

Go 언어는 아주 간단한 문법으로 다른 프로그래밍 언어에 비해 굉장히 배우기 쉽습니다. 컴퓨터공학 전공 수업 과제나 실습 수준의 개발 경험만 있던 신입사원도 입사하고 일주일 만에 Go 언어를 공부하고 곧바로 프로젝트에 투입돼 Go 언어로 API를 개발할 수 있습니다.

하지만 제대로 Go 언어를 사용하기는 쉽지 않습니다. 간단한 문법은 그만큼 지원하지 않는 것이 많다는 것을 의미하고 나머지는 결국 개발자의 몫이 됩니다. 예를 들면 Go 언어는 클래스 문법을 지원하지 않기 때문에 개발자가 인터페이스와 메서드를 활용해서 다형성을 구현해야 합니다. Go 언어의 강력한 장점인 고루틴도 개발자가 스레드 개념을 정확하게 인지하지 못하고 채널을 통해 고루틴을 제대로 관리할 수 없다면 동시성 프로그래밍의 장점을 누릴 수 없습니다. 사실 C 언어든 자바^{Java} 언어든 어느 정도 프로그래밍 언어를 공부하고 컴퓨터 사이언스 지식이 있어야 Go가 가장 최소한의 문법으로 자유도 높은 프로그래밍을 즐길 수 있는 언어라는 것을 느낄 수 있습니다.

그런 의미에서 이 책은 간단한 문법이 특징인 Go 언어를 공부하는 책치곤 분량이 많다고 느낄 수 있지만 다른 프로그래밍 언어보다 Go 언어의 강력함을 최대한 느낄 수 있게끔 다양한 예제와 풍부한 설명을 담고 있습니다. 개발 경험이 적은 독자에게는 섬세하게 Go 언어 프로그래밍을 알려줄 수 있으며, 개발 경험이 있는 독자에게는 여러 해답을 제시하고 생각할 거리를 던져줄 것입니다.

이 책을 번역하기 위해 약 1년간 주말마다 공부하던 시간이 소중하게 느껴집니다. 중간중간 포기하고 싶은 마음도 들었지만 많은 분의 도움이 있었기 때문에 성공적으로 마무리할 수 있었던 것 같습니다. 첫 번역이라 아쉬운 부분이 많지만 원서가 전달하려던 지식과 정보를 독자에게 정확하게 전달하기 위해 노력했습니다.

이 책의 번역을 소개해주시고 회사 생활뿐만 아니라 삶의 방향성을 일깨워준 선배 이준 님, 함께 고생해주신 에이콘출판 김진아 님, 항상 응원과 사랑을 주시는 부모님과 할머니 감사합니다.

지은이 소개

애덤 프리먼^{Adam Freeman}

경험이 풍부한 IT 전문가로 다양한 회사에서 고위직을 역임했다. 가장 최근에는 글로벌 은행의 최고기술책임자^{CTO} 및 최고운영책임자^{COO}를 역임했다. 지금은 은퇴하고 글쓰기와 장거리 달리기에 시간을 보내고 있다.

파비오 클라우디오 페라치아티^{Fabio Claudio Ferracchiati}

마이크로소프트^{Microsoft} 기술을 사용하는 선임 컨설턴트이자 선임 분석가/개발자다. BluArancio (www.bluarancio.com)에서 일하고 있다. .NET용 마이크로소프트 인증 솔루션 개발자, .NET 용 마이크로소프트 인증 애플리케이션 개발자, MCP^{Microsoft Certified Professional} 및 다작 작가이자 기술 검토자다. 지난 10년 동안 이탈리아 및 국제 잡지에 기사를 작성했고 다양한 컴퓨터 주제에 관한 10권 이상의 책을 공동 집필했다.

차 례

옮긴이 소개 6 | 옮긴이의 말 7 | 지은이 소개 8 | 기술 감수자 소개 9

1부 ─ Go 언어 이해

■■■ 1장 첫 번째 Go 애플리케이션   31

시나리오 설정 31

개발 도구 설치 32

    Git 설치 32

    코드 에디터 선택 33

프로젝트 생성 33

자료형과 컬렉션 35

HTML 템플릿 생성 38

    템플릿 가져오기 41

HTTP 핸들러와 서버 생성하기 45

폼 핸들링 함수 작성하기 49

    폼 데이터 처리하기 52

데이터 유효성 검사 추가하기 54

요약 56

■■■ 2장 책의 내용과 구성   57

왜 Go를 배워야 할까? 57

Go의 단점은 무엇인가? 57

Go를 사용하는 것이 후회될까? 58

무엇을 알아야 할까? 58

이 책의 구조는 어떻게 돼 있는가? 58

    1부: Go 언어 이해 59

    2부: Go 표준 라이브러리 사용 59

    3부: Go 활용 59

이 책에서 다루지 않는 것은 무엇인가? 59

이 책의 오류를 발견하면 어떻게 하면 되는가? 59

예제가 많은가? 60

예제에 필요한 소프트웨어는 무엇인가? 62

예제를 실행하는 플랫폼은 무엇인가? 62

예제를 따라가다 문제가 발생하면 어떻게 하는가? 63

어디에서 예제 코드를 다운로드할 수 있는가? 63

일부 예제에서 이상한 형식이 있는 이유는 무엇인가? 63

저자와 어떻게 연락하는가? 63

이 책에 대한 즐거움을 공유하고 싶은가? 64

이 책에 분노를 느끼고 불평을 하고 싶은가? 64

요약 64

■■■ **3장   Go 도구 사용**   65

Go 명령어 사용 65

Go 프로젝트 생성 66

패키지 선언 이해 67

import 문 이해 67

함수 이해 67

코드 실행문 이해 68

소스 코드 컴파일 및 실행 70

정리 70

Go Run 명령어 사용 71

모듈 정의 71

Go 코드 디버깅 72

디버거 준비 73

디버거 사용 74

Delve 에디터 플러그인 사용 76

Go 코드 린팅 77

린터 사용 78

린터 규칙 비활성화 80

린터 설정 파일 생성 81

Go 코드 내 보편적인 문제 해결 83

Go 포매팅 지정 86

요약 87

■■■ **4장   기본 자료형, 값, 포인터**   89

4장 준비 90

Go 표준 라이브러리 사용 91

기본 자료형 이해 93

리터럴 값 이해 94

상수 사용 95
타입 없는 상수 이해 96
단일 코드 실행문으로 여러 상수 정의 98
리터럴 값 재방문 98

변수 사용 99
변수 자료형 생략 100
변수 값 할당 생략 102
단일 코드 실행문으로 여러 변수 정의 103
짧은 변수 선언 구문 사용 103
변수를 재정의하기 위한 짧은 변수 구문 사용 105

빈 식별자 사용 106

포인터 이해 107
포인터 정의 109
포인터 역참조 110
포인터 제로 값 이해 112
포인터를 가리키는 포인터 114
왜 포인터는 유용한가 114

요약 116

■■■ **5장   연산과 변환**   117

5장 준비 118
Go 연산자 이해 119
산술 연산자 이해 119
문자열 연결 123
비교 연산자 이해 123
논리 연산자 이해 126
값 변환, 파싱, 포매팅 128
명시적 타입 변환 129
부동 소수점 값을 정수로 변환 130
문자열 파싱 131
문자열 값 포매팅 140
요약 144

■■■ **6장   흐름 제어**   145

6장 준비 146
흐름 제어 이해 146

if 문 사용 147

    else 키워드 사용 149

    if 문 범위 이해 151

    if 문으로 초기화 문 사용 152

for 루프 사용 154

    루프에 조건 통합 155

    초기화 및 종결문 사용 156

    루프 지속 158

    시퀀스 열거 158

switch 문 사용 162

    여러 값 일치 163

    다음 case 문으로 폴스루 강제 실행 165

    default 문 제공 166

    초기화 문 사용 167

    비교 값 생략 169

라벨 문 사용 170

요약 171

7장 배열, 슬라이스, 맵 사용   173

7장 준비 174

배열 작업 175

    배열 리터럴 구문 사용 176

    배열 타입 이해 177

    배열 값 이해 178

    배열 비교 180

    배열 열거 180

슬라이스 작업 182

    슬라이스에 항목 추가 184

    한 슬라이스를 다른 슬라이스에 추가 188

    배열에서 슬라이스 생성 188

    배열에서 슬라이스 생성할 때 용량 명시 194

    다른 슬라이스에서 슬라이스 생성 195

    copy 함수 사용 196

    슬라이스 항목 삭제 200

    슬라이스 열거 201

    슬라이스 정렬 201

    슬라이스 비교 202

    슬라이스 기반 배열 203

맵 작업 204

    맵 리터럴 구문 사용 206

    맵 항목 확인 207

    맵 항목 제거 209

    맵 열거 209

문자열의 이중 특성 이해 211

    문자열을 rune으로 변환 215

    문자열 열거 217

요약 218

■■■ **8장 함수 정의 및 사용**   219

8장 준비 220

간단한 함수 정의 220

함수 매개변수 정의 및 사용 222

    매개변수 타입 생략 224

    매개변수 이름 생략 224

    가변 매개변수 정의 226

    함수 매개변수로 포인터 사용 230

함수 결과 정의 및 사용 231

    여러 함수 결과 반환 233

defer 키워드 사용 240

요약 241

■■■ **9장 함수 타입 사용**   243

9장 준비 244

함수 타입 이해 244

    함수 비교와 제로 타입 이해 246

    인수로 함수 사용 247

    결과로 함수 사용 249

함수 타입 별칭 생성 250

리터럴 함수 구문 사용 252

    함수 변수 범위 이해 254

    함수 값 직접 사용 254

    함수 클로저 이해 256

요약 265

■■■ 10장 구조체 정의   267

10장 준비 268

구조체 정의 및 사용 269

    구조체 값 생성 270

    구조체 값 사용 271

    구조체 값 부분 할당 271

    필드 위치 사용해 구조체 값 생성 274

    임베디드 필드 정의 274

    구조체 값 비교 276

    익명 구조체 타입 정의 279

구조체 값을 포함한 배열, 슬라이스, 맵 생성 280

구조체와 포인터 이해 282

    구조체 포인터 편의 구문 이해 284

    포인터 값 이해 286

    구조체 생성자 함수 이해 288

    구조체 필드를 위한 포인터 타입 사용 290

    구조체 제로 값 및 구조체 포인터 이해 294

요약 296

■■■ 11장 메서드 및 인터페이스 사용   297

11장 준비 298

메서드 정의 및 사용 299

    메서드 매개변수 및 결과 정의 301

    메서드 오버로딩 이해 303

    포인터와 값 리시버 이해 306

    타입 별칭으로 메서드 정의 308

별도 파일에 타입 및 메서드 정의 311

인터페이스 정의 및 사용 312

    인터페이스 정의 312

    인터페이스 구현 314

    인터페이스 사용 315

    포인터 메서드 리시버 효과 이해 318

인터페이스 값 비교 321

타입 단언 수행 322

    타입 단언 수행 전 테스트 324

    동적 타입에 대한 switch 문 325

빈 인터페이스 사용 327

    함수 매개변수로 빈 인터페이스 사용 329

요약 331

12장 패키지 생성 및 사용   333

12장 준비	334
모듈 파일 이해	335
사용자 정의 패키지 생성	335
사용자 정의 패키지 사용	336
패키지 접근 제어 이해	338
패지지에 코드 파일 추가	340
패키지 이름 충돌 해결	342
중첩 패키지 생성	346
패키지 초기화 함수 사용	347
외부 패키지 사용	350
외부 패키지 관리	353
요약	354

13장 타입 및 인터페이스 합성   355

13장 준비	356
타입 합성 이해	356
기본 타입 정의	357
타입 합성	359
임베디드 타입 체인 생성	363
동일 구조체 내 여러 임베디드 타입 사용	364
승격 수행을 할 수 없는 상황 이해	365
합성과 인터페이스 이해	368
인터페이스 구현을 위한 합성 사용	369
인터페이스 합성	374
요약	376

14장 고루틴 및 채널 사용   377

14장 준비	378
Go 코드 실행 방법 이해	380
고루틴 추가 생성	382
고루틴 결과 값 반환	387
채널을 사용해 결과 값 전송	388
채널을 사용해 결과 값 수신	389
채널 작업	393
채널 조정	393

미정 개수 값 전송 및 수신 398

채널 방향 제한 403

select 문 사용 408

블로킹 없는 수신 409

여러 채널로 수신 411

블로킹 없는 전송 414

여러 채널로 전송 416

요약 417

■ ■ ■ **15장 에러 처리**   419

15장 준비 420

복구 가능한 에러 처리 422

에러 생성 423

채널을 통한 에러 보고 425

에러 편의 함수 사용 427

복구 불가능한 에러 처리 429

패닉 복구 431

복구 후 패닉 433

고루틴 패닉 복구 434

요약 438

2부 ― Go 표준 라이브러리 사용

■ ■ ■ **16장 문자열 및 정규식 처리**   441

16장 준비 442

문자열 처리 443

문자열 비교 443

문자열 대소문자 변환 445

문자 대소문자 작업 447

문자열 검사 448

문자열 조작 450

문자열 트리밍 455

문자열 변경 458

문자열 형성 및 생성 461

정규식 사용 463

패턴 컴파일 및 재사용 465

정규식을 사용한 문자열 분할 468

하위 표현식 사용 469

정규식을 사용한 부분 문자열 치환 472

요약 474

■■■■ 17장 문자열 포매팅 및 스캔   475

17장 준비 476

문자열 작성 477

문자열 포매팅 478

포매팅 동사 이해 480

범용 포매팅 동사 사용 480

정수 포매팅 동사 사용 483

부동 소수점 포매팅 동사 사용 484

문자열 및 문자 포매팅 동사 사용 487

bool 포매팅 동사 사용 488

포인터 포매팅 동사 사용 488

문자열 스캔 489

개행 문자 처리 492

다른 문자열 소스 사용 493

스캔 템플릿 사용 493

요약 494

■■■■ 18장 수학 함수와 데이터 정렬   495

18장 준비 496

숫자 작업 497

난수 생성 499

데이터 정렬 503

숫자 및 문자열 슬라이스 정렬 503

정렬 데이터 검색 505

사용자 정의 자료형 정렬 507

요약 513

■■■■ 19장 날짜, 시간, 기간   515

19장 준비 516

날짜 및 시간 작업 517

날짜 및 시간 표현 517

기간 표현 529
고루틴 및 채널에 시간 기능 사용 533
고루틴 절전 모드 전환 533
함수 실행 연기 534
시간 지정 알림 수신 535
반복 알림 수신 540
요약 542

■ ■ ■ **20장 데이터 읽기 및 쓰기**   543

20장 준비 544
Reader 및 Writer 이해 546
Reader 이해 546
Writer 이해 547
Reader 및 Writer 유틸리티 함수 사용 549
특수 Reader 및 Writer 사용 550
파이프 사용 551
다중 Reader 연결 555
다중 Writer 연결 556
Writer에 에코 읽기 557
읽기 데이터 제한 558
버퍼링 데이터 558
버퍼링한 Reader 추가 메서드 사용 562
버퍼 쓰기 수행 563
Reader 및 Writer로 포매팅 및 스캔 567
Reader에서 값 스캔 567
Writer에 포매팅한 문자열 쓰기 569
Writer로 Replacer 사용 570
요약 570

■ ■ ■ **21장 JSON 데이터 작업**   571

21장 준비 572
JSON 데이터 읽기 및 쓰기 572
JSON 데이터 인코딩 573
JSON 데이터 디코딩 584
요약 597

■ ■ ■ **22장 파일 작업**   599

22장 준비 600

파일 읽기 601

읽기 편의 함수 사용 602

파일 구조체를 사용한 파일 읽기 605

파일 쓰기 608

쓰기 편의 함수 사용 608

파일 구조체를 사용한 파일 쓰기 610

JSON 데이터 파일 쓰기 612

편의 함수를 사용한 새 파일 생성 613

파일 경로 작업 614

파일과 디렉터리 관리 617

파일 시스템 탐색 619

파일 존재 여부 확인 621

패턴을 사용한 파일 찾기 622

디렉터리 내 모든 파일 처리 623

요약 624

■ ■ ■ **23장 HTML 및 텍스트 템플릿 사용**   625

23장 준비 626

HTML 템플릿 생성 628

템플릿 로딩 및 실행 629

템플릿 액션 이해 633

텍스트 템플릿 생성 654

요약 656

■ ■ ■ **24장 HTTP 서버 생성**   657

24장 준비 658

간단한 HTTP 서버 생성 660

HTTP 리스너 및 핸들러 생성 661

요청 검사 662

요청 필터링 및 응답 생성 665

응답 편의 함수 사용 667

편의 라우팅 핸들러 사용 668

HTTPS 요청 지원 670

정적 HTTP 서버 생성 673
    정적 파일 경로 생성 675
응답 생성을 위한 템플릿 사용 677
JSON 데이터 응답 680
폼 데이터 처리 681
    폼 데이터 요청 읽기 682
    멀티파트 폼 읽기 684
쿠키 읽기 및 설정 689
요약 691

25장 HTTP 클라이언트 생성   **693**

25장 준비 694
간단한 HTTP 요청 전송 698
    POST 요청 전송 702
HTTP 클라이언트 요청 구성 704
    요청 생성을 위한 편의 함수 사용 707
    쿠키 작업 708
    리디렉션 관리 714
멀티파트 폼 생성 717
요약 721

26장 데이터베이스 작업   **723**

26장 준비 724
    데이터베이스 준비 725
데이터베이스 드라이버 설치 727
데이터베이스 열기 728
스테이트먼트 및 쿼리 실행 730
    여러 행 쿼리 731
    플레이스홀더가 있는 명령문 실행 737
    단일 행 쿼리 실행 739
    기타 쿼리 실행 741
프리페어드 스테이트먼트 사용 743
트랜잭션 사용 746
데이터를 구조체로 스캔하기 위한 리플렉션 사용 748
요약 752

■ ■ ■ ■ 27장 리플렉션 사용 – 1부   753

27장 준비 754
리플렉션 필요성 이해 756
리플렉션 사용 758
    기초 타입 기능 사용 761
    기초 값 기능 사용 763
타입 식별 766
    바이트 슬라이스 식별 768
기본값 얻기 769
리플렉션을 사용한 값 설정 771
    다른 값을 사용한 한 값 설정 774
값 비교 775
    비교 편의 함수 사용 777
값 변환 779
    숫자 타입 변환 780
새 값 생성 782
요약 784

■ ■ ■ ■ 28장 리플렉션 사용 – 2부   785

28장 준비 785
포인터 작업 786
    포인터 값 작업 788
배열 및 슬라이스 타입 작업 789
배열 및 슬라이스 값 작업 790
    슬라이스 및 배열 열거 793
    기존 슬라이스에서 새 슬라이스 생성 794
    슬라이스 요소 생성, 복사, 추가 795
맵 타입 작업 797
맵 값 작업 798
    맵 값 설정 및 제거 801
    새 맵 생성 802
구조체 타입 작업 804
    중복 필드 처리 805
    이름으로 필드 찾기 808
    구조체 태그 검사 809
    구조체 타입 생성 810
구조체 값 작업 812
    구조체 필드 값 설정 813
요약 815

■■■ 29장 리플렉션 사용 – 3부 817

29장 준비 817

함수 타입 작업 819

함수 값 작업 821

새 함수 타입과 값 생성 및 호출 823

메서드 작업 827

메서드 호출 830

인터페이스 작업 832

인터페이스의 기본 값 얻기 833

인터페이스 메서드 검사 834

채널 타입 작업 836

채널 값 작업 837

새 채널 타입 및 값 생성 838

여러 채널 선택 840

요약 842

■■■ 30장 고루틴 조정 843

30장 준비 844

대기 그룹 사용 845

상호 배제 사용 847

읽기–쓰기 뮤텍스 사용 852

고루틴 조정을 위한 조건 사용 855

함수 단일 실행 보장 858

콘텍스트 사용 860

요청 취소 862

데드라인 설정 864

요청 데이터 제공 866

요약 868

■■■ 31장 단위 테스팅, 벤치마킹, 로깅 869

31장 준비 869

테스팅 사용 871

단위 테스트 실행 873

테스트 실행 관리 875

코드 벤치마킹 879

벤치마크 설정 제거 881

서브 벤치마크 수행 882

데이터 로깅 884

    커스텀 로거 생성 886

요약 887

3부 — Go 적용

■■■ **32장 웹 플랫폼 생성**   891

  프로젝트 생성 891

  기본 플랫폼 기능 생성 892

    로깅 시스템 생성 893

    구성 시스템 생성 896

  서비스 관리를 위한 의존성 주입 903

    서비스 라이프사이클 정의 903

    내부 서비스 함수 정의 905

    서비스 등록 함수 정의 908

    서비스 해결 함수 정의 909

    서비스 등록 및 사용 910

  요약 915

■■■ **33장 미들웨어, 템플릿, 핸들러**   917

  요청 파이프라인 생성 917

    미들웨어 컴포넌트 인터페이스 정의 918

    요청 파이프라인 생성 919

    기본 컴포넌트 생성 920

    HTTP 서버 생성 925

    애플리케이션 구성 927

    서비스 해결 간소화 929

  HTML 응답 생성 934

    레이아웃 및 템플릿 생성 934

    템플릿 실행 구현 935

    템플릿 서비스 생성 및 사용 939

  요청 핸들러 소개 941

    URL 경로 생성 943

    핸들러 메서드를 위한 매개변수 값 준비 945

    요청 경로 매칭 950

  요약 954

액션 결과 도입 955
    공통 액션 결과 정의 957
    액션 결과 사용을 위한 플레이스홀더 업데이트 959
템플릿에서 요청 핸들러 호출 961
    요청 처리 업데이트 965
    애플리케이션 구성 967
경로에서 URL 생성 969
    URL 생성자 서비스 생성 971
별칭 경로 정의 973
요청 데이터 유효성 검사 976
    데이터 유효성 검사 수행 980
세션 추가 983
    응답 데이터 쓰기 지연 984
    세션 인터페이스, 서비스, 미들웨어 생성 985
    세션 사용 핸들러 생성 988
    애플리케이션 구성 989
사용자 인가 추가 990
    기본 인가 타입 정의 991
    플랫폼 인터페이스 구현 993
    액세스 제어 구현 996
    애플리케이션 플레이스홀더 기능 구현 998
    인증 핸들러 생성 999
    애플리케이션 구성 1001
요약 1003

SportsStore 프로젝트 생성 1005
    애플리케이션 구성 1006
데이터 모델 시작 1007
    리포지터리 인터페이스 정의 1008
    (임시) 리포지터리 구현 1009
제품 리스트 표시 1011
    템플릿 및 레이아웃 생성 1012
    애플리케이션 구성 1013
페이지네이션 추가 1015
템플릿 콘텐츠 스타일링 1019
    부트스트랩 CSS 파일 설치 1019

레이아웃 업데이트 1020

템플릿 콘텐츠 스타일링 1020

카테고리 필터링 지원 추가 1022

요청 핸들러 업데이트 1024

카테고리 핸들러 생성 1025

제품 리스트 템플릿 내 카테고리 내비게이션 표시 1027

핸들러 등록 및 별칭 업데이트 1028

요약 1029

■■■ 36장 SportsStore: 카트 및 데이터베이스   1031

쇼핑 카트 형성 1031

카트 모델 및 리포지터리 정의 1031

카트 요청 핸들러 생성 1034

카트에 제품 추가 1037

애플리케이션 구성 1040

카트 요약 위젯 추가 1041

데이터베이스 리포지터리 사용 1044

리포지터리 타입 생성 1044

데이터베이스 열기 및 SQL 명령어 로딩 1045

시드 정의 및 명령문 초기화 1047

기본 쿼리 정의 1048

페이징 쿼리 정의 1051

SQL 리포지터리 서비스 정의 1053

SQL 리포지터리 사용을 위한 애플리케이션 구성 1054

요약 1056

■■■ 37장 SportsStore: 결제 및 관리   1057

결제 프로세스 생성 1057

모델 정의 1057

리포지터리 확장 1058

임시 리포지터리 비활성화 1060

리포지터리 메서드 및 명령어 정의 1061

요청 핸들러 및 템플릿 생성 1067

관리 기능 생성 1073

제품 관리 기능 생성 1077

카테고리 관리 기능 생성 1086

요약 1092

관리 기능 완성 1093

　　리포지터리 확장 1093

　　요청 핸들러 구현 1096

　　템플릿 생성 1098

관리 기능 접근 제한 1099

　　사용자 스토어 및 요청 핸들러 생성 1099

　　애플리케이션 구성 1103

웹 서비스 생성 1106

배포 준비 1109

　　인증서 설치 1109

　　애플리케이션 구성 1110

　　애플리케이션 빌드 1111

　　도커 데스크톱 설치 1111

　　도커 구성 파일 생성 1112

요약 1113

찾아보기 1114

1부

Go 언어 이해

## 1장

첫 번째 Go 애플리케이션

Go를 시작하는 최고의 방법은 직접 코드를 작성하고 실행해보는 것이다. 1장에서는 Go 개발 환경을 준비하고 간단한 웹 애플리케이션을 생성 및 실행하는 방법을 설명하려고 한다. 1장의 목적은 Go를 사용하는 것에 대한 감을 잡는 것이다. 1장에서 Go 문법을 모두 이해하지 못해도 너무 걱정할 필요 없다. 필수적으로 알아야 하는 Go 문법은 이후의 장들에서 자세히 다룰 것이다.

✛ 시나리오 설정

새해 전야 파티를 개최하기 전 초대받은 사람들에게 RSVP[1]를 받을 수 있는 웹 애플리케이션을 개발을 한다고 가정해보자. 이 애플리케이션은 다음과 같은 특징을 갖고 있어야 한다.

- 파티 정보를 보여주는 홈페이지
- 감사 인사 페이지가 들어간 RSVP 폼^{form}
- 주어진 RSVP 형식에 맞게 작성됐는지 확인하는 기능
- 파티 참석자들을 보여주는 요약 페이지

1장에서는 Go 프로젝트를 생성하고 위 특징을 모두 갖춘 간단한 웹 애플리케이션을 개발해보자.

> ■ 팁 ■
>
> 1장을 포함한 이 책의 모든 예제 프로젝트는 다음 링크(https://github.com/apress/pro-go)에서 다운로드할 수 있다. 2장에서는 예제 프로젝트를 진행하다 어려움이 생겼을 때 도움받을 수 있는 방법을 알려 주겠다.

---

1   프랑스어의 구절 Répondez s'il vous plaît에서 비롯됐으며, 초대를 받은 1명 이상의 사람으로부터 응답을 받는 과정을 말한다(출처: 위키백과). – 옮긴이

⊹• 개발 도구 설치

먼저 Go 개발 도구를 설치해보자. 다음 링크(https://golang.org/dl)에 접속해 운영체제에 맞는 설치 프로그램 파일을 다운로드한다. 설치 프로그램은 윈도우^{Windows}용, 리눅스^{Linux}용, 맥 OS^{macOS}용이 있다. 다음 링크(https://golang.org/doc/install)에서 운영체제에 맞는 설치 방법을 따라 설치하면 된다. 설치가 완료되면 명령 프롬프트^{CMD, CoMmanD prompt}를 열고 리스트 1-1의 명령어를 실행시켜 Go 개발 도구들이 정상적으로 설치됐는지 패키지^{package} 버전을 출력해 확인해보도록 하자.

> **이 책의 업데이트**
>
> Go는 활발한 커뮤니티를 보유하고 있으며 꾸준히 새로운 버전으로 업데이트되고 있다. 따라서 이 책을 읽는 시점에 독자 여러분은 1.17.1 이후 버전을 사용할 수도 있다. Go는 버전 호환성을 유지하고 있으므로 새로운 버전의 Go를 설치해도 책의 예제를 충분히 따라갈 수 있을 것이다. 만약 문제가 발생한다면, 내가 변경 사항을 고려해 예제를 업데이트하고 이 책의 깃허브 저장소^{Github repository}(https://github.com/apress/pro-go)에 게시할 것을 약속한다. 나와 출판사(Apress)는 최신 Go 버전에서 항상 예제 코드가 동작할 수 있도록 지속적으로 이 책을 발전시켜 나갈 예정이다.
>
> 예제 업데이트가 어떤 내용과 형태를 가질지, 개정판이 나오기 전까지 예제를 업데이트하는 데까지 얼마나 걸릴지 확실하게 알려 줄 수는 없다. 다만 Go 버전이 업데이트됐다면 너그러운 마음으로 이 책의 깃허브 저장소를 방문해보자. 예제 업데이트에 개선이 필요하다고 생각하면, 다음 링크(adam@adam-freeman.com)로 내게 알려 주길 바란다.

리스트 1-1 Go 설치 확인

```
go version
```

이 책의 Go 버전은 1.17.1이고, 윈도우에서 다음과 같이 출력된다.

```
go version go1.17.1 windows/amd64
```

다른 버전 숫자나 다른 운영체제 설명이 출력될 수 있다. go 명령어가 정상 실행돼 결과가 출력되는 것이 중요하다.

Git 설치

일부 Go 명령어는 Git[2]을 필요로 한다. 다음 링크(https://git-scm.com)에 접속해서 운영체제

---

2   컴퓨터 파일의 변경 사항을 추적하고 여러 명의 사용자 간에 해당 파일들의 작업을 조율하기 위한 분산 버전 관리 시스템이다(출처: 위키백과). - 옮긴이

에 맞는 설치 가이드를 참고해 Git을 설치할 수 있다.

코드 에디터 선택

이제 남은 것은 코드 에디터^{code editor}를 선택하는 것이다. Go 소스 코드 파일은 순수 텍스트로 이뤄지므로 원하는 에디터를 사용해 Go 소스 코드를 작성할 수 있다. 일부 에디터는 Go에 특정 기능을 제공하기도 한다. VSCode^{Visual Studio Code}는 가장 대중적인 코드 에디터로, 무료 사용이 가능하고 최신 Go 문법의 기능을 제공한다. 선호하는 코드 에디터가 없다면 VSCode를 사용하는 것을 추천한다. VSCode는 다음 링크(http://code.visualstudio.com)에서 다운로드할 수 있고, 모든 대중적인 운영체제 설치 프로그램을 제공한다. VSCode에서 Go 프로젝트 생성하면 Go extension[3] 설치를 권장할 것이다.

VSCode를 사용하고 싶지 않다면 다음 링크(https://github.com/golang/go/wiki/IDEsAndText EditorPlugins)에 접속해 Go 개발에 사용 가능한 다른 코드 에디터 목록을 볼 수 있다. 이 책의 예제를 따라하는 데 특정 코드 에디터를 요구하는 것은 아니다. Go 프로젝트를 생성하고 컴파일하는 데 필요한 작업을 CMD에서 수행할 수 있다면 원하는 코드 에디터를 사용할 수 있다.

✛ 프로젝트 생성

CMD를 열어 원하는 경로에 partyinvites 폴더를 생성해보자. 새로운 Go 프로젝트를 시작하기 위해 partyinvites 폴더 위치로 이동해 리스트 1-2의 명령어를 실행한다.

리스트 1-2 Go 프로젝트 시작

```
go mod init partyinvites
```

3장에서 설명하겠지만 **go** 명령어는 Go 개발을 위해 필요한 거의 모든 작업에서 사용된다. 위 명령어는 go.mod라는 파일 하나를 생성한다. go.mod 파일은 프로젝트가 의존성^{dependency}이 있는 패키지를 추적하고 프로젝트를 퍼블리싱^{publishing}할 때 사용된다.

Go 소스 코드 파일은 .go 파일 확장자를 갖고 있다. 코드 에디터로 partyinvites 폴더에 main.go라는 이름의 파일 하나를 생성하고, 리스트 1-3의 코드를 main.go 파일에 작성해보자. VSCode를 사용해 최초로 편집하고 있다면 Go 언어를 지원하는 extension을 설치하라는 메시지 팝업창이 생성될 것이다.

---

3   VSCode에서 제공하는 개발에 필요한 확장 도구 – 옮긴이

```go
package main

import "fmt"

func main() {
  fmt.Println("TODO: add some features")
}
```

자바 또는 C나 C# 같은 C 계열 프로그래밍 언어를 사용해본 적 있다면 Go 구문^syntax이 익숙할 수 있다. Go와 유사한 프로그래밍 언어 경험이 있다면 리스트 1-3의 코드 속 키워드나 구조를 보고 많은 것을 파악할 수 있다.

함수의 기능은 패키지 단위로 묶이는데, 리스트 1-3의 코드에 package 키워드가 있는 이유다. 패키지 의존성은 import 키워드를 통해 생성된다. 하나의 코드 파일 내에서 의존성이 제공하는 기능은 함수를 통해 확인할 수 있다. 코드 실행문^statement4은 함수 단위로 묶이고 함수는 func 키워드로 정의할 수 있다. 리스트 1-3의 코드에는 main이라는 이름을 가진 하나의 함수가 존재한다. main 함수는 이 애플리케이션의 진입점으로, 애플리케이션을 컴파일하고 실행하기 위한 시작 지점이다.

main 함수는 Println 함수를 호출하는 코드 실행문 한 줄로 이뤄져 있다. Println 함수는 fmt 패키지에서 제공된다. fmt 패키지는 Go에서 제공하는 표준 확장 라이브러리 중 하나로 2부에서 표준 확장 라이브러리를 다룰 때 한 번 더 설명할 것이다. Println 함수는 문자열을 출력하는 함수다.

지금까지의 설명이 익숙하지 않더라도 리스트 1-3의 코드는 쉽게 이해할 수 있다. 애플리케이션을 실행하면 메시지 한 줄이 출력된다. partyinvites 폴더 위치로 이동해 CMD에서 리스트 1-4의 명령어를 실행시켜 프로젝트를 컴파일하고 실행해보자(명령어 run 이후에 마침표(.)가 있다).

리스트 1-4 프로젝트 컴파일 및 실행

```
go run .
```

go run은 컴파일과 실행을 동시에 수행하는 명령어로 기억하고 있으면 Go 개발을 할 때 유용할 것이다. 애플리케이션은 다음과 같은 결과를 생성한다.

```
TODO: add some features
```

---

4 독립적으로 실행 가능한 코드 실행 범위다. – 옮긴이

컴파일러 에러[error]가 발생하면 유력한 원인은 리스트 1-3의 코드를 소스 코드 파일에 정확하게 작성하지 않았기 때문일 것이다. Go 소스 코드는 Go에서 요구하는 방식으로 정확하게 작성해야 한다. 리스트 1-5의 main 함수 코드 실행문을 구분하는 중괄호({})[5]가 개별 라인에서 독립적으로 존재하도록 소스 코드 파일을 작성해보자.

리스트 1-5 partyinvites 폴더 내 main.go 파일에서 중괄호 라인 수정

```
package main

import "fmt"

func main()
{
    fmt.Println("TODO: add some features")
}
```

프로젝트를 컴파일하기 위해 리스트 1-4의 명령어를 다시 실행하면 다음과 같은 에러가 발생할 것이다.

```
# partyinvites
.\main.go:5:6: missing function body
.\main.go:6:1: syntax error: unexpected semicolon or newline before {
```

에러의 원인은 소스 코드를 Go가 요구하는 코드 방식에 맞게 작성하지 않았기 때문이다. 예를 들어 세미콜론(;)과 같은 보편적인 코드 요소는 Go만의 방식으로 처리하므로 세미콜론을 사용하면 에러가 발생할 것이다. 이후의 장들에서 Go 구문을 자세히 설명하겠지만, 지금은 예제 코드를 정확하게 따라 작성해 에러를 피하는 것에만 집중하도록 하자.

자료형과 컬렉션

다음은 리스트 1-6 코드를 작성해 RSVP 응답을 나타내기 위한 사용자 정의 자료형을 생성해보자.

리스트 1-6 partyinvites 폴더 내 main.go 파일에서 자료형 정의

```
package main

import "fmt"

type Rsvp struct {
```

---

5 Go는 중괄호를 사용해 코드 실행문을 정의한다. – 옮긴이

```
    Name, Email, Phone string
    WillAttend bool
}
func main() {
    fmt.Println("TODO: add some features");
}
```

Go는 type 키워드로 사용자 정의 자료형을 정의하고 이름을 붙인다. 리스트 1-6 코드는 Rsvp라는 이름을 가진 구조체struct 자료형을 생성한다. 구조체는 연관된 데이터 값을 하나로 묶어줘 사용자 정의 자료형을 표현한다. Rsvp 구조체는 4개의 필드를 정의하고, 각 필드는 이름과 자료형을 갖고 있다. Rsvp 필드의 자료형은 string과 bool로, 각각 문자열과 불린[6]을 나타내는 내장 자료형이다(Go의 내장 자료형은 4장에서 다룬다).

다음으로 Rsvp 값을 할당해보자. 이후의 장들에서 Go 애플리케이션에서 데이터베이스를 사용하는 방법을 설명하겠지만, 1장에서는 Rsvp 응답response[7]을 메모리에 저장하기 때문에 애플리케이션 실행이 멈추면 응답은 사라지게 된다.

Go는 고정 길이 배열array, 가변 길이 배열(슬라이스slice), 키-값 쌍으로 데이터를 저장할 수 있는 맵map에 대한 내장 함수를 제공한다. 리스트 1-7 코드는 슬라이스를 생성해 저장할 데이터의 개수를 알지 못해도 에러가 발생하지 않게 한다.

리스트 1-7 partyinvites 폴더 내 main.go 파일에서 슬라이스 정의

```
package main

import "fmt"

type Rsvp struct {
    Name, Email, Phone string
    WillAttend bool
}

var responses = make([]*Rsvp, 0, 10)

func main() {
    fmt.Println("TODO: add some features");
}
```

새로운 코드 **실행문**은 Go의 몇 가지 기능에 의존하고 있다. 코드 실행문의 끝에서부터 살펴보면 쉽게 이해할 수 있다.

---

6   논리적인 값을 의미하는 자료형으로, 참(true, 1)과 거짓(false, 0) 값을 갖는다. – 옮긴이

7   1장에서 개발하는 Rsvp 애플리케이션은 초대한 사람의 응답을 받아야 한다. – 옮긴이

Go는 배열, 슬라이스, 맵의 공통적인 연산을 수행하는 내장 함수를 제공한다. make 함수는 내장 함수 중 하나로, 리스트 1-7 코드에서 새로운 슬라이스를 초기화한다. make 함수의 두세 번째 인자는 각각 슬라이스의 초기 사이즈^{size}와 용량^{capacity}을 의미한다.

```
...
var responses = make([]*Rsvp, 0, 10)
...
```

두 번째 사이즈 인자를 0으로 하면 빈 슬라이스를 생성한다. 슬라이스는 새로운 아이템이 추가될 때 자동으로 사이즈를 변경한다. 초기 용량은 슬라이스가 사이즈를 변경하기 전까지 추가할 수 있는 아이템 개수를 결정한다. 위 코드에서는 10개의 아이템을 사이즈 변경 없이 슬라이스에 추가할 수 있다.

make 함수의 첫 번째 인자는 슬라이스가 저장할 아이템의 자료형을 의미한다.

```
...
var responses = make([]*Rsvp, 0, 10)
...
```

대괄호([])는 슬라이스를 의미하고, 별표(*)는 포인터를 의미한다. Rsvp는 리스트 1-6 코드에서 정의한 구조체 자료형을 가리킨다. 즉 []*Rsvp는 Rsvp 구조체 포인터 슬라이스를 의미한다. 포인터의 직접 사용을 허용하지 않는 C#이나 자바 경험이 있다면 Go에서 포인터를 사용하는 방법을 이해하기 어려울 수 있다. 다행히 Go는 개발자를 힘들게 만드는 포인터 연산을 금지하고 있다. 4장에서 다루겠지만, Go에서 포인터를 사용하는 경우는 데이터 값을 복사해 사용할 때가 유일하다. 리스트 1-7 코드에서 포인터를 사용한 이유는 Go가 슬라이스에 추가하는 Rsvp 아이템에 대한 복사를 금지하기 위해서다.

코드 실행문의 나머지 부분은 초기화한 슬라이스를 변수로 선언해 다른 코드 실행문에서도 사용할 수 있도록 한다.

```
...
var responses = make([]*Rsvp, 0, 10)
...
```

var 키워드는 새로운 변수를 정의하므로 responses라는 이름의 변수가 정의됐다. Go는 등호(=)는 할당 연산자로 responses 변수에 새롭게 생성한 슬라이스를 할당한다. Go 컴파일러는 변수에 할당된 값으로부터 변수의 자료형을 추론하기 때문에 responses 변수의 자료형을 나타내지 않아도 된다.

HTML 템플릿 생성

Go는 다양한 표준 라이브러리를 제공하는데 HTML 템플릿^{template}도 지원한다. partyinvites 폴더에 layout.html 파일을 생성해 리스트 1-8 내용을 작성해보자.

리스트 1-8 partyinvites 폴더 내 layout.html 내용

```html
<!DOCTYPE html>
<html>
<head>
  <meta name="viewport" content="width=device-width" />
  <title>Let's Party!</title>
  <link href=
    "https://cdnjs.cloudflare.com/ajax/libs/bootstrap/5.1.1/css/bootstrap.min.css"
      rel="stylesheet">
</head>
<body class="p-2">
  {{ block "body" . }} Content Goes Here {{ end }}
</body>
</html>
```

위 템플릿은 애플리케이션의 모든 응답이 공통적으로 포함하고 있는 레이아웃 콘텐츠를 정의한다. 템플릿은 CDN[8]에서 제공하는 부트스트랩 CSS 프레임워크[9]의 stylesheet를 link 태그(<link>)로 가져와 HTML 문서를 정의하고 있다. 1장에서는 간단하게 CDN을 사용하지만, 24장에서 link 태그를 사용해 직접 파일을 폴더에 제공하는 방법을 소개하겠다. 애플리케이션을 오프라인으로 실행하면 CDN에서 제공하는 스타일은 제외된 HTML 요소들만 확인할 수 있다.

리스트 1-8 코드 내 이중 중괄호({{ }})는 템플릿이 생성하는 출력의 동적 콘텐츠를 담기 위해 사용한다. 이중 중괄호 내 block 표현식은 애플리케이션 실행 시점에 다른 템플릿으로 대체될 플레이스홀더^{placeholder} 콘텐츠를 정의한다.

사용자를 반기는 콘텐츠를 생성하기 위해 리스트 1-9의 내용을 담은 welcome.html 파일을 partyinvites 폴더에 추가해보자.

리스트 1-9 partyinvites 폴더 내 welcome.html 내용

```html
{{ define "body"}}

  <div class="text-center">
    <h3> We're going to have an exciting party!</h3>
    <h4>And YOU are invited!</h4>
```

---

8 content distribution network 약자. 콘텐츠를 효율적으로 전달하기 위해 여러 노드를 가진 네트워크 데이터를 저장해 제공하는 시스템을 의미한다(출처: 위키백과). - 옮긴이

9 웹사이트를 쉽게 만들 수 있도록 하는 CSS 프레임워크로 CSS 스타일 언어를 사용한다(출처: 위키백과). - 옮긴이

```
      <a class="btn btn-primary" href="/form">
        RSVP Now
      </a>
    </div>

{{ end }}
```

사용자가 RSVP 응답을 전달할 때 사용하는 템플릿을 생성하기 위해 리스트 1-10의 내용을
담은 form.html 파일을 partyinvites 폴더에 추가해보자.

리스트 1-10 partyinvites 폴더 내 form.html 내용

```
{{ define "body"}}

<div class="h5 bg-primary text-white text-center m-2 p-2">RSVP</div>

{{ if gt (len .Errors) 0}}
  <ul class="text-danger mt-3">
    {{ range .Errors }}
      <li>{{ . }}</li>
    {{ end }}
  </ul>
{{ end }}

<form method="POST" class="m-2">
  <div class="form-group my-1">
    <label>Your name:</label>
      <input name="name" class="form-control" value="{{.Name}}" />
  </div>
  <div class="form-group my-1">
    <label>Your email:</label>
    <input name="email" class="form-control" value="{{.Email}}" />
  </div>
  <div class="form-group my-1">
    <label>Your phone number:</label>
    <input name="phone" class="form-control" value="{{.Phone}}" />
  </div>
  <div class="form-group my-1">
    <label>Will you attend?</label>
    <select name="willattend" class="form-select">
      <option value="true" {{if .WillAttend}}selected{{end}}>
        Yes, I'll be there
      </option>
      <option value="false" {{if not .WillAttend}}selected{{end}}>
        No, I can't come
      </option>
    </select>
  </div>
  <button class="btn btn-primary mt-3" type="submit">
    Submit RSVP
```

```
    </button>
  </form>

{{ end }}
```

참석자에게 보여주는 템플릿을 생성하기 위해 리스트 1-11의 내용을 담은 thanks.html 파일을 partyinvites 폴더에 추가해보자.

리스트 1-11 partyinvites 폴더 내 thanks.html 내용

```
{{ define "body"}}

<div class="text-center">
  <h1>Thank you, {{ . }}!</h1>
  <div> It's great that you're coming. The drinks are already in the fridge!</div>
  <div>Click <a href="/list">here</a> to see who else is coming.</div>
</div>

{{ end }}
```

사용자가 초대를 거절했을 때 보여주는 템플릿을 생성하기 위해 리스트 1-12의 내용을 담은 sorry.html 파일을 partyinvites 폴더에 추가해보자.

리스트 1-12 partyinvites 폴더 내 sorry.html 내용

```
{{ define "body"}}

<div class="text-center">
  <h1>It won't be the same without you, {{ . }}!</h1>
  <div>Sorry to hear that you can't make it, but thanks for letting us know.</div>
  <div>
    Click <a href="/list">here</a> to see who is coming,
    just in case you change your mind.
  </div>
</div>

{{ end }}
```

참석자 명단을 보여주는 템플릿을 생성하기 위해 리스트 1-13의 내용을 담은 list.html 파일을 partyinvites 폴더에 추가해보자.

리스트 1-13 partyinvites 폴더 내 list.html 내용

```
{{ define "body"}}

<div class="text-center p-2">
  <h2>Here is the list of people attending the party</h2>
```

```
    <table class="table table-bordered table-striped table-sm">
      <thead>
        <tr><th>Name</th><th>Email</th><th>Phone</th></tr>
      </thead>
      <tbody>
        {{ range . }}
          {{ if .WillAttend }}
            <tr>
              <td>{{ .Name }}</td>
              <td>{{ .Email }}</td>
              <td>{{ .Phone }}</td>
            </tr>
          {{ end }}
        {{ end }}
      </tbody>
    </table>
  </div>

  {{ end }}
```

템플릿 가져오기

다음으로 리스트 1-14 코드를 통해 생성한 템플릿을 가져와 콘텐츠를 만들어 사용해볼 것
이다. 지금부터 단계별로 코드를 작성하고 각 단계마다 무엇을 하고 있는지 설명할 것이다(코
드를 작성하면서 코드 에디터가 에러 표시를 할 수 있지만, 이후에 새로운 코드 실행문을 작성하면서 에러
를 해결할 것이다).

리스트 1-14 partyinivites 폴더 내 main.go 파일 템플릿 가져오기

```
package main

import (
  "fmt"
  "html/template"
)

type Rsvp struct {
  Name, Email, Phone string
  WillAttend bool
}

var responses = make([]*Rsvp, 0, 10)
var templates = make(map[string]*template.Template, 3)
func loadTemplates() {
  // TODO - 템플릿 로딩
}
```

```
func main() {
  loadTemplates()
}
```

가장 먼저 import 문을 통해 Go 표준 라이브러리인 html/template 패키지 의존성을 선언했다. 이 패키지는 HTML 템플릿을 가져와 렌더링할 수 있는 기능을 제공하는데, 23장에서 자세하게 다룰 예정이다.

다음으로 templates라는 이름의 변수를 생성했다. 이 변수에 할당한 값의 타입은 매우 복잡해 보인다.

```
...
var templates = make(map[string]*template.Template, 3)
...
```

map 키워드는 맵을 의미하는데, 키^{key} 타입을 대괄호로 명시하고 값^{value} 타입은 닫는 대괄호 뒤에 명시한다. 맵의 키 타입은 string이고 값 타입은 *template.Template이다. *template. Template은 template 패키지에서 정의하는 Template 구조체 포인터를 의미한다. 패키지를 임포트할 때 패키지가 제공하는 기능은 패키지명의 마지막 부분을 명시해 사용한다. html/template 패키지는 template를 명시해 해당 패키지에서 제공하는 Template 구조체를 사용할 수 있다. 별표(*)는 포인터를 의미하고, 맵에서 string 키를 사용해 html/template 패키지가 정의하는 Template 구조체 인스턴스에 대한 포인터를 저장하고 있다.

다음으로 loadTemplates라는 새로운 함수를 생성했다. 아직 함수의 코드 실행문을 작성하지 않았지만 이후에 앞서 정의한 HTML 파일을 가져와 *template.Template 값으로 가공해 맵에 저장할 것이다. loadTeamplates 함수는 main 함수에서 호출한다. 코드 파일에서 바로 변수를 생성하고 초기화할 수 있지만, 함수에서 처리하도록 하는 것이 대부분의 주류 프로그래밍 언어의 특징이다.

이제 loadTemplates 함수를 실행해보자. 리스트 1-15 코드는 레이아웃 없이 각 템플릿을 가져와 각 파일마다 기본 HTML 문서 구조를 반복해서 작성하는 것을 피하기 위해서 작성한다.

리스트 1-15 partyinivites 폴더 내 main.go 파일 템플릿 가져오기

```
package main

import (
  "fmt"
  "html/template"
)
```

```
type Rsvp struct {
  Name, Email, Phone string
  WillAttend bool
}

var responses = make([]*Rsvp, 0, 10)

var templates = make(map[string]*template.Template, 3)
func loadTemplates() {
  templateNames := [5]string { "welcome", "form", "thanks", "sorry", "list" }
  for index, name := range templateNames {
    t, err := template.ParseFiles("layout.html", name + ".html")
    if (err == nil) {
      templates[name] = t
      fmt.Println("Loaded template", index, name)
    } else {
      panic(err)
    }
  }
}

func main() {
  loadTemplates()
}
```

loadTemplates 함수 내 첫 번째 코드 실행문은 Go의 간결한 구문을 사용해 함수 내에서만 사용 가능한 지역 변수[10]를 정의한다. 콜론(:)과 할당 연산자(=)를 사용해 지역 변수의 선언과 초기화를 한다.

```
...
templateNames := [5]string { "welcome", "form", "thanks", "sorry", "list" }
...
```

위 코드 실행문에서 templateNames 지역 변수는 5개의 문자열을 나타내는 string 값을 저장하는 배열로 선언했다. 배열의 값은 앞서 정의한 파일의 이름에 대응한다. Go에서 배열은 고정 길이를 가지므로 templateNames 변수에 할당한 배열은 오직 5개의 값만 가질 수 있다.

배열의 5개 값은 range 키워드를 사용해 for 반복문에서 다음과 같이 나열한다.

```
...
for index, name := range templateNames {
...
```

---

10 함수 내부에서 선언된 변수는 오직 함수 내부에서만 접근할 수 있으며, 함수 호출이 종료되면 메모리에서 제거된다. 일반적으로 함수 내 변수는 지역 변수라고 호칭한다. – 옮긴이

range 키워드는 for 키워드와 함께 사용해 배열, 슬라이스, 맵의 원소를 나열할 수 있다. for 반복문 내 코드 실행문은 데이터 소스의 각 값에 대해 한 번만 실행할 수 있다. 이 경우 데이터 소스는 배열이고, 2개의 변수 값을 사용해 배열에 접근할 수 있다.

```
...
for index, name := range templateNames {
...
```

index 변수에 현재 나열되고 있는 배열의 값의 위치를 할당하고, name 변수에 현재 위치에 있는 값을 할당한다. index 변수의 타입은 항상 int인데, 정수를 나타내는 Go 내장 자료형이다. name 변수의 타입은 데이터 소스가 저장하는 값의 타입을 따른다. 반복문에서 배열이 string 값을 갖고 있기 때문에 index 값이 가리키는 배열의 위치에 있는 string 값을 name 변수에 할당하고 있다.

for 반복문 내 첫 번째 코드 실행문은 템플릿을 가져온다.

```
...
t, err := template.ParseFiles("layout.html", name + ".html")
...
```

html/template 패키지는 ParseFiles 함수를 제공하는데, 이 함수는 HTML을 가져와 가공하는 데 사용한다. 가장 유용한(그러나 일반적이지 않은) Go의 기능 중 하나는 여러 결과 값을 한 번에 반환할 수 있는 것이다. ParseFiles 함수는 2개의 결과 값을 반환하는데, template.Template 포인터 값과 Go에서 에러를 나타내는 내장 자료형인 error를 반환하고 있다. 변수를 생성하는 간결한 구문은 다음과 같이 2개의 결과 값을 변수에 할당하는 것이다.

```
...
t, err := template.ParseFiles("layout.html", name + ".html")
...
```

Go 컴파일러는 변수에 할당한 리터럴literal 값을 토대로 타입을 추론하기 때문에 결과 값을 할당하는 변수의 타입을 명시할 필요 없다. 템플릿은 t 변수에 할당하고 에러는 err 변수에 할당하는데, Go에서 일반적인 코드 패턴이다. err 변수의 값이 Go에서 null 값을 의미하는 nil인지 확인해 t 변수의 값인 템플릿이 잘 가져와졌는지 확인할 수 있다.

```
...
t, err := template.ParseFiles("layout.html", name + ".html")
if (err == nil) {
  templates[name] = t
  fmt.Println("Loaded template", index, name)
} else {
  panic(err)
}
...
```

만약 err 변수의 값이 nil이면, name 변수의 값을 맵의 키로 사용하고 t 변수에 할당한 *template. Template 값을 맵의 값으로 사용해 키-값 쌍을 맵에 추가한다. Go는 배열, 슬라이스, 맵에 값을 할당하기 위해 표준 인덱스 표기법[11]을 사용한다.

만약 err 변수의 값이 nil이 아니면 뭔가 잘못된 것이다. 이때 Go는 복구 불가능한 에러가 발생했을 때 호출하는 panic 함수를 제공한다. panic 함수를 호출할 때 결과는 다양한데, 15장에서 자세히 설명하도록 하고 해당 애플리케이션은 panic 함수가 스택 추적 정보를 출력하고 실행을 중단하는 결과를 가진다는 것을 알면 된다.

go run . 명령어를 사용해 프로젝트를 컴파일하고 실행해보자. 템플릿을 정상적으로 가져오면 다음과 같은 출력 결과를 확인할 수 있다.

```
Loaded template 0 welcome
Loaded template 1 form
Loaded template 2 thanks
Loaded template 3 sorry
Loaded template 4 list
```

❖ HTTP 핸들러와 서버 생성하기

Go 표준 라이브러리는 HTTP 서버를 생성하고 HTTP 요청을 처리하는 내장 기능을 포함하고 있다. 먼저 리스트 1-16과 같이 사용자가 애플리케이션의 디폴트 URL 경로(/)를 요청할 때 호출되는 함수와 참석자 목록을 제공할 때 호출되는 함수를 정의해야 한다.

리스트 1-16 partyinvites 폴더 내 main.go 파일에서 초기 요청 핸들러 정의

```go
package main

import (
  "fmt"
  "html/template"
  "net/http"
)

type Rsvp struct {
  Name, Email, Phone string
  WillAttend bool
}

var responses = make([]*Rsvp, 0, 10)
```

---

11   0 기반 번호 매기기(zero-based numbering)를 의미한다. – 옮긴이

```
var templates = make(map[string]*template.Template, 3)

func loadTemplates() {
  templateNames := [5]string { "welcome", "form", "thanks", "sorry", "list" }
  for index, name := range templateNames {
    t, err := template.ParseFiles("layout.html", name + ".html")
    if (err == nil) {
      templates[name] = t
      fmt.Println("Loaded template", index, name)
    } else {
      panic(err)
    }
  }
}

func welcomeHandler(writer http.ResponseWriter, request *http.Request) {
  templates["welcome"].Execute(writer, nil)
}

func listHandler(writer http.ResponseWriter, request *http.Request) {
  templates["list"].Execute(writer, responses)
}

func main() {
  loadTemplates()

  http.HandleFunc("/", welcomeHandler)
  http.HandleFunc("/list", listHandler)
}
```

HTTP 요청을 처리하는 기능은 net/http 패키지에서 정의하고 있는데, 이 패키지는 Go 표준 라이브러리의 일부다. 요청을 처리하는 함수는 다음과 같이 구체적인 매개변수를 갖고 있어야 한다.

```
...
func welcomeHandler(writer http.ResponseWriter, request *http.Request) {
...
```

두 번째 인자는 net/http 패키지에서 정의하는 Request 구조체 인스터스를 가리키는 포인터인데, 핸들러가 처리하고 있는 요청을 나타낸다. 첫 번째 인자는 인터페이스의 예시인데, 포인터로 정의하지 않은 이유다. 인터페이스는 임의의 구조체 타입이 실행할 수 있는 메서드method 집합을 나타내는데 코드를 작성할 때 어떤 타입이든 메서드를 실행할 수 있어 유용하다. 11장에서 인터페이스에 대해 자세히 다룰 예정이다.

가장 일반적으로 사용하는 인터페이스 중 하나는 Writer로 파일, 스트링, 네트워크 연결과 같이 데이터를 사용하는 어디에서든 사용할 수 있다. ResponseWriter 타입은 HTTP 응답을 처리하는 데 특화된 기능을 추가한 인터페이스다.

Go는 인터페이스와 추상화에 대해 영리하지만 일반적이지 않은 접근법을 갖고 있다. 리스트 1-16에서 정의하는 함수의 인자인 ReponseWriter는 Writer 인터페이스를 사용해 데이터를 작성하는 방법을 알고 있으므로 모든 코드에서 사용할 수 있다. *Template 타입이 정의하는 Execute 메서드는 writer를 포함하고 있으므로 HTTP 응답에서 템플릿을 렌더링해 결과를 쉽게 이용해 템플릿을 가져오고 있다.

```
...
templates["list"].Execute(writer, responses)
...
```

코드 실행문은 templates 변수에 할당한 맵으로부터 *template.Template를 읽어온 다음 *Template 타입이 정의하는 Execute 메서드를 호출한다. 첫 번째 인자는 응답 결과가 쓰여지는 ResponseWriter이고, 두 번째 인자는 템플릿 내 표현식에서 사용하는 데이터 값이다.

net/http 패키지는 HandleFunc 함수를 정의하는데, URL 경로와 요청에 해당하는 핸들러를 명시해 사용할 수 있다. HandleFunc 함수에 새로운 핸들러 함수를 등록해 /와 /list URL 경로에 응답하도록 해보자.

```
...
http.HandleFunc("/", welcomeHandler)
http.HandleFunc("/list", listHandler)
...
```

이후의 장들에서 요청 디스패치 과정을 사용자 정의할 수 있는 방법을 보여주겠지만, 표준 라이브러리는 들어오는 요청과 일치할 때 핸들러 함수에 요청을 넘겨주기 위한 기본적인 URL 라우팅 시스템을 갖고 있다. 해당 애플리케이션에서 필요한 모든 핸들러 함수를 정의하지 않았지만, 리스트 1-17 코드는 HTTP 서버로 요청을 처리할 수 있는 충분한 기능을 제공한다.

리스트 1-17 partyinvites 폴더 내 main.go 파일에서 HTTP 서버 생성

```
package main

import (
  "fmt"
  "html/template"
  "net/http"
)

type Rsvp struct {
```

```go
    Name, Email, Phone string
    WillAttend bool
}

var responses = make([]*Rsvp, 0, 10)
var templates = make(map[string]*template.Template, 3)

func loadTemplates() {
    templateNames := [5]string { "welcome", "form", "thanks", "sorry", "list" }
    for index, name := range templateNames {
        t, err := template.ParseFiles("layout.html", name + ".html")
        if (err == nil) {
            templates[name] = t
            fmt.Println("Loaded template", index, name)
        } else {
            panic(err)
        }
    }
}

func welcomeHandler(writer http.ResponseWriter, request *http.Request) {
    templates["welcome"].Execute(writer, nil)
}

func listHandler(writer http.ResponseWriter, request *http.Request) {
    templates["list"].Execute(writer, responses)
}

func main() {
    loadTemplates()

    http.HandleFunc("/", welcomeHandler)
    http.HandleFunc("/list", listHandler)

    err := http.ListenAndServe(":5000", nil)
    if (err != nil) {
        fmt.Println(err)
    }
}
```

새로운 코드 실행문은 ListenAndServe 함수의 첫 번째 인자에서 명시한 것처럼 5000번 포트로 요청을 기다리는 HTTP 서버를 생성한다. 두 번째 인자는 nil인데, 서버가 HandleFunc 함수에 등록한 함수를 사용해서 요청을 처리할 것을 의미한다. 리스트 1-18 명령어를 partyinivites 폴더 내에서 실행해 프로젝트를 컴파일하고 실행해보자.

리스트 1-18 프로젝트를 컴파일 및 실행

```
go run .
```

웹 브라우저를 열어 그림 1-1과 같이 응답을 생성하는 http://localhost:5000 URL로 접속
해보자(만약 윈도우를 사용하고 있다면 서버가 요청을 처리하기 전에 윈도우 방화벽 승인을 해야 할 수
있다. 1장에서 go run . 명령어를 사용할 때마다 항상 승인을 해야 할 것이다. 이후의 장들에서 이 문제를
해결하기 위한 간단한 PowerShell 스크립트를 소개하겠다).

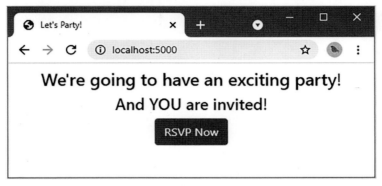

그림 1-1 HTTP 요청 처리

애플리케이션이 응답을 생성한 것을 확인하면 Ctrl+C를 눌러 애플리케이션을 종료한다.

✛ 폼 핸들링 함수 작성하기

/form URL에 대한 핸들러가 없기 때문에 **RSVP Now** 버튼을 클릭하면 아무런 동작도 하지 않
는다. 리스트 1-19 코드는 새로운 핸들러 함수를 정의하고 애플리케이션이 필요로 하는 기능
을 실행한다.

리스트 1-19 partyinvites 폴더 내 main.go 파일에서 폼 핸들링 함수 추가

```go
package main

import (
  "fmt"
  "html/template"
  "net/http"
)

type Rsvp struct {
  Name, Email, Phone string
  WillAttend bool
}

var responses = make([]*Rsvp, 0, 10)
var templates = make(map[string]*template.Template, 3)
```

```go
func loadTemplates() {
  templateNames := [5]string { "welcome", "form", "thanks", "sorry", "list" }
  for index, name := range templateNames {
    t, err := template.ParseFiles("layout.html", name + ".html")
    if (err == nil) {
      templates[name] = t
      fmt.Println("Loaded template", index, name)
    } else {
      panic(err)
    }
  }
}

func welcomeHandler(writer http.ResponseWriter, request *http.Request) {
  templates["welcome"].Execute(writer, nil)
}

func listHandler(writer http.ResponseWriter, request *http.Request) {
  templates["list"].Execute(writer, responses)
}

type formData struct {
  *Rsvp
  Errors []string
}

func formHandler(writer http.ResponseWriter, request *http.Request) {
  if request.Method == http.MethodGet {
    templates["form"].Execute(writer, formData {
      Rsvp: &Rsvp{}, Errors: []string {},
    })
  }
}

func main() {
  loadTemplates()

  http.HandleFunc("/", welcomeHandler)
  http.HandleFunc("/list", listHandler)
  http.HandleFunc("/form", formHandler)

  err := http.ListenAndServe(":5000", nil)
  if (err != nil) {
    fmt.Println(err)
  }
}
```

form.html 템플릿은 콘텐츠를 렌더링하기 위해 데이터 값의 명시적인 데이터 구조를 전달받으려 할 것이다. 데이터 구조를 나타내기 위해 formData라는 새로운 구조체 타입을 정의해보자. Go에서 구조체는 단순한 이름–값 필드 그룹을 나타내는 것 외에도 기존 구조체를 사용해 새로운 구조체를 생성할 수 있다. 다음과 같이 기존에 정의한 Rsvp 구조체 포인터를 사용해 formData 구조체를 정의해보자.

```
...
type formData struct {
  *Rsvp
  Errors []string
}
...
```

formData 구조체는 Rsvp 구조체의 Name, Email, Phone, WillAttend 필드를 직접 정의한 것처럼 사용할 수 있으며, 기존 Rsvp 값을 사용해 formData 구조체의 인스턴스를 생성할 수 있다. 별표 (*)는 포인터를 나타내므로 formData 값을 생성할 때 Rsvp 값을 복사할 수 없다.

새로운 핸들러 함수는 request.Method 필드의 값을 확인하고, 전달받은 HTTP 요청의 타입을 =반환한다. GET 요청에 대해 form 템플릿을 다음과 같이 실행한다.

```
...
if request.Method == http.MethodGet {
  templates["form"].Execute(writer, formData {
    Rsvp: &Rsvp{}, Errors: []string {},
  })
...
```

GET 요청에 응답할 때 사용할 데이터가 없지만, 콘텐츠를 렌더링하기 위해서 먼저 예상할 수 있는 데이터 구조가 있는 템플릿을 제공해야 한다. 이를 위해 해당 필드의 디폴트 값을 사용해 formData 구조체 인스턴스를 생성해보자.

```
...
templates["form"].Execute(writer, formData {
    Rsvp: &Rsvp{}, Errors: []string {},
  })
...
```

Go는 new 키워드가 없으며 값은 중괄호를 사용해 생성하는데 값을 지정하지 않으면 필드에 디폴트 값을 할당한다. 위 코드 실행문은 새로운 Rsvp 구조체 인스턴스를 생성하고 값을 포함하지 않는 문자열 슬라이스를 생성해 formData 구조체를 생성하고 있다. &는 값에 대한 포인터를 생성한다.

```
...
templates["form"].Execute(writer, formData {
    Rsvp: &Rsvp{}, Errors: []string {},
  })
...
```

formData 구조체는 &가 생성할 수 있는 Rsvp 값에 대한 포인터를 예상할 수 있도록 정의한다.
리스트 1-20 명령어를 partyinvites 폴더 내에서 실행해 프로젝트를 컴파일하고 실행해보자.

리스트 1-20 프로젝트를 컴파일 및 실행

```
go run .
```

새로운 웹 브라우저 창을 열어 http://localhost:5000 URL을 요청하고 **RSVP Now** 버튼을 클릭해보자. 새로운 핸들러는 브라우저로부터 요청을 받아 그림 1-2처럼 HTML 폼을 보여줄 것이다.

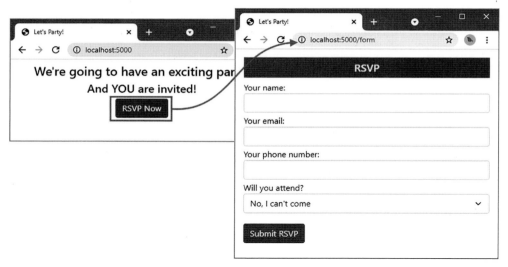

그림 1-2 HTML 폼 표시

폼 데이터 처리하기

리스트 1-21 코드는 POST 요청을 처리하고 사용자가 폼에 입력한 데이터를 읽어 온다. 리스트 1-21 코드에서 formHandler 함수만 수정한다. 그 외 main.go 파일은 동일하다.

리스트 1-21 partyinvites 폴더 내 main.go 파일에서 폼 데이터 처리

```
...
func formHandler(writer http.ResponseWriter, request *http.Request) {
  if request.Method == http.MethodGet {
    templates["form"].Execute(writer, formData {
```

```
      Rsvp: &Rsvp{}, Errors: []string {},
    })
  } else if request.Method == http.MethodPost {
    request.ParseForm()
    responseData := Rsvp {
      Name: request.Form["name"][0],
      Email: request.Form["email"][0],
      Phone: request.Form["phone"][0],
      WillAttend: request.Form["willattend"][0] == "true",
    }

    responses = append(responses, &responseData)

    if responseData.WillAttend {
      templates["thanks"].Execute(writer, responseData.Name)
    } else {
      templates["sorry"].Execute(writer, responseData.Name)
    }
  }
}
...
```

ParseForm 메서드는 HTTP 요청이 포함하고 있는 폼 데이터를 처리하고 Form 필드를 통해 액세스할 수 있는 맵을 채우고 있다. 폼 데이터는 Rsvp 값을 생성하기 위해 사용한다.

```
...
responseData := Rsvp {
  Name: request.Form["name"][0],
  Email: request.Form["email"][0],
  Phone: request.Form["phone"][0],
  WillAttend: request.Form["willattend"][0] == "true",
}
...
```

위 코드 실행문은 리스트 1-19에서 사용한 디폴트 값과 달리 구조체가 해당 필드의 값을 인스턴스화하는 방법을 보여주고 있다. HTML 폼은 동일한 이름의 여러 값을 포함할 수 있기 때문에 폼 데이터는 슬라이스의 값으로 표현할 수 있다. 각 이름에 대해 값이 하나만 있기 때문에 대부분의 언어에서 사용하는 표준 0-베이스 인덱스 표기법을 사용해 슬라이스의 첫 번째 값에 액세스할 수 있다.

Rsvp 값을 생성하고 responses 변수에 할당한 슬라이스에 추가해보자.

```
...
responses = append(responses, &responseData)
...
```

append 함수는 슬라이스에 값을 추가하기 위해 사용한다. &를 사용해 Rsvp 값에 대한 포인터를 생성한다. 포인터를 사용하지 않았다면 슬라이스에 추가할 때 Rsvp 값을 복제해야 할 것이다.

나머지 코드 실행문은 WillAttend 필드의 값을 사용해 사용자에게 보여주는 템플릿을 선택한다.

리스트 1-22 명령어를 partyinvites 폴더 내에서 실행해 프로젝트를 컴파일하고 실행해보자.

리스트 1-22 프로젝트를 컴파일 및 실행

```
go run .
```

새로운 웹 브라우저 창을 열어 http://localhost:5000 URL을 요청하고 **RSVP Now** 버튼을 클릭해보자. 폼을 채우고 **Submit RSVP** 버튼을 클릭하면 HTML select 요소를 사용해 선택한 값에 따라 선택된 응답을 전달받을 것이다. 응답에 있는 링크를 클릭하면 그림 1-3과 같이 애플리케이션이 받은 응답 요약 페이지를 확인할 수 있다.

그림 1-3 폼 데이터 처리

데이터 유효성 검사 추가하기

애플리케이션을 완료하는 데 필요한 것은 리스트 1-23 코드와 같이 사용자가 양식을 작성했는지 확인하기 위한 몇 가지 기본 유효성 검사다. 리스트 1-23은 formHandler 함수의 변경 사항을 보여주고, main.go 파일은 변경되지 않은 상태로 유지한다.

리스트 1-23 partyinvites 폴더 내 main.go 파일에서 폼 데이터 유효성 확인

```
...
func formHandler(writer http.ResponseWriter, request *http.Request) {
  if request.Method == http.MethodGet {
    templates["form"].Execute(writer, formData {
      Rsvp: &Rsvp{}, Errors: []string {},
    })
```

```
  } else if request.Method == http.MethodPost {
    request.ParseForm()
    responseData := Rsvp {
      Name: request.Form["name"][0],
      Email: request.Form["email"][0],
      Phone: request.Form["phone"][0],
      WillAttend: request.Form["willattend"][0] == "true",
    }

    errors := []string {}
    if responseData.Name == "" {
      errors = append(errors, "Please enter your name")
    }
    if responseData.Email == "" {
      errors = append(errors, "Please enter your email address")
    }
    if responseData.Phone == "" {
      errors = append(errors, "Please enter your phone number")
    }
    if len(errors) > 0 {
      templates["form"].Execute(writer, formData {
        Rsvp: &responseData, Errors: errors,
      })
    } else {
      responses = append(responses, &responseData)
      if responseData.WillAttend {
        templates["thanks"].Execute(writer, responseData.Name)
      } else {
        templates["sorry"].Execute(writer, responseData.Name)
      }
    }
  }
}
...
```

애플리케이션은 사용자가 form 필드에 값을 제공하지 않으면 요청으로 빈 문자열("")을 전달할 것이다. 리스트 1-23 코드의 새로운 코드 실행문은 Name, Email, Phone 필드를 확인하고 값을 갖고 있지 않은 각 필드의 문자열 슬라이스에 메시지를 추가할 것이다. 내장 len 함수를 사용해 errors 슬라이스의 값의 개수를 가져오고, 에러가 있다면 템플릿이 전달받은 데이터의 에러 메시지를 포함해 form 템플릿의 콘텐츠를 다시 한번 렌더링한다. 에러가 없다면 thanks나 sorry 템플릿을 사용할 것이다.

리스트 1-24 명령어를 partyinvites 폴더 내에서 실행해 프로젝트를 컴파일하고 실행해보자.

리스트 1-24 프로젝트를 컴파일 및 실행

```
go run .
```

새로운 웹 브라우저 창을 열어 http://localhost:5000 URL을 요청하고 **RSVP Now** 버튼을 클릭해보자. 폼을 채우지 않고 **Submit RSVP** 버튼을 클릭하면 그림 1-4와 같이 경고 메시지를 확인할 수 있다. 폼을 채우고 다시 버튼을 클릭하면 최종 메시지를 확인할 수 있다.

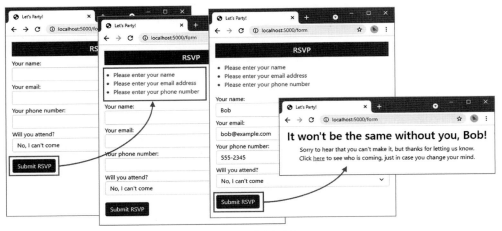

그림 1-4 데이터 검증

⊹ 요약

1장에서 Go 패키지를 설치하고 패키지에서 제공하는 도구를 사용해 단일 코드 파일과 기본적인 HTML 템플릿으로 동작하는 간단한 웹 애플리케이션을 생성했다. Go가 동작하는 방식을 확인했으니 2장에서는 책의 내용과 구성에 대해 설명하겠다.

## 2장

책의 내용과 구성

Golang으로 호칭되는 Go는 구글^{Google}에서 개발한 프로그래밍 언어로 전 세계적으로 많은 사용자를 갖고 있다. Go는 전반적으로 C와 유사하나 안전한 포인터 사용, 자동 메모리 관리, 유용하고 잘 작성된 표준 라이브러리를 제공한다.

왜 Go를 배워야 할까?

Go는 거의 모든 프로그래밍 작업에 사용할 수 있지만 서버 개발 또는 시스템 개발에 가장 적합하다. 광범위한 표준 라이브러리는 HTTP 요청 처리, SQL 데이터베이스 액세스 및 HTML 템플릿 렌더링과 같은 가장 일반적인 서버 측 작업에 대한 지원을 제공한다. Go는 뛰어난 스레드^{thread1} 지원을 제공하며 포괄적인 리플렉션^{reflection2} 시스템을 갖추고 있으므로 플랫폼 및 프레임워크에 대한 유연한 API를 작성할 수 있다.

Go는 완전한 개발 도구 세트를 함께 제공하고 우수한 코드 에디터를 지원하고 있으므로 개발자는 양질의 개발 환경을 쉽게 구성할 수 있다.

Go는 크로스 플랫폼^{cross-platform3}이다. 예를 들어 윈도우에서 Go 애플리케이션 코드를 작성하고 리눅스 서버에 배포할 수 있다. 또는 애플리케이션을 도커^{Docker} 컨테이너에 패키징해 공용 호스팅 플랫폼에 쉽게 배포할 수 있는데 예제에서 소개할 예정이다.

Go의 단점은 무엇인가?

Go는 배우기 어려울 수 있고 '의견이 있는' 언어이므로 사용하기 불편할 수 있다. Go의 의견

1　프로그램 내 특정 프로세스에서 실행되는 흐름의 단위를 의미한다(출처: 위키백과). – 옮긴이
2　프로그램 내 런타임 시점에 사용되는 구조와 행위를 관리하는 프로세스를 의미한다(출처: 위키백과). – 옮긴이
3　여러 종류의 컴퓨터 플랫폼에서 동작하는 것을 의미한다. – 옮긴이

은 통찰력^{insight} 있는 것부터 성가신 것까지 다양하다. 통찰력 있는 의견은 함수가 여러 결과를 반환하도록 허용하고 있으므로 단일 결과 값으로 성공 및 실패 결과를 모두 나타낼 필요가 없다는 것이다. 따라서 Go 사용자는 여러 결과 값을 반환하는 코드를 작성하며 신선하고 즐거운 경험을 할 수 있다. 또한 Go는 다른 프로그래밍 언어도 채택하고 싶어할 만큼 스레드에 대한 직관적이고 탁월한 지원을 제공한다.

Go의 성가신 의견은 컴파일러와 긴 논쟁을 갖게 한다. Go 사용자의 코딩 스타일이 Go 디자이너의 의견과 일치하지 않으면 사용자는 코드를 작성하며 아주 많은 컴파일러 에러를 마주할 것이다. 나처럼 오랫동안 코드를 작성하고 여러 언어에서 습득한 습관이 있다면 Go 컴파일러가 지난 30년 동안 주류 프로그래밍 언어에서 원활하게 컴파일되는 표현식에 대한 코드를 반복적으로 거부할 때 새롭고 혁신적인 욕설을 내뱉는 상황이 발생할 수 있다.

Go는 시스템 프로그래밍 및 서버 측 개발에 대한 분명한 편견을 갖고 있다. 예를 들어 Go는 UI 개발을 지원하는 패키지가 있지만 프론트 엔드 개발[4]은 Go가 자신 있는 영역은 아니다.

⁘ Go를 사용하는 것이 후회될까?

절대 아니다. Go는 시스템 프로그래밍이나 서버 개발 프로젝트에서 작업하는 경우 배울 가치가 충분하고 훌륭한 언어다. Go는 혁신적이고 효과적인 기능을 제공한다. 경험 많은 Go 개발자는 놀랄 만큼 적은 노력과 코드로 복잡한 애플리케이션을 쉽게 작성할 수 있다.

다만 이를 위한 노력이 필요하다는 것을 반드시 알고 Go를 공부해야 한다. Go 코드를 작성할 때 엄청난 컴파일러 에러를 마주하고 싶지 않다면 Go 디자이너의 선호가 더 중요하다는 것을 항상 명심해야 한다.

⁘ 무엇을 알아야 할까?

이 책은 숙련된 개발자를 위한 고급 수준의 책이다. 친절하게 프로그래밍을 가르쳐 주지 않으며 모든 예제를 따라가기 위해서 HTML과 같은 인접 주제를 이해해야 한다.

⁘ 이 책의 구조는 어떻게 돼 있는가?

크게 3부로 나누고 각 부에서 연관된 주제를 묶어 다룬다.

---

4   HTML, CSS, 자바스크립트(JavaScript) 등을 사용해 웹 사이트의 그래픽 사용자 인터페이스(GUI)를 개발하는 영역 – 옮긴이

1부: Go 언어 이해

Go 개발 도구와 Go에 대해 설명한다. Go 내장 자료형을 설명하고 사용자 정의 자료형을 생성하는 방법을 보여주고 흐름 제어, 에러 처리, 동시성과 같은 기능을 다룬다. 1부는 언어 기능에 대한 설명을 지원하는 데 필요하거나 언어 기능과 밀접하게 관련된 작업을 수행하는 Go 표준 라이브러리의 일부 기능을 포함한다.

2부: Go 표준 라이브러리 사용

광범위한 Go 표준 라이브러리에서 제공하는 가장 유용한 패키지에 대해 설명한다. 문자열 포매팅, 데이터 읽기 및 쓰기, HTTP 서버 및 클라이언트 생성, 데이터베이스 사용, 리플렉션에 대한 상당한 지원을 활용하는 것까지 많은 것을 배울 것이다.

3부: Go 활용

Go를 사용해 SportsStore라는 온라인 상점의 기반이 되는 맞춤형 웹 애플리케이션 프레임워크를 개발한다. 3부는 실제 프로젝트에서 발생하는 종류의 문제를 해결하는 과정을 보여주면서 Go와 표준 라이브러리를 함께 사용하는 방법을 보여줄 것이다. 1부와 2부의 예제는 한 번에 하나의 기능에 초점을 맞추고 있지만, 3부의 목적은 조합해 사용하는 기능을 보여주는 것이다.

이 책에서 다루지 않는 것은 무엇인가?

이미 언급했지만 광범위한 Go 표준 라이브러리에서 제공하는 모든 패키지를 다룰 수 없다. 또한 일부 Go 기능은 주류 개발에 유용하지 않기 때문에 생략한다. 이 책에서 설명한 기능은 대부분의 독자가 일반적인 상황에서 필요로 하는 기능이다.

책에서 다루지 않은 기능 중 배우고 싶은 기능이 있으면 저자에게 연락해 알려 주면 된다. 가장 많이 요청된 주제를 다음 판에서 다루도록 하겠다.

이 책의 오류를 발견하면 어떻게 하면 되는가?

다음 주소(adam@adam-freeman.com)로 이메일을 보내 오류를 알려 주면 된다. 먼저 책의 깃허브 저장소(https://github.com/apress/pro-go)에서 찾을 수 있는 이 책의 정오표/수정 목록을 확인하길 바란다.

독자를 혼란스럽게 할 수 있는 오류, 특히 예제 코드의 에러를 깃허브 저장소의 errata/

corrections 파일에 추가해 보고해 준다면 평생 감사함을 느낄 것이다. 예제의 설명 같은 비교적 덜 심각한 문제 역시 인지하고 새로운 판에서 수정할 것이다.

예제가 많은가?

아주 많은 예제가 있다. 무언가를 배우는 가장 좋은 방법은 예를 들어 보는 것으로 가능한 한 많은 예제 코드를 다룬다. 예제를 더 쉽게 따라갈 수 있도록 간단한 규칙을 만들어 가능할 때마다 규칙을 따라 예제 코드를 작성했다. 새 파일을 생성할 때 리스트 2-1과 같이 전체 소스 코드 내용을 나열한다. 모든 리스트 코드에는 해당 파일을 찾을 수 있는 폴더와 함께 목록 헤더에 있는 파일 이름을 포함하고 있다.

리스트 2-1 store 폴더 내 product.go 파일 소스 코드

```
package store

type Product struct {
  Name, Category string
  price float64
}

func (p *Product) Price(taxRate float64) float64 {
  return p.price + (p.price * taxRate)
}
```

리스트 2-1 코드는 13장에서 가져온 것으로 기능을 이해할 필요 없다. 리스트 2-1은 파일의 전체 내용을 보여주고 헤더가 파일의 이름과 프로젝트의 위치를 알려주고 있다는 것을 알면 된다.

코드를 변경할 때 리스트 2-2와 같이 변경된 명령문은 굵게 표시한다.

리스트 2-2 store 폴더 내 product.go 파일에서 생성자 정의

```
package store

type Product struct {
  Name, Category string
  price float64
}

func NewProduct(name, category string, price float64) *Product {
  return &Product{ name, category, price }
}

func (p *Product) Price(taxRate float64) float64 {
  return p.price + (p.price * taxRate)
}
```

리스트 2-2는 리스트 2-1 내용을 변경해야 하는 이후 예제에서 가져온 것이다. 예제를 따라갈 수 있도록 변경 사항은 굵게 표시한다.

몇몇 예제는 긴 소스 코드 내용 중 일부만 변경해야 한다. 변경하지 않는 부분을 나열하는 공간을 낭비하지 않기 위해 리스트 2-3과 같이 변경되는 영역만 표시한다. 리스트 2-3은 줄임표(…)로 시작하고 끝나기 때문에 소스 코드 내용 일부만 표시한 것을 알 수 있다.

리스트 2-3 data 폴더 내 main.go 파일에서 일치하지 않는 스캔

```
...
func queryDatabase(db *sql.DB) {
  rows, err := db.Query("SELECT * from Products")
  if (err == nil) {
    for (rows.Next()) {
      var id, category int
      var name int
      var price float64
      scanErr := rows.Scan(&id, &name, &category, &price)
      if (scanErr == nil) {
        Printfln("Row: %v %v %v %v", id, name, category, price)
      } else {
        Printfln("Scan error: %v", scanErr)
        break
      }
    }
  } else {
    Printfln("Error: %v", err)
  }
}
...
```

동일한 파일에서 다른 부분을 변경해야 하는 경우도 있다. 이 경우 리스트 2-4와 같이 간결하게 코드를 보여주기 위해 일부 요소나 명령문을 생략한다. 리스트 2-4는 새로운 using 문을 추가하고 기존 파일에 추가 메서드를 정의한다. 대부분은 변경되지 않고 생략한다.

리스트 2-4 data 폴더 내 main.go 파일에서 Transaction 사용

```
package main

import "database/sql"

// ...간결함을 위해 코드 생략...

func insertAndUseCategory(db *sql.DB, name string, productIDs ...int) (err error) {
  tx, err := db.Begin()
  updatedFailed := false
  if err == nil {
```

```
          catResult, err := tx.Stmt(insertNewCategory).Exec(name)
        if err == nil {
          newID, _ := catResult.LastInsertId()
          preparedStatement := tx.Stmt(changeProductCategory)
          for _, id := range productIDs {
            changeResult, err := preparedStatement.Exec(newID, id)
            if err == nil {
              changes, _ := changeResult.RowsAffected()
              if changes == 0 {
                updatedFailed = true
                break
              }
            }
          }
        }
      }
      if err != nil || updatedFailed {
        Printfln("Aborting transaction %v", err)
        tx.Rollback()
      } else {
        tx.Commit()
      }
      return
    }
```

리스트 2-4처럼 일부 요소나 명령문을 생략하면 더 많은 예제를 작성할 수 있지만 특정 기술을 찾기 어려울 수 있다. 따라서 장마다 기술을 설명하는 요약 표로 시작하고 1부 및 2부의 대부분의 장에는 특정 기능을 구현하는 데 사용하는 방법을 나열하는 빠른 참조 표를 포함하고 있다.

⦂ 예제에 필요한 소프트웨어는 무엇인가?

Go 개발에 필요한 유일한 소프트웨어는 1장에 설명했다. 이후의 장들에서 일부 타사 패키지를 설치하지만 이미 설치한 go 명령어를 사용해 설치할 수 있다. 3부에서 도커 컨테이너 도구를 사용하지만 이는 선택 사항이다.

⦂ 예제를 실행하는 플랫폼은 무엇인가?

모든 예제는 윈도우 및 리눅스(특히 우분투^{Ubuntu} 20.04)에서 테스트했으며 모든 타사 패키지가 해당 플랫폼을 지원한다. Go는 윈도우 및 리눅스 외 플랫폼도 지원하고 있으므로 예제 코드는 동작해야 하지만 만약 문제가 발생하면 내가 도움을 줄 수 있는 영역은 아니다.

예제를 따라가다 문제가 발생하면 어떻게 하는가?

가장 먼저 할 일은 예제가 있는 해당 장의 시작 부분으로 돌아가서 다시 시작하는 것이다. 대부분의 문제는 실수로 단계를 건너뛰거나 리스트에 굵게 표시된 변경 사항을 완전히 적용하지 않아 발생한다. 변경 사항에 주의를 기울여야 한다.

다음으로, 책의 깃허브 저장소에 포함된 errata/corrections 목록을 확인한다. 나와 편집자의 노력에도 기술 서적은 복잡하고 실수는 불가피하다. 대부분의 에러 목록과 이를 해결하기 위한 방법은 errata 목록에서 확인할 수 있다.

여전히 문제가 해결되지 않은 경우 책의 깃허브 저장소(https://github.com/apress/pro-go)에서 읽고 있는 장의 프로젝트를 다운로드해 비교한다. 각 장마다 깃허브 저장소에 프로젝트를 생성해 예제 코드를 생성하므로 동일한 내용의 동일한 파일이 있어야 한다.

깃허브 저장소에서 다운로드한 예제도 사용할 수 없다면 adam@adam-freeman.com으로 내게 연락해 도움을 요청할 수 있다. 어떤 책을 읽고 있고 어떤 장/예제가 문제를 일으키는지 이메일에 명시할 것을 부탁한다. 페이지 번호나 리스트 번호를 알려 주면 더욱 큰 도움이 될 것이다. 이메일이 많이 와서 바로 답장을 못하는 점은 미리 양해를 구한다.

어디에서 예제 코드를 다운로드할 수 있는가?

다음 링크(https://github.com/apress/pro-go)에서 이 책의 모든 장에서 다루는 예제를 프로젝트 형태로 다운로드할 수 있다.

일부 예제에서 이상한 형식이 있는 이유는 무엇인가?

Go는 특이한 형식 지정 방식을 사용한다. 즉 특정 지점에서만 명령문이 여러 줄로 분할될 수 있다. 이 경우 코드 에디터에서 문제를 인지하지 못하지만 특정 너비를 가진 인쇄 페이지에서 문제를 일으킬 수 있다. 특히 2장 이후 예제는 종이책에 적합한 어색한 형식의 긴 코드 행을 가질 수 있다.

저자와 어떻게 연락하는가?

다음 링크(adam@adam-freeman.com)로 내게 이메일을 보낼 수 있다. 저서에 이메일 주소를 게시한 지 몇 년이 지났다. 이메일 주소를 공개해 기쁘지만 한편으로 좋은 생각인지 확신하지 못한다. 전 세계의 다양한 산업에서 근무하거나 공부하는 독자로부터 이메일을 받았고, 대부분의 경우 이메일은 긍정적이고 정중해서 이메일을 수신하는 것은 즐거운 일이다.

즉시 답장을 보내려고 항상 노력하지만 많은 이메일을 받으며 종종 백로그[5]를 수신받아 답장이 느릴 수 있다. 특히 책을 끝내려고 머리를 숙일 때 답장이 느리다. 따라서 내게 연락하기 전 2장의 앞부분에서 설명한 단계를 먼저 따랐는지 확인하길 바란다. 나는 항상 책의 예제에 어려움을 겪는 독자를 돕기 위해 노력하고 있다.

독자의 이메일을 환영하지만 항상 "아니오"라고 대답하는 몇 가지 요청 사항이 있다. 나는 독자의 새로운 스타트업을 위해 코드를 작성하거나, 대학 과제를 돕거나, 개발 팀의 디자인 논쟁에 참여하거나, 프로그래밍 방법은 가르쳐 주지 않는다.

이 책에 대한 즐거움을 공유하고 싶은가?

다음 링크(adam@adam-freeman.com)로 내게 이메일을 보내 주길 바란다. 행복한 독자의 소식을 듣는 것은 항상 기쁜 일이며, 독자가 그 이메일을 보내기 위해 할애하는 시간까지 감사함을 느낀다. 기술 서적을 쓰는 것은 어려운 일이지만, 독자의 이메일은 때때로 불가능하다고 느끼는 활동을 지속시킬 수 있는 동기를 내게 제공한다.

이 책에 분노를 느끼고 불평을 하고 싶은가?

다음 링크(adam@adam-freeman.com)로 이메일을 보내 주면 도움을 줄 것을 약속한다. 다만 문제가 무엇인지 설명하고 이에 대해 내가 무엇을 해주기를 원하는지 명시해야만 도움을 줄 수 있다는 점을 알아주길 바란다. 때로는 내가 독자 한 명만을 위한 작가가 아니라는 것을 인정해야 한다. 책을 환불하고 다른 책을 선택하는 것이 나와 독자 모두를 위한 결정일 수도 있다. 독자의 분노에 대해 신중하게 그 이유를 고민하겠지만, 25년 동안 책을 쓰면서 나는 모두가 내 책을 즐길 수 없다는 것을 받아들이게 됐다.

요약

2장에서 책의 내용과 구성에 대해 간략하게 소개했다. Go를 배우는 최고의 방법은 직접 코드를 작성해보는 것이다. 이를 위해 3장에서 Go에서 제공하는 도구를 설명하겠다.

---

5   개발해야 할 기능이나 제품에서 요구하는 기능과 우선순위를 의미한다. - 옮긴이

Go 도구 사용

3장에서는 1장에서 Go 패키지의 일부로 설치한 Go 개발 도구를 설명한다. Go 프로젝트의 기본 구조를 설명하고 Go 코드를 컴파일 및 실행하는 방법을 설명하고 방법을 보여줄 것이다. Go 애플리케이션용 디버거[1]를 설치하고 사용할 것이다. 또한 Go 린팅[linting2] 및 서식 도구에 대해서도 설명한다.

> **■ 팁 ■**
>
> 3장을 포함한 이 책의 모든 예제 프로젝트는 다음 링크(https://github.com/apress/pro-go)에서 다운로드할 수 있다. 예제 프로젝트를 진행하다 어려움이 생겼을 때 2장을 참고하면 도움받을 수 있는 방법을 알 수 있다.

❖ Go 명령어 사용

go 명령어는 Go 코드를 컴파일하고 실행하는 데 필요한 모든 기능을 제공하며 이 책의 모든 예제를 실행할 때 사용한다. 1장에서 Go 소스 코드를 컴파일하고 실행하기 위해 사용한 run 인자(.)와 같이 go 명령어와 함께 사용하는 인자는 수행할 작업을 지정한다. Go는 많은 명령어 인자를 지원한다. 표 3-1은 가장 유용한 명령어 인자를 설명한다.

표 3-1 가장 유용한 go 명령어 인자

인자	설명
build	go build 명령어는 3장의 '소스 코드 컴파일 및 실행' 절에서 설명할 것이고 현재 디렉터리의 소스 코드를 컴파일하고 실행 파일을 생성한다.
clean	go clean 명령어도 마찬가지로 3장의 '소스 코드 컴파일 및 실행' 절에서 설명할 것이고 빌드 중에 생성된 실행 파일 및 임시 파일을 포함해 go build 명령어가 생성한 결과물을 제거한다.

(이어짐)

---

1 디버거(debugger) 또는 디버깅 도구(debugging tool)는 프로그램을 테스트하고 디버깅하는 작업을 도와주는 소프트웨어다. – 옮긴이
2 소스 코드를 분석해 잠재적인 에러를 예방해주는 정적 분석 도구다. – 옮긴이

인자	설명
doc	go doc 명령어는 소스 코드에서 문서를 생성한다. 3장의 'Go 코드 린팅' 절에서 간단한 예제를 소개한다.
fmt	go fmt 명령어는 3장의 'Go 코드 서식 지정' 절에서 설명할 것이고 소스 코드 파일에서 일관된 들여쓰기 및 정렬을 보장한다.
get	go get 명령어는 12장에서 설명할 것이고 외부 패키지를 다운로드하고 설치한다.
install	go install 명령어는 3장의 'Go 코드 디버깅' 절에서 설명할 것이고 패키지를 다운로드하고 일반적으로 도구 패키지를 설치하는 데 사용한다.
help	go help 명령어는 다른 Go 기능에 대한 도움말 정보를 표시한다. 예를 들어 go help build 명령은 빌드 인수에 대한 정보를 표시한다.
mod	go mod 명령어는 3장의 '모듈 정의' 절에서 설명할 것이고 Go 모듈을 만들고 관리하는 데 사용한다. 더 자세한 설명은 12장을 참고한다.
run	go run 명령어는 3장의 'Go Run 명령어 사용' 절에 설명할 것이고 실행 가능한 출력을 생성하지 않고 지정된 폴더에서 소스 코드를 빌드하고 실행한다.
test	go test 명령어는 31장에서 설명할 것이고 유닛 테스트를 실행한다.
version	go version 명령어는 Go 버전 숫자를 출력한다.
vet	go vet 명령어는 3장의 'Go 코드 내 보편적인 문제 해결' 절에서 설명할 것이고 Go 코드의 일반적인 문제를 감지한다.

⫶ Go 프로젝트 생성

Go 프로젝트는 복잡한 구조가 없고 빠른 설정이 가능하다. 새로운 CMD 창을 열고 원하는 위치에 tools 폴더를 생성한다. 리스트 3-1의 소스 코드 내용을 담은 main.go 파일을 생성해 tools 폴더에 추가해보자.

리스트 3-1 tools 폴더 내 main.go 파일 소스 코드

```
package main

import "fmt"

func main() {
  fmt.Println("Hello, Go")
}
```

Go 언어는 3장 이후 장에서 자세히 다루겠지만 그림 3-1은 main.go 파일의 주요 요소를 보여준다.

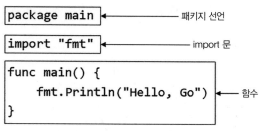

그림 3-1 코드 파일 내 주요 요소

패키지 선언 이해

첫 번째 코드 실행문은 패키지 선언이다. 패키지는 관련 기능을 그룹화하는데 모든 코드 파일은 해당 내용이 속하는 패키지를 선언해야 한다. 그림 3-2와 같이 package 키워드를 사용해 패키지 이름을 명시해 패키지를 선언한다. 그림 3-2 파일 실행문은 main 패키지를 지정한다.

그림 3-2 코드 파일 내 패키지 이름 명시

import 문 이해

다음 코드 실행문은 다른 패키지에 의존성을 선언하기 위해 사용하는 import 문이다. import 키워드 뒤에는 그림 3-3과 같이 큰따옴표로 묶인 패키지 이름이 온다. 리스트 3-1의 import 문은 fmt라는 패키지를 지정한다. fmt 패키지는 포매팅한 문자열을 읽고 쓰기 위한 Go 내장 패키지다(17장에서 자세히 설명할 것이다).

> **■ 팁 ■**
>
> 모든 Go 내장 패키지는 다음 링크(https://pkg.go.dev/std)에서 확인할 수 있다.

그림 3-3 패키지 의존성 선언

함수 이해

main.go 파일의 나머지 코드 실행문은 main 함수를 정의한다. 8장에서 함수에 대해 자세히 설명할 것이지만 main 함수의 기능은 특별하다. main 패키지에서 main 함수를 정의하는 것은 진입점을 생성하는 것이다. 진입점은 커맨드 라인command-line3 애플리케이션에서 실행을 시작하는 곳이다. 그림 3-4는 main 함수의 구조를 보여준다.

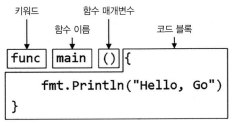

그림 3-4 main 함수의 구조

Go 함수의 기본 구조는 다른 언어와 유사하다. func 키워드는 함수를 나타내며 함수 이름이 뒤에 온다. 예제의 함수 이름은 main이다.

리스트 3-1 main 함수는 매개변수를 정의하지 않으므로 빈 괄호로 표시해 아무런 결과도 생성하지 않는다. 이후 예제에서 더 복잡한 함수를 설명하겠지만 간단한 함수로 시작해도 충분하다.

함수의 코드 블록은 함수를 호출할 때 실행할 코드 실행문을 포함한다. main 함수는 진입점이므로 프로젝트를 컴파일하고 실행할 때 main 함수를 자동으로 호출한다.

코드 실행문 이해

main 함수는 단일 코드 실행문을 포함한다. import 문을 사용해 패키지 의존성을 선언하면 패키지 참조를 통해 패키지의 기능을 사용할 수 있다. 기본적으로 패키지 참조는 그림 3-5와 같이 fmt 패키지 참조를 통해 fmt 패키지가 제공하는 기능을 사용할 수 있다.

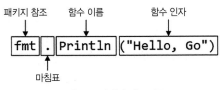

그림 3-5 패키지 기능 접근

위 코드 실행문은 fmt 패키지에서 제공하는 Println 함수를 호출한다. Println 함수는 표준 출력에 문자열을 기록하는 기능을 제공하는데 프로젝트를 빌드하고 실행할 때 콘솔에 Hello, Go를 출력한다.

---

3 사용자가 키보드를 사용해 터미널을 통해 문자열의 형태로 컴퓨터와 상호 작용할 수 있도록 하는 텍스트 기반 애플리케이션이다.
   – 옮긴이

함수를 호출하기 위해 패키지 이름, 마침표, 함수 이름(fmt.Println)을 명시한다. Println 함수에는 콘솔에 출력할 하나의 문자열 인자를 전달한다.

Go 코드에서 세미콜론 사용

Go는 세미콜론에 특이한 접근 방식을 갖고 있다. 세미콜론은 코드 실행문을 종료하는 데 필요하지만 소스 코드 파일에서 필요하지 않다. Go 빌드 도구가 개발자가 직접 세미콜론을 추가한 것처럼 파일을 처리할 때 세미콜론이 어디로 가야 하는지 파악하도록 동작한다.

그 결과 Go 소스 코드 파일에서 세미콜론을 사용할 수 있지만 필수는 아니며 일반적으로 생략한다.

일반적인 Go 코드 스타일을 따르지 않으면 몇 가지 이상한 일이 발생할 수 있다. 예를 들어 다음과 같이 함수 또는 for 반복문을 여는 중괄호를 개별 라인에 넣으려고 하면 컴파일러 에러가 발생한다.

```
package main

import "fmt"

func main()
{
  fmt.Println("Hello, Go")
}
```

에러는 예상치 못한 세미콜론 사용과 함수 코드 블록 누락을 보고한다. Go 빌드 도구가 다음과 같이 자동으로 세미콜론을 삽입했기 때문이다.

```
package main

import "fmt"

func main();
{
  fmt.Println("Hello, Go")
}
```

에러 메시지가 발생하는 이유를 이해하면 에러 메시지를 쉽게 이해할 수 있다. 선호하는 중괄호 배치 방식이 있어도 Go가 예상하는 코드 서식으로 조정해야 한다.

나는 이 책 전체에서 세미콜론 없는 규칙을 따르려고 노력했지만 수십 년 동안 세미콜론이 필요한 언어로 코드를 작성해 왔으며 순전히 습관적으로 세미콜론을 추가한 예제를 발견한 적도 있다. 'Go 포매팅 지정' 절에서 설명하는 go fmt 명령어는 세미콜론을 제거하고 다른 서식 지정 문제를 조정하기 위해 사용한다.

⋮⋮ 소스 코드 컴파일 및 실행

go build 명령어는 Go 소스 코드를 컴파일하고 실행 파일을 생성한다. tools 폴더에서 리스트 3-2의 명령어를 실행해 코드를 컴파일해보자.

리스트 3-2 컴파일러 사용

```
go build main.go
```

컴파일러는 main.go 파일의 코드 실행문을 처리하고 윈도우에서 main.exe, 다른 플랫폼에서는 main 실행 파일을 생성한다(3장의 '모듈 정의' 절에서 모듈을 소개하면 컴파일러는 더 유용한 이름을 가진 파일을 생성하기 시작한다).

tools 폴더에서 리스트 3-3의 명령어를 실행해 실행 파일을 실행해보자.

리스트 3-3 실행 파일 실행

```
./main
```

프로젝트의 진입점(main 패키지의 main 함수)을 실행하면 다음 출력 결과를 생성한다.

```
Hello, Go
```

Go 컴파일러 설정

대부분의 프로젝트는 기본 설정으로 충분하지만 Go 컴파일러는 추가 인자를 사용해 구성할 수 있다. 가장 유용한 두 가지 설정은 파일 변경 사항이 없어도 재빌드를 강제 실행하는 -a 옵션과 컴파일된 실행 파일의 이름을 지정하는 -o 옵션이다. go help build 명령어를 사용해 go build 명령어에 사용 가능한 전체 옵션 목록을 확인할 수 있다. 기본적으로 컴파일러는 실행 파일을 생성하지만 다양한 출력을 사용할 수 있다. 자세한 내용은 다음 링크(https://pkg.go.dev/cmd/go#hdr-Build_modes)를 참조하라.

정리

컴파일 과정에서 생성한 결과물을 제거하기 위해 tools 폴더 위치에서 리스트 3-4의 명령어를 실행해보자.

리스트 3-4 정리

```
go clean main.go
```

소스 코드 파일만 남겨두고 이전 절에서 컴파일해 생성한 실행 파일은 사라진다.

Go Run 명령어 사용

일반적으로 go run 명령어를 실행해 개발을 한다. tools 폴더 위치에서 리스트 3-5의 명령어를 실행해보자.

리스트 3-5 Go Run 명령어 사용

```
go run main.go
```

리스트 3-5 명령어는 main.go 파일을 tools 폴더에 실행 파일을 생성하지 않고 컴파일 및 실행을 한다. 사실 실행 파일을 생성하지만 임시 폴더에서 실행한다. 1장에서 go run 명령어를 사용할 때마다 윈도우 방화벽이 권한을 찾는 이유가 바로 go run 명령어를 사용할 때마다 새로운 실행 파일이 새로운 임시 폴더에 생성되기 때문이다.

리스트 3-5 명령어는 다음과 같은 출력을 생성한다.

```
Hello, Go
```

모듈 정의

이전 절에서 코드 파일을 생성하는 것만으로도 개발을 시작할 수 있다는 것을 확인했다. 그러나 보다 일반적인 접근 방식은 새 프로젝트를 시작할 때 Go 모듈을 생성하는 것이다. Go 모듈을 생성하면 프로젝트에서 타사 패키지를 쉽게 사용할 수 있고 빌드 과정을 단순화할 수 있다. tools 폴더 위치에서 리스트 3-6의 명령어를 실행해보자.

리스트 3-6 모듈 생성

```
go mod init tools
```

리스트 3-6 명령어는 tools 폴더에 go.mod 파일을 추가한다. 대부분의 프로젝트가 go mod init 명령어로 시작하는 이유는 빌드 프로세스를 단순화하기 위해서다. 특정 코드 파일을 지정하는 대신 현재 폴더 위치에 있는 프로젝트를 나타내는 마침표를 사용해 프로젝트를 빌드하고 실행할 수 있다.

코드 파일의 이름을 지정하지 않고 포함된 코드를 컴파일하고 실행하기 위해서 tools 폴더 위치에서 리스트 3-7의 명령어를 실행해보자.

리스트 3-7 프로젝트 컴파일 및 실행

```
go run .
```

go.mod 파일은 다른 용도가 있지만(이후의 장들에서 설명할 것이다) 이 책의 모든 예제는 빌드 과정을 단순화하기 위해 go mod init 명령어를 사용한다.

⊹ Go 코드 디버깅

Go 애플리케이션을 위한 표준 디버거는 Delve라고 한다. 타사 도구지만 Go 개발 팀에서 잘 지원하고 권장하고 있는 디버거다. Delve는 윈도우, 맥OS, 리눅스, FreeBSD를 지원한다. Delve 패키지를 설치하려면 새로운 CMD 창을 열고 리스트 3-8의 명령어를 실행해보자.

> **▪ 팁 ▪**
>
> 각 플랫폼에 대한 자세한 설치 지침은 다음 링크(https://github.com/go-delve/delve/tree/master/Documentation/installation)에서 확인할 수 있다. 선택한 운영체제에 대해 추가 구성이 필요할 수 있다.

리스트 3-8 디버거 패키지 설치

```
go install github.com/go-delve/delve/cmd/dlv@latest
```

go install 명령어는 패키지를 다운로드 및 설치하며 디버거와 같은 도구를 설치하는 데 사용한다. 유사한 명령어로 go get 명령어는 애플리케이션에 포함할 기능을 제공하는 패키지를 다운로드 및 설치한다. 12장에서 go get 명령어를 사용하는 것을 보일 것이다.

디버거 설치를 확인하려면 리스트 3-9의 명령어를 실행한다.

리스트 3-9 디버거 실행

```
dlv version
```

dlv 명령어를 찾을 수 없다는 에러 메시지를 출력하면 dlv를 설치한 경로를 직접 지정해볼 수 있다. 기본적으로 dlv 명령어는 리스트 3-10과 같이 ~/go/bin 폴더 위치에 설치한다(GOPATH 환경 변수를 설정해 재정의할 수 있다).

리스트 3-10 dlv 경로 지정해 디버거 실행

```
~/go/bin/dlv
```

패키지를 정상적으로 설치했다면 다음과 같은 출력 결과를 확인할 수 있다. 버전 숫자와 빌드 ID는 다를 수 있다.

```
Delve Debugger
Version: 1.7.1
Build: $Id: 3bde2354aafb5a4043fd59838842c4cd4a8b6f0b $
```

나는 Delve와 같은 디버거를 좋아하지만 주로 사용하는 디버깅 기술인 Println 함수를 사용해 파악할 수 없는 문제에만 디버거를 사용한다. 나는 Println을 사용하는 것이 빠르고 간단하며 신뢰할 수 있으며 대부분의 버그(적어도 내 코드에서)는 함수가 예상한 값을 받지 못했거나 특정 코드가 실행되지 않기 때문에 발생한다고 생각한다. 이러한 간단한 문제는 콘솔 출력 메시지로 쉽게 파악할 수 있다.

Println 메시지의 출력이 도움이 되지 않으면 디버거를 시작하고 중단점을 설정한 다음 코드를 단계별로 실행할 수 있다. 그럼에도 문제의 원인을 파악하고 나면 이론을 확인하기 위해 Println 문으로 돌아가는 경향이 있다.

많은 개발자가 디버거가 어색하거나 혼란스럽다는 사실을 인정하기를 꺼리고 비밀리에 Println 함수를 사용한다. 디버거는 개발자를 혼란스럽게 하니 원하는 대로 디버깅 작업을 하기 위해 다른 도구를 사용할 수 있다. Println 함수와 디버거는 상호 보완적인 도구로 디버깅 작업이 어떻게 수행되는지와 상관없이 중요한 것은 버그를 수정하는 것이다.

디버거 준비

기존 main.go 파일은 디버깅 작업을 하기에 충분한 코드를 포함하고 있지 않다. 리스트 3-11을 참고해 일련의 숫자 값을 출력하는 반복문을 추가해보자.

리스트 3-11 tools 폴더 내 main.go 파일에 반복문 추가

```
package main

import "fmt"

func main() {
  fmt.Println("Hello, Go")
  for i := 0; i < 5; i++ {
    fmt.Println(i)
  }
}
```

6장에서 for 구문에 대해 설명할 예정이고 3장에서는 단지 어떻게 디버거가 동작하는지를 보이기 위해 코드 실행문을 추가했다. go run . 명령어로 코드를 컴파일 및 실행하면 다음과 같이 출력 결과를 확인할 수 있다.

```
Hello, Go
0
1
2
3
4
```

디버거 사용

디버거로 디버깅 작업을 시작하기 위해 tools 폴더 위치에서 3-12의 명령어를 실행해보자.

리스트 3-12 디버거 시작

```
dlv debug main.go
```

리스트 3-12 명령어는 텍스트 기반 디버깅 클라이언트를 시작한다. 처음에는 혼란스러울 수 있지만 클라이언트 동작 방식에 익숙해지면 디버깅 작업에 매우 유용하다. 먼저 리스트 3-13과 같이 코드에서 위치를 지정해 수행되는 중단점을 만들어 보자.

리스트 3-13 중단점 생성

```
break bp1 main.main:3
```

break 명령어는 중단점을 만든다. 인자는 중단점의 이름과 위치를 지정한다. 위치는 다양한 방식으로 지정할 수 있지만 리스트 3-13에서 사용된 위치는 그림 3-6과 같이 패키지, 해당 패키지 내의 함수 및 해당 함수 내의 라인을 지정한다.

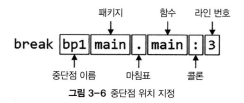

그림 3-6 중단점 위치 지정

중단점의 이름은 bp1이고 위치는 main 패키지 내 main 함수의 세 번째 줄을 지정한다. 디버거는 다음과 같이 확인 메시지를 표시한다.

```
Breakpoint 1 set at 0x697716 for main.main() c:/tools/main.go:8
```

다음으로 지정한 표현식이 true일 때만 실행이 중지되도록 중단점에 대한 조건을 생성해보자. 리스트 3-14 명령어를 디버거에 입력하고 Return 키를 누른다.

리스트 3-14 디버거 내 중단점 조건 명시

```
condition bp1 i == 2
```

condition 명령어의 인자로 중단점과 표현식을 지정한다. condition 명령어는 bp1이라는 중단점이 i == 2 식이 참인 경우에만 실행을 중지해야 한다고 디버거에 알려 준다. 실행을 시작하려면 리스트 3-15 명령어를 입력하고 Return 키를 누른다.

리스트 3-15 디버거 실행 시작

```
continue
```

디버거는 코드를 실행하기 시작하고 다음과 같은 출력 결과를 생성한다.

```
Hello, Go
0
1
```

리스트 3-15에 지정한 조건식이 true일 때 실행을 중지한다. 디버거는 실행을 중지하는 지점과 코드를 보여주는데 이 부분은 다음과 같이 굵게 표시했다.

```
> [bp1] main.main() c:/tools/main.go:8 (hits goroutine(1):1 total:1) (PC: 0x207716)
      3: import "fmt"
      4:
      5: func main() {
      6:   fmt.Println("Hello, Go")
      7:   for i := 0; i < 5; i++ {
=>    8:     fmt.Println(i)
      9:   }
     10: }
```

디버거는 애플리케이션의 상태를 검사하고 변경하기 위한 명령어를 제공한다. 가장 유용한 것 명령어는 표 3-2에 나와 있다. 디버거가 지원하는 전체 명령어 집합은 다음 링크(https://github.com/go-delve/delve)에서 확인할 수 있다.

표 3-2 유용한 디버거 상태 명령어

명령어	설명
print ⟨expr⟩	표현식을 평가하고 결과를 표시한다. 값을 표시하거나(print i) 더 복잡한 테스트(i > 0 인쇄)를 수행하는 데 사용할 수 있다.
set ⟨variable⟩ = ⟨value⟩	지정한 변수의 값을 변경한다.
locals	모든 지역 변수의 값을 출력한다.
whatis ⟨expr⟩	whatis i와 같이 지정한 표현식의 타입을 출력한다. 4장에서 Go 타입에 대해 설명한다.

리스트 3-16의 명령어를 실행해 i 변수의 현재 값을 출력해보자.

리스트 3-16 디버거로 값 출력

```
print i
```

디버거는 변수의 현재 값인 2를 출력한다. 응답 2는 리스트 3-16에 있는 중단점에서 지정한 조건과 일치하는 값이다. 디버거는 실행 제어를 위한 전체 명령어 집합을 제공하고 그중 가장 유용한 명령어는 표 3-3에서 확인할 수 있다.

표 3-3 유용한 디버거 실행 제어 명령어

명령어	설명
continue	애플리케이션 실행을 재개한다.
next	다음 코드 실행문으로 이동한다.
step	현재 코드 실행문으로 이동한다.
stepout	현재 코드 실행문에서 나온다.
restart	작업을 재시작한다. 실행을 시작하기 위해 continue 명령어를 사용한다.
exit	디버거를 종료한다.

실행을 재개하기 위해 continue 명령어를 입력하면 다음과 같이 출력 결과를 확인할 수 있다.

```
2
3
4
Process 3160 has exited with status 0
```

중단점으로 지정한 조건을 더 이상 충족하지 않으면 프로그램을 종료할 때까지 실행한다. exit 명령어를 사용해 디버거를 종료하고 CMD 창으로 돌아갈 수 있다.

Delve 에디터 플러그인 사용

Delve는 Go 전용 UI 기반 디버깅 환경을 생성하는 다양한 에디터 플러그인을 지원한다. 플러그인의 전체 목록은 다음 링크(https://github.com/go-delve/delve)에서 찾을 수 있다. VSCode에서 Go 언어 도구를 설치하면 자동으로 플러그인을 설치해 최고의 Go/Delve 디버깅 경험을 할 수 있다.

VSCode를 사용하는 경우 코드 에디터의 여백을 클릭해 중단점을 만들고 실행 메뉴에서 디버거 시작 명령으로 디버거를 시작할 수 있다.

에러가 발생하거나 환경을 선택하라는 메시지를 보면 main.go 파일을 열어 코드 편집창에서 코드 문을 클릭한 다음 실행 메뉴에서 디버거 시작 명령으로 디버거를 재시작한다.

VSCode(또는 다른 코드 에디터)를 사용해 그림 3-7과 같이 조건부 중단점이 실행을 중지한 후 디버거를 보여주고 이전 절의 커맨드 라인 예제를 다시 생성해보자.

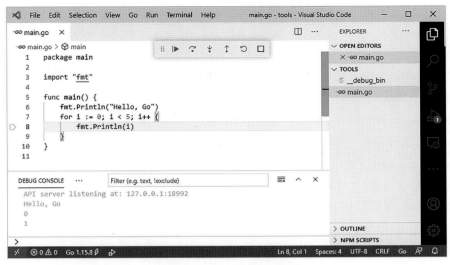

그림 3-7 Delve 에디터 플러그인 사용

✛ Go 코드 린팅

린터linter는 혼동을 일으키거나 예기치 않은 결과를 생성하거나 코드의 가독성을 줄이는 문제를 설명하는 일련의 규칙을 사용해 코드 파일을 검사하는 도구다. Go가 가장 많이 사용하는 린터는 golint로 두 가지 소스에서 가져온 규칙을 적용한다. 첫 번째는 구글에서 제작한 Effective Go 문서(https://golang.org/doc/effective_go.html)로 명확하고 간결한 Go 코드 작성 요령을 제공한다. 두 번째 소스는 코드 리뷰(https://github.com/golang/go/wiki/CodeReviewComments)의 주석 모음이다.

golint의 문제는 구성 옵션을 제공하지 않고 항상 모든 규칙을 적용하므로 관심 없는 규칙에 대한 긴 경고 목록에서 관심 있는 경고를 놓칠 수 있다는 것이다. 나는 golint를 대체하는 revive 린터 패키지를 더 선호하는데 revive 패키지는 적용되는 규칙을 제어하는 기능을 지원한다. revive 패키지를 설치하려면 새로운 CMD 창을 열고 리스트 3-17의 명령어를 실행한다.

리스트 3-17 린터 패키지 설치

```
go install github.com/mgechev/revive@latest
```

린팅의 기쁨과 불행 – 장점과 단점

린터는 특히 기술과 경험이 혼합된 수준의 개발 팀에서 좋은 도구가 될 수 있다. 린터는 예기치 않은 동작이나 장기적인 유지 관리 문제로 이어지는 일반적인 문제와 미묘한 에러를 감지할 수 있다. 나는 주요 애플리케이션 기능 개발을 완료하거나 코드를 버전 제어에 커밋하기 전에 린팅

프로세스를 통해 코드를 실행하는 것을 좋아한다.

그러나 린터는 팀 내 한 개발자의 개인 선호도를 적용하기 위해 규칙을 사용할 때 분열과 분쟁의 도구가 될 수 있다. 린터의 독단적인 동작은 개인 선호도를 무시하기 때문이다. 개발자들이 서로 다른 코딩 스타일에 대해 논쟁할 때 너무 많은 시간을 할애하기보다는 린터를 사용해 모든 사람이 같은 방식으로 작성하는 것이 더 낫다.

내 경험에 의하면 개발자는 더 나은 논쟁 거리를 찾는 것이 현명하다. 개인의 코딩 스타일을 강요하는 것은 종종 한 사람의 선호도를 전체 개발 팀에 필수로 만들기 위한 변명일 뿐이다.

개별 규칙을 비활성화할 수 없기 때문에 3장에서 인기 있는 golint 패키지를 사용하지 않았다. 나는 golint 개발자의 강력한 의견을 존중하지만 golint를 사용하면 내가 알지도 못하는, 들여쓰기에 화가 난 누군가와 계속 논쟁을 하고 있는 것보다 더 안 좋은 감정이 든다.

내 조언은 린터를 가끔 사용하고 실제 문제를 일으킬 이슈에 집중하는 것이다. 개발자가 자연스럽게 자신을 표현할 수 있는 자유를 주고 프로젝트에 가시적인 영향을 끼치는 문제에만 집중할 수 있는 것이 효율적이다. Go의 독단적인 기풍에 어긋나는 것이지만 내 생각은 린터가 아무리 좋은 의도를 갖고 있더라도 임의의 규칙을 맹목적으로 시행하면 생산성이 좋지 못하다.

린터 사용

main.go 파일은 너무 간단해서 린터가 강조 표시하는 데 문제가 발생하지 않는다. 리스트 3-18에 표시된 코드 실행문을 추가해보자. 새로운 코드 실행문은 린터가 적용한 규칙을 준수하지 않았지만 정상적인 Go 코드다.

리스트 3-18 tools 폴더 내 main.go 파일에 코드 실행문 추가

```
package main

import "fmt"

func main() {
  PrintHello()
  for i := 0; i < 5; i++ {
    PrintNumber(i)
  }
}

func PrintHello() {
  fmt.Println("Hello, Go")
}
func PrintNumber(number int) {
  fmt.Println(number)
}
```

변경 사항을 저장하고 CMD를 사용해 리스트 3-19의 명령어를 실행해보자(dlv 명령어와 마찬가지로 이 명령어를 실행하려면 홈 폴더에 go/bin 경로를 지정해야 할 수도 있다).

리스트 3-19 린터 실행

```
revive
```

린터는 main.go 파일을 검사하고 다음과 같은 문제를 보고한다.

```
main.go:12:1: exported function PrintHello should have comment or be unexported
main.go:16:1: exported function PrintNumber should have comment or be unexported
```

12장에서 설명하겠지만 이름이 대문자로 시작하는 함수는 export가 가능해 정의된 패키지 외부에서 사용할 수 있다. 린터가 요구하는 export한 함수에 대한 규칙은 설명 주석을 제공하는 것이다. 린터는 PrintHello 및 PrintNumber 함수에 대한 주석이 없다는 사실에 플래그를 지정했다. 리스트 3-20은 함수 중 하나에 주석을 추가한다.

리스트 3-20 tools 폴더 내 main.go 파일에 주석 추가

```go
package main

import "fmt"

func main() {
  PrintHello()
  for i := 0; i < 5; i++ {
    PrintNumber(i)
  }
}

func PrintHello() {
  fmt.Println("Hello, Go")
}

// PrintNumber 함수는 fmt.Println 함수를 사용해서 숫자를 출력한다.
func PrintNumber(number int) {
  fmt.Println(number)
}
```

revive 명령어를 다시 실행하면 린터는 PrintNumber 함수에 대한 다른 에러를 표시할 것이다.

```
main.go:12:1: exported function PrintHello should have comment or be unexported
main.go:16:1: comment on exported function PrintNumber should be of the form
"PrintNumber ..."
```

일부 린터 규칙은 요구 사항에 따라 다르다. 린터가 Effective Go가 주석에 함수 이름으로 시작하는 문장을 포함해야 하고 다음 링크(https://golang.org/doc/effective_go.html#commentary)에서 설명하는 대로 함수의 목적에 대한 간결한 개요를 제공해야 한다고 명시하기 때문에 리스트 3-20의 주석을 허용하지 않는다. 리스트 3-21은 린터의 요구 사항에 맞는 구조를 따르도록 주석을 수정한다.

리스트 3-21 tools 폴더 내 main.go 파일에 주석 수정

```go
package main

import "fmt"

func main() {
  PrintHello()
  for i := 0; i < 5; i++ {
    PrintNumber(i)
  }
}

func PrintHello() {
  fmt.Println("Hello, Go")
}

// PrintNumber 함수는 fmt.Println 함수를 사용해서 숫자를 출력한다.
func PrintNumber(number int) {
  fmt.Println(number)
}
```

revive 명령을 다시 실행하면 린터는 PrintNumber 함수에 대한 에러를 보고하지 않지만 PrintHello 함수에는 주석이 없기 때문에 여전히 경고 표시를 한다.

Go 문서 이해

린터가 주석에 대해 엄격한 이유는 소스 코드 주석에서 문서를 생성하는 go doc 명령어를 사용하기 때문이다. go doc 명령어를 사용하는 방법에 대한 자세한 내용은 다음 링크(https://blog.golang.org/godoc)에서 확인할 수 있지만 tools 폴더에서 go doc -all 명령어를 실행해 문서에 주석을 사용하는 방법을 직접 확인할 수 있다.

린터 규칙 비활성화

revive 패키지는 코드 섹션에 대한 하나 이상의 규칙을 비활성화하는 코드 파일의 주석을 사용해 구성할 수 있다. 리스트 3-22에서 PrintNumber 함수에 대한 경고를 유발하는 규칙을 비활성화하기 위해 주석을 사용해보자.

```
package main

import "fmt"

func main() {
  PrintHello()
  for i := 0; i < 5; i++ {
    PrintNumber(i)
  }
}

// revive:disable:exported

func PrintHello() {
  fmt.Println("Hello, Go")
}

// revive:enable:exported

// PrintNumber 함수는 fmt.Println 함수를 사용해서 숫자를 출력한다.
func PrintNumber(number int) {
  fmt.Println(number)
}
```

린터를 제어하는 데 필요한 구문은 revive이고 그 뒤에 콜론, enable(활성화) 또는 disable(비활성화)가 오고 추가적으로 다른 콜론과 린터 규칙의 이름이 온다. 예를 들어 revive:disable:exported 주석은 린터가 경고를 생성한 규칙인 exported 규칙을 시행하는 것을 방지한다. revive:enable:exported 주석은 이후 코드 실행문에서 적용할 수 있도록 규칙을 활성화한다.

다음 링크(https://github.com/mgechev/revive#available-rules)에서 린터가 지원하는 규칙 목록을 확인할 수 있다. 또는 주석에서 규칙 이름을 생략해 모든 규칙의 적용을 제어할 수 있다.

린터 설정 파일 생성

코드 주석을 사용하면 코드의 특정 영역에 대한 경고를 표시하지 않고 프로젝트의 다른 위치에 규칙을 적용하려는 경우에 유용하다. 규칙을 전혀 적용하지 않으려면 TOML 형식 구성 파일을 사용할 수 있다. 리스트 3-23에 표시된 내용과 함께 tools 폴더에 revive.toml 파일을 추가해보자.

> **▪ 팁 ▪**
>
> TOML 형식은 설정 파일을 위한 것이며 다음 링크(https://toml.io/en)에서 설정 파일 구성 방법을 확인할 수 있다. 모든 revive 설정 구성 옵션은 다음 링크(https://github.com/mgechev/revive#configuration)에서 확인할 수 있다.

리스트 3-23 tools 폴더 내 revive.toml 파일 내용

```
ignoreGeneratedHeader = false
severity = "warning"
confidence = 0.8
errorCode = 0
warningCode = 0

[rule.blank-imports]
[rule.context-as-argument]
[rule.context-keys-type]
[rule.dot-imports]
[rule.error-return]
[rule.error-strings]
[rule.error-naming]
#[rule.exported]
[rule.if-return]
[rule.increment-decrement]
[rule.var-naming]
[rule.var-declaration]
[rule.package-comments]
[rule.range]
[rule.receiver-naming]
[rule.time-naming]
[rule.unexported-return]
[rule.indent-error-flow]
[rule.errorf]
```

exported 규칙을 활성화하는 항목 앞에 # 문자를 넣은 점을 제외하고 다음 링크(https:// github.com/mgechev/revive#recommended-configuration)에서 설명하는 디폴트 revive 설정 구성을 한다. 리스트 3-24에서 main.go 파일의 주석을 제거하는데 더 이상 린터를 만족시킬 필요가 없기 때문이다.

리스트 3-24 tools 폴더 내 main.go 파일에서 주석 제거

```go
package main

import "fmt"

func main() {
  PrintHello()
  for i := 0; i < 5; i++ {
    PrintNumber(i)
  }
}

func PrintHello() {
  fmt.Println("Hello, Go")
}
```

```
func PrintNumber(number int) {
  fmt.Println(number)
}
```

설정 파일을 적용해 린터를 사용하기 위해서 tools 폴더 내 리스트 3-25의 명령어를 실행해보자.

리스트 3-25 설정 파일 적용해 린터 실행

```
revive -config revive.toml
```

에러를 유발한 유일한 규칙을 비활성화했기 때문에 출력은 없다.

코드 에디터에서 린팅

일부 코드 에디터는 코드 린팅을 자동으로 지원한다. 예를 들어 VSCode를 사용하는 경우 린팅 프로세스를 백그라운드에서 수행하므로 문제가 발생하면 경고 플래그를 지정한다. VSCode에서 디폴트로 사용하는 린터는 수시로 변경된다. 작성 당시에는 staticcheck 린터를 사용하지만 이전에는 golint였다.

Preferences ➤ Extensions ➤ Go ➤ Lint Tool configuration option을 사용해 revive할 린터를 쉽게 변경할 수 있다. 사용자 정의 설정 파일을 사용하려면 Lint Flags configuration option을 사용해 -config=./revive.toml 값을 가진 플래그를 추가할 수 있다.

✛ Go 코드 내 보편적인 문제 해결

go vet 명령어는 실수할 가능성이 있는 코드 실행문을 식별한다. 종종 스타일 문제에 초점을 맞추는 린터와 달리 go vet 명령어는 컴파일 문제는 없지만 개발자가 의도한 대로 수행하지 않은 코드를 식별한다.

나는 go vet 명령어가 다른 도구가 놓친 에러를 발견하기 때문에 좋아한다. 코드 분석기는 모든 실수를 발견하지 못하고 때때로 문제가 아닌 코드를 강조 표시하기도 한다. 리스트 3-26는 의도적으로 코드에 실수를 도입하는 코드 실행문을 main.go 파일에 추가한다.

리스트 3-26 tools 폴더 내 main.go 파일에 코드 실행문 추가

```
package main

import "fmt"

func main() {
  PrintHello()
  for i := 0; i < 5; i++ {
    i = i
```

```
      PrintNumber(i)
   }
}

func PrintHello() {
  fmt.Println("Hello, Go")
}
func PrintNumber(number int) {
  fmt.Println(number)
}
```

새로운 코드 실행문은 변수 i를 자기 자신에게 할당한다. Go 컴파일러는 이를 허용하지만 코드상의 실수일 가능성이 높다. 코드를 분석하려면 CMD를 사용해 tools 폴더에서 리스트 3-27의 명령어를 실행해보자.

리스트 3-27 코드 분석

```
go vet main.go
```

go vet 명령어는 main.go 파일에서 코드 실행문을 검사하고 다음과 같은 경고를 생성한다.

```
# _/C_/tools
.\main.go:8:9: self-assignment of i to i
```

go vet 명령어가 생성하는 경고는 문제로 감지한 코드의 위치를 지정하고 문제에 대한 설명을 제공한다.

go vet 명령어는 여러 분석기를 코드에 적용하는데 다음 링크(https://golang.org/cmd/vet)에서 분석기 목록을 볼 수 있다. 개별 분석기를 선택해 활성화 또는 비활성화할 수 있지만 어떤 분석기가 특정 메시지를 생성했는지 알기 어려울 수 있다. 경고에 대한 책임이 있는 분석기를 파악하려면 tools 폴더에서 리스트 3-28의 명령어를 실행해보자.

리스트 3-28 분석기 식별

```
go vet -json main.go
```

json 인자는 JSON 형식 출력을 생성해 다음과 같이 분석기가 생성한 경고를 그룹화한다.

```
# _/C_/tools {
  "_/C_/tools": {
    "assign": [
      {
        "posn": "C:\\tools\\main.go:8:9",
        "message": "self-assignment of i to i"
```

```
        }
    ]
  }
}
```

리스트 3-28 명령어를 사용하면 assign이라는 분석기가 main.go 파일에 대해 경고를 생성했음을 알 수 있다. 분석기 이름이 알려지면 다음과 같이 분석기를 활성화하거나 비활성화할 수 있다.

리스트 3-29 분석기 선택

```
go vet -assign=false
go vet -assign
```

리스트 3-29의 첫 번째 명령어는 변수 자체 할당 명령문에 대한 경고를 생성한 분석기인 assign을 제외한 모든 분석기를 실행한다. 두 번째 명령어는 assign 분석기만 실행한다.

각 분석기가 하는 일

각 go vet 분석기가 무엇을 찾고 있는지 알아내기 어려울 수 있다. Go 개발 팀이 분석기를 위해 작성한 단위 테스트는 찾고 있는 문제 유형의 예를 포함하고 있기 때문에 도움을 받을 수 있다. 단위 테스트는 다음 링크(https://github.com/golang/go/tree/master/src/cmd/vet/testdata)에 있다.

VSCode를 포함한 일부 코드 에디터는 그림 3-8과 같이 go vet 명령어의 메시지를 표시하므로 명시적으로 명령어를 실행하지 않고도 분석의 이점을 쉽게 얻을 수 있다.

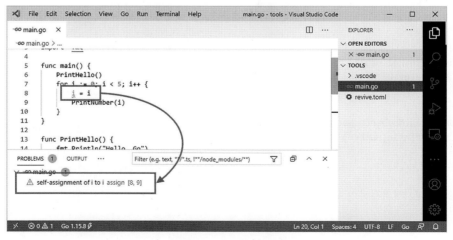

그림 3-8 코드 에디터 내 잠재적인 코드 이슈

VSCode는 에러에 플래그를 지정하고 Problems 창에 세부 정보를 표시한다. go vet 명령어를 사용한 분석은 기본적으로 활성화돼 있으며 Settings > Extensions > Go > Vet On Save configuration 항목을 사용해 이 기능을 비활성화할 수 있다.

❖ Go 포매팅 지정

go fmt 명령어는 일관성을 위해 Go 소스 코드 파일의 형식을 지정한다. Go 개발 팀에서 지정한 스타일로 코드를 변환하는 go fmt 명령어로 형식을 변경하는 구성 옵션은 없다. 가장 눈에 띄는 변화는 들여쓰기에 탭을 사용하고 주석을 일관되게 정렬하며 불필요한 세미콜론을 제거한 것이다. 리스트 3-30은 일관되지 않은 들여쓰기, 잘못 정렬된 주석, 필요하지 않은 세미콜론이 있는 코드를 보여준다.

> ▪ 팁 ▪
>
> 코드 에디터 창에 코드를 붙여 넣거나 파일을 저장할 때 코드 에디터가 자동으로 코드의 서식을 지정한다는 것을 알 수 있다.

리스트 3-30 tools 폴더 내 main.go 파일에서 서식 지정 이슈 생성

```go
package main

import "fmt"

func main() {
  PrintHello()
      for i := 0; i < 5; i++ { // 카운터가 있는 루프
      PrintHello();  // 메시지 출력
       PrintNumber(i);  // 카운터 출력
  }
}

func PrintHello() {
  fmt.Println("Hello, Go")
}

func PrintNumber(number int) {
  fmt.Println(number)
}
```

코드 서식을 재지정하기 위해서 tools 폴더 내 리스트 3-31의 명령어를 실행해보자.

```
go fmt main.go
```

포매터formatter는 세미콜론을 제거하고 들여쓰기를 조정하고 주석을 정렬해 다음과 같은 형식의 코드를 생성한다.

```
package main

import "fmt"

func main() {
  PrintHello()
  for i := 0; i < 5; i++ { // 카운터가 있는 루프
    PrintHello();     // 메시지 출력
    PrintNumber(i);  // 카운터 출력
  }
}

func PrintHello() {
  fmt.Println("Hello, Go")
}

func PrintNumber(number int) {
  fmt.Println(number)
}
```

탭을 사용하면 인쇄 페이지에서 레이아웃 문제가 발생하기 때문에 예제는 go fmt를 사용하지 않았다. 책의 인쇄 페이지 코드는 들여쓰기를 위해 공백을 사용하지만 실제 코드에서 이 공백은 go fmt 명령어를 통해 탭으로 대체한다.

⊹ 요약

3장에서 Go 개발에 사용하는 도구를 소개했다. 소스 코드를 컴파일하고 실행하는 방법, Go 코드를 디버깅하는 방법, 린터를 사용하는 방법, 소스 코드를 포맷하는 방법, 일반적인 문제를 찾는 방법에 대해 설명했다. 4장에서는 기본 자료형부터 시작해 Go 언어의 기능을 설명한다.

4장

기본 자료형, 값, 포인터

4장에서는 상수와 변수를 만드는 데 사용하는 기본 자료형에 대해 중점적으로 Go 언어를 설명할 것이다. 또한 포인터에 대한 Go 지원을 소개한다. 자바 또는 C#과 같은 언어 경험이 있다면 Go 포인터를 사용하는 경우 혼란스러울 수 있다. Go 포인터가 어떻게 작동하는지와 왜 유용한지를 설명해 Go에서 포인터를 자신 있게 사용할 수 있도록 도와주겠다.

모든 프로그래밍 언어에서 제공하는 기능은 다른 기능과 함께 사용하기 때문에 점진적으로 도입하기 어렵다. 1부의 일부 예제는 이후에 설명하는 기능에 의존한다. 이런 예제는 충분한 세부 정보의 참조를 포함해 상황을 쉽게 이해를 돕도록 한다. 표 4-1은 기본 Go 기능을 상황에 따라 설명한다.

표 4-1 상황에 따른 기본 자료형, 값, 포인터의 특징

질문	답
무엇인가?	자료형은 숫자, 문자열, 참/거짓 값을 포함해 모든 프로그래밍에 공통적인 기본 값을 저장할 때 사용한다. 자료형은 상수와 변수 값을 정의하기 위해 사용한다. 포인터는 메모리 주소를 저장하기 위한 특별한 자료형이다.
왜 유용한가?	기본 자료형은 값을 저장하는 것 자체로 유용하지만 더 복잡한 자료형을 저장할 수 있는 기반이다(10장에서 설명할 것이다). 포인터는 프로그래머가 값을 사용할 때 그 값을 복사할지 결정할 수 있게 도와준다는 점에서 유용하다.
어떻게 사용하는가?	기본 자료형은 int, float64와 같이 고유한 이름을 갖고 const, var 키워드와 함께 사용할 수 있다. 포인터는 주소 연산자 &를 사용해 생성한다.
함정이나 제한 사항?	Go는 타입 없는 상수 같은 특별한 경우를 제외하고 자동 값 변환을 허용하지 않는다.
대안이 있는가?	기본 자료형은 Go 개발 전반에 걸쳐 사용하기 때문에 대안이 없다.

표 4-2는 4장을 요약한 것이다.

표 4-2 4장 요약

문제	해결 방법	리스트 참조 번호
직접 값 사용	리터럴 값 사용	6
상수 정의	const 키워드 사용	7, 10
관련 자료형으로 변환 가능한 상수 정의	타입 없는 상수 생성	8, 9, 11
변수 정의	var 키워드 사용 혹은 짧은 선언 구문 사용	12-21
사용하지 않는 변수에 대한 컴파일러 에러 예방	빈 식별자 사용	22, 23
포인터 정의	주소 연산자 사용	24, 25, 29-30
포인터 역참조	포인터 변수 이름 앞에 별표 사용	26-28, 31

❖ 4장 준비

4장 예제를 준비하기 위해 새 CMD를 열어 편리한 위치로 이동한 다음 basicFeatures 폴더를 생성한다. 리스트 4-1의 명령어를 실행해 프로젝트에 대한 go.mod 파일을 생성해보자.

리스트 4-1 예제 프로젝트 생성

```
go mod init basicfeatures
```

리스트 4-2의 소스 코드 내용을 담은 main.go 파일을 생성해 basicFeatures 폴더에 추가해보자.

> ▪ **팁** ▪
>
> 다음 링크(https://github.com/apress/pro-go)에서 4장 및 책의 다른 모든 장에 대한 예제 프로젝트를 다운로드할 수 있다. 예제를 실행하는 데 문제가 발생한 경우 도움받는 방법은 2장을 참조한다.

리스트 4-2 basicFeatures 폴더 내 main.go 파일 소스 코드

```
package main

import (
    "fmt"
    "math/rand"
)

func main() {
    fmt.Println(rand.Int())
}
```

basicFeatures 폴더에서 리스트 4-3의 명령어를 실행하기 위해 CMD를 사용한다.

리스트 4-3 예제 프로젝트 실행

```
go run .
```

main.go 파일 내 코드를 컴파일 및 실행하면 다음 출력을 생성한다.

```
5577006791947779410
```

코드의 출력 결과는 난수 패키지가 생성한 값과 항상 동일한 값이다(18장에서 설명할 것이다).

Go 표준 라이브러리 사용

Go는 기본 제공 API를 설명하는 데 사용하는 용어인 표준 라이브러리^{standard library}를 사용해 다양하고 유용한 기능을 제공한다. Go 표준 라이브러리는 1장에서 사용한 Go 설치 프로그램의 일부인 패키지 세트다.

12장에서 Go 패키지를 만들고 사용하는 방법을 설명하지만 일부 예제는 표준 라이브러리 패키지에 의존하므로 사용 방법을 이해하는 것이 중요하다.

표준 라이브러리의 각 패키지는 관련 기능 세트를 함께 그룹화한다. 리스트 4-2 코드는 2개의 패키지를 사용한다. fmt 패키지는 문자열 형식 지정 및 쓰기 기능을 제공하고 math/rand 패키지는 난수를 처리한다.

패키지를 사용하는 첫 번째 단계는 import 문을 정의하는 것이다. 그림 4-1은 리스트 4-2에서 사용한 import 문을 보여준다.

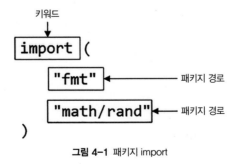

그림 4-1 패키지 import

import 문은 import 키워드와 패키지 경로 두 부분으로 구성한다. 둘 이상의 패키지를 가져오는 경우 경로는 괄호로 그룹화한다.

import 문은 패키지에서 제공하는 기능에 액세스할 수 있는 패키지 참조를 생성한다. 패키지 참조의 이름은 패키지 경로의 마지막 부분이다. fmt 패키지의 경로는 하나만 있으므로 패키지 참조는 fmt다. math/rand 경로의 패키지 참조는 패키지 경로의 마지막 부분인 rand다(패키지 참조 이름을 선택하는 방법은 12장에서 설명한다).

fmt 패키지는 표준 출력에 값을 쓰는 Println 함수를 정의하고 math/rand 패키지는 임의의 정수를 생성하는 Int 함수를 정의한다. 함수에 액세스하기 위해 그림 4-2에서와 같이 패키지 참조, 마침표, 함수 이름을 차례로 사용한다.

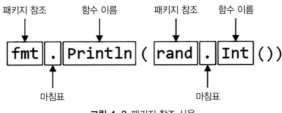

그림 4-2 패키지 참조 사용

■ **팁** ■

Go 표준 라이브러리 패키지 목록은 다음 링크(https://golang.org/pkg)에서 확인할 수 있다. 가장 유용한 패키지는 2부에서 설명한다.

fmt 패키지가 제공하는 관련 기능은 리스트 4-4와 같이 정적 콘텐츠와 데이터 값을 결합해 문자열을 구성하는 기능이다.

리스트 4-4 basicFeatures 폴더 내 main.go 파일에서 문자열 결합

```
package main

import (
  "fmt"
  "math/rand"
)

func main() {
  fmt.Println("Value:", rand.Int())
}
```

Println 함수에 전달한 일련의 쉼표로 구분한 값은 단일 문자열로 결합한 다음 표준 출력에 기록한다. 코드를 컴파일 및 실행하기 위해 CMD를 사용해 basicFeatures 폴더에서 리스트 4-5에 명령어를 실행해보자.

리스트 4-5 예제 프로젝트 실행

```
go run .
```

main.go 파일 내 코드를 컴파일 및 실행하면 다음 출력을 생성한다.

```
Value: 5577006791947779410
```

2부에서 설명할 예정이지만 문자열을 결합하는 더 많은 유용한 방법이 있다. 위 예제는 출력
을 제공하는 단순한 예제다.

기본 자료형 이해

Go는 표 4-3에 설명한 기본 자료형 세트를 제공한다. 다음 절에서 자료형을 설명하고 사용
방법을 설명할 것이다. 자료형은 Go 개발의 기초이며 자료형의 많은 특성은 다른 언어 경험이
있다면 익숙할 것이다.

표 4-3 Go 기본 자료형

이름	설명
int	양수 또는 음수일 수 있는 정수를 나타낸다. int 타입 크기는 플랫폼에 따라 32비트 또는 64비트다. int8, int16, int32, int64와 같이 특정 크기를 갖는 정수형도 있지만 특정 크기가 필요한 경우가 아니면 int 타입을 사용해야 한다.
uint	양의 정수를 나타낸다. uint 타입 크기는 플랫폼에 따라 32비트 또는 64비트다. uint8, uint16, uint32, uint64와 같이 특정 크기를 갖는 부호 없는 정수 유형도 있지만 특정 크기가 필요한 경우가 아니면 uint 타입을 사용해야 한다.
byte	uint8의 별칭이며 일반적으로 데이터 바이트를 나타내는 데 사용한다.
float32, float64	분수로 숫자를 나타낸다. 값을 저장하기 위해 32 또는 64 비트를 할당한다.
complex64, complex128	실수 및 허수 구성 요소가 있는 숫자를 나타낸다. 값을 저장하기 위해 64 또는 128비트를 할당한다.
bool	true 및 false 값으로 부울(Boolean) 진리를 나타낸다.
string	일련의 문자를 나타낸다.
rune	단일 유니코드 코드 포인트를 나타낸다. 유니코드는 복잡하지만 느슨한 단일 문자 표현이다. rune 타입은 int32의 별칭이다.

Go에서 복소수

표 4-3에서 알 수 있듯이 Go는 실수부와 허수부가 있는 복소수를 기본적으로 지원한다. 나는
학교에서 복소수에 대해 배웠던 것을 기억하지만, Go 언어 사양을 읽기 시작할 때까지 복소수
에 대해 완전히 잊고 있었다. 나는 책에서 복소수 사용에 관련해 설명하지 않을 것이다. 복소수

리터럴 값 이해

Go 값은 문자 그대로 표현할 수 있으며, 여기서 값은 소스 코드 파일에서 직접 정의한다. 리터럴 값은 리스트 4-6과 같이 표현식의 피연산자와 함수에 대한 인수로 사용하는 경우가 일반적이다.

> **■ 팁 ■**
>
> 리스트 4-6의 import 문에서 math/rand 패키지를 주석 처리한 것에 주목해보자. 사용하지 않는 패키지를 가져오면 Go에서 오류가 발생한다.

리스트 4-6 basicFeatures 폴더 내 main.go 파일에서 리터럴 값 사용

```go
package main

import (
  "fmt"
  //"math/rand"
)

func main() {
  fmt.Println("Hello, Go")
  fmt.Println(20 + 20)
  fmt.Println(20 + 30)
}
```

main 함수의 첫 번째 코드 실행문은 fmt.Println 함수의 인수로 큰따옴표로 표시한 문자열 리터럴을 사용한다. 다른 코드 실행문은 결과가 fmt.Println 함수의 인수로 사용하는 표현식에서 리터럴 int 값을 사용한다. 코드를 컴파일 및 실행하면 다음 출력을 생성한다.

```
Hello, Go
40
50
```

컴파일러는 값을 표현하는 방식에 따라 타입을 유추하기 때문에 리터럴 값을 사용할 때 타입을 지정할 필요 없다. 빠른 참조를 위해 표 4-4에 기본 자료형의 리터럴 값에 대한 예제를 제공한다.

표 4-4 리터럴 값 예제

타입	예제
int	20, −20. 값은 16진법(0x14), 8진법(0o24) 및 2진법(0b0010100)으로 표현할 수 있다.
uint	단위 리터럴이 없다. 모든 리터럴 정수는 int 값으로 처리한다.
byte	바이트 리터럴이 없다. 바이트는 일반적으로 정수 리터럴(예: 101)로 표현하거나 바이트 타입이 uint8 타입의 별칭이기 때문에 리터럴('e')이다.
float64	20.2, −20.2, 1.2e10, 1.2e−10. 값은 16진수 표기법(0x2p10)으로 표현할 수 있지만 지수는 십진수로 표시한다.
bool	참, 거짓.
string	"Hello." 값이 큰따옴표("Hello\n")로 묶인 경우 백슬래시로 이스케이프된 문자 시퀀스로 해석한다. 값이 역따옴표(`Hello\n`)로 묶인 경우 이스케이프 시퀀스를 해석하지 않는다.
rune	'A', '\n', '\u00A5', '￥'. 문자, 상형 문자 및 이스케이프 시퀀스는 작은따옴표(' 문자)로 묶인다.

상수 사용

상수는 특정 값의 이름으로, 반복적이고 일관되게 사용할 수 있다. Go에서 상수를 정의하는 방법에는 타입 있는 상수와 타입 없는 상수 두 가지가 있다. 리스트 4-7은 타입 있는 상수의 사용을 보여준다.

리스트 4-7 basicFeatures 폴더 내 main.go 파일에서 타입 있는 상수 정의

```go
package main

import (
    "fmt"
    //"math/rand"
)

func main() {
    const price float32 = 275.00
    const tax float32 = 27.50
    fmt.Println(price + tax)
}
```

타입 있는 상수는 const 키워드를 사용해 정의하고 그 뒤에 상수명, 타입, 값 할당이 온다(그림 4-3 참조).

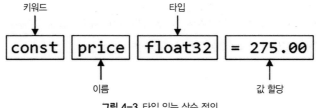

그림 4-3 타입 있는 상수 정의

리스트 4-7의 코드 실행문은 값이 275.00인 price라는 float32 상수를 생성한다. 리스트 4-7의 코드는 2개의 상수를 생성하고 fmt.Println 함수의 인수로 전달한 표현식에서 사용한다. 코드를 컴파일 및 실행하면 다음 출력을 생성한다.

```
302.5
```

타입 없는 상수 이해

Go는 자료형에 대한 엄격한 규칙을 갖고 있는데 리스트 4-8과 같이 일반적인 프로그래밍 작업을 복잡하게 만드는 타입 자동 변환을 수행하지 않는다.

리스트 4-8 basicFeatures 폴더 내 main.go 파일에서 자료형 혼합

```go
package main

import (
  "fmt"
  //"math/rand"
)

func main() {
  const price float32 = 275.00
  const tax float32 = 27.50
  const quantity int = 2
  fmt.Println("Total:", quantity * (price + tax))
}
```

새 상수의 타입은 int인데 제품의 정수만 나타낼 수 있는 수량에 적합한 선택이다. 상수는 총 가격을 계산하기 위해 fmt.Println 함수의 인수로 전달한 표현식에서 사용한다. 그러나 컴파일러는 코드를 컴파일할 때 다음과 같은 에러를 생성한다.

```
.\main.go:12:26: invalid operation: quantity * (price + tax) (mismatched types int and float32)
```

대부분의 프로그래밍 언어는 표현식의 타입 자동 변환을 허용할 것이다. 하지만 Go는 int 및 float32 타입의 혼합을 허용하지 않는다. 타입 없는 상수 기능은 리스트 4-9와 같이 Go 컴파일러가 제한한 자동 변환을 수행하기 때문에 상수 작업을 더 쉽게 한다.

리스트 4-9 basicFeatures 폴더 내 main.go 파일에서 타입 없는 상수 사용

```go
package main

import (
  "fmt"
```

```
    //"math/rand"
)

func main() {
  const price float32 = 275.00
  const tax float32 = 27.50
  const quantity = 2
  fmt.Println("Total:", quantity * (price + tax))
}
```

타입 없는 상수는 그림 4-4와 같이 자료형 없이 정의한다.

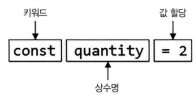

그림 4-4 타입 없는 상수 정의

quantity 상수를 정의할 때 타입을 생략하면 Go 컴파일러는 상수 타입을 유연하게 받아들인다. 따라서 fmt.Println 함수의 인수로 전달한 표현식을 평가할 때 Go 컴파일러는 quantity 값을 float32 타입으로 변환한다. 코드를 컴파일 및 실행하면 다음 출력을 생성한다.

```
Total: 605
```

타입 없는 상수는 값을 대상 타입으로 표시할 수 있는 경우에만 변환 가능하다. 실제로 타입 없는 정수와 부동 소수점 숫자 값을 혼합할 수 있지만 다른 자료형 간의 변환은 명시적으로 수행해야 한다(5장에서 설명할 것이다).

---

iota 이해

iota 키워드는 개별 값을 할당할 필요 없이 일련의 타입이 없는 정수 타입 상수를 만드는 데 사용할 수 있다. 다음은 iota의 예다.

```
...
const (
  Watersports = iota
  Soccer
  Chess
) ...
```

위 패턴은 0에서 시작하는 정수 값을 할당한 일련의 상수를 생성한다. 3부에서 추가적인 iota의 예제를 확인해보자.

단일 코드 실행문으로 여러 상수 정의

리스트 4-10은 여러 상수를 정의하기 위해 단일 코드 실행문을 사용한다.

리스트 4-10 basicFeatures 폴더 내 main.go 파일에서 여러 상수 정의

```
package main

import (
  "fmt"
  //"math/rand"
)

func main() {
  const price, tax float32 = 275, 27.50
  const quantity, inStock = 2, true
  fmt.Println("Total:", quantity * (price + tax))
  fmt.Println("In stock: ", inStock)
}
```

const 키워드 뒤에는 그림 4-5와 같이 쉼표로 구분한 상수명 리스트, 등호, 쉼표로 구분한 값 리스트가 온다. 타입을 지정하면 모든 상수를 해당 타입으로 생성한다. 타입을 생략하면 타입 없는 상수를 생성하고 각 상수 타입은 해당 값에서 유추한다.

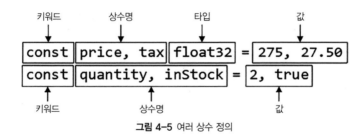

그림 4-5 여러 상수 정의

리스트 4-10의 코드를 컴파일 및 실행하면 다음 출력을 생성한다.

```
Total: 605
In stock:  true
```

리터럴 값 재방문

타입 없는 상수는 낯설게 보일 수 있지만 훨씬 쉽게 Go로 작업할 수 있게 해준다. 앞서 다룬 리터럴 값은 타입 없는 상수다. 표현식에서 리터럴 값을 사용할 수 있기 때문에 자연스럽게 타입 없는 상수 기능에 의존할 수밖에 없다. 리스트 4-11는 일치하지 않는 타입을 처리하기 위해 컴파일러에 의존한다.

리스트 4-11 basicFeatures 폴더 내 main.go 파일에서 리터럴 값 사용

```go
package main

import (
  "fmt"
  //"math/rand"
)

func main() {
  const price, tax float32 = 275, 27.50
  const quantity, inStock = 2, true
  fmt.Println("Total:", 2 * quantity * (price + tax))
  fmt.Println("In stock: ", inStock)
}
```

볼드체로 표시한 표현식은 2개의 float32 값과 함께 표 4-4에 설명한 int 값인 리터럴 값 2를 사용한다. int 값은 float32로 표현할 수 있으므로 quantity 상수를 자동으로 타입 변환한다. 컴파일 및 실행 시 이 코드는 다음 출력을 생성한다.

```
Total: 1210
In stock:  true
```

✛ 변수 사용

변수는 var 키워드를 사용해 정의한다. 리스트 4-12와 같이 상수와 달리 변수에 할당한 값을 변경할 수 있다.

리스트 4-12 basicFeatures 폴더 내 main.go 파일에서 상수 사용

```go
package main

import "fmt"

func main() {
  var price float32 = 275.00
  var tax float32 = 27.50
  fmt.Println(price + tax)
  price = 300
  fmt.Println(price + tax)
}
```

변수는 var 키워드, 변수명, 타입, 값 할당을 사용해 선언한다.

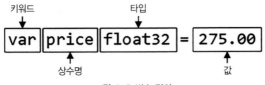

그림 4-6 변수 정의

리스트 4-12는 float32 값을 할당한 price 및 tax 변수를 정의한다. 새로운 값은 그림 4-7과 같이 Go 할당 연산자인 등호를 사용해 price 변수에 할당한다. 값 300을 부동 소수점 변수에 할당할 수 있다. 리터럴 값 300이 float32 값으로 표시할 수 있는 타입 없는 상수이기 때문이다.

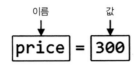

그림 4-7 변수에 새로운 값 할당

리스트 4-12 코드는 fmt.Println 함수를 사용해 표준 출력에 2개의 문자열을 쓴다.

코드를 컴파일 및 실행할 때 다음 출력을 생성한다.

```
302.5
327.5
```

변수 자료형 생략

Go 컴파일러는 리스트 4-13과 같이 초기 값을 기반으로 변수 타입을 유추할 수 있으므로 타입을 생략할 수 있다.

리스트 4-13 basicFeatures 폴더 내 main.go 파일에서 변수 타입 생략

```
package main

import "fmt"

func main() {
  var price = 275.00
  var price2 = price
  fmt.Println(price)
  fmt.Println(price2)
}
```

변수는 var 키워드, 변수명, 값 할당을 사용해 정의하지만 그림 4-8과 같이 타입은 생략한다. 변수의 값은 리터럴 값이나 상수 또는 다른 변수의 이름을 사용해 설정할 수 있다. 리스트

4-13에서 price 변수의 값은 리터럴 값을 사용해 설정하고 price2 변수의 값은 price 변수의 현재 값으로 설정한다.

그림 4-8 타입 명시 없이 변수 정의

컴파일러는 변수에 할당한 값에서 타입을 유추한다. 컴파일러는 표 4-4에 설명한 것처럼 price 변수에 할당한 리터럴 값을 검사하고 해당 타입을 float64로 유추한다. price2 변수의 타입이 price 값을 사용해 설정하기 때문에 float64로 유추한다. 리스트 4-13 코드는 컴파일 및 실행 시 다음 출력을 생성한다.

```
275
275
```

타입을 생략해도 상수처럼 변수는 타입 변환을 허용하지 않는다. 리스트 4-14와 같이 Go 컴파일러는 다른 타입을 혼합하는 것을 허용하지 않는다.

리스트 4-14 basicFeatures 폴더 내 main.go 파일에서 자료형 혼합

```
package main

import "fmt"

func main() {
  var price = 275.00
  var tax float32 = 27.50
  fmt.Println(price + tax)
}
```

컴파일러는 항상 리터럴 부동 소수점 값의 타입을 tax 변수의 float32 타입과 일치하지 않는 float64로 유추한다. Go의 엄격한 타입 적용은 코드를 컴파일할 때 컴파일러가 다음 에러를 생성하는 것에서 확인할 수 있다.

```
.\main.go:10:23: invalid operation: price + tax (mismatched types float64 and float32)
```

동일한 표현식에서 price 및 tax 변수를 사용하려면 타입이 동일하거나 동일한 타입으로 변환 가능해야 한다. 5장에서 타입을 변환할 수 있는 다양한 방법을 설명할 것이다.

변수 값 할당 생략

리스트 4-15와 같이 변수는 초기 값 없이 정의할 수 있다.

리스트 4-15 basicFeatures 폴더 내 main.go 파일에서 초기 값 없이 변수 정의

```
package main

import "fmt"

func main() {
  var price float32
  fmt.Println(price)
  price = 275.00
  fmt.Println(price)
}
```

변수는 그림 4-9와 같이 변수명과 타입 뒤에 오는 var 키워드를 사용해 정의한다.

초기 값이 없을 경우 타입을 생략할 수 없다.

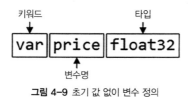

그림 4-9 초기 값 없이 변수 정의

이 방법으로 정의한 변수에는 표 4-5에 설명한 대로 지정한 타입에 대해 제로 값을 할당한다.

표 4-5 기본 자료형의 제로 값

타입	제로 값
int	0
uint	0
byte	0
float64	0
bool	false
string	" " (빈 문자열)
rune	0

숫자 타입의 제로 값은 0이며 코드를 컴파일 및 실행해볼 수 있다. 출력에 표시하는 첫 번째 값은 제로 값이고 다음 코드 실행문에서 명시적으로 할당한 값이 온다.

```
0
275
```

단일 코드 실행문으로 여러 변수 정의

리스트 4-16과 같이 단일 코드 실행문을 사용해 여러 변수를 정의할 수 있다.

리스트 4-16 basicFeatures 폴더 내 main.go 파일에서 변수 정의

```go
package main

import "fmt"

func main() {
  var price, tax = 275.00, 27.50
  fmt.Println(price + tax)
}
```

리스트 4-16 코드는 상수를 정의할 때 사용하는 것과 동일한 접근 방식으로 각 변수에 할당한 초기 값을 사용해 타입을 유추한다. 리스트 4-17과 같이 초기 값을 할당하지 않은 경우 타입을 지정해야 하며 모든 변수는 지정한 타입을 사용해 생성하고 제로 값을 할당한다.

리스트 4-17 basicFeatures 폴더 내 main.go 파일에서 초기 값 없는 변수 정의

```go
package main

import "fmt"

func main() {
  var price, tax float64
  price = 275.00
  tax = 27.50
  fmt.Println(price + tax)
}
```

리스트 4-16과 리스트 4-17은 컴파일 및 실행하면 동일한 출력을 생성한다.

```
302.5
```

짧은 변수 선언 구문 사용

짧은 변수 선언은 리스트 4-18과 같이 변수 선언을 위한 약식을 제공한다.

리스트 4-18 basicFeatures 폴더의 main.go 파일에서 짧은 변수 선언 구문 사용

```go
package main

import "fmt"

func main() {
  price := 275.00
```

```
    fmt.Println(price)
}
```

단축 구문은 그림 4-10과 같이 변수명, 콜론, 등호, 초기 값을 다음과 같이 지정한다. var 키워드를 사용하지 않으면 자료형을 지정할 수 없다.

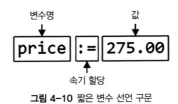

그림 4-10 짧은 변수 선언 구문

리스트 4-18의 코드를 컴파일 및 실행하면 다음 출력을 생성한다.

```
275
```

리스트 4-19와 같이 쉼표로 구분한 변수명과 값 목록을 만들어 단일 코드 실행문으로 여러 변수를 정의할 수 있다.

리스트 4-19 basicFeatures 폴더의 main.go 파일에서 여러 변수 정의

```
package main

import "fmt"

func main() {
    price, tax, inStock := 275.00, 27.50, true
    fmt.Println("Total:", price + tax)
    fmt.Println("In stock:", inStock)
}
```

리스트 4-19 코드의 속기 구문은 타입을 지정하지 않았다. 컴파일러가 각 변수에 할당된 값에서 타입을 유추하므로 다양한 타입의 변수를 생성할 수 있다. 리스트 4-19의 코드를 컴파일 및 실행하면 다음 출력을 생성한다.

```
Total: 302.5
In stock: true
```

짧은 변수 선언 구문은 리스트 4-19의 main 함수와 같은 함수 내에서만 사용할 수 있다. Go 함수는 8장에서 자세히 설명한다.

변수를 재정의하기 위한 짧은 변수 구문 사용

Go는 일반적으로 변수 재정의를 허용하지 않지만 짧은 구문을 사용하는 예외적인 경우가 있다. 짧은 변수 구문의 기본 동작을 보여주기 위해 리스트 4-20은 var 키워드를 사용해 동일한 이름을 가진 tax 변수를 정의한다.

리스트 4-20 basicFeatures 폴더의 main.go 파일에서 변수 재정의

```go
package main

import "fmt"

func main() {
  price, tax, inStock := 275.00, 27.50, true
  fmt.Println("Total:", price + tax)
  fmt.Println("In stock:", inStock)

  var price2, tax = 200.00, 25.00
  fmt.Println("Total 2:", price2 + tax)
}
```

첫 번째 새 코드 실행문은 var 키워드를 사용해 price2 및 tax라는 변수를 정의한다. main 함수에 이미 tax 변수가 존재하므로 코드를 컴파일할 때 다음 에러가 발생한다.

```
.\main.go:10:17: tax redeclared in this block
```

그러나 리스트 4-21과 같이 짧은 구문을 사용하는 경우 정의한 다른 변수 중 적어도 하나가 이미 존재하지 않고 변수의 타입을 변경하지 않다면 Go는 예외적으로 변수 재정의를 허용한다.

리스트 4-21 basicFeatures 폴더의 main.go 파일에서 짧은 구문 사용

```go
package main

import "fmt"

func main() {
  price, tax, inStock := 275.00, 27.50, true
  fmt.Println("Total:", price + tax)
  fmt.Println("In stock:", inStock)

  price2, tax := 200.00, 25.00
  fmt.Println("Total 2:", price2 + tax)
}
```

프로젝트를 컴파일 및 실행하면 다음 같은 출력을 생성한다.

```
Total: 302.5
In stock: true
Total 2: 225
```

⊹ 빈 식별자 사용

리스트 4-22와 같이 Go는 변수를 정의하고 사용하지 않는 것을 금지한다.

리스트 4-22 basicFeatures 폴더의 main.go 파일에서 사용하지 않는 변수 정의

```
package main

import "fmt"

func main() {
  price, tax, inStock, discount := 275.00, 27.50, true, true
  var salesPerson = "Alice"
  fmt.Println("Total:", price + tax)
  fmt.Println("In stock:", inStock)
}
```

리스트 4-22는 discount 변수와 salesperson 변수를 정의하지만 나머지 코드에서 두 변수를 모두 사용하지 않는다. 따라서 코드를 컴파일하면 다음 에러를 생성한다.

```
.\main.go:6:26: discount declared but not used
.\main.go:7:9: salesPerson declared but not used
```

에러를 해결하는 한 가지 방법은 사용하지 않는 변수를 제거하는 것이지만 항상 가능한 것은 아니다. Go는 리스트 4-23과 같이 사용하지 않을 변수를 나타내기 위한 빈 식별자(_)를 제공한다.

리스트 4-23 basicFeatures 폴더의 main.go 파일에서 빈 식별자 사용

```
package main

import "fmt"

func main() {
  price, tax, inStock, _ := 275.00, 27.50, true, true
  var _ = "Alice"
  fmt.Println("Total:", price + tax)
  fmt.Println("In stock:", inStock)
}
```

빈 식별자는 밑줄로 나타내고 변수명을 지정하지 않아 사용하지 않을 변수를 생성할 때 유용하다. 리스트 4-23의 코드를 컴파일 및 실행하면 다음 출력을 생성한다.

```
Total: 302.5
In stock: true
```

특이한 기능이지만 이 기능은 Go에서 함수를 사용할 때 중요하다. Go 함수는 여러 결과 값을 반환할 수 있으며 빈 식별자는 이 값 중 일부는 필요하지만 다른 값은 필요하지 않을 때 유용하다(8장에서 설명할 것이다).

✤ 포인터 이해

개발자가 포인터의 사용을 알아차리기 어려운 자바 또는 C#과 같은 언어 경험이 있다면 Go로 작업할 때 특히 포인터를 잘못 이해하는 경우가 많다. 포인터가 어떻게 작동하는지 이해하려면 리스트 4-24와 같이 포인터를 사용하지 않을 때 Go가 무엇을 하는지 이해하는 것이 가장 좋다.

> ■ 팁 ■
>
> 이번 절의 마지막 예제는 포인터를 어떻게 사용하는지 설명하는 것보다 포인터가 왜 유용할 수 있는지에 대한 간단한 데모를 제공한다.

리스트 4-24 basicFeatures 폴더의 main.go 파일에서 변수 정의

```go
package main

import "fmt"

func main() {

    first := 100
    second := first

    first++

    fmt.Println("First:", first)
    fmt.Println("Second:", second)
}
```

리스트 4-24의 코드를 컴파일 및 실행할 때 다음 출력을 생성한다.

```
First: 101
Second: 100
```

리스트 4-24 코드는 2개의 변수를 생성한다. first 변수의 값은 문자열 리터럴을 사용해 할당한다. second 변수의 값은 다음과 같이 first 변수의 값을 사용해 할당한다.

```
...
first := 100
second := first
...
```

Go는 second 변수를 생성할 때 first 변수의 현재 값을 복사한다. 이후에 두 변수는 서로 독립적이다. 각 변수는 그림 4-11과 같이 값을 저장하는 메모리 위치에 대한 참조다.

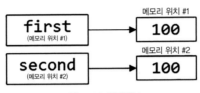

그림 4-11 독립 변수

리스트 4-24에서 ++ 연산자를 사용해 first 변수를 증가시키면 Go는 변수와 연결된 메모리 위치에서 값을 읽고 값을 증가시켜 동일한 메모리 위치에 저장한다. second 변수에 할당한 값은 그림 4-12와 같이 first 변수에 저장한 값에만 변경 사항을 적용하기 때문에 그대로 유지된다.

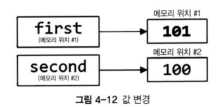

그림 4-12 값 변경

포인터 산술 이해

포인터는 포인터 산술 때문에 평판이 좋지 않은 편이다. 포인터는 메모리 위치를 숫자 값으로 저장한다. 즉 다른 메모리 위치에 대한 액세스를 제공하므로 산술 연산자를 사용해 조작할 수 있다. 예를 들어 int 값을 가리키는 위치로 시작할 수 있다. int를 저장하는 데 사용하는 비트 수만큼 값을 증가시키고 인접한 값을 읽는다. 유용한 기능이지만 잘못된 위치나 프로그램에 할당된 메모리 외부의 위치에 액세스하려고 하는 것과 같은 예기치 않은 결과를 초래할 수 있다.

따라서 Go는 포인터 산술을 지원하지 않는다. 즉 포인터를 사용해 다른 메모리 위치를 얻을 수 없다. 포인터를 사용해 산술을 수행하면 컴파일러에서 에러를 생성한다.

포인터 정의

포인터는 값이 메모리 주소인 변수다. 리스트 4-25는 포인터를 정의한다.

리스트 4-25 basicFeatures 폴더의 main.go 파일에서 포인터 정의

```go
package main

import "fmt"

func main() {

    first := 100
    var second *int = &first

    first++

    fmt.Println("First:", first)
    fmt.Println("Second:", second)
}
```

포인터는 그림 4-13과 같이 주소 연산자로 알려진 앰퍼샌드^{ampersand}(& 문자)와 변수명을 사용해 정의한다.

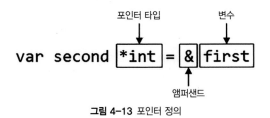

그림 4-13 포인터 정의

포인터는 Go의 다른 변수와 같다. 타입과 값이 있다. second 변수의 값은 Go가 first 변수의 값을 저장하기 위해 사용하는 메모리 주소다. 코드를 컴파일하고 실행하면 다음과 같은 출력을 생성한다.

```
First: 101
Second: 0xc000010088
```

Go가 first 변수의 값을 저장하기 위해 선택한 위치에 따라 다른 출력 결과를 확인할 수 있다. 특정 메모리 위치는 중요하지 않다. 관심 가져야 할 것은 그림 4-14와 같이 변수 간의 관계다.

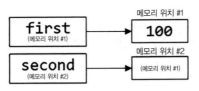

그림 4-14 포인터와 메모리 위치

포인터의 타입은 별표(* 문자)가 접두사로 붙어 있는 변수의 타입을 기반으로 한다. second 변수의 타입은 *int이다. 값이 int인 first 변수에 주소 연산자를 적용해 생성했기 때문이다. *int 타입을 보면 값이 int 변수를 저장하는 메모리 주소인 변수임을 알 수 있다.

포인터의 타입은 고정이다. 모든 Go 타입이 고정이기 때문이다. 즉 int 타입 포인터를 생성할 때 포인터가 가리키는 값은 변경할 수 있지만 float64와 같은 다른 타입을 저장하기 위해 사용하는 메모리 주소를 가리킬 때 int 타입 포인터를 사용할 수 없다. Go에서 포인터는 단순한 메모리 주소가 아니라 특정 유형의 값을 저장할 수 있는 메모리 주소이므로 중요하다.

포인터 역참조

포인터 다음에 오는 구문은 포인터가 참조하는 메모리 주소의 값을 읽는다는 의미다.

리스트 4-26과 같이 별표(* 문자)를 사용해 수행한다. 또한 해당 예제에서 포인터에 대한 짧은 변수 선언 구문을 사용했다. Go는 다른 타입과 마찬가지로 포인터 타입을 유추한다.

리스트 4-26 basicFeatures 폴더의 main.go 파일에서 포인터 역참조

```
package main

import "fmt"

func main() {

    first := 100
    second := &first

    first++

    fmt.Println("First:", first)
    fmt.Println("Second:", *second)
}
```

별표는 그림 4-15와 같이 포인터를 참조해 메모리 위치에서 값을 가져오도록 Go에 지시한다. 이것을 포인터 역참조라고 한다.

그림 4-15 포인터 역참조

리스트 4-26의 코드를 컴파일 및 실행 시 다음과 같은 출력을 생성한다.

```
First: 101
Second: 101
```

first 변수와 second 변수가 같은 값을 갖는다고 오해할 수 있다. 하지만 실제로 그렇지 않다. 두 가지 값이 있다. first 변수를 사용해 접근할 수 있는 int 값이 존재한다. first 변수의 값을 저장한 메모리 위치를 저장하는 *int 값이 별도로 존재한다. *int 값은 해당 메모리 위치에 저장한 int 값에 액세스할 수 있다. 그러나 *int 값은 값이기 때문에 그 자체로 사용할 수 있다. 즉 다른 변수에 *int 값을 할당하거나 함수를 호출하기 위한 인수로 사용하는 등의 작업을 수행해야 한다.

리스트 4-27은 포인터의 첫 번째 사용을 보여준다. 포인터를 역참조하면 메모리 위치의 값이 증가한다.

리스트 4-27 basicFeatures 폴더의 main.go 파일에서 포인터 역참조 및 포인터 값 변경

```go
package main

import "fmt"

func main() {

    first := 100
    second := &first

    first++
    *second++

    fmt.Println("First:", first)
    fmt.Println("Second:", *second)
}
```

리스트 4-27의 코드를 컴파일 및 실행 시 다음 출력을 생성한다.

```
First: 102
Second: 102
```

리스트 4-28은 포인터 값을 자체적으로 사용하고 다른 변수에 할당하는 두 번째 포인터 사용법을 보여준다.

리스트 4-28 basicFeatures 폴더의 main.go 파일에서 포인터 값을 다른 변수에 할당

```
package main

import "fmt"

func main() {

    first := 100
    second := &first

    first++
    *second++

    var myNewPointer *int
    myNewPointer = second
    *myNewPointer++

    fmt.Println("First:", first)
    fmt.Println("Second:", *second)
}
```

볼드체로 표시한 첫 번째 코드 실행문은 새로운 변수를 정의한다. 변수 타입이 int 값인 포인터를 의미하는 *int임을 강조하기 위해 var 키워드를 사용했다. 다음 코드 실행문은 second 변수의 값을 새로운 변수에 할당할 때 second 및 myNewPointer 변수의 값이 모두 first 변수의 값을 저장한 메모리 위치임을 의미한다. 두 포인터 중 하나를 역참조하면 동일한 메모리 위치에 액세스한다. 즉 myNewPointer를 증가시키면 second 포인터를 따라 얻은 값에 영향을 준다. 코드를 컴파일하고 실행하면 다음과 같은 출력을 생성한다.

```
First: 103
Second: 103
```

포인터 제로 값 이해

정의만 하고 값을 할당하지 않은 포인터는 리스트 4-29와 같이 제로 값인 nil을 갖는다.

리스트 4-29 basicFeatures 폴더의 main.go 파일에서 초기화하지 않은 포인터 정의

```
package main

import "fmt"
```

```
func main() {

    first := 100
    var second *int

    fmt.Println(second)
    second = &first
    fmt.Println(second)
}
```

포인터 변수 second를 정의하지만 값으로 초기화하지 않고 fmt.Println 함수를 사용해 출력했다. 주소 연산자는 first 변수에 대한 포인터를 만들기 위해 사용했으며 second 변수의 값을 다시 출력한다. 리스트 4-29의 코드를 컴파일 및 실행하면 다음 출력을 생성한다(결과에서 < 및 >는 무시한다. 이는 단지 Println 함수로 nil을 표시하기 위한 것이다).

```
<nil>
0xc000010088
```

리스트 4-30과 같이 값을 할당하지 않은 포인터를 역참조하면 런타임 에러가 발생한다.

리스트 4-30 basicFeatures 폴더의 main.go 파일에서 초기화하지 않은 포인터 역참조

```
package main

import "fmt"

func main() {

    first := 100
    var second *int

    fmt.Println(second)
    second = &first
    fmt.Println(second == nil)
}
```

코드는 컴파일되지만 실행할 때 다음 에러를 생성한다.

```
panic: runtime error: invalid memory address or nil pointer dereference
[signal 0xc0000005 code=0x0 addr=0x0 pc=0xec798a]
goroutine 1 [running]:
main.main()
    C:/basicFeatures/main.go:10 +0x2a
exit status 2
```

포인터를 가리키는 포인터

포인터가 메모리 위치를 저장한다는 점을 감안할 때 리스트 4-31과 같이 포인터의 메모리 주소 값을 갖는 포인터를 생성할 수 있다.

리스트 4-31 basicFeatures 폴더의 main.go 파일에서 포인터의 포인터 생성

```
package main

import "fmt"

func main() {

    first := 100
    second := &first
    third := &second

    fmt.Println(first)
    fmt.Println(*second)
    fmt.Println(**third)
}
```

위 포인터 체인(**)에 대한 구문은 어색할 수 있다. 포인터의 포인터를 생성하기 위해 2개의 별표가 필요하다. 첫 번째 별표는 second 변수에 저장한 *int값을 가져오기 위해 포인터를 역참조한다. 두 번째 별표는 first 변수에 저장한 값의 메모리 위치에 대한 액세스를 제공하는 second 포인터 변수를 역참조한다. 포인터 체인(**)은 대부분의 프로젝트에서 수행하는 작업은 아니지만 포인터가 작동하는 방식과 데이터 값에 도달하기 위해 체인을 따라갈 수 있는 방법을 이해하는 데 유용하다. 리스트 4-31의 코드를 컴파일 및 실행할 때 다음 출력을 생성한다.

```
100
100
100
```

왜 포인터는 유용한가

포인터가 작동하는 방식에 대한 자세한 내용을 놓치고 포인터를 잘 사용하기 어렵다. 포인터는 프로그래머가 값 전달을 할 것인지 참조 전달을 할 것인지 선택을 제공하기 때문에 유용하다. 이후의 장들에서 포인터를 사용하는 많은 예제가 있지만 4장을 마치려면 빠른 데모가 유용하다. 해당 절의 예제는 이후의 장들에서 설명하는 기능에 의존한다. 리스트 4-32는 값 전달을 할 때 유용한 예제다.

```
package main

import (
  "fmt"
  "sort"
)

func main() {

  names := [3]string {"Alice", "Charlie", "Bob"}

  secondName := names[1]

  fmt.Println(secondName)

  sort.Strings(names[:])

  fmt.Println(secondName)
}
```

구문이 이상하게 보일 수 있지만 예제는 간단하다. 3개의 문자열 값으로 구성한 배열을 생성하고 인덱스 1의 값을 secondName 변수에 할당한다. secondName 변수의 값을 콘솔에 출력하고 배열을 정렬한 다음 secondName 변수의 값을 다시 콘솔에 출력한다. 리스트 4-32의 코드를 컴파일 및 실행 시 다음 출력을 생성한다.

```
Charlie
Charlie
```

secondName 변수를 생성하면 배열의 인덱스 1에 있는 문자열 값을 새 메모리 위치로 복사하기 때문에 secondName 변수의 값은 정렬 작업의 영향을 받지 않는다. 배열과 완전히 관련이 없으므로 배열을 정렬해도 secondName 변수의 값은 영향을 받지 않는다.

리스트 4-33 basicFeatures 폴더의 main.go 파일에서 포인터 사용

```
package main

import (
  "fmt"
  "sort"
)

func main() {

  names := [3]string {"Alice", "Charlie", "Bob"}

  secondPosition := &names[1]
```

```
    fmt.Println(*secondPosition)

    sort.Strings(names[:])

    fmt.Println(secondName)
}
```

secondPosition 변수를 생성할 때 그 값은 배열의 인덱스 1에 문자열 값을 저장하는 데 사용하는 메모리 주소다. 배열을 정렬하면 배열의 항목 순서가 변경되지만 포인터는 여전히 인덱스 1의 메모리 위치를 참조한다. 즉 포인터를 역참조하면 정렬된 값이 반환되고 코드를 컴파일 및 실행하면 다음 출력을 생성한다.

```
Charlie
Bob
```

포인터는 배열 내용의 변경 사항을 반영해 현재 값에 대한 액세스를 제공하는 방식으로 인덱스 1에 대한 참조를 유지할 수 있다. 간단한 예제로 값 전달을 할 것인지 참조 전달을 할 것인지 선택할 수 있음을 확인했다.

여전히 포인터에 대해 확신이 없으면 값 대 참조(value vs. reference) 문제를 다른 언어에서 어떻게 처리하는지 고려해보자. 예를 들어 내가 많이 사용하는 C#은 값으로 전달하는 구조체와 인스턴스를 참조해 전달하는 클래스를 모두 지원한다. Go와 C#을 사용하면 사본을 사용할지 참조를 사용할지 선택할 수 있다. 차이점은 C#은 자료형을 생성할 때 한 번만 선택하지만 Go는 값을 사용할 때마다 값 전달을 할지 참조 전달을 할지 선택할 수 있다. Go의 접근 방식이 더 유연하지만 더 많은 고려를 해야 한다.

⊹ 요약

4장에서는 거의 모든 언어에서 다루는 기본 내장 타입을 Go의 관점에서 소개했다. 전체 구문과 짧은 구문을 모두 사용해 상수와 변수를 정의하는 방법을 설명했다. 타입 없는 상수와 포인터를 사용하는 경우를 예제를 통해 자세히 설명했다. 5장에서는 내장 자료형에 수행할 수 있는 작업과 값을 다른 타입으로 변환하는 방법을 설명할 것이다.

연산과 변환

5장에서는 산술을 수행하고 값을 비교하고 참/거짓 결과를 생성하는 논리식을 만드는 Go 연산자를 설명한다. 또한 Go 표준 라이브러리에서 제공하는 내장 언어 기능과 기능의 조합을 사용해 값을 다른 타입으로 변환하는 과정을 설명할 것이다. 표 5-1은 Go 연산 및 변환을 상황에 따라 설명한다.

표 5-1 상황에 따른 연산 및 변환

질문	답
무엇인가?	기본 연산은 산술, 비교, 논리적 평가를 수행한다. 타입 변환 기능을 사용하면 한 타입의 값을 다른 타입으로 표현할 수 있다.
왜 유용한가?	기본 연산은 거의 모든 프로그래밍 작업에 필요하며 기본 연산을 사용하지 않는 코드를 작성하는 것은 어렵다. 타입 변환 기능은 Go의 엄격한 타입 규칙이 다른 타입의 값을 함께 사용하는 것을 방지한다는 점에서 유용하다.
어떻게 사용하는가?	기본 연산은 다른 언어와 유사한 피연산자를 사용해 수행한다. 변환은 Go 명시적 변환 구문을 사용하거나 Go 표준 라이브러리 패키지에서 제공하는 기능을 사용해 수행할 수 있다.
함정이나 제한 사항?	모든 타입 변환은 정밀도가 떨어질 수 있으므로 값을 변환할 때 작업이 요구하는 것보다 정밀도가 낮은 결과를 생성하지 않도록 주의해야 한다.
대안이 있는가?	없다. 5장에서 설명하는 기능은 Go 개발의 기본이다.

표 5-2는 5장을 요약한 것이다.

표 5-2 5장 요약

문제	해결 방법	리스트 참조 번호
산술 수행	산술 연산자 사용	4-7
문자열 연결	+ 연산자 사용	8
두 값 비교	비교 연산자 사용	9-11
표현식 결합	논리 연산자 사용	12
한 타입에서 다른 타입으로 변환	명시적 변환 수행	13-15

(이어짐)

문제	해결 방법	리스트 참조 번호
부동 소수점 값을 정수로 변환	math 패키지가 정의한 함수 사용	16
문자열을 다른 자료형으로 파싱	strconv 패키지가 정의한 함수 사용	17–28
값을 문자열로 표현	strconv 패키지가 정의한 함수 사용	29–32

⟐ 5장 준비

5장 예제를 준비하기 위해 새 CMD를 열어 편리한 위치로 이동한 다음 operations 폴더를 생성한다. 리스트 5–1의 명령어를 실행해 프로젝트를 초기화해보자.

> ■ 팁 ■
>
> 다음 링크(https://github.com/apress/pro-go)에서 5장 및 책의 다른 모든 장에 대한 예제 프로젝트를 다운로드할 수 있다. 예제를 실행하는 데 문제가 발생한 경우 도움받는 방법은 2장을 참조한다.

리스트 5–1 프로젝트 초기화

```
go mod init operations
```

리스트 5–2의 소스 코드 내용을 담은 main.go 파일을 생성해 operations 폴더에 추가해보자.

리스트 5–2 operations 폴더 내 main.go 파일 소스 코드

```
package main

import "fmt"

func main() {

    fmt.Println("Hello, Operations")
}
```

operations 폴더에서 리스트 5–3의 명령어를 실행하기 위해 CMD를 사용한다.

리스트 5–3 예제 프로젝트 실행

```
go run .
```

main.go 파일 내 코드를 컴파일 및 실행하면 다음 출력을 생성한다.

```
Hello, Operations
```

Go 연산자 이해

Go는 표준 연산자 집합을 제공한다. 표 5-3은 특히 4장에서 설명한 자료형으로 작업할 때 가장 자주 접하는 연산자를 설명한다.

표 5-3 기본 Go 연산자

연산자	설명
+, −, *, /, %	'산술 연산자 이해' 절에서 설명할 연산자다. 숫자 값을 사용해 산술을 수행할 때 사용한다. + 연산자는 '문자열 연결' 절에서 설명할 것이고 문자열 연결을 수행할 때 사용한다.
==, !=, <, <=, >, >=	'비교 연산자 이해' 절에서 설명할 것이고 두 값을 비교한다.
||, &&, !	'논리 연산자 이해' 절에서 설명할 것이고 bool 값에 적용해 bool 값을 반환하는 논리 연산자다.
=, :=	할당 연산자다. 표준 대입 연산자(=)는 상수나 변수를 정의할 때 초기 값을 설정하거나 이전에 정의한 변수에 대입한 값을 변경할 때 사용한다. 약식 연산자(:=)는 4장에서 설명한 대로 변수를 정의하고 값을 할당할 때 사용한다.
−=, +=, ++, −−	'증가 및 감소 연산자 사용' 절에서 설명할 것이고 숫자 값을 증가 및 감소시킨다.
&, |, ^, &^, <<, >>	정수 값에 적용할 수 있는 비트 연산자다. 비트 연산자는 개발에 자주 필요하지 않지만, 31장에서 | 연산자로 Go 로깅 기능을 구성하는 예제를 보일 것이다.

산술 연산자 이해

산술 연산자는 숫자 자료형(float32, float64, int, uint, 4장에서 설명한 크기별 타입)에 적용할 수 있다. 예외는 정수에만 사용할 수 있는 나머지 연산자(%)다. 표 5-4는 산술 연산자를 설명한다.

표 5-4 산술 연산자

연산자	설명
+	두 피연산자의 합계를 반환한다.
−	두 피연산자의 차이를 반환한다.
*	두 피연산자의 곱을 반환한다.
/	두 연산자의 몫을 반환한다.
%	음수 값을 반환할 수 있는 나머지를 반환한다. 다른 프로그래밍 언어에서 제공하는 모듈로 연산자와 유사하지만 '나머지 연산자 사용' 절에서 자세히 설명할 것이다.

산술 연산자와 함께 사용하는 값은 타입이 동일하거나(예: 모두 int 값) 타입을 지정하지 않은 숫자 상수와 같이 동일한 타입으로 표현할 수 있어야 한다. 리스트 5-4는 산술 연산자의 사용을 보여준다.

리스트 5-4 operations 폴더 내 main.go 파일에서 산술 연산자 사용

```go
package main

import "fmt"

func main() {
  price, tax := 275.00, 27.40

  sum := price + tax
  difference := price - tax
  product := price * tax
  quotient := price / tax

  fmt.Println(sum)
  fmt.Println(difference)
  fmt.Println(product)
  fmt.Println(quotient)
}
```

리스트 5-4의 코드를 컴파일 및 실행하면 다음과 같은 출력을 생성한다.

```
302.4
247.6
7535
10.036496350364963
```

산술 오버플로 이해

Go는 에러를 보고하는 대신 래핑wrapping을 수행해 정수 값을 오버플로overflow한다.[1] 부동 소수점 값은 양수 또는 음수 무한대로 오버플로할 수 있다. 리스트 5-5는 두 자료형에 대한 오버플로를 보여준다.

리스트 5-5 operations 폴더 내 main.go 파일에서 숫자 값 오버플로

```go
package main

import (
  "fmt"
  "math"
)

func main() {

  var intVal = math.MaxInt64
  var floatVal = math.MaxFloat64

  fmt.Println(intVal * 2)
  fmt.Println(floatVal * 2)
```

---

1   자료형이 저장할 수 있는 범위를 초과하는 수를 저장할 때 발생한다. – 옮긴이

```
    fmt.Println(math.IsInf((floatVal * 2), 0))
}
```

Go 표준 라이브러리의 일부인 math 패키지를 사용하면 의도적으로 오버플로를 발생시킬 수 있다. math 패키지는 18장에서 더 자세히 설명할 것이지만 5장에서는 각 자료형이 나타낼 수 있는 가장 작은 값과 가장 큰 값을 나타내기 위해 제공하는 상수와 부동 소수점 값을 무한대로 오버플로할 수 있는지 여부를 결정할 때 사용할 수 있는 IsInf 함수 사용을 보여주겠다. 리스트 5-5는 MaxInt64 및 MaxFloat64 상수를 사용해 두 변수의 값을 설정한 다음 fmt.Println 함수에 전달한 표현식에서 오버플로를 발생시킨다. 리스트 5-5의 코드를 컴파일 및 실행할 때 다음 출력을 생성한다.

```
-2
+Inf
true
```

-2 값을 생성하기 위해 정수 값을 래핑[2]하고 부동 소수점 값은 양의 무한대를 나타내는 +Inf로 오버플로한다. math.IsInf 함수는 무한대를 감지하기 위해 사용한다.

나머지 연산자 사용

Go는 한 정수 값을 다른 정수 값으로 나눌 때 나머지를 반환하는 % 연산자를 제공한다. % 연산자는 종종 파이썬[Python]과 같은 다른 프로그래밍 언어에서 제공하는 모듈로 연산자로 오해할 수 있지만 Go의 % 연산자는 리스트 5-6과 같이 음수 값을 반환할 수 있다.

리스트 5-6 operations 폴더 내 main.go 파일에서 나머지 연산자 사용

```go
package main

import (
    "fmt"
    "math"
)

func main() {
    posResult := 3 % 2
    negResult := -3 % 2
    absResult := math.Abs(float64(negResult))

    fmt.Println(posResult)
    fmt.Println(negResult)
    fmt.Println(absResult)
}
```

---

2   예를 들어 unsigned 최대 값 255에 계속 +1을 하면 값은 다시 0으로 돌아오고 1, 2, 3, 4 ...로 이어진다. 이와 같이 값이 순환하는 것을 래핑이라고 한다. signed 연산은 오버플로가 발생하면 양수가 음수가 되거나 음수가 양수가 되는 래핑을 할 수 있다. – 옮긴이

나머지 연산자가 양수 및 음수 결과를 생성할 수 있는 것을 보여주기 위해 두 가지 표현식에서 사용했다. math 패키지는 결과가 float64이기는 하지만 float64의 절대 값을 반환하는 Abs 함수를 제공한다. 리스트 5-6의 코드를 컴파일 및 실행할 때 다음 출력을 생성한다.

```
1
-1
1
```

증가 및 감소 연산자 사용

Go는 리스트 5-7과 같이 숫자 값을 증가 및 감소시키기 위한 일련의 연산자를 제공한다. 증가 및 감소 연산자는 정수 및 부동 소수점 숫자에 적용할 수 있다.

리스트 5-7 operations 폴더 내 main.go 파일에서 증가 및 감소 연산자 사용

```go
package main

import (
  "fmt"
//  "math"
)

func main() {
  value := 10.2
  value++
  fmt.Println(value)
  value += 2
  fmt.Println(value)
  value -= 2
  fmt.Println(value)
  value--
  fmt.Println(value)
}
```

++ 및 -- 연산자는 값을 1씩 증가 또는 감소시킨다. += 및 -=는 값을 지정한 양만큼 증가 또는 감소시킨다. 증가 및 감소 연산은 앞서 설명한 오버플로 동작의 영향을 받지만 ++ 및 -- 연산자를 제외하면 다른 언어의 증가 및 감소 연산과 동일하다. 리스트 5-7의 코드를 컴파일 및 실행할 때 다음과 같은 출력을 생성한다.

```
11.2
13.2
11.2
10.2
```

문자열 연결

리스트 5-8과 같이 + 연산자를 사용해 문자열을 연결해 더 긴 문자열을 생성할 수 있다.

리스트 5-8 operations 폴더 내 main.go 파일에서 문자열 연결

```
package main

import (
  "fmt"
//  "math"
)

func main() {
  greeting := "Hello"
  language := "Go"
  combinedString := greeting + ", " + language

  fmt.Println(combinedString)
}
```

+ 연산자의 결과는 새로운 문자열이고 리스트 5-8의 코드를 컴파일 및 실행하면 다음 출력을 생성한다.

```
Hello, Go
```

Go는 문자열을 다른 자료형과 연결하지 않지만 표준 라이브러리는 다른 타입의 값에서 문자열을 구성하는 함수를 제공하고 자세한 내용은 17장에서 설명할 것이다.

비교 연산자 이해

비교 연산자는 두 값을 비교해 bool 값이 같으면 true를 반환하고 그렇지 않으면 false를 반환한다. 표 5-5는 각 연산자가 수행하는 비교를 설명한다.

표 5-5 비교 연산자

연산자	설명
==	피연산자가 같으면 true를 반환한다.
!=	피연산자가 같지 않으면 true를 반환한다.
<	첫 번째 피연산자가 두 번째 피연산자보다 작으면 true를 반환한다.
>	첫 번째 피연산자가 두 번째 피연산자보다 크면 true를 반환한다.
<=	첫 번째 피연산자가 두 번째 피연산자보다 작거나 같으면 true를 반환한다.
>=	첫 번째 피연산자가 두 번째 피연산자보다 크거나 같으면 true를 반환한다.

비교 연산자와 함께 사용하는 값은 모두 같은 타입이거나 리스트 5-9처럼 지정한 타입으로 나타낼 수 있는 타입 없는 상수여야 한다.

리스트 5-9 operations 폴더 내 main.go 파일에서 타입 없는 상수 사용

```go
package main

import (
  "fmt"
//  "math"
)

func main() {

  first := 100
  const second = 200.00

  equal := first == second
  notEqual := first != second
  lessThan := first < second
  lessThanOrEqual := first <= second
  greaterThan := first > second
  greaterThanOrEqual := first >= second

  fmt.Println(equal)
  fmt.Println(notEqual)
  fmt.Println(lessThan)
  fmt.Println(lessThanOrEqual)
  fmt.Println(greaterThan)
  fmt.Println(greaterThanOrEqual)
}
```

타입 없는 상수는 부동 소수점 값이지만 소수 자릿수가 0이기 때문에 정수 값으로 나타낼 수 있다. 그 결과 first 변수와 second 상수를 비교할 수 있다. 부동 소수점 값은 소수 자릿수를 버리고 다른 값을 생성하지 않으면 정수로 나타낼 수 없기 때문에 상수 값이 200.01인 경우는 비교가 불가능하다. 이 경우 명시적 변환이 필요하고 5장 뒷부분에서 설명할 것이다. 리스트 5-9의 코드를 컴파일 및 실행하면 다음과 같은 출력을 생성한다.

```
false
true
true
true
false
false
```

Go는 삼항 연산자를 제공하지 않는다. 즉 다음과 같은 표현식을 사용할 수 없다.

```
...
max := first > second ? first : second
...
```

대신 표 5–5에 설명한 비교 연산자 중 하나가 다음과 같이 **if** 문과 함께 사용할 수 있다.

```
...
var max int
if ( first > second ) {
  max = first
} else {
    max = second
}
...
```

위 구문은 간결하지 않지만 삼항 표현식 없이 작업해도 빠르게 익숙해질 수 있다.

포인터 비교

리스트 5–10과 같이 포인터가 동일한 메모리 위치를 가리키는지 확인하기 위해 포인터를 비교할 수 있다.

리스트 5-10 operations 폴더 내 main.go 파일에서 포인터 비교

```go
package main

import (
  "fmt"
//  "math"
)

func main() {

  first := 100

  second := &first
  third := &first

  alpha := 100
  beta := &alpha

  fmt.Println(second == third)
  fmt.Println(second == beta)
}
```

Go 등호 연산자(==)는 메모리 위치를 비교하기 위해 사용한다. 리스트 5-10에서 second와 third는 모두 같은 위치를 가리키고 있는 동일한 포인터 변수다. beta 포인터 변수는 다른 메모리 위치를 가리키고 있다. 리스트 5-10의 코드를 컴파일 및 실행하면 다음 출력을 생성한다.

```
true
false
```

비교하는 것이 저장하는 값이 아니라 메모리 위치라는 것을 이해하는 것이 중요하다. 값을 비교하려면 리스트 5-11과 같이 포인터를 역참조해야 한다.

리스트 5-11 operations 폴더 내 main.go 파일에서 비교를 위한 포인터 역참조

```go
package main

import (
  "fmt"
//  "math"
)

func main() {

  first := 100

  second := &first
  third := &first

  alpha := 100
  beta := &alpha

  fmt.Println(*second == *third)
  fmt.Println(*second == *beta)
}
```

포인터 역참조를 통해 참조한 메모리 위치에 저장한 값을 비교했다. 코드를 컴파일 및 실행하면 다음 출력을 생성한다.

```
true
true
```

논리 연산자 이해

논리 연산자는 표 5-6에서 설명한 것처럼 bool 값을 비교한다. 논리 연산자가 생성한 결과는 변수에 할당하거나 6장에서 설명하는 흐름 제어 표현식의 일부로 사용할 수 있다.

126

표 5-6 논리 연산자

연산자	설명
||	피연산자 중 하나가 true이면 true를 반환한다. 첫 번째 피연산자가 참이면 두 번째 피연산자는 평가하지 않는다.
&&	두 피연산자가 모두 참이면 참을 반환한다. 첫 번째 피연산자가 false이면 두 번째 피연산자는 평가하지 않는다.
!	단일 피연산자와 함께 사용한다. 피연산자가 거짓이면 참을 반환하고, 참이면 거짓을 반환한다.

리스트 5-12는 변수에 할당한 값을 생성할 때 사용하는 논리 연산자를 보여준다.

리스트 5-12 operations 폴더 내 main.go 파일에서 논리 연산자 사용

```go
package main

import (
  "fmt"
//  "math"
)

func main() {

  maxMph := 50
  passengerCapacity := 4
  airbags := true

  familyCar := passengerCapacity > 2 && airbags
  sportsCar := maxMph > 100 || passengerCapacity == 2
  canCategorize := !familyCar && !sportsCar

  fmt.Println(familyCar)
  fmt.Println(sportsCar)
  fmt.Println(canCategorize)
}
```

논리 연산자는 bool 값만 사용할 수 있다. Go는 true 또는 false 값을 얻기 위해 값을 변환하지 않는다. 논리 연산자의 피연산자가 표현식인 경우 비교에 사용하는 bool 결과를 생성하도록 평가한다. 리스트 5-12의 코드를 컴파일 및 실행하면 다음과 같은 출력을 생성한다.

```
true
false
false
```

Go는 논리 연산자를 사용할 때 평가 프로세스를 단락시킨다. 즉 결과를 생성하기 위해 가장 작은 수의 값을 평가한다. && 연산자의 경우 false 값이 발생하면 평가를 중지한다. || 연산자

의 경우 true 값을 만나면 평가를 중지한다. 두 경우 모두 후속 값이 작업 결과를 변경할 수 없으므로 추가 평가가 필요하지 않다.

✛ 값 변환, 파싱, 포매팅

Go는 연산에서 타입 혼합을 허용하지 않는다. 타입 없는 상수 경우를 제외하고 타입을 자동으로 변환하지도 않는다. 컴파일러가 혼합 자료형을 처리하는 방법을 보여주기 위해 리스트 5-13 코드는 다른 타입의 값에 + 연산자를 적용한다(코드 에디터가 리스트 5-13 코드를 자동으로 수정하면 에디터의 코드가 리스트 5-13 코드와 일치하도록 컴파일러 에러를 확인하고 수정을 취소해야 할 수도 있다).

리스트 5-13 operations 폴더 내 main.go 파일에서 연산 내 타입 혼합

```
package main

import (
  "fmt"
// "math"
)

func main() {

  kayak := 275
  soccerBall := 19.50

  total := kayak + soccerBall

  fmt.Println(total)
}
```

kayak 및 soccerBall 변수를 정의하기 위해 사용한 리터럴 값은 int 값과 float64 값을 생성한다. 이 값은 total 변수의 값을 계산하기 위해 + 연산에 사용한다. 코드를 컴파일하면 다음 에러를 보고한다.

```
.\main.go:13:20: invalid operation: kayak + soccerBall (mismatched types int and
float64)
```

위와 같이 간단한 예제의 경우 kayak 변수를 초기화할 때 사용하는 리터럴 값을 275.00으로 변경하면 float64 변수를 생성한다. 그러나 타입은 실제 프로젝트에서 변경하기 쉽지 않기 때문에 Go는 다음 절에서 설명하는 명시적 타입 변환 기능을 제공한다.

명시적 타입 변환

명시적 변환은 리스트 5–14와 같이 값을 변환해 해당 타입을 변경한다.

리스트 5–14 operations 폴더 내 main.go 파일에서 명시적 타입 변환 사용

```
package main

import (
  "fmt"
//  "math"
)

func main() {

  kayak := 275
  soccerBall := 19.50

  total := float64(kayak) + soccerBall

  fmt.Println(total)
}
```

명시적 변환 구문은 T(x)다. 여기서 T는 대상 타입이고 x는 변환할 값 또는 표현식이다. 리스트 5–14는 그림 5–1과 같이 명시적 변환을 사용해 kayak 변수에서 float64 값을 생성한다.

그림 5–1 명시적 타입 변환

+ 연산의 타입을 일치시키기 위해 float64 값으로 변환한다. 리스트 5–14의 코드를 컴파일 및 실행하면 다음 출력을 생성한다.

```
294.5
```

명시적 타입 변환의 한계 이해

명시적 변환은 대상 타입에서 값을 표현할 수 있는 경우에만 가능하다. 즉 숫자 타입 간, 문자열과 룬^{rune} 간 타입은 변환할 수 있지만 int 값을 bool 값으로 변환하는 것처럼 다른 조합은 지원하지 않는다.

리스트 5–15와 같이 명시적 변환을 수행하면 숫자 값의 정밀도가 손실되거나 오버플로가 발생할 수 있으므로 변환할 값을 선택할 때 주의해야 한다.

```go
package main

import (
  "fmt"
//  "math"
)

func main() {

  kayak := 275
  soccerBall := 19.50

  total := kayak + int(soccerBall)

  fmt.Println(total)
  fmt.Println(int8(total))
}
```

리스트 5-15는 + 연산을 위해 float64 값을 int로 변환하고, 별도로 int를 int8(4장에서 8비트 저장 공간이 할당된 부호 있는 정수의 타입이라고 설명했다)로 변환한다. 코드를 컴파일 및 실행하면 다음 출력을 생성한다.

```
294
38
```

부동 소수점에서 정수로 변환 시 부동 소수점 19.50이 int 값 19가 되도록 값의 소수 부분을 버린다. 그 결과 total 변수의 값이 이전 절의 예제 코드 실행 결과인 294.5가 아닌 294가 된다.

두 번째 명시적 변환에 사용한 int8은 int 값 294를 나타내기에 너무 작기 때문에 '산술 오버플로 이해' 절에서 설명한 것처럼 변수 오버플로가 발생한다.

부동 소수점 값을 정수로 변환

이전 예제에서 설명한 것처럼 명시적 변환은 특히 부동 소수점 값을 정수로 변환할 때 예기치 않은 결과를 생성할 수 있다. 가장 안전한 접근 방식은 정수 및 부동 소수점 값을 나타내는 다른 방향으로 변환하는 것이지만, 이것이 가능하지 않은 경우 math 패키지는 다음과 같이 제어된 방식으로 변환을 수행할 때 사용할 수 있는 유용한 함수 집합을 제공한다. 표 5-7에서 해당 함수를 설명한다.

표 5-7 숫자 타입 변환을 위한 math 패키지 함수

함수	설명
Ceil(value)	지정한 부동 소수점 값보다 큰 가장 작은 정수를 반환한다. 예를 들어 27.1보다 큰 가장 작은 정수는 28이다.
Floor(value)	지정한 부동 소수점 값보다 작은 가장 큰 정수를 반환한다. 예를 들어 27.1보다 작은 가장 큰 정수는 28이다.
Round(value)	지정한 부동 소수점 값을 가장 가까운 정수로 반올림한다.
RoundToEven(value)	지정한 부동 소수점 값을 가장 가까운 짝수로 반올림한다.

표에 설명한 함수는 float64 값을 반환하고 이 값은 리스트 5-16과 같이 명시적으로 int 타입으로 변환할 수 있다.

리스트 5-16 operations 폴더 내 main.go 파일에서 값 반올림

```go
package main

import (
  "fmt"
  "math"
)

func main() {

  kayak := 275
  soccerBall := 19.50

  total := kayak + int(math.Round(soccerBall))

  fmt.Println(total)
}
```

math.Round 함수는 19.5에서 20으로 SoccerBall 값을 반올림한 다음 명시적으로 int로 변환하고 + 연산에 사용한다. 리스트 5-16의 코드를 컴파일 및 실행하면 다음 출력을 생성한다.

```
295
```

문자열 파싱

Go 표준 라이브러리는 문자열 값을 다른 기본 자료형으로 변환하는 기능을 제공하는 strconv 패키지를 포함하고 있다. 표 5-8은 문자열을 다른 자료형으로 파싱하는 함수를 설명한다.

표 5-8 문자열을 다른 자료형으로 파싱하는 함수

함수	설명
ParseBool(str)	문자열을 bool 값으로 파싱한다. 인식하는 문자열 값은 "true", "false", "TRUE", "FALSE", "True", "False", "T", "F", "0", "1"이다.
ParseFloat(str, size)	'부동 소수점 숫자 파싱' 절에서 설명할 것이고 문자열을 지정한 크기(size)의 부동 소수점 값으로 파싱한다.
ParseInt(str, base, size)	문자열을 지정한 밑(base) 및 크기(size)를 사용해 int64로 파싱한다. 허용하는 밑(base) 값은 '정수 파싱' 절에서 설명하겠지만 2진수의 경우 2, 8진수의 경우 8, 16진수의 경우 16 그리고 10이다.
ParseUint(str, base, size)	지정한 밑(base) 및 크기(size)를 사용해 문자열을 부호 없는 정수 값으로 파싱한다.
Atoi(str)	문자열을 기본 10진수 int로 파싱하고 '정수 편의 함수 사용' 절에서 설명하겠지만 ParseInt(str, 10, 0)를 호출하는 것과 동일하다.

리스트 5-17은 ParseBool 함수를 사용해 문자열을 bool 값으로 파싱하는 것을 보여준다.

리스트 5-17 operations 폴더 내 main.go 파일에서 문자열 파싱

```go
package main

import (
  "fmt"
  "strconv"
)

func main() {

  val1 := "true"
  val2 := "false"
  val3 := "not true"

  bool1, b1err := strconv.ParseBool(val1)
  bool2, b2err := strconv.ParseBool(val2)
  bool3, b3err := strconv.ParseBool(val3)

  fmt.Println("Bool 1", bool1, b1err)
  fmt.Println("Bool 2", bool2, b2err)
  fmt.Println("Bool 3", bool3, b3err)
}
```

6장에서 설명하겠지만 Go 함수는 여러 결과 값을 생성할 수 있다. 표 5-8에 설명한 함수는 그림 5-2와 같이 파싱한 결과와 에러 두 가지 결과 값을 반환한다.

그림 5-2 문자열 파싱

catch와 같은 전용 키워드를 사용해 catch하고 처리할 수 있는 예외를 throw하면 Go와 같이 문제를 보고하는 언어에 익숙해질 수 있다. Go는 표 5-8에서 함수가 생성한 두 번째 결과 값에 에러를 할당하도록 동작한다. 에러 결과가 nil이면 문자열을 성공적으로 파싱한 것이다. 에러 결과가 nil이 아니면 파싱이 실패한 것이다. 다음 출력을 생성하는 리스트 5-17의 코드를 컴파일 및 실행하면 성공적인 파싱과 실패한 파싱의 예제를 확인할 수 있다.

```
Bool 1 true <nil>
Bool 2 false <nil>
Bool 3 false strconv.ParseBool: parsing "not true": invalid syntax
```

처음 두 문자열은 true 및 false 값으로 파싱됐으므로 두 함수 호출 에러 결과는 nil이다. 세 번째 문자열은 표 5-8에서 설명한 인식 가능한 값 목록에 없으므로 파싱할 수 없다. ParseBool 연산의 에러 결과는 문제에 대한 세부 정보를 제공한다.

문자열을 파싱할 수 없는 경우 결과 값이 0 값이 되므로 에러 결과를 검사할 때 주의해야 한다. 에러 결과를 확인하지 않으면 문자열에서 올바르게 파싱한 false 값과 파싱에 실패해 생성한 0 값을 구분할 수 없다. 에러 검사는 일반적으로 리스트 5-18과 같이 if/else 키워드를 사용해 수행한다. if 키워드의 관련 기능은 6장에서 설명할 것이다.

리스트 5-18 operations 폴더 내 main.go 파일에서 에러 확인

```go
package main

import (
  "fmt"
  "strconv"
)

func main() {

  val1 := "0"

  bool1, b1err := strconv.ParseBool(val1)

  if b1err == nil {
    fmt.Println("Parsed value:", bool1)
  } else {
      fmt.Println("Cannot parse", val1)
  }
}
```

if/else 블록을 사용하면 0 값과 성공적인 문자열 파싱의 결과인 false 값을 구별할 수 있다. 6장에서 설명하겠지만 Go에서 if 문은 초기화 문을 정의할 수 있고 이를 통해 리스트 5-19와

같이 단일 코드 실행문에서 변환 함수를 호출해 그 결과를 검사할 수 있다.

리스트 5-19 operations 폴더 내 main.go 파일에서 단일 코드 실행문 에러 확인

```go
package main

import (
  "fmt"
  "strconv"
)

func main() {

  val1 := "0"

  if bool1, b1err := strconv.ParseBool(val1); b1err == nil {
    fmt.Println("Parsed value:", bool1)
  } else {
    fmt.Println("Cannot parse", val1)
  }
}
```

리스트 5-18과 리스트 5-19는 모두 프로젝트를 컴파일 및 실행할 때 다음 출력을 생성한다.

```
Parsed value: false
```

정수 파싱

ParseInt 및 ParseUint 함수는 리스트 5-20과 같이 문자열이 나타내는 숫자의 기수와 파싱한 값을 나타내기 위해 사용할 자료형의 크기가 필요하다.

리스트 5-20 operations 폴더 내 main.go 파일에서 정수 파싱

```go
package main

import (
  "fmt"
  "strconv"
)

func main() {

  val1 := "100"

  int1, int1err := strconv.ParseInt(val1, 0, 8)

  if int1err == nil {
    fmt.Println("Parsed value:", int1)
  } else {
```

```
    fmt.Println("Cannot parse", val1)
  }
}
```

ParseInt 함수의 첫 번째 인수는 파싱할 문자열이다. 두 번째 인수는 숫자의 밑이거나 함수가 문자열의 접두사에서 감지하는 0이다. 마지막 인수는 파싱한 값을 할당할 자료형의 크기다. 예제는 밑을 0으로 설정하고 크기를 8로 지정했다.

리스트 5-20의 코드를 컴파일 및 실행하면 파싱한 정수 값을 보여주는 다음 출력을 생성한다.

```
Parsed value: 100
```

크기를 지정하면 결과에 사용하는 타입을 변경할 것으로 예상할 수 있지만 그렇지 않다. 따라서 함수는 항상 int64를 반환한다. 크기는 파싱한 결과 값이 들어갈 수 있어야 하는 데이터 크기만 지정해야 한다. 문자열 값이 지정한 크기 내에서 표현할 수 없는 숫자 값이면 값을 파싱하지 않는다. 리스트 5-21 코드는 더 큰 값을 포함하도록 문자열 값을 변경했다.

리스트 5-21 operations 폴더 내 main.go 파일에서 값 증가

```go
package main

import (
  "fmt"
  "strconv"
)

func main() {

  val1 := "500"

  int1, int1err := strconv.ParseInt(val1, 0, 8)

  if int1err == nil {
    fmt.Println("Parsed value:", int1)
  } else {
    fmt.Println("Cannot parse", val1, int1err)
  }
}
```

문자열 "500"은 정수로 파싱할 수 있지만 ParseInt 인수로 지정한 크기인 8비트 값으로 나타내기 너무 크다. 따라서 코드를 컴파일 및 실행하면 출력은 함수에서 반환된 에러를 보여준다.

```
Cannot parse 500 strconv.ParseInt: parsing "500": value out of range
```

간접적인 접근 방식처럼 보일 수 있지만 리스트 5-22에서 볼 수 있듯이 성공적으로 문자열을 파싱한 경우 Go는 결과 값이 명시적 변환을 안전하게 수행할 수 있도록 보장하면서 해당 타입 규칙을 유지한다.

리스트 5-22 operations 폴더 내 main.go 파일에서 결과 값 명시적 변환

```go
package main

import (
  "fmt"
  "strconv"
)

func main() {

  val1 := "100"

  int1, int1err := strconv.ParseInt(val1, 0, 8)

  if int1err == nil {
    smallInt := int8(int1)
    fmt.Println("Parsed value:", smallInt)
  } else {
    fmt.Println("Cannot parse", val1, int1err)
  }
}
```

ParseInt 함수를 호출할 때 크기를 8로 지정하면 오버플로 가능성 없이 int8 타입으로 명시적 변환을 수행할 수 있다. 리스트 5-22의 코드를 컴파일 및 실행하면 다음 출력을 생성한다.

```
Parsed value: 100
```

2진, 8진, 16진 정수 파싱

Parse<Type> 함수의 기본 인수를 사용하면 리스트 5-23과 같이 10진수가 아닌 숫자 문자열을 파싱할 수 있다.

리스트 5-23 operations 폴더 내 main.go 파일에서 2진 값 파싱

```go
package main

import (
  "fmt"
  "strconv"
)

func main() {
```

```
    val1 := "100"

    int1, int1err := strconv.ParseInt(val1, 2, 8)

    if int1err == nil {
      smallInt := int8(int1)
      fmt.Println("Parsed value:", smallInt)
    } else {
      fmt.Println("Cannot parse", val1, int1err)
    }
  }
```

문자열 값 "100"은 10진수 값 100으로 파싱할 수 있지만 이진 값 4를 나타낼 수도 있다. ParseInt 함수의 두 번째 인수를 사용해 밑을 2로 지정할 수 있고 문자열은 이진 값으로 해석할 수 있다. 코드를 컴파일 및 실행하면 다음과 같이 이진 문자열에서 파싱한 숫자의 10진수 표현을 표시한다.

```
Parsed value: 4
```

Parse<Type> 함수를 그대로 두고 리스트 5-24와 같이 접두사를 사용해 값의 밑을 감지할 수 있다.

리스트 5-24 operations 폴더 내 main.go 파일에서 접두사 사용

```
package main

import (
  "fmt"
  "strconv"
)

func main() {

  val1 := "0b1100100"

  int1, int1err := strconv.ParseInt(val1, 0, 8)

  if int1err == nil {
    smallInt := int8(int1)
    fmt.Println("Parsed value:", smallInt)
  } else {
    fmt.Println("Cannot parse", val1, int1err)
  }
}
```

표 5-8에 설명한 함수는 접두사를 기반으로 파싱 중인 값의 밑을 결정할 수 있다. 표 5-9는 지원하는 접두사 집합을 설명한다.

표 5-9 숫자 문자열의 기본 접두사

접두사	설명
0b	0b1100100과 같은 이진 값을 나타낸다.
0o	0o144와 같은 8진수 값을 나타낸다.
0x	0x64와 같은 16진수 값을 나타낸다.

리스트 5-24의 문자열은 이진 값을 나타내는 0b 접두사가 있다. 코드를 컴파일 및 실행하면 다음 출력을 생성한다.

```
Parsed value: 100
```

정수 편의 함수 사용

많은 프로젝트에서 가장 일반적인 파싱 작업은 리스트 5-25와 같이 10진수를 포함하는 문자열에서 int 값을 생성하는 것이다.

리스트 5-25 operations 폴더 내 main.go 파일에서 일반적인 파싱 작업 수행

```go
package main

import (
  "fmt"
  "strconv"
)

func main() {

  val1 := "100"

  int1, int1err := strconv.ParseInt(val1, 10, 0)

  if int1err == nil {
    var intResult int = int(int1)
    fmt.Println("Parsed value:", intResult)
  } else {
    fmt.Println("Cannot parse", val1, int1err)
  }
}
```

리스트 5-26 코드는 strconv 패키지가 단일 단계에서 파싱 및 명시적 변환을 처리하는 Atoi 함수를 제공하는 일반적인 작업을 보여준다.

```go
package main

import (
  "fmt"
  "strconv"
)

func main() {

  val1 := "100"

  int1, int1err := strconv.Atoi(val1)

  if int1err == nil {
    var intResult int = int1
    fmt.Println("Parsed value:", intResult)
  } else {
    fmt.Println("Cannot parse", val1, int1err)
  }
}
```

Atoi 함수는 파싱할 값만 허용하며 10진수가 아닌 값 파싱을 지원하지 않는다. 결과 타입은 ParseInt 함수에서 생성한 int64 대신 int다. 리스트 5-25와 리스트 5-26의 코드를 컴파일 및 실행하면 다음 출력을 생성한다.

```
Parsed value: 100
```

부동 소수점 숫자 파싱

ParseFloat 함수는 리스트 5-27과 같이 부동 소수점 숫자가 포함한 문자열을 파싱할 때 사용한다.

리스트 5-27 operations 폴더 내 main.go 파일에서 부동 소수점 값 파싱

```go
package main

import (
  "fmt"
  "strconv"
)

func main() {

  val1 := "48.95"

  float1, float1err := strconv.ParseFloat(val1, 64)
```

```
    if int1err == nil {
      fmt.Println("Parsed value:", float1)
    } else {
      fmt.Println("Cannot parse", val1, float1err)
    }
  }
```

ParseFloat 함수의 첫 번째 인수는 파싱할 값이다. 두 번째 인수는 결과의 크기를 지정한다. ParseFloat 함수의 결과는 float64 값이지만 32를 지정하면 결과 값을 명시적으로 float32 값으로 변환한다.

ParseFloat 함수는 리스트 5-28과 같이 지수로 표현한 값을 파싱할 수 있다.

리스트 5-28 operations 폴더 내 main.go 파일에서 지수로 값 파싱

```
package main

import (
  "fmt"
  "strconv"
)

func main() {

  val1 := "4.895e+01"

  float1, float1err := strconv.ParseFloat(val1, 64)

  if int1err == nil {
    fmt.Println("Parsed value:", float1)
  } else {
    fmt.Println("Cannot parse", val1, float1err)
  }
}
```

리스트 5-27과 리스트 5-28은 컴파일 및 실행하면 다음과 같이 동일한 출력을 생성한다.

```
Parsed value: 48.95
```

문자열 값 포매팅

Go 표준 라이브러리는 기본 데이터 값을 문자열로 변환하는 기능을 제공한다. 변환된 문자열은 직접 사용하거나 다른 문자열과 조합해 사용할 수 있다. strconv 패키지는 표 5-10에 설명한 기능을 제공한다.

표 5-10 값을 문자열로 변환하기 위한 strconv 함수

함수	설명
FormatBool(val)	지정한 bool의 값(val)에 따라 true 또는 false 문자열을 반환한다.
FormatInt(val, base)	지정한 밑(base)으로 표현한 int64 값의 문자열 표현을 반환한다.
FormatUint(val, base)	지정한 밑(base)으로 표현한 uint64 값의 문자열 표현을 반환한다.
FormatFloat(val, format, precision, size)	지정된 형식(format), 정밀도(precision) 및 크기(size)를 사용해 표현한 float64 값의 문자열 표현을 반환한다.
Itoa(val)	밑 10을 사용해 표현한 int 값의 문자열 표현을 반환한다.

부울 값 포매팅

FormatBool 함수는 리스트 5-29와 같이 bool 값을 인수로 받고 문자열 표현을 반환한다. FormatBool 함수는 true 및 false 문자열만 반환하기 때문에 표 5-10에 설명한 함수 중 가장 간단한 함수다.

리스트 5-29 operations 폴더 내 main.go 파일에서 부울 값 포매팅

```go
package main

import (
  "fmt"
  "strconv"
)

func main() {

  val1 := true
  val2 := false

  str1 := strconv.FormatBool(val1)
  str2 := strconv.FormatBool(val2)

  fmt.Println("Formatted value 1: " + str1)
  fmt.Println("Formatted value 2: " + str2)
}
```

+ 연산자를 사용해 FormatBool 함수의 결과를 리터럴 문자열과 연결하고 단일 인수만 fmt. Println 함수에 전달할 수 있다. 리스트 5-29의 코드를 컴파일 및 실행하면 다음 출력을 생성한다.

```
Formatted value 1: true
Formatted value 2: false
```

정수 값 포매팅

FormatInt 및 FormatUint 함수는 리스트 5-30에 나와 있는 것처럼 정수 값을 문자열로 포매팅한다.

리스트 5-30 operations 폴더 내 main.go 파일에서 정수 값 포매팅

```
package main

import (
  "fmt"
  "strconv"
)

func main() {

  val := 275

  base10String := strconv.FormatInt(int64(val), 10)
  base2String := strconv.FormatInt(int64(val), 2)

  fmt.Println("Base 10: " + base10String)
  fmt.Println("Base 2: " + base2String)
}
```

FormatInt 함수는 int64 값만 허용하므로 명시적 변환을 수행한 다음 10진수(십진수) 및 2진수(2진수)로 값을 표현하는 문자열을 지정한다. 리스트 5-30의 코드를 컴파일 및 실행하면 다음 출력을 생성한다.

```
Base 10: 275
Base 2: 100010011
```

정수 편의 함수 사용

정수 값은 가장 일반적으로 int 타입을 사용해 표현하며 밑 10을 사용해 문자열로 변환한다. strconv 패키지는 리스트 5-31처럼 특정 변환을 수행하는 더 편리한 방법인 Itoa 함수를 제공한다.

리스트 5-31 operations 폴더 내 main.go 파일에서 정수 편의 함수 사용

```
package main

import (
  "fmt"
  "strconv"
)
```

```
func main() {

  val := 275

  base10String := strconv.Itoa(val)
  base2String := strconv.FormatInt(int64(val), 2)

  fmt.Println("Base 10: " + base10String)
  fmt.Println("Base 2: " + base2String)
}
```

Itoa 함수는 int 값을 인수로 받아 명시적으로 int64로 변환한 다음 ParseInt 함수에 전달한다. 리스트 5-31의 코드는 다음 출력을 생성한다.

```
Base 10: 275
Base 2: 100010011
```

부동 소수점 값 포매팅

부동 소수점 값을 문자열로 표현할 때 추가 구성 옵션을 사용해 다양한 포맷을 사용할 수 있다. 리스트 5-32는 FormatFloat 함수를 사용한 기초적인 포매팅 작업을 보여준다.

리스트 5-32 operations 폴더 내 main.go 파일에서 부동 소수점 값으로 변환

```
package main

import (
  "fmt"
  "strconv"
)

func main() {

  val := 49.95

  Fstring := strconv.FormatFloat(val, 'f', 2, 64)
  Estring := strconv.FormatFloat(val, 'e', -1, 64)

  fmt.Println("Format F: " + Fstring)
  fmt.Println("Format E: " + Estring)
}
```

FormatFloat 함수의 첫 번째 인수는 처리할 값이다. 두 번째 인수는 문자열의 포맷을 지정하는 바이트 값이다. 바이트는 일반적으로 rune 문자 값으로 표시하며 표 5-11은 가장 일반적으로 사용하는 rune 포맷을 설명한다(4장에서 언급했듯이 바이트 유형은 별칭이다. uint8의 경우 편의상 rune을 사용해 표현하는 경우가 많다).

표 5-11 부동 소수점 문자열 포매팅에 일반적으로 사용하는 포맷 옵션

함수	설명
f	부동 소수점 값은 49.95와 같이 지수 없이 ±ddd.ddd 형식으로 표시한다.
e, E	부동 소수점 값은 ±ddd.ddde±dd 형식으로 표현한다(예: 4.995e+01 또는 4.995E+01). 지수를 나타내는 문자의 대소문자는 서식 인수로 사용한 rune 문자의 대소문자에 따라 결정한다.
g, G	부동 소수점 값은 큰 지수의 경우 형식 e/E를 사용하거나 작은 값의 경우 형식 f를 사용해 표현한다.

FormatFloat 함수의 세 번째 인수는 소수점 뒤에 오는 자릿수를 지정한다. 세 번째 인수로 특수 값 -1을 지정하면 정밀도 손실 없이 동일한 부동 소수점 값으로 다시 파싱할 수 있는 문자열을 생성하는 가장 작은 자릿수를 선택할 수 있다. 마지막 인수는 부동 소수점 값이 값 32 또는 64를 사용해 float32 또는 float64 값으로 표현할 수 있도록 반올림할 수 있는지 여부를 결정한다.

즉 FormatFloat 함수의 인수는 포맷 옵션 f를 사용해 val 변수에 할당한 값의 포맷을 지정하고 소수점 이하 두 자리로 반올림한 다음 float64 타입을 사용해 값을 나타낼 수 있음을 의미한다.

```
...
Fstring := strconv.FormatFloat(val, 'f', 2, 64)
...
```

위 코드는 통화 금액을 나타내기 위해 사용할 수 있는 문자열로 값을 포매팅했다. 리스트 5-32의 코드를 컴파일 및 실행하면 다음 출력을 생성한다.

```
Format F: 49.95
Format E: 4.995e+01
```

요약

5장에서는 Go 연산자를 소개하고 산술, 비교, 연결, 논리 연산을 수행하기 위해 Go 연산자를 사용하는 방법을 보여줬다. 또한 Go 언어로 통합한 기능과 Go 표준 라이브러리의 일부인 기능을 모두 사용해서 한 타입을 다른 타입으로 변환할 수 있는 다양한 방법을 설명했다. 6장에서는 Go의 흐름 제어 기능을 설명한다.

흐름 제어

6장에서는 실행 흐름을 제어하기 위한 Go 기능을 설명할 것이다. Go는 if, for, switch 등과 같은 다른 프로그래밍 언어에서 일반적으로 사용하는 키워드를 지원하고 각 키워드는 몇 가지 독특하고 혁신적인 기능이 있다. 표 6-1은 Go 흐름 제어 기능을 보여준다.

표 6-1 상황에 따른 흐름 제어

질문	답
무엇인가?	흐름 제어는 명령문을 선택적으로 실행할 수 있게 한다.
왜 유용한가?	흐름 제어가 없으면 애플리케이션은 일련의 코드 실행문을 순서대로 실행한 다음 종료한다. 흐름 제어를 사용하면 순서를 변경해 일부 코드 실행문의 실행을 연기하고 다른 코드 실행문의 실행을 반복할 수 있다.
어떻게 사용하는가?	Go는 if, for, switch를 포함한 흐름 제어 키워드를 지원한다. 각 키워드는 실행 흐름을 다르게 제어한다.
함정이나 제한 사항?	Go는 각 흐름 제어 키워드의 특이한 기능을 소개한다. 흐름 제어 키워드의 추가 기능은 주의해서 사용해야 한다.
대안이 있는가?	없다. 흐름 제어는 기본적인 프로그래밍 언어의 특징이다.

표 6-2는 6장을 요약한 것이다.

표 6-2 6장 요약

문제	해결 방법	리스트 참조 번호
조건부로 코드 실행	선택적 else if 및 else 절과 초기화 문을 if 문에서 함께 사용	4-10
코드를 반복적으로 실행	선택적 초기화 및 종결문을 for 루프에서 함께 사용	11-13
루프 인터럽트	continue 또는 break 키워드 사용	14
일련의 값 열거	range 키워드를 for 루프에서 함께 사용	15-18
조건부로 코드를 실행하기 위한 복잡한 비교 수행	선택적 초기화 문을 switch 문에서 함께 사용	19-21, 23-26
하나의 case 문을 다음 case 문으로 강제 실행	fallthrough 키워드 사용	22
실행이 점프해야 하는 위치 지정	label 사용	27

6장 준비

6장 예제를 준비하기 위해 새 CMD를 열어 편리한 위치로 이동한 다음 flowcontrol 폴더를 생성한다. 리스트 6-1의 명령어를 실행해 프로젝트를 초기화해보자.

> **팁**
>
> 다음 링크(https://github.com/apress/pro-go)에서 6장 및 책의 다른 모든 장에 대한 예제 프로젝트를 다운로드 할 수 있다. 예제를 실행하는 데 문제가 발생한 경우 도움받는 방법은 2장을 참조한다.

리스트 6-1 프로젝트 초기화

```
go mod init flowcontrol
```

리스트 6-2의 소스 코드 내용을 담은 main.go 파일을 생성해 flowcontrol 폴더에 추가해보자.

리스트 6-2 flowcontrol 폴더 내 main.go 파일 소스 코드

```
package main

import "fmt"

func main() {

    kayakPrice := 275.00
    fmt.Println("Price:", kayakPrice)
}
```

flowcontrol 폴더에서 리스트 6-3의 명령어를 실행하기 위해 CMD를 사용한다.

리스트 6-3 예제 프로젝트 실행

```
go run .
```

main.go 파일 내 코드를 컴파일 및 실행하면 다음 출력을 생성한다.

```
Price: 275
```

흐름 제어 이해

Go 애플리케이션의 실행 흐름은 특히 애플리케이션이 예제처럼 단순할 때 이해하기 쉽다. 애플리케이션의 진입점이라고 하는 main 함수에 정의한 코드 실행문을 정의한 순서대로 실행한다. main 함수 내 코드를 모두 실행하면 애플리케이션을 종료한다. 그림 6-1은 기본 흐름을 보여준다.

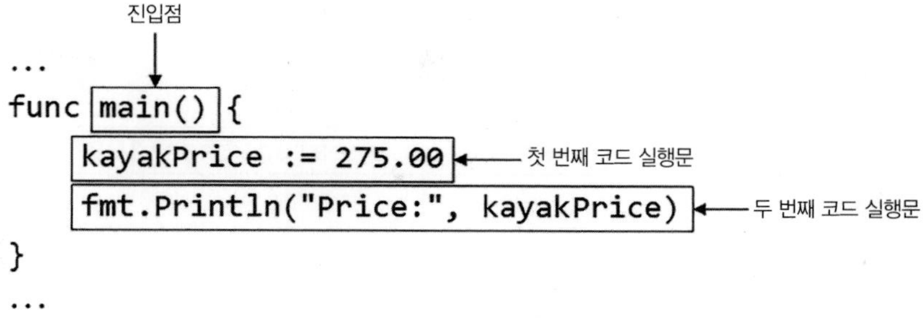

그림 6-1 코드 실행 흐름

각 코드 실행문을 실행한 후 흐름은 다음 코드 실행문으로 이동하고 실행할 코드가 더 이상 없을 때까지 프로세스를 반복한다.

기본 실행 흐름이 정확히 필요한 애플리케이션도 있지만 대부분의 애플리케이션은 다음 절에서 설명하는 기능을 사용해 코드를 선택적으로 실행하기 위해 실행 흐름을 제어한다.

if 문 사용

if 문은 리스트 6-4와 같이 지정한 조건식을 평가할 때 bool 값 true를 생성하는 경우에만 코드 실행문을 실행하기 위해 사용한다.

리스트 6-4 flowcontrol 폴더 내 main.go 파일에서 if 문 사용

```go
package main

import "fmt"

func main() {

  kayakPrice := 275.00

  if kayakPrice > 100 {
    fmt.Println("Price is greater than 100")
  }
}
```

if 키워드 뒤에는 조건식이 오고 그 다음 실행할 코드 실행문이 온다. if 문은 그림 6-2와 같이 중괄호로 둘러싸여 있다.

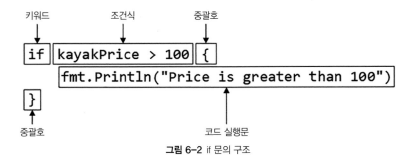

그림 6-2 if 문의 구조

리스트 6-4의 조건식은 > 연산자를 사용해 kayakPrice 변수의 값을 리터럴 상수 값 100과 비교한다. 조건식을 true로 평가하면 중괄호에 포함한 코드를 실행해 다음 출력을 생성한다.

```
Price is greater than 100
```

나는 리스트 6-5와 같이 조건식을 괄호로 묶는 경향이 있다. Go는 괄호를 필요로 하지 않지만 내가 습관적으로 사용하는 것이다.

리스트 6-5 flowcontrol 폴더 내 main.go 파일에서 괄호 사용

```go
package main

import "fmt"

func main() {

    kayakPrice := 275.00

    if (kayakPrice > 100) {
        fmt.Println("Price is greater than 100")
    }
}
```

흐름 제어 문 구문에 대한 제한 사항

Go는 if 문 및 기타 흐름 제어 문의 구문과 관련해 다른 언어보다 유연성이 떨어진다. 첫째, 코드 블록에 코드 실행문이 하나만 있는 경우에도 중괄호를 생략할 수 없다. 즉 Go는 다음 구문을 허용하지 않는다.

```
...
if (kayakPrice > 100)
    fmt.Println("Price is greater than 100")
...
```

148

둘째, 여는 중괄호는 흐름 제어 키워드와 같은 줄에 있어야 하고 다음 줄에는 나타날 수 없다. 즉 다음 구문도 허용하지 않다.

```
...
if (kayakPrice > 100)
{
  fmt.Println("Price is greater than 100")
}
...
```

셋째, 긴 조건식을 여러 줄로 분할하려는 경우 값이나 변수 이름 뒤에 줄을 나눌 수 없다.

```
...
if (kayakPrice > 100
    && kayakPrice < 500) {
  fmt.Println("Price is greater than 100 and less than 500")
}
...
```

Go 컴파일러는 위 모든 코드 실행문에 대해 에러를 보고한다. 문제는 빌드 프로세스가 소스 코드에 세미콜론을 삽입하려고 시도할 때 발생한다. 이러한 빌드 프로세스를 변경할 수 있는 방법은 없기 때문에 책의 일부 예제 코드 포맷이 이상할 수밖에 없다. 일부 코드 실행문은 인쇄 페이지의 한 줄에 표시할 수 있는 것보다 더 많은 문자를 포함하고 있기 때문에 나는 코드 실행문을 신중하게 분할했다.

else 키워드 사용

else 키워드는 리스트 6-6과 같이 if 문에서 추가 절을 만들기 위해 사용할 수 있다.

리스트 6-6 flowcontrol 폴더 내 main.go 파일에서 else 키워드 사용

```
package main

import "fmt"

func main() {

  kayakPrice := 275.00

  if (kayakPrice > 500) {
    fmt.Println("Price is greater than 500")
  } else if (kayakPrice < 300) {
    fmt.Println("Price is less than 300")
  }
}
```

else 키워드와 if 키워드를 결합하면 그림 6-3과 같이 중괄호 안의 코드 실행문의 조건식이 true고 앞 절의 조건식이 거짓일 때만 실행한다.

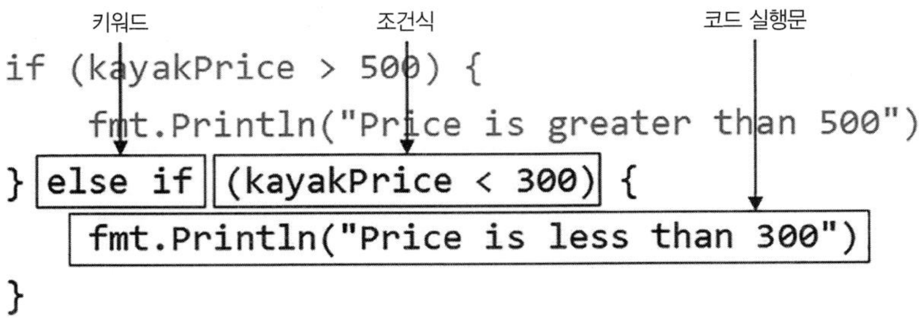

```
        키워드                      조건식                          코드 실행문

if (kayakPrice > 500) {
    fmt.Println("Price is greater than 500")
} else if (kayakPrice < 300) {
    fmt.Println("Price is less than 300")
}
```

그림 6-3 if 문 내 else/if 절

리스트 6-6에서 if 절에 사용한 조건식은 false 결과를 생성하기 때문에 실행은 true 결과를 생성하는 else/if 조건식으로 이동한다. 리스트 6-6의 코드를 컴파일 및 실행하면 다음과 같은 출력을 생성한다.

```
Price is less than 300
```

else/if 조합은 리스트 6-7과 같이 절의 시퀀스를 생성하기 위해 반복할 수 있다. else/if 절은 모든 이전 조건식이 false를 생성한 경우에만 실행한다.

리스트 6-7 flowcontrol 폴더 내 main.go 파일에서 여러 else/if 절 정의

```
package main

import "fmt"

func main() {

  kayakPrice := 275.00

  if (kayakPrice > 500) {
    fmt.Println("Price is greater than 500")
  } else if (kayakPrice < 100) {
    fmt.Println("Price is less than 100")
  } else if (kayakPrice > 200 && kayakPrice < 300) {
    fmt.Println("Price is between 200 and 300")
  }
}
```

리스트 6-7의 코드는 if 문을 통해 true 값을 얻거나 더 이상 평가할 조건식이 없을 때까지 조건식을 평가하면서 실행한다. 리스트 6-7의 코드를 컴파일 및 실행하면 다음과 같은 출력을 생성한다.

```
Price is between 200 and 300
```

150

else 키워드를 사용해 대체 절을 만들 수도 있다. 대체 절은 리스트 6-8과 같이 코드 실행문의 모든 if 및 else/if 조건식이 거짓 결과를 생성하는 다음 경우에만 실행된다.

리스트 6-8 flowcontrol 폴더 내 main.go 파일에서 대체 절 생성

```go
package main

import "fmt"

func main() {

    kayakPrice := 275.00

    if (kayakPrice > 500) {
        fmt.Println("Price is greater than 500")
    } else if (kayakPrice < 100) {
        fmt.Println("Price is less than 100")
    } else {
        fmt.Println("Price not matched by earlier expressions")
    }
}
```

대체 절은 코드 실행문의 끝에 정의해야 하며 그림 6-4와 같이 조건식 없이 else 키워드로 지정한다.

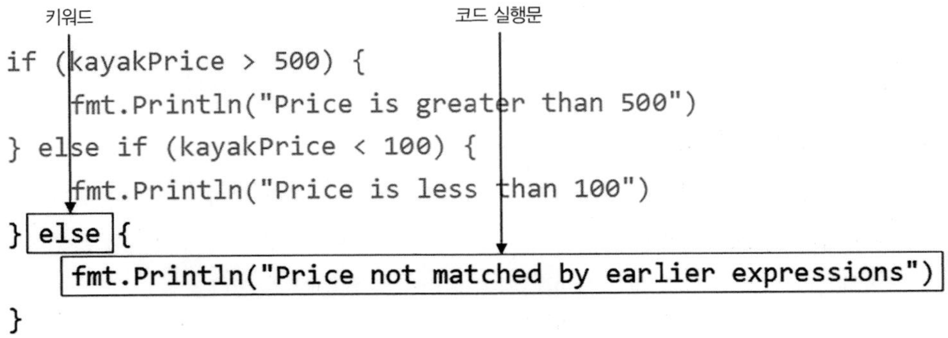

그림 6-4 if 문 내 대체 절

리스트 6-8의 코드를 컴파일 및 실행하면 다음 출력을 생성한다.

```
Price not matched by earlier expressions
```

if 문 범위 이해

if 문의 각 절은 자체 범위가 있다. 즉 변수는 변수가 정의된 절 내에서만 액세스할 수 있다. 또한 리스트 6-9와 같이 별도의 절에서 동일한 변수 이름을 다른 목적으로 사용할 수 있다.

```go
package main

import "fmt"

func main() {

    kayakPrice := 275.00

    if (kayakPrice > 500) {
        scopedVar := 500
        fmt.Println("Price is greater than", scopedVar)
    } else if (kayakPrice < 100) {
        scopedVar := "Price is less than 100"
        fmt.Println(scopedVar)
    } else {
        scopedVar := false
        fmt.Println("Matched: ", scopedVar)
    }
}
```

if 문의 각 절은 scopedVar라는 변수를 정의하며 각각 다른 타입을 갖는다. 각 변수는 해당 절의 로컬 변수다. 즉 다른 절이나 if 문 외부에서 액세스할 수 없다. 리스트 6-9의 코드를 컴파일 및 실행하면 다음과 같은 출력을 생성한다.

```
Matched: false
```

if 문으로 초기화 문 사용

Go는 if 문이 if 문의 조건식을 평가하기 전에 초기화 문을 사용할 수 있도록 허용한다. 초기화 문은 Go의 단순 코드 실행문만 사용하도록 제한한다. 즉 넓은 의미에서 초기화 문은 새 변수를 정의하거나 기존 변수에 새 값을 할당하거나 함수를 호출할 수 있다.

if 문으로 초기화 문을 사용하는 가장 일반적인 용도는 리스트 6-10과 같이 이후에 사용하는 변수를 초기화하기 위해서다.

리스트 6-10 flowcontrol 폴더 내 main.go 파일에서 초기화 문 사용

```go
package main

import (
    "fmt"
    "strconv"
)
```

```
func main() {

  priceString := "275"

  if kayakPrice, err := strconv.Atoi(priceString); err == nil {
    fmt.Println("Price:", kayakPrice)
  } else {
    fmt.Println("Error:", err)
  }
}
```

그림 6-5와 같이 if 키워드 뒤에 초기화 문이 오고 세미콜론과 평가할 조건식이 온다.

그림 6-5 초기화 문 사용

리스트 6-10의 초기화 문은 5장에서 설명한 strconv.Atoi 함수를 호출해 문자열을 int 값으로 파싱한다. kayakPrice 및 err이라는 변수에 할당한 2개의 값을 함수의 결과 값으로 반환한다.

```
...
if kayakPrice, err := strconv.Atoi(priceString); err == nil {
...
```

초기화 문이 정의한 변수의 범위는 조건식을 포함한 전체 if 문이다. err 변수는 if 문의 조건 식에서 문자열이 에러 없이 구문 파싱됐는지 확인하기 위해 사용한다.

```
...
if kayakPrice, err := strconv.Atoi(priceString); err == nil {
...
```

변수는 if 절과 else/if 및 else 절에서도 사용할 수 있다.

```
...
if kayakPrice, err := strconv.Atoi(priceString); err == nil {
  fmt.Println("Price:", kayakPrice)
} else {
  fmt.Println("Error:", err)
}
...
```

리스트 6-10의 코드를 컴파일 및 실행하면 다음과 같은 출력을 생성한다.

```
Price: 275
```

앞서 설명했듯이 나는 if 문에서 조건식을 묶기 위해 괄호를 사용하는 경향이 있다. 초기화 문을 사용할 때는 가능하지만 다음과 같이 괄호가 조건식에만 적용되는지 확인해야 한다.

```
...
if kayakPrice, err := strconv.Atoi(priceString); (err == nil) {
...
```

괄호는 초기화 문에 적용할 수 없으며 조건식 부분을 모두 묶을 수 없다.

☘ for 루프 사용

for 키워드는 코드 실행문을 반복적으로 실행하는 루프를 만들기 위해 사용한다. 가장 기본적인 for 루프는 리스트 6-11과 같이 break 키워드에 의해 중단되지 않는 한 무한 반복한다 (return 키워드를 사용해 루프를 종료할 수도 있다).

리스트 6-11 flowcontrol 폴더 내 main.go 파일에서 기본적인 루프 사용

```
package main

import (
  "fmt"
  //"strconv"
)

func main() {

  counter := 0
  for {
    fmt.Println("Counter:", counter)
    counter++
    if (counter > 3) {
      break
    }
  }
}
```

for 키워드 다음에는 그림 6-6과 같이 중괄호로 묶인 반복할 코드 실행문이 온다. 대부분의 루프에서 코드 실행문 중 루프를 종료하는 break 키워드가 온다.

154

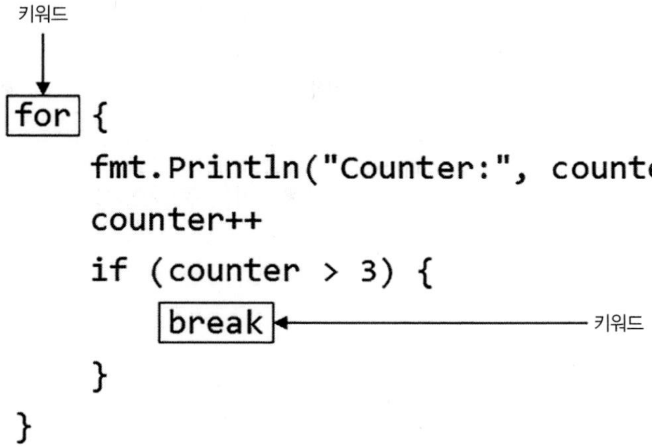

키워드

```go
for {
    fmt.Println("Counter:", counter)
    counter++
    if (counter > 3) {
        break
    }
}
```

키워드

그림 6-6 기본 루프

리스트 6-11의 break 키워드는 if 문 안에 있다. 즉 if 문의 조건식이 true 값을 생성할 때까지 루프를 종료하지 않는다. 리스트 6-11의 코드를 컴파일 및 실행하면 다음과 같은 출력을 생성한다.

```
Counter: 0
Counter: 1
Counter: 2
Counter: 3
```

루프에 조건 통합

이전 절에서 설명한 루프는 조건에 도달할 때까지 반복해야 하는 일반적인 요구 사항을 나타낸다. 리스트 6-12와 같이 조건을 루프 구문에 통합하는 것이 일반적인 요구 사항이다.

리스트 6-12 flowcontrol 폴더 내 main.go 파일에서 루프 조건 사용

```go
package main

import (
  "fmt"
  //"strconv"
)

func main() {

  counter := 0
  for (counter <= 3) {
    fmt.Println("Counter:", counter)
    counter++
    // if (counter > 3) {
```

```
        //    break
        // }
    }
}
```

조건은 그림 6-7과 같이 for 키워드와 루프 문을 묶는 여는 중괄호 사이에 지정한다. 예제와 같이 조건을 괄호로 묶을 수 있지만 필수 사항은 아니다.

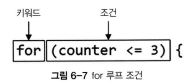

그림 6-7 for 루프 조건

중괄호로 묶인 코드 실행문은 조건을 true로 평가하면 반복적으로 실행한다. 그림 6-7에서 조건은 counter 변수의 값이 3보다 작거나 같은 동안 true 값을 생성하고 코드를 컴파일 및 실행하면 다음 결과를 생성한다.

```
Counter: 0
Counter: 1
Counter: 2
Counter: 3
```

초기화 및 종결문 사용

루프는 리스트 6-13과 같이 루프의 첫 번째 반복 직전에 실행하는 초기화 문과 각 반복 후에 실행하는 종결문으로 정의할 수 있다.

> **■ 팁 ■**
>
> if 문과 마찬가지로 괄호는 for 문의 조건에 적용할 수 있지만 초기화 문과 종결문에는 적용할 수 없다.

리스트 6-13 flowcontrol 폴더 내 main.go 파일에서 선택적 루프 실행문 사용

```
package main

import (
  "fmt"
  //"strconv"
)

func main() {
```

```
    for counter := 0; counter <= 3; counter++ {
        fmt.Println("Counter:", counter)
        // counter++
    }
}
```

초기화 문, 조건, 종결문은 그림 6–8과 같이 세미콜론으로 구분하고 for 키워드 뒤에 온다.

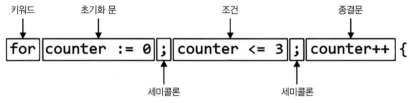

그림 6-8 초기화 문과 종결문이 있는 for 루프

초기화 문을 실행한 후 조건을 평가한다. 조건이 true 결과를 생성하면 중괄호에 포함한 코드를 실행하고 그 후에 종결문을 실행한다. 그런 다음 조건을 다시 평가하고 주기를 반복한다. 즉 초기화 문을 정확히 한 번 실행하고 조건이 true 결과를 생성할 때마다 종결문을 한 번 실행한다. 조건을 처음 평가할 때 false 결과를 생성하면 종결문은 실행하지 않는다. 리스트 6–13의 코드를 컴파일 및 실행하면 다음과 같은 출력을 생성한다.

```
Counter: 0
Counter: 1
Counter: 2
Counter: 3
```

DO...WHILE 루프 재사용

Go는 한 번 이상 실행하는 루프를 정의하기 위해 다른 프로그래밍 언어에서 제공하는 기능인 do...while 루프(적어도 한 번 실행하고 그 후 조건을 평가해 후속 반복이 필요한지 여부를 결정하는 루프)를 제공하지 않는다. 어색하지만 Go는 다음과 같이 for 루프를 사용해 do...while 루프와 비슷한 결과를 얻을 수 있다.

```
package main

import (
    "fmt"
)
func main() {
    for counter := 0; true; counter++ {
        fmt.Println("Counter:", counter)
        if (counter > 3) {
```

```
        break
    }
  }
}
```

for 루프의 조건은 true고 후속 반복은 break 키워드를 사용해 루프를 종료하는 if 문으로 제어한다.

루프 지속

continue 키워드는 리스트 6-14와 같이 현재 값에 대한 for 루프의 코드 실행을 종료하고 다음 반복으로 이동할 때 사용할 수 있다.

리스트 6-14 flowcontrol 폴더 내 main.go 파일에서 루프 지속

```
package main

import (
  "fmt"
  //"strconv"
)

func main() {

  for counter := 0; counter <= 3; counter++ {
    if (counter == 1) {
      continue
    }
    fmt.Println("Counter:", counter)
  }
}
```

if 문은 counter 값이 1일 때만 continue 키워드에 도달하도록 한다. counter 변수 값이 1인 경우 fmt.Println 함수를 호출하는 코드 실행문에 도달하지 못하므로 코드가 컴파일 및 실행하면 다음 출력을 생성한다.

```
Counter: 0
Counter: 2
Counter: 3
```

시퀀스 열거

for 키워드를 range 키워드와 함께 사용해 리스트 6-15와 같이 시퀀스를 열거하는 루프를 생성할 수 있다.

```
package main

import (
  "fmt"
  //"strconv"
)

func main() {

  product := "Kayak"

  for index, character := range product {
    fmt.Println("Index:", index, "Character:", string(character))
  }
}
```

리스트 6-15는 for 루프가 각 문자를 나타내는 일련의 rune 값으로 이뤄진 문자열을 열거한다. 루프의 각 반복은 그림 6-9처럼 시퀀스에 현재 인덱스와 현재 인덱스에 값을 제공하는 2개의 변수에 값을 할당한다.

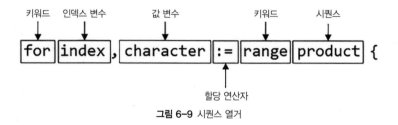

그림 6-9 시퀀스 열거

for 루프의 중괄호에 포함한 코드 실행문은 시퀀스의 각 항목에 대해 한 번씩 실행하고 인덱스 및 값 변수의 값을 읽을 수 있어 시퀀스 요소에 대한 액세스를 제공한다. 리스트 6-15의 경우 루프의 코드 실행문에 포함된 개별 문자에 대한 액세스 권한을 부여해 컴파일 및 실행하면 다음 출력을 생성한다.

```
Index: 0 Character: K
Index: 1 Character: a
Index: 2 Character: y
Index: 3 Character: a
Index: 4 Character: k
```

시퀀스를 열거할 때 인덱스 또는 값만 수신

변수를 정의했지만 사용하지 않으면 Go에서 에러를 보고한다. 리스트 6-16과 같이 인덱스 값만 필요한 경우 for...range 문에서 value 변수를 생략할 수 있다.

```
package main

import (
  "fmt"
  //"strconv"
)

func main() {

  product := "Kayak"

  for index := range product {
    fmt.Println("Index:", index)
  }
}
```

위 예제의 for 루프는 product 문자열의 각 문자에 대한 인덱스 값 시퀀스를 생성해 컴파일 및 실행 시 다음 출력을 생성한다.

```
Index: 0
Index: 1
Index: 2
Index: 3
Index: 4
```

빈 식별자는 리스트 6-17과 같이 인덱스가 아닌 시퀀스의 값만 필요할 때 사용할 수 있다.

리스트 6-17 flowcontrol 폴더 내 main.go 파일에서 값 수신

```
package main

import (
  "fmt"
  //"strconv"
)

func main() {

  product := "Kayak"

  for _, character := range product {
    fmt.Println("Character:", string(character))
  }
}
```

인덱스 변수에 공백 식별자(_ 문자)를 사용하고 값에는 일반 변수를 사용한다. 리스트 6-17의 코드를 컴파일 및 실행하면 다음 코드를 생성한다.

```
Character: K
Character: a
Character: y
Character: a
Character: k
```

내장 자료 구조 열거

range 키워드는 Go가 제공하는 내장 자료 구조(배열, 슬라이스, 맵)와 함께 사용할 수 있다. 내장 자료 구조는 for 및 range 키워드를 사용하는 예제뿐만 아니라 7장에서도 설명한다. 빠른 참조를 위해 리스트 6-18은 배열의 내용을 열거하기 위해 range 키워드를 사용하는 for 루프를 보여준다.

리스트 6-18 flowcontrol 폴더 내 main.go 파일에서 배열 열거

```
package main

import (
  "fmt"
  //"strconv"
)

func main() {

  products := []string { "Kayak", "Lifejacket", "Soccer Ball"}

  for index, element:= range products {
    fmt.Println("Index:", index, "Element:", element)
  }
}
```

위 예제는 고정 길이 컬렉션인 배열을 정의하기 위해 리터럴 구문을 사용한다(Go에는 슬라이스로 알려진 내장 가변 길이 컬렉션과 키-값 맵이 있다). 배열에는 3개의 문자열 값이 있고 for 루프를 실행할 때마다 현재 인덱스와 요소를 두 변수에 할당한다. 코드를 컴파일 및 실행하면 다음 출력을 생성한다.

```
Index: 0 Element: Kayak
Index: 1 Element: Lifejacket
Index: 2 Element: Soccer Ball
```

⊹ switch 문 사용

switch 문은 리스트 6-19와 같이 true 또는 false 결과를 평가하는 것과 달리 조건식의 결과를 특정 값과 일치시키는 것을 기반으로 실행 흐름을 제어하는 대안적인 방법을 제공한다. switch 문은 복잡한 if/elseif/else 문에 대해 덜 장황한 대안을 제공해 다중 비교를 수행하는 간결한 방법이 될 수 있다.

> ■ 노트 ■
>
> switch 문은 11장에서 설명한 데이터 타입을 구별하기 위해 사용할 수 있다.

리스트 6-19 flowcontrol 폴더 내 main.go 파일에서 switch 문 사용

```go
package main

import (
  "fmt"
  //"strconv"
)

func main() {

  product := "Kayak"

  for index, character := range product {
    switch (character) {
      case 'K':
        fmt.Println("K at position", index)
      case 'y':
        fmt.Println("y at position", index)
    }
  }
}
```

switch 키워드 뒤에는 비교를 위해 사용하는 결과를 생성하는 값이나 표현식이 온다. 그림 6-10과 같이 각 값을 지정하는 일련의 case 문과 비교가 이뤄진다.

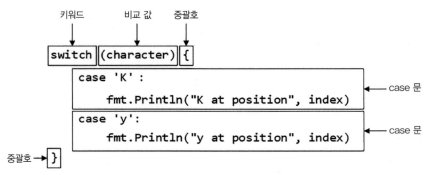

그림 6-10 기본적인 switch 문

리스트 6-19에서 switch 문은 문자열 값에 적용한 for 루프에 의해 생성한 각 문자를 검사하기 위해 사용하며 특정 문자를 일치시키기 위해 사용하는 case 문과 함께 일련의 rune 값을 생성한다.

case 키워드 뒤에는 값, 콜론 그리고 그림 6-11과 같이 비교 값이 case 문 값과 일치할 때 실행할 하나 이상의 코드 실행문이 온다.

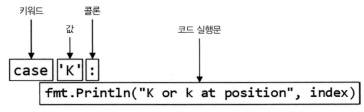

그림 6-11 case 문의 구조

위 case 문은 rune K와 비교해 일치하면 fmt.Println 함수를 호출하는 코드를 실행한다. 리스트 6-19의 코드를 컴파일 및 실행하면 다음 출력을 생성한다.

```
K at position 0
y at position 2
```

여러 값 일치

일부 언어에서 switch 문은 '폴스루fall through'하는데, 이는 case 문에 의해 일치가 이뤄지면 후속 case 문에서 코드를 실행하더라도 break 문에 도달할 때까지 계속 실행함을 의미한다. 폴스루는 여러 case 문이 동일한 코드를 실행할 수 있게 하기 위해 자주 사용하지만 예기치 않는 실행을 중지하려면 break 키워드를 부지런히 사용해야 한다.

Go의 switch 문은 자동으로 폴스루를 하지 않지만 리스트 6-20과 같이 쉼표로 구분한 리스트로 여러 값을 지정할 수 있다.

리스트 6-20 flowcontrol 폴더 내 main.go 파일에서 여러 값 사용

```go
package main

import (
  "fmt"
  //"strconv"
)

func main() {

  product := "Kayak"

  for index, character := range product {
    switch (character) {
      case 'K', 'k':
        fmt.Println("K or k at position", index)
      case 'y':
        fmt.Println("y at position", index)
    }
  }
}
```

그림 6-12와 같이 case 문과 일치해야 하는 값의 집합은 쉼표로 구분한 리스트로 표현한다.

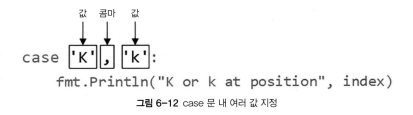

그림 6-12 case 문 내 여러 값 지정

리스트 6-20의 코드를 컴파일 및 실행하면 case 문이 지정한 값과 일치할 때 다음과 같은 출력을 생성한다.

```
K or k at position 0
y at position 2
K or k at position 4
```

case 문 실행 종료

모든 case 문을 종료하기 위해 break 키워드가 필요한 것은 아니지만 리스트 6-21과 같이 case 문 끝에 도달하기 전에 명령문의 실행을 종료하기 위해 break 키워드를 사용할 수 있다.

```go
package main

import (
  "fmt"
  //"strconv"
)

func main() {

  product := "Kayak"

  for index, character := range product {
    switch (character) {
      case 'K', 'k':
        if (character == 'k') {
          fmt.Println("Lowercase k at position", index)
          break
        }
        fmt.Println("Uppercase K at position", index)
      case 'y':
        fmt.Println("y at position", index)
    }
  }
}
```

if 문은 현재 rune이 k인지 확인하고, 그렇다면 fmt.Println 함수를 호출한 다음 break 키워드를 사용해 case 문의 실행을 중지하고 후속 문을 실행하지 않도록 한다. 리스트 6-21의 코드를 컴파일 및 실행하면 다음과 같은 출력을 생성한다.

```
Uppercase K at position 0
y at position 2
Lowercase k at position 4
```

다음 case 문으로 폴스루 강제 실행

Go의 switch 문은 자동으로 폴스루하지 않지만 리스트 6-22와 같이 fallthrough 키워드를 사용해 폴스루를 활성화할 수 있다.

리스트 6-22 flowcontrol 폴더 내 main.go 파일에서 폴스루

```go
package main

import (
  "fmt"
  //"strconv"
```

```
)

func main() {

    product := "Kayak"

    for index, character := range product {
        switch (character) {
        case 'K':
            fmt.Println("Uppercase character")
            fallthrough
        case 'k':
            fmt.Println("k at position", index)
        case 'y':
            fmt.Println("y at position", index)
        }
    }
}
```

첫 번째 case 문에는 fallthrough 키워드를 포함한다. 즉 다음 case 문의 코드 실행을 계속한다. 리스트 6-22의 코드를 컴파일 및 실행하면 다음과 같은 출력을 생성한다.

```
Uppercase character
k at position 0
y at position 2
k at position 4
```

default 문 제공

리스트 6-23과 같이 default 키워드는 switch 문의 값과 일치하는 case 문이 없을 경우 실행할 절을 정의할 때 사용한다.

리스트 6-23 flowcontrol 폴더 내 main.go 파일에서 default 절 추가

```
package main

import (
    "fmt"
    //"strconv"
)

func main() {

    product := "Kayak"

    for index, character := range product {
        switch (character) {
```

166

```
      case 'K', 'k':
        if (character == 'k') {
          fmt.Println("Lowercase k at position", index)
          break
        }
        fmt.Println("Uppercase K at position", index)
      case 'y':
        fmt.Println("y at position", index)
      default:
        fmt.Println("Character", string(character), "at position", index)
    }
  }
}
```

default 절의 코드 실행문은 case 문과 일치하지 않는 값에 대해서만 실행한다. 위 예제에서 K, k, y 문자는 case 문과 일치하므로 default 절은 다른 문자에만 적용한다. 리스트 6-23의 코드는 다음 출력을 생성한다.

```
Uppercase K at position 0
Character a at position 1
y at position 2
Character a at position 3
Lowercase k at position 4
```

초기화 문 사용

switch 문은 초기화 문으로 정의할 수 있으며 이는 case 문 내에서 참조할 수 있도록 비교 값을 준비할 때 도움이 될 수 있다. 리스트 6-24는 비교 값을 생성하기 위해 표현식을 사용하는 switch 문에서 일반적인 상황을 보여주고 있다.

리스트 6-24 flowcontrol 폴더 내 main.go 파일에서 표현식 사용

```
package main

import (
  "fmt"
  //"strconv"
)

func main() {

  for counter := 0; counter < 20; counter++ {
    switch(counter / 2) {
      case 2, 3, 5, 7:
        fmt.Println("Prime value:", counter / 2)
      default:
```

```
      fmt.Println("Non-prime value:", counter / 2)
    }
  }
}
```

switch 문은 비교 값을 생성하기 위해 나누기 연산자를 counter 변수 값에 적용한다. 즉 일치하는 값을 fmt.Println 함수에 전달하기 위해 case 문에서 동일한 작업을 수행해야 한다. 리스트 6-25와 같이 초기화 문을 사용하면 중복을 피할 수 있다.

리스트 6-25 flowcontrol 폴더 내 main.go 파일에서 초기화 문 사용

```
package main

import (
  "fmt"
  //"strconv"
)

func main() {

  for counter := 0; counter < 20; counter++ {
    switch val := counter / 2; val {
      case 2, 3, 5, 7:
        fmt.Println("Prime value:", val)
      default:
        fmt.Println("Non-prime value:", val)
    }
  }
}
```

그림 6-13과 같이 초기화 문은 switch 키워드 다음에 오고 다음과 같이 세미콜론으로 비교 값과 구분한다.

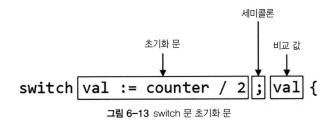

그림 6-13 switch 문 초기화 문

초기화 문은 나누기 연산자를 사용해 val 변수를 만든다. 즉 val 변수를 비교 값으로 사용할 수 있고 case 문 내에서 액세스할 수 있으므로 작업을 반복할 필요가 없다. 리스트 6-24와 리스트 6-25는 컴파일 및 실행 시 다음과 같이 동일한 출력을 생성한다.

```
Non-prime value: 0
Non-prime value: 0
Non-prime value: 1
Non-prime value: 1
Prime value: 2
Prime value: 2
Prime value: 3
Prime value: 3
Non-prime value: 4
Non-prime value: 4
Prime value: 5
Prime value: 5
Non-prime value: 6
Non-prime value: 6
Prime value: 7
Prime value: 7
Non-prime value: 8
Non-prime value: 8
Non-prime value: 9
Non-prime value: 9
```

비교 값 생략

Go는 비교 값을 생략하고 case 문에서 표현식을 사용하는 switch 문에 대해 다른 접근 방식을
제공한다. 리스트 6-26처럼 switch 문이 if 문에 대한 간결한 대안일 수 있다.

리스트 6-26 flowcontrol 폴더 내 main.go 파일에서 표현식 사용

```go
package main

import (
  "fmt"
  //"strconv"
)

func main() {

  for counter := 0; counter < 10; counter++ {
    switch {
      case counter == 0:
        fmt.Println("Zero value")
      case counter < 3:
        fmt.Println(counter, "is < 3")
      case counter >= 3 && counter < 7:
        fmt.Println(counter, "is >= 3 && < 7")
      default:
        fmt.Println(counter, "is >= 7")
    }
  }
}
```

비교 값을 생략하면 각 case 문에 조건을 지정할 수 있다. switch 문을 실행할 때 각 조건은 true 결과를 생성할 때까지 또는 선택적 default 절에 도달할 때까지 평가된다. 리스트 6-26은 프로젝트를 컴파일 및 실행할 때 다음 출력을 생성한다.

```
Zero value
1 is < 3
2 is < 3
3 is >= 3 && < 7
4 is >= 3 && < 7
5 is >= 3 && < 7
6 is >= 3 && < 7
7 is >= 7
8 is >= 7
9 is >= 7
```

라벨 문 사용

라벨 문을 사용하면 실행을 다른 지점으로 점프시켜 다른 흐름 제어 기능보다 더 큰 유연성을 제공한다. 리스트 6-27은 라벨 문의 사용을 보여준다.

리스트 6-27 flowcontrol 폴더 내 main.go 파일에서 라벨 문 사용

```
package main

import (
  "fmt"
  //"strconv"
)

func main() {

  counter := 0
  target: fmt.Println("Counter", counter)
  counter++
  if (counter < 5) {
    goto target
  }
}
```

라벨은 그림 6-14와 같이 이름, 콜론, 일반 코드 문으로 정의한다. goto 키워드는 라벨로 이동할 때 사용한다.

> ■ 팁 ■
>
> 둘러싸는 switch 문 외부에서 case 문으로 점프할 수 없는 것처럼 라벨로 점프할 수 있는 시점에 대한 제한이 있다.

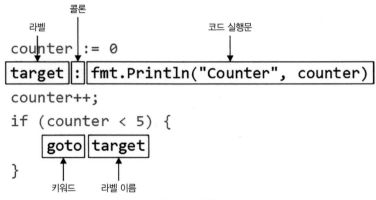

그림 6-14 라벨 문

예제에서 라벨에 할당한 이름은 target이다. 실행이 goto 키워드에 도달하면 지정한 라벨이 있는 코드 실행문으로 점프한다. 즉 라벨 문을 사용해 카운터 변수의 값이 5보다 작은 동안 증가하도록 하는 기본 루프의 효과를 생성한다. 리스트 6-27의 코드를 컴파일 및 실행하면 다음 출력을 생성한다.

```
Counter 0
Counter 1
Counter 2
Counter 3
Counter 4
```

✤ 요약

6장에서는 Go 흐름 제어 기능을 설명했다. if 문과 switch 문으로 조건부로 문장을 실행하는 방법과 for 루프로 문장을 반복적으로 실행하는 방법을 설명했다. 6장에서 알 수 있듯이 Go는 다른 언어보다 흐름 제어 키워드가 적지만 초기화 문 및 range 키워드 지원과 같은 추가 기능이 있다. 7장에서는 배열, 슬라이스, 맵과 같은 Go 컬렉션 타입에 대해 설명할 것이다.

배열, 슬라이스, 맵 사용

7장에서는 내장 Go 컬렉션 타입인 배열, 슬라이스, 맵을 설명할 것이다. 컬렉션 타입을 사용하면 관련 값을 그룹화할 수 있다. Go는 컬렉션에 대한 다른 언어와 다른 접근 방식을 취한다. 또한 배열처럼 취급할 수 있지만 항목을 사용하는 방식에 따라 다른 방식으로 동작하는 Go 문자열 값의 특징을 설명할 것이다. 표 7-1은 배열, 슬라이스, 맵을 상황에 맞게 정리한 것이다.

표 7-1 상황에 따른 배열, 슬라이스, 맵

질문	답
무엇인가?	Go 컬렉션 클래스는 관련 값을 그룹화하기 위해 사용한다. 배열은 고정 개수의 값을 저장하고 슬라이스는 가변 개수의 값을 저장하며 맵은 키-값 쌍을 저장한다.
왜 유용한가?	컬렉션 클래스는 관련 데이터 값을 추적하는 편리한 방법이다.
어떻게 사용하는가?	각 컬렉션 타입은 리터럴 구문과 함께 사용하거나 make 함수를 사용해 사용할 수 있다.
함정이나 제한 사항?	예기치 않은 결과를 피하기 위해 슬라이스에 수행한 작업이 기본 배열에 미치는 영향을 이해하고 주의해야 한다.
대안이 있는가?	반드시 사용할 필요는 없지만 컬렉션 타입을 사용하면 대부분의 프로그래밍 작업이 더 쉬워진다.

표 7-2는 7장을 요약한 것이다.

표 7-2 7장 요약

문제	해결 방법	리스트 참조 번호
고정 개수의 값 저장	배열 사용	4-8
배열 비교	비교 연산자 사용	9
배열 열거	range 키워드와 함께 for 루프 사용	10, 11
가변 개수의 값 저장	슬라이스 사용	12-13, 16, 17, 23
슬라이스에 항목 추가	append 함수 사용	14-15, 18, 20-22
배열에서 슬라이스 생성 또는 슬라이스에서 항목 선택	range 사용	19, 24

(이어짐)

문제	해결 방법	리스트 참조 번호
슬라이스 항목 복사	copy 함수 사용	25, 29
슬라이스 항목 삭제	제거할 항목을 생략하는 범위가 있는 append 함수 사용	30
슬라이스 열거	range 키워드와 함께 for 루프 사용	31
슬라이스 항목 열거	sort 패키지 사용	32
슬라이스 비교	reflect 패키지 사용	33, 34
슬라이스 기반 배열 포인터 생성	길이가 슬라이스의 항목 개수보다 작거나 같은 배열 타입으로 명시적 변환 수행	35
키-값 쌍 저장	맵 사용	36–40
맵 키-값 쌍 제거	delete 함수 사용	41
맵 열거	range 키워드와 함께 for 루프 사용	42, 43
문자열에서 바이트 값 혹은 문자 읽기	문자열을 배열로 사용하거나 []rune 타입으로 명시적 변환 수행	44–48
문자열의 문자 열거	range 키워드로 for 루프 사용	49
문자열의 바이트 열거	[]byte 타입으로 명시적 변환을 수행하고 range 키워드와 함께 for 루프를 사용	50

⫶ 7장 준비

7장 예제를 준비하기 위해 새 CMD를 열어 편리한 위치로 이동한 다음 collections 폴더를 생성한다. 리스트 7-1의 명령어를 실행해 프로젝트를 초기화해보자.

리스트 7-1 프로젝트 초기화

```
go mod init flowcontrol
```

리스트 7-2의 소스 코드 내용을 담은 main.go 파일을 생성해 collections 폴더에 추가해보자.

> **▪ 팁 ▪**
>
> 다음 링크(https://github.com/apress/pro-go)에서 7장 및 책의 다른 모든 장에 대한 예제 프로젝트를 다운로드 할 수 있다. 예제를 실행하는 데 문제가 발생한 경우 도움받는 방법은 2장을 참조한다.

리스트 7-2 collections 폴더 내 main.go 파일 소스 코드

```
package main

import "fmt"
```

```
func main() {

    fmt.Println("Hello, Collections")
}
```

collections 폴더에서 리스트 7–3의 명령어를 실행하기 위해 CMD를 사용한다.

리스트 7–3 예제 프로젝트 실행

```
go run .
```

main.go 파일 내 코드를 컴파일 및 실행하면 다음 출력을 생성한다.

```
Hello, Collections
```

배열 작업

Go 배열은 고정 길이로 리스트 7–4와 같이 인덱스로 접근하는 단일 타입의 항목을 포함한다.

리스트 7–4 collections 폴더 내 main.go 파일에서 배열 정의 및 사용

```
package main

import "fmt"

func main() {

    var names [3]string

    names[0] = "Kayak"
    names[1] = "Lifejacket"
    names[2] = "Paddle"

    fmt.Println(names)
}
```

배열 타입은 그림 7–1과 같이 자료형이라고 알려진 항목 타입이 대괄호로 묶인 배열 크기 뒤에 온다. 배열의 길이와 항목 타입은 변경할 수 없고 배열 길이는 상수로 지정해야 한다(7장의 뒷부분에서 설명하는 슬라이스는 다양한 수의 값을 저장한다).

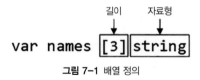

그림 7–1 배열 정의

배열을 생성하면 각 항목 타입이 제로 값으로 채워진다. 위 그림에서 names 배열은 문자열 타입의 제로 값인 빈 문자열("")로 채워진다. 배열 항목은 그림 7–2와 같이 0부터 시작하는 인덱스 표기법을 사용해 접근할 수 있다.

그림 7-2 배열 항목 접근

리스트 7–4의 마지막 코드 실행문은 배열을 fmt.Println 함수로 전달한다. 이 배열은 배열의 문자열 표현을 생성하고 콘솔에 기록해 코드를 컴파일 및 실행하면 다음 출력을 생성한다.

```
[Kayak Lifejacket Paddle]
```

배열 리터럴 구문 사용

리스트 7–5에 표시한 리터럴 구문을 사용해 단일 코드 실행문으로 배열을 정의하고 항목을 채울 수 있다.

리스트 7-5 collections 폴더 내 main.go 파일에서 배열 리터럴 구문 사용

```go
package main

import "fmt"

func main() {

  names := [3]string { "Kayak", "Lifejacket", "Paddle" }

  fmt.Println(names)
}
```

배열 타입 뒤에는 그림 7–3과 같이 배열을 채울 항목을 포함하는 중괄호가 온다.

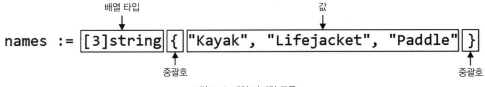

그림 7-3 배열 리터럴 구문

리스트 7-5의 코드를 컴파일 및 실행하면 다음 출력을 생성한다.

```
[Kayak Lifejacket Paddle]
```

다차원 배열 생성

Go 배열은 1차원이지만 다음과 같이 배열을 결합하면 다차원 배열을 만들 수 있다.

```
...
var coords [3][3]int
...
```

위 코드 실행문은 용량이 3이고 기본 타입이 용량이 3인 int 배열인 배열을 생성해 int 값의 3×3 배열을 생성한다. 개별 값은 다음과 같은 2개의 인덱스 위치를 사용해 지정한다.

```
...
coords[1][2] = 10
...
```

구문은 특히 더 많은 차원이 있는 배열의 경우 약간 어색하지만 기능적으로 유용하다. 또한 구문은 배열 접근 방식과 일관성을 유지한다.

배열 타입 이해

배열 타입은 크기와 자료형의 조합이다. 다음은 배열을 정의하는 리스트 7-5의 코드 실행문 일부다.

```
...
names := [3]string { "Kayak", "Lifejacket", "Paddle" }
...
```

names 변수의 타입은 [3]string이고 기본 타입이 문자열이고 용량이 3인 배열을 의미한다. 기본 타입과 용량의 각 조합은 리스트 7-6에서 볼 수 있는 것처럼 고유한 타입이다.

리스트 7-6 collections 폴더 내 main.go 파일에서 배열 타입 작업

```go
package main

import "fmt"
```

```
func main() {

    names := [3]string { "Kayak", "Lifejacket", "Paddle" }

    var otherArray [4]string = names

    fmt.Println(names)
}
```

리스트 7-6에서 두 배열의 기본 타입은 동일하지만 otherArray의 용량이 names 배열의 항목을 수용하기에 충분하더라도 컴파일러는 에러를 보고한다. 컴파일러가 생성하는 오류는 다음과 같다.

```
.\main.go:9:9: cannot use names (type [3]string) as type [4]string in assignment
```

> **컴파일러가 배열 길이 결정**
>
> 리터럴 구문을 사용할 때 컴파일러는 다음과 같이 항목 리스트에서 배열의 길이를 유추할 수 있다.
>
> ```
> ...
> names := [...]string { "Kayak", "Lifejacket", "Paddle" }
> ...
> ```
>
> 명시적 길이는 리터럴 값에서 배열 길이를 결정하도록 컴파일러에 지시하는 3개의 마침표(...)로 대체한다. names 변수의 타입은 여전히 [3]string이고, 유일한 차이점은 명시적으로 지정한 길이를 업데이트하지 않고도 리터럴 값을 추가하거나 제거할 수 있다는 것이다. 나는 가능한 한 명확하게 사용하는 타입을 만들고 싶기 때문에 책의 예제에서 해당 기능을 사용하지 않는다.

배열 값 이해

4장에서 설명했듯이 Go는 기본적으로 참조가 아닌 값으로 동작하고 배열에서도 마찬가지다. 즉 새 변수에 배열을 할당하면 리스트 7-7과 같이 배열을 복사하고 배열에 포함한 값을 복사한다.

리스트 7-7 collections 폴더 내 main.go 파일에서 새로운 변수에 배열 할당

```
package main

import "fmt"

func main() {

    names := [3]string { "Kayak", "Lifejacket", "Paddle" }
```

```
    otherArray := names

    names[0] = "Canoe"

    fmt.Println("names:", names)
    fmt.Println("otherArray:", otherArray)
}
```

위 예제는 names 배열을 otherArray라는 새 변수에 할당한 다음 두 배열을 쓰기 전에 names 배열의 인덱스 0에 있는 값을 변경한다. 리스트 7-7의 코드를 컴파일 및 실행하면 다음 출력을 생성해 배열과 해당 내용이 복사됐음을 보여준다.

```
names: [Canoe Lifejacket Paddle]
otherArray: [Kayak Lifejacket Paddle]
```

리스트 7-8과 같이 배열의 참조를 생성하기 위해 포인터를 사용할 수 있다.

리스트 7-8 collections 폴더 내 main.go 파일에서 배열 포인터 사용

```
package main

import "fmt"

func main() {

    names := [3]string { "Kayak", "Lifejacket", "Paddle" }

    otherArray := &names

    names[0] = "Canoe"

    fmt.Println("names:", names)
    fmt.Println("otherArray:", *otherArray)
}
```

otherArray 변수의 타입은 *[3]string으로 3개의 문자열 값을 저장할 수 있는 용량의 배열 포인터를 나타낸다. 배열 포인터는 다른 포인터처럼 작동하며 배열 내용에 접근하려면 역참조해야 한다. 리스트 7-8의 코드를 컴파일 및 실행하면 다음과 같은 출력을 생성한다.

```
names: [Canoe Lifejacket Paddle]
otherArray: [Canoe Lifejacket Paddle]
```

포인터를 포함한 배열을 만들 수도 있다. 즉 배열을 복사할 때 배열의 값을 복사하지 않는다. 또한 4장에서 설명했듯이 배열의 특정 위치에 대한 포인터를 만들 수 있고 배열의 내용을 변경해도 해당 위치의 값에 접근할 수 있다.

배열 비교

리스트 7-9와 같이 비교 연산자 ==와 !=를 배열에 적용할 수 있다.

리스트 7-9 collections 폴더 내 main.go 파일에서 배열 비교

```
package main

import "fmt"

func main() {

  names := [3]string { "Kayak", "Lifejacket", "Paddle" }
  moreNames := [3]string { "Kayak", "Lifejacket", "Paddle" }

  same := names == moreNames

  fmt.Println("comparison:", same)
}
```

배열은 타입이 동일하고 동일한 순서로 동일한 항목을 포함하는 경우 동일하다. names 및 moreNames 배열은 둘 다 [3]string 배열이고 동일한 문자열 값을 포함하기 때문에 동일하다. 리스트 7-9의 코드는 다음 출력을 생성한다.

```
comparison: true
```

배열 열거

배열은 리스트 7-10과 같이 for 및 range 키워드를 사용해 열거한다.

리스트 7-10 collections 폴더 내 main.go 파일에서 배열 열거

```
package main

import "fmt"

func main() {

  names := [3]string { "Kayak", "Lifejacket", "Paddle" }

  for index, value := range names {
    fmt.Println("Index:", index, "Value:", value)
  }
}
```

for 루프는 6장에서 자세히 설명했지만 range 키워드와 함께 사용할 경우 for 키워드는 배열의 내용을 열거하고 그림 7-4와 같이 배열을 열거할 때 각 항목에 대해 2개의 값을 생성한다.

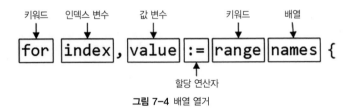

그림 7-4 배열 열거

리스트 7-10은 index 변수에 할당한 첫 번째 값을 열거하는 배열 위치에 할당한다. value라는 변수에 할당한 두 번째 값은 현재 위치의 항목에 할당한다. 리스트 7-10의 코드를 컴파일 및 실행하면 다음과 같은 출력을 생성한다.

```
Index: 0 Value: Kayak
Index: 1 Value: Lifejacket
Index: 2 Value: Paddle
```

Go는 변수를 정의하거나 사용하지 못하도록 한다. 인덱스와 값이 모두 필요하지 않은 경우 리스트 7-11과 같이 변수 이름 대신 밑줄(_ 문자)을 사용할 수 있다.

리스트 7-11 collections 폴더 내 main.go 파일에서 현재 인덱스 무시

```go
package main

import "fmt"

func main() {

  names := [3]string { "Kayak", "Lifejacket", "Paddle" }

  for _, value := range names {
    fmt.Println("Value:", value)
  }
}
```

밑줄은 공백 식별자로 알려져 있다. 공백 식별자는 함수가 이후에 사용하지 않고 이름을 할당해서는 안 되는 값을 반환할 때 사용한다. 리스트 7-11의 코드는 배열을 열거할 때 현재 인덱스를 버리고 다음 출력을 생성한다.

```
Value: Kayak
Value: Lifejacket
Value: Paddle
```

슬라이스 작업

슬라이스를 생각하는 가장 좋은 방법은 가변 길이 배열을 떠올리는 것이다. 저장해야 하는 값의 수를 모르거나 시간이 지남에 따라 숫자를 변경할 때 유용하기 때문이다. 슬라이스를 정의하는 한 가지 방법은 리스트 7-12와 같이 내장된 make 함수를 사용하는 것이다.

리스트 7-12 collections 폴더 내 main.go 파일에서 슬라이스 정의

```go
package main

import "fmt"

func main() {

  names := make([]string, 3)

  names[0] = "Kayak"
  names[1] = "Lifejacket"
  names[2] = "Paddle"

  fmt.Println(names)
}
```

make 함수는 그림 7-5와 같이 슬라이스의 타입과 길이를 지정하는 인수가 필요하다.

그림 7-5 새로운 슬라이스 생성

예제에서 슬라이스 타입은 문자열 값을 보유하는 슬라이스를 나타내는 []string이다. 이 절의 뒷부분에서 설명하겠지만 슬라이스의 크기는 다양하므로 길이는 슬라이스 타입의 일부가 아니다. 리스트 7-13과 같이 리터럴 구문을 사용해 슬라이스를 생성할 수도 있다.

리스트 7-13 collections 폴더 내 main.go 파일에서 리터럴 구문 사용

```go
package main

import "fmt"

func main() {

  names := []string {"Kayak", "Lifejacket", "Paddle"}

  fmt.Println(names)
}
```

슬라이스 리터럴 구문은 배열에 사용하는 구문과 유사하다. 슬라이스의 초기 길이는 그림 7-6과 같이 리터럴 값의 수에서 유추한다.

그림 7-6 슬라이스 리터럴 구문 사용

슬라이스 타입과 길이의 조합은 슬라이스의 데이터 저장소 역할을 하는 배열을 만들 때 사용한다. 슬라이스는 배열의 포인터, 슬라이스 길이, 슬라이스 용량을 지정하는 세 가지 값을 포함하는 자료형이다. 슬라이스의 길이는 저장할 수 있는 항목의 수이고 용량은 배열에 저장할 수 있는 항목의 수다. 리스트 7-13에서 정의한 슬라이스는 그림 7-7과 같이 길이와 용량이 모두 3이다.

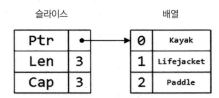

그림 7-7 슬라이스 및 해당 백업 배열

슬라이스는 기본 배열의 항목에 대한 접근을 제공하는 배열 스타일 인덱스 표기법을 지원한다. 그림 7-7은 슬라이스를 보다 사실적으로 표현한 것이지만 그림 7-8은 슬라이스가 배열에 매핑mapping되는 방식을 보여준다.

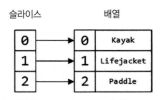

그림 7-8 슬라이스 및 해당 백업 배열

그림 7-8의 슬라이스와 해당 배열 간의 매핑은 간단하지만, 이후 예제에서 확인할 수 있듯이 슬라이스가 항상 해당 배열에 직접 매핑되는 것은 아니다. 리스트 7-12 및 리스트 7-13의 코드를 컴파일 및 실행하면 다음 출력을 생성한다.

```
[Kayak Lifejacket Paddle]
```

슬라이스에 항목 추가

슬라이스의 주요 장점 중 하나는 리스트 7-14와 같이 추가를 수용하도록 확장할 수 있는 것이다.

리스트 7-14 collections 폴더 내 main.go 파일에서 슬라이스에 항목 추가

```go
package main

import "fmt"

func main() {

  names := []string {"Kayak", "Lifejacket", "Paddle"}

  names = append(names, "Hat", "Gloves")

  fmt.Println(names)
}
```

내장 append 함수는 그림 7-9와 같이 쉼표로 구분한 슬라이스와 슬라이스에 추가할 하나 이상의 항목을 허용한다.

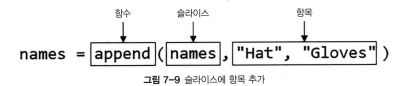

그림 7-9 슬라이스에 항목 추가

append 함수는 새 항목을 수용할 수 있을 만큼 충분히 큰 배열을 만들고 기존 배열을 복사한 다음 새 값을 추가한다. append 함수의 결과는 그림 7-10과 같이 새 배열로 매핑하는 슬라이스다.

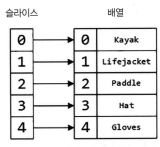

그림 7-10 슬라이스에 항목 추가 결과

리스트 7-14의 코드를 컴파일 및 실행하면 슬라이스에 2개의 새로운 항목을 추가한 다음 출력을 생성한다.

```
[Kayak Lifejacket Paddle Hat Gloves]
```

리스트 7-15에서 볼 수 있듯이 원래 슬라이스와 해당 백업 배열은 여전히 존재하며 사용할 수 있다.

리스트 7-15 collections 폴더 내 main.go 파일에서 슬라이스에 항목 추가

```go
package main

import "fmt"

func main() {

    names := []string {"Kayak", "Lifejacket", "Paddle"}

    appendedNames := append(names, "Hat", "Gloves")

    names[0] = "Canoe"

    fmt.Println("names:", names)
    fmt.Println("appendedNames:", appendedNames)
}
```

위 예제에서 append 함수의 결과는 names 슬라이스와 names 슬라이스에서 생성한 appendedNames 라는 다른 변수에 할당한 슬라이스다. 각 슬라이스는 백업 배열이 있고 독립적이다. 리스트 7-15의 코드를 컴파일 및 실행하면 다음 출력을 생성하는데 한 슬라이스를 사용해 값을 변경해도 다른 슬라이스에 영향을 미치지 않는다는 것을 보여준다.

```
names: [Canoe Lifejacket Paddle]
appendedNames: [Kayak Lifejacket Paddle Hat Gloves]
```

추가 슬라이스 용량 할당

배열을 만들고 복사하는 것은 비효율적일 수 있다. 슬라이스에 항목을 추가해야 할 경우 리스트 7-16과 같이 make 함수를 사용할 때 추가 용량을 지정할 수 있다.

리스트 7-16 collections 폴더 내 main.go 파일에서 추가 용량 할당

```go
package main

import "fmt"

func main() {

    names := make([]string, 3, 6)
```

```
    names[0] = "Kayak"
    names[1] = "Lifejacket"
    names[2] = "Paddle"

    fmt.Println("len:", len(names))
    fmt.Println("cap:", cap(names))
}
```

앞서 언급한 것처럼 슬라이스는 길이와 용량이 있다. 슬라이스의 길이는 현재 포함할 수 있는 값의 수로 슬라이스의 크기를 조정하고 새 배열을 생성하기 전에 기본 배열에 저장할 수 있는 항목의 수다. 용량은 항상 최소 길이이지만 make 함수를 사용해 추가 용량을 할당한 경우 더 커질 수 있다. 리스트 7-16의 make 함수 호출은 그림 7-11과 같이 길이가 3이고 용량이 6인 슬라이스를 생성한다.

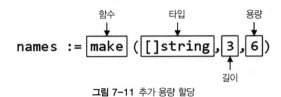

그림 7-11 추가 용량 할당

> ▪ **팁** ▪
>
> 표준 고정 길이 배열에서 len 및 cap 함수를 사용할 수 있다. 두 함수 모두 배열의 길이를 반환한다. 예를 들어 타입이 [3]string인 배열의 경우 두 함수 모두 3을 반환한다. 예제는 'copy 함수 사용' 절을 참조하도록 한다.

내장 len 및 cap 함수는 슬라이스의 길이와 용량을 반환한다. 리스트 7-16의 코드를 컴파일 및 실행하면 다음과 같은 출력을 생성한다.

```
len: 3
len: 6
```

실행 결과는 그림 7-12와 같이 슬라이스의 백업 배열이 늘어날 수 있는 공간이 있다는 것이다.

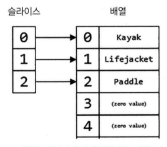

그림 7-12 백업 배열이 추가 용량을 갖고 있는 슬라이스

충분한 용량의 슬라이스는 append 함수를 호출할 때 리스트 7-17과 같이 새 항목을 수용하기 위해 백업 배열을 변경하지 않는다.

리스트 7-17 collections 폴더 내 main.go 파일에서 슬라이스에 항목 추가

```
package main

import "fmt"

func main() {

    names := make([]string, 3, 6)

    names[0] = "Kayak"
    names[1] = "Lifejacket"
    names[2] = "Paddle"

    appendedNames := append(names, "Hat", "Gloves")

    names[0] = "Canoe"

    fmt.Println("names:",names)
    fmt.Println("appendedNames:", appendedNames)
}
```

append 함수의 결과는 길이가 증가했지만 동일한 백업 배열이 뒷받침하는 슬라이스다. 기존 슬라이스는 여전히 존재하고 동일한 백업 배열로 뒷받침하고 있으므로 그림 7-13과 같이 단일 백업 배열에 대한 2개의 슬라이스가 있는 효과가 있다.

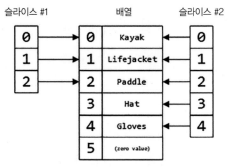

그림 7-13 단일 백업 배열로 뒷받침하는 여러 슬라이스

슬라이스는 동일한 백업 배열로 지원하므로 한 슬라이스에 새 값을 할당하면 다른 슬라이스에 영향을 주고 리스트 7-17 코드의 출력에서 확인할 수 있다.

```
names: [Canoe Lifejacket Paddle]
appendedNames: [Canoe Lifejacket Paddle Hat Gloves]
```

한 슬라이스를 다른 슬라이스에 추가

append 함수는 리스트 7-18과 같이 슬라이스를 다른 슬라이스에 추가할 때 사용할 수 있다.

리스트 7-18 collections 폴더 내 main.go 파일에서 슬라이스 추가

```
package main

import "fmt"

func main() {

    names := make([]string, 3, 6)

    names[0] = "Kayak"
    names[1] = "Lifejacket"
    names[2] = "Paddle"

    moreNames := []string { "Hat Gloves"}

    appendedNames := append(names, moreNames...)

    fmt.Println("appendedNames:", appendedNames)
}
```

내장 append 함수가 가변 매개변수를 정의하기 위해 필요하므로 두 번째 인수 뒤에는 3개의 마침표(...)가 온다. 매개변수는 8장에서 설명하도록 한다. 7장에서는 마침표 3개를 사용하는 한 슬라이스의 내용을 다른 슬라이스로 이동시킨다(3개의 마침표를 생략하면 Go 컴파일러는 두 번째 슬라이스를 첫 번째 슬라이스에 단일 값으로 추가하려 하고 타입이 일치하지 않기 때문에 에러를 보고한다). 리스트 7-18의 코드를 컴파일 및 실행하면 다음 출력을 생성한다.

```
appendedNames: [Kayak Lifejacket Paddle Hat Gloves]
```

배열에서 슬라이스 생성

슬라이스는 이전 예제에서 설명한 동작을 기반으로 하는 기존 배열을 사용해 생성할 수 있고 배열에 대한 보기로서 슬라이스의 특성을 강조한다. 리스트 7-19는 배열을 정의하고 이를 사용해 슬라이스를 생성한다.

```go
package main

import "fmt"

func main() {

    products := [4]string { "Kayak", "Lifejacket", "Paddle", "Hat"}

    someNames := products[1:3]
    allNames := products[:]

    fmt.Println("someNames:", someNames)
    fmt.Println("allNames", allNames)
}
```

products 변수는 string 값을 포함하는 표준 고정 길이 배열이 할당한다. 배열은 그림 7-14와 같이 low 값과 high 값[1]을 지정하는 범위를 사용해 슬라이스를 생성할 때 사용한다.

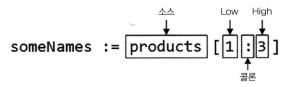

그림 7-14 기존 배열로부터 슬라이스를 생성하기 위해 범위 사용

범위는 대괄호 안에 표시하고 low 값과 high 값은 콜론으로 구분한다. 슬라이스의 첫 번째 인덱스는 low 값으로 설정하고 길이는 high 값에서 low 값을 뺀 결과다. [1:3] 범위는 슬라이스의 0 인덱스가 배열의 인덱스 1에 대응하고 길이가 2인 범위를 생성하는 것을 의미한다. 예제에서 볼 수 있듯이 슬라이스를 백업 배열의 시작 부분과 맞출 필요는 없다.

시작 인덱스와 개수는 그림 7-15와 같이 소스 배열의 모든 항목을 포함하기 위해 범위에서 생략할 수 있다(이후 예제에서 볼 수 있겠지만 값 중 하나만 생략할 수도 있다).

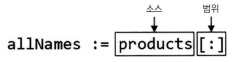

그림 7-15 모든 항목을 포함하는 범위

---

1   low 값은 슬라이스의 시작 인덱스 값에 대응하는 배열의 인덱스에 1을 더한 값이고, high 값은 슬라이스의 끝 인덱스 값에 대응하는 배열의 인덱스에 1을 더한 값이다. – 옮긴이

리스트 7-19 코드는 동일한 배열로 뒷받침하는 2개의 슬라이스를 생성한다. someNames 슬라이스는 배열의 부분 보기가 있는 반면 allNames 슬라이스는 그림 7-16에 표시한 것처럼 전체 배열 보기다.

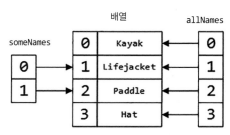

그림 7-16 기존 배열로부터 슬라이스 생성

리스트 7-19의 코드를 컴파일 및 실행하면 다음과 같은 출력을 생성한다.

```
someNames: [Lifejacket Paddle]
allNames [Kayak Lifejacket Paddle Hat]
```

배열에서 슬라이스 생성할 때 항목 추가

슬라이스와 기존 배열 간의 관계는 항목을 추가할 때 다른 결과를 생성할 수 있다.

이전 예제에서 확인할 수 있듯이 첫 번째 인덱스 위치가 배열의 시작에 있지 않고 마지막 인덱스가 배열의 마지막 요소를 가리키지 않도록 슬라이스를 상쇄할 수 있다. 리스트 7-19에서 someNames 슬라이스의 인덱스 0은 배열의 인덱스 1에 대응한다. 지금까지 슬라이스의 용량은 기존 배열의 길이와 일치했다. 그러나 상쇄의 효과는 슬라이스에서 사용할 수 있는 배열의 양을 줄이기 때문에 더 이상 기존 배열의 길이와 일치하지 않는다. 리스트 7-20은 두 슬라이스의 길이와 용량을 기록하는 코드 실행문을 추가한다.

리스트 7-20 collections 폴더 내 main.go 파일에서 슬라이스 길이와 용량 표시

```go
package main

import "fmt"

func main() {

    products := [4]string { "Kayak", "Lifejacket", "Paddle", "Hat"}

    someNames := products[1:3]
    allNames := products[:]

    fmt.Println("someNames:", someNames)
```

```
    fmt.Println("someNames len:", len(someNames), "cap:", cap(someNames))
    fmt.Println("allNames", allNames)
    fmt.Println("allNames len", len(allNames), "cap:", cap(allNames))
}
```

리스트 7-20의 코드를 컴파일 및 실행하면 상쇄한 슬라이스의 효과를 보여주는 다음 출력을
생성한다.

```
someNames: [Lifejacket Paddle]
someNames len: 2 cap: 3
allNames [Kayak Lifejacket Paddle Hat]
allNames len 4 cap: 4
```

리스트 7-21은 someNames 슬라이스에 항목을 추가한다.

리스트 7-21 collections 폴더 내 main.go 파일에서 슬라이스 항목 추가

```
package main

import "fmt"

func main() {

    products := [4]string { "Kayak", "Lifejacket", "Paddle", "Hat"}

    someNames := products[1:3]
    allNames := products[:]

    someNames = append(someNames, "Gloves")

    fmt.Println("someNames:", someNames)
    fmt.Println("someNames len:", len(someNames), "cap:", cap(someNames))
    fmt.Println("allNames", allNames)
    fmt.Println("allNames len", len(allNames), "cap:", cap(allNames))
}
```

리스트 7-21의 슬라이스는 크기 조정 없이 새 항목을 수용할 수 있는 용량이 있지만 항목을
저장하기 위해 사용할 배열 위치는 이미 allNames 슬라이스에 포함하고 있다. 그림 7-17과 같
이 allNames 슬라이스를 통해 새 항목 값에 접근할 수 있다.

슬라이스가 배열을 공유하는 방식은 혼란을 야기한다. 일부 개발자는 슬라이스가 독립적이고 값을 여러 슬라이스에서 사용하는 배열에 저장할 때 예기치 않은 결과를 얻을 것으로 예상한다. 다른 개발자는 공유 배열을 예상하고 크기 조정이 슬라이스를 분리할 때 예기치 않은 결과를 얻는 코드를 작성한다.

슬라이스는 예측할 수 없는 것처럼 보일 수 있지만 일관성 없이 처리하는 경우에만 그렇다. 내조언은 슬라이스를 생성할 때 슬라이스를 2개의 범주로 나누고 슬라이스 중 어느 것이 속하는지 결정한 다음 해당 범주를 변경하지 않는 것이다.

첫 번째 범주는 고정 길이 배열에 대한 고정 길이 보기다. 슬라이스는 프로그래밍 방식으로 선택할 수 있는 배열의 특정 영역에 대응할 수 있기 때문에 훨씬 더 유용하다. 해당 범주는 슬라이스의 항목을 변경할 수 있지만 새 항목을 추가할 수 없다. 즉 해당 배열에 대응하는 모든 슬라이스가 수정된 항목을 사용한다.

두 번째 범주는 가변 길이 데이터 모음이다. 해당 범주의 각 슬라이스는 다른 슬라이스와 공유하지 않는 자체 백업 배열이 있는지 확인한다. 이러한 접근 방식을 사용하면 다른 슬라이스의 영향을 걱정할 필요 없이 슬라이스에 새 항목을 자유롭게 추가할 수 있다.

슬라이스에 갇힌 상태에서 원하는 결과를 얻지 못하고 있다면 각 슬라이스가 어느 범주에 속하는지, 슬라이스를 일관되지 않게 처리하고 있는지 또는 동일한 소스 배열에서 다른 범주의 슬라이스를 생성하는지 스스로에게 질문을 던져 보는 것을 권장한다.

슬라이스를 배열에 대한 고정 보기로 사용하는 경우 여러 슬라이스에서 해당 배열의 일관된 보기를 제공할 수 있고 할당한 새 값은 수정된 요소에 대응하는 모든 슬라이스에 반영한다.

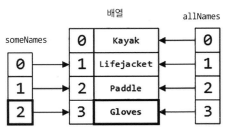

그림 7-17 슬라이스에 항목 추가

리스트 7-21의 코드를 컴파일 및 실행할 때 생성하는 출력 결과에서 슬라이스에 항목을 추가할 때 결과를 확인할 수 있다.

```
someNames: [Lifejacket Paddle Gloves]
someNames len: 3 cap: 3
allNames [Kayak Lifejacket Paddle Gloves]
allNames len 4 cap: 4
```

Gloves 변수의 값을 someNames 슬라이스에 추가하면 슬라이스가 동일한 배열을 공유하기 때문에 allNames[3]로 반환하는 값이 변경된다.

출력은 또한 슬라이스의 길이와 용량이 동일함을 보여준다. 즉 더 큰 백업 배열을 생성하지 않고 슬라이스를 확장할 공간이 더 이상 없다. 해당 동작을 확인하기 위해 리스트 7-22는 someNames 슬라이스에 다른 항목을 추가해보자.

리스트 7-22 collections 폴더 내 main.go 파일에서 다른 항목 추가

```go
package main

import "fmt"

func main() {

    products := [4]string { "Kayak", "Lifejacket", "Paddle", "Hat"}

    someNames := products[1:3]
    allNames := products[:]

    someNames = append(someNames, "Gloves")
    someNames = append(someNames, "Boots")

    fmt.Println("someNames:", someNames)
    fmt.Println("someNames len:", len(someNames), "cap:", cap(someNames))
    fmt.Println("allNames", allNames)
    fmt.Println("allNames len", len(allNames), "cap:", cap(allNames))
}
```

append 함수의 첫 번째 호출 결과는 기존 백업 배열 내에서 someNames 슬라이스를 확장한다. append 함수를 다시 호출하면 더 이상 용량이 없으므로 그림 7-18과 같이 기존 배열 내용을 복사해 새 배열을 생성하기 때문에 두 슬라이스가 서로 다른 배열에 대응한다.

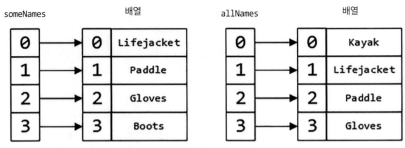

그림 7-18 슬라이스에 항목 추가해 슬라이스 크기 조정 유발

크기 조정 프로세스는 슬라이스에 대응하는 배열 항목만 복사하므로 슬라이스 및 배열 인덱스를 재정렬하는 효과가 있다. 리스트 7-22의 코드를 컴파일 및 실행할 때 다음과 같은 출력을 생성한다.

```
someNames: [Lifejacket Paddle Gloves Boots]
someNames len: 4 cap: 6
allNames [Kayak Lifejacket Paddle Gloves]
allNames len 4 cap: 4
```

배열에서 슬라이스 생성할 때 용량 명시

범위는 리스트 7-23과 같이 배열을 복제하는 시기를 어느 정도 제어할 수 있는 최대 용량을 포함할 수 있다.

리스트 7-23 collections 폴더 내 main.go 파일에서 슬라이스 용량 명시

```go
package main

import "fmt"

func main() {

    products := [4]string { "Kayak", "Lifejacket", "Paddle", "Hat"}

    someNames := products[1:3:3]
    allNames := products[:]

    someNames = append(someNames, "Gloves")
    //someNames = append(someNames, "Boots")

    fmt.Println("someNames:", someNames)
    fmt.Println("someNames len:", len(someNames), "cap:", cap(someNames))
    fmt.Println("allNames", allNames)
    fmt.Println("allNames len", len(allNames), "cap:", cap(allNames))
}
```

max 값으로 알려진 추가 값은 그림 7-19에서와 같이 high 값 뒤에 명시하고 배열의 범위 내에 있어야 한다.

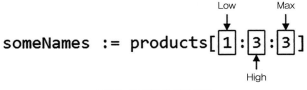

그림 7-19 범위 내 용량 명시

194

max 값은 최대 용량을 직접 지정하지 않는다. 대신 최대 용량은 max 값에서 low 값을 빼서 결정한다. 예제의 경우 max 값은 3이고 low 값은 1이다. 즉 용량을 2로 제한한다. 결과적으로 append 함수 작업은 기존 배열에서 확장하는 대신 슬라이스의 크기를 조정하고 자체 배열을 할당한다. 리스트 7-23의 코드 출력에서 확인해보자.

```
someNames: [Lifejacket Paddle Gloves]
someNames len: 3 cap: 4
allNames [Kayak Lifejacket Paddle Hat]
allNames len 4 cap: 4
```

슬라이스 크기 조정은 someNames 슬라이스에 추가한 Gloves 값이 allNames 슬라이스에 의해 대응하는 값 중 하나가 아님을 의미한다.

다른 슬라이스에서 슬라이스 생성

슬라이스는 크기를 조정하면 슬라이스 간의 관계를 유지하지 않기 때문에 다른 슬라이스에서 슬라이스를 생성할 수 있다. 리스트 7-24는 다른 슬라이스에서 하나의 슬라이스를 생성한다.

리스트 7-24 collections 폴더 내 main.go 파일에서 슬라이스에서 슬라이스 생성

```go
package main

import "fmt"

func main() {

    products := [4]string { "Kayak", "Lifejacket", "Paddle", "Hat"}

    allNames := products[1:]
    someNames := allNames[1:3]

    allNames = append(allNames, "Gloves")
    allNames[1] = "Canoe"

    fmt.Println("someNames:", someNames)
    fmt.Println("allNames", allNames)
}
```

someNames 슬라이스를 만들기 위해 사용한 범위를 allNames 슬라이스에 적용한다.

```
...
someNames := allNames[1:3]
...
```

범위는 allNames 슬라이스의 두 번째 및 세 번째 항목에 대응하는 슬라이스를 만든다. allNames 슬라이스는 자체 범위로 생성했다.

```
...
allNames := products[1:]
...
```

범위는 소스 배열의 첫 번째 항목을 제외한 모든 항목에 대응하는 슬라이스를 만든다. 범위의 효과를 결합하면 그림 7-20과 같이 someNames 슬라이스가 배열의 두 번째 및 세 번째 위치에 대응한다.

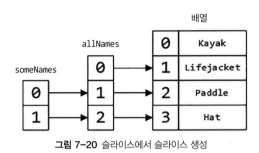

그림 7-20 슬라이스에서 슬라이스 생성

한 슬라이스를 사용해 다른 슬라이스를 만드는 것은 상쇄 시작 위치를 전달하는 효과적인 방법이고, 그림 7-19에서 확인할 수 있다. 그러나 슬라이스는 본질적으로 배열 섹션의 포인터라는 것을 기억해야 한다. 즉 슬라이스는 다른 슬라이스를 가리킬 수 없다. 실제로 범위는 그림 7-21과 같이 동일한 백업 배열로 뒷받침하는 슬라이스의 매핑을 결정할 때 사용한다.

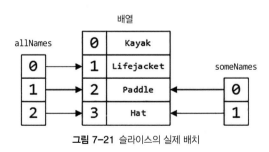

그림 7-21 슬라이스의 실제 배치

슬라이스는 7장의 다른 예제와 일관되게 동작한다. 사용 가능한 용량이 없을 때 항목을 추가하면 슬라이스는 크기 조정을 하고 이 시점에는 더 이상 백업 배열을 공유하지 않는다.

copy 함수 사용

copy 함수는 슬라이스 간 항목을 복사할 때 사용한다. copy 함수는 슬라이스에 별도 배열이 있는지 확인하고 다른 소스의 항목을 결합하는 슬라이스를 만들 때 사용할 수 있다.

슬라이스 배열 분리를 보장하기 위한 copy 함수 사용

copy 함수는 리스트 7-25와 같이 기존 슬라이스를 복제할 때 사용할 수 있다. 이때 일부 또는 모든 항목을 선택하지만 새 슬라이스가 자체 백업 배열로 뒷받침하도록 보장해야 한다.

리스트 7-25 collections 폴더 내 main.go 파일에서 슬라이스 복제

```go
package main

import "fmt"

func main() {

    products := [4]string { "Kayak", "Lifejacket", "Paddle", "Hat"}

    allNames := products[1:]
    someNames := make([]string, 2)
    copy(someNames, allNames)

    fmt.Println("someNames:", someNames)
    fmt.Println("allNames", allNames)
}
```

copy 함수는 그림 7-22처럼 대상 슬라이스와 소스 슬라이스에 해당하는 2개의 인수를 필요로 한다.

그림 7-22 내장 copy 함수 사용

copy 함수는 항목을 대상 슬라이스에 복사한다. copy 함수는 대상 또는 소스 슬라이스의 끝에 도달할 때까지만 항목을 복사하기 때문에 슬라이스의 길이가 같을 필요는 없다. 기존 백업 배열에 사용 가능한 용량이 있는 경우에도 대상 슬라이스의 크기를 조정하지 않는다. 즉 복사를 원하는 항목 수를 수용할 수 있는 충분한 길이가 있는지 확인해야 한다.

리스트 7-25의 copy 실행문의 효과는 someNames 슬라이스의 길이를 소진할 때까지 allNames 슬라이스에서 항목을 복사하는 것이다. 리스트 7-25의 코드를 컴파일 및 실행하면 다음과 같은 출력을 생성한다.

```
someNames: [Lifejacket Paddle]
allNames [Lifejacket Paddle Hat]
```

someNames 슬라이스의 길이는 2이기 때문에 2개의 항목이 allNames 슬라이스에서 복사된 것을 알 수 있다. someNames 슬라이스에 추가 용량이 있더라도 copy 함수가 의존하는 슬라이스 길이이기 때문에 더 이상 항목을 복사하지 않았다.

초기화하지 않은 슬라이스 함정 이해

이전 절에서 설명했듯이 copy 함수는 대상 슬라이스의 크기를 조정하지 않는다. 일반적인 함정은 리스트 7-26과 같이 초기화하지 않은 슬라이스에 항목을 복사하려고 시도하는 것이다.

리스트 7-26 collections 폴더 내 main.go 파일에서 초기화하지 않은 슬라이스로 항목 복사

```go
package main

import "fmt"

func main() {

    products := [4]string { "Kayak", "Lifejacket", "Paddle", "Hat"}

    allNames := products[1:]
    var someNames []string
    copy(someNames, allNames)

    fmt.Println("someNames:", someNames)
    fmt.Println("allNames", allNames)
}
```

someNames 슬라이스를 초기화하는 코드 실행문을 make 함수로 교체하고, 초기화하지 않고 someNames 변수를 정의하는 코드 실행문으로 교체했다. 코드는 에러 없이 컴파일 및 실행되지만 다음 결과를 생성한다.

```
someNames: []
allNames [Lifejacket Paddle Hat]
```

초기화하지 않은 슬라이스의 길이와 용량은 0이기 때문에 대상 슬라이스에 복사한 항목은 없다. copy 함수는 대상 길이에 도달하면 복사를 중지하기 때문에 길이가 0인 경우 복사가 발생하지 않는다. copy 함수는 예상대로 동작했기 때문에 에러를 보고하지 않았지만 의도한 효과가 거의 발생하지 않았다. 예기치 않게 빈 슬라이스를 생성하는 경우 copy 함수의 동작은 의도한 효과를 발생하지 않는 원인이다.

슬라이스를 복사할 때 범위 명시

복사하는 항목에 대한 세밀한 제어는 리스트 7-27과 같이 범위를 사용해 달성할 수 있다.

리스트 7-27 collections 폴더 내 main.go 파일에서 항목 복사할 때 범위 사용

```go
package main

import "fmt"

func main() {

    products := [4]string { "Kayak", "Lifejacket", "Paddle", "Hat"}

    allNames := products[1:]
    someNames := []string { "Boots", "Canoe"}
    copy(someNames[1:], allNames[2:3])

    fmt.Println("someNames:", someNames)
    fmt.Println("allNames", allNames)
}
```

대상 슬라이스에 적용하는 범위는 복사할 항목이 인덱스 1에서 시작함을 의미한다. 소스 슬라이스에 적용한 범위는 복사가 인덱스 2의 항목에서 시작하고 하나의 항목을 복사함을 의미한다. 리스트 7-27의 코드를 컴파일 및 실행하면 다음과 같은 출력을 생성한다.

```
someNames: [Boots Hat]
allNames [Lifejacket Paddle Hat]
```

다양한 크기의 슬라이스 복사

'초기화하지 않은 슬라이스 함정 이해' 절에 설명한 문제로 이어지는 동작을 사용하면 초기화를 기억하는 한 다양한 크기의 슬라이스를 복사할 수 있다. 대상 슬라이스가 소스 슬라이스보다 크면 리스트 7-28과 같이 소스의 마지막 항목을 복사할 때까지 복사를 계속한다.

리스트 7-28 collections 폴더 내 main.go 파일에서 더 작은 소스 슬라이스 복사

```go
package main

import "fmt"

func main() {

    products := []string { "Kayak", "Lifejacket", "Paddle", "Hat"}
    replacementProducts := []string { "Canoe", "Boots"}

    copy(products, replacementProducts)

    fmt.Println("products:", products)
}
```

소스 슬라이스는 2개의 항목만 포함하며 범위는 사용하지 않는다. 따라서 copy 함수가 replacementProducts 슬라이스에서 products 슬라이스로 항목 복사를 시작하고 replacement Products 슬라이스의 끝에 도달했을 때 중지하는 결과가 발생한다. products 슬라이스의 나머지 항목은 예제의 출력에서 볼 수 있듯이 copy 함수 작업의 영향을 받지 않는다.

```
products: [Canoe Boots Paddle Hat]
```

대상 슬라이스가 소스 슬라이스보다 작으면 리스트 7-29와 같이 대상 슬라이스의 모든 항목을 교체할 때까지 복사를 계속한다.

리스트 7-29 collections 폴더 내 main.go 파일에서 더 큰 소스 슬라이스 복사

```go
package main

import "fmt"

func main() {

    products := []string { "Kayak", "Lifejacket", "Paddle", "Hat"}
    replacementProducts := []string { "Canoe", "Boots"}

    copy(products[0:1], replacementProducts)

    fmt.Println("products:", products)
}
```

대상에 사용한 범위는 길이가 1인 슬라이스를 생성한다. 즉 예제의 출력에서 볼 수 있듯이 소스 배열에서 하나의 항목만 복사한다.

```
products: [Canoe Lifejacket Paddle Hat]
```

슬라이스 항목 삭제

슬라이스 항목을 삭제하는 내장 함수는 없지만 삭제 작업은 리스트 7-30과 같이 범위와 append 함수를 사용해 수행할 수 있다.

리스트 7-30 collections 폴더 내 main.go 파일에서 슬라이스 항목 삭제

```go
package main

import "fmt"

func main() {

    products := [4]string { "Kayak", "Lifejacket", "Paddle", "Hat"}
```

```
    deleted := append(products[:2], products[3:]...)
    fmt.Println("Deleted:", deleted)
}
```

값을 삭제하면 append 함수를 사용해 더 이상 필요하지 않은 항목을 제외하고 슬라이스의 모든 항목을 포함하는 두 범위를 결합한다. 리스트 7-30의 코드를 컴파일 및 실행하면 다음과 같은 출력을 생성한다.

```
Deleted: [Kayak Lifejacket Hat]
```

슬라이스 열거

슬라이스는 리스트 7-31과 같이 for 및 range 키워드를 사용해 배열과 동일한 방식으로 열거한다.

리스트 7-31 collections 폴더 내 main.go 파일에서 슬라이스 열거

```
package main

import "fmt"

func main() {

    products := []string { "Kayak", "Lifejacket", "Paddle", "Hat"}

    for index, value := range products[2:] {
        fmt.Println("Index:", index, "Value:", value)
    }
}
```

for 루프를 사용할 수 있는 다양한 방법을 설명할 때 range 키워드와 결합하면 for 키워드가 슬라이스를 열거해 각 항목에 대한 인덱스 및 값 변수를 생성할 수 있음을 보였다. 리스트 7-31의 코드는 다음 출력을 생성한다.

```
Index: 0 Value: Paddle
Index: 1 Value: Hat
```

슬라이스 정렬

슬라이스 정렬의 내장 지원은 없지만 표준 라이브러리는 다양한 타입의 슬라이스를 정렬하기 위한 함수를 정의하는 sort 패키지를 포함하고 있다. sort 패키지는 18장에서 자세히 설명하겠지만 리스트 7-32는 7장의 일부 상황을 제공하는 간단한 예제를 보여준다.

```go
package main

import (
  "fmt"
  "sort"
)

func main() {

  products := []string { "Kayak", "Lifejacket", "Paddle", "Hat"}

  sort.Strings(products)

  for index, value := range products {
    fmt.Println("Index:", index, "Value:", value)
  }
}
```

리스트 7-32 내 Strings 함수는 []string의 값을 제자리에 정렬해 컴파일 및 실행 시 다음과 같은 결과를 생성한다.

```
Index: 0 Value: Hat
Index: 1 Value: Kayak
Index: 2 Value: Lifejacket
Index: 3 Value: Paddle
```

18장에서 설명하는 것처럼 sort 패키지는 정수와 문자열을 포함한 슬라이스를 정렬하기 위한 함수와 사용자 정의 자료형 지원을 포함하고 있다.

슬라이스 비교

Go는 비교 연산자의 사용을 제한해 슬라이스를 nil 값과만 비교할 수 있도록 한다. 리스트 7-33에서 보여주듯이 두 슬라이스를 비교하면 에러를 발생시킨다.

리스트 7-33 collections 폴더 내 main.go 파일에서 슬라이스 비교

```go
package main

import (
  "fmt"
  //"sort"
)

func main() {

  p1 := []string { "Kayak", "Lifejacket", "Paddle", "Hat"}
  p2 := p1
```

```
    fmt.Println("Equal:", p1 == p2)
}
```

리스트 7-33 코드를 컴파일하면 다음 에러를 생성한다.

```
.\main.go:13:30: invalid operation: p1 == p2 (slice can only be compared to nil)
```

그러나 슬라이스를 비교하는 한 가지 방법이 있다. 표준 라이브러리는 DeepEqual이라는 편의 함수를 포함한 reflect라는 패키지를 포함하고 있다. reflect 패키지는 27~29장에서 설명하겠지만 고급 기능을 포함하고 있다(3개의 장이 필요한 이유다). DeepEqual 함수는 리스트 7-34와 같이 슬라이스를 포함해 동등 연산자보다 광범위한 자료형을 비교할 때 사용할 수 있다.

리스트 7-34 collections 폴더 내 main.go 파일에서 편의 함수를 사용해 슬라이스 비교

```
package main

import (
  "fmt"
  "reflect"
)

func main() {

  p1 := []string { "Kayak", "Lifejacket", "Paddle", "Hat"}
  p2 := p1

  fmt.Println("Equal:", reflect.DeepEqual(p1, p2))
}
```

DeepEqual 함수는 편리하지만 프로젝트에서 사용하기 전에 reflect 패키지가 어떻게 동작하는지 설명하는 장을 먼저 읽어야 한다. 리스트 7-34의 코드를 컴파일 및 실행하면 다음과 같은 출력을 생성한다.

```
Equal: true
```

슬라이스 기반 배열

슬라이스가 있지만 배열이 필요한 경우(일반적으로 함수에 하나의 인수가 필요하기 때문에) 리스트 7-35와 같이 슬라이스에 대한 명시적 변환을 수행할 수 있다.

리스트 7-35 collections 폴더 내 main.go 파일에서 배열 얻기

```
package main

import (
```

```
    "fmt"
    //"reflect"
)

func main() {

    p1 := []string { "Kayak", "Lifejacket", "Paddle", "Hat"}
    arrayPtr := (*[3]string)(p1)
    array := *arrayPtr

    fmt.Println(array)
}
```

작업은 두 단계로 수행했다. 첫 번째 단계는 []string 슬라이스에서 *[3]string으로 명시적 타입 변환을 수행하는 것이다. 배열에 필요한 항목의 수가 슬라이스의 길이를 초과하면 에러를 발생시키므로 배열 타입을 지정할 때 주의해야 한다. 배열의 길이가 슬라이스의 길이보다 작은 경우 배열에는 모든 슬라이스 값을 포함하지 않는다. 위 예제는 슬라이스에 4개의 값이 있으며 3개의 값을 저장할 수 있는 배열 타입을 지정했다. 즉 배열은 처음 3개의 슬라이스 값만 포함한다.

두 번째 단계는 포인터를 역참조해 배열 값을 가져온 다음 기록한다. 리스트 7-35의 코드를 컴파일 및 실행하면 다음 출력을 생성한다.

```
[Kayak Lifejacket Paddle]
```

✦ 맵 작업

맵은 데이터 값을 키와 연결하는 내장 자료형이다. 값이 순차 정수 위치와 연결되는 배열과 달리 맵은 리스트 7-36과 같이 다른 데이터 유형을 키로 사용할 수 있다.

리스트 7-36 collections 폴더 내 main.go 파일에서 맵 사용

```
package main

import "fmt"

func main() {

    products := make(map[string]float64, 10)

    products["Kayak"] = 279
    products["Lifejacket"] = 48.95

    fmt.Println("Map size:", len(products))
```

```
        fmt.Println("Price:", products["Kayak"])
        fmt.Println("Price:", products["Hat"])
}
```

맵은 슬라이스와 마찬가지로 내장 make 함수로 생성한다. 맵의 타입은 그림 7-23과 같이 map 키워드를 사용해 지정하고 대괄호로 묶인 키 타입과 값 타입을 차례로 사용한다. make 함수의 마지막 인수는 맵의 초기 용량을 지정한다. 슬라이스와 같이 맵은 자동으로 크기를 조정하며 크기 인수를 생략할 수 있다.

그림 7-23 맵 정의

리스트 7-36의 코드 실행문은 문자열 키로 인덱싱한 float64 값을 저장한다. 값은 다음과 같이 위치 대신 키를 지정해 배열 스타일 구문을 사용해 맵에 저장한다.

```
...
products["Kayak"] = 279
...
```

코드 실행문은 Kayak 키를 사용해 float64 값을 저장한다. 동일한 구문을 사용해 맵에서 값을 읽는다.

```
...
fmt.Println("Price:", products["Kayak"])
...
```

맵에 지정한 키를 포함하고 있으면 키와 연결된 값을 반환한다. 맵에 키를 포함하고 있지 않으면 맵의 값 타입에 대한 제로 값을 반환한다. 맵에 저장한 항목의 수는 다음과 같이 내장 len 함수를 사용해 얻는다.

```
...
fmt.Println("Map size::", len(products))
...
```

리스트 7-36의 코드를 컴파일 및 실행하면 다음과 같은 출력을 생성한다.

```
Map size: 2
Price: 279
Price: 0
```

맵 리터럴 구문 사용

슬라이스는 리스트 7-37과 같이 리터럴 구문을 사용해 정의할 수 있다.

리스트 7-37 collections 폴더 내 main.go 파일에서 맵 리터럴 구문 사용

```go
package main

import "fmt"

func main() {

    products := map[string]float64 {
        "Kayak" : 279,
        "Lifejacket": 48.95,
    }

    fmt.Println("Map size:", len(products))
    fmt.Println("Price:", products["Kayak"])
    fmt.Println("Price:", products["Hat"])
}
```

리터럴 구문은 중괄호 사이에 있는 맵의 초기 내용을 지정한다. 그림 7-24와 같이 각 맵 항목은 키, 콜론, 값, 쉼표를 차례로 사용해 지정한다.

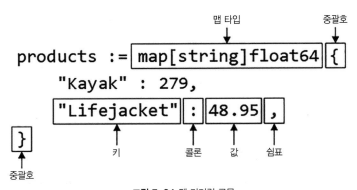

그림 7-24 맵 리터럴 구문

Go는 구문에 특화해 맵 값 뒤에 쉼표나 닫는 중괄호가 없으면 에러를 발생시킨다. 나는 코드 파일의 다음 줄에 닫는 중괄호를 넣을 수 있는 후행 쉼표의 사용을 선호한다.

리터럴 구문에 사용하는 키는 고유해야 하며 2개의 리터럴 항목에 동일한 이름을 사용하면 컴파일러에서 에러를 보고한다. 리스트 7-37은 컴파일 및 실행할 때 다음과 같은 출력을 생성한다.

```
Map size: 2
Price: 279
Price: 0
```

맵 항목 확인

앞서 언급했듯이 맵은 키가 없는 읽기를 수행할 때 값 타입에 대한 제로 값을 반환한다. 따라서 리스트 7-38에서 볼 수 있듯이 맵에 저장한 값인지 존재하지 않는 키에 대한 제로 값인지 구별하기 어렵게 만들 수 있다.

리스트 7-38 collections 폴더 내 main.go 파일에서 맵 값 읽기

```go
package main

import "fmt"

func main() {

    products := map[string]float64 {
        "Kayak" : 279,
        "Lifejacket": 48.95,
        "Hat": 0,
    }

    fmt.Println("Hat:", products["Hat"])
}
```

위 코드의 문제는 products["Hat"]가 0을 반환하지만 이것이 0을 저장한 값인지 또는 Hat 키와 연결된 값이 없기 때문인지 알 수 없다는 것이다. 해당 문제를 해결하기 위해 맵은 리스트 7-39와 같이 값을 읽을 때 2개의 값을 생성한다.

리스트 7-39 collections 폴더 내 main.go 파일에서 맵 내 값이 존재하는지 확인

```go
package main

import "fmt"

func main() {

    products := map[string]float64 {
        "Kayak" : 279,
        "Lifejacket": 48.95,
        "Hat": 0,
    }

    value, ok := products["Hat"]
```

```
  if (ok) {
    fmt.Println("Stored value:", value)
  } else {
    fmt.Println("No stored value")
  }
}
```

다음 코드는 맵에서 값을 읽을 때 두 변수에 할당하는 값을 확인하는 '쉼표 확인' 기술로 알려져 있다.

```
...
value, ok := products["Hat"]
...
```

첫 번째 값은 지정한 키와 연관된 값이거나 키가 없는 경우 제로 값이다. 두 번째 값은 맵에 지정한 키를 포함하고 있으면 true고, 그렇지 않으면 false인 bool이다. 두 번째 값은 일반적으로 ok라는 변수에 할당하는데 '쉼표 확인' 용어가 발생하는 원인이기도 하다.

'쉼표 확인' 기술은 리스트 7-40과 같이 초기화 문을 사용해 간소화할 수 있다.

리스트 7-40 collections 폴더 내 main.go 파일에서 초기화 문 사용

```
package main

import "fmt"

func main() {

  products := map[string]float64 {
    "Kayak" : 279,
    "Lifejacket": 48.95,
    "Hat": 0,
  }

  if value, ok := products["Hat"]; ok {
    fmt.Println("Stored value:", value)
  } else {
    fmt.Println("No stored value")
  }
}
```

리스트 7-39 및 7-40의 코드를 컴파일 및 실행하면 Hat 키를 맵에 값 0을 저장하기 위해 사용했음을 보여주는 다음 출력을 생성한다.

```
Stored value: 0
```

208

맵 항목 제거

리스트 7-41과 같이 내장 delete 함수를 사용해 맵에서 항목을 제거한다.

리스트 7-41 collections 폴더 내 main.go 파일에서 맵 항목 삭제

```
package main

import "fmt"

func main() {

  products := map[string]float64 {
    "Kayak" : 279,
    "Lifejacket": 48.95,
    "Hat": 0,
  }

  delete(products, "Hat")

  if value, ok := products["Hat"]; ok {
    fmt.Println("Stored value:", value)
  } else {
    fmt.Println("No stored value")
  }
}
```

delete 함수의 인수는 제거할 맵과 키다. 지정한 키를 맵이 포함하고 있지 않으면 에러를 보고하지 않는다. 리스트 7-41의 코드를 컴파일 및 실행하면 다음 출력을 생성해 Hat 키가 더 이상 맵에 없음을 확인한다.

```
No stored value
```

맵 열거

맵은 리스트 7-42와 같이 for 및 range 키워드를 사용해 열거한다.

리스트 7-42 collections 폴더 내 main.go 파일에서 맵 열거

```
package main

import "fmt"

func main() {

  products := map[string]float64 {
    "Kayak" : 279,
    "Lifejacket": 48.95,
    "Hat": 0,
  }
```

```
    for key, value := range products {
      fmt.Println("Key:", key, "Value:", value)
    }
  }
```

for 및 range 키워드를 맵과 함께 사용하면 맵의 내용을 열거할 때 두 변수에 키와 값을 할당
한다. 리스트 7-42의 코드를 컴파일 및 실행하면 다음과 같은 출력을 생성한다(다음 절에서 설
명하는 것처럼 다른 순서로 나타날 수도 있다).

```
Key: Kayak Value: 279
Key: Lifejacket Value: 48.95
Key: Hat Value: 0
```

맵을 순서대로 열거

맵의 내용을 특정 순서로 열거한다는 보장이 없기 때문에 리스트 7-42의 결과를 다른 순서로
볼 수 있다. 맵의 값을 순서대로 가져오려면 리스트 7-43과 같이 맵을 열거하고 키를 포함한
슬라이스를 만들고 슬라이스를 정렬한 다음 슬라이스를 열거해 맵에서 값을 읽는 것이 가장
좋다.

리스트 7-43 collections 폴더 내 main.go 파일에서 키 순서대로 맵 열거

```
package main

import (
  "fmt"
  "sort"
)

func main() {

  products := map[string]float64 {
    "Kayak" : 279,
    "Lifejacket": 48.95,
    "Hat": 0,
  }

  keys := make([]string, 0, len(products))
  for key, _ := range products {
    keys = append(keys, key)
  }
  sort.Strings(keys)
  for _, key := range keys {
    fmt.Println("Key:", key, "Value:", products[key])
  }
}
```

프로젝트를 컴파일 및 실행하면 키 순서대로 정렬한 값을 표시하는 다음 출력을 생성한다.

```
Key: Hat Value: 0
Key: Kayak Value: 279
Key: Lifejacket Value: 48.95
```

문자열의 이중 특성 이해

4장에서 문자열을 문자 시퀀스로 설명했다. Go 문자열은 어떻게 사용하느냐에 따라 성격이 나뉘기 때문에 문자열은 복잡한 특성이 몇 가지 있다.

Go는 리스트 7-44와 같이 문자열을 바이트 배열로 취급하고 배열 인덱스와 슬라이스 범위 표기법을 지원한다.

리스트 7-44 collections 폴더 내 main.go 파일에서 문자열 인덱싱 및 슬라이싱

```
package main

import (
  "fmt"
  "strconv"
)

func main() {

  var price string = "$48.95"

  var currency byte = price[0]
  var amountString string = price[1:]
  amount, parseErr  := strconv.ParseFloat(amountString, 64)

  fmt.Println("Currency:", currency)
  if (parseErr == nil) {
    fmt.Println("Amount:", amount)
  } else {
    fmt.Println("Parse Error:", parseErr)
  }
}
```

각 변수의 타입을 강조하기 위해 전체 변수 선언 구문을 사용했다. 인덱스 표기법을 사용하는 경우 결과는 문자열의 지정된 위치에서 가져온 바이트다.

```
...
var currency byte = price[0]
...
```

위 코드 실행문은 인덱스 0에서 바이트를 선택하고 이를 currency라는 변수에 할당한다. 문자열을 슬라이스하면 슬라이스도 바이트를 사용해 설명할 수 있지만 결과는 string이다.

```
...
var amountString string = price[1:]
...
```

범위는 인덱스 0의 바이트를 제외한 모든 항목을 선택하고 축약한 문자열을 amountString이라는 변수에 할당한다. 리스트 7-44의 코드를 컴파일 및 실행하면 다음 출력을 생성한다.

```
Currency: 36
Amount: 48.95
```

4장에서 설명했듯이 바이트 타입은 uint8의 별칭이므로 currency 값은 숫자로 표시한다. Go는 숫자 값 36을 달러 기호로 표현해야 한다는 것을 전혀 모른다. 그림 7-25는 문자열을 바이트 배열로 보여주고 인덱스 및 슬라이스 방법을 보여준다.

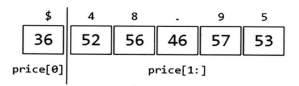

그림 7-25 바이트 배열로서 문자열

문자열을 슬라이싱하면 다른 문자열을 생성하지만 바이트를 그것이 나타내는 문자로 해석하려면 리스트 7-45와 같이 명시적 변환이 필요하다.

리스트 7-45 collections 폴더 내 main.go 파일에서 결과 변화

```go
package main

import (
  "fmt"
  "strconv"
)

func main() {

  var price string = "$48.95"

  var currency string = string(price[0])
  var amountString string = price[1:]
  amount, parseErr  := strconv.ParseFloat(amountString, 64)

  fmt.Println("Currency:", currency)
  if (parseErr == nil) {
```

```
    fmt.Println("Amount:", amount)
  } else {
    fmt.Println("Parse Error:", parseErr)
  }
}
```

코드를 컴파일하고 실행하면 다음과 같은 결과를 볼 수 있다.

```
Currency: $
Amount: 48.95
```

정상적으로 동작하는 것처럼 보이지만 리스트 7-46과 같이 통화 기호를 변경하면 확인할 수 있는 함정이 있다(키보드에 유로화 기호가 있는 지역에 거주하지 않는 경우 Alt 키를 누른 상태에서 숫자 키패드의 0128을 눌러본다).

리스트 7-46 collections 폴더 내 main.go 파일에서 통화 기호 변경

```
package main

import (
  "fmt"
  "strconv"
)

func main() {

  var price string = "€48.95"

  var currency string = string(price[0])
  var amountString string = price[1:]
  amount, parseErr   := strconv.ParseFloat(amountString, 64)

  fmt.Println("Currency:", currency)
  if (parseErr == nil) {
    fmt.Println("Amount:", amount)
  } else {
    fmt.Println("Parse Error:", parseErr)
  }
}
```

코드를 컴파일하고 실행하면 다음과 유사한 출력을 표시한다.

```
Currency: â
Parse Error: strconv.ParseFloat: parsing "\x82\xac48.95": invalid syntax
```

문제는 배열 및 범위 표기법이 바이트를 선택하지만 모든 문자가 1바이트로 표현되지 않는다는 것이다. 새 통화 기호는 그림 7-26과 같이 3바이트를 사용해 저장한다.

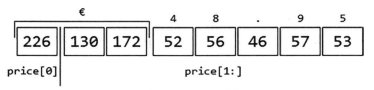

그림 7-26 통화 기호 변경

그림 7-26은 단일 바이트 값을 취하면 통화 기호의 일부만 얻는 방법을 보여준다. 또한 슬라이스가 기호의 3바이트 중 2바이트를 포함하고 나머지 문자열이 뒤따르는 것을 보여준다. 리스트 7-47과 같이 len 함수를 사용해 통화 기호의 변경으로 인해 배열의 크기가 증가한 것을 확인할 수 있다.

리스트 7-47 collections 폴더 내 main.go 파일에서 문자열의 길이 얻기

```go
package main

import (
  "fmt"
  "strconv"
)

func main() {

  var price string = "€48.95"

  var currency string = string(price[0])
  var amountString string = price[1:]
  amount, parseErr  := strconv.ParseFloat(amountString, 64)

  fmt.Println("Length:", len(price))
  fmt.Println("Currency:", currency)
  if (parseErr == nil) {
    fmt.Println("Amount:", amount)
  } else {
    fmt.Println("Parse Error:", parseErr)
  }
}
```

len 함수는 문자열을 바이트 배열로 취급하고 리스트 7-47의 코드를 컴파일 및 실행하면 다음 출력을 생성한다.

```
Length: 8
Currency: â
Parse Error: strconv.ParseFloat: parsing "\x82\xac48.95": invalid syntax
```

출력은 문자열에 8바이트가 있음을 확인하며 이것이 인덱싱 및 슬라이싱이 이상한 결과를 생성하는 이유다.

214

문자열을 rune으로 변환

rune 타입은 기본적으로 단일 문자인 유니코드 코드 포인트를 나타낸다. 리스트 7-48과 같이 문자의 중간에 있는 슬라이싱 문자열을 피하기 위해 rune 슬라이스로의 명시적 변환을 수행할 수 있다.

> **■ 팁 ■**
>
> 유니코드(Unicode)는 수천 년에 걸쳐 진화한 여러 쓰기 시스템을 설명하는 것을 목표로 하는 표준에서 예상할 수 있듯이 엄청나게 복잡하다. 나는 책에서 유니코드를 설명하지 않을 것이고 단순성을 위해 rune 값을 대부분의 개발 프로젝트에 충분한 단일 문자로 취급할 것이다. 나는 Go 기능이 어떻게 동작하는지 설명하기 충분할 만큼만 유니코드를 설명할 것이다.

리스트 7-48 collections 폴더 내 main.go 파일에서 룬으로 변환

```go
package main

import (
  "fmt"
  "strconv"
)

func main() {

  var price []rune = []rune("€48.95")

  var currency string = string(price[0])
  var amountString string = string(price[1:])
  amount, parseErr  := strconv.ParseFloat(amountString, 64)

  fmt.Println("Length:", len(price))
  fmt.Println("Currency:", currency)
  if (parseErr == nil) {
    fmt.Println("Amount:", amount)
  } else {
    fmt.Println("Parse Error:", parseErr)
  }
}
```

명시적 변환을 리터럴 문자열에 적용하고 슬라이스를 price 변수에 할당한다. rune 슬라이스로 작업할 때 개별 바이트는 그림 7-27에 나와 있는 것처럼 각 문자에 필요한 바이트 수를 참조하지 않고 나타내는 문자로 그룹화한다.

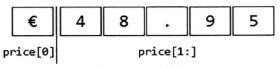

그림 7-27 rune 슬라이스

4장에서 설명한 것처럼 rune 타입은 int32의 별칭이다. 즉 rune 값을 출력하면 문자를 나타내기 위해 사용하는 숫자 값을 표시한다. 이전의 바이트 예제와 마찬가지로 다음과 같이 단일 rune을 문자열로 명시적으로 변환해야 함을 의미한다.

```
...
var currency string = string(price[0])
...
```

그러나 이전 예제와 달리 다음과 같이 내가 만든 슬라이스에 대한 명시적 변환도 수행해야한다.

```
...
var amountString string = string(price[1:])
...
```

슬라이스의 결과는 []run이다. 다시 말해 rune 슬라이스를 자르면 또 다른 rune 슬라이스를 생성한다. 리스트 7-48 코드를 컴파일 및 실행할 때 다음 출력을 생성한다.

```
Length: 6
Currency: €
Amount: 48.95
```

배열에 바이트가 아닌 문자를 포함하고 있기 때문에 len 함수는 6을 반환한다. 물론 결과에 영향을 줄 고아^{orphan} 바이트가 없기 때문에 나머지 출력은 예상대로다.

바이트와 rune이 유용한 이유 이해

Go가 문자열에 취하는 접근 방식이 이상해 보일 수 있지만 용도가 있다. 바이트는 문자열 저장에 관심이 있고 할당할 공간을 알아야 할 때 중요하다. 문자는 기존 문자열에 새 문자를 삽입할 때와 같이 문자열의 내용과 관련이 있을 때 중요하다.

문자열의 두 가지 측면이 모두 중요하다. 그러나 주어진 작업에 대해 바이트 또는 문자를 처리해야 하는지 여부를 이해하는 것이 중요하다.

일반적으로 ASCII를 의미하는 단일 바이트로 표시하는 문자만 사용하는 경우 바이트로만 작업하려는 유혹을 받을 수 있다. 특히 코드가 비-ASCII 문자 집합을 가진 사용자가 입력한 문자를 처리하거나 비-ASCII 데이터를 포함한 파일을 처리할 때 그렇다. 그러나 처음에는 동작할 수 있지만 거의 항상 좋지 않게 프로그램을 종료할 것이다. 약간의 추가 작업이 필요한 경우 유니코드가 실제로 존재하고 바이트를 문자로 변환하는 작업을 처리하는 Go에 의존하는 것을 받아들이는 것이 더 간단하고 안전하다.

문자열 열거

for 루프를 사용해 문자열의 내용을 열거할 수 있다. 해당 기능은 Go가 바이트를 rune으로 매핑하는 방식의 몇 가지 영리한 측면을 보여준다. 리스트 7–49는 문자열을 열거한다.

리스트 7-49 collections 폴더 내 main.go 파일에서 문자열 열거

```
package main

import (
  "fmt"
  //"strconv"
)

func main() {

  var price = "€48.95"

  for index, char := range price {
    fmt.Println(index, char, string(char))
  }
}
```

예제에서 유로화 기호를 포함한 문자열을 사용했는데 Go가 for 루프와 함께 사용할 때 문자열을 일련의 rune으로 취급한다는 것을 보여주기 위함이다. 리스트 7–49의 코드를 컴파일하고 실행하면 다음과 같은 출력을 생성한다.

```
0 8364 €
3 52 4
4 56 8
5 46 .
6 57 9
7 53 5
```

for 루프는 문자열을 항목 배열로 취급한다. 기록한 값은 현재 항목의 인덱스, 해당 항목의 숫자 값 및 문자열로 변환한 숫자 항목이다.

인덱스 값은 순차적이지 않다. for 루프는 문자열을 기본 바이트 시퀀스에서 파생한 문자 시퀀스로 처리한다. 인덱스 값은 그림 7–2와 같이 각 문자를 구성하는 첫 번째 바이트에 해당한다. 예를 들어 문자열의 첫 번째 문자는 위치 0, 1, 2의 바이트로 구성하기 때문에 두 번째 인덱스 값은 3이다.

기본 바이트를 문자로 변환하지 않고 열거하려면 리스트 7–50과 같이 바이트 슬라이스로 명시적 변환을 수행할 수 있다.

```go
package main

import (
  "fmt"
  //"strconv"
)

func main() {

  var price = "€48.95"

  for index, char := range []byte(price) {
    fmt.Println(index, char)
  }
}
```

리스트 7-50 코드를 컴파일하고 실행하면 다음 출력을 생성한다.

```
0 226
1 130
2 172
3 52
4 56
5 46
6 57
7 53
```

인덱스 값은 순차적이며 개별 바이트 값은 나타내는 문자의 일부로 해석한다.

⁘ 요약

7장에서는 Go 컬렉션 타입을 설명했다. 배열은 값의 고정 길이 시퀀스이고 슬라이스는 백업 배열로 뒷받침하는 가변 길이 시퀀스고 맵은 키-값 쌍의 모음이라고 설명했다. 범위를 사용해 항목을 선택하는 방법을 설명하고 슬라이스와 기본 배열 간의 관계를 설명했으며, 내장 기능이 없는 슬라이스에서 항목을 제거하는 것과 같은 일반적인 작업을 수행하는 방법을 보였다. 나는 모든 문자를 단일 바이트의 데이터를 사용해 표시할 수 있다고 가정하는 프로그래머에게 문제를 일으킬 수 있는 문자열의 복잡한 특성을 설명함으로써 7장을 마쳤다. 8장에서는 Go에서 함수를 사용하는 방법을 설명할 것이다.

함수 정의 및 사용

8장에서는 코드 실행문을 그룹화해 필요할 때 실행할 수 있는 Go 함수를 설명한다. Go 함수는 몇 가지 특이한 특성이 있고 그중 가장 유용한 특성은 여러 결과를 정의할 수 있는 것이다. Go 함수가 여러 결과를 반환할 수 있는 특성은 보편적인 문제의 우아한 솔루션이 될 수 있다. 표 8-1은 기능을 상황에 따라 설명한다.

표 8-1 상황에 따른 흐름 제어

질문	답
무엇인가?	함수는 실행 흐름 중에 함수를 호출할 때만 실행하는 코드 실행문의 그룹이다.
왜 유용한가?	함수를 사용하면 기능을 한 번 정의한 후 반복적으로 사용할 수 있다.
어떻게 사용하는가?	함수는 함수명으로 호출하고 매개변수를 사용해 작업할 데이터 값을 함수에 제공할 수 있다. 함수에서 코드를 실행한 결과는 함수 결과로 생성될 수 있다.
함정이나 제한 사항?	Go 함수는 여러 결과 및 명명된 결과와 같은 유용한 기능을 추가해 예상한 대로 동작시킬 수 있다.
대안이 있는가?	없다. 함수는 Go 언어의 핵심 기능이다.

표 8-2는 8장을 요약한 것이다.

표 8-2 8장 요약

문제	해결 방법	리스트 참조 번호
필요에 따라 실행할 수 있도록 코드 실행문을 그룹화한다.	함수를 정의한다.	4
함수에 포함한 코드 실행문에서 사용하는 값을 변경할 수 있도록 함수를 정의한다.	함수 매개변수를 정의한다.	5-8
함수가 가변 인수를 받을 수 있도록 허용한다.	가변 매개변수를 정의한다.	9-13
함수 외부에 정의한 값의 참조를 사용한다.	포인터를 받는 매개변수를 정의한다.	14, 15
함수에 정의한 코드 실행문에서 결과를 생성한다.	하나 이상의 결과를 정의한다.	16-22
함수가 생성한 결과를 삭제한다.	공백 식별자를 사용한다.	23
현재 실행 중인 함수가 동작을 완료하면 다음으로 호출할 함수를 예약한다.	defer 키워드를 사용한다.	24

8장 준비

8장 예제를 준비하기 위해 새 CMD를 열어 편리한 위치로 이동한 다음 functions 폴더를 생성한다. 리스트 8-1의 명령어를 실행해 프로젝트를 초기화해보자.

리스트 8-1 프로젝트 초기화

```
go mod init functions
```

리스트 8-2의 소스 코드 내용을 담은 main.go 파일을 생성해 functions 폴더에 추가해보자.

리스트 8-2 functions 폴더 내 main.go 파일 소스 코드

```
package main

import "fmt"

func main() {

    fmt.Println("Hello, Functions")
}
```

functions 폴더에서 리스트 8-3의 명령어를 실행하기 위해 CMD를 사용한다.

리스트 8-3 예제 프로젝트 실행

```
go run .
```

main.go 파일 내 코드를 컴파일 및 실행하면 다음 출력을 생성한다.

```
Hello, Functions
```

간단한 함수 정의

함수는 단일 작업으로 사용 및 재사용할 수 있는 코드 실행문의 그룹이다. 리스트 8-4는 간단한 함수를 정의한다.

```go
package main

import "fmt"

func printPrice() {
  kayakPrice := 275.00
  kayakTax := kayakPrice * 0.2
  fmt.Println("Price:", kayakPrice, "Tax:", kayakTax)
}

func main() {
  fmt.Println("About to call function")
  printPrice()
  fmt.Println("Function complete")
}
```

함수는 func 키워드로 정의하고 그 뒤에 함수 이름, 괄호, 코드가 온다. 그림 8-1과 같이 중괄호로 코드 블록을 감싸준다.

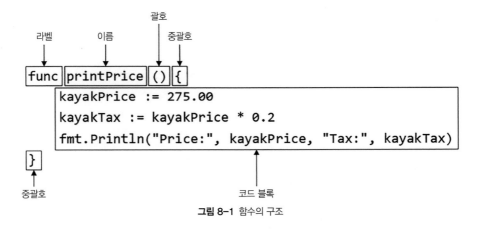

그림 8-1 함수의 구조

main.go 코드 파일은 두 가지 함수가 있다. 새 함수는 printPrice로 2개의 변수를 정의하고 fmt 패키지에서 Println 함수를 호출하는 코드 실행문을 포함하고 있다. main 함수는 실행을 시작하고 종료하는 애플리케이션의 진입점이다. Go 함수는 중괄호로 정의해야 하고 여는 중괄호는 func 키워드 및 함수 이름과 같은 줄에 정의해야 한다. 중괄호를 생략하거나 다음 줄에 중괄호를 넣는 것과 같은 다른 언어에서 흔히 사용하는 규칙을 Go는 허용하지 않는다.

▪ 노트 ▪

printPrice 함수는 main.go 파일의 기존 main 함수와 함께 정의하고 있다. Go는 다른 함수 내에서 함수 정의를 지원하지만 다른 구문이 추가로 필요하고 9장에서 설명할 것이다.

main 함수는 printPrice 함수를 호출하고 printPrice 함수는 그림 8-2와 같이 명시한 함수의 이름과 괄호가 뒤따르는 코드 실행문으로 동작한다.

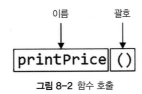

그림 8-2 함수 호출

함수를 호출하면 함수의 코드 블록의 명령문을 실행한다. 함수 내 모든 명령문을 수행하면 함수를 호출한 명령문 이후의 명령문으로 실행을 계속한다. 리스트 8-4의 코드를 컴파일 및 실행하면 출력에서 함수를 호출하고 이후 동작을 확인할 수 있다.

```
About to call function
Price: 275 Tax: 55
Function complete
```

✛ 함수 매개변수 정의 및 사용

매개변수를 사용하면 함수를 호출할 때 데이터 값을 받을 수 있으므로 함수의 동작을 변경할 수 있다. 리스트 8-5는 매개변수를 정의하도록 이전 절에서 정의한 printPrice 함수를 수정한다.

리스트 8-5 functions 폴더 내 main.go 파일에서 함수 매개변수 정의

```go
package main

import "fmt"

func printPrice(product string, price float64, taxRate float64) {
  taxAmount := price * taxRate
  fmt.Println(product, "price:", price, "Tax:", taxAmount)
}

func main() {
  printPrice("Kayak", 275, 0.2)
  printPrice("Lifejacket", 48.95, 0.2)
  printPrice("Soccer Ball", 19.50, 0.15)
}
```

매개변수는 변수의 이름과 타입으로 정의한다. 여러 매개변수는 그림 8-3과 같이 쉼표로 구분한다.

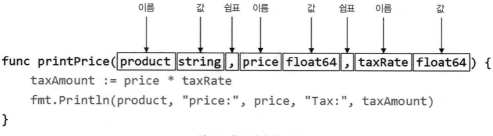

그림 8-3 함수 매개변수 정의

리스트 8-5는 printPrice 함수에 3의 매개변수를 추가한다. product라는 문자열, price라는 float64, taxRate라는 float64다. 함수의 코드 블록 내에서 매개변수에 할당한 값은 그림 8-4 와 같이 매개변수 이름을 사용해 접근할 수 있다.

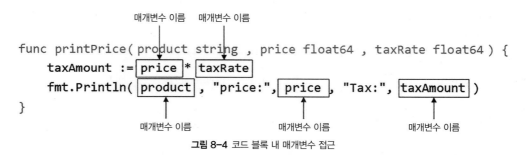

그림 8-4 코드 블록 내 매개변수 접근

매개변수의 값은 함수를 호출할 때 인수로 제공한다. 즉 함수를 호출할 때마다 다른 값을 제공 할 수 있다. 그림 8-5와 같이 매개변수를 정의한 것과 동일한 순서로 쉼표로 구분한 함수 이 름 뒤의 괄호 사이에 인수를 제공한다.

그림 8-5 인수로 함수 호출

인수로 사용하는 값은 함수에서 정의한 매개변수의 타입과 일치해야 한다. 리스트 8-5의 코 드를 컴파일 및 실행하면 다음과 같은 출력을 생성한다.

```
Kayak price: 275 Tax: 55
Lifejacket price: 48.95 Tax: 9.790000000000001
Soccer Ball price: 19.5 Tax: 2.925
```

Lifejacket 제품에 표시한 값은 일반적으로 통화 금액으로 반올림하는 긴 분수 값을 포함하고 있다. 숫자 값을 문자열로 포매팅하는 방법은 17장에서 설명한다.

> ■ **노트** ■
>
> Go는 선택적 매개변수나 매개변수의 기본값을 지원하지 않는다.

매개변수 타입 생략

리스트 8-6과 같이 인접한 매개변수의 타입이 동일한 경우 타입을 생략할 수 있다.

리스트 8-6 functions 폴더 내 main.go 파일에서 매개변수 데이터 타입 생략

```go
package main

import "fmt"

func printPrice(product string, price, taxRate float64) {
  taxAmount := price * taxRate
  fmt.Println(product, "price:", price, "Tax:", taxAmount)
}

func main() {
  printPrice("Kayak", 275, 0.2)
  printPrice("Lifejacket", 48.95, 0.2)
  printPrice("Soccer Ball", 19.50, 0.15)
}
```

price 및 taxRate 매개변수는 모두 float64이고 인접하므로 해당 타입의 최종 매개변수에만 데이터 타입을 적용한다. 매개변수 데이터 타입을 생략해도 매개변수 또는 해당 타입을 변경하지 않는다. 리스트 8-6의 코드는 다음 출력을 생성한다.

```
Kayak price: 275 Tax: 55
Lifejacket price: 48.95 Tax: 9.790000000000001
Soccer Ball price: 19.5 Tax: 2.925
```

매개변수 이름 생략

밑줄(_ 문자)은 리스트 8-7과 같이 함수에서 정의하지만 함수의 코드 실행문에서는 사용하지 않는 매개변수에 사용할 수 있다.

리스트 8-7 functions 폴더 내 main.go 파일에서 매개변수 이름 생략

```go
package main
```

```
import "fmt"

func printPrice(product string, price, _ float64) {
  taxAmount := price * 0.25
  fmt.Println(product, "price:", price, "Tax:", taxAmount)
}

func main() {
  printPrice("Kayak", 275, 0.2)
  printPrice("Lifejacket", 48.95, 0.2)
  printPrice("Soccer Ball", 19.50, 0.15)
}
```

밑줄은 공백 식별자로 함수를 호출할 때 값을 제공해야 하지만 함수의 코드 블록 내에서 값에 접근할 수 없는 매개변수다. 이상한 기능처럼 보일 수 있지만 인터페이스에서 요구하는 메서드를 구현할 때 매개변수를 함수 내에서 사용하지 않음을 보여주는 유용한 방법이 될 수 있다. 리스트 8-7의 코드를 컴파일 및 실행하면 다음 출력을 생성한다.

```
Kayak price: 275 Tax: 68.75
Lifejacket price: 48.95 Tax: 12.2375
Soccer Ball price: 19.5 Tax: 4.875
```

함수는 리스트 8-8과 같이 모든 매개변수의 이름을 생략할 수 있다.

리스트 8-8 functions 폴더 내 main.go 파일에서 모든 매개변수 이름 생략

```
package main

import "fmt"

func printPrice(string, float64, float64) {
  // taxAmount := price * 0.25
  fmt.Println("No parameters")
}

func main() {
  printPrice("Kayak", 275, 0.2)
  printPrice("Lifejacket", 48.95, 0.2)
  printPrice("Soccer Ball", 19.50, 0.15)
}
```

이름 없는 매개변수는 함수 내에서 접근할 수 없다. 이름 없는 매개변수는 주로 11장에서 설명하는 인터페이스와 함께 사용하거나 9장에서 설명할 함수 타입을 정의할 때 사용한다. 리스트 8-8의 코드를 컴파일 및 실행하면 다음 출력을 생성한다.

```
No parameters
No parameters
No parameters
```

가변 매개변수 정의

가변 매개변수는 여러 값을 허용하고 함수를 더 쉽게 사용할 수 있도록 한다. 가변 매개변수가 해결하는 문제는 리스트 8-9와 같이 대안을 고려할 때 이해하기 쉽다.

리스트 8-9 functions 폴더 내 main.go 파일에서 함수 정의

```go
package main

import "fmt"

func printSuppliers(product string, suppliers []string ) {
  for _, supplier := range suppliers {
    fmt.Println("Product:", product, "Supplier:", supplier)
  }
}

func main() {
  printSuppliers("Kayak", []string {"Acme Kayaks", "Bob's Boats", "Crazy Canoes"})
  printSuppliers("Lifejacket", []string {"Sail Safe Co"})
}
```

printSuppliers 함수가 정의한 두 번째 매개변수는 문자열 슬라이스를 사용해 가변 개수의 suppliers를 허용한다. 그러나 다음과 같이 단일 문자열만 필요한 경우에도 슬라이스를 구성해야 하기 때문에 어색할 수 있다.

```go
...
printSuppliers("Lifejacket", []string {"Sail Safe Co"})
...
```

가변 매개변수를 사용하면 리스트 8-10에서 볼 수 있는 것처럼 함수가 가변 개수의 인수를 보다 우아하게 받을 수 있다.

리스트 8-10 functions 폴더 내 main.go 파일에서 가변 매개변수 정의

```go
package main

import "fmt"

func printSuppliers(product string, suppliers ...string ) {
  for _, supplier := range suppliers {
    fmt.Println("Product:", product, "Supplier:", supplier)
```

```
    }
  }

  func main() {
    printSuppliers("Kayak", "Acme Kayaks", "Bob's Boats", "Crazy Canoes")
    printSuppliers("Lifejacket", "Sail Safe Co")
  }
```

가변 매개변수는 그림 8-6과 같이 줄임표(마침표 3개)와 타입으로 정의한다.

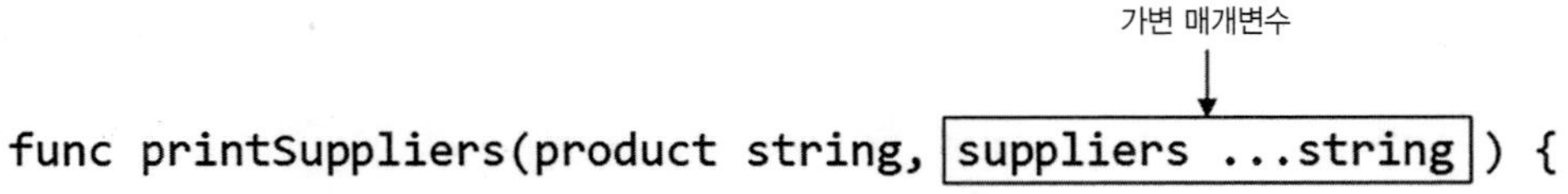

가변 매개변수

```
func printSuppliers(product string, suppliers ...string ) {
```

그림 8-6 가변 매개변수

가변 매개변수는 항상 함수에서 정의한 마지막 매개변수다. 예제의 문자열 타입과 같이 단일 타입만 사용할 수 있다. 함수를 호출할 때 슬라이스를 만들 필요 없이 가변 개수의 문자열 인수를 지정할 수 있다.

```
  ...
  printSuppliers("Kayak", "Acme Kayaks", "Bob's Boats", "Crazy Canoes")
  ...
```

가변 매개변수의 타입은 변하지 않고 가변 매개변수에 제공한 값은 여전히 슬라이스에 포함한다. 리스트 8-10의 경우 suppliers 매개변수의 타입은 []string으로 남아 있다. 리스트 8-9 및 8-10의 코드를 컴파일 및 실행하면 다음 출력을 생성한다.

```
Product: Kayak Supplier: Acme Kayaks
Product: Kayak Supplier: Bob's Boats
Product: Kayak Supplier: Crazy Canoes
Product: Lifejacket Supplier: Sail Safe Co
```

가변 매개변수에 대한 인수 없이 처리

Go는 가변 매개변수에 대한 인수를 완전히 생략할 수 있다. 따라서 리스트 8-11과 같이 예기치 않은 결과가 발생할 수 있다.

리스트 8-11 functions 폴더 내 main.go 파일에서 인수 생략

```
package main

import "fmt"

func printSuppliers(product string, suppliers ...string ) {
```

```
    for _, supplier := range suppliers {
        fmt.Println("Product:", product, "Supplier:", supplier)
    }
}

func main() {
    printSuppliers("Kayak", "Acme Kayaks", "Bob's Boats", "Crazy Canoes")
    printSuppliers("Lifejacket", "Sail Safe Co")
    printSuppliers("Soccer Ball")
}
```

printSuppliers 함수에 대한 새 호출은 suppliers 매개변수에 대한 인수를 제공하지 않는다. 이 경우 Go는 매개변수 값으로 nil을 사용하므로 슬라이스에 값이 하나 이상 있다고 가정하는 코드에 문제가 발생할 수 있다. 리스트 8-11의 코드를 컴파일 및 실행하면 다음 출력을 생성한다.

```
Product: Kayak Supplier: Acme Kayaks
Product: Kayak Supplier: Bob's Boats
Product: Kayak Supplier: Crazy Canoes
Product: Lifejacket Supplier: Sail Safe Co
```

nil 슬라이스의 길이가 0이므로 Soccer Ball 제품에 대한 출력은 없고 for 루프를 실행하지 않는다. 리스트 8-12는 슬라이스 길이를 확인해 문제를 해결한다.

리스트 8-12 functions 폴더 내 main.go 파일에서 빈 슬라이스 확인

```
package main

import "fmt"

func printSuppliers(product string, suppliers ...string ) {
    if (len(suppliers) == 0) {
        fmt.Println("Product:", product, "Supplier: (none)")
    } else {
        for _, supplier := range suppliers {
            fmt.Println("Product:", product, "Supplier:", supplier)
        }
    }
}

func main() {
    printSuppliers("Kayak", "Acme Kayaks", "Bob's Boats", "Crazy Canoes")
    printSuppliers("Lifejacket", "Sail Safe Co")
    printSuppliers("Soccer Ball")
}
```

7장에서 설명한 내장 len 함수를 사용해 빈 슬라이스를 식별했지만 nil 값도 확인할 수 있다. 코드를 컴파일하고 실행해보자. 가변 매개변수에 대한 값 없이 호출하는 함수에 맞는 다음 출력을 확인할 수 있다.

```
Product: Kayak Supplier: Acme Kayaks
Product: Kayak Supplier: Bob's Boats
Product: Kayak Supplier: Crazy Canoes
Product: Lifejacket Supplier: Sail Safe Co
Product: Soccer Ball Supplier: (none)
```

가변 매개변수의 값으로 슬라이스 사용

가변 매개변수를 사용하면 슬라이스를 생성하지 않고도 함수를 호출할 수 있지만 사용하려는 슬라이스가 이미 있는 경우에는 유용하지 않다. 이 경우 리스트 8-13과 같이 줄임표를 사용해 함수에 전달한 마지막 인수를 참조해 슬라이스를 사용할 수 있다.

리스트 8-13 functions 폴더 내 main.go 파일에서 인수로 슬라이스 사용

```go
package main

import "fmt"

func printSuppliers(product string, suppliers ...string ) {
  if (len(suppliers) == 0) {
    fmt.Println("Product:", product, "Supplier: (none)")
  } else {
    for _, supplier := range suppliers {
      fmt.Println("Product:", product, "Supplier:", supplier)
    }
  }
}

func main() {

  names := []string {"Acme Kayaks", "Bob's Boats", "Crazy Canoes"}

  printSuppliers("Kayak", names...)
  printSuppliers("Lifejacket", "Sail Safe Co")
  printSuppliers("Soccer Ball")
}
```

줄임표를 사용하면 슬라이스를 개별 값으로 압축 해제할 필요가 없으므로 가변 매개변수에 대한 슬라이스로 다시 결합할 수 있다. 리스트 8-13의 코드를 컴파일 및 실행하면 다음과 같은 출력을 확인할 수 있다.

```
Product: Kayak Supplier: Acme Kayaks
Product: Kayak Supplier: Bob's Boats
Product: Kayak Supplier: Crazy Canoes
Product: Lifejacket Supplier: Sail Safe Co
Product: Soccer Ball Supplier: (none)
```

함수 매개변수로 포인터 사용

기본적으로 Go는 리스트 8-14와 같이 변경 사항을 함수 내로 제한하도록 인수로 사용한 값
을 복사한다.

리스트 8-14 functions 폴더 내 main.go 파일에서 매개변수 값 변경

```go
package main

import "fmt"

func swapValues(first, second int) {
  fmt.Println("Before swap:", first, second)
  temp := first
  first = second
  second = temp
  fmt.Println("After swap:", first, second)
}

func main() {

  val1, val2 := 10, 20
  fmt.Println("Before calling function", val1, val2)
  swapValues(val1, val2)
  fmt.Println("After calling function", val1, val2)
}
```

swapValues 함수는 2개의 int 값을 받아 쓰고, 교환하고, 다시 기록한다. 함수에 전달한 값은
함수를 호출하기 전후에 기록한다. 리스트 8-14의 출력은 swpValues 함수 내 값에 대한 변경
사항이 main 함수에 정의한 변수에 영향을 주지 않는다는 것을 보여준다.

```
Before calling function 10 20
Before swap: 10 20
After swap: 20 10
After calling function 10 20
```

Go는 리스트 8-15와 같이 함수가 포인터를 받도록 허용해 함수의 동작을 변경한다.

```go
package main

import "fmt"

func swapValues(first, second *int) {
  fmt.Println("Before swap:", *first, *second)
  temp := *first
  *first = *second
  *second = temp
  fmt.Println("After swap:", *first, *second)
}

func main() {

  val1, val2 := 10, 20
  fmt.Println("Before calling function", val1, val2)
  swapValues(&val1, &val2)
  fmt.Println("After calling function", val1, val2)
}
```

swapValues 함수는 여전히 두 값을 교환하지만 포인터를 사용해 교환한다. 즉 코드의 출력에서 볼 수 있는 main 함수에서도 사용하는 메모리 위치를 변경한다.

```
Before calling function 10 20
Before swap: 10 20
After swap: 20 10
After calling function 20 10
```

다음 절에서 여러 함수 결과 사용을 포함해 값 교환과 같은 작업을 수행하는 더 좋은 방법이 있음을 보여줄 것이다. 그러나 위 예제는 함수가 값으로 직접 또는 포인터를 통해 간접적으로 동작할 수 있음을 보여준다.

✛ 함수 결과 정의 및 사용

함수는 리스트 8-16과 같이 함수가 호출자에게 작업의 출력을 제공할 수 있도록 하는 결과를 정의한다.

리스트 8-16 functions 폴더 내 main.go 파일에서 함수 결과 생성

```go
package main

import "fmt"
```

```go
func calcTax(price float64) float64 {
    return price + (price * 0.2)
}

func main() {

    products := map[string]float64 {
        "Kayak" : 275,
        "Lifejacket": 48.95,
    }

    for product, price := range products {
        priceWithTax := calcTax(price)
        fmt.Println("Product: ", product, "Price:", priceWithTax)
    }
}
```

함수는 그림 8-7과 같이 매개변수 다음에 오는 데이터 타입을 사용해 결과를 선언한다.

그림 8-7 함수 결과 정의

calcTax 함수는 그림 8-8과 같이 return 문이 생성하는 float64 결과를 생성한다.

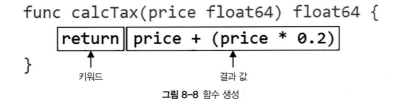

그림 8-8 함수 생성

함수를 호출하면 그림 8-9와 같이 결과를 변수에 할당할 수 있다.

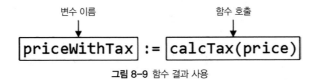

그림 8-9 함수 결과 사용

함수 결과는 표현식에서 직접 사용할 수 있다. 리스트 8-17은 변수를 생략하고 calcTax 함수를 직접 사용해 fmt.Println 함수에 대한 인수를 생성한다.

리스트 8-17 functions 폴더 내 main.go 파일에서 함수 결과를 직접 사용

```go
package main

import "fmt"

func calcTax(price float64) float64 {
  return price + (price * 0.2)
}

func main() {

  products := map[string]float64 {
    "Kayak" : 275,
    "Lifejacket": 48.95,
  }

  for product, price := range products {
    fmt.Println("Product: ", product, "Price:", calcTax(price))
  }
}
```

Go는 중간 변수를 정의할 필요 없이 calcTax 함수가 생성한 결과를 사용한다. 리스트 8-16 및 8-17의 코드는 다음 출력을 생성한다.

```
Product:  Kayak Price: 330
Product:  Lifejacket Price: 58.74
```

여러 함수 결과 반환

Go 함수의 특이한 기능 중 하나는 리스트 8-18처럼 둘 이상의 결과를 생성하는 것이다.

리스트 8-18 functions 폴더 내 main.go 파일에서 여러 결과 생성

```go
package main

import "fmt"

func swapValues(first, second int) (int, int) {
  return second, first
}

func main() {

  val1, val2 := 10, 20
```

```
    fmt.Println("Before calling function", val1, val2)
    val1, val2 = swapValues(val1, val2)
    fmt.Println("After calling function", val1, val2)
}
```

함수가 생성한 결과의 타입은 그림 8-10과 같이 괄호를 사용해 그룹화할 수 있다.

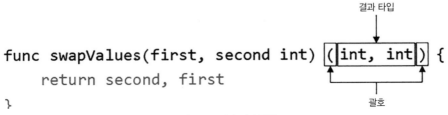

그림 8-10 여러 결과 정의

함수가 여러 결과를 정의할 때 각 결과에 대한 값은 return 키워드와 함께 제공하고 그림 8-11
과 같이 쉼표로 구분한다.

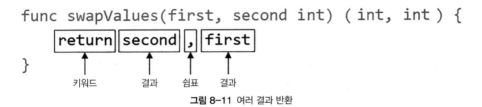

그림 8-11 여러 결과 반환

swapValues 함수는 매개변수를 통해 받은 2개의 int 결과를 생성하기 위해 return 키워드를 사
용한다. 함수의 결과는 그림 8-12와 같이 쉼표로 구분해 함수를 호출하는 명령문의 변수에 할
당할 수 있다.

그림 8-12 여러 결과 받기

리스트 8-18의 코드를 컴파일 및 실행하면 다음과 같은 출력을 생성한다.

```
Before calling function 10 20
After calling function 20 10
```

234

여러 의미 대신 여러 결과 사용

여러 함수 결과가 처음에는 이상해 보일 수 있다. 그러나 반환하는 값을 기반으로 단일 결과에 다른 의미를 부여해 다른 언어에서 흔히 발생하는 에러의 원인을 피할 수 있다. 리스트 8-19는 단일 결과에 추가적인 의미를 부여할 때 발생하는 문제를 보여준다.

리스트 8-19 functions 폴더 내 main.go 파일에서 단일 결과 사용

```
package main

import "fmt"

func calcTax(price float64) float64 {
  if (price > 100) {
    return price * 0.2
  }
  return -1
}

func main() {

  products := map[string]float64 {
    "Kayak" : 275,
    "Lifejacket": 48.95,
  }

  for product, price := range products {
    tax := calcTax(price)
    if (tax != -1) {
      fmt.Println("Product: ", product, "Tax:", tax)
    } else {
      fmt.Println("Product: ", product, "No tax due")
    }
  }
}
```

calcTax 함수는 float64 결과를 사용해 두 가지 결과를 전달한다. 100보다 큰 값의 경우 결과에 납부해야 할 세금 금액을 표시한다. 100보다 작은 값의 경우 결과는 세금이 부과되지 않음을 나타낸다. 리스트 8-19의 코드를 컴파일 및 실행하면 다음 결과를 생성한다.

```
Product:  Kayak Tax: 55
Product:  Lifejacket No tax due
```

단일 결과에 여러 의미를 부여하는 것은 프로젝트가 발전함에 따라 문제가 될 수 있다. 세무 당국은 특정 구매에 대해 세금 환급을 제공하기 시작할 수 있다. 이때 세금을 부과하지 않거나 $1의 환급이 발행해야 함을 나타낼 수 있기 때문에 -1 값을 모호하게 만든다.

이러한 종류의 모호성을 해결하는 방법은 여러 가지가 있지만 여러 함수 결과를 사용하는 것이 익숙해질 때까지 시간이 걸릴 수는 있지만 우아한 솔루션이다. 리스트 8-20은 여러 결과를 생성하도록 calcTax 함수를 수정한다.

리스트 8-20 functions 폴더 내 main.go 파일에서 여러 결과 사용

```
package main

import "fmt"

func calcTax(price float64) (float64, bool) {
  if (price > 100) {
    return price * 0.2, true
  }
  return 0, false
}

func main() {

  products := map[string]float64 {
    "Kayak" : 275,
    "Lifejacket": 48.95,
  }

  for product, price := range products {
    taxAmount, taxDue := calcTax(price)
    if (taxDue) {
      fmt.Println("Product: ", product, "Tax:", taxAmount)
    } else {
      fmt.Println("Product: ", product, "No tax due")
    }
  }
}
```

calcTax 메서드가 반환하는 추가 결과는 세금 납부 여부를 나타내는 bool 값으로 정보를 다른 결과와 분리한다. 리스트 8-20은 2개의 결과는 별도의 코드 실행문에서 얻었지만 여러 결과는 리스트 8-21에 나와 있는 것처럼 if 문의 초기화 문 지원에 매우 적합하다(해당 기능에 대한 자세한 내용은 12장을 참조한다).

리스트 8-21 functions 폴더 내 main.go 파일에서 초기화 문 사용

```
package main

import "fmt"

func calcTax(price float64) (float64, bool) {
  if (price > 100) {
    return price * 0.2, true
```

```
  }
  return 0, false
}

func main() {

  products := map[string]float64 {
    "Kayak" : 275,
    "Lifejacket": 48.95,
  }

  for product, price := range products {
    if taxAmount, taxDue := calcTax(price); taxDue {
      fmt.Println("Product: ", product, "Tax:", taxAmount)
    } else {
      fmt.Println("Product: ", product, "No tax due")
    }
  }
}
```

2개의 결과는 초기화 문에서 calcTax 함수를 호출해 얻은 다음 bool 결과를 if 문의 표현식으로 사용한다. 리스트 8-20 및 8-21의 코드는 다음 출력을 생성한다.

```
Product:  Kayak Tax: 55
Product:  Lifejacket No tax due
```

이름 지정한 결과 사용

함수의 결과에 이름을 지정할 수 있고 함수 실행 중에 값을 할당할 수 있다. 실행이 return 키워드에 도달하면 리스트 8-22와 같이 결과에 할당한 현재 값을 반환한다.

리스트 8-22 functions 폴더 내 main.go 파일에서 이름 지정한 결과 사용

```
package main

import "fmt"

func calcTax(price float64) (float64, bool) {
  if (price > 100) {
    return price * 0.2, true
  }
  return 0, false
}

func calcTotalPrice(products map[string]float64,
    minSpend float64) (total, tax float64)  {
  total = minSpend
  for _, price := range products {
```

```
    if taxAmount, due := calcTax(price); due {
      total += taxAmount;
      tax += taxAmount
    } else {
      total += price
    }
  }
  return
}

func main() {

  products := map[string]float64 {
    "Kayak" : 275,
    "Lifejacket": 48.95,
  }

  total1, tax1 := calcTotalPrice(products, 10)
  fmt.Println("Total 1:", total1, "Tax 1:", tax1)
  total2, tax2 := calcTotalPrice(nil, 10)
  fmt.Println("Total 2:", total2, "Tax 2:", tax2)
}
```

이름을 지정한 결과는 그림 8-13과 같이 이름과 결과 타입의 조합으로 정의한다.

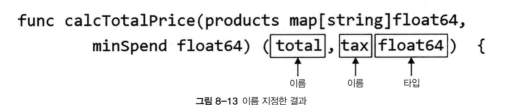

그림 8-13 이름 지정한 결과

calcTotalPrice 함수는 total 및 tax라는 결과를 정의한다. 둘 다 float64 값이므로 이름에서 데이터 타입을 생략할 수 있다. 함수 내에서 결과를 일반 변수로 사용할 수 있다.

```
...
total = minSpend
for _, price := range products {
  if taxAmount, due := calcTax(price); due {
    total += taxAmount;
    tax += taxAmount
  } else {
    total += price
  }
}
...
```

return 키워드를 자체적으로 사용해 이름을 지정한 결과에 할당한 현재 값을 반환하도록 한다. 리스트 8-22의 코드는 다음 출력을 생성한다.

```
Total 1: 113.95 Tax 1: 55
Total 2: 10 Tax 2: 0
```

공백 식별자를 사용해 결과 삭제

Go는 선언한 모든 변수를 사용해야 하기 때문에 함수가 필요하지 않은 값을 반환할 때 어색할 수 있다. 컴파일러 에러를 피하기 위해 리스트 8-23과 같이 공백 식별자(_ 문자)를 사용해 사용하지 않을 결과를 나타낼 수 있다.

리스트 8-23 functions 폴더 내 main.go 파일에서 함수 결과 삭제

```go
package main

import "fmt"

func calcTotalPrice(products map[string]float64) (count int, total float64)  {
  count = len(products)
  for _, price := range products {
    total += price
  }
  return
}

func main() {

  products := map[string]float64 {
    "Kayak" : 275,
    "Lifejacket": 48.95,
  }

  _, total  := calcTotalPrice(products)
  fmt.Println("Total:", total)
}
```

calcTotalPrice 함수는 2개의 결과를 반환하고 그중 하나만 사용한다. 이때 공백 식별자를 사용해 원하지 않는 값에 대한 컴파일러 에러를 방지한다. 리스트 8-23의 코드는 다음 출력을 생성한다.

```
Total: 323.95
```

❖ defer 키워드 사용

defer 키워드는 리스트 8-24와 같이 현재 함수를 반환하기 직전에 수행할 함수 호출을 예약할 때 사용한다.

리스트 8-24 functions 폴더 내 main.go 파일에서 defer 키워드 사용

```go
package main

import "fmt"

func calcTotalPrice(products map[string]float64) (count int, total float64)  {
  fmt.Println("Function started")
  defer fmt.Println("First defer call")
  count = len(products)
  for _, price := range products {
    total += price
  }
  defer fmt.Println("Second defer call")
  fmt.Println("Function about to return")
  return
}

func main() {

  products := map[string]float64 {
    "Kayak" : 275,
    "Lifejacket": 48.95,
  }

  _, total  := calcTotalPrice(products)
  fmt.Println("Total:", total)
}
```

defer 키워드는 그림 8-14와 같이 함수 호출 전에 사용한다.

키워드   명령문 호출

그림 8-14 defer 키워드

defer 키워드의 주요 용도는 연 파일을 닫거나(22장에서 설명) HTTP 연결을 닫을 때(24장 및 25장)와 같이 리소스를 해제하는 함수를 호출하는 것이다. defer 키워드가 없으면 리소스를 해제하는 명령문이 함수 끝에 와야 하고 리소스를 생성하고 사용한 후 여러 코드 실행문을 작성해

야 할 수도 있다. defer 키워드를 사용하면 리소스를 함께 만들고 사용하고 해제하는 문을 그룹화할 수 있다.

defer 키워드는 리스트 8-24에서 볼 수 있듯이 모든 함수 호출과 함께 사용할 수 있고 단일 함수가 defer 키워드를 여러 번 사용할 수 있다. 함수가 결과를 반환하기 직전에 Go는 defer 키워드를 사용해 정의한 순서대로 예약한 함수를 호출할 수 있다. 리스트 8-24의 코드는 fmt.Println 함수 호출을 예약하고 컴파일 및 실행하면 다음 출력을 생성한다.

```
Function started
Function about to return
Second defer call
First defer call
Total: 323.95
```

⊹ 요약

8장에서는 Go 함수를 정의하고 사용하는 방법을 설명했다. 매개변수를 정의할 수 있는 다양한 방법과 Go 함수가 결과를 생성하는 방법을 시연했다. 9장에서는 함수를 타입으로 사용할 수 있는 방법을 설명할 것이다.

함수 타입 사용

9장에서는 Go가 함수 타입을 처리하는 방식을 설명한다. 함수 타입은 다른 값과 동일한 방식으로 일관되게 함수를 설명할 수 있는 유용한(때로는 혼동되지만) 기능이다. 표 9-1은 상황에 따른 함수 타입을 보여준다.

표 9-1 상황에 따른 함수 타입

질문	답
무엇인가?	Go의 함수는 함수가 사용하는 매개변수와 함수가 생성하는 결과의 조합을 설명하는 자료형이 있다. 함수 타입은 명시적으로 지정하거나 리터럴 구문을 사용해 정의한 함수에서 유추할 수 있다.
왜 유용한가?	함수를 자료형으로 취급한다는 것은 매개변수와 결과의 조합이 동일하다면 함수를 변수에 할당할 수 있고 한 함수를 다른 함수로 대체할 수 있다는 것을 의미한다.
어떻게 사용하는가?	함수 타입은 func 키워드를 사용해 정의하고 그 뒤에 매개변수와 결과가 온다. 함수 보디(body)는 지정하지 않는다.
함정이나 제한 사항?	함수 타입은 중첩 리터럴 함수를 정의한 경우 이해하고 디버깅하기 어려울 수 있다.
대안이 있는가?	함수 타입을 사용하거나 리터럴 구문을 사용해 함수를 정의할 필요는 없지만 그렇게 하면 코드 중복을 줄이고 작성하는 코드의 유연성을 높일 수 있다.

표 9-2는 9장을 요약한 것이다.

표 9-2 9장 요약

문제	해결 방법	리스트 참조 번호
매개변수와 결과의 특정 조합으로 함수 설명	함수 타입 사용	4-7
함수 타입의 반복 표현식 단순화	함수 타입 별칭 사용	8
코드 영역에 특정한 함수 정의	리터럴 함수 구문 사용	9-12
함수 외부에 정의한 값 접근	함수 클로저 사용	13-18

9장 예제를 준비하기 위해 새 CMD를 열어 편리한 위치로 이동한 다음 functionTypes 폴더를 생성한다. functionTypes 폴더로 이동해 리스트 9-1의 명령어를 실행해 프로젝트를 초기화해보자.

리스트 9-1 프로젝트 초기화

```
go mod init functionTypes
```

리스트 9-2의 소스 코드 내용을 담은 main.go 파일을 생성해 functionTypes 폴더에 추가해보자.

> **▪ 팁 ▪**
>
> 다음 링크(https://github.com/apress/pro-go)에서 9장 및 책의 다른 모든 장에 대한 예제 프로젝트를 다운로드할 수 있다. 예제를 실행하는 데 문제가 발생한 경우 도움받는 방법은 2장을 참조한다.

리스트 9-2 functionTypes 폴더 내 main.go 파일 소스 코드

```
package main

import "fmt"

func main() {

    fmt.Println("Hello, Function Types")
}
```

functionTypes 폴더에서 리스트 9-3의 명령어를 실행하기 위해 CMD를 사용한다.

리스트 9-3 예제 프로젝트 실행

```
go run .
```

main.go 파일 내 코드를 컴파일 및 실행하면 다음 출력을 생성한다.

```
Hello, Function Types
```

⊹‧ 함수 타입 이해 ━━━━━━━━━━━━━━━━━━━━━━━━━━━━━━

함수는 Go에서 변수에 할당하고 함수 매개변수, 인수, 결과로 사용할 수 있는 자료형을 갖고 있다. 리스트 9-4는 함수 타입의 간단한 사용을 보여준다.

```go
package main

import "fmt"

func calcWithTax(price float64) float64 {
  return price + (price * 0.2)
}

func calcWithoutTax(price float64) float64 {
  return price
}

func main() {

  products := map[string]float64 {
    "Kayak" : 275,
    "Lifejacket": 48.95,
  }

  for product, price := range products {
    var calcFunc func(float64) float64
    if (price > 100) {
      calcFunc = calcWithTax
    } else {
      calcFunc = calcWithoutTax
    }
    totalPrice := calcFunc(price)
    fmt.Println("Product:", product, "Price:", totalPrice)
  }
}
```

위 예제는 각각 float64 매개변수를 정의하고 float64 결과를 생성하는 2개의 함수를 포함한다. main 함수의 for 루프는 두 함수 중 하나를 선택하고 이를 사용해 제품의 총 가격을 계산한다. 루프의 첫 번째 코드 실행문은 그림 9-1과 같이 변수를 정의한다.

그림 9-1 함수 타입 변수 정의

함수 타입은 func 키워드로 지정하고 괄호 안의 매개변수 타입과 결과 타입을 차례로 지정한다. 이것을 함수 서명signature이라고 한다. 결과가 여러 개인 경우 결과 타입을 괄호로 묶는다. 리스트 9-4의 함수 타입은 float64 인수를 받아 float64 결과를 생성하는 함수를 설명한다.

리스트 9-4에 정의한 calcFunc 변수는 해당 타입과 일치하는 모든 값을 할당할 수 있다. 즉 올바른 개수와 타입의 인수 및 결과를 갖는 모든 함수를 calcFunc 변수에 할당할 수 있다. 특정 함수를 변수에 할당하기 위해 그림 9-2와 같이 함수의 이름을 사용한다.

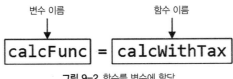

그림 9-2 함수를 변수에 할당

함수를 변수에 할당하면 변수의 이름이 함수의 이름인 것처럼 호출할 수 있다. 예제에서 calcFunc 변수에 할당한 함수는 그림 9-3과 같이 호출될 수 있다.

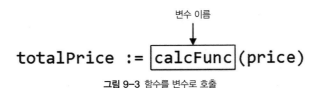

그림 9-3 함수를 변수로 호출

totalPrice 함수에 할당한 함수를 호출한다. price 값이 100보다 크면 totalPrice 변수에 calcWithTax 함수를 할당하고 실행한다. price가 100보다 작거나 같으면 totalPrice 변수에 calcWithoutTax 함수를 할당하고 실행한다. 리스트 9-4의 코드를 컴파일 및 실행하면 다음과 같은 출력을 생성한다(7장에서 설명한 것처럼 다른 순서로 결과를 볼 수도 있다).

```
Product: Kayak Price: 330
Product: Lifejacket Price: 48.95
```

함수 비교와 제로 타입 이해

Go 비교 연산자는 함수를 비교할 때 사용할 수 없지만 리스트 9-5와 같이 함수를 변수에 할당했는지 여부를 확인하기 위해 사용할 수 있다.

리스트 9-5 functionTypes 폴더 내 main.go 파일에서 할당 여부 확인

```
package main

import "fmt"

func calcWithTax(price float64) float64 {
  return price + (price * 0.2)
}
```

```go
func calcWithoutTax(price float64) float64 {
  return price
}

func main() {

  products := map[string]float64 {
    "Kayak" : 275,
    "Lifejacket": 48.95,
  }

  for product, price := range products {
    var calcFunc func(float64) float64
    fmt.Println("Function assigned:", calcFunc == nil)
    if (price > 100) {
      calcFunc = calcWithTax
    } else {
      calcFunc = calcWithoutTax
    }
    fmt.Println("Function assigned:", calcFunc == nil)
    totalPrice := calcFunc(price)
    fmt.Println("Product:", product, "Price:", totalPrice)
  }
}
```

함수 타입에 대한 제로 값은 nil이고 리스트 9-5의 새 코드 실행문은 등호 연산자를 사용해 함수를 calcFunc 변수에 할당했는지 여부를 결정한다. 리스트 9-5의 코드는 다음 출력을 생성한다.

```
Function assigned: true
Function assigned: false
Product: Kayak Price: 330
Function assigned: true
Function assigned: false
Product: Lifejacket Price: 48.95
```

인수로 함수 사용

함수 타입은 리스트 9-6과 같이 다른 함수에 대한 인수를 포함해 다른 타입과 동일한 방식으로 사용할 수 있다.

> **■ 노트 ■**
>
> 이어지는 절들의 일부 설명은 함수라는 단어가 너무 자주 필요하기 때문에 따라하기 어려울 수 있다. 코드 샘플에 세심한 주의를 기울이면 텍스트를 이해하는 데 도움이 될 것이다.

```go
package main

import "fmt"

func calcWithTax(price float64) float64 {
  return price + (price * 0.2)
}

func calcWithoutTax(price float64) float64 {
  return price
}

func printPrice(product string, price float64, calculator func(float64) float64 ) {
  fmt.Println("Product:", product, "Price:", calculator(price))
}

func main() {

  products := map[string]float64 {
    "Kayak" : 275,
    "Lifejacket": 48.95,
  }

  for product, price := range products {
    if (price > 100) {
      printPrice(product, price, calcWithTax)
    } else {
      printPrice(product, price, calcWithoutTax)
    }
  }
}
```

printPrice 함수는 3개의 매개변수를 정의하고 그중 처음 2개는 string 및 float64 값을 받는다. calculator라는 이름의 세 번째 매개변수는 그림 9-4와 같이 float64 값을 받아 float64 결과를 생성하는 함수를 받는다.

```
                                         매개변수 이름         매개변수 타입
                                            │                  │
                                            ▼                  ▼
func printPrice(product string, price float64, │calculator│ │func(float64) float64│ ) {
```

그림 9-4 함수 매개변수

printPrice 함수 내에서 calculator 매개변수는 다른 함수처럼 사용한다.

```
...
fmt.Println("Product:", product, "Price:", calculator(price))
...
```

printPrice 함수가 calculator 매개변수를 통해 calcWithTax 또는 calcWithoutTax 함수를 받는지 여부를 알지 못하거나 신경 쓰지 않는다는 것이 중요하다. printPrice 함수가 알고 있는 것은 float64 인수로 calculator 함수를 호출할 수 있고 이것이 매개변수의 함수 타입이기 때문에 float64 결과를 받을 수 있다는 것이다.

사용하는 함수의 선택은 main 함수의 if 문에 의해 이뤄지고 이름은 다음과 같이 한 함수를 인수로 다른 함수에 전달하기 위해 사용한다.

```
...
printPrice(product, price, calcWithTax)
...
```

리스트 9-6의 코드를 컴파일 및 실행하면 다음과 같은 출력을 생성한다.

```
Product: Kayak Price: 330
Product: Lifejacket Price: 48.95
```

결과로 함수 사용

함수는 결과가 될 수 있다. 리스트 9-7에서 볼 수 있듯이 함수에서 반환한 값은 다른 함수다.

리스트 9-7 functionTypes 폴더 내 main.go 파일에서 함수 결과 생성

```go
package main

import "fmt"

func calcWithTax(price float64) float64 {
  return price + (price * 0.2)
}

func calcWithoutTax(price float64) float64 {
  return price
}

func printPrice(product string, price float64, calculator func(float64) float64 ) {
  fmt.Println("Product:", product, "Price:", calculator(price))
}

func selectCalculator(price float64) func(float64) float64 {
  if (price > 100) {
    return calcWithTax
  }
  return calcWithoutTax
}

func main() {
```

```
    products := map[string]float64 {
      "Kayak" : 275,
      "Lifejacket": 48.95,
    }

    for product, price := range products {
      printPrice(product, price, selectCalculator(price))
    }
}
```

selectCalculator 함수는 그림 9-5와 같이 float64 값을 받고 함수를 반환한다.

결과 타입

```
func selectCalculator(price float64) func(float64) float64 {
```

그림 9-5 함수 타입 결과

selectCalculator가 생성한 결과는 float64 값을 받아들이고 float64 결과를 생성하는 함수다. selectCalculator 호출자는 자신이 calcWithTax 또는 calcWithoutTax 함수를 받는지 여부를 알지 못하고 지정한 서명이 있는 함수를 받을 수 있다는 것만 알 수 있다. 리스트 9-7의 코드를 컴파일 및 실행하면 다음과 같은 출력을 생성한다.

```
Product: Kayak Price: 330
Product: Lifejacket Price: 48.95
```

함수 타입 별칭 생성

이전 예제에서 보인 것처럼 함수 타입을 사용하면 장황하고 반복적일 수 있으므로 읽고 유지 관리하기 어려울 수 있는 코드를 생성할 수 있다. Go는 리스트 9-8과 같이 함수 타입을 사용할 때마다 매개변수와 결과 타입을 지정하지 않도록 함수 서명에 이름을 할당하기 위해 사용할 수 있는 타입 별칭을 지원한다.

리스트 9-8 functionTypes 폴더 내 main.go 파일에서 타입 별칭 사용

```
package main

import "fmt"

type calcFunc func(float64) float64

func calcWithTax(price float64) float64 {
  return price + (price * 0.2)
```

```go
}

func calcWithoutTax(price float64) float64 {
  return price
}

func printPrice(product string, price float64, calculator calcFunc) {
  fmt.Println("Product:", product, "Price:", calculator(price))
}

func selectCalculator(price float64) calcFunc {
  if (price > 100) {
    return calcWithTax
  }
  return calcWithoutTax
}

func main() {

  products := map[string]float64 {
    "Kayak" : 275,
    "Lifejacket": 48.95,
  }

  for product, price := range products {
    printPrice(product, price, selectCalculator(price))
  }
}
```

별칭은 그림 9–6과 같이 type 키워드를 사용해 생성하고 별칭 이름과 타입 순으로 생성한다.

그림 9-6 타입 별칭

■ **노트** ■

type 키워드는 10장에서 설명하겠지만 사용자 정의 타입을 만들 때 사용한다.

리스트 9–8의 별칭은 float64 인수를 받아 float64 결과를 생성하는 함수 타입에 이름 calcFunc 를 할당한다. 다음과 같이 함수 타입 대신 별칭 이름을 사용할 수 있다.

```go
...
func selectCalculator(price float64) calcFunc {
...
```

함수 타입에 별칭을 사용할 필요는 없지만 코드를 단순화하고 특정 함수 서명의 사용을 더 쉽게 식별할 수 있다. 리스트 9-8의 코드는 다음 출력을 생성한다.

```
Product: Kayak Price: 330
Product: Lifejacket Price: 48.95
```

리터럴 함수 구문 사용

리터럴 함수 구문을 사용하면 리스트 9-9와 같이 코드 영역에 고유하도록 함수를 정의할 수 있다.

리스트 9-9 functionTypes 폴더 내 main.go 파일에서 리터럴 구문 사용

```go
package main

import "fmt"

type calcFunc func(float64) float64

// func calcWithTax(price float64) float64 {
//   return price + (price * 0.2)
// }

// func calcWithoutTax(price float64) float64 {
//   return price
// }

func printPrice(product string, price float64, calculator calcFunc) {
  fmt.Println("Product:", product, "Price:", calculator(price))
}

func selectCalculator(price float64) calcFunc {
  if (price > 100) {
    var withTax calcFunc = func (price float64) float64 {
      return price + (price * 0.2)
    }
    return withTax
  }
  withoutTax := func (price float64) float64 {
    return price
  }
  return withoutTax
}

func main() {

  products := map[string]float64 {
```

```
      "Kayak"    : 275,
      "Lifejacket": 48.95,
   }

   for product, price := range products {
      printPrice(product, price, selectCalculator(price))
   }
}
```

리터럴 구문은 이름을 생략하므로 그림 9-7과 같이 func 키워드 뒤에 매개변수, 결과 타입, 코드 블록이 온다. 이름을 생략했기 때문에 이렇게 정의한 함수를 익명 함수^{anonymous function}라고 한다.

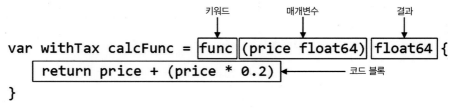

그림 9-7 함수 리터럴 구문

리터럴 구문은 리스트 9-9에서 수행한 것과 같이 변수에 함수를 할당하는 것을 포함해 다른 값처럼 사용할 수 있는 함수를 생성한다. 함수 리터럴 타입은 함수 서명에 의해 정의한다. 즉 다음과 같이 함수 매개변수의 개수와 타입이 변수 타입과 일치해야 한다.

```
...
var withTax calcFunc = func (price float64) float64 {
   return price + (price * 0.2)
}
...
```

리터럴 함수는 하나의 float64 매개변수와 float64 결과가 있는 calcFunc 타입 별칭과 일치하는 서명이 있다. 리터럴 함수는 짧은 변수 선언 구문과 함께 사용할 수도 있다.

```
...
withoutTax := func (price float64) float64 {
    return price
}
...
```

Go 컴파일러는 함수 서명을 사용해 변수 타입을 결정한다. 즉 withoutTax 변수의 타입은 func(float64) float64다. 리스트 9-9의 코드를 컴파일 및 실행하면 다음과 같은 출력을 생성한다.

```
Product: Kayak Price: 330
Product: Lifejacket Price: 48.95
```

함수 변수 범위 이해

함수는 다른 값처럼 취급하지만 세금을 추가하는 함수는 withTax 변수를 통해서만 접근할 수 있고 리스트 9-10에서 볼 수 있듯이 if 문의 코드 블록 내에서만 접근할 수 있다.

리스트 9-10 functionTypes 폴더 내 main.go 파일에서 범위 밖 함수 사용

```
...
func selectCalculator(price float64) calcFunc {
  if (price > 100) {
    var withTax calcFunc = func (price float64) float64 {
      return price + (price * 0.2)
    }
    return withTax
  } else if (price < 10 ) {
    return withTax
  }
  withoutTax := func (price float64) float64 {
    return price
  }
  return withoutTax
}
...
```

else/if 절의 문은 withTax 변수에 할당한 함수에 접근하려고 한다. 변수가 다른 코드 블록에 있어 접근할 수 없으므로 컴파일러에서 다음 오류를 생성한다.

```
# command-line-arguments
.\main.go:18:16: undefined: withTax
```

함수 값 직접 사용

Go가 리터럴 함수를 다른 값처럼 취급하는 것을 보이고 싶었기 때문에 이전 예제에서 함수를 변수에 할당했다. 그러나 함수는 변수에 할당할 필요가 없고 리스트 9-11에 볼 수 있듯이 다른 리터럴 값처럼 사용할 수 있다.

```go
package main

import "fmt"

type calcFunc func(float64) float64

func printPrice(product string, price float64, calculator calcFunc) {
  fmt.Println("Product:", product, "Price:", calculator(price))
}

func selectCalculator(price float64) calcFunc {
  if (price > 100) {
    return func (price float64) float64 {
      return price + (price * 0.2)
    }
  }
  return func (price float64) float64 {
    return price
  }
}

func main() {

  products := map[string]float64 {
    "Kayak" : 275,
    "Lifejacket": 48.95,
  }
  for product, price := range products {
    printPrice(product, price, selectCalculator(price))
  }
}
```

return 키워드는 변수에 함수를 할당하지 않고 함수에 직접 적용한다. 리스트 9-11의 코드는 다음 출력을 생성한다.

```
Product: Kayak Price: 330
Product: Lifejacket Price: 48.95
```

리터럴 함수는 리스트 9-12와 같이 다른 함수에 대한 인수로 사용할 수도 있다.

리스트 9-12 functionTypes 폴더 내 main.go 파일에서 리터럴 함수 인수 사용

```go
package main

import "fmt"

type calcFunc func(float64) float64
```

```go
func printPrice(product string, price float64, calculator calcFunc) {
    fmt.Println("Product:", product, "Price:", calculator(price))
}

func main() {

    products := map[string]float64 {
        "Kayak" : 275,
        "Lifejacket": 48.95,
    }

    for product, price := range products {
        printPrice(product, price, func (price float64) float64 {
            return price + (price * 0.2)
        })
    }
}
```

printPrice 함수에 대한 마지막 인수는 변수에 함수를 할당하는 것 없이 리터럴 구문을 사용해 표현한다. 리스트 9-12의 코드는 다음 출력을 생성한다.

```
Product: Kayak Price: 330
Product: Lifejacket Price: 58.74
```

함수 클로저 이해

리터럴 구문을 사용해 정의한 함수는 주변 코드의 변수를 참조할 수 있고 이는 클로저^{closure}로 알려진 기능이다. 클로저는 이해하기 어려울 수 있으므로 리스트 9-13과 같이 클로저에 의존하지 않는 예제부터 시작해 개선할 수 있는 방법을 설명하겠다.

리스트 9-13 functionTypes 폴더 내 main.go 파일에서 여러 함수 사용

```go
package main

import "fmt"

type calcFunc func(float64) float64

func printPrice(product string, price float64, calculator calcFunc) {
    fmt.Println("Product:", product, "Price:", calculator(price))
}

func main() {

    watersportsProducts := map[string]float64 {
        "Kayak" : 275,
        "Lifejacket": 48.95,
```

```
    }

    soccerProducts := map[string] float64 {
      "Soccer Ball": 19.50,
      "Stadium": 79500,
    }

    calc := func(price float64) float64 {
      if (price > 100) {
        return price + (price * 0.2)
      }
      return price;
    }
    for product, price := range watersportsProducts {
      printPrice(product, price, calc)
    }

    calc = func(price float64) float64 {
      if (price > 50) {
        return price + (price * 0.1)
      }
      return price
    }
    for product, price := range soccerProducts {
      printPrice(product, price, calc)
    }
}
```

2개의 맵은 수상 스포츠 및 축구 카테고리의 제품 이름과 가격을 포함하고 있다. 맵은 각 맵 항목에 대해 printPrice 함수를 호출하는 for 루프에 의해 열거된다. printPrice 함수에 필요한 인수 중 하나는 calcFunc로 세금을 포함한 제품의 총 가격을 계산하는 함수다. 각 제품 카테고리는 표 9-3처럼 다른 면세 임계 값^{threshold}과 세율이 필요하다.

표 9-3 제품 카테고리 임계 값 및 세율

카테고리	임계 값	세율
수상 스포츠	100	20%
축구	50	10%

■ **노트** ■

내가 만든 가상의 세율을 보고 축구를 싫어한다고 불평하는 편지를 보내지 않길 바란다. 나는 장거리 달리기를 제외하고 모든 스포츠를 싫어한다. 장거리 달리기는 1킬로미터마다 스포츠에 대해 말하는 사람들과 점점 멀어지게 해주기 때문이다.

리터럴 구문을 사용해 각 카테고리에 대한 임계 값을 적용하는 함수를 만든다. 이게 통하기는 하는데 중복도가 높아 가격 계산 방식에 변화가 생기면 카테고리별로 계산기 기능을 업데이트 해줘야 한다는 것을 기억해야 한다.

내가 원하는 것은 가격을 계산하기 위해 필요한 공통 코드를 통합하고 해당 공통 코드를 각 카테고리에 대한 변경 사항으로 구성하는 기능이다. 이것은 리스트 9-14와 같이 클로저 기능을 사용해 쉽게 수행할 수 있다.

리스트 9-14 functionTypes 폴더 내 main.go 파일에서 함수 클로저 사용

```go
package main

import "fmt"

type calcFunc func(float64) float64

func printPrice(product string, price float64, calculator calcFunc) {
  fmt.Println("Product:", product, "Price:", calculator(price))
}

func priceCalcFactory(threshold, rate float64) calcFunc {
  return func(price float64) float64 {
    if (price > threshold) {
      return price + (price * rate)
    }
    return price
  }
}

func main() {

  watersportsProducts := map[string]float64 {
    "Kayak" : 275,
    "Lifejacket": 48.95,
  }

  soccerProducts := map[string] float64 {
    "Soccer Ball": 19.50,
    "Stadium": 79500,
  }

  waterCalc := priceCalcFactory(100, 0.2);
  soccerCalc := priceCalcFactory(50, 0.1)

  for product, price := range watersportsProducts {
    printPrice(product, price, waterCalc)
  }
```

```
      for product, price := range soccerProducts {
        printPrice(product, price, soccerCalc)
      }
  }
```

주요 추가 사항은 priceCalcFactory 함수로 코드의 다른 부분과 구별하기 위해 이 절에서 팩토리 함수^{factory function}라고 한다. 팩토리 함수의 역할은 임계 값과 세율의 특정 조합에 대한 계산기 기능을 만드는 것이다. 이 작업은 그림 9-8과 같이 함수 서명으로 설명할 수 있다.

그림 9-8 팩토리 함수 서명

팩토리 함수에 대한 입력은 카테고리에 대한 임계 값과 비율이고 결과는 해당 카테고리에 사용한 가격을 계산하는 함수다. 팩토리 함수의 코드는 리터럴 구문을 사용해 그림 9-9와 같이 계산을 수행하기 위한 공통 코드를 포함하는 계산기 함수를 정의한다.

그림 9-9 공통 코드

클로저 기능은 팩토리 함수와 계산기 함수 사이의 연결고리다. 계산기 함수는 다음과 같이 결과를 생성하기 위해 2개의 변수에 의존한다.

```
...
return func(price float64) float64 {
  if (price > threshold) {
    return price + (price * rate)
  }
  return price
}
...
```

임계 값 및 비율 값은 다음과 같이 팩토리 함수 매개변수에서 가져온다.

```
...
func priceCalcFactory(threshold, rate float64) calcFunc {
...
```

클로저 기능을 사용하면 함수가 주변 코드의 변수 및 매개변수에 접근할 수 있다. 이 경우 계산기 함수는 팩토리 함수의 매개변수에 의존한다. 계산기 함수를 호출하면 그림 9-10과 같이 매개변수 값을 사용해 결과를 생성한다.

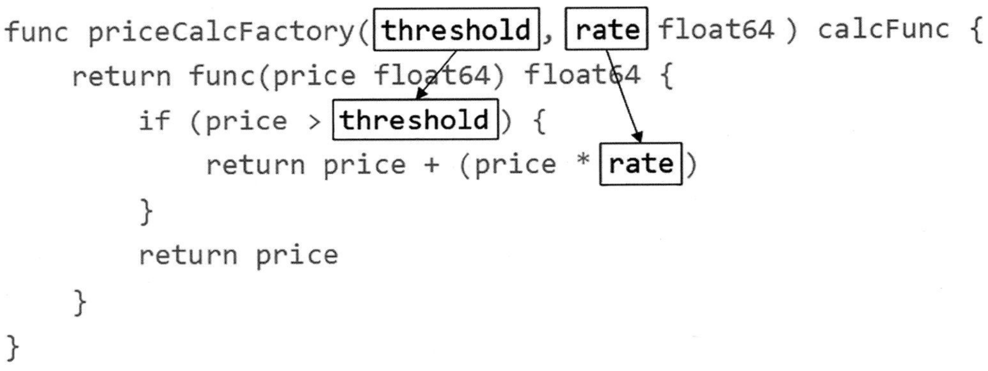

```
func priceCalcFactory( threshold , rate float64 ) calcFunc {
    return func(price float64) float64 {
        if (price > threshold ) {
            return price + (price * rate )
        }
        return price
    }
}
```

그림 9-10 함수 클로저

함수가 필요한 값의 소스를 닫는다고 말하는데 계산기 함수가 팩토리 함수의 threshold 및 rate 매개변수를 닫는 것도 동일한 의미다.

그 결과 제품 카테고리의 세금 임계 값 및 세율에 맞게 사용자 정의 계산기 함수를 생성하는 팩토리 함수를 생성한다. 가격 계산에 필요한 코드를 통합해 모든 카테고리에 변경 사항을 적용한다. 리스트 9-13과 리스트 9-14는 모두 다음 출력을 생성한다.

```
Product: Kayak Price: 330
Product: Lifejacket Price: 48.95
Product: Soccer Ball Price: 19.5
Product: Stadium Price: 87450
```

클로저 평가 이해

함수가 닫히는 변수는 함수가 호출될 때마다 평가된다. 즉 리스트 9-15에서 볼 수 있듯이 함수 외부에서 변경한 사항이 생성하는 결과에 영향을 미칠 수 있다.

리스트 9-15 functionTypes 폴더 내 main.go 파일에서 닫힌 값 변경

```go
package main

import "fmt"

type calcFunc func(float64) float64

func printPrice(product string, price float64, calculator calcFunc) {
  fmt.Println("Product:", product, "Price:", calculator(price))
}

var prizeGiveaway = false

func priceCalcFactory(threshold, rate float64) calcFunc {
  return func(price float64) float64 {
    if (prizeGiveaway) {
      return 0
    } else if (price > threshold) {
      return price + (price * rate)
    }
    return price
  }
}

func main() {

  watersportsProducts := map[string]float64 {
    "Kayak" : 275,
    "Lifejacket": 48.95,
  }

  soccerProducts := map[string] float64 {
    "Soccer Ball": 19.50,
    "Stadium": 79500,
  }

  prizeGiveaway = false
  waterCalc := priceCalcFactory(100, 0.2);
  prizeGiveaway = true
  soccerCalc := priceCalcFactory(50, 0.1)

  for product, price := range watersportsProducts {
    printPrice(product, price, waterCalc)
  }
```

```
    for product, price := range soccerProducts {
      printPrice(product, price, soccerCalc)
    }
  }
```

계산기 함수는 PrizeGiveaway 변수에서 닫혀 가격이 0으로 떨어진다. PrizeGiveaway 변수는 수 상 스포츠 카테고리에 대한 함수를 생성하기 전에 false로 설정하고 축구 카테고리에 대한 함 수가 생성되기 전에 true로 설정한다.

하지만 함수를 호출할 때 클로저를 평가하기 때문에 함수를 생성한 시점의 값이 아니라 사용 하는 PrizeGiveaway 변수의 현재 값을 사용한다. 결과적으로 두 카테고리의 가격은 0으로 떨어 지고 코드는 다음 출력을 생성한다.

```
Product: Lifejacket Price: 0
Product: Kayak Price: 0
Product: Soccer Ball Price: 0
Product: Stadium Price: 0
```

조기 평가 강제

함수를 호출할 때 클로저를 평가하는 것이 유용할 수 있지만 함수를 생성할 때 현재의 값을 사 용하려면 리스트 9-16과 같이 값을 복사한다.

리스트 9-16 functionTypes 폴더 내 main.go 파일에서 평가 강제

```
...
func priceCalcFactory(threshold, rate float64) calcFunc {
  fixedPrizeGiveway := prizeGiveaway
  return func(price float64) float64 {
    if (fixedPrizeGiveway) {
      return 0
    } else if (price > threshold) {
      return price + (price * rate)
    }
    return price
  }
}
...
```

계산기 함수는 팩토리 함수를 호출할 때 값이 설정된 fixedPrizeGiveway 변수에서 닫힌다. 이렇 게 하면 PrizeGiveaway 값을 변경하는 경우 계산기 함수가 영향을 받지 않는다. 함수 매개변수 는 기본적으로 값으로 전달하기 때문에 팩토리 함수에 매개변수를 추가해 동일한 효과를 얻을 수 있다. 리스트 9-17은 팩토리 함수에 매개변수를 추가한다.

```go
package main

import "fmt"

type calcFunc func(float64) float64

func printPrice(product string, price float64, calculator calcFunc) {
  fmt.Println("Product:", product, "Price:", calculator(price))
}

var prizeGiveaway = false

func priceCalcFactory(threshold, rate float64, zeroPrices bool) calcFunc {
  return func(price float64) float64 {
    if (zeroPrices) {
      return 0
    } else if (price > threshold) {
      return price + (price * rate)
    }
    return price
  }
}

func main() {

  watersportsProducts := map[string]float64 {
    "Kayak" : 275,
    "Lifejacket": 48.95,
  }

  soccerProducts := map[string] float64 {
    "Soccer Ball": 19.50,
    "Stadium": 79500,
  }

  prizeGiveaway = false
  waterCalc := priceCalcFactory(100, 0.2, prizeGiveaway);
  prizeGiveaway = true
  soccerCalc := priceCalcFactory(50, 0.1, prizeGiveaway)

  for product, price := range watersportsProducts {
    printPrice(product, price, waterCalc)
  }

  for product, price := range soccerProducts {
    printPrice(product, price, soccerCalc)
  }
}
```

리스트 9-16과 리스트 9-17에서 *PrizeGiveaway* 변수를 변경하고 다음 출력을 생성할 때 계산기 함수는 영향을 받지 않는다.

```
Product: Kayak Price: 330
Product: Lifejacket Price: 48.95
Product: Stadium Price: 0
Product: Soccer Ball Price: 0
```

조기 평가를 방지하기 위해 포인터 닫기

클로저와 관련된 대부분의 문제는 함수를 생성한 후 변수에 대한 변경으로 인해 발생하고 이는 이전 절의 기술을 사용해 해결할 수 있다. 경우에 따라 함수에서 현재 값을 사용하는지 확인하기 위해 조기 평가를 피해야 하는 반대 문제가 발생할 수 있다. 이러한 상황에서 포인터를 사용하면 리스트 9-18과 같이 값이 복사되는 것을 방지할 수 있다.

리스트 9-18 functionTypes 폴더 내 main.go 파일에서 포인터 닫기

```go
package main

import "fmt"

type calcFunc func(float64) float64

func printPrice(product string, price float64, calculator calcFunc) {
  fmt.Println("Product:", product, "Price:", calculator(price))
}

var prizeGiveaway = false

func priceCalcFactory(threshold, rate float64, zeroPrices *bool) calcFunc {
  return func(price float64) float64 {
    if (*zeroPrices) {
      return 0
    } else if (price > threshold) {
      return price + (price * rate)
    }
    return price
  }
}

func main() {

  watersportsProducts := map[string]float64 {
    "Kayak" : 275,
    "Lifejacket": 48.95,
  }

  soccerProducts := map[string] float64 {
```

```
    "Soccer Ball": 19.50,
    "Stadium": 79500,
  }

  prizeGiveaway = false
  waterCalc := priceCalcFactory(100, 0.2, &prizeGiveaway);
  prizeGiveaway = true
  soccerCalc := priceCalcFactory(50, 0.1, &prizeGiveaway)

  for product, price := range watersportsProducts {
    printPrice(product, price, waterCalc)
  }

  for product, price := range soccerProducts {
    printPrice(product, price, soccerCalc)
  }
}
```

예제에서 팩토리 함수는 계산기 함수가 닫히는 부울 값에 대한 포인터를 받는 매개변수를 정의한다. 현재 값을 사용하도록 하는 계산기 함수를 호출할 때 포인터가 따라온다. 리스트 9-18의 코드는 다음 출력을 생성한다.

```
Product: Kayak Price: 0
Product: Lifejacket Price: 0
Product: Soccer Ball Price: 0
Product: Stadium Price: 0
```

⊹ 요약

9장에서는 Go가 함수 타입을 처리하는 방식을 설명해 다른 자료형처럼 사용할 수 있고 함수를 다른 값처럼 처리할 수 있는 것을 설명했다. 함수 타입이 어떻게 정의하는지 설명하고 다른 함수에 대한 매개변수와 결과를 정의하기 위해 사용할 수 있는 방법을 보여줬다. 코드에서 복잡한 함수 타입을 반복하는 것을 방지하기 위해 타입 별칭을 사용하는 방법을 설명하고 함수 리터럴 구문의 사용과 함수 클로저가 작동하는 방식을 설명했다. 10장에서는 구조체 타입을 생성해 사용자 정의 자료형을 정의하는 방법을 설명한다.

구조체 정의

10장에서는 Go에서 사용자 정의 자료형을 정의하는 방법인 구조체를 설명한다. 새로운 구조체 타입을 정의하는 방법, 구조체 타입에서 값을 생성하는 방법, 값을 복사할 때 발생하는 일을 설명한다. 표 10-1은 상황에 따른 구조체를 보여준다.

표 10-1 상황에 따른 구조체

질문	답
무엇인가?	구조체는 필드로 구성된 자료형이다.
왜 유용한가?	구조체를 사용하면 사용자 정의 자료형을 정의할 수 있다.
어떻게 사용하는가?	type 및 struct 키워드는 타입을 정의하기 위해 사용하고 필드 이름과 타입을 지정할 수 있다.
함정이나 제한 사항?	실수로 구조체 값을 복제하지 않도록 주의하고 포인터를 저장하는 필드를 사용하기 전에 초기화하도록 해야 한다.
대안이 있는가?	간단한 애플리케이션은 내장 자료형만 사용할 수 있지만 대부분의 애플리케이션은 구조체가 유일한 옵션인 사용자 지정 타입을 정의해야 한다.

표 10-2는 10장을 요약한 것이다.

표 10-2 10장 요약

문제	해결 방법	리스트 참조 번호
사용자 정의 자료형을 정의한다.	구조체 타입을 정의한다.	4, 24
구조체 값을 생성한다.	리터럴 구문을 사용해 새 값을 만들고 개별 필드에 값을 할당한다.	5-7, 15
타입이 다른 구조체인 구조체 필드를 정의한다.	임베디드 필드를 정의한다.	8, 9
구조체 값을 비교한다.	비교 연산자를 사용해 비교하는 값이 동일한 타입 또는 동일한 필드가 있는 타입인지 확인하고 모두 비교 가능해야 한다.	10, 11
구조체 타입을 변환한다.	타입이 동일한 필드를 갖도록 명시적 변환을 수행한다.	12

(이어짐)

문제	해결 방법	리스트 참조 번호
이름을 할당하지 않고 구조체를 정의한다.	익명 구조체를 정의한다.	13-14
구조체를 변수에 할당하거나 함수 인수로 사용할 때 구조체를 중복 사용하는 것을 방지한다.	포인터를 사용한다.	16-21, 25-29
일관되게 구조체 값을 생성한다.	생성자 함수를 정의한다.	22, 23

✛ 10장 준비

10장 예제를 준비하기 위해 새 CMD를 열어 편리한 위치로 이동한 다음 structs 폴더를 생성한다. structs 폴더로 이동해 리스트 10-1의 명령어를 실행해 프로젝트를 초기화해보자.

> **■ 팁 ■**
>
> 다음 링크(https://github.com/apress/pro-go)에서 10장 및 책의 다른 모든 장에 대한 예제 프로젝트를 다운로드 할 수 있다. 예제를 실행하는 데 문제가 발생한 경우 도움받는 방법은 2장을 참조한다.

리스트 10-1 프로젝트 초기화

```
go mod init structs
```

리스트 10-2의 소스 코드 내용을 담은 main.go 파일을 생성해 structs 폴더에 추가해보자.

리스트 10-2 structs 폴더 내 main.go 파일 소스 코드

```
package main

import "fmt"

func main() {

    fmt.Println("Hello, Structs")
}
```

structs 폴더에서 리스트 10-3의 명령어를 실행하기 위해 CMD를 사용한다.

리스트 10-3 예제 프로젝트 실행

```
go run .
```

main.go 파일 내 코드를 컴파일 및 실행하면 다음 출력을 생성한다.

```
Hello, Structs
```

구조체 정의 및 사용

사용자 정의 자료형은 리스트 10-4에 나와 있는 Go 구조체 기능을 사용해 정의한다.

리스트 10-4 structs 폴더 내 main.go 파일에서 사용자 정의 자료형 생성

```go
package main

import "fmt"

func main() {

  type Product struct {
    name, category string
    price float64
  }

  kayak := Product {
    name: "Kayak",
    category: "Watersports",
    price: 275,
  }

  fmt.Println(kayak.name, kayak.category, kayak.price)
  kayak.price = 300
  fmt.Println("Changed price:", kayak.price)
}
```

사용자 정의 자료형은 Go에서 struct 타입으로 알려져 있고 type 키워드, 이름, struct 키워드를 사용해 정의한다. 중괄호는 일련의 필드를 둘러싸고 각 필드는 이름과 타입으로 정의한다. 같은 타입의 필드는 그림 10-1처럼 선언할 수 있고 모든 필드의 이름은 달라야 한다.

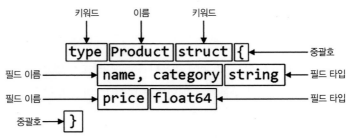

그림 10-1 구조체 타입 정의

위 구조체 타입의 이름은 Product이고 3개의 필드가 있다. name 및 category 필드는 문자열 값을 갖고 price 필드는 float64 값을 갖는다. name 및 category 필드는 타입이 동일하고 함께 정의할 수 있다.

Go는 다른 언어와 달리 구조체와 클래스를 구분하지 않는다. 모든 사용자 정의 자료형은 구조체로 정의하고 포인터를 사용하는지 여부에 따라 참조 또는 값으로 전달할지 결정한다. 따라서 4장에서 설명한 것처럼 별도의 타입 카테고리를 갖는 것과 동일한 효과를 달성하지만 값을 사용할 때마다 선택을 할 수 있는 추가적인 유연성이 있다. 그러나 코딩하는 동안 해당 선택의 효과를 생각해야 하는 프로그래머의 더 많은 노력이 필요하다. 더 좋은 접근 방식은 없고 본질적으로 동일한 효과를 갖는다.

구조체 값 생성

다음 단계는 사용자 정의 타입을 사용해 값을 생성하는 것이다. 그림 10-2와 같이 구조체 타입 이름을 사용하고 그 뒤에 구조 필드에 대한 값을 포함하는 중괄호를 사용한다.

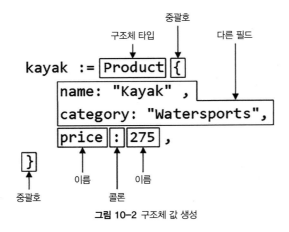

그림 10-2 구조체 값 생성

리스트 10-4에서 생성한 값은 name 필드에 Kayak, category 필드에 Watersports, price 필드에 275를 할당한 Product다. 구조체 값은 kayak이라는 변수에 할당한다.

Go는 구문에 특화돼 있어 최종 필드 값 뒤에 쉼표나 닫는 중괄호가 없으면 에러가 발생한다. 나는 일반적으로 7장의 맵 리터럴 구문에서 했던 것처럼 코드 파일의 다음 줄에 닫는 중괄호를 넣을 수 있는 후행 쉼표를 선호한다.

> ■ 노트 ■
>
> Go는 구조체를 const 키워드와 함께 사용하는 것을 허용하지 않기 때문에 상수 구조체를 정의하려고 할 때 컴파일러에서 에러를 보고한다. 9장에서 설명한 자료형만 상수를 만들기 위해 사용할 수 있다.

구조체 값 사용

구조체 값의 필드는 변수에 지정한 이름을 통해 접근하므로 kayak 변수에 할당한 구조체 값의 name 필드는 그림 10-3과 같이 kayak.name을 사용해 접근할 수 있다.

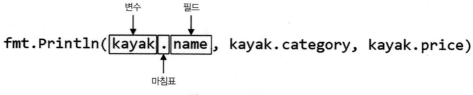

그림 10-3 구조체 필드 접근

그림 10-4와 같이 동일한 구문을 사용해 구조체 필드에 새 값을 할당할 수 있다.

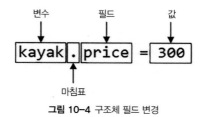

그림 10-4 구조체 필드 변경

위 코드 실행문은 kayak 변수에 할당한 Product 구조체 값의 price 필드에 값 300을 할당한다. 리스트 10-4의 코드를 컴파일 및 실행하면 다음과 같은 출력을 생성한다.

```
Kayak Watersports 275
Changed price: 300
```

구조체 태그 이해

구조체 타입은 필드를 처리하는 방법의 추가 정보를 제공하는 태그로 정의할 수 있다. 구조체 태그는 reflect 패키지에서 제공하는 기능을 사용해 구조체 값을 처리하는 코드로 해석하는 문자열일 뿐이다. 구조체가 JSON 데이터에서 인코딩하는 방식을 변경하기 위해 구조체 태그를 사용하는 방법에 대한 예제는 21장을 참조하고 구조체 태그에 직접 접근하는 방법의 자세한 내용은 28장을 참조할 수 있다.

구조체 값 부분 할당

리스트 10-5와 같이 구조체 값을 생성할 때 모든 필드에 값을 제공할 필요는 없다.

```
package main

import "fmt"

func main() {

  type Product struct {
    name, category string
    price float64
  }

  kayak := Product {
    name: "Kayak",
    category: "Watersports",
  }

  fmt.Println(kayak.name, kayak.category, kayak.price)
  kayak.price = 300
  fmt.Println("Changed price:", kayak.price)
}
```

kayak 변수에 할당한 구조체의 price 필드에 초기 값을 제공하지 않는다. 필드를 제공하지 않으면 필드 타입에 대해 제로 값을 사용한다. 리스트 10-5의 경우 필드 타입이 float64이기 때문에 price 필드의 제로 타입은 0이다. 코드를 컴파일 및 실행하면 다음 출력을 생성한다.

```
Kayak Watersports 0
Changed price: 300
```

출력에서 알 수 있듯이 초기 값을 생략해도 이후에 필드에 값을 할당하는 것을 방지할 수 없다.

리스트 10-6과 같이 구조체 타입 변수를 정의하지만 값을 할당하지 않으면 제로 타입을 모든 필드에 할당한다.

```
package main

import "fmt"

func main() {

  type Product struct {
    name, category string
```

```
    price float64
  }

  kayak := Product {
    name: "Kayak",
    category: "Watersports",
  }

  fmt.Println(kayak.name, kayak.category, kayak.price)
  kayak.price = 300
  fmt.Println("Changed price:", kayak.price)

  var lifejacket Product
  fmt.Println("Name is zero value:", lifejacket.name == "")
  fmt.Println("Category is zero value:", lifejacket.category == "")
  fmt.Println("Price is zero value:", lifejacket.price == 0)
}
```

lifejacket 변수의 타입은 Product이지만 해당 필드에 값을 할당하지 않는다. 모든 lifejacket 필드의 값은 리스트 10-6의 출력에서 볼 수 있는 것처럼 해당 타입의 제로 값이다.

```
Kayak Watersports 0
Changed price: 300
Name is zero value: true
Category is zero value: true
Price is zero value: true
```

new 함수를 사용해 구조체 값 생성

다음과 같이 내장 new 함수를 사용해 구조체 값을 생성하는 코드를 볼 수 있다.

```
...
var lifejacket = new(Product)
...
```

결과는 필드가 해당 타입의 제로 값으로 초기화하는 구조체 값에 대한 포인터다. 다음 코드 실행 문도 동일한 효과를 갖는다.

```
...
var lifejacket = &Product{}
...
```

두 접근 방식은 서로 바꿔 사용할 수 있고 둘 중에서 선택하는 것은 선호도의 문제다.

필드 위치 사용해 구조체 값 생성

리스트 10-7과 같이 값의 타입이 struct 타입으로 정의한 필드의 순서와 일치하면 구조체 값은 이름을 사용하지 않고 정의할 수 있다.

리스트 10-7 structs 폴더 내 main.go 파일에서 필드 이름 생략

```
package main

import "fmt"

func main() {

  type Product struct {
    name, category string
    price float64
  }

  var kayak = Product { "Kayak", "Watersports", 275.00 }

  fmt.Println("Name:", kayak.name)
  fmt.Println("Category:", kayak.category)
  fmt.Println("Price:", kayak.price)
}
```

구조체 값을 정의하기 위해 사용하는 리터럴 구문에는 지정한 순서대로 구조체 필드에 할당되는 값만 포함한다. 리스트 10-7의 코드는 다음 출력을 생성한다.

```
Name: Kayak
Category: Watersports
Price: 275
```

임베디드 필드 정의

이름 없이 정의한 필드를 임베디드 필드embedded field라고 하고 리스트 10-8과 같이 해당 타입의 이름을 사용해 접근한다.

리스트 10-8 structs 폴더 내 main.go 파일에서 임베디드 필드 정의

```
package main

import "fmt"

func main() {

  type Product struct {
    name, category string
```

```
    price float64
  }

  type StockLevel struct {
    Product
    count int
  }

  stockItem := StockLevel {
    Product: Product { "Kayak", "Watersports", 275.00 },
    count: 100,
  }

  fmt.Println("Name:", stockItem.Product.name)
  fmt.Println("Count:", stockItem.count)
}
```

StockLevel 구조체 타입에는 2개의 필드가 있다. 첫 번째 필드는 임베디드 필드이고 타입을 사용해 정의하고 그림 10-5에서 볼 수 있듯이 Product 구조체 타입이다.

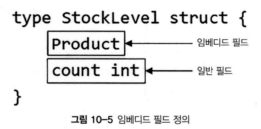

그림 10-5 임베디드 필드 정의

임베디드 필드는 필드 타입의 이름을 사용해 접근하므로 타입이 구조체인 필드에 가장 유용하다. 이 경우 포함한 필드는 Product 타입으로 정의한다. 즉 다음과 같이 Product를 필드 이름으로 사용해 할당하고 읽는다.

```
...
stockItem := StockLevel {
  Product: Product { "Kayak", "Watersports", 275.00 },
  count: 100,
}
...
fmt.Println(fmt.Sprint("Name: ", stockItem.Product.name))
...
```

리스트 10-8의 코드를 컴파일 및 실행하면 다음과 같은 출력을 생성한다.

```
Name: Kayak
Count: 100
```

앞서 언급했듯이 필드 이름은 구조체 타입에서 고유해야 한다. 즉 특정 타입에 대해 하나의 임베디드 필드만 정의할 수 있다. 동일한 타입의 두 필드를 정의해야 하는 경우 리스트 10-9와 같이 필드 중 하나에 이름을 할당해야 한다.

리스트 10-9 structs 폴더 내 main.go 파일에서 추가 필드 정의

```go
package main

import "fmt"

func main() {

  type Product struct {
    name, category string
    price float64
  }

  type StockLevel struct {
    Product
    Alternate Product
    count int
  }

  stockItem := StockLevel {
    Product: Product { "Kayak", "Watersports", 275.00 },
    Alternate: Product{"Lifejacket", "Watersports", 48.95 },
    count: 100,
  }

  fmt.Println("Name:", stockItem.Product.name)
  fmt.Println("Alt Name:", stockItem.Alternate.name)
}
```

StockLevel 타입에는 타입이 Product인 2개의 필드가 있지만 하나만 임베디드 필드가 될 수 있다. 두 번째 필드의 경우 필드에 접근하기 위해 사용하는 이름을 지정했다. 리스트 10-9의 코드를 컴파일 및 실행하면 다음과 같은 출력을 생성한다.

```
Name: Kayak
Alt Name: Lifejacket
```

구조체 값 비교

모든 필드를 비교할 수 있는 경우 구조체 값을 비교할 수 있다. 리스트 10-10은 여러 구조체 값을 만들고 비교 연산자를 적용해 동일한지 확인한다.

```go
package main

import "fmt"

func main() {

  type Product struct {
    name, category string
    price float64
  }

  p1 := Product { name: "Kayak", category: "Watersports", price: 275.00 }
  p2 := Product { name: "Kayak", category: "Watersports", price: 275.00 }
  p3 := Product { name: "Kayak", category: "Boats", price: 275.00 }

  fmt.Println("p1 == p2:", p1 == p2)
  fmt.Println("p1 == p3:", p1 == p3)
}
```

모든 필드가 동일하기 때문에 구조체 값 p1 및 p2는 동일하다. 해당 category 필드에 할당한 값이 다르기 때문에 구조체 값 p1 및 p3이 같지 않다. 프로젝트를 컴파일 및 실행하면 다음과 같은 결과를 볼 수 있다.

```
p1 == p2: true
p1 == p3: false
```

구조체 타입이 슬라이스와 같이 비교할 수 없는 타입의 필드를 정의하는 경우 리스트 10-11에서 볼 수 있는 것처럼 구조체를 비교할 수 없다.

리스트 10-11 structs 폴더 내 main.go 파일에서 비교 불가능한 필드 추가

```go
package main

import "fmt"

func main() {

  type Product struct {
    name, category string
    price float64
    otherNames []string
  }

  p1 := Product { name: "Kayak", category: "Watersports", price: 275.00 }
  p2 := Product { name: "Kayak", category: "Watersports", price: 275.00 }
  p3 := Product { name: "Kayak", category: "Boats", price: 275.00 }
```

```
    fmt.Println("p1 == p2:", p1 == p2)
    fmt.Println("p1 == p3:", p1 == p3)
}
```

7장에서 설명한 것처럼 Go 비교 연산자는 슬라이스에 적용할 수 없으므로 Product 값을 비교할 수 없다. 컴파일 시 위 코드는 다음 에러를 생성한다.

```
.\main.go:17:33: invalid operation: p1 == p2 (struct containing []string cannot be
compared)
.\main.go:18:33: invalid operation: p1 == p3 (struct containing []string cannot be
compared)
```

구조체 타입 간 변환

구조체 타입은 동일한 필드가 있는 다른 모든 구조체 타입으로 변환할 수 있다. 즉 모든 필드는 리스트 10-12에서 볼 수 있는 것처럼 동일한 이름과 타입을 갖고 동일한 순서로 정의한다.

리스트 10-12 structs 폴더 내 main.go 파일에서 구조체 타입 변환

```
package main

import "fmt"

func main() {

    type Product struct {
        name, category string
        price float64
        // otherNames []string
    }

    type Item struct {
        name string
        category string
        price float64
    }

    prod := Product { name: "Kayak", category: "Watersports", price: 275.00 }
    item := Item { name: "Kayak", category: "Watersports", price: 275.00 }

    fmt.Println("prod == item:", prod == Product(item))
}
```

Product 및 Item 구조체 타입에서 생성한 값은 같은 순서로 동일하게 필드를 정의하기 때문에 비교할 수 있다. 프로젝트를 컴파일 및 실행하면 다음 출력을 표시한다.

```
prod == item: true
```

278

익명 구조체 타입 정의

익명 구조체 타입은 리스트 10-13과 같이 이름을 사용하지 않고 정의한다.

리스트 10-13 structs 폴더 내 main.go 파일에서 익명 구조체 정의

```go
package main

import "fmt"

func writeName(val struct {
    name, category string
    price float64}) {
  fmt.Println("Name:", val.name)
}

func main() {

  type Product struct {
    name, category string
    price float64
    // otherNames []string
  }

  type Item struct {
    name string
    category string
    price float64
  }

  prod := Product { name: "Kayak", category: "Watersports", price: 275.00 }
  item := Item { name: "Stadium", category: "Soccer", price: 75000 }

  writeName(prod)
  writeName(item)
}
```

writeName 함수는 익명 구조체 타입을 매개변수로 사용한다. 즉 지정한 필드 집합을 정의하는 모든 구조체 타입을 허용할 수 있다. 프로젝트를 컴파일 및 실행하면 다음 출력을 표시한다.

```
Name: Kayak
Name: Stadium
```

리스트 10-13에 나와 있는 것처럼 위 기능이 특별히 유용하지는 않지만 익명 구조체를 정의하고 단일 단계에서 값을 할당하는 변형이 있고 27~29장에서 설명하는 reflect 패키지가 제공하는 기능을 사용해 런타임에 수신하는 타입을 검사하는 코드를 호출할 때 유용하다. reflect 패키지는 고급 기능을 포함하고 있지만 JSON 데이터 인코딩에 대한 내장 지원과 같은 표준 라이

브러리의 다른 부분에서 사용한다. 21장에서 JSON 기능을 자세히 설명하지만 리스트 10-14는 JSON 문자열에 포함할 필드를 선택하기 위해 익명 구조체를 사용하는 방법을 보여준다.

리스트 10-14 structs 폴더 내 main.go 파일에서 익명 구조체에 값 할당

```go
package main

import (
  "fmt"
  "encoding/json"
  "strings"
)

func main() {

  type Product struct {
    name, category string
    price float64
  }

  prod := Product { name: "Kayak", category: "Watersports", price: 275.00 }

  var builder strings.Builder
  json.NewEncoder(&builder).Encode(struct {
    ProductName string
    ProductPrice float64
  }{
    ProductName: prod.name,
    ProductPrice: prod.price,
  })
  fmt.Println(builder.String())
}
```

이후의 장들에서 설명할 encoding/json 및 strings 패키지에 대해 걱정할 필요 없다. 위 예제는 리스트 10-14에서 ProductName 및 ProductPrice 필드가 있는 구조체를 생성하고 Product 필드의 값을 사용해 할당하기 위해 단일 단계에서 사용하는 익명 구조체를 정의하고 값을 할당하는 방법을 보여준다. 프로젝트를 컴파일 및 실행하면 다음 출력을 표시한다.

```
{"ProductName":"Kayak","ProductPrice":275}
```

구조체 값을 포함한 배열, 슬라이스, 맵 생성

리스트 10-15와 같이 배열, 슬라이스, 맵을 구조체 값으로 채울 때 구조체 타입을 생략할 수 있다.

```go
package main

import "fmt"

func main() {

  type Product struct {
    name, category string
    price float64
    //otherNames []string
  }

  type StockLevel struct {
    Product
    Alternate Product
    count int
  }

  array := [1]StockLevel {
    {
      Product: Product { "Kayak", "Watersports", 275.00 },
      Alternate: Product{"Lifejacket", "Watersports", 48.95 },
      count: 100,
    },
  }

  fmt.Println("Array:", array[0].Product.name)

  slice := []StockLevel {
    {
      Product: Product { "Kayak", "Watersports", 275.00 },
      Alternate: Product{"Lifejacket", "Watersports", 48.95 },
      count: 100,
    },
  }

  fmt.Println("Slice:", slice[0].Product.name)

  kvp := map[string]StockLevel {
    "kayak": {
      Product: Product { "Kayak", "Watersports", 275.00 },
      Alternate: Product{"Lifejacket", "Watersports", 48.95 },
      count: 100,
    },
  }
  fmt.Println("Map:", kvp["kayak"].Product.name)
}
```

리스트 10-15의 코드는 StockLevel 값으로 채워진 배열, 슬라이스, 맵을 생성한다. 컴파일러는 포함하는 자료 구조에서 구조체 값의 타입을 유추할 수 있으므로 코드를 보다 간결하게 표현할 수 있다. 리스트 10-15는 다음 출력을 생성한다.

```
Array: Kayak
Slice: Kayak
Map: Kayak
```

구조체와 포인터 이해

새 변수에 구조체를 할당하거나 구조체를 함수 매개변수로 사용하면 리스트 10-16에서 볼 수 있듯이 필드 값을 복사하는 새 값을 생성한다.

리스트 10-16 structs 폴더 내 main.go 파일에서 구조체 값 복사

```go
package main

import "fmt"

func main() {

    type Product struct {
        name, category string
        price float64
    }

    p1 := Product {
        name: "Kayak",
        category: "Watersports",
        price: 275,
    }

    p2 := p1

    p1.name = "Original Kayak"

    fmt.Println("P1:", p1.name)
    fmt.Println("P2:", p2.name)
}
```

구조체 값을 생성해 변수 p1에 할당하고 변수 p2에 복사한다. 첫 번째 구조체 값의 name 필드를 변경한 다음 두 name 값을 모두 기록한다. 리스트 10-16의 출력에서 구조체 값을 할당하면 복사본이 생성되는 것을 확인할 수 있다.

```
P1: Original Kayak
P2: Kayak
```

다른 자료형과 마찬가지로 리스트 10-17과 같이 포인터를 사용해 구조체 값에 대한 참조를 생성할 수 있다.

리스트 10-17 structs 폴더 내 main.go 파일에서 구조체 포인터 사용

```go
package main

import "fmt"

func main() {

  type Product struct {
    name, category string
    price float64
  }

  p1 := Product {
    name: "Kayak",
    category: "Watersports",
    price: 275,
  }

  p2 := &p1

  p1.name = "Original Kayak"

  fmt.Println("P1:", p1.name)
  fmt.Println("P2:", (*p2).name)
}
```

앰퍼샌드(&)를 사용해 p1 변수에 대한 포인터를 생성하고 p2에 주소를 할당했다. 그림 10-6과 같이 구조체 값에 대한 포인터를 역참조하기 위해 괄호를 사용해 name 필드의 값을 읽어야 한다.

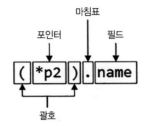

그림 10-6 포인터를 통해 구조체 필드 읽기

name 필드에 대한 변경 사항이 p1과 p2를 통해 읽히는 효과가 생기므로 코드를 컴파일 및 실행하면 다음 출력을 생성한다.

```
P1: Original Kayak
P2: Original Kayak
```

구조체 포인터 편의 구문 이해

포인터를 통해 구조체 필드에 접근하는 것은 어색하고 구조체는 일반적으로 함수 인수 및 결과로 사용하기 때문에 문제가 될 수 있다. 따라서 리스트 10-18에서 볼 수 있는 것처럼 구조체를 불필요하게 복제하지 않고 함수에 의한 변경이 매개변수로 수신한 값에 영향을 미치도록 포인터가 필요하다.

리스트 10-18 structs 폴더 내 main.go 파일에서 구조체 포인터 사용

```go
package main

import "fmt"

type Product struct {
  name, category string
  price float64
}

func calcTax(product *Product) {
  if ((*product).price > 100) {
    (*product).price += (*product).price * 0.2
  }
}

func main() {

  kayak := Product {
    name: "Kayak",
    category: "Watersports",
    price: 275,
  }

  calcTax(&kayak)

  fmt.Println("Name:", kayak.name, "Category:",
    kayak.category, "Price", kayak.price)
}
```

위 코드는 동작하지만 특히 calcTax 메서드의 보디와 같이 동일한 코드 블록에 여러 참조가 있는 경우 읽기가 어렵다.

이러한 유형의 코드를 단순화하기 위해 Go는 리스트 10-19에서와 같이 별표 문자 없이 구조체 필드에 대한 포인터를 역참조한다.

리스트 10-19 structs 폴더 내 main.go 파일에서 구조체 포인터 편의 구문 사용

```go
package main

import "fmt"

type Product struct {
  name, category string
  price float64
}

func calcTax(product *Product) {
  if (product.price > 100) {
    product.price += product.price * 0.2
  }
}

func main() {

  kayak := Product {
    name: "Kayak",
    category: "Watersports",
    price: 275,
  }

  calcTax(&kayak)

  fmt.Println("Name:", kayak.name, "Category:",
    kayak.category, "Price", kayak.price)
}
```

별표와 괄호는 필요하지 않으므로 그림 10-7에서 볼 수 있듯이 구조체에 대한 포인터를 구조체 값인 것처럼 처리할 수 있다.

그림 10-7 구조체 또는 구조체 포인터 사용

위 기능은 여전히 *Product인 함수 매개변수의 자료형을 변경하지 않고 필드에 접근할 때만 변경 사항을 적용한다. 리스트 10-18 및 10-19는 모두 다음 출력을 생성한다.

```
Name: Kayak Category: Watersports Price 330
```

포인터 값 이해

이전 예제에서는 포인터를 두 단계로 사용했다. 첫 번째 단계는 다음과 같이 값을 만들고 변수에 할당하는 것이다.

```
...
kayak := Product {
  name: "Kayak",
  category: "Watersports",
  price: 275,
}
...
```

두 번째 단계는 주소 연산자를 사용해 다음과 같이 포인터를 만드는 것이다.

```
...
calcTax(&kayak)
...
```

포인터를 생성하기 전에 변수에 구조체 값을 할당할 필요가 없기 때문에 리스트 10-20과 같이 주소 연산자를 리터럴 구조체 구문과 함께 직접 사용할 수 있다.

리스트 10-20 structs 폴더 내 main.go 파일에서 구조체 직접 생성

```go
package main

import "fmt"

type Product struct {
  name, category string
  price float64
}

func calcTax(product *Product) {
  if (product.price > 100) {
    product.price += product.price * 0.2
  }
}

func main() {

  kayak := &Product {
```

```
        name: "Kayak",
        category: "Watersports",
        price: 275,
    }

    calcTax(kayak)

    fmt.Println("Name:", kayak.name, "Category:",
        kayak.category, "Price", kayak.price)
}
```

주소 연산자는 그림 10-8처럼 구조체 타입 앞에 사용한다.

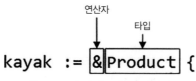

그림 10-8 구조체 값에 대한 포인터 생성

리스트 10-20 코드는 Product 값에 대한 포인터만 사용한다. 즉 일반 변수를 만든 다음 포인터를 만들 때 사용하면 장점이 없다. 값에서 직접 포인터를 생성할 수 있으면 리스트 10-21과 같이 코드를 더 간결하게 만들 때 도움이 된다.

리스트 10-21 structs 폴더 내 main.go 파일에서 포인터 직접 생성

```
package main

import "fmt"

type Product struct {
    name, category string
    price float64
}

func calcTax(product *Product) *Product {
    if (product.price > 100) {
        product.price += product.price * 0.2
    }
    return product
}

func main() {

    kayak := calcTax(&Product {
        name: "Kayak",
        category: "Watersports",
```

```
    price: 275,
  })

  fmt.Println("Name:", kayak.name, "Category:",
    kayak.category, "Price", kayak.price)
}
```

결과를 생성하도록 calcTax 함수를 변경했기 때문에 함수가 포인터를 통해 Product 값을 변환할 수 있다. main 함수에서 주소 연산자를 리터럴 구문과 함께 사용해 Product 값을 만들고 이에 대한 포인터를 calcTax 함수에 전달해 변환한 결과를 타입이 *Pointer인 변수에 할당했다. 리스트 10-20 및 10-21은 모두 다음 출력을 생성한다.

```
Name: Kayak Category: Watersports Price 330
```

구조체 생성자 함수 이해

생성자 함수는 리스트 10-22와 같이 매개변수를 통해 받은 값을 사용해 구조체 값을 생성하는 역할을 한다.

리스트 10-22 structs 폴더 내 main.go 파일에서 생성자 함수 정의

```
package main

import "fmt"

type Product struct {
  name, category string
  price float64
}

func newProduct(name, category string, price float64) *Product {
  return &Product{name, category, price}
}

func main() {

  products := [2]*Product {
    newProduct("Kayak", "Watersports", 275),
    newProduct("Hat", "Skiing", 42.50),
  }

  for _, p := range products {
    fmt.Println("Name:", p.name, "Category:",  p.category, "Price", p.price)
  }
}
```

생성자 함수는 구조체 값을 일관되게 생성하기 위해 사용한다. 생성자 함수의 이름은 일반적으로 new 또는 New 뒤에 구조체 타입이 따라오므로 Product 값을 생성하는 생성자 함수의 이름은 newProduct다(생성자 함수의 이름이 종종 대문자로 시작하는 이유는 12장에서 설명한다).

생성자 함수는 구조체 포인터를 반환하고 주소 연산자는 그림 10-9처럼 리터럴 구조체 구문과 함께 직접 사용한다.

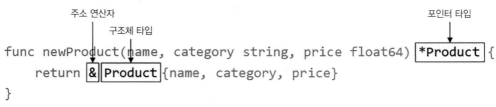

그림 10-9 생성자 함수에서 포인터 사용

나는 리스트 10-22와 같이 필드 위치에 의존해 생성자 함수에서 값을 생성하는 것을 좋아한다. 이때 함수를 반환할 경우 구조체 값의 중복을 피하기 위해 포인터를 반환하는 것을 기억해야 한다. 리스트 10-22는 배열을 사용해 제품 데이터를 저장하고 배열 타입에서 포인터를 사용하는 것을 볼 수 있다.

```
...
products := [2]*Product {
...
```

위 타입은 Product 구조체 값에 대한 2개의 포인터를 보유할 배열을 지정한다. 리스트 10-22의 코드를 컴파일 및 실행하면 다음과 같은 출력을 생성한다.

```
Name: Kayak Category: Watersports Price 275
Name: Hat Category: Skiing Price 42.5
```

생성자 함수 사용의 장점은 일관성으로 생성 프로세스의 변경 사항을 함수가 생성한 모든 구조체 값에 반영하도록 보장한다. 예를 들어 리스트 10-23은 모든 제품에 할인을 적용하도록 생성자를 수정한다.

리스트 10-23 structs 폴더 내 main.go 파일에서 생성자 변경

```
...
func newProduct(name, category string, price float64) *Product {
  return &Product{name, category, price - 10}
}
...
```

간단한 변경이지만 newProduct 함수로 생성한 모든 Product 값에 변경 사항을 적용한다. 즉 코드에서 Product 값을 생성하는 모든 지점을 찾아 개별적으로 수정할 필요가 없다. 불행히도 Go는 생성자 함수를 정의했을 때 리터럴 구문을 사용하는 것을 방지하지 않기 때문에 생성자 함수를 부지런히 사용해야 한다. 리스트 10-23의 코드는 다음 출력을 생성한다.

```
Name: Kayak Category: Watersports Price 265
Name: Hat Category: Skiing Price 32.5
```

구조체 필드를 위한 포인터 타입 사용

포인터는 리스트 10-24와 같이 다른 구조체 타입에 대한 포인터를 포함해 구조체 필드에 사용할 수도 있다.

리스트 10-24 structs 폴더 내 main.go 파일에서 구조체 필드에 대한 포인터 사용

```go
package main

import "fmt"

type Product struct {
  name, category string
  price float64
  *Supplier
}

type Supplier struct {
  name, city string
}

func newProduct(name, category string, price float64, supplier *Supplier) *Product {
  return &Product{name, category, price -10, supplier}
}

func main() {

  acme := &Supplier { "Acme Co", "New York"}

  products := [2]*Product {
    newProduct("Kayak", "Watersports", 275, acme),
    newProduct("Hat", "Skiing", 42.50, acme),
  }

  for _, p := range products {
    fmt.Println("Name:", p.name, "Supplier:",
      p.Supplier.name, p.Supplier.city)
  }
}
```

290

Supplier 타입을 사용하는 Product 타입에 포함한 필드를 추가하고 Supplier에 대한 포인터를 허용하도록 newProduct 함수를 업데이트했다. Supplier 구조체가 정의한 필드는 그림 10-10과 같이 Product 구조체가 정의한 필드를 사용해 접근한다.

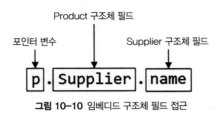

그림 10-10 임베디드 구조체 필드 접근

Go는 임베디드 구조체 필드에 대한 포인터 타입의 사용을 처리하는 방법에 주목해보자. 위 예제에서 Supplier인 구조체 타입의 이름으로 필드를 참조할 수 있다. 리스트 10-24의 코드는 다음 출력을 생성한다.

```
Name: Kayak Supplier: Acme Co New York
Name: Hat Supplier: Acme Co New York
```

포인터 필드 복사 이해

리스트 10-25와 같이 포인터 필드에 미치는 영향을 고려하기 위해 구조체를 복사할 때 주의를 기울여야 한다.

리스트 10-25 structs 폴더 내 main.go 파일에서 구조체 복사

```
package main

import "fmt"

type Product struct {
  name, category string
  price float64
  *Supplier
}

type Supplier struct {
  name, city string
}

func newProduct(name, category string, price float64, supplier *Supplier) *Product {
  return &Product{name, category, price -10, supplier}
}

func main() {
```

```
  acme := &Supplier { "Acme Co", "New York"}

  p1 := newProduct("Kayak", "Watersports", 275, acme)
  p2 := *p1

  p1.name = "Original Kayak"
  p1.Supplier.name = "BoatCo"

  for _, p := range []Product { *p1, p2 } {
    fmt.Println("Name:", p.name, "Supplier:",
      p.Supplier.name, p.Supplier.city)
  }
}
```

newProduct 함수는 p1이라는 변수에 할당한 Product 값에 대한 포인터를 만들기 위해 사용한다. 포인터를 역참조하기 위해 Product 값을 복사하는 효과가 있는 p2라는 변수에 할당한다. p1.name 및 p1.Supplier.name 필드를 변경한 다음 for 루프를 사용해 두 Product 값의 세부 정보를 알려주는 다음 출력을 확인해보자.

```
Name: Original Kayak Supplier: BoatCo New York
Name: Kayak Supplier: BoatCo New York
```

출력은 name 필드에 대한 변경이 Product 값 중 하나에만 영향을 미치는 반면 Supplier.name 필드에 대한 변경은 둘 다 영향을 미쳤다는 것을 보여준다. Product 구조체를 복사하면 그것이 가리키는 값이 아니라 Supplier 필드에 할당한 포인터를 복사해 그림 10-11과 같은 효과를 생성하기 때문이다.

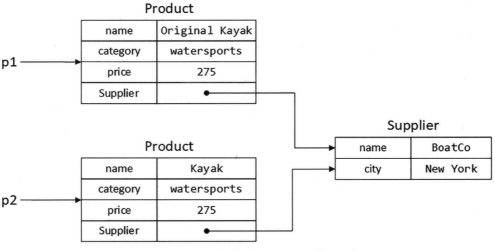

그림 10-11 포인터 필드를 갖는 구조체를 복사할 때 효과

포인터가 가리키는 값이 아니라 포인터가 복사되는 경우 종종 얕은 복사^{shallow copy}라고 한다. Go는 포인터를 역참조하고 값을 복제하는 깊은 복사^{deep copy} 수행에 대한 지원을 내장하고 있지 않다. 대신 리스트 10-26과 같이 수동 복사를 수행해야 한다.

리스트 10-26 structs 폴더 내 main.go 파일에서 구조체 값 복사

```go
package main

import "fmt"

type Product struct {
  name, category string
  price float64
  *Supplier
}

type Supplier struct {
  name, city string
}

func newProduct(name, category string, price float64, supplier *Supplier) *Product {
  return &Product{name, category, price -10, supplier}
}

func copyProduct(product *Product) Product {
  p := *product
  s := *product.Supplier
  p.Supplier = &s
  return p
}

func main() {

  acme := &Supplier { "Acme Co", "New York"}

  p1 := newProduct("Kayak", "Watersports", 275, acme)
  p2 := copyProduct(p1)

  p1.name = "Original Kayak"
  p1.Supplier.name = "BoatCo"

  for _, p := range []Product { *p1, p2 } {
    fmt.Println("Name:", p.name, "Supplier:",
      p.Supplier.name, p.Supplier.city)
  }
}
```

Supplier를 복사했는지 확인하기 위해 copyProduct 함수는 이를 별도의 변수에 할당한 다음 해당 변수에 대한 포인터를 만든다. 어색하지만 결과는 구조체를 강제 복사하는 것이다. 비록 단일 구조체 타입에 고유하고 각 임베디드 구조체 필드에 대해 반복해야 하는 기술이긴 하지만 말이다. 리스트 10-26의 출력은 깊은 복사의 효과를 보여준다.

```
Name: Original Kayak Supplier: BoatCo New York
Name: Kayak Supplier: Acme Co New York
```

구조체 제로 값 및 구조체 포인터 이해

구조체 타입의 제로 값은 필드에 제로 타입을 할당한 구조체 값이다. 리스트 10-27에서 볼 수 있는 것처럼 구조체 포인터에 대한 제로 값은 nil이다.

리스트 10-27 structs 폴더 내 main.go 파일에서 제로 타입 검사

```go
package main

import "fmt"

type Product struct {
  name, category string
  price float64
}

func main() {

  var prod Product
  var prodPtr *Product

  fmt.Println("Value:", prod.name, prod.category, prod.price)
  fmt.Println("Pointer:", prodPtr)
}
```

프로젝트를 컴파일하고 실행하면 빈 문자열이 문자열 타입에 대한 제로 값이기 때문에 name 및 category 필드에 대한 빈 문자열을 출력에서 볼 수 있다.

```
Value: 0
Pointer: <nil>
```

리스트 10-28과 같이 구조체가 다른 구조체 타입에 대한 포인터로 필드를 정의할 때 자주 접하는 함정이 있다.

```go
package main

import "fmt"

type Product struct {
  name, category string
  price float64
  *Supplier
}

type Supplier struct {
  name, city string
}

func main() {

  var prod Product
  var prodPtr *Product

  fmt.Println("Value:", prod.name, prod.category, prod.price, prod.Supplier.name)
  fmt.Println("Pointer:", prodPtr)
}
```

여기서 문제는 임베디드 구조체의 name 필드에 접근할 때 발생한다. 임베디드 필드의 제로 값은 nil이기 때문에 다음 런타임 에러가 발생한다.

```
panic: runtime error: invalid memory address or nil pointer dereference
[signal 0xc0000005 code=0x0 addr=0x0 pc=0x5bc592]
goroutine 1 [running]:
main.main()
        C:/structs/main.go:20 +0x92
exit status 2
```

에러가 너무 자주 발생해 리스트 10-29와 같이 습관적으로 구조체 포인터 필드를 초기화하고 이후의 장들에서도 자주 그러할 예정이다.

리스트 10-29 structs 폴더 내 main.go 파일에서 구조체 포인터 필드 초기화

```go
...
func main() {

  var prod Product = Product{ Supplier: &Supplier{}}
  var prodPtr *Product

  fmt.Println("Value:", prod.name, prod.category, prod.price, prod.Supplier.name)
```

```
    fmt.Println("Pointer:", prodPtr)
}
...
```

구조체 포인터 필드를 초기화하면 다음 출력에서 볼 수 있는 것처럼 런타임 에러를 방지할 수 있다.

```
Value:   0
Pointer: <nil>
```

⁑ 요약

10장에서는 사용자 정의 자료형을 생성하기 위해 사용하는 Go 구조체 기능에 대해 설명했다. 구조체 필드를 정의하는 방법, 구조체 타입에서 값을 생성하는 방법, 컬렉션에서 구조체 타입을 사용하는 방법을 설명했다. 또한 익명 구조체를 만드는 방법과 포인터를 사용해 구조체 값을 복사할 때 값을 처리하는 방법을 제어하는 방법도 보였다. 11장에서는 메서드와 인터페이스에 대한 Go 지원을 설명할 것이다.

11장

■■■■

메서드 및 인터페이스 사용

||||||||||||||||||||||||||||||||||||||||||||||||||||||||||||||||||||||||||||||||||||||||||||||||||||||||||||||||||||

11장에서는 구조체 관련 기능을 제공하고 인터페이스를 통해 추상화를 생성할 때 사용할 수 있는 메서드에 대한 Go 지원을 설명한다. 표 11-1은 상황에 따른 메서드와 인터페이스를 보여준다.

표 11-1 상황에 따른 메서드와 인터페이스

질문	답
무엇인가?	메서드는 구조체가 호출하고 값 타입이 정의한 모든 필드에 액세스할 수 있는 함수다. 인터페이스는 구조체 타입으로 구현할 수 있는 메서드 집합을 정의한다.
왜 유용한가?	타입을 혼합해 공통 특성을 통해 사용할 수 있다.
어떻게 사용하는가?	메서드는 func 키워드를 사용해 정의하지만 리시버(receiver)가 필요하다. 인터페이스는 type 및 interface 키워드를 사용해 정의한다.
함정이나 제한 사항?	메서드를 생성할 때는 포인터를 주의해서 사용하는 것이 중요하고 기본 동적 타입 관련 문제를 피하기 위해 인터페이스를 사용할 때는 주의를 기울여야 한다.
대안이 있는가?	선택적 기능이지만 복잡한 자료형을 생성하고 제공하는 공통 기능을 통해 사용할 수 있도록 한다.

표 11-2는 11장을 요약한 것이다.

표 11-2 11장 요약

문제	해결 방법	리스트 참조 번호
메서드를 정의한다.	함수 구문을 사용하지만 메서드를 호출하는 리시버를 추가한다.	4-8, 13-15
구조체 값에 대한 참조에서 메서드를 호출한다.	수신하는 메서드에 대한 포인터를 사용한다.	9, 10
비구조체 타입에 대한 메서드를 정의한다.	타입 별칭을 사용한다.	11, 12
여러 타입이 공유하는 공통 특성을 설명한다.	인터페이스를 정의한다.	16
인터페이스를 구현한다.	리시버로 선택한 구조체 타입을 사용해 인터페이스가 명시하는 모든 메서드를 정의한다.	17, 18

(이어짐)

문제	해결 방법	리스트 참조 번호
인터페이스를 사용한다.	인터페이스 값에 대한 메서드를 호출한다.	19–21
인터페이스 변수를 할당할 때 구조체 값을 복제할지 결정한다.	할당할 때 포인터나 값을 사용하거나 인터페이스 메서드를 구현할 때 포인터 타입을 리시버로 사용한다.	22–25
인터페이스 값을 비교한다.	비교 연산자를 사용하고 동적 타입이 비교 가능함을 보장한다.	26, 27
인터페이스 값의 동적 타입에 접근한다.	타입 단언을 사용한다.	28–31
임의의 값을 할당한 변수를 정의한다.	빈 인터페이스를 사용한다.	32–34

⫶ 11장 준비

11장 예제를 준비하기 위해 새 CMD를 열어 편리한 위치로 이동한 다음 methodsAndInterfaces 폴더를 생성한다. 리스트 11–1의 명령어를 실행해 프로젝트를 초기화해보자.

리스트 11–1 프로젝트 초기화

```
go mod init methodsAndInterfaces
```

리스트 11–2의 소스 코드 내용을 담은 main.go 파일을 생성해 methodsAndInterfaces 폴더에 추가해보자.

> ▪ **팁** ▪
>
> 다음 링크(https://github.com/apress/pro-go)에서 11장 및 책의 다른 모든 장에 대한 예제 프로젝트를 다운로드할 수 있다. 예제를 실행하는 데 문제가 발생한 경우 도움받는 방법은 2장을 참조한다.

리스트 11–2 methodsAndInterfaces 폴더 내 main.go 파일 소스 코드

```
package main

import "fmt"

type Product struct {
  name, category string
  price float64
}

func main() {

  products := []*Product {
    {"Kayak", "Watersports", 275 },
```

```
        {"Lifejacket", "Watersports", 48.95 },
        {"Soccer Ball", "Soccer", 19.50},
    }

    for _, p := range products {
        fmt.Println("Name:", p.name, "Category:", p.category, "Price", p.price)
    }
}
```

methodsAndInterfaces 폴더에서 리스트 11-3의 명령어를 실행하기 위해 CMD를 사용한다.

리스트 11-3 예제 프로젝트 실행

```
go run .
```

main.go 파일 내 코드를 컴파일 및 실행하면 다음 출력을 생성한다.

```
Name: Kayak Category: Watersports Price 275
Name: Lifejacket Category: Watersports Price 48.95
Name: Soccer Ball Category: Soccer Price 19.5
```

⊹ 메서드 정의 및 사용

메서드는 값을 통해 호출할 수 있는 함수이자 특정 타입에서 동작하는 함수를 표현하는 편리한 방법이다. 메서드가 어떻게 동작하는지 이해하는 가장 좋은 방법은 리스트 11-4와 같이 일반 함수로 시작하는 것이다.

리스트 11-4 methodsAndInterfaces 폴더 내 main.go 파일에서 함수 정의

```
package main

import "fmt"

type Product struct {
    name, category string
    price float64
}

func printDetails(product *Product) {
    fmt.Println("Name:", product.name, "Category:", product.category,
        "Price", product.price)
}

func main() {

    products := []*Product {
```

```
      {"Kayak", "Watersports", 275 },
      {"Lifejacket", "Watersports", 48.95 },
      {"Soccer Ball", "Soccer", 19.50},
  }

  for _, p := range products {
    printDetails(p)
  }
}
```

printDetails 함수는 name, category, price 필드의 값을 작성할 때 사용하는 Product에 대한
포인터를 받는다. 이번 절의 핵심은 printDetails 함수를 호출하는 방식이다.

```
  ...
  printDetails(p)
  ...
```

함수 이름 뒤에 괄호로 묶인 인수가 온다. 리스트 11-5는 메서드와 동일한 기능을 구현한다.

리스트 11-5 methodsAndInterfaces 폴더 내 main.go 파일에서 메서드 정의

```
package main

import "fmt"

type Product struct {
  name, category string
  price float64
}

func newProduct(name, category string, price float64) *Product {
  return &Product{ name, category, price }
}

func (product *Product) printDetails() {
  fmt.Println("Name:", product.name, "Category:", product.category,
    "Price", product.price)
}

func main() {

  products := []*Product {
    newProduct{"Kayak", "Watersports", 275 },
    newProduct{"Lifejacket", "Watersports", 48.95 },
    newProduct{"Soccer Ball", "Soccer", 19.50},
  }

  for _, p := range products {
    p.printDetails()
```

```
    }
  }
```

메서드는 동일한 func 키워드를 사용해 함수로 정의하지만 그림 11-1과 같이 메서드가 동작하는 타입인 특수 매개변수를 나타내는 리시버를 추가해야 한다.

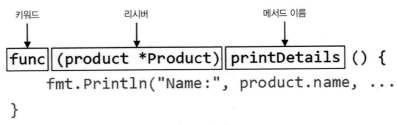

그림 11-1 메서드

메서드에 대한 리시버 타입은 *Product이고 일반 함수 매개변수와 마찬가지로 메서드 내에서 사용할 수 있는 product라는 이름을 지정한다. 리시버를 일반 함수 매개변수처럼 취급할 수 있는 코드 블록을 변경할 필요가 없다.

```
...
func (product *Product) printDetails() {
  fmt.Println("Name:", product.name, "Category:", product.category,
    "Price", product.price)
}
...
```

메서드가 일반 함수와 다른 점은 메서드를 호출하는 방식이다.

```
...
p.printDetails()
...
```

메서드는 타입이 리시버와 일치하는 값을 통해 호출한다. 이 경우 for 루프가 생성한 *Product 값을 사용해 슬라이스의 각 값에 대해 printDetails 메서드를 호출해 다음 출력을 생성한다.

```
Name: Kayak Category: Watersports Price 275
Name: Lifejacket Category: Watersports Price 48.95
Name: Soccer Ball Category: Soccer Price 19.5
```

메서드 매개변수 및 결과 정의

메서드는 리스트 11-6과 같이 일반 함수와 마찬가지로 매개변수와 결과를 정의할 수 있지만 리시버를 추가한다.

```go
package main

import "fmt"

type Product struct {
  name, category string
  price float64
}

func newProduct(name, category string, price float64) *Product {
  return &Product{ name, category, price }
}

func (product *Product) printDetails() {
  fmt.Println("Name:", product.name, "Category:", product.category,
    "Price",  product.calcTax(0.2, 100))
}

func (product *Product) calcTax(rate, threshold float64) float64 {
  if (product.price > threshold) {
    return product.price + (product.price * rate)
  }
  return product.price;
}

func main() {

  products := []*Product {
    newProduct{"Kayak", "Watersports", 275 },
    newProduct{"Lifejacket", "Watersports", 48.95 },
    newProduct{"Soccer Ball", "Soccer", 19.50},
  }

  for _, p := range products {
    p.printDetails()
  }
}
```

메서드 매개변수는 그림 11-2와 같이 이름 다음에 결과 타입이 오는 괄호 사이에 정의한다.

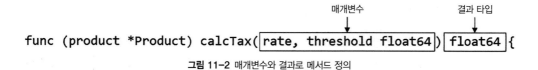

그림 11-2 매개변수와 결과로 메서드 정의

calcTax 메서드는 rate 및 threshold 매개변수를 정의하고 float64 결과를 리턴한다. 메서드의 코드 블록 내에서 리시버와 일반 매개변수를 구별하기 위한 특별한 처리는 필요하지 않다.

메서드를 호출하면 다음과 같이 일반 함수에 대한 인수를 제공한다.

```
...
product.calcTax(0.2, 100)
...
```

예제에서 printDetails 메서드는 calcTax 메서드를 호출해 다음 출력을 생성한다.

```
Name: Kayak Category: Watersports Price 330
Name: Lifejacket Category: Watersports Price 48.95
Name: Soccer Ball Category: Soccer Price 19.5
```

메서드 오버로딩 이해

Go는 같은 이름이지만 다른 매개변수로 여러 메서드를 정의할 수 있는 메서드 오버로딩 overloading을 지원하지 않는다. 대신 정의한 다른 매개변수와 상관없이 메서드 이름과 리시버 타입의 각 조합은 고유해야 한다. 리스트 11-7에서 이름은 같지만 리시버 타입이 다른 메서드를 정의했다.

리스트 11-7 methodsAndInterfaces 폴더 내 main.go 파일에서 동일한 이름을 가진 메서드

```
package main

import "fmt"

type Product struct {
  name, category string
  price float64
}

type Supplier struct {
  name, city string
}

func newProduct(name, category string, price float64) *Product {
  return &Product{ name, category, price }
}

func (product *Product) printDetails() {
  fmt.Println("Name:", product.name, "Category:", product.category,
    "Price",  product.calcTax(0.2, 100))
}
```

```go
func (product *Product) calcTax(rate, threshold float64) float64 {
  if (product.price > threshold) {
    return product.price + (product.price * rate)
  }
  return product.price;
}

func (supplier *Supplier) printDetails() {
  fmt.Println("Supplier:", supplier.name, "City:", supplier.city)
}

func main() {

  products := []*Product {
    newProduct{"Kayak", "Watersports", 275 },
    newProduct{"Lifejacket", "Watersports", 48.95 },
    newProduct{"Soccer Ball", "Soccer", 19.50},
  }

  for _, p := range products {
    p.printDetails()
  }

  suppliers := []*Supplier {
    { "Acme Co", "New York City"},
    { "BoatCo", "Chicago"},
  }
  for _,s := range suppliers {
    s.printDetails()
  }
}
```

*Product 및 *Supplier 타입 모두 printDetails 메서드가 있고 각각 고유한 이름과 리시버 타입 조합을 나타내기 때문에 Go는 동일한 메서드를 허용한다. 리스트 11-7의 코드는 다음 출력을 생성한다.

```
Name: Kayak Category: Watersports Price 330
Name: Lifejacket Category: Watersports Price 48.95
Name: Soccer Ball Category: Soccer Price 19.5
Supplier: Acme Co City: New York City
Supplier: BoatCo City: Chicago
```

리스트 11-8과 같이 나머지 메서드 매개변수가 다른지 여부에 관계없이 기존 이름/리시버 조합을 복제하는 메서드를 정의할 때 컴파일러에서 에러를 보고한다.

```go
package main

import "fmt"

type Product struct {
  name, category string
  price float64
}

type Supplier struct {
  name, city string
}

// ...간결함을 위해 다른 메서드 생략...

func (supplier *Supplier) printDetails() {
  fmt.Println("Supplier:", supplier.name, "City:", supplier.city)
}

func (supplier *Supplier) printDetails(showName bool) {
  if (showName) {
    fmt.Println("Supplier:", supplier.name, "City:", supplier.city)
  } else {
    fmt.Println("Supplier:", supplier.name)
  }
}

func main() {

  products := []*Product {
    newProduct{"Kayak", "Watersports", 275 },
    newProduct{"Lifejacket", "Watersports", 48.95 },
    newProduct{"Soccer Ball", "Soccer", 19.50},
  }

  for _, p := range products {
    p.printDetails()
  }

  suppliers := []*Supplier {
    { "Acme Co", "New York City"},
    { "BoatCo", "Chicago"},
  }
  for _,s := range suppliers {
    s.printDetails()
  }
}
```

새 메서드는 다음과 같이 컴파일러 에러를 생성한다.

```
# command-line-arguments
.\main.go:34:6: method redeclared: Supplier.printDetails
        method(*Supplier) func()
        method(*Supplier) func(bool)
.\main.go:34:27: (*Supplier).printDetails redeclared in this block
        previous declaration at .\main.go:30:6
```

포인터와 값 리시버 이해

리시버가 포인터 타입인 메서드는 기본 타입의 일반 값을 통해 호출할 수 있다. 예를 들어 타입이 *Product인 메서드는 리스트 11-9와 같이 Product 값과 함께 사용할 수 있다.

리스트 11-9 methodsAndInterfaces 폴더 내 main.go 파일에서 메서드 호출

```go
package main

import "fmt"

type Product struct {
  name, category string
  price float64
}

// type Supplier struct {
//    name, city string
// }

// func newProduct(name, category string, price float64) *Product {
//    return &Product{ name, category, price }
// }

func (product *Product) printDetails() {
  fmt.Println("Name:", product.name, "Category:", product.category,
    "Price",  product.calcTax(0.2, 100))
}

func (product *Product) calcTax(rate, threshold float64) float64 {
  if (product.price > threshold) {
    return product.price + (product.price * rate)
  }
  return product.price;
}

// func (supplier *Supplier) printDetails() {
//    fmt.Println("Supplier:", supplier.name, "City:", supplier.city)
// }
```

```
func main() {
  kayak := Product { "Kayak", "Watersports", 275 }
  kayak.printDetails()
}
```

kayak 변수는 Product 값을 할당하지만 리시버가 *Product인 printDetails 메서드와 함께 사용한다. Go는 불일치를 처리하고 메서드를 원활하게 호출한다. 반대 프로세스도 마찬가지로 리스트 11-10과 같이 포인터를 사용해 값을 받는 메서드를 호출할 수 있도록 한다.

리스트 11-10 methodsAndInterfaces 폴더 내 main.go 파일에서 메서드 호출

```
package main

import "fmt"

type Product struct {
  name, category string
  price float64
}

func (product Product) printDetails() {
  fmt.Println("Name:", product.name, "Category:", product.category,
    "Price",  product.calcTax(0.2, 100))
}

func (product *Product) calcTax(rate, threshold float64) float64 {
  if (product.price > threshold) {
    return product.price + (product.price * rate)
  }
  return product.price;
}

func main() {
  kayak := &Product { "Kayak", "Watersports", 275 }
  kayak.printDetails()
}
```

해당 기능은 포인터를 사용해 값 복사를 방지하거나 메서드를 통해 리시버를 수정할 수 있도록 해 원하는 동작 방식에 따라 메서드를 작성할 수 있음을 의미한다.

> **■ 노트 ■**
>
> 해당 기능의 한 가지 효과는 메서드 오버로딩과 관련해 값과 포인터 타입을 동일한 것으로 간주한다는 것이다. 즉 리시버 타입이 Product인 printDetails라는 메서드는 리시버 타입이 *Product인 printDetails 메서드와 충돌한다.

리스트 11-9와 리스트 11-10은 둘 다 다음과 같은 결과를 생성한다.

```
Name: Kayak Category: Watersports Price 330
```

타입 별칭으로 메서드 정의

메서드는 현재 패키지에 정의한 모든 타입에 대해 정의할 수 있다. 12장에서 프로젝트에 패키지를 추가하는 방법을 설명하겠지만 11장에서는 단일 패키지를 포함한 단일 코드 파일이 있으므로 main.go 파일에 정의한 타입에 대해서만 메서드를 정의할 수 있다.

그러나 type 키워드를 사용해 모든 타입에 대한 별칭을 만들 수 있고 별칭에 대해 메서드를 정의할 수 있기 때문에 메서드를 구조체로만 제한하지 않는다(9장에서 함수 타입을 간단하게 다루기 위해 type 키워드를 소개했다). 리스트 11-11은 별칭과 메서드를 생성한다.

리스트 11-11 methodsAndInterfaces 폴더 내 main.go 파일에서 타입 별칭으로 메서드 정의

```go
package main

import "fmt"

type Product struct {
  name, category string
  price float64
}

type ProductList []Product

func (products *ProductList) calcCategoryTotals() map[string]float64 {
  totals := make(map[string]float64)
  for _, p := range *products {
    totals[p.category] = totals[p.category] + p.price
  }
  return totals
}

func main() {

  products := ProductList {
    { "Kayak", "Watersports", 275 },
    { "Lifejacket", "Watersports", 48.95 },
    {"Soccer Ball", "Soccer", 19.50 },
  }

  for category, total := range products.calcCategoryTotals() {
    fmt.Println("Category: ", category, "Total:", total)
  }
}
```

type 키워드는 이름이 ProductList인 []Product 타입에 대한 별칭을 만들 때 사용한다. 해당 타입은 예제와 같이 값 타입 리시버에 대해 직접 또는 포인터를 사용해 메서드를 정의할 때 사용할 수 있다.

함수의 결과를 처리할 때와 같이 별칭으로 정의한 메서드를 호출할 때 필요한 타입의 데이터를 항상 수신할 수 있는 것은 아니다. 이러한 상황에서 리스트 11-12와 같이 타입 변환을 수행할 수 있다.

```go
package main

import "fmt"

type Product struct {
  name, category string
  price float64
}

type ProductList []Product

func (products *ProductList) calcCategoryTotals() map[string]float64 {
  totals := make(map[string]float64)
  for _, p := range *products {
    totals[p.category] = totals[p.category] + p.price
  }
  return totals
}

func getProducts() []Product {
  return []Product {
    { "Kayak", "Watersports", 275 },
    { "Lifejacket", "Watersports", 48.95 },
    {"Soccer Ball", "Soccer", 19.50 },
  }
}

func main() {

  products := ProductList(getProducts())

  for category, total := range products.calcCategoryTotals() {
    fmt.Println("Category: ", category, "Total:", total)
  }
}
```

getProducts 함수의 결과는 []Product이고 명시적 변환을 통해 ProductList로 변환해 별칭으로
정의한 메서드를 사용할 수 있다. 리스트 11-11 및 리스트 11-12의 코드는 다음 출력을 생성
한다.

```
Category:  Watersports Total: 323.95
Category:  Soccer Total: 19.5
```

별도 파일에 타입 및 메서드 정의

프로젝트가 더 복잡해짐에 따라 사용자 정의 타입과 해당 메서드를 정의할 때 필요한 코드의 양이 단일 코드 파일에서 관리하기에는 너무 많아진다. Go 프로젝트는 프로젝트를 빌드할 때 컴파일러에 의해 결합되는 여러 파일로 구성할 수 있다.

다음 절의 예제는 변경되지 않을 긴 코드로 단일 코드 리스트로 표현하기에 너무 길어서 여러 코드 파일로 분리해 소개할 것이다.

해당 기능은 프로젝트의 코드 파일을 구조화하는 다양한 방법을 제공하는 패키지에 대한 Go 지원의 일부로 12장에서 설명할 예정이다. 11장에서는 프로젝트 폴더에 여러 코드 파일을 사용해 패키지의 가장 간단한 측면을 보일 것이다.

리스트 11-13 내용을 포함한 product.go라는 파일을 methodsAndInterfaces 폴더에 추가 해보자.

리스트 11-13 methodsAndInterfaces 폴더 내 product.go 파일 소스 코드

```
package main

type Product struct {
  name, category string
  price float64
}
```

methodAndInterfaces 폴더에 service.go라는 파일을 추가하고 해당 파일을 사용해 리스트 11-14에서 표시한 타입을 정의한다.

리스트 11-14 methodsAndInterfaces 폴더 내 service.go 파일 소스 코드

```
package main

type Service struct {
  description string
  durationMonths int
  monthlyFee float64
}
```

마지막으로 main.go 파일의 내용을 리스트 11-15의 내용으로 교체한다.

리스트 11-15 methodsAndInterfaces 폴더 내 main.go 파일 소스 코드

```
package main

import "fmt"
```

```
func main() {

    kayak := Product { "Kayak", "Watersports", 275 }
    insurance := Service {"Boat Cover", 12, 89.50 }

    fmt.Println("Product:", kayak.name, "Price:", kayak.price)
    fmt.Println("Service:", insurance.description, "Price:",
    insurance.monthlyFee * float64(insurance.durationMonths))
}
```

위 코드는 다른 파일에 정의한 구조체 타입을 사용해 값을 생성한다. 프로젝트를 컴파일 및 실행하면 다음 출력을 생성한다.

```
Product: Kayak Price: 275
Service: Boat Cover Price: 1074
```

인터페이스 정의 및 사용

이전 절에서 정의한 Product 및 Service 타입을 사용한 시나리오를 쉽게 상상할 수 있다. 예를 들어 개인 계정 패키지는 비용 목록을 사용자에게 제공해야 할 수 있고, 그중 일부는 Product 값으로 표시하고 다른 일부는 Service 값으로 표시한다. 이러한 타입은 공통 목적을 갖고 있지만 Go 타입 규칙은 두 타입의 값을 모두 포함하는 슬라이스를 생성하는 것과 같이 두 타입을 함께 사용하는 것을 방지한다.

인터페이스 정의

위 문제는 메서드의 구현을 지정하지 않고 메서드 집합을 설명하는 인터페이스를 사용해 해결할 수 있다. 타입이 인터페이스가 정의한 모든 메서드를 구현하는 경우 해당 타입의 값은 인터페이스를 허용하는 모든 곳에서 사용할 수 있다. 첫 번째 단계는 리스트 11-16과 같이 인터페이스를 정의하는 것이다.

리스트 11-16 methodsAndInterfaces 폴더 내 main.go 파일에서 인터페이스 정의

```
package main

import "fmt"

type Expense interface {
  getName() string
  getCost(annual bool) float64
}
```

```go
func main() {

    kayak := Product { "Kayak", "Watersports", 275 }
    insurance := Service {"Boat Cover", 12, 89.50 }

    fmt.Println("Product:", kayak.name, "Price:", kayak.price)
    fmt.Println("Service:", insurance.description, "Price:",
        insurance.monthlyFee * float64(insurance.durationMonths))
}
```

인터페이스는 type 키워드, 이름, interface 키워드 및 그림 11-3과 같이 중괄호로 묶인 메서드 서명으로 구성된 보디를 사용해 정의한다.

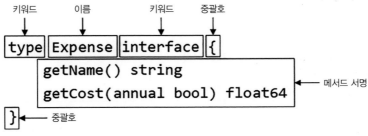

그림 11-3 인터페이스 정의

위 인터페이스에 Expense라는 이름을 지정했고 인터페이스 보디는 단일 메서드 서명을 포함하고 있다. 메서드 서명은 그림 11-4와 같이 이름, 매개변수, 결과 타입으로 구성한다.

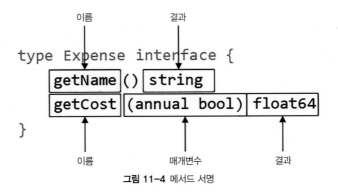

그림 11-4 메서드 서명

Expense 인터페이스는 두 가지 방법을 설명한다. 첫 번째 메서드는 인수를 허용하지 않고 문자열을 반환하는 getName이다. 두 번째 메서드의 이름은 getCost이고 bool 인수를 허용하고 float64 결과를 생성한다.

인터페이스 구현

인터페이스를 구현하려면 리스트 11-17과 같이 인터페이스가 지정한 모든 메서드를 구조체 타입이 정의해야 한다.

리스트 11-17 methodsAndInterfaces 폴더 내 product.go 파일에서 인터페이스 구현

```go
package main

type Product struct {
  name, category string
  price float64
}

func (p Product) getName() string {
  return p.name
}

func (p Product) getCost(_ bool) float64 {
  return p.price
}
```

대부분의 언어는 타입이 인터페이스를 구현하는 시기를 나타내기 위해 키워드를 사용해야 하지만 Go는 단순히 인터페이스에서 지정한 모든 메서드를 정의하고 있어야 한다. Go는 다른 매개변수 및 결과 이름을 사용할 수 있지만 메서드는 동일한 이름, 매개변수 타입, 결과 타입을 가져야 한다. 리스트 11-18은 Service 타입에 대한 인터페이스를 구현하기 위해 필요한 메서드를 정의한다.

리스트 11-18 methodsAndInterfaces 폴더 내 service.go 파일에서 인터페이스 구현

```go
package main

type Service struct {
  description string
  durationMonths int
  monthlyFee float64
}

func (s Service) getName() string {
  return s.description
}

func (s Service) getCost(recur bool) float64 {
  if (recur) {
    return s.monthlyFee * float64(s.durationMonths)
  }
  return s.monthlyFee
}
```

314

인터페이스는 필드가 아닌 메서드만 설명한다. 따라서 인터페이스는 리스트 11-17 및 리스트 11-18의 getName 메서드와 같이 구조체 필드에 저장한 값을 반환하는 메서드를 지정하는 경우가 많다.

인터페이스 사용

인터페이스를 구현하고 나면 리스트 11-19와 같이 인터페이스 타입을 통해 값을 참조할 수 있다.

리스트 11-19 methodsAndInterfaces 폴더 내 main.go 파일에서 인터페이스 구현

```
package main

import "fmt"

type Expense interface {
  getName() string
  getCost(annual bool) float64
}

func main() {

  expenses := []Expense {
    Product { "Kayak", "Watersports", 275 },
    Service {"Boat Cover", 12, 89.50 },
  }

  for _, expense := range expenses {
    fmt.Println("Expense:", expense.getName(), "Cost:", expense.getCost(true))
  }
}
```

위 예제는 Expense 슬라이스를 정의하고 리터럴 구문을 사용해 만든 Product 및 Service 값으로 채웠다. 슬라이스는 각 값에 대해 getName 및 getCost 메서드를 호출하는 for 루프에서 사용한다.

타입이 인터페이스인 변수는 정적 타입과 동적 타입의 두 가지 타입이 있다. 정적 타입은 인터페이스 타입이다. 이 경우 Product 또는 Service와 같이 인터페이스를 구현하는 변수에 할당된 값 타입이 동적 타입이다. 정적 타입은 변경되지 않는다. 예를 들어 Expense 변수의 정적 타입은 항상 Expense다. 그러나 동적 타입은 인터페이스를 구현하는 다른 타입의 새 값을 할당해변경할 수 있다.

for 루프는 정적 타입인 Expense만 처리하고 해당 값의 동적 타입을 알지 못한다(알 필요도 없다). 인터페이스를 사용하면 서로 다른 동적 타입을 함께 그룹화하고 정적 인터페이스 타입

이 지정한 공통 메서드를 사용할 수 있다. 프로젝트를 컴파일 및 실행하면 다음 출력을 생성한다.

```
Expense: Kayak Cost: 275
Expense: Boat Cover Cost: 1074
```

함수 내 인터페이스 사용

리스트 11-20과 같이 인터페이스 타입은 변수, 함수 매개변수, 함수 결과에 사용할 수 있다.

> ■ 노트 ■
>
> 인터페이스를 리시버로 사용해 메서드를 정의할 수 없다. 인터페이스 관련 메서드는 인터페이스가 지정하는 것만 가능하다.

리스트 11-20 methodsAndInterfaces 폴더 내 main.go 파일에서 인터페이스 구현

```go
package main

import "fmt"

type Expense interface {
  getName() string
  getCost(annual bool) float64
}

func calcTotal(expenses []Expense) (total float64) {
  for _, item := range expenses {
    total += item.getCost(true)
  }
  return
}

func main() {

  expenses := []Expense {
    Product { "Kayak", "Watersports", 275 },
    Service {"Boat Cover", 12, 89.50 },
  }

  for _, expense := range expenses {
    fmt.Println("Expense:", expense.getName(), "Cost:", expense.getCost(true))
  }
  fmt.Println("Total:", calcTotal(expenses))
}
```

calcTotal 함수는 for를 사용해 처리하는 Expense 값을 포함하는 슬라이스를 수신한다. 루프를 사용해 float64 합계를 생성한다. 프로젝트를 컴파일 및 실행하면 다음 출력을 생성한다.

```
Expense: Kayak Cost: 275
Expense: Boat Cover Cost: 1074
Total: 1349
```

구조체 필드로 인터페이스 사용

인터페이스 타입은 구조체 필드에 사용할 수 있다. 즉 리스트 11-21과 같이 인터페이스가 정의한 메서드를 구현하는 모든 타입의 값을 필드에 할당할 수 있다.

리스트 11-21 methodsAndInterfaces 폴더 내 main.go 파일에서 구조체 필드 내 인터페이스 사용

```go
package main

import "fmt"

type Expense interface {
  getName() string
  getCost(annual bool) float64
}

func calcTotal(expenses []Expense) (total float64) {
  for _, item := range expenses {
    total += item.getCost(true)
  }
  return
}

type Account struct {
  accountNumber int
  expenses []Expense
}

func main() {

  account := Account {
    accountNumber: 12345,
    expenses: []Expense {
      Product { "Kayak", "Watersports", 275 },
      Service {"Boat Cover", 12, 89.50 },
    },
  }

  for _, expense := range account.expenses {
    fmt.Println("Expense:", expense.getName(), "Cost:", expense.getCost(true))
  }
  fmt.Println("Total:", calcTotal(account.expenses))
}
```

Account 구조체는 타입이 Expense 값의 슬라이스인 Expense 필드가 있고 다른 필드처럼 사용할 수 있다. 프로젝트를 컴파일 및 실행하면 다음 출력을 생성한다.

```
Expense: Kayak Cost: 275
Expense: Boat Cover Cost: 1074
Total: 1349
```

포인터 메서드 리시버 효과 이해

Product 및 Service 타입이 정의한 메서드는 값 리시버가 있다. 즉 Product 또는 Service 값의 사본과 함께 메서드를 호출한다. 혼란스러울 수 있으므로 리스트 11-22를 통해 간단한 예제를 살펴보자.

리스트 11-22 methodsAndInterfaces 폴더 내 main.go 파일에서 값 사용

```go
package main

import "fmt"

type Expense interface {
  getName() string
  getCost(annual bool) float64
}

func main() {

  product := Product { "Kayak", "Watersports", 275 }

  var expense Expense = product

  product.price = 100

  fmt.Println("Product field value:", product.price)
  fmt.Println("Expense method result:", expense.getCost(false))
}
```

위 예제는 Product 구조체 값을 만들고 이를 Expense 변수에 할당한 다음 구조체 값의 price 필드 값을 변경하고 인터페이스 메서드를 통해 필드 값을 직접 작성한다. 코드를 컴파일 및 실행하면 다음 출력을 생성한다.

```
Product field value: 100
Expense method result: 275
```

Product 값은 Expense 변수에 할당될 때 복사했다. 즉 price 필드의 변경 사항은 getCost 메서드의 결과에 영향을 미치지 않는다.

318

리스트 11-23과 같이 인터페이스 변수에 할당할 때 구조체 값에 대한 포인터를 사용할 수 있다.

리스트 11-23 methodsAndInterfaces 폴더 내 main.go 파일에서 포인터 사용

```go
package main

import "fmt"

type Expense interface {
  getName() string
  getCost(annual bool) float64
}

func main() {

  product := Product { "Kayak", "Watersports", 275 }

  var expense Expense = &product

  product.price = 100

  fmt.Println("Product field value:", product.price)
  fmt.Println("Expense method result:", expense.getCost(false))
}
```

포인터를 사용하는 것은 Product 값에 대한 참조가 Expense 변수에 할당되는 것을 의미하지만 여전히 Expense인 인터페이스 변수 타입은 변경되지 않는다. 프로젝트를 컴파일 및 실행하면 price 필드의 변경 사항이 getCost 메서드의 결과에 반영됐음을 보여주는 출력에서 참조의 효과를 볼 수 있다.

```
Product field value: 100
Expense method result: 100
```

이는 인터페이스 변수에 할당한 값을 사용하는 방식을 선택할 수 있다는 점에서 유용하다. 그러나 변수 타입이 Product 또는 *Product 값에 할당됐는지 여부에 관계없이 항상 Expense이기 때문에 직관적이지 않을 수 있다.

리스트 11-24 methodsAndInterfaces 폴더 내 product.go 파일에서 포인터 리시버 사용

```go
package main

type Product struct {
  name, category string
  price float64
}
```

```
func (p *Product) getName() string {
  return p.name
}

func (p *Product) getCost(_ bool) float64 {
  return p.price
}
```

변경 사항이 적지만 필요한 메서드를 더 이상 정의하지 않았기 때문에 Product 타입이 더 이상 Expense 인터페이스를 구현하지 않음을 의미한다. 대신 인터페이스를 구현하는 것은 *Product 타입이다. 즉 Product 값에 대한 포인터는 일반 값이 아닌 Expense 값으로 처리할 수 있다. 프로젝트를 컴파일 및 실행하면 리스트 11-23과 동일한 출력을 생성한다.

```
Product field value: 100
Expense method result: 100
```

리스트 11-25는 Product 값을 Expense 변수에 할당한다.

리스트 11-25 methodsAndInterfaces 폴더 내 main.go 파일에서 값 할당

```
package main

import "fmt"

type Expense interface {
  getName() string
  getCost(annual bool) float64
}

func main() {

  product := Product { "Kayak", "Watersports", 275 }

  var expense Expense = product

  product.price = 100

  fmt.Println("Product field value:", product.price)
  fmt.Println("Expense method result:", expense.getCost(false))
}
```

프로젝트를 컴파일하면 포인터 수신이 필요하다는 다음 에러를 표시한다.

```
.\main.go:14:9: cannot use product (type Product) as type Expense in assignment:
    Product does not implement Expense (getCost method has pointer receiver)
```

320

인터페이스 값 비교

리스트 11-26과 같이 Go 비교 연산자를 사용해 인터페이스 값을 비교할 수 있다. 두 인터페이스 값이 동일한 동적 타입을 갖고 모든 필드가 동일한 경우 동일하다.

리스트 11-26 methodsAndInterfaces 폴더 내 main.go 파일에서 인터페이스 값 비교

```go
package main

import "fmt"

type Expense interface {
  getName() string
  getCost(annual bool) float64
}

func main() {

  var e1 Expense = &Product { name: "Kayak" }
  var e2 Expense = &Product { name: "Kayak" }
  var e3 Expense = Service { description: "Boat Cover" }
  var e4 Expense = Service { description: "Boat Cover" }

  fmt.Println("e1 == e2", e1 == e2)
  fmt.Println("e3 == e4", e3 == e4)
}
```

인터페이스 값을 비교할 때는 주의가 필요하며 필연적으로 동적 타입에 대한 약간의 지식이 필요하다.

처음 2개의 Expense 값이 같지 않다. 이는 이러한 값의 동적 타입이 포인터 타입이고 포인터가 동일한 메모리 위치를 가리키는 경우에만 동일하기 때문이다. 두 번째 두 Expense 값은 동일한 필드 값을 가진 단순 구조체 값이기 때문에 동일하다. 프로젝트를 컴파일 및 실행해 다음 값이 같은지 확인해보자.

```
e1 == e2 false
e3 == e4 true
```

인터페이스 동등성 검사는 동적 타입이 비교할 수 없는 경우 런타임 에러를 일으킬 수 있다. 리스트 11-27은 Service 구조체에 필드를 추가한다.

리스트 11-27 methodsAndInterfaces 폴더 내 service.go 파일에서 필드 추가

```go
package main

type Service struct {
```

```
    description string
    durationMonths int
    monthlyFee float64
    features []string
}

func (s Service) getName() string {
    return s.description
}

func (s Service) getCost(recur bool) float64 {
    if (recur) {
        return s.monthlyFee * float64(s.durationMonths)
    }
    return s.monthlyFee
}
```

7장에서 설명한 대로 슬라이스는 비교할 수 없다. 프로젝트를 컴파일 및 실행하면 새 필드의
효과를 볼 수 있다.

```
panic: runtime error: comparing uncomparable type main.Service
goroutine 1 [running]:
main.main()
        C:/main.go:20 +0x1c5
exit status 2
```

⊹ 타입 단언 수행

인터페이스는 유용할 수 있지만 문제가 발생할 수 있다. 동적 타입에 직접 접근할 수 있는 것
이 종종 유용한데 이는 덜 정확한 타입에서 더 정확한 타입으로 이동하는 프로세스인 타입 축
소$^{type\ narrowing}$라고 알려져 있다.

타입 단언$^{type\ assertion}$은 리스트 11-28과 같이 인터페이스 값의 동적 타입에 접근할 때 사용
한다.

리스트 11-28 methodsAndInterfaces 폴더 내 main.go 파일에서 타입 단언 사용

```
package main

import "fmt"

type Expense interface {
    getName() string
    getCost(annual bool) float64
}
```

322

```
func main() {

  expenses := []Expense {
    Service {"Boat Cover", 12, 89.50, []string{} },
    Service {"Paddle Protect", 12, 8, []string{} },
  }

  for _, expense := range expenses {
    s := expense.(Service)
    fmt.Println("Service:", s.description, "Price:",
      s.monthlyFee * float64(s.durationMonths))
  }
}
```

타입 단언은 그림 11-5와 같이 값 뒤에 마침표를 적용하고 괄호 안에 대상 타입을 적용해 수행한다.

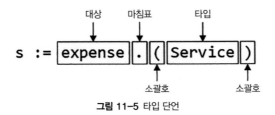

그림 11-5 타입 단언

리스트 11-28은 Expense 인터페이스 타입의 슬라이스에서 동적 Service 값에 접근하기 위해 타입 단언을 사용했다. 작업할 Service 값이 있으면 Expense 인터페이스에서 정의한 메서드뿐만 아니라 Service 타입이 정의한 모든 필드와 메서드를 사용할 수 있다.

타입 단언 VS. 타입 변환

그림 11-6과 같이 타입 단언을 5장에서 설명한 타입 변환 구문과 혼동하지 않아야 한다. 타입 단언은 인터페이스에만 적용할 수 있고 인터페이스 값이 특정 동적 타입을 갖고 있음을 컴파일러에 알려주기 위해 사용한다. 타입 변환은 인터페이스가 아닌 특정 타입에만 적용할 수 있고 동일한 필드가 있는 구조체 타입 간의 변환과 같이 해당 타입의 구조가 호환되는 경우에만 적용할 수 있다.

리스트 11-28의 코드를 컴파일 및 실행하면 다음 출력을 생성한다.

```
Service: Boat Cover Price: 1074
Service: Paddle Protect Price: 96
```

타입 단언 수행 전 테스트

타입 단언을 사용하면 컴파일러는 프로그래머가 코드의 동적 타입을 추론할 수 있는 것보다 더 많은 지식을 갖고 있을 것으로 믿는다고 볼 수 있다(예: Expense 슬라이스는 Supplier 값만 포함). 그렇지 않을 때 어떤 일이 발생하는지 보기 위해 리스트 11-29는 *Product 값을 Expense 슬라이스에 추가한다.

리스트 11-29 methodsAndInterfaces 폴더 내 main.go 파일에서 동적 타입 혼합

```go
package main

import "fmt"

type Expense interface {
  getName() string
  getCost(annual bool) float64
}

func main() {

  expenses := []Expense {
    Service {"Boat Cover", 12, 89.50, []string{} },
    Service {"Paddle Protect", 12, 8, []string{} },
    &Product { "Kayak", "Watersports", 275 },
  }

  for _, expense := range expenses {
    s := expense.(Service)
    fmt.Println("Service:", s.description, "Price:",
      s.monthlyFee * float64(s.durationMonths))
  }
}
```

프로젝트를 컴파일 및 실행하면 다음 에러를 표시한다.

```
panic: interface conversion: main.Expense is *main.Product, not main.Service
```

Go 런타임이 단언을 수행하려고 했지만 실패했다. 문제를 피하기 위해 리스트 11-30과 같이 단언을 수행할 수 있는지 여부를 나타내는 특수한 형태의 단언 타입이 있다.

리스트 11-30 methodsAndInterfaces 폴더 내 main.go 파일에서 단언 테스트

```go
package main

import "fmt"

type Expense interface {
```

324

```
    getName() string
    getCost(annual bool) float64
}

func main() {

    expenses := []Expense {
        Service {"Boat Cover", 12, 89.50, []string{} },
        Service {"Paddle Protect", 12, 8, []string{} },
        &Product { "Kayak", "Watersports", 275 },
    }

    for _, expense := range expenses {
        if s, ok := expense.(Service); ok {
            fmt.Println("Service:", s.description, "Price:",
                s.monthlyFee * float64(s.durationMonths))
        } else {
            fmt.Println("Expense:", expense.getName(),
                "Cost:", expense.getCost(true))
        }
    }
}
```

타입 단언은 그림 11-6과 같이 두 가지 결과를 생성할 수 있다. 첫 번째 결과는 동적 타입을 할당하고 두 번째 결과는 단언을 수행할 수 있는지 여부를 나타내는 bool이다.

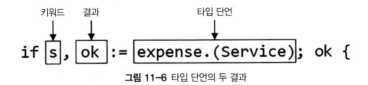

그림 11-6 타입 단언의 두 결과

bool 값은 if 문과 함께 사용해 특정 동적 타입에 대한 명령문을 실행할 수 있다. 프로젝트를 컴파일 및 실행하면 다음 출력을 표시한다.

```
Service: Boat Cover Price: 1074
Service: Paddle Protect Price: 96
Expense: Kayak Cost: 275
```

동적 타입에 대한 switch 문

Go switch 문은 리스트 11-31과 같이 동적 타입에 접근할 때 사용할 수 있고 if 문으로 타입 단언을 수행하는 것보다 더 간결한 방법일 수 있다.

```go
package main

import "fmt"

type Expense interface {
  getName() string
  getCost(annual bool) float64
}

func main() {

  expenses := []Expense {
    Service {"Boat Cover", 12, 89.50, []string{} },
    Service {"Paddle Protect", 12, 8, []string{} },
    &Product { "Kayak", "Watersports", 275 },
  }

  for _, expense := range expenses {
    switch value := expense.(type) {
      case Service:
        fmt.Println("Service:", value.description, "Price:",
          value.monthlyFee * float64(value.durationMonths))
      case *Product:
        fmt.Println("Product:", value.name, "Price:", value.price)
      default:
        fmt.Println("Expense:", expense.getName(),
          "Cost:", expense.getCost(true))
    }
  }
}
```

switch 문은 그림 11-7과 같이 type 키워드를 사용하는 특수 타입 단언을 사용한다.

그림 11-7 타입 switch

각 case 문은 switch 문이 평가한 값이 지정한 타입을 가질 때 실행할 코드 블록과 타입을 지정한다. Go 컴파일러는 switch 문이 평가한 값 간의 관계를 이해할 만큼 충분히 똑똑하며 일치하지 않는 타입의 경우 case 문을 허용하지 않는다. 예를 들어 switch 문이 Expense 값을 평가하면 Product 타입에 인터페이스를 구현하기 위해 필요한 메서드가 없기 때문에 컴파일러는 Product 타입에 대한 case 문이 있으면 불평할 것이다(리스트 11-24와 같이 product.go 파일 내 메서드가 포인터 리시버 사용하기 때문).

case 문 내 결과는 지정한 타입으로 처리할 수 있다. 예를 들어 Supplier 타입을 지정하는 case 문 내에서 Supplier 타입으로 정의한 모든 필드와 메서드를 사용할 수 있다.

default 문을 사용해 일치하는 case 문이 없을 때 실행할 코드 블록을 지정할 수 있다. 프로젝트를 컴파일 및 실행하면 다음과 같은 결과를 표시한다.

```
Service: Boat Cover Price: 1074
Service: Paddle Protect Price: 96
Product: Kayak Price: 275
```

빈 인터페이스 사용

Go는 메서드를 정의하지 않는 인터페이스를 의미하는 빈 인터페이스의 사용자가 모든 타입을 나타낼 수 있도록 한다. 리스트 11-32에서 볼 수 있듯이 공통 기능을 공유하지 않는 이종 타입을 그룹화하는 유용한 방법이 될 수 있다.

리스트 11-32 methodsAndInterfaces 폴더 내 main.go 파일에서 빈 인터페이스 사용

```go
package main

import "fmt"

type Expense interface {
  getName() string
  getCost(annual bool) float64
}

type Person struct {
  name, city string
}

func main() {

  var expense Expense = &Product { "Kayak", "Watersports", 275 }

  data := []interface{} {
    expense,
    Product { "Lifejacket", "Watersports", 48.95 },
    Service {"Boat Cover", 12, 89.50, []string{} },
    Person { "Alice", "London"},
    &Person { "Bob", "New York"},
    "This is a string",
    100,
    true,
  }
```

```
    for _, item := range data {
      switch value := item.(type) {
        case Product:
          fmt.Println("Product:", value.name, "Price:", value.price)
        case *Product:
          fmt.Println("Product Pointer:", value.name, "Price:", value.price)
        case Service:
          fmt.Println("Service:", value.description, "Price:",
            value.monthlyFee * float64(value.durationMonths))
        case Person:
          fmt.Println("Person:", value.name, "City:", value.city)
        case *Person:
          fmt.Println("Person Pointer:", value.name, "City:", value.city)
        case string, bool, int:
          fmt.Println("Built-in type:", value)
        default:
          fmt.Println("Default:", value)
      }
    }
  }
```

빈 인터페이스는 그림 11-8과 같이 interface 키워드와 빈 중괄호로 정의한 리터럴 구문에서 사용한다.

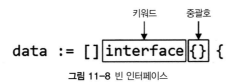

그림 11-8 빈 인터페이스

빈 인터페이스는 내장 타입과 정의한 모든 구조체 및 인터페이스를 포함한 모든 타입을 나타낸다. 리스트 11-31은 Product, *Product, Service, Person, *Person, string, int, bool 값이 혼합된 빈 배열 슬라이스를 정의한다. 슬라이스는 각 값을 특정 타입으로 좁히는 switch 문이 있는 for 루프가 처리한다. 프로젝트를 컴파일 및 실행하면 다음 출력을 생성한다.

```
Product Pointer: Kayak Price: 275
Product: Lifejacket Price: 48.95
Service: Boat Cover Price: 1074
Person: Alice City: London
Person Pointer: Bob City: New York
Built-in type: This is a string
Built-in type: 100
Built-in type: true
```

함수 매개변수로 빈 인터페이스 사용

리스트 11-33과 같이 빈 인터페이스를 함수 매개변수의 타입으로 사용할 수 있으므로 어떤 값으로도 함수를 호출할 수 있다.

리스트 11-33 methodsAndInterfaces 폴더 내 main.go 파일에서 빈 인터페이스 매개변수 사용

```go
package main

import "fmt"

type Expense interface {
  getName() string
  getCost(annual bool) float64
}

type Person struct {
  name, city string
}

func processItem(item interface{}) {
  switch value := item.(type) {
    case Product:
      fmt.Println("Product:", value.name, "Price:", value.price)
    case *Product:
      fmt.Println("Product Pointer:", value.name, "Price:", value.price)
    case Service:
      fmt.Println("Service:", value.description, "Price:",
        value.monthlyFee * float64(value.durationMonths))
    case Person:
      fmt.Println("Person:", value.name, "City:", value.city)
    case *Person:
      fmt.Println("Person Pointer:", value.name, "City:", value.city)
    case string, bool, int:
      fmt.Println("Built-in type:", value)
    default:
      fmt.Println("Default:", value)
  }
}

func main() {

  var expense Expense = &Product { "Kayak", "Watersports", 275 }

  data := []interface{} {
    expense,
    Product { "Lifejacket", "Watersports", 48.95 },
    Service {"Boat Cover", 12, 89.50, []string{} },
    Person { "Alice", "London"},
    &Person { "Bob", "New York"},
```

```
    "This is a string",
    100,
    true,
  }

  for _, item := range data {
    processItem(item)
  }
}
```

빈 인터페이스는 가변 매개변수에 사용할 수 있다. 빈 인터페이스 매개변수를 사용하면 리스트 11-34에서 볼 수 있는 것처럼 각각이 모든 타입이 될 수 있는 임의의 수의 인수로 함수를 호출할 수 있다.

리스트 11-34 methodsAndInterfaces 폴더 내 main.go 파일에서 가변 매개변수 사용

```go
package main

import "fmt"

type Expense interface {
  getName() string
  getCost(annual bool) float64
}

type Person struct {
  name, city string
}

func processItem(items ...interface{}) {
  for _, item := range items {
    switch value := item.(type) {
    case Product:
      fmt.Println("Product:", value.name, "Price:", value.price)
    case *Product:
      fmt.Println("Product Pointer:", value.name, "Price:", value.price)
    case Service:
      fmt.Println("Service:", value.description, "Price:",
        value.monthlyFee * float64(value.durationMonths))
    case Person:
      fmt.Println("Person:", value.name, "City:", value.city)
    case *Person:
      fmt.Println("Person Pointer:", value.name, "City:", value.city)
    case string, bool, int:
      fmt.Println("Built-in type:", value)
    default:
      fmt.Println("Default:", value)
    }
  }
}
```

```
  }

  func main() {

    var expense Expense = &Product { "Kayak", "Watersports", 275 }

    data := []interface{} {
      expense,
      Product { "Lifejacket", "Watersports", 48.95 },
      Service {"Boat Cover", 12, 89.50, []string{} },
      Person { "Alice", "London"},
      &Person { "Bob", "New York"},
      "This is a string",
      100,
      true,
    }

    processItems(data...)
  }
```

리스트 11-33과 리스트 11-34는 모두 프로젝트를 컴파일 및 실행할 때 다음과 같은 출력을
생성한다.

```
Product Pointer: Kayak Price: 275
Product: Lifejacket Price: 48.95
Service: Boat Cover Price: 1074
Person: Alice City: London
Person Pointer: Bob City: New York
Built-in type: This is a string
Built-in type: 100
Built-in type: true
```

┅┇ 요약

11장에서 구조체 타입에 대한 정의 및 메서드 인터페이스 집합 정의의 관점에서 Go가 메서드
에 제공하는 지원을 설명했다. 구조체가 인터페이스를 구현하는 방법을 보였고 이를 통해 혼
합 타입을 함께 사용할 수 있다. 12장에서는 Go가 패키지와 모듈을 사용해 프로젝트에서 구
조를 지원하는 방법을 설명할 것이다.

패키지 생성 및 사용

패키지는 모든 코드를 단일 파일이나 폴더에 넣을 필요 없이 관련 기능을 함께 그룹화하기 위해서 프로젝트를 구조화할 수 있는 Go 기능이다. 12장에서는 패키지를 만들고 사용하는 방법과 타사에서 개발한 패키지를 사용하는 방법에 대해 설명한다. 표 12-1은 패키지를 상황에 따른 패키지를 보여준다.

표 12-1 상황에 따른 패키지

질문	답
무엇인가?	패키지를 사용하면 관련 기능을 함께 개발할 수 있는 프로젝트를 구성할 수 있다.
왜 유용한가?	패키지는 Go가 접근 제어를 구현해 기능 구현을 사용하는 코드에서 숨길 수 있는 방법이다.
어떻게 사용하는가?	패키지는 폴더에 코드 파일을 생성하고 package 키워드를 사용해 패키지가 속한 패키지를 표시해 정의한다.
함정이나 제한 사항?	의미 있는 이름이 너무 많고 패키지 이름 간 충돌이 일반적이다. 에러를 피하기 위해 별칭을 사용해야 한다.
대안이 있는가?	패키지 없이 간단한 애플리케이션을 작성할 수 있다.

표 12-2는 12장을 요약한 것이다.

표 12-2 12장 요약

문제	해결 방법	리스트 참조 번호
패키지를 정의한다.	폴더를 생성하고 package 문이 있는 코드 파일을 추가한다.	4, 9, 10, 15, 16
패키지를 사용한다.	패키지 및 해당 모듈의 경로를 지정하는 import 문을 추가한다.	5
패키지 기능에 대한 접근을 제어한다.	패키지 이름에서 첫 대문자를 사용해 기능을 export한다. 소문자 이니셜은 예상치 못한 것으로 간주해 패키지 외부에서 사용할 수 없다.	6-8
패키지 충돌을 해결한다.	별칭 또는 점 import를 사용한다.	11-14

(이어짐)

문제	해결 방법	리스트 참조 번호
패키지가 로드될 때 작업 수행한다.	초기화 함수를 정의한다.	17, 18
패키지에 포함된 기능을 import하지 않고 패키지 초기화 함수를 실행한다.	빈 식별자나 import 문을 사용한다.	19, 20
외부 패키지를 사용한다.	go get 명령어를 사용한다.	21, 22
사용하지 않는 패키지 의존성을 제거한다.	go mod tidy 명령어를 사용한다.	23

✛ 12장 준비

12장 예제를 준비하기 위해 새 CMD를 열어 편리한 위치로 이동한 다음 packages 폴더를 생성한다. 리스트 12-1의 명령어를 실행해 프로젝트를 초기화해보자.

> **▪ 팁 ▪**
>
> 다음 링크(https://github.com/apress/pro-go)에서 12장 및 책의 다른 모든 장에 대한 예제 프로젝트를 다운로드할 수 있다. 예제를 실행하는 데 문제가 발생한 경우 도움받는 방법은 2장을 참조한다.

리스트 12-1 프로젝트 초기화

```
go mod init packages
```

리스트 12-2의 소스 코드 내용을 담은 main.go 파일을 생성해 packages 폴더에 추가해보자.

리스트 12-2 packages 폴더 내 main.go 파일 소스 코드

```
package main

import "fmt"

func main() {
  fmt.Println("Hello, Packages and Modules")
}
```

packages 폴더에서 리스트 12-3의 명령어를 실행하기 위해 CMD를 사용한다.

리스트 12-3 예제 프로젝트 실행

```
go run .
```

main.go 파일 내 코드를 컴파일 및 실행하면 다음 출력을 생성한다.

```
Hello, Packages and Modules
```

모듈 파일 이해

이 책에 있는 모든 예제 프로젝트의 첫 번째 단계는 모듈 파일을 만드는 것인데 리스트 12-1 명령어로 수행했었다.

모듈 파일의 원래 목적은 코드를 게시해 다른 프로젝트 및 잠재적으로 다른 개발자가 사용할 수 있도록 하는 것이었다. 모듈 파일을 여전히 같은 용도로 사용하지만 Go가 주류 개발을 시작하면서 게시되는 프로젝트의 비율이 떨어졌다. 최근 모듈 파일을 생성하는 가장 일반적인 이유는 게시한 패키지를 쉽게 설치할 수 있고 컴파일할 개별 파일 목록이 있는 빌드 도구를 제공할 필요 없이 리스트 12-3 명령어를 사용할 수 있다는 보너스 효과가 있기 때문이다.

리스트 12-1 명령어는 다음 내용과 함께 패키지 폴더에 go.mod라는 파일을 생성했다.

```
module packages
go 1.17
```

module 문은 리스트 12-1 명령어로 지정한 모듈의 이름을 나타낸다. 모듈 이름은 이후 예제에서 보여주듯이 동일한 프로젝트 및 타사 패키지에서 생성한 다른 패키지 기능을 import하기 위해 사용하기 때문에 중요하다. go 문은 책에서 사용한 1.17 Go 버전을 나타낸다.

사용자 정의 패키지 생성

패키지를 사용하면 관련 기능을 함께 그룹화해 프로젝트에 구조를 추가할 수 있다. packages/store 폴더를 만들고 여기에 리스트 12-4의 내용을 담은 product.go 파일을 추가해보자.

리스트 12-4 packages/store 폴더 내 product.go 파일 소스 코드

```
package store

type Product struct {
  Name, Category string
  price float64
}
```

사용자 정의 패키지는 package 키워드를 사용해 정의하고 위 코드가 지정한 패키지는 store라고 한다.

```
...
package store
...
```

package 문에서 지정한 이름은 코드 파일을 생성한 폴더 이름과 일치해야 하고 예제의 경우 store가 된다.

Product 타입은 11장에서 정의한 유사 타입과 몇 가지 중요한 차이점이 있는데 다음 절에서 설명할 것이다.

---

export한 기능에 대한 설명

Go 린터는 패키지에서 주석으로 설명하지 않은 export한 기능에 대한 에러를 보고한다. 주석은 간단하고 설명적이어야 하고 다음과 같이 기능의 이름으로 주석을 시작하는 것이 관례다.

```
...
// Product 타입은 판매 중인 제품을 설명한다.
type Product struct {
  Name, Category string // 제품의 이름과 타입
  price float64
}
...
```

사용자 정의 타입에 주석을 달 때 export한 필드도 설명할 수 있다. Go는 다음과 같이 package 키워드 앞에 나타나는 전체 패키지를 설명하는 주석도 지원한다.

```
...
// store 패키지는 온라인 판매를 위해
// 공통적으로 필요한 타입과 메서드를 제공한다.
package store
...
```

주석은 코드 문서를 생성하는 go doc 도구가 처리한다. 간결함을 위해 책의 예제에 주석을 추가하지 않았지만 다른 개발자가 사용하는 패키지를 작성할 때 코드 주석을 추가하는 것이 특히 중요하다.

사용자 정의 패키지 사용

사용자 정의 패키지에 대한 의존성은 리스트 12-5와 같이 import 문을 사용해 선언한다.

리스트 12-5 packages 폴더 내 main.go 파일에서 사용자 정의 패키지 사용

```
package main

import (
  "fmt"
  "packages/store"
)

func main() {
```

```
  product := store.Product {
    Name: "Kayak",
    Category: "Watersports",
  }

  fmt.Println("Name:", product.Name)
  fmt.Println("Category:", product.Category)
}
```

import 문은 패키지를 경로로 지정한다. 경로는 리스트 12-1 명령어로 생성한 모듈 이름과 패키지 이름을 그림 12-1과 같이 슬래시로 구분해 구성한다.

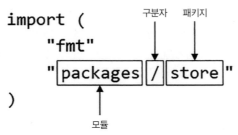

그림 12-1 사용자 정의 패키지 import하기

패키지에서 제공하는 export한 기능은 패키지 이름을 접두사로 사용해 다음과 같이 접근한다.

```
...
var product *store.Product = &store.Product {
...
```

Product 타입을 지정하려면 그림 12-2와 같이 타입 앞에 패키지 이름을 붙여야 한다.

그림 12-2 패키지 이름 사용

프로젝트를 빌드 및 실행하면 다음과 같은 출력을 생성한다.

```
Name: Kayak
Category: Watersports
```

패키지 접근 제어 이해

리스트 12-4에서 정의한 Product 타입은 11장에서 정의한 유사한 타입과 중요한 차이점이 있다. Name 및 Category 필드가 초기 대문자를 갖는다.

Go는 접근 제어에 대한 특이한 접근 방식을 갖는다. Go는 public 및 private와 같은 전용 키워드에 의존하는 대신 타입, 함수, 메서드와 같은 코드 파일의 기능에 지정한 이름의 첫 글자를 검사한다. 첫 번째 문자가 소문자면 기능을 정의하는 패키지 내에서만 기능을 사용할 수 있다. 기능의 첫 문자를 대문자로 지정하면 패키지 외부에서 사용할 수 있도록 export할 수 있다.

리스트 12-4에서 구조체 타입의 이름은 Product이고 store 패키지 외부에서 타입을 사용할 수 있다. Name 및 Category 필드의 이름도 대문자로 시작해 export한다. price 필드는 첫 글자가 소문자로 돼 있기 때문에 store 패키지 내에서만 접근할 수 있다. 그림 12-3은 이러한 차이점을 보여준다.

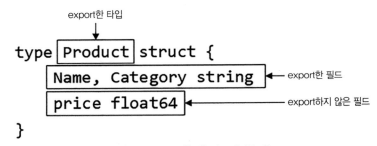

그림 12-3 export한 기능과 프라이빗 기능

컴파일러는 패키지 export 규칙을 적용하기 때문에 price 필드가 리스트 12-6과 같이 store 패키지 외부에서 접근하는 경우 에러를 생성한다.

리스트 12-6 packages 폴더 내 main.go 파일에서 export하지 않은 필드 접근

```go
package main

import (
  "fmt"
  "packages/store"
)

func main() {

  product := store.Product {
    Name: "Kayak",
    Category: "Watersports",
```

```
    price: 279,
  }

  fmt.Println("Name:", product.Name)
  fmt.Println("Category:", product.Category)
  fmt.Println("Price:", product.price)
}
```

첫 번째 변경은 리터럴 구문을 사용해 Product 값을 생성할 때 price 필드의 값을 설정하려고 시도한다. 두 번째 변경은 price 필드의 값을 읽으려고 시도한다.

접근 제어 규칙은 코드를 컴파일할 때 다음 에러를 보고하는 컴파일러에 의해 시행된다.

```
.\main.go:13:9: cannot refer to unexported field 'price' in struct literal of type store.Product
.\main.go:18:34: product.price undefined (cannot refer to unexported field or method price)
```

에러를 해결하기 위해 price 필드를 export하거나 필드 값에 대한 접근을 제공하는 메서드 또는 함수를 export할 수 있다. 리스트 12-7은 Product 값을 생성하기 위한 생성자 함수와 price 필드를 가져오고 설정하기 위한 메서드를 정의한다.

리스트 12-7 store 폴더 내 product.go 파일에서 메서드 정의

```
package store

type Product struct {
  Name, Category string
  price float64
}

func NewProduct(name, category string, price float64) *Product {
  return &Product{ name, category, price }
}

func (p *Product) Price() float64 {
  return p.price
}

func (p *Product) SetPrice(newPrice float64)  {
  p.price = newPrice
}
```

접근 제어 규칙은 개별 함수 또는 메서드 매개변수에 적용되지 않는다. 즉 NewProduct 함수는 export하기 위해서 첫 문자가 대문자여야 하지만 매개변수 이름은 소문자일 수 있다.

메서드는 Price 메서드가 필드 값을 반환하고 SetPrice 메서드가 새 값을 할당하도록 필드에 접근하는 export한 메서드의 일반적인 명명 규칙을 따른다. 리스트 12-8은 새로운 기능을 사용하기 위해 main.go 파일의 소스 코드를 수정한다.

리스트 12-8 packages 폴더 내 main.go 파일에서 패키지 기능 사용

```go
package main

import (
  "fmt"
  "packages/store"
)

func main() {

  product := store.NewProduct("Kayak", "Watersports", 279)

  fmt.Println("Name:", product.Name)
  fmt.Println("Category:", product.Category)
  fmt.Println("Price:", product.Price())
}
```

리스트 12-8의 명령어를 사용해 프로젝트를 컴파일 및 실행하면 main 패키지의 코드가 Price 메서드를 사용해 price 필드를 읽을 수 있음을 보여주는 다음 출력을 받게 된다.

```
Name: Kayak
Category: Watersports
Price: 279
```

패지지에 코드 파일 추가

패키지는 여러 코드 파일을 포함할 수 있다. 개발을 단순화하기 위해 동일한 패키지에 정의한 기능에 접근할 때 접근 제어 규칙 및 패키지 접두어를 적용하지 않는다. 리스트 12-9의 내용을 담은 tax.go 파일을 store 폴더에 추가해보자.

리스트 12-9 store 폴더 내 tax.go 파일 소스 코드

```go
package store

const defaultTaxRate float64 = 0.2
const minThreshold = 10

type taxRate struct {
  rate, threshold float64
}
```

```
func newTaxRate(rate, threshold float64) *taxRate {
  if (rate == 0) {
    rate = defaultTaxRate
  }
  if (threshold < minThreshold) {
    threshold = minThreshold
  }
  return &taxRate { rate, threshold }
}

func (taxRate *taxRate) calcTax(product *Product) float64 {
  if (product.price > taxRate.threshold) {
    return product.price + (product.price * taxRate.rate)
  }
  return product.price
}
```

tax.go 파일에 정의한 모든 기능을 export하지 않기 때문에 store 패키지 내에서만 기능을 사용할 수 있다. calcTax 메서드는 동일한 패키지에 있기 때문에 Product 타입의 price 필드에 접근할 수 있고 타입을 store.Product로 참조할 필요 없이 접근할 수 있다.

```
...
func (taxRate *taxRate) calcTax(product *Product) float64 {
  if (product.price > taxRate.threshold) {
    return product.price + (product.price * taxRate.rate)
  }
  return product.price
}
...
```

리스트 12-10은 세금을 더한 price 필드 값을 반환하도록 Product.Price 메서드를 수정한다.

리스트 12-10 store 폴더 내 product.go 파일에서 세금 계산

```
package store

var standardTax = newTaxRate(0.25, 20)

type Product struct {
  Name, Category string
  price float64
}

func NewProduct(name, category string, price float64) *Product {
  return &Product{ name, category, price }
}

func (p *Product) Price() float64 {
  return standardTax.calcTax(p)
```

```
}

func (p *Product) SetPrice(newPrice float64)  {
  p.price = newPrice
}
```

Price 메서드는 export하지 않은 calcTax 메서드가 접근할 수 있지만 calcTax 메서드와 calcTax
메서드가 적용되는 타입은 store 패키지 내에서만 사용할 수 있다. 리스트 12-10 명령어를 사
용해 코드를 컴파일 및 실행하면 다음 출력을 받게 된다.

```
Name: Kayak
Category: Watersports
Price: 348.75
```

재정의 함정 피하기

일반적인 실수는 동일한 패키지 내에서 다른 파일의 이름을 재사용하는 것이다. 리스트 12-10
예제를 작성할 때를 포함해 내가 자주 하는 실수다. product.go 파일에 있는 코드의 초기 버전
은 다음 코드 실행문을 포함하고 있다.

```
...
var taxRate = newTaxRate(0.25, 20)
...
```

tax.go 파일이 taxRate라는 구조체 타입을 정의하기 때문에 컴파일러 에러가 발생한다. 컴파일
러는 변수에 할당한 이름과 타입에 할당한 이름을 구별하지 않고 다음과 같은 에러를 보고한다.

```
store\tax.go:6:6: taxRate redeclared in this block
         previous declaration at store\product.go:3:5
```

코드 에디터에서 taxRate가 잘못된 타입이라는 에러를 볼 수도 있다. 표현을 다른 동일한 문제
를 나타내는 것이다. 이러한 에러를 방지하기 위해 패키지에 정의한 최상위 기능에 고유한 이름
을 지정해야 한다. 이름은 패키지 전체에서 또는 함수 및 메서드 내부에서 고유할 필요가 없다.

패키지 이름 충돌 해결

패키지를 import할 때 모듈 이름과 패키지 이름의 조합은 패키지를 고유하게 식별할 수 있도
록 한다. 그러나 패키지에서 제공하는 기능에 접근할 때 패키지 이름만 사용하기 때문에 충돌
이 발생할 수 있다. 문제가 어떻게 발생하는지 보기 위해 packages/fmt 폴더를 만들고 여기
에 리스트 12-11의 내용을 담은 format.go 파일을 추가해보자.

```go
package fmt

import "strconv"

func ToCurrency(amount float64) string {
    return "$" + strconv.FormatFloat(amount, 'f', 2, 64)
}
```

format.go 파일은 17장에서 설명하는 strconv.FormatFloat 함수를 사용해 float64 값을 수신하고 형식을 지정한 달러 금액을 생성하는 ToCurrency라는 함수를 export한다.

리스트 12-11에서 정의한 fmt 패키지는 가장 널리 사용되는 표준 라이브러리 패키지 중 하나와 이름이 같다. 따라서 리스트 12-12와 같이 두 패키지를 모두 사용할 때 문제가 발생한다.

리스트 12-12 packages 폴더 내 main.go 파일에서 동일한 이름을 갖는 패키지 사용

```go
package main

import (
    "fmt"
    "packages/store"
    "packages/fmt"
)

func main() {

    product := store.NewProduct("Kayak", "Watersports", 279)

    fmt.Println("Name:", product.Name)
    fmt.Println("Category:", product.Category)
    fmt.Println("Price:", fmt.ToCurrency(product.Price()))
}
```

프로젝트를 컴파일하면 다음과 같은 에러를 받는다.

```
.\main.go:6:5: fmt redeclared as imported package name
        previous declaration at .\main.go:4:5
.\main.go:13:5: undefined: "packages/fmt".Println
.\main.go:14:5: undefined: "packages/fmt".Println
.\main.go:15:5: undefined: "packages/fmt".Println
```

패키지 별칭 사용

패키지 이름 충돌을 해결하는 한 방법은 별칭alias을 사용하는 것이다. 별칭을 사용하면 리스트 12-13과 같이 다른 이름을 사용해 패키지에 접근할 수 있다.

리스트 12-13 packages 폴더 내 main.go 파일에서 패키지 별칭 사용

```
package main

import (
  "fmt"
  "packages/store"
  currencyFmt "packages/fmt"
)

func main() {

  product := store.NewProduct("Kayak", "Watersports", 279)

  fmt.Println("Name:", product.Name)
  fmt.Println("Category:", product.Category)
  fmt.Println("Price:", currencyFmt.ToCurrency(product.Price()))
}
```

패키지 별칭은 그림 12-4와 같이 import 경로 앞에 선언한다.

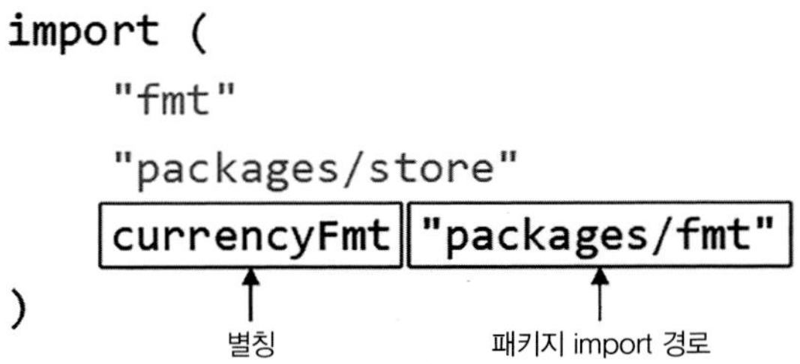

그림 12-4 패키지 별칭

위 예제의 별칭은 이름 충돌을 해결해 packages/fmt 경로로 import한 패키지에서 정의한 기능은 다음과 같이 접두사로 `currencyFmt`를 사용해 접근할 수 있다.

```
...
fmt.Println("Price:", currencyFmt.ToCurrency(product.Price()))
...
```

프로젝트를 컴파일 및 실행하면 표준 라이브러리의 `fmt` 패키지와 별칭을 지정한 사용자 정의 `fmt` 패키지가 정의한 기능에 의존하는 다음 출력을 받게 된다.

```
Name: Kayak
Category: Watersports
Price: $348.75
```

점 import 사용

리스트 12-14와 같이 접두사를 사용하지 않고 패키지의 기능을 사용할 수 있도록 하는 점 import라고 하는 특수 별칭이 있다.

리스트 12-14 packages 폴더 내 main.go 파일에서 점 import 사용

```go
package main

import (
  "fmt"
  "packages/store"
  . "packages/fmt"
)

func main() {

  product := store.NewProduct("Kayak", "Watersports", 279)

  fmt.Println("Name:", product.Name)
  fmt.Println("Category:", product.Category)
  fmt.Println("Price:", ToCurrency(product.Price()))
}
```

점 import는 그림 12-5와 같이 패키지 별칭으로 마침표를 사용한다.

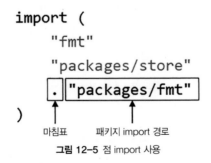

그림 12-5 점 import 사용

점 import를 사용하면 다음과 같이 접두사를 사용하지 않고 ToCurrency 함수에 접근할 수 있다.

```go
...
fmt.Println("Price:", ToCurrency(product.Price()))
...
```

점 import를 사용할 때 패키지에서 import한 기능의 이름이 import하는 패키지에 정의돼 있지 않은지 확인해야 한다. 예를 들어 ToCurrency라는 이름이 main 패키지에 정의한 기능에서 사용하지 않도록 해야 한다. 이러한 이유로 점 import는 주의해서 사용해야 한다.

중첩 패키지 생성

패키지는 다른 패키지 내에서 정의할 수 있기 때문에 복잡한 기능을 가능한 한 많은 단위로 쉽게 나눌 수 있다. packages/store/cart 폴더를 만들고 여기에 리스트 12-15의 내용을 담은 cart.go 파일을 추가해보자.

리스트 12-15 store/cart 폴더 내 cart.go 파일 소스 코드

```go
package cart

import "packages/store"

type Cart struct {
  CustomerName string
  Products []store.Product
}

func (cart *Cart) GetTotal() (total float64) {
  for _, p := range cart.Products {
    total += p.Price()
  }
  return
}
```

package 문은 다른 패키지와 마찬가지로 부모 또는 둘러싸는 패키지의 이름을 포함할 필요 없이 사용한다. 사용자 정의 패키지에 대한 의존성은 리스트 12-15처럼 전체 패키지 경로를 포함해야 한다. 리스트 12-15 코드는 CustomerName 및 Products 필드를 export하는 Cart라는 구조체 타입과 GetTotal 메서드를 정의한다.

중첩 패키지를 import할 때 패키지 경로는 모듈 이름으로 시작하고 리스트 12-16과 같이 패키지 시퀀스를 나열한다.

리스트 12-16 packages 폴더 내 main.go 파일에서 중첩 패키지 사용

```go
package main

import (
  "fmt"
  "packages/store"
  . "packages/fmt"
  "packages/store/cart"
)

func main() {

  product := store.NewProduct("Kayak", "Watersports", 279)

  cart := cart.Cart {
    CustomerName: "Alice",
```

346

```
        Products: []store.Product{ *product },
    }

    fmt.Println("Name:", cart.CustomerName)
    fmt.Println("Total:",  ToCurrency(cart.GetTotal()))
}
```

중첩 패키지가 정의한 기능은 다른 패키지와 마찬가지로 패키지 이름을 사용해 접근한다. 리스트 12-16은 store/cart 패키지에서 export한 타입과 함수가 cart를 접두사로 사용해 접근하고 있다. 프로젝트를 컴파일 및 실행하면 다음과 같은 출력을 표시한다.

```
Name: Alice
Total: $348.75
```

패키지 초기화 함수 사용

각 코드 파일은 모든 패키지를 로드하고 상수 및 변수 정의와 같이 모든 초기화를 완료한 경우에만 실행하는 초기화 함수를 포함할 수 있다. 초기화 함수의 가장 일반적인 용도는 리스트 12-17과 같이 수행하기 어렵거나 수행하기 위해 복제가 필요한 계산을 수행하는 것이다.

리스트 12-17 store 폴더 내 tax.go 파일에서 최고 가격 계산

```
package store

const defaultTaxRate float64 = 0.2
const minThreshold = 10

var categoryMaxPrices = map[string]float64 {
  "Watersports": 250 + (250 * defaultTaxRate),
  "Soccer": 150 + (150 * defaultTaxRate),
  "Chess": 50 + (50 * defaultTaxRate),
}

type taxRate struct {
  rate, threshold float64
}

func newTaxRate(rate, threshold float64) *taxRate {
  if (rate == 0) {
    rate = defaultTaxRate
  }
  if (threshold < minThreshold) {
    threshold = minThreshold
  }
  return &taxRate { rate, threshold }
}

func (taxRate *taxRate) calcTax(product *Product) (price float64) {
```

```
    if (product.price > taxRate.threshold) {
      price = product.price + (product.price * taxRate.rate)
    } else {
      price = product.price
    }
    if max, ok := categoryMaxPrices[product.Category]; ok && price > max {
      price = max
    }
    return
}
```

리스트 12-17은 맵에 저장하는 카테고리별 최고 가격을 계산한다. 각 카테고리의 최고 가격은 동일한 방식으로 계산하므로 중복이 발생하고 코드를 읽고 유지 관리하기 어려울 수 있다.

이러한 문제는 for 루프로 쉽게 해결할 수 있지만 Go는 함수 내부에서만 루프를 허용하기 때문에 계산을 코드 파일의 최상위 수준에서 수행해야 한다.

해결책은 리스트 12-18처럼 패키지를 로드할 때 자동으로 호출되는 초기화 함수를 사용하는 것이다. 초기화 함수를 통해서 for 루프와 같은 언어 기능을 사용할 수 있다.

리스트 12-18 store 폴더 내 tax.go 파일에서 초기화 함수 사용

```
package store

const defaultTaxRate float64 = 0.2
const minThreshold = 10

var categoryMaxPrices = map[string]float64 {
  "Watersports": 250,
  "Soccer": 150,
  "Chess": 50,
}

func init() {
  for category, price := range categoryMaxPrices {
    categoryMaxPrices[category] = price + (price * defaultTaxRate)
  }
}

type taxRate struct {
  rate, threshold float64
}

func newTaxRate(rate, threshold float64) *taxRate {
  // ...간결함을 위해 코드 생략...
}

func (taxRate *taxRate) calcTax(product *Product) (price float64) {
  // ...간결함을 위해 코드 생략...
}
```

초기화 함수는 init라고 하고 매개변수와 결과 없이 정의한다. init 함수는 자동으로 호출되고 사용할 패키지를 준비할 수 있는 기회를 제공한다. 리스트 12–17과 리스트 12–18을 컴파일 및 실행하면 다음과 같은 출력을 생성한다.

```
Name: Kayak
Price: $300.00
```

init 함수는 일반 Go 함수가 아니기 때문에 직접 호출할 수 없다. 일반 함수와 달리 단일 파일은 여러 init 함수를 정의할 수 있고 모든 초기화 함수를 실행한다.

> ### 다중 초기화 함수 함정 피하기
>
> 각 코드 파일은 자체 초기화 함수를 가질 수 있다. 표준 Go 컴파일러를 사용할 때 초기화 함수는 파일 이름의 알파벳 순서에 따라 실행되기 때문에 a.go 파일의 함수가 b.go 파일의 함수보다 먼저 실행되는 식으로 동작한다.
>
> 그러나 알파벳 순서는 Go 언어 사양의 일부가 아니므로 알파벳 순서에 의존하면 안 된다. 초기화 함수는 독립적이고 이전에 호출한 다른 초기화 함수에 의존하지 않아야 한다.

초기화 효과만을 위한 패키지 import

Go는 패키지를 import하지만 사용하지 않는 것을 방지한다. 따라서 초기화 기능의 효과에 의존하지만 패키지가 export하는 기능을 사용할 필요가 없는 경우 문제가 될 수 있다. packages/data 폴더를 만들고 여기에 리스트 12–19의 내용을 담은 data.go 파일을 추가해보자.

리스트 12–19 data 폴더 내 data.go 파일 소스 코드

```
package data

import "fmt"

func init() {
  fmt.Println(("data.go init function invoked"))
}

func GetData() []string {
  return []string {"Kayak", "Lifejacket", "Paddle", "Soccer Ball"}
}
```

초기화 함수는 예제의 목적을 위해 호출할 때 메시지를 작성한다. 초기화 함수의 효과가 필요하지만 패키지가 export하는 GetData 함수를 사용할 필요가 없다면 리스트 12–20과 같이 빈 식별자를 패키지 이름의 별칭으로 사용해 패키지를 import할 수 있다.

```go
package main

import (
  "fmt"
  "packages/store"
  . "packages/fmt"
  "packages/store/cart"
  _ "packages/data"
)

func main() {

  product := store.NewProduct("Kayak", "Watersports", 279)

  cart := cart.Cart {
    CustomerName: "Alice",
    Products: []store.Product{ *product },
  }

  fmt.Println("Name:", cart.CustomerName)
  fmt.Println("Total:",  ToCurrency(cart.GetTotal()))

}
```

빈 식별자(밑줄 문자)를 사용하면 export한 기능을 사용하지 않고 패키지를 import할 수 있다. 프로젝트를 컴파일 및 실행하면 리스트 12-19에 정의한 초기화 함수가 작성한 메시지를 표시한다.

```
data.go init function invoked
Name: Alice
Total: $300.00
```

외부 패키지 사용

타사에서 개발한 패키지를 사용해 프로젝트를 확장할 수 있다. 패키지는 go get 명령어를 사용해 다운로드 및 설치한다. 패키지 폴더에서 리스트 12-21의 명령어를 실행해 예제 프로젝트에 패키지를 추가해보자.

리스트 12-21 패키지 설치

```
go get github.com/fatih/color@v1.10.0
```

go get 명령어 인수는 사용하려는 패키지를 포함한 모듈의 경로다. 그림 12-6과 같이 이름 뒤에 @ 문자가 오고 그다음 패키지 버전 번호가 온다.

그림 12-6 패키지 선택

go get 명령어는 정교하고 리스트 12-21에서 지정한 경로가 깃허브[GitHub] URL이라는 것을 알고 있다. 모듈의 지정된 버전을 다운로드하고 모듈이 포함하고 있는 패키지를 프로젝트에서 사용할 수 있도록 컴파일 및 설치한다(패키지를 소스 코드로 배포하므로 작업 중인 플랫폼에 맞게 컴파일할 수 있다).

Go 패키지 찾기

go 패키지를 찾을 때 유용한 두 가지 리소스가 있다. 첫 번째는 검색 엔진을 제공하는 다음 링크(https://pkg.go.dev)다. 불행히도 특정 유형의 패키지를 찾기 위해 필요한 키워드를 파악할 때 시간이 걸릴 수 있다.

두 번째 리소스는 다음 링크(https://github.com/golang/go/wiki/Projects)로 카테고리별로 그룹화한 go 프로젝트의 선별된 목록을 제공한다. pkg.go.dev에서 나열한 모든 프로젝트가 목록에 있는 것은 아니다. 나는 두 리소스를 모두 사용해 패키지를 찾는 경향이 있다.

모듈을 선택할 때 주의해야 한다. 많은 Go 모듈은 여러 개발자가 작성한다. 문제를 해결한 다음 다른 사람이 사용할 수 있도록 게시한다. 풍부한 모듈 에코 시스템을 생성하지만 유지 관리 및 지원이 일관되지 않을 수 있다. 예를 들어 이번 절에서 사용하는 github.com/fatih/color 모듈은 사용을 중지했으며 더 이상 업데이트를 받지 않는다. 12장에서 사용하는 코드가 간단하고 잘 동작하기 때문에 계속 사용할 수 있어 나는 기쁘다. 프로젝트에서 의존하는 모듈에 대해 나와 동일한 평가를 수행해야 한다.

---

go get 명령어가 완료하면 go.mod 파일을 검사해 새 구성 설명을 표시한다.

```
module packages go 1.17
require (
  github.com/fatih/color v1.10.0 // indirect
  github.com/mattn/go-colorable v0.1.8 // indirect
  github.com/mattn/go-isatty v0.0.12 // indirect
  golang.org/x/sys v0.0.0-20200223170610-d5e6a3e2c0ae // indirect
)
```

require 문은 github.com/fatih/color 모듈 및 필요한 다른 모듈에 대한 의존성을 나타낸다. 패키지를 프로젝트의 코드에서 사용하지 않기 때문에 명령문 끝에 간접 주석이 자동으로 추가된다. 모듈을 가져올 때 go.sum 파일을 생성하고 패키지를 확인하기 위해 사용하는 체크섬checksum을 포함한다.

> **■ 노트 ■**
>
> go.mod 파일을 사용해 로컬에서 만든 프로젝트에 대한 의존성을 만들 수 있다. 이는 SportsStore 예제의 3부에서 내가 취하는 접근 방식이다. 자세한 내용은 35장을 참조한다.

모듈을 설치하면 리스트 12-22와 같이 모듈이 포함한 패키지를 프로젝트에서 사용할 수 있다.

리스트 12-22 packages 폴더 내 main.go 파일에서 외부 패키지 사용

```go
package main

import (
  //"fmt"
  "packages/store"
  . "packages/fmt"
  "packages/store/cart"
  _ "packages/data"
  "github.com/fatih/color"
)

func main() {

  product := store.NewProduct("Kayak", "Watersports", 279)

  cart := cart.Cart {
    CustomerName: "Alice",
    Products: []store.Product{ *product },
  }

  color.Green("Name: " + cart.CustomerName)
  color.Cyan("Total: " + ToCurrency(cart.GetTotal()))
}
```

외부 패키지를 import해서 사용자 정의 패키지처럼 사용한다. import 문은 모듈 경로를 지정하고 해당 경로의 마지막 부분은 패키지에서 export한 기능에 접근할 때 사용한다. 리스트 12-22의 경우 패키지의 이름은 color이고 color는 패키지 기능에 접근할 때 사용하는 접두어다.

리스트 12-22에 사용한 Green 및 Cyan 함수는 컬러 출력을 작성하고 프로젝트를 컴파일 및 실행하면 그림 12-7과 같은 출력을 볼 수 있다.

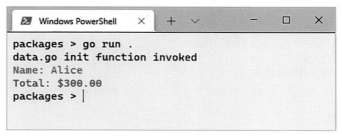

그림 12-7 예제 애플리케이션 실행

최소 버전 선택 이해

리스트 12-22에서 go get 명령어를 처음 실행하면 다운로드한 모듈 목록을 표시한다. 목록은 모듈에 자체 의존성이 있고 자동으로 의존성을 해결함을 보여준다.

```
go: downloading github.com/fatih/color v1.10.0
go: downloading github.com/mattn/go-isatty v0.0.12
go: downloading github.com/mattn/go-colorable v0.1.8
go: downloading golang.org/x/sys v0.0.0-20200223170610-d5e6a3e2c0ae
```

다운로드를 캐시하므로 다음에 동일한 모듈에 대해 go get 명령어를 사용할 때 메시지를 표시하지 않는다.

특히 의존성이 많은 복잡한 프로젝트에서 프로젝트에 다양한 버전의 모듈에 대한 의존성이 있음을 알 수 있다. 이러한 상황에서 Go는 해당 의존성이 지정한 최신 버전을 사용해 의존성을 해결한다. 예를 들어 모듈의 버전 1.1 및 1.5에 의존성이 있는 경우 Go는 프로젝트를 빌드할 때 버전 1.5를 사용한다. Go는 사용 가능한 최신 버전이 있더라도 의존성이 지정한 가장 최신 버전만 사용한다. 예를 들어 모듈에 대한 가장 최근 의존성이 버전 1.5를 지정하는 경우 Go는 버전 1.6이 사용 가능하더라도 사용하지 않는다.

이러한 접근 방식을 취하면 모듈이 이후 버전에 종속하는 경우 go get 명령어로 선택한 모듈 버전을 사용해 프로젝트를 컴파일하지 못할 수 있다. 마찬가지로 다른 모듈(또는 go.mod 파일)이 최신 버전을 지정하는 경우 모듈이 의존성에 대해 예상하는 버전으로 컴파일되지 않을 수 있다.

외부 패키지 관리

go get 명령어는 go.mod 파일에 의존성을 추가하지만 외부 패키지가 더 이상 필요하지 않은 경우 의존성을 자동으로 제거하지 않는다. 리스트 12-23은 github.com/fatih/color 패키지의 사용을 제거하기 위해 main.go 파일의 내용을 변경한다.

```go
package main

import (
  "fmt"
  "packages/store"
  . "packages/fmt" "packages/store/cart"
  _ "packages/data"
  //"github.com/fatih/color"
)

func main() {

  product := store.NewProduct("Kayak", "Watersports", 279)

  cart := cart.Cart {
    CustomerName: "Alice",
    Products: []store.Product{ *product },
  }

  // color.Green("Name: " + cart.CustomerName)
  // color.Cyan("Total: " + ToCurrency(cart.GetTotal()))
  fmt.Println("Name:", cart.CustomerName)
  fmt.Println("Total:",  ToCurrency(cart.GetTotal()))
}
```

변경 사항을 반영하도록 go.mod 파일을 업데이트하기 위해 리스트 12-24 명령어를 package 폴더 내에서 실행해보자.

리스트 12-24 패키지 의존성 업데이트

```
go mod tidy
```

위 명령어는 프로젝트 코드를 검사하고 require github.com/fatih/color 모듈의 패키지에 더 이상 의존성이 없는지 확인하고 go.mod 파일에서 **require** 문을 제거한다.

```
module packages
go 1.17
```

⊹ 요약

12장에서는 Go 개발에서 패키지가 하는 역할을 설명한다. 패키지를 사용해 프로젝트에 구조를 추가하는 방법과 타사에서 개발한 기능에 대한 접근을 제공하는 방법을 보였다. 13장에서는 복잡한 타입을 생성할 때 사용하는 타입 구성을 위한 Go 기능에 대해 설명할 것이다.

13장

타입 및 인터페이스 합성

13장에서는 타입을 결합해 새로운 기능을 만드는 방법을 설명한다. Go는 다른 언어에서 익숙할 수 있는 상속을 사용하지 않고 대신 합성^{composition}이라는 접근 방식에 의존한다. 이해하기 어려울 수 있는 개념이므로 13장에서는 이전 장에서 다룬 몇 가지 기능을 함께 설명해 합성 과정에 대한 견고한 기초를 세운다. 표 13-1은 상황에 따른 타입 및 인터페이스 합성을 보여준다.

표 13-1 상황에 따른 타입 및 인터페이스 합성

질문	답
무엇인가?	합성은 구조체와 인터페이스를 결합해 새로운 타입을 만드는 과정이다.
왜 유용한가?	타입을 사용하면 기존 타입을 기반으로 타입을 정의할 수 있다.
어떻게 사용하는가?	새로운 타입은 기존 타입을 포함한다.
함정이나 제한 사항?	합성은 상속과 같은 방식으로 동작하지 않기 때문에 원하는 결과를 얻으려면 주의를 기울여야 한다.
대안이 있는가?	합성은 선택 사항이고 완전히 독립적인 타입을 만들 수 있다.

표 13-2는 13장을 요약한 것이다.

표 13-2 6장 요약

문제	해결 방법	리스트 참조 번호
구조체 타입을 합성한다.	임베디드 필드를 추가한다.	7-9, 14-17
이미 합성한 타입을 기반으로 빌드한다.	임베디드 타입 체인을 생성한다.	10-13
인터페이스 타입을 합성한다.	새로운 인터페이스 정의에 대한 기존 인터페이스 이름을 추가한다.	25-26

13장 준비

13장 예제를 준비하기 위해 새 CMD를 열어 편리한 위치로 이동한 다음 composition 폴더를 생성한다. 리스트 13-1의 명령어를 실행해 프로젝트를 초기화해보자.

> ■ **팁** ■
>
> 다음 링크(https://github.com/apress/pro-go)에서 13장 및 책의 다른 모든 장에 대한 예제 프로젝트를 다운로드할 수 있다. 예제를 실행하는 데 문제가 발생한 경우 도움받는 방법은 2장을 참조한다.

리스트 13-1 프로젝트 초기화

```
go mod init composition
```

리스트 13-2의 소스 코드 내용을 담은 main.go 파일을 생성해 composition 폴더에 추가해보자.

리스트 13-2 composition 폴더 내 main.go 파일 소스 코드

```
package main

import "fmt"

func main() {

    fmt.Println("Hello, Composition")
}
```

composition 폴더에서 리스트 13-3의 명령어를 실행하기 위해 CMD를 사용한다.

리스트 13-3 예제 프로젝트 실행

```
go run .
```

main.go 파일 내 코드를 컴파일 및 실행하면 다음 출력을 생성한다.

```
Hello, Composition
```

타입 합성 이해

C# 또는 자바와 같은 언어에 익숙하다면 기본 클래스와 하위 클래스를 만들어 보다 구체적인 기능을 추가했을 것이다. 하위 클래스는 코드 중복을 방지하는 기본 클래스의 기능을 상속

한다. 결과적으로 그림 13-1과 같이 기본 클래스가 개별 하위 클래스를 구체적인 기능으로 보완하는 공통 기능을 정의하는 클래스 집합을 생성한다.

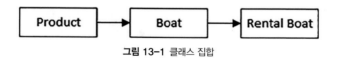

그림 13-1 클래스 집합

Go는 클래스나 상속을 지원하지 않고 대신 합성에 중점을 둔다. 상속과는 차이가 있지만 합성을 사용해 다른 방식으로 타입의 계층 구조를 만들 수 있다.

기본 타입 정의

시작점은 구조체 타입과 메서드를 정의하는 것으로 이후 예제에서 더 구체적인 타입을 만들기 위해 사용할 것이다. composition/store 폴더를 만들고 여기에 리스트 13-4 내용과 함께 product.go라는 파일을 추가한다.

리스트 13-4 composition 폴더 내 product.go 파일 소스 코드

```
package store

type Product struct {
  Name, Category string
  price float64
}

func (p *Product) Price(taxRate float64) float64 {
  return p.price + (p.price * taxRate)
}
```

Product 구조체는 export하는 Name 및 Category 필드와 export하지 않는 price 필드를 정의한다. 또한 세금 포함 가격을 계산하기 위해 float64 매개변수를 허용하고 price 필드를 함께 사용하는 Price라는 메서드가 있다.

생성자 정의

Go는 클래스를 지원하지 않기 때문에 클래스 생성자도 지원하지 않는다. 앞서 설명했듯이 생성자 함수를 정의하는 일반적인 관습은 리스트 13-5에 있는 NewProduct와 같이 이름이 New<Type>인 생성자 함수를 정의하는 것이다. 생성자 함수를 정의하면 export하지 않은 필드를 포함해 모든 필드에 값을 제공할 수 있다. 다른 코드 기능과 마찬가지로 생성자 함수 이름의 첫 글자를 대문자로 표시하면 패키지 외부로 export할지 결정할 수 있다.

```go
package store

type Product struct {
  Name, Category string
  price float64
}

func NewProduct(name, category string, price float64) *Product {
  return &Product{ name, category, price }
}

func (p *Product) Price(taxRate float64) float64 {
  return p.price + (p.price * taxRate)
}
```

생성자 함수는 관습일 뿐이며 사용을 강제하지 않는다. 즉 export하지 않은 필드에 값을 할당 하지 않는다면 export한 타입을 리터럴 구문을 사용해 만들 수 있다. 리스트 13-6은 생성자 함수와 리터럴 구문의 사용을 보여준다.

리스트 13-6 composition 폴더 내 main.go 파일에서 구조체 값 생성

```go
package main

import (
  "fmt"
  "composition/store"
)

func main() {

  kayak := store.NewProduct("Kayak", "Watersports", 275)
  lifejacket := &store.Product{ Name: "Lifejacket", Category:  "Watersports"}

  for _, p := range []*store.Product { kayak, lifejacket} {
    fmt.Println("Name:", p.Name, "Category:", p.Category, "Price:", p.Price(0.2))
  }
}
```

생성자는 값을 생성하는 방식의 변경을 관리하기 쉽고 필드를 올바르게 초기화하기 때문에 생성자를 정의한다면 사용하는 것이 좋다. 리스트 13-6에서 리터럴 구문을 사용하는 것이 Price 필드에 값을 할당하지 않음을 의미하고 이는 Price 메서드의 출력에 영향을 미치는 것을 확인할 수 있다. 그러나 Go는 생성자 사용을 지원하지 않기 때문에 생성자의 사용에는 규율이 필요하다.

프로젝트를 컴파일 및 실행하면 다음과 같은 출력 결과를 확인할 수 있다.

```
Name: Kayak Category: Watersports Price: 330
Name: Lifejacket Category: Watersports Price: 0
```

타입 합성

Go는 구조체 타입을 결합해 수행하는 상속이 아닌 합성을 지원한다. 리스트 13-7 내용과 함께 이름이 boat.go인 파일을 store 폴더에 추가해보자.

리스트 13-7 composition 폴더 내 boat.go 파일 소스 코드

```go
package store

type Boat struct {
  *Product
  Capacity int
  Motorized bool
}

func NewBoat(name string, price float64, capacity int, motorized bool) *Boat {
  return &Boat {
    NewProduct(name, "Watersports", price), capacity, motorized,
  }
}
```

Boat 구조체 타입은 그림 13-2와 같이 임베디드 필드인 *Product 필드를 정의한다.

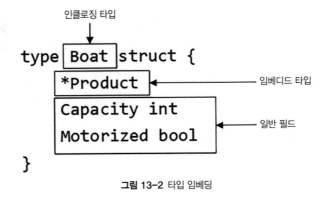

그림 13-2 타입 임베딩

구조체는 일반 필드 타입과 임베디드 필드 타입을 혼합할 수 있지만 임베디드 필드는 합성 기능의 중요한 부분이다.

NewBoat 함수는 매개변수를 사용해 포함하고 있는 Product 값으로 보트를 생성하는 생성자다. 리스트 13-8은 사용 중인 새 구조체를 보여준다.

리스트 13-8 composition 폴더 내 main.go 파일에서 Boat 구조체 사용

```go
package main

import (
  "fmt"
  "composition/store"
)

func main() {

  boats := []*store.Boat {
    store.NewBoat("Kayak", 275, 1, false),
    store.NewBoat("Canoe", 400, 3, false),
    store.NewBoat("Tender", 650.25, 2, true),
  }

  for _, b := range boats {
    fmt.Println("Conventional:", b.Product.Name, "Direct:", b.Name)
  }
}
```

새 코드 실행문은 NewBoat 생성자 함수를 사용해 채워지는 Boat의 *Boat 슬라이스를 생성한다.

Go는 Boat 타입에 예제 프로젝트의 *Product 필드가 있는 것과 같이 타입이 다른 구조체 타입인 필드가 있는 구조체 타입을 특별 취급한다. 이러한 특별한 처리는 각 Boat의 세부 정보를 작성하는 책임이 있는 for 루프 문에서 확인할 수 있다.

Go를 사용하면 임베디드 타입의 필드에 두 가지 방법으로 접근할 수 있다. 첫 번째는 필요한 값에 도달하기 위해 타입의 계층 구조를 탐색하는 관습적인 접근 방식이다. 임베디드 필드인 *Product 필드를 포함하고 있기 때문에 해당 이름이 해당 타입임을 알 수 있다. Name 필드에 도달하기 위해 다음과 같이 임베디드 타입을 탐색할 수 있다.

```go
...
fmt.Println("Conventional:", b.Product.Name, "Direct:", b.Name)
...
```

Go에서는 다음과 같이 임베디드 필드 타입을 직접 사용할 수 있다.

```go
...
fmt.Println("Conventional:", b.Product.Name, "Direct:", b.Name)
...
```

Boat 타입은 Name 필드를 정의하지 않지만 직접 접근 기능을 사용해 정의한 것처럼 처리할 수 있다. 이를 필드 승격promotion이라고 하고 Go는 기본적으로 타입을 평면화시켜 Boat 타입이 그림 13-3처럼 임베디드 Product 타입이 제공하는 필드를 정의하는 것처럼 동작하도록 한다.

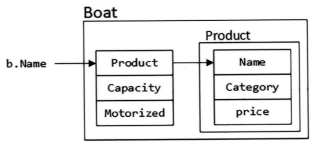

그림 13-3 승격 필드

프로젝트를 컴파일 및 실행하면 두 접근 방식 모두에서 생성된 값이 동일하다.

```
Conventional: Kayak Direct: Kayak
Conventional: Canoe Direct: Canoe
Conventional: Tender Direct: Tender
```

리스트 13-9는 인클로징 타입enclosing type으로부터 임베디드 타입에 정의한 메서드를 호출할 수 있도록 메서드를 승격한다.

리스트 13-9 composition 폴더 내 main.go 파일에서 메서드 호출

```go
package main

import (
  "fmt"
  "composition/store"
)

func main() {

  boats := []*store.Boat {
    store.NewBoat("Kayak", 275, 1, false),
    store.NewBoat("Canoe", 400, 3, false),
    store.NewBoat("Tender", 650.25, 2, true),
  }

  for _, b := range boats {
    fmt.Println("Boat:", b.Name, "Price:", b.Price(0.2))
  }
}
```

필드 타입이 Product와 같은 값이면 Product 또는 *Product 리시버로 정의한 모든 메서드를 승격한다. 필드 타입이 *Product와 같은 포인터인 경우 *Product 리시버가 있는 메서드만 승격한다.

*Boat 타입에 대해 정의한 Price 방법이 없지만 Go는 *Product 리시버로 정의한 메서드를 승격한다. 프로젝트를 컴파일 및 실행하면 다음과 같은 출력을 표시한다.

```
Boat: Kayak Price: 330
Boat: Canoe Price: 480
Boat: Tender Price: 780.3
```

승격 필드와 리터럴 구문 이해

Go는 구조체 값을 생성하면 승격한 필드에 특별한 처리를 적용한다. 예를 들어 NewBoat 함수를 사용해 다음과 같은 값을 생성하는 경우,

```
...
boat := store.NewBoat("Kayak", 275, 1, false)
...
```

다음과 같이 승격된 필드를 읽고 값을 할당할 수 있다.

```
...
boat.Name = "Green Kayak"
...
```

그러나 해당 기능은 리터럴 구문을 사용해 처음에 값을 생성할 때 사용할 수 없고 다음과 같이 NewBoat 함수를 대체할 수 없다.

```
...
boat := store.Boat { Name: "Kayak", Category: "Watersports",
  Capacity: 1, Motorized: false }
...
```

컴파일러는 값을 직접 할당하는 것을 허용하지 않고 코드를 컴파일할 때 '알 수 없는 필드' 에러를 보고한다. 리터럴 구문을 사용하는 경우 다음과 같이 중첩 필드에 값을 할당해야 한다.

```
...
boat := store.Boat { Product: &store.Product{ Name: "Kayak",
  Category: "Watersports"}, Capacity: 1, Motorized: false }
...
```

'임베디드 타입 체인 생성' 절에서 설명하겠지만 Go는 합성 기능을 사용해 복잡한 타입을 쉽게 만들 수 있기 때문에 리터럴 구문을 사용하기 점점 더 어렵게 만들고 에러가 발생하기 쉽고 유지 관리하기 어려운 코드를 생성한다. 내 조언은 리스트 13-7에서 NewBoat 함수가 NewProduct 함수를 호출하는 것처럼 생성자 함수를 사용하고 다른 생성자에서 한 생성자를 호출하는 것이다.

임베디드 타입 체인 생성

합성 기능을 사용하면 임베디드 타입의 복잡한 체인을 생성할 수 있고 임베디드 타입의 필드와 메서드는 최상위 인클로징 타입으로 승격된다. 리스트 13-10 내용이 있는 Rentalboats.go라는 파일을 store 폴더에 추가해보자.

리스트 13-10 composition 폴더 내 rentalboats.go 파일 소스 코드

```go
package store

type RentalBoat struct {
  *Boat
  IncludeCrew bool
}

func NewRentalBoat(name string, price float64, capacity int,
    motorized, crewed bool) *RentalBoat {
  return &RentalBoat{NewBoat(name, price, capacity, motorized), crewed}
}
```

RentalBoat 타입은 *Boat 타입을 사용해 구성하고 이는 차례로 *Product 타입을 사용해 구성한 체인을 형성한다. Go는 리스트 13-11과 같이 체인의 세 가지 타입 모두에 의해 정의한 필드에 직접 접근할 수 있도록 승격을 수행한다.

리스트 13-11 composition 폴더 내 main.go 파일에서 임베디드 필드 직접 접근

```go
package main

import (
  "fmt"
  "composition/store"
)

func main() {

  rentals := []*store.RentalBoat {
    store.NewRentalBoat("Rubber Ring", 10, 1, false, false),
    store.NewRentalBoat("Yacht", 50000, 5, true, true),
    store.NewRentalBoat("Super Yacht", 100000, 15, true, true),
  }

  for _, r := range rentals {
    fmt.Println("Rental Boat:", r.Name, "Rental Price:", r.Price(0.2))
  }
}
```

Go는 임베디드한 Boat 및 Product 타입의 필드를 승격해 최상위 수준의 RentalBoat 타입을 통해 접근할 수 있도록 한다. 그러면 리스트 13-11에서 Name 필드를 읽을 수 있다. 메서드도 최상위 타입으로 승격하기 때문에 체인 끝에 있는 *Product 타입에 정의돼 있음에도 Price 메서드를 사용할 수 있다. 리스트 13-11의 코드를 컴파일 및 실행하면 다음과 같은 출력을 생성한다.

```
Rental Boat: Rubber Ring Rental Price: 12
Rental Boat: Yacht Rental Price: 60000
Rental Boat: Super Yacht Rental Price: 120000
```

동일 구조체 내 여러 임베디드 타입 사용

타입은 여러 구조체 필드를 정의할 수 있고 Go는 모든 필드에 대해 필드를 승격한다. 리스트 13-12는 보트 승무원을 설명하고 다른 구조체의 필드에 대한 타입으로 사용하는 새로운 타입을 정의한다.

리스트 13-12 composition 폴더 내 realboats.go 파일에서 새로운 타입 정의

```go
package store

type Crew struct {
    Captain, FirstOfficer string
}

type RentalBoat struct {
    *Boat
    IncludeCrew bool
    *Crew
}

func NewRentalBoat(name string, price float64, capacity int,
        motorized, crewed bool, captain, firstOfficer string) *RentalBoat {
    return &RentalBoat{NewBoat(name, price, capacity, motorized), crewed,
        &Crew{captain, firstOfficer}}
}
```

리스트 13-13과 같이 RentalBoat 타입은 *Boat 및 *Crew 필드가 있고 Go는 두 임베디드 타입 모두에서 필드와 메서드를 승격한다.

리스트 13-13 composition 폴더 내 main.go 파일에서 승격 필드 사용

```go
package main

import (
    "fmt"
    "composition/store"
```

364

```
    )

    func main() {

      rentals := []*store.RentalBoat {
        store.NewRentalBoat("Rubber Ring", 10, 1, false, false, "N/A", "N/A"),
        store.NewRentalBoat("Yacht", 50000, 5, true, true, "Bob", "Alice"),
        store.NewRentalBoat("Super Yacht", 100000, 15, true, true,
          "Dora", "Charlie"),
      }

      for _, r := range rentals {
        fmt.Println("Rental Boat:", r.Name, "Rental Price:", r.Price(0.2),
          "Captain:", r.Captain)
      }
    }
```

프로젝트를 컴파일 및 실행하면 승무원에 대한 세부 정보를 추가한 다음 출력을 확인할 수 있다.

```
Rental Boat: Rubber Ring Rental Price: 12 Captain: N/A
Rental Boat: Yacht Rental Price: 60000 Captain: Bob
Rental Boat: Super Yacht Rental Price: 120000 Captain: Dora
```

승격 수행을 할 수 없는 상황 이해

Go는 인클로징 타입에 동일한 이름으로 정의한 필드나 메서드가 없는 경우에만 승격을 수행할 수 있고 이로 인해 예기치 않은 결과가 발생할 수 있다. 리스트 13-14 코드를 포함한 specialdeal.go라는 파일을 store 폴더에 추가해보자.

리스트 13-14 composition 폴더 내 specialdeal.go 파일 소스 코드

```
package store

type SpecialDeal struct {
  Name string
  *Product
  price float64
}

func NewSpecialDeal(name string, p *Product, discount float64) *SpecialDeal {
  return &SpecialDeal{ name, p, p.price - discount }
}

func (deal *SpecialDeal ) GetDetails() (string, float64, float64) {
  return deal.Name, deal.price, deal.Price(0)
}
```

SpecialDeal 타입은 *Product 임베디드 필드를 정의한다. 두 타입 모두 Name 타입 및 price 필드를 정의했기 때문에 이 조합은 중복 필드로 이어진다. 또한 Name 및 price 필드의 값을 반환하는 생성자 함수 및 GetDetails 메서드가 있고 예제를 더 쉽게 따라할 수 있도록 인수로 0 값을 사용해 호출되는 Price 메서드의 결과도 있다. 리스트 13-15는 새로운 타입을 사용해 승격을 처리하는 방법을 보여준다.

리스트 13-15 composition 폴더 내 main.go 파일에서 새로운 타입 사용

```
package main

import (
  "fmt"
  "composition/store"
)

func main() {

  product := store.NewProduct("Kayak", "Watersports", 279)

  deal := store.NewSpecialDeal("Weekend Special", product, 50)

  Name, price, Price := deal.GetDetails()

  fmt.Println("Name:", Name)
  fmt.Println("Price field:", price)
  fmt.Println("Price method:", Price)
}
```

리스트 13-15는 *SpecialDeal을 생성하기 위해 *Product를 생성한다. GetDetails 메서드를 호출하면 반환하는 세 가지 결과를 기록한다. 코드를 컴파일 및 실행하면 다음과 같은 출력을 표시한다.

```
Name: Weekend Special
Price field: 229
Price method: 279
```

처음 두 결과는 예상할 수 있는 결과다. SpecialDeal 타입에 동일한 이름을 가진 필드가 있기 때문에 Product 타입의 Name 및 price 필드를 승격하지 않는다.

세 번째 결과는 문제를 일으킬 수 있는 결과다. Go는 Price 메서드를 승격할 수 있지만 호출할 때 SpecialDeal이 아닌 Product의 price 필드를 사용한다.

필드 및 메서드 승격이 단지 편의 기능이라는 사실을 잊기 쉽다. 리스트 13-14의 다음 코드 실행문은,

```
...
return deal.Name, deal.price, deal.Price(0)
...
```

다음 코드 실행문을 표현하는 더욱 간결한 방법이다.

```
...
return deal.Name, deal.price, deal.Product.Price(0)
...
```

메서드를 구조체 필드를 통해 호출하면 Price 메서드를 호출한 결과가 SpecialDeal 타입으로 정의한 price 필드를 사용하지 않을 것이 분명하다.

만약 Price 메서드를 호출하고 SpecialDeal.price 필드에 의존하는 결과를 얻을 수 있기를 원한다면 리스트 13-16과 같이 새로운 메서드를 정의해야 한다.

리스트 13-16 composition 폴더 내 specialdeal.go 파일에서 메서드 정의

```
package store

type SpecialDeal struct {
  Name string
  *Product
  price float64
}

func NewSpecialDeal(name string, p *Product, discount float64) *SpecialDeal {
  return &SpecialDeal{ name, p, p.price - discount }
}

func (deal *SpecialDeal ) GetDetails() (string, float64, float64) {
  return deal.Name, deal.price, deal.Price(0)
}

func (deal *SpecialDeal) Price(taxRate float64) float64 {
  return deal.price
}
```

새 Price 메서드는 Go에서 Product 메서드를 승격하지 못하도록 하고 프로젝트를 컴파일 및 실행할 때 다음 결과를 생성한다.

```
Name: Weekend Special
Price field: 229
Price method: 229
```

승격 모호성 이해

리스트 13-17과 같이 2개의 임베디드 필드가 동일한 필드 또는 메서드 이름을 사용할 때 관련 문제가 발생한다.

리스트 13-17 composition 폴더 내 main.go 파일에서 모호한 메서드

```
package main

import (
  "fmt"
  "composition/store"
)

func main() {

  kayak := store.NewProduct("Kayak", "Watersports", 279)

  type OfferBundle struct {
    *store.SpecialDeal
    *store.Product
  }

  bundle := OfferBundle {
    store.NewSpecialDeal("Weekend Special", kayak, 50),
    store.NewProduct("Lifrejacket", "Watersports", 48.95),
  }

  fmt.Println("Price:", bundle.Price(0))
}
```

OfferBundle 타입은 2개의 임베디드 필드가 있고 둘 다 Price 메서드가 있다. Go는 메서드를 구별할 수 없으며 리스트 13-17의 코드를 컴파일할 때 다음 에러를 생성한다.

```
.\main.go:22:33: ambiguous selector bundle.Price
```

합성과 인터페이스 이해

타입을 작성하면 더 일반적인 타입에 필요한 코드를 복제하지 않고 특수 기능을 쉽게 빌드할 수 있다. 예를 들어 프로젝트의 Boat 타입이 Product 타입에서 제공하는 기능을 기반으로 빌드할 수 있다.

이는 다른 언어로 클래스를 작성하는 것과 비슷해 보일 수 있지만 중요한 차이점이 있다. 리스트 13-18에서 볼 수 있듯이 각 합성 타입이 고유하고 합성 타입이 필요한 경우에 사용할 수 없다는 차이점이 있다.

```go
package main

import (
  "fmt"
  "composition/store"
)

func main() {

  products := map[string]*store.Product {
    "Kayak": store.NewBoat("Kayak", 279, 1, false),
    "Ball": store.NewProduct("Soccer Ball", "Soccer", 19.50),
  }

  for _, p := range products {
    fmt.Println("Name:", p.Name, "Category:", p.Category, "Price:", p.Price(0.2))
  }
}
```

Go 컴파일러는 Boat가 Product 값이 필요한 슬라이스의 값으로 사용하는 것을 허용하지 않는다. C# 또는 자바와 같은 언어는 Boat가 Product의 하위 클래스이기 때문에 이를 허용하지만 Go가 타입을 다루는 방식은 그렇지 않다. 프로젝트를 컴파일하면 다음 에러가 발생한다.

```
.\main.go:11:9: cannot use store.NewBoat("Kayak", 279, 1, false) (type *store.Boat) as
type *store.Product in map value
```

인터페이스 구현을 위한 합성 사용

11장에서 설명했듯이 Go는 인터페이스를 사용해 여러 타입으로 구현할 수 있는 메서드를 설명한다.

Go는 타입이 인터페이스를 준수하는지 여부를 결정할 때 승격 메서드를 고려하므로 임베디드 필드를 통해 이미 존재하는 메서드를 복제할 필요가 없다. 이것이 어떻게 동작하는지 보려면 리스트 13-19의 내용을 담은 forsale.go라는 파일을 store 폴더에 추가해보자.

리스트 13-19 composition 폴더 내 forsale.go 파일 소스 코드

```go
package store

type ItemForSale interface {
  Price(taxRate float64) float64
}
```

ItemForSale 타입은 하나의 float64 매개변수와 하나의 float64 결과를 사용해 Price라는 단일 메서드를 지정하는 인터페이스다. 리스트 13-20은 인터페이스 타입을 사용해 인터페이스를 준수하는 항목으로 채워진 맵을 생성한다.

리스트 13-20 composition 폴더 내 main.go 파일에서 인터페이스 사용

```go
package main

import (
  "fmt"
  "composition/store"
)

func main() {

  products := map[string]store.ItemForSale {
    "Kayak": store.NewBoat("Kayak", 279, 1, false),
    "Ball": store.NewProduct("Soccer Ball", "Soccer", 19.50),
  }

  for key, p := range products {
    fmt.Println("Key:", key, "Price:", p.Price(0.2))
  }
}
```

인터페이스를 사용하도록 맵을 변경하면 Product 및 Boat 값을 저장할 수 있다. Product 타입은 ItemForSale 인터페이스를 직접 따른다. 인터페이스에 지정한 서명과 일치하고 *Product 리시버가 있는 Price 메서드가 있기 때문이다.

*Boat 리시버를 사용하는 Price 메서드는 없지만 Go는 인터페이스 요구 사항을 충족하기 위해 사용하는 Boat 타입의 임베디드 필드에서 승격한 Price 메서드를 고려한다. 프로젝트를 컴파일 및 실행하면 다음과 같은 출력을 표시한다.

```
Key: Kayak Price: 334.8
Key: Ball Price: 23.4
```

타입 switch 한계 이해

인터페이스는 메서드만 지정할 수 있으므로 출력을 작성할 때 리스트 13-20의 맵에 값을 저장할 때 사용하는 키를 사용했다. 11장에서 switch 문을 사용해 기본 타입에 접근할 수 있다고 설명했지만 리스트 13-21에서와 같이 예상한 대로 동작하지 않는다.

```
package main

import (
  "fmt"
  "composition/store"
)

func main() {

  products := map[string]store.ItemForSale {
    "Kayak": store.NewBoat("Kayak", 279, 1, false),
    "Ball": store.NewProduct("Soccer Ball", "Soccer", 19.50),
  }

  for key, p := range products {
    switch item := p.(type) {
    case *store.Product, *store.Boat:
      fmt.Println("Name:", item.Name, "Category:", item.Category,
        "Price:", item.Price(0.2))
    default:
      fmt.Println("Key:", key, "Price:", p.Price(0.2))
    }

  }
}
```

리스트 13-21의 case 문은 *Product 및 *Boat를 지정하므로 컴파일러가 다음 에러와 함께 실패
하도록 한다.

```
.\main.go:21:42: item.Name undefined (type store.ItemForSale has no field or method
Name)
.\main.go:21:66: item.Category undefined (type store.ItemForSale has no field or
method Category)
```

문제는 여러 타입을 지정하는 case 문이 모든 타입의 값과 일치한다는 것이다. 그러나 타입 단
언을 수행하지 않는다. 리스트 13-21의 경우 이는 *Product 및 *Boat 값이 case 문과 일치하지
만 항목 변수의 타입은 ItemForSale이 되기 때문에 컴파일러에서 에러가 발생함을 의미한다.
대신 리스트 13-22와 같이 추가 타입 단언 또는 단일 타입 case 문을 사용해야 한다.

리스트 13-22 composition 폴더 내 main.go 파일에서 개별 케이스 문 사용

```
package main

import (
  "fmt"
```

```
    "composition/store"
)

func main() {

    products := map[string]store.ItemForSale {
        "Kayak": store.NewBoat("Kayak", 279, 1, false),
        "Ball": store.NewProduct("Soccer Ball", "Soccer", 19.50),
    }

    for key, p := range products {
        switch item := p.(type) {
        case *store.Product:
            fmt.Println("Name:", item.Name, "Category:", item.Category,
                "Price:", item.Price(0.2))
        case *store.Boat:
            fmt.Println("Name:", item.Name, "Category:", item.Category,
                "Price:", item.Price(0.2))
        default:
            fmt.Println("Key:", key, "Price:", p.Price(0.2))
        }
    }
}
```

타입 단언은 단일 타입을 지정할 때 case 문에 의해 수행하지만 각 타입을 처리할 때 중복이 발생할 수 있다. 리스트 13-22 코드는 프로젝트를 컴파일 및 실행할 때 다음 출력을 생성한다.

```
Name: Kayak Category: Watersports Price: 334.8
Name: Soccer Ball Category: Soccer Price: 23.4
```

다른 솔루션은 속성 값에 대한 접근을 제공하는 인터페이스 메서드를 정의하는 것이다. 이는 리스트 13-23과 같이 기존 인터페이스에 메서드를 추가하거나 별도의 인터페이스를 정의해 수행할 수 있다.

리스트 13-23 composition 폴더 내 product.go 파일에서 인터페이스 정의

```
package store

type Product struct {
    Name, Category string
    price float64
}

func NewProduct(name, category string, price float64) *Product {
    return &Product{ name, category, price }
}
```

```
func (p *Product) Price(taxRate float64) float64 {
  return p.price + (p.price * taxRate)
}

type Describable interface  {
  GetName() string
  GetCategory() string
}

func (p *Product) GetName() string {
  return p.Name
}

func (p *Product) GetCategory() string {
  return p.Category
}
```

Describable 인터페이스는 *Product 타입에 대해 구현하는 GetName 및 GetCategory 메서드를 정의한다. 리스트 13-24는 필드 대신 인터페이스를 사용하도록 switch 문을 수정한다.

리스트 13-24 composition 폴더 내 main.go 파일에서 인터페이스 사용

```
package main

import (
  "fmt"
  "composition/store"
)

func main() {

  products := map[string]store.ItemForSale {
    "Kayak": store.NewBoat("Kayak", 279, 1, false),
    "Ball": store.NewProduct("Soccer Ball", "Soccer", 19.50),
  }

  for key, p := range products {

    switch item := p.(type) {
      case store.Describable:
        fmt.Println("Name:", item.GetName(), "Category:", item.GetCategory(),
          "Price:", item.(store.ItemForSale).Price(0.2))
      default:
        fmt.Println("Key:", key, "Price:", p.Price(0.2))
    }
  }
}
```

이것은 동작하지만 Price 메서드에 접근하기 위해 ItemForSale 인터페이스에 대한 타입 단언에 의존한다. 타입이 Describable 인터페이스를 구현할 수 있지만 ItemForSale 인터페이스는 구현할 수 없으므로 런타임 에러가 발생하기 때문에 문제가 된다. Describable 인터페이스에 Price 메서드를 추가해 타입 단언을 처리할 수 있지만 다음 절에서 설명하는 대안이 있다. 프로젝트를 컴파일 및 실행하면 다음과 같은 결과를 표시한다.

```
Name: Kayak Category: Watersports Price: 334.8
Name: Soccer Ball Category: Soccer Price: 23.4
```

인터페이스 합성

Go를 사용하면 리스트 13-25에서 볼 수 있는 것처럼 다른 인터페이스에서 인터페이스를 합성할 수 있다.

리스트 13-25 composition 폴더 내 product.go 파일에서 인터페이스 합성

```go
package store

type Product struct {
  Name, Category string
  price float64
}

func NewProduct(name, category string, price float64) *Product {
  return &Product{ name, category, price }
}

func (p *Product) Price(taxRate float64) float64 {
  return p.price + (p.price * taxRate)
}

type Describable interface {
  GetName() string
  GetCategory() string
  ItemForSale
}

func (p *Product) GetName() string {
  return p.Name
}

func (p *Product) GetCategory() string {
  return p.Category
}
```

374

하나의 인터페이스가 다른 인터페이스를 인클로징[1]하면 타입이 둘러싸고 포함한 인터페이스로 정의한 모든 메서드를 구현해야 한다. 인터페이스는 구조체보다 간단하고 승격할 필드나 메서드가 없다. 인터페이스를 합성한 결과는 인클로징 타입과 묶인 타입으로 정의한 메서드의 합집합이다. 위 예제에서 Describable 인터페이스를 구현할 때 메서드의 합집합은 GetName, GetCategory, Price 메서드로 볼 수 있다. Describable 인터페이스에 의해 직접 정의한 GetName 및 GetCategory 메서드는 ItemForSale 인터페이스에 의해 정의한 Price 메서드와의 합집합으로 형성한다.

Describable 인터페이스에 대한 변경은 리스트 13-26과 같이 이전 절에서 사용한 타입 단언이 더 이상 필요하지 않음을 의미한다.

리스트 13-26 composition 폴더 내 main.go 파일에서 단언 제거

```go
package main

import (
  "fmt"
  "composition/store"
)

func main() {

  products := map[string]store.ItemForSale {
    "Kayak": store.NewBoat("Kayak", 279, 1, false),
    "Ball": store.NewProduct("Soccer Ball", "Soccer", 19.50),
  }

  for key, p := range products {

    switch item := p.(type) {
      case store.Describable:
        fmt.Println("Name:", item.GetName(), "Category:", item.GetCategory(),
          "Price:", item.Price(0.2))
      default:
        fmt.Println("Key:", key, "Price:", p.Price(0.2))
    }
  }
}
```

Describable 인터페이스를 구현하는 모든 타입의 값은 리스트 13-25에서 수행한 합성 때문에 Price 메서드가 있어야 한다. 이는 잠재적으로 위험한 타입 단언 없이 메서드를 호출할 수 있음을 의미한다. 프로젝트를 컴파일 및 실행하면 다음과 같은 출력을 표시한다.

---

1 A 인터페이스 안에 B 인터페이스를 선언할 때 A 인터페이스를 B 인터페이스의 인클로징 인터페이스로 볼 수 있다. – 옮긴이

```
Name: Kayak Category: Watersports Price: 334.8
Name: Soccer Ball Category: Soccer Price: 23.4
```

✚ 요약

13장에서는 다른 언어에서 사용하는 상속 기반 접근 방식에 대한 대안을 제공해 더 복잡한 기능을 생성하기 위한 Go 타입을 합성할 수 있는 방법을 설명했다. 14장에서는 동시성 관리를 위한 Go 기능인 고루틴^{goroutine}과 채널에 대해 설명할 것이다.

고루틴 및 채널 사용

Go는 내가 사용한 다른 어떤 언어보다 더 간단하고 직관적인 기능을 사용해 동시 애플리케이션 작성을 훌륭하게 지원한다. 14장에서는 함수를 동시에 실행할 수 있는 고루틴과 고루틴이 비동기적으로 결과를 생성할 수 있는 채널에 대해 설명한다. 표 14-1은 상황에 따른 고루틴 및 채널을 보여준다.

표 14-1 상황에 따른 고루틴 및 채널

질문	답
무엇인가?	고루틴은 Go 런타임이 생성하고 관리하는 경량 스레드다. 채널은 특정 타입의 값을 전달하는 파이프다.
왜 유용한가?	고루틴을 사용하면 복잡한 운영체제 스레드를 처리할 필요 없이 기능을 동시에 실행할 수 있다. 채널을 사용하면 고루틴이 비동기적으로 결과를 생성할 수 있다.
어떻게 사용하는가?	고루틴은 go 키워드를 사용해 생성한다. 채널은 자료형으로 정의한다.
함정이나 제한 사항?	채널의 방향을 관리할 때 주의를 기울여야 한다. 데이터를 공유하는 고루틴은 14장에서 설명하는 추가 기능이 필요하다.
대안이 있는가?	고루틴과 채널은 내장 Go 동시성 기능이지만 일부 애플리케이션은 기본 기능을 실행하기 위해 기본적으로 생성하는 단일 실행 스레드에 의존할 수 있다.

표 14-2는 14장을 요약한 것이다.

표 14-2 14장 요약

문제	해결 방법	리스트 참조 번호
함수를 비동기적으로 실행한다.	고루틴을 생성한다.	7
비동기적으로 실행하는 함수에서 결과를 생성한다.	채널을 사용한다.	10, 15, 16, 22-26
채널을 사용해 값을 전송하고 수신한다.	화살표 표현을 사용한다.	11-13
채널을 통해 더 이상 값이 전송되지 않음을 나타낸다.	close 함수를 사용한다.	17-20

(이어짐)

문제	해결 방법	리스트 참조 번호
채널로 수신하는 값을 열거한다.	range 키워드와 함께 for 루프를 사용한다.	21
여러 채널을 사용해 값을 전송하거나 수신한다.	select 문을 사용한다.	27–32

⊹ 14장 준비

14장 예제를 준비하기 위해 새 CMD를 열어 편리한 위치로 이동한 다음 concurrency 폴더를 생성한다. 리스트 14-1의 명령어를 실행해 프로젝트를 초기화해보자.

> **▪ 팁 ▪**
>
> 다음 링크(https://github.com/apress/pro-go)에서 14장 및 책의 다른 모든 장에 대한 예제 프로젝트를 다운로드 할 수 있다. 예제를 실행하는 데 문제가 발생한 경우 도움받는 방법은 2장을 참조한다.

리스트 14-1 프로젝트 초기화

```
go mod init concurrency
```

리스트 14-2의 소스 코드 내용을 담은 product.go 파일을 생성해 concurrency 폴더에 추가해보자.

리스트 14-2 concurrency 폴더 내 product.go 파일 소스 코드

```go
package main

import "strconv"

type Product struct {
  Name, Category string
  Price float64
}

var ProductList = []*Product {
    { "Kayak", "Watersports", 279 },
    { "Lifejacket", "Watersports", 49.95 },
    { "Soccer Ball", "Soccer", 19.50 },
    { "Corner Flags", "Soccer", 34.95 },
    { "Stadium", "Soccer", 79500 },
    { "Thinking Cap", "Chess", 16 },
    { "Unsteady Chair", "Chess", 75 },
    { "Bling-Bling King", "Chess", 1200 },
}

type ProductGroup []*Product
```

```
type ProductData = map[string]ProductGroup

var Products =  make(ProductData)

func ToCurrency(val float64) string {
  return "$" + strconv.FormatFloat(val, 'f', 2, 64)
}

func init() {
  for _, p := range ProductList {
    if _, ok := Products[p.Category]; ok {
      Products[p.Category] = append(Products[p.Category], p)
    } else {
      Products[p.Category] = ProductGroup{ p }
    }
  }
}
```

product.go 파일은 카테고리별로 제품을 구성하는 맵을 만들기 위해 사용하는 타입 별칭과 함께 Product라는 사용자 정의 타입을 정의한다. 여기서는 슬라이스와 맵에서 Product 타입을 사용하고 12장에서 설명한 init 함수에 의존하는 리터럴 구문을 사용해 자체적으로 채워진 슬라이스의 내용에서 맵을 채운다. product.go 파일에는 float64 값을 달러 통화 문자열로 포매팅하는 ToCurrency 함수도 포함하고 있다. ToCurrency 함수는 14장에서 결과 포맷을 지정하기 위해 사용할 것이다.

리스트 14-3의 내용을 담은 operations.go 파일을 concurrency 폴더에 추가해보자.

리스트 14-3 concurrency 폴더 내 operations.go 파일 소스 코드

```
package main

import "fmt"

func CalcStoreTotal(data ProductData) {
  var storeTotal float64
  for category, group := range data {
    storeTotal += group.TotalPrice(category)
  }
  fmt.Println("Total:", ToCurrency(storeTotal))
}

func (group ProductGroup) TotalPrice(category string, ) (total float64) {
  for _, p := range group {
    total += p.Price
  }
  fmt.Println(category, "subtotal:", ToCurrency(total))
  return
}
```

operations.go 파일은 product.go 파일에서 생성한 타입 별칭에 대해 동작하는 메서드를 정의한다. 11장에서 설명했듯이 메서드는 동일한 패키지에서 생성한 타입에만 정의할 수 있다. 즉 예를 들어 []*Product 타입에 대한 메서드는 정의할 수 없지만 별칭은 만들 수 있다. 해당 타입을 지정하고 별칭을 메서드 리시버로 사용한다.

리스트 14-4의 내용을 담은 main.go 파일을 concurrency 폴더에 추가해보자.

리스트 14-4 concurrency 폴더 내 main.go 파일 소스 코드

```
package main

import "fmt"

func main() {

  fmt.Println("main function started")
  CalcStoreTotal(Products)
  fmt.Println("main function complete")
}
```

concurrency 폴더에서 리스트 14-5의 명령어를 실행하기 위해 CMD를 사용한다.

리스트 14-5 예제 프로젝트 실행

```
go run .
```

main.go 파일 내 코드를 컴파일 및 실행하면 다음 출력을 생성한다.

```
main function started
Watersports subtotal: $328.95
Soccer subtotal: $79554.45
Chess subtotal: $1291.00
Total: $81174.40
main function complete
```

❖ Go 코드 실행 방법 이해

Go 프로그램을 실행하기 위한 핵심 빌딩 블록은 Go 런타임이 생성한 경량 스레드인 고루틴이다. 모든 Go 프로그램은 적어도 하나의 고루틴을 사용한다. 고루틴은 Go가 main 함수에서 코드를 실행하는 방식이기 때문이다. 컴파일한 Go 코드를 실행하면 런타임은 main 패키지의 main 함수인 진입점에서 명령문 실행을 시작하는 고루틴을 생성한다. main 함수의 각 명령문은 정의한 순서대로 실행한다. 고루틴은 main 함수의 끝에 도달할 때까지 명령문을 계속 실행하고 함수의 끝 지점에서 애플리케이션을 종료한다.

고루틴은 main 함수의 각 명령문을 동기적으로 실행한다. 즉 다음 명령문으로 이동하기 전에 명령문을 완료할 때까지 기다린다. main 함수의 명령문은 다른 함수를 호출하고, for 루프를 사용하고, 값을 생성하고, 책에서 설명하는 다른 모든 기능을 사용할 수 있다. main 고루틴은 한 번에 하나의 명령문을 실행해 경로를 따라 코드를 통해 동작한다.

예제 애플리케이션의 경우 그림 14-1과 같이 각 제품 카테고리를 차례로 처리하고 각 카테고리 내에서 각 제품을 처리하도록 제품 맵을 순차적으로 처리한다.

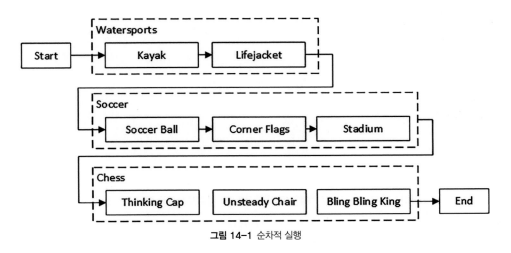

그림 14-1 순차적 실행

리스트 14-6은 처리하는 각 제품의 세부 사항을 기록하는 명령문을 추가해 그림 14-1 흐름을 보여준다.

리스트 14-6 concurrency 폴더 내 operations.go 파일에서 명령문 추가

```
package main

import "fmt"

func CalcStoreTotal(data ProductData) {
  var storeTotal float64
  for category, group := range data {
    storeTotal += group.TotalPrice(category)
  }
  fmt.Println("Total:", ToCurrency(storeTotal))
}

func (group ProductGroup) TotalPrice(category string, ) (total float64) {
  for _, p := range group {
    fmt.Println(category, "product:", p.Name)
    total += p.Price
  }
```

```
    fmt.Println(category, "subtotal:", ToCurrency(total))
    return
  }
```

코드를 컴파일 및 실행하면 다음과 유사한 결과를 확인할 수 있다.

```
main function started
Soccer product: Soccer Ball
Soccer product: Corner Flags
Soccer product: Stadium
Soccer subtotal: $79554.45
Chess product: Thinking Cap
Chess product: Unsteady Chair
Chess product: Bling-Bling King
Chess subtotal: $1291.00
Watersports product: Kayak
Watersports product: Lifejacket
Watersports subtotal: $328.95
Total: $81174.40
main function complete
```

맵에서 키를 검색하는 순서에 따라 다른 결과를 볼 수 있지만 중요한 것은 실행이 다음 카테고리로 이동하기 전에 카테고리의 모든 제품을 처리한다는 것이다.

동기 실행의 장점은 단순성과 일관성이다. 즉 코드가 이해하기 쉽고 예측 가능하다. 비효율적일 수 있다는 단점도 있다. 예제와 같이 9개의 데이터 항목을 통해 순차적으로 작업하는 것은 문제가 없지만 대부분의 실제 프로젝트에는 더 많은 양의 데이터가 있거나 수행할 다른 작업이 있다. 즉 순차 실행이 너무 오래 걸려 결과를 충분히 빨리 생성하지 않을 수 있다.

고루틴 추가 생성

Go를 사용하면 개발자가 기본 고루틴과 동시에 코드를 실행하는 추가 고루틴을 만들 수 있다. Go를 사용하면 리스트 14-7과 같이 새로운 고루틴을 쉽게 만들 수 있다.

리스트 14-7 concurrency 폴더 내 operations.go 파일에서 고루틴 생성

```
package main

import "fmt"

func CalcStoreTotal(data ProductData) {
  var storeTotal float64
  for category, group := range data {
    go group.TotalPrice(category)
  }
```

```
    fmt.Println("Total:", ToCurrency(storeTotal))
}

func (group ProductGroup) TotalPrice(category string, ) (total float64) {
  for _, p := range group {
    fmt.Println(category, "product:", p.Name)
    total += p.Price
  }
  fmt.Println(category, "subtotal:", ToCurrency(total))
  return
}
```

고루틴은 그림 14-2와 같이 비동기적으로 실행해야 하는 함수나 메서드 뒤에 오는 go 키워드를 사용해 생성한다.

그림 14-2 고루틴

Go 런타임이 go 키워드를 만나면 새 고루틴을 만들고 이를 사용해 지정한 함수 또는 메서드를 실행한다.

주어진 순간에 여러 고루틴이 있고 각각 고유한 명령문 세트를 실행하기 때문에 고루틴은 프로그램 실행을 변경할 수 있다. 이러한 명령문은 동시에 실행되고 말 그대로 동일한 시간에 해당 명령문을 실행한다.

예제의 경우 TotalPrice 메서드를 호출할 때마다 고루틴을 생성하고 그림 14-3과 같이 카테고리를 동시에 처리함을 의미한다.

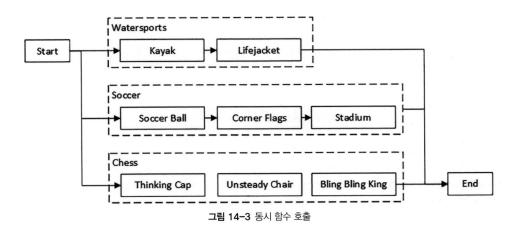

그림 14-3 동시 함수 호출

고루틴을 사용하면 함수와 메서드를 쉽게 호출할 수 있지만 리스트 14-7의 변경 사항은 일반적인 문제를 소개했다. 프로젝트를 컴파일 및 실행하면 다음과 같은 결과를 얻을 수 있다.

```
main function started
Total: $0.00
main function complete
```

하나 이상의 카테고리 부분합을 포함할 수 있는 약간 다른 결과를 표시할 수 있다. 그러나 대부분의 경우 위와 같은 메시지를 표시한다. 코드에 고루틴을 도입하기 전에 TotalPrice 메서드를 다음과 같이 호출했다.

```
...
storeTotal += group.TotalPrice(category)
...
```

위 코드는 동기 함수 호출이다. 런타임에 TotalPrice 메서드의 문을 하나씩 실행하고 그 결과를 storeTotal이라는 변수에 할당하도록 지시한다. 모든 TotalPrice 문을 처리할 때까지 실행을 계속하지 않는다. 그러나 리스트 14-7은 다음과 같이 함수를 실행하기 위한 고루틴을 도입했다.

```
...
go group.TotalPrice(category)
...
```

위 명령문은 런타임에 새 고루틴을 사용해 TotalPrice 메서드의 명령문을 실행하도록 지시한다. 런타임은 고루틴이 메서드를 실행할 때까지 기다리지 않고 즉시 다음 명령문으로 이동한다. TotalPrice 메서드를 비동기적으로 호출하기 때문이다. 원래 고루틴이 main 함수에서 명령문을 실행하는 동시에 새롭게 생성한 하나의 고루틴이 명령문을 평가한다. 하지만 앞서 설명했듯이 main 고루틴이 main 함수의 모든 명령문을 실행하면 프로그램을 종료한다.

결과적으로 TotalPrice 메서드 완료를 실행하기 위해 고루틴을 생성하기 전에 프로그램은 종료되고 이것이 부분합이 없는 이유다.

추가 기능을 소개하면서 해당 문제를 해결하는 방법을 설명할 것이지만 현재로서는 리스트 14-8과 같이 고루틴을 완료할 때까지 프로그램이 종료되는 것을 방지해보자.

리스트 14-8 concurrency 폴더 내 main.go 파일에서 프로그램 종료 지연

```
package main

import (
  "fmt"
  "time"
)
```

```
func main() {

    fmt.Println("main function started")
    CalcStoreTotal(Products)
    time.Sleep(time.Second * 5)
    fmt.Println("main function complete")
}
```

time 패키지는 표준 라이브러리의 일부로 19장에서 설명한다. time 패키지는 명령문을 실행하는 고루틴을 일시 중지하는 Sleep 함수를 제공한다. sleep 기간은 time.Second가 1초를 나타내고 5초 기간을 만들기 위해 5를 곱하도록 간격을 나타내는 숫자 상수 집합을 사용해 지정한다.

이 경우 기본 고루틴의 실행을 일시 중지해 고루틴을 생성한 시간에 TotalPrice 메서드를 실행할 수 있다. sleep 기간이 지나면 main 고루틴은 명령문 실행을 재개하고 함수의 끝에 도달해 프로그램을 종료한다.

프로젝트를 컴파일 및 실행하면 다음 출력을 확인할 수 있다.

```
main function started
Watersports product: Kayak
Watersports product: Lifejacket
Watersports subtotal: $328.95
Soccer product: Soccer Ball
Soccer product: Corner Flags
Soccer product: Stadium
Soccer subtotal: $79554.45
Chess product: Thinking Cap
Chess product: Unsteady Chair
Chess product: Bling-Bling King
Chess subtotal: $1291.00
Total: $0.00
main function complete
```

프로그램은 더 이상 일찍 존재하지 않지만 고루틴이 동시에 동작하는지 확인하기 어렵다. 예제가 너무 간단해서 Go가 다음 것을 만들고 시작할 때 걸리는 짧은 시간 안에 하나의 고루틴을 완료할 수 있기 때문이다. 리스트 14-9는 코드를 어떻게 실행하는지 설명하기 위해 TotalPrice 메서드의 실행을 느리게 하는 또 다른 일시 중지를 추가했다(실제 프로젝트에서는 하지 말아야 할 일이지만 해당 기능이 어떻게 동작하는지 이해할 때 유용하기 때문이다).

리스트 14-9 concurrency 폴더 내 operations.go 파일에서 Sleep 문 추가

```
package main

import (
    "fmt"
```

```
    "time"
)

func CalcStoreTotal(data ProductData) {
  var storeTotal float64
  for category, group := range data {
    go group.TotalPrice(category)
  }
  fmt.Println("Total:", ToCurrency(storeTotal))
}

func (group ProductGroup) TotalPrice(category string, ) (total float64) {
  for _, p := range group {
    fmt.Println(category, "product:", p.Name)
    total += p.Price
    time.Sleep(time.Millisecond * 100)
  }
  fmt.Println(category, "subtotal:", ToCurrency(total))
  return
}
```

새 코드 실행문은 TotalPrice 메서드에서 for 루프의 각 반복에 100밀리초를 추가한다. 코드를 컴파일 및 실행하면 다음과 유사한 출력을 표시한다.

```
main function started
Total: $0.00
Soccer product: Soccer Ball
Watersports product: Kayak
Chess product: Thinking Cap
Chess product: Unsteady Chair
Watersports product: Lifejacket
Soccer product: Corner Flags
Chess product: Bling-Bling King
Soccer product: Stadium
Watersports subtotal: $328.95
Soccer subtotal: $79554.45
Chess subtotal: $1291.00
main function complete
```

결과의 순서가 다를 수 있지만 핵심은 다른 카테고리에 대한 메시지를 인터리브interleave1해 데이터가 병렬로 처리되고 있음을 표시한다는 것이다(리스트 14-9의 변경 사항이 예상한 결과를 제공하지 않으면 time.Sleep 함수에 의해 도입된 일시 중지를 늘려야 할 수도 있다).

---

1   사전적 의미는 '끼워 넣다'로 고루틴이 동시에 동작하는 것을 확인하기 위해 메시지를 출력했을 때 각 실행 흐름에서 카테고리별로 메시지를 독립적으로 출력하기 때문에 해당 용어를 사용한 것으로 이해할 수 있다. – 옮긴이

고루틴 결과 값 반환

리스트 14-7에서 고루틴을 만들 때 TotalPrice 메서드가 호출되는 방식을 변경했다. 원래 코드는 다음과 같았다.

```
...
storeTotal += group.TotalPrice(category)
...
```

그러나 Go 루틴을 도입했을 때 나는 다음과 같이 코드 실행문을 변경했다.

```
...
go group.TotalPrice(category)
...
```

비동기 실행을 얻었지만 메서드에서 결과를 잃어버렸다. 이는 리스트 14-9의 출력에 전체 합계에 대해 0의 결과를 포함한 이유다.

```
...
Total: $0.00
...
```

비동기적으로 실행하는 함수에서 결과를 얻는 것은 결과를 생성하는 고루틴과 결과를 소비하는 고루틴 사이의 조정이 필요하기 때문에 복잡할 수 있다.

해당 문제를 해결하기 위해 Go는 데이터를 보내고 받을 수 있는 통로인 채널을 제공한다. 리스트 14-10부터 시작해 예제에 채널을 단계별로 소개할 것이다. 즉 프로세스를 완료할 때까지 예제가 컴파일하지 않는다.

리스트 14-10 concurrency 폴더 내 operations.go 파일에서 채널 정의

```go
package main

import (
  "fmt"
  "time"
)

func CalcStoreTotal(data ProductData) {
  var storeTotal float64
  var channel chan float64 = make(chan float64)
  for category, group := range data {
    go group.TotalPrice(category)
  }
  fmt.Println("Total:", ToCurrency(storeTotal))
}
```

```
func (group ProductGroup) TotalPrice(category string, ) (total float64) {
  for _, p := range group {
    fmt.Println(category, "product:", p.Name)
    total += p.Price
    time.Sleep(time.Millisecond * 100)
  }
  fmt.Println(category, "subtotal:", ToCurrency(total))
  return
}
```

채널은 강력한 타입으로 지정되므로 지정한 타입 또는 인터페이스의 값을 전달한다. 채널의
타입은 그림 14-4와 같이 chan 키워드 다음에 채널이 전달하는 타입이다. 채널은 채널 타입을
지정하는 내장 make 함수를 사용해 생성한다.

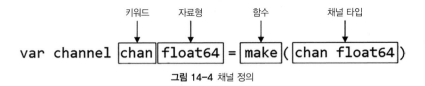

그림 14-4 채널 정의

리스트 14-10에서 전체 변수 선언 구문을 사용해 chan float64인 타입을 강조했고 이는
float64 값을 전달할 채널을 의미한다.

> ▪ **노트** ▪
>
> sync 패키지는 30장에서 설명한 것처럼 데이터를 공유하는 고루틴을 관리하기 위한 기능을 제공한다.

채널을 사용해 결과 값 전송

다음 단계는 리스트 14-11과 같이 채널을 통해 결과를 전송하도록 TotalPrice 메서드를 업데
이트하는 것이다.

리스트 14-11 concurrency 폴더 내 operations.go 파일에서 결과를 전송하는 채널 사용

```
package main

import (
  "fmt"
  "time"
)

func CalcStoreTotal(data ProductData) {
  var storeTotal float64
  var channel chan float64 = make(chan float64)
```

```
    for category, group := range data {
        go group.TotalPrice(category)
    }
    fmt.Println("Total:", ToCurrency(storeTotal))
}

func (group ProductGroup) TotalPrice(category string, resultChannel chan float64) {
    var total float64
    for _, p := range group {
        fmt.Println(category, "product:", p.Name)
        total += p.Price
        time.Sleep(time.Millisecond * 100)
    }
    fmt.Println(category, "subtotal:", ToCurrency(total))
    resultChannel <- total
}
```

첫 번째 변경 사항은 기존 결과를 제거하고 타입이 리스트 14-10에서 생성한 채널과 일치하는 chan float64 매개변수를 추가하는 것이다. 함수에 명명한 결과가 있기 때문에 이전에는 필요하지 않은 total이라는 변수도 정의했다.

다른 변경 사항은 결과가 채널을 사용해 전송하는 방법을 보여준다. 채널을 지정하고 그림 14-5와 같이 < 및 - 문자로 표시한 방향 화살표와 값을 차례로 지정한다.

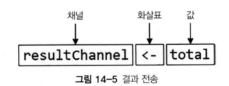

그림 14-5 결과 전송

위 명령문은 resultChannel 채널을 통해 총 값을 전송하므로 애플리케이션의 다른 곳에서 수신할 수 있다. 값을 채널을 통해 전송할 때 일반 동기 함수가 결과를 어떻게 사용할지 모르는 것처럼 발신자는 값을 수신하고 사용하는 방법에 대한 통찰력이 필요없다.

채널을 사용해 결과 값 수신

화살표 구문은 채널에서 값을 수신하기 위해 사용하고 이를 통해 CalcStoreTotal 함수는 리스트 14-12와 같이 TotalPrice 메서드가 보낸 데이터 수신을 수행할 수 있다.

리스트 14-12 concurrency 폴더 내 operations.go 파일에서 결과 수신

```
package main

import (
    "fmt"
```

```
      "time"
  )

  func CalcStoreTotal(data ProductData) {
    var storeTotal float64
    var channel chan float64 = make(chan float64)
    for category, group := range data {
      go group.TotalPrice(category, channel)
    }
    for i := 0; i < len(data); i++ {
      storeTotal += <- channel
    }
    fmt.Println("Total:", ToCurrency(storeTotal))
  }

  func (group ProductGroup) TotalPrice(category string, resultChannel chan float64) {
    var total float64
    for _, p := range group {
      fmt.Println(category, "product:", p.Name)
      total += p.Price
      time.Sleep(time.Millisecond * 100)
    }
    fmt.Println(category, "subtotal:", ToCurrency(total))
    resultChannel <- total
  }
```

화살표는 그림 14-6과 같이 채널에서 값을 수신하기 위해 채널 앞에 배치하고 수신한 값은 예제에서 사용한 += 연산과 같은 표준 Go 표현식의 일부로 사용할 수 있다.

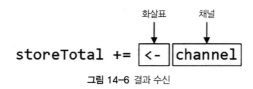

그림 14-6 결과 수신

예제에서 채널에서 받을 수 있는 결과의 수가 내가 만든 고루틴의 수와 정확히 일치한다는 것을 알고 있다. 그리고 맵의 각 키에 대해 고루틴을 만들었기 때문에 for 루프에서 len 함수를 사용해 모든 결과를 읽을 수 있다.

채널은 여러 고루틴 간에 안전하게 공유할 수 있다. 이 절에서 수행한 변경 사항은 TotalPrice 메서드를 호출하기 위해 생성한 Go 루틴이 모두 CalcStoreTotal 함수에 의해 생성된 채널을 통해 결과를 전송하고 수신 및 처리하도록 한다.

채널에서 수신하는 것은 블로킹 작업이다. 즉 값을 수신할 때까지 실행을 계속하지 않는다. 즉 리스트 14-13과 같이 더 이상 프로그램이 종료되는 것을 방지할 필요가 없다.

리스트 14-13 concurrency 폴더 내 main.go 파일에서 Sleep 문 제거

```go
package main

import (
  "fmt"
  //"time"
)

func main() {

  fmt.Println("main function started")
  CalcStoreTotal(Products)
  //time.Sleep(time.Second * 5)
  fmt.Println("main function complete")
}
```

해당 변경의 전반적인 효과는 프로그램이 기본 기능의 명령문을 시작하고 실행하기 시작한다는 것이다. 이는 채널을 생성하고 여러 고루틴을 시작하는 CalcStoreTotal 함수를 호출하게 한다. 고루틴은 채널을 사용해 결과를 보내는 TotalPrice 메서드의 명령문을 실행한다.

메인 고루틴은 채널을 통해 결과를 수신하는 CalcStoreTotal 함수의 명령문을 계속 실행한다. 이러한 결과는 기록되는 전체 합계를 만들기 위해 사용한다. main 함수의 나머지 명령문을 실행하고 프로그램을 종료한다.

프로젝트를 컴파일 및 실행하면 다음 출력을 확인할 수 있다.

```
main function started
Watersports product: Kayak
Chess product: Thinking Cap
Soccer product: Soccer Ball
Soccer product: Corner Flags
Watersports product: Lifejacket
Chess product: Unsteady Chair
Chess product: Bling-Bling King
Soccer product: Stadium
Watersports subtotal: $328.95
Chess subtotal: $1291.00
Soccer subtotal: $79554.45
Total: $81174.40
main function complete
```

메시지를 다른 순서로 표시하는 것을 볼 수 있지만 핵심 사항은 다음과 같이 전체 합계를 올바르게 계산하는지 주의하는 것이다.

```
...
Total: $81174.40
...
```

채널은 고루틴을 조정할 때 사용해 main 고루틴이 CalcStoreTotal 함수에서 생성된 고루틴이 생성한 개별 결과를 기다릴 수 있게 한다. 그림 14-7은 루틴과 채널 간의 관계를 보여준다.

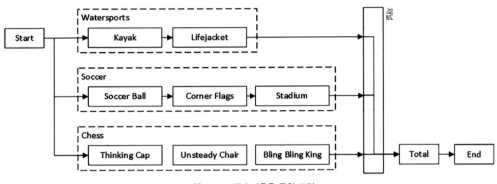

그림 14-7 채널 사용을 통한 조정

비동기적으로 함수를 실행하기 위해 어댑터 사용

채널을 사용하기 위해 기존 함수나 메서드를 다시 작성하는 것이 항상 가능한 것은 아니지만 다음과 같이 래퍼^{wrapper}에서 동기 함수를 비동기적으로 실행하는 것은 간단한 문제다.

```
...
calcTax := func(price float64) float64 {
  return price + (price * 0.2)
}
wrapper := func (price float64, c chan float64)  {
  c <- calcTax(price)
}
resultChannel := make(chan float64)
go wrapper(275, resultChannel)
result := <- resultChannel
fmt.Println("Result:", result)
...
```

wrapper 함수는 calcTax 함수를 동기적으로 실행해 받은 값을 보내기 위해 사용하는 채널을 수신한다. 다음과 같이 변수에 할당하지 않고 함수를 정의해 보다 간결하게 표현할 수 있다.

```
...
go func (price float64, c chan float64) {
      c <- calcTax(price)
```

```
    }(275, resultChannel)
    ...
```

함수를 호출할 때 사용하는 인수가 함수 정의 직후에 표현되기 때문에 구문이 약간 어색하다. 그러나 결과는 동일하다. 즉 동기 함수는 채널을 통해 결과를 전송하는 고루틴에 의해 실행될 수 있다.

채널 작업

이전 절은 채널의 기본 사용과 고루틴을 조정할 때 사용하는 방법을 설명했다. 다음 절은 조정이 발생하는 방식을 변경하기 위해 채널을 사용하는 다양한 방법을 설명한다. 이를 통해 고루틴을 다양한 상황에 적용할 수 있다.

채널 조정

기본적으로 채널을 통한 송수신은 블로킹^{blocking} 작업이다. 이것은 값을 보내는 고루틴은 다른 고루틴이 채널에서 값을 받을 때까지 더 이상의 명령문을 실행하지 않는다는 것을 의미한다. 두 번째 고루틴이 값을 보내면 채널이 지워질 때까지 블록^{block}하고 값을 수신하기를 기다리는 고루틴 대기열이 발생한다. 이러한 상황은 다른 고루틴이 값을 보낼 때까지 값을 수신하는 고루틴을 블록하도록 다른 방향에서도 발생한다. 리스트 14-14는 해당 동작을 강조하기 위해 예제 프로젝트에서 값을 보내고 받는 방식을 변경한다.

리스트 14-14 concurrency 폴더 내 operations.go 파일에서 값 전송 및 수신

```go
package main

import (
  "fmt"
  "time"
)

func CalcStoreTotal(data ProductData) {
  var storeTotal float64
  var channel chan float64 = make(chan float64)
  for category, group := range data {
    go group.TotalPrice(category, channel)
  }
  time.Sleep(time.Second * 5)
  fmt.Println("-- Starting to receive from channel")
  for i := 0; i < len(data); i++ {
    fmt.Println("-- channel read pending")
    value := <- channel
    fmt.Println("-- channel read complete", value)
```

```
    storeTotal += value
    time.Sleep(time.Second)
  }
  fmt.Println("Total:", ToCurrency(storeTotal))
}

func (group ProductGroup) TotalPrice(category string, resultChannel chan float64) {
  var total float64
  for _, p := range group {
    //fmt.Println(category, "product:", p.Name)
    total += p.Price
    time.Sleep(time.Millisecond * 100)
  }
  fmt.Println(category, "channel sending", ToCurrency(total))
  resultChannel <- total
  fmt.Println(category, "channel send complete")
}
```

CalcStoreTotal이 고루틴을 생성하고 채널에서 첫 번째 값을 수신한 후 변경 사항으로 인해 지연이 발생한다. 또한 각 값을 수신하기 전후에 지연이 있다.

이러한 지연은 고루틴이 작업을 완료하고 값을 수신하기 전에 채널을 통해 값을 보낼 수 있도록 하는 효과가 있다. 프로젝트를 컴파일 및 실행하면 다음 출력을 표시한다.

```
main function started
Watersports channel sending $328.95
Chess channel sending $1291.00
Soccer channel sending $79554.45
-- Starting to receive from channel
-- channel read pending
Watersports channel send complete
-- channel read complete 328.95
-- channel read pending
-- channel read complete 1291
Chess channel send complete
-- channel read pending
-- channel read complete 79554.45
Soccer channel send complete
Total: $81174.40
main function complete
```

나는 사람들 간의 상호 작용을 시각화해 동시 애프리케이션을 이해하는 경향이 있다. 보브^{Bob}가 앨리스^{Alice}에게 보낼 메시지가 있는 경우 기본 채널 동작은 앨리스와 보브가 미팅 장소에 동의해야 하고 먼저 도착하는 사람이 다른 사람이 도착할 때까지 기다리는 것이다. 보브는 둘다 있을 때만 앨리스에게 메시지를 줄 것이다. 찰리^{Charlie}도 앨리스에게 메시지를 보낼 때 보브

뒤에 대기열을 형성한다. 모두가 참을성 있게 기다리고 메시지를 발신자와 수신자가 모두 사용할 수 있는 경우에만 전송돼 메시지를 순차적으로 처리할 수 있다.

리스트 14-14의 출력에서 위 패턴을 볼 수 있다. 고루틴을 시작하면 데이터를 처리하고 채널을 통해 결과를 보낸다.

```
...
Watersports channel sending $328.95
Chess channel sending $1291.00
Soccer channel sending $79554.45
...
```

사용할 수 있는 수신자가 없으므로 고루틴을 강제로 기다려야 하고 수신자가 작업을 시작할 때까지 인내심 있는 발신자 대기열을 형성한다. 각 값을 수신하면 보내는 고루틴 블록을 해제하고 TotalPrice 메서드에서 명령문을 계속 실행할 수 있다.

버퍼 채널 사용

기본 채널 동작은 고루틴이 작업을 수행할 때 활동 버스트^{burst}로 이어질 수 있고 메시지 수신을 기다리는 긴 유휴^{idle} 기간이 뒤따른다. 고루틴은 메시지를 수신하면 완료되기 때문에 예제 애플리케이션에는 영향을 미치지 않지만 실제 프로젝트에서는 고루틴이 수행해야 할 반복적인 작업이 종종 있고 수신자를 기다리는 것은 성능 병목^{bottleneck} 현상을 유발할 수 있다.

다른 접근 방식은 버퍼가 있는 채널을 만드는 것이다. 버퍼는 송신자의 값을 수락하고 수신자를 사용할 수 있을 때까지 저장하기 위해 사용한다. 이는 메시지 전송을 논블로킹^{nonblocking} 작업으로 만들어 발신자가 해당 값을 채널에 전달하고 수신자를 기다릴 필요 없이 계속 작업할 수 있도록 한다. 해당 동작은 앨리스가 책상 위에 받은 편지함을 갖고 있는 것과 유사하다. 발신자는 앨리스의 사무실에 와서 메시지를 받은 편지함에 넣고 앨리스가 준비되면 읽을 수 있도록 남겨둔다. 그러나 받은 편지함이 가득 차면 새 메시지를 보내기 전에 그녀가 일부 백로그를 처리할 때까지 기다려야 한다. 리스트 14-15는 버퍼가 있는 채널을 생성한다.

리스트 14-15 concurrency 폴더 내 operations.go 파일에서 버퍼 채널 생성

```
...
func CalcStoreTotal(data ProductData) {
  var storeTotal float64
  var channel chan float64 = make(chan float64, 2)
  for category, group := range data {
    go group.TotalPrice(category, channel)
  }
  time.Sleep(time.Second * 5)
  fmt.Println("-- Starting to receive from channel")
  for i := 0; i < len(data); i++ {
```

```
        fmt.Println("-- channel read pending")
        value := <- channel
        fmt.Println("-- channel read complete", value)
        storeTotal += value
        time.Sleep(time.Second)
    }
    fmt.Println("Total:", ToCurrency(storeTotal))
}
...
```

버퍼의 크기는 그림 14-8과 같이 make 함수의 인수로 지정한다.

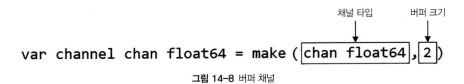

그림 14-8 버퍼 채널

위 예제는 버퍼 크기를 2로 설정했다. 즉 두 명의 발신자가 값을 받을 때까지 기다릴 필요 없이 채널을 통해 값을 보낼 수 있다. 후속 발신자는 버퍼링된 메시지 중 하나를 수신할 때까지 기다려야 한다. 다음 출력을 생성하는 프로젝트를 컴파일 및 실행하면 해당 동작을 볼 수 있다.

```
main function started
Watersports channel sending $328.95
Watersports channel send complete
Chess channel sending $1291.00
Chess channel send complete
Soccer channel sending $79554.45
-- Starting to receive from channel
-- channel read pending
Soccer channel send complete
-- channel read complete 328.95
-- channel read pending
-- channel read complete 1291
-- channel read pending
-- channel read complete 79554.45
Total: $81174.40
main function complete
```

준비된 수신자가 없는 경우에도 Watesports 및 Chess 카테고리에 대해 채널에서 전송된 값을 허용하는 것을 볼 수 있다. Soccer 채널의 발신자는 수신자에 대한 time.Sleep 호출이 만료되고 채널을 통해 값을 수신할 때까지 기다려야 한다.

실제 프로젝트에서는 고루틴을 기다리지 않고 메시지를 보낼 수 있는 충분한 용량이 있도록 더 큰 버퍼를 사용한다(나는 대부분의 프로젝트에서 일반적으로 충분히 크지만 필요한 메모리 양이 상당할 정도로 크지 않은 100의 버퍼 크기를 지정한다).

채널 버퍼 검사

리스트 14-16과 같이 내장 cap 함수를 사용해 채널 버퍼의 크기를 결정하고 len 함수를 사용해 버퍼에 있는 값의 수를 결정할 수 있다.

리스트 14-16 concurrency 폴더 내 operations.go 파일에서 채널 버퍼 검사

```
...
func CalcStoreTotal(data ProductData) {
  var storeTotal float64
  var channel chan float64 = make(chan float64, 2)
  for category, group := range data {
    go group.TotalPrice(category, channel)
  }
  time.Sleep(time.Second * 5)

  fmt.Println("—Starting to receive from channel")
  for I := 0; i < len(data); i++ {
    fmt.Println(len(channel), cap(channel))
    fmt.Println"— channel read pendin"",
      len(channel),""items in buffer, siz"", cap(channel))
    value := <- channel
    fmt.Println"— channel read complet"", value)
    storeTotal += value
    time.Sleep(time.Second)
  }
  fmt.Println""Total"", ToCurrency(storeTotal))
}
...
```

수정한 코드 실행문은 len 및 cap 함수를 사용해 채널 버퍼에 있는 값의 수와 버퍼의 전체 크기를 보고한다. 코드를 컴파일 및 실행하면 값을 수신할 때 버퍼의 세부 정보를 표시한다.

```
main function started
Watersports channel sending $328.95
Watersports channel send complete
Chess channel sending $1291.00
Chess channel send complete
Soccer channel sending $79554.45
-- Starting to receive from channel
-- channel read pending 2 items in buffer, size 2
Soccer channel send complete
-- channel read complete 328.95
```

```
-- channel read pending 2 items in buffer, size 2
-- channel read complete 1291
-- channel read pending 1 items in buffer, size 2
-- channel read complete 79554.45
Total: $81174.40
main function complete
```

len 및 cap 함수를 사용하면 채널 버퍼에 대한 통찰력을 얻을 수 있지만 메시지를 보낼 때 블로킹을 피하기 위해 결과를 사용하지 않는다. 고루틴은 병렬로 실행되고 값을 보내기 전에 버퍼 용량을 확인한 후 값을 채널에 보낼 수 있다. 블로킹 없이 안정적으로 보내고 받는 방법에 대한 자세한 내용은 'select 문 사용' 절을 참고한다.

미정 개수 값 전송 및 수신

CalcStoreTotal 함수는 처리 중인 데이터에 대한 지식을 사용해 채널에서 값을 수신해야 하는 횟수를 결정한다. 이러한 종류의 통찰력을 항상 사용할 수 있는 것은 아니고 채널에 전송할 값의 수를 미리 알 수 없는 경우가 많다. 데모로 리스트 14-17의 내용을 담은 orderdispatch.go 파일을 concurrency 폴더에 추가해보자.

리스트 14-17 concurrency 폴더 내 orderdispatch.go 파일 소스 코드

```go
package main

import (
  "fmt"
  "math/rand"
  "time"
)

type DispatchNotification struct {
  Customer string
  *Product
  Quantity int
}

var Customers = []string{"Alice", "Bob", "Charlie", "Dora"}

func DispatchOrders(channel chan DispatchNotification) {
  rand.Seed(time.Now().UTC().UnixNano())
  orderCount := rand.Intn(3) + 2
  fmt.Println("Order count:", orderCount)
  for i := 0; i < orderCount; i++ {
    channel <- DispatchNotification{
      Customer: Customers[rand.Intn(len(Customers)-1)],
      Quantity: rand.Intn(10),
```

```
        Product:    ProductList[rand.Intn(len(ProductList)-1)],
      }
    }
  }
```

DispatchOrders 함수는 임의의 수의 DispatchNotification 값을 생성하고 channel 매개변수를 통해 수신한 채널을 통해 전송한다. math/rand 패키지를 사용해 난수를 생성하는 방법은 18장에서 설명하지만 14장에서는 각 발송 알림의 세부 정보도 임의적이므로 고객의 이름, 제품, 채널을 통해 전송된 값의 전체 수뿐만 아니라 수량도 변경한다(볼 수 있는 출력이 있기 위해 최소한 2개를 전송).

DispatchOrders 함수가 생성할 DispatchNotification 값의 수를 미리 알 수 있는 방법이 없으므로 채널에서 수신하는 코드를 작성할 때 문제가 발생한다. 리스트 14-18은 for 루프를 사용하는 가장 간단한 접근 방식을 취한다. 즉 코드는 계속해서 값을 받으려고 시도한다.

리스트 14-18 concurrency 폴더 내 main.go 파일에서 for 루프에 대한 값 수신

```
package main

import (
  "fmt"
  //"time"
)

func main() {

  dispatchChannel := make(chan DispatchNotification, 100)
  go DispatchOrders(dispatchChannel)
  for {
    details := <- dispatchChannel
    fmt.Println("Dispatch to", details.Customer, ":", details.Quantity,
      "x", details.Product.Name)
  }
}
```

for 루프는 수신 코드가 채널에서 값을 가져오려고 시도하기 때문에 송신자가 생산을 중단한 후에 동작하지 않는다. Go 런타임은 모든 고루틴을 블로킹한 경우 프로그램을 종료한다. 이는 확인하기 위해 프로젝트를 컴파일 및 실행하면 다음 출력을 생성한다.

```
Order count: 4
Dispatch to Charlie : 3 x Lifejacket
Dispatch to Bob : 6 x Soccer Ball
Dispatch to Bob : 7 x Thinking Cap
Dispatch to Charlie : 5 x Stadium
```

```
fatal error: all goroutines are asleep - deadlock!
goroutine 1 [chan receive]:
main.main()
        C:/concurrency/main.go:12 +0xa6
exit status 2
```

DispatchNotification 데이터의 무작위 특성을 반영하는 다른 출력을 표시한다. 중요한 것은
고루틴이 값을 보낸 후 종료돼 값을 받을 때까지 계속 기다리기 때문에 main 고루틴 왼쪽 블로
킹을 다음과 같이 남겨두는 것이다. Go 런타임은 활성 고루틴이 없음을 감지하고 애플리케이
션을 종료한다.

채널 닫기

위 문제에 대한 해결책은 리스트 14-19와 같이 채널을 닫음으로써 채널을 통해 더 이상 값이
들어오지 않을 때 발신자를 표시하는 것이다.

리스트 14-19 concurrency 폴더 내 orderdispatch.go 파일에서 채널 닫기

```
package main

import (
  "fmt"
  "math/rand"
  "time"
)

type DispatchNotification struct {
  Customer string
  *Product
  Quantity int
}

var Customers = []string{"Alice", "Bob", "Charlie", "Dora"}

func DispatchOrders(channel chan DispatchNotification) {
  rand.Seed(time.Now().UTC().UnixNano())
  orderCount := rand.Intn(3) + 2
  fmt.Println("Order count:", orderCount)
  for i := 0; i < orderCount; i++ {
    channel <- DispatchNotification{
      Customer: Customers[rand.Intn(len(Customers)-1)],
      Quantity: rand.Intn(10),
      Product:  ProductList[rand.Intn(len(ProductList)-1)],
    }
  }
  close(channel)
}
```

내장 close 함수는 채널을 인수로 받아 채널을 통해 더 이상 값이 전송되지 않음을 나타내기 위해 사용한다. 수신자는 리스트 14-20과 같이 값을 요청할 때 채널이 닫혀 있는지 확인할 수 있다.

> ▪ 팁 ▪
>
> 고루틴을 조정할 때 도움이 될 때만 채널을 닫아야 한다. Go는 리소스를 확보하거나 모든 종류의 하우스키핑(housekeeping) 작업을 수행하기 위해 채널을 닫을 필요가 없다.

리스트 14-20 concurrency 폴더 내 main.go 파일에서 폐쇄 채널 검사

```go
package main

import (
  "fmt"
  //"time"
)

func main() {

  dispatchChannel := make(chan DispatchNotification, 100)
  go DispatchOrders(dispatchChannel)
  for {
    if details, open := <- dispatchChannel; open {
      fmt.Println("Dispatch to", details.Customer, ":", details.Quantity,
        "x", details.Product.Name)
    } else {
      fmt.Println("Channel has been closed")
      break
    }
  }
}
```

수신 연산자를 사용해 두 값을 얻을 수 있다. 그림 14-9와 같이 첫 번째 값에는 채널에서 받은 값을 할당하고 두 번째 값은 채널이 닫혔는지 여부를 나타낸다.

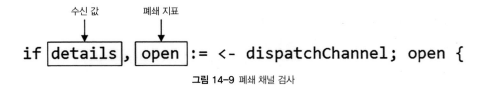

그림 14-9 폐쇄 채널 검사

채널이 열려 있으면 폐쇄 지표closed indicator를 false로 하고 채널에서 받은 값을 다른 변수에 할당한다. 채널이 닫혀 있으면 폐쇄 지표를 true로 하고 채널 타입에 대한 제로 값을 다른 변수에 할당한다.

설명은 코드보다 복잡하고 채널 읽기 작업을 if 표현식의 초기화 문으로 사용할 수 있고 폐쇄 지표를 사용해 채널이 닫힌 시기를 결정할 때 사용할 수 있기 때문에 작업하기 쉽다. 리스트 14-20의 코드는 채널이 닫힐 때 실행하는 else 절을 정의한다. 이는 채널에서 수신하려는 추가 시도를 방지하고 프로그램이 깨끗하게 종료되도록 보장한다.

> **■ 주의 ■**
>
> 채널이 닫히면 채널에 값을 보내는 것을 허용하지 않는다.

프로젝트를 컴파일 및 실행하면 다음과 유사한 출력을 표시한다.

```
Order count: 3
Dispatch to Bob : 2 x Soccer Ball
Dispatch to Alice : 9 x Thinking Cap
Dispatch to Bob : 3 x Soccer Ball
Channel has been closed
```

채널 값 열거

리스트 14-21과 같이 for 루프를 range 키워드와 함께 사용해 채널을 통해 전송된 값을 열거하면 값을 더 쉽게 수신하고 채널이 닫힐 때 루프를 종료할 수 있다.

리스트 14-21 concurrency 폴더 내 main.go 파일에서 채널 값 열거

```go
package main

import (
  "fmt"
  //"time"
)

func main() {

  dispatchChannel := make(chan DispatchNotification, 100)

  go DispatchOrders(dispatchChannel)
  for details := range dispatchChannel {
    fmt.Println("Dispatch to", details.Customer, ":", details.Quantity,
      "x", details.Product.Name)
  }
  fmt.Println("Channel has been closed")
}
```

range 표현식은 채널에서 받은 값인 반복당 하나의 값을 생성한다. for 루프는 채널이 닫힐 때까지 계속 값을 받는다(닫히지 않은 채널에서 for...range 루프를 사용할 수 있다. 이 경우 루프를 종료하지 않는다). 프로젝트를 컴파일 및 실행하면 다음과 유사한 출력을 표시한다.

```
Order count: 2
Dispatch to Alice : 9 x Kayak
Dispatch to Charlie : 8 x Corner Flags
Channel has been closed
```

채널 방향 제한

기본적으로 채널을 사용해 데이터를 보내고 받을 수 있지만 채널을 인수로 사용하는 경우 보내기 또는 받기 작업만 수행할 수 있도록 제한될 수 있다. 해당 기능은 리스트 14-22와 같이 이러한 작업의 구문이 유사하기 때문에 메시지를 보내려고 했지만 대신 수신을 수행한 실수를 피할 때 유용하다는 것을 알았다.

리스트 14-22 concurrency 폴더 내 orderdispatch.go 파일에서 실수 동작

```go
package main

import (
  "fmt"
  "math/rand"
  "time"
)

type DispatchNotification struct {
  Customer string
  *Product
  Quantity int
}

var Customers = []string{"Alice", "Bob", "Charlie", "Dora"}

func DispatchOrders(channel chan DispatchNotification) {
  rand.Seed(time.Now().UTC().UnixNano())
  orderCount := rand.Intn(3) + 2
  fmt.Println("Order count:", orderCount)
  for i := 0; i < orderCount; i++ {
    channel <- DispatchNotification{
      Customer: Customers[rand.Intn(len(Customers)-1)],
      Quantity: rand.Intn(10),
      Product:  ProductList[rand.Intn(len(ProductList)-1)],
    }
    if (i == 1) {
      notification := <- channel
```

```
        fmt.Println("Read:", notification.Customer)
    }
  }
  close(channel)
}
```

예제 코드에서 위 문제를 쉽게 발견할 수 있지만 일반적으로 if 문을 사용해 채널을 통해 추가 값을 조건부로 보낼 때 이러한 실수를 범한다. 그러나 결과적으로 함수가 방금 보낸 메시지를 수신해 채널에서 제거한다.

때때로 누락된 메시지는 의도한 수신자의 고루틴을 블록해 앞에서 설명한 교착 상태 감지를 유발하고 프로그램을 종료한다. 그러나 종종 프로그램은 실행되고 예기치 않은 결과를 생성한다. 코드를 컴파일 및 실행하면 다음과 유사한 출력을 표시한다.

```
Order count: 4
Read: Alice
Dispatch to Alice : 4 x Unsteady Chair
Dispatch to Alice : 7 x Unsteady Chair
Dispatch to Bob : 0 x Thinking Cap
Channel has been closed
```

출력은 4개의 값을 채널을 통해 전송하지만 3개만 수신된다고 보고한다. 해당 문제는 리스트 14-23과 같이 채널의 방향을 제한하면 해결할 수 있다.

리스트 14-23 concurrency 폴더 내 orderdispatch.go 파일에서 채널 방향 제한

```
package main

import (
  "fmt"
  "math/rand"
  "time"
)

type DispatchNotification struct {
  Customer string
  *Product
  Quantity int
}

var Customers = []string{"Alice", "Bob", "Charlie", "Dora"}

func DispatchOrders(channel chan<- DispatchNotification) {
  rand.Seed(time.Now().UTC().UnixNano())
  orderCount := rand.Intn(3) + 2
  fmt.Println("Order count:", orderCount)
```

```
  for i := 0; i < orderCount; i++ {
    channel <- DispatchNotification{
      Customer: Customers[rand.Intn(len(Customers)-1)],
      Quantity: rand.Intn(10),
      Product:  ProductList[rand.Intn(len(ProductList)-1)],
    }
    if (i == 1) {
      notification := <- channel
      fmt.Println("Read:", notification.Customer)
    }
  }
  close(channel)
}
```

채널의 방향은 그림 14-10과 같이 chan 키워드와 함께 지정한다.

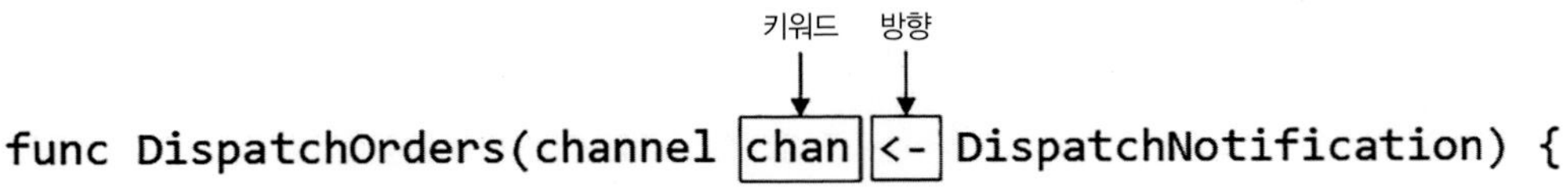

그림 14-10 채널 방향 지정

화살표의 위치는 채널의 방향을 지정한다. 화살표가 리스트 14-23과 같이 chan 키워드를 가리킬 때 채널은 전송에만 사용할 수 있다. 채널은 화살표가 chan 키워드(예: <-chan) 앞에 오는 경우에만 수신할 때 사용할 수 있다. 보내기 전용(또는 그 반대) 채널에서 수신을 시도하는 것은 컴파일 타임 에러이기 때문에 프로젝트를 컴파일하면 확인할 수 있다.

```
# concurrency
.\orderdispatch.go:29:29: invalid operation: <-channel (receive from send-only type
chan<-DispatchNotification)
```

위 작업은 DispatchOrders 함수의 실수를 쉽게 확인할 수 있게 한다. 리스트 14-24에서 볼 수 있는 것처럼 채널에서 수신하는 명령문을 제거할 수 있다.

리스트 14-24 concurrency 폴더 내 orderdispatch.go 파일에서 실수 교정

```
package main

import (
  "fmt"
  "math/rand"
  "time"
)

type DispatchNotification struct {
  Customer string
```

```
    *Product
    Quantity int
}

var Customers = []string{"Alice", "Bob", "Charlie", "Dora"}

func DispatchOrders(channel chan<- DispatchNotification) {
  rand.Seed(time.Now().UTC().UnixNano())
  orderCount := rand.Intn(3) + 2
  fmt.Println("Order count:", orderCount)
  for i := 0; i < orderCount; i++ {
    channel <- DispatchNotification{
      Customer: Customers[rand.Intn(len(Customers)-1)],
      Quantity: rand.Intn(10),
      Product:  ProductList[rand.Intn(len(ProductList)-1)],
    }
    // if (i == 1) {
    //   notification := <- channel
    //   fmt.Println("Read:", notification.Customer)
    // }
  }
  close(channel)
}
```

코드는 에러 없이 컴파일되고 리스트 14-22와 유사한 출력을 생성한다.

채널 인수 방향 제한

이전 절의 변경 사항을 통해 DispatchOrders 함수는 메시지를 수신하지 않고 채널을 통해서만
메시지를 보내면 된다고 선언할 수 있다. 이것은 유용한 기능이지만 함수가 수신 대상을 결정
하도록 허용하지 않고 단방향 채널만 제공하려는 상황을 다루지 않는다.

방향 채널은 타입이므로 리스트 14-24의 함수 매개변수 타입은 chan<- DispatchNotification,
즉 DispatchNotification 값을 전달할 전송 전용 채널을 의미한다. Go는 양방향 채널을 단방향
채널 변수에 할당할 수 있도록 해 리스트 14-25와 같이 제한 사항을 적용할 수 있도록 한다.

리스트 14-25 concurrency 폴더 내 main.go 파일에서 제한된 채널 생성

```
package main

import (
  "fmt"
  //"time"
)

func receiveDispatches(channel <-chan DispatchNotification) {
  for details := range channel {
    fmt.Println("Dispatch to", details.Customer, ":", details.Quantity,
```

```
            "x", details.Product.Name)
    }
    fmt.Println("Channel has been closed")
}

func main() {

    dispatchChannel := make(chan DispatchNotification, 100)

    var sendOnlyChannel chan<- DispatchNotification = dispatchChannel
    var receiveOnlyChannel <-chan DispatchNotification = dispatchChannel

    go DispatchOrders(sendOnlyChannel)
    receiveDispatches(receiveOnlyChannel)
}
```

여기서는 전체 변수 구문을 사용해 송신 전용 및 수신 전용 채널 변수를 정의한 다음 함수 인수로 사용한다. 이렇게 하면 보내기 전용 채널의 수신자는 값만 보내거나 채널을 닫을 수 있고, 수신 전용 채널의 수신자는 값만 받을 수 있다. 이러한 제한은 sendOnlyChannel을 통해 보낸 메시지가 receiveOnlyChannel을 통해 수신하도록 동일한 기본 채널에 적용한다.

채널 방향에 대한 제한은 리스트 14-26과 같이 명시적 변환을 통해 생성할 수도 있다.

리스트 14-26 concurrency 폴더 내 main.go 파일에서 채널에 대한 명시적 변환 사용

```
package main

import (
  "fmt"
  //"time"
)

func receiveDispatches(channel <-chan DispatchNotification) {
  for details := range channel {
    fmt.Println("Dispatch to", details.Customer, ":", details.Quantity,
      "x", details.Product.Name)
  }
  fmt.Println("Channel has been closed")
}

func main() {
  dispatchChannel := make(chan DispatchNotification, 100)

  // var sendOnlyChannel chan<- DispatchNotification = dispatchChannel
  // var receiveOnlyChannel <-chan DispatchNotification = dispatchChannel

  go DispatchOrders(chan<- DispatchNotification(dispatchChannel))
  receiveDispatches((<-chan DispatchNotification)(dispatchChannel))
}
```

수신 전용 채널에 대한 명시적 변환은 컴파일러가 DispatchNotification 타입으로의 변환을 해석하지 못하도록 채널 타입 주위에 괄호가 필요하다. 리스트 14-25와 리스트 14-26의 코드는 다음과 유사한 동일한 출력을 생성한다.

```
Order count: 4
Dispatch to Bob : 0 x Kayak
Dispatch to Alice : 2 x Stadium
Dispatch to Bob : 6 x Stadium
Dispatch to Alice : 3 x Thinking Cap
Channel has been closed
```

select 문 사용

select 키워드는 채널에서 보내거나 받을 작업을 그룹화해 생성할 고루틴과 채널의 복잡한 배열을 허용하기 위해 사용한다. select 문에는 여러 용도가 있으므로 기본 사항부터 시작해 고급 옵션을 살펴보겠다. 해당 절의 예제를 준비하기 위해 리스트 14-27은 DispatchOrders 함수에서 보낸 DispatchNotification 값의 수를 늘리고 지연을 도입해 더 긴 기간 동안 보내도록 한다.

리스트 14-27 concurrency 폴더 내 orderdispatch.go 파일에서 예제 준비

```go
package main

import (
    "fmt"
    "math/rand"
    "time"
)

type DispatchNotification struct {
    Customer string
    *Product
    Quantity int
}

var Customers = []string{"Alice", "Bob", "Charlie", "Dora"}

func DispatchOrders(channel chan<- DispatchNotification) {
    rand.Seed(time.Now().UTC().UnixNano())
    orderCount := rand.Intn(5) + 5
    fmt.Println("Order count:", orderCount)
    for i := 0; i < orderCount; i++ {
        channel <- DispatchNotification{
            Customer: Customers[rand.Intn(len(Customers)-1)],
```

```
        Quantity: rand.Intn(10),
        Product:  ProductList[rand.Intn(len(ProductList)-1)],
    }
    // if (i == 1) {
    //   notification := <- channel
    //   fmt.Println("Read:", notification.Customer)
    // }
    time.Sleep(time.Millisecond * 750)
  }
  close(channel)
}
```

블로킹 없는 수신

select 문의 가장 간단한 용도는 블로킹 없이 채널에서 수신해 채널이 비어 있을 때 고루틴이
기다릴 필요가 없도록 하는 것이다. 리스트 14-28은 이러한 방식으로 사용하는 간단한 select
문을 보여준다.

리스트 14-28 concurrency 폴더 내 main.go 파일에서 select 문 사용

```
package main

import (
  "fmt"
  "time"
)

// func receiveDispatches(channel <-chan DispatchNotification) {
//   for details := range channel {
//     fmt.Println("Dispatch to", details.Customer, ":", details.Quantity,
//             "x", details.Product.Name)
//   }
//   fmt.Println("Channel has been closed")
// }

func main() {
  dispatchChannel := make(chan DispatchNotification, 100)
  go DispatchOrders(chan<- DispatchNotification(dispatchChannel))
  // receiveDispatches((<-chan DispatchNotification)(dispatchChannel))

  for {
    select {
      case details, ok := <- dispatchChannel:
        if ok {
          fmt.Println("Dispatch to", details.Customer, ":",
            details.Quantity, "x", details.Product.Name)
        } else {
          fmt.Println("Channel has been closed")
```

```
            goto alldone
        }
    default:
        fmt.Println("-- No message ready to be received")
        time.Sleep(time.Millisecond * 500)
    }
  }
  alldone: fmt.Println("All values received")
}
```

select 문은 case 문이 채널 연산이라는 점을 제외하면 switch 문과 유사한 구조를 갖고 있다. select 문을 실행하면 블로킹 없이 수행할 수 있는 작업에 도달할 때까지 각 채널 작업을 평가한다. 채널 연산을 수행하고 case 문에 포함된 명령문을 실행한다. 수행할 수 있는 채널 작업이 없으면 default 절의 명령문을 실행한다. 그림 14-11은 select 문의 구조를 보여준다.

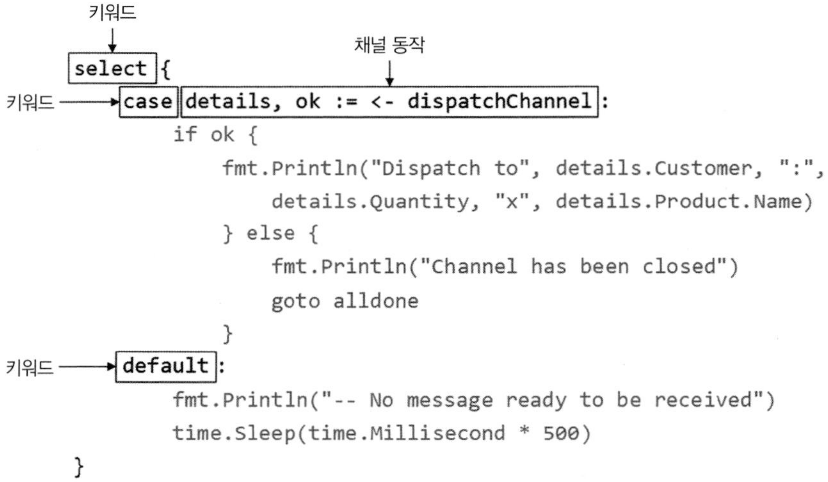

그림 14-11 select 문

select 문은 해당 case 문을 한 번 평가하므로 리스트 14-28에서 for 루프도 사용했다. 루프는 계속해서 select 문을 실행하고 채널에서 값을 사용할 수 있을 때 수신한다. 사용할 수 있는 값이 없으면 default 절을 실행해 sleep 기간을 도입한다.

리스트 14-28의 case 문 채널 연산은 채널이 닫혔는지 여부를 확인하고 닫힌 경우 goto 키워드를 사용해 for 루프 외부에 있는 라벨이 지정된 문으로 이동한다.

프로젝트를 컴파일 및 실행하면 데이터를 무작위로 생성하기 때문에 약간의 차이가 있지만 다음과 유사한 출력을 표시한다.

```
-- No message ready to be received
Order count: 5
Dispatch to Bob : 5 x Soccer Ball
-- No message ready to be received
Dispatch to Bob : 0 x Thinking Cap
-- No message ready to be received
Dispatch to Alice : 2 x Corner Flags
-- No message ready to be received
-- No message ready to be received
Dispatch to Bob : 6 x Corner Flags
-- No message ready to be received
Dispatch to Alice : 2 x Corner Flags
-- No message ready to be received
-- No message ready to be received
Channel has been closed
All values received
```

time.Sleep 메서드로 인해 지연이 발생하면 채널을 통해 값이 전송되는 속도와 수신되는 속도 간에 약간의 불일치가 발생한다. 그 결과 채널이 비어 있을 때 select 문을 실행한다. 일반 채널 작업에서 발생하는 블로킹 대신 select 문은 default 절의 문을 실행한다. 채널이 닫히면 루프를 종료한다.

여러 채널로 수신

select 문은 이전 예제에서 설명한 것처럼 블로킹 없이 수신할 때 사용할 수 있지만 해당 기능은 값이 서로 다른 속도로 전송되는 여러 채널이 있을 때 더 유용하다. select 문을 사용하면 리스트 14-29와 같이 단일 채널을 블로킹하지 않고 수신자가 값을 가진 채널에서 값을 얻을 수 있다.

리스트 14-29 concurrency 폴더 내 main.go 파일에서 여러 채널로 수신

```go
package main

import (
  "fmt"
  "time"
)

func enumerateProducts(channel chan<- *Product) {
  for _, p := range ProductList[:3] {
    channel <- p
    time.Sleep(time.Millisecond * 800)
  }
  close(channel)
}

func main() {
```

```
dispatchChannel := make(chan DispatchNotification, 100)
go DispatchOrders(chan<- DispatchNotification(dispatchChannel))
productChannel := make(chan *Product)
go enumerateProducts(productChannel)

openChannels := 2

for {
  select {
    case details, ok := <- dispatchChannel:
      if ok {
        fmt.Println("Dispatch to", details.Customer, ":",
          details.Quantity, "x", details.Product.Name)
      } else {
        fmt.Println("Dispatch channel has been closed")
        dispatchChannel = nil
        openChannels--
      }
    case product, ok := <- productChannel:
      if ok {
        fmt.Println("Product:", product.Name)
      } else {
        fmt.Println("Product channel has been closed")
        productChannel = nil
        openChannels--
      }
    default:
      if (openChannels == 0) {
        goto alldone
      }
      fmt.Println("-- No message ready to be received")
      time.Sleep(time.Millisecond * 500)
  }
}
alldone: fmt.Println("All values received")
}
```

위 예제에서 select 문은 DispatchNofitication 값을 전달하는 채널과 Product 값을 전달하는
채널의 두 채널에서 값을 받을 때 사용한다. select 문을 실행할 때마다 case 문을 통해 동작해
블로킹 없이 값을 읽을 수 있는 목록을 작성한다. case 문 중 하나를 목록에서 무작위로 선택
해 실행한다. 수행할 수 있는 case 문이 없으면 default 절을 실행한다.

닫힌 채널은 폐쇄 지표에 의존해 채널이 닫힌 후 발생하는 모든 수신 작업에 대해 nil 값을 제
공하므로 닫힌 채널을 관리할 때 주의를 기울여야 한다. 불행히도 닫힌 채널에 대한 case 문은
항상 select 문에 의해 선택된다. 유용한 값이 아닐지라도 닫힌 채널은 블로킹 없이 값을 제공
할 준비를 하기 때문이다.

```
```

폐쇄 채널을 관리하려면 두 가지 조치가 필요하다. 첫 번째는 채널이 닫혔을 때 채널을 선택하는 것으로부터 select 문을 방지하는 것이다. 해당 작업은 다음과 같이 채널 변수에 nil을 할당해 수행할 수 있다.

```
...
dispatchChannel = nil
...
```

nil 채널은 준비되지 않았고 선택되지도 않았다. 따라서 select 문은 채널이 아직 열려 있을 수 있는 다른 case 문으로 이동할 수 있다.

두 번째 방법은 모든 채널이 닫힐 때 for 루프에서 벗어나는 것이다. 루프가 없으면 select 문이 default 절을 끝없이 실행할 것이다. 리스트 14-29는 채널이 닫힐 때 감소하는 int 변수를 사용한다. 열린 채널 수가 0에 도달하면 goto 문이 루프에서 벗어난다. 프로젝트를 컴파일 및 실행하면 단일 수신자가 두 채널에서 값을 가져오는 방법을 보여주는 다음과 유사한 출력을 표시한다.

```
Order count: 5
Product: Kayak
Dispatch to Alice : 9 x Unsteady Chair
-- No message ready to be received
Dispatch to Bob : 6 x Kayak
-- No message ready to be received
Product: Lifejacket
Dispatch to Charlie : 5 x Thinking Cap
-- No message ready to be received
-- No message ready to be received
Dispatch to Alice : 1 x Stadium
Product: Soccer Ball
-- No message ready to be received
Dispatch to Charlie : 8 x Lifejacket
-- No message ready to be received
Product channel has been closed
-- No message ready to be received
Dispatch channel has been closed
All values received
```

블로킹 없는 전송

리스트 14-30과 같이 select 문을 사용해 블로킹 없이 채널에 보낼 수도 있다.

리스트 14-30 concurrency 폴더 내 main.go 파일에서 select 문을 사용한 전송

```go
package main

import (
  "fmt"
  "time"
)

func enumerateProducts(channel chan<- *Product) {
  for _, p := range ProductList {
    select {
      case channel <- p:
        fmt.Println("Sent product:", p.Name)
      default:
        fmt.Println("Discarding product:", p.Name)
        time.Sleep(time.Second)
    }
  }
  close(channel)
}

func main() {
  productChannel := make(chan *Product, 5)
  go enumerateProducts(productChannel)

  time.Sleep(time.Second)

  for p := range productChannel {
    fmt.Println("Received product:", p.Name)
  }
}
```

리스트 14-30의 채널은 작은 버퍼로 생성하고 약간의 지연이 있을 때까지 채널에서 값을 수신하지 않는다. 이는 enumerateProducts 함수가 버퍼가 가득 찰 때까지 블로킹하지 않고 채널을 통해 값을 보낼 수 있음을 의미한다. select 문의 default 절은 보낼 수 없는 값을 버린다. 코드를 컴파일 및 실행하면 다음과 유사한 출력을 표시한다.

```
Sent product: Kayak
Sent product: Lifejacket
Sent product: Soccer Ball
Sent product: Corner Flags
Sent product: Stadium
```

```
Discarding product: Thinking Cap
Discarding product: Unsteady Chair
Received product: Kayak
Received product: Lifejacket
Received product: Soccer Ball
Received product: Corner Flags
Received product: Stadium
Sent product: Bling-Bling King
Received product: Bling-Bling King
```

출력은 select 문이 보내기 작업을 블로킹하고 대신 default 절을 호출한다고 결정한 위치를 보여준다. 리스트 14-30에서 case 문에는 메시지를 작성하는 문을 포함하고 있지만 필수는 아니다. 리스트 14-31과 같이 case 문은 추가 문 없이 전송 작업을 지정할 수 있다.

리스트 14-31 concurrency 폴더 내 main.go 파일에서 코드 실행문 생략

```go
package main

import (
  "fmt"
  "time"
)

func enumerateProducts(channel chan<- *Product) {
  for _, p := range ProductList {
    select {
      case channel <- p:
        //fmt.Println("Sent product:", p.Name)
      default:
        fmt.Println("Discarding product:", p.Name)
        time.Sleep(time.Second)
    }
  }
  close(channel)
}

func main() {
  productChannel := make(chan *Product, 5)
  go enumerateProducts(productChannel)

  time.Sleep(time.Second)

  for p := range productChannel {
    fmt.Println("Received product:", p.Name)
  }
}
```

여러 채널로 전송

사용 가능한 채널이 여러 개인 경우 리스트 14-32와 같이 select 문을 사용해 전송이 블로킹하지 않는 채널을 찾을 수 있다.

> **■ 팁 ■**
>
> case 문을 동일한 select 문에서 전송 및 수신 작업과 결합할 수 있다. select 문을 실행하면 go 런타임은 블로킹 없이 실행할 수 있는 case 문의 결합 목록을 작성하고 무작위로 하나를 선택한다. 이는 전송 또는 수신 코드 실행문이 될 수 있다.

리스트 14-32 concurrency 폴더 내 main.go 파일에서 여러 채널로 전송

```
package main

import (
  "fmt"
  "time"
)

func enumerateProducts(channel1, channel2 chan<- *Product) {
  for _, p := range ProductList {
    select {
      case channel1 <- p:
        fmt.Println("Send via channel 1")
      case channel2 <- p:
        fmt.Println("Send via channel 2")
    }
  }
  close(channel1)
  close(channel2)
}

func main() {
  c1 := make(chan *Product, 2)
  c2 := make(chan *Product, 2)
  go enumerateProducts(c1, c2)

  time.Sleep(time.Second)

  for p := range c1 {
    fmt.Println("Channel 1 received product:", p.Name)
  }
  for p := range c2 {
    fmt.Println("Channel 2 received product:", p.Name)
  }
}
```

위 예제에는 작은 버퍼가 있는 2개의 채널이 있다. 수신과 마찬가지로 select 문은 블로킹 없이 값을 보낼 수 있는 채널 목록을 작성한 다음 해당 목록에서 무작위로 하나를 선택한다. 채널을 사용할 수 없으면 default 절을 실행한다. 예제는 default 절이 없기 때문에 채널 중 하나가 값을 수신할 수 있을 때까지 select 문을 블로킹한다.

enumerateProducts 함수를 실행하는 고루틴을 생성하고 1초 후에 채널의 값을 수신하지 않는다. 프로젝트를 컴파일 및 실행하면 다음과 같은 출력을 표시한다.

```
Send via channel 1
Send via channel 1
Send via channel 2
Send via channel 2
Channel 1 received product: Kayak
Channel 1 received product: Lifejacket
Channel 1 received product: Stadium
Send via channel 1
Send via channel 1
Send via channel 1
Send via channel 1
Channel 1 received product: Thinking Cap
Channel 1 received product: Unsteady Chair
Channel 1 received product: Bling-Bling King
Channel 2 received product: Soccer Ball
Channel 2 received product: Corner Flags
```

일반적인 실수는 select 문이 여러 채널에 균등하게 값을 배포한다고 가정하는 것이다. 언급했듯이 select 문은 무작위로 블로킹하지 않고 사용할 수 있는 case 문을 선택한다. 즉 값 분포를 예측할 수 없고 고르지 않을 수 있다. 예제를 반복적으로 실행하면 이 효과를 볼 수 있다. 그러면 다른 순서로 채널에 전송하는 값을 표시한다.

❖ 요약

14장에서는 Go 기능을 동시에 실행할 수 있는 고루틴의 사용에 대해 설명했다. 고루틴은 14장에서 소개한 채널을 사용해 비동기적으로 결과를 생성한다. 고루틴과 채널을 사용하면 개별 실행 스레드를 관리할 필요 없이 동시 애플리케이션을 쉽게 작성할 수 있다. 15장에서는 에러 처리를 위한 Go 지원에 대해 설명한다.

에러 처리

15장에서는 Go가 에러를 처리하는 방법을 설명한다. 에러를 나타내는 인터페이스를 설명하고, 에러를 생성하는 방법을 보여주고, 에러를 처리할 수 있는 다양한 방법을 설명한다. 또한 복구할 수 없는 에러를 처리하는 방식인 패닉에 대해서도 설명한다. 표 15-1은 상황에 따른 에러 처리를 보여준다.

표 15-1 상황에 따른 에러 처리

질문	답
무엇인가?	Go의 에러 처리를 사용하면 예외적인 조건과 실패를 표시하고 처리할 수 있다.
왜 유용한가?	애플리케이션은 종종 예기치 않은 상황에 직면하고 에러 처리 기능은 이러한 상황이 발생할 때 대응하는 방법을 제공한다.
어떻게 사용하는가?	error 인터페이스는 일반적으로 함수 결과로 반환하는 조건을 정의하기 위해 사용한다. 패닉 함수는 복구할 수 없는 에러가 발생할 때 호출한다.
함정이나 제한 사항?	상황의 심각성을 가장 잘 결정할 수 있는 애플리케이션 부분에 에러를 전달하도록 주의해야 한다.
대안이 있는가?	코드에서 error 인터페이스를 사용할 필요는 없지만 Go 표준 라이브러리 전체에서 사용하기 때문에 사용을 피하기 어렵다.

표 15-2는 15장을 요약한 것이다.

표 15-2 15장 요약

문제	해결 방법	리스트 참조 번호
에러가 발생했음을 나타낸다.	error 인터페이스를 구현하고 함수 결과로 반환하는 구조체를 생성한다.	7-8, 11, 12
채널을 통해 에러를 보고한다.	채널 메시지에 사용하는 구조체 타입에 error 필드를 추가한다.	9-10
복구 불가능한 에러가 발생했음을 나타낸다.	panic 함수를 호출한다.	13, 16
패닉을 복구한다.	defer 키워드를 사용해 recover 함수를 호출하는 함수를 등록한다.	14, 15, 17-19

15장 예제를 준비하기 위해 새 CMD를 열어 편리한 위치로 이동한 다음 errorHandling 폴더를 생성한다. 리스트 15-1의 명령어를 실행해 프로젝트를 초기화해보자.

> ■ **팁** ■
>
> 다음 링크(https://github.com/apress/pro-go)에서 15장 및 책의 다른 모든 장에 대한 예제 프로젝트를 다운로드할 수 있다. 예제를 실행하는 데 문제가 발생한 경우 도움받는 방법은 2장을 참조한다.

리스트 15-1 프로젝트 초기화

```
go mod init errorHandling
```

리스트 15-2의 소스 코드 내용을 담은 product.go 파일을 생성해 errorHandling 폴더에 추가해보자.

리스트 15-2 errorHandling 폴더 내 product.go 파일 소스 코드

```go
package main

import "strconv"

type Product struct {
  Name, Category string
  Price float64
}

type ProductSlice []*Product

var Products = ProductSlice {
  { "Kayak", "Watersports", 279 },
  { "Lifejacket", "Watersports", 49.95 },
  { "Soccer Ball", "Soccer", 19.50 },
  { "Corner Flags", "Soccer", 34.95 },
  { "Stadium", "Soccer", 79500 },
  { "Thinking Cap", "Chess", 16 },
  { "Unsteady Chair", "Chess", 75 },
  { "Bling-Bling King", "Chess", 1200 },
}

func ToCurrency(val float64) string {
  return "$" + strconv.FormatFloat(val, 'f', 2, 64)
}
```

product.go 파일은 *Product 값 슬라이스의 별칭인 Product라는 사용자 정의 타입과 리터럴 구문을 사용해 채운 슬라이스를 정의한다. 또한 float64 값을 달러 통화 금액으로 포매팅하는 함수를 정의한다.

리스트 15-3의 소스 코드 내용을 담은 operations.go라는 파일을 errorHandling 폴더에 추가해보자.

리스트 15-3 errorHandling 폴더 내 operations.go 파일 소스 코드

```
package main

func (slice ProductSlice) TotalPrice(category string) (total float64) {
  for _, p := range slice {
    if (p.Category == category) {
      total += p.Price
    }
  }
  return
}
```

operations.go 파일은 ProductSlice를 수신하고 지정한 Category 값을 가진 해당 Product 값에 대한 Price 필드의 합계를 계산하는 메서드를 정의한다.

리스트 15-4의 소스 코드 내용을 담은 main.go라는 파일을 errorHandling 폴더에 추가해보자.

리스트 15-4 errorHandling 폴더 내 main.go 파일 소스 코드

```
package main

import "fmt"

func main() {

  categories := []string { "Watersports", "Chess" }

  for _, cat := range categories {
    total := Products.TotalPrice(cat)
    fmt.Println(cat, "Total:", ToCurrency(total))
  }
}
```

errorHandling 폴더에서 리스트 15-5의 명령어를 실행하기 위해 CMD를 사용한다.

리스트 15-5 예제 프로젝트 실행

```
go run .
```

코드를 컴파일 및 실행하면 다음 출력을 생성한다.

```
Watersports Total: $328.95
Chess Total: $1291.00
```

복구 가능한 에러 처리

Go를 사용하면 예외적인 조건을 쉽게 표현할 수 있기 때문에 함수나 메서드가 호출한 코드에 문제가 있음을 표시할 수 있다. 예를 들어 리스트 15-6은 TotalPrice 메서드에서 문제가 있는 응답을 생성하는 코드 실행문을 추가한다.

리스트 15-6 errorHandling 폴더 내 main.go 파일에서 메서드 호출

```go
package main

import "fmt"

func main() {

  categories := []string { "Watersports", "Chess", "Running" }

  for _, cat := range categories {
    total := Products.TotalPrice(cat)
    fmt.Println(cat, "Total:", ToCurrency(total))
  }
}
```

프로젝트를 컴파일 및 실행하면 다음과 같은 출력을 표시한다.

```
Watersports Total: $328.95
Chess Total: $1291.00
Running Total: $0.00
```

Running 카테고리에 대한 TotalPrice 메서드의 응답이 모호하다. 0 값 결과는 지정한 카테고리에 제품이 없음을 의미하거나 제품이 있지만 합계 값이 0임을 의미할 수 있다. TotalPrice 메서드를 호출하는 코드는 0 값이 무엇을 나타내는지 알 수 없다.

간단한 예제로 0 값 결과를 쉽게 이해할 수 있다. Running 카테고리에는 제품이 없다. 실제 프로젝트에서 이러한 종류의 결과를 이해하고 대응하기가 더 어려울 수 있다.

Go는 해당 문제를 해결하는 한 가지 방법을 제공하는 error라는 미리 정의된 인터페이스를 제공한다. 다음은 인터페이스의 정의다.

```
type error interface {
    Error() string
}
```

인터페이스는 문자열을 반환하는 Error라는 메서드를 정의하기 위해 에러가 필요하다.

에러 생성

함수와 메서드는 리스트 15-7과 같이 에러 응답을 생성해 예외적이거나 예상치 못한 결과를 표현할 수 있다.

리스트 15-7 errorHandling 폴더 내 operations.go 파일에서 에러 정의

```
package main

type CategoryError struct {
  requestedCategory string
}

func (e *CategoryError) Error() string {
  return "Category " + e.requestedCategory + " does not exist"
}

func (slice ProductSlice) TotalPrice(category string) (total float64,
    err *CategoryError) {
  productCount := 0
  for _, p := range slice {
    if (p.Category == category) {
      total += p.Price
      productCount++
    }
  }
  if (productCount == 0) {
    err = &CategoryError{ requestedCategory: category}
  }
  return
}
```

CategoryError 타입은 unexported requestedCategory 필드를 정의하고 error 인터페이스를 구현하는 메서드가 있다. TotalPrice 메서드의 서명을 업데이트해 2개의 결과를 반환해보자. 원래 float64 값과 error. for 루프가 지정한 카테고리의 제품을 찾지 못하면 err 결과에 CategoryError 값을 할당해 존재하지 않는 카테고리를 요청했음을 나타낼 수 있다. 리스트 15-8은 에러 결과를 사용하도록 호출 코드를 수정한다.

```go
package main

import "fmt"

func main() {

    categories := []string { "Watersports", "Chess", "Running" }

    for _, cat := range categories {
        total, err := Products.TotalPrice(cat)
        if (err == nil) {
            fmt.Println(cat, "Total:", ToCurrency(total))
        } else {
            fmt.Println(cat, "(no such category)")
        }
    }
}
```

TotalPrice 메서드 호출의 결과는 두 결과의 조합을 검사해 결정한다.

에러 결과가 nil이면 요청한 카테고리가 존재하고 float64 결과는 해당 총계가 0이더라도 해당 가격의 총계를 나타낸다. 에러 결과가 nil이 아니면 요청한 카테고리가 존재하지 않기 때문에 float64 값은 무시해야 한다. 프로젝트를 컴파일 및 실행하면 에러로 인해 리스트 15-8의 코드가 존재하지 않는 제품 카테고리를 식별할 수 있음을 알 수 있다.

```
Watersports Total: $328.95
Chess Total: $1291.00
Running (no such category)
```

에러 결과 무시

중요한 정보를 잃을 수 있기 때문에 에러 결과를 무시하는 것은 권장하지 않는다. 하지만 문제가 발생했을 때 알 필요가 없다면 다음과 같이 에러 결과 이름 대신 빈 식별자를 사용할 수 있다.

```go
package main

import "fmt"

func main() {

    categories := []string { "Watersports", "Chess", "Running" }
    for _, cat := range categories {
        total, _ := Products.TotalPrice(cat)
        fmt.Println(cat, "Total:", ToCurrency(total))
```

```
        }
    }
```

채널을 통한 에러 보고

고루틴을 사용해 함수를 실행하는 경우 유일한 통신은 채널을 통해서 할 수 있다. 즉 성공적인 작업과 함께 문제의 세부 사항을 채널을 통해서 통신해야 한다. 에러 처리를 가능한 한 간단하게 유지하는 것이 중요하고 추가 채널을 사용하거나 채널 외부에서 에러 조건을 알리기 위한 복잡한 메커니즘을 만드는 것을 피하는 것이 좋다. 내가 선호하는 접근 방식은 리스트 15-9와 같이 두 결과를 통합하는 사용자 정의 타입을 만드는 것이다.

리스트 15-9 errorHandling 폴더 내 operations.go 파일에서 타입 및 함수 정의

```
package main

type CategoryError struct {
  requestedCategory string
}

func (e *CategoryError) Error() string {
  return "Category " + e.requestedCategory + " does not exist"
}

type ChannelMessage struct {
  Category string
  Total float64
  *CategoryError
}

func (slice ProductSlice) TotalPrice(category string) (total float64,
    err *CategoryError) {
  productCount := 0
  for _, p := range slice {
    if (p.Category == category) {
      total += p.Price
      productCount++
    }
  }
  if (productCount == 0) {
    err = &CategoryError{ requestedCategory: category}
  }
  return
}
```

```
func (slice ProductSlice) TotalPriceAsync (categories []string,
    channel chan<- ChannelMessage) {
  for _, c := range categories {
    total, err := slice.TotalPrice(c)
    channel <- ChannelMessage{
      Category: c,
      Total: total,
      CategoryError: err,
    }
  }
  close(channel)
}
```

ChannelMessage 타입을 사용하면 새로운 TotalPriceAsync 메서드가 비동기적으로 실행하는 TotalPrice 메서드의 결과를 정확하게 반영할 때 필요한 결과 쌍을 전달할 수 있다. 결과는 동기 메서드 결과가 에러를 표현할 수 있는 방식과 유사하다.

채널에 보낸 사람이 1명뿐인 경우 에러가 발생한 후 채널을 닫을 수 있다. 그러나 여러 발신자가 있는 경우 채널을 닫지 않도록 주의해야 한다. 발신자가 여전히 유효한 결과를 생성할 수 있고 닫힌 채널에서 보내려고 시도하므로 패닉 상태로 프로그램을 종료하기 때문이다.

리스트 15-10은 TotalPrice 메서드의 새로운 비동기 버전을 사용하도록 main 함수를 수정한다.

리스트 15-10 errorHandling 폴더 내 main.go 파일에서 새로운 메서드 사용

```
package main

import "fmt"

func main() {

  categories := []string { "Watersports", "Chess", "Running" }

  channel := make(chan ChannelMessage, 10)

  go Products.TotalPriceAsync(categories, channel)
  for message := range channel {
    if message.CategoryError == nil {
      fmt.Println(message.Category, "Total:", ToCurrency(message.Total))
    } else {
      fmt.Println(message.Category, "(no such category)")
    }
  }
}
```

프로젝트를 컴파일 및 실행하면 다음과 유사한 출력을 표시한다.

```
Watersports Total: $328.95
Chess Total: $1291.00
Running (no such category)
```

에러 편의 함수 사용

애플리케이션에서 발생할 수 있는 모든 타입의 에러에 대해 자료형을 정의하는 것은 어색할 수 있다. 표준 라이브러리의 일부인 errors 패키지는 내용이 문자열인 에러를 반환하는 New 함수를 제공한다. 간단한 에러를 생성하는 것이 해당 접근 방식의 단점이고 리스트 15-11에서 볼 수 있는 것처럼 단순하다는 장점이 있다.

리스트 15-11 errorHandling 폴더 내 operations.go 파일에서 에러 편의 함수 사용

```go
package main

import "errors"

// type CategoryError struct {
//    requestedCategory string
// }

// func (e *CategoryError) Error() string {
//    return "Category " + e.requestedCategory + " does not exist"
// }

type ChannelMessage struct {
  Category string
  Total float64
  CategoryError Error
}

func (slice ProductSlice) TotalPrice(category string) (total float64,
    err error) {
  productCount := 0
  for _, p := range slice {
    if (p.Category == category) {
      total += p.Price
      productCount++
    }
  }
  if (productCount == 0) {
    err = errors.New("Cannot find category")
  }
  return
```

```
}

func (slice ProductSlice) TotalPriceAsync (categories []string,
    channel chan<- ChannelMessage) {
  for _, c := range categories {
    total, err := slice.TotalPrice(c)
    channel <- ChannelMessage{
      Category: c,
      Total: total,
      CategoryError: err,
    }
  }
  close(channel)
}
```

위 예제에서 사용자 정의 에러 타입을 제거할 수 있었지만, 생성한 에러에는 더 이상 요청한 카테고리의 세부 정보를 포함하지 않는다. 호출 코드가 세부 정보를 가질 것으로 합리적으로 예상할 수 있기 때문에 큰 문제가 아니지만, 그렇지 않은 상황에서는 fmt 패키지를 사용해 더 복잡한 문자열 내용으로 에러를 쉽게 생성할 수 있다.

fmt 패키지는 포매팅 동사와 함께 수행하는 문자열 포매팅을 담당한다. 포매팅 동사는 17장에서 자세히 설명할 것이다. fmt 패키지에서 제공하는 기능 중 하나는 리스트 15-12와 같이 형식을 지정한 문자열을 사용해 에러 값을 생성하는 Errorf다.

리스트 15-12 errorHandling 폴더 내 operations.go 파일에서 에러 포매팅 함수 사용

```
package main

import "fmt"

type ChannelMessage struct {
  Category string
  Total float64
  CategoryError Error
}

func (slice ProductSlice) TotalPrice(category string) (total float64,
    err error) {
  productCount := 0
  for _, p := range slice {
    if (p.Category == category) {
      total += p.Price
      productCount++
    }
  }
  if (productCount == 0) {
```

```
    err = fmt.Errorf("Cannot find category: %v", category)
  }
  return
}

func (slice ProductSlice) TotalPriceAsync (categories []string,
    channel chan<- ChannelMessage) {
  for _, c := range categories {
    total, err := slice.TotalPrice(c)
    channel <- ChannelMessage{
      Category: c,
      Total: total,
      CategoryError: err,
    }
  }
  close(channel)
}
```

Errorf 함수에 대한 첫 번째 인수의 %v는 포매팅 동사 중 하나로 17장에서 설명하겠지만 다음 인수로 대체할 수 있다. 리스트 15-11과 리스트 15-12 모두 에러 응답의 메시지를 독립적으로 생성하는 출력을 생성한다.

```
Watersports Total: $328.95
Chess Total: $1291.00
Running (no such category)
```

❖ 복구 불가능한 에러 처리

일부 에러는 매우 심각하기 때문에 리스트 15-13처럼 애플리케이션을 즉시 종료해야 하고 이러한 프로세스를 패닉panic이라고 한다.

리스트 15-13 errorHandling 폴더 내 main.go 파일에서 패닉 유발

```
package main

import "fmt"

func main() {

  categories := []string { "Watersports", "Chess", "Running" }

  channel := make(chan ChannelMessage, 10)

  go Products.TotalPriceAsync(categories, channel)
  for message := range channel {
```

```
      if message.CategoryError == nil {
        fmt.Println(message.Category, "Total:", ToCurrency(message.Total))
      } else {
        panic(message.CategoryError)
        //fmt.Println(message.Category, "(no such category)")
      }
    }
  }
```

카테고리를 찾을 수 없을 때 메시지를 출력하는 대신 그림 15-1과 같이 내장 panic 함수를 사용해 main 함수가 패닉을 유발한다.

그림 15-1 패닉 함수

panic 함수는 패닉을 설명할 때 유용한 모든 값을 인수로 전달해 함께 호출한다. 리스트 15-13에서 panic 함수를 error와 함께 호출하는 것은 Go 에러 처리 기능을 결합하는 유용한 방법이다.

panic 함수를 호출하면 둘러싸는 함수의 실행을 중지하고 모든 defer 함수를 수행한다(defer 기능은 8장 참조). 패닉은 호출 스택을 통해 발생하고 호출 함수의 실행을 종료한 다음 defer 함수를 호출한다. 예를 들어 패닉을 일으키는 것은 GetProducts 함수로 CountProducts 함수와 마지막으로 애플리케이션을 종료하는 main 함수의 종료로 이어진다. 코드를 컴파일 및 실행하면 패닉에 대한 스택 추적을 보여주는 다음 출력을 표시한다.

```
Watersports Total: $328.95
Chess Total: $1291.00
panic: Cannot find category: Running

goroutine 1 [running]:
main.main()
        C:/errorHandling/main.go:16 +0x309
exit status 2
```

출력은 패닉이 발생했고 main.go 파일의 13행에 있는 명령문으로 인해 main 패키지의 main 함수 내에서 발생했음을 보여준다. 더 복잡한 애플리케이션에서 패닉이 표시하는 스택 추적은 패닉이 발생한 이유를 파악할 때 유용할 수 있다.

에러가 적절한 때와 패닉 상태가 더 유용할 때를 지시하는 명확한 규칙은 없다. 문제는 문제의 심각도를 대개 패닉에 대한 결정이 일반적으로 발생하는 곳이 아닌 호출 함수가 가장 잘 결정한다는 것이다. 앞서 설명했듯이 존재하지 않는 제품 카테고리를 사용하는 것은 어떤 상황에서는 심각하고 복구 불가능한 문제가 될 수 있고, 다른 상황에서는 예상되는 결과가 될 수 있다. 이러한 두 가지 상황은 동일한 프로젝트에 존재할 수 있다.

일반적인 규칙은 하나는 에러를 반환하고 다른 하나는 패닉을 반환하는 두 가지 버전의 함수를 제공하는 것이다. 예를 들어 16장에서 regexp 패키지가 에러를 반환하는 Compile 함수와 패닉을 일으키는 MustCompile 함수를 정의한다.

패닉 복구

Go는 내장 함수 recover를 제공한다. recoer 함수는 패닉이 호출 스택 위로 올라가 프로그램을 종료하는 것을 방지하기 위해 호출할 수 있다. recover 함수는 리스트 15-14와 같이 defer 키워드를 사용해 실행하는 코드에서 호출해야 한다.

리스트 15-14 errorHandling 폴더 내 main.go 파일에서 패닉 복구

```
package main

import "fmt"

func main() {

  recoveryFunc func() {
    if arg := recover(); arg != nil {
      if err, ok := arg.(error); ok {
        fmt.Println("Error:", err.Error())
      } else if str, ok := arg.(string); ok {
        fmt.Println("Message:", str)
      } else {
        fmt.Println("Panic recovered")
      }
    }
  }
  defer recoveryFunc()

  categories := []string { "Watersports", "Chess", "Running" }

  channel := make(chan ChannelMessage, 10)

  go Products.TotalPriceAsync(categories, channel)
  for message := range channel {
    if message.CategoryError == nil {
```

```
        fmt.Println(message.Category, "Total:", ToCurrency(message.Total))
    } else {
        panic(message.CategoryError)
        //fmt.Println(message.Category, "(no such category)")
    }
    }
}
```

위 예제는 defer 키워드를 사용해 패닉이 없더라도 main 함수를 완료하면 실행할 함수를 등록한다. recover 함수를 호출하면 패닉이 발생한 경우 값을 반환해 패닉의 진행을 중지하고 그림 15-2와 같이 panic 함수를 호출할 때 사용하는 인수에 대한 접근을 제공한다.

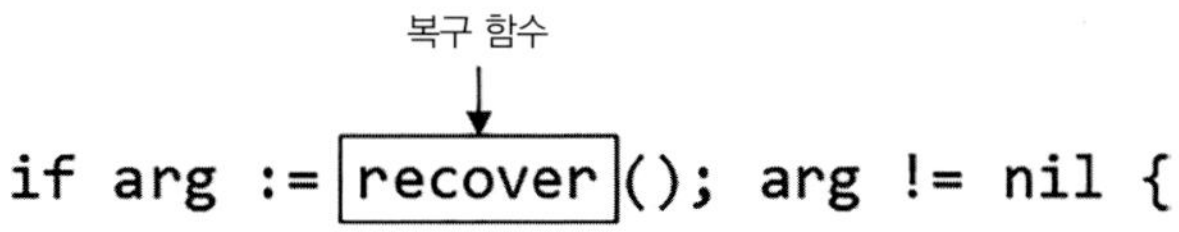

복구 함수

```
if arg := recover (); arg != nil {
```

그림 15-2 패닉 복구

어떤 값이든 패닉 함수에 전달할 수 있으므로 복구 함수가 반환하는 값의 타입은 빈 인터페이스(interface{})이고 이를 사용하려면 먼저 타입 단언이 필요하다. 리스트 15-14의 복구 함수는 가장 일반적인 두 가지 패닉 인수인 에러 및 문자열 타입을 취급한다.

함수를 정의하고 바로 defer 키워드와 함께 함수를 사용하는 것은 어색할 수 있으므로 리스트 15-15와 같이 패닉 복구는 일반적으로 익명 함수를 사용해 수행한다.

리스트 15-15 errorHandling 폴더 내 main.go 파일에서 익명 함수 사용

```
package main

import "fmt"

func main() {

    defer func() {
        if arg := recover(); arg != nil {
            if err, ok := arg.(error); ok {
                fmt.Println("Error:", err.Error())
            } else if str, ok := arg.(string); ok {
                fmt.Println("Message:", str)
            } else {
                fmt.Println("Panic recovered")
            }
        }
    }()
```

```
    categories := []string { "Watersports", "Chess", "Running" }

    channel := make(chan ChannelMessage, 10)

    go Products.TotalPriceAsync(categories, channel)
    for message := range channel {
      if message.CategoryError == nil {
        fmt.Println(message.Category, "Total:", ToCurrency(message.Total))
      } else {
        panic(message.CategoryError)
        //fmt.Println(message.Category, "(no such category)")
      }
    }
  }
}
```

익명 함수를 정의하는 것이 아니라 호출할 때 필요한 익명 함수의 중괄호 뒤에 오는 괄호를 사용하는 것에 주목해야 한다. 리스트 15-14와 리스트 15-15를 컴파일 및 실행하면 동일한 출력을 생성한다.

```
Watersports Total: $328.95
Chess Total: $1291.00
Error: Cannot find category: Running
```

복구 후 패닉

상황이 결국 복구할 수 없다는 것을 깨달은 후에야 패닉에서 복구할 수 있다. 이런 상황이 발생하면 리스트 15-16과 같이 새 인수를 제공하거나 recover 함수를 호출할 때 받은 값을 재사용해 새로운 패닉을 시작할 수 있다.

리스트 15-16 errorHandling 폴더 내 main.go 파일에서 복구 후 선택적 패닉

```go
package main

import "fmt"

func main() {

  defer func() {
    if arg := recover(); arg != nil {
      if err, ok := arg.(error); ok {
        fmt.Println("Error:", err.Error())
        panic(err)
      } else if str, ok := arg.(string); ok {
        fmt.Println("Message:", str)
      } else {
```

```
            fmt.Println("Panic recovered")
        }
    }
}()

    categories := []string { "Watersports", "Chess", "Running" }

    channel := make(chan ChannelMessage, 10)

    go Products.TotalPriceAsync(categories, channel)
    for message := range channel {
      if message.CategoryError == nil {
        fmt.Println(message.Category, "Total:", ToCurrency(message.Total))
      } else {
        panic(message.CategoryError)
        //fmt.Println(message.Category, "(no such category)")
      }
    }
  }
}
```

지연한 함수는 패닉을 복구하고 에러의 세부 정보를 검사한 다음 다시 패닉을 발생시킨다. 프로젝트를 컴파일 및 실행하면 변경 효과를 확인할 수 있다.

```
Watersports Total: $328.95
Chess Total: $1291.00
Error: Cannot find category: Running
panic: Cannot find category: Running [recovered]
        panic: Cannot find category: Running
goroutine 1 [running]:
main.main.func1()
        C:/errorHandling/main.go:11 +0x1c8
panic({0xad91a0, 0xc000088230})
        C:/Program Files/Go/src/runtime/panic.go:1038 +0x215
main.main()
        C:/errorHandling/main.go:29 +0x333
exit status 2
```

고루틴 패닉 복구

패닉은 현재 고루틴의 맨 위로만 스택을 올리고 이 지점에서 애플리케이션을 종료한다. 이러한 제한은 리스트 15-17과 같이 고루틴을 실행하는 코드 내에서 패닉을 복구해야 함을 의미한다.

```go
package main

import "fmt"

type CategoryCountMessage struct {
  Category string
  Count int
}

func processCategories(categories [] string, outChan chan <- CategoryCountMessage) {
  defer func() {
    if arg := recover(); arg != nil {
      fmt.Println(arg)
    }
  }()
  channel := make(chan ChannelMessage, 10)
  go Products.TotalPriceAsync(categories, channel)
  for message := range channel {
    if message.CategoryError == nil {
      outChan <- CategoryCountMessage {
        Category: message.Category,
        Count: int(message.Total),
      }
    } else {
      panic(message.CategoryError)
    }
  }
    close(outChan)
}

func main() {

  categories := []string { "Watersports", "Chess", "Running" }

  channel := make(chan CategoryCountMessage)
  go processCategories(categories, channel)

  for message := range channel {
    fmt.Println(message.Category, "Total:", message.Count)
  }
}
```

main 함수는 고루틴을 사용해 ProcessCategories 함수를 호출한다. TotalPriceAsync 함수가 에러를 전달하면 패닉이 발생한다. processCategories는 패닉을 복구하지만 프로젝트를 컴파일 및 실행하면 예기치 않은 결과가 발생했음을 다음 출력에서 확인할 수 있다.

```
Watersports Total: 328
Chess Total: 1291
Cannot find category: Running
fatal error: all goroutines are asleep - deadlock!
goroutine 1 [chan receive]:
main.main()
        C:/errorHandling/main.go:39 +0x1c5
exit status 2
```

문제는 패닉에서 복구해도 processCategories 함수의 실행이 재개되지 않는다는 것이다. 즉 main 함수가 메시지를 수신하는 채널에서 close 함수를 호출하지 않았다. main 함수는 전송하지 않는 메시지를 수신하려고 시도하고 채널에서 블로킹돼 Go 런타임의 교착 상태^{deadlock} 감지를 유발한다.

가장 간단한 접근 방식은 리스트 15-18과 같이 복구 중에 채널에서 close 함수를 호출하는 것이다.

리스트 15-18 errorHandling 폴더 내 main.go 파일에서 채널 폐쇄 보장

```
...
defer func() {
  if arg := recover(); arg != nil {
    fmt.Println(arg)
    close(outChan)
  }
}()
...
```

close 함수를 호출하면 교착 상태를 방지하지만 processCategories 함수가 작업을 완료할 수 없음을 main 함수에 알리지 않는 결과를 초래할 수 있다. 리스트 15-19와 같이 채널을 닫기 전에 채널을 통해 이러한 결과를 표시하는 것이 더 나은 접근 방식이다.

리스트 15-19 errorHandling 폴더 내 main.go 파일에서 실패 표시

```
package main

import "fmt"

type CategoryCountMessage struct {
  Category string
  Count int
  TerminalError interface{}
}

func processCategories(categories [] string, outChan chan <- CategoryCountMessage) {
  defer func() {
```

436

```go
    if arg := recover(); arg != nil {
      fmt.Println(arg)
      outChan <- CategoryCountMessage{
        TerminalError: arg,
      }
      close(outChan)
    }
  }()
  channel := make(chan ChannelMessage, 10)
  go Products.TotalPriceAsync(categories, channel)
  for message := range channel {
    if message.CategoryError == nil {
      outChan <- CategoryCountMessage {
        Category: message.Category,
        Count: int(message.Total),
      }
    } else {
      panic(message.CategoryError)
    }
  }
  close(outChan)
}

func main() {

  categories := []string { "Watersports", "Chess", "Running" }

  channel := make(chan CategoryCountMessage)
  go processCategories(categories, channel)

  for message := range channel {
    if (message.TerminalError == nil) {
      fmt.Println(message.Category, "Total:", message.Count)
    } else {
      fmt.Println("A terminal error occured")
    }
  }
}
```

결과적으로 패닉을 처리하는 방법에 대한 결정은 고루틴에서 호출 코드로 전달된다. 호출 코드는 문제에 따라 실행을 계속하거나 새로운 패닉을 유발하도록 선택할 수 있다. 프로젝트를 컴파일 및 실행하면 다음과 같은 출력을 표시한다.

```
Watersports Total: 328
Chess Total: 1291
Cannot find category: Running
A terminal error occured
```

15장에서는 에러 상황을 처리하기 위한 Go 기능에 대해 설명했다. error 타입을 설명하고 사용자 정의 에러를 생성하는 방법과 편의 기능을 사용해 간단한 메시지로 에러를 생성하는 방법을 보였다. 또한 복구할 수 없는 에러를 처리하는 방법인 패닉에 대해서도 설명했다. 에러가 복구 불가능한지에 대한 결정이 주관적일 수 있다고 설명했고 이는 Go가 패닉을 복구하도록 허용하는 이유다. 또한, 복구 프로세스를 설명하고 고루틴에서 효과적으로 동작하도록 조정하는 방법을 보였다. 16장에서는 Go 표준 라이브러리를 설명하는 과정을 시작하려고 한다.

## 2부

Go 표준 라이브러리 사용

16장

문자열 및 정규식 처리

16장에서는 거의 모든 프로젝트에서 필요한 string 값을 처리하기 위한 표준 라이브러리 기능을 설명한다. 많은 프로그래밍 언어는 내장 타입으로 정의한 메서드로 string을 제공한다. Go는 표준 라이브러리로 문자열 기능을 정의하지만 우수한 정규식 작업을 지원하고 있기 때문에 더욱 완전한 문자열 함수 집합을 사용할 수 있다. 표 16-1은 상황에 따른 문자열 및 정규식 처리를 보여준다.

표 16-1 상황에 따른 문자열 및 정규식 처리

질문	답
무엇인가?	문자열 처리는 문자열 분할에서 문자열을 구성 요소로 분리하는 작업까지 광범위한 작업을 포함한다. 정규식은 문자열 매칭 규칙을 간결하게 정의할 수 있는 패턴이다.
왜 유용한가?	문자열 작업은 애플리케이션에서 string 값을 처리해야 할 때 유용하다. 일반적인 예는 HTTP 요청을 처리하는 것이다.
어떻게 사용하는가?	표준 라이브러리의 일부인 strings 및 regexp 패키지가 관련 기능을 포함하고 있다.
함정이나 제한 사항?	작업 중 일부를 수행하는 방식에 몇 가지 문제가 있지만 대부분 예상대로 동작한다.
대안이 있는가?	위 패키지의 사용은 선택 사항이므로 반드시 사용할 필요는 없다. 즉 Go는 표준 라이브러리를 잘 작성하고 철저하게 테스트했기 때문에 기능의 구현을 직접 만드는 것은 의미가 없다.

표 16-2는 16장을 요약한 것이다.

표 16-2 16장 요약

문제	해결 방법	리스트 참조 번호
문자열을 비교한다.	strings 패키지가 제공하는 EqualFold 또는 Has* 함수를 사용한다.	4
문자열 대소문자를 변환한다.	strings 패키지가 제공하는 ToLower, ToUpper, Title 또는 ToTitle 함수를 사용한다.	5, 6
문자 대소문자를 검사하거나 변경한다.	unicode 패키지가 제공하는 함수를 사용한다.	7
문자열에서 콘텐츠를 검색한다.	strings 및 regexp 패키지가 제공하는 함수를 사용한다.	8, 9, 24-27, 29-32

문제	해결 방법	리스트 참조 번호
문자열을 분리한다.	strings 및 regexp 패키지가 제공하는 Fields 또는 Split* 함수를 사용한다.	10–14, 28
문자열을 합친다.	strings 패키지가 제공하는 Join 또는 Repeat 함수를 사용한다.	22
문자열에서 문자를 자른다.	strings 패키지가 제공하는 Trim* 함수를 사용한다.	15–18
치환을 수행한다.	strings 패키지가 제공하는 Replace* 또는 Map 함수를 사용하거나 Replacer를 사용한다. 또는 regexp 패키지가 제공하는 Replace* 함수를 사용한다.	19–21, 33
효율적으로 문자열을 형성한다.	strings 패키지가 제공하는 Builder 타입을 사용한다.	23

⊹ 16장 준비

16장 예제를 준비하기 위해 새 CMD를 열어 편리한 위치로 이동한 다음 stringsandregexp 폴더를 생성한다. 리스트 16–1의 명령어를 실행해 프로젝트를 초기화해보자.

> **■ 팁 ■**
>
> 다음 링크(https://github.com/apress/pro-go)에서 16장 및 책의 다른 모든 장에 대한 예제 프로젝트를 다운로드할 수 있다. 예제를 실행하는 데 문제가 발생한 경우 도움받는 방법은 2장을 참조한다.

리스트 16–1 프로젝트 초기화

```
go mod init stringsandregexp
```

리스트 16–2의 소스 코드 내용을 담은 main.go 파일을 생성해 stringsandregexp 폴더에 추가해보자.

리스트 16–2 stringsandregexp 폴더 내 main.go 파일 소스 코드

```
package main

import (
  "fmt"
)

func main() {

  product := "Kayak"

  fmt.Println("Product:", product)
}
```

stringsandregexp 폴더에서 리스트 16-3의 명령어를 실행하기 위해 CMD를 사용한다.

리스트 16-3 예제 프로젝트 실행

```
go run .
```

main.go 파일 내 코드를 컴파일 및 실행하면 다음 출력을 생성한다.

```
Product: Kayak
```

❖ 문자열 처리

strings 패키지는 문자열 처리를 위한 함수 집합을 제공한다. 다음 절은 strings 패키지의 가장 유용한 기능을 설명하고 사용법을 보여준다.

문자열 비교

strings 패키지는 표 16-3에서 설명한 것처럼 비교 함수를 제공한다. 등호 연산자(== 및 !=)와 함께 사용할 수 있다.

표 16-3 문자열 비교를 위한 strings 함수

함수	설명
Contains(s, substr)	문자열 s가 substr을 포함하고 있으면 true를 반환하고 포함하고 있지 않은 경우 false를 반환한다.
ContainsAny(s, substr)	문자열 s가 문자열 substr가 포함한 문자를 하나라도 포함하고 있으면 true를 반환한다.
ContainsRune(s, rune)	문자열 s가 특정 rune을 포함하고 있으면 true를 반환한다.
EqualFold(s1, s2)	대소문자를 구분하지 않는 비교를 수행하고 문자열 s1과 s2가 같으면 true를 반환한다.
HasPrefix(s, prefix)	문자열 s가 문자열 prefix로 시작하는 경우 true를 반환한다.
HasSuffix(s, suffix)	문자열 s가 문자열 suffix로 끝나는 경우 true를 반환한다.

리스트 16-4는 표 16-3에서 설명한 함수의 사용을 보여준다.

리스트 16-4 stringsandregexp 폴더 내 main.go 파일에서 문자열 비교

```
package main

import (
  "fmt"
  "strings"
)
```

```
func main() {

    product := "Kayak"

    fmt.Println("Contains:", strings.Contains(product, "yak"))
    fmt.Println("ContainsAny:", strings.ContainsAny(product, "abc"))
    fmt.Println("ContainsRune:", strings.ContainsRune(product, 'K'))
    fmt.Println("EqualFold:", strings.EqualFold(product, "KAYAK"))
    fmt.Println("HasPrefix:", strings.HasPrefix(product, "Ka"))
    fmt.Println("HasSuffix:", strings.HasSuffix(product, "yak"))
}
```

표 16-3의 함수는 EqualFold 함수를 제외하고 대소문자를 구분하는 비교를 수행한다. 폴딩folding은 유니코드가 문자 대소문자를 처리하는 방식이다. 여기서 문자는 소문자, 대문자, 제목 대소문자에 대해 다르게 표현할 수 있다. 리스트 16-4의 코드를 실행할 때 다음 출력을 생성한다.

```
Contains: true
ContainsAny: true
ContainsRune: true
HasPrefix: true
HasSuffix: true
EqualFold: true
```

바이트 지향 함수 사용

문자에서 동작하는 strings 패키지의 모든 함수는 다음과 같이 byte 슬라이스에서 동작하는 bytes 패키지의 대응 함수가 있다.

```
package main

import (
    "fmt"
    "strings"
    "bytes"
)

func main() {

    price := "€100"

    fmt.Println("Strings Prefix:", strings.HasPrefix(price, "€"))
    fmt.Println("Bytes Prefix:", bytes.HasPrefix([]byte(price),
        []byte { 226, 130 }))
}
```

위 예제는 두 패키지에서 제공하는 HasPrefix 함수의 사용을 보여준다. 패키지의 strings 버전은 문자에 대해 동작하고 문자가 사용하는 바이트 개수에 관계없이 접두사를 확인한다. 이를 통해 price 문자열이 유로화 기호로 시작하는지 확인할 수 있다. 함수의 bytes 버전을 사용하면 해당 바이트가 문자와 어떻게 관련되는지와 관계없이 price 변수가 특정 바이트 시퀀스로 시작하는지 여부를 결정할 수 있다. strings 패키지를 가장 보편적으로 사용하기 때문에 16장에서는 strings 패키지 함수를 사용한다. 25장에서는 메모리에 이진 데이터를 저장하는 유용한 방법인 bytes.Buffer 구조체를 사용한다.

문자열 대소문자 변환

strings 패키지는 문자열의 대소문자를 변경하기 위해 표 16–4에서 설명한 함수를 제공한다.

표 16-4 strings 패키지 내 대소문자 함수

함수	설명
ToLower(str)	특정 문자열을 소문자로 변환한 새 문자열을 반환한다.
ToUpper(str)	특정 문자열을 대문자로 변환한 새 문자열을 반환한다.
Title(str)	각 단어의 첫 번째 문자가 대문자고 나머지 문자가 소문자가 되도록 특정 문자열을 변환한다.
ToTitle(str)	제목 케이스로 매핑한 문자열의 문자를 포함하는 새 문자열을 반환한다.

예상한 대로 동작하지 않는 Title 및 ToTitle 함수에 주의해야 한다. Title 함수는 제목으로 사용하기 적합한 문자열을 반환하지만 리스트 16–5와 같이 모든 단어를 동일하게 취급한다.

리스트 16-5 stringsandregexp 폴더 내 main.go 파일에서 제목 생성

```go
package main

import (
  "fmt"
  "strings"
)

func main() {

  description := "A boat for sailing"

  fmt.Println("Original:", description)
  fmt.Println("Title:", strings.Title(description))
}
```

일반적으로 제목 문자는 관사, 짧은 전치사, 접속사를 대문자로 사용하지 않는다. 즉 다음 문자열을 변환하는 것을 의미한다.

```
A boat for sailing
```

위 문자열은 일반적으로 다음과 같이 변환한다.

```
A Boat for Sailing
```

for 단어는 대문자로 표시하지 않지만 다른 단어는 대문자로 표시한다. 그러나 이러한 규칙은 복잡하고 해석이 자유롭고 언어별로 다르기 때문에 Go는 더 간단하게 모든 단어를 대문자로 표시하는 접근 방식을 취한다. 다음 출력을 생성하는 리스트 16-5의 코드를 컴파일 및 실행하면 효과를 볼 수 있다.

```
Original: A boat for sailing
Title: A Boat For Sailing
```

일부 언어는 제목으로 사용할 때 모양이 바뀌는 문자가 있다. 유니코드는 각 문자에 대해 소문자, 대문자, 제목 대소문자의 세 가지 상태를 정의하고 ToTitle 함수는 제목 대소문자만 포함하는 문자열을 반환한다. 리스트 16-6에서 확인할 수 있는 것처럼 ToTile 함수는 영어의 ToUpper 함수와 동일한 효과를 갖지만 다른 언어는 다른 결과를 생성할 수 있다.

리스트 16-6 stringsandregexp 폴더 내 main.go 파일에서 제목 문자 사용

```go
package main

import (
  "fmt"
  "strings"
)

func main() {

  specialChar := "\u01c9"

  fmt.Println("Original:", specialChar, []byte(specialChar))

  upperChar := strings.ToUpper(specialChar)
  fmt.Println("Upper:", upperChar, []byte(upperChar))

  titleChar := strings.Totitle(specialChar)
  fmt.Println("Title:", titleChar, []byte(titleChar))
}
```

내 제한된 언어 기술로는 다른 제목 대소문자가 필요한 언어로 확장할 수 없기 때문에 유니코드 이스케이프 시퀀스를 사용해 문자를 선택했다(나는 유니코드 사양에서 문자 코드를 얻었다). 컴파일 및 실행하면 리스트 16-6의 코드는 문자를 나타낼 때 사용하는 바이트와 함께 문자의 소문자, 대문자, 제목 대소문자 버전을 기록한다.

446

```
Original: lj [199 137]
Upper: LJ [199 135]
Title: Lj [199 136]
```

문자가 나타나는 방식의 차이를 볼 수 있지만 그렇지 않더라도 대문자와 제목에 다른 바이트 값 조합을 사용하는 것을 볼 수 있다.

현지화: 전부 아니면 전무

제품을 현지화하려면 시간, 노력, 자원이 필요하고 대상 국가 또는 지역의 언어, 문화, 화폐 관습을 이해하는 사람이 현지화를 수행해야 한다. 제대로 현지화하지 않으면 전혀 현지화하지 않는 것보다 결과가 더 나쁠 수 있다.

그렇기 때문에 여기서는 현지화 기능을 자세히 설명하지 않는다. 사용하는 콘텍스트 외부의 기능을 설명하는 것은 독자를 스스로 만든 재앙에 대비하게 만드는 것이다. 적어도 제품을 현지화하지 않은 경우 사용자는 현재 위치를 알고 있고 통화 코드를 변경하는 것을 잊었는지 또는 해당 가격이 실제로 미국 달러인지 알아내려고 노력할 필요가 없다(내가 영국에 살면서 항상 마주하는 문제다).

제품 현지화는 스스로 해야 한다. 사용자는 자신에게 합당한 방식으로 비즈니스를 수행하거나 다른 작업을 수행할 수 있어야 한다. 그러나 이를 진지하게 받아들이고 올바르게 수행하기 위해 필요한 시간과 노력을 할당해야 한다.

문자 대소문자 작업

유니코드 패키지는 표 16-5에 설명한 것처럼 개별 문자의 대소문자를 결정하거나 변경하기 위해 사용할 수 있는 함수를 제공한다.

표 16-5 unicode 패키지가 제공하는 문자 관련 함수

함수	설명
IsLower(rune)	지정한 룬이 소문자이면 true를 반환한다.
ToLower(rune)	지정한 룬과 관련된 소문자 룬을 반환한다.
IsUpper(rune)	지정한 룬이 대문자이면 true를 반환한다.
ToUpper(rune)	지정한 룬과 관련된 대문자 룬을 반환한다.
IsTitle(rune)	지정한 룬이 제목 대소문자일 경우 true를 반환한다.
ToTitle(rune)	지정한 룬과 관련된 제목 대소문자 룬을 반환한다.

리스트 16-7은 표 16-5에 설명한 함수를 사용해 룬의 대소문자를 검사하고 변경한다.

```go
package main

import (
  "fmt"
  //"strings"
  "unicode"
)

func main() {

  product := "Kayak"

  for _, char := range product {
    fmt.Println(string(char), "Upper case:", unicode.IsUpper(char))
  }
}
```

리스트 16-7의 코드는 product 문자열의 문자를 열거하고 해당 문자가 대문자인지 결정한다.
코드를 컴파일 및 실행할 때 다음 출력을 생성한다.

```
K Upper case: true
a Upper case: false
y Upper case: false
a Upper case: false
k Upper case: false
```

문자열 검사

표 16-6의 함수는 문자열 검사를 위해 strings 패키지에서 제공한다.

표 16-6 문자열 검사를 위해 제공하는 strings 함수

함수	설명
Count(s, sub)	지정한 부분 문자열이 문자열 s에서 발견한 횟수를 보고하는 int 를 반환한다.
Index(s, sub) LastIndex(s, sub)	문자열 s 내에서 지정한 부분 문자열이 처음 또는 마지막으로 나 타나는 인덱스를 반환하거나 발생하지 않으면 −1을 반환한다.
IndexAny(s, chars) LastIndexAny(s, chars)	문자열 s 내에서 지정한 문자열의 모든 문자의 첫 번째 또는 마지 막 발생을 반환하거나 발생하지 않으면 −1을 반환한다.
IndexByte(s, b) LastIndexByte(s, b)	문자열 s 내에서 지정한 byte가 처음 또는 마지막으로 나타나는 인덱스를 반환하거나 발생하지 않으면 −1을 반환한다.
IndexFunc(s, func) LastIndexFunc(s, func)	'사용자 정의 함수를 사용한 문자열 검사' 절에 설명한 대로 지정 한 함수가 true를 반환하는 문자열 s에서 처음 또는 마지막으로 나타나는 문자의 인덱스를 반환한다.

리스트 16-8은 표 16-6에 설명한 함수를 보여주고 그중 일부는 일반적으로 문자열 콘텐츠를 기반으로 문자열을 자른다.

리스트 16-8 stringsandregexp 폴더 내 main.go 파일에서 문자열 검사

```go
package main

import (
  "fmt"
  "strings"
  //"unicode"
)

func main() {

  description := "A boat for one person"

  fmt.Println("Count:", strings.Count(description, "o"))
  fmt.Println("Index:", strings.Index(description, "o"))
  fmt.Println("LastIndex:", strings.LastIndex(description, "o"))
  fmt.Println("IndexAny:", strings.IndexAny(description, "abcd"))
  fmt.Println("LastIndex:", strings.LastIndex(description, "o"))
  fmt.Println("LastIndexAny:", strings.LastIndexAny(description, "abcd"))
}
```

위 함수가 수행하는 비교는 대소문자를 구분한다. 예를 들어 리스트 16-8에서 테스트에 사용한 문자열에는 person을 포함하고 있지만 Person은 포함하지 않는다. 사례 비교를 수행하려면 표 16-6에 설명한 함수를 표 16-4 및 16-5의 함수와 결합해 사용한다. 리스트 16-8의 코드를 컴파일 및 실행할 때 다음과 같은 출력을 생성한다.

```
Count: 4
Index: 3
LastIndex: 19
IndexAny: 2
LastIndex: 19
LastIndexAny: 4
```

사용자 정의 함수를 사용한 문자열 검사

IndexFunc 및 LastIndexFunc 함수는 리스트 16-9와 같이 사용자 정의 함수를 사용해 문자열을 검사하는 사용자 정의 함수를 사용한다.

리스트 16-9 stringsandregexp 폴더 내 main.go 파일에서 사용자 정의 함수로 문자열 검사

```go
package main

import (
```

```
    "fmt"
    "strings"
)

func main() {

    description := "A boat for one person"

    isLetterB := func (r rune) bool {
        return r == 'B' || r == 'b'
    }

    fmt.Println("IndexFunc:", strings.IndexFunc(description, isLetterB))
}
```

사용자 정의 함수는 rune을 수신하고 문자가 원하는 조건을 충족하는지 나타내는 bool 결과를 반환한다. IndexFunc 함수는 실제 결과가 얻어질 때까지 문자열의 각 문자에 대해 사용자 정의 함수를 호출하고 이 시점에서 인덱스를 반환한다.

isLetterB 변수에는 rune을 수신하고 룬이 대문자 또는 소문자 B인 경우 true를 반환하는 사용자 정의 함수를 할당한다. 사용자 정의 함수는 strings.IndexFunc 함수에 전달해 코드를 컴파일 및 실행할 때 다음 출력을 생성한다.

```
IndexFunc: 2
```

문자열 조작

strings 패키지는 일부 또는 전체 문자 교체 또는 공백 제거 지원을 포함해 문자열 편집에 유용한 함수를 제공한다.

문자열 분할

표 16-7에 설명한 첫 번째 함수 집합은 문자열을 분할하기 위해 사용한다(16장의 뒷부분에 나오는 '정규식 사용' 절에서 설명하는 정규식을 사용해 문자열을 분할할 때 유용한 기능도 있다).

표 16-7 strings 패키지 내 문자열 분할을 위한 함수

함수	설명
Fields(s)	공백 문자로 문자열을 분할하고 문자열 s의 공백이 아닌 섹션을 포함하는 슬라이스를 반환한다.
FieldsFunc(s, func)	사용자 정의 함수가 true를 반환하는 문자에서 문자열 s를 분할하고 문자열의 나머지 섹션을 포함하는 슬라이스를 반환한다.
Split(s, sub)	지정한 부분 문자열이 나타날 때마다 문자열 s를 분할해 문자열 슬라이스를 반환한다. 구분 기호가 빈 문자열이면 슬라이스에는 각 문자에 대한 문자열을 포함시킨다.

(이어짐)

함수	설명
SplitN(s, sub, max)	Split과 유사하지만 반환할 최대 부분 문자열 수를 지정하는 추가 int 인수를 허용한다. 결과 슬라이스의 마지막 부분 문자열에는 소스 문자열에서 분할하지 않은 부분을 포함시킨다.
SplitAfter(s, sub)	Split과 유사하지만 결과에 사용한 부분 문자열을 포함한다. 시연을 위해 표 뒤에 있는 텍스트를 참조한다.
SplitAfterN(s, sub, max)	SplitAfter와 유사하지만 반환할 최대 부분 문자열 수를 지정하는 추가 int 인수를 허용한다.

표 16-7에 설명한 함수는 동일한 기본 작업을 수행한다. Split 함수와 SplitAfter 함수의 차이점은 리스트 16-10과 같이 Split 함수가 분할에 사용한 부분 문자열을 결과에서 제외한다는 것이다.

리스트 16-10 stringsandregexp 폴더 내 main.go 파일에서 문자열 분할

```go
package main

import (
  "fmt"
  "strings"
)

func main() {

  description := "A boat for one person"

  splits := strings.Split(description, " ")
  for _, x := range splits {
    fmt.Println("Split >>" + x + "<<")
  }

  splitsAfter := strings.SplitAfter(description, " ")
  for _, x := range splitsAfter {
    fmt.Println("SplitAfter >>" + x + "<<")
  }
}
```

차이점을 강조하기 위해 리스트 16-10의 코드는 Split 및 SplitAfter 함수를 모두 사용해 동일한 문자열을 분할한다. 두 함수의 결과는 for 루프를 사용해 열거하고 루프가 작성하는 메시지는 결과 앞뒤에 공백 없이 갈매기 모양으로 결과를 묶는다. 코드를 컴파일 및 실행하면 다음과 같은 결과를 볼 수 있다.

```
Split >>A<<
Split >>boat<<
```

```
Split >>for<<
Split >>one<<
Split >>person<<
SplitAfter >>A <<
SplitAfter >>boat <<
SplitAfter >>for <<
SplitAfter >>one <<
SplitAfter >>person<<
```

문자열은 공백 문자로 분할한다. 결과에서 볼 수 있듯이 공백 문자는 Split 함수에서 생성한 결과에 포함하지 않지만 SplitAfter 함수의 결과에는 포함한다.

결과 수 제한

SplitN 및 SplitAfterN 함수는 리스트 16-11과 같이 결과에 포함해야 하는 최대 결과 수를 지정하는 int 인수를 허용한다.

리스트 16-11 stringsandregexp 폴더 내 main.go 파일에서 결과 제한

```
package main

import (
  "fmt"
  "strings"
)

func main() {

  description := "A boat for one person"

  splits := strings.SplitN(description, " ", 3)
  for _, x := range splits {
    fmt.Println("Split >>" + x + "<<")
  }

  // splitsAfter := strings.SplitAfter(description, " ")
  // for _, x := range splitsAfter {
  //   fmt.Println("SplitAfter >>" + x + "<<")
  // }
}
```

문자열을 지정한 것보다 더 많은 문자열로 분할할 수 있는 경우 결과 슬라이스의 마지막 요소는 분할하지 않은 문자열의 나머지다. 리스트 16-11은 최대 3개의 결과를 지정한다. 즉 슬라이스의 처음 두 요소는 정상적으로 분할하고 세 번째 요소는 나머지 문자열이다. 코드를 컴파일 및 실행하면 다음과 같은 출력을 표시한다.

```
Split >>A<<
Split >>boat<<
Split >>for one person<<
```

공백 문자 분할

Split, SplitN, SplitAfter, SplitAfterN 함수의 한 가지 제한 사항은 반복하는 문자 시퀀스를 처리하지 않는다는 것이다. 이는 리스트 16-12와 같이 공백 문자로 문자열을 분할할 때 문제가 될 수 있다.

리스트 16-12 stringsandregexp 폴더 내 main.go 파일에서 공백 문자 분할

```go
package main

import (
  "fmt"
  "strings"
)

func main() {

  description := "This  is  double  spaced"

  splits := strings.SplitN(description, " ", 3)
  for _, x := range splits {
    fmt.Println("Split >>" + x + "<<")
  }
}
```

소스 문자열의 단어는 이중 간격이지만 SplitN 함수는 첫 번째 공백 문자에서만 분할하고 이상한 결과를 생성한다. 코드를 컴파일 및 실행하면 다음과 같은 출력을 표시한다.

```
Split >>This<<
Split >><<
Split >>is  double  spaced<<
```

결과 슬라이스의 두 번째 요소는 공백 문자다. 반복하는 공백 문자를 처리하기 위해 Fields 함수는 리스트 16-13과 같이 공백 문자에서 문자열을 나눈다.

리스트 16-13 stringsandregexp 폴더 내 main.go 파일에서 Fields 함수 사용

```go
package main

import (
  "fmt"
  "strings"
```

```
)

func main() {

  description := "This  is  double  spaced"

  splits := strings.Fields(description)
  for _, x := range splits {
    fmt.Println("Field >>" + x + "<<")
  }
}
```

Fields 함수는 결과 수에 대한 제한을 지원하지 않지만 이중 공백은 적절하게 처리한다. 프로젝트를 컴파일 및 실행하면 다음과 같은 결과를 표시한다.

```
Field >>This<<
Field >>is<<
Field >>double<<
Field >>spaced<<
```

사용자 정의 함수를 사용한 문자열 분할

FieldsFunc 함수는 리스트 16-14와 같이 각 문자를 사용자 정의 함수에 전달하고 해당 함수가 true를 반환할 때 문자열을 분할한다.

리스트 16-14 stringsandregexp 폴더 내 main.go 파일에서 사용자 정의 함수로 문자열 분할

```
package main

import (
  "fmt"
  "strings"
)

func main() {

  description := "This  is  double  spaced"

  splitter := func(r rune) bool {
    return r == ' '
  }

  splits := strings.FieldsFunc(description, splitter)
  for _, x := range splits {
    fmt.Println("Field >>" + x + "<<")
  }
}
```

사용자 정의 함수는 rune을 수신하고 해당 rune이 문자열을 분할해야 하는 경우 true를 반환한다. FieldsFunc 함수는 리스트 16-14에서 이중 공백과 같이 반복되는 문자를 충분히 처리할 수 있다.

프로젝트를 컴파일 및 실행하면 다음과 같은 결과를 표시한다.

```
Field >>This<<
Field >>is<<
Field >>double<<
Field >>spaced<<
```

문자열 트리밍

트리밍^{trimming1}은 문자열에서 선행 및 후행 문자를 제거하고 공백 문자를 제거할 때 가장 자주 사용한다. 표 16-8은 트리밍을 위해 strings 패키지에서 제공하는 함수를 설명한다.

표 16-8 strings 패키지 내 문자열 트리밍을 위한 함수

함수	설명
TrimSpace(s)	선행 또는 후행 공백 문자 없이 문자열 s를 반환한다.
Trim(s, set)	문자열 set에 포함한 선행 또는 후행 문자를 문자열 s에서 제거한 문자열을 반환한다.
TrimLeft(s, set)	문자열 set에 포함한 선행 문자 없이 문자열 s를 반환한다. TrimLeft 함수는 지정한 문자와 일치한다. 전체 부분 문자열을 제거하기 위해 TrimPrefix 함수를 사용할 수 있다.
TrimRight(s, set)	문자열 set에 포함한 후행 문자 없이 문자열 s를 반환한다. TrimRight 함수는 지정한 문자와 일치한다. 전체 부분 문자열을 제거하기 위해 TrimSuffix 함수를 사용할 수 있다.
TrimPrefix(s, prefix)	지정한 접두사 문자열을 제거한 후 문자열 s를 반환한다. TrimPrefix 함수는 전체 접두사 문자열을 제거한다. 집합에서 문자를 제거하기 위해 TrimLeft 함수를 사용할 수 있다.
TrimSuffix(s, suffix)	지정한 접미사 문자열을 제거한 후 문자열 s를 반환한다. TrimSuffix 함수는 전체 접미사 문자열을 제거한다. 집합에서 문자를 제거하기 위해 TrimRight 함수를 사용할 수 있다.
TrimFunc(s, func)	사용자 정의 함수가 true를 반환하는 선행 또는 후행 문자를 제거한 문자열 s를 반환한다.
TrimLeftFunc(s, func)	사용자 정의 함수가 true를 반환하는 선행 문자를 제거한 문자열 s를 반환한다.
TrimRightFunc(s, func)	사용자 정의 함수가 true를 반환하는 후행 문자를 제거한 문자열 s를 반환한다.

---

1 bytes 및 strings 패키지에서 바이트 슬라이스나 문자열의 첫 또는 끝부분에 있는 바이트 또는 룬을 제거하는 작업이다. - 옮긴이

공백 트리밍

TrimSpace 함수는 선행 또는 후행 공백 문자를 제거하는 가장 일반적인 트리밍 작업을 수행한다. 리스트 16-15에서 사용자 이름을 입력할 때와 같이 공백을 실수로 넣어 공백을 제거하지 않으면 혼동을 일으킬 수 있는 사용자 입력을 처리할 때 특히 유용하다.

리스트 16-15 stringsandregexp 폴더 내 main.go 파일에서 공백 트리밍

```go
package main

import (
    "fmt"
    "strings"
)

func main() {

    username := " Alice"
    trimmed := strings.TrimSpace(username)
    fmt.Println("Trimmed:", ">>" + trimmed + "<<")
}
```

사용자는 이름을 입력할 때 스페이스바를 눌렀는지 인지하지 못할 수 있기 때문에 입력한 이름을 사용하기 전에 트리밍을 통해 혼동을 방지할 수 있다. 예제 프로젝트를 컴파일 및 실행하면 트리밍한 이름을 표시한다.

```
Trimmed: >>Alice<<
```

문자 집합 트리밍

Trim, TrimLeft, TrimRight 함수는 지정한 문자열의 모든 문자와 매칭을 수행한다. 리스트 16-16은 Trim 함수의 사용을 보여준다. 다른 함수는 동일한 방식으로 동작하지만 문자열의 시작 또는 끝만 트리밍한다.

리스트 16-16 stringsandregexp 폴더 내 main.go 파일에서 문자 트리밍

```go
package main

import (
    "fmt"
    "strings"
)

func main() {

    description := "A boat for one person"
```

```
        trimmed := strings.Trim(description, "Asno ")

        fmt.Println("Trimmed:", trimmed)
}
```

리스트 16-16은 Trim 함수를 호출할 때 A, s, n, o 문자와 공백 문자를 지정한다. Trim 함수는 문자 집합을 사용해 대소문자를 구분하는 일치를 수행하고 결과에서 일치하는 문자를 생략한다. 집합에 없는 문자를 발견하는 즉시 매칭을 중지한다. 매칭은 접두사에 대한 문자열의 시작과 접미사에 대한 문자열의 끝에서 수행한다. 만약에 문자열이 문자 집합을 포함하고 있지 않으면 Trim 함수가 수정 없이 문자열을 반환한다.

예를 들어 문자 A와 문자열 시작 부분의 공백을 트리밍하고 문자열 끝에서 문자 s, o, n을 트리밍한다. 프로젝트를 컴파일 및 실행하면 출력에 트리밍한 문자열을 표시한다.

```
Trimmed: boat for one per
```

부분 문자열 트리밍

TrimPrefix 및 TrimSuffix 함수는 리스트 16-17과 같이 집합의 문자가 아닌 부분 문자열을 트리밍한다.

리스트 16-17 stringsandregexp 폴더 내 main.go 파일에서 부분 문자열 트리밍

```
package main

import (
    "fmt"
    "strings"
)

func main() {

    description := "A boat for one person"

    prefixTrimmed := strings.TrimPrefix(description, "A boat ")
    wrongPrefix := strings.TrimPrefix(description, "A hat ")

    fmt.Println("Trimmed:", prefixTrimmed)
    fmt.Println("Not trimmed:", wrongPrefix)
}
```

대상^{target} 문자열의 시작 또는 끝은 지정한 접두사 또는 접미사와 정확히 일치해야 한다. 그렇지 않으면 트리밍 함수의 결과가 원래 문자열이 된다. 리스트 16-17은 TrimPrefix 함수를 두

번 사용했지만 그중 하나만 문자열의 시작과 일치하는 접두사를 사용하기 때문에 코드를 컴파일 및 실행할 때 다음과 같은 결과를 생성한다.

```
Trimmed: for one person
Not trimmed: A boat for one person
```

사용자 정의 함수를 사용한 트리밍

TrimFunc, TrimLeftFunc, TrimRightFunc 함수는 리스트 16-18과 같이 사용자 정의 함수를 사용해 문자열을 트리밍한다.

리스트 16-18 stringsandregexp 폴더 내 main.go 파일에서 사용자 정의 함수로 트리밍

```go
package main

import (
  "fmt"
  "strings"
)

func main() {

  description := "A boat for one person"

  trimmer := func(r rune) bool {
    return r == 'A' || r == 'n'
  }

  trimmed := strings.TrimFunc(description, trimmer)
  fmt.Println("Trimmed:", trimmed)
}
```

문자열의 시작과 끝에 있는 문자에 대해 사용자 정의 함수를 호출하고 함수가 false를 반환할 때까지 문자를 트리밍한다. 예제를 컴파일 및 실행하면 문자열에서 첫 번째 문자와 마지막 문자를 트리밍한 다음과 같은 출력을 볼 수 있다.

```
Trimmed:  boat for one perso
```

문자열 변경

표 16-9에 설명한 함수는 문자열의 내용을 변경하기 위해 strings 패키지에서 제공한다.

표 16-9 strings 패키지 내 문자열 변경을 위한 함수

함수	설명
Replace(s, old, new, n)	old 문자열을 new 문자열로 교체해 문자열 s를 변경한다. 치환할 최대 발생 횟수는 int 인수 n으로 지정한다.
ReplaceAll(s, old, new)	old 문자열의 모든 항목을 new 문자열로 치환해 문자열 s를 변경한다. Replace 함수와 달리 치환 발생 횟수에는 제한이 없다.
Map(func, s)	문자열 s의 각 문자에 대해 사용자 정의 함수를 호출하고 결과를 연결해 문자열을 생성한다. 함수가 음수 값을 생성하면 현재 문자를 치환 없이 삭제한다.

Replace 및 ReplaceAll 함수는 부분 문자열을 찾아 치환한다. Replace 함수를 사용하면 최대 변경 수를 지정할 수 있고 리스트 16-19에서 볼 수 있듯이 ReplaceAll 함수는 찾은 부분 문자열을 모두 치환한다.

리스트 16-19 stringsandregexp 폴더 내 main.go 파일에서 부분 문자열 치환

```go
package main

import (
  "fmt"
  "strings"
)

func main() {

  text := "It was a boat. A small boat."

  replace := strings.Replace(text, "boat", "canoe", 1)
  replaceAll := strings.ReplaceAll(text, "boat", "truck")

  fmt.Println("Replace:", replace)
  fmt.Println("Replace All:", replaceAll)
}
```

리스트 16-19에서 Replace 함수는 boat라는 단어의 단일 인스턴스를 치환할 때 사용하고 ReplaceAll 함수는 모든 인스턴스를 치환할 때 사용한다. 코드를 컴파일 및 실행하면 다음과 같은 출력을 표시한다.

```
Replace: It was a canoe. A small boat.
Replace All: It was a truck. A small truck.
```

Map 함수를 사용한 문자열 변경

Map 함수는 리스트 16-20과 같이 모든 문자에 대해 함수를 호출하고 결과를 결합해 새 문자열을 형성함으로써 문자열을 변경한다.

```go
package main

import (
  "fmt"
  "strings"
)

func main() {

  text := "It was a boat. A small boat."

  mapper := func(r rune) rune {
    if r == 'b' {
      return 'c'
    }
    return r
  }

  mapped := strings.Map(mapper, text)
  fmt.Println("Mapped:", mapped)
}
```

리스트 16-20의 매핑 함수는 문자 b를 문자 c로 치환하고 그 외 문자는 그대로 전달한다.

프로젝트를 컴파일 및 실행하면 다음과 같은 결과를 볼 수 있다.

```
Mapped: It was a coat. A small coat.
```

문자열 Replacer 사용

strings 패키지는 문자열을 치환할 때 사용하는 Replacer라는 구조체 타입을 export해 표 16-10에 설명한 함수의 대안을 제공한다. 리스트 16-21은 Replacer의 사용을 보여준다.

리스트 16-21 stringsandregexp 폴더 내 main.go 파일에서 Replacer 사용

```go
package main

import (
  "fmt"
  "strings"
)

func main() {

  text := "It was a boat. A small boat."
```

```
    replacer := strings.NewReplacer("boat", "kayak", "small", "huge")

    replaced := replacer.Replace(text)

    fmt.Println("Replaced:", replaced)
}
```

표 16-10 Replacer 메서드

이름	설명
Replace(s)	생성자로 지정한 모든 치환이 문자열 s에서 수행된 문자열을 반환한다.
WriteString(writer, s)	생성자로 지정한 치환을 수행하고 20장에서 설명하는 io.Writer에 결과를 기록한다.

NewReplacer라는 생성자 함수는 Replacer를 만들기 위해 사용하고 부분 문자열과 해당 치환을 지정하는 인수 쌍을 허용한다. 표 16-10은 Replacer 타입에 정의한 메서드를 설명한다.

리스트 16-21에서 Replacer를 생성할 때 사용한 생성자는 boat의 인스턴스를 kayak으로 치환하고 small 인스턴스를 huge 인스턴스로 치환하도록 지정한다. Replace 메서드는 코드를 컴파일 및 실행할 때 다음 출력을 생성하는 치환을 수행하기 위해 호출한다.

```
Replaced: It was a kayak. A huge kayak.
```

문자열 형성 및 생성

strings 패키지는 문자열을 생성하기 위한 두 가지 함수와 점진적으로 문자열을 효율적으로 형성하기 위해 사용할 수 있는 메서드의 구조체 타입을 제공한다. 표 16-11은 함수를 설명한다.

표 16-11 문자열 생성을 위한 strings 함수

함수	설명
Join(slice, sep)	지정한 문자열 슬라이스의 요소를 요소 사이에 배치한 지정 구분 기호 문자열과 결합한다.
Repeat(s, count)	문자열 s를 지정한 횟수만큼 반복해 문자열을 생성한다.

위 두 함수 중에서 가장 유용한 것은 Join이다. 리스트 16-22와 같이 분할한 문자열을 다시 결합하기 위해 사용할 수 있기 때문이다.

리스트 16-22 stringsandregexp 폴더 내 main.go 파일에서 문자열 분할 및 결합

```
package main

import (
```

```
    "fmt"
    "strings"
)

func main() {

    text := "It was a boat. A small boat."

    elements := strings.Fields(text)
    joined := strings.Join(elements, "--")
    fmt.Println("Joined:", joined)
}
```

위 예제는 Fields 함수를 사용해 공백 문자로 문자열을 분할하고 2개의 하이픈이 있는 요소를 구분 기호로 결합한다. 프로젝트를 컴파일 및 실행하면 다음과 같은 출력을 표시한다.

```
Joined: It--was--a--boat.--A--small--boat.
```

문자열 형성

strings 패키지는 표 16-12에 설명한 대로 필드를 export하지 않았지만 점진적으로 문자열을 효율적으로 형성하기 위해 사용할 수 있는 메서드 집합을 제공하는 Builder 타입을 제공한다.

표 16-12 strings.Builder 메서드

이름	설명
WriteString(s)	문자열 s를 형성 중인 문자열에 추가한다.
WriteRune(r)	형성 중인 문자열에 문자 r을 추가한다.
WriteByte(b)	형성 중인 문자열에 바이트 b를 추가한다.
String()	빌더(builder)가 만든 문자열을 반환한다.
Reset()	빌더가 만든 문자열을 재설정한다.
Len()	빌더에서 생성한 문자열을 저장하기 위해 사용한 바이트 수를 반환한다.
Cap()	빌더가 할당한 바이트 수를 반환한다.
Grow(size)	형성 중인 문자열을 저장하기 위해 빌더에서 할당하는 바이트 수를 증가시킨다.

일반적인 패턴은 Builder를 만드는 것이다. WriteString, WriteRune, WriteByte 함수를 사용해 문자열을 작성한다. 리스트 16-23과 같이 String 메서드를 사용해 형성한 문자열을 가져온다.

```go
package main

import (
  "fmt"
  "strings"
)

func main() {

  text := "It was a boat. A small boat."

  var builder strings.Builder

  for _, sub := range strings.Fields(text) {
    if (sub == "small") {
      builder.WriteString("very ")
    }
    builder.WriteString(sub)
    builder.WriteRune(' ')
  }

  fmt.Println("String:", builder.String())
}
```

Builder를 사용해 문자열을 만드는 것이 일반적인 string 값에 연결 연산자를 사용하는 것보다 더 효율적이다. 특히 Grow 메서드를 사용해 스토리지를 미리 할당하는 경우 효율적이다.

> ■ **주의** ■
>
> Builder 값을 함수 및 메서드와 주고받을 때 포인터를 사용하는 것에 주의해야 한다. 그렇지 않으면 Builder를 복사할 때 효율성 향상 손실이 발생할 것이다.

프로젝트를 컴파일 및 실행하면 다음과 같은 출력을 표시한다.

```
String: It was a boat. A very small boat.
```

정규식 사용

regexp 패키지는 문자열에서 복잡한 패턴을 찾을 수 있는 정규식에 대한 지원을 제공한다. 표 16-13은 기본 정규식 함수를 설명한다.

표 16-13 regexp 패키지가 제공하는 기본 함수

함수	설명
Match(pattern, b)	패턴과 바이트 슬라이스 b의 매칭 여부를 나타내는 bool을 반환한다.
MatchString(patten, s)	패턴과 문자열 s의 매칭 여부를 나타내는 bool을 반환한다.
Compile(pattern)	'패턴 컴파일 및 재사용' 절에 설명한 대로 지정한 패턴과 반복하는 패턴의 매칭을 수행하기 위해 사용할 수 있는 RegExp를 반환한다.
MustCompile(pattern)	Compile과 동일한 기능을 제공하지만 지정한 패턴을 컴파일할 수 없는 경우 15장에서 설명한 대로 패닉을 발생시킨다.

> **■ 노트 ■**
>
> 이번 절에서 사용한 정규식은 기본 매칭을 수행하지만 regexp 패키지는 다음 링크(https://pkg.go.dev/regexp/syntax@go1.17.1)에 설명한 광범위한 패턴 구문을 지원한다.

MatchString 메서드는 리스트 16-24와 같이 문자열과 정규식의 매칭 여부를 확인하는 가장 간단한 방법이다.

리스트 16-24 stringsandregexp 폴더 내 main.go 파일에서 정규식 사용

```go
package main

import (
  "fmt"
  //"strings"
  "regexp"
)

func main() {

  description := "A boat for one person"

  match, err := regexp.MatchString("[A-z]oat", description)

  if (err == nil) {
    fmt.Println("Match:", match)
  } else {
    fmt.Println("Error:", err)
  }
}
```

MatchString 함수는 정규식 패턴과 검색할 문자열을 허용한다. MatchString 함수의 결과는 bool 값으로 일치하면 true이고 매칭을 수행할 때 문제가 없으면 에러 값은 nil이다. 정규식 에러는 일반적으로 패턴을 처리할 수 없는 경우에 발생한다.

리스트 16-24에 사용한 패턴은 대문자 또는 소문자 A-z 다음에 소문자 oat가 온다. 패턴은 description 문자열의 boat라는 단어와 일치하므로 코드를 컴파일 및 실행할 때 다음 출력을 생성한다.

```
Match: true
```

패턴 컴파일 및 재사용

MatchString 함수는 간단하고 편리하지만 리스트 16-25와 같이 정규식 패턴을 재사용할 수 있도록 컴파일하는 Compile 함수를 통해 정규식의 모든 기능에 접근할 수 있다.

리스트 16-25 stringsandregexp 폴더 내 main.go 파일에서 패턴 컴파일

```go
package main

import (
  "fmt"
  "regexp"
)

func main() {

  pattern, compileErr := regexp.Compile("[A-z]oat")

  description := "A boat for one person"
  question := "Is that a goat?"
  preference := "I like oats"

  if (compileErr == nil) {
    fmt.Println("Description:", pattern.MatchString(description))
    fmt.Println("Question:", pattern.MatchString(question))
    fmt.Println("Preference:", pattern.MatchString(preference))
  } else {
    fmt.Println("Error:", compileErr)
  }
}
```

패턴을 한 번만 컴파일하기 때문에 더 효율적이다. Compile 함수의 결과는 MatchString 함수를 정의하는 RegExp 타입의 인스턴스다. 리스트 16-25의 코드를 컴파일 및 실행할 때 다음과 같은 출력을 생성한다.

```
Description: true
Question: true
Preference: false
```

패턴을 컴파일하면 표 16-14에 설명한 가장 유용한 정규식 기능을 사용하는 방법을 이해할 수 있다. 16장에서 설명하는 메서드는 문자열에서 동작하지만 RegExp 타입은 바이트 슬라이스를 처리하기 위해 사용하는 메서드와 리더^{reader}를 처리하는 메서드도 제공한다. 이러한 메서드는 I/O에 대한 Go 지원의 일부로 20장에서 설명할 것이다.

표 16-14 유용한 기본 Regexp 메서드

함수	설명
MatchString(s)	문자열 s와 컴파일한 패턴과 일치하면 true를 반환한다.
FindStringIndex(s)	문자열 s에서 컴파일한 패턴이 만든 가장 왼쪽 매칭 위치를 포함하는 int 슬라이스를 반환한다. nil 결과는 일치하는 항목이 없음을 나타낸다.
FindAllStringIndex(s, max)	문자열 s에서 컴파일한 패턴이 만든 모든 매칭 항목의 위치를 포함하는 int 슬라이스의 부분을 반환한다. nil 결과는 일치하는 항목이 없음을 나타낸다.
FindString(s)	문자열 s에서 컴파일한 패턴이 만든 가장 왼쪽 매칭을 포함하는 문자열을 반환한다. 일치하는 항목이 없으면 빈 문자열을 반환한다.
FindAllString(s, max)	문자열 s에서 컴파일한 패턴이 만든 매칭 항목을 포함하는 문자열 슬라이스를 반환한다. int 인수 max는 최대 매칭 개수를 지정하고 -1은 제한 없음을 지정한다. 일치하는 항목이 없으면 nil 결과를 반환한다.
Split(s, max)	컴파일한 패턴의 매칭 항목을 구분 기호로 사용해 문자열 s를 분할하고 분할한 부분 문자열을 포함하는 슬라이스를 반환한다.

MatchString 메서드는 문자열이 패턴과 일치하는지 확인하는 표 16-3에 설명한 함수의 대안이다.

FindStringIndex 및 FindAllStringIndex 메서드는 매칭 항목의 인덱스 위치를 제공하고 리스트 16-26과 같이 배열/슬라이스 범위 표기법을 사용해 문자열의 영역을 추출할 때 사용할 수 있다(범위 표기법은 7장에서 설명했다).

리스트 16-26 stringsandregexp 폴더 내 main.go 파일에서 매칭 인덱스 얻기

```go
package main

import (
  "fmt"
  "regexp"
)

func getSubstring(s string, indices []int) string {
  return string(s[indices[0]:indices[1]])
}

func main() {

  pattern := regexp.MustCompile("K[a-z]{4}|[A-z]oat")
```

466

```
    description := "Kayak. A boat for one person."

    firstIndex := pattern.FindStringIndex(description)
    allIndices := pattern.FindAllStringIndex(description, -1)

    fmt.Println("First index", firstIndex[0], "-", firstIndex[1],
        "=", getSubstring(description, firstIndex))

    for i, idx := range allIndices {
      fmt.Println("Index", i, "=", idx[0], "-",
        idx[1], "=", getSubstring(description, idx))
    }
}
```

리스트 16-26의 정규식은 description 문자열과 2개의 매칭 항목을 만든다. FindStringIndex 메서드는 왼쪽에서 오른쪽으로 동작하는 첫 번째 매칭 항목만 반환한다. 매칭은 int 슬라이스로 표현한다. 여기서 첫 번째 값은 문자열에서 매칭의 시작 위치를 나타내고, 두 번째 숫자는 일치하는 문자의 수를 나타낸다.

FindAllStringIndex 메서드는 여러 매칭 항목을 반환하고 리스트 16-26에서 -1을 호출해 모든 매칭 항목을 반환해야 함을 나타낸다. 매칭 항목은 int 슬라이스의 일부(결과 슬라이스의 각 값이 int 값 슬라이스임을 의미)로 반환하고 각 슬라이스는 단일 매칭을 나타낸다. 리스트 16-26에서 인덱스는 getSubstring이라는 함수를 사용해 문자열에서 영역을 추출할 때 사용하고 컴파일 및 실행하면 다음 결과를 생성한다.

```
First index 0 - 5 = Kayak
Index 0 = 0 - 5 = Kayak
Index 1 = 9 - 13 = boat
```

매칭 위치를 알 필요가 없다면 리스트 16-27과 같이 결과가 정규식과 일치하는 부분 문자열이기 때문에 FindString 및 FindAllString 메서드가 더 유용하다.

리스트 16-27 stringsandregexp 폴더 내 main.go 파일에서 매칭 부분 문자열 얻기

```go
package main

import (
  "fmt"
  "regexp"
)

// func getSubstring(s string, indices []int) string {
//   return string(s[indices[0]:indices[1]])
// }
```

```go
func main() {

    pattern := regexp.MustCompile("K[a-z]{4}|[A-z]oat")

    description := "Kayak. A boat for one person."

    firstMatch := pattern.FindString(description)
    allMatches := pattern.FindAllString(description, -1)

    fmt.Println("First match:", firstMatch)

    for i, m := range allMatches {
        fmt.Println("Match", i, "=", m)
    }
}
```

프로젝트를 컴파일 및 실행하면 다음 출력을 표시한다.

```
First match: Kayak
Match 0 = Kayak
Match 1 = boat
```

정규식을 사용한 문자열 분할

Split 메서드는 리스트 16-28에서 볼 수 있는 것처럼 정규식으로 만든 매칭 항목을 사용해 문자열을 분할한다. 해당 메서드는 16장의 앞부분에서 설명한 분할 함수보다 더 유연한 대안을 제공할 수 있다.

리스트 16-28 stringsandregexp 폴더 내 main.go 파일에서 문자열 분할

```go
package main

import (
    "fmt"
    "regexp"
)

func main() {

    pattern := regexp.MustCompile(" |boat|one")

    description := "Kayak. A boat for one person."

    split := pattern.Split(description, -1)

    for _, s := range split {
        if s != "" {
```

```
        fmt.Println("Substring:", s)
    }
  }
}
```

위 예제의 정규식은 공백 문자 또는 용어 boat, one과 일치한다. description 문자열은 정규식
과 일치할 때마다 분할한다. Split 메서드의 한 가지 낯선 점은 매칭이 이뤄진 지점 주변의 결
과에 빈 문자열을 도입하는 것이다. 내가 예제의 결과 슬라이스에서 해당 값을 필터링하는 이
유다. 코드를 컴파일 및 실행하면 다음과 같은 결과를 볼 수 있다.

```
Substring: Kayak.
Substring: A
Substring: for
Substring: person.
```

하위 표현식 사용

하위 표현식을 사용하면 정규의 일부에 접근할 수 있기 때문에 일치하는 영역 내에서 하위 문
자열을 쉽게 추출할 수 있다. 리스트 16-29는 하위 표현식이 유용할 수 있는 경우의 예제를
제공한다.

리스트 16-29 stringsandregexp 폴더 내 main.go 파일에서 매칭 수행

```
package main

import (
  "fmt"
  "regexp"
)

func main() {

  pattern := regexp.MustCompile("A [A-z]* for [A-z]* person")

  description := "Kayak. A boat for one person."

  str := pattern.FindString(description)
  fmt.Println("Match:", str)
}
```

위 예제의 패턴은 특정 문장 구조와 일치하기 때문에 관심 있는 문자열 부분을 일치시킬 수
있다. 그러나 많은 문장 구조가 정적이기 때문에 패턴의 두 가변 섹션은 내가 원하는 내용을
포함하고 있다. FindString 메서드는 정적 영역을 포함해 전체 패턴과 일치하기 때문에 위 상
황에 적합하다. 코드를 컴파일 및 실행하면 다음과 같은 출력이 나타난다.

```
Match: A boat for one person
```

리스트 16-30과 같이 패턴 내에서 중요한 콘텐츠 영역을 식별하기 위해 하위 표현식을 추가할 수 있다.

리스트 16-30 stringsandregexp 폴더 내 main.go 파일에서 하위 표현식 사용

```go
package main

import (
  "fmt"
  "regexp"
)

func main() {

  pattern := regexp.MustCompile("A ([A-z]*) for ([A-z]*) person")

  description := "Kayak. A boat for one person."

  subs := pattern.FindStringSubmatch(description)

  for _, s := range subs {
    fmt.Println("Match:", s)
  }
}
```

하위 표현식은 괄호로 표시한다. 리스트 16-30에서 2개의 하위 표현식을 정의했다. 각 하위 표현식은 패턴의 가변 섹션을 둘러싸고 있다. FindStringSubmatch 메서드는 FindString과 동일한 작업을 수행하지만 결과의 표현식과 일치하는 하위 문자열도 포함한다. 코드를 컴파일 및 실행하면 다음과 같은 출력을 표시한다.

```
Match: A boat for one person
Match: boat
Match: one
```

표 16-15는 하위 표현식 작업을 위한 RegExp 메서드를 설명한다.

표 16-15 하위 표현식에 대한 Regexp 메서드

이름	설명
FindStringSubmatch(s)	패턴이 만든 첫 번째 매칭과 패턴이 정의하는 하위 표현식에 대한 텍스트를 포함하는 슬라이스를 반환한다.
FindAllStringSubmatch(s, max)	모든 매칭 항목과 하위 표현식에 대한 텍스트를 포함하는 슬라이스를 반환한다. int 인수는 최대 매칭 개수를 지정하기 위해 사용한다. -1 값은 모든 매칭 항목을 지정한다.

(이어짐)

470

이름	설명
FindStringSubmatchIndex(s)	FindStringSubmatch와 동일하지만 부분 문자열이 아닌 인덱스를 반환한다.
FindAllStringSubmatchIndex(s, max)	FindAllStringSubmatch와 동일하지만 부분 문자열이 아닌 인덱스를 반환한다.
NumSubexp()	하위 표현식의 개수를 반환한다.
SubexpIndex(name)	지정한 이름으로 하위 표현식의 인덱스를 반환한다. 하위 표현식이 없으면 −1을 반환한다.
SubexpNames()	하위 표현식을 정의한 순서로 표현한 하위 표현식의 이름을 반환한다.

이름 있는 하위 표현식 사용

하위 표현식에 이름을 지정할 수 있어 정규 표현식을 이해하기 어렵게 만들지만 결과를 더 쉽게 처리할 수 있다. 리스트 16–31은 이름 있는 하위 표현식의 사용을 보여준다.

리스트 16–31 stringsandregexp 폴더 내 main.go 파일에서 이름 있는 하위 표현식 사용

```
package main

import (
  "fmt"
  "regexp"
)

func main() {

  pattern := regexp.MustCompile(
    "A (?P<type>[A-z]*) for (?P<capacity>[A-z]*) person")

  description := "Kayak. A boat for one person."

  subs := pattern.FindStringSubmatch(description)

  for _, name := range []string { "type", "capacity" } {
    fmt.Println(name, "=", subs[pattern.SubexpIndex(name)])
  }
}
```

하위 표현식에 이름을 지정하는 구문은 어색하다. 괄호 안에 물음표, 대문자 P, 꺾쇠괄호 안에 이름이 온다. 리스트 16–31의 패턴은 2개의 이름 있는 하위 표현식을 정의한다.

```
...
pattern := regexp.MustCompile("A (?P<type>[A-z]*) for (?P<capacity>[A-z]*) person")
...
```

하위 표현식에 type과 capacity라는 이름을 지정했다. SubexpIndex 메서드는 결과에서 이름 있는 하위 표현식의 위치를 반환하므로 type과 capacity 하위 표현식과 일치하는 부분 문자열을 얻을 수 있다. 예제를 컴파일 및 실행하면 다음 출력을 표시한다.

```
type = boat
capacity = one
```

정규식을 사용한 부분 문자열 치환

RegExp 메서드의 최종 집합은 표 16-16에 설명한 대로 정규식과 일치하는 부분 문자열을 치환하기 위해 사용한다.

표 16-16 부분 문자열 치환을 위한 Regexp 메서드

이름	설명
ReplaceAllString(s, template)	문자열 s의 일치하는 부분을 지정한 템플릿으로 치환한다. 하위 표현식을 통합하기 위해 결과에 포함하기 전에 템플릿을 확장한다.
ReplaceAllLiteralString(s, sub)	문자열 s의 일치하는 부분을 지정한 콘텐츠로 치환한다. 콘텐츠를 하위 표현식에서 확장하지 않고 결과에 포함시킨다.
ReplaceAllStringFunc(s, func)	문자열 s의 일치 부분을 지정한 함수에서 생성한 결과로 치환한다.

ReplaceAllString 메서드는 리스트 16-32와 같이 정규식과 일치하는 문자열 부분을 템플릿으로 치환할 때 사용한다. 템플릿은 하위 표현식을 참조할 수 있다.

리스트 16-32 stringsandregexp 폴더 내 main.go 파일에서 콘텐츠 치환

```go
package main

import (
  "fmt"
  "regexp"
)

func main() {

  pattern := regexp.MustCompile(
    "A (?P<type>[A-z]*) for (?P<capacity>[A-z]*) person")

  description := "Kayak. A boat for one person."

  template := "(type: ${type}, capacity: ${capacity})"
  replaced := pattern.ReplaceAllString(description, template)
  fmt.Println(replaced)
}
```

`ReplaceAllString` 메서드의 결과는 치환할 콘텐츠가 있는 문자열이다. 템플릿은 이름(예: `${type}`) 또는 위치(예: `${1}`)로 하위 표현식에 대해 이뤄진 매칭을 참조할 수 있다. 리스트 16-32에서 패턴과 일치하는 description 문자열의 부분은 type과 capacity 하위 표현식에 대한 매칭 항목을 포함한 템플릿으로 치환한다. 코드를 컴파일 및 실행하면 다음과 같은 출력을 표시한다.

```
Kayak. (type: boat, capacity: one).
```

템플릿은 리스트 16-32에 있는 `ReplaceAllString` 메서드의 결과 중 일부만 담당한다. description 문자열의 첫 번째 부분인 Kayak 뒤에 마침표와 공백이 오는 부분은 정규식과 일치하지 않기 때문에 수정하지 않고 결과에 포함시킨다.

> **■ 팁 ■**
>
> 하위 표현식이 해석하는 새 부분 문자열 없이 콘텐츠를 치환하려면 ReplaceAllLiteralString 메서드를 사용할 수 있다.

일치하는 콘텐츠를 함수로 치환

`ReplaceAllStringFunc` 메서드는 리스트 16-33과 같이 문자열의 일치하는 섹션을 함수가 생성한 콘텐츠로 치환한다.

리스트 16-33 stringsandregexp 폴더 내 main.go 파일에서 콘텐츠를 함수로 치환

```go
package main

import (
  "fmt"
  "regexp"
)

func main() {

  pattern := regexp.MustCompile(
    "A (?P<type>[A-z]*) for (?P<capacity>[A-z]*) person")

  description := "Kayak. A boat for one person."

  replaced := pattern.ReplaceAllStringFunc(description, func(s string) string {
    return "This is the replacement content"
  })
  fmt.Println(replaced)
}
```

함수의 결과는 하위 표현식 참조로 처리하지 않는다. 코드를 컴파일 및 실행할 때 다음과 같이 생성하는 출력을 확인할 수 있다.

```
Kayak. This is the replacement content.
```

┼ 요약

16장에서는 string 값을 처리하고 정규식을 적용하기 위한 표준 라이브러리 기능에 대해 설명했고, 해당 기능은 strings, unicode, regexp 패키지에서 제공한다. 17장에서는 문자열을 포매팅하고 스캔할 수 있는 관련 기능을 설명할 것이다.

문자열 포매팅 및 스캔

17장에서는 문자열 포매팅 및 스캔을 위한 표준 라이브러리 기능을 설명한다. 포매팅은 하나 이상의 데이터 값에서 새 문자열을 구성하는 과정이고 스캔은 문자열에서 값을 구문 분석하는 과정이다. 표 17-1은 상황에 따른 문자열 포매팅 및 스캔을 보여준다.

표 17-1 상황에 따른 문자열 포매팅 및 스캔

질문	답
무엇인가?	포매팅은 값을 문자열로 구성하는 과정이다. 스캔은 문자열이 포함한 값에 대해 문자열을 구문 분석하는 과정이다.
왜 유용한가?	문자열 포매팅은 일반적인 요구 사항으로 로깅 및 디버깅에서 사용자 정보 제공에 이르기까지 모든 것에 대한 문자열을 생성하기 위해 사용한다. 스캔은 HTTP 요청이나 사용자 입력과 같은 문자열에서 데이터를 추출할 때 유용하다.
어떻게 사용하는가?	fmt 패키지에 정의한 함수는 문자열 포매팅 및 스캔 기능 모두 제공한다.
함정이나 제한 사항?	문자열 포매팅에 사용하는 템플릿은 읽기 어려울 수 있고 개행 문자를 자동으로 추가하는 포매팅 문자열을 생성할 수 있는 내장 함수가 없다.
대안이 있는가?	23장에 설명한 템플릿 기능을 사용해 더 많은 양의 텍스트와 HTML 콘텐츠를 생성할 수 있다.

표 17-2는 17장을 요약한 것이다.

표 17-2 17장 요약

문제	해결 방법	리스트 참조 번호
문자열을 형성하기 위해 데이터 값을 합친다.	fmt 패키지가 제공하는 기본 포매팅 함수를 사용한다.	5, 6
문자열 구조를 지정한다.	포매팅 템플릿 및 동사를 사용하는 fmt 함수를 사용한다.	7-9, 11-18
사용자 정의 자료형을 나타내는 방식을 변경한다.	Stringer 인터페이스를 구현한다.	10
문자열이 포함하는 데이터 값을 얻기 위해 문자열을 구문 분석한다.	fmt 패키지가 제공하는 스캔 함수를 사용한다.	19-22

⊹ 17장 준비

17장 예제를 준비하기 위해 새 CMD를 열어 편리한 위치로 이동한 다음 usingstrings 폴더를 생성한다. 리스트 17-1의 명령어를 실행해 모듈 파일을 생성해보자.

리스트 17-1 프로젝트 초기화

```
go mod init usingstrings
```

리스트 17-2의 소스 코드 내용을 담은 product.go 파일을 생성해 usingstrings 폴더에 추가 해보자.

리스트 17-2 usingstrings 폴더 내 product.go 파일 소스 코드

```
package main

type Product struct {
  Name, Category string
  Price float64
}

var Kayak = Product {
  Name: "Kayak",
  Category: "Watersports",
  Price: 275,
}

var Products = []Product {
  { "Kayak", "Watersports", 279 },
  { "Lifejacket", "Watersports", 49.95 },
  { "Soccer Ball", "Soccer", 19.50 },
  { "Corner Flags", "Soccer", 34.95 },
  { "Stadium", "Soccer", 79500 },
  { "Thinking Cap", "Chess", 16 },
  { "Unsteady Chair", "Chess", 75 },
  { "Bling-Bling King", "Chess", 1200 },
}
```

리스트 17-3의 소스 코드 내용을 담은 main.go 파일을 usingstrings 폴더에 추가해보자.

```go
package main

import "fmt"

func main() {

    fmt.Println("Product:", Kayak.Name, "Price:", Kayak.Price)
}
```

usingstrings 폴더에서 리스트 17-4의 명령어를 실행하기 위해 CMD를 사용한다.

리스트 17-4 예제 프로젝트 실행

```
go run .
```

코드를 컴파일 및 실행하면 다음 출력을 생성한다.

```
Product: Kayak Price: 275
```

┼ 문자열 작성

fmt 패키지는 문자열을 구성하고 작성하는 기능을 제공한다. 기본 함수는 표 17-3에서 설명한다. 기본 함수 중 일부는 입력/출력에 대한 Go 지원의 일부로 20장에서 설명한 Writer를 사용한다.

표 17-3 문자열 구성 및 작성을 위한 기본 fmt 함수

이름	설명
Print(...vals)	가변 개수의 인수를 받아 해당 값을 표준 출력에 기록한다. 문자열이 아닌 값 사이에는 공백을 추가한다.
Println(...vals)	가변 개수의 인수를 허용하고 해당 값을 표준 출력에 기록한다. 공백으로 구분하고 그 뒤에 개행 문자가 온다.
Fprint(writer, ...vals)	20장에서 설명하는 특정 Writer에 가변 개수의 인수를 기록한다. 문자열이 아닌 값 사이에는 공백을 추가한다.
Fprintln(writer, ...vals)	20장에서 설명하는 특정 Writer에게 가변 개수의 인수를 기록하고 그 뒤에 개행 문자가 온다. 모든 값 사이에는 공백을 추가한다.

> **▪ 노트 ▪**
>
> go 표준 라이브러리는 23장에 설명한 템플릿 패키지를 포함하고 있다. 템플릿 패키지는 더 많은 양의 텍스트 및 HTML 콘텐츠를 생성하기 위해 사용할 수 있다.

표 17-3에 설명한 함수는 생성한 문자열의 값 사이에 공백을 추가하지만 일관성이 없다. Println 및 Fprintln 함수는 모든 값 사이에 공백을 추가하지만 Print 및 Fprint 함수는 문자열이 아닌 값 사이에만 공백을 추가한다. 표 17-3의 함수 쌍은 리스트 17-5처럼 개행 문자를 추가하는 것 이상으로 다르다.

리스트 17-5 usingstrings 폴더 내 main.go 파일에서 문자열 작성

```go
package main

import "fmt"

func main() {

    fmt.Println("Product:", Kayak.Name, "Price:", Kayak.Price)
    fmt.Print("Product:", Kayak.Name, "Price:", Kayak.Price, "\n")
}
```

리스트 17-5의 코드 실행문이 생성한 문자열은 많은 프로그래밍 언어에서 생성한 문자열과 차이가 없다. Print 함수에 전달한 인수에 개행 문자를 추가했기 때문이다. 그러나 Print 함수는 문자열이 아닌 값 쌍 사이에만 공백을 추가하기 때문에 결과가 다르다. 코드를 컴파일 및 실행하면 다음과 같은 출력을 표시한다.

```
Product: Kayak Price: 275
Product:KayakPrice:275
```

문자열 포매팅

16장에서는 출력을 생성하기 위해 `fmt.Println` 함수를 사용했다. `fmt.Println` 함수는 사용하기 간단하지만 출력 포매팅에 대한 제어를 제공하지 않았다. 즉 간단한 디버깅에는 적합하지만 복잡한 문자열을 생성하거나 사용자에게 표시하기 위한 포매팅 값을 생성할 때는 적합하지 않다. 포매팅 제어를 제공하는 `fmt` 패키지의 다른 함수는 리스트 17-6에 나와 있다.

리스트 17-6 usingstrings 폴더 내 main.go 파일에서 문자열 포매팅

```go
package main

import "fmt"

func main() {

    fmt.Printf("Product: %v, Price: $%4.2f", Kayak.Name, Kayak.Price)
}
```

Printf 함수는 템플릿 문자열과 일련의 값을 받는다. 템플릿은 포매팅 지정자 뒤에 오는 백분율 기호(% 문자)로 표시되는 동사를 검색한다. 리스트 17-6의 템플릿은 2개의 동사가 있다.

```
...
fmt.Printf("Product: %v, Price: $%4.2f", Kayak.Name, Kayak.Price)
...
```

첫 번째 동사는 %v로 타입에 대한 기본 표현을 지정한다. 예를 들어 string 값의 경우 %v는 단순히 출력에 문자열을 포함한다. %4.2f 동사는 소수점 앞에 4자리, 소수점 뒤에 2자리가 있는 부동 소수점 값의 포맷을 지정한다. 템플릿 동사의 값은 지정한 순서대로 사용하는 나머지 인수에서 가져온다. 예를 들어 %v 동사를 Product.Name 값의 포맷을 지정할 때 사용하고, %4.2f 동사를 Product.Price 값의 포맷을 지정할 때 사용한다. 이러한 값은 포맷을 지정하고 템플릿 문자열에 삽입해 콘솔에 기록한다. 코드를 컴파일 및 실행하면 확인할 수 있다.

```
Product: Kayak, Price: $275.00
```

표 17-4는 문자열을 포매팅하는 fmt 패키지에서 제공하는 함수를 설명한다. '포매팅 동사 이해' 절에서 포매팅 동사를 참조할 수 있다.

표 17-4 문자열 포매팅을 위한 fmt 함수

이름	설명
Sprintf(t, ...vals)	템플릿 t를 처리해 생성한 문자열을 반환한다. 나머지 인수는 템플릿 동사의 값으로 사용한다.
Printf(t, ...vals)	템플릿 t를 처리해 문자열을 생성한다. 나머지 인수는 템플릿 동사의 값으로 사용한다. 문자열을 표준 출력에 기록한다.
Fprintf(writer, t, ...vals)	템플릿 t를 처리해 문자열을 생성한다. 나머지 인수는 템플릿 동사의 값으로 사용한다. 문자열을 20장에 설명한 Writer에 기록한다.
Errorf(t, ...values)	템플릿 t를 처리해 error를 생성한다. 나머지 인수는 템플릿 동사의 값으로 사용한다. 결과는 Error 메서드가 포매팅한 문자열을 반환하는 error 값이다.

리스트 17-7에서 문자열 결과를 포매팅하기 위해 Sprintf를 사용하고 에러를 생성하기 위해 Errorf를 사용하는 함수를 정의했다.

리스트 17-7 usingstrings 폴더 내 main.go 파일에서 포매팅한 문자열 사용

```go
package main

import "fmt"

func getProductName(index int) (name string, err error) {
  if (len(Products) > index) {
    name = fmt.Sprintf("Name of product: %v", Products[index].Name)
```

```
    } else {
      err = fmt.Errorf("Error for index %v", index)
    }
    return
  }

  func main() {

    name, _ := getProductName(1)
    fmt.Println(name)

    _, err := getProductName(10)
    fmt.Println(err.Error())
  }
```

위 예제에서 포매팅한 문자열은 모두 %v 값을 사용해 기본값으로 기록한다. 프로젝트를 컴파일 및 실행하면 다음과 같이 하나의 결과와 하나의 에러를 표시한다.

```
Name of product: Lifejacket
Error for index 10
```

포매팅 동사 이해

표 17-4에 설명한 함수는 템플릿에서 광범위한 포매팅 동사를 지원한다. 다음 절은 가장 유용한 정보를 설명한다. 모든 자료형에 사용할 수 있는 동사부터 시작해서 더 구체적인 동사를 차례로 설명할 것이다.

범용 포매팅 동사 사용

범용 동사는 표 17-5에 설명한 대로 모든 값을 표시하기 위해 사용할 수 있다.

표 17-5 임의의 값에 대한 포매팅 동사

동사	설명
%v	값의 기본 포맷을 표시한다. 더하기 기호(%+v)로 동사를 수정하면 구조체 값을 작성할 때 필드 이름을 포함시킨다.
%#v	Go 코드 파일에서 값을 다시 만들 때 사용할 수 있는 포맷으로 값을 표시한다.
%T	값의 Go 타입을 표시한다.

리스트 17-8에서 사용자 정의 구조체 타입을 정의하고 테이블에 표시한 동사를 사용해 해당 타입의 값을 포매팅했다.

480

리스트 17-8 usingstrings 폴더 내 main.go 파일에서 범용 동사 사용

```go
package main

import "fmt"

func Printfln(template string, values ...interface{}) {
  fmt.Printf(template + "\n", values...)
}

func main() {

  Printfln("Value: %v", Kayak)
  Printfln("Go syntax: %#v", Kayak)
  Printfln("Type: %T", Kayak)
}
```

Printf 함수는 Println 함수와 달리 출력에 개행 문자를 추가하지 않으므로 Printf 함수를 호출하기 전에 템플릿에 개행을 추가하는 Printfln 함수를 정의했다. main 함수의 코드 실행문은 표 17-5의 동사를 사용해 간단한 문자열 템플릿을 정의한다. 코드를 컴파일 및 실행하면 다음과 같은 출력을 나타낸다.

```
Value: {Kayak Watersports 275}
Go syntax: main.Product{Name:"Kayak", Category:"Watersports", Price:275}
Type: main.Product
```

구조체 포매팅 제어

Go에는 %v 동사가 의존하는 모든 자료형에 대한 기본 포맷이 있다. 구조체의 경우 기본값은 중괄호 안에 필드 값을 나열한다. 기본 동사는 리스트 17-9와 같이 출력에 필드 이름을 포함하도록 더하기 기호로 수정할 수 있다.

리스트 17-9 usingstrings 폴더 내 main.go 파일에서 필드 이름 표시

```go
package main

import "fmt"

func Printfln(template string, values ...interface{}) {
  fmt.Printf(template + "\n", values...)
}

func main() {

  Printfln("Value: %v", Kayak)
  Printfln("Value with fields: %+v", Kayak)
}
```

프로젝트를 컴파일 및 실행하면 필드 이름을 포함한 Product 값과 포함하지 않은 Product 값을 확인할 수 있다.

```
Value: {Kayak Watersports 275}
Value with fields: {Name:Kayak Category:Watersports Price:275}
```

fmt 패키지는 다음과 같이 정의한 Stringer 인터페이스를 통해 사용자 정의 구조체 타입을 지원한다.

```
type Stringer interface {
  String() string
}
```

Stringer 인터페이스에서 지정한 String 메서드는 다음의 문자열 표현을 얻기 위해 사용한다. 리스트 17-10과 같이 이를 정의하는 모든 타입을 사용해 사용자 정의 포맷을 지정할 수 있다.

리스트 17-10 usingstrings 폴더 내 product.go 파일에서 사용자 정의 포맷 정의

```
package main

import "fmt"

type Product struct {
  Name, Category string
  Price float64
}

// ...간결함을 위해 변수 생략...

func (p Product) String() string {
  return fmt.Sprintf("Product: %v, Price: $%4.2f", p.Name, p.Price)
}
```

String 메서드는 Product 값의 문자열 표현이 필요할 때 자동으로 호출한다. 코드를 컴파일 및 실행하면 다음과 같은 사용자 정의 포맷을 출력한다.

```
Value: Product: Kayak, Price: $275.00
Value with fields: Product: Kayak, Price: $275.00
```

%v 동사가 구조체 필드를 표시하도록 수정할 때도 사용자 정의 포맷을 사용한다.

■ **팁** ■

문자열을 반환하는 GoString 메서드를 정의하면 타입은 %#v 동사에 대한 사용자 정의 포맷을 허용하는 GoStringer 인터페이스를 준수한다.

배열과 슬라이스를 문자열로 표시할 때 출력은 다음과 같이 개별 요소를 포함한 대괄호 집합이다.

```
...
[Kayak Lifejacket Paddle]
...
```

요소를 구분하는 쉼표는 없다. 맵을 문자열로 표시할 때 키-값 쌍은 다음과 같이 map 키워드가 앞에 오는 대괄호 안에 표시한다.

```
...
map[1:Kayak 2:Lifejacket 3:Paddle]
...
```

Stringer 인터페이스는 배열, 슬라이스 또는 맵에 포함한 사용자 정의 자료형에 사용하는 포맷을 변경할 때 사용할 수 있다. 그러나 타입 별칭을 사용하지 않는 한 기본 포맷을 변경할 수 없다. 메서드를 적용하는 타입과 동일한 패키지 내에서 메서드를 정의해야 하기 때문이다.

정수 포매팅 동사 사용

표 17-6은 정수 값에 대한 포매팅 동사를 크기에 관계없이 설명한다.

표 17-6 정수 값 포매팅 동사

동사	설명
%b	정수 값을 이진 문자열로 표시한다.
%d	정수 값을 10진수 문자열로 표시한다. 정수 값의 기본 포맷으로 %v 동사를 사용할 때 적용한다.
%o, %O	정수 값을 8진수 문자열로 표시한다. %O 동사는 0o 접두사를 추가한다.
%x, %X	정수 값을 16진수 문자열로 표시한다. A-F 문자는 %x 동사를 사용해 소문자로 표시하고 %X 동사를 사용해 대문자로 표시한다.

리스트 17-11은 표 17-6에 설명한 동사를 정수 값에 적용한다.

리스트 17-11 usingstrings 폴더 내 main.go 파일에서 정수 값 포매팅

```go
package main

import "fmt"

func Printfln(template string, values ...interface{}) {
    fmt.Printf(template + "\n", values...)
}

func main() {
```

```
    number := 250

    Printfln("Binary: %b", number)
    Printfln("Decimal: %d", number)
    Printfln("Octal: %o, %O", number, number)
    Printfln("Hexadecimal: %x, %X", number, number)
}
```

프로젝트를 컴파일 및 실행하면 다음과 같은 출력을 표시한다.

```
Binary: 11111010
Decimal: 250
Octal: 372, 0o372
Hexadecimal: fa, FA
```

부동 소수점 포매팅 동사 사용

표 17-7은 float32와 float64 값에 적용할 수 있는 부동 소수점 값의 포매팅 동사를 설명한다.

표 17-7 부동 소수점 값 포매팅 동사

동사	설명
%b	지수가 있고 소수점이 없는 부동 소수점 값을 표시한다.
%e, %E	지수와 소수점이 있는 부동 소수점 값을 표시한다. %e는 소문자 지수 표시기를 사용하고, %E는 대문자 표시기를 사용한다.
%f, %F	소수점이 있는 부동 소수점 값을 표시하지만 지수는 표시하지 않는다. %f 및 %F 동사는 동일한 출력을 생성한다.
%g	표시하는 값에 따라 달라진다. 지수가 큰 값에는 %e 포맷을 사용하고 그렇지 않으면 %f 포맷을 사용한다. %v 동사를 사용할 때 적용하는 기본 포맷이다.
%G	표시하는 값에 따라 달라진다. 지수가 큰 값에는 %E 포맷을 사용하고 그렇지 않으면 %f 포맷을 사용한다.
%x, %X	소문자(%x) 또는 대문자(%X) 문자를 사용해 16진수 표기법으로 부동 소수점 값을 표시한다.

리스트 17-12는 표 17-7에 설명한 동사를 부동 소수점 값에 적용한다.

리스트 17-12 usingstrings 폴더 내 main.go 파일에서 부동 소수점 값 포매팅

```
package main

import "fmt"

func Printfln(template string, values ...interface{}) {
    fmt.Printf(template + "\n", values...)
}
```

```
func main() {
  number := 279.00
  Printfln("Decimalless with exponent: %b", number)
  Printfln("Decimal with exponent: %e", number)
  Printfln("Decimal without exponent: %f", number)
  Printfln("Hexadecimal: %x, %X", number, number)
}
```

프로젝트를 컴파일 및 실행하면 다음과 같은 출력을 표시한다.

```
Decimalless with exponent: 4908219906392064p-44
Decimal with exponent: 2.790000e+02
Decimal without exponent: 279.000000
Hexadecimal: 0x1.17p+08, 0X1.17P+08
```

부동 소수점 값의 포맷은 리스트 17-13과 같이 너비(값을 표현할 때 사용하는 문자 개수)와 정밀도(소수점 이하 자릿수)를 지정하도록 동사를 수정해 제어할 수 있다.

리스트 17-13 usingstrings 폴더 내 main.go 파일에서 포매팅 제어

```
package main

import "fmt"

func Printfln(template string, values ...interface{}) {
  fmt.Printf(template + "\n", values...)
}

func main() {
  number := 279.00
  Printfln("Decimal without exponent: >>%8.2f<<", number)
}
```

너비는 백분율 기호(%) 뒤에 지정하고 마침표, 정밀도, 나머지 동사가 차례로 온다. 리스트 17-13에서 너비는 8자이고 정밀도는 2자로 코드를 컴파일 및 실행할 때 다음 출력을 생성한다.

```
Decimal without exponent: >>  279.00<<
```

리스트 17-13에서 포맷을 지정한 값 주위에 갈매기 모양을 추가해 지정한 값을 표시할 때 필요한 문자 수보다 큰 경우 공백을 패딩^{padding}에 사용하는 것을 보였다.

리스트 17-14와 같이 정밀도에만 관심이 있는 경우 너비를 생략할 수 있다.

```
package main

import "fmt"

func Printfln(template string, values ...interface{}) {
  fmt.Printf(template + "\n", values...)
}

func main() {
  number := 279.00
  Printfln("Decimal without exponent: >>%.2f<<", number)
}
```

너비 값은 생략하지만 마침표는 여전히 필요하다. 리스트 17-7에 지정한 포맷은 컴파일 및 실행 시 다음과 같은 출력을 생성한다.

```
Decimal without exponent: >>279.00<<
```

표 17-7에 있는 동사의 출력은 표 17-8에 설명한 수정자를 사용해 변경할 수 있다.

표 17-8 포매팅 동사 수정자

수정자	설명
+	숫자 값에 대해 항상 양수 또는 음수 기호를 출력한다.
0	너비가 값을 표시할 때 필요한 문자 수보다 큰 경우 공백 대신 0을 패딩으로 사용한다.
–	숫자의 왼쪽이 아닌 오른쪽에 패딩을 추가한다.

리스트 17-15는 정수 값의 포맷을 변경하기 위해 수정자를 적용한다.

리스트 17-15 usingstrings 폴더 내 main.go 파일에서 포맷 수정

```
package main

import "fmt"

func Printfln(template string, values ...interface{}) {
  fmt.Printf(template + "\n", values...)
}

func main() {
  number := 279.00
  Printfln("Sign: >>%+.2f<<", number)
  Printfln("Zeros for Padding: >>%010.2f<<", number)
  Printfln("Right Padding: >>%-8.2f<<", number)
}
```

프로젝트를 컴파일 및 실행하면 포매팅한 출력에 대한 수정자의 효과를 확인할 수 있다.

```
Sign: >>+279.00<<
Zeros for Padding: >>0000279.00<<
Right Padding: >>279.00  <<
```

문자열 및 문자 포매팅 동사 사용

표 17-9는 문자열과 룬의 포매팅 동사를 설명한다.

표 17-9 문자열 및 룬 포매팅 동사

동사	설명
%s	문자열을 표시한다. %v 동사를 사용할 때 적용하는 기본 포맷이다.
%c	문자를 표시한다. 문자열을 개별 바이트로 자르지 않도록 주의해야 하고 표 뒤에 있는 텍스트에서 설명한다.
%U	출력이 U+로 시작하고 16진수 문자 코드가 뒤따르도록 유니코드 포맷으로 문자를 표시한다.

문자열은 포맷을 지정하기 쉽지만 개별 문자의 포맷을 지정할 때는 주의해야 한다. 7장에서 설명했듯이 일부 문자는 여러 바이트를 사용해 표현하고 문자의 일부 바이트만 포매팅하지 않도록 해야 한다. 리스트 17-16은 표 17-9에 설명한 동사의 사용을 보여준다.

리스트 17-16 usingstrings 폴더 내 main.go 파일에서 문자열 및 문자 포매팅

```
package main

import "fmt"

func Printfln(template string, values ...interface{}) {
  fmt.Printf(template + "\n", values...)
}

func main() {
  name := "Kayak"
  Printfln("String: %s", name)
  Printfln("Character: %c", []rune(name)[0])
  Printfln("Unicode: %U", []rune(name)[0])
}
```

프로젝트를 컴파일 및 실행하면 다음과 같은 출력을 표시한다.

```
String: Kayak
Character: K
Unicode: U+004B
```

bool 포매팅 동사 사용

표 17-10은 bool 값의 포맷을 지정할 때 사용하는 동사를 설명한다. 기본 bool 포맷으로 %v 동사에서 사용한다.

표 17-10 bool 포매팅 동사

동사	설명
%t	bool 값의 포맷을 지정하고 true 또는 false를 표시한다.

리스트 17-17은 bool 포매팅 동사의 사용을 보여준다.

리스트 17-17 usingstrings 폴더 내 main.go 파일에서 bool 값 포매팅

```
package main

import "fmt"

func Printfln(template string, values ...interface{}) {
  fmt.Printf(template + "\n", values...)
}

func main() {
  name := "Kayak"
  Printfln("Bool: %t", len(name) > 1)
  Printfln("Bool: %t", len(name) > 100)
}
```

프로젝트를 컴파일 및 실행하면 다음과 같은 출력을 표시한다.

```
Bool: true
Bool: false
```

포인터 포매팅 동사 사용

표 17-11에 설명한 동사는 포인터에 적용한다.

표 17-11 포인터 포매팅 동사

동사	설명
%p	포인터의 저장 위치를 16진수로 표시한다.

리스트 17-18은 포인터 동사의 사용을 보여준다.

리스트 17-18 usingstrings 폴더 내 main.go 파일에서 포인터 포매팅

```
package main
```

```
import "fmt"

func Printfln(template string, values ...interface{}) {
  fmt.Printf(template + "\n", values...)
}

func main() {
  name := "Kayak"
  Printfln("Pointer: %p", &name)
}
```

코드를 컴파일 및 실행하면 다른 위치를 표시할 수 있지만 다음과 유사한 출력을 표시한다.

```
Pointer: 0xc00004a240
```

⸭ 문자열 스캔

fmt 패키지는 문자열 스캔을 위한 함수를 제공하는데, 이는 공백으로 구분한 값을 포함하는 문자열을 구문 분석하는 과정이다. 표 17-12는 문자열 스캔 함수를 설명하고 그중 일부는 이후의 장들에서 설명하는 기능과 함께 사용한다.

표 17-12 문자열 스캔 fmt 함수

이름	설명
Scan(...vals)	표준 입력에서 텍스트를 읽고 공백으로 구분한 값을 지정한 인수에 저장한다. 개행은 공백으로 처리하고 함수는 모든 인수에 대한 값을 수신할 때까지 읽는다. 결과는 읽은 값의 개수와 문제를 설명하는 error다.
Scanln(...vals)	Scan과 같은 방식으로 동작하지만 개행 문자를 만나면 읽기를 중지한다.
Scanf(template, ...vals)	Scan과 같은 방식으로 동작하지만 템플릿 문자열을 사용해 수신하는 입력에서 값을 선택한다.
Fscan(reader, ...vals)	20장에 설명한 지정 판독기에서 공백으로 구분한 값을 읽는다. 개행은 공백으로 처리하고 함수는 읽은 값의 개수와 문제를 설명하는 error를 반환한다.
Fscanln(reader, ...vals)	Fscan과 같은 방식으로 동작하지만 개행 문자를 만나면 읽기를 중지한다.
Fscanf(reader, template, ...vals)	Fscan과 같은 방식으로 동작하지만 템플릿을 사용해 수신하는 입력에서 값을 선택한다.
Sscan(str, ...vals)	지정한 문자열에서 나머지 인수에 할당한 공백으로 구분한 값을 검색한다. 결과는 스캔한 값의 개수와 문제를 설명하는 error다.
Sscanf(str, template, ...vals)	Sscan과 같은 방식으로 동작하지만 템플릿을 사용해 문자열에서 값을 선택한다.
Sscanln(str, template, ...vals)	Sscanf와 같은 방식으로 동작하지만 개행 문자가 발생하는 즉시 문자열 검색을 중지한다.

사용할 스캔 함수에 대한 결정은 스캔할 문자열의 소스, 개행 처리 방법, 템플릿을 사용해야 하는지 여부에 따라 다르다. 리스트 17-19는 시작하기에 좋은 Scan 함수의 기본 사용법을 보여준다.

리스트 17-19 usingstrings 폴더 내 main.go 파일에서 문자열 스캔

```go
package main

import "fmt"

func Printfln(template string, values ...interface{}) {
  fmt.Printf(template + "\n", values...)
}

func main() {

  var name string
  var category string
  var price float64

  fmt.Print("Enter text to scan: ")
  n, err := fmt.Scan(&name, &category, &price)

  if (err == nil) {
    Printfln("Scanned %v values", n)
    Printfln("Name: %v, Category: %v, Price: %.2f", name, category, price)
  } else {
    Printfln("Error: %v", err.Error())
  }
}
```

Scan 함수는 표준 입력에서 문자열을 읽고 공백으로 구분한 값을 검색한다. 문자열에서 파싱한 값은 정의한 순서대로 매개변수에 할당한다. Scan 함수가 값을 할당할 수 있도록 해당 매개변수는 포인터다.

리스트 17-19에서 name, category, price 변수를 정의하고 Scan 함수의 인수로 사용한다.

```
...
n, err := fmt.Scan(&name, &category, &price)
...
```

호출하면 Scan 함수는 문자열을 읽고 공백으로 구분한 3개의 값을 추출해 변수에 할당한다. 프로젝트를 컴파일 및 실행하면 다음과 같이 텍스트를 입력하라는 메시지를 표시한다.

```
...
Enter text to scan:
...
```

단어 Kayak Watersports와 숫자 279를 의미하는 Kayak Watersports 279를 입력해보자. Enter 키를 누르면 문자열을 스캔해 다음 출력을 생성한다.

```
Scanned 3 values
Name: Kayak, Category: Watersports, Price: 279.00
```

Scan 함수는 받은 부분 문자열을 Go 값으로 변환해야 하고 문자열을 처리할 수 없는 경우 에러를 보고한다. 코드를 다시 실행하되 Kayak Watersports Zero를 입력하면 다음 에러를 표시한다.

```
Error: strconv.ParseFloat: parsing "": invalid syntax
```

문자열 Zero는 Price 매개변수의 타입인 Go float64 값으로 변환할 수 없다.

슬라이스로 스캔

일련의 동일한 타입 값을 스캔해야 하는 경우 자연스러운 접근 방식은 다음과 같이 슬라이스 또는 배열로 스캔하는 것이다.

```
...
vals := make([]string, 3)
fmt.Print("Enter text to scan: ")
fmt.Scan(vals...)
Printfln("Name: %v", vals)
...
```

위 코드는 다양한 매개변수를 함께 사용할 때 문자열 슬라이스를 적절하게 분해할 수 없기 때문에 컴파일할 수 없다. 다음과 같은 추가 단계가 필요하다.

```
...
vals := make([]string, 3)
ivals := make([]interface{}, 3)
for i := 0; i < len(vals); i++ {
    ivals[i] = &vals[i]
}
fmt.Print("Enter text to scan: ")
fmt.Scan(ivals...)
Printfln("Name: %v", vals)
...
```

어색한 과정이지만 유틸리티 함수로 감쌀 수 있기 때문에 매번 interface 슬라이스를 채울 필요는 없다.

개행 문자 처리

기본적으로 스캔은 개행을 공백과 같은 방식으로 처리해 값 사이의 구분 기호 역할을 한다. 해당 동작을 보려면 프로젝트를 실행하고 입력 프롬프트가 표시되면 Kayak, Enter 키, Watersports, Enter 키, 279, Enter 키를 차례로 입력해보자. 해당 시퀀스는 다음 출력을 생성한다.

```
Scanned 3 values
Name: Kayak, Category: Watersports, Price: 279.00
```

Scan 함수는 예상한 숫자를 수신하고 Enter 키의 첫 번째 누름이 입력 종료가 아닌 구분 기호로 처리할 때까지 값 찾기를 멈추지 않는다. Scanln과 같이 표 17-12에서 이름이 ln으로 끝나는 함수는 해당 동작을 변경한다. 리스트 17-20은 Scanln 함수를 사용한다.

리스트 17-20 usingstrings 폴더 내 main.go 파일에서 Scanln 함수 사용

```go
package main

import "fmt"

func Printfln(template string, values ...interface{}) {
  fmt.Printf(template + "\n", values...)
}

func main() {

  var name string
  var category string
  var price float64

  fmt.Print("Enter text to scan: ")
  n, err := fmt.Scanln(&name, &category, &price)

  if (err == nil) {
    Printfln("Scanned %v values", n)
    Printfln("Name: %v, Category: %v, Price: %.2f", name, category, price)
  } else {
    Printfln("Error: %v", err.Error())
  }
}
```

프로젝트를 컴파일 및 실행하고 입력 순서를 반복한다. Enter 키를 처음 누를 때 개행은 입력을 종료하고 Scanln 함수에 필요한 것보다 적은 값을 남겨두고 다음 출력을 생성한다.

```
Error: unexpected newline
```

다른 문자열 소스 사용

표 17-12에 설명한 함수는 표준 입력, 리더reader(20장에서 설명), 인수로 제공한 값의 세 가지 소스에서 문자열을 스캔한다. 문자열을 인수로 제공하는 것은 문자열이 어디에서나 발생할 수 있음을 의미하므로 가장 유연하다. 리스트 17-21에서 Scanln 함수를 문자열 변수를 스캔할 수 있는 Sscan으로 교체했다.

리스트 17-21 usingstrings 폴더 내 main.go 파일에서 변수 스캔

```go
package main

import "fmt"

func Printfln(template string, values ...interface{}) {
  fmt.Printf(template + "\n", values...)
}

func main() {

  var name string
  var category string
  var price float64

  source := "Lifejacket Watersports 48.95"
  n, err := fmt.Sscan(source, &name, &category, &price)

  if (err == nil) {
    Printfln("Scanned %v values", n)
    Printfln("Name: %v, Category: %v, Price: %.2f", name, category, price)
  } else {
    Printfln("Error: %v", err.Error())
  }
}
```

Sscan 함수의 첫 번째 인수는 스캔할 문자열이지만 다른 모든 측면에서 스캔 과정은 동일하다. 프로젝트를 컴파일 및 실행하면 다음과 같은 결과를 표시한다.

```
Scanned 3 values
Name: Lifejacket, Category: Watersports, Price: 48.95
```

스캔 템플릿 사용

리스트 17-22와 같이 템플릿을 사용해 필요하지 않은 문자를 포함한 문자열 값을 검색할 수 있다.

```go
package main

import "fmt"

func Printfln(template string, values ...interface{}) {
  fmt.Printf(template + "\n", values...)
}

func main() {

  var name string
  var category string
  var price float64

  source := "Product Lifejacket Watersports 48.95"
  template := "Product %s %s %f"
  n, err := fmt.Sscanf(source, template, &name, &category, &price)

  if (err == nil) {
    Printfln("Scanned %v values", n)
    Printfln("Name: %v, Category: %v, Price: %.2f", name, category, price)
  } else {
    Printfln("Error: %v", err.Error())
  }
}
```

리스트 17-22에 사용한 템플릿은 Product라는 용어를 무시하고 문자열의 해당 부분을 건너뛰고 다음 용어로 스캔을 시작할 수 있다. 프로젝트를 컴파일 및 실행하면 다음과 같은 결과를 표시한다.

```
Scanned 3 values
Name: Lifejacket, Category: Watersports, Price: 48.95
```

템플릿을 사용한 스캔은 스캔한 문자열이 공백으로 구분한 값만 포함할 수 있기 때문에 정규식을 사용하는 것만큼 유연하지 않다. 그러나 문자열의 일부 값만 원하고 복잡한 일치 규칙을 정의하지 않으려는 경우 템플릿을 사용하는 것이 유용할 수 있다.

·‡· 요약

17장에서는 fmt 패키지에서 제공하는 문자열 포매팅 및 스캔을 위한 표준 라이브러리의 기능을 설명했다. 18장에서는 표준 라이브러리가 수학 함수와 슬라이스 정렬을 위해 제공하는 기능을 설명할 것이다.

18장

수학 함수와 데이터 정렬

██ ██ ██

18장에서는 두 가지 기능 집합을 설명한다. 먼저 난수 생성을 포함해 일반적인 수학 작업을 수행하기 위한 지원을 설명한다. 그다음 슬라이스의 요소를 순서대로 정렬하는 기능을 설명한다. 표 18-1은 상황에 따른 수학 및 정렬 기능을 보여준다.

표 18-1 상황에 따른 수학 함수와 데이터 정렬

질문	답
무엇인가?	수학 함수를 사용하면 일반적인 계산을 수행할 수 있다. 난수는 예측하기 어려운 순서로 생성한 숫자다. 정렬은 일련의 값을 미리 결정한 순서로 배치하는 과정이다.
왜 유용한가?	개발 전반에 걸쳐 사용하는 기능이다.
어떻게 사용하는가?	math, math/rand, sort 패키지에서 제공하는 기능이다.
함정이나 제한 사항?	시드 값으로 초기화하지 않는 한 math/rand 패키지에서 생성한 숫자는 무작위가 아니다.
대안이 있는가?	필요하지 않도록 패키지를 제공하지만 처음부터 두 기능 세트를 모두 구현할 수 있다.

표 18-2는 18장을 요약한 것이다.

표 18-2 18장 요약

문제	해결 방법	리스트 참조 번호
일반적인 계산을 수행한다.	math 패키지가 정의한 함수를 사용한다.	5
난수를 생성한다.	math/rand 패키지의 함수를 사용하고 시드 값을 제공할 때 주의한다.	6-9
슬라이스 요소를 섞는다.	Shuffle 함수를 사용한다.	10
슬라이스 요소를 정렬한다.	sort 패키지가 정의한 함수를 사용한다.	11, 12, 15-20
정렬한 슬라이스에서 요소를 찾는다.	Search* 함수를 사용한다.	13, 14

18장 예제를 준비하기 위해 새 CMD를 열어 편리한 위치로 이동한 다음 mathandsorting 폴더를 생성한다. mathandsorting 폴더에서 리스트 18-1의 명령어를 실행해 모듈 파일을 생성해보자.

> ■ **팁** ■
>
> 다음 링크(https://github.com/apress/pro-go)에서 18장 및 책의 다른 모든 장에 대한 예제 프로젝트를 다운로드할 수 있다. 예제를 실행하는 데 문제가 발생한 경우 도움받는 방법은 2장을 참조한다.

리스트 18-1 모듈 초기화

```
go mod init mathandsorting
```

리스트 18-2의 소스 코드 내용을 담은 printer.go 파일을 생성해 mathandsorting 폴더에 추가해보자.

리스트 18-2 mathandsorting 폴더 내 printer.go 파일 소스 코드

```
package main

import "fmt"

func Printfln(template string, values ...interface{}) {
  fmt.Printf(template + "\n", values...)
}
```

리스트 18-3의 소스 코드 내용을 담은 main.go 파일을 생성해 mathandsorting 폴더에 추가해보자.

리스트 18-3 mathandsorting 폴더 내 main.go 파일 소스 코드

```
package main

func main() {

  Printfln("Hello, Math and Sorting")
}
```

mathandsorting 폴더에서 리스트 18-4의 명령어를 실행하기 위해 CMD를 사용한다.

리스트 18-4 예제 프로젝트 실행

```
go run .
```

코드를 컴파일 및 실행하면 다음 출력을 생성한다.

```
Hello, Math and Sorting
```

숫자 작업

4장에서 설명했듯이 Go 언어는 적용할 수 있는 일련의 산술 연산자를 지원한다. 덧셈과 곱셈 같은 기본 작업을 수행할 수 있도록 숫자 값으로 변환한다. 고급 작업을 위해 Go 표준 라이브 러리는 광범위한 기능 집합을 제공하는 math 패키지를 포함한다. 일반적인 프로젝트에서 가장 많이 사용하는 기능은 표 18-3과 같다. 삼각법과 같은 보다 구체적인 영역에 대한 지원을 포 함해 전체 기능 집합은 다음 링크(https://golang.org/pkg/math)에서 제공하는 패키지 설명서를 참조한다.

표 18-3 math 패키지의 유용한 함수

이름	설명
Abs(val)	방향을 고려하지 않고 0에서 거리를 의미하는 float64 값의 절댓값을 반환한다.
Ceil(val)	지정한 float64 값보다 크거나 같은 가장 작은 정수를 반환한다. 결과는 정수를 나타내더라도 float64 값이다.
Copysign(x, y)	y의 부호가 있는 x의 절댓값인 float64 값을 반환한다.
Floor(val)	지정한 float64 값보다 작거나 같은 가장 큰 정수를 반환한다. 결과는 정수를 나타내더라도 float64 값이다.
Max(x, y)	지정한 float64 값 중 가장 큰 값을 반환한다.
Min(x, y)	지정한 float64 값 중 가장 작은 값을 반환한다.
Mod(x, y)	x/y의 나머지를 반환한다.
Pow(x, y)	x를 지수 y로 제곱한 값을 반환한다.
Round(val)	지정한 값을 가장 가까운 정수로 반올림하고 절반 값을 반올림한다. 결과는 정수를 나타내 더라도 float64 값이다.
RoundToEven(val)	지정한 값을 가장 가까운 정수로 반올림하고 절반 값을 가장 가까운 짝수로 반올림한다. 결 과는 정수를 나타내더라도 float64 값이다.

위 함수는 모두 float64 값에서 동작하고 float64 결과를 생성한다. 즉 명시적으로 다른 타입에 서 변환해야 한다. 리스트 18-5는 표 18-3에 설명한 함수의 사용을 보여준다.

리스트 18-5 mathandsorting 폴더 내 main.go 파일에서 math 패키지 함수 사용

```
package main

import "math"
```

```
func main() {

  val1 := 279.00
  val2 := 48.95

  Printfln("Abs: %v", math.Abs(val1))
  Printfln("Ceil: %v", math.Ceil(val2))
  Printfln("Copysign: %v", math.Copysign(val1, -5))
  Printfln("Floor: %v", math.Floor(val2))
  Printfln("Max: %v", math.Max(val1, val2))
  Printfln("Min: %v", math.Min(val1, val2))
  Printfln("Mod: %v", math.Mod(val1, val2))
  Printfln("Pow: %v", math.Pow(val1, 2))
  Printfln("Round: %v", math.Round(val2))
  Printfln("RoundToEven: %v", math.RoundToEven(val2))
}
```

코드를 컴파일 및 실행하면 다음 출력을 생성한다.

```
Abs: 279
Ceil: 49
Copysign: -279
Floor: 48
Max: 279
Min: 48.95
Mod: 34.249999999999986
Pow: 77841
Round: 49
RoundToEven: 49
```

표 18-4처럼 math 패키지는 또한 숫자 데이터 타입의 한계에 대한 상수 집합을 제공한다.

표 18-4 한계 상수

이름	설명
MaxInt8 MinInt8	int8을 사용해 저장할 수 있는 가장 큰 값과 가장 작은 값을 나타낸다.
MaxInt16 MinInt16	int16을 사용해 저장할 수 있는 가장 큰 값과 가장 작은 값을 나타낸다.
MaxInt32 MinInt32	int32를 사용해 저장할 수 있는 가장 큰 값과 가장 작은 값을 나타낸다.
MaxInt64 MinInt64	int64를 사용해 저장할 수 있는 가장 큰 값과 가장 작은 값을 나타낸다.
MaxUint8	uint8을 사용해 나타낼 수 있는 가장 큰 값을 나타낸다. 가장 작은 값은 0이다.
MaxUint16	uint16을 사용해 나타낼 수 있는 가장 큰 값을 나타낸다. 가장 작은 값은 0이다.
MaxUint32	uint32를 사용해 나타낼 수 있는 가장 큰 값을 나타낸다. 가장 작은 값은 0이다.

(이어짐)

이름	설명
MaxUint64	uint64를 사용해 나타낼 수 있는 가장 큰 값을 나타낸다. 가장 작은 값은 0이다.
MaxFloat32 MaxFloat64	float32 및 float64 값을 사용해 나타낼 수 있는 가장 큰 값을 나타낸다.
SmallestNonzeroFloat32 SmallestNonzeroFloat64	float32 및 float64 값을 사용해 나타낼 수 있는 가장 작은 0이 아닌 값을 나타낸다.

난수 생성

math/rand 패키지는 난수 생성을 지원한다. 가장 유용한 기능은 표 18-5에 설명하고 있다(이 절에서 random이라는 용어를 사용하지만 math/rand 패키지에서 생성한 숫자는 의사pseudo 난수다. 즉 암호화 키 생성과 같이 난수성이 중요한 곳에서 사용해서는 안 된다).

표 18-5 유용한 math/rand 함수

이름	설명
Seed(s)	지정한 int64 값을 사용해 시드 값을 설정한다.
Float32()	0과 1 사이의 임의의 float32 값을 생성한다.
Float64()	0과 1 사이의 임의의 float64 값을 생성한다.
Int()	임의의 int 값을 생성한다.
Intn(max)	표 뒤에 설명한 것처럼 지정한 값보다 작은 임의의 int를 생성한다.
UInt32()	임의의 uint32 값을 생성한다.
UInt64()	임의의 uint64 값을 생성한다.
Shuffle(count, func)	표 뒤에 설명한 것처럼 요소의 순서를 무작위로 지정하기 위해 사용한다.

math/rand 패키지의 이상한 점은 리스트 18-6처럼 기본적으로 다음과 같이 예측 가능한 값의 시퀀스를 반환한다는 것이다.

리스트 18-6 mathandsorting 폴더 내 main.go 파일에서 예측 가능한 값 생성

```
package main

import "math/rand"

func main() {

  for i := 0; i < 5; i++ {
    Printfln("Value %v : %v", i, rand.Int())
  }
}
```

위 예제는 Int 함수를 호출하고 값을 기록한다. 코드를 컴파일 및 실행하면 다음 출력을 표시한다.

```
Value 0 : 5577006791947779410
Value 1 : 8674665223082153551
Value 2 : 6129484611666145821
Value 3 : 4037200794235010051
Value 4 : 3916589616287113937
```

리스트 18-6 코드는 항상 동일한 숫자 집합을 생성한다. 초기 시드 값이 항상 동일하기 때문이다. 동일한 숫자 시퀀스를 생성하지 않으려면 리스트 18-7과 같이 고정되지 않은 값으로 Seed 함수를 호출해야 한다.

리스트 18-7 mathandsorting 폴더 내 main.go 파일에서 시드 값 설정

```
package main

import (
  "math/rand"
  "time"
)

func main() {
  rand.Seed(time.Now().UnixNano())
  for i := 0; i < 5; i++ {
    Printfln("Value %v : %v", i, rand.Int())
  }
}
```

관례는 현재 시간을 시드 값으로 사용하는 것으로 time 패키지에서 제공하는 Now 함수를 호출하고 결과에 대해 UnixNano 메서드를 호출해 수행한 다음 Seed 함수에 전달할 수 있는 int64 값을 제공한다(time 패키지는 19장에서 설명한다). 프로젝트를 컴파일 및 실행하면 프로그램을 실행할 때마다 변경되는 일련의 숫자를 표시한다. 출력은 다음과 같다.

```
Value 0 : 8113726196145714527
Value 1 : 3479565125812279859
Value 2 : 8074476402089812953
Value 3 : 3916870404047362448
Value 4 : 8226545715271170755
```

특정 범위 내 난수 생성

Intn 함수는 리스트 18-8과 같이 지정한 최대 값을 가진 숫자를 생성할 때 사용할 수 있다.

```go
package main

import (
  "math/rand"
  "time"
)

func main() {
  rand.Seed(time.Now().UnixNano())
  for i := 0; i < 5; i++ {
    Printfln("Value %v : %v", i, rand.Intn(10))
  }
}
```

위 코드 실행문은 난수가 모두 10보다 작아야 한다고 지정한다. 코드를 컴파일 및 실행하면 다음과 유사하지만 난수 값이 다른 출력을 표시한다.

```
Value 0 : 7
Value 1 : 5
Value 2 : 4
Value 3 : 0
Value 4 : 7
```

최솟값을 지정하는 함수는 없지만 리스트 18-9와 같이 Intn 함수가 생성한 값을 특정 범위로 쉽게 이동시킬 수 있다.

리스트 18-9 mathandsorting 폴더 내 main.go 파일에서 하한 지정

```go
package main

import (
  "math/rand"
  "time"
)

func IntRange(min, max int) int {
  return rand.Intn(max - min) + min
}

func main() {

  rand.Seed(time.Now().UnixNano())
  for i := 0; i < 5; i++ {
    Printfln("Value %v : %v", i, IntRange(10, 20))
  }
}
```

IntRange 함수는 특정 범위의 난수를 반환한다. 프로젝트를 컴파일 및 실행하면 다음과 유사한 10에서 19 사이의 숫자 시퀀스를 받는다.

```
Value 0 : 10
Value 1 : 19
Value 2 : 11
Value 3 : 10
Value 4 : 17
```

요소 셔플

Shuffle 함수는 리스트 18-10과 같이 사용자 정의 함수를 사용해 요소를 무작위로 재정렬하기 위해 사용한다.

리스트 18-10 mathandsorting 폴더 내 main.go 파일에서 요소 셔플

```go
package main

import (
    "math/rand"
    "time"
)

var names = []string { "Alice", "Bob", "Charlie", "Dora", "Edith"}

func main() {
    rand.Seed(time.Now().UnixNano())

    rand.Shuffle(len(names), func (first, second int) {
        names[first], names[second] = names[second], names[first]
    })

    for i, name := range names {
        Printfln("Index %v: Name: %v", i, name)
    }
}
```

Shuffle 함수에 대한 인수는 요소 수와 인덱스로 식별하는 두 요소를 교환하는 함수다. Shuffle 함수는 요소를 무작위로 교환하기 위해 호출한다. 리스트 18-10에서 익명 함수는 names 슬라이스의 두 요소를 바꾼다. 즉 Shuffle 함수를 사용하면 names 값의 순서를 섞는 효과가 있다. 프로젝트를 컴파일 및 실행하면 다음과 유사하게 names 슬라이스의 요소 순서가 뒤섞인 출력을 표시한다.

```
Index 0: Name: Edith
Index 1: Name: Dora
```

```
Index 2: Name: Charlie
Index 3: Name: Alice
Index 4: Name: Bob
```

⊹ 데이터 정렬

이전 예제는 슬라이스의 요소를 섞는 방법을 보였지만 일반적인 요구 사항은 요소를 예측 가능한 순서로 배열하는 것이다. sort 패키지에서 제공하는 함수가 이러한 동작을 수행한다. 다음 절은 패키지에서 제공하는 기본 제공 정렬 기능을 설명하고 사용법을 보여준다.

숫자 및 문자열 슬라이스 정렬

표 18-6에 설명한 함수는 int, float64 또는 문자열 값을 포함하는 슬라이스를 정렬하기 위해 사용한다.

표 18-6 정렬 기본 함수

이름	설명
Float64s(slice)	float64 값의 슬라이스를 정렬한다. 요소를 제자리에 정렬한다.
Float64sAreSorted(slice)	지정한 float64 슬라이스의 요소가 순서대로 있으면 true를 반환한다.
Ints(slice)	int 값의 슬라이스를 정렬한다. 요소를 제자리에 정렬한다.
IntsAreSorted(slice)	지정한 int 슬라이스의 요소가 순서대로 있으면 true를 반환한다.
Strings(slice)	string 값의 슬라이스를 정렬한다. 요소를 제자리에 정렬한다.
StringsAreSorted(slice)	지정한 string 슬라이스의 요소가 순서대로 있으면 true를 반환한다.

각 자료형은 리스트 18-11과 같이 데이터를 정렬하거나 이미 정렬했는지 확인하는 고유한 함수 집합이 있다.

리스트 18-11 mathandsorting 폴더 내 main.go 파일에서 슬라이스 정렬

```
package main

import (
  //"math/rand"
  //"time"
  "sort"
)

func main() {

  ints := []int { 9, 4, 2, -1, 10}
  Printfln("Ints: %v", ints)
```

```
    sort.Ints(ints)
    Printfln("Ints Sorted: %v", ints)

    floats := []float64 { 279, 48.95, 19.50 }
    Printfln("Floats: %v", floats)
    sort.Float64s(floats)
    Printfln("Floats Sorted: %v", floats)

    strings := []string { "Kayak", "Lifejacket", "Stadium" }
    Printfln("Strings: %v", strings)
    if (!sort.StringsAreSorted(strings)) {
      sort.Strings(strings)
      Printfln("Strings Sorted: %v", strings)
    } else {
      Printfln("Strings Already Sorted: %v", strings)
    }
}
```

위 예제는 int 및 float64 값을 포함하는 슬라이스를 정렬한다. 이미 정렬한 데이터를 정렬하지 않도록 StringsAreSorted 함수로 테스트하는 string 슬라이스도 있다. 프로젝트를 컴파일 및 실행하면 다음과 같은 출력을 표시한다.

```
Ints: [9 4 2 -1 10]
Ints Sorted: [-1 2 4 9 10]
Floats: [279 48.95 19.5]
Floats Sorted: [19.5 48.95 279]
Strings: [Kayak Lifejacket Stadium]
Strings Already Sorted: [Kayak Lifejacket Stadium]
```

리스트 18-11의 함수는 새 슬라이스를 만드는 대신 요소를 제자리에 정렬한다. 정렬한 새 슬라이스를 생성하기 위해 리스트 18-12와 같이 내장 make 함수 및 copy 함수를 사용해야 한다. 두 함수는 7장에서 소개했다.

리스트 18-12 mathandsorting 폴더 내 main.go 파일에서 정렬한 슬라이스 복제본 생성

```
package main

import (
  "sort"
)

func main() {

  ints := []int { 9, 4, 2, -1, 10}

  sortedInts := make([]int, len(ints))
  copy(sortedInts, ints)
```

504

```
    sort.Ints(sortedInts)
    Printfln("Ints: %v", ints)
    Printfln("Ints Sorted: %v", sortedInts)
}
```

프로젝트를 컴파일 및 실행하면 다음과 같은 출력을 표시한다.

```
Ints: [9 4 2 -1 10]
Ints Sorted: [-1 2 4 9 10]
```

정렬 데이터 검색

sort 패키지는 특정 값에 대해 정렬한 데이터를 검색하기 위해 표 18-7에 설명한 함수를 정의한다.

표 18-7 정렬 데이터 검색 함수

이름	설명
SearchInts(slice, val)	지정한 int 값에 대해 정렬한 슬라이스를 검색한다. 결과는 지정한 값의 인덱스이거나 값이 없으면 정렬한 순서를 유지하면서 값을 삽입할 수 있는 인덱스다.
SearchFloat64s(slice, val)	지정한 float64 값에 대해 정렬한 슬라이스를 검색한다. 결과는 지정한 값의 인덱스이거나 값이 없으면 정렬한 순서를 유지하면서 값을 삽입할 수 있는 인덱스다.
SearchStrings(slice, val)	지정한 문자열 값에 대해 정렬한 슬라이스를 검색한다. 결과는 지정한 값의 인덱스이거나 값이 없으면 정렬한 순서를 유지하면서 값을 삽입할 수 있는 인덱스다.
Search(count, testFunc)	지정한 수의 요소에 대해 테스트 함수를 호출한다. 결과는 함수가 true를 반환하는 인덱스다. 일치하는 항목이 없으면 결과는 정렬한 순서를 유지하기 위해 지정한 값을 삽입할 수 있는 인덱스다.

표 18-7에 설명한 함수는 약간 어색하다. 값을 찾으면 함수는 슬라이스에서 해당 위치를 반환한다. 그러나 값을 발견하지 않는 비정상적인 경우 결과는 리스트 18-13과 같이 정렬 순서를 유지하면서 삽입할 수 있는 위치다.

리스트 18-13 mathandsorting 폴더 내 main.go 파일에서 정렬한 데이터 검색

```
package main

import (
    "sort"
)

func main() {

    ints := []int { 9, 4, 2, -1, 10}

    sortedInts := make([]int, len(ints))
```

```
    copy(sortedInts, ints)
    sort.Ints(sortedInts)
    Printfln("Ints: %v", ints)
    Printfln("Ints Sorted: %v", sortedInts)

    indexOf4:= sort.SearchInts(sortedInts, 4)
    indexOf3 := sort.SearchInts(sortedInts, 3)
    Printfln("Index of 4: %v", indexOf4)
    Printfln("Index of 3: %v", indexOf3)
}
```

코드를 컴파일 및 실행하면 슬라이스에 있는 값을 검색하면 존재하지 않는 값을 검색하는 것과 동일한 결과를 생성하는 것을 알 수 있다.

```
Ints: [9 4 2 -1 10]
Ints Sorted: [-1 2 4 9 10]
Index of 4: 2
Index of 3: 2
```

위 함수는 리스트 18-14와 같이 함수가 반환한 위치의 값이 검색한 값인지 확인하기 위해 추가 테스트가 필요하다.

리스트 18-14 mathandsorting 폴더 내 main.go 파일에서 검색 결과 명확화

```
package main

import (
    "sort"
)

func main() {

    ints := []int { 9, 4, 2, -1, 10}

    sortedInts := make([]int, len(ints))
    copy(sortedInts, ints)
    sort.Ints(sortedInts)
    Printfln("Ints: %v", ints)
    Printfln("Ints Sorted: %v", sortedInts)

    indexOf4:= sort.SearchInts(sortedInts, 4)
    indexOf3 := sort.SearchInts(sortedInts, 3)
    Printfln("Index of 4: %v (present: %v)", indexOf4, sortedInts[indexOf4] == 4)
    Printfln("Index of 3: %v (present: %v)", indexOf3, sortedInts[indexOf3] == 3)
}
```

프로젝트를 컴파일 및 실행하면 다음과 같은 출력을 표시한다.

```
Ints: [9 4 2 -1 10]
Ints Sorted: [-1 2 4 9 10]
Index of 4: 2 (present: true)
Index of 3: 2 (present: false)
```

사용자 정의 자료형 정렬

사용자 정의 데이터 타입을 정렬하기 위해 sort 패키지는 표 18-8에 설명한 방법을 지정하는 Interface라는 혼동하기 쉬운 이름의 인터페이스를 정의한다.

표 18-8 sort.Interface 인터페이스가 정의한 메서드

이름	설명
Len()	정렬할 항목의 개수를 반환한다.
Less(i, j)	인덱스 i의 요소가 요소 j보다 먼저 정렬한 순서로 나타나야 하는 경우 true를 반환한다. Less(i, j) 및 Less(j, i)가 모두 false이면 요소를 동일한 것으로 간주한다.
Swap(i, j)	지정한 인덱스에서 요소를 교환한다.

타입이 표 18-8에 설명한 메서드를 정의할 때 sort 패키지가 정의한 표 18-9 함수를 사용해 정렬할 수 있다.

표 18-9 인터페이스를 구현하는 정렬 타입 함수

이름	설명
Sort(data)	표 18-8에 설명한 방법을 사용해 지정한 데이터를 정렬한다.
Stable(data)	표 18-8에 설명한 방법을 사용해 동일한 값의 요소 순서를 변경하지 않고 지정한 데이터를 정렬한다.
IsSorted(data)	데이터가 정렬한 순서대로 있으면 true를 반환한다.
Reverse(data)	데이터의 순서를 반대로 한다.

표 18-8에 정의한 메서드는 정렬할 데이터 항목의 컬렉션에 적용한다. 이는 표 18-9에 정의한 함수를 호출하기 위해 변환을 수행하는 타입 별칭 및 함수의 도입을 의미한다. 시연을 위해 리스트 18-15의 코드와 함께 productsort.go라는 파일을 mathandsorting 폴더에 추가해보자.

리스트 18-15 mathandsorting 폴더 내 productsort.go 파일 소스 코드

```go
package main

import "sort"

type Product struct {
```

```
    Name string
    Price float64
}

type ProductSlice []Product

func ProductSlices(p []Product) {
  sort.Sort(ProductSlice(p))
}

func ProductSlicesAreSorted(p []Product) {
  sort.IsSorted(ProductSlice(p))
}

func (products ProductSlice) Len() int {
  return len(products)
}

func (products ProductSlice) Less(i, j int) bool {
  return products[i].Price < products[j].Price
}

func (products ProductSlice) Swap(i, j int) {
  products[i], products[j] = products[j], products[i]
}
```

ProductSlice 타입은 Product 슬라이스의 별칭이고 인터페이스 메서드가 구현한 타입이다. 메서드 외에도 Product 슬라이스를 수락하고 이를 ProductSlice 타입으로 변환한 다음 Sort 함수에 인수로 전달하는 ProductSlices 함수가 있다. IsSorted 함수를 호출하는 ProductSlicesAreSorted 함수도 있다. 함수의 이름은 별칭 타입 이름을 문자 s로 따르는 sort 패키지가 설정한 규칙을 따른다. 리스트 18-16은 이러한 함수를 사용해 Product 값의 슬라이스를 정렬한다.

리스트 18-16 mathandsorting 폴더 내 main.go 파일에서 슬라이스 정렬

```
package main

import (
  //"sort"
)

func main() {

  products := []Product {
    { "Kayak", 279} ,
    { "Lifejacket", 49.95 },
    { "Soccer Ball",  19.50 },
```

```
    }

    ProductSlices(products)

    for _, p := range products {
        Printfln("Name: %v, Price: %.2f", p.Name, p.Price)
    }
}
```

프로젝트를 컴파일 및 실행하면 결과에 Price 필드의 오름차순으로 정렬한 Product 값을 표시하는 것을 볼 수 있다.

```
Name: Soccer Ball, Price: 19.50
Name: Lifejacket, Price: 49.95
Name: Kayak, Price: 279.00
```

다양한 필드를 사용한 정렬

타입 합성은 리스트 18-17과 같이 서로 다른 필드를 사용해 동일한 구조체 타입 정렬을 지원하기 위해 사용할 수 있다.

리스트 18-17 mathandsorting 폴더 내 productsort.go 파일에서 다양한 필드 정렬

```
package main

import "sort"

type Product struct {
    Name string
    Price float64
}

type ProductSlice []Product

func ProductSlices(p []Product) {
    sort.Sort(ProductSlice(p))
}

func ProductSlicesAreSorted(p []Product) {
    sort.IsSorted(ProductSlice(p))
}

func (products ProductSlice) Len() int {
    return len(products)
}

func (products ProductSlice) Less(i, j int) bool {
    return products[i].Price < products[j].Price
```

```
}

func (products ProductSlice) Swap(i, j int) {
  products[i], products[j] = products[j], products[i]
}

type ProductSliceName struct { ProductSlice }

func ProductSlicesByName(p []Product) {
  sort.Sort(ProductSliceName{ p })
}

func (p ProductSliceName) Less(i, j int) bool {
  return p.ProductSlice[i].Name < p.ProductSlice[j].Name
}
```

다음과 같이 ProductSlice 필드와 함께 정렬이 필요한 각 구조체 필드에 대해 구조체 타입을 정의한다.

```
...
type ProductSliceName struct { ProductSlice }
...
```

타입 합성 기능은 ProductSlice 타입에 대해 정의한 메서드를 인클로징 타입으로 승격함을 의미한다. 다음과 같이 다른 필드를 사용해 데이터를 정렬하기 위해 사용하는 인클로징 타입에 대해 새로운 Less 메서드를 정의한다.

```
...
func (p ProductSliceName) Less(i, j int) bool {
  return p.ProductSlice[i].Name <= p.ProductSlice[j].Name
}
...
```

마지막 단계는 Product 슬라이스에서 새 타입으로 변환을 수행할 함수를 정의하고 Sort 함수를 호출하는 것이다.

```
...
func ProductSlicesByName(p []Product) {
  sort.Sort(ProductSliceName{ p })
}
...
```

리스트 18-17에 추가한 결과는 리스트 18-18과 같이 Product 값의 슬라이스를 Name 필드의 값으로 정렬할 수 있다는 것이다.

```go
package main

import (
  //"sort"
)

func main() {

  products := []Product {
    { "Kayak", 279} ,
    { "Lifejacket", 49.95 },
    { "Soccer Ball",  19.50 },
  }
  ProductSlicesByName(products)

  for _, p := range products {
    Printfln("Name: %v, Price: %.2f", p.Name, p.Price)
  }
}
```

프로젝트를 컴파일 및 실행하면 다음과 같이 Name 필드별로 정렬한 Product 값을 표시한다.

```
Name: Kayak, Price: 279.00
Name: Lifejacket, Price: 49.95
Name: Soccer Ball, Price: 19.50
```

비교 함수 지정

대안은 리스트 18-19와 같이 sort 함수 외부의 요소를 비교하기 위해 사용하는 표현식을 지정하는 것이다.

리스트 18-19 mathandsorting 폴더 내 productsort.go 파일에서 외부 비교 사용

```go
package main

import "sort"

type Product struct {
  Name string
  Price float64
}

type ProductSlice []Product

// ...간결함을 위해 타입과 함수 생략...
```

```
type ProductComparison func(p1, p2 Product) bool

type ProductSliceFlex struct {
  ProductSlice
  ProductComparison
}

func (flex ProductSliceFlex) Less(i, j int) bool {
  return flex.ProductComparison(flex.ProductSlice[i], flex.ProductSlice[j])
}

func SortWith(prods []Product, f ProductComparison) {
  sort.Sort(ProductSliceFlex{ prods, f})
}
```

데이터와 비교 함수를 결합하는 ProductSliceFlex라는 새로운 타입을 생성해 해당 접근 방식이 sort 패키지가 정의한 함수의 구조에 맞도록 한다. 비교 함수를 호출하는 ProductSliceFlex 타입에 대해 Less 메서드를 정의한다. 퍼즐의 마지막 조각은 데이터와 함수를 ProductSliceFlex 값으로 결합하고 이를 sort.Sort 함수에 전달하는 SortWith 함수다. 리스트 18-20은 비교 함수를 지정해 데이터를 정렬하는 것을 보여준다.

리스트 18-20 mathandsorting 폴더 내 main.go 파일에서 비교 함수를 사용한 정렬

```
package main

import (
  //"sort"
)

func main() {

  products := []Product {
    { "Kayak", 279} ,
    { "Lifejacket", 49.95 },
    { "Soccer Ball",  19.50 },
  }

  SortWith(products, func (p1, p2 Product) bool {
    return p1.Name < p2.Name
  })

  for _, p := range products {
    Printfln("Name: %v, Price: %.2f",  p.Name, p.Price)
  }
}
```

데이터는 Name 필드를 비교해 정렬하고 코드는 프로젝트를 컴파일 및 실행할 때 다음 출력을
생성한다.

```
Name: Kayak, Price: 279.00
Name: Lifejacket, Price: 49.95
Name: Soccer Ball, Price: 19.50
```

❖ 요약

18장에서는 난수를 생성하고 슬라이스의 요소를 섞기 위해 제공하는 기능을 설명했다. 또한
슬라이스의 요소를 정렬하는 반대 기능을 설명했다. 19장에서는 시간, 날짜, 기간에 대한 표
준 라이브러리 기능을 설명한다.

날짜, 시간, 기간

19장에서는 시간과 기간의 순간을 나타내는 표준 라이브러리의 일부인 time 패키지가 제공하는 기능을 설명한다. 표 19-1은 이러한 기능을 상황에 따라 설명한다.

표 19-1 상황에 따른 날짜, 시간, 기간

질문	답
무엇인가?	time 패키지에서 제공하는 기능은 시간 및 간격 또는 기간의 특정 순간을 나타내기 위해 사용한다.
왜 유용한가?	일정 또는 알람을 처리해야 하는 모든 애플리케이션과 향후 지연 또는 알림이 필요한 기능 개발에 유용하다.
어떻게 사용하는가?	time 패키지는 날짜를 나타내는 자료형과 개별 시간 단위 및 이를 조작하는 함수를 정의한다. Go 채널 시스템에 통합된 기능도 있다.
함정이나 제한 사항?	날짜는 복잡할 수 있고 달력 및 시간대 문제를 처리할 때 주의를 기울여야 한다.
대안이 있는가?	선택 사항이고 사용이 필수는 아니다.

표 19-2는 19장을 요약한 것이다.

표 19-2 19장 요약

문제	해결 방법	리스트 참조 번호
시간, 날짜 또는 기간을 나타낸다.	time 패키지가 정의하는 함수와 타입을 사용한다.	5, 13-16
날짜와 시간을 문자열로 포맷한다.	Format 함수와 레이아웃을 사용한다.	6-7
문자열에서 날짜 및 시간을 파싱한다.	Parse 함수를 사용한다.	8-12
문자열에서 기간을 파싱한다.	ParseDuration 함수를 사용한다.	17
고루틴 실행을 일시 중지한다.	Sleep 함수를 사용한다.	18
함수의 실행을 지연한다.	AfterFunc 함수를 사용한다.	19
주기적인 알림을 수신한다.	After 함수를 사용한다.	20-24

19장 예제를 준비하기 위해 새 CMD를 열어 편리한 위치로 이동한 다음 datesandtimes 폴더를
생성한다. datesandtimes 폴더에서 리스트 19-1의 명령어를 실행해 모듈 파일을 생성해보자.

> ■ **팁** ■
>
> 다음 링크(https://github.com/apress/pro-go)에서 19장 및 책의 다른 모든 장에 대한 예제 프로젝트를 다운로드
> 할 수 있다. 예제를 실행하는 데 문제가 발생한 경우 도움받는 방법은 2장을 참조한다.

리스트 19-1 모듈 초기화

```
go mod init datesandtimes
```

리스트 19-2의 소스 코드 내용을 담은 printer.go 파일을 생성해 datesandtimes 폴더에 추가
해보자.

리스트 19-2 datesandtimes 폴더 내 printer.go 파일 소스 코드

```
package main

import "fmt"

func Printfln(template string, values ...interface{}) {
  fmt.Printf(template + "\n", values...)
}
```

리스트 19-3의 소스 코드 내용을 담은 main.go 파일을 생성해 datesandtimes 폴더에 추가
해보자.

리스트 19-3 datesandtimes 폴더 내 main.go 파일 소스 코드

```
package main

func main() {

  Printfln("Hello, Dates and Times")
}
```

datesandtimes 폴더에서 리스트 19-4의 명령어를 실행하기 위해 CMD를 사용한다.

리스트 19-4 예제 프로젝트 실행

```
go run .
```

코드를 컴파일 및 실행하면 다음 출력을 생성한다.

```
Hello, Dates and Times
```

날짜 및 시간 작업

time 패키지는 기간을 측정하고 날짜와 시간을 표현하는 기능을 제공한다. 다음 절에서는 이러한 기능 중 가장 유용한 기능을 설명할 것이다.

날짜 및 시간 표현

time 패키지는 특정 순간을 나타내기 위해 사용하는 Time 타입을 제공한다. 표 19-3에서 설명한 함수는 Time 값을 생성할 때 사용한다.

표 19-3 시간 값 생성을 위한 time 패키지 내 함수

이름	설명
Now()	현재 순간을 나타내는 Time을 생성한다.
Date(y, m, d, h, min, sec, nsec, loc)	연, 월, 일, 시, 분, 초, 나노초 및 위치 인수로 표현하는 지정된 시간을 나타내는 Time을 생성한다(Location 타입은 '문자열에서 시간 값 파싱' 절에서 설명한다).
Unix(sec, nsec)	일반적으로 Unix 시간으로 알려진 UTC 1970년 1월 1일 이후의 초 및 나노초 수에서 Time 값을 생성한다.

Time의 구성 요소는 표 19-4에서 설명한 방법을 통해 접근한다.

표 19-4 Time 구성 요소 접근을 위한 메서드

이름	설명
Date()	연, 월, 일 구성 요소를 반환한다. 연도와 일은 int 값으로 표현하고 월은 Month 값으로 표현한다.
Clock()	시간의 시, 분, 초 구성 요소를 반환한다.
Year()	int로 표현한 연도 구성 요소를 반환한다.
YearDay()	1에서 366 사이의 int로 표현한 연도의 날짜를 반환한다(윤년을 수용하기 위함이다).
Month()	Month 타입을 사용해 표현한 월 구성 요소를 반환한다.
Day()	int로 표현한 월의 일을 반환한다.
Weekday()	Weekday로 표현하는 요일을 반환한다.
Hour()	0에서 23 사이의 int로 표현하는 시간을 반환한다.
Minute()	0에서 59 사이의 int로 표현하는 하루의 시간에 경과된 분 수를 반환한다.
Second()	0에서 59 사이의 int로 표현하는 분으로 경과된 초 수를 반환한다.
Nanosecond()	0에서 999,999,999 사이의 int로 표현하는 분의 초까지 경과된 나노초 수를 반환한다.

표 19-5는 Time 값의 구성 요소를 설명할 때 도움이 되는 두 가지 타입을 정의한다.

표 19-5 Time 구성 요소를 설명하기 위해 사용하는 타입

이름	설명
Month	월을 나타내고 time 패키지는 January, February 등 영어 월 이름에 대한 상수 값을 정의한다. Month 타입은 문자열을 포매팅할 때 이러한 이름을 사용하는 String 메서드를 정의한다.
Weekday	요일을 나타내고 time 패키지는 Sunday, Monday 등 영어 요일 이름에 대한 상수 값을 정의한다. Weekday 타입은 문자열을 포매팅할 때 이러한 이름을 사용하는 String 메서드를 정의한다.

리스트 19-5는 표 19-3에서 19-5에 설명한 타입과 메서드를 사용해 Time 값을 만들고 구성 요소에 접근하는 방법을 보여준다.

리스트 19-5 datesandtimes 폴더 내 main.go 파일에서 Time 값 생성

```
package main

import "time"

func PrintTime(label string, t *time.Time) {
  Printfln("%s: Day: %v: Month: %v Year: %v",
    label, t.Day(), t.Month(), t.Year())
}

func main() {
  current := time.Now()
  specific := time.Date(1995, time.June, 9, 0, 0, 0, 0, time.Local)
  unix := time.Unix(1433228090, 0)

  PrintTime("Current", &current)
  PrintTime("Specific", &specific)
  PrintTime("UNIX", &unix)
}
```

main 함수의 코드 실행문은 표 19-3에서 설명한 함수를 사용해 세 가지 다른 Time 값을 생성한다. 상수 값 June은 Time 값 중 하나를 생성할 때 사용하고 표 19-5에서 설명한 타입 중 하나의 사용을 보여준다. Time 값은 표 19-4의 메서드를 사용해 일, 월, 연도 구성 요소에 접근하고 각 Time을 설명하는 메시지를 작성하는 PrintTime 함수로 전달한다. 프로젝트를 컴파일 및 실행하면 Now 함수가 다른 시간을 반환하는 다음과 유사한 출력을 표시한다.

```
Current: Day: 2: Month: June Year: 2021
Specific: Day: 9: Month: June Year: 1995
UNIX: Day: 2: Month: June Year: 2015
```

Date 함수에 대한 마지막 인수는 Time 값으로 사용하는 시간대가 있는 위치를 지정하는 Location이다. 리스트 19-5에서 시스템의 시간대에 대한 Location을 제공하는 time 패키지가 정의한 Local 상수를 사용했다. 19장의 뒷부분에 있는 '문자열에서 시간 값 파싱' 절은 시스템 구성이 결정하지 않는 Location 값을 생성하는 방법을 설명한다.

문자열로 시간 포매팅

Format 메서드는 Time 값에서 포매팅한 문자열을 만들 때 사용한다. 문자열의 타입은 레이아웃 문자열을 제공해 지정한다. 레이아웃 문자열은 Time의 어떤 구성 요소가 필요한지, 표현해야 하는 순서와 정밀도를 보여준다. 표 19-6은 빠른 참조를 위한 Format 메서드를 설명한다.

표 19-6 포매팅한 문자열 생성을 위한 Time 메서드

이름	설명
Format(layout)	지정한 레이아웃을 사용해 포매팅한 문자열을 반환한다.

레이아웃 문자열은(그리니치 표준시GMT, Greenwich Mean Time보다 7시간 늦은 MST 표준시로 2006년 1월 2일 월요일 오후 3시 4분 후 5초를 의미하는) 15:04:05 참조 시간을 사용한다. 리스트 19-6은 포매팅한 문자열을 생성하기 위해 참조 시간을 사용하는 것을 보여준다.

리스트 19-6 datesandtimes 폴더 내 main.go 파일에서 Time 값 포매팅

```
package main

import (
  "time"
  "fmt"
)

func PrintTime(label string, t *time.Time) {
  layout := "Day: 02 Month: Jan Year: 2006"
  fmt.Println(label, t.Format(layout))
}

func main() {
  current := time.Now()
  specific := time.Date(1995, time.June, 9, 0, 0, 0, 0, time.Local)
  unix := time.Unix(1433228090, 0)

  PrintTime("Current", &current)
  PrintTime("Specific", &specific)
  PrintTime("UNIX", &unix)
}
```

레이아웃은 날짜 구성 요소를 고정 문자열과 혼합할 수 있다. 위 예제는 레이아웃을 사용해 이전 예제에서 사용한 포맷을 다시 생성했다. 포맷은 참조 날짜를 사용해 지정했다. 프로젝트를 컴파일 및 실행하면 다음과 같은 결과를 표시한다.

```
Current Day: 03 Month: Jun Year: 2021
Specific Day: 09 Month: Jun Year: 1995
UNIX Day: 02 Month: Jun Year: 2015
```

time 패키지는 표 19-7에 나와 있는 일반적인 시간 및 날짜 포맷에 대한 상수 집합을 정의한다.

표 **19-7** time 패키지가 정의한 레이아웃 상수

이름	참조 날짜 포맷
ANSIC	Mon Jan _2 15:04:05 2006
UnixDate	Mon Jan _2 15:04:05 MST 2006
RubyDate	Mon Jan 02 15:04:05 −0700 2006
RFC822	02 Jan 06 15:04 MST
RFC822Z	02 Jan 06 15:04 −0700
RFC850	Monday, 02−Jan−06 15:04:05 MST
RFC1123	Mon, 02 Jan 2006 15:04:05 MST
RFC1123Z	Mon, 02 Jan 2006 15:04:05 −0700
RFC3339	2006−01−02T15:04:05Z07:00
RFC3339Nano	2006−01−02T15:04:05.999999999Z07:00
Kitchen	3:04PM
Stamp	Jan _2 15:04:05
StampMilli	Jan _2 15:04:05.000
StampMicro	Jan _2 15:04:05.000000
StampNano	Jan _2 15:04:05.000000000

상수는 리스트 19-7처럼 사용자 정의 레이아웃 대신 사용할 수 있다.

리스트 **19-7** datesandtimes 폴더 내 main.go 파일에서 미리 정의한 레이아웃 사용

```go
package main

import (
  "time"
  "fmt"
)

func PrintTime(label string, t *time.Time) {
  //layout := "Day: 02 Month: Jan Year: 2006"
```

```
    fmt.Println(label, t.Format(time.RFC822Z))
}

func main() {
    current := time.Now()
    specific := time.Date(1995, time.June, 9, 0, 0, 0, 0, time.Local)
    unix := time.Unix(1433228090, 0)

    PrintTime("Current", &current)
    PrintTime("Specific", &specific)
    PrintTime("UNIX", &unix)
}
```

사용자 지정 레이아웃은 RFC822Z 레이아웃으로 대체했고 프로젝트를 컴파일 및 실행하면 다음 출력을 생성한다.

```
Current 03 Jun 21 08:04 +0100
Specific 09 Jun 95 00:00 +0100
UNIX 02 Jun 15 07:54 +0100
```

문자열에서 시간 값 파싱

time 패키지는 표 19-8에서 설명한 것처럼 문자열에서 Time 값 생성을 지원한다.

표 19-8 문자열을 Time 값으로 파싱하는 time 패키지 함수

이름	설명
Parse(layout, str)	지정한 레이아웃을 사용해 문자열을 파싱하고 Time 값을 생성한다. 문자열 파싱 문제를 나타내는 error를 반환한다.
ParseInLocation(layout, str, location)	지정한 레이아웃을 사용하고 문자열에 시간대를 포함하지 않은 경우 Location을 사용해 문자열을 파싱한다. 문자열 파싱 문제를 나타내는 error를 반환한다.

표 19-8에서 설명한 함수는 파싱할 문자열의 포맷을 지정할 때 사용하는 참조 시간을 사용한다. 기준 시간은 2006년 1월 2일 월요일 15:04:05(오후 3시 4분 후 5초)이고 GMT보다 7시간 늦은 MST 시간대다.

참조 날짜의 구성 요소는 리스트 19-8과 같이 파싱할 날짜 문자열의 레이아웃을 지정하도록 정렬한다.

리스트 19-8 datesandtimes 폴더 내 main.go 파일에서 날짜 문자열 파싱

```
package main

import (
    "time"
    "fmt"
```

```
)

func PrintTime(label string, t *time.Time) {
  //layout := "Day: 02 Month: Jan Year: 2006"
  fmt.Println(label, t.Format(time.RFC822Z))
}

func main() {
  layout := "2006-Jan-02"
  dates := []string {
    "1995-Jun-09",
    "2015-Jun-02",
  }

  for _, d := range dates {
    time, err := time.Parse(layout, d)
    if (err == nil) {
      PrintTime("Parsed", &time)
    } else {
      Printfln("Error: %s", err.Error())
    }
  }
}
```

위 예제에서 사용한 레이아웃에는 4자리 연도, 3자리 월, 2자리 일을 포함하고 모두 하이픈으로 구분한다. 레이아웃은 파싱할 문자열과 함께 Parse 함수에 전달하고 함수는 파싱 문제를 자세히 설명하는 시간 값과 에러를 반환한다. 프로젝트를 컴파일 및 실행하면 다른 시간대 오프셋을 표시할 수 있지만 다음과 같은 출력을 받게 될 것이다.

```
Parsed 09 Jun 95 00:00 +0000
Parsed 02 Jun 15 00:00 +0000
```

미리 정의한 날짜 레이아웃 사용

표 19-7에 설명한 레이아웃 상수는 리스트 19-9와 같이 날짜를 파싱할 때 사용할 수 있다.

리스트 19-9 datesandtimes 폴더 내 main.go 파일에서 미리 정의한 레이아웃 사용

```
package main

import (
  "time"
  "fmt"
)

func PrintTime(label string, t *time.Time) {
  //layout := "Day: 02 Month: Jan Year: 2006"
```

```
    fmt.Println(label, t.Format(time.RFC822Z))
}

func main() {
  //layout := "2006-Jan-02"
  dates := []string {
    "09 Jun 95 00:00 GMT",
    "02 Jun 15 00:00 GMT",
  }

  for _, d := range dates {
    time, err := time.Parse(time.RFC822, d)
    if (err == nil) {
      PrintTime("Parsed", &time)
    } else {
      Printfln("Error: %s", err.Error())
    }
  }
}
```

위 예제는 RFC822 상수를 사용해 날짜 문자열을 파싱하고 다른 시간대 오프셋을 표시할 수 있는 다음 출력을 생성한다.

```
Parsed 09 Jun 95 01:00 +0100
Parsed 02 Jun 15 01:00 +0100
```

파싱 위치 지정

Parse 함수는 표준 시간대 없이 표현한 날짜와 시간이 협정 세계시^{UTC, Coordinated Universal Time}로 정의한다고 가정한다. ParseInLocation 메서드는 리스트 19-10과 같이 시간대를 지정하지 않았을 때 사용하는 위치를 지정하기 위해 사용할 수 있다.

리스트 19-10 datesandtimes 폴더 내 main.go 파일에서 위치 지정

```
package main

import (
  "time"
  "fmt"
)

func PrintTime(label string, t *time.Time) {
  //layout := "Day: 02 Month: Jan Year: 2006"
  fmt.Println(label, t.Format(time.RFC822Z))
}

func main() {
```

```
    layout := "02 Jan 06 15:04"
    date := "09 Jun 95 19:30"

    london, lonerr := time.LoadLocation("Europe/London")
    newyork, nycerr := time.LoadLocation("America/New_York")

    if (lonerr == nil && nycerr == nil) {
      nolocation, _ := time.Parse(layout, date)
      londonTime, _ := time.ParseInLocation(layout, date, london)
      newyorkTime, _ := time.ParseInLocation(layout, date, newyork)

      PrintTime("No location:", &nolocation)
      PrintTime("London:", &londonTime)
      PrintTime("New York:", &newyorkTime)
    } else {
      fmt.Println(lonerr.Error(), nycerr.Error())
    }
  }
```

ParseInLocation은 파싱한 문자열에 포함하지 않은 시간대의 위치를 지정하는 time.Location 인수를 허용한다. Location 값은 표 19-9에서 설명한 함수를 사용해 생성할 수 있다.

표 19-9 위치 생성을 위한 함수

이름	설명
LoadLocation(name)	지정한 이름에 대한 *Location 및 문제를 나타내는 error를 반환한다.
LoadLocationFromTZData(name, data)	포매팅한 표준 시간대 데이터베이스를 포함한 byte 슬라이스에서 *Location 을 반환한다.
FixedZone(name, offset)	항상 지정한 이름과 UTC의 오프셋을 사용하는 *Location을 반환한다.

장소를 LoadLocation 함수에 전달하면 반환하는 Location은 해당 위치에서 사용한 시간대의 세부 정보를 포함한다. 장소 이름은 IANA 시간대 데이터베이스(https://www.iana.org/time-zones)에 정의하고 다음 링크(https://en.wikipedia.org/wiki/List_of_tz_database_time_ zone)별로 나열한다. 리스트 19-10의 예제는 런던^{London}과 뉴욕^{New York}에 대한 Location 값을 생성하는 Europe/London 및 America/New_York를 지정했다. 코드를 컴파일 및 실행하면 다음과 같은 출력을 표시한다.

```
No location: 09 Jun 95 19:30 +0000
London: 09 Jun 95 19:30 +0100
New York: 09 Jun 95 19:30 -0400
```

3개의 날짜는 서로 다른 시간대를 사용해 문자열을 파싱하는 방법을 보여준다. Parse 메서드를 사용하는 경우 표준 시간대는 오프셋이 0인 UTC로 가정한다(출력의 +0000 구성 요소). 런던 위치를 사용하는 경우 파싱한 문자열의 날짜가 영국에서 사용하는 일광 절약 기간 내에 있기 때문에 시간은 UTC보다 1시간 빠른 것으로 가정한다. 마찬가지로 뉴욕 위치를 사용하는 경우 오프셋은 UTC보다 4시간 늦다.

시간대 데이터베이스 포함

Location 값을 생성할 때 사용하는 표준 시간대 데이터베이스는 Go 도구와 함께 설치된다. 즉 컴파일한 애플리케이션을 배포할 때 사용하지 못할 수 있다. time/tzdata 패키지는 패키지 초기화 함수(12장에서 설명한 대로)가 로드하는 데이터베이스의 내장 버전이 들어 있다. 표준 시간대 데이터를 항상 사용할 수 있도록 하려면 다음과 같이 패키지에 대한 의존성을 선언한다.

```
...
import (
  "fmt"
  "time"
  _ "time/tzdata"
)
...
```

패키지에 내보낸 기능이 없으므로 컴파일러 에러를 생성하지 않고 의존성을 선언하려면 빈 식별자를 사용해야 한다.

지역 위치 사용

Location을 생성할 때 사용한 장소 이름이 Local이면 리스트 19-11과 같이 애플리케이션을 실행하는 머신의 시간대 설정을 사용한다.

리스트 19-11 datesandtimes 폴더 내 main.go 파일에서 지역 시간대 사용

```
package main

import (
  "time"
  "fmt"
)

func PrintTime(label string, t *time.Time) {
  //layout := "Day: 02 Month: Jan Year: 2006"
  fmt.Println(label, t.Format(time.RFC822Z))
}

func main() {

  layout := "02 Jan 06 15:04"
  date := "09 Jun 95 19:30"
```

```
    london, lonerr := time.LoadLocation("Europe/London")
    newyork, nycerr := time.LoadLocation("America/New_York")
    local, _ := time.LoadLocation("Local")

    if (lonerr == nil && nycerr == nil) {
      nolocation, _ := time.Parse(layout, date)
      londonTime, _ := time.ParseInLocation(layout, date, london)
      newyorkTime, _ := time.ParseInLocation(layout, date, newyork)
      localTime, _ := time.ParseInLocation(layout, date, local)

      PrintTime("No location:", &nolocation)
      PrintTime("London:", &londonTime)
      PrintTime("New York:", &newyorkTime)
      PrintTime("Local:", &localTime)
    } else {
      fmt.Println(lonerr.Error(), nycerr.Error())
    }
  }
```

위 예제에서 생성한 출력은 위치에 따라 다르다. 나는 영국에 살고 있기 때문에 지역 시간대는
일광 절약 시간 동안 UTC보다 1시간 빨라서 다음 출력을 생성한다.

```
No location: 09 Jun 95 19:30 +0000
London: 09 Jun 95 19:30 +0100
New York: 09 Jun 95 19:30 -0400
Local: 09 Jun 95 19:30 +0100
```

시간대 직접 지정

일광 절약 시간제가 자동으로 적용되기 때문에 장소 이름을 사용하는 것이 날짜를 올바르게
파싱하도록 하는 가장 안정적인 방법이다. FixedZone 함수는 리스트 19-12와 같이 고정된 시
간대가 있는 Location을 생성할 때 사용할 수 있다.

리스트 19-12 datesandtimes 폴더 내 main.go 파일에서 시간대 지정

```
package main

import (
  "time"
  "fmt"
)

func PrintTime(label string, t *time.Time) {
  //layout := "Day: 02 Month: Jan Year: 2006"
  fmt.Println(label, t.Format(time.RFC822Z))
}
```

```
func main() {

    layout := "02 Jan 06 15:04"
    date := "09 Jun 95 19:30"

    london := time.FixedZone("BST", 1 * 60 * 60)
    newyork := time.FixedZone("EDT", -4 * 60 * 60)
    local := time.FixedZone("Local", 0)

    //if (lonerr == nil && nycerr == nil) {
        nolocation, _ := time.Parse(layout, date)
        londonTime, _ := time.ParseInLocation(layout, date, london)
        newyorkTime, _ := time.ParseInLocation(layout, date, newyork)
        localTime, _ := time.ParseInLocation(layout, date, local)

        PrintTime("No location:", &nolocation)
        PrintTime("London:", &londonTime)
        PrintTime("New York:", &newyorkTime)
        PrintTime("Local:", &localTime)
    // } else {
    //  fmt.Println(lonerr.Error(), nycerr.Error())
    // }
}
```

FixedZone 함수에 대한 인수는 이름과 UTC에서 오프셋된 시간(초)이다. 위 예제는 3개의 고정 표준 시간대를 생성한다. 그중 하나는 UTC보다 1시간, 그중 하나는 4시간 늦고 다른 하나는 오프셋이 없다. 프로젝트를 컴파일 및 실행하면 다음과 같은 결과를 표시한다.

```
No location: 09 Jun 95 19:30 +0000
London: 09 Jun 95 19:30 +0100
New York: 09 Jun 95 19:30 -0400
Local: 09 Jun 95 19:30 +0000
```

시간 값 조작

time 패키지는 표 19-10처럼 Time 값으로 작업하는 메서드를 정의한다. 이러한 메서드 중 일부는 다음 절에서 설명하는 Duration 타입에 의존한다.

표 19-10 Time 값으로 작업하는 메서드

이름	설명
Add(duration)	지정한 Duration을 Time에 추가하고 결과를 반환한다.
Sub(time)	메서드를 호출한 Time과 인수로 제공한 Time의 차이를 나타내는 Duration을 반환한다.
AddDate(y, m, d)	지정한 연, 월, 일 수를 Time에 더하고 결과를 반환한다.
After(time)	메서드를 호출한 Time이 인수로 제공한 Time 이후 발생하면 true를 반환한다.

(이어짐)

이름	설명
Before(time)	메서드를 호출한 Time이 인수로 제공한 Time 이전에 발생하면 true를 반환한다.
Equal(time)	메서드를 호출한 Time이 인수로 제공한 Time과 동일하면 true를 반환한다.
IsZero()	메서드를 호출한 Time이 1년 1월 1일 00:00:00 UTC인 0-시간 순간을 나타내는 경우 true를 반환한다.
In(loc)	지정한 Location에 표시한 Time 값을 반환한다.
Location()	Time과 연결된 Location을 반환하므로 다른 시간대에 시간을 효과적으로 표현할 수 있다.
Round(duration)	Duration 값이 나타내는 가장 가까운 간격으로 Time을 반올림한다.
Truncate(duration)	Duration 값이 나타내는 가장 가까운 간격으로 Time을 내림한다.

리스트 19-13은 문자열에서 Time을 파싱하고 표 19-10에서 설명한 몇 가지 메서드를 사용한다.

리스트 19-13 datesandtimes 폴더 내 main.go 파일에서 Time 값 작업

```
package main

import (
  "time"
  "fmt"
)

func main() {
  t, err := time.Parse(time.RFC822, "09 Jun 95 04:59 BST")
  if (err == nil) {
    Printfln("After: %v", t.After(time.Now()))
    Printfln("Round: %v", t.Round(time.Hour))
    Printfln("Truncate: %v", t.Truncate(time.Hour))
  } else {
    fmt.Println(err.Error())
  }
}
```

프로젝트를 컴파일 및 실행하면 날짜 포맷을 변경할 수 있는 다음과 같은 출력을 받는다.

```
After: false
Round: 1995-06-09 05:00:00 +0100 BST
Truncate: 1995-06-09 04:00:00 +0100 BST
```

Time 값은 리스트 19-14와 같이 시간대 차이를 고려하는 Equal 함수를 사용해 비교할 수 있다.

528

```
package main

import (
  //"fmt"
  "time"
)

func main() {
  t1, _ := time.Parse(time.RFC822Z, "09 Jun 95 04:59 +0100")
  t2, _ := time.Parse(time.RFC822Z, "08 Jun 95 23:59 -0400")

  Printfln("Equal Method: %v", t1.Equal(t2))
  Printfln("Equality Operator: %v", t1 == t2)
}
```

위 예제의 Time 값은 다른 시간대에서 동일한 순간을 나타낸다. Equal 함수는 표준 동등 연산자를 사용할 때 발생하지 않는 시간대의 영향을 고려한다. 프로젝트를 컴파일 및 실행하면 다음과 같은 출력을 표시한다.

```
Equal Method: true
Equality Operator: false
```

기간 표현

Duration 타입은 int64 타입의 별칭으로 특정 시간(밀리초)을 나타낼 때 사용한다. 커스텀[custom] Duration 값은 표 19-11에서 설명한 time 패키지가 정의한 상수 Duration 값으로 구성한다.

표 19-11 time 패지키 내 Duration 상수

이름	설명
Hour	1시간을 나타낸다.
Minute	1분을 나타낸다.
Second	1초를 나타낸다.
Millisecond	1밀리초를 나타낸다.
Microsecond	1마이크로초를 나타낸다.
Nanosecond	1나노초를 나타낸다.

Duration을 생성하면 표 19-12에서 설명한 메서드를 사용해 검사할 수 있다.

표 19-12 Duration 메서드

이름	설명
Hours()	Duration을 시간으로 나타내는 float64를 반환한다.
Minutes()	Duration을 분으로 나타내는 float64를 반환한다.
Seconds()	Duration을 초로 나타내는 float64를 반환한다.
Milliseconds()	Duration을 밀리초로 나타내는 int64를 반환한다.
Microseconds()	Duration을 마이크로초로 나타내는 int64를 반환한다.
Nanoseconds()	Duration을 나노초로 나타내는 int64를 반환한다.
Round(duration)	지정한 Duration의 가장 가까운 배수로 반올림한 Duration을 반환한다.
Truncate(duration)	지정한 Duration의 가장 가까운 배수로 내림한 Duration을 반환한다.

리스트 19-15는 상수를 사용해 Duration을 생성하는 방법을 보여주고 표 19-12의 메서드 일부를 사용한다.

리스트 19-15 datesandtimes 폴더 내 main.go 파일에서 Duration 생성 및 검사

```
package main

import (
  //"fmt"
  "time"
)

func main() {

  var d time.Duration = time.Hour + (30 * time.Minute)

  Printfln("Hours: %v", d.Hours())
  Printfln("Mins: %v", d.Minutes())
  Printfln("Seconds: %v", d.Seconds())
  Printfln("Millseconds: %v", d.Milliseconds())

  rounded := d.Round(time.Hour)
  Printfln("Rounded Hours: %v", rounded.Hours())
  Printfln("Rounded Mins: %v", rounded.Minutes())

  trunc := d.Truncate(time.Hour)
  Printfln("Truncated  Hours: %v", trunc.Hours())
  Printfln("Rounded Mins: %v", trunc.Minutes())
}
```

Duration을 90분으로 설정한 다음 Hours, Minutes, Seconds, Milliseconds 메서드를 사용해 출력을 생성한다. Round 및 Truncate 메서드는 시간 및 분으로 기록하는 새로운 Duration 값을 생성하기 위해 사용한다. 프로젝트를 컴파일 및 실행하면 다음과 같은 출력을 표시한다.

```
Hours: 1.5
Mins: 90
Seconds: 5400
Millseconds: 5400000
Rounded Hours: 2
Rounded Mins: 120
Truncated  Hours: 1
Rounded Mins: 60
```

표 19-12의 메서드는 시간 또는 분과 같은 특정 단위로 표현한 전체 기간을 반환한다. 해당 메서드는 날짜/시간의 한 부분만 반환하는 Time 타입으로 정의한 유사한 이름을 가진 메서드와 다르다.

시간 기준 기간 생성

time 패키지는 표 19-13처럼 특정 Time과 현재 Time 사이의 시간을 나타내는 Duration 값을 생성하기 위해 사용할 수 있는 두 가지 함수를 정의한다.

표 19-13 시간 기준 Duration 값 생성을 위한 time 함수

이름	설명
Since(time)	지정한 Time 값 이후 경과한 시간을 나타내는 Duration을 반환한다.
Until(time)	지정한 Time 값까지 경과한 시간을 나타내는 Duration을 반환한다.

리스트 19-16은 이러한 함수의 사용을 보여준다.

리스트 19-16 datesandtimes 폴더 내 main.go 파일에서 시간 기준 기간 생성

```go
package main

import (
  //"fmt"
  "time"
)

func main() {
  toYears := func(d time.Duration) int {
    return int( d.Hours() / (24 * 365))
  }

  future := time.Date(2051, 0, 0, 0, 0, 0, 0, time.Local)
  past := time.Date(1965, 0, 0, 0, 0, 0, 0, time.Local)

  Printfln("Future: %v", toYears(time.Until(future)))
  Printfln("Past: %v", toYears(time.Since(past)))
}
```

예제는 2051년까지 몇 년, 1965년 이후 몇 년이 지났는지 계산하기 위해 When 및 since 메서드를 사용한다. 리스트 19-16의 코드는 컴파일할 때 다음 출력을 생성하지만 예제 실행 시점에 따라 다른 결과를 볼 수 있다.

```
Future: 29
Past: 56
```

문자열에서 기간 생성

time.ParseDuration 함수는 문자열을 파싱해 Duration 값을 생성한다. 빠른 참조를 위해 표 19-14에 해당 함수를 설명하고 있다.

표 19-14 문자열에서 Duration 파싱하는 함수

이름	설명
ParseDuration(str)	지정한 문자열을 파싱할 때 문제가 있는지 여부를 나타내는 Duration 및 error를 반환한다.

ParseDuration 함수가 지원하는 문자열 포맷은 표 19-15에서 설명한 단위 표시자가 뒤에 오는 숫자 값의 시퀀스다.

표 19-15 Duration 문자열 단위 표시자

단위	설명
h	시간을 나타낸다.
m	분을 나타낸다.
s	초를 나타낸다.
ms	밀리초를 나타낸다.
us 또는 μs	마이크로초를 나타낸다.
ns	나노초를 나타낸다.

정수 또는 부동 소수점 양으로 지정할 수 있는 값 사이에는 공백을 허용하지 않는다. 리스트 19-17은 문자열에서 Duration을 생성하는 것을 보여준다.

리스트 19-17 datesandtimes 폴더 내 main.go 파일에서 문자열 파싱

```
package main

import (
  "fmt"
  "time"
)

func main() {
  d, err := time.ParseDuration("1h30m")
```

```
    if (err == nil) {
      Printfln("Hours: %v", d.Hours())
      Printfln("Mins: %v", d.Minutes())
      Printfln("Seconds: %v", d.Seconds())
      Printfln("Millseconds: %v", d.Milliseconds())
    } else {
      fmt.Println(err.Error())
    }
  }
```

문자열은 1시간 30분을 지정한다. 프로젝트를 컴파일 및 실행하면 다음 출력을 생성할 것
이다.

```
Hours: 1.5
Mins: 90
Seconds: 5400
Millseconds: 5400000
```

⊹ 고루틴 및 채널에 시간 기능 사용

time 패키지는 표 19-16처럼 고루틴 및 채널 작업에 유용한 작은 함수 집합을 제공한다.

표 **19-16** time 패지키 함수

이름	설명
Sleep(duration)	적어도 지정한 기간 동안 현재 고루틴을 일시 중지한다.
AfterFunc(duration, func)	지정한 기간 후에 자체 고루틴에서 지정한 함수를 실행한다. 결과는 기간이 경과하기 전에 함수 실행을 취소하기 위해 Stop 메서드를 사용할 수 있는 *Timer다.
After(duration)	지정한 기간 동안 차단한 채널을 반환한 다음 Time 값을 생성한다. 자세한 내용은 '시간 지정 알림 수신' 절을 참조한다.
Tick(duration)	Time 값을 주기적으로 보내는 채널을 반환한다. 여기서 주기는 기간으로 지정한다.

위 함수는 모두 동일한 패키지에서 정의하고 있지만 다음 절에서 설명하는 것처럼 용도가 다
르다.

고루틴 절전 모드 전환

Sleep 함수는 리스트 19-18과 같이 지정한 기간 동안 현재 고루틴의 실행을 일시 중지한다.

리스트 **19-18** datesandtimes 폴더 내 main.go 파일에서 고루틴 중지

```
package main

import (
```

```
      //"fmt"
      "time"
)

func writeToChannel(channel chan <- string) {
  names := []string { "Alice", "Bob", "Charlie", "Dora" }

  for _, name := range names {
    channel <- name
    time.Sleep(time.Second * 1)
  }
  close(channel)
}

func main() {

  nameChannel := make (chan string)

  go writeToChannel(nameChannel)

  for name := range nameChannel {
    Printfln("Read name: %v", name)
  }
}
```

Sleep 함수가 지정한 기간은 고루틴이 일시 중지되는 최소 시간이다. 특히 더 작은 기간의 경우 정확한 시간에만 의존해서는 안 된다. Sleep 함수는 호출한 고루틴을 일시 중지한다. 즉 main 고루틴을 일시 중지하므로 애플리케이션을 잠그는 것처럼 보일 수 있다(이 경우 실수로 Sleep 함수를 호출했다는 단서는 자동 교착 상태 감지가 패닉하지 않는다는 것이다). 프로젝트를 컴파일 및 실행하면 이름 사이에 약간의 지연이 발생해 생성하는 다음 출력을 볼 수 있다.

```
Read name: Alice
Read name: Bob
Read name: Charlie
Read name: Dora
```

함수 실행 연기

AfterFunc 함수는 리스트 19-19와 같이 지정한 기간 동안 함수 실행을 연기할 때 사용한다.

리스트 19-19 datesandtimes 폴더 내 main.go 파일에서 함수 연기

```
package main

import (
  //"fmt"
  "time"
```

```
)

func writeToChannel(channel chan <- string) {
  names := []string { "Alice", "Bob", "Charlie", "Dora" }
  for _, name := range names {
    channel <- name
    //time.Sleep(time.Second * 1)
  }
  close(channel)
}

func main() {

  nameChannel := make (chan string)

  time.AfterFunc(time.Second * 5, func () {
    writeToChannel(nameChannel)
  })

  for name := range nameChannel {
    Printfln("Read name: %v", name)
  }
}
```

첫 번째 AfterFunc 인수는 위 예제에서 5초인 지연 기간이다. 두 번째 인수는 실행할 함수다.
해당 예제는 writeToChannel 함수를 실행하고 싶지만 AfterFunc는 매개변수나 결과가 없는 함
수만 허용하므로 간단한 래퍼를 사용해야 한다. 프로젝트를 컴파일 및 실행하면 5초 지연 후
에 기록되는 다음 결과를 볼 수 있다.

```
Read name: Alice
Read name: Bob
Read name: Charlie
Read name: Dora
```

시간 지정 알림 수신

After 함수는 지정한 기간 동안 기다린 다음 리스트 19-20과 같이 주어진 미래 시간에 알림을
수신하기 위해 채널을 사용하는 유용한 방법인 Time 값을 채널에 전송한다.

리스트 19-20 datesandtimes 폴더 내 main.go 파일에서 미래 알림 수신

```
package main

import (
  //"fmt"
  "time"
)
```

```go
func writeToChannel(channel chan <- string) {

  Printfln("Waiting for initial duration...")
  _ = <- time.After(time.Second * 2)
  Printfln("Initial duration elapsed.")

  names := []string { "Alice", "Bob", "Charlie", "Dora" }
  for _, name := range names {
    channel <- name
    time.Sleep(time.Second * 1)
  }
  close(channel)
}

func main() {

  nameChannel := make (chan string)

  go writeToChannel(nameChannel)

  for name := range nameChannel {
    Printfln("Read name: %v", name)
  }
}
```

After 함수의 결과는 Time 값을 전달하는 채널이다. Time 값을 전송하면 지정한 기간 동안 채널을 차단해 기간이 경과했음을 나타낸다. 위 예제에서 채널을 통해 전송한 값은 신호 역할을 하고 직접 사용하지 않으므로 다음과 같이 공백 식별자에 할당된다.

```go
...
_ = <- time.After(time.Second * 2)
...
```

After 함수를 이렇게 사용하면 writeToChannel 함수에서 초기 지연이 발생한다. 프로젝트를 컴파일 및 실행하면 다음과 같은 결과를 표시한다.

```
Waiting for initial duration...
Initial duration elapsed.
Read name: Alice
Read name: Bob
Read name: Charlie
Read name: Dora
```

위 예제의 효과는 Sleep 함수를 사용하는 것과 같지만 차이점은 After 함수가 값을 읽을 때까지 차단하지 않는 채널을 반환한다는 것이다. 즉 방향을 지정하고 추가 작업을 수행할 수 있고, 그런 다음 채널 읽기를 수행할 수 있다. 그 결과 채널을 나머지 기간 동안만 차단한다.

select 문에서 알림을 타임아웃으로 사용

After 함수는 리스트 19–21과 같이 타임아웃을 제공하기 위해 select 문과 함께 사용할 수 있다.

리스트 19–21 datesandtimes 폴더 내 main.go 파일에서 Select 문에서 타임아웃 사용

```
package main

import (
  //"fmt"
  "time"
)

func writeToChannel(channel chan <- string) {

  Printfln("Waiting for initial duration...")
  _ = <- time.After(time.Second * 2)
  Printfln("Initial duration elapsed.")

  names := []string { "Alice", "Bob", "Charlie", "Dora" }
  for _, name := range names {
    channel <- name
    time.Sleep(time.Second * 3)
  }
  close(channel)
}

func main() {

  nameChannel := make (chan string)

  go writeToChannel(nameChannel)

  channelOpen := true
  for channelOpen {
    Printfln("Starting channel read")
    select {
      case name, ok := <- nameChannel:
        if (!ok) {
          channelOpen = false
          break
        } else {
          Printfln("Read name: %v", name)
        }
      case <- time.After(time.Second * 2):
        Printfln("Timeout")
    }
  }
}
```

select 문은 채널 중 하나가 준비되거나 타이머가 만료될 때까지 차단한다. 채널 중 하나가 준비될 때까지 select 문을 차단하고 After 함수가 지정한 기간 동안 차단하는 채널을 생성하기 때문이다. 프로젝트를 컴파일 및 실행하면 다음과 같은 결과를 표시한다.

```
Waiting for initial duration...
Initial duration elapsed.
Timeout
Read name: Alice
Timeout
Read name: Bob
Timeout
Read name: Charlie
Timeout
Read name: Dora
Timeout
```

타이머 중지 및 리셋

After 함수는 항상 정해진 시간에 알림이 필요하다고 확신할 때 유용하다. 알림을 취소하는 옵션이 필요한 경우 표 19-17에서 설명한 함수를 대신 사용할 수 있다.

표 19-17 타이머 생성을 위한 time 함수

이름	설명
NewTimer(duration)	지정한 기간의 *Timer를 반환한다.

NewTimer 함수의 결과는 표 19-18에서 설명한 메서드를 정의하는 Timer 구조체에 대한 포인터다.

표 19-18 Time 구조체가 정의한 메서드

이름	설명
C	해당 필드는 Time이 Time 값을 보낼 채널을 반환한다.
Stop()	타이머를 중지한다. 결과는 타이머를 종료한 경우 true고 타이머가 이미 메시지를 보낸 경우 false인 bool이다.
Reset(duration)	타이머를 중지하고 간격을 지정한 Duration이 되도록 재설정한다.

리스트 19-22는 NewTimer 함수를 사용해 지정한 기간이 경과하기 전에 재설정하는 타이머를 생성한다.

> ■ **주의** ■
>
> 타이머를 중지할 때 주의해야 한다. 타이머의 채널은 닫혀 있지 않다. 즉 타이머를 중지한 후에도 채널에서 읽기를 계속 차단한다.

```go
package main

import (
  //"fmt"
  "time"
)

func writeToChannel(channel chan <- string) {

  timer := time.NewTimer(time.Minute * 10)

  go func () {
    time.Sleep(time.Second * 2)
    Printfln("Resetting timer")
    timer.Reset(time.Second)
  }()

  Printfln("Waiting for initial duration...")
  <- timer.C
  Printfln("Initial duration elapsed.")

  names := []string { "Alice", "Bob", "Charlie", "Dora" }
  for _, name := range names {
    channel <- name
    //time.Sleep(time.Second * 3)
  }
  close(channel)
}

func main() {

  nameChannel := make (chan string)

  go writeToChannel(nameChannel)

  for name := range nameChannel {
    Printfln("Read name: %v", name)
  }
}
```

위 예제에서 타이머를 10분 동안 생성한다. 고루틴은 2초 동안 절전한 다음 타이머를 재설정해 기간이 2초가 되도록 한다. 프로젝트를 컴파일 및 실행하면 다음과 같은 결과를 표시한다.

```
Waiting for initial duration...
Resetting timer
Initial duration elapsed.
Read name: Alice
```

```
Read name: Bob
Read name: Charlie
Read name: Dora
```

반복 알림 수신

Tick 함수는 리스트 19-23과 같이 지정한 간격으로 Time 값을 전송하는 채널을 반환한다.

리스트 19-23 datesandtimes 폴더 내 main.go 파일에서 반복 알림 수신

```go
package main

import (
  //"fmt"
  "time"
)

func writeToChannel(nameChannel chan <- string) {

  names := []string { "Alice", "Bob", "Charlie", "Dora" }

  tickChannel := time.Tick(time.Second)
  index := 0

  for {
    <- tickChannel
    nameChannel <- names[index]
    index++
    if (index == len(names)) {
      index = 0
    }
  }
}

func main() {

  nameChannel := make (chan string)

  go writeToChannel(nameChannel)

  for name := range nameChannel {
    Printfln("Read name: %v", name)
  }
}
```

이전과 마찬가지로 Tick 함수가 생성한 채널의 효용은 전송한 Time 값이 아니라 전송하는 주기다. 위 예제에서 Tick 함수는 매초 값을 전송할 채널을 만들기 위해 사용한다. 채널은 읽을

540

값이 없을 때 차단하므로 Tick 함수로 생성한 채널이 writeToChannel 함수가 값을 생성하는 속도를 제어할 수 있다. 프로젝트를 컴파일 및 실행하면 프로그램을 종료할 때까지 반복되는 다음 출력을 표시한다.

```
Read name: Alice
Read name: Bob
Read name: Charlie
Read name: Dora
Read name: Alice
Read name: Bob
...
```

Tick 함수는 무한한 신호 시퀀스가 필요할 때 유용하다. 고정된 일련의 값이 필요한 경우 표 19-19에서 설명한 함수를 대신 사용할 수 있다.

표 19-19 Ticker 생성을 위한 time 함수

이름	설명
NewTicker(duration)	지정한 기간과 함께 *Ticker를 반환한다.

NewTicker 함수의 결과는 표 19-20에서 설명한 필드와 메서드를 정의하는 Ticker 구조체에 대한 포인터다.

표 19-20 Ticker 구조체가 정의한 필드 및 메서드

이름	설명
C	해당 필드는 Ticker가 Time 값을 보낼 채널을 반환한다.
Stop()	티커(ticker)를 중지한다(그러나 C 필드에서 반환한 채널은 닫지 않는다).
Reset(duration)	티커를 중지하고 간격을 지정한 Duration이 되도록 재설정한다.

리스트 19-24는 NewTicker 함수를 사용해 더 이상 필요하지 않으면 중지하는 Ticker를 생성한다.

리스트 19-24 datesandtimes 폴더 내 main.go 파일에서 Ticker 생성

```go
package main

import (
  //"fmt"
  "time"
)

func writeToChannel(nameChannel chan <- string) {

  names := []string { "Alice", "Bob", "Charlie", "Dora" }
```

```
    ticker := time.NewTicker(time.Second / 10)
    index := 0

    for {
        <- ticker.C
        nameChannel <- names[index]
        index++
        if (index == len(names)) {
            ticker.Stop()
            close(nameChannel)
            break
        }
    }
}

func main() {

    nameChannel := make (chan string)

    go writeToChannel(nameChannel)

    for name := range nameChannel {
        Printfln("Read name: %v", name)
    }
}
```

위 방법은 애플리케이션이 더 이상 메시지를 보낼 필요가 없는 티커를 남기지 않고 여러 티커를 생성해야 할 때 유용하다. 프로젝트를 컴파일 및 실행하면 다음과 같은 결과를 표시한다.

```
Read name: Alice
Read name: Bob
Read name: Charlie
Read name: Dora
```

✛ 요약

19장에서는 채널 및 고루틴에 대한 통합 지원을 포함해 시간, 날짜, 기간을 사용하기 위한 Go 표준 라이브러리 기능을 설명했다. 20장에서는 데이터를 읽고 쓰는 Go 메커니즘인 Reader와 Writer를 소개할 것이다.

데이터 읽기 및 쓰기

20장에서는 표준 라이브러리에서 정의한 가장 중요한 두 가지 인터페이스인 Reader 및 Writer 인터페이스를 설명한다. Reader 및 Writer 인터페이스는 데이터를 읽거나 쓰는 모든 곳에서 사용할 수 있다. 즉 데이터의 모든 소스 또는 대상을 거의 동일한 방식으로 처리할 수 있다. 예를 들어 파일에 데이터를 쓰는 것은 네트워크 연결에 데이터를 쓰는 것과 동일하게 동작한다. 표 20-1은 20장에서 설명하는 기능을 상황에 맞게 정리한 것이다.

표 20-1 상황에 따른 Reader 및 Writer 인터페이스

질문	답
무엇인가?	데이터를 읽고 쓸 때 필요한 기본 방법을 정의한다.
왜 유용한가?	거의 모든 데이터 소스를 동일한 방식으로 사용할 수 있다. 13장에서 설명한 합성 기능을 사용해 특수 기능을 정의할 수 있다.
어떻게 사용하는가?	io 패키지는 Reader 및 Writer 인터페이스를 정의하지만 구현체는 다른 다양한 패키지에서 사용할 수 있고 그중 일부는 이후의 장들에서 자세히 설명할 것이다.
함정이나 제한 사항?	데이터 소스 또는 대상의 세부 사항을 완전히 숨기지 않는다. Reader 및 Writer를 기반으로 하는 인터페이스에서 제공하는 추가 메서드가 종종 필요하다.
대안이 있는가?	인터페이스의 사용은 선택 사항이지만 표준 라이브러리 전체에서 사용하기 때문에 피하기가 어렵다.

표 20-2는 20장을 요약한 것이다.

표 20-2 20장 요약

문제	해결 방법	리스트 참조 번호
데이터를 읽는다.	Reader 인터페이스의 구현체를 사용한다.	6
데이터를 쓴다.	Writer 인터페이스의 구현체를 사용한다.	7
데이터를 읽고 쓰는 과정을 간소화한다.	유틸리티 함수를 사용한다.	8
reader 또는 writer를 결합한다.	특수 구현체를 사용한다.	9-16

(이어짐)

문제	해결 방법	리스트 참조 번호
버퍼를 읽고 쓴다.	bufio 패키지가 제공하는 기능을 사용한다.	17-23
reader 및 writer로 데이터를 스캔하고 포맷한다.	Reader 또는 Writer 인수를 받는 fmt 패키지 내 함수를 사용한다.	24-27

20장 준비

20장 예제를 준비하기 위해 새 CMD를 열어 편리한 위치로 이동한 다음 readersandwriters 폴더를 생성한다. readersandwriters 폴더에서 리스트 20-1의 명령어를 실행해 모듈 파일을 생성해보자.

> **■ 팁 ■**
>
> 다음 링크(https://github.com/apress/pro-go)에서 20장 및 책의 다른 모든 장에 대한 예제 프로젝트를 다운로드할 수 있다. 예제를 실행하는 데 문제가 발생한 경우 도움받는 방법은 2장을 참조한다.

리스트 20-1 모듈 초기화

```
go mod init readersandwriters
```

리스트 20-2의 소스 코드 내용을 담은 printer.go 파일을 생성해 readersandwriters 폴더에 추가해보자.

리스트 20-2 readersandwriters 폴더 내 printer.go 파일 소스 코드

```go
package main

import "fmt"

func Printfln(template string, values ...interface{}) {
  fmt.Printf(template + "\n", values...)
}
```

리스트 20-3의 소스 코드 내용을 담은 product.go 파일을 생성해 readersandwriters 폴더에 추가해보자.

리스트 20-3 readersandwriters 폴더 내 product.go 파일 소스 코드

```go
package main

type Product struct {
```

```
    Name, Category string
    Price float64
}

var Kayak = Product {
    Name: "Kayak",
    Category: "Watersports",
    Price: 279,
}

var Products = []Product {
    { "Kayak", "Watersports", 279 },
    { "Lifejacket", "Watersports", 49.95 },
    { "Soccer Ball", "Soccer", 19.50 },
    { "Corner Flags", "Soccer", 34.95 },
    { "Stadium", "Soccer", 79500 },
    { "Thinking Cap", "Chess", 16 },
    { "Unsteady Chair", "Chess", 75 },
    { "Bling-Bling King", "Chess", 1200 },
}
```

리스트 20-4의 소스 코드 내용을 담은 main.go 파일을 생성해 readersandwriters 폴더에 추가해보자.

리스트 20-4 readersandwriters 폴더 내 main.go 파일 소스 코드

```
package main

func main() {

    Printfln("Product: %v, Price : %v", Kayak.Name, Kayak.Price)
}
```

readersandwriters 폴더에서 리스트 20-5의 명령어를 실행하기 위해 CMD를 사용한다.

리스트 20-5 예제 프로젝트 실행

```
go run .
```

코드를 컴파일 및 실행하면 다음 출력을 생성한다.

```
Product: Kayak Price: 275
```

Reader 및 Writer 이해

Reader 및 Writer 인터페이스는 io 패키지가 정의하고 데이터가 어디서 오고 가는지에 얽매이지 않고 데이터를 읽고 쓰는 추상적인 방법을 제공한다. 다음 절은 Reader 및 Writer 인터페이스를 설명하고 사용법을 보여준다.

Reader 이해

Reader 인터페이스는 표 20-3에서 설명한 단일 메서드를 정의한다.

표 20-3 Reader 인터페이스

이름	설명
Read(byteSlice)	데이터를 지정한 []byte로 읽는다. 해당 메서드는 읽은 바이트 수를 int로 표시하고 error와 함께 반환한다.

Reader 인터페이스는 데이터의 출처 또는 획득 방법에 대한 세부 정보를 포함하고 있지 않고 Read 메서드만 정의한다. 세부 사항은 인터페이스를 구현하는 타입에 맡기고, 표준 라이브러리에는 다양한 데이터 소스에 대한 Reader 구현체가 있다. 가장 단순한 Reader 중 하나는 리스트 20-6에 나와 있는 것처럼 문자열을 데이터 소스로 사용한다.

리스트 20-6 readersandwriters 폴더 내 main.go 파일에서 Reader 사용

```
package main

import (
  "io"
  "strings"
)

func processData(reader io.Reader) {
  b := make([]byte, 2)
  for {
    count, err := reader.Read(b);
    if (count > 0) {
      Printfln("Read %v bytes: %v", count, string(b[0:count]))
    }
    if err == io.EOF {
      break
    }
  }
}

func main() {
  r := strings.NewReader("Kayak")
  processData(r)
}
```

20장의 뒷부분과 이후의 장들에서 설명하는 것처럼 각 타입의 Reader는 다르게 생성한다. 문자열을 기반으로 Reader를 만들기 위해 strings 패키지는 문자열을 인수로 받아들이는 NewReader 생성자 함수를 제공한다.

```
...
r := strings.NewReader("Kayak")
...
```

인터페이스 사용을 강조하기 위해 o.Reader를 받아들이는 함수의 인수로 NewReader 함수의 결과를 사용한다. 함수 내에서 Read 메서드를 사용해 데이터 바이트를 읽는다. Read 함수에 전달하는 바이트 슬라이스의 크기를 설정해 수신하는 최대 바이트 수를 지정한다. Read 함수의 결과는 읽은 데이터의 바이트 수와 에러가 있는지 여부를 나타낸다.

io 패키지는 Reader가 데이터 끝에 도달했을 때 신호를 보내기 위해 사용하는 EOF라는 특수 에러를 정의한다. Read 함수의 에러 결과가 EOF 에러와 같으면 Reader에서 데이터를 읽고 있던 for 루프에서 빠져나온다.

```
...
if err == io.EOF {
    break
}
...
```

결과는 for 루프가 Read 함수를 호출해 한 번에 최대 2바이트를 가져와서 쓰는 것이다. 문자열 끝에 도달하면 Read 함수는 EOF 에러를 반환하고 for 루프를 종료한다. 코드를 컴파일 및 실행하면 다음과 같은 출력을 나타낸다.

```
Read 2 bytes: Ka
Read 2 bytes: ya
Read 1 bytes: k
```

Writer 이해

Writer 인터페이스는 표 20-4에서 설명한 메서드를 정의한다.

표 20-4 Writer 인터페이스

이름	설명
Write(byteSlice)	지정한 바이트 슬라이스에서 데이터를 쓴다. 해당 메서드는 기록한 바이트 수와 error를 반환한다. 쓰여진 바이트 수가 슬라이스의 길이보다 작은 경우 error는 nil이 아니다.

Writer 인터페이스는 작성한 데이터가 저장, 전송 또는 처리하는 방법의 세부 정보를 포함하고 있지 않기 때문에 모든 것은 인터페이스를 구현하는 타입에 맡겨진다. 리스트 20-7에서 수신한 데이터로 문자열을 생성하는 Writer를 만들었다.

리스트 20-7 readersandwriters 폴더 내 main.go 파일에서 Writer 사용

```go
package main

import (
  "io"
  "strings"
)

func processData(reader io.Reader, writer io.Writer) {
  b := make([]byte, 2)
  for {
    count, err := reader.Read(b);
    if (count > 0) {
      writer.Write(b[0:count])
      Printfln("Read %v bytes: %v", count, string(b[0:count]))
    }
    if err == io.EOF {
      break
    }
  }
}

func main() {
  r := strings.NewReader("Kayak")
  var builder strings.Builder
  processData(r, &builder)
  Printfln("String builder contents: %s", builder.String())
}
```

16장에서 설명한 strings.Builder 구조체는 io.Writer 인터페이스를 구현한다. 즉 Builder에 바이트를 쓴 다음 String 메서드를 호출해 해당 바이트에서 문자열을 만들 수 있다.

Writer는 슬라이스의 모든 데이터를 쓸 수 없는 경우 error를 반환한다. 리스트 20-7에서는 에러 결과를 확인하고 에러를 반환하면 for 루프에서 break로 빠져나온다. 그러나 위 예제의 Writer는 메모리 내 문자열을 작성하기 때문에 에러가 발생할 가능성은 거의 없다.

다음과 같이 주소 연산자를 사용해 Builder에 대한 포인터를 processData 함수에 전달한다.

```go
...
processData(r, &builder)
...
```

일반적으로 Reader 및 Writer 메서드는 포인터로 구현하기 때문에 Reader 또는 Writer를 함수에 전달해도 복사본을 생성하지 않는다. Strings.NewReader 함수의 결과가 포인터기 때문에 리스트 20-7의 Reader에 주소 연산자를 사용할 필요가 없었다.

프로젝트를 컴파일 및 실행하면 한 문자열에서 바이트를 읽고 다른 문자열을 만들기 위해 사용했음을 보여주는 다음 출력을 표시한다.

```
Read 2 bytes: Ka
Read 2 bytes: ya
Read 1 bytes: k
String builder contents: Kayak
```

❖ Reader 및 Writer 유틸리티 함수 사용

io 패키지는 표 20-5에서 설명한 것처럼 데이터를 읽고 쓰는 추가 방법을 제공하는 함수 집합을 포함하고 있다.

표 20-5 데이터를 읽고 쓰기 위한 io 패키지 내 함수

이름	설명
Copy(w, r)	EOF를 반환하거나 다른 에러가 발생할 때까지 Reader에서 Writer로 데이터를 복사한다. 결과는 바이트 복사본 수와 문제를 설명하기 위해 사용한 error다.
CopyBuffer (w, r, buffer)	Copy와 동일한 작업을 수행하지만 데이터를 Writer에 전달하기 전에 지정한 버퍼로 데이터를 읽는다.
CopyN (w, r, count)	Reader에서 Writer로 count 바이트를 복사한다. 결과는 바이트 복사본 수와 문제를 설명하기 위해 사용한 error다.
ReadAll(r)	EOF에 도달할 때까지 지정한 Reader에서 데이터를 읽는다. 결과는 읽은 데이터와 문제를 설명하기 위해 사용하는 error를 포함하는 byte 슬라이스다.
ReadAtLeast (r, byteSlice, min)	Reader에서 최소로 지정한 수의 바이트를 읽어 byte 슬라이스에 배치한다. 지정한 것보다 적은 바이트를 읽으면 에러를 보고한다.
ReadFull (r, byteSlice)	지정한 byte 슬라이스를 데이터로 채운다. 결과는 읽은 bytes 수와 error다. 슬라이스를 채우기에 충분한 바이트를 읽기 전에 EOF가 발생하면 에러를 보고한다.
WriteString(w, str)	지정한 string을 writer에 쓴다.

표 20-5의 함수는 Reader 및 Writer 인터페이스가 정의한 Read 및 Write 메서드를 사용하지만 데이터를 처리해야 할 때마다 for 루프를 정의할 필요가 없도록 보다 편리한 방법으로 수행한다. 리스트 20-8에서 Copy 함수를 사용해 예제 string의 바이트를 Reader에서 Writer로 복사했다.

```go
package main

import (
  "io"
  "strings"
)

func processData(reader io.Reader, writer io.Writer) {
  count, err := io.Copy(writer, reader)
  if (err == nil) {
    Printfln("Read %v bytes", count)
  } else {
    Printfln("Error: %v", err.Error())
  }
}

func main() {
  r := strings.NewReader("Kayak")
  var builder strings.Builder
  processData(r, &builder)
  Printfln("String builder contents: %s", builder.String())
}
```

Copy 함수를 사용하면 이전 예제와 동일하지만 더 간결한 결과를 얻을 수 있다. 코드를 컴파일 및 실행하면 다음과 같은 출력을 나타낸다.

```
Read 5 bytes
StCring builder contents: Kayak
```

특수 Reader 및 Writer 사용

기본 Reader 및 Writer 인터페이스 외에도 표 20-6에서 설명한 것처럼 io 패키지는 몇 가지 특수 구현체를 제공하고 있고 다음 절에서 이를 설명할 것이다.

표 20-6 특수 Reader 및 Writer에 대한 io 패키지 함수

이름	설명
Pipe()	'파이프 사용' 절에서 설명한 것처럼 Reader와 Writer가 필요한 함수를 연결하기 위해 사용할 수 있는 PipeReader 및 PipeWriter를 반환한다.
MultiReader (…readers)	임의의 수의 Reader 값을 지정할 수 있는 가변 매개변수를 정의한다. 결과는 '다중 Reader 연결' 절에서 설명한 것처럼 정의한 순서대로 각 매개변수의 내용을 전달하는 Reader다.
MultiWriter (…writers)	임의의 수의 Writer 값을 지정할 수 있는 가변 매개변수를 정의한다. 결과는 '다중 Writer 연결' 절에서 설명한 것처럼 지정한 모든 writer에 동일한 데이터를 보내는 Writer다.

(이어짐)

550

이름	설명
LimitReader (r, limit)	'읽기 데이터 제한' 절에서 설명한 것처럼 지정한 바이트 수 후에 EOF를 수행하는 Reader를 생성한다.

파이프 사용

파이프는 Reader를 통해 데이터를 소비하는 코드와 Writer를 통해 코드를 생성하는 코드를 연결하기 위해 사용한다. 리스트 20-9의 소스 코드 내용을 담은 data.go라는 파일을 생성해 readerandwriters 폴더에 추가해보자.

리스트 20-9 readersandwriters 폴더 내 data.go 파일 소스 코드

```go
package main

import "io"

func GenerateData(writer io.Writer) {
  data := []byte("Kayak, Lifejacket")
  writeSize := 4
  for i := 0; i < len(data); i += writeSize {
    end := i + writeSize;
    if (end > len(data)) {
      end = len(data)
    }
    count, err := writer.Write(data[i: end])
    Printfln("Wrote %v byte(s): %v", count, string(data[i: end]))
    if (err != nil) {
      Printfln("Error: %v", err.Error())
    }
  }
}

func ConsumeData(reader io.Reader) {
  data := make([]byte, 0, 10)
  slice := make([]byte, 2)
  for {
    count, err := reader.Read(slice)
    if (count > 0) {
      Printfln("Read data: %v", string(slice[0:count]))
      data = append(data, slice[0:count]...)
    }
    if (err == io.EOF) {
      break
    }
  }
  Printfln("Read data: %v", string(data))
}
```

GenerateData 함수는 문자열에서 바이트를 쓰기 위해 사용하는 Writer 매개변수를 정의한다. ConsumeData 함수는 Reader 매개변수를 정의하고 해당 매개변수는 데이터 바이트를 읽고 문자열을 만들기 위해 사용한다.

실제 프로젝트는 다른 문자열을 생성하기 위해 한 문자열에서 바이트를 읽을 필요가 없지만 그렇게 하면 리스트 20-10과 같이 파이프가 동작하는 방식을 잘 보여준다.

리스트 20-10 readersandwriters 폴더 내 main.go 파일에서 Pipe 사용

```go
package main

import (
  "io"
  //"strings"
)

// func processData(reader io.Reader, writer io.Writer) {
//   count, err := io.Copy(writer, reader)
//   if (err == nil) {
//     Printfln("Read %v bytes", count)
//   } else {
//     Printfln("Error: %v", err.Error())
//   }
// }

func main() {
  pipeReader, pipeWriter := io.Pipe()
  go func() {
    GenerateData(pipeWriter)
    pipeWriter.Close()
  }()
  ConsumeData(pipeReader)
}
```

io.Pipe 함수는 PipeReader와 PipeWriter를 반환한다. PipeReader 및 PipeWriter 구조체는 표 20-7에 표시한 메서드를 정의하는 Closer 인터페이스를 구현한다.

표 20-7 Closer 메서드

이름	설명
Close()	reader 또는 writer를 닫는다. 세부 사항은 구현에 따라 다르지만 일반적으로 닫힌 Reader에서 이어지는 모든 읽기는 0바이트와 EOF 에러를 반환하는 반면 닫힌 Writer에 대한 모든 후속 쓰기는 에러를 반환한다.

PipeWriter는 Writer 인터페이스를 구현하기 때문에 이를 GenerateData 함수에 대한 인수로 사용한 다음 함수를 완료하면 Close 메서드를 호출해 Reader가 다음과 같이 EOF를 수신할 수 있도록 할 수 있다.

```
...
GenerateData(pipeWriter)
pipeWriter.Close()
...
```

파이프는 동기적으로 동작하고 파이프에서 데이터를 읽을 때까지 `PipeWriter.Write` 메서드를 차단한다. 애플리케이션이 교착 상태^{deadlock}에 빠지는 것을 방지하기 위해 `PipeWriter`를 Reader와 다른 고루틴에서 사용해야 하기 때문이다.

```
...
go func() {
    GenerateData(pipeWriter)
    pipeWriter.Close()
}()
...
```

문장의 끝에 있는 괄호에 주목해보자. 괄호는 익명 함수를 위한 고루틴을 만들 때 필요하지만 잊어버리기 쉽다.

`PipeReader` 구조체는 Reader 인터페이스를 구현하므로 ConsumeData 함수에 대한 인수로 사용할 수 있다. ConsumeData 함수는 `main` 고루틴에서 실행한다. 즉 함수를 완료할 때까지 애플리케이션을 종료하지 않는다.

결과적으로 데이터를, `PipeWriter`를 사용해 파이프에 기록하고 `PipeReader`를 사용해 파이프에서 읽는다. GenerateData 함수를 완료하면 `PipeWriter`에서 Close 메서드를 호출해 `PipeReader`가 다음에 읽을 때 EOF를 생성하도록 한다. 프로젝트를 컴파일 및 실행하면 다음과 같은 출력을 표시한다.

```
Read data: Ka
Wrote 4 byte(s): Kaya
Read data: ya
Read data: k,
Wrote 4 byte(s): k, L
Read data:  L
Read data: if
Wrote 4 byte(s): ifej
Read data: ej
Read data: ac
Wrote 4 byte(s): acke
Read data: ke
Wrote 1 byte(s): t
Read data: t
Read data: Kayak, Lifejacket
```

출력은 파이프가 동기적이라는 사실을 강조한다. GenerateData 함수는 Writer의 Write 메서드를 호출한 다음 데이터를 읽을 때까지 차단한다. 출력의 첫 번째 메시지가 Reader의 메시지인 이유다. Reader는 한 번에 2바이트의 데이터를 소비한다. 즉 4바이트를 보내기 위해 사용하는 Write 메서드를 처음 호출하기 전에 두 번의 읽기 작업이 필요하다. 작업을 완료하면 GenerateData 함수의 메시지를 표시한다.

예제 향상

리스트 20-10에서는 GenerateData 함수를 실행하는 고루틴의 PipeWriter에서 Close 메서드를 호출했다. 물론 코드는 동작하지만 나는 리스트 20-11과 같이 Writer가 데이터를 생성하는 코드에서 Closer 인터페이스를 구현하는지 확인하는 것을 선호한다.

리스트 20-11 readersandwriters 폴더 내 data.go 파일에서 Writer 닫기

```
...
func GenerateData(writer io.Writer) {
  data := []byte("Kayak, Lifejacket")
  writeSize := 4
  for i := 0; i < len(data); i += writeSize {
    end := i + writeSize;
    if (end > len(data)) {
      end = len(data)
    }
    count, err := writer.Write(data[i: end])
    Printfln("Wrote %v byte(s): %v", count, string(data[i: end]))
    if (err != nil)  {
      Printfln("Error: %v", err.Error())
    }
  }
  if closer, ok := writer.(io.Closer); ok {
    closer.Close()
  }
}
...
```

위와 같은 접근 방식은 이후의 장들에서 설명하는 가장 유용한 타입 중 일부를 포함한 Close 메서드를 정의하는 Writer의 일관적인 처리기를 제공한다. 또한 리스트 20-12와 같이 익명 함수 없이도 GenerateData 함수를 실행하도록 고루틴을 변경할 수 있다.

리스트 20-12 readersandwriters 폴더 내 main.go 파일에서 코드 간소화

```
package main

import ( "io"
  //"strings"
)
```

```
func main() {
    pipeReader, pipeWriter := io.Pipe()
    go GenerateData(pipeWriter)
    ConsumeData(pipeReader)
}
```

위 예제는 리스트 20-10의 코드와 동일한 출력을 생성한다.

다중 Reader 연결

MultiReader 함수는 리스트 20-13과 같이 여러 Reader의 입력을 집중적으로 순서대로 처리할 수 있다.

리스트 20-13 readersandwriters 폴더 내 main.go 파일에서 Reader 연결

```
package main

import (
    "io"
    "strings"
)

func main() {

    r1 := strings.NewReader("Kayak")
    r2 := strings.NewReader("Lifejacket")
    r3 := strings.NewReader("Canoe")

    concatReader := io.MultiReader(r1, r2, r3)

    ConsumeData(concatReader)
}
```

MultiReader 함수에서 반환한 Reader는 기본 Reader 값 중 하나의 내용으로 Read 메서드에 응답한다. 첫 번째 Reader가 EOF를 반환하면 두 번째 Reader에서 콘텐츠를 읽는다. 해당 프로세스는 최종 기본 Reader가 EOF를 반환할 때까지 계속된다. 코드를 컴파일 및 실행하면 다음과 같은 출력을 표시한다.

```
Read data: Ka
Read data: ya
Read data: k
Read data: Li
Read data: fe
Read data: ja
Read data: ck
Read data: et
```

```
Read data: Ca
Read data: no
Read data: e
Read data: KayakLifejacketCanoe
```

다중 Writer 연결

MultiWriter 함수는 리스트 20-14와 같이 데이터가 모든 Writer에게 전송되도록 여러 Writer
를 결합한다.

리스트 20-14 readersandwriters 폴더 내 main.go 파일에서 Writer 결합

```
package main

import (
  "io"
  "strings"
)

func main() {

  var w1 strings.Builder
  var w2 strings.Builder
  var w3 strings.Builder

  combinedWriter := io.MultiWriter(&w1, &w2, &w3)

  GenerateData(combinedWriter)

  Printfln("Writer #1: %v", w1.String())
  Printfln("Writer #2: %v", w2.String())
  Printfln("Writer #3: %v", w3.String())
}
```

위 예제의 Writer는 16장에서 설명하고 Writer 인터페이스를 구현하는 string.Builder 값이다.
MultiWriter 함수는 Write 메서드를 호출하면 동일한 데이터를 3개의 개별 Writer에 기록하는
Writer를 만들기 위해 사용한다. 프로젝트를 컴파일 및 실행하면 다음과 같은 결과를 표시한다.

```
Wrote 4 byte(s): Kaya
Wrote 4 byte(s): k, L
Wrote 4 byte(s): ifej
Wrote 4 byte(s): acke
Wrote 1 byte(s): t
Writer #1: Kayak, Lifejacket
Writer #2: Kayak, Lifejacket
Writer #3: Kayak, Lifejacket
```

Writer에 에코 읽기

TeeReader 함수는 리스트 20-15와 같이 수신한 데이터를 Writer에 반영하는 Reader를 반환한다.

리스트 20-15 readersandwriters 폴더 내 main.go 파일에서 데이터 에코

```
package main

import (
  "io"
  "strings"
)

func main() {

  r1 := strings.NewReader("Kayak")
  r2 := strings.NewReader("Lifejacket")
  r3 := strings.NewReader("Canoe")

  concatReader := io.MultiReader(r1, r2, r3)

  var writer strings.Builder
  teeReader := io.TeeReader(concatReader, &writer);

  ConsumeData(teeReader)
  Printfln("Echo data: %v", writer.String())
}
```

TeeReader 함수는 16장에서 설명하고 Writer 인터페이스를 구현하는 string.Builder에 데이터를 에코[1]하는 Reader를 생성하기 위해 사용한다. 프로젝트를 컴파일 및 실행하면 에코한 데이터를 포함한 다음 출력을 표시한다.

```
Read data: Ka
Read data: ya
Read data: k
Read data: Li
Read data: fe
Read data: ja
Read data: ck
Read data: et
Read data: Ca
Read data: no
Read data: e
Read data: KayakLifejacketCanoe
Echo data: KayakLifejacketCanoe
```

---

1   원서에서 사용하는 '에코'란 표현은 리눅스 echo 명령어와 같이 문자열을 출력한다는 뜻으로 이해할 수 있다. – 옮긴이

읽기 데이터 제한

LimitReader 함수는 리스트 20-16과 같이 Reader에서 얻을 수 있는 데이터의 양을 제한하기 위해 사용한다.

리스트 20-16 readersandwriters 폴더 내 main.go 파일에서 데이터 제한

```
package main

import (
  "io"
  "strings"
)

func main() {

  r1 := strings.NewReader("Kayak")
  r2 := strings.NewReader("Lifejacket")
  r3 := strings.NewReader("Canoe")

  concatReader := io.MultiReader(r1, r2, r3)

  limited := io.LimitReader(concatReader, 5)
  ConsumeData(limited)
}
```

LimitReader 함수의 첫 번째 인수는 데이터를 제공할 Reader다. 두 번째 인수는 읽을 수 있는 최대 바이트 수다. LimitReader 함수가 반환한 Reader는 제한에 도달하면 기본 Reader가 EOF를 먼저 보내지 않는 한 EOF를 보낸다. 리스트 20-16에서 프로젝트를 컴파일 및 실행하면 제한을 5바이트로 설정한 다음 출력을 생성한다.

```
Read data: Ka
Read data: ya
Read data: k
Read data: Kayak
```

⊹ 버퍼링 데이터

bufio 패키지는 Reader와 Writer에 버퍼를 추가하기 위한 지원을 제공한다. 버퍼 없이 데이터를 처리하는 방법을 확인하기 위해 리스트 20-17의 내용을 담은 custom.go 파일을 readerandwriters 폴더에 추가해보자.

```go
package main

import "io"

type CustomReader struct {
  reader io.Reader
  readCount int
}

func NewCustomReader(reader io.Reader) *CustomReader {
  return &CustomReader { reader, 0 }
}

func (cr *CustomReader) Read(slice []byte) (count int, err error) {
  count, err = cr.reader.Read(slice)
  cr.readCount++
  Printfln("Custom Reader: %v bytes", count)
  if (err == io.EOF) {
    Printfln("Total Reads: %v", cr.readCount)
  }
  return
}
```

리스트 20-17의 코드는 Reader 주변의 래퍼[wrapper2] 역할을 하는 CustomReader라는 구조체 타입을 정의했다. Read 메서드를 구현하면 읽은 데이터의 양과 전체적으로 수행한 읽기 작업의 수를 보고하는 출력을 생성한다. 리스트 20-18은 새로운 타입을 문자열 기반 Reader의 래퍼로 사용한다.

리스트 20-18 readersandwriters 폴더 내 main.go 파일에서 Reader Wrapper 사용

```go
package main

import (
  "io"
  "strings"
)

func main() {

  text := "It was a boat. A small boat."

  var reader io.Reader = NewCustomReader(strings.NewReader(text))
  var writer strings.Builder
  slice := make([]byte, 5)
```

---

2   래퍼는 기본 타입의 데이터를 객체로 포장해준다. Go는 객체 개념이 없지만 객체지향을 따른다. – 옮긴이

```
  for {
    count, err := reader.Read(slice)
    if (count > 0) {
      writer.Write(slice[0:count])
    }
    if (err != nil) {
      break
    }
  }

  Printfln("Read data: %v", writer.String())
}
```

NewCustomreader 함수는 문자열을 읽고 for 루프를 사용해 바이트 슬라이스를 사용해 데이터를 소비하는 CustomReader를 만들기 위해 사용한다. 프로젝트를 컴파일 및 실행하면 데이터를 어떻게 읽는지 알 수 있다.

```
Custom Reader: 5 bytes
Custom Reader: 5 bytes
Custom Reader: 5 bytes
Custom Reader: 5 bytes
Custom Reader: 5 bytes
Custom Reader: 3 bytes
Custom Reader: 0 bytes
Total Reads: 7
Read data: It was a boat. A small boat.
```

데이터를 소비히는 방식을 결정하는 것은 Read 함수에 전달한 바이트 슬라이스의 크기다. 이 경우 슬라이스의 크기는 5다. 즉 Read 함수의 각 호출에 대해 최대 5바이트를 읽는다. 5바이트의 데이터를 얻지 못한 2개의 읽기가 있다. 끝에서 두 번째 읽기는 소스 데이터가 5로 깔끔하게 나눠지지 않고 3바이트의 데이터가 남아 있기 때문에 3바이트를 생성했다. 최종 읽기는 0바이트를 반환했지만 데이터 끝에 도달했음을 나타내는 EOF 에러를 수신했다.

총 28바이트를 읽으려면 7번을 읽어야 한다(문자열의 모든 문자에 단일 바이트가 필요하도록 소스 데이터를 선택했지만 여러 바이트가 필요한 문자를 도입하도록 예제를 변경하면 읽기 횟수가 다를 수 있다).

각 작업과 관련된 많은 양의 오버헤드가 있는 경우 소량의 데이터를 읽는 것이 문제가 될 수 있다. 메모리에 저장한 문자열을 읽을 때는 문제가 되지 않지만 파일과 같이 다른 데이터 소스에서 데이터를 읽는 것은 비용이 더 많이 들 수 있다. 따라서 더 적은 수의 더 큰 읽기를 수행하는 것이 바람직할 수 있다. 이 경우 데이터에 대한 여러 작은 요청을 처리하기 위해 많은 양의 데이터를 읽는 버퍼를 도입해 작업할 수 있다. 표 20-8은 버퍼 Reader를 생성하기 위해 bufio 패키지에서 제공하는 함수를 설명한다.

표 20-8 버퍼 Reader를 생성하는 bufio 함수

이름	설명
NewReader(r)	기본 버퍼 크기(작성 당시 4,096바이트)로 버퍼링한 Reader를 반환한다.
NewReaderSize(r, size)	지정한 버퍼 크기로 버퍼링한 Reader를 반환한다.

NewReader 및 NewReaderSize가 생성한 결과는 Reader 인터페이스를 구현하지만 버퍼를 도입하므로 기본 데이터 소스에 대한 읽기 작업 수를 줄일 수 있다. 리스트 20-19는 예제에 버퍼를 도입하는 것을 보여준다.

리스트 20-19 readersandwriters 폴더 내 main.go 파일에서 Buffer 사용

```
package main

import (
  "io"
  "strings"
  "bufio"
)

func main() {

  text := "It was a boat. A small boat."

  var reader io.Reader = NewCustomReader(strings.NewReader(text))
  var writer strings.Builder
  slice := make([]byte, 5)

  reader = bufio.NewReader(reader)

  for {
    count, err := reader.Read(slice)
    if (count > 0) {
      writer.Write(slice[0:count])
    }
    if (err != nil) {
      break
    }
  }

  Printfln("Read data: %v", writer.String())
}
```

기본 버퍼 크기로 Reader를 만드는 NewReader 함수를 사용했다. 버퍼링한 Reader는 버퍼를 채우고 포함하는 데이터를 사용해 Read 메서드 호출에 응답한다. 버퍼 도입의 효과를 보기 위해 프로젝트를 컴파일 및 실행해보자.

```
Custom Reader: 28 bytes
Custom Reader: 0 bytes
Total Reads: 2
Read data: It was a boat. A small boat.
```

기본 버퍼 크기는 4,096바이트로 이는 버퍼링한 Reader가 단일 읽기 작업에서 모든 데이터를 읽을 수 있었고 추가 읽기를 통해 EOF 결과를 생성할 수 있음을 의미한다. 버퍼를 도입하면 데이터를 버퍼링하기 위해 사용하는 메모리 비용이 들지만 읽기 작업 오버헤드가 줄어든다.

버퍼링한 Reader 추가 메서드 사용

NewReader 및 NewReaderSize 함수는 io를 구현하는 bufio.Reader 값을 반환한다. bufio.Reader 값은 읽기 버퍼를 원활하게 도입하는 다른 타입의 Reader 메서드에 대한 드롭인drop-in 래퍼로 사용할 수 있는 Reader 인터페이스의 구현체다.

bufio.Reader 구조체는 표 20-9에서 설명한 것처럼 버퍼를 직접 사용하는 추가 메서드를 정의한다.

표 20-9 버퍼링한 Reader가 정의한 메서드

이름	설명
Buffered()	버퍼에서 읽을 수 있는 바이트 수를 나타내는 int를 반환한다.
Discard(count)	지정한 바이트 수를 버린다.
Peek(count)	바이트를 버퍼에서 제거하지 않고 지정한 바이트 수를 반환한다. Read 메서드 후속 호출로 반환한다.
Reset(reader)	버퍼의 데이터를 삭제하고 지정한 Reader에서 후속 읽기를 수행한다.
Size()	int로 표현하는 버퍼의 크기를 반환한다.

리스트 20-20은 버퍼의 크기와 버퍼에 포함한 데이터의 양을 보고하기 위해 Size 및 Buffered 메서드를 사용하는 방법을 보여준다.

리스트 20-20 readersandwriters 폴더 내 main.go 파일에서 Buffer 작업

```go
package main

import (
    "io"
    "strings"
```

562

```
    "bufio"
)

func main() {

  text := "It was a boat. A small boat."

  var reader io.Reader = NewCustomReader(strings.NewReader(text))
  var writer strings.Builder
  slice := make([]byte, 5)

  buffered := bufio.NewReader(reader)

  for {
    count, err := buffered.Read(slice)
    if (count > 0) {
      Printfln("Buffer size: %v, buffered: %v",
        buffered.Size(), buffered.Buffered())
      writer.Write(slice[0:count])
    }
    if (err != nil) {
      break
    }
  }

  Printfln("Read data: %v", writer.String())
}
```

프로젝트를 컴파일 및 실행하면 각 읽기 작업이 버퍼링한 데이터 중 일부를 소비하는 것을 볼 수 있다.

```
Custom Reader: 28 bytes
Buffer size: 4096, buffered: 23
Buffer size: 4096, buffered: 18
Buffer size: 4096, buffered: 13
Buffer size: 4096, buffered: 8
Buffer size: 4096, buffered: 3
Buffer size: 4096, buffered: 0
Custom Reader: 0 bytes
Total Reads: 2
Read data: It was a boat. A small boat.
```

버퍼 쓰기 수행

bufio 패키지는 또한 표 20-10에서 설명한 함수를 사용해 버퍼를 사용하는 Writer 생성을 지원한다.

표 20-10 버퍼링한 Writer 생성을 위한 bufio 함수

표 20-10 버퍼링한 Writer 생성을 위한 bufio 함수

이름	설명
NewWriter(w)	기본 버퍼 크기(작성 시 4,096바이트)로 버퍼링한 Writer를 반환한다.
NewWriter(w, size)	지정한 버퍼 크기로 버퍼링한 Writer를 반환한다.

표 20-10에서 설명한 함수가 생성한 결과는 `Writer` 인터페이스를 구현하기 때문에 쓰기용 버퍼를 원활하게 도입하기 위해 사용할 수 있다. 해당 함수가 반환하는 특정 데이터 타입은 `bufio.Writer`로 버퍼 및 해당 내용을 관리하기 위해 표 20-11에 설명한 메서드를 정의한다.

표 20-11 bufio.Writer 구조체가 정의한 메서드

이름	설명
Available( )	버퍼에서 사용 가능한 바이트 수를 반환한다.
Buffered( )	버퍼에 기록한 바이트 수를 반환한다.
Flush( )	버퍼의 내용을 기본 Writer에 쓴다.
Reset(writer)	버퍼의 데이터를 삭제하고 지정한 Writer에 대한 후속 쓰기를 수행한다.
Size( )	버퍼의 용량을 바이트로 반환한다.

리스트 20-21은 작업을 보고하는 커스텀 `Writer`를 정의하고 버퍼의 효과를 보여준다. 해당 Wirter는 이전 절에서 만든 Reader에 대응한다.

리스트 20-21 readersandwriters 폴더 내 custom.go 파일에서 커스텀 Writer 정의

```
package main

import "io"

// ...간결함을 위해 reader 타입 및 함수 생략...

type CustomWriter struct {
  writer io.Writer
  writeCount int
}

func NewCustomWriter(writer io.Writer) * CustomWriter {
  return &CustomWriter{ writer, 0}
}

func (cw *CustomWriter) Write(slice []byte) (count int, err error) {
  count, err = cw.writer.Write(slice)
  cw.writeCount++
  Printfln("Custom Writer: %v bytes", count)
  return
}
```

```
func (cw *CustomWriter) Close() (err error) {
  if closer, ok := cw.writer.(io.Closer); ok {
    closer.Close()
  }
  Printfln("Total Writes: %v", cw.writeCount)
  return
}
```

NewCustomWriter 생성자는 쓰기 작업을 보고하는 CustomWriter 구조체로 Writer를 래핑한다. 리스트 20-22는 버퍼링 없이 쓰기 작업을 수행하는 방법을 보여준다.

리스트 20-22 readersandwriters 폴더 내 main.go 파일에서 버퍼링하지 않은 쓰기 수행

```
package main

import (
  //"io"
  "strings"
  //"bufio"
)

func main() {

  text := "It was a boat. A small boat."

  var builder strings.Builder
  var writer = NewCustomWriter(&builder)
  for i := 0; true; {
    end := i + 5
    if (end >= len(text)) {
      writer.Write([]byte(text[i:]))
      break
    }
    writer.Write([]byte(text[i:end]))
    i = end
  }
  Printfln("Written data: %v", builder.String())
}
```

위 예제는 strings 패키지 내 Builder가 지원하는 Writer에 한 번에 5바이트를 쓴다. 프로젝트를 컴파일 및 실행하면 Write 메서드의 각 호출의 효과를 볼 수 있다.

```
Custom Writer: 5 bytes
Custom Writer: 5 bytes
Custom Writer: 5 bytes
Custom Writer: 5 bytes
Custom Writer: 5 bytes
```

```
Custom Writer: 3 bytes
Written data: It was a boat. A small boat.
```

버퍼링한 Writer는 버퍼에 데이터를 보관하고 버퍼가 가득 차거나 Flush 메서드를 호출할 때만 데이터를 기본 Writer에 전달한다. 리스트 20-23은 예제에서 버퍼를 소개한다.

리스트 20-23 readersandwriters 폴더 내 main.go 파일에서 버퍼링한 Writer 사용

```
package main

import (
  //"io"
  "strings"
  "bufio"
)

func main() {

  text := "It was a boat. A small boat."

  var builder strings.Builder
  var writer = bufio.NewWriterSize(NewCustomWriter(&builder), 20)
  for i := 0; true; {
    end := i + 5
    if (end >= len(text)) {
      writer.Write([]byte(text[i:]))
      writer.Flush()
      break
    }
    writer.Write([]byte(text[i:end]))
    i = end
  }
  Printfln("Written data: %v", builder.String())
}
```

모든 데이터를 기록하도록 Flush 메서드를 호출하는 것이 중요하기 때문에 버퍼링한 Writer로의 전환은 매끄러울 수 없다. 리스트 20-23에서 선택한 버퍼는 20바이트로 기본 버퍼보다 훨씬 작고 실제 프로젝트에 영향을 주기에는 너무 작다. 그러나 예제에서 버퍼 도입이 쓰기 횟수를 줄이는 방법을 보여주기에는 이상적인 버퍼 크기다. 프로젝트를 컴파일 및 실행하면 다음과 같은 결과를 표시한다.

```
Custom Writer: 20 bytes
Custom Writer: 8 bytes
Written data: It was a boat. A small boat.
```

✣ Reader 및 Writer로 포매팅 및 스캔

17장에서 fmt 패키지가 제공하는 포매팅과 스캔 기능을 설명하고 문자열과 함께 사용하는 방법을 보였다. 17장에서 언급했듯이 fmt 패키지는 다음 절에서 설명하는 것처럼 포매팅 및 스캔 기능을 Readers 및 Writers에 적용하기 위한 지원을 제공한다. 또한 strings 패키지의 기능을 Writers와 함께 사용하는 방법을 설명한다.

Reader에서 값 스캔

fmt 패키지는 리스트 20-24와 같이 Reader에서 값을 스캔하고 다른 타입으로 변환하는 함수를 제공한다(값을 스캔하는 함수를 사용하는 것은 필수 사항이 아니지만 스캔 프로세스가 모든 Reader에서 동작한다는 것을 강조하기 위해 함수를 사용했다).

리스트 20-24 readersandwriters 폴더 내 main.go 파일에서 Reader로부터 스캔

```
package main

import (
  "io"
  "strings"
  //"bufio"
  "fmt"
)

func scanFromReader(reader io.Reader, template string,
    vals ...interface{}) (int, error) {
  return fmt.Fscanf(reader, template, vals...)
}

func main() {

  reader := strings.NewReader("Kayak Watersports $279.00")

  var name, category string
  var price float64
  scanTemplate := "%s %s $%f"

  _, err := scanFromReader(reader, scanTemplate, &name, &category, &price)
  if (err != nil) {
    Printfln("Error: %v", err.Error())
  } else {
    Printfln("Name: %v", name)
    Printfln("Category: %v", category)
    Printfln("Price: %.2f", price)
  }
}
```

스캔 프로세스는 Reader에서 바이트를 읽고 스캔 템플릿을 사용해 수신한 데이터를 파싱한다.

리스트 20-24의 스캔 템플릿은 2개의 문자열과 float64 값을 포함하고 있고 코드를 컴파일 및 실행하면 다음 출력을 생성한다.

```
Name: Kayak
Category: Watersports
Price: 279.00
```

Reader를 사용할 때 유용한 기술은 리스트 20-25와 같이 루프를 사용해 점진적으로 데이터를 스캔하는 것이다. 이러한 접근 방식은 HTTP 연결(25장에서 설명)에서 읽을 때와 같이 시간이 지남에 따라 바이트가 도착할 때 잘 동작한다.

리스트 20-25 readersandwriters 폴더 내 main.go 파일에서 점차적 스캔

```go
package main

import (
  "io"
  "strings"
  //"bufio"
  "fmt"
)

func scanFromReader(reader io.Reader, template string,
    vals ...interface{}) (int, error) {
  return fmt.Fscanf(reader, template, vals...)
}

func scanSingle(reader io.Reader, val interface{}) (int, error) {
  return fmt.Fscan(reader, val)
}

func main() {

  reader := strings.NewReader("Kayak Watersports $279.00")

  for {
    var str string
    _, err := scanSingle(reader, &str)
    if (err != nil) {
      if (err != io.EOF) {
        Printfln("Error: %v", err.Error())
      }
      break
    }
    Printfln("Value: %v", str)
  }
}
```

for 루프는 Fscan 함수를 사용해 Reader에서 문자열을 읽는 scanSingle 함수를 호출한다. 루프

를 종료하는 시점에서 EOF를 반환할 때까지 값을 읽는다. 프로젝트를 컴파일 및 실행하면 다음과 같은 출력을 표시한다.

```
Value: Kayak
Value: Watersports
Value: $279.00
```

Writer에 포매팅한 문자열 쓰기

fmt 패키지는 또한 리스트 20-26과 같이 포매팅한 문자열을 Writer에 쓰기 위한 함수를 제공한다(함수를 사용해 문자열 포맷을 지정하는 것은 필수 사항이 아니지만 포맷이 모든 Reader에서 동작한다는 점을 강조하기 위해 함수를 사용했다).

리스트 20-26 readersandwriters 폴더 내 main.go 파일에서 포매팅한 문자열 쓰기

```go
package main

import (
  "io"
  "strings"
  //"bufio"
  "fmt"
)

// func scanFromReader(reader io.Reader, template string,
//     vals ...interface{}) (int, error) {
//   return fmt.Fscanf(reader, template, vals...)
// }

// func scanSingle(reader io.Reader, val interface{}) (int, error) {
//   return fmt.Fscan(reader, val)
// }

func writeFormatted(writer io.Writer, template string, vals ...interface{}) {
  fmt.Fprintf(writer, template, vals...)
}

func main() {

  var writer strings.Builder
  template := "Name: %s, Category: %s, Price: $%.2f"

  writeFormatted(&writer, template, "Kayak", "Watersports", float64(279))

  fmt.Println(writer.String())
}
```

writeFormatted 함수는 fmt.Fprintf 함수를 사용해 템플릿으로 포매팅한 문자열을 Writer에 쓴다. 프로젝트를 컴파일 및 실행하면 다음과 같은 결과를 표시한다.

```
Name: Kayak, Category: Watersports, Price: $279.00
```

Writer로 Replacer 사용

리스트 20-27과 같이 strings.Replacer 구조체를 사용해 string을 대상으로 교체를 수행하고
수정한 결과를 Writer에 출력할 수 있다.

리스트 20-27 readersandwriters 폴더 내 main.go 파일에서 Replacer 사용

```
package main

import (
  "io"
  "strings"
  //"bufio"
  "fmt"
)

func writeReplaced(writer io.Writer, str string, subs ...string) {
  replacer := strings.NewReplacer(subs...)
  replacer.WriteString(writer, str)
}

func main() {

  text := "It was a boat. A small boat."
  subs := []string { "boat", "kayak", "small", "huge" }

  var writer strings.Builder
  writeReplaced(&writer, text, subs...)
  fmt.Println(writer.String())
}
```

WriteString 메서드는 교체를 수행하고 수정한 문자열을 기록한다. 코드를 컴파일 및 실행하
면 다음과 같은 출력을 나타낸다.

```
It was a kayak. A huge kayak.
```

❖ 요약

20장에서는 데이터를 읽거나 쓰는 모든 표준 라이브러리에서 사용하는 Reader 및 Writer 인터
페이스를 설명했다. 또한 Reader 및 Writer 인터페이스가 정의하는 메서드와 사용 가능한 특수
구현의 사용을 설명하고 버퍼링, 포매팅, 스캔 방법을 보였다. 21장에서는 20장에서 설명한
기능을 사용하는 JSON 데이터 처리 지원에 대해 설명할 것이다.

JSON 데이터 작업

21장에서는 JSON^{JavaScript Object Notation} 포맷에 대한 Go 표준 라이브러리 지원을 설명한다. JSON은 단순하고 여러 플랫폼에서 동작하기 때문에 사실상 데이터를 나타내는 표준이다. 이전에 JSON을 접한 적 없는 경우 데이터 포맷에 대한 간결한 설명은 다음 링크(http://json.org)를 참조할 수 있다. JSON은 RESTful 웹 서비스에서 사용하는 데이터 포맷으로 자주 접할 수 있는데 3부에서 설명할 것이다. 표 21-1은 상황에 따른 JSON 기능을 설명하고 있다.

표 21-1 상황에 따른 JSON 데이터 작업

질문	답
무엇인가?	JSON 데이터는 특히 HTTP 애플리케이션에서 데이터 교환을 위한 표준이다.
왜 유용한가?	JSON은 모든 언어에서 지원할 만큼 단순하지만 비교적 복잡한 데이터를 나타낼 수 있다.
어떻게 사용하는가?	encoding/json 패키지는 JSON 데이터 인코딩 및 디코딩을 지원한다.
함정이나 제한 사항?	모든 Go 데이터 타입을 JSON으로 표현할 수 없기 때문에 개발자는 Go 데이터 타입을 표현하는 방식을 고민해야 한다.
대안이 있는가?	사용할 수 있는 다른 많은 데이터 인코딩이 있고 그중 일부는 Go 표준 라이브러리에서 지원하고 있다.

표 21-2는 21장을 요약한 것이다.

표 21-2 21장 요약

문제	해결 방법	리스트 참조 번호
JSON 데이터를 인코딩한다.	Writer로 Encoder를 만들고 Encode 메서드를 호출한다.	2-7, 14, 15
구조체 인코딩을 제어한다.	JSON 구조체 태그를 사용하거나 Mashaler 인터페이스를 구현한다.	8-13, 16
JSON 데이터를 디코딩한다.	Reader로 Decoder를 만들고 Decode 메서드를 호출한다.	17-25
구조체 디코딩을 제어한다.	JSON 구조체 태그를 사용하거나 Unmashaler 인터페이스를 구현한다.	26-28

21장 준비

21장 예제를 준비하기 위해 새 CMD를 열어 편리한 위치로 이동한 다음 readersandwriters 폴더를 생성한다. readersandwriters 폴더에서 리스트 21-1의 명령어를 실행해 모듈 파일을 생성해보자.

> **■ 팁 ■**
>
> 다음 링크(https://github.com/apress/pro-go)에서 21장 및 책의 다른 모든 장에 대한 예제 프로젝트를 다운로드 할 수 있다. 예제를 실행하는 데 문제가 발생한 경우 도움받는 방법은 2장을 참조한다.

리스트 21-1 실행 프로젝트 컴파일

```
go run .
```

컴파일한 프로젝트를 실행할 때 다음 출력을 생성한다.

```
It was a kayak. A huge kayak.
```

JSON 데이터 읽기 및 쓰기

encoding/json 패키지는 JSON 데이터 인코딩 및 디코딩을 지원한다. 빠른 참조를 위해 표 21-3은 JSON 데이터를 인코딩 및 디코딩하기 위한 구조체를 생성할 때 사용하는 생성자 함수를 설명하고 있다.

> **■ 노트 ■**
>
> Go 표준 라이브러리에는 XML 및 CSV를 포함한 기타 데이터 형식의 패키지가 포함돼 있다. 자세한 내용은 다음 링크(https://golang.org/pkg/encoding)를 참조한다.

표 21-3 JSON 데이터를 위한 encoding/json 생성자 함수

이름	설명
NewEncoder(writer)	JSON 데이터를 인코딩하고 지정한 Writer에 쓸 때 사용할 수 있는 Encoder를 반환한다.
NewDecoder(reader)	지정한 Reader에서 JSON 데이터를 읽고 디코딩하기 위해 사용할 수 있는 Decoder를 반환한다.

encoding/json 패키지는 표 21-4처럼 Reader 또는 Writer를 사용하지 않고 JSON을 인코딩 및 디코딩하는 함수를 제공한다.

표 21-4 JSON 데이터를 생성 및 파싱하는 함수

이름	설명
Marshal(value)	지정한 값을 JSON으로 인코딩한다. 결과는 인코딩 문제를 나타내는 바이트 슬라이스 및 error로 표현한 JSON 콘텐츠다.
Unmarshal(byteSlice, val)	지정한 바이트 슬라이스에 포함한 JSON 데이터를 파싱하고 결과를 지정한 값에 할당한다.

JSON 데이터 인코딩

NewEncoder 생성자 함수는 Encoder를 생성하기 위해 사용한다. Encoder는 JSON 데이터를 표 21-5에 설명한 메서드를 사용해 Writer에 JSON 데이터를 쓸 때 사용할 수 있다.

표 21-5 Encoder 메서드

이름	설명
Encode(val)	지정한 값을 JSON으로 인코딩하고 Writer에 쓴다.
SetEscapeHTML(on)	bool 인수를 허용하는데 true인 경우 HTML에서 이스케이프될 위험이 있는 문자를 인코딩한다. 기본 동작은 이러한 문자를 이스케이프 처리하는 것이다.[1]
SetIndent(prefix, indent)	JSON 출력의 각 필드 이름에 적용하는 접두사 및 들여쓰기를 지정한다.

자바스크립트를 제외한 모든 언어에서 JSON으로 표현한 데이터 타입은 기본 데이터 타입과 정확히 일치하지 않는다. 표 21-6은 기본 Go 데이터 타입을 JSON으로 표현하는 방식을 요약하고 있다.

표 21-6 기본 Go 데이터 타입을 JSON으로 표현

데이터 타입	설명
bool	Go bool 값은 JSON true 또는 false로 표현한다.
string	Go string 값은 JSON 문자열로 표현한다. 기본적으로 안전하지 않은 HTML 문자를 이스케이프한다.
float32, float64	Go 부동 소수점 값은 JSON 숫자로 표현한다.
int, int⟨size⟩	Go 정수 값은 JSON 숫자로 표현한다.
uint, uint⟨size⟩	Go 정수 값은 JSON 숫자로 표현한다.
byte	Go 바이트는 JSON 숫자로 표현한다.
rune	Go 룬은 JSON 숫자로 표현한다.
nil	Go nil 값은 JSON null 값으로 표현한다.
Pointers	JSON 인코더는 포인터를 역참조해 포인터 위치 값을 인코딩한다.

---

1   이스케이프 처리는 문자 앞에 백슬래시(/)를 추가하는 것이다. – 옮긴이

리스트 21-2는 JSON 인코더를 생성하고 일부 기본 Go 타입을 인코딩하는 과정을 보여준다.

리스트 21-2 readersandwriters 폴더 내 main.go 파일에서 JSON 데이터 인코딩

```go
package main

import (
  //"io"
  "strings"
  "fmt"
  "encoding/json"
)

// func writeReplaced(writer io.Writer, str string, subs ...string) {
//   replacer := strings.NewReplacer(subs...)
//   replacer.WriteString(writer, str)
// }

func main() {

  var b bool = true
  var str string = "Hello"
  var fval float64 = 99.99
  var ival int = 200
  var pointer *int = &ival

  var writer strings.Builder
  encoder := json.NewEncoder(&writer)

  for _, val := range []interface{} {b, str, fval, ival, pointer} {
    encoder.Encode(val)
  }

  fmt.Print(writer.String())
}
```

리스트 21-2는 서로 다른 기본 타입의 변수를 정의한다. NewEncoder 생성자는 Encoder를 생성하기 위해 사용하고 for 루프는 각 값을 JSON으로 인코딩하기 위해 사용한다. 데이터는 JSON을 표시하기 위해 String 메서드를 호출하는 Builder에 기록한다. 프로젝트를 컴파일 및 실행하면 다음과 같은 결과를 표시한다.

```
true
"Hello"
99.99
200
200
```

리스트 21-2의 출력을 생성하기 위해 fmt.Print 함수를 사용한 것에 주목해보자. JSON Encoder는 각 값을 인코딩한 후 개행 문자를 추가한다.

배열 및 슬라이스 인코딩

Go 슬라이스와 배열은 JSON 배열로 인코딩한다. 단, 바이트 슬라이스는 base64로 인코딩한 문자열로 표현한다. 그러나 바이트 배열은 JSON 숫자 배열로 인코딩한다. 리스트 21-3은 바이트를 포함한 배열과 슬라이스에 대한 지원을 보여준다.

리스트 21-3 readersandwriters 폴더 내 main.go 파일에서 슬라이스 및 배열 인코딩

```go
package main

import (
  "strings"
  "fmt"
  "encoding/json"
)

func main() {

  names := []string {"Kayak", "Lifejacket", "Soccer Ball"}
  numbers := [3]int { 10, 20, 30}
  var byteArray [5]byte
  copy(byteArray[0:], []byte(names[0]))
  byteSlice := []byte(names[0])

  var writer strings.Builder
  encoder := json.NewEncoder(&writer)

  encoder.Encode(names)
  encoder.Encode(numbers)
  encoder.Encode(byteArray)
  encoder.Encode(byteSlice)

  fmt.Print(writer.String())
}
```

Encoder는 바이트 슬라이스를 제외한 각 배열을 JSON 구문으로 표현한다. 프로젝트를 컴파일 및 실행하면 다음과 같은 결과를 표시한다.

```
["Kayak","Lifejacket","Soccer Ball"]
[10,20,30]
[75,97,121,97,107]
"S2F5YWs="
```

바이트 배열과 바이트 슬라이스는 내용이 동일한 경우에도 다르게 처리하는 것에 주의해야
한다.

맵 인코딩

Go 맵은 객체 키로 사용하는 맵 키와 함께 JSON 객체로 인코딩한다. 맵에 포함한 값은 타입
에 따라 인코딩한다. 리스트 21-4는 float64 값을 포함하는 맵을 인코딩한다.

> **■ 팁 ■**
>
> 맵은 또한 Go 데이터의 사용자 정의 JSON 표현을 생성할 때 유용하다. '완전한 사용자 정의 JSON 인코딩 생성'
> 절에서 설명하도록 한다.

리스트 21-4 readersandwriters 폴더 내 main.go 파일에서 맵 인코딩

```go
package main

import (
  "strings"
  "fmt"
  "encoding/json"
)

func main() {

  m := map[string]float64 {
    "Kayak": 279,
    "Lifejacket": 49.95,
  }

  var writer strings.Builder
  encoder := json.NewEncoder(&writer)

  encoder.Encode(m)

  fmt.Print(writer.String())
}
```

프로젝트를 컴파일 및 실행하면 맵의 키와 값을 JSON 개체로 인코딩하는 방식을 보여주는 다
음 출력을 표시한다.

```
{"Kayak":279,"Lifejacket":49.95}
```

구조체 인코딩

Encoder는 리스트 21-5와 같이 export하는 구조체 필드 이름을 개체의 키로 사용하고 필드 값을 개체의 값으로 사용해 구조체 값을 JSON 개체로 표현한다. export하지 않은 필드는 무시한다.

리스트 21-5 readersandwriters 폴더 내 main.go 파일에서 구조체 인코딩

```
package main

import (
  "strings"
  "fmt"
  "encoding/json"
)

func main() {

  var writer strings.Builder
  encoder := json.NewEncoder(&writer)
  encoder.Encode(Kayak)
  fmt.Print(writer.String())
}
```

위 예제는 20장에서 정의한 Kayak이라는 Product 구조체 값을 인코딩한다. Product 구조체는 export한 Name, Category, Price 필드를 정의한다. 프로젝트를 컴파일 및 실행할 때 생성한 출력에서 해당 필드를 확인할 수 있다.

```
{"Name":"Kayak","Category":"Watersports","Price":279}
```

인코딩에서 JSON 승격 효과 이해

구조체이기도 한 임베디드 필드를 구조체가 정의하는 경우 임베디드 구조체의 필드는 인클로징 타입이 정의한 것처럼 승격되고 인코딩된다. 리스트 21-6 내용과 함께 discount.go라는 파일을 생성해 Readersandwriters 폴더에 추가해보자.

리스트 21-6 readersandwriters 폴더 내 discount.go 파일 소스 코드

```
package main

type DiscountedProduct struct {
  *Product
  Discount float64
}
```

DiscountedProduct 구조체 타입은 임베디드 Product 필드를 정의한다. 리스트 21-7은 DiscountedProduct를 생성하고 JSON으로 인코딩한다.

리스트 21-7 readersandwriters 폴더 내 main.go 파일에서 임베디드 필드를 갖는 구조체 인코딩

```
package main

import (
  "strings"
  "fmt"
  "encoding/json"
)

func main() {

  var writer strings.Builder
  encoder := json.NewEncoder(&writer)
  dp := DiscountedProduct {
    Product: &Kayak,
    Discount: 10.50,
  }
  encoder.Encode(&dp)
  fmt.Print(writer.String())
}
```

프로젝트를 컴파일 및 실행할 때 출력처럼 Encoder는 JSON 출력에서 Product 필드를 승격한다.

```
{"Name":"Kayak","Category":"Watersports","Price":279,"Discount":10.5}
```

리스트 21-7은 구조체 값에 대한 포인터를 인코딩한다. Encode 함수는 포인터를 역참조해 해당 위치에서 값을 인코딩한다. 즉 리스트 21-7의 코드는 복사본을 생성하지 않고 DiscountedProduct 값을 인코딩한다.

구조체 JSON 인코딩 사용자 지정

구조체를 인코딩하는 방식은 필드 뒤에 오는 문자열 리터럴인 구조체 태그를 사용해 사용자 지정할 수 있다. 구조체 태그는 28장에서 설명하는 리플렉션reflection에 대한 Go 지원의 일부이지만, 21장에서는 태그가 필드를 따르고 리스트 21-8과 같이 필드를 JSON에서 인코딩하는 방식의 두 가지 측면을 변경하기 위해 사용할 수 있음을 아는 것으로 충분하다.

리스트 21-8 readersandwriters 폴더 내 discount.go 파일에서 구조체 태그 사용

```
package main

type DiscountedProduct struct {
```

```
  *Product `json:"product"`
  Discount float64
}
```

구조체 태그는 그림 21-1에 표시한 특정 포맷을 따른다. json이라는 용어 뒤에는 콜론이 오고 그 뒤에 필드를 인코딩할 때 사용해야 하는 이름이 큰따옴표로 묶여 있다. 전체 태그는 백틱 backtick으로 묶인다.

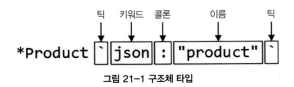

그림 21-1 구조체 타입

리스트 21-8의 태그는 임베디드 필드에 대한 이름 product을 지정한다. 프로젝트를 컴파일 및 실행하면 태그를 사용할 때 필드 승격이 방지됐음을 보여주는 다음 출력을 표시한다.

```
{"product":{"Name":"Kayak","Category":"Watersports","Price":279},"Discount":10.5}
```

필드 생략

Encoder는 리스트 21-9처럼 이름에 하이픈(- 문자)을 지정하는 태그가 붙은 필드를 건너뛴다.

리스트 21-9 readersandwriters 폴더 내 discount.go 파일에서 필드 생략

```
package main

type DiscountedProduct struct {
  *Product `json:"product"`
  Discount float64 `json:"-"`
}
```

새 태그는 Encoder가 DiscountedProduct 값의 JSON 표현을 생성할 때 Discount 필드를 스킵skip하도록 한다. 프로젝트를 컴파일 및 실행하면 다음과 같은 결과를 표시한다.

```
{"product":{"Name":"Kayak","Category":"Watersports","Price":279}}
```

미할당 필드 생략

기본적으로 리스트 21-10처럼 JSON Encoder는 값을 할당하지 않은 경우에도 구조체 필드를 포함시킨다.

리스트 21-10 readersandwriters 폴더 내 main.go 파일에서 미할당 필드

```go
package main

import (
  "strings"
  "fmt"
  "encoding/json"
)

func main() {

  var writer strings.Builder
  encoder := json.NewEncoder(&writer)

  dp := DiscountedProduct {
    Product: &Kayak,
    Discount: 10.50,
  }
  encoder.Encode(&dp)

  dp2 := DiscountedProduct { Discount: 10.50 }
  encoder.Encode(&dp2)

  fmt.Print(writer.String())
}
```

코드를 컴파일 및 실행하면 nil 필드에 대한 기본 처리를 볼 수 있다.

```
{"product":{"Name":"Kayak","Category":"Watersports","Price":279}}
{"product":null}
```

nil 필드를 생략하기 위해 리스트 21-11처럼 omitempty 키워드를 필드의 태그에 추가한다.

리스트 21-11 readersandwriters 폴더 내 discount.go 파일에서 nil 필드 생략

```go
package main

type DiscountedProduct struct {
  *Product `json:"product,omitempty"`
  Discount float64 `json:"-"`
}
```

omitempty 키워드는 공백 없이 쉼표로 필드 이름과 구분한다. 코드를 컴파일 및 실행하면 빈 필드가 없는 출력을 표시한다.

```
{"product":{"Name":"Kayak","Category":"Watersports","Price":279}}
{}
```

이름이나 필드 승격을 변경하지 않고 nil 필드를 건너뛰려면 리스트 21-12와 같이 이름 없이 omitempty 키워드를 지정할 수 있다.

리스트 21-12 readersandwriters 폴더 내 discount.go 파일에서 필드 생략

```
package main

type DiscountedProduct struct {
  *Product `json:",omitempty"`
  Discount float64 `json:"-"`
}
```

임베디드 필드에 값을 할당한 경우 Encoder는 Product 필드를 승격시키고 값을 할당하지 않은 경우 필드를 생략한다. 프로젝트를 컴파일 및 실행하면 다음과 같은 결과를 표시한다.

```
{"Name":"Kayak","Category":"Watersports","Price":279}
{}
```

필드 문자열 인코딩 강제

구조체 태그는 리스트 21-13과 같이 필드 값을 강제로 문자열로 인코딩해 필드 타입에 대한 일반 인코딩을 재정의하기 위해 사용할 수 있다.

리스트 21-13 readersandwriters 폴더 내 discount.go 파일에서 문자열 평가 강제

```
package main

type DiscountedProduct struct {
  *Product `json:",omitempty"`
  Discount float64 `json:",string"`
}
```

string 키워드를 추가하면 기본 인코딩을 재정의하고 Discount 필드에 대한 문자열 생성한다. 프로젝트를 컴파일 및 실행하면 출력에서 확인할 수 있다.

```
{"Name":"Kayak","Category":"Watersports","Price":279,"Discount":"10.5"}
{"Discount":"10.5"}
```

인터페이스 인코딩

JSON 인코더는 인터페이스 변수에 할당한 값에 사용할 수 있지만 인코딩되는 동적 타입이다. 리스트 21-14의 내용을 담은 interface.go 파일을 생성해 readerandwriters 폴더에 추가해 보자.

```
package main

type Named interface { GetName() string }

type Person struct { PersonName string}
func (p *Person) GetName() string { return p.PersonName}

func (p *DiscountedProduct) GetName() string { return p.Name}
```

interface.go 파일은 간단한 인터페이스와 이를 구현하는 구조체를 정의할 뿐만 아니라, 인터페이스를 구현하도록 DiscountedProduct 구조체에 대한 메서드를 정의한다. 리스트 21-15는 JSON 인코더를 사용해 인터페이스 슬라이스를 인코딩한다.

리스트 21-15 readersandwriters 폴더 내 main.go 파일에서 인터페이스 슬라이스 인코딩

```
package main

import (
  "strings"
  "fmt"
  "encoding/json"
)

func main() {

  var writer strings.Builder
  encoder := json.NewEncoder(&writer)

  dp := DiscountedProduct {
    Product: &Kayak,
    Discount: 10.50,
  }

  namedItems := []Named { &dp, &Person{ PersonName: "Alice"}}
  encoder.Encode(namedItems)

  fmt.Print(writer.String())
}
```

Named 값 슬라이스에는 다음과 같이 프로젝트를 컴파일 및 실행했을 때 볼 수 있는 다양한 동적 타입을 포함하고 있다.

```
[{"Name":"Kayak","Category":"Watersports","Price":279,"Discount":"10.5"},
 {"PersonName":"Alice"}]
```

JSON을 조정할 때 인터페이스의 어떤 측면도 사용하지 않는다. 슬라이스의 각 값에서 export 한 모든 필드는 JSON에 포함하기 때문에 유용한 기능이 될 수 있지만 이러한 종류의 JSON을 디코딩할 때는 주의해야 한다. '배열 디코딩' 절에서 설명하겠지만 각 값이 서로 다른 필드 집합을 가질 수 있기 때문이다.

완전한 사용자 정의 JSON 인코딩 생성

Encoder는 구조체가 사용자 지정 인코딩이 있고 표 21-7에 설명한 메서드를 정의하는 타입을 나타내는 Marshaler 인터페이스를 구현하는지 여부를 확인한다.

표 21-7 Marshaler 메서드

이름	설명
MarshalJSON()	값의 JSON 표현을 생성하기 위해 호출하고 JSON을 포함한 바이트 슬라이스 및 인코딩 문제를 나타내는 error를 반환한다.

리스트 21-16은 DiscountedProduct 구조체 타입의 포인터에 대한 Marshaler 인터페이스를 구현한다.

리스트 21-16 readersandwriters 폴더 내 discount.go 파일에서 Marshaler 인터페이스 구현

```
package main

import "encoding/json"

type DiscountedProduct struct {
  *Product `json:",omitempty"`
  Discount float64 `json:",string"`
}

func (dp *DiscountedProduct) MarshalJSON() (jsn []byte, err error) {
  if (dp.Product != nil) {
    m := map[string]interface{} {
      "product": dp.Name,
      "cost": dp.Price - dp.Discount,
    }
    jsn, err = json.Marshal(m)
  }
  return
}
```

MarshalJSON 메서드는 프로젝트에 적합한 방식으로 JSON을 생성할 수 있지만 가장 안정적인 접근 방식은 인코딩 맵 지원을 사용하는 것이다. 문자열 키로 맵을 정의하고 값에 대해 빈인터페이스를 사용한다. 키-값 쌍을 맵에 추가하면 JSON을 빌드한 다음 표 21-7에 설명한

Marshal 함수에 맵을 전달할 수 있다. Marshal 함수는 기본 제공 지원을 사용해 맵에 포함한 각 값을 인코딩한다. 프로젝트를 컴파일 및 실행하면 다음과 같은 결과를 표시한다.

```
[{"cost":268.5,"product":"Kayak"},{"PersonName":"Alice"}]
```

JSON 데이터 디코딩

NewDecoder 생성자 함수는 표 21-8에 설명한 메서드를 사용해 Reader에서 얻은 JSON 데이터를 디코딩할 때 사용할 수 있는 Decoder를 생성한다.

표 21-8 Decoder 메서드

이름	설명
Decode(value)	지정한 값을 생성하기 위해 사용하는 데이터를 읽고 디코딩한다. 해당 메서드는 데이터를 필수 타입 또는 EOF로 디코딩할 때 문제가 있음을 나타내는 error를 반환한다.
DisallowUnknownFields()	기본적으로 구조체 타입을 디코딩할 때 Decoder는 해당 구조체 필드가 없는 JSON 데이터의 모든 키를 무시한다. 해당 메서드를 호출하면 Decode가 키를 무시하지 않고 error를 반환한다.
UseNumber()	기본적으로 JSON 숫자 값은 float64 값으로 디코딩한다. 해당 메서드를 호출하면 '숫자 값 디코딩' 절에서 설명한 것처럼 숫자 타입을 대신 사용한다.

리스트 21-17은 기본 데이터 타입의 디코딩을 보여준다.

리스트 21-17 readersandwriters 폴더 내 main.go 파일에서 기본 데이터 타입 디코딩

```go
package main

import (
  "strings"
  //"fmt"
  "encoding/json"
  "io"
)

func main() {

  reader := strings.NewReader(`true "Hello" 99.99 200`)

  vals := []interface{} { }

  decoder := json.NewDecoder(reader)

  for {
    var decodedVal interface{}
    err := decoder.Decode(&decodedVal)
    if (err != nil) {
      if (err != io.EOF) {
```

```
          Printfln("Error: %v", err.Error())
        }
        break
      }
      vals = append(vals, decodedVal)
    }

    for _, val := range vals {
      Printfln("Decoded (%T): %v", val, val)
    }
  }
```

공백으로 구분한 일련의 값을 포함한 문자열에서 데이터를 생성하는 Reader를 만든다(JSON 사양에는 값을 공백이나 개행 문자로 구분할 수 있다).

데이터를 디코딩하는 첫 번째 단계는 Reader를 허용하는 Decoder를 만드는 것이다. 여러 값을 디코딩하고 싶으면 for 루프 내에서 Decode 메서드를 호출한다. Decoder는 다음과 같이 Decode 메서드 인수로 빈 인터페이스 포인터를 제공해 JSON 값에 대해 적절한 Go 데이터 타입을 선택할 수 있다.

```
...
var decodedVal interface{}
err := decoder.Decode(&decodedVal)
...
```

Decode 메서드는 디코딩 문제를 나타내는 error를 반환하지만 io.EOF 에러를 사용해 데이터의 끝을 알릴 때도 사용한다. for 루프는 EOF까지 반복적으로 값을 디코딩한 다음 17장에서 설명한 포매팅 동사를 사용해 디코딩한 각 타입과 값을 작성하기 위해 또 다른 for 루프를 사용한다. 프로젝트를 컴파일 및 실행하면 디코딩한 값을 확인할 수 있다.

```
Decoded (bool): true
Decoded (string): Hello
Decoded (float64): 99.99
Decoded (float64): 200
```

숫자 값 디코딩

JSON은 단일 데이터 타입을 사용해 부동 소수점 값과 정수 값을 모두 나타낸다. Decoder는 이러한 숫자 값을 이전 예제의 출력에서 볼 수 있는 float64 값으로 디코딩한다.

해당 동작은 Decoder에서 UseNumber 메서드를 호출해 변경할 수 있다. 그러면 JSON 숫자 값이 encoding/json 패키지에 정의한 Number 타입으로 디코딩한다. Number 타입은 표 21-9에 설명한 메서드를 정의한다.

표 21-9 Number 타입이 정의한 메서드

이름	설명
Int64()	디코딩한 값을 int64로 반환하고 값을 변환할 수 없음을 나타내는 error를 반환한다.
Float64()	디코딩한 값을 float64로 반환하고 값을 변환할 수 없음을 나타내는 error를 반환한다.
String()	JSON 데이터에서 변환하지 않은 string을 반환한다.

표 21-9의 메서드는 순서대로 사용한다. 모든 JSON 숫자 값을 Go int64 값으로 표현할 수 없기 때문에 일반적으로 가장 먼저 호출되는 메서드는 Int64다. 정수로 변환 시도가 실패하면 Float64 메서드를 호출할 수 있다. 숫자를 Go 타입으로 변환할 수 없는 경우 String 메서드를 사용해 JSON 데이터에서 변환하지 않은 문자열을 가져올 수 있다. 해당 시퀀스는 리스트 21-18에 나와 있다.

리스트 21-18 readersandwriters 폴더 내 main.go 파일에서 숫자 디코딩

```go
package main

import (
  "strings"
  //"fmt"
  "encoding/json"
  "io"
)

func main() {

  reader := strings.NewReader(`true "Hello" 99.99 200`)

  vals := []interface{} { }

  decoder := json.NewDecoder(reader)
  decoder.UseNumber()

  for {
    var decodedVal interface{}
    err := decoder.Decode(&decodedVal)
    if (err != nil) {
      if (err != io.EOF) {
        Printfln("Error: %v", err.Error())
      }
      break
    }
    vals = append(vals, decodedVal)
  }

  for _, val := range vals {
    if num, ok := val.(json.Number); ok {
```

```
        if ival, err := num.Int64(); err == nil {
            Printfln("Decoded Integer: %v", ival)
        } else if fpval, err := num.Float64(); err == nil {
            Printfln("Decoded Floating Point: %v", fpval)
        } else {
            Printfln("Decoded String: %v", num.String())
        }
    } else {
        Printfln("Decoded (%T): %v", val, val)
    }
  }
}
```

코드를 컴파일 및 실행하면 JSON 값 중 하나를 int64 값으로 변환한 것을 확인할 수 있다.

```
Decoded (bool): true
Decoded (string): Hello
Decoded Floating Point: 99.99
Decoded Integer: 200
```

디코딩 타입 지정

이전 예제는 다음과 같이 빈 인터페이스 변수를 Decode 메서드에 전달했다.

```
...
var decodedVal interface{}
err := decoder.Decode(&decodedVal)
...
```

이렇게 하면 Decoder가 디코딩하는 JSON 값에 대해 Go 데이터 타입을 선택할 수 있다. 디코딩 중인 JSON 데이터의 구조를 알고 있는 경우 리스트 21-19처럼 해당 타입의 변수를 사용해 디코딩한 값을 수신함으로써 특정 Go 타입을 사용하도록 Decoder에 지시할 수 있다.

리스트 21-19 readersandwriters 폴더 내 main.go 파일에서 디코딩 타입 지정

```
package main

import (
  "strings"
  //"fmt"
  "encoding/json"
  //"io"
)

func main() {

  reader := strings.NewReader(`true "Hello" 99.99 200`)
```

```
    var bval bool
    var sval string
    var fpval float64
    var ival int

    vals := []interface{} { &bval, &sval, &fpval, &ival }

    decoder := json.NewDecoder(reader)

    for i := 0; i < len(vals); i++ {
      err := decoder.Decode(vals[i])
      if err != nil {
        Printfln("Error: %v", err.Error())
        break
      }
    }

    Printfln("Decoded (%T): %v", bval, bval)
    Printfln("Decoded (%T): %v", sval, sval)
    Printfln("Decoded (%T): %v", fpval, fpval)
    Printfln("Decoded (%T): %v", ival, ival)
  }
```

리스트 21-19는 디코딩에 사용해야 하는 데이터 타입을 지정하고 편의를 위해 슬라이스로 함께 그룹화한다. 값은 프로젝트를 컴파일 및 실행할 때 표시하는 출력에서 볼 수 있는 대상 타입으로 디코딩된다.

```
Decoded (bool): true
Decoded (string): Hello
Decoded (float64): 99.99
Decoded (int): 200
```

디코더는 JSON 값을 지정한 타입으로 디코딩할 수 없는 경우 에러를 반환한다. 해당 기술은 디코딩할 JSON 데이터를 이해한다고 확신하는 경우에만 사용해야 한다.

배열 디코딩

Decoder는 배열을 자동으로 처리하지만 JSON은 배열이 다른 타입의 값을 포함할 수 있도록 허용하므로 주의해야 한다. JSON이 배열에 다른 타입의 값을 포함시키는 것은 Go에서 시행하는 엄격한 타입 규칙과 충돌한다. 리스트 21-20은 배열 디코딩을 보여준다.

리스트 21-20 readersandwriters 폴더 내 main.go 파일에서 배열 디코딩

```
package main

import (
```

```go
        "strings"
        //"fmt"
        "encoding/json"
        "io"
)

func main() {

    reader := strings.NewReader(`[10,20,30]["Kayak","Lifejacket",279]`)

    vals := []interface{} { }

    decoder := json.NewDecoder(reader)

    for {
      var decodedVal interface{}
      err := decoder.Decode(&decodedVal)
      if (err != nil) {
        if (err != io.EOF) {
          Printfln("Error: %v", err.Error())
        }
        break
      }
      vals = append(vals, decodedVal)
    }

    for _, val := range vals {
      Printfln("Decoded (%T): %v", val, val)
    }
}
```

소스 JSON 데이터는 2개의 배열을 포함하고 그중 하나는 숫자만 포함하고 다른 하나는 숫자와 문자열을 혼합한다. Decoder는 단일 Go 타입을 사용해 JSON 배열을 표현할 수 있는지 파악하려고 시도하지 않고 모든 배열을 빈 인터페이스 슬라이스로 디코딩한다.

```
Decoded ([]interface {}): [10 20 30]
Decoded ([]interface {}): [Kayak Lifejacket 279]
```

각 값은 JSON 값을 기반으로 입력하지만 슬라이스의 타입은 빈 인터페이스다. JSON 데이터의 구조를 미리 알고 있고 단일 JSON 데이터 타입을 포함하는 배열을 디코딩하는 경우 리스트 21-21과 같이 원하는 타입의 Go 슬라이스를 Decode 메서드에 전달할 수 있다.

리스트 21-21 readersandwriters 폴더 내 main.go 파일에서 디코딩한 배열 타입 지정

```go
package main

import (
```

```
    "strings"
    //"fmt"
    "encoding/json"
    //"io"
)

func main() {

    reader := strings.NewReader(`[10,20,30]["Kayak","Lifejacket",279]`)

    ints := []int {}
    mixed := []interface{} {}

    vals := []interface{} { &ints, &mixed}

    decoder := json.NewDecoder(reader)

    for i := 0; i < len(vals); i++ {
      err := decoder.Decode(vals[i])
      if err != nil {
        Printfln("Error: %v", err.Error())
        break
      }
    }

    Printfln("Decoded (%T): %v", ints, ints)
    Printfln("Decoded (%T): %v", mixed, mixed)
}
```

모든 값을 Go int 값으로 표시할 수 있기 때문에 JSON 데이터의 첫 번째 배열을 디코딩하기
위해 int 슬라이스를 지정할 수 있다. 두 번째 배열은 여러 값을 포함하고 있으므로 빈 인터페
이스를 대상 타입으로 지정해야 한다. 두 세트의 중괄호가 필요하기 때문에 빈 인터페이스를
사용할 때 리터럴 슬라이스 구문은 어색할 수 있다.

```
    ...
    mixed := []interface{} {}
    ...
```

빈 인터페이스 타입은 빈 중괄호(interface{})를 포함하고 빈 슬라이스({})를 지정하는 것도 마
찬가지다. 프로젝트를 컴파일 및 실행하면 첫 번째 JSON 배열을 int 슬라이스로 디코딩한 것
을 볼 수 있다.

```
Decoded ([]int): [10 20 30]
Decoded ([]interface {}): [Kayak Lifejacket 279]
```

맵 디코딩

자바스크립트 객체는 리스트 21-22와 같이 Go 맵으로 쉽게 디코딩할 수 있는 키-값 쌍으로 표현한다.

리스트 21-22 readersandwriters 폴더 내 main.go 파일에서 맵 디코딩

```
package main

import (
  "strings"
  //"fmt"
  "encoding/json"
  //"io"
)

func main() {

  reader := strings.NewReader(`{"Kayak" : 279, "Lifejacket" : 49.95}`)

  m := map[string]interface{} {}

  decoder := json.NewDecoder(reader)

  err := decoder.Decode(&m)
  if err != nil {
    Printfln("Error: %v", err.Error())
  } else {
    Printfln("Map: %T, %v", m, m)
    for k, v := range m {
      Printfln("Key: %v, Value: %v", k, v)
    }
  }
}
```

가장 안전한 접근 방식은 리스트 21-22와 같이 JSON 데이터의 모든 키-값 쌍을 맵으로 디코딩할 수 있도록 string 키와 빈 인터페이스 값으로 맵을 정의하는 것이다. JSON을 디코딩하면 맵 콘텐츠를 열거하기 위해 for 루프를 사용한다. 프로젝트를 컴파일 및 실행하면 다음 출력을 생성한다.

```
Map: map[string]interface {}, map[Kayak:279 Lifejacket:49.95]
Key: Kayak, Value: 279
Key: Lifejacket, Value: 49.95
```

단일 JSON 객체는 여러 데이터 타입에 값으로 사용할 수 있다. 단일 값 타입이 있는 JSON 객체를 디코딩할 것임을 미리 알고 있는 경우 디코딩하는 데이터를 포함할 맵을 정의할 때 리스트 21-23처럼 구체적으로 맵을 정의할 수 있다.

```go
package main

import (
  "strings"
  //"fmt"
  "encoding/json"
  //"io"
)

func main() {

  reader := strings.NewReader(`{"Kayak" : 279, "Lifejacket" : 49.95}`)

  m := map[string]float64 {}

  decoder := json.NewDecoder(reader)

  err := decoder.Decode(&m)
  if err != nil {
    Printfln("Error: %v", err.Error())
  } else {
    Printfln("Map: %T, %v", m, m)
    for k, v := range m {
      Printfln("Key: %v, Value: %v", k, v)
    }
  }
}
```

JSON 객체의 값은 모두 Go float64 타입을 사용해 나타낼 수 있기 때문에 리스트 21-23은 맵 타입을 map[string]float64로 변경한다. 프로젝트를 컴파일 및 실행하면 맵 타입을 변경한 것을 확인할 수 있다.

```
Map: map[string]float64, map[Kayak:279 Lifejacket:49.95]
Key: Kayak, Value: 279
Key: Lifejacket, Value: 49.95
```

구조체 디코딩

JSON 객체의 키-값 구조는 리스트 21-24처럼 Go 구조체 값으로 디코딩할 수 있다. 그러나 Go 구조체 값으로 디코딩하기 위해서는 데이터를 맵으로 디코딩하는 것보다 JSON 데이터에 대한 더 많은 지식이 필요하다.

이전에 설명했듯이 JSON 인코더는 동적 타입의 export 필드를 사용해 값을 인코딩함으로써 인터페이스를 처리한다. JSON이 키-값 쌍을 처리하고 메서드를 표현할 방법이 없기 때문이다. 따라서 JSON에서 인터페이스 변수로 직접 디코딩할 수 없다. 대신 구조체 또는 맵으로 디코딩한 다음 생성한 값을 인터페이스 변수에 할당해야 한다.

리스트 21-24 readersandwriters 폴더 내 main.go 파일에서 구조체 디코딩

```go
package main

import (
  "strings"
  //"fmt"
  "encoding/json"
  "io"
)

func main() {

  reader := strings.NewReader(`
    {"Name":"Kayak","Category":"Watersports","Price":279}
    {"Name":"Lifejacket","Category":"Watersports" }
    {"name":"Canoe","category":"Watersports", "price": 100, "inStock": true }
  `)

  decoder := json.NewDecoder(reader)

  for {
    var val Product
    err := decoder.Decode(&val)
    if err != nil {
      if err != io.EOF {
        Printfln("Error: %v", err.Error())
      }
      break
    } else {
      Printfln("Name: %v, Category: %v, Price: %v",
            val.Name, val.Category, val.Price)
    }
  }
}
```

Deocoder는 JSON 객체를 디코딩하고 키를 사용해 export 구조체 필드의 값을 설정한다. 필드와 JSON 키의 대소문자는 일치할 필요가 없다. Decoder는 구조체 필드가 없는 모든 JSON 키를 무시하고 JSON 키가 없는 구조체 필드를 무시한다. 리스트 21-24의 JSON 객체는 서로 다

른 대소문자를 포함하고 Product 구조체 필드보다 키가 더 많거나 적다. Deocoder는 가능한 한 최선을 다해 데이터를 처리하고 프로젝트를 컴파일 및 실행할 때 다음 출력을 생성한다.

```
Name: Kayak, Category: Watersports, Price: 279
Name: Lifejacket, Category: Watersports, Price: 0
Name: Canoe, Category: Watersports, Price: 100
```

미사용 키 불허용

기본적으로 Deocoder는 해당 구조체 필드가 없는 JSON 키를 무시한다. 이러한 동작은 DisallowUnknownFields 메서드를 호출해 변경할 수 있다. 리스트 21-25에서 볼 수 있듯이 이러한 키를 만나면 에러가 발생한다.

리스트 21-25 readersandwriters 폴더 내 main.go 파일에서 미사용 키 불허용

```
...
decoder := json.NewDecoder(reader)
decoder.DisallowUnknownFields()
...
```

리스트 21-25에 정의한 JSON 객체 중 하나는 해당 Product 필드가 없는 inStock 키를 포함한다. 일반적으로 inStock 키는 무시되지만 DisallowUnknownFields 메서드를 호출했기 때문에 JSON 객체를 디코딩하면 출력에서 볼 수 있는 에러를 생성한다.

```
Name: Kayak, Category: Watersports, Price: 279
Name: Lifejacket, Category: Watersports, Price: 0
Error: json: unknown field "inStock"
```

디코딩 제어를 위한 구조체 태그 사용

JSON 객체에 사용하는 키는 Go 프로젝트의 구조체가 정의한 필드와 항상 일치하지는 않는다. 이러한 경우 리스트 21-26처럼 구조체 태그를 사용해 JSON 데이터와 구조체 사이를 매핑할 수 있다.

리스트 21-26 readersandwriters 폴더 내 main.go 파일에서 구조체 태그 사용

```
package main

import "encoding/json"

type DiscountedProduct struct {
  *Product `json:",omitempty"`
  Discount float64 `json:"offer,string"`
}
```

```
func (dp *DiscountedProduct) MarshalJSON() (jsn []byte, err error) {
  if (dp.Product != nil) {
    m := map[string]interface{} {
      "product": dp.Name,
      "cost": dp.Price - dp.Discount,
    }
    jsn, err = json.Marshal(m)
  }
  return
}
```

Discount 필드에 적용한 태그는 Decoder에게 해당 필드의 값이 offer라는 JSON 키에서 가져와야 하고 일반적으로 Go float64 값으로 예상하는 JSON 번호 대신 문자열에서 값을 파싱할 것임을 알린다. 리스트 21-27은 JSON 문자열을 DiscountedProduct 구조체 값으로 디코딩한다.

리스트 21-27 readersandwriters 폴더 내 main.go 파일에서 태그로 구조체 디코딩

```
package main

import (
  "strings"
  //"fmt"
  "encoding/json"
  "io"
)

func main() {

  reader := strings.NewReader(`
    {"Name":"Kayak","Category":"Watersports","Price":279, "Offer": "10"}`)

  decoder := json.NewDecoder(reader)

  for {
    var val DiscountedProduct
    err := decoder.Decode(&val)
    if err != nil {
      if err != io.EOF {
        Printfln("Error: %v", err.Error())
      }
      break
    } else {
      Printfln("Name: %v, Category: %v, Price: %v, Discount: %v",
        val.Name, val.Category, val.Price, val.Discount)
    }
  }
}
```

프로젝트를 컴파일 및 실행하면 JSON 데이터의 디코딩을 제어하기 위해 구조체 태그를 어떻게 사용했는지 확인할 수 있다.

```
Name: Kayak, Category: Watersports, Price: 279, Discount: 10
```

완전한 사용자 정의 JSON 디코더 생성

Decoder는 구조체가 사용자 정의 인코딩이 있는 타입을 나타내고 표 21-10에 설명한 메서드를 정의하는 Unmarshaler 인터페이스를 구현하는지 여부를 확인한다.

표 21-10 Unmarshaler 메서드

이름	설명
UnmarshalJSON(byteSlice)	지정한 바이트 슬라이스에 포함한 JSON 데이터를 디코딩하기 위해 호출한다. 인코딩 문제를 나타내는 에러를 반환한다.

리스트 21-28은 DiscountedProduct 구조체 타입 포인터에 대한 인터페이스를 구현한다.

리스트 21-28 readersandwriters 폴더 내 main.go 파일에서 사용자 정의 디코더 정의

```go
package main

import (
  "encoding/json"
  "strconv"
)

type DiscountedProduct struct {
  *Product `json:",omitempty"`
  Discount float64 `json:"offer,string"`
}

func (dp *DiscountedProduct) MarshalJSON() (jsn []byte, err error) {
  if (dp.Product != nil) {
    m := map[string]interface{} {
      "product": dp.Name,
      "cost": dp.Price - dp.Discount,
    }
    jsn, err = json.Marshal(m)
  }
  return
}

func (dp *DiscountedProduct) UnmarshalJSON(data []byte) (err error) {

  mdata := map[string]interface{} {}
  err = json.Unmarshal(data, &mdata)
```

596

```go
    if (dp.Product == nil) {
      dp.Product = &Product{}
    }

    if (err == nil) {
      if name, ok := mdata["Name"].(string); ok {
        dp.Name = name
      }
      if category, ok := mdata["Category"].(string); ok {
        dp.Category = category
      }
      if price, ok := mdata["Price"].(float64); ok {
        dp.Price = price
      }
      if discount, ok := mdata["Offer"].(string); ok {
        fpval, fperr := strconv.ParseFloat(discount, 64)
        if (fperr == nil) {
          dp.Discount = fpval
        }
      }
    }
  return
}
```

UnmarshalJSON 메서드의 구현은 Unmarshal 메서드를 사용해 JSON 데이터를 맵으로 디코딩한 다음 DiscountedProduct 구조체에 필요한 각 값의 타입을 확인한다. 프로젝트를 컴파일 및 실행하면 사용자 지정 디코딩을 표시한다.

```
Name: Kayak, Category: Watersports, Price: 279, Discount: 10
```

✦ 요약

21장에서는 20장에서 설명한 Reader 및 Writer 인터페이스에 의존하는 JSON 데이터 작업을 위한 Go 지원을 설명했다. Reader 및 Writer 인터페이스는 표준 라이브러리 전체에서 일관되게 사용하고 파일을 읽고 쓰는 방법을 설명하는 22장에서도 확인할 수 있다.

파일 작업

22장에서는 파일 및 디렉터리 작업을 위해 Go 표준 라이브러리가 제공하는 기능을 설명한다. Go는 여러 플랫폼에서 실행할 수 있고 표준 라이브러리는 플랫폼 중립적인 접근 방식을 취하기 때문에 다양한 운영체제에서 사용하는 파일 시스템을 이해할 필요 없이 코드를 작성할 수 있다. 표 22–1은 상황에 따른 파일 작업을 보여준다.

표 22–1 상황에 따른 파일 작업

질문	답
무엇인가?	파일을 읽고 쓸 수 있도록 파일 시스템에 대한 액세스를 제공하는 기능이다.
왜 유용한가?	파일은 로깅에서 구성 파일에 이르기까지 모든 곳에서 사용한다.
어떻게 사용하는가?	파일 시스템에 대한 플랫폼 중립 액세스를 제공하는 os 패키지를 통해 사용할 수 있다.
함정이나 제한 사항?	특히 경로를 처리할 때 기본 파일 시스템을 고려해야 한다.
대안이 있는가?	Go는 데이터베이스와 같은 데이터 저장의 대체 방법을 지원하지만 파일 액세스를 위한 대체 메커니즘은 없다.

표 22–2는 22장을 요약한 것이다.

표 22–2 22장 요약

문제	해결 방법	리스트 참조 번호
파일 내용을 읽는다.	ReadFile 함수를 사용한다.	6–8
파일을 읽는 방법을 제어한다.	File 구조체를 얻어 구조체가 제공하는 기능을 사용한다.	9–10
파일 내용을 쓴다.	WriteFile 함수를 사용한다.	11
파일을 쓰는 방법을 제어한다.	File 구조체를 얻어 구조체가 제공하는 기능을 사용한다.	12, 13
새 파일을 생성한다.	Create 또는 CreateTemp 함수를 사용한다.	14
파일 경로를 작업한다.	path/filepath 패키지 내 함수를 사용하거나 os 패키지 내 함수가 있는 공통 위치를 사용한다.	15
파일과 디렉터리를 관리한다.	os 패키지가 제공하는 함수를 사용한다.	16–17, 19, 20
파일이 존재하는지 확인한다.	Stat 함수가 반환하는 error를 검사한다.	18

⫶ 22장 준비

22장 예제를 준비하기 위해 새 CMD를 열어 편리한 위치로 이동한 다음 files 폴더를 생성한다. files 폴더에서 리스트 22-1의 명령어를 실행해 모듈 파일을 생성해보자.

> **▪ 팁 ▪**
>
> 다음 링크(https://github.com/apress/pro-go)에서 22장 및 책의 다른 모든 장에 대한 예제 프로젝트를 다운로드할 수 있다. 예제를 실행하는 데 문제가 발생한 경우 도움받는 방법은 2장을 참조한다.

리스트 22-1 모듈 초기화

```
go mod init files
```

리스트 22-2의 소스 코드 내용을 담은 printer.go 파일을 생성해 files 폴더에 추가해보자.

리스트 22-2 files 폴더 내 printer.go 파일 소스 코드

```go
package main

import "fmt"

func Printfln(template string, values ...interface{}) {
  fmt.Printf(template + "\n", values...)
}
```

리스트 22-3의 소스 코드 내용을 담은 product.go 파일을 생성해 files 폴더에 추가해보자.

리스트 22-3 files 폴더 내 product.go 파일 소스 코드

```go
package main

type Product struct {
  Name, Category string
  Price float64
}

var Products = []Product {
  { "Kayak", "Watersports", 279 },
  { "Lifejacket", "Watersports", 49.95 },
  { "Soccer Ball", "Soccer", 19.50 },
  { "Corner Flags", "Soccer", 34.95 },
  { "Stadium", "Soccer", 79500 },
  { "Thinking Cap", "Chess", 16 },
  { "Unsteady Chair", "Chess", 75 },
  { "Bling-Bling King", "Chess", 1200 },
}
```

600

리스트 22-4의 소스 코드 내용을 담은 main.go 파일을 생성해 files 폴더에 추가해보자.

리스트 22-4 files 폴더 내 main.go 파일 소스 코드

```
package main

func main() {
  for _, p := range Products {
    Printfln("Product: %v, Category: %v, Price: $%.2f",
      p.Name, p.Category, p.Price)
  }
}
```

files 폴더에서 리스트 22-5의 명령어를 실행하기 위해 CMD를 사용한다.

리스트 22-5 예제 프로젝트 실행

```
go run .
```

코드를 컴파일 및 실행하면 다음 출력을 생성한다.

```
Product: Kayak, Category: Watersports, Price: $279.00
Product: Lifejacket, Category: Watersports, Price: $49.95
Product: Soccer Ball, Category: Soccer, Price: $19.50
Product: Corner Flags, Category: Soccer, Price: $34.95
Product: Stadium, Category: Soccer, Price: $79500.00
Product: Thinking Cap, Category: Chess, Price: $16.00
Product: Unsteady Chair, Category: Chess, Price: $75.00
Product: Bling-Bling King, Category: Chess, Price: $1200.00
```

⫚ 파일 읽기

파일을 처리할 때 핵심 패키지는 os 패키지다. os 패키지는 대부분의 구현 세부 사항을 숨기는 방식으로 파일 시스템을 포함한 운영체제 기능에 대한 액세스를 제공한다. 즉 사용 중인 운영체제에 관계없이 동일한 기능을 사용해 동일한 결과를 얻을 수 있다.

os 패키지가 채택한 중립적 접근 방식은 약간의 절충안으로 이어져 윈도우보다는 유닉스/리눅스 쪽으로 기울어진다. 그러나 os 패키지가 제공하는 기능은 견고하고 안정적이고 수정 없이 다른 플랫폼에서 사용할 수 있는 Go 코드를 작성할 수 있다. 표 22-3은 파일을 읽기 위해 os 패키지가 제공하는 함수를 설명한다.

표 22-3 파일을 읽기 위한 os 패키지 함수

이름	설명
ReadFile(name)	지정한 파일을 열고 내용을 읽는다. 결과는 파일 내용을 포함하는 byte 슬라이스와 파일을 열거나 읽을 때 문제가 있음을 나타내는 error다.
Open(name)	읽기 위해 지정한 파일을 연다. 결과는 File 구조체와 파일을 열 때 문제가 있음을 나타내는 error다.

해당 부분의 예제를 준비하기 위해 리스트 22-6의 내용을 담은 config.json 파일을 생성해 files 폴더에 추가해보자.

리스트 22-6 files 폴더 내 config.json 파일 내용

```
{
    "Username": "Alice",
    "AdditionalProducts": [
        {"name": "Hat", "category": "Skiing", "price": 10},
        {"name": "Boots", "category":"Skiing", "price": 220.51 },
        {"name": "Gloves", "category":"Skiing", "price": 40.20 }
    ]
}
```

파일을 읽는 가장 일반적인 이유 중 하나는 구성 데이터를 로드하는 것이다. JSON 포맷은 처리가 간단하고 Go 표준 라이브러리에서 좋은 지원을 제공하며(21장에서 설명한 대로) 복잡한 구조를 나타낼 수 있기 때문에 구성 파일에 적합하다.

읽기 편의 함수 사용

ReadFile 함수는 파일 전체 내용을 한 번에 바이트 슬라이스로 읽을 수 있는 편리한 방법을 제공한다. 리스트 22-7 내용을 포함한 readconfig.go 파일을 생성해 files 폴더에 추가해보자.

리스트 22-7 files 폴더 내 readconfig.go 파일 소스 코드

```go
package main

import "os"

func LoadConfig() (err error) {
    data, err := os.ReadFile("config.json")
    if (err == nil) {
        Printfln(string(data))
    }
    return
}

func init() {
```

```
  err := LoadConfig()
  if (err != nil) {
    Printfln("Error Loading Config: %v", err.Error())
  }
}
```

LoadConfig 함수는 ReadFile 함수를 사용해 config.json 파일의 내용을 읽는다. 애플리케이션을 실행할 때 현재 작업 디렉터리에서 파일을 읽으므로 이름만으로 파일을 열 수 있다.

파일의 내용은 string으로 변환해 기록하는 바이트 슬라이스로 반환된다. 구성 파일을 읽을 수 있도록 초기화 함수는 LoadConfig 함수를 호출한다. 코드를 컴파일 및 실행하면 애플리케이션에서 생성한 출력에서 config.json 파일의 내용을 볼 수 있다.

```
{
  "Username": "Alice",
  "AdditionalProducts": [
    {"name": "Hat", "category": "Skiing", "price": 10},
    {"name": "Boots", "category":"Skiing", "price": 220.51 },
    {"name": "Gloves", "category":"Skiing", "price": 40.20 }
  ]
}
Product: Kayak, Category: Watersports, Price: $279.00
Product: Lifejacket, Category: Watersports, Price: $49.95
Product: Soccer Ball, Category: Soccer, Price: $19.50
Product: Corner Flags, Category: Soccer, Price: $34.95
Product: Stadium, Category: Soccer, Price: $79500.00
Product: Thinking Cap, Category: Chess, Price: $16.00
Product: Unsteady Chair, Category: Chess, Price: $75.00
Product: Bling-Bling King, Category: Chess, Price: $1200.00
```

JSON 데이터 디코딩

예제 구성 파일의 경우 파일의 내용을 문자열로 받는 것은 이상적이지 않다. 파일 내용을 JSON으로 파싱하는 것이 더 유용한 접근 방식이다. 리스트 22-8처럼 Reader를 통해 액세스할 수 있도록 바이트 데이터를 래핑해 JSON 데이터를 디코딩할 수 있다.

리스트 22-8 files 폴더 내 readconfig.go 파일에서 JSON 데이터 디코딩

```
package main

import (
  "os"
  "encoding/json"
  "strings"
)
```

```
type ConfigData struct {
  UserName string
  AdditionalProducts []Product
}

var Config ConfigData

func LoadConfig() (err error) {
  data, err := os.ReadFile("config.json")
  if (err == nil) {
    decoder := json.NewDecoder(strings.NewReader(string(data)))
    err = decoder.Decode(&Config)
  }
  return
}

func init() {
  err := LoadConfig()
  if (err != nil) {
    Printfln("Error Loading Config: %v", err.Error())
  } else {
    Printfln("Username: %v", Config.UserName)
    Products = append(Products, Config.AdditionalProducts...)
  }
}
```

config.json 파일의 JSON 데이터를 맵으로 디코딩할 수 있었지만 리스트 22-8에서 보다 구조화된 접근 방식을 취했다. 필드가 구성 데이터의 구조와 일치하는 구조체 타입을 정의했고 실제 프로젝트에서 구성 데이터를 사용하는 것을 더 쉽게 만들었다. 구성 데이터를 디코딩하면 UserName 필드의 값을 작성하고 product 값을 product.go 파일에서 정의한 슬라이스에 추가해보자. 프로젝트를 컴파일 및 실행하면 다음과 같은 결과를 표시한다.

```
Username: Alice
Product: Kayak, Category: Watersports, Price: $279.00
Product: Lifejacket, Category: Watersports, Price: $49.95
Product: Soccer Ball, Category: Soccer, Price: $19.50
Product: Corner Flags, Category: Soccer, Price: $34.95
Product: Stadium, Category: Soccer, Price: $79500.00
Product: Thinking Cap, Category: Chess, Price: $16.00
Product: Unsteady Chair, Category: Chess, Price: $75.00
Product: Bling-Bling King, Category: Chess, Price: $1200.00
Product: Hat, Category: Skiing, Price: $10.00
Product: Boots, Category: Skiing, Price: $220.51
Product: Gloves, Category: Skiing, Price: $40.20
```

파일 구조체를 사용한 파일 읽기

Open 함수는 읽기 위해 파일을 열고 열린 파일을 나타내는 File 값과 파일을 열 때 문제가 있음을 나타내기 위해 사용하는 에러를 반환한다. File 구조체는 리스트 22-9와 같이 전체 파일을 바이트 슬라이스로 읽지 않고 예제 JSON 데이터를 읽고 처리하는 것을 간단하게 만드는 Reader 인터페이스를 구현한다.

표준 입력, 출력, 에러 사용

os 패키지는 표준 입력, 표준 출력, 표준 에러에 대한 액세스를 제공하는 Stdin, Stdout, Stderr 라는 이름의 세 가지 *File 변수를 정의한다.

리스트 22-9 files 폴더 내 readconfig.go 파일에서 구성 파일 읽기

```go
package main

import (
  "os"
  "encoding/json"
  //"strings"
)

type ConfigData struct {
  UserName string
  AdditionalProducts []Product
}

var Config ConfigData

func LoadConfig() (err error) {
  file, err := os.Open("config.json")
  if (err == nil) {
    defer file.Close()
    decoder := json.NewDecoder(file)
    err = decoder.Decode(&Config)
  }
  return
}

func init() {
  err := LoadConfig()
  if (err != nil) {
    Printfln("Error Loading Config: %v", err.Error())
  } else {
    Printfln("Username: %v", Config.UserName)
    Products = append(Products, Config.AdditionalProducts...)
  }
}
```

File 구조체는 21장에서 설명한 Close 메서드를 정의하는 Closer 인터페이스도 구현한다. 다음과 같이 인클로징 함수를 완료할 때 defer 키워드를 사용해 Close 메서드를 호출할 수 있다.

```
...
defer file.Close()
...
```

원하는 경우 함수 끝에서 단순히 Close 메서드를 호출할 수 있지만 defer 키워드를 사용하면 함수를 일찍 반환하는 경우에도 파일을 닫는다. 결과는 이전 예제와 같고 프로젝트를 컴파일 및 실행하면 알 수 있다.

```
Username: Alice
Product: Kayak, Category: Watersports, Price: $279.00
Product: Lifejacket, Category: Watersports, Price: $49.95
Product: Soccer Ball, Category: Soccer, Price: $19.50
Product: Corner Flags, Category: Soccer, Price: $34.95
Product: Stadium, Category: Soccer, Price: $79500.00
Product: Thinking Cap, Category: Chess, Price: $16.00
Product: Unsteady Chair, Category: Chess, Price: $75.00
Product: Bling-Bling King, Category: Chess, Price: $1200.00
Product: Hat, Category: Skiing, Price: $10.00
Product: Boots, Category: Skiing, Price: $220.51
Product: Gloves, Category: Skiing, Price: $40.20
```

특정 위치에서 읽기

File 구조체는 표 22-4에 설명한 것처럼 파일의 특정 위치에서 읽기를 수행할 수 있도록 하는 Reader 인터페이스에 필요한 것 이상의 메서드를 정의한다.

표 22-4 특정 위치에서 읽을 때 파일 구조체가 정의하는 메서드

이름	설명
ReadAt(slice, offset)	ReaderAt 인터페이스가 정의하고 파일의 지정한 위치 오프셋에서 특정 슬라이스로 읽기를 수행한다.
Seek(offset, how)	Seeker 인터페이스가 정의하고 오프셋을 다음에 읽을 파일로 이동시킨다. 오프셋은 두 인수의 조합으로 결정한다. 첫 번째 인수는 오프셋할 바이트 수를 지정하고 두 번째 인수는 오프셋을 적용하는 방법을 결정한다. 값 1은 오프셋이 현재 읽기 위치에 상대적임을 의미하고, 값 2는 오프셋이 파일의 끝에 상대적임을 의미한다.

리스트 22-10은 표 22-4의 메서드를 사용해 파일에서 데이터의 특정 섹션을 읽은 다음 JSON 문자열로 구성하고 디코딩하는 방법을 보여준다.

```go
package main

import (
  "os"
  "encoding/json"
  //"strings"
)

type ConfigData struct {
  UserName string
  AdditionalProducts []Product
}

var Config ConfigData

func LoadConfig() (err error) {
  file, err := os.Open("config.json")
  if (err == nil) {
    defer file.Close()

    nameSlice := make([]byte, 5)
    file.ReadAt(nameSlice, 20)
    Config.UserName = string(nameSlice)

    file.Seek(55, 0)
    decoder := json.NewDecoder(file)
    err = decoder.Decode(&Config.AdditionalProducts)
  }
  return
}

func init() {
  err := LoadConfig()
  if (err != nil) {
    Printfln("Error Loading Config: %v", err.Error())
  } else {
    Printfln("Username: %v", Config.UserName)
    Products = append(Products, Config.AdditionalProducts...)
  }
}
```

특정 위치에서 읽으려면 파일 구조에 대한 지식이 필요하다. 해당 예제는 읽고자 하는 데이터의 위치를 알고 있으므로 ReadAt 메서드를 사용해 사용자 이름 값을 읽고 Seek 메서드를 사용해 제품 데이터의 시작 부분으로 이동할 수 있다. 프로젝트를 컴파일 및 실행하면 다음과 같은 결과를 표시한다.

```
Username: Alice
Product: Kayak, Category: Watersports, Price: $279.00
Product: Lifejacket, Category: Watersports, Price: $49.95
Product: Soccer Ball, Category: Soccer, Price: $19.50
Product: Corner Flags, Category: Soccer, Price: $34.95
Product: Stadium, Category: Soccer, Price: $79500.00
Product: Thinking Cap, Category: Chess, Price: $16.00
Product: Unsteady Chair, Category: Chess, Price: $75.00
Product: Bling-Bling King, Category: Chess, Price: $1200.00
Product: Hat, Category: Skiing, Price: $10.00
Product: Boots, Category: Skiing, Price: $220.51
Product: Gloves, Category: Skiing, Price: $40.20
```

위 예제에서 에러가 발생하면 리스트 22-10에서 지정한 위치가 JSON 파일의 구조와 일치하지 않기 때문일 수 있다. 첫 번째 단계로, 특히 리눅스에서 CR 및 LR 문자를 모두 포함한 파일을 저장했는지 확인한다. 해당 작업은 VSCode에서 창 하단의 LR 표시기를 클릭해 수행할 수 있다.

파일 쓰기

os 패키지는 표 22-5에 설명한 대로 파일을 쓰기 위한 함수도 포함하고 있다. 이러한 함수는 더 많은 구성 옵션이 필요하기 때문에 읽기 관련 함수보다 사용하기가 더 복잡하다.

표 22-5 파일을 쓰기 위한 os 패키지 함수

이름	설명
WriteFile(name, slice, modePerms)	지정한 이름, 모드, 권한으로 파일을 만들고 지정한 byte 슬라이스의 내용을 쓴다. 파일이 이미 존재하는 경우 해당 내용을 byte 슬라이스로 대체한다. 결과는 파일 생성 또는 데이터 쓰기 문제를 보고하는 에러다.
OpenFile(name, flag, modePerms)	파일을 여는 방법을 제어하는 플래그를 사용해 지정한 이름으로 파일을 연다. 새 파일을 생성하면 지정한 모드와 권한을 적용한다. 결과는 파일 콘텐츠에 대한 액세스를 제공하는 File 값과 파일을 열 때 문제가 있음을 나타내는 에러다.

쓰기 편의 함수 사용

WriteFile 함수는 한 번에 전체 파일을 작성하는 편리한 방법을 제공하고 존재하지 않는 경우 파일을 생성한다. 리스트 22-11은 WriteFile 함수의 사용을 보여준다.

리스트 22-11 files 폴더 내 main.go 파일에서 파일 쓰기

```
package main

import (
```

```
    "fmt"
    "time"
    "os"
)

func main() {

    total := 0.0
    for _, p := range Products {
        total += p.Price
    }

    dataStr := fmt.Sprintf("Time: %v, Total: $%.2f\n",
        time.Now().Format("Mon 15:04:05"), total)

    err := os.WriteFile("output.txt", []byte(dataStr), 0666)
    if (err == nil) {
        fmt.Println("Output file created")
    } else {
        Printfln("Error: %v", err.Error())
    }
}
```

WriteFile 함수의 처음 두 인수는 파일의 이름과 쓸 데이터를 포함한 바이트 슬라이스다. 세 번째 인수는 그림 22-1과 같이 파일에 대한 두 가지 설정인 파일 모드와 파일 권한을 결합한다.

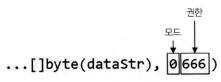

그림 22-1 파일 모드와 파일 권한

파일 모드는 파일에 대한 특수한 특징을 지정하기 위해 사용하지만 예제와 같이 일반 파일에는 0 값을 사용한다. 다음 링크(https://golang.org/pkg/io/fs/#FileMode)에서 파일 모드 값 및 해당 설정 목록을 찾을 수 있지만 대부분의 프로젝트에서 필요하지 않기 때문에 이 책에서 설명하지 않는다.

파일 권한은 더 널리 사용하고 파일 소유자, 그룹, 기타 사용자에 대한 액세스를 설정하는 세 자리 숫자로 구성된 유닉스 스타일의 파일 권한을 따른다. 각 숫자는 부여해야 하는 권한의 합계다. 여기서 읽기는 4의 값, 쓰기는 2의 값, 실행은 1의 값을 갖는다. 설정 값 4와 2를 더해 6의 권한을 생성함으로써 파일을 읽고 쓸 수 있는 권한이 된다. 리스트 22-11은 모든 사용자가 읽고 쓸 수 있는 파일을 생성하기 위해 세 가지 설정 모두에 값 6을 사용해 권한 666을 생성한다.

`WriteFile` 함수는 파일이 아직 존재하지 않는 경우 파일을 생성한다. 프로젝트를 컴파일 및 실행하면 다음 출력을 생성하는 것을 확인할 수 있다.

```
Username: Alice
Output file created
```

files 폴더의 내용을 검사하면 다른 타임스탬프^{timestamp}를 표시하지만 output.txt라는 파일이 다음과 유사한 내용으로 생성된 것을 확인할 수 있다.

```
Time: Sun 07:05:06, Total: $81445.11
```

지정한 파일이 이미 존재하는 경우 `WriteFile` 메서드는 컴파일한 프로그램을 다시 실행해서 확인할 수 있는 내용을 대체한다. 실행을 완료하면 원래 내용을 새 타임스탬프로 대체한다.

```
Time: Sun 07:08:21, Total: $81445.11
```

파일 구조체를 사용한 파일 쓰기

`OpenFile` 함수는 파일을 열고 `File` 값을 반환한다. `Open` 함수와 달리 `OpenFile` 함수는 파일을 여는 방법을 지정하는 하나 이상의 플래그를 허용한다. 플래그는 표 22-6에서 설명한 대로 os 패키지에 있는 상수로 정의한다. 모든 운영체제에서 모든 플래그를 지원하는 것은 아니므로 플래그 사용에 주의해야 한다.

표 22-6 파일 오프닝 플래그

이름	설명
O_RDONLY	파일을 읽을 수만 있고 쓸 수는 없도록 읽기 전용으로 연다.
O_WRONLY	파일을 쓰기 전용으로 열어서 쓸 수는 있지만 읽을 수는 없다.
O_RDWR	파일을 읽고 쓸 수 있도록 파일 읽기–쓰기 전용으로 연다.
O_APPEND	파일 끝에 쓰기를 추가한다.
O_CREATE	파일이 존재하지 않는 경우 파일을 생성한다.
O_EXCL	새 파일을 생성했는지 확인하기 위해 O_CREATE와 함께 사용한다. 파일이 이미 존재하는 경우 해당 플래그는 에러를 유발한다.
O_SYNC	쓰기 함수/메서드를 반환하기 전에 데이터를 저장 장치에 기록하도록 동기 쓰기를 활성화한다.
O_TRUNC	파일의 기존 콘텐츠를 자른다.

플래그는 리스트 22-12처럼 비트별 OR 연산자와 결합한다.

```
package main

import (
  "fmt"
  "time"
  "os"
)

func main() {

  total := 0.0
  for _, p := range Products {
    total += p.Price
  }

  dataStr := fmt.Sprintf("Time: %v, Total: $%.2f\n",
    time.Now().Format("Mon 15:04:05"), total)

  file, err := os.OpenFile("output.txt",
    os.O_WRONLY | os.O_CREATE | os.O_APPEND, 0666)
  if (err == nil) {
    defer file.Close()
    file.WriteString(dataStr)
  } else {
    Printfln("Error: %v", err.Error())
  }
}
```

파일 쓰기를 위해 O_WRONLY 플래그를 결합해 파일을 열고 파일이 아직 존재하지 않는 경우 새로 생성하기 위해 O_CREATE 파일을 결합했다. 마지막으로 O_APPEND 플래그를 결합해 작성한 데이터를 파일 끝에 추가했다.

File 구조체는 일단 파일이 열리면 파일에 데이터를 쓰기 위해 표 22-7에 설명한 메서드를 정의한다.

표 22-7 데이터를 쓰기 위한 File 메서드

이름	설명
Seek(offset, how)	후속 연산의 위치를 설정한다.
Write(slice)	지정한 바이트 슬라이스의 내용을 파일에 쓴다. 결과는 기록한 바이트 수와 데이터 기록 문제를 나타내는 에러다.
WriteAt(slice, offset)	지정한 위치의 슬라이스에 데이터를 기록한다. WriteAt 메서드는 ReadAt 메서드에 대응한다.
WriteString(str)	파일에 문자열을 쓴다. 문자열을 바이트 슬라이스로 변환하고 Write 메서드를 호출한 다음 수신한 결과를 반환하는 편리한 메서드다.

리스트 22-12에서 파일에 문자열을 쓰기 위해 `WriteString` 편의 메서드를 사용했다. 프로
젝트를 컴파일 및 실행하면 프로그램을 완료할 때 output.txt 파일 끝에 추가 메시지를 표시
한다.

```
Time: Sun 07:08:21, Total: $81445.11
Time: Sun 07:49:14, Total: $81445.11
```

JSON 데이터 파일 쓰기

File 구조체는 Writer 인터페이스를 구현해 21장에서 설명한 문자열 포매팅 및 처리를 위한
함수와 함께 파일을 사용할 수 있다. 또한 리스트 22-13처럼 21장에서 설명한 JSON 기능을
사용해 JSON 데이터를 파일에 쓸 수 있다.

리스트 22-13 files 폴더 내 main.go 파일에서 JSON 데이터 파일 쓰기

```go
package main

import (
  // "fmt"
  // "time"
  "os"
  "encoding/json"
)

func main() {

  cheapProducts := []Product {}
  for _, p := range Products {
    if (p.Price < 100) {
      cheapProducts = append(cheapProducts, p)
    }
  }

  file, err := os.OpenFile("cheap.json", os.O_WRONLY | os.O_CREATE, 0666)
  if (err == nil) {
    defer file.Close()
    encoder := json.NewEncoder(file)
    encoder.Encode(cheapProducts)
  } else {
    Printfln("Error: %v", err.Error())
  }
}
```

위 예제는 Price 값이 100 미만인 Product 값을 선택해 슬라이스에 배치하고 JSON Encoder를
사용해 해당 슬라이스를 cheap.json이라는 파일에 쓴다. 프로젝트를 컴파일 및 실행하면 실

행을 완료할 때 files 폴더에 다음 콘텐츠를 포함한 cheap.json 파일을 표시한다. cheap.json 파일은 페이지에 맞게 포매팅돼 있다.

```
[{"Name":"Lifejacket","Category":"Watersports","Price":49.95},
 {"Name":"Soccer Ball","Category":"Soccer","Price":19.5},
 {"Name":"Corner Flags","Category":"Soccer","Price":34.95},
 {"Name":"Thinking Cap","Category":"Chess","Price":16},
 {"Name":"Unsteady Chair","Category":"Chess","Price":75},
 {"Name":"Hat","Category":"Skiing","Price":10},
 {"Name":"Gloves","Category":"Skiing","Price":40.2}]
```

편의 함수를 사용한 새 파일 생성

OpenFile 함수를 사용해 새 파일을 만드는 것이 가능하지만 이전 절에서 설명한 것처럼 os 패키지는 표 22-8처럼 몇 가지 유용한 편의 함수도 제공한다.

표 22-8 파일 생성을 위한 os 패키지 함수

이름	설명
Create(name)	O_RDWR, O_CREATE 및 O_TRUNC 플래그로 OpenFile을 호출하는 것과 같다. 결과는 읽기 및 쓰기에 사용할 수 있는 File과 파일 생성 문제를 나타내기 위해 사용하는 error다. 이러한 플래그 조합은 지정한 이름을 갖는 파일이 존재하는 경우 해당 파일이 열리고 해당 내용을 삭제함을 의미한다.
CreateTemp(dirName, fileName)	지정한 이름으로 디렉터리에 새 파일을 생성한다. 이름이 빈 문자열이면 TempDir 함수를 사용해 얻은 시스템 임시 디렉터리를 사용한다(표 22-9 참조). 표 뒤의 텍스트에 설명한 대로 임의의 문자 시퀀스를 포함하는 이름으로 파일을 생성한다. 파일은 O_RDWR, O_CREATE 및 O_EXCL 플래그로 열린다. 파일을 닫아도 파일을 제거하지 않는다.

CreateTemp 함수는 유용할 수 있지만 이 함수의 목적은 임의의 파일 이름을 생성하는 것으로 다른 모든 측면에서 생성하는 파일은 일반 파일이라는 점을 이해하는 것이 중요하다. 생성한 파일을 자동으로 제거하지 않기 때문에 애플리케이션 실행 후에도 저장 장치에 남아 있다.

리스트 22-14는 CreateTemp 함수의 사용을 보여주고 이름의 무작위 구성 요소 위치를 제어할 수 있는 방법을 보여준다.

리스트 22-14 files 폴더 내 main.go 파일에서 임시 파일 생성

```
package main

import (
  // "fmt"
  // "time"
  "os"
  "encoding/json"
```

```
    )

    func main() {

      cheapProducts := []Product {}
      for _, p := range Products {
        if (p.Price < 100) {
          cheapProducts = append(cheapProducts, p)
        }
      }

      file, err := os.CreateTemp(".", "tempfile-*.json")
      if (err == nil) {
        defer file.Close()
        encoder := json.NewEncoder(file)
        encoder.Encode(cheapProducts)
      } else {
        Printfln("Error: %v", err.Error())
      }
    }
```

임시 파일의 위치는 현재 작업 디렉터리를 의미하는 마침표로 지정한다. 표 22-8처럼 빈 문자열을 사용하면 표 22-9에 설명한 TempDir 함수를 사용해 얻은 기본 임시 디렉터리에 파일을 생성한다. 파일 이름에는 별표(* 문자)를 포함할 수 있고 별표가 있는 경우 파일 이름의 임의 부분이 별표를 대체한다. 파일 이름에 별표가 없으면 파일 이름의 임의 부분을 이름 끝에 추가한다.

프로젝트를 컴파일 및 실행하면 실행을 완료할 때 files 폴더에 새 파일을 확인할 수 있다. 내 프로젝트 파일 이름은 tempfile-1732419518.json이지만 파일 이름은 다를 것이다. 프로그램을 실행할 때마다 새 파일과 고유한 이름을 확인할 것이다.

파일 경로 작업

지금까지 22장의 예제는 일반적으로 컴파일한 실행 파일을 시작하는 위치인 현재 작업 디렉터리에 있는 파일을 사용했다. 다른 위치에서 파일을 읽고 쓰려면 파일 경로를 지정해야 한다. 문제는 모든 운영체제에서 Go가 동일한 방식으로 빠른 파일 경로를 지원하지 않다는 것이다. 예를 들어 리눅스 시스템의 내 홈 디렉터리에 있는 mydata.json 파일의 경로는 다음과 같다.

```
/home/adam/mydata.json
```

나는 일반적으로 프로젝트를 리눅스에 배포하지만 윈도우에서 개발하는 것을 선호한다. 윈도우에서 동일한 경로는 내 홈 디렉터리에서 다음과 같다.

```
C:\Users\adam\mydata.json
```

윈도우는 예상보다 유연하고 `OpenFile`과 같이 Go 함수가 호출하는 저수준 API는 파일 구분 기호에 구애받지 않고 백슬래시와 슬래시를 모두 허용한다. 즉 Go 코드를 작성할 때 파일 경로를 c:/users/adam/mydata.json 또는 /users/adam/mydata.json으로 표현할 수 있고 윈도우는 여전히 파일을 올바르게 연다. 그러나 파일 구분자는 플랫폼 간의 차이점 중 하나일 뿐이다. 볼륨은 다르게 처리하고 파일을 저장하기 위한 기본 위치는 다르다. 예를 들어 /home/ adam.mydata.json 또는 /users/mydata.json을 사용해 가상 데이터 파일을 읽을 수 있지만 올바른 선택은 사용 중인 운영체제에 따라 다르다. 그리고 Go를 더 많은 플랫폼으로 이식하면 가능한 위치가 더 넓어질 것이다. 이러한 문제를 해결하기 위해 os 패키지는 표 22-9처럼 공통 위치의 경로를 반환하는 함수 집합을 제공한다.

표 22-9 os 패키지가 정의한 공통 위치 함수

이름	설명
Getwd()	string으로 표현한 현재 작업 디렉터리와 그 값을 가져올 때 문제가 있음을 나타내는 error를 반환한다.
UserHomeDir()	사용자의 홈 디렉터리와 경로를 얻을 때 문제가 있음을 나타내는 에러를 반환한다.
UserCacheDir()	사용자별 캐시 데이터의 기본 디렉터리와 경로를 가져올 때 문제가 있음을 나타내는 에러를 반환한다.
UserConfigDir()	사용자별 구성 데이터의 기본 디렉터리와 경로를 가져올 때 문제가 있음을 나타내는 에러를 반환한다.
TempDir()	임시 파일의 기본 디렉터리와 경로를 가져올 때 문제가 있음을 나타내는 에러를 반환한다.

경로를 얻은 후에는 경로를 문자열처럼 취급하고 문자열에 추가 세그먼트를 추가하거나 실수를 방지하기 위해 `path/filepath` 패키지에서 제공하는 함수를 사용해 경로를 조작할 수 있다. 이 중 가장 유용한 함수를 표 22-10에서 설명하고 있다.

표 22-10 경로를 위한 path/filepath 함수

이름	설명
Abs(path)	파일 이름과 같은 상대 경로가 있는 경우 유용한 절대 경로를 반환한다.
IsAbs(path)	지정한 경로가 절대 경로인 경우 true를 반환한다.
Base(path)	경로에서 마지막 요소를 반환한다.
Clean(path)	중복 구분 기호와 상대 참조를 제거해 경로 문자열을 정리한다.
Dir(path)	경로의 마지막 요소를 제외한 모든 요소를 반환한다.
EvalSymlinks(path)	심벌릭(symbolic) 링크를 평가하고 결과 경로를 반환한다.

(이어짐)

이름	설명
Ext(path)	지정한 경로에서 파일 확장명을 반환한다. 파일 확장명은 경로 문자열의 마지막 마침표 뒤에 오는 접미사로 간주한다.
FromSlash(path)	각 슬래시를 플랫폼의 파일 구분 문자로 바꾼다.
ToSlash(path)	플랫폼의 파일 구분 기호를 슬래시로 바꾼다.
Join(···elements)	플랫폼의 파일 구분 기호를 사용해 여러 요소를 결합한다.
Match(pattern, path)	경로가 지정한 패턴과 일치하는 경우 true를 반환한다.
Split(path)	지정한 경로에서 최종 경로 구분 기호의 양쪽에 있는 구성 요소를 반환한다.
SplitList(path)	경로를 문자열 슬라이스로 반환하는 구성 요소로 분할한다.
VolumeName(path)	지정한 경로의 볼륨 구성 요소를 반환하거나 경로에 볼륨을 포함하지 않은 경우 빈 문자열을 반환한다.

리스트 22-15는 표 22-10에서 설명한 편의 함수 중 하나가 반환하는 경로로 시작하고 표 22-9의 함수로 이를 조작하는 프로세스를 보여준다.

리스트 22-15 files 폴더 내 main.go 파일에서 경로 작업

```
package main

import (
  // "fmt"
  // "time"
  "os"
  //"encoding/json"
  "path/filepath"
)

func main() {
  path, err := os.UserHomeDir()
  if (err == nil) {
    path = filepath.Join(path, "MyApp", "MyTempFile.json")
  }

  Printfln("Full path: %v", path)
  Printfln("Volume name: %v", filepath.VolumeName(path))
  Printfln("Dir component: %v", filepath.Dir(path))
  Printfln("File component: %v", filepath.Base(path))
  Printfln("File extension: %v", filepath.Ext(path))
}
```

위 예제는 UserHomeDir 함수에서 반환한 경로로 시작하고 Join 함수를 사용해 추가 세그먼트를 추가한 다음 경로의 다른 부분을 작성한다. 결과는 사용자 이름과 플랫폼에 따라 다르다. 내 윈도우 컴퓨터에서 받은 출력은 다음과 같다.

```
Username: Alice
Full path: C:\Users\adam\MyApp\MyTempFile.json
Volume name: C:
Dir component: C:\Users\adam\MyApp
File component: MyTempFile.json
File extension: .json
```

우분투^{Ubuntu} 테스트 머신에서 받은 출력은 다음과 같다.

```
Username: Alice
Full path: /home/adam/MyApp/MyTempFile.json
Volume name:
Dir component: /home/adam/MyApp
File component: MyTempFile.json
File extension: .json
```

파일과 디렉터리 관리

이전 절에서 설명한 함수는 경로를 처리하지만 문자열일 뿐이다. 리스트 22-15의 경로에 세그먼트를 추가했을 때 결과는 또 다른 문자열이었고 파일 시스템에는 해당 변경 사항이 없었다. 이러한 변경을 수행하기 위해 os 패키지는 표 22-11에 설명한 함수를 제공한다.

표 22-11 파일과 디렉터리 관리를 위한 os 패키지 함수

이름	설명
Chdir(dir)	현재 작업 디렉터리를 지정한 디렉터리로 변경한다. 결과는 변경 문제를 나타내는 error다.
Mkdir(name, modePerms)	지정한 이름과 모드/권한을 가진 디렉터리를 생성한다. 결과는 디렉터리를 생성한 경우 nil인 error거나 문제가 발생한 경우 문제를 설명하는 error다.
MkdirAll(name, modePerms)	Mkdir과 동일한 작업을 수행하지만 지정한 경로에 상위 디렉터리를 생성한다.
MkdirTemp(parentDir, name)	CreateTemp와 유사하지만 파일이 아닌 디렉터리를 생성한다. 지정한 이름의 끝에 또는 별표 대신 임의의 문자열을 추가하고 지정한 부모 내에 새 디렉터리를 생성한다. 결과는 디렉터리 이름과 문제를 나타내는 error다.
Remove(name)	지정한 파일 또는 디렉터리를 제거한다. 결과는 발생하는 모든 문제를 설명하는 error다.
RemoveAll(name)	지정한 파일 또는 디렉터리를 제거한다. 이름이 디렉터리를 지정하는 경우 포함한 모든 자식도 제거한다. 결과는 발생하는 모든 문제를 설명하는 error다.
Rename(old, new)	지정한 파일 또는 폴더의 이름을 바꾼다. 결과는 발생하는 모든 문제를 설명하는 에러다.
Symlink(old, new)	지정한 파일에 대한 심벌릭 링크를 생성한다. 결과는 발생하는 모든 문제를 설명하는 에러다.

리스트 22-16은 `MkdirAll` 함수를 사용해 파일 경로에 필요한 디렉터리를 생성하고 파일 생성 시도 시 에러가 발생하지 않도록 한다.

리스트 22-16 files 폴더 내 main.go 파일에서 디렉터리 생성

```go
package main

import (
  // "fmt"
  // "time"
  "os"
  "encoding/json"
  "path/filepath"
)

func main() {
  path, err := os.UserHomeDir()
  if (err == nil) {
    path = filepath.Join(path, "MyApp", "MyTempFile.json")
  }

  Printfln("Full path: %v", path)

  err = os.MkdirAll(filepath.Dir(path), 0766)
  if (err == nil) {
    file, err := os.OpenFile(path, os.O_CREATE | os.O_WRONLY, 0666)
    if (err == nil) {
      defer file.Close()
      encoder := json.NewEncoder(file)
      encoder.Encode(Products)
    }
  }
  if (err != nil) {
    Printfln("Error %v", err.Error())
  }
}
```

경로에 디렉터리가 존재하는지 확인하기 위해 `filepath.Dir` 함수를 사용하고 그 결과를 `os.MkdirAll` 함수에 전달한다. 그런 다음 `OpenFile` 함수를 사용하고 `O_CREATE` 플래그를 지정해 파일을 만들 수 있다. 나는 `File`을 JSON Encoder용 Writer로 사용하고 리스트 22-3에서 정의한 Product 슬라이스의 내용을 새 파일에 쓴다. 지연시킨 Close 문은 파일을 닫는다. 프로젝트를 컴파일 및 실행하면 홈 폴더에 MyTempFile.json이라는 JSON 파일을 포함한 `MyApp` 디렉터리를 생성한 것을 확인할 수 있다. 페이지에 맞게 포매팅한 파일에는 다음 JSON 데이터를 포함한다.

```
[{"Name":"Lifejacket","Category":"Watersports","Price":49.95},
 {"Name":"Soccer Ball","Category":"Soccer","Price":19.5},
 {"Name":"Corner Flags","Category":"Soccer","Price":34.95},
 {"Name":"Thinking Cap","Category":"Chess","Price":16},
 {"Name":"Unsteady Chair","Category":"Chess","Price":75},
 {"Name":"Hat","Category":"Skiing","Price":10},
 {"Name":"Gloves","Category":"Skiing","Price":40.2}]
```

파일 시스템 탐색

필요한 파일의 위치를 알고 있는 경우 이전 절에서 설명한 함수를 사용해 경로를 만들고 이를 사용해 파일을 열 수 있다. 프로젝트가 다른 프로세스로 생성한 파일 처리에 의존하는 경우 파일 시스템을 탐색해야 한다. os 패키지는 표 22-12에 설명한 함수를 제공한다.

표 22-12 디렉터리 리스팅을 위한 os 패키지 함수

이름	설명
ReadDir(name)	지정한 디렉터리를 읽고 각 디렉터리의 항목을 설명하는 DirEntry 슬라이스를 반환한다.

ReadDir 함수의 결과는 표 22-13에서 설명한 메서드를 정의하는 DirEntry 인터페이스를 구현하는 값 슬라이스다.

표 22-13 DirEntry 인터페이스가 정의하는 메서드

이름	설명
Name()	DirEntry 값이 설명하는 파일 또는 디렉터리의 이름을 반환한다.
IsDir()	DirEntry 값이 디렉터리를 나타내는 경우 true를 반환한다.
Type()	FileMode 값을 반환한다. FileMode 값은 uint32의 별칭으로 파일에 대한 자세한 내용과 DirEntry 값으로 표시하는 파일 또는 디렉터리의 권한을 설명한다.
Info()	DirEntry 값을 나타내는 파일 또는 디렉터리에 대한 추가 정보를 제공하는 FileInfo 값을 반환한다.

Info 메서드의 결과인 FileInfo 인터페이스는 파일 또는 디렉터리에 대한 세부 정보를 가져오기 위해 사용한다. FileInfo 인터페이스가 정의한 가장 유용한 메서드는 표 22-14에서 설명하고 있다.

표 22-14 FileInfo 인터페이스가 정의하는 유용한 메서드

이름	설명
Name()	파일 또는 디렉터리의 이름을 포함한 문자열을 반환한다.
Size()	int64 값으로 표현하는 파일 크기를 반환한다.
Mode()	파일 또는 디렉터리에 대한 파일 모드 및 권한 설정을 반환한다.
ModTime()	파일 또는 디렉터리의 마지막 수정 시간을 반환한다.

표 22-15에 설명한 함수를 사용해 단일 파일에 대한 FileInfo 값을 가져올 수도 있다.

표 22-15 파일 검사를 위한 os 패키지 함수

이름	설명
Stat(path)	경로 문자열을 허용한다. 파일을 설명하는 FileInfo 값과 파일 검사 문제를 나타내는 error를 반환한다.

리스트 22-17은 ReadDir 함수를 사용해 프로젝트 폴더의 내용을 열거한다.

리스트 22-17 files 폴더 내 main.go 파일에서 파일 열거

```go
package main

import (
  // "fmt"
  // "time"
  "os"
  //"encoding/json"
  //"path/filepath"
)

func main() {
  path, err := os.Getwd()
  if (err == nil) {
    dirEntries, err := os.ReadDir(path)
    if (err == nil) {
      for _, dentry := range dirEntries {
        Printfln("Entry name: %v, IsDir: %v", dentry.Name(), dentry.IsDir())
      }
    }
  }
  if (err != nil) {
    Printfln("Error %v", err.Error())
  }
}
```

for 루프는 ReadDir 함수에서 반환한 DirEntry 값을 열거하기 위해 사용하고 Name 및 IsDir 함수의 결과를 기록한다. 프로젝트를 컴파일 및 실행하면 다음과 유사한 출력을 표시한다. CreateTemp 함수로 생성한 파일 이름은 다를 수 있다.

```
Username: Alice
Entry name: cheap.json, IsDir: false
Entry name: config.go, IsDir: false
Entry name: config.json, IsDir: false
Entry name: go.mod, IsDir: false
```

```
Entry name: main.go, IsDir: false
Entry name: output.txt, IsDir: false
Entry name: product.go, IsDir: false
Entry name: tempfile-1732419518.json, IsDir: false
```

파일 존재 여부 확인

os 패키지는 IsNotExist라는 함수를 정의하고, 에러를 수신하고 리스트 22-18처럼 파일이 존재하지 않는다는 에러를 나타내는 경우 true를 반환한다.

리스트 22-18 files 폴더 내 main.go 파일에서 파일 존재 여부 검사

```go
package main

import (
  // "fmt"
  // "time"
  "os"
  // "encoding/json"
  // "path/filepath"
)

func main() {

  targetFiles := []string { "no_such_file.txt", "config.json" }
  for _, name := range targetFiles {
    info, err := os.Stat(name)
    if os.IsNotExist(err) {
      Printfln("File does not exist: %v", name)
    } else if err != nil  {
      Printfln("Other error: %v", err.Error())
    } else {
      Printfln("File %v, Size: %v", info.Name(), info.Size())
    }
  }
}
```

Stat 함수에서 반환한 에러는 IsNotExist 함수로 전달하고 존재하지 않는 파일을 식별하는 것을 허용한다. 프로젝트를 컴파일 및 실행하면 다음과 같은 결과를 표시한다.

```
Username: Alice
File does not exist: no_such_file.txt
File config.json, Size: 262
```

패턴을 사용한 파일 찾기

path/filepath 패키지는 지정한 패턴과 일치하는 디렉터리의 모든 이름을 반환하는 Glob 함수를 정의한다. Glob 함수는 빠른 참조를 위해 표 22-16에서 설명하고 있다.

표 22-16 패턴 있는 파일을 찾기 위한 path/filepath 함수

이름	설명
Match(pattern, name)	패턴에 대해 단일 경로를 일치시킨다. 결과는 일치 항목이 있는지 여부를 나타내는 bool과 패턴 또는 일치 수행에 문제가 있음을 나타내는 error다.
Glob(pathPattern)	지정한 패턴과 일치하는 모든 파일을 찾는다. 결과는 일치하는 경로를 포함하는 string 슬라이스와 검색 수행 문제를 나타내는 에러다.

표 22-16의 함수가 사용하는 패턴은 표 22-17에서 설명한 구문을 사용한다.

표 22-17 path/filepath 함수를 위한 검색 패턴 구문

용어	설명
*	경로 구분 기호를 제외한 모든 문자 시퀀스와 일치한다.
?	경로 구분 기호를 제외한 모든 단일 문자와 일치한다.
[a-Z]	지정한 범위의 모든 문자와 일치한다.

리스트 22-19는 Glob 함수를 사용해 현재 작업 디렉터리에 있는 JSON 파일의 경로를 가져온다.

리스트 22-19 files 폴더 내 main.go 파일에서 파일 위치 확인

```
package main

import (
  // "fmt"
  // "time"
  "os"
  // "encoding/json"
  "path/filepath"
)

func main() {

  path, err := os.Getwd()
  if (err == nil) {
    matches, err := filepath.Glob(filepath.Join(path, "*.json"))
    if (err == nil) {
      for _, m := range matches {
        Printfln("Match: %v", m)
      }
    }
  }
}
```

```
    if (err != nil) {
      Printfln("Error %v", err.Error())
    }
  }
```

Getwd 및 Join 함수를 사용해 검색 패턴을 만들고 Glob 함수로 전환하는 경로를 작성한다. 프로젝트를 컴파일 및 실행하면 프로젝트 폴더의 위치를 반영하지만 다음 출력을 표시한다.

```
Username: Alice
Match: C:\files\cheap.json
Match: C:\files\config.json
Match: C:\files\tempfile-1732419518.json
```

디렉터리 내 모든 파일 처리

패턴을 사용하는 것의 대안은 특정 위치에 있는 모든 파일을 열거하는 것이다. path/filepath 패키지가 정의한 표 22-18에서 설명한 함수를 사용해 모든 파일을 열거할 수 있다.

표 22-18 path/filepath 패키지가 제공하는 함수

이름	설명
WalkDir(directory, func)	지정한 디렉터리의 각 파일 및 디렉터리가 지정한 함수를 호출한다.

WalkDir가 호출한 콜백 함수는 경로를 포함한 문자열과 경로, 파일 또는 디렉터리에 대한 세부 정보를 제공하는 DirEntry 값을 수신한다. 또한 해당 파일 또는 디렉터리에 액세스할 때 문제가 있음을 나타내는 에러를 수신한다. 콜백 함수의 결과는 특수한 SkipDir 값을 반환하고 WalkDir 함수가 현재 디렉터리에 진입하지 못하게 하는 에러다. 리스트 22-20은 WalkDir 함수의 사용을 보여준다.

리스트 22-20 files 폴더 내 main.go 파일에서 디렉터리 걷기

```
package main

import (
  // "fmt"
  // "time"
  "os"
  //"encoding/json"
  "path/filepath"
)

func callback(path string, dir os.DirEntry, dirErr error) (err error) {
  info, _ := dir.Info()
  Printfln("Path %v, Size: %v", path, info.Size())
```

```
    return
}

func main() {

  path, err := os.Getwd()
  if (err == nil) {
    err = filepath.WalkDir(path, callback)
  } else {
    Printfln("Error %v", err.Error())
  }
}
```

위 예제는 WalkDir 함수를 사용해 현재 작업 디렉터리의 내용을 열거하고 발견한 각 파일의 경로와 크기를 기록한다. 프로젝트를 컴파일 및 실행하면 다음과 유사한 출력을 표시한다.

```
Username: Alice
Path C:\files, Size: 4096
Path C:\files\cheap.json, Size: 384
Path C:\files\config.json, Size: 262
Path C:\files\go.mod, Size: 28
Path C:\files\main.go, Size: 467
Path C:\files\output.txt, Size: 74
Path C:\files\product.go, Size: 679
Path C:\files\readconfig.go, Size: 870
Path C:\files\tempfile-1732419518.json, Size: 384
```

⊹ 요약

22장에서는 파일 작업을 위한 표준 라이브러리 지원을 설명한다. 파일 읽기 및 쓰기를 위한 편의 기능을 설명하고 File 구조체의 사용을 설명했다. 또한 파일 시스템을 탐색하고 관리하는 방법을 시연했다. 23장에서는 HTML 및 텍스트 템플릿을 만들고 사용하는 방법을 설명할 것이다.

HTML 및 텍스트 템플릿 사용

23장에서는 템플릿에서 HTML 및 텍스트 콘텐츠를 생성할 때 사용하는 표준 라이브러리 패키지를 설명한다. 이러한 템플릿 패키지는 많은 양의 콘텐츠를 생성할 때 유용하고 동적 콘텐츠생성을 광범위하게 지원한다. 표 23-1은 상황에 따른 HTML 및 텍스트 템플릿 사용을 설명한다.

표 23-1 상황에 따른 HTML 및 텍스트 템플릿

질문	답
무엇인가?	템플릿을 사용하면 Go 데이터 값에서 HTML 및 텍스트 콘텐츠를 동적으로 생성할 수 있다.
왜 유용한가?	템플릿은 콘텐츠를 문자열로 정의하는 것이 관리하기 어려울 정도로 많은 양의 콘텐츠가 필요한 경우에 유용하다.
어떻게 사용하는가?	템플릿은 HTML 또는 텍스트 파일이고 템플릿 처리 엔진 지침을 주석으로 추가한다. 템플릿을 렌더링하면 지침을 처리해 HTML 또는 텍스트 콘텐츠를 생성한다.
함정이나 제한 사항?	템플릿 구문은 직관적이지 않고 Go 컴파일러는 이를 확인하지 않는다. 따라서 올바른 구문을 사용하기 위해 주의를 기울여야 한다.
대안이 있는가?	템플릿은 선택 사항이고 문자열을 사용해 더 적은 양의 콘텐츠를 생성할 수 있다.

표 23-2는 23장을 요약한 것이다.

표 23-2 23장 요약

문제	해결 방법	리스트 참조 번호
HTML 문서를 생성한다.	데이터 값을 출력에 통합하는 작업으로 HTML 템플릿을 정의한다. 템플릿을 로드하고 실행해 작업에 대한 데이터를 제공한다.	6-10
로드한 템플릿을 열거한다.	Templates 메서드의 결과를 열거한다.	11
특정한 템플릿을 찾는다.	Lookup 메서드를 사용한다.	12
동적 콘텐츠를 생성한다.	템플릿 액션을 사용한다.	13, 21
데이터 값을 포매팅한다.	포매팅 함수를 사용한다.	14-16

(이어짐)

문제	해결 방법	리스트 참조 번호
공백을 자제한다.	템플릿에 하이픈을 추가한다.	17-19
슬라이스를 처리한다.	슬라이스 함수를 사용한다.	22
템플릿 콘텐츠를 조건부로 실행한다.	조건부 액션과 함수를 사용한다.	23-24
중복 템플릿을 생성한다.	define과 template 액션을 사용한다.	25-27
디폴트 템플릿을 정의한다.	block과 template 액션을 사용한다.	28-30
템플릿에서 사용할 함수를 생성한다.	템플릿 함수를 정의한다.	31-32, 35, 36
함수 결과 인코딩을 비활성화한다.	html/template 패키지가 정의한 타입 별칭 중 하나를 반환한다.	33, 34
템플릿에서 나중에 사용할 수 있도록 데이터 값을 저장한다.	템플릿 변수를 정의한다.	37-40
텍스트 문서를 생성한다.	text/template 패키지를 사용한다.	41, 42

23장 준비

23장 예제를 준비하기 위해 새 CMD를 열어 편리한 위치로 이동한 다음 htmltext 폴더를 생성한다. htmltext 폴더에서 리스트 23-1의 명령어를 실행해 모듈 파일을 생성해보자.

> **팁**
>
> 다음 링크(https://github.com/apress/pro-go)에서 23장 및 책의 다른 모든 장에 대한 예제 프로젝트를 다운로드할 수 있다. 예제를 실행하는 데 문제가 발생한 경우 도움받는 방법은 2장을 참조한다.

리스트 23-1 모듈 초기화

```
go mod init htmltext
```

리스트 23-2의 소스 코드 내용을 담은 printer.go 파일을 생성해 htmltext 폴더에 추가해보자.

리스트 23-2 htmltext 폴더 내 printer.go 파일 소스 코드

```
package main

import "fmt"

func Printfln(template string, values ...interface{}) {
  fmt.Printf(template + "\n", values...)
}
```

리스트 23-3의 소스 코드 내용을 담은 product.go 파일을 생성해 htmltext 폴더에 추가해보자.

```go
package main

type Product struct {
  Name, Category string
  Price float64
}

var Kayak = Product {
  Name: "Kayak",
  Category: "Watersports",
  Price: 279,
}

var Products = []Product {
  { "Kayak", "Watersports", 279 },
  { "Lifejacket", "Watersports", 49.95 },
  { "Soccer Ball", "Soccer", 19.50 },
  { "Corner Flags", "Soccer", 34.95 },
  { "Stadium", "Soccer", 79500 },
  { "Thinking Cap", "Chess", 16 },
  { "Unsteady Chair", "Chess", 75 },
  { "Bling-Bling King", "Chess", 1200 },
}

func (p *Product) AddTax() float64 {
  return p.Price * 1.2
}

func (p * Product) ApplyDiscount(amount float64) float64 {
  return p.Price - amount
}
```

리스트 23-4의 소스 코드 내용을 담은 main.go 파일을 생성해 htmltext 폴더에 추가해보자.

리스트 23-4 htmltext 폴더 내 main.go 파일 소스 코드

```go
package main

func main() {
  for _, p := range Products {
    Printfln("Product: %v, Category: %v, Price: $%.2f",
      p.Name, p.Category, p.Price)
  }
}
```

htmltext 폴더에서 리스트 23-5의 명령어를 실행하기 위해 CMD를 사용한다.

```
go run .
```

코드를 컴파일 및 실행하면 다음 출력을 생성한다.

```
Product: Kayak, Category: Watersports, Price: $279.00
Product: Lifejacket, Category: Watersports, Price: $49.95
Product: Soccer Ball, Category: Soccer, Price: $19.50
Product: Corner Flags, Category: Soccer, Price: $34.95
Product: Stadium, Category: Soccer, Price: $79500.00
Product: Thinking Cap, Category: Chess, Price: $16.00
Product: Unsteady Chair, Category: Chess, Price: $75.00
Product: Bling-Bling King, Category: Chess, Price: $1200.00
```

HTML 템플릿 생성

html/template 패키지는 동적 HTML 출력을 생성하기 위해 데이터 구조를 사용해 처리하는 템플릿 생성을 지원한다. htmltext/templates 폴더를 만들고 리스트 23-6의 내용을 담은 template.html 파일을 생성해 추가해보자.

> **노트**
>
> 23장의 예제는 html의 일부를 생성한다. 완전한 HTML 문서를 생성하는 예제는 3부를 참조한다.

리스트 23-6 templates 폴더 내 template.html 파일 소스 코드

```
<h1>Template Value: {{ . }}</h1>
```

템플릿은 액션이라고 하는 이중 중괄호로 묶인 표현식과 혼합된 정적 콘텐츠를 포함한다. 리스트 23-6의 템플릿은 마침표(. 문자)인 가장 간단한 액션을 사용한다. 해당 액션은 템플릿을 실행할 때 사용하는 데이터를 출력하고 다음 절에서 설명할 것이다.

프로젝트는 여러 템플릿 파일을 포함할 수 있다. 리스트 23-7의 내용을 담은 extras.html 파일을 생성해 templates 폴더에 추가해보자.

리스트 23-7 templates 폴더 내 extras.html 파일 소스 코드

```
<h1>Extras Template Value: {{ . }}</h1>
```

새 템플릿은 이전 예제와 동일한 액션을 사용하지만 다음 절에서 어떤 템플릿을 실행했는지 명확하게 하기 위해 다른 정적 콘텐츠를 포함한다. 템플릿 사용에 대한 기본 기술을 설명했고 더 복잡한 템플릿 액션을 소개하겠다.

템플릿 로딩 및 실행

템플릿 사용은 2단계 프로세스다. 먼저 템플릿 파일을 로드하고 처리해 템플릿 값을 생성한다. 표 23-3은 템플릿 파일을 로드할 때 사용하는 함수를 설명한다.

표 23-3 템플릿 파일 로딩을 위한 html/template 함수

이름	설명
ParseFiles(…files)	이름으로 지정한 하나 이상의 파일을 로드한다. 결과는 콘텐츠를 생성할 때 사용할 수 있는 템플릿과 템플릿 로드 문제를 보고하는 error다.
ParseGlob(pattern)	패턴으로 선택한 하나 이상의 파일을 로드한다. 결과는 콘텐츠를 생성할 때 사용할 수 있는 템플릿과 템플릿 로드 문제를 보고하는 error다.

템플릿 파일의 이름을 일관되게 지정하면 `ParseGlob` 함수를 사용해 간단한 패턴으로 로드할 수 있다. 특정 파일을 원하거나 파일 이름이 일관되지 않은 경우 `ParseFiles` 함수를 사용해 개별 파일을 지정할 수 있다.

템플릿 파일을 로드하면 표 23-3의 함수에서 반환한 `Template` 값을 이용해 템플릿을 선택한다. 해당 템플릿을 실행하면 표 23-4와 같은 메서드를 사용해 콘텐츠를 생성할 수 있다.

표 23-4 템플릿 선택과 실행을 위한 Template 메서드

이름	설명
Templates()	로드한 Template 값 포인터를 포함하는 슬라이스를 반환한다.
Lookup(name)	지정한 로드한 템플릿을 가리키는 *Template을 반환한다.
Name()	Template의 이름을 반환한다.
Execute(writer, data)	지정한 데이터를 사용해 Template을 실행하고 지정한 Writer에 출력을 쓴다.
ExecuteTemplate(writer, templateName, data)	지정한 이름과 데이터로 템플릿을 실행하고 지정한 Writer에 출력을 쓴다.

리스트 23-8은 템플릿을 로드하고 실행한다.

리스트 23-8 htmltext 폴더 내 main.go 파일에서 템플릿 로딩 및 실행

```
package main

import (
  "html/template"
  "os"
```

```
)

func main() {
  t, err := template.ParseFiles("templates/template.html")
  if (err == nil) {
    t.Execute(os.Stdout, &Kayak)
  } else {
      Printfln("Error: %v", err.Error())
  }
}
```

ParseFiles 함수를 사용해 단일 템플릿을 로드했다. ParseFiles 함수의 결과는 Execute 메서드를 호출한 Template이다. 표준 출력을 Writer로, Product를 템플릿이 처리할 데이터로 지정했다.

template.html 파일의 내용을 처리하고 template.html에 포함한 액션을 수행해 Writer로 전송한 출력에 Execute 메서드에 전달한 데이터 인수를 삽입한다. 프로젝트를 컴파일 및 실행하면 다음과 같은 결과를 표시한다.

```
<h1>Template Value: {Kayak Watersports 279}</h1>
```

템플릿 출력은 Product 구조체의 문자열 표현을 포함한다. 23장의 뒷부분에서는 구조체 값에서 콘텐츠를 생성하는 더 유용한 방법을 설명할 것이다.

다양한 템플릿 로딩

다양한 템플릿으로 작업하는 방법은 두 가지가 있다. 첫 번째는 리스트 23-9와 같이 각 템플릿에 대해 별도의 Template 값을 생성하고 별도로 실행하는 것이다.

리스트 23-9 htmltext 폴더 내 main.go 파일에서 개별 템플릿 사용

```
package main

import (
  "html/template"
  "os"
)

func main() {
  t1, err1 := template.ParseFiles("templates/template.html")
  t2, err2 := template.ParseFiles("templates/extras.html")
  if (err1 == nil && err2 == nil) {
    t1.Execute(os.Stdout, &Kayak)
    os.Stdout.WriteString("\n")
    t2.Execute(os.Stdout, &Kayak)
```

```
        } else {
            Printfln("Error: %v %v", err1.Error(), err2.Error())
        }
    }
```

템플릿 실행 사이에 개행 문자를 썼다는 점에 유의해야 한다. 템플릿의 출력은 정확히 파일에 포함한 내용이다. templates 디렉터리 내 파일은 개행 문자를 포함하고 있지 않기 때문에 템플릿에서 생성한 콘텐츠를 구분하기 위해 출력에 하나를 추가했다. 프로젝트를 컴파일 및 실행하면 다음과 같은 결과를 표시한다.

```
<h1>Template Value: {Kayak Watersports 279}</h1>
<h1>Extras Template Value: {Kayak Watersports 279}</h1>
```

별도의 Template 값을 사용하는 것이 가장 간단한 접근 방식이지만 리스트 23-10과 같이 여러 파일을 단일 Template 값으로 로드한 다음 실행하려는 템플릿의 이름을 지정하는 것이 대안이다.

리스트 23-10 htmltext 폴더 내 main.go 파일에서 혼합 템플릿 사용

```
package main

import (
    "html/template"
    "os"
)

func main() {
    allTemplates, err1 := template.ParseFiles("templates/template.html",
        "templates/extras.html")
    if (err1 == nil) {
        allTemplates.ExecuteTemplate(os.Stdout, "template.html", &Kayak)
        os.Stdout.WriteString("\n")
        allTemplates.ExecuteTemplate(os.Stdout, "extras.html", &Kayak)
    } else {
        Printfln("Error: %v %v", err1.Error())
    }
}
```

여러 파일을 ParseFiles로 로드하면 결과는 지정한 템플릿을 실행하기 위해 ExecuteTemplate 메서드를 호출할 수 있는 Template 값이다. 파일 이름은 템플릿 이름으로 사용한다. 즉 위 예제의 템플릿 이름은 template.html과 extras.html이다.

템플릿 파일에 파일 확장자를 사용할 필요는 없지만 이 절에서 만든 템플릿을 23장의 뒷부분에서 만든 텍스트 템플릿과 구별하기 위해 파일 확장자를 사용했다. 프로젝트를 컴파일 및 실행하면 다음과 같은 결과를 표시한다.

```
<h1>Template Value: {Kayak Watersports 279}</h1>
<h1>Extras Template Value: {Kayak Watersports 279}</h1>
```

다양한 템플릿을 로드하면 여러 파일에서 콘텐츠를 정의할 수 있기 때문에 하나의 템플릿은 다른 템플릿에서 생성한 콘텐츠에 의존할 수 있다. 23장 뒷부분의 '템플릿 블록 정의' 절에서 설명할 예정이다.

로드한 템플릿 열거

로드한 템플릿을 열거해 예상하는 모든 파일을 검색했는지 확인하는 것이 유용할 수 있다(특히 ParseGlob 함수를 사용할 때). 리스트 23-11은 Templates 메서드를 사용해 템플릿 목록을 가져오고 Name 메서드를 사용해 각각의 이름을 가져온다.

리스트 23-11 htmltext 폴더 내 main.go 파일에서 로드한 템플릿 열거

```go
package main

import (
  "html/template"
  //"os"
)

func main() {
  allTemplates, err := template.ParseGlob("templates/*.html")
  if (err == nil) {
    for _, t := range allTemplates.Templates() {
      Printfln("Template name: %v", t.Name())
    }
  } else {
    Printfln("Error: %v %v", err.Error())
  }
}
```

ParseGlob 함수에 전달한 패턴은 templates 폴더에서 html 파일 확장자를 가진 모든 파일을
선택한다. 프로젝트를 컴파일 및 실행하면 로드한 템플릿 목록을 표시한다.

```
Template name: extras.html
Template name: template.html
```

특정 템플릿 조회

이름을 지정하는 것의 대안은 템플릿을 선택하기 위해 Lookup 메서드를 사용하는 것이다. 리스
트 23-12처럼 템플릿을 함수의 인수로 전달하고자 할 때 유용하다.

리스트 23-12 htmltext 폴더 내 main.go 파일에서 템플릿 조회

```go
package main

import (
  "html/template"
  "os"
)

func Exec(t *template.Template) error {
  return t.Execute(os.Stdout, &Kayak)
}

func main() {
  allTemplates, err := template.ParseGlob("templates/*.html")
  if (err == nil) {
    selectedTemplated := allTemplates.Lookup("template.html")
    err = Exec(selectedTemplated)
  }
  if (err != nil) {
    Printfln("Error: %v %v", err.Error())
  }
}
```

위 예제는 Lookup 메서드를 사용해 template.txt 파일에서 로드한 템플릿을 가져와 표준 출력
을 사용해 템플릿을 실행하는 Exec 함수의 인수로 사용한다. 프로젝트를 컴파일 및 실행하면
다음과 같은 결과를 표시한다.

```
<h1>Template Value: {Kayak Watersports 279}</h1>
```

템플릿 액션 이해

Go 템플릿은 Execute 또는 ExecuteTemplate 메서드에 전달하는 데이터에서 콘텐츠를 생성할
때 사용할 수 있는 다양한 액션을 지원한다. 빠른 참조를 위해 표 23-5는 템플릿 액션을 요약

하고 있고 그중 가장 유용한 액션은 다음 절에서 설명할 것이다.

표 23-5 템플릿 액션

액션	설명
{{ value }} {{ expr }}	데이터 값 또는 표현식의 결과를 템플릿에 삽입한다. 기간은 Execute 또는 ExecuteTemplate 함수에 전달한 데이터 값을 참조할 때 사용한다. 자세한 내용은 '데이터 값 삽입' 절을 참조한다.
{{ value.fieldname }}	구조체 필드의 값을 삽입한다. 자세한 내용은 '데이터 값 삽입' 절을 참조한다.
{{ value.method arg }}	메서드를 호출하고 결과를 템플릿 출력에 삽입한다. 괄호는 사용하지 않고 인수는 공백으로 구분한다. 자세한 내용은 '데이터 값 삽입' 절을 참조한다.
{{ func arg }}	함수를 호출하고 결과를 출력에 삽입한다. '템플릿 함수 정의' 절에 설명한 대로 데이터 값 포매팅과 같은 일반적인 작업을 위한 내장 함수가 있고 사용자 지정 함수를 정의할 수 있다.
{{ expr | value.method }} {{ expr | func }}	첫 번째 표현식의 결과를 두 번째 표현식의 마지막 별표로 사용하도록 수직 막대를 사용해 표현식을 함께 연결할 수 있다.
{{ range value }} … {{ end }}	지정한 슬라이스를 반복하고 각 요소의 range와 end 키워드 사이에 콘텐츠를 추가한다. 기간 동안 액세스할 수 있는 현재 요소와 함께 중첩 콘텐츠 내의 액션을 실행한다. 자세한 내용은 '템플릿에서 슬라이스 사용' 절을 참조한다.
{{ range value }} … {{ else }} … {{ end }}	range/end 조합과 유사하지만 슬라이스가 요소를 포함하고 있지 않은 경우 사용하는 중첩 콘텐츠 섹션을 정의한다.
{{ if expr }} … {{ end }}	표현식을 평가하고 '조건부 템플릿 콘텐츠 실행' 절에 설명한 대로 결과가 true인 경우 중첩 템플릿 콘텐츠를 실행한다. 해당 액션은 optionalelse와 else if 절과 함께 사용할 수 있다.
{{ with expr }} … {{ end }}	표현식을 평가하고 결과가 nil 또는 빈 문자열이 아닌 경우 중첩 템플릿 콘텐츠를 실행한다. 해당 액션은 선택적 절과 함께 사용할 수 있다.
{{ define "name" }} … {{ end }}	지정한 이름으로 템플릿을 정의한다.
{{ template "name" expr }}	지정한 이름과 데이터로 템플릿을 실행하고 결과를 출력에 삽입한다.
{{ block "name" expr }} … {{ end }}	지정한 이름으로 템플릿을 정의하고 지정한 데이터로 템플릿을 호출한다. '템플릿 블록 정의' 절에서 설명한 것처럼 다른 파일에서 로드한 템플릿으로 교체할 수 있는 템플릿을 정의할 때 일반적으로 사용한다.

데이터 값 삽입

템플릿에서 가장 간단한 작업은 템플릿이 생성한 출력에 값을 삽입하는 것이다. 해당 작업은 삽입하려는 값을 생성하는 표현식을 포함한 액션을 생성해 수행한다. 표 23-6은 기본 템플릿 표현식을 설명하고 그중 가장 유용한 표현식은 다음 절에서 설명할 것이다.

표 23-6 템플릿에 값 삽입을 위한 템플릿 표현식

표현식	설명
.	Execute 또는 ExecuteTemplate 메서드에 전달한 값을 템플릿 출력에 삽입한다.
.Field	지정한 필드의 값을 템플릿 출력에 삽입한다.

(이어짐)

표현식	설명
.Method	인수 없이 지정한 메서드를 호출하고 결과를 템플릿 출력에 삽입한다.
.Method arg	지정한 인수를 사용해 지정한 메서드를 호출하고 결과를 템플릿 출력에 삽입한다.
call .Field arg	공백으로 구분하는 지정 인수를 사용해 구조체 함수 필드를 호출한다. 함수의 결과는 템플릿 출력에 삽입한다.

이전 절에서는 템플릿을 실행할 때 사용하는 데이터 값의 문자열 표현을 삽입하는 효과가 있는 마침표만 사용했다. 대부분의 실제 프로젝트의 템플릿은 리스트 23-13처럼 특정 필드에 대한 값 또는 호출 메서드의 결과를 포함한다.

리스트 23-13 templates 폴더 내 template.html 파일에서 데이터 값 삽입

```
<h1>Template Value: {{ . }}</h1>
<h1>Name: {{ .Name }}</h1>
<h1>Category: {{ .Category }}</h1>
<h1>Price: {{ .Price }}</h1>
<h1>Tax: {{ .AddTax }}</h1>
<h1>Discount Price: {{ .ApplyDiscount 10 }}</h1>
```

새 액션은 Name, Category, Price 필드 값과 AddTax 및 ApplyDiscount 메서드를 호출한 결과를 작성하는 표현식을 포함하고 있다. 필드에 액세스하는 구문은 대체로 Go 코드와 비슷하지만 메서드와 함수를 호출하는 방식이 충분히 다르기 때문에 실수하기 쉽다. Go 코드와 달리 메서드는 괄호로 호출하지 않고 인수는 단순히 공백으로 구분한 이름 뒤에 지정한다. 인수가 메서드나 함수에서 사용할 수 있는 타입인지 확인하는 것은 개발자의 책임이다. 프로젝트를 컴파일 및 실행하면 다음과 같은 결과를 표시한다.

```
<h1>Template Value: {Kayak Watersports 279}</h1>
<h1>Name: Kayak</h1>
<h1>Category: Watersports</h1>
<h1>Price: 279</h1>
<h1>Tax: 334.8</h1>
<h1>Discount Price: 269</h1>
```

상황 탈출 이해

상황에 따라 적절한 이스케이프 규칙을 적용하면 HTML, CSS, 자바스크립트 코드에 안전하게 값을 포함하도록 값을 자동으로 이스케이프한다. 예를 들어 HTML 요소의 텍스트 콘텐츠로 사용하는 "It was a <big> boat"와 같은 문자열 값은 "It was a <big> boat"로 템플릿에 삽입하지만 자바스크립트 코드에서 문자열 리터럴 값으로 사용할 때 "It was a \u003cbig \u003e boat"로 템플릿에 삽입한다. 값을 이스케이프하는 방법에 대한 자세한 내용은 다음 링크(https://golang.org/pkg/html/template)에서 확인할 수 있다.

데이터 값 포매팅

템플릿은 표 23-7에 설명한 대로 출력에 삽입하는 데이터 값의 포매팅을 포함하는 일반적인 작업을 위한 기본 제공 함수를 지원한다. 추가 내장 함수는 이후의 절들에서 설명한다.

표 23-7 데이터 포매팅을 위한 내장 템플릿 함수

이름	설명
print	fmt.Sprint 함수의 별칭이다.
printf	fmt.Sprintf 함수의 별칭이다.
println	fmt.Sprintln 함수의 별칭이다.
html	HTML 문서에 안전하게 포함할 수 있도록 값을 인코딩한다.
js	자바스크립트 문서에 안전하게 포함할 수 있도록 값을 인코딩한다.
urlquery	URL 쿼리 문자열에 안전하게 포함할 수 있도록 값을 인코딩한다.

위 함수는 이름과 공백으로 구분한 인수 목록을 지정해 호출한다. 리스트 23-14는 템플릿 출력에 포함한 일부 데이터 필드를 포매팅하기 위해 printf 함수를 사용했다.

리스트 23-14 templates 폴더 내 template.html 파일에서 포매팅 함수 사용

```
<h1>Template Value: {{ . }}</h1>
<h1>Name: {{ .Name }}</h1>
<h1>Category: {{ .Category }}</h1>
<h1>Price: {{ printf "$%.2f" .Price }}</h1>
<h1>Tax: {{ printf "$%.2f" .AddTax }}</h1>
<h1>Discount Price: {{ .ApplyDiscount 10 }}</h1>
```

printf 함수를 사용하면 2개의 데이터 값을 달러 금액으로 포맷할 수 있다. 프로젝트를 컴파일 및 실행할 때 다음과 같은 출력을 생성한다.

```
<h1>Extras Template Value: {Kayak Watersports 279}</h1>
<h1>Name: Kayak</h1>
<h1>Category: Watersports</h1>
<h1>Price: $279.00</h1>
<h1>Tax: $334.80</h1>
<h1>Discount Price: 269</h1>
```

템플릿 표현식 연결 및 괄호로 묶기

표현식을 연결하면 값에 대한 파이프라인을 생성하고 한 메서드 또는 함수의 출력을 다른 메서드 또는 함수의 입력으로 사용할 수 있다. 리스트 23-15는 ApplyDiscount 메서드의 결과를 printf 함수의 인수로 사용할 수 있도록 연결해 파이프라인을 생성한다.

templates 폴더 내 template.html 파일에서 표현식 연결

```
<h1>Template Value: {{ . }}</h1>
<h1>Name: {{ .Name }}</h1>
<h1>Category: {{ .Category }}</h1>
<h1>Price: {{ printf "$%.2f" .Price }}</h1>
<h1>Tax: {{ printf "$%.2f" .AddTax }}</h1>
<h1>Discount Price: {{ .ApplyDiscount 10 | printf "$%.2f" }}</h1>
```

표현식을 세로 막대(| 문자)를 사용해 연결하면 한 표현식의 결과가 다음 표현식의 최종 인수로 사용하는 효과가 있다. 리스트 23-15에서 `ApplyDiscount` 메서드를 호출한 결과는 내장 `printf` 함수를 호출하기 위한 마지막 인수로 사용한다. 프로젝트를 컴파일 및 실행하면 템플릿에서 생성한 출력에서 포매팅한 값을 볼 수 있다.

```
<h1>Extras Template Value: {Kayak Watersports 279}</h1>
<h1>Name: Kayak</h1>
<h1>Category: Watersports</h1>
<h1>Price: $279.00</h1>
<h1>Tax: $334.80</h1>
<h1>Discount Price: $269.00</h1>
```

연결은 함수에 제공한 마지막 인수에만 사용할 수 있다. 대안적인 접근 방식(다른 함수 인수를 설정할 때 사용할 수 있는 접근 방식)은 리스트 23-16처럼 괄호를 사용하는 것이다.

리스트 23-16 templates 폴더 내 template.html 파일에서 괄호 사용

```
<h1>Template Value: {{ . }}</h1>
<h1>Name: {{ .Name }}</h1>
<h1>Category: {{ .Category }}</h1>
<h1>Price: {{ printf "$%.2f" .Price }}</h1>
<h1>Tax: {{ printf "$%.2f" .AddTax }}</h1>
<h1>Discount Price: {{ printf "$%.2f" (.ApplyDiscount 10) }}</h1>
```

`ApplyDiscount` 메서드를 호출하고 결과는 `printf` 함수에 대한 인수로 사용한다. 리스트 23-16의 템플릿은 리스트 23-15와 동일한 출력을 생성한다.

공백 트리밍

기본적으로 템플릿의 콘텐츠를 파일에 정의한 대로(액션 사이 공백 포함) 정확하게 렌더링한다. HTML은 요소 사이의 공백에 민감하지 않지만 공백은 여전히 텍스트 콘텐츠와 속성 값에 문제를 일으킬 수 있다. 특히 리스트 23-17과 같이 쉽게 읽을 수 있도록 템플릿 콘텐츠를 구조화하는 경우에 그렇다.

```
<h1>
  Name: {{ .Name }}, Category: {{ .Category }}, Price,
    {{ printf "$%.2f" .Price }}
</h1>
```

인쇄한 페이지의 내용에 맞게 개행과 들여쓰기를 추가하고 태그에서 요소 콘텐츠를 분리했다.
프로젝트를 컴파일 및 실행하면 출력은 공백을 포함하고 있다.

```
<h1>
  Name: Kayak, Category: Watersports, Price,
    $279.00
</h1>
```

빼기 기호는 공백을 잘라낼 때 사용할 수 있고 액션을 열거나 닫는 중괄호 바로 뒤나 앞에 적
용한다. 리스트 23-18은 해당 기능을 사용해 리스트 23-17에 있는 공백을 제거했다.

리스트 23-18 templates 폴더 내 template.html 파일에서 공백 트리밍

```
<h1>
  Name: {{ .Name }}, Category: {{ .Category }}, Price,
    {{- printf "$%.2f" .Price -}}
</h1>
```

빼기 기호는 공백으로 나머지 액션 표현식과 구분해야 한다. 결과적으로 프로젝트를 컴파일
및 실행하면 액션 전후의 모든 공백을 제거한 다음 결과를 확인할 수 있다.

```
<h1>
  Name: Kayak, Category: Watersports, Price,$279.00</h1>
```

마지막 액션 주위의 공백을 제거했지만 공백 트리밍은 액션에만 적용되기 때문에 여는 h1 태
그 뒤에 여전히 개행 문자가 있다. 이렇게 공백을 템플릿에서 제거할 수 없는 경우 리스트
23-19와 같이 빈 문자열을 출력에 삽입하는 액션을 사용해 공백을 제거할 수 있다.

리스트 23-19 templates 폴더 내 template.html 파일에서 추가 공백 트리밍

```
<h1>
  {{- "" -}} Name: {{ .Name }}, Category: {{ .Category }}, Price,
    {{- printf "$%.2f" .Price -}}
</h1>
```

새 액션은 새 출력을 생성하지 않고 프로젝트를 컴파일 및 실행하면 볼 수 있는 주변 공백을
트리밍하는 역할만 한다.

```
<h1>Name: Kayak, Category: Watersports, Price,$279.00</h1>
```

나중에 예제에서 볼 수 있겠지만 해당 기능을 사용하더라도 이해하기 쉬운 템플릿을 작성하면서 공백을 제어하기 어려울 수 있다. 특정 문서 구조가 중요한 경우 읽기 및 유지 관리가 더 어려운 템플릿을 허용해야 한다. 가독성과 유지 관리가 우선순위인 경우 템플릿에서 생성한 출력에 추가 공백을 허용해야 한다.

템플릿에서 슬라이스 사용

리스트 23-20에 나와 있는 것처럼 전체 템플릿을 대체하는 템플릿 액션을 사용해 슬라이스에 대한 콘텐츠를 생성할 수 있다.

리스트 23-20 templates 폴더 내 template.html 파일에서 슬라이스 처리

```
{{ range . -}}
  <h1>Name: {{ .Name }}, Category: {{ .Category }}, Price,
    {{- printf "$%.2f" .Price }}</h1>
{{ end }}
```

range 표현식은 지정한 데이터를 반복한다. 리스트 23-20은 마침표를 사용해 빠르게 구성할 템플릿을 실행할 때 사용하는 데이터 값을 선택했다. range 표현식과 end 표현식 사이의 템플릿 콘텐츠는 슬라이스 내 각 값에 대해 반복하고 현재 값을 마침표에 할당해 중첩 액션에서 사용할 수 있다. 리스트 23-20의 효과는 Name, Category, Price 필드를 range 표현식이 열거한 슬라이스의 각 값에 대한 출력에 삽입하는 것이다.

> ■ 노트 ■
>
> range 키워드는 23장 뒷부분의 '템플릿 변수 정의' 절에 설명한 대로 맵을 열거할 때 사용할 수도 있다.

리스트 23-21은 단일 Product 값 대신 슬라이스를 사용하도록 템플릿을 실행하는 코드를 업데이트한다.

리스트 23-21 htmltext 폴더 내 main.go 파일에서 템플릿 실행을 위한 슬라이스 사용

```
package main

import (
  "html/template"
  "os"
)

func Exec(t *template.Template) error {
  return t.Execute(os.Stdout, Products)
```

```
  }

  func main() {
    allTemplates, err := template.ParseGlob("templates/*.html")
    if (err == nil) {
      selectedTemplated := allTemplates.Lookup("template.html")
      err = Exec(selectedTemplated)
    }
    if (err != nil) {
      Printfln("Error: %v %v", err.Error())
    }
  }
```

코드를 컴파일 및 실행하면 다음과 같은 결과를 표시한다.

```
<h1>Name: Kayak, Category: Watersports, Price,$279.00</h1>
<h1>Name: Lifejacket, Category: Watersports, Price,$49.95</h1>
<h1>Name: Soccer Ball, Category: Soccer, Price,$19.50</h1>
<h1>Name: Corner Flags, Category: Soccer, Price,$34.95</h1>
<h1>Name: Stadium, Category: Soccer, Price,$79500.00</h1>
<h1>Name: Thinking Cap, Category: Chess, Price,$16.00</h1>
<h1>Name: Unsteady Chair, Category: Chess, Price,$75.00</h1>
<h1>Name: Bling-Bling King, Category: Chess, Price,$1200.00</h1>
```

리스트 23-20에서 range 표현식을 포함하는 액션에 빼기 기호를 적용했음에 주목해보자.
range 및 end 액션 내의 템플릿 콘텐츠를 새 줄에 배치하고 들여쓰기를 추가해 시각적으로 구
분하고 싶었지만 이렇게 하면 출력에 추가 개행 및 공백이 발생했을 것이다. range 표현식 끝
에 빼기 기호를 넣으면 중첩 콘텐츠에서 선행 공백이 모두 잘린다. 슬라이스의 각 요소에 대한
출력이 별도의 줄에 나타나도록 후행 개행 문자를 유지하는 효과가 있는 end 액션에 빼기 기호
를 추가하지 않았다.

내장 슬라이스 함수 사용

Go 텍스트 템플릿은 슬라이스 작업을 위해 표 23-8에 설명한 내장 함수를 지원한다.

표 23-8 슬라이스를 위한 내장 템플릿 함수

이름	설명
slice	새 슬라이스를 만든다. 인수는 원래 슬라이스, 시작 인덱스, 끝 인덱스다.
index	지정한 인덱스에 있는 요소를 반환한다.
len	지정한 슬라이스의 길이를 반환한다.

리스트 23-22는 내장 함수를 사용해 슬라이스 크기를 보고하고 특정 인덱스에서 요소를 가져
오고 새 슬라이스를 생성한다.

```
<h1>There are {{ len . }} products in the source data.</h1>
<h1>First product: {{ index . 0 }}</h1>
{{ range slice . 3 5 -}}
    <h1>Name: {{ .Name }}, Category: {{ .Category }}, Price,
        {{- printf "$%.2f" .Price }}</h1>
{{ end }}
```

프로젝트를 컴파일 및 실행하면 다음과 같은 결과를 표시한다.

```
<h1>There are 8 products in the source data.</h1>
<h1>First product: {Kayak Watersports 279}</h1>
<h1>Name: Corner Flags, Category: Soccer, Price,$34.95</h1>
<h1>Name: Stadium, Category: Soccer, Price,$79500.00</h1>
```

조건부 템플릿 콘텐츠 실행

리스트 23-23처럼 액션을 사용하면 표현식 평가를 기반으로 출력에 내용을 조건부로 삽입할 수 있다.

리스트 23-23 templates 폴더 내 template.html 파일에서 조건부 액션 사용

```
<h1>There are {{ len . }} products in the source data.</h1>
<h1>First product: {{ index . 0 }}</h1>
{{ range . -}}
    {{ if lt .Price 100.00 -}}
        <h1>Name: {{ .Name }}, Category: {{ .Category }}, Price,
            {{- printf "$%.2f" .Price }}</h1>
    {{ end -}}
{{ end }}
```

if 키워드 뒤에는 중첩 템플릿 콘텐츠를 실행하는지 여부를 결정하는 표현식이 온다. 해당 액션에 대한 표현식 작성을 돕기 위해 템플릿은 표 23-9에 설명한 함수를 지원한다.

표 23-9 템플릿 조건부 함수

함수	설명
eq arg1 arg2	arg1 == arg2인 경우 true를 반환한다.
ne arg1 arg2	arg != arg2인 경우 true를 반환한다.
lt arg1 arg2	arg1 < arg2인 경우 true를 반환한다.
le arg1 arg2	arg1 <= arg2인 경우 true를 반환한다.
gt arg1 arg2	arg1 > arg2인 경우 true를 반환한다.
ge arg1 arg2	arg1 >= arg2인 경우 true를 반환한다.
and arg1 arg2	arg1와 arg2 모두 true인 경우 true를 반환한다.
not arg1	arg1이 false인 경우 true를 반환한다. arg1이 true인 경우 false를 반환한다.

이러한 함수의 구문은 나머지 템플릿 기능과 일치하므로 익숙해지기 전까지는 어색할 수 있다. 리스트 23-23은 다음 표현식을 사용했다.

```
...
{{ if lt .Price 100.00 -}}
...
```

if 키워드는 조건부 액션을 나타내고, lt 함수는 보다 작음 비교를 수행하고, 나머지 인수는 range 식에서 현재 값의 Price 필드와 리터럴 값 100.00을 지정한다. 표 23-9에 설명한 비교 함수는 데이터 타입을 처리하는 정교한 접근 방식이 없다. 즉 리터럴 값을 100.00으로 지정해 야 float64로 처리하기 때문에 Go가 타입을 지정하지 않은 상수를 처리하는 방식에 의존할 수 없다.

range 액션은 Product 슬라이스의 값을 열거하고 중첩 if 액션을 실행한다. if 액션은 현재 요소의 Price 필드 값이 100 미만인 경우에만 중첩 콘텐츠를 실행한다. 프로젝트를 컴파일 및 실행하면 다음과 같은 출력을 표시한다.

```
<h1>There are 8 products in the source data.</h1>
<h1>First product: {Kayak Watersports 279}</h1>
<h1>Name: Lifejacket, Category: Watersports, Price,$49.95</h1>
  <h1>Name: Soccer Ball, Category: Soccer, Price,$19.50</h1>
  <h1>Name: Corner Flags, Category: Soccer, Price,$34.95</h1>
  <h1>Name: Thinking Cap, Category: Chess, Price,$16.00</h1>
  <h1>Name: Unsteady Chair, Category: Chess, Price,$75.00</h1>
```

공백을 제거하기 위해 빼기 기호를 사용했음에도 불구하고 선택한 템플릿 구조 때문에 출력 포맷이 이상하다. 출력에서 공백을 쉽게 읽고 관리할 수 있도록 구조화 템플릿을 사용하지만 앞서 언급한 바와 같이 장단점이 있다. 23장에서 템플릿을 이해하기 쉽게 만드는 것에만 중점 을 뒀기 때문에 예제의 출력 포맷이 어색해졌다.

선택적 조건부 액션 사용

if 액션은 리스트 23-24처럼 선택적 else 및 else if 키워드와 함께 사용할 수 있고 if 표현식 이 false일 때 실행하거나 두 번째 표현식이 true일 때만 실행하는 대체 콘텐츠를 허용한다.

리스트 23-24 templates 폴더 내 template.html 파일에서 선택적 키워드 사용

```
<h1>There are {{ len . }} products in the source data.</h1>
<h1>First product: {{ index . 0 }}</h1>
{{ range . -}}
  {{ if lt .Price 100.00 -}}
    <h1>Name: {{ .Name }}, Category: {{ .Category }}, Price,
      {{- printf "$%.2f" .Price }}</h1>
```

```
    {{ else if gt .Price 1500.00 -}}
        <h1>Expensive Product {{ .Name }} ({{ printf "$%.2f" .Price}})</h1>
    {{ else -}}
        <h1>Midrange Product: {{ .Name }} ({{ printf "$%.2f" .Price}})</h1>
    {{ end -}}
{{ end }}
```

프로젝트를 컴파일 및 실행하면 if, else if, else 액션이 다음 출력을 생성하는 것을 볼 수
있다.

```
<h1>There are 8 products in the source data.</h1>
<h1>First product: {Kayak Watersports 279}</h1>
<h1>Midrange Product: Kayak ($279.00)</h1>
    <h1>Name: Lifejacket, Category: Watersports, Price,$49.95</h1>
    <h1>Name: Soccer Ball, Category: Soccer, Price,$19.50</h1>
    <h1>Name: Corner Flags, Category: Soccer, Price,$34.95</h1>
    <h1>Expensive Product Stadium ($79500.00)</h1>
    <h1>Name: Thinking Cap, Category: Chess, Price,$16.00</h1>
    <h1>Name: Unsteady Chair, Category: Chess, Price,$75.00</h1>
    <h1>Midrange Product: Bling-Bling King ($1200.00)</h1>
```

이름 있는 중첩 콘텐츠 생성

define 액션은 리스트 23-25와 같이 콘텐츠를 한 번 정의하고 템플릿 액션과 함께 반복적으
로 사용할 수 있도록 이름으로 실행할 수 있는 중첩 템플릿을 생성할 때 사용한다.

리스트 23-25 templates 폴더 내 template.html 파일에서 중첩 템플릿 정의 및 사용

```
{{ define "currency" }}{{ printf "$%.2f" . }}{{ end }}

{{ define "basicProduct" -}}
    Name: {{ .Name }}, Category: {{ .Category }}, Price,
        {{- template "currency" .Price }}
{{- end }}

{{ define "expensiveProduct" -}}
    Expensive Product {{ .Name }} ({{ template "currency" .Price }})
{{- end }}

<h1>There are {{ len . }} products in the source data.</h1>
<h1>First product: {{ index . 0 }}</h1>
{{ range . -}}
    {{ if lt .Price 100.00 -}}
        <h1>{{ template "basicProduct" . }}</h1>
    {{ else if gt .Price 1500.00 -}}
        <h1>{{ template "expensiveProduct" . }}</h1>
    {{ else -}}
        <h1>Midrange Product: {{ .Name }} ({{ printf "$%.2f" .Price}})</h1>
```

```
    {{ end -}}
  {{ end }}
```

---

define 키워드 다음에는 따옴표로 묶인 템플릿 이름이 오고 템플릿은 end 키워드로 종료시킨다. template 키워드는 템플릿 이름과 데이터 값을 지정해 이름 있는 템플릿을 실행할 때 사용한다.

```
  ...
  {{- template "currency" .Price }}
  ...
```

해당 액션은 currency라는 템플릿을 실행하고 기간을 사용해 이름 있는 템플릿 내에서 액세스하는 데이터 값으로 Price 필드의 값을 사용한다.

```
  ...
  {{ define "currency" }}{{ printf "$%.2f" . }}{{ end }}
  ...
```

이름 있는 템플릿은 리스트 23-25처럼 currency 템플릿을 실행하는 basicProduct 및 expensiveProduct 템플릿을 사용해 다른 이름 있는 템플릿을 호출할 수 있다.

이름 있는 중첩 템플릿은 공백 문제를 악화시킬 수 있다. 명확성을 위해 리스트 23-25에 추가한 템플릿 주변의 공백을 기본 템플릿의 출력에 포함하기 때문이다. 이를 해결하는 한 가지 방법은 이름 있는 템플릿을 별도의 파일에 정의하는 것이지만 리스트 23-26과 같이 출력의 주요 부분에 대해서도 이름 있는 템플릿만 사용해 문제를 해결할 수도 있다.

리스트 23-26 templates 폴더 내 template.html 파일에서 이름 있는 템플릿 추가

```
{{ define "currency" }}{{ printf "$%.2f" . }}{{ end }}

{{ define "basicProduct" -}}
  Name: {{ .Name }}, Category: {{ .Category }}, Price,
    {{- template "currency" .Price }}
{{- end }}

{{ define "expensiveProduct" -}}
  Expensive Product {{ .Name }} ({{ template "currency" .Price }})
{{- end }}

{{ define "mainTemplate" -}}
  <h1>There are {{ len . }} products in the source data.</h1>
  <h1>First product: {{ index . 0 }}</h1>
  {{ range . -}}
    {{ if lt .Price 100.00 -}}
      <h1>{{ template "basicProduct" . }}</h1>
    {{ else if gt .Price 1500.00 -}}
      <h1>{{ template "expensiveProduct" . }}</h1>
```

```
    {{ else -}}
      <h1>Midrange Product: {{ .Name }} ({{ printf "$%.2f" .Price}})</h1>
    {{ end -}}
  {{ end }}
{{- end}}
```

기본 템플릿 콘텐츠에 대해 define 및 end 키워드를 사용하면 다른 이름 있는 템플릿을 구분하기 위해 사용하는 공백을 제외한다. 리스트 23-27은 실행할 템플릿을 선택할 때 이름을 사용해 변경을 수행한다.

리스트 23-27 htmltext 폴더 내 main.go 파일에서 이름 있는 템플릿 선택

```
package main

import (
  "html/template"
  "os"
)

func Exec(t *template.Template) error {
  return t.Execute(os.Stdout, Products)
}

func main() {
  allTemplates, err := template.ParseGlob("templates/*.html")
  if (err == nil) {
    selectedTemplated := allTemplates.Lookup("mainTemplate")
    err = Exec(selectedTemplated)
  }
  if (err != nil) {
    Printfln("Error: %v %v", err.Error())
  }
}
```

이름 있는 템플릿은 모두 직접 실행할 수 있지만 여기서는 프로젝트를 컴파일 및 실행할 때 다음 출력을 생성하는 mainTemplate을 선택했다.

```
<h1>There are 8 products in the source data.</h1>
  <h1>First product: {Kayak Watersports 279}</h1>
  <h1>Midrange Product: Kayak ($279.00)</h1>
    <h1>Name: Lifejacket, Category: Watersports, Price,$49.95</h1>
    <h1>Name: Soccer Ball, Category: Soccer, Price,$19.50</h1>
    <h1>Name: Corner Flags, Category: Soccer, Price,$34.95</h1>
    <h1>Expensive Product Stadium ($79500.00)</h1>
    <h1>Name: Thinking Cap, Category: Chess, Price,$16.00</h1>
    <h1>Name: Unsteady Chair, Category: Chess, Price,$75.00</h1>
    <h1>Midrange Product: Bling-Bling King ($1200.00)</h1>
```

템플릿 블록 정의

템플릿 블록은 여러 템플릿을 함께 로드하고 실행해야 하는 다른 템플릿 파일에서 재정의할 수 있는 기본 콘텐츠로 템플릿을 정의할 때 사용한다. 리스트 23-28처럼 레이아웃과 같은 공통 콘텐츠에 자주 사용한다.

리스트 23-28 templates 폴더 내 template.html 파일에서 블록 정의

```
{{ define "mainTemplate" -}}
  <h1>This is the layout header</h1>
  {{ block "body" . }}
    <h2>There are {{ len . }} products in the source data.</h2>
  {{ end }}
  <h1>This is the layout footer</h1>
{{ end }}
```

block 액션은 템플릿에 이름을 부여할 때 사용하고 define 액션과 달리 template 액션을 사용하지 않아도 출력에 template을 포함한다. 프로젝트를 컴파일 및 실행해보면 알 수 있다(공백을 제거하기 위해 출력을 포매팅했다).

```
<h1>This is the layout header</h1>
  <h2>There are 8 products in the source data.</h2>
<h1>This is the layout footer</h1>
```

단독으로 사용하는 경우 템플릿 파일의 출력은 블록의 콘텐츠를 포함한다. 그러나 해당 콘텐츠는 다른 템플릿 파일로 재정의할 수 있다. 리스트 23-29의 내용을 담은 list.html 파일을 templates 폴더에 추가해보자.

리스트 23-29 templates 폴더 내 list.html 파일 소스 코드

```
{{ define "body" }}
  {{ range . }}
    <h2>Product: {{ .Name }} ({{ printf "$%.2f" .Price}})</h2>
  {{ end -}}
{{ end }}
```

위 기능을 사용하려면 리스트 23-30과 같이 템플릿 파일을 순서대로 로드해야 한다.

리스트 23-30 htmltext 폴더 내 main.go 파일에서 템플릿 로딩

```
package main

import (
  "html/template"
  "os"
)
```

646

```
func Exec(t *template.Template) error {
  return t.Execute(os.Stdout, Products)
}

func main() {

  allTemplates, err := template.ParseFiles("templates/template.html",
    "templates/list.html")
  if (err == nil) {
    selectedTemplated := allTemplates.Lookup("mainTemplate")
    err = Exec(selectedTemplated)
  }
  if (err != nil) {
    Printfln("Error: %v %v", err.Error())
  }
}
```

템플릿을 재정의하는 define 액션이 포함된 파일보다 블록 액션이 포함된 파일이 먼저 로드되도록 템플릿을 로드해야 한다. 템플릿을 로드하면 list.html 파일에 정의한 템플릿은 list.html 파일의 콘텐츠가 template.html 파일의 콘텐츠를 대체하도록 body라는 템플릿을 재정의한다. 프로젝트를 컴파일 및 실행하면 공백을 제거하도록 포매팅한 다음 출력을 표시한다.

```
<h1>This is the layout header</h1>
  <h2>Product: Kayak ($279.00)</h2>
  <h2>Product: Lifejacket ($49.95)</h2>
  <h2>Product: Soccer Ball ($19.50)</h2>
  <h2>Product: Corner Flags ($34.95)</h2>
  <h2>Product: Stadium ($79500.00)</h2>
  <h2>Product: Thinking Cap ($16.00)</h2>
  <h2>Product: Unsteady Chair ($75.00)</h2>
  <h2>Product: Bling-Bling King ($1200.00)</h2>
<h1>This is the layout footer</h1>
```

템플릿 함수 정의

이전 절에서 설명한 내장 템플릿 함수는 Template에 특정한 사용자 지정 함수로 보완할 수 있다. 이러한 사용자 지정 함수는 코드상에서 정의 및 설정한다. 리스트 23-31은 사용자 지정 함수를 설정하는 과정을 보여준다.

리스트 23-31 htmltext 폴더 내 main.go 파일에서 사용자 지정 함수 정의

```
package main

import (
  "html/template"
  "os"
```

```
  )

  func GetCategories(products []Product) (categories []string) {
    catMap := map[string]string {}
    for _, p := range products {
      if (catMap[p.Category] == "") {
        catMap[p.Category] = p.Category
        categories = append(categories, p.Category)
      }
    }
    return
  }

  func Exec(t *template.Template) error {
    return t.Execute(os.Stdout, Products)
  }

  func main() {
    allTemplates := template.New("allTemplates")
    allTemplates.Funcs(map[string]interface{} {
      "getCats": GetCategories,
    })
    allTemplates, err := allTemplates.ParseGlob("templates/*.html")

    if (err == nil) {
      selectedTemplated := allTemplates.Lookup("mainTemplate")
      err = Exec(selectedTemplated)
    }
    if (err != nil) {
      Printfln("Error: %v %v", err.Error())
    }
  }
```

GetCategories 함수는 Product 슬라이스를 받고 고유한 Category 값 집합을 반환한다. Template 에서 사용할 수 있도록 GetCategories 함수를 설정하려면 다음과 같이 이름 맵을 함수에 전달 해 Funcs 메서드를 호출한다.

```
...
allTemplates.Funcs(map[string]interface{} {
  "getCats": GetCategories,
})
...
```

리스트 23-31의 맵은 getCats라는 이름을 사용해 GetCategories 함수를 호출하도록 지정한다. Funcs 메서드는 템플릿 파일을 파싱하기 전에 호출해야 한다. 즉 New 함수를 사용해 템플릿을 생성하면 ParseFiles 또는 ParseGlob 메서드를 호출하기 전에 사용자 지정 함수를 등록할 수 있다.

```
...
allTemplates := template.New("allTemplates")
allTemplates.Funcs(map[string]interface{} {
  "getCats": GetCategories,
})
allTemplates, err := allTemplates.ParseGlob("templates/*.html")
...
```

템플릿 내에서 리스트 23-32처럼 내장 함수와 동일한 구문을 사용하면 사용자 지정 함수를 호출할 수 있다.

리스트 23-32 templates 폴더 내 template.html 파일에서 사용자 지정 함수 사용

```
{{ define "mainTemplate" -}}
  <h1>There are {{ len . }} products in the source data.</h1>
  {{ range getCats . -}}
    <h1>Category: {{ . }}</h1>
  {{ end }}
{{- end }}
```

range 키워드는 템플릿 출력에 포함한 사용자 지정 함수에서 반환한 카테고리를 열거할 때 사용한다. 프로젝트를 컴파일 및 실행하면 공백을 제거하도록 포매팅한 다음 출력을 표시한다.

```
<h1>There are 8 products in the source data.</h1>
<h1>Category: Watersports</h1>
<h1>Category: Soccer</h1>
<h1>Category: Chess</h1>
```

함수 결과 인코딩 비활성화

HTML 문서에 안전하게 포함하도록 함수가 생성한 결과를 인코딩한다. 인코딩은 리스트 23-33처럼 HTML, 자바스크립트 또는 CSS 조각을 생성하는 함수에 문제를 나타낼 수 있다.

리스트 23-33 htmltext 폴더 내 main.go 파일에서 HTML 조각 생성

```
...
func GetCategories(products []Product) (categories []string) {
  catMap := map[string]string {}
  for _, p := range products {
    if (catMap[p.Category] == "") {
      catMap[p.Category] = p.Category
      categories = append(categories, "<b>p.Category</b>")
    }
  }
  return
}
...
```

HTML 문자열을 포함하는 조각을 생성하도록 GetCategories 함수를 수정했다. 템플릿 엔진은 프로젝트 컴파일 및 실행할 때 출력에 표시하는 값을 인코딩한다.

```
<h1>There are 8 products in the source data.</h1>
<h1>Category: &lt;b&gt;p.Category&lt;/b&gt;</h1>
<h1>Category: &lt;b&gt;p.Category&lt;/b&gt;</h1>
<h1>Category: &lt;b&gt;p.Category&lt;/b&gt;</h1>
```

위 방법은 좋은 방법이지만 인코딩 없이 템플릿에 포함해야 하는 콘텐츠를 생성하기 위해 함수를 사용할 때 문제가 발생한다. 이러한 상황에서 html/template 패키지는 표 23-10에 설명한 대로 함수의 결과에 특별한 처리가 필요함을 나타내기 위해 사용하는 일련의 string 타입 별칭을 정의한다.

표 23-10 콘텐츠 타입을 나타내기 위해 사용하는 타입 별칭

이름	설명
CCS	CSS 콘텐츠를 나타낸다.
HTML	HTML 조각을 나타낸다.
HTMLAttr	HTML 속성의 값으로 사용할 값을 나타낸다.
JS	자바스크립트 코드의 조각을 나타낸다.
JSStr	자바스크립트 표현식에서 따옴표 사이에 나타나도록 의도한 값을 나타낸다.
Srcset	img 요소의 srcset 속성에서 사용할 수 있는 값을 나타낸다.
URL	URL을 나타낸다.

일반적인 콘텐츠 처리를 방지하기 위해 콘텐츠를 생성하는 함수는 리스트 23-34와 같이 표 23-10에 표시한 타입 중 하나를 사용한다.

리스트 23-34 htmltext 폴더 내 main.go 파일에서 HTML 콘텐츠 반환

```
...
func GetCategories(products []Product) (categories []template.HTML) {
  catMap := map[string]string {}
  for _, p := range products {
    if (catMap[p.Category] == "") {
      catMap[p.Category] = p.Category
      categories = append(categories, "<b>p.Category</b>")
    }
  }
  return
}
...
```

변경은 템플릿 시스템에 GetCategories 함수의 결과가 HTML임을 알려준다. 프로젝트를 컴파일 및 실행할 때 다음 출력을 생성한다.

```
<h1>There are 8 products in the source data.</h1>
<h1>Category: <b>p.Category</b></h1>
<h1>Category: <b>p.Category</b></h1>
<h1>Category: <b>p.Category</b></h1>
```

표준 라이브러리 함수 액세스 제공

리스트 23-35처럼 템플릿 함수를 사용하면 표준 라이브러리에서 제공하는 기능에 대한 액세스를 제공할 수도 있다.

리스트 23-35 htmltext 폴더 내 main.go 파일에서 함수 매핑 추가

```go
package main

import (
  "html/template"
  "os"
  "strings"
)

func GetCategories(products []Product) (categories []string) {
  catMap := map[string]string {}
  for _, p := range products {
    if (catMap[p.Category] == "") {
      catMap[p.Category] = p.Category
      categories = append(categories, p.Category)
    }
  }
  return
}

func Exec(t *template.Template) error {
  return t.Execute(os.Stdout, Products)
}

func main() {
  allTemplates := template.New("allTemplates")
  allTemplates.Funcs(map[string]interface{} {
    "getCats": GetCategories,
    "lower": strings.ToLower,
  })
  allTemplates, err := allTemplates.ParseGlob("templates/*.html")

  if (err == nil) {
    selectedTemplated := allTemplates.Lookup("mainTemplate")
    err = Exec(selectedTemplated)
  }
```

```
    if (err != nil) {
      Printfln("Error: %v %v", err.Error())
    }
  }
```

16장에 설명한 대로 새로운 매핑은 문자열을 소문자로 변환하는 ToLower 함수에 대한 액세스를 제공한다. 리스트 23-36처럼 ToLower 함수는 템플릿 내에서 lower라는 이름을 사용하면 액세스할 수 있다.

리스트 23-36 templates 폴더 내 template.html 파일에서 템플릿 함수 사용

```
{{ define "mainTemplate" -}}
  <h1>There are {{ len . }} products in the source data.</h1>
  {{ range getCats . -}}
    <h1>Category: {{ lower . }}</h1>
  {{ end }}
{{- end }}
```

프로젝트를 컴파일 및 실행하면 다음과 같은 결과를 표시한다.

```
<h1>There are 8 products in the source data.</h1>
<h1>Category: watersports</h1>
<h1>Category: soccer</h1>
<h1>Category: chess</h1>
```

템플릿 변수 정의

리스트 23-37처럼 임베디드 템플릿 콘텐츠 내에서 액세스할 수 있는 표현식에서 액션은 변수를 정의할 수 있다. 해당 기능은 표현식에서 평가할 값을 생성해야 하고 중첩 콘텐츠에 동일한 값이 필요한 경우에 유용하다.

리스트 23-37 templates 폴더 내 template.html 파일에서 템플릿 변수 정의 및 사용

```
{{ define "mainTemplate" -}}
  {{ $length := len . }}
  <h1>There are {{ $length }} products in the source data.</h1>
  {{ range getCats . -}}
    <h1>Category: {{ lower . }}</h1>
  {{ end }}
{{- end }}
```

템플릿 변수 이름에는 $ 문자가 접두사로 붙고 짧은 변수 선언 구문으로 생성한다. 첫 번째 액션은 다음 액션에서 사용하는 length라는 변수를 작성한다. 프로젝트를 컴파일 및 실행하면 다음과 같은 결과를 표시한다.

```
<h1>There are 8 products in the source data.</h1>
  <h1>Category: watersports</h1>
  <h1>Category: soccer</h1>
  <h1>Category: chess</h1>
```

리스트 23-38은 템플릿 변수를 정의하고 사용하는 더 복잡한 예제를 보여준다.

리스트 23-38 templates 폴더 내 template.html 파일에서 템플릿 변수 정의 및 사용

```
{{ define "mainTemplate" -}}
  <h1>There are {{ len . }} products in the source data.</h1>
  {{- range getCats . -}}
    {{ if ne ($char := slice (lower .) 0 1) "s"  }}
      <h1>{{$char}}: {{.}}</h1>
    {{- end }}
  {{- end }}
{{- end }}
```

위 예제에서 if 액션은 현재 카테고리의 첫 번째 문자를 가져오기 위해 slice 및 lower 함수를 사용한다. if 표현식에 해당 문자를 사용하기 전에 $char 변수에 첫 번째 문자를 할당한다. $char 변수는 중첩 템플릿 콘텐츠에서 액세스하므로 슬라이스 및 하위 함수를 중복해 사용할 필요가 없다. 프로젝트를 컴파일 및 실행하면 다음과 같은 결과를 표시한다.

```
<h1>There are 8 products in the source data.</h1>
  <h1>w: Watersports</h1>
  <h1>c: Chess</h1>
```

range 액션 내 템플릿 변수 사용

템플릿에서 맵을 사용할 수 있도록 하는 range 액션과 함께 변수를 사용할 수도 있다. 리스트 23-39는 Execute 메서드에 맵을 전달하기 위해 템플릿을 실행하는 Go 코드를 업데이트했다.

리스트 23-39 htmltext 폴더 내 main.go 파일에서 맵 사용

```
...
func Exec(t *template.Template) error {
  productMap := map[string]Product {}
  for _, p := range Products {
    productMap[p.Name] = p
  }
  return t.Execute(os.Stdout, &productMap)
}
...
```

리스트 23-40은 템플릿 변수를 사용해 맵의 내용을 열거하도록 템플릿을 업데이트한다.

```
{{ define "mainTemplate" -}}
  {{ range $key, $value := . -}}
    <h1>{{ $key }}: {{ printf "$%.2f" $value.Price }}</h1>
  {{ end }}
{{- end }}
```

range 키워드, 변수, 할당 연산자가 비정상적인 순서로 나타나는 구문은 어색하지만 맵 내 키
와 값을 템플릿에서 사용할 수 있는 효과가 있다. 프로젝트를 컴파일 및 실행하면 다음과 같은
결과를 표시한다.

```
<h1>Bling-Bling King: $1200.00</h1>
  <h1>Corner Flags: $34.95</h1>
  <h1>Kayak: $279.00</h1>
  <h1>Lifejacket: $49.95</h1>
  <h1>Soccer Ball: $19.50</h1>
  <h1>Stadium: $79500.00</h1>
  <h1>Thinking Cap: $16.00</h1>
  <h1>Unsteady Chair: $75.00</h1>
```

텍스트 템플릿 생성

html/template 패키지는 텍스트 템플릿을 실행할 때 직접 사용할 수 있고 text/template 패키
지에서 제공하는 기능을 기반으로 한다. 물론 HTML은 텍스트이고 차이점은 text/template
패키지가 콘텐츠를 자동으로 이스케이프하지 않는다는 것이다. 다른 모든 측면에서 텍스트
템플릿을 사용하는 것은 HTML 템플릿을 사용하는 것과 동일하다. 리스트 23-41 내용으로
template.txt 파일을 templates 폴더에 추가해보자.

리스트 23-41 templates 폴더 내 template.txt 파일 소스 코드

```
{{ define "mainTemplate" -}}
  {{ range $key, $value := . -}}
    {{ $key }}: {{ printf "$%.2f" $value.Price }}
  {{ end }}
{{- end }}
```

해당 템플릿은 리스트 23-40에 있는 템플릿과 유사하지만 h1 요소를 포함하지 않는다는 점이
다르다. 템플릿 액션, 표현식, 변수, 공백 트리밍은 모두 동일하다. 리스트 23-42에서 볼 수
있듯이 템플릿을 로드하고 실행할 때 사용하는 함수의 이름도 동일하고 다른 패키지를 통해
액세스할 뿐이다.

```go
package main

import (
  "text/template"
  "os"
  "strings"
)

func GetCategories(products []Product) (categories []string) {
  catMap := map[string]string {}
  for _, p := range products {
    if (catMap[p.Category] == "") {
      catMap[p.Category] = p.Category
      categories = append(categories, p.Category)
    }
  }
  return
}

func Exec(t *template.Template) error {
  productMap := map[string]Product {}
  for _, p := range Products {
    productMap[p.Name] = p
  }
  return t.Execute(os.Stdout, &productMap)
}

func main() {
  allTemplates := template.New("allTemplates")
  allTemplates.Funcs(map[string]interface{} {
    "getCats": GetCategories,
    "lower": strings.ToLower,
  })
  allTemplates, err := allTemplates.ParseGlob("templates/*.txt")

  if (err == nil) {
    selectedTemplated := allTemplates.Lookup("mainTemplate")
    err = Exec(selectedTemplated)
  }
  if (err != nil) {
    Printfln("Error: %v %v", err.Error())
  }
}
```

패키지 import 문을 변경하고 txt 확장자를 가진 파일을 선택하는 것 외에 텍스트 템플릿을 로드하고 실행하는 프로세스는 동일하다. 프로젝트를 컴파일 및 실행하면 다음과 같은 결과를 표시한다.

```
Bling-Bling King: $1200.00
   Corner Flags: $34.95
   Kayak: $279.00
   Lifejacket: $49.95
   Soccer Ball: $19.50
   Stadium: $79500.00
   Thinking Cap: $16.00
   Unsteady Chair: $75.00
```

⁘ 요약

23장에서는 HTML 및 텍스트 템플릿을 만들기 위한 표준 라이브러리를 설명했다. 템플릿은 출력에 콘텐츠를 포함할 때 사용하는 다양한 액션을 포함시킬 수 있다. 템플릿 구문은 어색할 수 있기 때문에 템플릿 엔진이 요구하는 내용을 정확하게 표현하려면 주의를 기울여야 한다. 그러나 템플릿 엔진은 유연하고 확장 가능하기 때문에(3부에서 설명) 액션을 변경하기 위해 템플릿 엔진을 쉽게 수정할 수 있다.

24장

■ ■ ■ ■

HTTP 서버 생성

||||||||||||||||||||||||||||||||||||||||||||||||||||||||||||||||||||||||||||||||||||||||||||||||||||||||||||

24장에서는 HTTP 서버를 생성하고 HTTP 및 HTTPS 요청을 처리하기 위한 표준 라이브러리 지원을 설명한다. 서버를 만드는 방법을 보여주고 폼 요청을 포함한 요청을 처리할 수 있는 다양한 방법을 설명한다. 표 24-1은 상황에 따른 HTTP 서버를 보여준다.

표 24-1 상황에 따른 HTTP 서버

질문	답
무엇인가?	24장에서 설명하는 기능을 사용하면 Go 애플리케이션에서 HTTP 서버를 쉽게 만들 수 있다.
왜 유용한가?	HTTP는 가장 널리 사용하는 프로토콜 중 하나로 사용자 대면 애플리케이션과 웹 서비스 모두 유용하다.
어떻게 사용하는가?	net/http 패키지의 기능은 서버를 만들고 요청을 처리하기 위해 사용한다.
함정이나 제한 사항?	잘 설계한 기능으로 사용하기 쉽다.
대안이 있는가?	표준 라이브러리는 다른 네트워크 프로토콜에 대한 지원과 하위 수준 네트워크 연결을 열고 사용하는 기능을 포함하고 있다. 예를 들어 SMTP 프로토콜을 구현하는 net/smtp와 같은 net 패키지 및 해당 하위 패키지에 대한 자세한 내용은 다음 링크(https://pkg.go.dev/net@go1.17.1)를 참조할 수 있다.

표 24-2는 24장을 요약한 것이다.

표 24-2 24장 요약

문제	해결 방법	리스트 참조 번호
HTTP 또는 HTTPS 서버를 생성한다.	ListenAndServe 또는 ListenAndServeTLS 함수를 사용한다.	6, 7, 11
HTTP 요청을 검사한다.	Request 구조체 기능을 사용한다.	8
응답을 생성한다.	ResponseWriter 인터페이스 또는 편의 함수를 사용한다.	9
특정 URL에 대한 요청을 처리한다.	통합 라우터를 사용한다.	10, 12
정적 콘텐츠를 제공한다.	FileServer 및 StripPrefix 함수를 사용한다.	13-17

(이어짐)

문제	해결 방법	리스트 참조 번호
응답을 생성하는 템플릿을 사용하거나 JSON 응답을 생성한다.	ResponseWriter에 콘텐츠를 작성한다.	18-20
폼 데이터를 처리한다.	요청 메서드를 사용한다.	21-25
쿠키를 설정하거나 읽는다.	Cookie, Cookies, SetCookie 메서드를 사용한다.	26

24장 준비

24장 예제를 준비하기 위해 새 CMD를 열어 편리한 위치로 이동한 다음 httpserver 폴더를 생성한다. httpserver 폴더에서 리스트 24-1의 명령어를 실행해 모듈 파일을 생성해보자.

> ■ 팁 ■
>
> 다음 링크(https://github.com/apress/pro-go)에서 24장 및 책의 다른 모든 장에 대한 예제 프로젝트를 다운로드할 수 있다. 예제를 실행하는 데 문제가 발생한 경우 도움받는 방법은 2장을 참조한다.

리스트 24-1 모듈 초기화

```
go mod init httpserver
```

리스트 24-2의 소스 코드 내용을 담은 printer.go 파일을 생성해 httpserver 폴더에 추가해보자.

리스트 24-2 httpserver 폴더 내 printer.go 파일 소스 코드

```
package main

import "fmt"

func Printfln(template string, values ...interface{}) {
  fmt.Printf(template + "\n", values...)
}
```

리스트 24-3의 소스 코드 내용을 담은 product.go 파일을 생성해 httpserver 폴더에 추가해보자.

리스트 24-3 httpserver 폴더 내 product.go 파일 소스 코드

```
package main

type Product struct {
  Name, Category string
```

```
    Price float64
}

var Products = []Product {
    { "Kayak", "Watersports", 279 },
    { "Lifejacket", "Watersports", 49.95 },
    { "Soccer Ball", "Soccer", 19.50 },
    { "Corner Flags", "Soccer", 34.95 },
    { "Stadium", "Soccer", 79500 },
    { "Thinking Cap", "Chess", 16 },
    { "Unsteady Chair", "Chess", 75 },
    { "Bling-Bling King", "Chess", 1200 },
}
```

리스트 24-4의 소스 코드 내용을 담은 main.go 파일을 생성해 httpserver 폴더에 추가해보자.

리스트 24-4 httpserver 폴더 내 main.go 파일 소스 코드

```
package main

func main() {
    for _, p := range Products {
        Printfln("Product: %v, Category: %v, Price: $%.2f",
            p.Name, p.Category, p.Price)
    }
}
```

httpserver 폴더에서 리스트 24-5의 명령어를 실행하기 위해 CMD를 사용한다.

리스트 24-5 예제 프로젝트 실행

```
go run .
```

코드를 컴파일 및 실행하면 다음 출력을 생성한다.

```
Product: Kayak, Category: Watersports, Price: $279.00
Product: Lifejacket, Category: Watersports, Price: $49.95
Product: Soccer Ball, Category: Soccer, Price: $19.50
Product: Corner Flags, Category: Soccer, Price: $34.95
Product: Stadium, Category: Soccer, Price: $79500.00
Product: Thinking Cap, Category: Chess, Price: $16.00
Product: Unsteady Chair, Category: Chess, Price: $75.00
Product: Bling-Bling King, Category: Chess, Price: $1200.00
```

✦ 간단한 HTTP 서버 생성

net/http 패키지를 사용하면 간단한 HTTP 서버를 쉽게 만들 수 있다. HTTP 서버를 확장하면 더 복잡하고 유용한 기능을 추가할 수 있다. 리스트 24-6은 간단한 문자열 응답으로 요청에 응답하는 서버를 보여준다.

리스트 24-6 httpserver 폴더 내 main.go 파일에서 간단한 HTTP 서버 생성

```
package main

import (
  "net/http"
  "io"
)

type StringHandler struct {
  message string
}

func (sh StringHandler) ServeHTTP(writer http.ResponseWriter,
        request *http.Request) {
  io.WriteString(writer, sh.message)
}

func main() {
  err := http.ListenAndServe(":5000", StringHandler{ message: "Hello, World"})
  if (err != nil) {
    Printfln("Error: %v", err.Error())
  }
}
```

코드는 몇 줄에 불과하지만 Hello, World로 요청에 응답하는 HTTP 서버를 만들기에 충분하다. 프로젝트를 컴파일 및 실행한 다음 웹 브라우저를 사용해 http://localhost:5000을 요청하면 그림 24-1과 같은 결과를 생성한다.

> **윈도우 방화벽 허용 요청 처리**
>
> 윈도우 사용자는 내장 방화벽으로부터 네트워크 액세스를 허용하라는 메시지를 볼 수 있다. 불행하게도 go run 명령어는 실행할 때마다 고유한 경로에 실행 파일을 생성하기 때문에 코드를 변경하고 실행할 때마다 액세스 권한을 부여하라는 메시지를 표시한다. 해당 문제를 해결하기 위해 프로젝트 폴더에 다음 내용을 담은 buildandrun.ps1 파일을 만든다.
>
> ```
> $file = "./httpserver.exe"
> &go build -o $file
> if ($LASTEXITCODE -eq 0) {
>   &$file
> }
> ```

위 powerShell 스크립트는 프로젝트를 매번 동일한 파일로 컴파일한 다음 에러가 없으면 결과를 실행한다. 즉 위 스크립트는 방화벽 액세스 권한을 한 번만 부여한다. 스크립트는 프로젝트 폴더에서 다음 명령을 실행해 실행한다.

```
./buildandrun.ps1
```

프로젝트를 빌드하고 실행할 때마다 위 명령어를 사용하면 컴파일한 출력을 동일한 위치에 기록할 수 있다.

그림 24-1 HTTP 요청에 대한 응답

리스트 24-6은 몇 줄의 코드가 있지만 압축을 풀 때 시간이 걸린다. 그러나 net/http 패키지가 제공하는 기능의 많은 것을 보여주기 때문에 HTTP 서버를 어떻게 생성했는지 이해하기 위해 시간을 할애할 가치가 있다.

HTTP 리스너 및 핸들러 생성

net/http 패키지는 너무 많은 세부 정보를 지정할 필요 없이 HTTP 서버를 쉽게 만들 수 있는 일련의 편의 함수를 제공한다. 표 24-3은 서버 설정을 위한 편의 함수를 설명한다.

표 24-3 net/http 편의 함수

이름	설명
ListenAndServe(addr, handler)	지정한 주소에서 HTTP 요청 수신을 시작하고 요청을 지정한 핸들러로 전달한다.
ListenAndServerTLS(addr, cert, key, handler)	HTTPS 요청 수신을 시작한다. 인수는 주소다.

ListenAndServe 함수는 지정한 네트워크 주소에서 HTTP 요청 수신을 시작한다. ListenAndServeTLS 함수는 'HTTPS 요청 지원' 절에서 설명하는 HTTP 요청에 대해 동일한 작업을 수행한다.

표 24-3 함수가 허용하는 주소는 HTTP 서버를 제한해 특정 인터페이스의 요청만 수락하거나 모든 인터페이스의 요청을 수신하기 위해 사용할 수 있다. 리스트 24-6은 포트 번호만 지정하는 후자의 접근 방식을 사용한다.

```
...
err := http.ListenAndServe(":5000", StringHandler{ message: "Hello, World"})
...
```

이름이나 주소를 지정하지 않고 포트 번호가 콜론 뒤에 온다. 즉 위 코드 실행문은 모든 인터페이스의 포트 5000에서 요청을 수신 대기하는 HTTP 서버를 생성한다.

요청이 도착하면 응답 생성을 담당하는 핸들러로 요청을 전달한다. 핸들러는 표 24-4에 설명한 메서드를 정의하는 Handler 인터페이스를 구현해야 한다.

표 24-4 Handler 인터페이스가 정의한 메서드

이름	설명
ServeHTTP(writer, request)	HTTP 요청을 처리하기 위해 호출한다. 요청은 Request 값으로 설명하고 응답은 ResponseWriter를 사용해 작성한다. 요청과 응답 모두 매개변수로 수신한다.

Request 및 ResponseWriter 타입은 이후 절에서 자세히 설명하지만 ResponseWriter 인터페이스는 20장에서 설명한 Writer 인터페이스에 필요한 Write 메서드를 정의한다. io 패키지가 정의한 WriteString 함수를 사용하면 string 응답을 생성할 수 있다.

```
...
io.WriteString(writer, sh.message)
...
```

위 기능을 결합하면 모든 인터페이스에서 포트 5000의 요청을 수신하고 문자열을 작성해 응답을 생성하는 HTTP 서버를 생성할 수 있다. 네트워크 연결 열기 및 HTTP 요청 파싱과 같은 세부 사항은 이후 절에서 다룰 것이다.

요청 검사

HTTP 요청은 net/http 패키지가 정의한 Request 구조체로 표시한다. 표 24-5는 Request 구조체가 정의한 기본 필드를 설명한다.

표 24-5 Request 구조체가 정의한 기본 필드

이름	설명
Method	HTTP 메서드(GET, POST 등)를 문자열로 제공한다. net/http 패키지는 MethodGet 및 MethodPost와 같은 HTTP 메서드에 대한 상수를 정의한다.
URL	URL 값으로 표현한 요청 URL을 반환한다.
Proto	요청에 사용한 HTTP 버전을 나타내는 string을 반환한다.
Host	요청 호스트를 포함한 string을 반환한다.
Header	map[string][]string의 별칭인 헤더 값을 반환하고 요청 헤더를 포함한다. 맵 키는 헤더의 이름이고 값은 헤더 값을 포함하는 string 슬라이스다.

(이어짐)

이름	설명
Trailer	보디 이후 요청에 포함한 추가 헤더를 포함하는 map[string]string을 반환한다.
Body	Reader 인터페이스의 Read 메서드와 Closer 인터페이스의 Close 메서드를 결합한 인터페이스인 ReadCloser를 반환한다. 두 메서드 모두 22장에서 설명했다.

리스트 24-7은 기본 Request 필드에서 표준 출력으로 값을 쓰는 요청 핸들러 함수에 명령문을 추가한다.

리스트 24-7 httpserver 폴더 내 main.go 파일에서 Request 필드 작성

```go
package main

import (
  "net/http"
  "io"
)

type StringHandler struct {
  message string
}

func (sh StringHandler) ServeHTTP(writer http.ResponseWriter,
    request *http.Request) {
  Printfln("Method: %v", request.Method)
  Printfln("URL: %v", request.URL)
  Printfln("HTTP Version: %v", request.Proto)
  Printfln("Host: %v", request.Host)
  for name, val := range  request.Header {
    Printfln("Header: %v, Value: %v", name, val)
  }
  Printfln("---")
  io.WriteString(writer, sh.message)
}

func main() {
  err := http.ListenAndServe(":5000", StringHandler{ message: "Hello, World"})
  if (err != nil) {
    Printfln("Error: %v", err.Error())
  }
}
```

프로젝트를 컴파일 및 실행하고 http://localhost:5000을 요청한다. 이전 예제와 동일한 응답을 브라우저 창에 표시하지만 이번에는 명령 프롬프트에도 출력을 표시한다. 정확한 출력은 브라우저에 따라 다르지만 다음은 구글 크롬을 사용해 받은 출력이다.

```
Method: GET
URL: /
HTTP Version: HTTP/1.1
Host: localhost:5000
Header: Upgrade-Insecure-Requests, Value: [1]
Header: Sec-Fetch-Site, Value: [none]
Header: Sec-Fetch-Mode, Value: [navigate]
Header: Sec-Fetch-User, Value: [?1]
Header: Accept-Encoding, Value: [gzip, deflate, br]
Header: Connection, Value: [keep-alive]
Header: Cache-Control, Value: [max-age=0]
Header: User-Agent, Value: [Mozilla/5.0 (Windows NT 10.0; Win64; x64)
  AppleWebKit/537.36 (KHTML, like Gecko) Chrome/91.0.4472.124 Safari/537.36]
Header: Accept, Value: [text/html,application/xhtml+xml,application/xml;q=0.9,
  image/avif,image/webp,image/apng,*/*;q=0.8,application/signedexchange;
  v=b3;q=0.9]
Header: Sec-Fetch-Dest, Value: [document]
Header: Sec-Ch-Ua, Value: [" Not;A Brand";v="99", "Google Chrome";v="91",
  "Chromium";v="91"]
Header: Accept-Language, Value: [en-GB,en-US;q=0.9,en;q=0.8]
Header: Sec-Ch-Ua-Mobile, Value: [?0]
---
Method: GET
URL: /favicon.ico
HTTP Version: HTTP/1.1
Host: localhost:5000
Header: Sec-Fetch-Site, Value: [same-origin]
Header: Sec-Fetch-Dest, Value: [image]
Header: Referer, Value: [http://localhost:5000/]
Header: Pragma, Value: [no-cache]
Header: Cache-Control, Value: [no-cache]
Header: User-Agent, Value: [Mozilla/5.0 (Windows NT 10.0; Win64; x64)
  AppleWebKit/537.36 (KHTML, like Gecko) Chrome/91.0.4472.124 Safari/537.36]
Header: Accept-Language, Value: [en-GB,en-US;q=0.9,en;q=0.8]
Header: Sec-Ch-Ua, Value: [" Not;A Brand";v="99", "Google Chrome";v="91",
  "Chromium";v="91"]
Header: Sec-Ch-Ua-Mobile, Value: [?0]
Header: Sec-Fetch-Mode, Value: [no-cors]
Header: Accept-Encoding, Value: [gzip, deflate, br]
Header: Connection, Value: [keep-alive]
Header: Accept, Value:[image/avif,image/webp,image/apng,image/svg+xml,
  image/*,*/*;q=0.8]
---
```

브라우저는 2개의 HTTP 요청을 만든다. 첫 번째는 요청 URL의 경로 구성 요소인 /에 대한 것이다. 두 번째 요청은 /favicon.ico에 대한 요청으로 창 또는 탭 상단에 표시할 아이콘을 가져오기 위해 브라우저가 전송한 것이다.

net/http 패키지는 context.Context 인터페이스의 구현을 반환하는 Request 구조체의 Context 메서드를 정의한다. Context 인터페이스는 애플리케이션을 통한 요청 흐름을 관리하기 위해 사용하고 30장에서 설명할 것이다. 3부에서 맞춤형 웹 플랫폼 및 온라인 상점에서 Context 기능을 사용할 것이다.

요청 필터링 및 응답 생성

HTTP 서버는 모든 요청에 동일한 방식으로 응답하기 때문에 이상적이지 않다. 다른 응답을 생성하기 위해 URL을 검사해 무엇을 요청하고 있는지 파악하고 net/http 패키지에서 제공하는 함수를 사용해 적절한 응답을 보내야 한다. 표 24-6은 URL 구조체가 정의한 가장 유용한 필드와 메서드를 설명한다.

표 24-6 URL 구조체가 정의한 유용한 필드와 메서드

이름	설명
Scheme	URL의 구성 요소를 반환한다.
Host	포트를 포함할 수 있는 URL의 호스트 구성 요소를 반환한다.
RawQuery	URL에서 쿼리 문자열을 반환한다. Query 메서드를 사용해 쿼리 문자열을 맵으로 처리한다.
Path	URL의 경로 구성 요소를 반환한다.
Fragment	# 문자 없이 URL의 조각 구성 요소를 반환한다.
Hostname()	URL의 호스트 이름 구성 요소를 string으로 반환한다.
Port()	URL의 포트 구성 요소를 string으로 반환한다.
Query()	쿼리 문자열 필드를 포함하는 map[string][]string(문자열 키와 string 스라이스 값이 있는 맵)을 반환한다.
User()	30장에 설명하겠지만 요청과 관련된 사용자 정보를 반환한다.
String()	URL의 string 표현을 반환한다.

ResponseWriter 인터페이스는 응답을 생성할 때 사용할 수 있는 메서드를 정의한다.

앞에서 언급했듯이 해당 인터페이스는 Writer로 사용할 수 있는 Write 메서드가 포함하고 있지만 ResponseWriter도 표 24-7에 설명한 메서드를 정의한다. Write 메서드를 사용하기 전에 헤더 설정을 완료해야 한다.

표 24-7 ResponseWriter 메서드

이름	설명
Header()	응답 헤더를 설정할 때 사용할 수 있는 map[string][]string의 별칭인 Header를 반환한다.
WriterHeader(code)	int로 지정한 응답의 상태 코드를 설정한다. net/http 패키지는 대부분의 상태 코드에 대한 상수를 정의한다.
Write(data)	응답 본문에 데이터를 쓰고 Writer 인터페이스를 구현한다.

리스트 24-8은 아이콘 파일 요청에 대한 404 Not Found 응답을 생성하도록 요청 핸들러 함수를 업데이트했다.

리스트 24-8 httpserver 폴더 내 main.go 파일에서 차이 응답 생성

```go
package main

import (
  "net/http"
  "io"
)

type StringHandler struct {
  message string
}

func (sh StringHandler) ServeHTTP(writer http.ResponseWriter,
    request *http.Request) {
  if (request.URL.Path == "/favicon.ico") {
    Printfln("Request for icon detected - returning 404")
    writer.WriteHeader(http.StatusNotFound)
    return
  }
  Printfln("Request for %v", request.URL.Path)
  io.WriteString(writer, sh.message)
}

func main() {
  err := http.ListenAndServe(":5000", StringHandler{ message: "Hello, World"})
  if (err != nil) {
    Printfln("Error: %v", err.Error())
  }
}
```

요청 핸들러는 URL.Path 필드를 확인해 아이콘 요청을 감지하고 StatusNotFound 상수를 사용한 응답을 설정하기 위해 WriteHeader를 사용해 응답한다(단순히 int 리터럴 값 404를 지정할 수도 있음). 프로젝트를 컴파일 및 실행하고 브라우저를 사용해 http://localhost:5000을 요청해보자. 브라우저는 그림 24-1에 표시한 응답을 수신한다. 명령 프롬프트에서 Go 애플리케이션의 다음 출력을 볼 수 있다.

```
Request for /
Request for icon detected - returning 404
```

http://localhost:5000에 대한 브라우저의 후속 요청이 아이콘 파일에 대한 두 번째 요청을 트리거하지 않을 수 있다. 브라우저가 404 응답을 기록하고 위 URL에 대한 아이콘 파일이 없음을 알고 있기 때문이다. 브라우저의 캐시를 지우고 원래 동작으로 돌아가기 위해 http://localhost:5000을 요청해보자.

응답 편의 함수 사용

net/http 패키지는 표 24-8에 설명한 대로 HTTP 요청에 대한 일반적인 응답을 생성하기 위해 사용할 수 있는 일련의 편의 함수를 제공한다.

표 24-8 응답 편의 함수

이름	설명
Error(writer, message, code)	헤더를 지정한 코드로 설정하고 Content-Type 헤더를 text/plain으로 설정한 다음 응답에 에러 메시지를 쓴다. 또한 브라우저가 응답을 텍스트 이외의 것으로 해석하지 못하도록 X-Content-Type-Options 헤더를 설정한다.
NotFound(writer, request)	Error를 호출하고 404 에러 코드를 지정한다.
Redirect(writer, request, url, code)	지정한 상태 코드와 함께 지정한 URL로 리디렉션(redirection) 응답을 보낸다.
ServeFile(writer, request, fileName)	지정한 파일의 내용을 포함한 응답을 보낸다. Content-Type 헤더는 파일 이름을 기반으로 설정하지만 함수를 호출하기 전 헤더를 명시적으로 설정해 재정의할 수 있다. 파일을 제공하는 예제는 '정적 HTTP 서버 생성' 절을 참조할 수 있다.

리스트 24-9는 NotFound 함수를 사용해 간단한 URL 처리 스키마를 구현했다.

리스트 24-9 httpserver 폴더 내 main.go 파일에서 편의 함수 사용

```go
package main

import (
  "net/http"
  "io"
)

type StringHandler struct {
  message string
}

func (sh StringHandler) ServeHTTP(writer http.ResponseWriter,
    request *http.Request) {
```

```
    Printfln("Request for %v", request.URL.Path)
    switch request.URL.Path {
      case "/favicon.ico":
        http.NotFound(writer, request)
      case "/message":
        io.WriteString(writer, sh.message)
      default:
        http.Redirect(writer, request, "/message", http.StatusTemporaryRedirect)
    }
}

func main() {
    err := http.ListenAndServe(":5000", StringHandler{ message: "Hello, World"})
    if (err != nil) {
      Printfln("Error: %v", err.Error())
    }
}
```

리스트 24-9는 switch 문을 사용해 요청에 응답하는 방법을 결정한다. 프로젝트를 컴파일 및
실행하고 브라우저를 사용해 http://localhost:5000/message를 요청하면 이전에 그림 24-1
에서 표시한 응답을 생성한다. 브라우저가 아이콘 파일을 요청하면 서버는 404 응답을 반환
한다. 그 외 모든 요청의 경우 브라우저는 /message로 리디렉션한다.

편의 라우팅 핸들러 사용

URL을 검사하고 응답을 선택하는 프로세스는 읽고 유지하기 어려운 복잡한 코드를 생성할 수
있다. 프로세스를 단순화하기 위해 net/http 패키지는 리스트 24-10과 같이 URL 일치와 요청
생성을 분리할 수 있는 Handler 구현을 제공한다.

리스트 24-10 httpserver 폴더 내 main.go 파일에서 편의 라우팅 핸들러 사용

```
package main

import (
  "net/http"
  "io"
)

type StringHandler struct {
  message string
}

func (sh StringHandler) ServeHTTP(writer http.ResponseWriter,
    request *http.Request) {
  Printfln("Request for %v", request.URL.Path)
  io.WriteString(writer, sh.message)
```

```
}

func main() {
  http.Handle("/message", StringHandler{ "Hello, World"})
  http.Handle("/favicon.ico", http.NotFoundHandler())
  http.Handle("/", http.RedirectHandler("/message", http.StatusTemporaryRedirect))

  err := http.ListenAndServe(":5000", nil)
  if (err != nil) {
    Printfln("Error: %v", err.Error())
  }
}
```

위 기능의 핵심은 다음과 같이 ListenAndServe 함수에 대한 인수로 nil을 사용하는 것이다.

```
...
err := http.ListenAndServe(":5000", nil)
...
```

위 코드는 표 24-9에 설명한 함수로 설정한 규칙에 따라 요청을 핸들러로 라우팅하는 기본 핸들러를 활성화한다.

표 24-9 라우팅 규칙을 위한 net/http 함수

이름	설명
Handler(pattern, handler)	패턴과 일치하는 요청에 대해 지정한 Handler의 지정한 ServeHTTP 메서드를 호출하는 규칙을 만든다.
HandlerFunc(pattern, handlerFunc)	패턴과 일치하는 요청에 대해 지정한 함수를 호출하는 규칙을 생성한다. 함수는 ResponseWriter 및 Request 인수로 호출한다.

라우팅 규칙 설정을 돕기 위해 net/http 패키지는 표 24-10에 설명한 함수를 제공한다. 위 함수는 Handler 구현을 생성하고 그중 일부는 표 24-7에 설명한 응답 함수를 포함한다.

표 24-10 요청 핸들러 생성을 위한 net/http 함수

이름	설명
FileServer(root)	ServeFile 함수를 사용해 응답을 생성하는 Handler를 생성한다. 파일을 제공하는 예제는 '정적 HTTP 서버 생성' 절을 참조한다.
NotFoundHandler()	NotFound 함수를 사용해 응답을 생성하는 Handler를 생성한다.
RedirectHandler(url, code)	Redirect 함수를 사용해 응답을 생성하는 Handler를 생성한다.
StripPrefix(prefix, handler)	요청 URL에서 지정한 접두사를 제거하고 요청을 지정한 Handler로 전달하는 Handler를 생성한다. 자세한 내용은 '정적 HTTP 서버 생성' 절을 참조한다.
TimeoutHandler(handler, duration, message)	지정한 Handler에 요청을 전달하지만 지정한 기간 내에 응답을 생성하지 않으면 에러 응답을 생성한다.

요청을 매치할 때 사용하는 패턴은 /favicon.ico와 같은 경로 또는 /files/와 같이 뒤에 슬래시가 있는 트리로 표현한다. 가장 긴 패턴을 먼저 매치한 다음 루트 경로("/")를 모든 요청과 매치해 대체 경로 역할을 하게 한다.

리스트 24-10은 Handle 함수를 사용해 세 가지 경로를 설정했다.

```
...
http.Handle("/message", StringHandler{ "Hello, World"})
http.Handle("/favicon.ico", http.NotFoundHandler())
http.Handle("/", http.RedirectHandler("/message", http.StatusTemporaryRedirect))
...
```

그 결과 /message에 대한 요청을 StringHandler로 라우팅하고 /favicon.ico에 대한 요청은 404 Not Found 응답으로 처리한다. 그 외 모든 요청을 /message로 리디렉션한다. 이전 절과 동일한 구성이지만 URL과 요청 핸들러 간의 연결은 응답을 생성하는 코드와 별개다.

HTTPS 요청 지원

net/http 패키지는 HTTPS에 대한 통합 지원을 제공한다. HTTPS를 준비하려면 httpserver 폴더에 2개의 파일, 즉 인증서 파일과 개인 키 파일을 추가해야 한다.

HTTPS 인증서 얻기

HTTPS를 시작하는 좋은 방법은 개발 및 테스트에 사용할 수 있는 자체 서명 인증서를 사용하는 것이다. 자체 서명 인증서가 아직 없는 경우 다음 링크(https://getacert.com)를 사용해 온라인에서 인증서를 만들 수 있다. 두 사이트 모두 자체 서명 인증서를 쉽게 무료로 만들 수 있다.

인증서를 자체 서명했는지 여부에 관계없이 HTTPS를 사용하려면 2개의 파일이 필요하다. 첫 번째는 일반적으로 cer 또는 cert 파일 확장자를 갖는 인증서 파일이다. 두 번째는 일반적으로 key 파일 확장자를 갖는 개인 키 파일이다.

애플리케이션을 배포할 준비를 완료하면 실제 인증서를 사용할 수 있다. 무료 인증서를 제공하고 (상대적으로) 사용하기 쉬운 다음 링크(https://letsencrypt.org)를 추천한다. 나는 인증서를 획득하고 사용하도록 도울 수 없다. 인증서를 발급하는 도메인에 대한 제어와 비밀로 유지해야 하는 개인 키에 대한 액세스가 필요하기 때문이다. 예제를 따라 작성할 때 문제가 있는 경우 자체 서명 인증서를 사용하는 것이 좋다.

ListenAndServeTLS 함수는 HTTPS를 활성화할 때 사용한다. ListenAndServeTLS 함수의 추가 인수로 리스트 24-11과 같이 프로젝트에서 certificate.cer 및 certificate.key라는 이름의 인증서 및 개인 키 파일을 지정한다.

```go
package main

import (
  "net/http"
  "io"
)

type StringHandler struct {
  message string
}

func (sh StringHandler) ServeHTTP(writer http.ResponseWriter,
    request *http.Request) {
  Printfln("Request for %v", request.URL.Path)
  io.WriteString(writer, sh.message)
}

func main() {
  http.Handle("/message", StringHandler{ "Hello, World"})
  http.Handle("/favicon.ico", http.NotFoundHandler())
  http.Handle("/", http.RedirectHandler("/message", http.StatusTemporaryRedirect))

  go func () {
    err := http.ListenAndServeTLS(":5500", "certificate.cer",
      "certificate.key", nil)
    if (err != nil) {
      Printfln("HTTPS Error: %v", err.Error())
    }
  }()

  err := http.ListenAndServe(":5000", nil)
  if (err != nil) {
    Printfln("Error: %v", err.Error())
  }
}
```

ListenAndServeTLS 및 ListenAndServe 함수를 차단하기 때문에 포트 5000에서 HTTP를 처리하고 포트 5500에서 HTTPS를 처리하는 고루틴을 사용해 HTTP 및 HTTPS 요청을 모두 지원했다.

ListenAndServeTLS 및 ListenAndServe 함수를 핸들러로 nil을 사용해 호출한다. 즉 HTTP 및 HTTPS 요청을 모두 동일한 경로 집합을 사용해 처리한다. 프로젝트를 컴파일 및 실행하고 브라우저를 사용해 http://localhost:5000 및 https://localhost:5500을 요청해보자. 그림 24-2와 동일한 방식으로 요청을 처리한다. 자체 서명 인증서를 사용하는 경우 브라우저는 인

증서가 유효하지 않다고 경고한다. 브라우저가 콘텐츠를 표시하기 전에 보안 위험을 허용해야
한다.

그림 24-2 HTTPS 요청 지원

HTTP 요청 HTTPS 리디렉션

웹 서버를 생성할 때 일반적인 요구 사항은 HTTP 요청을 HTTPS 포트로 리디렉션하는 것
이다. 리스트 24-12처럼 사용자 정의 핸들러를 생성해 리디렉션할 수 있다.

리스트 24-12 httpserver 폴더 내 main.go 파일에서 HTTPS 리디렉션

```go
package main

import (
  "net/http"
  "io"
  "strings"
)

type StringHandler struct {
  message string
}

func (sh StringHandler) ServeHTTP(writer http.ResponseWriter,
    request *http.Request) {
  Printfln("Request for %v", request.URL.Path)
  io.WriteString(writer, sh.message)
}

func HTTPSRedirect(writer http.ResponseWriter,
    request *http.Request) {
  host := strings.Split(request.Host, ":")[0]
  target := "https://" + host + ":5500" + request.URL.Path
  if len(request.URL.RawQuery) > 0 {
    target += "?" + request.URL.RawQuery
  }
  http.Redirect(writer, request, target, http.StatusTemporaryRedirect)
}

func main() {
```

```
  http.Handle("/message", StringHandler{ "Hello, World"})
  http.Handle("/favicon.ico", http.NotFoundHandler())
  http.Handle("/", http.RedirectHandler("/message", http.StatusTemporaryRedirect))

  go func () {
    err := http.ListenAndServeTLS(":5500", "certificate.cer",
      "certificate.key", nil)
    if (err != nil) {
      Printfln("HTTPS Error: %v", err.Error())
    }
  }()

  err := http.ListenAndServe(":5000", http.HandlerFunc(HTTPSRedirect))
  if (err != nil) {
    Printfln("Error: %v", err.Error())
  }
}
```

리스트 24-12의 HTTP 핸들러는 클라이언트를 HTTPS URL로 리디렉션한다. 프로젝트를 컴파일 및 실행하고 http://localhost:5000을 요청해보자. 응답은 브라우저를 HTTPS 서비스로 리디렉션해 그림 24-3에 표시한 출력을 생성한다.

그림 24-3 HTTPS 사용

⬝ 정적 HTTP 서버 생성

net/http 패키지는 파일 내용으로 요청에 응답하기 위한 내장 지원을 포함하고 있다. 정적 HTTP 서버를 준비하려면 httpserver/static 폴더를 만들고 리스트 24-13에 표시된 내용을 담은 index.html 파일을 추가해보자.

> **▪ 노트 ▪**
>
> html 파일의 클래스 속성과 24장의 템플릿은 모두 리스트 24-15의 프로젝트에 추가한 Bootstrap CSS 패키지가 정의한 스타일을 적용한다. 각 클래스가 수행하는 작업과 Bootstrap 패키지가 제공하는 기타 기능에 대한 자세한 내용은 다음 링크(https://getbootstrap.com)를 참조한다.

```
<!DOCTYPE html>
<html>
<head>
  <title>Pro Go</title>
  <meta name="viewport" content="width=device-width" />
  <link href="bootstrap.min.css" rel="stylesheet" />
</head>
<body>
  <div class="m-1 p-2 bg-primary text-white h2">
    Hello, World
  </div>
</body>
</html>
```

다음으로 리스트 24-14의 내용을 담은 store.html 파일을 httpserver/static 폴더에 추가해
보자.

리스트 24-14 static 폴더 내 store.html 파일 소스 코드

```
<!DOCTYPE html>
<html>
<head>
  <title>Pro Go</title>
  <meta name="viewport" content="width=device-width" />
  <link href="bootstrap.min.css" rel="stylesheet" />
</head>
<body>
  <div class="m-1 p-2 bg-primary text-white h2 text-center">
    Products
  </div>
  <table class="table table-sm table-bordered table-striped">
    <thead>
      <tr><th>Name</th><th>Category</th><th>Price</th></tr>
    </thead>
    <tbody>
      <tr><td>Kayak</td><td>Watersports</td><td>$279.00</td></tr>
      <tr><td>Lifejacket</td><td>Watersports</td><td>$49.95</td></tr>
    </tbody>
  </table>
</body>
</html>
```

HTML 파일은 Bootstrap CSS 패키지에 따라 HTML 콘텐츠의 스타일을 지정한다. httpserver
폴더에서 리스트 24-15 명령문을 실행해 Bootstrap CSS 파일을 static 폴더로 다운로드해보
자(curl 명령을 설치해야 할 수도 있다).

리스트 24-15 CSS 파일 다운로드

```
curl https://cdn.jsdelivr.net/npm/bootstrap@5.0.2/dist/css/bootstrap.min.css --output
static/bootstrap.min.css
```

윈도우를 사용하는 경우 리스트 24-16의 PowerShell 명령어를 사용해 CSS 파일을 다운로드
할 수 있다.

리스트 24-16 CSS 파일 다운로드(윈도우)

```
Invoke-WebRequest -OutFile static/bootstrap.min.css -Uri https://cdn.jsdelivr.net/npm/
bootstrap@5.0.2/dist/css/bootstrap.min.css
```

정적 파일 경로 생성

이제 작업할 HTML 및 CSS 파일을 준비했고 리스트 24-17과 같이 HTTP를 사용해 요청할 수
있도록 하는 경로를 정의할 차례다.

리스트 24-17 httpserver 폴더 내 main.go 파일에서 경로 정의

```
...
func main() {
  http.Handle("/message", StringHandler{ "Hello, World"})
  http.Handle("/favicon.ico", http.NotFoundHandler())
  http.Handle("/", http.RedirectHandler("/message", http.StatusTemporaryRedirect))

  fsHandler := http.FileServer(http.Dir("./static"))
  http.Handle("/files/", http.StripPrefix("/files", fsHandler))

  go func () {
    err := http.ListenAndServeTLS(":5500", "certificate.cer",
      "certificate.key", nil)
    if (err != nil) {
      Printfln("HTTPS Error: %v", err.Error())
    }
  }()

  err := http.ListenAndServe(":5000", http.HandlerFunc(HTTPSRedirect))
  if (err != nil) {
    Printfln("Error: %v", err.Error())
  }
}
...
```

FileServer 함수는 파일을 제공할 핸들러를 생성하고 디렉터리는 Dir 함수를 사용해 지정한다
(직접 파일을 제공하는 것도 가능하지만 대상 폴더 외부의 파일을 선택하는 요청을 허용하기 쉬우므로 주
의가 필요하다. 가장 안전한 방법은 위 예제와 같이 Dir 함수를 사용하는 것이다).

예를 들어 /files/store.html에 대한 요청을 static/store.html 파일을 사용해 처리하도록 files
로 시작하는 URL 경로가 있는 static 폴더의 콘텐츠를 제공할 것이다. 경로 접두사를 제거하고
요청을 서비스에 대한 다른 핸들러로 전달하는 핸들러를 생성하는 StripPrefix 함수를 사용
했다. 리스트 24-17에서 수행한 것처럼 핸들러를 결합하면 files 접두사를 사용해 static 폴
더의 내용을 안전하게 노출할 수 있다.

다음과 같이 후행 슬래시로 경로를 지정했다.

```
...
http.Handle("/files/", http.StripPrefix("/files", fsHandler))
...
```

앞서 언급했듯이 내장 라우터는 경로와 트리를 지원한다. 디렉터리에 대한 라우팅은 트리가
필요하고 트리는 후행 슬래시로 지정한다. 프로젝트를 컴파일 및 실행하고 브라우저를 사용해
https://localhost:5500/files/store.html을 요청하면 그림 24-4와 같은 응답을 받는다.

Products		
Name	**Category**	**Price**
Kayak	Watersports	$279.00
Lifejacket	Watersports	$49.95

그림 24-4 정적 콘텐츠 제공

파일 제공 지원은 몇 가지 유용한 기능이 있다. 먼저 파일 확장자에 따라 응답의 Content-
Type 헤더를 자동으로 설정할 수 있다. 둘째, 파일을 지정하지 않은 요청은 index.html을 사
용해 처리할 수 있다. https://localhost:5500/files를 요청하면 그림 24-5에 표시한 응답을
생성하는 index.html을 확인할 수 있다. 마지막으로, 요청이 파일을 지정하지만 파일이 존재
하지 않는 경우 그림 24-5에서 볼 수 있듯이 404 응답을 자동으로 전송한다.

그림 24-5 대체 응답

응답 생성을 위한 템플릿 사용

HTTP 요청에 대한 응답으로 템플릿을 사용하는 기본 제공 지원은 없다. 23장에서 설명한 html/template 패키지가 제공하는 기능을 사용하는 핸들러를 설정하는 간단한 프로세스만 있을 뿐이다. httpserver/templates 폴더를 만들고 리스트 24-18의 내용을 담은 products.html 파일을 추가해보자.

리스트 24-18 templates 폴더 내 products.html 파일 소스 코드

```html
<!DOCTYPE html>
<html>
<head>
  <meta name="viewport" content="width=device-width" />
  <title>Pro Go</title>
  <link rel="stylesheet" href="/files/bootstrap.min.css" >
</head>
<body>
  <h3 class="bg-primary text-white text-center p-2 m-2">Products</h3>
  <div class="p-2">
    <table class="table table-sm table-striped table-bordered">
      <thead>
        <tr>
          <th>Index</th><th>Name</th><th>Category</th>
          <th class="text-end">Price</th>
        </tr>
      </thead>
      <tbody>
        {{ range $index, $product := .Data }}
          <tr>
            <td>{{ $index }}</td>
            <td>{{ $product.Name }}</td>
            <td>{{ $product.Category }}</td>
            <td class="text-end">
              {{ printf "$%.2f" $product.Price }}
            </td>
          </tr>
        {{ end }}
      </tbody>
    </table>
  </div>
</body>
</html>
```

다음으로, 리스트 24-19의 내용을 담은 dynamic.go 파일을 httpserver 폴더에 추가해보자.

```go
package main

import (
  "html/template"
  "net/http"
  "strconv"
)

type Context struct {
  Request *http.Request
  Data []Product
}

var htmlTemplates *template.Template

func HandleTemplateRequest(writer http.ResponseWriter, request *http.Request) {
  path := request.URL.Path
  if (path == "") {
    path = "products.html"
  }
  t := htmlTemplates.Lookup(path)
  if (t == nil) {
    http.NotFound(writer, request)
  } else {
    err := t.Execute(writer, Context{ request, Products})
    if (err != nil) {
      http.Error(writer, err.Error(), http.StatusInternalServerError)
    }
  }
}

func init() {
  var err error
  htmlTemplates = template.New("all")
  htmlTemplates.Funcs(map[string]interface{} {
    "intVal": strconv.Atoi,
  })
  htmlTemplates, err = htmlTemplates.ParseGlob("templates/*.html")
  if (err == nil) {
    http.Handle("/templates/", http.StripPrefix("/templates/",
      http.HandlerFunc(HandleTemplateRequest)))
  } else {
    panic(err)
  }
}
```

초기화 함수는 templates 폴더에 html 확장자를 가진 모든 템플릿을 로드하고 /templates/로 시작하는 요청을 HandleTemplateRequest 함수가 처리하도록 경로를 설정한다. HandleTemplate Request 함수는 템플릿을 조회하고, 파일 경로를 지정하지 않은 경우 products.html 파일로 폴백fall back하고, 템플릿을 실행하고, 응답을 작성한다. 프로젝트를 컴파일 및 실행하고 브라우저를 사용해 https://localhost:5500/templates를 요청하면 그림 24-6에 표시한 응답을 생성한다.

> ■ **노트** ■
>
> 여기에 표시한 접근 방식의 한 가지 제한 사항은 템플릿에 전달한 데이터를 HandleTemplateRequest 함수가 고정하고 있다는 것이다. 3부에서 보다 유연한 접근 방식을 보여줄 것이다.

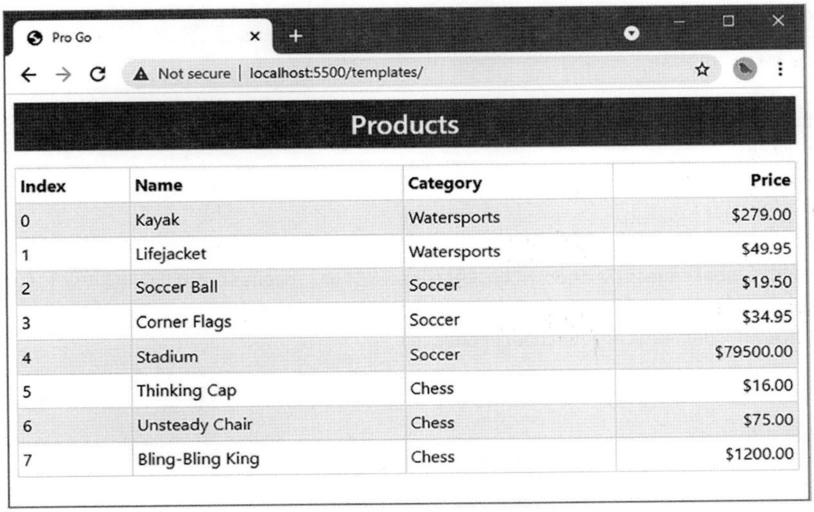

그림 24-6 응답을 생성하기 위한 HTML 템플릿 사용

콘텐츠 타입 스니핑 이해

템플릿을 사용해 응답을 생성할 때 `Content-Type` 헤더를 설정할 필요가 없었다. 파일을 제공할 때 `Content-Type` 헤더는 파일 확장자를 기반으로 설정하지만 `ResponseWriter`에 직접 콘텐츠를 작성하는 상황에서는 파일 확장자를 기반으로 설정하는 것은 불가능하다.

응답에 `Content-Type` 헤더가 없으면 `ResponseWriter`에 기록한 콘텐츠의 처음 512바이트를 다음 링크(https://mimesniff.spec.whatwg.org)에서 정의한 MiMe 스니핑Sniffing 알고리듬을 구현하는 `DetectContentType` 함수로 전달한다. 스니핑 프로세스가 모든 콘텐츠 타입을 감지할 수는 없지만 HTML, CSS, 자바스크립트와 같은 표준 웹 타입에서는 잘 동작한다. `DetectContentType` 함수는 `Content-Type` 헤더의 값으로 사용하는 MiMe 타입을 반환한다. 예제에서 스니핑 알고리듬은 콘텐츠가 HTML임을 감지하고 헤더를 text/html로 설정한다. `Content-Type` 헤더를 명시적으로 설정해 콘텐츠 스니핑 프로세스를 비활성화할 수 있다.

⫶ JSON 데이터 응답

JSON 응답은 Angular 또는 React 자바스크립트 클라이언트와 같이 HTML 수신을 원하지 않는 클라이언트를 위해 애플리케이션 데이터에 대한 액세스를 제공하는 웹 서비스에서 널리 사용한다. 3부에서 더 복잡한 웹 서비스를 생성하지만 24장에서는 정적 및 동적 HTML 콘텐츠를 제공할 수 있게 해주는 동일한 기능을 JSON 응답 생성에도 사용할 수 있다는 것을 이해하는 것으로 충분하다. 리스트 24-20 내용을 포함한 json.go 파일을 httpserver 폴더에 추가해 보자.

리스트 24-20 httpserver 폴더 내 json.go 파일 소스 코드

```
package main

import (
  "net/http"
  "encoding/json"
)

func HandleJsonRequest(writer http.ResponseWriter, request *http.Request) {
  writer.Header().Set("Content-Type", "application/json")
  json.NewEncoder(writer).Encode(Products)
}

func init() {
  http.HandleFunc("/json", HandleJsonRequest)
}
```

초기화 함수는 경로를 생성하고 /json에 대한 요청을 HandleJsonRequest 함수가 처리함을 의미한다. 해당 함수는 리스트 24-3에서 생성한 Product 값 슬라이스를 인코딩하기 위해 21장에 설명한 JSON 기능을 사용한다. 리스트 24-20에서 Content-Type 헤더를 명시적으로 설정했음을 주목해보자.

```
...
  writer.Header().Set("Content-Type", "application/json")
...
```

24장의 앞부분에서 설명한 스니핑 기능은 JSON 콘텐츠를 식별하는 것에 의존할 수 없고 text/plain 콘텐츠 타입으로 응답한다. 많은 웹 서비스 클라이언트는 Content-Type 헤더에 관계없이 응답을 JSON으로 처리하지만 이러한 동작에 의존하는 것은 좋지 않다. 프로젝트를 컴파일 및 실행하고 브라우저를 사용해 https://localhost:5500/json을 요청해보자. 브라우저는 다음 JSON 콘텐츠를 표시한다.

```
[{"Name":"Kayak","Category":"Watersports","Price":279},
 {"Name":"Lifejacket","Category":"Watersports","Price":49.95},
 {"Name":"Soccer Ball","Category":"Soccer","Price":19.5},
 {"Name":"Corner Flags","Category":"Soccer","Price":34.95},
 {"Name":"Stadium","Category":"Soccer","Price":79500},
 {"Name":"Thinking Cap","Category":"Chess","Price":16},
 {"Name":"Unsteady Chair","Category":"Chess","Price":75},
 {"Name":"Bling-Bling King","Category":"Chess","Price":1200}]
```

폼 데이터 처리

net/http 패키지는 폼 데이터를 쉽게 수신하고 처리할 수 있도록 지원한다. 리스트 24-21의 내용을 담은 edit.html 파일을 templates 폴더에 추가해보자.

리스트 24-21 templates 폴더 내 edit.html 파일 소스 코드

```html
<!DOCTYPE html>
<html>
<head>
  <meta name="viewport" content="width=device-width" />
  <title>Pro Go</title>
  <link rel="stylesheet" href="/files/bootstrap.min.css" >
</head>
<body>
  {{ $index := intVal (index (index .Request.URL.Query "index") 0) }}
  {{ if lt $index (len .Data)}}
    {{ with index .Data $index}}
      <h3 class="bg-primary text-white text-center p-2 m-2">Product</h3>
      <form method="POST" action="/forms/edit" class="m-2">
        <div class="form-group">
          <label>Index</label>
          <input name="index" value="{{$index}}"
            class="form-control" disabled />
          <input name="index" value="{{$index}}" type="hidden" />
        </div>
        <div class="form-group">
          <label>Name</label>
          <input name="name" value="{{.Name}}" class="form-control"/>
        </div>
        <div class="form-group">
          <label>Category</label>
          <input name="category" value="{{.Category}}"
            class="form-control"/>
        </div>
        <div class="form-group">
```

```
        <label>Price</label>
        <input name="price" value="{{.Price}}" class="form-control"/>
      </div>
      <div class="mt-2">
        <button type="submit" class="btn btn-primary">Save</button>
        <a href="/templates/" class="btn btn-secondary">Cancel</a>
      </div>
    </form>
  {{ end }}
  {{ else }}
    <h3 class="bg-danger text-white text-center p-2">
      No Product At Specified Index
    </h3>
  {{end }}
</body>
</html>
```

위 템플릿은 템플릿 변수, 표현식, 함수를 사용해 요청에서 쿼리 문자열을 가져오고 int로 변환한 다음 템플릿에 제공한 데이터에서 Product 값을 검색할 때 사용하는 첫 번째 index 값을 선택한다.

```
...
{{ $index := intVal (index (index .Request.URL.Query "index") 0) }}
{{ if lt $index (len .Data)}}
  {{ with index .Data $index}}
...
```

위 표현식은 일반적으로 템플릿에서 보고 싶어하는 것보다 더 복잡한데, 3부에서 더 강력한 접근 방식을 보여줄 예정이다. 24장에서는 다음과 같이 action 속성이 지정한 URL에 데이터를 제출하는 Product 구조체가 정의한 필드의 input 요소를 나타내는 HTML 폼을 생성할 수 있다.

```
...
<form method="POST" action="/forms/edit" class="m-2">
...
```

폼 데이터 요청 읽기

프로젝트에 form을 추가했기 때문에 form이 포함한 데이터를 수신하는 코드를 작성할 수 있다. Request 구조체는 폼 데이터 작업을 위해 표 24-11에 설명한 필드와 메서드를 정의한다.

표 24-11 Request 폼 데이터 필드 및 메서드

이름	설명
Form	파싱한 폼 데이터와 쿼리 문자열 매개변수를 포함하는 map[string][]string을 반환한다. 해당 필드를 읽기 전 ParseForm 메서드를 호출해야 한다.
PostForm	Form과 유사하지만 요청 보디의 데이터만 맵에 포함하도록 쿼리 문자열 매개변수를 제외한다. 해당 필드를 읽기 전 ParseForm 메서드를 호출해야 한다.
MutipartForm	mime/multipart 패키지가 정의한 Form 구조체를 사용해 표현한 멀티파트 폼을 반환한다. 해당 필드를 읽기 전 ParseMultipartForm 메서드를 호출해야 한다.
FormValue(key)	지정한 폼 키의 첫 번째 값을 반환하고 값이 없으면 빈 문자열을 반환한다. 해당 메서드의 데이터 소스는 Form 필드이고 FormValue 메서드를 호출하면 자동으로 ParseForm 또는 ParseMultipartForm을 호출해 폼을 파싱한다.
PostFormValue(key)	지정한 폼 키의 첫 번째 값을 반환하고 값이 없으면 빈 문자열을 반환한다. 해당 메서드의 데이터 소스는 PostForm 필드이고 PostFormValue 메서드를 호출하면 자동으로 ParseForm 또는 ParseMultipartForm을 호출해 폼을 구문 파싱한다.
FormFile(key)	폼에 지정한 키가 있는 첫 번째 파일에 대한 액세스를 제공한다. 결과는 mime/multipart 패키지가 정의한 File 및 FileHeader와 error다. 해당 함수를 호출하면 ParseForm 또는 ParseMultipartForm 함수를 호출해 폼을 파싱한다.
ParseForm()	폼을 파싱하고 Form 및 PostForm 필드를 채운다. 결과는 파싱 문제를 설명하는 에러다.
ParseMultipartForm(max)	MIME 멀티파트 폼을 파싱하고 MultipartForm 필드를 채운다. 인수는 폼 데이터에 할당할 최대 바이트 수를 지정하고 결과는 폼 처리 문제를 설명하는 error다.

FormValue 및 PostFormValue 메서드는 처리 중인 폼의 구조를 알고 있는 경우 폼 데이터에 액세스하는 가장 편리한 방법이다. 리스트 24-22의 내용을 담은 forms.go 파일을 httpserver 폴더에 추가해보자.

리스트 24-22 httpserver 폴더 내 forms.go 파일 소스 코드

```
package main

import (
  "net/http"
  "strconv"
)

func ProcessFormData(writer http.ResponseWriter, request *http.Request) {
  if (request.Method == http.MethodPost) {
    index, _ := strconv.Atoi(request.PostFormValue("index"))
    p := Product {}
    p.Name = request.PostFormValue("name")
    p.Category = request.PostFormValue("category")
    p.Price, _ = strconv.ParseFloat(request.PostFormValue("price"), 64)
    Products[index] = p
  }
```

```
    http.Redirect(writer, request, "/templates", http.StatusTemporaryRedirect)
}

func init() {
    http.HandleFunc("/forms/edit", ProcessFormData)
}
```

init 함수는 ProcessFormData 함수가 경로가 /forms/edit인 요청을 처리하도록 새 경로를 설정한다. ProcessFormData 함수 내에서 요청 메서드를 확인하고 요청의 폼 데이터를 사용해 Product 구조체를 만들고 기존 데이터 값을 바꾼다. 실제 프로젝트는 폼에 제출한 데이터의 유효성을 검사하는 것이 필수적이지만 24장에서는 폼에 유효한 데이터를 포함하고 있다고 신뢰한다.

프로젝트를 컴파일 및 실행하고 브라우저를 사용해 https://localhost:5500/templates/edit. html?index=2를 요청하면 리스트 24-3이 정의한 슬라이스의 인덱스 2에서 Product 값을 선택한다. Category 필드의 값을 Soccer/Football로 변경하고 저장 버튼을 클릭해보자. 폼 내 데이터를 적용하면 그림 24-7과 같이 브라우저를 리디렉션한다.

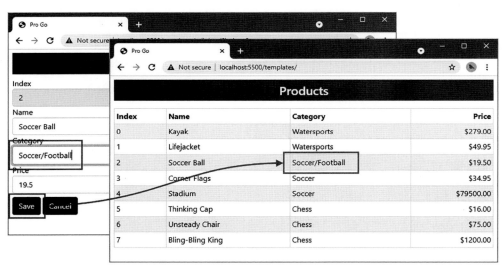

그림 24-7 폼 데이터 처리

멀티파트 폼 읽기

파일과 같은 이진 데이터를 서버로 안전하게 보낼 수 있도록 multipart/form-data로 폼을 인코딩해보자. 서버가 파일을 받을 수 있도록 하는 폼을 만들려면 리스트 24-23의 내용을 담은 upload.html 파일을 static 폴더에 추가해보자.

리스트 24-23 static 폴더 내 upload.html 파일 소스 코드

```
<!DOCTYPE html>
<html>
<head>
  <title>Pro Go</title>
  <meta name="viewport" content="width=device-width" />
  <link href="bootstrap.min.css" rel="stylesheet" />
</head>
<body>
  <div class="m-1 p-2 bg-primary text-white h2 text-center">
    Upload File
  </div>
  <form method="POST" action="/forms/upload" class="p-2"
      enctype="multipart/form-data">
    <div class="form-group">
      <label class="form-label">Name</label>
      <input class="form-control" type="text" name="name">
    </div>
    <div class="form-group">
      <label class="form-label">City</label>
      <input class="form-control" type="text" name="city">
    </div>
    <div class="form-group">
      <label class="form-label">Choose Files</label>
      <input class="form-control" type="file" name="files" multiple>
    </div>
    <button type="submit" class="btn btn-primary mt-2">Upload</button>
  </form>
</body>
</html>
```

form 요소의 enctype 속성은 멀티파트 폼을 생성하고 타입이 file인 input 요소는 사용자가 파일을 선택할 수 있는 폼 컨트롤을 생성한다. multiple 속성은 사용자가 여러 파일을 선택할 수 있도록 허용해야 하는 것을 브라우저에게 알려준다(곧 다시 설명할 예정이다). 폼 데이터를 수신하고 처리하기 위해 리스트 24-24의 내용을 담은 upload.go 파일을 httpserver 폴더에 추가해보자.

리스트 24-24 httpserver 폴더 내 upload.go 파일 소스 코드

```
package main

import (
  "net/http"
  "io"
  "fmt"
)
```

```
func HandleMultipartForm(writer http.ResponseWriter, request *http.Request) {
  fmt.Fprintf(writer, "Name: %v, City: %v\n", request.FormValue("name"),
    request.FormValue("city"))
  fmt.Fprintln(writer, "------")
  file, header, err := request.FormFile("files")
  if (err == nil) {
    defer file.Close()
    fmt.Fprintf(writer, "Name: %v, Size: %v\n", header.Filename, header.Size)
    for k, v := range header.Header {
      fmt.Fprintf(writer, "Key: %v, Value: %v\n", k, v)
    }
    fmt.Fprintln(writer, "------")
    io.Copy(writer, file)
  } else {
    http.Error(writer, err.Error(), http.StatusInternalServerError)
  }
}

func init() {
  http.HandleFunc("/forms/upload", HandleMultipartForm)
}
```

FormValue 및 PostFormValue 메서드를 사용해 폼의 문자열 값에 액세스할 수 있지만 다음과 같
이 FormFile 메서드를 사용해 파일에 액세스해야 한다.

```
...
file, header, err := request.FormFile("files")
...
```

FormFile 메서드의 첫 번째 결과는 mime/multipart 패키지가 정의한 File로 20장과 22장에서
설명한 Reader, Closer, Seeker, ReaderAt 인터페이스를 결합한 인터페이스다. 결과적으로 업로
드한 파일의 내용을 특정 위치에서 찾거나 읽을 수 있도록 지원하는 Reader로 처리할 수 있다.
위 예제는 업로드한 파일의 내용을 ResponseWriter에 복사한다.

FormFile 메서드의 두 번째 결과는 mime/multipart 패키지가 정의한 FileHeader로 해당 구조체
는 표 24-12에 설명한 필드와 메서드를 정의한다.

표 24-12 FileHeader 필드 및 메서드

이름	설명
Name	파일 이름을 포함한 string을 반환한다.
Size	파일 크기를 포함하는 int64를 반환한다.
Header	파일을 포함하는 MIME 부분의 헤더를 포함하는 map[string][]string을 반환한다.
Open()	다음 절에서 설명하는 것처럼 헤더와 연결한 콘텐츠를 읽을 때 사용할 수 있는 File을 반환한다.

686

프로젝트를 컴파일 및 실행하고 브라우저를 사용해 https://localhost:5500/files/upload.
html을 요청해보자. 이름과 도시를 입력하고 파일 선택 버튼을 클릭한 다음 단일 파일을 선택
한다(다음 절에서 여러 파일을 처리하는 방법을 설명한다). 시스템의 모든 파일을 선택할 수 있지만
단순성을 위해서 텍스트 파일을 선택하는 것이 가장 좋다. 업로드 버튼을 클릭하면 폼을 게시
한다. 응답은 그림 24-8과 같이 파일의 이름과 도시 값, 헤더, 내용을 포함한다.

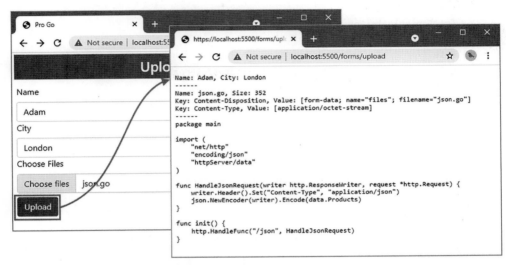

그림 24-8 파일을 포함한 멀티파트 폼 처리

폼 내 멀티파트 파일 수신

FormFile 메서드는 지정한 이름을 가진 첫 번째 파일만 반환한다. 즉 예제 폼의 경우와 같이 사
용자가 단일 폼 요소에 대해 여러 파일을 선택할 수 있는 경우 사용할 수 없다.

Request.MultipartForm 필드는 리스트 24-25와 같이 멀티파트 폼 내 데이터에 대한 완전한 액
세스를 제공한다.

리스트 24-25 httpserver 폴더 내 upload.go 파일에서 멀티파트 파일 처리

```
package main

import (
  "net/http"
  "io"
  "fmt"
)

func HandleMultipartForm(writer http.ResponseWriter, request *http.Request) {
  request.ParseMultipartForm(10000000)
  fmt.Fprintf(writer, "Name: %v, City: %v\n",
```

```
      request.MultipartForm.Value["name"][0],
      request.MultipartForm.Value["city"][0])
    fmt.Fprintln(writer, "------")

    for _, header := range request.MultipartForm.File["files"] {
      fmt.Fprintf(writer, "Name: %v, Size: %v\n", header.Filename, header.Size)
      file, err := header.Open()
      if (err == nil) {
        defer file.Close()
        fmt.Fprintln(writer, "------")
        io.Copy(writer, file)
      } else {
        http.Error(writer, err.Error(), http.StatusInternalServerError)
        return
      }
    }
}

func init() {
  http.HandleFunc("/forms/upload", HandleMultipartForm)
}
```

MultipartForm 필드를 사용하기 전에 ParseMultipartForm 메서드를 호출했는지 확인해야 한다. MultipartForm 필드는 mime/multipart 패키지가 정의하고 표 24-13에 설명한 필드를 정의하는 Form 구조체를 반환한다.

표 24-13 폼 필드

이름	설명
Value	폼 값을 포함하는 map[string][]string을 반환한다.
File	파일을 포함하는 map[string][]*FileHeader를 반환한다.

리스트 24-25는 Value 필드를 사용해 폼에서 Name 및 City 값을 가져온다. File 필드를 사용하면 표 24-13에 설명한 FileHeader 값으로 표시하는 파일 이름이 있는 폼의 모든 파일을 가져올 수 있다. 프로젝트를 컴파일 및 실행하고 브라우저를 사용해 https://localhost:5500/files/upload.html을 요청하고 폼을 작성해보자. 이번에는 파일 선택 버튼을 클릭할 때 2개 이상의 파일을 선택해보자. 폼을 제출하면 그림 24-9와 같이 선택한 모든 파일의 내용을 표시한다. 위 예제는 텍스트 파일을 선택하는 것이 더 좋다.

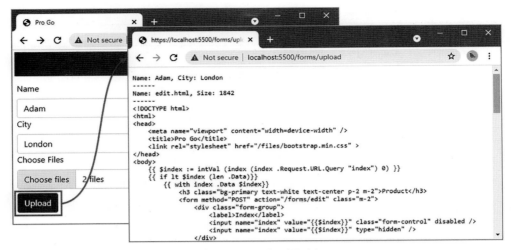

그림 24-9 멀티파트 파일 처리

쿠키 읽기 및 설정

net/http 패키지는 클라이언트에 보낸 응답에 Set-Cookie 헤더를 추가하는 SetCookie 함수를 정의한다. 빠른 참조를 위해 표 24-14는 SetCookie 함수를 설명한다.

표 24-14 쿠키 설정을 위한 net/http 함수

이름	설명
SetCookie(writer, cookie)	지정한 ResponseWriter에 Set-Cookie 헤더를 추가한다. 쿠키는 다음에 설명하는 Cookie 구조체 포인터를 사용해 설명할 수 있다.

쿠키는 net/http 패키지가 정의하고 표 24-15에 설명한 필드를 정의하는 Cookie 구조체를 사용해 설명할 수 있다. Name 및 Value 필드만으로 기본 쿠키를 만들 수 있다.

> ■ **노트** ■
>
> 쿠키는 복잡할 수 있기 때문에 올바르게 구성하려면 주의를 기울여야 한다. 쿠키 동작 방식에 대한 자세한 내용은 책의 범위를 벗어나지만 다음 링크(https://developer.mozilla.org/en-US/docs/Web/HTTP/Cookies)에서 유용한 설명과 다음 링크(https://developer.mozilla.org/en-US/docs/Web/HTTP/Headers/Set-Cookie)에서 쿠키 필드에 대한 자세한 분석을 확인할 수 있다.

표 24-15 Cookie 구조체가 정의한 필드

이름	설명
Name	string로 표현한 쿠키의 이름을 나타낸다.
Value	문자열로 표현한 쿠키 값을 나타낸다.
Path	선택적 필드로 쿠키 경로를 지정한다.
Domain	선택적 필드로 쿠키가 설정할 호스트/도메인을 지정한다.
Expires	time.Time 값으로 표현하는 쿠키 만료를 지정한다.
MaxAge	int로 표현하는 쿠키가 만료될 때까지의 시간(초)을 지정한다.
Secure	해당 bool 필드가 true면 클라이언트는 HTTPS 연결을 통해서만 쿠키를 보낸다.
HttpOnly	해당 bool 필드가 true면 클라이언트는 자바스크립트 코드가 쿠키에 액세스하는 것을 방지한다.
SameSite	SameSiteDefaultMode, SameSiteLaxMode, SameSiteStrictMode 및 SameSite NoneMode를 정의하는 SameSite 상수를 사용해 쿠키에 대한 cross-origin 정책을 지정한다.

Cookie 구조체는 클라이언트가 보내는 쿠키 집합을 가져올 때 사용한다. 표 24-16에서 설명한 Request 메서드를 사용해 쿠키 집합을 가져올 수 있다.

표 24-16 쿠키를 위한 Request 메서드

이름	설명
Cookie(name)	지정한 이름을 가진 Cookie 값 포인터와 일치하는 쿠키가 없을 때를 나타내는 error를 반환한다.
Cookies()	쿠키 포인터 슬라이스를 반환한다.

리스트 24-26에 표시한 코드를 담은 cookies.go 파일을 httpserver 폴더에 추가해보자.

리스트 24-26 httpserver 폴더 내 cookies.go 파일 소스 코드

```
package main

import (
  "net/http"
  "fmt"
  "strconv"
)

func GetAndSetCookie(writer http.ResponseWriter, request *http.Request) {

  counterVal := 1
  counterCookie, err := request.Cookie("counter")
  if (err == nil) {
    counterVal, _ = strconv.Atoi(counterCookie.Value)
    counterVal++
  }
  http.SetCookie(writer, &http.Cookie{
    Name: "counter", Value: strconv.Itoa(counterVal),
```

```
    })

    if (len(request.Cookies()) > 0) {
        for _, c := range request.Cookies() {
            fmt.Fprintf(writer, "Cookie Name: %v, Value: %v", c.Name, c.Value)
        }
    } else {
        fmt.Fprintln(writer, "Request contains no cookies")
    }
}

func init() {
    http.HandleFunc("/cookies", GetAndSetCookie)
}
```

위 예제는 GetAndSetCookie 함수가 초기 값이 0인 counter라는 쿠키를 설정하는 /cookies 경로를 설정한다. 요청이 쿠키를 포함하고 있으면 쿠키 값을 읽고 int로 파싱한 다음 증가시켜 새 쿠키 값을 설정할 때 사용할 수 있다. 또한 해당 함수는 요청의 쿠키를 열거하고 응답에 Name 및 Value 필드를 쓴다.

프로젝트를 컴파일 및 실행하고 브라우저를 사용해 https://localhost:5500/cookies를 요청해보자. 클라이언트는 초기에 보낼 쿠키가 없지만 이후에 요청을 반복할 때마다 그림 24-10과 같이 쿠키 값을 읽고 증분시킨다.

그림 24-10 쿠키 읽기 및 설정

⁜ 요약

24장에서는 HTTP 서버를 만들고 HTTP 요청을 처리하기 위한 표준 라이브러리 기능을 설명했다. 25장에서는 HTTP 요청을 생성하고 전송하기 위한 보완 기능을 설명할 것이다.

HTTP 클라이언트 생성

25장에서는 애플리케이션이 웹 서버를 사용할 수 있도록 HTTP 요청을 만드는 표준 라이브러리 기능을 설명한다. 표 25-1은 상황에 따른 HTTP 요청을 설명한다.

표 25-1 상황에 따른 HTTP 클라이언트

질문	답
무엇인가?	HTTP 요청은 24장에서 만든 것과 같은 HTTP 서버에서 데이터를 검색하기 위해 사용한다.
왜 유용한가?	HTTP는 가장 널리 사용하는 프로토콜 중 하나로 프로그래밍 방식으로 소비하는 데이터뿐만 아니라 일반적으로 사용자에게 표시할 수 있는 콘텐츠에 대한 액세스를 제공하기 위해 사용한다.
어떻게 사용하는가?	net/http 패키지 기능은 요청을 생성 및 전송하고 응답을 처리하기 위해 사용한다.
함정이나 제한 사항?	일부 기능을 사용하려면 특정 순서가 필요하지만 이러한 기능은 잘 설계돼 사용하기 쉽다.
대안이 있는가?	표준 라이브러리는 다른 네트워크 프로토콜 지원과 하위 수준 네트워크 연결을 열고 사용하는 기능을 포함하고 있다. 예를 들어 SMTP 프로토콜을 구현하는 net/smtp와 같은 net 패키지 및 해당 하위 패키지에 대한 자세한 내용은 다음 링크(https://pkg.go.dev/net@go1.17.1)를 참조할 수 있다.

표 25-2는 25장을 요약한 것이다.

표 25-2 25장 요약

문제	해결 방법	리스트 참조 번호
HTTP 요청을 보낸다.	특정 HTTP 메서드를 위한 편의 메서드를 사용한다.	8-12
HTTP 요청을 구성한다.	Client 구조체가 정의한 필드와 메서드를 사용한다.	13
미리 구성한 요청을 생성한다.	NewRequest 편의 함수를 사용한다.	14
요청에 쿠키를 사용한다.	cookie jar를 사용한다.	15-18
리디렉션 처리 방법을 구성한다.	리디렉션을 처리하기 위해 호출하는 함수를 등록하려면 CheckRedirect 필드를 사용한다.	19-21
multipart 폼을 보낸다.	mime/multipart 패키지를 사용한다.	22, 23

25장 준비

25장 예제를 준비하기 위해 새 CMD를 열어 편리한 위치로 이동한 다음 httpclient 폴더를 생성한다. httpclient 폴더에서 리스트 25-1의 명령어를 실행해 모듈 파일을 생성해보자.

> **■ 팁 ■**
>
> 다음 링크(https://github.com/apress/pro-go)에서 25장 및 책의 다른 모든 장에 대한 예제 프로젝트를 다운로드할 수 있다. 예제를 실행하는 데 문제가 발생한 경우 도움받는 방법은 2장을 참조한다.

리스트 25-1 모듈 초기화

```
go mod init httpclient
```

리스트 25-2의 소스 코드 내용을 담은 printer.go 파일을 생성해 httpclient 폴더에 추가해보자.

리스트 25-2 httpclient 폴더 내 printer.go 파일 소스 코드

```
package main

import "fmt"

func Printfln(template string, values ...interface{}) {
  fmt.Printf(template + "\n", values...)
}
```

리스트 25-3의 소스 코드 내용을 담은 product.go 파일을 생성해 httpclient 폴더에 추가해보자.

리스트 25-3 httpclient 폴더 내 product.go 파일 소스 코드

```
package main

type Product struct {
  Name, Category string
  Price float64
}

var Products = []Product {
  { "Kayak", "Watersports", 279 },
  { "Lifejacket", "Watersports", 49.95 },
  { "Soccer Ball", "Soccer", 19.50 },
  { "Corner Flags", "Soccer", 34.95 },
  { "Stadium", "Soccer", 79500 },
  { "Thinking Cap", "Chess", 16 },
  { "Unsteady Chair", "Chess", 75 },
  { "Bling-Bling King", "Chess", 1200 },
}
```

리스트 25-4의 소스 코드 내용을 담은 index.html 파일을 생성해 httpclient 폴더에 추가해보자.

리스트 25-4 httpclient 폴더 내 index.html 파일 소스 코드

```html
<!DOCTYPE html>
<html>
<head>
  <title>Pro Go</title>
  <meta name="viewport" content="width=device-width" />
</head>
<body>
  <h1>Hello, World</div>
</body>
</html>
```

리스트 25-5의 소스 코드 내용을 담은 server.go 파일을 생성해 httpclient 폴더에 추가해보자.

리스트 25-5 httpclient 폴더 내 server.go 파일 소스 코드

```go
package main

import (
  "encoding/json"
  "fmt"
  "io"
  "net/http"
  "os"
)

func init() {

  http.HandleFunc("/html",
    func (writer http.ResponseWriter, request *http.Request) {
      http.ServeFile(writer, request, "./index.html")
  })
  http.HandleFunc("/json",
    func (writer http.ResponseWriter, request *http.Request) {
      writer.Header().Set("Content-Type", "application/json")
      json.NewEncoder(writer).Encode(Products)
  })
  http.HandleFunc("/echo",
    func (writer http.ResponseWriter, request *http.Request) {
      writer.Header().Set("Content-Type", "text/plain")
      fmt.Fprintf(writer, "Method: %v\n", request.Method)
      for header, vals := range request.Header {
        fmt.Fprintf(writer, "Header: %v: %v\n", header, vals)
      }
      fmt.Fprintln(writer, "----")
      data, err := io.ReadAll(request.Body)
    if (err == nil) {
```

```
      if len(data) == 0 {
        fmt.Fprintln(writer, "No body")
      } else {
        writer.Write(data)
      }
    } else {
      fmt.Fprintf(os.Stdout,"Error reading body: %v\n", err.Error())
    }
  })
}
```

위 코드 파일의 초기화 함수는 HTML 및 JSON 응답을 생성하는 경로를 생성한다. 응답에서 요청의 세부 사항을 반영하는 경로도 있다.

리스트 25-6의 소스 코드 내용을 담은 main.go 파일을 생성해 httpclient 폴더에 추가해보자.

리스트 25-6 httpclient 폴더 내 main.go 파일 소스 코드

```
package main

import (
  "net/http"
)

func main() {
  Printfln("Starting HTTP Server")
  http.ListenAndServe(":5000", nil)
}
```

httpclient 폴더에서 리스트 25-7의 명령어를 실행하기 위해 CMD를 사용한다.

리스트 25-7 예제 프로젝트 실행

```
go run .
```

윈도우 방화벽 권한 요청 처리

24장에서 언급한 것처럼 윈도우 방화벽은 코드를 컴파일할 때마다 네트워크 액세스를 요청한다. 문제를 해결하기 위해 다음 내용으로 프로젝트 폴더에 buildandrun.ps1 파일을 생성한다.

```
$file = "./httpclient.exe"

&go build -o $file

if ($LASTEXITCODE -eq 0) {
  &$file
}
```

httpclient 폴더의 코드를 컴파일하고 실행한다. 웹 브라우저를 사용해 http://localhost:5000/html 및 http://localhost:5000/json을 요청하면 그림 25-1과 같은 응답을 생성한다.

그림 25-1 예제 애플리케이션 실행

에코 결과를 확인하기 위해 그림 25-2와 유사한 출력을 생성하는 http://localhost:5000/echo를 요청해보자. 운영체제 및 브라우저에 따라 다른 세부 정보를 표시할 수 있다.

그림 25-2 응답에서 요청의 에코 세부 정보

간단한 HTTP 요청 전송

net/http 패키지는 기본 HTTP 요청을 만드는 일련의 편의 함수를 제공한다. 함수는 표 25-3에 설명한 대로 생성한 요청의 HTTP 메서드에서 이름을 따서 지정한다.

표 25-3 HTTP 요청을 위한 편의 메서드

이름	설명
Get(url)	지정한 HTTP 또는 HTTPS URL에 GET 요청을 보낸다. 결과는 요청과 관련된 문제를 보고하는 Response 및 error다.
Head(url)	HEAD 요청을 지정한 HTTP 또는 HTTPS URL로 보낸다. HEAD 요청은 GET 요청이 반환하는 헤더를 반환한다. 결과는 요청과 관련된 문제를 보고하는 Response 및 error다.
Post(url, contentType, reader)	지정한 Content-Type 헤더 값과 함께 지정한 HTTP 또는 HTTPS URL로 POST 요청을 보낸다. 폼의 내용은 지정한 Reader가 제공한다. 결과는 요청과 관련된 문제를 보고하는 Response 및 error다.
PostForm(url, data)	Content-Type 헤더를 application/x-www-form-urlencoded로 설정해 지정한 HTTP 또는 HTTPS URL로 POST 요청을 보낸다. 폼의 콘텐츠는 map[string][]string이 제공한다. 결과는 요청과 관련된 문제를 보고하는 Response 및 error다.

리스트 25-8은 Get 메서드를 사용해 서버에 GET 요청을 보낸다. 서버는 블로킹을 방지하고 동일한 애플리케이션 내에서 HTTP 요청을 보낼 수 있도록 고루틴에서 시작한다. 이러한 방식은 클라이언트와 서버 프로젝트를 분리할 필요가 없기 때문에 25장 전체에서 사용할 패턴이다. 고루틴이 서버를 시작할 시간이 있는지 확인하기 위해 19장에서 설명한 time.Sleep 함수를 사용한다. 시스템의 지연을 늘려야 할 수도 있다.

리스트 25-8 httpclient 폴더 내 main.go 파일에서 GET 요청 전송

```go
package main

import (
  "net/http"
  "os"
  "time"
)

func main() {
  go http.ListenAndServe(":5000", nil)
  time.Sleep(time.Second)

  response, err := http.Get("http://localhost:5000/html")
  if (err == nil) {
    response.Write(os.Stdout)
  } else {
    Printfln("Error: %v", err.Error())
  }
}
```

Get 함수에 대한 인수는 요청할 URL을 포함한 문자열이다. 결과는 Response 값 및 요청 전송 문제를 보고하는 error다.

■ **노트** ■

표 25-3의 함수에서 반환한 error 값은 요청을 생성하고 보내는 문제를 보고하지만 서버가 http 에러 상태 코드를 반환할 때 사용하지 않는다.

Response 구조체는 HTTP 서버가 보낸 응답을 설명하고 표 25-4에 표시한 필드와 메서드를 정의한다.

표 25-4 Response 구조체가 정의한 필드와 메서드

이름	설명
StatusCode	int로 표현하는 응답 상태 코드를 반환한다.
Status	상태 설명을 포함한 string을 반환한다.
Proto	응답 HTTP 프로토콜을 포함하는 string을 반환한다.
Header	응답 헤더를 포함한 map[string][]string을 반환한다.
Body	Close 메서드를 정의하고 응답 보디에 대한 액세스를 제공하는 Reader인 ReadCloser를 반환한다.
Trailer	응답 트레일러를 포함한 map[string][]string을 반환한다.
ContentLength	int64 값으로 파싱한 Content-Length 헤더의 값을 반환한다.
TransferEncoding	Transfer-Encoding 헤더 값 집합을 반환한다.
Close	해당 bool 필드는 HTTP 연결을 닫아야 함을 의미하는 close로 설정한 Connection 헤더를 응답에 포함한 경우 true를 반환한다.
Uncompressed	net/http 패키지가 압축 해제한 압축 응답을 서버가 보낸 경우 해당 필드는 true를 반환한다.
Request	응답을 얻기 위해 사용한 요청을 반환한다. Request 구조체는 24장에서 설명하고 있다.
TLS	HTTPS 연결의 세부 정보를 제공한다.
Cookies()	[]*Cookie를 반환하고 응답에 Set-Cookie 헤더를 포함하고 있다. Cookie 구조체는 24장에서 설명하고 있다.
Location()	응답 Location 헤더의 URL과 응답에 Location 헤더를 포함하고 있지 않는 경우를 나타내는 error를 반환한다.
Write(writer)	지정한 Writer에 대한 응답 요약을 쓴다.

응답 요약을 작성하는 리스트 25-8의 Write 메서드를 사용했다. 프로젝트를 컴파일 및 실행하면 헤더 값은 다르지만 다음 출력을 표시한다.

```
HTTP/1.1 200 OK
Content-Length: 182
```

```
Accept-Ranges: bytes
Content-Type: text/html; charset=utf-8
Date: Sat, 25 Sep 2021 08:23:21 GMT
Last-Modified: Sat, 25 Sep 2021 06:51:09 GMT
<!DOCTYPE html>
<html>
<head>
  <title>Pro Go</title>
  <meta name="viewport" content="width=device-width" />
</head>
<body>
  <h1>Hello, World</div>
</body>
</html>
```

Write 메서드는 응답만 보고 싶을 때 편리하지만 대부분의 프로젝트는 리스트 25-9와 같이 상태 코드를 확인해 요청이 성공했는지 확인한 다음 응답 보디를 읽는다.

리스트 25-9 httpclient 폴더 내 main.go 파일에서 응답 보디 읽기

```go
package main

import (
  "net/http"
  "os"
  "time"
  "io"
)

func main() {
  go http.ListenAndServe(":5000", nil)
  time.Sleep(time.Second)

  response, err := http.Get("http://localhost:5000/html")
  if (err == nil && response.StatusCode == http.StatusOK) {
    data, err := io.ReadAll(response.Body)
    if (err == nil) {
      defer response.Body.Close()
      os.Stdout.Write(data)
    }
  } else {
    Printfln("Error: %v, Status Code: %v", err.Error(), response.StatusCode)
  }
}
```

io 패키지가 정의한 ReadAll 함수를 사용해 응답 Body를 표준 출력에 쓰는 byte 슬라이스로 읽었다. 프로젝트를 컴파일 및 실행하면 HTTP 서버에서 보낸 응답의 보디를 보여주는 다음 출력을 표시한다.

700

```
<!DOCTYPE html>
<html>
<head>
  <title>Pro Go</title>
  <meta name="viewport" content="width=device-width" />
</head>
<body>
  <h1>Hello, World</div>
</body>
</html>
```

응답에 JSON과 같은 데이터를 포함한 경우 리스트 25-10과 같이 Go 값으로 파싱할 수 있다.

리스트 25-10 httpclient 폴더 내 main.go 파일에서 데이터 읽기 및 파싱

```
package main

import (
  "net/http"
  //"os"
  "time"
  //"io"
  "encoding/json"
)

func main() {
  go http.ListenAndServe(":5000", nil)
  time.Sleep(time.Second)

  response, err := http.Get("http://localhost:5000/json")
  if (err == nil && response.StatusCode == http.StatusOK) {
    defer response.Body.Close()
    data := []Product {}
    err = json.NewDecoder(response.Body).Decode(&data)
    if (err == nil) {
      for _, p := range data {
        Printfln("Name: %v, Price: $%.2f", p.Name, p.Price)
      }
    } else {
      Printfln("Decode error: %v", err.Error())
    }
  } else {
    Printfln("Error: %v, Status Code: %v", err.Error(), response.StatusCode)
  }
}
```

JSON 데이터는 21장에서 설명한 encoding/json 패키지를 사용해 디코딩한다. 데이터는 for 루프를 사용해 열거하는 Product 슬라이스로 디코딩한다. 프로젝트를 컴파일 및 실행할 때 다음 출력을 생성한다.

```
Name: Kayak, Price: $279.00
Name: Lifejacket, Price: $49.95
Name: Soccer Ball, Price: $19.50
Name: Corner Flags, Price: $34.95
Name: Stadium, Price: $79500.00
Name: Thinking Cap, Price: $16.00
Name: Unsteady Chair, Price: $75.00
Name: Bling-Bling King, Price: $1200.00
```

POST 요청 전송

Post 및 PostForm 함수는 POST 요청을 보낼 때 사용한다. PostForm 함수는 리스트 25-11처럼 값의 맵을 폼 데이터로 인코딩한다.

리스트 25-11 httpclient 폴더 내 main.go 파일에서 폼 전송

```go
package main

import (
  "net/http"
  "os"
  "time"
  "io"
  //"encoding/json"
)

func main() {
  go http.ListenAndServe(":5000", nil)
  time.Sleep(time.Second)

  formData := map[string][]string {
    "name":   { "Kayak "},
    "category": { "Watersports"},
    "price":  { "279"},
  }

  response, err := http.PostForm("http://localhost:5000/echo", formData)

  if (err == nil && response.StatusCode == http.StatusOK) {
    io.Copy(os.Stdout, response.Body)
    defer response.Body.Close()
  } else {
    Printfln("Error: %v, Status Code: %v", err.Error(), response.StatusCode)
  }
}
```

HTML 폼은 각 키에 대해 여러 값을 지원하므로 맵의 값이 문자열 슬라이스다. 리스트 25-11에서 폼의 각 키에 대해 하나의 값만 보내지만 슬라이스를 생성하려면 여전히 해당 값을 중

702

괄호로 묶어야 한다. PostForm 함수는 맵을 인코딩하고 데이터를 요청 보디에 추가하고 Content-Type 헤더를 application/x-www-form-urlencoded로 설정한다. 폼은 /echo URL로 전송하고 응답에서 서버가 받은 요청을 다시 보낸다. 프로젝트를 컴파일 및 실행하면 다음과 같은 결과를 표시한다.

```
Method: POST
Header: User-Agent: [Go-http-client/1.1]
Header: Content-Length: [42]
Header: Content-Type: [application/x-www-form-urlencoded]
Header: Accept-Encoding: [gzip]
----
category=Watersports&name=Kayak+&price=279
```

Reader를 사용한 폼 포스팅

Post 함수는 리스트 25-12와 같이 서버에 POST 요청을 보내고 Reader에서 콘텐츠를 읽어서 요청 보디를 생성한다. PostForm 함수와 달리 데이터를 폼으로 인코딩할 필요가 없다.

리스트 25-12 httpclient 폴더 내 main.go 파일에서 Reader로부터 포스팅

```go
package main

import (
  "net/http"
  "os"
  "time"
  "io"
  "encoding/json"
  "strings"
)

func main() {
  go http.ListenAndServe(":5000", nil)
  time.Sleep(time.Second)

  var builder strings.Builder
  err := json.NewEncoder(&builder).Encode(Products[0])
  if (err == nil) {
    response, err := http.Post("http://localhost:5000/echo",
      "application/json",
      strings.NewReader(builder.String()))
    if (err == nil && response.StatusCode == http.StatusOK) {
      io.Copy(os.Stdout, response.Body)
      defer response.Body.Close()
    } else {
      Println("Error: %v", err.Error())
```

```
        }
    } else {
        Printfln("Error: %v", err.Error())
    }
}
```

위 예제는 리스트 25-12가 정의한 Product 값 슬라이스의 첫 번째 요소를 JSON으로 인코딩해 Reader로 처리할 수 있도록 데이터를 준비한다. Post 함수에 대한 인수는 요청을 전송하는 URL, Content-Type 헤더의 값, Reader다. 프로젝트를 컴파일 및 실행하면 에코 요청 데이터를 표시한다.

```
Method: POST
Header: User-Agent: [Go-http-client/1.1]
Header: Content-Length: [54]
Header: Content-Type: [application/json]
Header: Accept-Encoding: [gzip]
----
{"Name":"Kayak","Category":"Watersports","Price":279}
```

CONTENT-LENGTH 헤더 이해

리스트 25-11과 리스트 25-12에서 보낸 요청을 검토하면 Content-Length 헤더를 포함하고 있는 것을 확인할 수 있다. Content-Length 헤더는 자동으로 설정하지만 미리 보디에 포함할 데이터의 양을 결정할 수 있는 경우에만 요청에 포함한다. 이러한 작업은 Reader를 검사해 동적 타입을 결정함으로써 수행한다. 데이터가 strings.Reader, bytes.Reader 또는 bytes를 사용해 메모리에 저장하는 경우 내장 len 함수는 데이터 양을 결정하기 위해 사용하고 결과는 Content-Length 헤더를 설정하기 위해 사용한다.

다른 모든 타입의 경우 Content-Type 헤드를 설정하지 않고 청크 인코딩chunked encoding을 대신 사용한다. 즉 요청 보디의 일부로 크기를 선언한 데이터 블록에 보디를 작성한다. 이러한 접근 방식을 사용하면 얼마나 많은 바이트가 있는지 확인하기 위해 Reader에서 모든 데이터를 읽을 필요 없이 요청을 보낼 수 있다. 청크 인코딩은 다음 링크(https://developer.mozilla.org/en-US/docs/Web/HTTP/Headers/Transfer-Encoding)에서 설명하고 있다.

⁜ HTTP 클라이언트 요청 구성

Client 구조체는 HTTP 요청에 대한 제어가 필요할 때 사용하고 표 25-5에 설명한 필드와 메서드를 정의한다.

표 25-5 클라이언트 필드 및 메서드

이름	설명
Transport	HTTP 요청을 보낼 때 사용할 전송을 선택하기 위해 사용한다. net/http 패키지는 디폴트 전송을 제공한다.
CheckRedirect	'리디렉션 관리' 절에 설명한 대로 반복되는 리디렉션을 처리하기 위해 사용자 지정 정책을 지정할 때 사용한다.
Jar	'쿠키 작업' 절에 설명한 대로 쿠키를 관리하기 위해 사용하는 CookieJar를 반환한다.
Timeout	time.Duration으로 지정한 요청에 대한 제한 시간을 설정하기 위해 사용한다.
Do(request)	지정한 Request을 전송하고 Response 및 요청 전송 문제를 나타내는 error를 반환한다.
CloseIdleConnections()	현재 열려 있고 사용하지 않는 모든 유휴 HTTP 요청을 닫는다.
Get(url)	표 25-3에 설명한 Get 함수가 호출한다.
Head(url)	표 25-3에 설명한 Head 함수가 호출한다.
Post(url, contentType, reader)	표 25-3에 설명한 Post 함수가 호출한다.
PostForm(url, data)	표 25-3에 설명한 PostForm 함수가 호출한다.

net/http 패키지는 표 25-5에서 설명한 필드와 메서드를 사용할 때 사용할 수 있는 디폴트 Client를 제공하는 DefaultClient 변수를 정의한다. DefaultClient 변수는 표 25-3에서 설명한 함수를 사용할 때 사용하는 변수다.

HTTP 요청을 설명하는 Request 구조체는 HTTP 서버에 대해 24장에서 사용한 것과 동일하다. 표 25-6은 클라이언트 요청에 가장 유용한 요청 필드와 메서드를 설명한다.

표 25-6 유용한 요청 필드 및 메서드

이름	설명
Method	해당 string 필드는 요청에 사용할 HTTP 메서드를 지정한다. net/ http 패키지는 MethodGet 및 MethodPost와 같은 HTTP 메서드에 대한 상수를 정의한다.
URL	해당 URL 필드는 요청을 보낼 URL을 지정한다. URL 구조체는 24장에서 정의하고 있다.
Header	요청의 헤더를 지정할 때 사용한다. 헤더는 map[string][]string에 지정하고 리터럴 구조체 구문을 사용해 Request 값을 생성하면 필드는 nil이다.
ContentLength	int64 값을 사용해 Content-Length 헤더를 설정하기 위해 사용한다.
TransferEncoding	문자열 슬라이스를 사용해 Transfer-Encoding 헤더를 설정하기 위해 사용한다.
Body	해당 ReadCloser 필드는 요청 보디의 소스를 지정한다. Close 메서드를 정의하지 않는 Reader가 있는 경우 io.NopCloser 함수를 사용해 Close 메서드가 아무 작업도 수행하지 않는 ReadCloser를 만들 수 있다.

URL 값을 생성하는 가장 간단한 방법은 net/url 패키지에서 제공하는 Parse 함수를 사용하는 것이다. Parse 함수는 문자열을 파싱하고 빠른 참조를 위해 표 25-7에서 설명하고 있다.

표 25-7 URL 값 파싱을 위한 함수

이름	설명
Parse(string)	문자열을 URL로 파싱한다. 결과는 URL 값과 문자열 파싱 문제를 나타내는 error다.

리스트 25-13은 간단한 HTTP POST 요청을 생성하기 위해 표에 설명한 기능을 결합한다.

리스트 25-13 httpclient 폴더 내 main.go 파일에서 요청 전송

```go
package main

import (
  "net/http"
  "os"
  "time"
  "io"
  "encoding/json"
  "strings"
  "net/url"
)

func main() {
  go http.ListenAndServe(":5000", nil)
  time.Sleep(time.Second)

  var builder strings.Builder
  err := json.NewEncoder(&builder).Encode(Products[0])
  if (err == nil) {
    reqURL, err := url.Parse("http://localhost:5000/echo")
    if (err == nil) {
      req := http.Request {
        Method: http.MethodPost,
        URL: reqURL,
        Header: map[string][]string {
          "Content-Type": { "application.json" },
        },
        Body: io.NopCloser(strings.NewReader(builder.String())),
      }
      response, err := http.DefaultClient.Do(&req)
      if (err == nil && response.StatusCode == http.StatusOK) {
        io.Copy(os.Stdout, response.Body)
        defer response.Body.Close()
      } else {
        Printfln("Request Error: %v", err.Error())
      }
    } else {
      Printfln("Parse Error: %v", err.Error())
    }
  } else {
    Printfln("Encoder Error: %v", err.Error())
  }
}
```

위 예제는 리터럴 구문을 사용해 새 요청을 생성한 다음 Method, URL, Body 필드를 설정한다. 메서드는 POST 요청을 전송하도록 설정하고, Parse 함수를 사용해 URL을 생성하고 io.NopCloser 함수를 사용해 Body 필드를 설정한다. io.NopCloser 함수는 Reader를 수락하고 Request 구조체가 필요한 타입인 ReadCloser를 반환한다. Header 필드는 Content-Type 헤더를 정의하는 맵을 할당한다. Request에 대한 포인터는 요청을 보내는 DefaultClient 변수에 할당한 Client의 Do 메서드로 전달된다.

위 예제는 25장 시작 부분에 설정한 /echo URL을 사용해 응답에서 서버가 받은 요청을 에코한다. 프로젝트를 컴파일 및 실행하면 다음과 같은 결과를 표시한다.

```
Method: POST
Header: Content-Type: [application.json]
Header: Accept-Encoding: [gzip]
Header: User-Agent: [Go-http-client/1.1]
----
{"Name":"Kayak","Category":"Watersports","Price":279}
```

요청 생성을 위한 편의 함수 사용

앞의 예제는 구조체 리터럴 구문을 사용해 Request 값을 생성할 수 있음을 보였지만 net/http 패키지는 표 25-8에 설명한 대로 프로세스를 간소화하는 편의 함수도 제공한다.

표 25-8 요청 생성을 위한 net/http 편의 함수

이름	설명
NewRequest(method, url, reader)	지정한 메서드, URL, 보디로 구성한 새 Reader를 생성한다. 또한 string 으로 표현되는 URL 파싱을 포함해 값 생성 문제를 나타내는 에러를 반환한다.
NewRequestWithContext(context, method, url, reader)	지정한 콘텍스트에서 전송할 새 Reader를 만든다. 콘텍스트는 30장에서 설명하고 있다.

리스트 25-14는 Request을 생성하기 위해 리터럴 구문 대신 NewRequest 함수를 사용한다.

리스트 25-14 httpclient 폴더 내 main.go 파일에서 편의 함수 사용

```
package main

import (
    "net/http"
    "os"
    "time"
    "io"
    "encoding/json"
    "strings"
```

```
        //"net/url"
    )

    func main() {
      go http.ListenAndServe(":5000", nil)
      time.Sleep(time.Second)

      var builder strings.Builder
      err := json.NewEncoder(&builder).Encode(Products[0])
      if (err == nil) {
        req, err := http.NewRequest(http.MethodPost, "http://localhost:5000/echo",
        io.NopCloser(strings.NewReader(builder.String())))
        if (err == nil) {
          req.Header["Content-Type"] = []string{ "application/json" }
          response, err := http.DefaultClient.Do(req)
          if (err == nil && response.StatusCode == http.StatusOK) {
            io.Copy(os.Stdout, response.Body)
            defer response.Body.Close()
          } else {
            Printfln("Request Error: %v", err.Error())
          }
        } else {
          Printfln("Request Init Error: %v", err.Error())
        }
      } else {
        Printfln("Encoder Error: %v", err.Error())
      }
    }
```

결과는 동일하다. Client.Do 메서드에 전달할 수 있는 요청이지만 명시적으로 URL을 파싱할 필요는 없다. NewRequest 함수는 Header 필드를 초기화하므로 맵을 먼저 만들지 않고도 Content-Type 헤더를 추가할 수 있다. 프로젝트를 컴파일 및 실행하면 서버로 전송한 요청의 세부 정보를 표시한다.

```
Method: POST
Header: User-Agent: [Go-http-client/1.1]
Header: Content-Type: [application/json]
Header: Accept-Encoding: [gzip]
----
{"Name":"Kayak","Category":"Watersports","Price":279}
```

쿠키 작업

클라이언트는 서버에서 받은 쿠키를 추적하고 후속 요청에 자동으로 쿠키를 포함시킨다. 리스트 25-15의 내용을 담은 server_cookie.go 파일을 httpclient 폴더에 추가해보자.

```go
package main

import (
  "net/http"
  "strconv"
  "fmt"
)

func init() {
  http.HandleFunc("/cookie",
  func (writer http.ResponseWriter, request *http.Request) {
    counterVal := 1
    counterCookie, err := request.Cookie("counter")
    if (err == nil) {
      counterVal, _ = strconv.Atoi(counterCookie.Value)
      counterVal++
    }
    http.SetCookie(writer, &http.Cookie{
      Name: "counter", Value: strconv.Itoa(counterVal),
    })
    if (len(request.Cookies()) > 0) {
      for _, c := range request.Cookies() {
        fmt.Fprintf(writer, "Cookie Name: %v, Value: %v\n",
          c.Name, c.Value)
      }
    } else {
      fmt.Fprintln(writer, "Request contains no cookies")
    }
  })

}
```

새로운 경로는 24장의 예제 중 하나의 코드를 사용해 counter라는 쿠키를 설정하고 읽는다. 리스트 25-16은 새 URL을 사용하도록 클라이언트 요청을 업데이트한다.

리스트 25-16 httpclient 폴더 내 main.go 파일에서 URL 변경

```go
package main

import (
  "net/http"
  "os"
  "time"
  "io"
  // "encoding/json"
  // "strings"
```

```
    //"net/url"
    "net/http/cookiejar"
)

func main() {
  go http.ListenAndServe(":5000", nil)
  time.Sleep(time.Second)

  jar, err := cookiejar.New(nil)
  if (err == nil) {
    http.DefaultClient.Jar = jar
  }

  for i := 0; i < 3; i++ {
    req, err := http.NewRequest(http.MethodGet,
      "http://localhost:5000/cookie", nil)
    if (err == nil) {
      response, err := http.DefaultClient.Do(req)
      if (err == nil && response.StatusCode == http.StatusOK) {
        io.Copy(os.Stdout, response.Body)
        defer response.Body.Close()
      } else {
        Printfln("Request Error: %v", err.Error())
      }
    } else {
      Printfln("Request Init Error: %v", err.Error())
    }
  }
}
```

기본적으로 Client 값은 쿠키를 무시하지만 하나의 응답에서 설정한 쿠키가 후속 요청에도 영향을 미쳐 예기치 못한 결과를 야기할 수 있기 때문에 합리적인 정책이다. 쿠키 추적을 선택하기 위해 표 25-9에 설명한 메서드를 정의하는 net/http/CookieJar 인터페이스의 구현을 Jar 필드에 할당해보자.

표 25-9 CookieJar 인터페이스가 정의한 메서드

이름	설명
SetCookies(url, cookies)	지정한 URL에 대한 *Cookie 슬라이스를 저장한다.
Cookies(url)	지정한 URL에 대한 요청에 포함해야 하는 쿠키를 포함하는 *Cookie 슬라이스를 반환한다.

net/http/cookiejar 패키지는 쿠키를 메모리에 저장하는 CookieJar 인터페이스 구현을 포함하고 있다. CookieJar는 표 25-10에 설명한 대로 생성자 함수로 생성한다.

표 25-10 net/http/cookiejar 패지키 내 Cookie Jar 생성자 함수

이름	설명
New(options)	다음에 설명하는 Options 구조체로 구성한 새 CookieJar를 만든다. New 함수는 jar 생성 문제를 보고하는 error도 반환한다.

New 함수는 쿠키 jar를 구성하기 위해 사용하는 net/http/cookiejar/Options 구조체를 허용한다. 단 하나의 옵션 필드인 PublicSuffixList는 동일한 이름을 가진 인터페이스의 구현을 지정할 때 사용하고 쿠키를 너무 광범위하게 설정해 개인정보 침해를 유발할 수 있는 것을 방지하는 지원을 제공한다. 표준 라이브러리는 PublicSuffixList 인터페이스의 구현을 포함하고 있지 않지만 다음 링크(https://pkg.go.dev/golang.org/x/net/publicsuffix)에서 사용할 수 있는 구현이 있다.

리스트 25-16에서 나는 nil로 New 함수를 호출했다. 즉 PublicSuffixList의 구현을 사용하지 않았고 DefaultClient 변수에 할당한 Client의 Jar 필드에 CookieJar를 할당했다. 프로젝트를 컴파일 및 실행하면 다음과 같은 결과를 표시한다.

```
Request contains no cookies
Cookie Name: counter, Value: 1
Cookie Name: counter, Value: 2
```

3개의 HTTP 요청은 리스트 25-16의 코드에 의해 전송된다. 첫 번째 요청은 쿠키를 포함하고 있지 않지만 서버는 응답에 쿠키를 포함한다. 해당 쿠키는 두 번째 및 세 번째 요청에 포함시켜 서버가 값을 읽고 증분할 수 있도록 한다.

리스트 25-16에서 쿠키를 관리할 필요가 없다는 점에 유의해야 한다. 쿠키 jar를 설정하기만 하면 클라이언트는 자동으로 쿠키를 추적한다.

개별 클라이언트 및 쿠키 jar 생성

DefaultClient 사용의 결과는 모든 요청이 동일한 쿠키를 공유한다는 것이다. 이는 특히 쿠키 jar가 각 요청이 각 URL에 필요한 쿠키만 포함하도록 보장하기 때문에 유용할 수 있다.

쿠키를 공유하고 싶지 않다면 리스트 25-17과 같이 고유한 쿠키 jar가 있는 Client를 만들 수 있다.

리스트 25-17 httpclient 폴더 내 main.go 파일에서 개별 클라이언트 생성

```go
package main

import (
  "net/http"
```

```
    "os"
    "time"
    "io"
    //"encoding/json"
    //"strings"
    //"net/url"
    "net/http/cookiejar"
    "fmt"
)

func main() {
  go http.ListenAndServe(":5000", nil)
  time.Sleep(time.Second)

  clients := make([]http.Client, 3)
  for index, client := range clients {
    jar, err := cookiejar.New(nil)
    if (err == nil) {
      client.Jar = jar
    }

    for i := 0; i < 3; i++ {
      req, err := http.NewRequest(http.MethodGet,
        "http://localhost:5000/cookie", nil)
      if (err == nil) {
        response, err := client.Do(req)
        if (err == nil && response.StatusCode == http.StatusOK) {
          fmt.Fprintf(os.Stdout, "Client %v: ", index)
          io.Copy(os.Stdout, response.Body)
          defer response.Body.Close()
        } else {
          Printfln("Request Error: %v", err.Error())
        }
      } else {
        Printfln("Request Init Error: %v", err.Error())
      }
    }
  }
}
```

위 예제는 각각 고유한 CookieJar가 있는 3개의 개별 Client 값을 만든다. 각 클라이언트는 세 가지 요청을 하고 코드는 프로젝트를 컴파일 및 실행할 때 다음 출력을 생성한다.

```
Client 0: Request contains no cookies
Client 0: Cookie Name: counter, Value: 1
Client 0: Cookie Name: counter, Value: 2
Client 1: Request contains no cookies
Client 1: Cookie Name: counter, Value: 1
```

```
Client 1: Cookie Name: counter, Value: 2
Client 2: Request contains no cookies
Client 2: Cookie Name: counter, Value: 1
Client 2: Cookie Name: counter, Value: 2
```

여러 Client 값이 필요하지만 쿠키를 공유해야 하는 경우 리스트 25-18과 같이 단일 CookieJar 를 사용할 수 있다.

리스트 25-18 httpclient 폴더 내 main.go 파일에서 CookieJar 공유

```go
package main

import (
  "net/http"
  "os"
  "time"
  "io"
  //"encoding/json"
  //"strings"
  //"net/url"
  "net/http/cookiejar"
  "fmt"
)

func main() {
  go http.ListenAndServe(":5000", nil)
  time.Sleep(time.Second)

  jar, err := cookiejar.New(nil)

  clients := make([]http.Client, 3)
  for index, client := range clients {
    //jar, err := cookiejar.New(nil)
    if (err == nil) {
      client.Jar = jar
    }
    for i := 0; i < 3; i++ {
      req, err := http.NewRequest(http.MethodGet,
        "http://localhost:5000/cookie", nil)
      if (err == nil) {
        response, err := client.Do(req)
        if (err == nil && response.StatusCode == http.StatusOK) {
          fmt.Fprintf(os.Stdout, "Client %v: ", index)
          io.Copy(os.Stdout, response.Body)
          defer response.Body.Close()
        } else {
          Printfln("Request Error: %v", err.Error())
        }
      } else {
        Printfln("Request Init Error: %v", err.Error())
```

```
        }
      }
    }
  }
```

한 Client가 받은 쿠키는 프로젝트를 컴파일 및 실행할 때 생성된 출력에서 볼 수 있는 것처럼 후속 요청에 사용할 수 있다.

```
Client 0: Request contains no cookies
Client 0: Cookie Name: counter, Value: 1
Client 0: Cookie Name: counter, Value: 2
Client 1: Cookie Name: counter, Value: 3
Client 1: Cookie Name: counter, Value: 4
Client 1: Cookie Name: counter, Value: 5
Client 2: Cookie Name: counter, Value: 6
Client 2: Cookie Name: counter, Value: 7
Client 2: Cookie Name: counter, Value: 8
```

리디렉션 관리

기본적으로 클라이언트는 10개의 요청 후 리디렉션을 따르지 않지만 사용자 지정 정책을 지정해 변경할 수 있다. 리스트 25-19의 내용을 담은 server_redirects.go 파일을 httpclient 폴더에 추가해보자.

리스트 25-19 httpclient 폴더 내 server_redirects.go 파일 소스 코드

```
package main

import "net/http"

func init() {
  http.HandleFunc("/redirect1",
    func (writer http.ResponseWriter, request *http.Request) {
      http.Redirect(writer, request, "/redirect2",
        http.StatusTemporaryRedirect)
    })
  http.HandleFunc("/redirect2",
    func (writer http.ResponseWriter, request *http.Request) {
      http.Redirect(writer, request, "/redirect1",
        http.StatusTemporaryRedirect)
    })
}
```

리디렉션은 클라이언트가 리디렉션을 중지할 때까지 계속한다. 리스트 25-20은 리스트 25-19에 정의한 첫 번째 경로가 처리하는 URL로 전송하는 요청을 생성한다.

```go
package main

import (
  "net/http"
  "os"
  "io"
  "time"
  //"encoding/json"
  //"strings"
  //"net/url"
  //"net/http/cookiejar"
  //"fmt"
)

func main() {
  go http.ListenAndServe(":5000", nil)
  time.Sleep(time.Second)

  req, err := http.NewRequest(http.MethodGet,
    "http://localhost:5000/redirect1", nil)
  if (err == nil) {
    var response *http.Response
    response, err = http.DefaultClient.Do(req)
    if (err == nil) {
      io.Copy(os.Stdout, response.Body)
    } else {
      Printfln("Request Error: %v", err.Error())
    }
  } else {
    Printfln("Error: %v", err.Error())
  }
}
```

프로젝트를 컴파일 및 실행하면 10번의 요청 후 Client 리디렉션을 중지하는 에러를 표시한다.

```
Request Error: Get "/redirect1": stopped after 10 redirects
```

사용자 지정 정책은 리스트 25-21과 같이 Client.CheckRedirect 필드에 함수를 할당해 정의
한다.

리스트 25-21 httpclient 폴더 내 main.go 파일에서 사용자 지정 리디렉션 정책 정의

```go
package main

import (
  "net/http"
  "os"
```

```go
    "io"
    "time"
    //"encoding/json"
    //"strings"
    "net/url"
    //"net/http/cookiejar"
    //"fmt"
)

func main() {
  go http.ListenAndServe(":5000", nil)
  time.Sleep(time.Second)

  http.DefaultClient.CheckRedirect = func(req *http.Request,
    previous []*http.Request) error {
    if len(previous) == 3 {
      url, _ := url.Parse("http://localhost:5000/html")
      req.URL =    url
    }
    return nil
  }

  req, err := http.NewRequest(http.MethodGet,
    "http://localhost:5000/redirect1", nil)
  if (err == nil) {
    var response *http.Response
    response, err = http.DefaultClient.Do(req)
    if (err == nil) {
      io.Copy(os.Stdout, response.Body)
    } else {
      Printfln("Request Error: %v", err.Error())
    }
  } else {
    Printfln("Error: %v", err.Error())
  }
}
```

함수에 대한 인수는 실행할 Request에 대한 포인터와 리디렉션으로 이어진 요청을 포함하는
*Request 슬라이스다. 서버가 리디렉션 응답을 반환할 때만 CheckRedirect를 호출하기 때문에
슬라이스는 하나 이상의 값을 포함한다.

CheckRedirect 함수는 Do 메서드의 결과로 반환하는 error를 반환해 요청을 차단할 수 있다.
또는 리스트 25-21처럼 CheckRedirect 함수는 작성하려는 요청을 변경할 수 있다. 요청이 세
번의 리디렉션으로 이어지면 사용자 지정 정책은 URL 필드를 변경해 25장의 앞부분에서 설정
한 /html URL에 대한 Request가 되고 HTML 결과를 생성한다.

결과적으로 정책이 URL을 변경하기 전에 /redirect1 URL에 대한 요청은 /redirect2와 /redirect1 사이의 짧은 리디렉션 주기로 이어져 다음 출력을 생성한다.

```html
<!DOCTYPE html>
<html>
<head>
  <title>Pro Go</title>
  <meta name="viewport" content="width=device-width" />
</head>
<body>
  <h1>Hello, World</div>
</body>
</html>
```

멀티파트 폼 생성

mime/multipart 패키지를 사용하면 multipart/form-data로 인코딩한 요청 보디를 생성할 수 있다. 요청 보디는 폼이 파일 내용과 같은 이진 데이터를 안전하게 포함할 수 있게 한다. 리스트 25-22의 내용을 담은 server_forms.go 파일을 httpclient 폴더에 추가해보자.

리스트 25-22 httpclient 폴더 내 server_forms.go 파일 소스 코드

```go
package main

import (
  "net/http"
  "fmt"
  "io"
)

func init() {

  http.HandleFunc("/form",
    func (writer http.ResponseWriter, request *http.Request) {
      err := request.ParseMultipartForm(10000000)
      if (err == nil) {
        for name, vals := range request.MultipartForm.Value {
          fmt.Fprintf(writer, "Field %v: %v\n", name, vals)
        }
        for name, files := range request.MultipartForm.File {
          for _, file := range files {
            fmt.Fprintf(writer, "File %v: %v\n", name, file.Filename)
            if f, err := file.Open(); err == nil {
              defer f.Close()
              io.Copy(writer, f)
            }
          }
```

```
            }
        }
    } else {
        fmt.Fprintf(writer, "Cannot parse form %v", err.Error())
    }
    })
}
```

새로운 핸들러 함수는 24장에 설명한 기능을 사용해 멀티파트 폼을 파싱하고 폼이 포함하고 있는 필드와 파일을 출력한다.

클라이언트 측에서 폼을 생성하기 위해 multipart.Writer 구조체를 사용한다. 해당 구조체는 io.Writer 래퍼로 표 25-11에 설명한 생성자 함수로 생성할 수 있다.

표 25-11 multipart.Writer 생성자 함수

이름	설명
NewWriter(writer)	지정한 io.Writer에 폼 데이터를 쓰는 새로운 multipart.Writer를 생성한다.

작업할 multipart.Writer가 있으면 표 25-12에 설명한 메서드를 사용해 폼 콘텐츠를 만들 수 있다.

표 25-12 multipart.Writer 메서드

이름	설명
CreateFormField(fieldname)	지정한 이름으로 새로운 폼 필드를 만든다. 결과는 필드 데이터를 작성하기 위해 사용하는 io.Writer와 필드 생성 문제를 보고하는 error다.
CreateFormFile(fieldname, filename)	지정한 필드 이름과 파일 이름으로 새 파일 필드를 만든다. 결과는 필드 데이터를 작성하기 위해 사용하는 io.Writer와 필드 생성 문제를 보고하는 error다.
FormDataContentType()	Content-Type 요청 헤더를 설정할 때 사용하는 string을 반환하고 폼 부분 간의 경계를 나타내는 문자열을 포함한다.
Close()	폼을 마무리하고 폼 데이터의 끝을 나타내는 종료 경계를 쓴다.

폼 구성 방법에 대한 세밀한 제어를 제공하는 추가 메서드 정의가 있지만 표 25-12에서 설명한 메서드가 대부분의 프로젝트에서 가장 유용하다. 리스트 25-23은 이러한 메서드를 사용해 서버로 전송하는 멀티파트 폼을 생성한다.

리스트 25-23 httpclient 폴더 내 main.go 파일에서 Multipart 폼 생성 및 전송

```
package main

import (
    "net/http"
    "os"
```

```
    "io"
    "time"
    //"encoding/json"
    //"strings"
    //"net/url"
    //"net/http/cookiejar"
    //"fmt"
    "mime/multipart"
    "bytes"
)

func main() {
  go http.ListenAndServe(":5000", nil)
  time.Sleep(time.Second)

  var buffer bytes.Buffer
  formWriter := multipart.NewWriter(&buffer)
  fieldWriter, err := formWriter.CreateFormField("name")
  if (err == nil) {
    io.WriteString(fieldWriter, "Alice")
  }
  fieldWriter, err = formWriter.CreateFormField("city")
  if (err == nil) {
    io.WriteString(fieldWriter, "New York")
  }
  fileWriter, err := formWriter.CreateFormFile("codeFile", "printer.go")
  if (err == nil) {
    fileData, err := os.ReadFile("./printer.go")
    if (err == nil) {
      fileWriter.Write(fileData)
    }
  }

  formWriter.Close()

  req, err := http.NewRequest(http.MethodPost,
    "http://localhost:5000/form", &buffer)

  req.Header["Content-Type"] = []string{ formWriter.FormDataContentType()}
  if (err == nil) {
    var response *http.Response
    response, err = http.DefaultClient.Do(req)
    if (err == nil) {
      io.Copy(os.Stdout, response.Body)
    } else {
      Printfln("Request Error: %v", err.Error())
    }
  } else {
    Printfln("Error: %v", err.Error())
  }
}
```

폼을 작성하려면 특정 순서가 필요하다. 먼저 NewWriter 함수를 호출해 multipart.Writer를 가져온다.

```
...
var buffer bytes.Buffer
formWriter := multipart.NewWriter(&buffer)
...
```

HTTP 요청의 보디로 폼 데이터를 사용하려면 Reader가 필요하지만 폼을 작성하려면 Writer가 필요하다. Reader 및 Writer 인터페이스 모두의 메모리 내 구현을 제공하는 bytes.Buffer 구조체에 이상적인 상황이다.

multipart.Writer를 생성하면 CreateFormField 및 CreateFormFile 메서드를 사용해 폼에 필드와 파일을 추가한다.

```
...
fieldWriter, err := formWriter.CreateFormField("name")
...
fileWriter, err := formWriter.CreateFormFile("codeFile", "printer.go")
...
```

위 두 메서드는 모두 콘텐츠를 폼에 쓸 때 사용하는 Writer를 반환한다. 필드와 파일을 추가하면 다음 단계는 FormDataContentType 메서드의 결과를 사용해 Content-Type 헤더를 설정하는 것이다.

```
...
req.Header["Content-Type"] = []string{ formWriter.FormDataContentType()}
...
```

메서드의 결과는 폼에서 부분 간의 경계를 나타낼 때 사용하는 문자열을 포함한다. 잊기 쉬운 마지막 단계는 폼에 최종 경계 문자열을 추가하기 위해 multipart.Writer에서 Close 메서드를 호출하는 것이다.

> ■ 주의 ■
>
> Close 메서드 호출에 defer 키워드를 사용하지 않는 것을 권한다. 그렇지 않으면 요청을 전송할 때까지 최종 경계 문자열을 폼에 추가하지 않아 모든 서버에서 처리하지 않는 폼을 생성한다. 요청을 보내기 전에 Close 메서드를 호출하는 것이 중요하다.

프로젝트를 컴파일 및 실행하면 서버로부터 응답에서 멀티파트 폼의 내용을 확인할 수 있다.

```
Field city: [New York]
Field name: [Alice]
File codeFile: printer.go
package main
import "fmt"
func Printfln(template string, values ...interface{}) {
  fmt.Printf(template + "\n", values...)
}
```

🔧 요약

25장에서는 HTTP 요청을 보내기 위한 표준 라이브러리 기능을 설명하고 다양한 HTTP 동사를 사용하는 방법, 폼을 보내는 방법, 쿠키와 같은 문제를 처리하는 방법을 설명했다. 26장에서는 Go 표준 라이브러리가 데이터베이스 작업을 지원하는 방법을 보여준다.

데이터베이스 작업

26장에서는 SQL 데이터베이스 작업을 위한 Go 표준 라이브러리를 설명한다. 해당 기능은 데이터베이스가 제공하는 기능의 추상적인 표현을 제공하고 특정 데이터베이스의 구현을 처리하기 위한 드라이버 패키지에 의존한다.

다양한 데이터베이스용 드라이버가 있고 해당 리스트는 다음 링크(https://github.com/golang/go/wiki/sqldrivers)에서 찾을 수 있다. 데이터베이스 드라이버는 Go 패키지로 배포하고 대부분의 데이터베이스는 여러 드라이버 패키지가 있다. 일부 드라이버 패키지는 Go 코드가 C 라이브러리를 사용할 수 있도록 하는 cgo에 의존하고 다른 드라이버 패키지는 순수 Go로 작성했다.

26장에서는 SQLite 데이터베이스를 사용한다(더 복잡한 데이터베이스를 사용하는 3부에서도 SQLite 데이터베이스를 사용한다). SQLite는 다양한 플랫폼을 지원하고 무료로 사용할 수 있다. 또한 서버 구성 요소를 설치 및 구성할 필요가 없는 탁월한 임베디드 데이터베이스다. 표 26-1은 표준 라이브러리 데이터베이스 기능을 설명한다.

표 26-1 상황에 따른 데이터베이스 작업

질문	답
무엇인가?	database/sql 패키지는 SQL 데이터베이스 작업을 위한 기능을 제공한다.
왜 유용한가?	관계형 데이터베이스는 여전히 많은 양의 구조화된 데이터를 저장하는 가장 효과적인 방법이고 대부분의 대규모 프로젝트에서 사용한다.
어떻게 사용하는가?	드라이버 패키지는 특정 데이터베이스에 대한 지원을 제공하는 반면, database/sql 패키지는 데이터베이스를 일관되게 사용할 수 있도록 하는 일련의 타입을 제공한다.
함정이나 제한 사항?	결과 행에서 구조체 필드를 자동으로 채우지 않는다.
대안이 있는가?	사용을 단순화하거나 향상시키기 위해 이러한 기능을 기반으로 하는 타사 패키지가 있다.

이 책의 데이터베이스 선택에 대해 불만이 있어 내게 연락하고 싶을 수 있다. 데이터베이스 선택은 내가 가장 많은 이메일을 받는 주제 중 하나이기 때문에 당신이 유일하게 불만을 제기하는 사람은 아닐 것이다. 불만 사항은 일반적으로 내가 '잘못된' 데이터베이스를 선택했다는 것인데 보통 '이메일 발신자가 사용하는 데이터베이스가 아님'을 의미한다.

연락하기 전에 두 가지 사항을 고려해주길 바란다. 첫째, 이 책은 데이터베이스에 관한 책이 아니고 SQLite에서 취한 제로 구성 접근 방식은 대부분의 독자가 설정 및 구성 문제를 진단하지 않고도 예제를 따를 수 있다. 둘째, SQLite는 많은 프로젝트에서 별도의 데이터베이스 서버가 필요하지 않거나 이점이 없지만 기존 서버 구성 요소가 없기 때문에 많은 프로젝트에서 간과하는 뛰어난 데이터베이스다.

당신이 Oracle/DB2/MySQL/MariaDB 전용 사용자이고 프로젝트에 연결 코드를 잘라내 붙여넣기를 원하는 경우 나는 사과의 말씀을 전한다. 그러나 해당 접근 방식을 사용하면 Go에 집중할 수 있다. 당신이 선택한 드라이버에 대한 설명서에서 데이터베이스에 필요한 코드 샘플을 찾을 수도 있다.

표 26-2는 26장을 요약한 것이다.

표 26-2 26장 요약

문제	해결 방법	리스트 참조 번호
특정 타입의 데이터베이스에 대한 프로젝트 지원을 추가한다.	go get 명령어를 사용해 데이터베이스 드라이버 패키지를 추가한다.	8
데이터베이스를 열고 닫는다.	Open 함수와 Close 메서드를 사용한다.	9, 10
데이터베이스 쿼리를 실행한다.	Query 메서드를 사용하고 Scan 메서드를 사용해 Rows 결과를 처리한다.	11-16, 22, 23
단일 행에 대한 데이터베이스 쿼리를 실행한다.	QueryRow 메서드를 사용하고 Row 결과를 처리한다.	17
행 결과를 생성하지 않는 쿼리 또는 스테이트먼트(statement)를 실행한다.	Exec 메서드를 사용하고 해당 메서드가 생성하는 Result를 처리한다.	18
스테이먼트를 처리해 재사용할 수 있도록 한다.	프리페어드(prepared) 스테이트먼트를 생성한다.	19, 20
단일 단위 작업으로 여러 쿼리를 수행한다.	트랜잭션(transaction)을 사용한다.	21

⊹ 26장 준비

26장 예제를 준비하기 위해 새 CMD를 열어 편리한 위치로 이동한 다음 data 폴더를 생성한다. data 폴더에서 리스트 26-1의 명령어를 실행해 모듈 파일을 생성해보자.

리스트 26-1 모듈 초기화

```
go mod init data
```

리스트 26-2의 소스 코드 내용을 담은 printer.go 파일을 생성해 data 폴더에 추가해보자.

리스트 26-2 data 폴더 내 printer.go 파일 소스 코드

```
package main

import "fmt"

func Printfln(template string, values ...interface{}) {
  fmt.Printf(template + "\n", values...)
}
```

리스트 26-3의 소스 코드 내용을 담은 main.go 파일을 생성해 data 폴더에 추가해보자.

리스트 26-3 data 폴더 내 main.go 파일 소스 코드

```
package main

func main() {
  Printfln("Hello, Data")
}
```

data 폴더에서 리스트 26-4의 명령어를 실행하기 위해 CMD를 사용한다.

리스트 26-4 예제 프로젝트 실행

```
go run .
```

코드를 컴파일 및 실행하면 다음 출력을 생성한다.

```
Hello, Data
```

데이터베이스 준비

26장에서 사용하는 SQLite 데이터베이스 관리자는 나중에 설치하지만 예제를 시작하기 위해 SQL 파일에서 데이터베이스를 생성하기 위한 도구 패키지가 필요하다(3부는 애플리케이션 내에서 데이터베이스를 생성하는 과정을 보일 것이다).

데이터베이스를 생성할 SQL 파일을 정의하기 위해 리스트 26-5의 내용을 담은 products.sql 파일을 data 폴더에 추가해보자.

리스트 26-5 data 폴더 내 products.sql 파일 소스 코드

```
DROP TABLE IF EXISTS Categories;
DROP TABLE IF EXISTS Products;

CREATE TABLE IF NOT EXISTS Categories (
  Id INTEGER NOT NULL PRIMARY KEY,
  Name TEXT
);

CREATE TABLE IF NOT EXISTS Products (
  Id INTEGER NOT NULL PRIMARY KEY,
  Name TEXT,
  Category INTEGER,
  Price decimal(8, 2),
  CONSTRAINT CatRef FOREIGN KEY(Category) REFERENCES Categories (Id)
);

INSERT INTO Categories (Id, Name) VALUES
  (1, "Watersports"),
  (2, "Soccer");

INSERT INTO Products (Id, Name, Category, Price) VALUES
  (1, "Kayak", 1, 279),
  (2, "Lifejacket", 1, 48.95),
  (3, "Soccer Ball", 2, 19.50),
  (4, "Corner Flags", 2, 34.95);
```

다음 링크(https://www.sqlite.org/download.html)로 이동해 운영체제에 대해 미리 컴파일한 바이너리 섹션을 찾은 다음 도구 패키지를 다운로드해보자. URL은 패키지 버전 번호를 포함하고 있기 때문에 26장에 링크를 포함할 수 없다. 버전 번호는 당신이 26장을 읽을 때 변경했을 것이다.

zip 아카이브의 압축을 풀고 sqlite3 또는 sqlite3.exe 파일을 data 폴더에 복사한다. data 폴더에서 리스트 26-6의 명령어를 실행해 데이터베이스를 생성해보자.

> **■ 노트 ■**
>
> 미리 컴파일한 리눅스용 바이너리는 32비트이기 때문에 64비트 전용 운영체제의 경우 일부 추가 패키지를 설치해야 할 수 있다.

리스트 26-6 데이터베이스 생성

```
./sqlite3 products.db ".read products.sql"
```

데이터베이스를 생성하고 데이터로 채워졌는지 확인하기 위해 data 폴더에서 리스트 26-7의 명령어를 실행해보자.

리스트 26-7 데이터베이스 시험

```
./sqlite3 products.db "select * from PRODUCTS"
```

데이터베이스를 올바르게 생성한 경우 다음 출력을 표시한다.

```
1|Kayak|1|279
2|Lifejacket|1|48.95
3|Soccer Ball|2|19.5
4|Corner Flags|2|34.95
```

26장의 예제를 따르는 동안 데이터베이스를 재설정해야 하는 경우 products.db 파일을 삭제하고 리스트 26-6 명령어를 다시 실행할 수 있다.

데이터베이스 드라이버 설치

Go 표준 라이브러리는 간단하고 일관되게 데이터베이스 작업을 위한 기능을 포함하고 있지만 각 특정 데이터베이스 엔진 또는 서버에 대해 이러한 기능을 구현하기 위해 데이터베이스 드라이버 패키지에 의존한다. 언급한 바와 같이 26장에서는 SQLite를 사용하고 여기에는 좋은 순수 Go 드라이버가 있다. data 폴더에서 리스트 26-8의 명령어를 실행해 드라이버 패키지를 설치해보자.

리스트 26-8 SQL 드라이버 패키지 설치

```
go get modernc.org/sqlite
```

데이터베이스 드라이버가 별도의 프로세스에 대한 연결을 열도록 대부분 별도로 데이터베이스 서버를 설정한다. SQLite는 임베디드 데이터베이스이기 때문에 드라이버 패키지를 포함하고 있어 추가 구성이 필요하지 않다.

데이터베이스 열기

표준 라이브러리는 데이터베이스 작업을 위한 **database/sql** 패키지를 제공한다. 표 26-3에서 설명한 함수는 애플리케이션 내에서 사용할 수 있도록 데이터베이스를 열 때 사용한다.

표 26-3 데이터베이스를 열기 위한 database/sql 함수

이름	설명
Drivers()	각각 데이터베이스 드라이버의 이름을 포함하는 문자열 슬라이스를 반환한다.
Open(driver, connectionStr)	지정한 드라이버와 연결 문자열을 사용해 데이터베이스를 연다. 결과는 데이터베이스와 상호 작용할 때 사용하는 DB 구조체 포인터와 데이터베이스를 열 때 문제가 있음을 나타내는 error다.

리스트 26-9의 소스 코드 내용을 담은 database.go 파일을 생성해 data 폴더에 추가해보자.

리스트 26-9 data 폴더 내 database.go 파일 소스 코드

```
package main

import (
  "database/sql"
  _ "modernc.org/sqlite"
)

func listDrivers() {
  for _, driver := range sql.Drivers() {
    Printfln("Driver: %v", driver)
  }
}

func openDatabase() (db *sql.DB, err error) {
  db, err = sql.Open("sqlite", "products.db")
  if (err == nil) {
    Printfln("Opened database")
  }
  return
}
```

빈 식별자는 드라이버를 로드하고 SQL API 공급자로 등록할 수 있도록 하는 데이터베이스 드라이버 패키지를 가져올 때 사용한다.

```
...
_ "modernc.org/sqlite"
...
```

일부 초기 구성이 필요한 드라이버를 찾을 수 있지만 패키지는 초기화를 위해서만 가져오고 직접 사용하지 않는다. 데이터베이스는 리스트 26-9에 정의된 함수와 같이 database/sql 패키

지를 통해 사용한다. 해당 예제 프로젝트는 하나의 드라이버만 있지만 listDrivers 함수는 사용 가능한 드라이버를 작성한다. openDatabase 함수는 표 26-3에서 설명한 Open 함수를 사용해 데이터베이스를 연다.

```
...
db, err = sql.Open("sqlite", "products.db")
...
```

Open 함수에 대한 인수는 사용할 드라이버의 이름과 사용 중인 데이터베이스 엔진에 따라 달라지는 데이터베이스의 연결 문자열이다. SQLite는 데이터베이스 파일의 이름을 사용해 데이터베이스를 연다.

Open 함수의 결과는 sql.DB 구조체 포인터와 데이터베이스를 여는 모든 문제를 보고하는 에러다. DB 구조체는 데이터베이스 엔진이나 해당 연결의 세부 정보를 노출하지 않고 데이터베이스에 대한 액세스를 제공한다.

다음 절에서 DB 구조체가 제공하는 기능을 설명할 것이다. 시작하기 위해 먼저 리스트 26-10에서 한 가지 방법만 사용하겠다.

리스트 26-10 data 폴더 내 main.go 파일에서 DB 구조체 사용

```
package main

func main() {

  listDrivers()
  db, err := openDatabase()
  if (err == nil) {
    db.Close()
  } else {
    panic(err)
  }
}
```

main 메서드는 listDrivers 함수를 호출해 로드한 드라이버의 이름을 출력한 다음 openDatabase 함수를 호출해 데이터베이스를 연다. 아직 데이터베이스에 아무 작업도 수행하지 않았지만 Close 메서드를 호출한다. 표 26-4에서 설명한 Close 메서드는 데이터베이스를 닫고 추가 작업을 수행하지 않도록 한다.

표 26-4 데이터베이스를 닫기 위한 DB 메서드

이름	설명
Close()	데이터베이스를 닫고 추가 작업이 수행되지 않도록 한다.

Close 메서드를 호출하는 것이 좋지만 데이터베이스 작업을 완전히 완료한 경우에만 호출하는 것이 바람직하다. 단일 DB를 사용해 동일한 데이터베이스에 대한 반복 쿼리를 수행할 수 있고 데이터베이스에 대한 연결은 뒤에서 자동으로 관리한다. 즉 Open 메서드를 호출해 각 쿼리에 대해 새로운 DB를 가져온 다음 쿼리를 완료하면 Close를 사용해 닫을 필요가 없다.

프로젝트를 컴파일 및 실행하면 데이터베이스 드라이버의 이름을 보여주고 데이터베이스가 열렸음을 확인하는 다음 출력을 표시한다.

```
Driver: sqlite
Opened database
```

스테이트먼트 및 쿼리 실행

DB 구조체는 다음 절에서 설명하는 표 26-5에 설명한 메서드를 사용해 SQL 문을 실행할 때 사용한다.

표 26-5 SQL 문을 실행하기 위한 DB 메서드

이름	설명
Query(query, ···args)	선택적 플레이스홀더 인수를 사용해 지정한 쿼리를 실행한다. 결과는 쿼리 결과를 포함하는 Row 구조체와 쿼리 실행 문제를 나타내는 error다.
QueryRow(query, ···args)	선택적 플레이스홀더 인수를 사용해 지정한 쿼리를 실행한다. 결과는 쿼리 결과의 첫 번째 행을 나타내는 Row 구조체다. '단일 행 쿼리 실행' 절을 참조해보자.
Exec(query, ···args)	데이터 행을 반환하지 않는 문이나 쿼리를 실행한다. 해당 메서드는 데이터베이스의 응답을 설명하는 Result와 실행 문제를 알리는 error를 반환한다. '기타 쿼리 실행' 절을 참조해보자.

데이터베이스에서 콘텍스트 사용

30장에서는 context 패키지와 패키지가 정의하는 Context 인터페이스를 설명하고 서버에서 처리하는 요청을 관리하기 위해 Context 인터페이스를 사용한다. database/sql 패키지에서 정의한 모든 중요한 메서드는 Context 인수를 허용하는 버전이 있고 요청 처리 시간 초과와 같은 기능을 활용하려는 경우에 유용하다. 26장에서는 이러한 메서드를 나열하지 않았지만 3부에서 Go와 표준 라이브러리를 사용해 웹 애플리케이션 플랫폼과 온라인 상점을 생성하는 Context 인터페이스(이를 인수로 받아들이는 데이터베이스/SQL 메서드 사용 포함)를 광범위하게 사용할 것이다.

여러 행 쿼리

Query 메서드는 데이터베이스에서 하나 이상의 행을 검색하는 쿼리를 실행한다. Query 메서드는 쿼리 결과와 문제를 나타내는 error를 포함한 Row 구조체를 반환한다. 행 데이터는 표 26-6에서 설명한 메서드를 통해 액세스한다.

표 26-6 행 구조체 메서드

이름	설명
Next()	다음 결과 행으로 진행한다. 결과는 bool이고 읽을 데이터가 있으면 true고 데이터의 끝에 도달하면 false로 해당 시점에서 Close 메서드를 자동으로 호출한다.
NextResultSet()	동일한 데이터베이스 응답에 여러 결과 집합이 있는 경우 다음 결과 집합으로 진행한다. 해당 메서드는 처리할 다른 행 집합이 있는 경우 true를 반환한다.
Scan(…targets)	현재 행의 SQL 값을 지정한 변수에 지정한다. 값은 포인터를 통해 할당하고 메서드는 값을 스캔할 수 없는 경우를 나타내는 error를 반환한다. 자세한 내용은 '스캔 메서드 이해' 절을 참조해보자.

리스트 26-11은 Row 구조체를 어떻게 사용하는지 보여주는 간단한 쿼리를 보여준다.

리스트 26-11 data 폴더 내 main.go 파일에서 데이터베이스 쿼리

```
package main

import "database/sql"

func queryDatabase(db *sql.DB) {
  rows, err := db.Query("SELECT * from Products")
  if (err == nil) {
    for (rows.Next()) {
      var id, category int
      var name string
      var price float64
      rows.Scan(&id, &name, &category, &price)
      Printfln("Row: %v %v %v %v", id, name, category, price)
    }
  } else {
    Printfln("Error: %v", err)
  }
}

func main() {

  //listDrivers()
  db, err := openDatabase()
  if (err == nil) {
    queryDatabase(db)
    db.Close()
  } else {
```

```
        panic(err)
    }
}
```

queryDatabase 함수는 Rows 결과와 error를 생성하는 Query 메서드를 사용해 Products 테이블에서 간단한 SELECT 쿼리를 수행한다. error가 nil인 경우 for 루프는 처리할 행이 있으면 true를 반환하고 데이터 끝에 도달하면 false를 반환하는 Next 메서드를 호출해 결과 행을 통해 이동할 때 사용한다.

Scan 메서드는 결과 행에서 값을 추출하고 다음과 같이 Go 변수에 할당할 때 사용한다.

```
...
rows.Scan(&id, &name, &category, &price)
...
```

변수 포인터는 데이터베이스에서 열을 읽는 것과 동일한 순서로 Scan 메서드로 전달한다. Go 변수를 할당할 SQL 결과를 나타낼 수 있도록 주의를 기울여야 한다. 프로젝트를 컴파일 및 실행하면 다음과 같은 결과를 나타낸다.

```
Opened database
Row: 1 Kayak 1 279
Row: 2 Lifejacket 1 48.95
Row: 3 Soccer Ball 2 19.5
Row: 4 Corner Flags 2 34.95
```

스캔 메서드 이해

Scan 메서드는 수신하는 매개변수의 개수, 순서, 타입에 민감하다. 매개변수의 개수가 결과의 열 수와 일치하지 않거나 매개변수가 결괏값을 저장할 수 없는 경우 리스트 26-12와 같이 에러를 반환한다.

리스트 26-12 data 폴더 내 main.go 파일에서 미스매치 스캔

```
...
func queryDatabase(db *sql.DB) {
  rows, err := db.Query("SELECT * from Products")
  if (err == nil) {
    for (rows.Next()) {
      var id, category int
      var name int
      var price float64
      scanErr := rows.Scan(&id, &name, &category, &price)
      if (scanErr == nil) {
        Printfln("Row: %v %v %v %v", id, name, category, price)
      } else {
```

```
        Printfln("Scan error: %v", scanErr)
        break
      }
    }
  } else {
    Printfln("Error: %v", err)
  }
}
...
```

리스트 26-12의 Scan 메서드 호출은 데이터베이스에 SQL TEXT 타입으로 저장한 값에 대한 int를 제공한다. 프로젝트를 컴파일 및 실행하면 Scan 메서드가 에러를 반환하는 것을 볼 수 있다.

```
Scan error: sql: Scan error on column index 1, name "Name": converting driver.Value type
string ("Kayak") to a int: invalid syntax
```

Scan 메서드는 문제를 일으키는 열을 건너뛰지 않고 문제가 있는 경우 값을 검색하지 않는다.

SQL 값 스캔 방법 이해

Scan 메서드의 가장 일반적인 문제는 SQL 데이터 타입과 스캔하는 Go 변수 간의 불일치다. Scan 메서드는 SQL 값을 Go 값에 매핑할 때 약간의 유연성을 제공한다. 다음은 가장 중요한 규칙에 대한 대략적인 요약이다.

- SQL 문자열, 숫자, 부울 값은 해당하는 Go 값에 매핑할 수 있지만 숫자 타입은 오버플로를 방지하기 위해 주의를 기울여야 한다.
- SQL 숫자 및 부울 타입을 Go 문자열로 스캔할 수 있다.
- SQL 문자열은 Go 숫자 타입으로 스캔할 수 있지만 일반 Go 기능(5장에서 설명)을 사용해 문자열을 파싱할 수 있고 오버플로가 없는 경우에만 가능하다.
- SQL 시간 값은 Go 문자열 또는 *time.Time 값으로 스캔할 수 있다.
- 모든 SQL 값은 빈 인터페이스(*interface{}) 포인터로 스캔할 수 있고 값을 다른 타입으로 변환할 수 있다.

이들은 가장 유용한 매핑이지만 자세한 내용은 Scan 메서드에 대한 Go 설명서를 참조하도록 하자. 일반적으로 나는 타입을 보수적으로 선택하는 것을 선호하고 종종 Go 문자열을 스캔한 다음 값을 직접 파싱해 변환 프로세스를 관리한다. 리스트 26-13은 모든 결괏값을 문자열로 스캔한다.

```
package main

import "database/sql"

func queryDatabase(db *sql.DB) {
  rows, err := db.Query("SELECT * from Products")
  if (err == nil) {
    for (rows.Next()) {
      var id, category string
      var name string
      var price string
      scanErr := rows.Scan(&id, &name, &category, &price)
      if (scanErr == nil) {
        Printfln("Row: %v %v %v %v", id, name, category, price)
      } else {
        Printfln("Scan error: %v", scanErr)
        break
      }

    }
  } else {
    Printfln("Error: %v", err)
  }
}

func main() {

  //listDrivers()
  db, err := openDatabase()
  if (err == nil) {
    queryDatabase(db)
    db.Close()
  } else {
    panic(err)
  }
}
```

해당 접근 방식을 사용하면 값을 사용하기 위해 값을 파싱하는 추가 작업이 필요하지만 SQL 결과를 Go 애플리케이션으로 가져올 수 있다. 프로젝트를 컴파일 및 실행하면 다음과 같은 결과를 표시한다.

```
Row: 1 Kayak 1 279
Row: 2 Lifejacket 1 48.95
Row: 3 Soccer Ball 2 19.5
Row: 4 Corner Flags 2 34.95
```

값을 구조체로 스캔

Scan 메서드는 개별 필드에서만 동작하기 때문에 구조체의 필드를 자동으로 채우는 기능을 지원하지 않는다. 대신 리스트 26-14처럼 결과에 값을 포함하는 개별 필드에 대한 포인터를 제공해야 한다.

■ 노트 ■

26장의 끝 부분에서는 행을 구조체로 동적 스캔하기 위해 Go reflect 패키지를 사용하는 방법을 보여준다. 자세한 내용은 '데이터를 구조체로 스캔하기 위한 리플렉션 사용' 절을 참조하도록 한다.

리스트 26-14 data 폴더 내 main.go 파일에서 구조체로 스캔

```
package main

import "database/sql"

type Product struct {
  Id int
  Name string
  Category int
  Price float64
}

func queryDatabase(db *sql.DB) []Product {
  products := []Product {}
  rows, err := db.Query("SELECT * from Products")
  if (err == nil) {
    for (rows.Next()) {
      p := Product{}
      scanErr := rows.Scan(&p.Id, &p.Name, &p.Category, &p.Price)
      if (scanErr == nil) {
        products = append(products, p)
      } else {
        Printfln("Scan error: %v", scanErr)
        break
      }
    }
  } else {
    Printfln("Error: %v", err)
  }
  return products
}

func main() {
  db, err := openDatabase()
  if (err == nil) {
    products := queryDatabase(db)
```

```
      for i, p := range products {
        Printfln("#%v: %v", i, p)
      }
      db.Close()
    } else {
      panic(err)
    }
  }
```

위 예제는 동일한 결과 데이터를 스캔하지만 Product 슬라이스를 생성하기 위해 스캔한다. 컴파일 및 실행하면 다음과 같은 결과를 확인할 수 있다.

```
Opened database
#0: {1 Kayak 1 279}
#1: {2 Lifejacket 1 48.95}
#2: {3 Soccer Ball 2 19.5}
#3: {4 Corner Flags 2 34.95}
```

위 접근 방식은 장황할 수 있지만(파싱할 결과 타입이 많은 경우 중복적일 수도 있음) 단순하고 예측 가능하다는 장점이 있고 결과의 복잡성을 반영하도록 쉽게 조정할 수 있다. 예를 들어 리스트 26-15는 Categories 테이블의 데이터를 포함하도록 데이터베이스로 보낸 쿼리를 변경한다.

리스트 26-15 data 폴더 내 main.go 파일에서 더 복잡한 결과 스캔

```go
package main

import "database/sql"

type Category struct {
  Id int
  Name string
}

type Product struct {
  Id int
  Name string
  Category
  Price float64
}

func queryDatabase(db *sql.DB) []Product {
  products := []Product {}
  rows, err := db.Query(`
    SELECT Products.Id, Products.Name, Products.Price,
      Categories.Id as Cat_Id, Categories.Name as CatName
      FROM Products, Categories
    WHERE Products.Category = Categories.Id`)
```

```
  if (err == nil) {
    for (rows.Next()) {
      p := Product{}
      scanErr := rows.Scan(&p.Id, &p.Name, &p.Price,
        &p.Category.Id, &p.Category.Name)
      if (scanErr == nil) {
        products = append(products, p)
      } else {
        Printfln("Scan error: %v", scanErr)
        break
      }
    }
  } else {
    Printfln("Error: %v", err)
  }
  return products
}

func main() {
  db, err := openDatabase()
  if (err == nil) {
    products := queryDatabase(db)
    for i, p := range products {
      Printfln("#%v: %v", i, p)
    }
    db.Close()
  } else {
    panic(err)
  }
}
```

위 예제는 SQL 쿼리의 결과에 중첩 구조 필드로 스캔하는 Categories 테이블의 데이터를 포함한다. 프로젝트를 컴파일 및 실행하면 두 테이블의 데이터를 포함한 다음 출력을 표시한다.

```
Opened database
#0: {1 Kayak {1 Watersports} 279}
#1: {2 Lifejacket {1 Watersports} 48.95}
#2: {3 Soccer Ball {2 Soccer} 19.5}
#3: {4 Corner Flags {2 Soccer} 34.95}
```

플레이스홀더가 있는 명령문 실행

Query 메서드의 선택적 인수는 리스트 26–16에 표시한 것처럼 단일 문자열을 다른 쿼리에 사용할 수 있도록 하는 쿼리 문자열의 플레이스홀더 값이다.

```go
package main

import "database/sql"

type Category struct {
  Id int
  Name string
}

type Product struct {
  Id int
  Name string
  Category
  Price float64
}

func queryDatabase(db *sql.DB, categoryName string) []Product {
  products := []Product {}
  rows, err := db.Query(`
    SELECT Products.Id, Products.Name, Products.Price,
      Categories.Id as Cat_Id, Categories.Name as CatName
      FROM Products, Categories
    WHERE Products.Category = Categories.Id
      AND Categories.Name = ?`, categoryName)
  if (err == nil) {
    for (rows.Next()) {
      p := Product{}
      scanErr := rows.Scan(&p.Id, &p.Name, &p.Price,
        &p.Category.Id, &p.Category.Name)
      if (scanErr == nil) {
        products = append(products, p)
      } else {
        Printfln("Scan error: %v", scanErr)
        break
      }
    }
  } else {
    Printfln("Error: %v", err)
  }
  return products
}

func main() {
  db, err := openDatabase()
  if (err == nil) {
    for _, cat := range []string { "Soccer", "Watersports"} {
      Printfln("--- %v Results ---", cat)
      products := queryDatabase(db, cat)
      for i, p := range products {
```

738

```
        Printfln("#%v: %v %v %v", i, p.Name, p.Category.Name, p.Price)
      }
    }
    db.Close()
  } else {
    panic(err)
  }
}
```

위 예제의 SQL 쿼리 문자열은 플레이스홀더를 나타내는 물음표(? 문자)를 포함하고 있다. 이렇게 하면 각 쿼리에 대한 문자열을 작성할 필요 없이 값을 올바르게 이스케이프^{escape}한다. 프로젝트를 컴파일 및 실행하면 queryDatabase 함수가 플레이스홀더에 대해 다른 값을 사용해 Query 메서드를 호출하는 방법을 보여주는 다음 출력을 표시한다.

```
Opened database
--- Soccer Results ---
#0: Soccer Ball Soccer 19.5
#1: Corner Flags Soccer 34.95
--- Watersports Results ---
#0: Kayak Watersports 279
#1: Lifejacket Watersports 48.95
```

단일 행 쿼리 실행

QueryRow 메서드는 리스트 26-17처럼 결과를 열거할 필요 없이 단일 행을 반환할 것으로 예상하는 쿼리를 실행한다.

리스트 26-17 data 폴더 내 main.go 파일에서 단일 행 쿼리

```
package main

import "database/sql"

type Category struct {
  Id int
  Name string
}

type Product struct {
  Id int
  Name string
  Category
  Price float64
}

func queryDatabase(db *sql.DB, id int) (p Product) {
```

```
    row := db.QueryRow(`
      SELECT Products.Id, Products.Name, Products.Price,
        Categories.Id as Cat_Id, Categories.Name as CatName
        FROM Products, Categories
      WHERE Products.Category = Categories.Id
        AND Products.Id = ?`, id)
    if (row.Err() == nil) {
      scanErr := row.Scan(&p.Id, &p.Name, &p.Price,
        &p.Category.Id, &p.Category.Name)
      if (scanErr != nil) {
        Printfln("Scan error: %v", scanErr)
      }
    } else {
      Printfln("Row error: %v", row.Err().Error())
    }
    return
  }

  func main() {
    db, err := openDatabase()
    if (err == nil) {
      for _, id := range []int { 1, 3, 10 } {
        p := queryDatabase(db, id)
        Printfln("Product: %v", p)
      }
      db.Close()
    } else {
      panic(err)
    }
  }
```

QueryRow 메서드는 단일 행 결과를 나타내고 표 26-7에서 설명한 메서드를 정의하는 Row 구조
체를 반환한다.

표 26-7 행 구조체가 정의한 메서드

이름	설명
Scan(···targets)	현재 행의 SQL 값을 지정한 변수에 할당한다. 값은 포인터를 통해 할당하고 메서드는 값을 할당할 수 없는 경우 또는 스캔하거나 결과에 행이 없는 경우를 나타내는 error를 반환한다. 응답에 여러 행이 있는 경우 첫 번째 행을 제외한 모든 행을 삭제한다.
Err()	쿼리 실행 문제를 나타내는 에러를 반환한다.

Row는 QueryRow 메서드의 유일한 결과로 해당 Err 메서드는 쿼리 실행 에러를 반환한다. Scan
메서드는 결과의 첫 번째 행만 스캔하고 결과에 행이 없으면 error를 반환한다. 프로젝트를 컴
파일 및 실행하면 결과에 행이 없을 때 Scan 메서드에서 생성한 에러를 포함하는 다음 결과를
표시한다.

```
Opened database
Product: {1 Kayak {1 Watersports} 279}
Product: {3 Soccer Ball {2 Soccer} 19.5}
Scan error: sql: no rows in result set
Product: {0  {0 } 0}
```

기타 쿼리 실행

Exec 메서드는 행을 생성하지 않는 명령문을 실행할 때 사용한다. Exec 메서드의 결과는 표 26-8에서 설명한 메서드를 정의하는 Result 값과 명령문 실행 문제를 나타내는 error다.

표 26-8 결과 메서드

이름	설명
RowsAffected()	스테이트먼트의 영향을 받은 행 수를 int64로 반환한다. 해당 메서드는 또한 응답을 파싱할 때 문제가 있거나 데이터베이스가 해당 기능을 지원하지 않을 때 사용하는 error를 반환한다.
LastInsertId()	일반적으로 자동 생성한 키인 스테이트먼트를 실행할 때 데이터베이스에서 생성한 값을 나타내는 int64를 반환한다. 해당 메서드는 데이터베이스에서 반환한 값을 Go int로 파싱할 수 없을 때 사용하는 error도 반환한다.

리스트 26-18은 Exec 메서드를 사용해 Products 테이블에 새 행을 삽입하는 방법을 보여준다.

리스트 26-18 data 폴더 내 main.go 파일에서 행 삽입

```
package main

import "database/sql"

type Category struct {
  Id int
  Name string
}

type Product struct {
  Id int
  Name string
  Category
  Price float64
}

func queryDatabase(db *sql.DB, id int) (p Product) {
  row := db.QueryRow(`
    SELECT Products.Id, Products.Name, Products.Price,
      Categories.Id as Cat_Id, Categories.Name as CatName
    FROM Products, Categories
    WHERE Products.Category = Categories.Id
      AND Products.Id = ?`, id)
```

```
    if (row.Err() == nil) {
      scanErr := row.Scan(&p.Id, &p.Name, &p.Price,
        &p.Category.Id, &p.Category.Name)
      if (scanErr != nil) {
        Printfln("Scan error: %v", scanErr)
      }
    } else {
      Printfln("Row error: %v", row.Err().Error())
    }
    return
  }

  func insertRow(db *sql.DB, p *Product) (id int64) {
    res, err := db.Exec(`
      INSERT INTO Products (Name, Category, Price)
      VALUES (?, ?, ?)`, p.Name, p.Category.Id, p.Price)
    if (err == nil) {
      id, err = res.LastInsertId()
      if (err != nil) {
        Printfln("Result error: %v", err.Error())
      }
    } else {
      Printfln("Exec error: %v", err.Error())
    }
    return
  }

  func main() {
    db, err := openDatabase()
    if (err == nil) {
      newProduct := Product { Name: "Stadium", Category:
        Category{ Id: 2}, Price: 79500 }
      newID := insertRow(db, &newProduct)
      p := queryDatabase(db, int(newID))
      Printfln("New Product: %v", p) db.Close()
    } else {
      panic(err)
    }
  }
```

Exec 메서드는 플레이스홀더를 지원하고 리스트 26-18의 명령문은 Product 구조체의 필드를
사용해 Products 테이블에 새 행을 삽입한다. Result.LastInsertId 메서드는 데이터베이스에
서 새 행에 할당한 키 값을 가져오기 위해 호출한 다음 새로 추가한 행을 쿼리할 때 사용한다.
프로젝트를 컴파일 및 실행하면 다음과 같은 결과를 표시한다.

```
Opened database
New Product: {5 Stadium {2 Soccer} 79500}
```

새 행마다 새 기본 키 값을 할당하기 때문에 프로젝트를 반복적으로 실행하면 다른 결과를 표시한다.

프리페어드 스테이트먼트 사용

DB 구조체는 준비한 SQL을 실행하기 위해 사용할 수 있는 프리페어드 스테이트먼트 생성을 지원한다. 표 26-9는 프리페어드 스테이트먼트를 생성하기 위한 DB 메서드를 설명한다.

표 26-9 프리페어드 스테이트먼트 생성을 위한 DB 메서드

이름	설명
Prepare(query)	지정한 쿼리에 대해 프리페어드 스테이트먼트를 만든다. 결과는 Stmt 구조체와 스테이트먼트 준비 문제를 나타내는 error다.

프리페어드 스테이트먼트는 표 26-10에서 설명한 메서드를 정의하는 Stmt 구조체로 표시한다.

> **■ 노트 ■**
>
> database/sql 패키지의 이상한 점은 표 26-5에서 설명한 많은 메서드가 단일 쿼리 후에 폐기하는 프리페어드 스테이트먼트도 생성한다는 것이다.

표 26-10 Stmt 구조체가 정의한 메서드

이름	설명
Query(···vals)	선택적 플레이스홀더 값을 사용해 프리페어드 스테이트먼트를 실행한다. 결과는 Rows 구조체와 error다. 해당 메서드는 DB.Query 메서드와 동일하다.
QueryRow(···vals)	선택적 플레이스홀더 값을 사용해 프리페어드 스테이트먼트를 실행한다. 결과는 Row 구조체와 error다. 해당 메서드는 DB.QueryRow 메서드와 동일하다.
Exec(···vals)	선택적 플레이스홀더 값을 사용해 프리페어드 스테이트먼트를 실행한다. 결과는 Result와 error다. 해당 메서드는 DB.Exec 메서드와 동일하다.

리스트 26-19는 프리페어드 스테이트먼트의 생성을 보여준다.

리스트 26-19 data 폴더 내 database.go 파일에서 프리페어드 스테이트먼트 사용

```
package main

import (
    "database/sql"
    _ "modernc.org/sqlite"
)
```

```
func listDrivers() {
  for _, driver := range sql.Drivers() {
    Printfln("Driver: %v", driver)
  }
}

var insertNewCategory *sql.Stmt
var changeProductCategory *sql.Stmt

func openDatabase() (db *sql.DB, err error) {
  db, err = sql.Open("sqlite", "products.db")
  if (err == nil) {
    Printfln("Opened database")
    insertNewCategory, _ = db.Prepare("INSERT INTO Categories (Name) VALUES (?)")
    changeProductCategory, _ =
      db.Prepare("UPDATE Products SET Category = ? WHERE Id = ?")
  }
  return
}
```

프리페어드 스테이트먼트은 데이터베이스가 열린 후에 생성하고 `DB.Close` 메서드를 호출할 때까지만 유효하다. 리스트 26-20은 프리페어드 스테이트먼트를 사용해 데이터베이스에 새 카테고리를 추가하고 제품을 할당한다.

리스트 26-20 data 폴더 내 main.go 파일에서 프리페어드 스테이트먼트 사용

```
package main

import "database/sql"

type Category struct {
  Id int
  Name string
}

type Product struct {
  Id int
  Name string
  Category
  Price float64
}

func queryDatabase(db *sql.DB, id int) (p Product) {
  row := db.QueryRow(`
    SELECT Products.Id, Products.Name, Products.Price,
      Categories.Id as Cat_Id, Categories.Name as CatName
      FROM Products, Categories
```

```
      WHERE Products.Category = Categories.Id
        AND Products.Id = ?`, id)
  if (row.Err() == nil) {
    scanErr := row.Scan(&p.Id, &p.Name, &p.Price,
      &p.Category.Id, &p.Category.Name)
    if (scanErr != nil) {
      Printfln("Scan error: %v", scanErr)
    }
  } else {
    Printfln("Row error: %v", row.Err().Error())
  }
  return
}

func insertAndUseCategory(name string, productIDs ...int) {
  result, err := insertNewCategory.Exec(name)
  if (err == nil) {
    newID, _ := result.LastInsertId()
    for _, id := range productIDs {
      changeProductCategory.Exec(int(newID), id)
    }
  } else {
    Printfln("Prepared statement error: %v", err)
  }
}

func main() {
  db, err := openDatabase()
  if (err == nil) {
    insertAndUseCategory("Misc Products", 2)
    p := queryDatabase(db, 2)
    Printfln("Product: %v", p)
    db.Close()
  } else {
    panic(err)
  }
}
```

insertAndUseCategory 함수는 프리페어드 스테이트먼트를 사용한다. 프로젝트를 컴파일 및 실행하면 Misc Products 카테고리 추가를 반영하는 다음 출력을 표시한다.

```
Opened database
Product: {2 Lifejacket {3 Misc Products} 48.95}
```

트랜잭션 사용

트랜잭션을 사용하면 여러 스테이트먼트를 실행할 수 있기 때문에 모두 데이터베이스에 적용하거나 적용하지 않는다. 새 트랜잭션을 생성하기 위해 DB 구조체는 표 26-11에서 설명한 메서드를 정의한다.

표 26-11 트랜잭션 생성을 위한 DB 메서드

이름	설명
Begin()	새 트랜잭션을 시작한다. 결과는 Tx 값 포인터와 트랜잭션 생성 문제를 나타내는 error다.

트랜잭션은 표 26-12에 설명한 메서드를 정의하는 Tx 구조체로 표시한다.

표 26-12 Tx 구조체 정의한 메서드

이름	설명
Query(query, …args)	표 26-5에서 설명한 DB.Query 메서드와 동일하지만 트랜잭션 범위 내에서 쿼리를 실행한다.
QueryRow(query, …args)	표 26-5에서 설명한 DB.QueryRow 메서드와 동일하지만 트랜잭션 범위 내에서 쿼리를 실행한다.
Exec(query, …args)	표 26-5에서 설명한 DB.Exec 메서드와 동일하지만 트랜잭션 범위 내에서 쿼리/스테이트먼트를 실행한다.
Prepare(query)	표 26-9에서 설명한 DB.Query 메서드와 동일하지만 트랜잭션 범위 내에서 프리페어드 스테이트먼트를 실행한다.
Stmt(statement)	트랜잭션 범위 외부에서 생성한 프리페어드 스테이트먼트를 허용하고 트랜잭션 범위 내에서 실행하는 스테이트먼트를 반환한다.
Commit()	보류 중인 변경 사항을 데이터베이스에 커밋해 변경 사항을 적용할 때 문제가 있음을 나타내는 error를 반환한다.
Rollback()	보류 중인 변경 내용을 삭제하도록 트랜잭션을 중단한다. 해당 메서드는 트랜잭션 중단 문제를 나타내는 error를 반환한다.

이전 절에서 정의한 insertAndUseCategory 함수는 2개의 연결된 작업이 있기 때문에 간단하지만 좋은 트랜잭션 후보다. 리스트 26-21은 지정한 ID와 일치하는 제품이 없는 경우 롤백하는 트랜잭션을 소개한다.

리스트 26-21 data 폴더 내 main.go 파일에서 트랜잭션 사용

```go
package main

import "database/sql"

// ...간결함을 위해 코드 생략...

func insertAndUseCategory(db *sql.DB, name string, productIDs ...int) (err error) {
```

```
  tx, err := db.Begin()
  updatedFailed := false
  if (err == nil) {
    catResult, err := tx.Stmt(insertNewCategory).Exec(name)
    if (err == nil) {
      newID, _ := catResult.LastInsertId()
      preparedStatement := tx.Stmt(changeProductCategory)
      for _, id := range productIDs {
        changeResult, err := preparedStatement.Exec(newID, id)
        if (err == nil) {
          changes, _ := changeResult.RowsAffected()
          if (changes == 0) {
            updatedFailed = true
            break
          }
        }
      }
    }
  }
  if (err != nil || updatedFailed) {
    Printfln("Aborting transaction %v", err)
    tx.Rollback()
  } else {
    tx.Commit()
  }
  return
}

func main() {
  db, err := openDatabase()
  if (err == nil) {
    insertAndUseCategory(db, "Category_1", 2)
    p := queryDatabase(db, 2)
    Printfln("Product: %v", p)
    insertAndUseCategory(db, "Category_2", 100)
    db.Close()
  } else {
    panic(err)
  }
}
```

insertAndUseCategory에 대한 첫 번째 호출이 성공하고 변경 사항을 데이터베이스에 적용한다. insertAndUseCategory에 대한 두 번째 호출은 실패한다. 즉 트랜잭션을 종료하고 첫 번째 스테이트먼트로 생성한 카테고리는 데이터베이스에 적용하지 않는다. 프로젝트를 컴파일 및 실행하면 다음과 같은 결과를 표시한다.

```
Opened database
Product: {2 Lifejacket {4 Category_1} 48.95}
Aborting transaction <nil>
```

특히 위 예제를 다시 실행하면 새로 생성한 카테고리 데이터베이스 행에 출력에 포함된 고유 ID를 할당하기 때문에 결과가 약간 다를 수 있다.

✛ 데이터를 구조체로 스캔하기 위한 리플렉션 사용

리플렉션은 런타임에 타입과 값을 검사하고 사용할 수 있도록 하는 기능이다. 리플렉션은 복잡한 고급 기능이고 27~29장에서 자세히 설명하고 있다. 26장에서는 리플렉션을 설명하지 않지만, 표 26-13에서 설명한 대로 리플렉션을 사용해 데이터베이스 응답을 처리할 때 유용한 Rows 구조체가 정의한 메서드가 있다. 리플렉션 장을 읽은 후 해당 예제로 돌아가고 싶을 수 있다.

표 26-13 리플렉션과 함께 사용하는 행 메서드

이름	설명
Columns()	결과 열의 이름과 결과를 닫을 때 사용하는 error를 포함하는 문자열 슬라이스를 반환한다.
ColumnTypes()	결과 열의 자료형을 설명하는 *ColumnType 슬라이스를 반환한다. 해당 메서드는 또한 결과를 닫을 때 사용하는 error를 반환한다.

> ### 리플렉션 단점 이해
>
> 리플렉션은 고급 기능이고 사용 방법을 설명하기 위해 세 장은 걸릴 것으로 추론할 수 있다. 해당 예제는 database/sql 패키지에서 제공하는 정보로 가능한 것을 보여주기 위한 것이다. 해당 예제는 결과 행을 구성하는 방식에 대한 고정 기대치를 갖게 한다.
>
> 리스트 26-14에서 설명한 것처럼 개별 필드를 지정하는 것은 구조체를 스캔하는 가장 간단하고 강력한 접근 방식이다. 구조체를 동적으로 스캔하기로 결정한 경우 SQLX(https://github.com/jmoiron/sqlx)와 같이 잘 테스트한 타사 패키지 중 하나를 고려할 수 있다.

이러한 메서드는 데이터베이스에서 반환한 행의 구조를 설명한다. Columns 메서드는 결과 열의 이름을 포함한 문자열 슬라이스를 반환한다. ColumnTypes 메서드는 표 26-14에서 설명한 메서드를 정의하는 ColumnType 구조체 포인터 슬라이스를 반환한다.

표 26-14 ColumnType 메서드

이름	설명
Name()	결과에 지정한 열 이름을 문자열로 반환한다.
DatabaseTypeName()	문자열로 표현한 데이터베이스의 열 타입 이름을 반환한다.
Nullable()	2개의 bool 결과를 반환한다. 데이터베이스 타입이 null일 수 있는 경우 첫 번째 결과는 true다. 두 번째 결과는 드라이버가 null 허용 값을 지원하는 경우 true다.
DecimalSize()	십진수 값의 크기에 대한 세부 정보를 반환한다. 결과는 정밀도를 지정하는 int64, 배율을 지정하는 int64, 10진수 타입의 경우 true이고 다른 타입의 경우 false인 bool이다.

(이어짐)

이름	설명
Length()	가변 길이를 가질 수 있는 데이터베이스 타입의 길이를 반환한다. 결과는 길이를 지정하는 int64와 길이를 정의하는 타입의 경우 true고 다른 타입의 경우 false인 bool이다.
ScanType()	Rows.Scan 메서드로 열을 스캔할 때 사용할 Go 타입을 나타내는 reflect.Type을 반환한다. reflect 패키지 사용에 대한 자세한 내용은 27-29장을 참조할 수 있다.

리스트 26-22는 Columns 메서드를 사용해 결과 데이터의 열 이름을 구조체 필드에 일치시키고 ColumnType.ScanType 메서드를 사용해 결과 타입이 일치하는 구조체 필드에 안전하게 할당할 수 있도록 한다.

■ 주의 ■

언급한 바와 같이 해당 예제는 이후의 장들에서 설명하는 기능에 의존한다. 27~29장을 읽고 Go 리플렉션이 어떻게 동작하는지 이해하면 해당 예제로 돌아와야 한다.

리스트 26-22 data 폴더 내 database.go 파일에서 리플렉션으로 구조체 스캔

```go
package main

import (
  "database/sql"
  _ "modernc.org/sqlite"
  "reflect"
  "strings"
)

func listDrivers() {
  for _, driver := range sql.Drivers() {
    Printfln("Driver: %v", driver)
  }
}

var insertNewCategory *sql.Stmt
var changeProductCategory *sql.Stmt

func openDatabase() (db *sql.DB, err error) {
  db, err = sql.Open("sqlite", "products.db")
  if (err == nil) {
    Printfln("Opened database")
    insertNewCategory, _ = db.Prepare("INSERT INTO Categories (Name) VALUES (?)")
    changeProductCategory, _ =
      db.Prepare("UPDATE Products SET Category = ? WHERE Id = ?")
  }
  return
}
```

```go
func scanIntoStruct(rows *sql.Rows, target interface{}) (results interface{},
    err error) {
  targetVal := reflect.ValueOf(target)
  if (targetVal.Kind() == reflect.Ptr) {
    targetVal = targetVal.Elem()
  }
  if (targetVal.Kind() != reflect.Struct) {
    return
  }
  colNames, _ := rows.Columns()
  colTypes, _ := rows.ColumnTypes()
  references := []interface{} {}
  fieldVal := reflect.Value{}
  var placeholder interface{}

  for i, colName := range colNames {
    colNameParts := strings.Split(colName, ".")
    fieldVal = targetVal.FieldByName(colNameParts[0])
    if (fieldVal.IsValid() && fieldVal.Kind() == reflect.Struct &&
      len(colNameParts) > 1 ) {
      var namePart string
      for _, namePart = range colNameParts[1:] {
        compFunction := matchColName(namePart)
        fieldVal = fieldVal.FieldByNameFunc(compFunction)
      }
    }

    if (!fieldVal.IsValid() ||
        !colTypes[i].ScanType().ConvertibleTo(fieldVal.Type())) {
      references = append(references, &placeholder)
    } else if (fieldVal.Kind() != reflect.Ptr && fieldVal.CanAddr()) {
      fieldVal = fieldVal.Addr()
      references = append(references, fieldVal.Interface())
    }
  }

  resultSlice := reflect.MakeSlice(reflect.SliceOf(targetVal.Type()), 0, 10)
  for rows.Next() {
    err = rows.Scan(references...)
    if (err == nil) {
      resultSlice = reflect.Append(resultSlice, targetVal)
    } else {
      break
    }
  }
  results = resultSlice.Interface()
  return
}

func matchColName(colName string) func(string) bool {
```

```
    return func(fieldName string) bool {
      return strings.EqualFold(colName, fieldName)
    }
  }
}
```

scanIntoStruct 함수는 Rows 값과 값을 스캔할 대상을 허용한다. Go 리플렉션 기능은 대소문자에 관계없이 일치하는 이름이 같은 구조체의 필드를 찾을 때 사용한다. 중첩 구조체 필드의 경우 열 이름은, 예를 들어 Category.Name 필드가 category.name이라는 결과 열에서 스캔하도록 마침표로 구분한 필드 이름과 일치해야 한다.

Scan 메서드가 작업할 포인터 슬라이스를 생성하고 스캔한 구조체 값을, 메서드 결과를 생성하기 위해 사용하는 슬라이스에 추가한다. struct 필드가 결과 열과 일치하지 않으면 Scan 메서드가 데이터 스캔을 위한 완전한 포인터 집합을 기대하기 때문에 더미 값을 사용한다. 리스트 26-23은 새로운 함수를 사용해 쿼리 결과를 스캔한다.

리스트 26-23 data 폴더 내 main.go 파일에서 쿼리 결과 스캔

```
package main

import "database/sql"

type Category struct {
  Id int
  Name string
}

type Product struct {
  Id int
  Name string
  Category
  Price float64
}

func queryDatabase(db *sql.DB) (products []Product, err error) {
  rows, err := db.Query(`SELECT Products.Id, Products.Name, Products.Price,
      Categories.Id as "Category.Id", Categories.Name as "Category.Name"
      FROM Products, Categories
      WHERE Products.Category = Categories.Id`)
  if (err != nil) {
    return
  } else {
    results, err := scanIntoStruct(rows, &Product{})
    if err == nil {
      products = (results).([]Product)
    } else {
      Printfln("Scanning error: %v", err)
```

```
        }
      }
    return
  }

  func main() {
    db, err := openDatabase()
    if (err == nil) {
      products, _ := queryDatabase(db)
      for _, p := range products {
        Printfln("Product: %v", p)
      }
      db.Close()
    } else {
      panic(err)
    }
  }
```

Product 및 Category 구조체가 정의한 필드와 일치할 열 이름을 지정해 데이터베이스를 쿼리한다. 27장에서 설명했듯이 리플렉션이 생성한 결과는 타입을 좁히기 위해 단언^{assertion}이 필요하다.

위 예제의 효과는 검색이 구조체 필드 이름 및 타입과 일치하는 결과 열을 기반으로 동적으로 수행한다는 것이다. 프로젝트를 컴파일 및 실행하면 다음과 같은 결과를 표시한다.

```
Opened database
Product: {1 Kayak {1 Watersports} 279}
Product: {2 Lifejacket {4 Category_1} 48.95}
Product: {3 Soccer Ball {2 Soccer} 19.5}
Product: {4 Corner Flags {2 Soccer} 34.95}
Product: {5 Stadium {2 Soccer} 79500}
```

⊹ 요약

26장에서는 SQL 데이터베이스 작업을 위해 단순하지만 세심하고 사용하기 쉬운 Go 표준 라이브러리 지원을 설명했다. 27장에서는 타입을 결정하고 런타임에 사용할 수 있는 Go 리플렉션 기능을 설명하는 프로세스를 시작한다.

27장

■■■■

리플렉션 사용 – 1부

|||||||||||||||||||||||||||||||||||||||||||||||||||||||||||||||||||||||||||||||||||||||||||||||||||||||

27장에서는 리플렉션에 대한 Go 지원을 설명한다. 이를 통해 애플리케이션은 프로젝트를 컴파일할 때 알려지지 않은 타입으로 작업할 수 있고, 다른 프로젝트에서 사용할 API를 만들 때 유용하다. 사용자 정의 웹 애플리케이션 프레임워크를 생성하는 3부에서 리플렉션의 광범위한 사용을 확인할 수 있다. 현 상황에서는 애플리케이션 프레임워크의 코드를 실행하기 위해 사용하는 애플리케이션에서 정의할 데이터 타입에 대해 아무것도 알지 못한다. 따라서 리플렉션을 사용해 해당 타입에 대한 정보를 얻고 해당 타입이 생성한 값으로 작업해야 한다.

리플렉션은 주의해서 사용해야 한다. 사용 중인 데이터 타입을 알 수 없기 때문에 컴파일러가 적용하는 일반적인 보호 장치를 사용할 수 없고 타입을 안전하게 검사하고 사용하는 것은 프로그래머의 책임이다. 리플렉션 코드는 장황하고 읽기 어려운 경향이 있기 때문에 종종 개발자의 손에 넘어가 실제 데이터 타입과 함께 사용할 때까지 에러로 나타나지 않아 리플렉션 코드를 작성할 때 잘못된 가정을 하기 쉽다. 리플렉션 코드의 실수는 일반적으로 패닉을 유발한다.

리플렉션을 사용하는 코드는 일반 Go 코드보다 느리지만 대부분의 프로젝트에서 문제가 되지는 않는다. 특별히 까다로운 성능 요구 사항이 없는 한 리플렉션 사용 여부에 관계없이 허용 가능한 속도로 모든 Go 코드를 실행한다. 리플렉션으로만 수행할 수 있는 일부 Go 프로그래밍 작업이 있고 표준 라이브러리 전체에서 리플렉션을 사용한다.

사용하기 어렵고 잘못되기 쉽기 때문에 리플렉션을 섣불리 사용하지 말아야 한다. 그러나 리플렉션을 피할 수 없는 경우가 있다. 일단 작동 방식을 이해하면 Go 리플렉션 기능을 주의 깊게 적용해 3부에서 볼 수 있듯이 유연하고 유용한 코드를 생성할 수 있다. 표 27-1은 상황에 따른 리플렉션을 보여준다.

표 27-1 상황에 따른 리플렉션

질문	답
무엇인가?	리플렉션을 사용하면 컴파일 타임에 타입을 정의하지 않은 경우에도 런타임에 타입과 값을 검사할 수 있다.
왜 유용한가?	리플렉션은 다른 프로젝트에서 사용할 API를 작성할 때와 같이 미래에 정의할 타입에 의존하는 코드를 작성할 때 유용하다.
어떻게 사용하는가?	reflect 패키지는 사용 중인 데이터 타입에 대한 명시적인 지식 없이 사용할 수 있도록 타입 및 값을 반영할 수 있는 기능을 제공한다.
함정이나 제한 사항?	리플렉션은 복잡하고 세부 사항에 세심한 주의를 기울여야 한다. 코드를 다른 프로젝트에서 사용할 때까지 문제를 나타내지 않는 데이터 타입에 대해 쉽게 가정할 수 있다.
대안이 있는가?	리플렉션은 프로젝트를 컴파일할 때 타입을 알 수 없는 경우에만 필요하다. 표준 Go 언어 기능은 타입을 미리 알고 있는 경우 사용해야 한다.

표 27-2는 27장을 요약한 것이다.

표 27-2 27장 요약

문제	해결 방법	리스트 참조 번호
리플렉션 타입(reflected type)과 값을 얻는다.	TypeOf와 ValueOf 함수를 사용한다.	8
리플렉션 타입을 검사한다.	Type 인터페이스가 정의한 메서드를 사용한다.	9
리플렉션 값을 검사한다.	Value 구조체가 정의한 메서드를 사용한다.	10
리플렉션 타입을 식별한다.	종류를 확인하고 선택적으로 요소 타입을 확인할 수 있다.	11, 12
기본 타입을 얻는다.	Interface 메서드를 사용한다.	13
리플렉션 값을 설정한다.	Set* 메서드를 사용한다.	14-16
리플렉션 값을 비교한다.	Comparable 메서드 또는 Go 비교 연산자를 사용하거나 DeepEqual 함수를 사용한다.	17-19
리플렉션 값을 다른 타입을 변환한다.	ConvertibleTo 및 Convert 메서드를 사용한다.	20, 21
새롭게 리플렉션 값을 생성한다.	기본 타입에 대한 New 타입 또는 다른 타입에 대한 Make* 메서드들 중 하나를 사용한다.	22

❖ 27장 준비

27장 예제를 준비하기 위해 새 CMD를 열어 편리한 위치로 이동한 다음 reflection 폴더를 생성한다. reflection 폴더에서 리스트 27-1의 명령어를 실행해 모듈 파일을 생성해보자.

리스트 27-1 모듈 초기화

```
go mod init reflection
```

리스트 27-2의 소스 코드 내용을 담은 printer.go 파일을 생성해 reflection 폴더에 추가해보자.

리스트 27-2 reflection 폴더 내 printer.go 파일 소스 코드

```
package main

import "fmt"

func Printfln(template string, values ...interface{}) {
  fmt.Printf(template + "\n", values...)
}
```

리스트 27-3의 소스 코드 내용을 담은 types.go 파일을 생성해 reflection 폴더에 추가해보자.

리스트 27-3 reflection 폴더 내 types.go 파일 소스 코드

```
package main

type Product struct {
  Name, Category string
  Price float64
}

type Customer struct {
  Name, City string
}
```

리스트 27-4의 소스 코드 내용을 담은 main.go 파일을 생성해 reflection 폴더에 추가해보자.

리스트 27-4 reflection 폴더 내 main.go 파일 소스 코드

```
package main

func printDetails(values ...Product) {
  for _, elem := range values {
    Printfln("Product: Name: %v, Category: %v, Price: %v",
      elem.Name, elem.Category, elem.Price)
  }
}
```

```go
func main() {

    product := Product {
        Name: "Kayak", Category: "Watersports", Price: 279,
    }
    printDetails(product)
}
```

reflection 폴더에서 리스트 27-5의 명령어를 실행하기 위해 CMD를 사용한다.

리스트 27-5 예제 프로젝트 실행

```
go run .
```

코드를 컴파일 및 실행하면 다음 출력을 생성한다.

```
Product: Name: Kayak, Category: Watersports, Price: 279
```

⊹ 리플렉션 필요성 이해

Go 타입 시스템은 엄격하게 타입 검사를 시행한다. 즉 다른 타입을 검사할 때 한 타입의 값을 사용할 수 없다. 리스트 27-6은 Customer 값을 생성해 가변 Product 매개변수를 정의하는 printDetails 함수에 전달한다.

리스트 27-6 reflection 폴더 내 main.go 파일에서 타입 혼합

```go
package main

func printDetails(values ...Product) {
    for _, elem := range values {
        Printfln("Product: Name: %v, Category: %v, Price: %v",
            elem.Name, elem.Category, elem.Price)
    }
}

func main() {

    product := Product {
        Name: "Kayak", Category: "Watersports", Price: 279,
    }
    customer := Customer { Name: "Alice", City: "New York" }
    printDetails(product, customer)
}
```

위 코드는 Go의 타입 규칙을 위반하기 때문에 컴파일할 수 없다. 프로젝트를 컴파일할 때 다음 에러를 표시한다.

```
.\main.go:16:17: cannot use customer (type Customer) as type Product in argument to
printDetails
```

11장에서는 인터페이스를 구현하는 타입에 관계없이 호출할 수 있는 메서드를 통해 공통적인 특성을 정의할 수 있는 인터페이스를 소개했다. 11장에서는 리스트 27-7과 같이 모든 타입을 허용하기 위해 사용할 수 있는 빈 인터페이스를 소개했다.

리스트 27-7 reflection 폴더 내 main.go 파일에서 빈 인터페이스 사용

```go
package main

func printDetails(values ...interface{}) {
  for _, elem := range values {
    switch val := elem.(type) {
      case Product:
        Printfln("Product: Name: %v, Category: %v, Price: %v",
          val.Name, val.Category, val.Price)
      case Customer:
        Printfln("Customer: Name: %v, City: %v", val.Name, val.City)
    }
  }
}

func main() {

  product := Product {
    Name: "Kayak", Category: "Watersports", Price: 279,
  }
  customer := Customer { Name: "Alice", City: "New York" }
  printDetails(product, customer)
}
```

빈 인터페이스는 printDetails 함수가 모든 타입을 받을 수 있도록 허용하지만 인터페이스가 메서드를 정의하지 않기 때문에 특정 기능에 대한 액세스를 허용하지 않는다. 빈 인터페이스를 특정 타입으로 좁힌 다음 각 값을 처리할 수 있도록 하기 위해서 타입 단언이 필요하다. 코드를 컴파일 및 실행하면 다음과 같은 결과를 표시한다.

```
Product: Name: Kayak, Category: Watersports, Price: 279
Customer: Name: Alice, City: New York
```

위 접근 방식의 한계는 printDetails 함수가 미리 알려진 타입만 처리할 수 있다는 것이다. 프로젝트에 타입을 추가할 때마다 해당 타입을 처리하기 위해 printDetails 함수를 확장시켜야 한다.

많은 프로젝트는 문제가 되지 않는 충분히 작은 타입 집합을 처리하거나 공통 기능에 대한 액세스를 제공하는 메서드로 인터페이스를 정의할 수 있다. 다뤄야 할 타입이 많거나 인터페이스와 메서드를 작성할 수 없는 프로젝트의 경우 리플렉션을 통해 문제를 해결한다.

리플렉션 사용

reflect 패키지는 Go 리플렉션 기능을 제공한다. 주요 함수는 TypeOf 및 ValueOf로 두 함수 모두 빠른 참조를 위해 표 27–3에서 설명하고 있다.

표 27–3 주요 리플렉션 함수

이름	설명
TypeOf(val)	지정한 값의 타입을 설명하는 Type 인터페이스를 구현하는 값을 반환한다.
ValueOf(val)	지정한 값을 검사하고 조작할 수 있는 Value 구조체를 반환한다.

TypeOf 및 ValueOf 함수와 그 결과 뒤에는 많은 세부 정보가 있기 때문에 리플렉션이 유용한 이유를 간과하기 쉽다. 자세히 알아보기 전에 리스트 27–8은 어떤 타입도 처리할 수 있도록 reflect 패키지를 사용해 printDetails 함수를 수정하고 리플렉션을 적용할 때 필요한 기본 패턴을 보여준다.

리스트 27–8 reflection 폴더 내 main.go 파일에서 리플렉션 사용

```go
package main

import (
  "reflect"
  "strings"
  "fmt"
)

func printDetails(values ...interface{}) {
  for _, elem := range values {
    fieldDetails := []string {}
    elemType := reflect.TypeOf(elem)
    elemValue := reflect.ValueOf(elem)
    if elemType.Kind() == reflect.Struct {
      for i := 0; i < elemType.NumField(); i++ {
        fieldName := elemType.Field(i).Name
        fieldVal := elemValue.Field(i)
```

```
        fieldDetails = append(fieldDetails,
          fmt.Sprintf("%v: %v", fieldName, fieldVal ))
      }
      Printfln("%v: %v", elemType.Name(), strings.Join(fieldDetails, ", "))
    } else {
      Printfln("%v: %v", elemType.Name(), elemValue)
    }
  }
}

type Payment struct {
  Currency string
  Amount float64
}

func main() {

  product := Product {
    Name: "Kayak", Category: "Watersports", Price: 279,
  }
  customer := Customer { Name: "Alice", City: "New York" }
  payment := Payment { Currency: "USD", Amount: 100.50 }
  printDetails(product, customer, payment, 10, true)
}
```

리플렉션을 사용하는 코드는 장황할 수 있지만 기본 사항에 익숙해지면 기본 패턴을 쉽게 따라갈 수 있다. 기억해야 할 요점은 함께 동작하는 리플렉션의 두 가지 측면, 즉 리플렉션 타입과 리플렉션 값이 있다는 것이다.

리플렉션 타입을 사용하면 Go 타입이 무엇인지 미리 알지 않고도 세부 정보에 액세스할 수 있다. Type 인터페이스가 정의한 메서드를 통해 리플렉션 타입을 탐색하고 세부 정보와 특성을 탐색할 수 있다.

리플렉션 값을 사용하면 제공한 특정 값으로 작업할 수 있다. 예를 들어 어떤 타입을 다루고 있는지 모를 때 일반 코드에서 하듯이 구조체 필드를 읽거나 메서드를 호출할 수 없다.

리플렉션 타입과 리플렉션 값을 사용하면 코드가 장황해진다. 예를 들어 Product 구조체를 다루고 있다는 것을 알고 있다면 Name 필드를 읽고 string 결과를 얻을 수 있다. 사용 중인 타입을 모르는 경우 리플렉션 타입을 사용해 구조체를 처리하고 있는지 여부와 Name 필드가 있는지 여부를 설정해야 한다. Name 필드가 있다고 판단하면 리플렉션 값을 사용해 해당 필드를 읽고 해당 값을 가져온다.

리플렉션은 혼란스러울 수 있으므로 리스트 27-8의 명령문을 살펴보고 각 명령문이 갖는 효과를 간략하게 설명하겠다. 뒤이어 소개하는 reflect 패키지의 자세한 설명에 도움이 될 것이다.

printDetails 함수는 range 키워드를 사용해 열거하는 빈 인터페이스를 사용해 가변 매개변수를 정의한다.

```
...
func printDetails(values ...interface{}) {
  for _, elem := range values {
...
```

언급했듯이 빈 인터페이스는 함수가 모든 데이터 타입을 허용하지만 특정 타입 기능에 대한 액세스를 허용하지 않는다. reflect 패키지는 수신한 각 값의 리플렉션 타입 및 리플렉션 값을 가져오기 위해 사용한다.

```
...
elemType := reflect.TypeOf(elem)
elemValue := reflect.ValueOf(elem)
...
```

TypeOf 함수는 Type 인터페이스에서 설명하는 리플렉션 타입을 반환한다. ValueOf 함수는 Value 인터페이스로 표현하는 리플렉션 값을 반환한다.

다음 단계는 처리 중인 타입의 종류를 결정하는 것으로 Type.Kind 메서드를 호출한다.

```
...
if elemType.Kind() == reflect.Struct {
...
```

reflect 패키지는 표 27-5에서 설명하는 Go의 여러 종류의 타입을 식별하는 상수를 정의한다. 위 명령문에서 if 문은 리플렉션 타입이 구조체인지 확인하기 위해 사용한다. 구조체인 경우 구조체가 정의하는 필드 수를 반환하는 NumField 메서드와 함께 for 루프를 사용한다.

```
...
for i := 0; i < elemType.NumField(); i++ {
...
```

for 루프 내에서 필드의 이름과 값을 얻는다.

```
...
fieldName := elemType.Field(i).Name
fieldVal := elemValue.Field(i)
...
```

리플렉션 타입에서 Field 메서드를 호출하면 Name 필드를 포함한 단일 필드를 설명하는 StructField를 반환한다. 리플렉션 값에서 Field 메서드를 호출하면 필드 값을 나타내는 Value 구조체를 반환한다.

필드의 이름과 값은 출력의 일부를 형성하는 문자열 슬라이스에 추가한다. fmt 패키지는 필드 값의 문자열 표현을 만들 때 사용한다.

```
...
fieldDetails = append(fieldDetails, fmt.Sprintf("%v: %v", fieldName, fieldVal ))
...
```

모든 구조체 필드를 처리하면 Name 메서드를 사용해 얻은 리플렉션 타입의 이름을 포함하는 string을 작성하고 각 필드에 대한 세부 정보를 얻는다.

```
...
Printfln("%v: %v", elemType.Name(), strings.Join(fieldDetails, ", "))
...
```

리플렉션 타입이 구조체가 아닌 경우 리플렉션 타입 이름과 값을 포함하는 더 간단한 메시지를 작성하고 해당 포매팅은 fmt 패키지가 처리한다.

```
...
Printfln("%v: %v", elemType.Name(), elemValue)
...
```

새 코드를 사용하면 printDetails 함수가 새로 정의한 Payment 구조체를 비롯한 모든 데이터 타입과 int 및 bool 값과 같은 기본 제공 타입을 수신할 수 있다. 프로젝트를 컴파일 및 실행하면 다음과 같은 결과를 표시한다.

```
Product: Name: Kayak, Category: Watersports, Price: 279
Customer: Name: Alice, City: New York
Payment: Currency: USD, Amount: 100.5
int: 10
bool: true
```

기초 타입 기능 사용

Type 인터페이스는 표 27-4에서 설명한 메서드를 통해 타입의 기본 정보를 제공한다. 이후의 절들에서 설명하는 배열과 같은 특정 종류의 타입으로 작업하기 위한 특수 메서드가 있지만 이러한 메서드는 모든 타입에 대한 필수 세부 정보를 제공한다.

표 27-4 Type 인터페이스가 정의한 기본 메서드

이름	설명
Name()	타입의 이름을 반환한다.
PkgPath()	타입의 패키지 경로를 반환한다. int 및 bool과 같은 내장 타입에 대한 빈 문자열을 반환한다.
Kind()	상수 중 하나와 일치하는 값을 사용해 타입의 종류를 반환한다. 값은 표 27-5에서 설명한 것처럼 reflect 패키지가 정의한 값이다.

(이어짐)

이름	설명
String()	패키지 이름을 포함한 타입 이름의 문자열 표현을 반환한다.
Comparable()	'값 비교' 절에서 설명한 것처럼 표준 비교 연산자를 사용해 타입의 값을 비교할 수 있는 경우 true를 반환한다.
AssignableTo(type)	타입의 값을 지정한 리플렉션 타입 변수 또는 필드에 할당할 수 있는 경우 true를 반환한다.

reflect 패키지는 Kind라는 이름의 타입을 정의한다. 해당 타입은 uint의 별칭으로 표 27-5에 설명한 것처럼 여러 종류의 타입을 설명하는 일련의 상수에서 사용한다.

표 27-5 Kind 상수

이름	설명
Bool	bool을 나타낸다.
Int, Int8, Int16, Int32, Int64	정수 타입의 다양한 크기를 나타낸다.
Uint, Uint8, Uint16, Uint32, Uint64	부호가 없는 정수 타입의 다양한 크기를 나타낸다.
Float32, Float64	다양한 크기의 부동 소수점 타입을 나타낸다.
String	문자열을 나타낸다.
Struct	구조체를 나타낸다.
Array	배열을 나타낸다.
Slice	슬라이스를 나타낸다.
Map	맵을 나타낸다.
Chan	채널을 나타낸다.
Func	함수를 정의한다.
Interface	인터페이스를 나타낸다.
Ptr	포인터를 나타낸다.
Uintptr	책에서 설명하지 않는 안전하지 않은 포인터를 나타낸다.

리스트 27-9는 printDetails 함수가 수신한 각 값의 리플렉션 타입에서 세부 정보를 표시하는 예제를 단순화한다.

리스트 27-9 reflection 폴더 내 main.go 파일에서 타입 세부 정보 출력

```go
package main

import (
  "reflect"
  // "strings"
  // "fmt"
)

func getTypePath(t reflect.Type) (path string) {
```

```
    path = t.PkgPath()
    if (path == "") {
      path = "(built-in)"
    }
    return
}

func printDetails(values ...interface{}) {
  for _, elem := range values {
    elemType := reflect.TypeOf(elem)
    Printfln("Name: %v, PkgPath: %v, Kind: %v",
      elemType.Name(), getTypePath(elemType), elemType.Kind())
  }
}

type Payment struct {
  Currency string
  Amount float64
}

func main() {

  product := Product {
    Name: "Kayak", Category: "Watersports", Price: 279,
  }
  customer := Customer { Name: "Alice", City: "New York" }
  payment := Payment { Currency: "USD", Amount: 100.50 }
  printDetails(product, customer, payment, 10, true)
}
```

내장 타입을 좀 더 명확하게 설명하기 위해 빈 패키지 이름을 대체하는 함수를 추가했다. 프로젝트를 컴파일 및 실행하면 다음과 같은 결과를 표시한다.

```
Name: Product, PkgPath: main, Kind: struct
Name: Customer, PkgPath: main, Kind: struct
Name: Payment, PkgPath: main, Kind: struct
Name: int, PkgPath: (built-in), Kind: int
Name: bool, PkgPath: (built-in), Kind: bool
```

예를 들어 배열과 같은 단일 종류의 타입에 고유한 많은 리플렉션 기능은 다른 타입에서 호출하는 경우 패닉을 유발하기 때문에 Kind 메서드는 리플렉션을 사용할 때 특히 중요하다.

기초 값 기능 사용

리플렉션 타입 그룹마다 리플렉션 값에 해당하는 기능이 있다. Value 구조체는 표 27-6에서 설명한 메서드를 정의하고 기본값에 대한 액세스를 포함한 기본 리플렉션 기능에 대한 액세스를 제공한다.

표 27-6 Value 구조체가 정의한 기본 메서드

이름	설명
Kind()	표 27-5의 값 중 하나를 사용해 값 타입의 종류를 반환한다.
Type()	Value에 대한 Type을 반환한다.
IsNil()	값이 nil인 경우 true를 반환한다. 기본값이 함수, 인터페이스, 포인터, 슬라이스 또는 채널이 아닌 경우 메서드는 패닉을 발생시킬 것이다.
IsZero()	기본값이 해당 타입의 제로 값인 경우 true를 반환한다.
Bool()	기본 bool 값을 반환한다. 기본값의 Kind가 Bool이 아닌 경우 메서드는 패닉을 발생시킨다.
Bytes()	기본 []byte 값을 반환한다. 기본값이 바이트 슬라이스가 아닌 경우 메서드는 패닉을 발생시킨다. '바이트 슬라이스 식별' 절에서 슬라이스 타입을 결정하는 방법을 보여준다.
Int()	기본값을 int64로 반환한다. 기본값의 Kind가 Int, Int8, Int16, Int32 또는 Int64가 아니면 메서드는 패닉을 발생시킨다.
Uint()	기본값을 uint64로 반환한다. 기본값의 Kind가 Uint, Uint8, Uint16, Uint32 또는 Uint64가 아니면 메서드는 패닉을 발생시킨다.
Float()	기본값을 float64로 반환한다. 기본값의 Kind가 Float32 또는 Float64가 아니면 메서드는 패닉을 발생시킨다.
String()	값의 Kind가 String인 경우 기본값을 문자열로 반환한다. 다른 Kind 값의 경우 해당 메서드는 문자열 〈T Value〉를 반환한다. 여기서 T는 〈int Value〉와 같은 기본 타입이다.
Elem()	포인터가 참조하는 값을 반환한다. 메서드는 29장에서 설명한 것처럼 인터페이스와 함께 사용할 수도 있다. 기본값의 Kind가 Ptr이 아닌 경우 메서드는 패닉을 발생시킨다.
IsValid()	예를 들어 Value가 ValueOf를 사용해 얻은 것이 아니라 Value{}로 생성된 제로 값인 경우 false를 반환한다. 메서드는 리플렉션 타입의 제로 값인 리플렉션 값과 관련이 없다. 메서드가 false를 반환하면 다른 모든 Value 메서드는 패닉을 발생시킨다.

기본값을 반환하는 메서드를 사용할 때 패닉을 방지하려면 Kind 결과를 확인하는 것이 중요하다. 리스트 27-10은 표에서 설명한 몇 가지 메서드를 보여준다.

리스트 27-10 reflection 폴더 내 main.go 파일에서 기본 Value 메서드 사용

```
package main

import (
  "reflect"
  // "strings"
  // "fmt"
)

func printDetails(values ...interface{}) {
  for _, elem := range values {
    elemValue := reflect.ValueOf(elem)
    switch elemValue.Kind() {
      case reflect.Bool:
        var val bool = elemValue.Bool()
        Printfln("Bool: %v", val)
```

```
      case reflect.Int:
        var val int64 = elemValue.Int()
        Printfln("Int: %v", val)
      case reflect.Float32, reflect.Float64:
        var val float64 = elemValue.Float()
        Printfln("Float: %v", val)
      case reflect.String:
        var val string = elemValue.String()
        Printfln("String: %v", val)
      case reflect.Ptr:
        var val reflect.Value = elemValue.Elem()
        if (val.Kind() == reflect.Int) {
          Printfln("Pointer to Int: %v", val.Int())
        }
      default:
        Printfln("Other: %v", elemValue.String())
    }
  }
}

func main() {

  product := Product {
    Name: "Kayak", Category: "Watersports", Price: 279,
  }
  number := 100
  printDetails(true, 10, 23.30, "Alice", &number, product)
}
```

위 예제는 Kind 메서드의 결과와 함께 switch 문을 사용해 값의 타입을 결정하고 적절한 메서드를 호출해 기본값을 가져온다. 프로젝트를 컴파일 및 실행하면 다음과 같은 결과를 표시한다.

```
Bool: true
Int: 10
Float: 23.3
String: Alice
Pointer to Int: 100
Other: <main.Product Value>
```

String 메서드는 다른 메서드와 다르게 동작하고 string이 아닌 값을 호출해도 패닉이 발생하지 않는다. 대신 메서드는 다음과 같은 문자열을 반환한다.

```
...
Other: <main.Product Value>
...
```

이는 Go 표준 라이브러리의 다른 곳에서 볼 수 있는 String 메서드의 일반적인 사용이 아니다. 해당 메서드는 일반적으로 값의 string 표현을 반환한다. 리플렉션을 사용할 때 이후의 절들에서 설명하는 기술을 사용하거나 동일한 기술을 사용하는 포맷 패키지를 사용해 값의 string 표현을 생성할 수 있다.

타입 식별

리스트 27-10에서 포인터를 다룰 때 두 단계가 필요하다는 점에 유의해야 한다. 첫 번째 단계에서 Kind 메서드를 사용해 Ptr 값을 식별하고 두 번째 단계에서 Elem 메서드를 사용해 포인터가 참조하는 데이터를 나타내는 Value를 가져온다.

```
...
case reflect.Ptr:
  var val reflect.Value = elemValue.Elem()
  if (val.Kind() == reflect.Int) {
    Printfln("Pointer to Int: %v", val.Int())
  }
...
```

첫 번째 단계는 내가 포인터를 다루고 있다고 알려주고 두 번째 단계는 포인터가 int 값을 가리키고 있다고 알려준다. 이러한 프로세스는 리플렉션 타입의 비교를 수행해 단순화할 수 있다. 두 값의 Go 데이터 타입이 같으면 리스트 27-11과 같이 reflect.TypeOf 함수의 결과에 적용할 때 비교 연산자가 true를 반환한다.

리스트 27-11 reflection 폴더 내 main.go 파일에서 타입 비교

```
package main

import (
  "reflect"
  // "strings"
  // "fmt"
)

var intPtrType = reflect.TypeOf((*int)(nil))

func printDetails(values ...interface{}) {
  for _, elem := range values {
    elemValue := reflect.ValueOf(elem)
    elemType := reflect.TypeOf(elem)
    if (elemType == intPtrType) {
      Printfln("Pointer to Int: %v", elemValue.Elem().Int())
    } else {
      switch elemValue.Kind() {
        case reflect.Bool:
```

```
                    var val bool = elemValue.Bool()
                    Printfln("Bool: %v", val)
                case reflect.Int:
                    var val int64 = elemValue.Int()
                    Printfln("Int: %v", val)
                case reflect.Float32, reflect.Float64:
                    var val float64 = elemValue.Float()
                    Printfln("Float: %v", val)
                case reflect.String:
                    var val string = elemValue.String()
                    Printfln("String: %v", val)
                // case reflect.Ptr:
                //    var val reflect.Value = elemValue.Elem()
                //    if (val.Kind() == reflect.Int) {
                //       Printfln("Pointer to Int: %v", val.Int())
                //    }
                default:
                    Printfln("Other: %v", elemValue.String())
            }
        }
    }
}

func main() {

    product := Product {
        Name: "Kayak", Category: "Watersports", Price: 279,
    }
    number := 100
    printDetails(true, 10, 23.30, "Alice", &number, product)
}
```

해당 기술은 nil 값으로 시작해 int 값 포인터로 변환한 다음 비교에 사용할 수 있는 Type을 얻기 위해 TypeOf 함수에 전달한다.

```
...
var intPtrType = reflect.TypeOf((*int)(nil))
...
```

위 연산을 수행할 때 필요한 괄호 때문에 읽기가 어렵지만 해당 접근 방법을 사용하면 해당 Type을 얻기 위해 변수를 정의할 필요가 없다. Type은 일반 Go 비교 연산자와 함께 사용할 수 있다.

```
...
if (elemType == intPtrType) {
    Printfln("Pointer to Int: %v", elemValue.Elem().Int())
} else {
...
```

이와 같은 타입 비교는 포인터 타입과 해당 포인터가 가리키는 값 모두의 Kind 값을 확인하는 것보다 간단할 수 있다. 코드를 컴파일 및 실행하면 다음과 같은 결과를 표시한다.

```
Bool: true
Int: 10
Float: 23.3
String: Alice
Pointer to Int: 100
Other: <main.Product Value>
```

바이트 슬라이스 식별

비교 연산자를 사용하는 것도 Bytes 메서드를 안전하게 사용하는 좋은 방법이다. Bytes 메서드는 바이트 슬라이스 이외의 타입에서 호출하는 경우 패닉을 발생시키지만 Kind 메서드는 슬라이스만 표시하고 내용은 표시하지 않는다. 리스트 27-12는 byte 슬라이스에 대한 타입 변수를 정의하고 비교 연산자와 함께 사용해 Bytes 메서드를 호출하는 것이 안전한 시기를 결정한다.

리스트 27-12 reflection 폴더 내 main.go 파일에서 바이트 슬라이스 식별

```go
package main

import (
  "reflect"
  // "strings"
  // "fmt"
)

var intPtrType = reflect.TypeOf((*int)(nil))
var byteSliceType = reflect.TypeOf([]byte(nil))

func printDetails(values ...interface{}) {
  for _, elem := range values {
    elemValue := reflect.ValueOf(elem)
    elemType := reflect.TypeOf(elem)
    if (elemType == intPtrType) {
      Printfln("Pointer to Int: %v", elemValue.Elem().Int())
    } else if (elemType == byteSliceType) {
      Printfln("Byte slice: %v", elemValue.Bytes())
    } else {
      switch elemValue.Kind() {
        case reflect.Bool:
          var val bool = elemValue.Bool()
          Printfln("Bool: %v", val)
        case reflect.Int:
          var val int64 = elemValue.Int()
```

```
            Printfln("Int: %v", val)
        case reflect.Float32, reflect.Float64:
            var val float64 = elemValue.Float()
            Printfln("Float: %v", val)
        case reflect.String:
            var val string = elemValue.String()
            Printfln("String: %v", val)
        default:
            Printfln("Other: %v", elemValue.String())
        }
      }
    }
  }
}

func main() {

  product := Product {
    Name: "Kayak", Category: "Watersports", Price: 279,
  }
  number := 100
  slice := []byte("Alice")
  printDetails(true, 10, 23.30, "Alice", &number, product, slice)
}
```

프로젝트를 컴파일 및 실행하면 byte 슬라이스 감지를 포함한 다음 출력을 표시한다.

```
Bool: true
Int: 10
Float: 23.3
String: Alice
Pointer to Int: 100
Other: <main.Product Value>
Byte slice: [65 108 105 99 101]
```

기본값 얻기

Value 구조체는 기본값을 얻기 위해 표 27-7에서 설명한 메서드를 정의한다.

표 27-7 기본값을 얻기 위한 Value 메서드

이름	설명
Interface()	빈 인터페이스를 사용해 기본값을 반환한다. 메서드는 export하지 않은 구조체 필드에 사용하는 경우 패닉을 발생시킨다.
CanInterface()	Interface 메서드를 패닉 없이 사용할 수 있는 경우 true를 반환한다.

Interface 메서드를 사용하면 리스트 27-13과 같이 일반 Go 코드에서 사용할 수 있는 값을 얻어 리플렉션을 중단할 수 있다.

리스트 27-13 reflection 폴더 내 main.go 파일에서 기본값 얻기

```go
package main

import (
  "reflect"
  // "strings"
  // "fmt"
)

func selectValue(data interface{}, index int) (result interface{}) {
  dataVal := reflect.ValueOf(data)
  if (dataVal.Kind() == reflect.Slice) {
    result = dataVal.Index(index).Interface()
  }
  return
}

func main() {

  names := []string {"Alice", "Bob", "Charlie"}
  val := selectValue(names, 1).(string)
  Printfln("Selected: %v", val)
}
```

selectValue 함수는 슬라이스의 요소 타입을 모른 채 슬라이스에서 값을 선택한다. 값은 28장에서 설명하는 Index 메서드를 사용해 슬라이스에서 검색한다. 27장에서 중요한 것은 Index 메서드가 Value를 반환한다는 것이고 이는 리플렉션을 사용하는 코드에만 유용하다. Interface 메서드는 함수 결과로 사용할 수 있는 값을 가져올 때 사용한다.

```go
...
result = dataVal.Index(index).Interface()
...
```

리플렉션 사용의 한 가지 단점은 함수 및 메서드 결과를 처리해야 하는 방식이다. 결과의 타입이 고정되지 않은 경우 함수 또는 메서드의 호출자는 결과를 특정 타입으로 변환하는 책임을 져야 한다. 이는 리스트 27-13에서 해당 명령문이 하는 일이다.

```go
...
val := selectValue(names, 1).(string)
...
```

selectValue 함수의 결과는 슬라이스 요소와 동일한 타입을 갖지만 Go에서 이를 표현할 방법이 없기 때문에 함수가 빈 인터페이스를 결과로 사용하고 Interface 메서드가 빈 인터페이스를 반환하는 이유다.

이로 인해 발생하는 문제는 호출 코드가 결과를 처리하기 위해 함수가 동작하는 방식에 대한 통찰력이 필요하다는 것이다. 함수의 동작을 변경하면 변경 사항은 함수를 호출하는 모든 코드에 반영해야 하고, 이는 종종 유지 관리하기 어려운 수준의 주의가 필요하다.

이것은 이상적이지 않으며, 리플렉션을 주의해서 사용해야 하는 이유 중 하나다. 프로젝트를 컴파일 및 실행하면 다음과 같은 결과를 표시한다.

```
Selected: Bob
```

리플렉션을 사용한 값 설정

Value 구조체는 표 27-8에서 설명한 것처럼 리플렉션을 사용해 값을 설정할 수 있는 메서드를 정의한다.

표 27-8 값을 설정하기 위한 Value 메서드

이름	설명
CanSet()	값을 설정할 수 있으면 true를 반환하고 그렇지 않으면 false를 반환한다.
SetBool(val)	기본값을 지정한 bool로 설정한다.
SetBytes(slice)	기본값을 지정한 byte 슬라이스로 설정한다.
SetFloat(val)	기본값을 지정한 float64로 설정한다.
SetInt(val)	기본값을 지정한 int64로 설정한다.
SetUint(val)	기본값을 지정한 uint64로 설정한다.
SetString(val)	기본값을 지정한 string으로 설정한다.
Set(val)	기본값을 지정한 Value의 기본값으로 설정한다.

표 27-8의 Set 메서드는 CanSet 메서드의 결과가 false이거나 예상 타입이 아닌 값을 설정할 때 사용하는 경우 패닉을 발생시킨다. 리스트 27-14는 CanSet 메서드가 해결하는 문제를 보여준다.

리스트 27-14 reflection 폴더 내 main.go 파일에서 설정할 수 없는 값 생성

```
package main

import (
  "reflect"
```

```
    "strings"
    // "fmt"
)

func incrementOrUpper(values ...interface{}) {
  for _, elem := range values {
    elemValue := reflect.ValueOf(elem)
    if (elemValue.CanSet()) {
      switch (elemValue.Kind()) {
        case reflect.Int:
          elemValue.SetInt(elemValue.Int() + 1)
        case reflect.String:
          elemValue.SetString(strings.ToUpper( elemValue.String()))
      }
      Printfln("Modified Value: %v", elemValue)
    } else {
      Printfln("Cannot set %v: %v", elemValue.Kind(), elemValue)
    }
  }
}

func main() {

  name := "Alice"
  price := 279
  city := "London"

  incrementOrUpper(name, price, city)
  for _, val := range []interface{} { name, price, city }  {
    Printfln("Value: %v", val)
  }
}
```

incrementOrUpper 함수는 int 값을 증가시키고 문자열 값을 대문자로 변환한다. 코드를 컴파일 및 실행하면 incrementOrUpper 함수에서 수신한 값을 설정할 수 없음을 보여주는 다음 출력을 표시한다.

```
Cannot set string: Alice
Cannot set int: 279
Cannot set string: London
Value: Alice
Value: 279
Value: London
```

CanSet 메서드는 혼동을 일으키지만 함수 및 메서드의 인수로 사용할 때 값을 복사한다는 점을 기억해보자. 값을 incrementOrUpper에 전달하면 값을 복사한다.

```
...
incrementOrUpper(name, price, city)
...
```

이는 값을 함수 내에서 사용하기 위해 복사하기 때문에 값을 변경하는 것을 방지한다. 리스트 27-15는 포인터를 사용해 문제를 해결한다.

리스트 27-15 reflection 폴더 내 main.go 파일에서 값 설정

```
package main

import (
  "reflect"
  "strings"
  // "fmt"
)

func incrementOrUpper(values ...interface{}) {
  for _, elem := range values {
    elemValue := reflect.ValueOf(elem)
    if (elemValue.Kind() == reflect.Ptr) {
      elemValue = elemValue.Elem()
    }
    if (elemValue.CanSet()) {
      switch (elemValue.Kind()) {
        case reflect.Int:
          elemValue.SetInt(elemValue.Int() + 1)
        case reflect.String:
          elemValue.SetString(strings.ToUpper( elemValue.String()))
      }
      Printfln("Modified Value: %v", elemValue)
    } else {
      Printfln("Cannot set %v: %v", elemValue.Kind(), elemValue)
    }
  }
}

func main() {

  name := "Alice"
  price := 279
  city := "London"

  incrementOrUpper(&name, &price, &city)
  for _, val := range []interface{} { name, price, city }  {
    Printfln("Value: %v", val)
  }
}
```

따라서 일반 코드와 마찬가지로 리플렉션은 원래 저장소에 액세스할 수 있는 경우에만 값을 변경할 수 있다. 리스트 27-15에서 포인터는 incrementOrUpper 함수를 호출할 때 사용하기 때문에 포인터를 감지하기 위해 리플렉션 코드를 변경해야 한다. 포인터를 발견하면 Elem 메서드를 사용해 해당 값에 대한 포인터를 따라간다. 프로젝트를 컴파일 및 실행하면 다음과 같은 결과를 표시한다.

```
Modified Value: ALICE
Modified Value: 280
Modified Value: LONDON
Value: ALICE
Value: 280
Value: LONDON
```

다른 값을 사용한 한 값 설정

Set 메서드는 다른 값을 사용해 하나의 Value를 설정할 수 있고 이는 리스트 27-16과 같이 리플렉션이 수신한 값으로 값을 수정하는 편리한 방법이 될 수 있다.

리스트 27-16 reflection 폴더 내 main.go 파일에서 다른 값을 사용한 한 값 설정

```go
package main

import (
  "reflect"
  //"strings"
  // "fmt"
)

func setAll(src interface{}, targets ...interface{}) {
  srcVal := reflect.ValueOf(src)
  for _, target := range  targets {
    targetVal := reflect.ValueOf(target)
    if (targetVal.Kind() == reflect.Ptr &&
        targetVal.Elem().Type() == srcVal.Type() &&
        targetVal.Elem().CanSet()) {
      targetVal.Elem().Set(srcVal)
    }
  }
}

func main() {

  name := "Alice"
  price := 279
  city := "London"
```

```
    setAll("New String", &name, &price, &city)
    setAll(10, &name, &price, &city)
    for _, val := range []interface{} { name, price, city } {
      Printfln("Value: %v", val)
    }
  }
```

setAll 함수는 가변 매개변수를 처리하기 위해 for 루프를 사용하고 src 매개변수와 동일한 타입의 포인터 값을 찾는다. 일치하는 포인터를 발견하면 참조하는 값을 Set 메서드로 변경한다. setAll 함수의 대부분의 코드는 값이 호환 가능하고 설정할 수 있는지 확인하는 역할을 하지만 결과적으로 string을 첫 번째 인수로 사용하면 모든 후속 string 인수를 설정하고, int를 사용하면 모든 후속 int 값을 설정한다. 코드를 컴파일 및 실행하면 다음과 같은 결과를 표시한다.

```
Value: New String
Value: 10
Value: New String
```

⊹ 값 비교

Go 비교 연산자를 사용해 모든 데이터 타입을 비교할 수 있는 것은 아니다. 리스트 27-17과 같이 리플렉션 코드에서 패닉을 쉽게 유발할 수 있다.

리스트 27-17 reflection 폴더 내 main.go 파일에서 값 비교

```
package main

import (
  "reflect"
  //"strings"
  // "fmt"
)

func contains(slice interface{}, target interface{}) (found bool) {
  sliceVal := reflect.ValueOf(slice)
  if (sliceVal.Kind() == reflect.Slice) {
    for i := 0; i < sliceVal.Len(); i++ {
      if sliceVal.Index(i).Interface() == target {
        found = true
      }
    }
  }
  return
```

```
  }

  func main() {

    // name := "Alice"
    // price := 279
    city := "London"

    citiesSlice := []string { "Paris", "Rome", "London"}
    Printfln("Found #1: %v", contains(citiesSlice, city))

    sliceOfSlices := [][]string {
      citiesSlice,  { "First", "Second", "Third"}}
    Printfln("Found #2: %v", contains(sliceOfSlices, citiesSlice))
  }
```

contains 함수는 슬라이스를 허용하고 지정한 값을 포함하는 경우 true를 반환한다. 슬라이스는 28장에서 설명한 Len 및 Index 메서드를 사용해 열거하지만 이 절에서 중요한 설명은 다음과 같다.

```
  ...
  if sliceVal.Index(i).Interface() == target {
  ...
```

위 코드 실행문은 슬라이스의 특정 인덱스에 있는 값과 대상 값에 비교 연산자를 적용한다. 그러나 contains 함수는 모든 타입을 허용하기 때문에 함수가 비교할 수 없는 타입을 수신하면 애플리케이션은 패닉 상태에 빠진다. 프로젝트를 컴파일 및 실행하면 다음과 같은 결과를 표시한다.

```
Found #1: true
panic: runtime error: comparing uncomparable type []string
goroutine 1 [running]:
main.contains(0x243640, 0xc000114078, 0x243f00, 0xc000153f60, 0xc000153f40)
        C:/reflection/main.go:13 +0x1a5
main.main()
        C:/reflection/main.go:33 +0x2e5
exit status 2
```

main 함수는 리스트 27-17에 있는 contains 함수를 두 번 호출한다. 슬라이스에 비교 연산자와 함께 사용할 수 있는 문자열 값을 포함하고 있기 때문에 첫 번째 호출이 동작한다. 두 번째 호출은 슬라이스에 비교 연산자를 적용할 수 없는 다른 슬라이스를 포함하고 있기 때문에 실패한다. 해당 문제를 방지하기 위해 Type 인터페이스는 표 27-9에서 설명한 메서드를 정의한다.

표 27-9 타입이 비교 가능한지 결정하기 위한 Type 메서드

이름	설명
Comparable()	리플렉션 타입을 Go 비교 연산자와 함께 사용할 수 있으면 true를 반환하고 그렇지 않으면 false를 반환한다.

리스트 27-18은 패닉을 유발하는 비교 수행을 피하기 위해 Comparable 메서드를 사용하는 것을 보여준다.

리스트 27-18 reflection 폴더 내 main.go 파일에서 안전하게 값 비교

```
...
func contains(slice interface{}, target interface{}) (found bool) {
  sliceVal := reflect.ValueOf(slice)
  targetType := reflect.TypeOf(target)
  if (sliceVal.Kind() == reflect.Slice &&
      sliceVal.Type().Elem().Comparable() &&
      targetType.Comparable()) {
    for i := 0; i < sliceVal.Len(); i++ {
      if sliceVal.Index(i).Interface() == target {
        found = true
      }
    }
  }
  return
}
...
```

이러한 변경으로 인해 비교 연산자는 타입이 비교 가능한 값에만 적용한다. 프로젝트를 컴파일 및 실행하면 다음과 같은 결과를 표시한다.

```
Found #1: true
Found #2: false
```

비교 편의 함수 사용

reflect 패키지는 표 27-10에 설명한 것처럼 표준 Go 비교 연산자 대안을 제공하는 함수를 정의한다.

표 27-10 값을 비교하기 위한 reflect 패키지 함수

이름	설명
DeepEqual(val, val)	임의의 두 값을 비교해 같으면 true를 반환한다.

DeepEqual 함수는 패닉을 발생시키지 않고 == 연산자로는 불가능한 추가 비교를 수행한다. 해당 함수에 대한 모든 비교 규칙은 다음 링크(https://pkg.go.dev/reflect@go1.17.1#DeepEqual)에서 나열하고 있다. 그러나 일반적으로 DeepEqual 함수는 값의 모든 필드 또는 요소를 재귀적으로 검사해 비교를 수행한다. 해당 타입의 비교에서 가장 유용한 측면 중 하나는 모든 값이 같으면 슬라이스가 같다는 것이고, 이는 리스트 27-19처럼 표준 비교 연산자에서 가장 일반적으로 발생하는 제한 사항 중 하나를 해결한다.

리스트 27-19 reflection 폴더 내 main.go 파일에서 비교 수행

```
package main

import (
  "reflect"
  //"strings"
  // "fmt"
)

func contains(slice interface{}, target interface{}) (found bool) {
  sliceVal := reflect.ValueOf(slice)
  if (sliceVal.Kind() == reflect.Slice) {
    for i := 0; i < sliceVal.Len(); i++ {
      if reflect.DeepEqual(sliceVal.Index(i).Interface(), target) {
        found = true
      }
    }
  }
  return
}

func main() {

  // name := "Alice"
  // price := 279
  city := "London"

  citiesSlice := []string { "Paris", "Rome", "London"}
  Printfln("Found #1: %v", contains(citiesSlice, city))

  sliceOfSlices := [][]string {
    citiesSlice,  { "First", "Second", "Third"}}

  Printfln("Found #2: %v", contains(sliceOfSlices, citiesSlice))
}
```

contains 함수의 단순화는 타입이 비교 가능한지 확인하기 위해 확인할 필요가 없고 프로젝트를 컴파일 및 실행할 때 다음 출력을 생성한다.

```
Found #1: true
Found #2: true
```

위 예제는 contains 함수의 두 호출이 모두 실제 결과를 생성하도록 슬라이스를 비교할 수 있다.

값 변환

3부에서 설명한 것처럼 Go는 타입 변환을 지원하기 때문에 한 타입으로 정의한 값을 다른 타입을 사용해 표현할 수 있다. Type 인터페이스는 리플렉션 타입을 변환할 수 있는지 여부를 결정하기 위해 표 27-11에서 설명한 메서드를 정의한다.

표 27-11 타입 변환을 평가하기 위한 Type 메서드

이름	설명
ConvertibleTo(type)	메서드가 호출한 Type을 지정한 Type으로 변환할 수 있는 경우 true를 반환한다.

Type 인터페이스가 정의한 메서드를 사용하면 타입의 변환 가능성을 확인할 수 있다. 표 27-12는 변환을 수행하는 Value 구조체가 정의한 메서드를 설명한다.

표 27-12 타입 변환을 위한 Value 메서드

이름	설명
Convert(type)	타입 변환을 수행하고 새 타입 및 원래 값과 함께 Value를 반환한다.

리스트 27-20은 리플렉션을 사용해 수행하는 간단한 타입 변환을 보여준다.

리스트 27-20 reflection 폴더 내 main.go 파일에서 타입 변환 수행

```
package main

import (
  "reflect"
  //"strings"
  // "fmt"
)

func convert(src, target interface{}) (result interface{}, assigned bool) {
  srcVal := reflect.ValueOf(src)
  targetVal := reflect.ValueOf(target)
  if (srcVal.Type().ConvertibleTo(targetVal.Type())) {
    result = srcVal.Convert(targetVal.Type()).Interface()
    assigned = true
  } else {
    result = src
```

```
    }
    return
}

func main() {

    name := "Alice"
    price := 279
    //city := "London"

    newVal, ok := convert(price, 100.00)
    Printfln("Converted %v: %v, %T", ok, newVal, newVal)
    newVal, ok = convert(name, 100.00)
    Printfln("Converted %v: %v, %T", ok, newVal, newVal)
}
```

convert 함수는 ConvertibleTo 및 Convert 메서드를 사용해서 한 값을 다른 값의 타입으로 변환하려고 시도한다. convert 함수의 첫 번째 호출은 int 값을 float64로 변환하려고 시도하고 성공한다. 두 번째 호출은 문자열을 float64로 변환하려고 시도하지만 실패한다. 프로젝트를 컴파일 및 실행하면 다음과 같은 결과를 표시한다.

```
Converted true: 279, float64
Converted false: Alice, string
```

숫자 타입 변환

Value 구조체는 값을 대상 타입으로 표현할 때 오버플로를 유발하는지 여부를 확인하기 위해 표 27-13의 메서드를 정의한다. 이러한 메서드는 한 숫자 타입에서 다른 숫자 타입으로 변환할 때 유용하다.

표 27-13 오버플로를 검사하기 위한 Value 메서드

이름	설명
OverflowFloat(val)	지정한 float64 값을 메서드를 호출하는 Value 타입으로 변환할 때 오버플로를 유발하는 경우 true를 반환한다. 해당 메서드는 Value.Kind 메서드가 Float32 또는 Float64를 반환하지 않는 한 패닉을 발생시킬 것이다.
OverflowInt(val)	지정한 int64 값을 메서드를 호출하는 Value 타입으로 변환할 때 오버플로를 유발하는 경우 true를 반환한다. 해당 메서드는 Value.Kind 메서드가 부호 있는 정수 종류 중 하나를 반환하지 않는 한 패닉을 발생시킬 것이다.
OverflowUint(val)	지정한 uint64 값을 메서드를 호출하는 Value 타입으로 변환할 때 오버플로를 유발하는 경우 true를 반환한다. 해당 메서드는 Value.Kind 메서드가 부호 없는 정수 종류 중 하나를 반환하지 않는 한 패닉을 발생시킬 것이다.

5장에서 설명한 것처럼 Go 숫자 값은 오버플로가 발생할 때 래핑한다. 표 27-13에서 설명한 메서드는 리스트 27-21처럼 변환이 예기치 않은 결과를 생성할 수 있는 오버플로를 유발하는 시기를 결정하기 위해 사용할 수 있다.

리스트 27-21 reflection 폴더 내 main.go 파일에서 오버플로 방지

```go
package main

import (
  "reflect"
  //"strings"
  // "fmt"
)

func IsInt(v reflect.Value) bool {
  switch v.Kind() {
    case reflect.Int, reflect.Int8, reflect.Int16, reflect.Int32, reflect.Int64:
      return true
  }
  return false
}

func IsFloat(v reflect.Value) bool {
  switch v.Kind() {
  case reflect.Float32, reflect.Float64:
    return true
  }
  return false
}

func convert(src, target interface{}) (result interface{}, assigned bool) {
  srcVal := reflect.ValueOf(src)
  targetVal := reflect.ValueOf(target)
  if (srcVal.Type().ConvertibleTo(targetVal.Type())) {
    if (IsInt(targetVal) && IsInt(srcVal)) &&
        targetVal.OverflowInt(srcVal.Int()) {
      Printfln("Int overflow")
      return src, false
    } else if (IsFloat(targetVal) && IsFloat(srcVal) &&
        targetVal.OverflowFloat(srcVal.Float())) {
      Printfln("Float overflow")
      return src, false
    }
    result = srcVal.Convert(targetVal.Type()).Interface()
    assigned = true
  } else {
    result = src
  }
  return
}

func main() {
```

```
    name := "Alice"
    price := 279
    //city := "London"

    newVal, ok := convert(price, 100.00)
    Printfln("Converted %v: %v, %T", ok, newVal, newVal)
    newVal, ok = convert(name, 100.00)
    Printfln("Converted %v: %v, %T", ok, newVal, newVal)

    newVal, ok = convert(5000, int8(100))
    Printfln("Converted %v: %v, %T", ok, newVal, newVal)
}
```

리스트 27-21의 새 코드는 한 정수 타입에서 다른 타입으로 변환할 때와 부동 소수점 값에서 다른 타입으로 변환할 때 오버플로에 대한 보호 기능을 추가한다. 프로젝트를 컴파일 및 실행하면 다음과 같은 결과를 표시한다.

```
Converted true: 279, float64
Converted false: Alice, string
Int overflow
Converted false: 5000, int
```

리스트 27-21의 convert 함수의 마지막 호출은 값 5000을 int8로 변환하려고 시도하고 이러한 시도는 오버플로를 유발한다. OverflowInt 메서드는 true를 반환하기 때문에 변환을 수행하지 않는다.

새 값 생성

reflect 패키지는 표 27-14에서 설명한 새 값을 생성하는 함수를 정의한다. 슬라이스 및 맵과 같은 특정 데이터 구조에 특정한 함수는 이후의 장들에서 설명한다.

표 27-14 새 값을 생성하기 위한 함수

이름	설명
New(type)	타입의 제로 값으로 초기화한 지정 타입의 값을 가리키는 Value를 생성한다.
Zero(type)	지정 타입의 제로 값을 나타내는 Value를 생성한다.
MakeMap(type)	28장에서 설명하는 함수로 새 맵을 생성한다.
MakeMapWithSize(type, size)	28장에서 설명하는 함수로 지정 크기를 갖는 새 맵을 생성한다.
MakeSlice(type, capacity)	28장에서 설명하는 함수로 새 슬라이스를 생성한다.
MakeFunc(type, args, results)	29장에서 설명하는 함수로 지정한 인수와 결과를 갖는 새 함수를 생성한다.
MakeChan(type, buffer)	29장에서 설명하는 함수로 지정 버퍼 크기를 갖는 새 채널을 생성한다.

New 함수는 지정한 타입의 새 값 포인터를 반환하기 때문에 주의해야 한다. 즉 New 함수는 포인터에 대한 포인터를 쉽게 만들 수 있다. 리스트 27-22는 매개변수를 스왑^{swap}하는 함수에서 임시 값을 생성하기 위해 New 함수를 사용한다.

리스트 27-22 reflection 폴더 내 main.go 파일에서 값 생성

```go
package main

import (
  "reflect"
  //"strings"
  // "fmt"
)

func swap(first interface{}, second interface{}) {
  firstValue, secondValue := reflect.ValueOf(first), reflect.ValueOf(second)
  if firstValue.Type() == secondValue.Type() &&
      firstValue.Kind() == reflect.Ptr &&
      firstValue.Elem().CanSet() && secondValue.Elem().CanSet() {

    temp :=  reflect.New(firstValue.Elem().Type())
    temp.Elem().Set(firstValue.Elem())
    firstValue.Elem().Set(secondValue.Elem())
    secondValue.Elem().Set(temp.Elem())
  }
}

func main() {

  name := "Alice"
  price := 279
  city := "London"

  swap(&name, &city)
  for _, val := range []interface{} { name, price, city }  {
    Printfln("Value: %v", val)
  }
}
```

New 함수로 생성하는 스왑을 수행하기 위해 새 값이 필요하다.

```go
...
temp :=  reflect.New(firstValue.Elem().Type())
...
```

New 함수에 전달한 Type은 포인터에 대한 포인터 생성을 방지하는 매개변수 값 중 하나의 Elem 결과에서 가져온다. Set 메서드는 임시 값을 설정하고 스왑을 수행할 때 사용한다. 프로젝트를 컴파일 및 실행하면 name과 city 변수의 값을 스왑했음을 보여주는 다음 출력을 볼 수 있다.

```
Value: London
Value: 279
Value: Alice
```

✦ 요약

27장에서는 기본 Go 리플렉션 기능을 소개하고 사용법을 시연했다. 리플렉션 타입과 값을 얻는 방법, 리플렉션 타입의 종류를 파악하는 방법, 리플렉션 값을 설정하는 방법, reflect 패키지에서 제공하는 편의 기능을 사용하는 방법을 설명했다. 28장에서는 리플렉션을 계속 설명하면서 포인터, 슬라이스, 맵, 구조체를 처리하는 방법을 보여줄 것이다.

리플렉션 사용 – 2부

27장에서 설명한 기본 기능 외에도 reflect 패키지는 맵이나 구조체와 같은 특정 종류의 타입으로 작업할 때 유용한 추가 기능을 제공한다. 이어지는 내용은 이러한 기능을 설명하고 사용법을 시연한다. 설명한 메서드 및 함수 중 일부는 둘 이상의 타입과 함께 사용하고 빠른 참조를 위해 나열했다. 표 28–1은 해당 장을 요약한 것이다.

표 28-1 28장 요약

문제	해결 방법	리스트
포인터 타입을 생성하거나 역참조한다.	PtrTo 및 Elem 메서드를 사용한다.	3
포인터 값을 생성하거나 역참조한다.	Addr 및 Elem 메서드를 사용한다.	4
슬라이스를 검사하거나 생성한다.	슬라이스에 Type 및 Value 메서드를 사용한다.	5-8
슬라이스를 생성하고 복사하고 추가한다.	슬라이스에 reflect 함수를 사용한다.	9
맵을 검사하거나 생성한다.	맵에 Type 및 Value 메서드를 사용한다.	10-14
구조체를 검사하거나 생성한다.	구조체에 reflect 함수를 사용한다.	15-17, 19-21
구조체 태그를 검사한다.	StructTag가 정의한 메서드를 사용한다.	18

⊹ 28장 준비

28장에서는 27장에서 만든 reflection 프로젝트를 계속 사용한다. 28장을 준비하기 위해 reflection 폴더 내 types.go 파일에 리스트 28–1에 표시한 타입을 추가해보자.

> **▪ 팁 ▪**
>
> 다음 링크(https://github.com/apress/pro-go)에서 28장 및 책의 다른 모든 장에 대한 예제 프로젝트를 다운로드할 수 있다. 예제를 실행하는 데 문제가 발생한 경우 도움받는 방법은 2장을 참조한다.

```
package main

type Product struct {
  Name, Category string
  Price float64
}

type Customer struct {
  Name, City string
}

type Purchase struct {
  Customer
  Product
  Total float64
  taxRate float64
}
```

프로젝트를 컴파일 및 실행하기 위해 reflection 폴더에서 리스트 28-2의 명령어를 실행한다.

리스트 28-2 예제 프로젝트 컴파일 및 실행

```
go run .
```

코드를 컴파일 및 실행하면 다음 출력을 생성한다.

```
Value: London
Value: 279
Value: Alice
```

⊹ 포인터 작업

reflect 패키지는 포인터 타입 작업을 위해 표 28-2에 표시한 함수와 메서드를 제공한다.

표 28-2 포인터에 대한 reflect 패키지 함수 및 메서드

이름	설명
PtrTo(type)	인수로 받은 Type 포인터인 Type을 반환하는 함수다.
Elem()	포인터 타입이 호출하는 메서드로 기본 Type을 반환한다. 포인터가 아닌 타입에 해당 메서드를 사용하면 패닉이 발생한다.

PtrTo 함수는 포인터 타입을 생성하고 Elem 메서드는 리스트 28-3과 같이 가리키는 타입을 반환한다.

```
package main

import (
  "reflect"
  //"strings"
  // "fmt"
)

func createPointerType(t reflect.Type) reflect.Type {
  return reflect.PtrTo(t)
}

func followPointerType(t reflect.Type) reflect.Type {
  if t.Kind() == reflect.Ptr {
    return t.Elem()
  }
  return t
}

func main() {

  name := "Alice"

  t := reflect.TypeOf(name)
  Printfln("Original Type: %v", t)
  pt := createPointerType(t)
  Printfln("Pointer Type: %v", pt)
  Printfln("Follow pointer type: %v", followPointerType(pt))
}
```

reflect 패키지는 PtrTo 함수를 export한다. 포인터 타입을 포함해 모든 타입에서 호출할 수 있다. 결과는 string 타입이 *string 타입을 생성하고 *string이 **string을 생성하도록 원래 타입을 가리키는 타입이다.

Type 인터페이스가 정의한 메서드인 Elem은 포인터 타입에서만 사용할 수 있기 때문에 리스트 28-3의 followPointerType 함수는 Elem 메서드를 호출하기 전에 Kind 메서드의 결과를 확인한다. 프로젝트를 컴파일 및 실행하면 다음과 같은 결과를 표시한다.

```
Original Type: string
Pointer Type: *string
Follow pointer type: string
```

포인터 값 작업

Value 구조체는 이전 절에서 설명한 타입과 달리 포인터 값으로 작업하기 위해 표 28-3에서 보여주는 메서드를 정의한다.

표 28-3 포인터 타입 작업을 위한 Value 메서드

이름	설명
Addr()	호출한 Value 포인터인 Value를 반환한다. Addr 메서드는 CanAddr 메서드가 false를 반환하는 경우 패닉을 발생시킨다.
CanAddr()	Addr 메서드와 함께 Value를 사용할 수 있는 경우 CanAddr 메서드는 true를 반환한다.
Elem()	포인터를 역참조해 해당 Value를 반환한다. Elem 메서드는 포인터가 아닌 값에서 호출하면 패닉을 발생시킨다.

Elem 메서드는 리스트 28-4와 같이 기본값을 얻기 위해 포인터를 역참조할 때 사용한다. 다른 메서드는 '구조체 필드 값 설정' 절에 설명한 것처럼 구조체 필드를 처리할 때 가장 유용하다.

리스트 28-4 reflection 폴더 내 main.go 파일에서 포인터 역참조

```
package main

import (
  "reflect"
  "strings"
  // "fmt"
)

var stringPtrType = reflect.TypeOf((*string)(nil))

func transformString(val interface{}) {
  elemValue := reflect.ValueOf(val)
  if (elemValue.Type() == stringPtrType) {
    upperStr := strings.ToUpper(elemValue.Elem().String())
    if (elemValue.Elem().CanSet()) {
      elemValue.Elem().SetString(upperStr)
    }
  }
}

func main() {

  name := "Alice"

  transformString(&name)
  Printfln("Follow pointer value: %v", name)
}
```

transformString 함수는 *string 값을 식별하고 Elem 메서드를 사용해 strings.ToUpper 함수에 전달할 수 있도록 string 값을 가져온다. 프로젝트를 컴파일 및 실행하면 다음과 같은 결과를 표시한다.

```
Follow pointer value: ALICE
```

배열 및 슬라이스 타입 작업

Type 구조체는 표 28-4에서 설명한 배열 및 슬라이스 타입을 검사하기 위해 사용할 수 있는 메서드를 정의한다.

표 28-4 배열 및 슬라이스에 대한 Type 메서드

이름	설명
Elem()	배열 또는 슬라이스 요소에 대한 Type을 반환한다.
Len()	배열 타입의 길이를 반환한다. Len 메서드는 슬라이스를 포함한 다른 타입에서 호출하면 패닉을 발생시킨다.

이러한 메서드 외에도 reflect 패키지는 배열 및 슬라이스 타입을 생성하기 위해 표 28-5에서 설명한 함수를 제공한다.

> **▪ 노트 ▪**
>
> 배열 및 슬라이스에 대한 리플렉션 기능은 string 값에도 사용할 수 있지만 나는 문자열을 테스트하고 String 메서드를 사용해 기본값을 얻은 다음 일반 표준 라이브러리 함수를 사용하는 것이 더 쉽다는 것을 깨달았다.

표 28-5 배열 및 슬라이스 타입을 생성하기 위한 reflect 함수

이름	설명
ArrayOf(len, type)	지정한 크기 및 요소 타입으로 배열을 설명하는 Type을 반환한다.
SliceOf(type)	지정한 요소 타입으로 배열을 설명하는 Type을 반환한다.

리스트 28-5는 Elem 메서드를 사용해 배열과 슬라이스의 타입을 확인한다.

리스트 28-5 reflection 폴더 내 main.go 파일에서 배열 및 슬라이스 타입 검사

```
package main

import (
  "reflect"
  //"strings"
```

```
    // "fmt"
)

func checkElemType(val interface{}, arrOrSlice interface{}) bool {
    elemType := reflect.TypeOf(val)
    arrOrSliceType := reflect.TypeOf(arrOrSlice)
    return (arrOrSliceType.Kind() == reflect.Array ||
        arrOrSliceType.Kind() == reflect.Slice) &&
            arrOrSliceType.Elem() == elemType)
}

func main() {
    name := "Alice"
    city := "London"
    hobby := "Running"

    slice := []string { name, city, hobby }
    array := [3]string { name, city, hobby}

    Printfln("Slice (string): %v",  checkElemType("testString", slice))
    Printfln("Array (string): %v",  checkElemType("testString", array))
    Printfln("Array (int): %v",  checkElemType(10, array))
}
```

checkElemType은 Kind 메서드를 사용해 배열과 슬라이스를 식별하고 Elem 메서드를 사용해 요소의 Type을 가져온다. 값을 요소로 추가할 수 있는지 확인하기 위해 첫 번째 매개변수의 타입과 비교한다. 프로젝트를 컴파일 및 실행하면 다음과 같은 결과를 표시한다.

```
Slice (string): true
Array (string): true
ArraWy (int): false
```

⠿ 배열 및 슬라이스 값 작업

Value 인터페이스는 표 28-6에서 설명한 배열 및 슬라이스 값 작업을 위한 메서드를 정의한다.

표 28-6 배열 및 슬라이스 작업을 위한 Value 메서드

이름	설명
Index(index)	지정한 인덱스에 있는 요소를 나타내는 Value를 반환한다.
Len()	배열 또는 슬라이스의 길이를 반환한다.
Cap()	배열 또는 슬라이스의 용량을 반환한다.
SetLen()	슬라이스의 길이를 설정한다. 배열에는 SetLen 메서드를 사용할 수 없다.

(이어짐)

790

이름	설명
SetCap()	슬라이스의 용량을 설정한다. 배열에는 SetCap 메서드를 사용할 수 없다.
Slice(lo, hi)	지정한 low 및 high 값을 갖는 새 슬라이스를 생성한다.
Slice3(lo, hi, max)	지정한 low, high, max 값을 갖는 새 슬라이스를 생성한다.

Index 메서드는 리스트 28-6처럼 슬라이스 또는 배열의 값을 변경하기 위해 27장에서 설명한 Set 메서드와 함께 사용할 수 있는 Value를 반환한다.

리스트 28-6 reflection 폴더 내 main.go 파일에서 슬라이스 요소 변경

```go
package main

import (
  "reflect"
  //"strings"
  // "fmt"
)

func setValue(arrayOrSlice interface{}, index int, replacement interface{}) {
  arrayOrSliceVal := reflect.ValueOf(arrayOrSlice)
  replacementVal := reflect.ValueOf(replacement)
  if (arrayOrSliceVal.Kind() == reflect.Slice) {
    elemVal := arrayOrSliceVal.Index(index)
    if (elemVal.CanSet()) {
      elemVal.Set(replacementVal)
    }
  } else if (arrayOrSliceVal.Kind() == reflect.Ptr &&
    arrayOrSliceVal.Elem().Kind() == reflect.Array &&
    arrayOrSliceVal.Elem().CanSet()) {
      arrayOrSliceVal.Elem().Index(index).Set(replacementVal)
  }
}

func main() {

  name := "Alice"
  city := "London"
  hobby := "Running"

  slice := []string { name, city, hobby }
  array := [3]string { name, city, hobby}

  Printfln("Original slice: %v", slice)
  newCity := "Paris"
  setValue(slice, 1, newCity)
  Printfln("Modified slice: %v", slice)

  Printfln("Original slice: %v", array)
```

```
    newCity = "Rome"
    setValue(&array, 1, newCity)
    Printfln("Modified slice: %v", array)
}
```

setValue 함수는 슬라이스 또는 배열의 요소 값을 변경하지만 각 종류의 타입은 다르게 취급한다. 슬라이스는 작업하기 가장 쉽고 다음과 같이 값으로 전달할 수 있다.

```
...
setValue(slice, 1, newCity)
...
```

7장에서 설명한 것처럼 슬라이스는 참조하기 위해 필요한 것으로 함수 인수로 사용할 때 복사하지 않는다. 리스트 28-6에서 setValue 메서드는 Kind 메서드를 사용해 슬라이스를 감지하고 Index 메서드를 사용해 지정한 위치에 있는 요소의 Value를 가져오고 Set 메서드를 사용해 요소의 값을 변경한다. 배열은 다음과 같이 포인터로 전달해야 한다.

```
...
setValue(&array, 1, newCity)
...
```

포인터를 사용하지 않으면 새 값을 설정할 수 없고 CanSet 메서드는 false를 반환한다. Kind 메서드는 포인터를 감지하기 위해 사용하고 Elem 메서드는 포인터가 배열을 가리키는지 확인하기 위해 사용한다.

```
...
} else if (arrayOrSliceVal.Kind() == reflect.Ptr &&
  arrayOrSliceVal.Elem().Kind() == reflect.Array &&
  arrayOrSliceVal.Elem().CanSet()) {
...
```

요소 값을 설정하기 위해 포인터는 Elem 메서드를 사용해 역참조하고 리플렉트한 Value를 가져오고, Index 메서드를 사용해 지정한 인덱스에서 요소에 대한 Value를 가져오고, Set 메서드를 사용해 새 값을 할당한다.

```
...
arrayOrSliceVal.Elem().Index(index).Set(replacementVal)
...
```

전체적인 효과는 setValue 함수가 어떤 특정 타입을 사용하는지 몰라도 슬라이스와 배열을 조작할 수 있다는 것이다. 프로젝트를 컴파일 및 실행하면 다음과 같은 결과를 표시한다.

```
Original slice: [Alice London Running]
Modified slice: [Alice Paris Running]
```

```
Original slice: [Alice London Running]
Modified slice: [Alice Rome Running]
```

슬라이스 및 배열 열거

Len 메서드는 리스트 28-7처럼 배열 또는 슬라이스의 요소를 열거하기 위해 for 루프에서 제한을 설정할 때 사용할 수 있다.

리스트 28-7 reflection 폴더 내 main.go 파일에서 배열 및 슬라이스 열거

```go
package main

import (
  "reflect"
  //"strings"
  // "fmt"
)

func enumerateStrings(arrayOrSlice interface{}) {
  arrayOrSliceVal := reflect.ValueOf(arrayOrSlice)

  if (arrayOrSliceVal.Kind() == reflect.Array ||
      arrayOrSliceVal.Kind() == reflect.Slice) &&
      arrayOrSliceVal.Type().Elem().Kind() == reflect.String {
    for i := 0; i < arrayOrSliceVal.Len(); i++ {
      Printfln("Element: %v, Value: %v", i, arrayOrSliceVal.Index(i).String())
    }
  }
}

func main() {

  name := "Alice"
  city := "London"
  hobby := "Running"

  slice := []string { name, city, hobby }
  array := [3]string { name, city, hobby}

  enumerateStrings(slice)
  enumerateStrings(array)
}
```

enumerateStrings 함수는 Kind 결과를 확인해 배열 또는 문자열 슬라이스를 처리하고 있는지 확인한다. Type 및 Value 모두 Kind 및 Elem 메서드를 정의하기 때문에 해당 프로세스에서 어떤 Elem 메서드를 사용하는지 혼동하기 쉽다. Kind 메서드는 동일한 작업을 수행하지만 슬라이스

또는 배열 Value에서 Elem 메서드를 호출하면 패닉이 발생하는 반면 슬라이스 또는 배열 Type 에서 Elem 메서드를 호출하면 요소의 Type을 반환한다.

```
...
arrayOrSliceVal.Type().Elem().Kind() == reflect.String {
...
```

함수가 문자열 배열 또는 슬라이스를 처리하고 있음을 확인하면 Len 메서드의 결과로 제한을 설정한 for 루프를 사용한다.

```
...
for i := 0; i < arrayOrSliceVal.Len(); i++ {
...
```

Index 메서드는 for 루프 내에서 현재 인덱스에 있는 요소를 가져올 때 사용하고 해당 값은 String 메서드로 가져온다.

```
...
Printfln("Element: %v, Value: %v", i, arrayOrSliceVal.Index(i).String())
...
```

내용을 열거할 때 배열을 포인터로 참조할 필요가 없다. 포인터로 참조하는 것은 변경할 때만 요구 사항이다. 프로젝트를 컴파일 및 실행하면 슬라이스와 배열의 열거인 다음 출력을 표시한다.

```
Element: 0, Value: Alice
Element: 1, Value: London
Element: 2, Value: Running
Element: 0, Value: Alice
Element: 1, Value: London
Element: 2, Value: Running
```

기존 슬라이스에서 새 슬라이스 생성

Slice 메서드는 리스트 28-8과 같이 다른 슬라이스에서 하나의 슬라이스를 생성할 때 사용한다.

리스트 28-8 reflection 폴더 내 main.go 파일에서 새 슬라이스 생성

```go
package main

import (
    "reflect"
    //"strings"
    // "fmt"
```

```
  )

  func findAndSplit(slice interface{}, target interface{}) interface{} {
    sliceVal := reflect.ValueOf(slice)
    targetType := reflect.TypeOf(target)
    if (sliceVal.Kind() == reflect.Slice && sliceVal.Type().Elem() == targetType) {
      for i := 0; i < sliceVal.Len(); i++ {
        if sliceVal.Index(i).Interface() == target {
          return sliceVal.Slice(0, i +1)
        }
      }
    }
    return slice
  }

  func main() {

    name := "Alice"
    city := "London"
    hobby := "Running"

    slice := []string { name, city, hobby }
    //array := [3]string { name, city, hobby}
    Printfln("Strings: %v", findAndSplit(slice, "London"))

    numbers := []int {1, 3, 4, 5, 7}
    Printfln("Numbers: %v", findAndSplit(numbers, 4))
  }
```

findAndSplit 함수는 특정 타입을 처리할 필요 없이 슬라이스 요소를 비교할 수 있는 Interface 메서드를 사용해 지정한 요소를 찾는 슬라이스를 열거한다. 대상 요소를 찾으면 Slice 메서드를 사용해 새 슬라이스를 만들고 반환한다. 프로젝트를 컴파일 및 실행하면 다음과 같은 결과를 표시한다.

```
Strings: [Alice London]
Numbers: [1 3 4]
```

슬라이스 요소 생성, 복사, 추가

reflect 패키지는 표 28-7에서 설명한 함수를 정의한다. 해당 함수를 사용하면 기본 타입을 처리할 필요 없이 값을 복사하고 슬라이스에 추가할 수 있다.

이름	설명
MakeSlice(type, len, cap)	Type을 사용해 요소 타입을 나타내고 지정한 길이와 용량을 사용해 새 슬라이스를 리플렉트하는 Value를 생성한다.
Append(sliceVal, ···val)	지정한 슬라이스에 하나 이상의 값을 추가하고 모두 Value 인터페이스를 사용해 표현한다. 결과는 수정한 슬라이스다. 슬라이스 이외 타입에서 사용하거나 값 타입이 슬라이스 요소 타입과 일치하지 않는 경우 함수 패닉이 발생한다.
AppendSlice(sliceVal, sliceVal)	한 슬라이스를 다른 슬라이스에 추가한다. Value가 슬라이스를 나타내지 않거나 슬라이스 타입을 호환하지 않는 경우 함수 패닉이 발생한다.
Copy(dst, src)	src Value가 리플렉트한 슬라이스 또는 배열의 요소를 dst Value가 리플렉트한 슬라이스 또는 배열로 복사한다. 대상 슬라이스가 가득 찰 때까지 요소를 복사하거나 모든 소스 요소를 복사한다. 소스와 대상의 요소 타입은 동일해야 한다.

이러한 함수는 반직관적일 수 있고 준비가 필요한 Type 또는 Value 인수를 허용한다. MakeSlice 함수는 슬라이스 타입을 지정하는 Type 인수를 사용하고 새 슬라이스를 반영하는 Value를 반환한다. 다른 함수는 리스트 28-9처럼 Value 인수에 대한 연산자를 사용한다.

리스트 28-9 reflection 폴더 내 main.go 파일에서 새 슬라이스 생성

```go
package main

import (
  "reflect"
  //"strings"
  // "fmt"
)

func pickValues(slice interface{}, indices ...int) interface{} {
  sliceVal := reflect.ValueOf(slice)
  if (sliceVal.Kind() == reflect.Slice) {
    newSlice := reflect.MakeSlice(sliceVal.Type(), 0, 10)
    for _, index := range indices {
      newSlice = reflect.Append(newSlice, sliceVal.Index(index))
    }
    return newSlice
  }
  return nil
}

func main() {

  name := "Alice"
  city := "London"
  hobby := "Running"

  slice := []string { name, city, hobby, "Bob", "Paris", "Soccer" }
  picked := pickValues(slice, 0, 3, 5)
```

```
        Printfln("Picked values: %v", picked)
    }
```

pickValues 함수는 기존 슬라이스에서 리플렉트한 Type을 사용해 새 슬라이스를 만들고 Append 함수를 사용해 새 슬라이스에 값을 추가한다. 프로젝트를 컴파일 및 실행하면 다음과 같은 결과를 표시한다.

```
Picked values: [Alice Bob Soccer]
```

⊹ 맵 타입 작업

Type 구조체는 표 28-8에 설명한 것처럼 맵 타입을 검사할 때 사용할 수 있는 메서드를 정의한다.

표 28-8 맵을 위한 Type 메서드

이름	설명
Key( )	맵 키에 대한 Type을 반환한다.
Elem( )	맵 값에 대한 Type을 반환한다.

위 메서드 외에도 reflect 패키지는 맵 타입을 만들기 위해 표 28-9에 설명한 함수를 제공한다.

표 28-9 맵 타입 생성을 위한 reflect 함수

이름	설명
MapOf(keyType, valType)	지정한 키 및 값 타입을 포함한 맵 타입을 리플렉트하는 새 타입을 반환하고 둘 다 Type을 사용해 설명한다.

리스트 28-10은 맵과 보고서를 해당 타입으로 받는 함수를 정의한다.

> ■ **노트** ■
>
> 값이라는 용어는 맵에 포함한 키-값 쌍과 Value 인터페이스로 표시하는 리플렉션 값을 참조하기 위해 사용하기 때문에 맵에 대한 리플렉션을 설명하는 것은 어렵다. 여기서는 일관성을 유지하기 위해 노력했지만 이 절의 일부를 여러 번 읽어야 할 것이다.

리스트 28-10 reflection 폴더 내 main.go 파일에서 맵 타입 작업

```go
package main

import (
    "reflect"
```

```
    //"strings"
    //"fmt"
)

func describeMap(m interface{}) {
  mapType := reflect.TypeOf(m)
  if (mapType.Kind() == reflect.Map) {
    Printfln("Key type: %v, Val type: %v", mapType.Key(), mapType.Elem())
  } else {
    Printfln("Not a map")
  }
}

func main() {

  pricesMap := map[string]float64 {
    "Kayak": 279, "Lifejacket": 48.95, "Soccer Ball": 19.50,
  }
  describeMap(pricesMap)
}
```

Kind 메서드는 describeMap 함수가 맵을 수신했는지 확인하기 위해 사용한다. Key 및 Elem 메서드는 키 및 값 타입을 작성하기 위해 사용한다. 프로젝트를 컴파일 및 실행하면 다음과 같은 결과를 표시한다.

```
Key type: string, Val type: float64
```

맵 값 작업

Value 인터페이스는 맵 값으로 작업하기 위해 표 28-10에 설명한 메서드를 정의한다.

표 28-10 맵 작업을 위한 Value 메서드

이름	설명
MapKeys()	맵의 키를 포함하는 []Value를 반환한다.
MapIndex(key)	지정한 키에 해당하는 Value를 반환하고 이는 Value로도 표현할 수 있다. 27장에서 설명한 것처럼 지정 키를 맵이 포함하고 있지 않다면(false를 반환하는 IsValid 메서드를 호출해 감지할 수 있음) 제로 값을 반환한다.
MapRange()	*MapIter를 반환하고 표 뒤에 설명한 것처럼 맵 콘텐츠를 반복할 수 있다.
SetMapIndex(key, val)	지정한 키와 값을 설정하고 둘 다 Value 인터페이스를 사용해 표현한다.
Len()	맵에 포함한 키-값 쌍의 개수를 반환한다.

reflect 패키지는 맵의 콘텐츠를 열거하는 두 가지 방법을 제공한다. 첫 번째는 리스트 28-11 과 같이 MapKeys 메서드를 사용해 리플렉트한 키 값을 포함하는 슬라이스를 가져오고 MapIndex 메서드를 사용해 리플렉트한 각 맵 값을 얻는 것이다.

리스트 28-11 reflection 폴더 내 main.go 파일에서 맵의 콘텐츠 반복

```go
package main

import (
  "reflect"
  //"strings"
  //"fmt"
)

func printMapContents(m interface{}) {
  mapValue := reflect.ValueOf(m)
  if (mapValue.Kind() == reflect.Map) {
    for _, keyVal := range mapValue.MapKeys() {
      reflectedVal := mapValue.MapIndex(keyVal)
      Printfln("Map Key: %v, Value: %v", keyVal, reflectedVal)
    }
  } else {
    Printfln("Not a map")
  }
}

func main() {

  pricesMap := map[string]float64 {
    "Kayak": 279, "Lifejacket": 48.95, "Soccer Ball": 19.50,
  }
  printMapContents(pricesMap)
}
```

MapIter 값 포인터를 반환하는 MapRange 메서드를 사용해 동일한 효과를 얻을 수 있다. MapIter 값 포인터는 표 28-11에서 설명한 메서드를 정의한다.

표 28-11 MapIter 구조체가 정의한 메서드

이름	설명
Next()	맵의 다음 키-값 쌍으로 진행시킨다. 메서드의 결과는 읽을 수 있는 추가 키-값 쌍이 있는지 여부를 나타내는 bool이다. Key 또는 Value 메서드보다 먼저 호출해야 한다.
Key()	현재 위치에서 맵 키를 나타내는 Value를 반환한다.
Value()	현재 위치에서 맵 값을 나타내는 Value를 반환한다.

MapIter 구조체는 맵 열거에 대한 커서 기반 접근 방식을 제공한다. 여기서 Next 메서드는 맵 콘텐츠를 통해 진행하고 Key 및 Value 메서드는 현재 위치에서 키와 값에 대한 액세스를 제공한다. Next 메서드의 결과는 읽을 수 있는 값이 남아 있는지 여부를 나타내기 때문에 리스트 28-12와 같이 for 루프와 함께 사용하기 편리하다.

리스트 28-12 reflection 폴더 내 main.go 파일에서 MapIter 사용

```go
package main

import (
  "reflect"
  //"strings"
  //"fmt"
)

func printMapContents(m interface{}) {
  mapValue := reflect.ValueOf(m)
  if (mapValue.Kind() == reflect.Map) {
    iter := mapValue.MapRange()
    for iter.Next() {
      Printfln("Map Key: %v, Value: %v", iter.Key(), iter.Value())
    }
  } else {
    Printfln("Not a map")
  }
}

func main() {

  pricesMap := map[string]float64 {
    "Kayak": 279, "Lifejacket": 48.95, "Soccer Ball": 19.50,
  }
  printMapContents(pricesMap)
}
```

Key 및 Value 메서드를 호출하기 전에 Next 메서드를 호출하고 Next 메서드가 false를 반환할 때 Key 및 Value 메서드를 호출하지 않는 것이 중요하다. 리스트 28-11과 리스트 28-12는 컴파일 및 실행할 때 다음 출력을 생성한다.

```
Map Key: Kayak, Value: 279
Map Key: Lifejacket, Value: 48.95
Map Key: Soccer Ball, Value: 19.5
```

맵 값 설정 및 제거

SetMapIndex 메서드는 맵에서 키-값 쌍을 추가, 수정 또는 제거할 때 사용한다. 리스트 28-13
은 맵을 수정하기 위한 함수를 정의한다.

리스트 28-13 reflection 폴더 내 main.go 파일에서 맵 수정

```go
package main

import (
  "reflect"
  //"strings"
  //"fmt"
)

func setMap(m interface{}, key interface{}, val interface{}) {
  mapValue := reflect.ValueOf(m)
  keyValue := reflect.ValueOf(key)
  valValue := reflect.ValueOf(val)
  if (mapValue.Kind() == reflect.Map &&
    mapValue.Type().Key() == keyValue.Type() &&
    mapValue.Type().Elem() == valValue.Type()) {
      mapValue.SetMapIndex(keyValue, valValue)
  } else {
    Printfln("Not a map or mismatched types")
  }
}

func removeFromMap(m interface{}, key interface{}) {
  mapValue := reflect.ValueOf(m)
  keyValue := reflect.ValueOf(key)
  if (mapValue.Kind() == reflect.Map &&
    mapValue.Type().Key() == keyValue.Type()) {
      mapValue.SetMapIndex(keyValue, reflect.Value{})
  }
}

func main() {

  pricesMap := map[string]float64 {
    "Kayak": 279, "Lifejacket": 48.95, "Soccer Ball": 19.50,
  }
  setMap(pricesMap, "Kayak", 100.00)
  setMap(pricesMap, "Hat", 10.00)
  removeFromMap(pricesMap, "Lifejacket")
  for k, v := range pricesMap {
    Printfln("Key: %v, Value: %v", k, v)
  }
}
```

7장에서 언급했듯이 맵은 인수로 사용할 때 복사하지 않으므로 맵의 콘텐츠를 수정할 때 포인터가 필요하지 않다. setMap 함수는 SetMapIndex 메서드로 값을 설정하기 전에 맵을 수신했는지, 키 및 값 매개변수에 예상 타입이 있는지 확인하기 위해 수신 값을 검사한다.

SetMapIndex 메서드는 값 인수가 맵 값 타입의 제로 값인 경우 맵에서 키를 제거한다. 이는 제로 값이 유효한 맵 항목인 int 및 float64와 같은 내장 타입을 처리할 때 문제가 될 수 있다. SetMapIndex가 값을 제로로 설정하는 것을 방지하기 위해 removeFromMap 함수는 다음과 같이 Value 구조체의 인스턴스를 만든다.

```
...
mapValue.SetMapIndex(keyValue, reflect.Value{})
...
```

위 방법은 float64 값을 맵에서 제거하는 편리한 트릭이다. 프로젝트를 컴파일 및 실행하면 다음과 같은 결과를 표시한다.

```
Key: Kayak, Value: 100
Key: Soccer Ball, Value: 19.5
Key: Hat, Value: 10
```

새 맵 생성

새 맵을 생성하기 위해 reflect 패키지는 리플렉션 타입을 사용해 표 28-12에 설명한 함수를 정의한다.

표 28-12 맵 생성을 위한 함수

이름	설명
MakeMap(type)	지정한 타입으로 생성한 맵을 리플렉트하는 값을 반환한다.
MakeMapWithSize(type, size)	지정한 타입 및 크기로 생성한 맵을 리플렉트하는 값을 반환한다.

맵을 생성할 때 표 28-9에 설명한 MapOf 함수를 사용해 리스트 28-14와 같이 Type 값을 생성할 수 있다.

리스트 28-14 reflection 폴더 내 main.go 파일에서 맵 생성

```
package main

import (
  "reflect"
  "strings"
  //"fmt"
)
```

```go
func createMap(slice interface{}, op func(interface{}) interface{}) interface{} {
  sliceVal := reflect.ValueOf(slice)
  if (sliceVal.Kind() == reflect.Slice) {
    mapType := reflect.MapOf(sliceVal.Type().Elem(), sliceVal.Type().Elem())
    mapVal := reflect.MakeMap(mapType)
    for i := 0; i < sliceVal.Len(); i++ {
      elemVal := sliceVal.Index(i)
      mapVal.SetMapIndex(elemVal, reflect.ValueOf(op(elemVal.Interface())))
    }
    return mapVal.Interface()
  }
  return nil
}

func main() {

  names := []string { "Alice", "Bob", "Charlie"}
  reverse := func(val interface{}) interface{} {
    if str, ok := val.(string); ok {
      return strings.ToUpper(str)
    }
    return val
  }

  namesMap := createMap(names, reverse).(map[string]string)
  for k, v := range namesMap {
    Printfln("Key: %v, Value:%v", k, v)
  }
}
```

createMap 함수는 값 슬라이스와 함수를 허용한다. 슬라이스를 열거하고 함수 결과로 반환하는 맵을 채울 때 사용하는 원래 값과 변환한 값을 사용해 각 요소에서 함수를 호출한다.

호출 코드는 특정 맵 타입(해당 예제는 map[string]string)의 범위를 좁히기 위해 createMap 코드의 결과에 대한 단언을 수행해야 한다. 위 예제의 변환 함수는 createMap 함수에서 사용할 수 있도록 빈 인터페이스를 허용하고 반환하도록 작성해야 한다. 29장에서 함수 처리를 개선하기 위해 리플렉션을 사용하는 방법을 설명할 것이다. 프로젝트를 컴파일 및 실행하면 다음과 같은 결과를 표시한다.

```
Key: Alice, Value:ALICE
Key: Bob, Value:BOB
Key: Charlie, Value:CHARLIE
```

구조체 타입 작업

Type 구조체는 표 28-13에 설명한 것처럼 구조체 타입을 검사할 때 사용할 수 있는 메서드를 정의한다.

표 **28-13** 구조체를 위한 Type 메서드

이름	설명
NumField( )	구조체 타입으로 정의한 필드 개수를 반환한다.
Field(index)	StructField로 표현할 수 있는 지정 인덱스에 있는 필드를 반환한다.
FieldByIndex(indices)	중첩 필드를 찾을 때 사용하는 int 슬라이스를 허용하고 StructField로 표현할 수 있다.
FieldByName(name)	StructField로 표현할 수 있는 지정한 이름을 갖는 필드를 반환한다. 결과는 필드를 나타내는 StructField와 일치하는 항목이 있는지 나타내는 bool이다.
FieldByNameFunc(func)	각 필드(중첩 필드 포함)의 이름을 지정한 함수에 전달하고 함수가 true를 반환하는 첫 번째 필드를 반환한다. 결과는 필드를 나타내는 StructField와 일치하는 항목이 있는지 나타내는 bool이다.

reflect 패키지는 표 28-14에 설명한 필드를 정의하는 StructField 구조체로 리플렉트한 필드를 나타낸다.

표 **28-14** StructField 필드

이름	설명
Name	리플렉트한 필드의 이름을 저장한다.
PkgPath	필드를 export했는지 여부를 확인하기 위해 사용하는 패키지 이름을 반환한다. export한 리플렉트 필드의 경우 PkgPath 필드는 빈 문자열을 반환한다. export하지 않은 리플렉트 필드의 경우 PkgPath 필드는 필드를 사용할 수 있는 유일한 패키지인 패키지의 이름을 반환한다.
Type	Type을 사용해 설명할 수 있는 리플렉트 필드의 리플렉션 타입을 반환한다.
Tag	'구조체 태그 검사' 절에서 설명한 것처럼 리플렉트한 필드와 연결한 구조체 태그를 반환한다.
Index	표 28-13에 설명한 것처럼 FieldByIndex 메서드가 사용하는 필드의 인덱스를 나타내는 int 슬라이스를 반환한다.
Anonymous	리플렉트한 필드를 포함한 경우 true를 반환하고 그렇지 않은 경우 false를 반환한다.

리스트 28-15는 표 28-13 및 표 28-14에 설명한 메서드와 필드를 사용해 구조체 타입을 검사한다.

리스트 **28-15** reflection 폴더 내 main.go 파일에서 구조체 타입 검사

```go
package main

import (
    "reflect"
    // "strings"
```

804

```
    // "fmt"
)

func inspectStructs(structs ...interface{}) {
  for _, s := range structs {
    structType := reflect.TypeOf(s)
    if (structType.Kind() == reflect.Struct) {
      inspectStructType(structType)
    }
  }
}

func inspectStructType(structType reflect.Type) {
  Printfln("--- Struct Type: %v", structType)
  for i := 0; i < structType.NumField(); i++ {
    field := structType.Field(i)
    Printfln("Field %v: Name: %v, Type: %v, Exported: %v",
      field.Index, field.Name, field.Type, field.PkgPath == "")
  }
  Printfln("--- End Struct Type: %v", structType)
}

func main() {
  inspectStructs( Purchase{} )
}
```

inspectStructs 함수는 값을 수신하는 가변 매개변수를 정의한다. TypeOf 함수는 리플렉트한 타입을 가져올 때 사용하고 Kind 메서드는 각 타입이 구조체인지 확인할 때 사용한다. 리플렉트한 Type은 inspectStructType 함수로 전달하고 여기서 NumField 메서드는 For 루프에서 사용하고 Field 메서드를 사용해 구조체 필드를 열거할 수 있다. 프로젝트를 컴파일 및 실행하면 Purchase 구조체 타입의 세부 정보를 표시한다.

```
--- Struct Type: main.Purchase
Field [0]: Name: Customer, Type: main.Customer, Exported: true
Field [1]: Name: Product, Type: main.Product, Exported: true
Field [2]: Name: Total, Type: float64, Exported: true
Field [3]: Name: taxRate, Type: float64, Exported: false
--- End Struct Type: main.Purchase
```

중복 필드 처리

리스트 28-15의 출력에는 다음과 같이 구조체 타입으로 정의한 각 필드의 위치를 식별하기 위해 사용하는 StructField.Index 필드를 포함하고 있다.

```
...
Field [2]: Name: Total, Type: float64, Exported: true
...
```

Total 필드는 인덱스 2에 있다. 필드 인덱스는 소스 코드에 정의한 순서에 따라 결정한다. 즉 필드 순서를 변경하면 구조체 타입을 리플렉트할 때 인덱스를 변경한다.

리스트 28-16에 나타낸 것처럼 중첩 구조체 필드를 검사할 때 필드 식별이 더 복잡해진다.

리스트 28-16 reflection 폴더 내 main.go 파일에서 중첩 구조체 필드 검사

```go
package main

import (
  "reflect"
  // "strings"
  // "fmt"
)

func inspectStructs(structs ...interface{}) {
  for _, s := range structs {
    structType := reflect.TypeOf(s)
    if (structType.Kind() == reflect.Struct) {
      inspectStructType([]int {}, structType)
    }
  }
}

func inspectStructType(baseIndex []int, structType reflect.Type) {
  Printfln("--- Struct Type: %v", structType)
  for i := 0; i < structType.NumField(); i++ {
    fieldIndex := append(baseIndex, i)
    field := structType.Field(i)
    Printfln("Field %v: Name: %v, Type: %v, Exported: %v",
      fieldIndex, field.Name, field.Type, field.PkgPath == "")
    if (field.Type.Kind() == reflect.Struct) {
      field := structType.FieldByIndex(fieldIndex)
      inspectStructType(fieldIndex, field.Type)
    }
  }
  Printfln("--- End Struct Type: %v", structType)
}

func main() {
  inspectStructs( Purchase{} )
}
```

새 코드는 구조체 필드를 감지하고 inspectStructType 함수를 재귀적으로 호출해 처리한다.

806

프로젝트를 컴파일 및 실행하면 다음과 같은 출력을 표시하고, 필드 간의 관계를 보다 명확하
게 하기 위해 들여쓰기를 추가했다.

```
--- Struct Type: main.Purchase
Field [0]: Name: Customer, Type: main.Customer, Exported: true
  --- Struct Type: main.Customer
  Field [0 0]: Name: Name, Type: string, Exported: true
  Field [0 1]: Name: City, Type: string, Exported: true
 --- End Struct Type: main.Customer
Field [1]: Name: Product, Type: main.Product, Exported: true
  --- Struct Type: main.Product
  Field [1 0]: Name: Name, Type: string, Exported: true
  Field [1 1]: Name: Category, Type: string, Exported: true
  Field [1 2]: Name: Price, Type: float64, Exported: true
 --- End Struct Type: main.Product
Field [2]: Name: Total, Type: float64, Exported: true
Field [3]: Name: taxRate, Type: float64, Exported: false
--- End Struct Type: main.Purchase
```

이제 Purchase 구조체 타입의 탐색에서 중첩 Product 및 Customer 필드를 포함하고 이러한 임
베디드 타입이 정의한 필드를 표시하는 것을 볼 수 있다. 출력에서 각 필드를 정의하는 타입과
다음과 같은 상위 타입 내 인덱스로 각 필드를 식별하는 것을 확인할 수 있다.

```
  ...
  Field [1 2]: Name: Price, Type: float64, Exported: true
  ...
```

Price 필드는 둘러싸는 Product 구조체에서 인덱스 2에 있고 둘러싸는 Purchase 구조체에서 인
덱스 1에 있다.

reflect 패키지가 중첩 구조체 필드를 처리하는 방식에는 불일치가 있다. FieldByIndex 메서드
에 []int {1, 2}를 전달해 Price 필드를 직접 가져올 수 있도록 인덱스 시퀀스를 알고 있는 경
우 직접 필드를 요청할 수 있도록 중첩 필드를 찾기 위해 FieldByIndex 메서드를 사용한다. 문
제는 FieldByIndex 메서드가 반환한 StructField는 둘러싸는 구조체 내의 인덱스만 리플렉트
하고 하나의 요소만 반환하는 Index 필드가 있다는 것이다.

이는 FieldByIndex 메서드의 결과가 동일한 메서드의 후속 호출에 쉽게 사용할 수 없다는 것을 의미하기 때문에 고유의 int 슬라이스를 사용해 인덱스를 추적하고 이것을 리스트 28-16의 FieldByIndex 메서드 인수로 사용해야 한다.

```
...
fieldIndex := append(baseIndex, i)
...
field := structType.FieldByIndex(fieldIndex)
...
```

해당 문제는 구조체 타입을 탐색하는 것을 약간 어색하게 만들지만 알고 나면 쉽게 해결할 수 있다. 대부분의 프로젝트는 이런 식으로 필드를 따라가려고 하지 않을 것이다.

이름으로 필드 찾기

이전 절에서 설명한 문제는 리스트 28-17과 같이 FieldByName 메서드에 영향을 미치지 않는다. FieldByName 메서드는 특정 이름을 갖는 필드 검색을 수행하고 반환하는 StructField의 Index 필드를 올바르게 설정한다.

리스트 28-17 reflection 폴더 내 main.go 파일에서 구조체 필드 이름으로 찾기

```
package main

import (
  "reflect"
  //"strings"
  //"fmt"
)

func describeField(s interface{}, fieldName string) {
  structType := reflect.TypeOf(s)
  field, found := structType.FieldByName(fieldName)
  if (found) {
    Printfln("Found: %v, Type: %v, Index: %v",
      field.Name, field.Type, field.Index)
    index := field.Index
    for len(index) > 1 {
      index = index[0: len(index) -1]
      field = structType.FieldByIndex(index)
      Printfln("Parent : %v, Type: %v, Index: %v",
        field.Name, field.Type, field.Index)
    }
    Printfln("Top-Level Type: %v" , structType)
  } else {
    Printfln("Field %v not found", fieldName)
  }
}
```

```
func main() {
  describeField( Purchase{}, "Price" )
}
```

describeField 함수는 지정한 이름을 갖고 올바르게 설정한 Index 필드로 StructField를 반환하는 FieldByName 메서드를 사용한다. for 루프는 타입 계층 구조를 백업할 때 사용하고 각 부모를 차례로 검사한다. 프로젝트를 컴파일 및 실행하면 다음과 같은 결과를 표시한다.

```
Found: Price, Type: float64, Index: [1 2]
Parent : Product, Type: main.Product, Index: [1]
Top-Level Type: main.Purchase
```

FieldByIndex 메서드를 사용해 계층 구조를 작업하면 이전 절에서 설명한 문제가 발생하기 때문에 FieldByName 메서드가 반환한 StructField의 Index 값을 사용해야 한다.

구조체 태그 검사

StructField.Tag 필드는 필드와 연결한 구조체 태그의 세부 정보를 제공한다. 구조체 태그는 사용을 제한하는 리플렉션을 통해서만 검사할 수 있다. 대부분의 프로젝트는 21장에서 JSON 데이터 작업에 대해 설명한 것처럼 다른 패키지에 방향을 제공하기 위해 구조체를 정의할 때만 태그를 사용한다.

Tag 필드는 string의 별칭인 StructTag 값을 반환한다. Struct 태그는 기본적으로 인코딩한 키-값 쌍이 있는 문자열이고 StructTag 별칭 타입을 생성한 이유는 표 28-15에 설명한 메서드를 정의하기 위해서다.

표 28-15 structTag 타입이 정의한 메서드

이름	설명
Get(key)	지정한 키의 값을 포함하는 string을 반환하거나 값을 정의하지 않은 경우 빈 문자열을 반환한다.
Lookup(key)	지정한 키의 값을 포함하는 string을 반환하거나 값을 정의하지 않은 경우 빈 문자열을 반환하고 값을 정의한 경우 true이고 그렇지 않으면 false인 bool을 반환한다.

표 28-15의 메서드는 비슷하지만 Lookup 메서드는 값을 정의하지 않은 키와 빈 문자열을 값으로 정의한 키를 구별한다는 차이점이 있다. 리스트 28-18은 태그가 있는 구조체를 정의하고 메서드의 사용을 보여준다.

리스트 28-18 reflection 폴더 내 main.go 파일에서 구조체 태그 검사

```
package main

import (
```

```
    "reflect"
    //"strings"
    //"fmt"
)

func inspectTags(s interface{}, tagName string) {
    structType := reflect.TypeOf(s)
    for i := 0; i < structType.NumField(); i++ {
        field := structType.Field(i)
        tag := field.Tag
        valGet := tag.Get(tagName)
        valLookup, ok := tag.Lookup(tagName)
        Printfln("Field: %v, Tag %v: %v", field.Name, tagName, valGet)
        Printfln("Field: %v, Tag %v: %v, Set: %v",
            field.Name, tagName, valLookup, ok)
    }
}

type Person struct {
    Name string `alias:"id"`
    City string `alias:""`
    Country string
}

func main() {
    inspectTags(Person{}, "alias")
}
```

inspectTags 함수는 구조체 타입으로 정의한 필드를 열거하고 Get 및 Lookup 메서드를 모두 사용해 지정한 태그를 가져온다. inspectTags 함수는 일부 필드에서 alias 태그를 정의하는 Person 타입에 적용한다. 프로젝트를 컴파일 및 실행하면 다음과 같은 결과를 표시한다.

```
Field: Name, Tag alias: id
Field: Name, Tag alias: id, Set: true
Field: City, Tag alias:
Field: City, Tag alias: , Set: true
Field: Country, Tag alias:
Field: Country, Tag alias: , Set: false
```

Lookup 메서드가 반환한 추가 결과를 통해 빈 문자열로 정의한 alias 태그가 있는 City 필드와 alias 태그가 전혀 없는 Country 필드를 구분할 수 있다.

구조체 타입 생성

reflect 패키지는 구조체 타입을 생성하기 위해 표 28-16에 설명한 함수를 제공한다. 결과는 리플렉션으로만 사용할 수 있는 타입이기 때문에 자주 필요한 기능은 아니다.

표 28-16 구조체 타입 생성을 위한 reflect 함수

이름	설명
StructOf(fields)	필드를 정의하기 위해 지정한 StructField 슬라이스를 사용해 새로운 구조체 타입을 생성한다. export한 필드만 지정할 수 있다.

리스트 28-19는 구조체 타입을 생성하고 해당 구조체 태그를 검사한다.

리스트 28-19 reflection 폴더 내 main.go 파일에서 구조체 타입 생성

```go
package main

import (
  "reflect"
  //"strings"
  //"fmt"
)

func inspectTags(s interface{}, tagName string) {
  structType := reflect.TypeOf(s)
  for i := 0; i < structType.NumField(); i++ {
    field := structType.Field(i)
    tag := field.Tag
    valGet := tag.Get(tagName)
    valLookup, ok := tag.Lookup(tagName)
    Printfln("Field: %v, Tag %v: %v", field.Name, tagName, valGet)
    Printfln("Field: %v, Tag %v: %v, Set: %v",
      field.Name, tagName, valLookup, ok)
  }
}

func main() {

  stringType := reflect.TypeOf("this is a string")

  structType := reflect.StructOf([] reflect.StructField {
    { Name: "Name", Type: stringType, Tag: `alias:"id"` },
    { Name: "City", Type: stringType,Tag: `alias:""`},
    { Name: "Country", Type: stringType },
  })

  inspectTags(reflect.New(structType), "alias")
}
```

위 예제는 Name, City, Country 필드가 있는 이전 절의 Person 구조체와 동일한 특성을 갖는 구조체를 생성한다. 필드는 일반 Go 구조체인 StructField 값을 생성해 설명한다. New 함수는 inspectTags 함수에 전달하는 구조체에서 새 값을 생성하기 위해 사용한다. 프로젝트를 컴파일 및 실행하면 다음과 같은 결과를 표시한다.

```
Field: typ, Tag alias:
Field: typ, Tag alias: , Set: false
Field: ptr, Tag alias:
Field: ptr, Tag alias: , Set: false
Field: flag, Tag alias:
Field: flag, Tag alias: , Set: false
```

구조체 값 작업

Value 인터페이스는 구조체 값으로 작업하기 위해 표 28-17에 설명한 메서드를 정의한다.

표 28-17 구조체 작업을 위한 Value 메서드

이름	설명
NumField( )	구조체 값의 타입으로 정의한 필드 개수를 반환한다.
Field(index)	지정한 인덱스의 필드를 리플렉트하는 Value를 반환한다.
FieldByIndex(indices)	지정한 인덱스에서 중첩 필드를 리플렉트하는 Value를 반환한다.
FieldByName(name)	지정한 이름으로 찾은 첫 번째 필드를 리플렉트하는 Value를 반환한다.
FieldByNameFunc(func)	각 필드(중첩 필드 포함)의 이름을 지정한 함수에 전달하고 함수가 true를 반환하는 첫 번째 필드를 리플렉트하는 Value와 일치하는 항목이 있는지 나타내는 bool을 반환한다.

표 28-17의 메서드는 구조체 타입 작업에 대한 이전 절에서 설명한 메서드에 해당한다. 구조체 타입의 구성을 이해하면 리스트 28-20과 같이 관심 있는 각 필드에 대한 Value를 얻고 기본 리플렉션 기능을 적용할 수 있다.

리스트 28-20 reflection 폴더 내 main.go 파일에서 구조체 필드 값 읽기

```go
package main

import (
  "reflect"
  //"strings"
  //"fmt"
)

func getFieldValues(s interface{}) {
  structValue := reflect.ValueOf(s)
  if structValue.Kind() == reflect.Struct {
    for i := 0; i < structValue.NumField(); i++ {
      fieldType := structValue.Type().Field(i)
      fieldVal := structValue.Field(i)
      Printfln("Name: %v, Type: %v, Value: %v",
        fieldType.Name, fieldType.Type, fieldVal)
    }
```

```
  } else {
    Printfln("Not a struct")
  }
}

func main() {
  product := Product{ Name: "Kayak", Category: "Watersports", Price: 279 }
  customer := Customer{ Name: "Acme", City: "Chicago" }
  purchase := Purchase { Customer: customer, Product: product, Total: 279,
    taxRate: 10 }

  getFieldValues(purchase)
}
```

getFieldValues 함수는 구조체가 정의한 필드를 열거하고 필드 타입 및 값의 세부 사항을 출력한다. 프로젝트를 컴파일 및 실행하면 다음과 같은 결과를 표시한다.

```
Name: Customer, Type: main.Customer, Value: {Acme Chicago}
Name: Product, Type: main.Product, Value: {Kayak Watersports 279}
Name: Total, Type: float64, Value: 279
Name: taxRate, Type: float64, Value: 10
```

구조체 필드 값 설정

구조체 필드에 대한 Value를 얻은 후에는 리스트 28-21에 표시한 것처럼 다른 리플렉션 값과
마찬가지로 필드를 변경할 수 있다.

리스트 28-21 reflection 폴더 내 main.go 파일에서 구조체 필드 설정

```
package main

import (
  "reflect"
  //"strings"
  //"fmt"
)

func setFieldValue(s interface{}, newVals map[string]interface{}) {
  structValue := reflect.ValueOf(s)
  if (structValue.Kind() == reflect.Ptr &&
      structValue.Elem().Kind() == reflect.Struct) {
    for name, newValue := range newVals {
      fieldVal := structValue.Elem().FieldByName(name)
      if (fieldVal.CanSet()) {
        fieldVal.Set(reflect.ValueOf(newValue))
      } else if (fieldVal.CanAddr()) {
```

```
            ptr := fieldVal.Addr()
            if (ptr.CanSet()) {
              ptr.Set(reflect.ValueOf(newValue))
            } else {
              Printfln("Cannot set field via pointer")
            }
          } else {
            Printfln("Cannot set field")
          }
        }
      } else {
        Printfln("Not a pointer to a struct")
      }
    }

    func getFieldValues(s interface{}) {
      structValue := reflect.ValueOf(s)
      if structValue.Kind() == reflect.Struct {
        for i := 0; i < structValue.NumField(); i++ {
          fieldType := structValue.Type().Field(i)
          fieldVal := structValue.Field(i)
          Printfln("Name: %v, Type: %v, Value: %v",
            fieldType.Name, fieldType.Type, fieldVal)
        }
      } else {
        Printfln("Not a struct")
      }
    }

    func main() {
      product := Product{ Name: "Kayak", Category: "Watersports", Price: 279 }
      customer := Customer{ Name: "Acme", City: "Chicago" }
      purchase := Purchase { Customer: customer, Product: product, Total: 279,
        taxRate: 10 }

      setFieldValue(&purchase, map[string]interface{} {
        "City": "London", "Category": "Boats", "Total": 100.50,
      })

      getFieldValues(purchase)
    }
```

다른 데이터 타입과 마찬가지로 리플렉션은 구조체 포인터를 통해 값을 변경할 때만 사용할
수 있다. Elem 메서드는 표 28-17에 설명한 메서드 중 하나를 사용해 필드를 리플렉트하는
Value를 얻을 수 있도록 포인터를 역참조하기 위해 사용한다. CanSet 메서드는 필드를 설정할
수 있는지 확인하기 위해 사용한다.

중첩 구조체가 아닌 필드에는 다음과 같이 Addr 메서드를 사용해 필드 값 포인터를 만드는 추가 단계가 필요하다.

```
...
} else if (fieldVal.CanAddr()) {
  ptr := fieldVal.Addr()
  if (ptr.CanSet()) {
    ptr.Set(reflect.ValueOf(newValue))
...
```

위 추가 단계가 없으면 중첩하지 않은 필드의 값을 변경할 수 없다. 리스트 28-21의 변경 사항은 City, Category, Total 필드의 값을 변경해 프로젝트를 컴파일 및 실행할 때 다음 출력을 생성한다.

```
Name: Customer, Type: main.Customer, Value: {Acme London}
Name: Product, Type: main.Product, Value: {Kayak Boats 279}
Name: Total, Type: float64, Value: 100.5
Name: taxRate, Type: float64, Value: 10
```

리스트 28-21에서 포인터 값을 생성하기 위해 Addr 메서드를 호출한 후에도 CanSet 메서드를 사용한다는 점에 유의해야 한다. export할 수 없는 구조체 필드를 설정할 때 리플렉션을 사용할 수 없기 때문에 설정할 수 없는 필드를 설정하려고 시도해서 패닉이 발생하지 않도록 추가 확인을 수행해야 한다(실제로 export하지 않은 필드를 설정하는 해결 방법이 몇 가지 있지만 지저분하고 사용을 권장하지 않는다. 웹 검색은 export하지 않은 필드를 설정하기로 결정한 경우 필요한 세부 정보를 제공할 뿐이다).

❖ 요약

28장에서는 포인터, 배열, 슬라이스, 맵, 구조체와 함께 사용하는 방법을 설명하면서 Go 리플렉션 기능을 계속 설명했다. 29장에서는 중요하지만 복잡한 리플렉션 기능 설명을 완성할 것이다.

리플렉션 사용 – 3부

29장에서는 27~28장에서 계속해서 다룬 리플렉션에 대한 Go 지원 설명을 완료한다. 29장에서는 리플렉션을 함수, 메서드, 인터페이스, 채널에서 어떻게 사용하는지 설명한다. 표 29-1은 29장을 요약한 것이다.

표 29-1 29장 요약

문제	해결 방법	리스트 참조 번호
리플렉트한 함수를 검사하고 호출한다.	함수에 대한 Type 및 Value 메서드를 사용한다.	5-7
새 함수를 생성한다.	FuncOf 및 MakeFunc 함수를 사용한다.	8, 9
리플렉트한 메서드를 검사하고 호출한다.	메서드에 대한 Type 및 Value 메서드를 사용한다.	10-12
리플렉트한 인터페이스를 검사한다.	인터페이스에 대한 Type 및 Value 메서드를 사용한다.	13-15
리플렉트한 채널을 검사하고 사용한다.	채널에 대한 Type 및 Value 메서드를 사용한다.	16-19

✦ 29장 준비

29장에서는 28장의 reflection 프로젝트를 계속 사용한다. 29장을 준비하기 위해 리스트 29-1의 내용을 담은 interface.go 파일을 reflection 프로젝트에 추가해보자.

> **▪ 팁 ▪**
>
> 다음 링크(https://github.com/apress/pro-go)에서 29장 및 책의 다른 모든 장에 대한 예제 프로젝트를 다운로드 할 수 있다. 예제를 실행하는 데 문제가 발생한 경우 도움받는 방법은 2장을 참조한다.

```go
package main

import "fmt"

type NamedItem interface {
  GetName() string
  unexportedMethod()
}

type CurrencyItem interface {
  GetAmount() string
  currencyName() string
}

func (p *Product) GetName() string {
  return p.Name
}

func (c *Customer) GetName() string {
  return c.Name
}

func (p *Product) GetAmount() string {
  return fmt.Sprintf("$%.2f", p.Price)
}

func (p *Product) currencyName() string {
  return "USD"
}

func (p *Product) unexportedMethod() {}
```

리스트 29-2의 소스 코드 내용을 담은 functions.go 파일을 생성해 reflection 폴더에 추가해 보자.

리스트 29-2 reflection 폴더 내 functions.go 파일 소스 코드

```go
package main

func Find(slice []string, vals... string) (matches bool) {
  for _, s1 := range slice {
    for _, s2 := range vals {
      if s1 == s2 {
        matches = true
        return
      }
    }
  }
  return
}
```

리스트 29-3의 소스 코드 내용을 담은 methods.go 파일을 생성해 reflection 폴더에 추가해 보자.

리스트 29-3 reflection 폴더 내 methods.go 파일 소스 코드

```
package main

func (p Purchase) calcTax(taxRate float64) float64 {
  return p.Price * taxRate
}

func (p Purchase) GetTotal() float64 {
  return p.Price + p.calcTax(.20)
}
```

reflection 폴더에서 리스트 29-4의 명령어를 실행하기 위해 CMD를 사용한다.

리스트 29-4 예제 프로젝트 실행

```
go run .
```

코드를 컴파일 및 실행하면 다음 출력을 생성한다.

```
Name: Customer, Type: main.Customer, Value: {Acme London}
Name: Product, Type: main.Product, Value: {Kayak Boats 279}
Name: Total, Type: float64, Value: 100.5
Name: taxRate, Type: float64, Value: 10
```

⊹ 함수 타입 작업

9장에서 설명한 것처럼 함수는 Go 타입이고 예상할 수 있듯이 함수는 리플렉션과 함께 검사하고 사용할 수 있다. Type 구조체는 표 29-2에서 설명한 함수 타입을 검사할 때 사용할 수 있는 메서드를 정의한다.

표 29-2 함수 작업을 위한 Type 메서드

이름	설명
NumIn()	함수가 정의한 매개변수의 개수를 반환한다.
In(index)	지정한 인덱스의 매개변수를 리플렉트하는 Type을 반환한다.
IsVariadic()	마지막 매개변수가 가변적이면 true를 반환한다.
NumOut()	함수가 정의한 결과 개수를 반환한다.
Out(index)	지정한 인덱스에서 결과를 리플렉트하는 Type을 반환한다.

리스트 29-5는 함수를 설명하기 위해 리플렉션을 사용한다.

리스트 29-5 reflection 폴더 내 main.go 파일에서 함수 리플렉트

```go
package main

import (
  "reflect"
  //"strings"
  //"fmt"
)

func inspectFuncType(f interface{}) {
  funcType := reflect.TypeOf(f)
  if (funcType.Kind() == reflect.Func) {
    Printfln("Function parameters: %v", funcType.NumIn())
    for i := 0 ; i < funcType.NumIn(); i++ {
      paramType := funcType.In(i)
      if (i < funcType.NumIn() -1) {
        Printfln("Parameter #%v, Type: %v", i, paramType)
      } else {
        Printfln("Parameter #%v, Type: %v, Variadic: %v", i, paramType,
          funcType.IsVariadic())
      }
    }
    Printfln("Function results: %v", funcType.NumOut())
    for i := 0 ; i < funcType.NumOut(); i++ {
      resultType := funcType.Out(i)
      Printfln("Result #%v, Type: %v", i, resultType)
    }
  }
}

func main() {
  inspectFuncType(Find)
}
```

inspectFuncType 함수는 표 29-2에서 설명한 메서드를 사용해 함수 타입을 검사하고 해당 매개변수 및 결과를 보고한다. 프로젝트를 컴파일 및 실행하면 리스트 29-2에 정의한 Find 함수를 설명하는 다음 출력을 표시한다.

```
Parameter #0, Type: []string
Parameter #1, Type: []string, Variadic: true
Function results: 1
Result #0, Type: bool
```

출력은 Find 함수에 2개의 매개변수가 있고 그중 마지막 매개변수는 가변적이고 결과는 하나임을 보여준다.

820

∴ 함수 값 작업

Value 인터페이스는 함수를 호출하기 위해 표 29-3에서 설명한 메서드를 정의한다.

표 29-3 함수 호출을 위한 Value 메서드

이름	설명
Call(params)	[]Value를 매개변수로 사용해 리플렉트한 함수를 호출한다. 결과는 함수 결과를 포함하는 []Value다. 매개변수로 제공한 값은 함수에서 정의한 값과 일치해야 한다.

Call 메서드는 함수를 호출하고 결과를 포함한 슬라이스를 반환한다. 함수의 매개변수는 Value 슬라이스를 사용해 지정하고 Call 메서드는 가변 매개변수를 자동으로 감지한다. 결과는 리스트 29-6과 같이 또 다른 Value 슬라이스로 반환한다.

리스트 29-6 reflection 폴더 내 main.go 파일에서 함수 호출

```
package main

import (
  "reflect"
  //"strings"
  //"fmt"
)

func invokeFunction(f interface{}, params ...interface{}) {
  paramVals := []reflect.Value {}
  for _, p := range params {
    paramVals = append(paramVals, reflect.ValueOf(p))
  }
  funcVal := reflect.ValueOf(f)
  if (funcVal.Kind() == reflect.Func) {
    results := funcVal.Call(paramVals)
    for i, r := range results {
      Printfln("Result #%v: %v", i, r)
    }
  }
}

func main() {
  names := []string { "Alice", "Bob", "Charlie" }
  invokeFunction(Find, names, "London", "Bob")
}
```

프로젝트를 컴파일 및 실행하면 다음 출력을 생성한다.

```
Result #0: true
```

위 방법으로 함수를 호출하는 것은 호출 코드가 함수를 직접 호출할 수 있기 때문에 일반적인 요구 사항은 아니다. 그러나 위 예제는 Call 메서드를 명확하게 사용하고 매개변수와 결과를 모두 Value 슬라이스를 사용해 표현한다는 점을 강조한다. 리스트 29-7은 보다 현실적인 예를 제공한다.

리스트 29-7 reflection 폴더 내 main.go 파일에서 슬라이스 요소에 함수 호출

```go
package main

import (
  "reflect"
  "strings"
  //"fmt"
)

func mapSlice(slice interface{}, mapper interface{}) (mapped []interface{}) {
  sliceVal := reflect.ValueOf(slice)
  mapperVal := reflect.ValueOf(mapper)
  mapped = []interface{} {}
  if sliceVal.Kind() == reflect.Slice && mapperVal.Kind() == reflect.Func &&
      mapperVal.Type().NumIn() == 1 &&
      mapperVal.Type().In(0) == sliceVal.Type().Elem() {
    for i := 0; i < sliceVal.Len(); i++ {
      result := mapperVal.Call([]reflect.Value {sliceVal.Index(i)})
      for _, r := range result {
        mapped = append(mapped, r.Interface())
      }
    }
  }
  return
}

func main() {
  names := []string { "Alice", "Bob", "Charlie" }
  results := mapSlice(names, strings.ToUpper)
  Printfln("Results: %v", results)
}
```

mapSlice 함수는 슬라이스와 함수를 수신하고 각 슬라이스 요소를 함수에 전달하고 결과를 반환한다. 다음과 같이 매개변수의 개수를 지정하기 위해 함수 매개변수를 설명하고 싶을 수 있다.

```
...
mapper func(interface{}) interface{}
...
```

위 접근 방식의 문제점은 빈 인터페이스인 매개변수와 결과로 정의한 함수로 사용할 수 있는

함수를 제한한다는 것이다. 대신 다음과 같이 전체 함수를 하나의 빈 인터페이스 값으로 지정한다.

```
...
func mapSlice(slice interface{}, mapper interface{}) (mapped []interface{}) {
...
```

이렇게 하면 모든 함수를 사용할 수 있지만 의도한 대로 사용할 수 있는지 확인하기 위해 함수를 검사해야 한다.

```
...
if sliceVal.Kind() == reflect.Slice && mapperVal.Kind() == reflect.Func &&
  mapperVal.Type().NumIn() == 1 &&
  mapperVal.Type().In(0) == sliceVal.Type().Elem() {
...
```

이러한 검사는 함수가 단일 매개변수를 정의하고 매개변수 타입이 슬라이스 요소 타입과 일치하는지 확인한다. 프로젝트를 컴파일 및 실행하면 다음과 같은 결과를 나타낸다.

```
Results: [ALICE BOB CHARLIE]
```

새 함수 타입과 값 생성 및 호출

reflect 패키지는 새 함수 타입 및 값을 생성하기 위해 표 29-4에 설명한 함수를 정의한다.

표 29-4 새 함수 타입과 함수 값을 생성하기 위해 reflect 함수

이름	설명
FuncOf(params, results, variadic)	지정한 매개변수 및 결과와 함께 함수 타입을 리플렉트하는 새 Type을 생성한다. 마지막 인수는 함수 타입에 가변 매개변수가 있는지 여부를 지정한다. 매개변수와 결과는 Type 슬라이스로 지정한다.
MakeFunc(type, fn)	함수 fn을 둘러싼 래퍼인 새 함수를 리플렉트하는 Value를 반환한다. 함수는 Value 슬라이스를 유일한 매개변수로 허용하고 Value 슬라이스를 유일한 결과로 반환해야 한다.

FuncOf 함수의 한 가지 용도는 타입 서명을 생성하고 이를 사용해 리스트 29-8처럼 이전 절에서 수행한 검사를 대체해 함수 값의 서명을 확인하는 것이다.

리스트 29-8 reflection 폴더 내 main.go 파일에서 함수 타입 생성

```
package main

import (
  "reflect"
  "strings"
  //"fmt"
)
```

```go
func mapSlice(slice interface{}, mapper interface{}) (mapped []interface{}) {
    sliceVal := reflect.ValueOf(slice)
    mapperVal := reflect.ValueOf(mapper)
    mapped = []interface{} {}

    if sliceVal.Kind() == reflect.Slice && mapperVal.Kind() == reflect.Func {
        paramTypes := []reflect.Type { sliceVal.Type().Elem() }
        resultTypes := []reflect.Type {}
        for i := 0; i < mapperVal.Type().NumOut(); i++ {
            resultTypes = append(resultTypes, mapperVal.Type().Out(i))
        }
        expectedFuncType := reflect.FuncOf(paramTypes,
            resultTypes, mapperVal.Type().IsVariadic())
        if (mapperVal.Type() == expectedFuncType) {
            for i := 0; i < sliceVal.Len(); i++ {
                result := mapperVal.Call([]reflect.Value {sliceVal.Index(i)})
                for _, r := range result {
                    mapped = append(mapped, r.Interface())
                }
            }
        } else {
            Printfln("Function type not as expected")
        }
    }
    return
}

func main() {
    names := []string { "Alice", "Bob", "Charlie" }
    results := mapSlice(names, strings.ToUpper)
    Printfln("Results: %v", results)
}
```

위 접근 방식은 적어도 슬라이스 요소 타입과 동일한 매개변수 타입을 갖지만 결과 타입이 있
는 함수의 허용을 원하기 때문에 그다지 장황하지 않다. 슬라이스 요소 타입을 가져오는 것은
간단하지만 올바르게 비교할 타입을 생성하려면 매퍼^{mapper} 함수의 결과를 리플렉트하는 Type
슬라이스를 생성하기 위해 몇 가지 작업을 수행해야 한다. 프로젝트를 컴파일 및 실행하면 다
음과 같은 결과를 표시한다.

```
Results: [ALICE BOB CHARLIE]
```

FuncOf 함수는 함수 타입을 템플릿으로 사용해 새 함수를 생성하는 MakeFunc 함수로 보완할 수
있다. 리스트 29-9는 MakeFunc 함수를 사용해 재사용 가능한 타입 매핑 함수를 만드는 방법을
보여준다.

```go
package main

import (
  "reflect"
  "strings"
  "fmt"
)

func makeMapperFunc(mapper interface{}) interface{} {
  mapVal := reflect.ValueOf(mapper)
  if mapVal.Kind() == reflect.Func && mapVal.Type().NumIn() == 1 &&
      mapVal.Type().NumOut() == 1 {
    inType := reflect.SliceOf( mapVal.Type().In(0))
    inTypeSlice := []reflect.Type { inType }
    outType := reflect.SliceOf( mapVal.Type().Out(0))
    outTypeSlice := []reflect.Type { outType }
    funcType := reflect.FuncOf(inTypeSlice, outTypeSlice, false)
    funcVal := reflect.MakeFunc(funcType,
        func (params []reflect.Value) (results []reflect.Value) {
      srcSliceVal := params[0]
      resultsSliceVal := reflect.MakeSlice(outType, srcSliceVal.Len(), 10)
      for i := 0; i < srcSliceVal.Len(); i++ {
        r := mapVal.Call([]reflect.Value { srcSliceVal.Index(i)})
        resultsSliceVal.Index(i).Set(r[0])
      }
      results = []reflect.Value { resultsSliceVal }
      return
    })
    return funcVal.Interface()
  }
  Printfln("Unexpected types")
  return nil
}

func main() {

  lowerStringMapper := makeMapperFunc(strings.ToLower).(func([]string)[]string)
  names := []string { "Alice", "Bob", "Charlie" }
  results := lowerStringMapper(names)
  Printfln("Lowercase Results: %v", results)

  incrementFloatMapper := makeMapperFunc(func (val float64) float64 {
    return val + 1
  }).(func([]float64)[]float64)
  prices := []float64 { 279, 48.95, 19.50}
  floatResults := incrementFloatMapper(prices)
  Printfln("Increment Results: %v", floatResults)

  floatToStringMapper := makeMapperFunc(func (val float64) string {
```

```
      return fmt.Sprintf("$%.2f", val)
   }).(func([]float64)[]string)
   Printfln("Price Results: %v", floatToStringMapper(prices))
}
```

makeMapperFunc 함수는 리플렉션이 얼마나 유연할 수 있는지 보여주지만, 리플렉션이 얼마나 장황하고 조밀할 수 있는지도 보여준다. makeMapperFunc 함수를 이해하는 가장 좋은 방법은 입력과 출력에 집중하는 것이다. makeMapperFunc는 다음과 같은 서명을 사용해 하나의 값을 다른 값으로 변환하는 함수를 허용한다.

```
...
func mapper(int) string
...
```

위 가상 함수는 int 값을 받고 문자열 결과를 생성한다. makeMapperFunc 함수는 위 함수의 타입을 사용해 일반 Go 코드에서 다음과 같이 표현하는 함수를 생성한다.

```
...
func useMapper(slice []int) []string {
   results := []string {}
   for _, val := range slice {
     results = append(results, mapper(val))
   }
   return results
}
...
```

useMapper 함수는 mapper 함수를 둘러싼 래퍼다. mapper 및 useMapper 함수는 일반 Go 코드에서 쉽게 정의할 수 있지만 단일 타입 집합에만 적용할 수 있다. makeMapperFunc는 리플렉션을 사용해 모든 매핑 함수를 수신하고 적절한 래퍼를 생성한 다음 표준 Go 타입 안전 기능과 함께 사용할 수 있다.

첫 번째 단계는 매핑 함수의 타입을 식별하는 것이다.

```
...
inType := reflect.SliceOf( mapVal.Type().In(0))
inTypeSlice := []reflect.Type { inType }
outType := reflect.SliceOf( mapVal.Type().Out(0))
outTypeSlice := []reflect.Type { outType }
...
```

위 타입은 래퍼의 함수 타입을 만들기 위해 사용한다.

```
...
funcType := reflect.FuncOf(inTypeSlice, outTypeSlice, false)
...
```

함수 타입이 있으면 이를 사용해 래퍼 함수를 만들 수 있고 이때 MakeFunc 함수를 사용한다.

```
...
funcVal := reflect.MakeFunc(funcType,
    func (params []reflect.Value) (results []reflect.Value) {
...
```

MakeFunc 함수는 함수를 설명하는 Type과 새 함수가 호출할 함수를 허용한다. 리스트 29-9에서 함수는 슬라이스의 요소를 열거하고 각각에 대해 매퍼 함수를 호출하고 결과 슬라이스를 구성한다.

그 결과 타입이 안전한 함수가 되지만 타입 단언이 필요하다.

```
...
lowerStringMapper := makeMapperFunc(strings.ToLower).(func([]string)[]string)
...
```

makeMapperFunc를 strings.ToLower 함수에 전달하고 문자열 슬라이스를 허용하고 문자열 슬라이스를 반환하는 함수를 생성한다. makeMapperFunc에 대한 다른 호출은 float64 값을 다른 float64 값으로 변환하고 float64 값을 통화 형식 문자열로 변환하는 함수를 생성한다. 프로젝트를 컴파일 및 실행하면 다음과 같은 결과를 나타낸다.

```
Lowercase Results: [alice bob charlie]
Increment Results: [280 49.95 20.5]
Price Results: [$279.00 $48.95 $19.50]
```

메서드 작업

Type 구조체는 구조체가 정의한 메서드를 검사하기 위해 표 29-5에 설명한 메서드를 정의한다.

표 29-5 메서드 작업을 위한 Type 메서드

이름	설명
NumMethod()	리플렉트한 구조체 타입에 대해 정의한 export한 메서드의 개수를 반환한다.
Method(index)	Method 구조체로 나타내는 지정 인덱스에서 리플렉트한 메서드를 반환한다.
MethodByName(name)	지정한 이름을 갖는 리플렉트한 메서드를 반환한다. 결과는 Method 구조체와 지정한 이름을 갖는 메서드가 존재하는지 여부를 나타내는 bool이다.

메서드는 표 29-6에 설명한 필드를 정의하는 Method 구조체로 나타낸다.

표 29-6 Method 구조체가 정의한 필드

이름	설명
Name	메서드 이름을 string으로 반환한다.
PkgPath	'인터페이스 작업' 절에서 설명한 대로 인터페이스와 함께 사용하고 구조체 타입을 통해 액세스하는 메서드에는 사용하지 않는다. 해당 필드는 패키지 경로를 포함하는 string을 반환한다. 빈 문자열은 export한 필드에 사용하고 export하지 않은 필드의 구조체 패키지 이름을 포함한다.
Type	메서드 함수 타입을 설명하는 Type을 반환한다.
Func	메서드 함수 값을 리플렉트하는 값을 반환한다. 메서드를 호출할 때 첫 번째 인수는 '메서드 호출' 절에서 설명한 것처럼 메서드를 호출하는 구조체여야 한다.
Index	표 29-5에 설명한 Method 메서드와 함께 사용하기 위해 메서드 인덱스를 지정하는 int를 반환한다.

Value 인터페이스는 또한 표 29-7에 설명한 것처럼 리플렉트한 메서드로 작업하기 위한 메서드를 정의한다.

표 29-7 메서드 작업을 위한 Value 메서드

이름	설명
NumMethod( )	리플렉트한 구조체 타입에 대해 정의한 export 메서드 개수를 반환한다. 해당 메서드는 Type.NumMethod 메서드를 호출한다.
Method(index)	지정한 인덱스에서 메서드 함수를 리플렉트하는 Value를 반환한다. '메서드 호출' 절에서 설명한 것처럼 함수를 호출할 때 리시버를 첫 번째 인수로 제공하지 않는다.
MethodByName(name)	지정한 이름을 갖는 메서드 함수를 리플렉트하는 Value를 반환한다. '메서드 호출' 절에서 설명한 것처럼 함수를 호출할 때 리시버를 첫 번째 인수로 제공하지 않는다.

표 29-7의 메서드는 표 29-5의 메서드와 동일한 기본 기능에 대한 액세스를 제공하는 편리한 기능이다. 단, 다음 절에서 설명하는 것처럼 메서드 호출 방법에는 차이가 있다.

리스트 29-10은 Type 구조체가 제공하는 메서드를 사용해 구조체가 정의한 메서드를 설명하는 함수를 정의한다.

```go
package main

import (
  "reflect"
  //"strings"
  //"fmt"
)

func inspectMethods(s interface{}) {
  sType := reflect.TypeOf(s)
  if sType.Kind() == reflect.Struct || (sType.Kind() == reflect.Ptr &&
      sType.Elem().Kind() == reflect.Struct) {
    Printfln("Type: %v, Methods: %v", sType, sType.NumMethod())
    for i := 0; i < sType.NumMethod(); i++ {
      method := sType.Method(i)
      Printfln("Method name: %v, Type: %v",
        method.Name, method.Type)
    }
  }
}

func main() {

  inspectMethods(Purchase{})
  inspectMethods(&Purchase{})
}
```

Go를 사용하면 메서드를 쉽게 호출할 수 있기 때문에 구조체 포인터를 통해 구조체에 대해 정의한 메서드를 호출할 수 있고 그 반대의 경우도 가능하다. 그러나 리플렉션을 사용해 타입을 검사하는 경우 프로젝트를 컴파일 및 실행할 때 출력에서 결과가 일관되지 않은 것을 확인할 수 있다.

```
Type: main.Purchase, Methods: 1
Method name: GetTotal, Type: func(main.Purchase) float64
Type: *main.Purchase, Methods: 2
Method name: GetAmount, Type: func(*main.Purchase) string
Method name: GetTotal, Type: func(*main.Purchase) float64
```

Purchase 타입에 리플렉션을 사용하면 Product에 대해 정의한 메서드만 나열한다. 단, *Purchase 타입에 리플렉션을 사용하면 Product와 *Product에 대해 정의한 메서드를 나열한다. export한 메서드만 리플렉션을 통해 액세스할 수 있다. export하지 않은 메서드는 검사하거나 호출할 수 없다.

메서드 호출

Method 구조체는 리스트 29-11처럼 29장의 앞부분에서 설명한 것과 동일한 접근 방식을 사용해 메서드를 호출할 때 사용할 수 있는 값을 반환하는 Func 필드를 정의한다.

리스트 29-11 reflection 폴더 내 main.go 파일에서 메서드 호출

```go
package main

import (
  "reflect"
  //"strings"
  //"fmt"
)

func executeFirstVoidMethod(s interface{}) {
  sVal := reflect.ValueOf(s)
  for i := 0; i < sVal.NumMethod(); i++ {
    method := sVal.Type().Method(i)
    if method.Type.NumIn() == 1 {
      results := method.Func.Call([]reflect.Value{ sVal })
      Printfln("Type: %v, Method: %v, Results: %v",
        sVal.Type(), method.Name, results)
      break
    } else {
      Printfln("Skipping method %v %v", method.Name, method.Type.NumIn())
    }
  }
}

func main() {
  executeFirstVoidMethod(&Product { Name: "Kayak", Price: 279})
}
```

executeFirstVoidMethod 함수는 매개변수 타입으로 정의한 메서드를 열거하고 하나의 매개변수를 정의하는 첫 번째 메서드를 호출한다. Method.Func 필드를 통해 메서드를 호출할 때 첫 번째 인수는 리시버로 메서드를 호출할 구조체 값이어야 한다.

```go
...
results := method.Func.Call([]reflect.Value{ sVal })
...
```

즉 하나의 매개변수가 있는 메서드를 찾으면 인수를 사용하지 않는 메서드를 선택하고 프로젝트를 컴파일 및 실행할 때 생성한 결과에서 이를 확인할 수 있다.

```
Type: *main.Product, Method: GetAmount, Results: [$279.00]
```

830

executeFirstVoidMethod는 GetAmount 메서드를 선택했다. 리시버를 지정하지 않은 경우 해당 메서드는 리스트 29-12처럼 Value 인터페이스를 통해 호출한다.

리스트 29-12 reflection 폴더 내 main.go 파일에서 값을 통한 메서드 호출

```go
package main

import (
  "reflect"
  //"strings"
  //"fmt"
)

func executeFirstVoidMethod(s interface{}) {
  sVal := reflect.ValueOf(s)
  for i := 0; i < sVal.NumMethod(); i++ {
    method := sVal.Method(i)
    if method.Type().NumIn() == 0 {
      results := method.Call([]reflect.Value{})
      Printfln("Type: %v, Method: %v, Results: %v",
        sVal.Type(), sVal.Type().Method(i).Name, results)
      break
    } else {
      Printfln("Skipping method %v %v",
        sVal.Type().Method(i).Name, method.Type().NumIn())
    }
  }
}

func main() {
  executeFirstVoidMethod(&Product { Name: "Kayak", Price: 279})
}
```

추가 인수를 제공하지 않고 호출할 수 있는 메서드를 찾기 위해서 리시버를 명시적으로 지정하지 않았기 때문에 제로 매개변수를 찾아야 한다. 대신 리시버는 Call 메서드를 호출하는 Value에서 결정한다.

```go
...
results := method.Call([]reflect.Value{})
...
```

위 예제는 리스트 29-11의 코드와 동일한 출력을 생성한다.

인터페이스 작업

Type 구조체는 표 29-8에서 설명한 것처럼 인터페이스 타입을 검사할 때 사용할 수 있는 메서드를 정의한다. 이러한 메서드의 대부분은 이전 절에서 설명한 것처럼 구조체에도 적용할 수 있지만 동작은 약간 다르다.

표 29-8 인터페이스를 위한 Type 메서드

이름	설명
Implements(type)	리플렉트한 Value가 지정한 인터페이스를 구현하는 경우 해당 메서드는 true를 반환하고 이를 Value로도 표시한다.
Elem()	인터페이스에 포함된 값을 리플렉트하는 Value를 반환한다.
NumMethod()	리플렉트한 구조체 타입에 대해 정의한 export 메서드 개수를 반환한다.
Method(index)	지정한 인덱스에서 리플렉트한 메서드를 반환하고 이를 Method 구조체로 나타낸다.
MethodByName(name)	지정한 이름을 갖는 리플렉트 메서드를 반환한다. 결과는 Method 구조체와 지정한 이름을 갖는 메서드가 존재하는지 여부를 나타내는 bool이다.

reflect 패키지는 항상 값으로 시작하고 해당 값의 기본 타입으로 작업을 시도하기 때문에 인터페이스에 대한 리플렉션을 사용할 때는 주의해야 한다. 해당 문제를 해결하는 가장 간단한 방법은 리스트 29-13과 같이 nil 값을 변환하는 것이다.

리스트 29-13 reflection 폴더 내 main.go 파일에서 인터페이스 리플렉트

```
package main

import (
  "reflect"
  //"strings"
  //"fmt"
)

func checkImplementation(check interface{}, targets ...interface{}) {
  checkType := reflect.TypeOf(check)
  if (checkType.Kind() == reflect.Ptr &&
      checkType.Elem().Kind() == reflect.Interface) {
    checkType := checkType.Elem()
    for _, target := range targets {
      targetType := reflect.TypeOf(target)
      Printfln("Type %v implements %v: %v",
        targetType, checkType, targetType.Implements(checkType))
    }
  }
}

func main() {
```

```
    currencyItemType := (*CurrencyItem)(nil)
    checkImplementation(currencyItemType, Product{}, &Product{}, &Purchase{})
}
```

확인하려는 인터페이스를 지정하기 위해 다음과 같이 nil을 인터페이스의 포인터로 변환한다.

```
...
currencyItemType := (*CurrencyItem)(nil)
...
```

위 작업은 포인터로 수행해야 한다. 그런 다음 Elem 메서드를 사용하는 checkImplementation 함수에서 인터페이스를 리플렉트하는 Type(해당 예제는 CurrencyItem)을 가져온다.

```
...
if (checkType.Kind() == reflect.Ptr &&
    checkType.Elem().Kind() == reflect.Interface) {
  checkType := checkType.Elem()
...
```

그 후에는 Implements 메서드를 사용해 타입이 인터페이스를 구현하는지 여부를 쉽게 확인할 수 있다. 프로젝트를 컴파일 및 실행하면 다음과 같은 결과를 나타낸다.

```
Type main.Product implements main.CurrencyItem: false
Type *main.Product implements main.CurrencyItem: true
Type *main.Purchase implements main.CurrencyItem: true
```

출력은 Product 구조체가 인터페이스를 구현하지 않는다는 것을 보여주지만 *Product는 CurrencyItem에 필요한 메서드를 구현할 때 사용하는 리시버 타입이기 때문에 구현한다. *Purchase 타입은 필요한 메서드를 정의하는 중첩 구조체 필드가 있기 때문에 인터페이스도 구현한다.

인터페이스의 기본 값 얻기

리플렉션은 일반적으로 구체적인 타입을 생성하지만 리스트 29-14처럼 Elem 메서드를 사용해 인터페이스에서 이를 구현하는 타입으로 이동해야 하는 경우가 있다.

리스트 29-14 reflection 폴더 내 main.go 파일에서 기본 인터페이스 값 얻기

```
package main

import (
  "reflect"
  //"strings"
  //"fmt"
)
```

```
type Wrapper struct {
  NamedItem
}

func getUnderlying(item Wrapper, fieldName string) {
  itemVal := reflect.ValueOf(item)
  fieldVal := itemVal.FieldByName(fieldName)
  Printfln("Field Type: %v", fieldVal.Type())
  if (fieldVal.Kind() == reflect.Interface) {
    Printfln("Underlying Type: %v", fieldVal.Elem().Type())
  }
}

func main() {
  getUnderlying(Wrapper{NamedItem: &Product{}}, "NamedItem")
}
```

래퍼 타입은 중첩 NamedItem 필드를 정의한다. getUnderlying 함수는 리플렉션을 사용해 필드를 가져오고 Elem 메서드로 얻은 필드 타입과 기본 타입을 작성한다. 프로젝트를 컴파일 및 실행하면 다음과 같은 결과를 나타낸다.

```
Field Type: main.NamedItem
Underlying Type: *main.Product
```

필드 타입은 NamedItem 인터페이스이지만 Elem 메서드는 NamedItem 필드에 할당한 기본 값이 *Product임을 보여준다.

인터페이스 메서드 검사

NumMethod, Method, MethodByName 메서드는 인터페이스 타입에서 사용할 수 있지만 결과에는 export하지 않은 메서드를 포함한다. 리스트 29–15와 같이 구조체 타입을 직접 검사할 때는 export하지 않은 메서드를 포함하지 않는다.

리스트 29-15 reflection 폴더 내 main.go 파일에서 인터페이스 메서드 검사

```
package main

import (
  "reflect"
  //"strings"
  //"fmt"
)

type Wrapper struct {
  NamedItem
```

```
    }

    func getUnderlying(item Wrapper, fieldName string) {
      itemVal := reflect.ValueOf(item)
      fieldVal := itemVal.FieldByName(fieldName)
      Printfln("Field Type: %v", fieldVal.Type())
      for i := 0; i < fieldVal.Type().NumMethod(); i++ {
        method := fieldVal.Type().Method(i)
        Printfln("Interface Method: %v, Exported: %v",
          method.Name, method.PkgPath == "")
      }
      Printfln("--------")
      if (fieldVal.Kind() == reflect.Interface) {
        Printfln("Underlying Type: %v", fieldVal.Elem().Type())
        for i := 0; i < fieldVal.Elem().Type().NumMethod(); i++ {
          method := fieldVal.Elem().Type().Method(i)
          Printfln("Underlying Method: %v", method.Name)
        }
      }
    }

    func main() {
      getUnderlying(Wrapper{NamedItem: &Product{}}, "NamedItem")
    }
```

변경 사항은 인터페이스 및 기본 타입에서 얻은 메서드의 세부 정보를 작성한다. 프로젝트를 컴파일 및 실행하면 다음과 같은 결과를 표시한다.

```
Field Type: main.NamedItem
Interface Method: GetName, Exported: true
Interface Method: unexportedMethod, Exported: false
--------
Underlying Type: *main.Product
Underlying Method: GetAmount
Underlying Method: GetName
```

NamedItem 인터페이스의 메서드 리스트는 *Product 리스트에 포함하지 않은 unexportedMethod를 포함한다. 인터페이스에 필요한 것 외에 *Product에 대해 정의한 추가 메서드가 있으므로 GetAmount 메서드를 출력에서 확인할 수 있다.

메서드는 인터페이스를 통해 호출할 수 있지만 Call 메서드를 사용하기 전에 export했는지 확인해야 한다. export하지 않은 메서드를 호출하려고 하면 Call은 패닉을 발생시킬 것이다.

채널 타입 작업

Type 구조체는 표 29-9에서 설명한 채널 타입을 검사할 때 사용할 수 있는 메서드를 정의한다.

표 29-9 채널을 위한 Type 메서드

이름	설명
ChanDir()	표 29-10에 표시한 값 중 하나를 사용해 채널 방향을 설명하는 ChanDir 값을 반환한다.
Elem()	채널이 전달하는 타입을 리플렉트하는 Type을 반환한다.

ChanDir 메서드가 반환한 ChanDir 결과는 채널의 방향을 나타내고 표 29-10에서 설명한 reflect 패키지 상수 중 하나와 비교할 수 있다.

표 29-10 ChanDir 값

이름	설명
RecvDir	채널을 데이터 수신에 사용할 수 있음을 나타낸다. 문자열로 표현하면 해당 값은 〈-chan을 반환한다.
SendDir	채널을 사용해 데이터를 보낼 수 있음을 나타낸다. 문자열로 표현하면 해당 값은 chan〈-를 반환한다.
BothDir	채널을 사용해 데이터를 보내고 받을 수 있음을 나타낸다. 문자열로 표현하면 해당 값은 chan을 반환한다.

리스트 29-16은 표 29-9의 메서드를 사용해 채널 타입을 검사하는 방법을 보여준다.

리스트 29-16 reflection 폴더 내 main.go 파일에서 채널 타입 검사

```go
package main

import (
  "reflect"
  //"strings"
  //"fmt"
)

func inspectChannel(channel interface{}) {
  channelType := reflect.TypeOf(channel)
  if (channelType.Kind() == reflect.Chan) {
    Printfln("Type %v, Direction: %v",
      channelType.Elem(), channelType.ChanDir())
  }
}

func main() {
  var c chan<- string
  inspectChannel(c)
}
```

위 예제에서 검사한 채널은 전송 전용이고 프로젝트를 컴파일 및 실행할 때 다음 출력을 생성한다.

```
Type string, Direction: chan<-
```

채널 값 작업

Value 인터페이스는 채널 작업을 위해 표 29-11에서 설명한 메서드를 정의한다.

표 29-11 채널을 위한 Value 메서드

이름	설명
Send(val)	채널의 Value 인수가 리플렉트한 값을 전송한다. 해당 메서드는 값을 전송할 때까지 블로킹한다.
Recv()	채널에서 값을 수신하고 리플렉션을 위한 값으로 반환한다. 해당 메서드는 또한 값을 수신했는지 여부를 나타내는 bool을 반환한다. 채널이 닫히면 false를 반환한다. 해당 메서드는 값을 받거나 채널이 닫힐 때까지 블로킹한다.
TrySend(val)	지정한 값을 전송하지만 블로킹하지는 않는다. bool 결과는 값을 전송했는지 여부를 나타낸다.
TryRecv()	채널에서 값을 받으려고 시도하지만 블로킹하지는 않는다. 결과는 수신 값을 리플렉트하는 Value 와 값을 받았는지 여부를 나타내는 bool이다.
Close()	채널을 닫는다.

리스트 29-17은 채널과 채널을 통해 전송할 값을 포함하는 슬라이스를 수신하는 함수를 정의한다.

리스트 29-17 reflection 폴더 내 main.go 파일에서 채널 사용

```go
package main

import (
  "reflect"
  //"strings"
  //"fmt"
)

func sendOverChannel(channel interface{}, data interface{}) {
  channelVal := reflect.ValueOf(channel)
  dataVal := reflect.ValueOf(data)
  if (channelVal.Kind() == reflect.Chan &&
      dataVal.Kind() == reflect.Slice &&
      channelVal.Type().Elem() == dataVal.Type().Elem()) {
    for i := 0; i < dataVal.Len(); i++ {
      val := dataVal.Index(i)
      channelVal.Send(val)
    }
```

```
        channelVal.Close()
    } else {
        Printfln("Unexpected types: %v, %v", channelVal.Type(), dataVal.Type())
    }
}

func main() {

    values := []string { "Alice", "Bob", "Charlie", "Dora"}
    channel := make(chan string)

    go sendOverChannel(channel, values)
    for {
        if val, open := <- channel; open {
            Printfln("Received value: %v", val)
        } else {
            break
        }
    }
}
```

sendOverChannel은 수신하는 타입을 확인하고 슬라이스의 값을 열거한 다음 각각의 값을 채널을 통해 전송한다. 모든 값을 전송하면 채널이 닫힌다. 프로젝트를 컴파일 및 실행하면 다음과 같은 결과를 표시한다.

```
Received value: Alice
Received value: Bob
Received value: Charlie
Received value: Dora
```

⊪ 새 채널 타입 및 값 생성

reflect 패키지는 새 채널 타입 및 값을 생성하기 위해 표 29-12에서 설명한 함수를 정의한다.

표 29-12 채널 타입 및 값 생성을 위한 reflect 패키지 함수

이름	설명
ChanOf(dir, type)	ChanDir 및 Value로 나타낸 지정 방향과 데이터 타입이 있는 채널을 리플렉트하는 Type을 반환한다.
MakeChan(type, buffer)	지정 타입 및 int 버퍼 크기를 사용해 생성한 새 채널을 리플렉트하는 Value를 반환한다.

리스트 29-18은 슬라이스를 허용하고 채널을 생성할 때 사용하는 함수를 정의한다. 채널은 슬라이스의 요소를 전송할 때 사용한다.

```go
package main

import (
  "reflect"
  //"strings"
  //"fmt"
)

func createChannelAndSend(data interface{}) interface{} {
  dataVal := reflect.ValueOf(data)
  channelType := reflect.ChanOf(reflect.BothDir, dataVal.Type().Elem())
  channel := reflect.MakeChan(channelType, 1)
  go func() {
    for i := 0; i < dataVal.Len(); i++ {
      channel.Send(dataVal.Index(i))
    }
    channel.Close()
  }()
  return channel.Interface()
}

func main() {

  values := []string { "Alice", "Bob", "Charlie", "Dora"}
  channel := createChannelAndSend(values).(chan string)

  for {
    if val, open := <- channel; open {
      Printfln("Received value: %v", val)
    } else {
      break
    }
  }
}
```

createChannelAndSend 함수는 슬라이스의 요소 타입을 사용해 채널 타입을 만든 다음 채널을 만들 때 채널 타입을 사용한다. 고루틴은 슬라이스의 요소를 채널로 전송하기 위해 사용하고 채널을 함수 결과로 반환한다. 프로젝트를 컴파일 및 실행하면 다음과 같은 결과를 표시한다.

```
Received value: Alice
Received value: Bob
Received value: Charlie
Received value: Dora
```

여러 채널 선택

14장에서 설명한 채널 선택 기능은 reflect 패키지가 정의한 Select 함수를 사용해 리플렉션 코드 내에서 사용할 수 있다. 빠른 참조를 위해 표 29-13에서 설명한다.

표 29-13 채널 선택을 위한 reflect 패키지 함수

이름	설명
Select(cases)	SelectCase 슬라이스를 허용하고 각 요소는 일련의 전송 또는 수신 작업을 설명한다. 결과는 실행했던 SelectCase의 int 인덱스, 수신했던 Value(선택한 경우가 읽기 연산인 경우) 그리고 값을 읽었는지 또는 채널이 차단 또는 닫혔는지 여부를 나타내는 bool다.

SelectCase 구조체는 표 29-14에 설명한 필드를 사용해 단일 case 문을 나타낼 때 사용한다.

표 29-14 SelectCase 구조체 필드

이름	설명
Chan	채널을 리플렉트하는 Value를 해당 필드에 할당한다.
Dir	SelectDir 값을 해당 필드에 할당하고 이는 채널 연산 타입을 지정한다.
Send	전송 작업을 위해 채널을 통해 전송할 값을 리플렉트하는 Value를 해당 필드에 할당한다.

SelectDir 타입은 int의 별칭이고 표 29-15에서 reflect 패키지는 선택 사례 타입을 지정하기 위해 상수를 정의한다.

표 29-15 SelectDir 상수

이름	설명
SelectSend	채널을 통해 값을 전송하는 연산을 나타낸다.
SelectRecv	채널에서 수신한 값을 나타내는 연산을 나타낸다.
SelectDefault	select에 대한 디폴트 절을 나타낸다.

리플렉션을 사용해 select 문을 정의하는 것은 장황하지만 결과는 유연할 수 있고 일반 Go 코드보다 더 넓은 범위의 타입을 수용할 수 있다. 리스트 29-19는 Select 함수를 사용해 여러 채널에서 값을 읽는다.

리스트 29-19 reflection 폴더 내 main.go 파일에서 Select 함수 사용

```
package main

import (
  "reflect"
  //"strings"
  //"fmt"
)
```

```go
func createChannelAndSend(data interface{}) interface{} {
  dataVal := reflect.ValueOf(data)
  channelType := reflect.ChanOf(reflect.BothDir, dataVal.Type().Elem())
  channel := reflect.MakeChan(channelType, 1)
  go func() {
    for i := 0; i < dataVal.Len(); i++ {
      channel.Send(dataVal.Index(i))
    }
    channel.Close()
  }()
  return channel.Interface()
}

func readChannels(channels ...interface{}) {
  channelsVal := reflect.ValueOf(channels)
  cases := []reflect.SelectCase {}
  for i := 0; i < channelsVal.Len(); i++ {
    cases = append(cases, reflect.SelectCase{
      Chan: channelsVal.Index(i).Elem(),
      Dir: reflect.SelectRecv,
    })
  }

  for {
    caseIndex, val, ok := reflect.Select(cases)
    if (ok) {
      Printfln("Value read: %v, Type: %v", val, val.Type())
    } else {
      if len(cases) == 1 {
        Printfln("All channels closed.")
        return
      }
      cases = append(cases[:caseIndex], cases[caseIndex+1:]... )
    }
  }
}

func main() {

  values := []string { "Alice", "Bob", "Charlie", "Dora"}
  channel := createChannelAndSend(values).(chan string)

  cities := []string { "London", "Rome", "Paris"}
  cityChannel := createChannelAndSend(cities).(chan string)

  prices := []float64 { 279, 48.95, 19.50}
  priceChannel := createChannelAndSend(prices).(chan float64)

  readChannels(channel, cityChannel, priceChannel)
}
```

위 예제는 createChannelAndSend 함수를 사용해 3개의 채널을 만들고 이를 readChannels 함수에 전달한다. readChannels 함수는 Select 함수를 사용해 모든 채널이 닫힐 때까지 값을 읽는다. 열린 채널에서만 읽기를 수행하기 위해 해당 값이 나타내는 채널이 닫힐 때 Select 함수에 전달한 슬라이스에서 SelecCase 값을 제거한다. 프로젝트를 컴파일 및 실행하면 다음과 같은 결과를 나타낸다.

```
Value read: London, Type: string
Value read: Alice, Type: string
Value read: Rome, Type: string
Value read: Bob, Type: string
Value read: Paris, Type: string
Value read: Charlie, Type: string
Value read: 279, Type: float64
Value read: Dora, Type: string
Value read: 48.95, Type: float64
Value read: 19.5, Type: float64
All channels closed.
```

채널을 통해 값을 전송할 때 고루틴을 사용하기 때문에 값을 다른 순서로 나타내는 것을 확인할 수 있다.

✛ 요약

29장에서는 함수, 메서드, 인터페이스, 채널 작업을 위한 리플렉션 기능을 설명했다. 27장에서 시작해 28장에서 계속했던 Go 리플렉션 기능은 29장에서 설명을 완료했다. 30장에서는 고루틴 조정을 위한 표준 라이브러리 기능을 설명할 것이다.

30장

고루틴 조정

30장에서는 고루틴을 조정할 때 사용하는 기능이 있는 Go 표준 라이브러리 패키지를 설명한다. 표 30-1에는 30장에서 설명하는 기능이 나와 있다.

표 30-1 상황에 따른 고루틴 조정을 위한 기능

질문	답
무엇인가?	애플리케이션이 여러 고루틴을 사용할 때 유용하다.
왜 유용한가?	고루틴이 데이터를 공유하거나 고루틴을 서버의 여러 API 구성 요소에서 요청을 처리하기 위해 사용할 때 사용이 복잡할 수 있다.
어떻게 사용하는가?	sync 패키지는 데이터에 대한 독점 액세스를 보장하는 것을 포함한 고루틴 관리를 위한 타입 및 함수를 제공한다. context 패키지는 일반적으로 고루틴을 사용해 수행되는 요청을 처리하는 서버를 지원하기 위해 사용하는 기능을 제공한다.
함정이나 제한 사항?	고급 기능이기 때문에 주의해서 사용해야 한다.
대안이 있는가?	특히 데이터를 공유하지 않는 고루틴을 사용하는 경우 모든 애플리케이션에 이러한 기능이 필요한 것은 아니다.

표 30-2는 30장을 요약한 것이다.

표 30-2 30장 요약

문제	해결 방법	리스트 참조 번호
하나 이상의 고루틴을 종료할 때까지 기다린다.	대기 그룹(wait group)을 사용한다.	5, 6
여러 고루틴이 동시에 데이터에 접근하는 것을 방지한다.	상호 배제(mutual exclusion)를 사용한다.	7-10
사건이 발생하는 것을 기다린다.	조건을 사용한다.	11, 12
함수를 한 번 실행할 것을 보장한다.	Once 구조체를 사용한다.	13
서버의 API 경계를 넘어 처리하는 요청에 대한 콘텍스트를 제공한다.	콘텍스트를 사용한다.	14-17

30장 예제를 준비하기 위해 새 CMD를 열어 편리한 위치로 이동한 다음 coordination 폴더를 생성한다. coordination 폴더에서 리스트 30-1의 명령어를 실행해 모듈 파일을 생성해보자.

> **■ 팁 ■**
>
> 다음 링크(https://github.com/apress/pro-go)에서 30장 및 책의 다른 모든 장에 대한 예제 프로젝트를 다운로드할 수 있다. 예제를 실행하는 데 문제가 발생한 경우 도움받는 방법은 2장을 참조한다.

리스트 30-1 모듈 초기화

```
go mod init coordination
```

리스트 30-2의 소스 코드 내용을 담은 printer.go 파일을 생성해 coordination 폴더에 추가해보자.

리스트 30-2 coordination 폴더 내 printer.go 파일 소스 코드

```go
package main

import "fmt"

func Printfln(template string, values ...interface{}) {
  fmt.Printf(template + "\n", values...)
}
```

리스트 30-3의 소스 코드 내용을 담은 main.go 파일을 생성해 coordination 폴더에 추가해보자.

리스트 30-3 coordination 폴더 내 main.go 파일 소스 코드

```go
package main

func doSum(count int, val *int)  {
  for i := 0; i < count; i++ {
    *val++
  }
}

func main() {
  counter := 0
  doSum(5000, &counter)
  Printfln("Total: %v", counter)
}
```

coordination 폴더에서 리스트 30-4의 명령어를 실행하기 위해 CMD를 사용한다.

리스트 30-4 예제 프로젝트 실행

```
go run .
```

코드를 컴파일 및 실행하면 다음 출력을 생성한다.

```
Total: 5000
```

⊹ 대기 그룹 사용

일반적인 문제는 main 함수가 시작하는 고루틴을 완료하기 전에 프로그램을 종료하는 지점에서 main 함수를 완료하지 않도록 보장하는 것이다. 리스트 30-5처럼 고루틴을 기존 코드에 도입할 때 대개 이러한 상황이 발생한다.

리스트 30-5 coordination 폴더 내 main.go 파일에서 고루틴 도입

```
package main

func doSum(count int, val *int)  {
  for i := 0; i < count; i++ {
    *val++
  }
}

func main() {
  counter := 0
  go doSum(5000, &counter)
  Printfln("Total: %v", counter)
}
```

고루틴은 만들기가 너무 간단해서 그 영향을 잊기 쉽다. 위 예제의 경우 main 함수의 실행은 고루틴과 병렬로 계속된다. 즉 고루틴이 doSum 함수 실행을 마치기 전에 main 함수의 마지막 문을 실행해 프로젝트를 컴파일 및 실행할 때 다음과 같은 출력을 생성한다.

```
Total: 0
```

sync 패키지는 표 30-3에서 설명한 메서드를 사용해서 하나 이상의 고루틴을 기다릴 때 사용할 수 있는 WaitGroup 구조체를 제공한다.

표 30-3 WaitGroup 구조체가 정의한 메서드

이름	설명
Add(num)	WaitGroup이 지정한 int만큼 대기 중인 고루틴의 개수를 늘린다.
Done()	WaitGroup이 대기 중인 고루틴의 개수를 하나씩 줄인다.
Wait()	Add 메서드 호출로 지정한 고루틴의 총 개수에 대해 Done 메서드를 한 번 호출할 때까지 Wait 메서드를 블록한다.

WaitGroup은 카운터 역할을 한다. 고루틴을 생성하면 시작하는 고루틴의 개수를 지정하기 위해 Add 메서드를 호출하고 카운터가 증가한 후 Wait 메서드를 호출시켜 블록한다. 각 고루틴을 완료하면 카운터를 감소시키는 Done 메서드를 호출한다. 카운터가 0이면 Wait 메서드는 블록을 중지하고 대기 프로세스를 완료한다. 리스트 30-6은 WaitGroup을 예제에 추가한다.

리스트 30-6 coordination 폴더 내 main.go 파일에서 WaitGroup 사용

```
package main

import (
  "sync"
)

var waitGroup = sync.WaitGroup{}

func doSum(count int, val *int)  {
  for i := 0; i < count; i++ {
    *val++
  }
  waitGroup.Done()
}

func main() {
  counter := 0

  waitGroup.Add(1)
  go doSum(5000, &counter)
  waitGroup.Wait()
  Printfln("Total: %v", counter)
}
```

WaitGroup은 카운터가 음수가 되면 패닉을 발생시키기 때문에 Done 메서드를 조기에 호출하는 것을 방지하기 위해 goroutine을 시작하기 전에 Add 메서드를 호출하는 것이 중요하다. Add 메서드에 전달한 총 값이 Done 메서드를 호출한 횟수와 같은지 확인하는 것도 중요하다. Done 메서드 호출이 너무 적으면 Wait 메서드를 영원히 블록하지만 Done 메서드를 너무 많이 호출하면 WaitGroup은 패닉이 발생할 것이다. 위 예제는 고루틴이 하나밖에 없지만 프로젝트를 컴파일

및 실행하면 main 함수를 조기에 완료하는 것을 막고 다음과 같이 출력하는 것을 볼 수 있다.

```
Total: 5000
```

복제 함정 피하기

WaitGroup 값을 복사하지 않는 것이 중요하다. 고루틴이 다른 값에 대해 Done과 Wait를 호출한다는 것을 의미하기 때문이다. 이는 일반적으로 애플리케이션이 교착 상태에 있음을 의미한다. WaitGroup을 함수 인수로 전달하려면 다음과 같이 포인터를 사용해야 한다.

```go
package main

import (
  "sync"
)

  func doSum(count int, val *int, waitGroup * sync.WaitGroup)  {
  for i := 0; i < count; i++ {
    *val++
  }
  waitGroup.Done()
}

func main() {
  counter := 0

  waitGroup := sync.WaitGroup{}

  waitGroup.Add(1)
  go doSum(5000, &counter, &waitGroup)
  waitGroup.Wait()
  Printfln("Total: %v", counter)
}
```

이는 이 절에서 설명하는 모든 구조체에 적용할 수 있다. 일반적으로 조정을 위해서 모든 고루틴은 동일한 구조체 값을 사용해야 한다.

상호 배제 사용

여러 고루틴이 동일한 데이터에 액세스하는 경우 2개의 고루틴이 동시에 해당 데이터에 액세스해 예기치 않은 결과가 발생할 수 있다. 간단한 데모를 보여주기 위해 리스트 30-7은 예제에서 사용하는 고루틴의 개수를 늘린다.

```go
package main

import (
  "sync"
  "time"
)

var waitGroup = sync.WaitGroup{}

func doSum(count int, val *int)  {
  time.Sleep(time.Second)
  for i := 0; i < count; i++ {
    *val++
  }
  waitGroup.Done()
}

func main() {
  counter := 0

  numRoutines := 3
  waitGroup.Add(numRoutines)
  for i := 0; i < numRoutines; i++ {
    go doSum(5000, &counter)
  }
  waitGroup.Wait()
  Printfln("Total: %v", counter)
}
```

위 코드는 doSum 함수를 실행하는 고루틴의 개수를 증가시키고 모든 고루틴은 동시에 동일한 변수에 액세스한다(time.Sleep 함수 호출은 고루틴을 모두 한 번에 실행하기 위한 것이다. 이는 이 절에서 다루는 문제를 강조할 때는 유용하지만 실제 프로젝트에서 수행해야 하는 작업은 아니다). 프로젝트를 컴파일 및 실행하면 다음 출력을 표시한다.

```
Total: 12129
```

다른 결과가 나타날 수 있고 프로젝트를 반복적으로 실행하면 매번 다른 결과를 생성할 수 있다. 올바른 결과(각각 5,000개의 작업을 수행하는 3개의 고루틴이 있으므로 15,000)를 얻을 수 있지만 내 컴퓨터에서는 거의 발생하지 않았다. 해당 동작은 운영체제마다 다를 수 있다. 간단한 테스트를 진행하면서 리눅스를 더 자주 동작시켰지만 윈도우에서 지속적으로 문제가 발생했다.

문제는 증분 연산자가 원자적이지 않다는 것이다. 즉 counter 변수를 읽고, 증분하고, 쓰는 등 완료하기 위해 여러 단계가 필요하다. 이것은 단순한 문제이고 진짜 문제는 고루틴이 이러한 단계를 병렬로 수행하면 그림 30-1과 같이 겹치기 시작한다는 것이다.

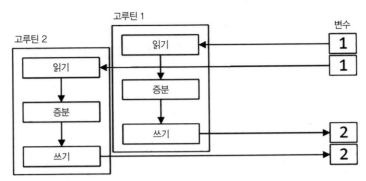

그림 30-1 동일한 변수에 액세스하는 여러 고루틴

두 번째 고루틴은 첫 번째 고루틴을 업데이트하기 전에 값을 읽는다. 즉 두 고루틴 모두 동일한 값을 증가시키려고 시도한다. 그 결과 두 고루틴이 동일한 결과를 생성하고 동일한 값을 쓴다. 이는 고루틴 간에 데이터를 공유할 때 발생할 수 있는 잠재적인 문제 중 하나일 뿐이지만 작업을 수행할 때 시간이 걸리고 그 시간 동안 다른 고루틴도 데이터 작업을 시도하기 때문에 문제가 발생한다.

해당 문제를 해결하는 한 가지 방법은 고루틴이 필요한 데이터에 독점적으로 액세스하고 다른 고루틴이 해당 데이터에 액세스하지 못하도록 하는 상호 배제^(mutual exclusion)를 사용하는 것이다.

상호 배제는 도서관에서 책을 대출하는 것과 같다. 주어진 시간에 한 사람만 책을 빌릴 수 있고, 그 책을 원하는 다른 모든 사람은 첫 번째 사람이 다 읽을 때까지 기다려야 한다.

sync 패키지는 표 30-4에 설명한 메서드를 정의하는 Mutex 구조체와의 상호 배제를 제공한다.

표 30-4 Mutex 구조체가 정의한 메서드

이름	설명
Lock()	Lock 메서드는 Mutex를 잠근다. Mutex가 이미 잠겨 있으면 잠금을 해제할 때까지 해당 메서드를 블록한다.
Unlock()	Unlock 메서드는 Mutex 잠금 해제한다.

리스트 30-8은 예제의 문제를 해결하기 위해 Mutex를 사용한다.

리스트 30-8 coordination 폴더 내 main.go 파일에서 Mutex 사용

```go
package main

import (
  "sync"
  "time"
)

var waitGroup = sync.WaitGroup{}
var mutex = sync.Mutex{}

func doSum(count int, val *int)  {
  time.Sleep(time.Second)
  for i := 0; i < count; i++ {
    mutex.Lock()
    *val++
    mutex.Unlock()
  }
  waitGroup.Done()
}

func main() {
  counter := 0

  numRoutines := 3
  waitGroup.Add(numRoutines)
  for i := 0; i < numRoutines; i++ {
    go doSum(5000, &counter)
  }
  waitGroup.Wait()
  Printfln("Total: %v", counter)
}
```

Mutex를 생성할 때 Mutex를 잠금 해제한다. 이는 Lock 메서드를 호출하는 첫 번째 고루틴을 블록시키지 않고 counter 변수를 증가시킬 수 있음을 의미한다. 해당 고루틴은 잠금을 획득했다고 표현할 수 있다. Lock 메서드를 호출하는 다른 고루틴은 잠금 해제로 알려져 있는 Unlock 메서드를 호출할 때까지 블록시킨다. 이때 잠금을 해제하면 다른 고루틴이 잠금을 획득하고 counter 변수에 대한 액세스를 진행할 수 있다. 그 결과 그림 30-2와 같이 한 번에 하나의 고루틴만 변수를 증가시킬 수 있다.

850

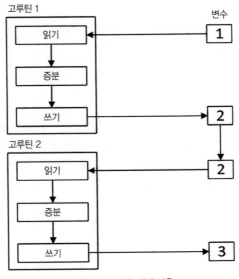

그림 30-2 상호 배제 사용

프로젝트를 컴파일 및 실행하면 다음 출력에서 고루틴이 counter 변수를 올바르게 증가시킬 수 있었음을 보여준다.

```
Total: 15000
```

상호 배제를 사용할 때는 주의를 기울여야 하고 뮤텍스mutex 사용 방법의 영향을 생각하는 것이 중요하다. 예를 들어 리스트 30-8에서 변수가 증가할 때마다 뮤텍스를 잠그고 잠금을 해제했다. 뮤텍스를 사용하는 것은 영향을 갖기 때문에 리스트 30-9와 같이 for 루프를 실행하기 전에 뮤텍스를 잠그는 것이 대안이다.

리스트 30-9 coordination 폴더 내 main.go 파일에서 더 적은 뮤텍스 연산 수행

```go
...
func doSum(count int, val *int)  {
  time.Sleep(time.Second)
  mutex.Lock()
  for i := 0; i < count; i++ {
    *val++
  }
  mutex.Unlock()
  waitGroup.Done()
}
...
```

위 같은 간단한 예제는 보다 현명한 접근 방식이지만 일반적으로 상황은 더 복잡하기 때문에 더 큰 코드 섹션을 잠그면 애플리케이션의 응답성이 떨어지고 전반적인 성능이 저하될 수 있다. 공유 데이터에 액세스하는 명령문만 잠그는 것을 조언한다.

> ### 뮤텍스 함정 피하기
>
> 상호 배제를 가장 좋게 사용하기 위해서 신중하고 보수적이어야 한다. 공유 데이터에 액세스하는 모든 코드가 동일한 Mutex를 사용하는지 확인하고 Lock 메서드의 모든 호출은 Unlock 메서드 호출로 균형을 이뤄야 한다. 영리한 개선이나 최적화를 시도하고 싶을 수 있지만 그렇게 하면 성능 저하나 애플리케이션 교착 상태가 발생할 수 있다.

읽기-쓰기 뮤텍스 사용

Mutex는 모든 고루틴을 동등하게 취급하고 하나의 고루틴만 잠금을 획득하는 것을 허용한다. RWMutex 구조체는 더 유연하고 두 가지 고루틴 카테고리를 지원한다. 리더^reader와 라이터^writer를 지원한다. 여러 리더가 동시에 잠금을 획득하거나 단일 라이터가 잠금을 획득할 수 있다. 리더는 라이터와의 충돌에만 관심이 있고 어려움 없이 다른 리더와 동시에 실행할 수 있다. RWMutex 구조체는 표 30-5에 설명한 메서드를 정의한다.

표 30-5 RWMutex가 정의하는 메서드

이름	설명
RLock()	읽기 잠금을 획득하려고 시도하고 획득할 때까지 RLock 메서드는 블록시킬 것이다.
RUnlock()	RUnlock 메서드는 읽기 잠금을 해제한다.
Lock()	쓰기 잠금을 획득하려고 시도하고 획득할 때까지 Lock 메서드는 블록시킬 것이다.
Unlock()	Unlock 메서드는 쓰기 잠금을 해제한다.
RLocker()	RLocker 메서드는 '고루틴 조정을 위한 조건 사용' 절에서 설명한 것처럼 읽기 잠금을 획득하고 해제하기 위한 Locker 포인터를 반환한다.

RWMutex는 보이는 것처럼 복잡하지 않다. 다음은 RWMutex가 따르는 규칙이다.

- RWMutex를 잠금 해제한 경우 리더가 잠금을 획득할 수 있거나(RLock 메서드 호출) 라이터가 잠금을 획득할 수 있다(Lock 메서드를 호출).
- 리더가 잠금을 획득한 경우 다른 리더도 블록시키지 않는 RLock 메서드를 호출해 잠금을 획득할 수 있다. 모든 리더가 RUnlock 메서드를 호출해 잠금을 해제할 때까지 Lock 메서드는 블록시킨다.
- 라이터가 잠금을 획득한 경우 RLock 및 Lock 메서드는 Unlock 메서드를 호출할 때까지 다른 고루틴이 잠금을 획득하지 못하도록 블록시킨다.

- 리더가 잠금을 획득하고 라이터가 Lock 메서드를 호출하면 Unlock 메서드를 호출할 때까지 Lock 및 RLock 메서드는 모두 블록시킨다. 이렇게 하면 라이터에게 쓰기 잠금을 획득할 수 있는 기회를 주지 않고 리더가 뮤텍스를 영구적으로 잠그는 것을 방지할 수 있다.

리스트 30-10은 RWMutex의 사용법을 보여준다.

리스트 30-10 coordination 폴더 내 main.go 파일에서 RWMutex 사용

```go
package main

import (
  "sync"
  "time"
  "math"
  "math/rand"
)

var waitGroup = sync.WaitGroup{}
var rwmutex = sync.RWMutex{}

var squares = map[int]int {}

func calculateSquares(max, iterations int) {
  for i := 0; i < iterations; i++ {
    val := rand.Intn(max)
    rwmutex.RLock();
    square, ok := squares[val]
    rwmutex.RUnlock()
    if (ok) {
      Printfln("Cached value: %v = %v", val, square)
    } else {
      rwmutex.Lock()
      if _, ok := squares[val]; !ok {
        squares[val] = int(math.Pow(float64(val), 2))
        Printfln("Added value: %v = %v", val, squares[val])
      }
      rwmutex.Unlock()
    }
  }
  waitGroup.Done()
}

func main() {
  rand.Seed(time.Now().UnixNano())
  //counter := 0
  numRoutines := 3
  waitGroup.Add(numRoutines)
  for i := 0; i < numRoutines; i++ {
```

```
      go calculateSquares(10, 5)
  }
  waitGroup.Wait()
  Printfln("Cached values: %v", len(squares))
}
```

calculateSquares 함수는 맵에 무작위로 선택 키를 포함하고 있는지 확인하기 위해 읽기 잠금을 획득한다. 맵이 키를 포함하고 있으면 연결된 값을 읽고 읽기 잠금을 해제시킨다. 맵에 키가 없으면 쓰기 잠금을 획득하고 키의 맵에 값을 추가한 다음 쓰기 잠금을 해제한다.

RWMutex를 사용하는 것은 하나의 고루틴이 읽기 잠금을 가질 때 다른 고루틴도 잠금을 획득하고 읽기를 수행할 수 있음을 의미한다. 데이터 읽기는 동시에 수정하지 않는 한 동시성 문제를 일으키지 않는다. 고루틴이 Lock 메서드를 호출하면 이를 획득한 모든 고루틴이 읽기 잠금을 해제할 때까지 쓰기 잠금을 획득할 수 없다.

리스트 30-10에서 고루틴이 쓰기 잠금을 획득하기 전에 읽기 잠금을 해제한다는 점에 유의해야 한다. RWMutex는 다른 언어에서 발생할 수 있는 읽기 잠금에서 쓰기 잠금으로의 업그레이드를 지원하지 않기 때문에 교착 상태를 방지하기 위해 Lock 메서드를 호출하기 전에 읽기 잠금을 해제해야 한다. 읽기 잠금을 해제하고 쓰기 잠금을 획득하는 사이에 지연이 있을 수 있다. 그동안 다른 고루틴은 쓰기 잠금을 획득하고 변경할 수 있기 때문에 다음과 같이 쓰기 잠금을 획득할 때마다 데이터 상태를 변경하지 않았는지 확인하는 것이 중요하다.

```
...
rwmutex.Lock()
if _, ok := squares[val]; !ok {
  squares[val] = int(math.Pow(float64(val), 2))
...
```

프로젝트를 컴파일 및 실행하면 다음과 유사한 출력을 표시하지만 특정 결과는 임의로 선택한 키가 결정한다.

```
Added value: 6 = 36
Added value: 2 = 4
Added value: 7 = 49
Cached value: 7 = 49
Added value: 8 = 64
Cached value: 6 = 36
Added value: 1 = 1
Cached value: 1 = 1
Added value: 3 = 9
Cached value: 8 = 64
Cached value: 8 = 64
```

```
Cached value: 1 = 1
Cached value: 1 = 1
Added value: 5 = 25
Cached values: 7
```

고루틴 조정을 위한 조건 사용

이전 예제의 고루틴은 동일한 데이터를 공유하지만 그 외에는 서로 독립적이다. 어떤 사건이
발생하기를 기다리는 것과 같이 고루틴에 조정이 필요한 경우 Cond 구조체를 사용할 수 있다.
sync 패키지는 Cond 구조체 값을 생성하기 위해 표 30-6에 설명한 함수를 제공한다.

표 30-6 Cond 값을 생성하기 위한 sync 함수

이름	설명
NewCond(*locker)	지정한 Locker 포인터를 사용해 Cond를 생성한다.

NewCond 함수의 인수는 Locker로 표 30-7에 설명한 메서드를 정의하는 인터페이스다.

표 30-7 Locker 인터페이스가 정의한 메서드

이름	설명
Lock()	Locker가 관리하는 잠금을 획득한다.
Unlock()	Locker가 관리하는 잠금을 해제한다.

Mutex 및 RWMutex 구조체는 Locker 인터페이스에 필요한 메서드를 정의한다. RWMutex의 경우
Lock 및 Unlock 메서드는 쓰기 잠금에서 동작하고 RLocker 메서드를 사용해 읽기 잠금에서 동
작하는 Locker를 가져올 수 있다. 표 30-8은 Cond 구조체가 정의한 필드와 메서드를 설명한다.

표 30-8 Cond 구조체가 정의한 필드와 메서드

이름	설명
L	L 필드를 NewCond 함수에 전달하면 잠금을 획득할 때 사용하는 Locker를 반환한다.
Wait()	잠금을 해제하고 고루틴을 일시 중단한다.
Signal()	대기 중인 하나의 고루틴을 깨운다.
Broadcast()	대기 중인 모든 고루틴을 깨운다.

리스트 30-11은 대기 중인 고루틴에게 사건을 알리기 위해 Cond를 사용하는 방법을 보여
준다.

```go
package main

import (
  "sync"
  "time"
  "math"
  "math/rand"
)

var waitGroup = sync.WaitGroup{}
var rwmutex = sync.RWMutex{}
var readyCond = sync.NewCond(rwmutex.RLocker())

var squares = map[int]int {}

func generateSquares(max int) {
  rwmutex.Lock()
  Printfln("Generating data...")
  for val := 0; val < max; val++ {
    squares[val] = int(math.Pow(float64(val), 2))
  }
  rwmutex.Unlock()
  Printfln("Broadcasting condition")
  readyCond.Broadcast()
  waitGroup.Done()
}

func readSquares(id, max, iterations int) {
  readyCond.L.Lock()
  for len(squares) == 0 {
    readyCond.Wait()
  }
  for i := 0; i < iterations; i++ {
    key := rand.Intn(max)
    Printfln("#%v Read value: %v = %v", id, key, squares[key])
    time.Sleep(time.Millisecond * 100)
  }
  readyCond.L.Unlock()
  waitGroup.Done()
}

func main() {
  rand.Seed(time.Now().UnixNano())
  numRoutines := 2
  waitGroup.Add(numRoutines)
  for i := 0; i < numRoutines; i++ {
    go readSquares(i, 10, 5)
  }
```

```
    waitGroup.Add(1)
    go generateSquares(10)
    waitGroup.Wait()
    Printfln("Cached values: %v", len(squares))
}
```

위 예제는 Cond 없이 달성하기 어려운 고루틴 간의 조정이 필요하다. 하나의 고루틴은 맵을 데이터 값으로 채우는 역할을 하고 이 값은 다른 고루틴에서 읽는다. 리더는 실행하기 전에 데이터 생성을 완료했다는 알림을 받아야 한다.

리더는 다음과 같이 Cond 잠금을 획득하고 Wait 메서드를 호출해 대기한다.

```
...
readyCond.L.Lock()
for len(squares) == 0 {
    readyCond.Wait()
}
...
```

Wait 메서드를 호출하면 고루틴을 일시 중단하고 잠금을 해제해 획득할 수 있다. Wait 메서드 호출은 일반적으로 데이터가 예상한 상태에 있는지 확인하기 위해 고루틴이 기다리고 있는 조건이 발생했는지 확인하는 for 루프 내에서 수행한다.

Wait 메서드가 잠금을 해제할 때 잠금을 다시 획득할 필요가 없다. 고루틴은 Wait 메서드를 다시 호출하거나 공유 데이터에 액세스할 수 있다. 공유 데이터 사용을 완료하면 잠금을 해제해야 한다.

```
...
readyCond.L.Unlock()
...
```

데이터를 생성하는 고루틴은 RWMutex를 사용해 쓰기 잠금을 획득하고 데이터를 수정하고 쓰기 잠금을 해제한 다음 대기 중인 모든 고루틴을 깨우는 Cond.Broadcast 메서드를 호출한다. 프로젝트를 컴파일 및 실행하면 다음과 유사한 출력을 표시하고 임의의 키 값을 선택할 수 있다.

```
Generating data...
Broadcasting condition
#0 Read value: 4 = 16
#1 Read value: 1 = 1
#1 Read value: 5 = 25
#0 Read value: 6 = 36
#0 Read value: 2 = 4
#1 Read value: 2 = 4
#1 Read value: 6 = 36
```

```
#0 Read value: 6 = 36
#0 Read value: 6 = 36
#1 Read value: 8 = 64
Cached values: 10
```

readSquares 함수의 time.Sleep 함수 호출은 데이터 읽기 프로세스를 느리게 만들어 두 리더 고루틴이 동시에 데이터를 처리하도록 한다. 이는 출력 라인의 첫 번째 숫자의 인터리빙^{interleaving}에서 확인할 수 있다. 이러한 고루틴은 RWMutex 읽기 잠금을 획득하기 때문에 잠금을 획득하고 동시에 데이터를 읽을 수 있다. 리스트 30-12는 Cond가 사용하는 잠금 타입을 변경한다.

리스트 30-12 coordination 폴더 내 main.go 파일에서 Lock 타입 변경

```
...
var waitGroup = sync.WaitGroup{}
var rwmutex = sync.RWMutex{}
var readyCond = sync.NewCond(&rwmutex)
...
```

위 변경은 모든 고루틴이 쓰기 잠금을 사용하고 있음을 의미한다. 즉 하나의 고루틴만 잠금을 획득할 수 있다. 프로젝트를 컴파일 및 실행하면 출력을 더 이상 인터리브하지 않는 것을 볼 수 있다.

```
Generating data...
Broadcasting condition
#0 Read value: 5 = 25
#0 Read value: 8 = 64
#0 Read value: 9 = 81
#0 Read value: 0 = 0
#0 Read value: 4 = 16
#1 Read value: 7 = 49
#1 Read value: 8 = 64
#1 Read value: 5 = 25
#1 Read value: 8 = 64
#1 Read value: 5 = 25
Cached values: 10
```

함수 단일 실행 보장

이전 예제에 대한 다른 접근 방식은 sync.Once 구조체를 사용해 generateSquares 함수를 한 번 실행하도록 하는 것이다. Once 구조체는 표 30-9에서 설명한 한 가지 메서드를 정의한다.

표 30-9 Once 메서드

이름	설명
Do(func)	아직 실행하지 않은 경우에만 지정한 함수를 실행한다.

리스트 30-13은 Once 구조체의 사용을 보여준다.

리스트 30-13 coordination 폴더 내 main.go 파일에서 단일 함수 실행

```go
package main

import (
  "sync"
  "time"
  "math"
  "math/rand"
)

var waitGroup = sync.WaitGroup{}
//var rwmutex = sync.RWMutex{}
//var readyCond = sync.NewCond(rwmutex.RLocker())
var once = sync.Once{}

var squares = map[int]int {}

func generateSquares(max int) {
  //rwmutex.Lock()
  Printfln("Generating data...")
  for val := 0; val < max; val++ {
    squares[val] = int(math.Pow(float64(val), 2))
  }
  // rwmutex.Unlock()
  // Printfln("Broadcasting condition")
  // readyCond.Broadcast()
  // waitGroup.Done()
}

func readSquares(id, max, iterations int) {
  once.Do(func () {
    generateSquares(max)
  })
  // readyCond.L.Lock()
  // for len(squares) == 0 {
  // readyCond.Wait()
  // }
  for i := 0; i < iterations; i++ {
    key := rand.Intn(max)
    Printfln("#%v Read value: %v = %v", id, key, squares[key])
    time.Sleep(time.Millisecond * 100)
  }
```

```
      //readyCond.L.Unlock()
      waitGroup.Done()
  }

  func main() {
      rand.Seed(time.Now().UnixNano())
      numRoutines := 2
      waitGroup.Add(numRoutines)
      for i := 0; i < numRoutines; i++ {
          go readSquares(i, 10, 5)
      }
      // waitGroup.Add(1)
      // go generateSquares(10)
      waitGroup.Wait()
      Printfln("Cached values: %v", len(squares))
  }
```

Once 구조체를 사용하면 수신한 함수를 실행할 때까지 Do 메서드가 블록하고 그 후에 함수를 다시 실행하지 않고 반환하기 때문에 예제를 단순화시킨다. 위 예제에서 공유 데이터에 대한 유일한 변경은 generateSquares 함수에 의해 이뤄지기 때문에 Do 메서드를 사용해 generateSquares 함수를 실행하면 변경을 안전하게 수행한다. 모든 코드가 Once 모델에 잘 맞는 것은 아니지만 위 예제는 RWMutex와 Cond를 제거할 수 있다. 프로젝트를 컴파일 및 실행하면 다음과 유사한 출력을 표시한다.

```
Generating data...
#1 Read value: 0 = 0
#0 Read value: 0 = 0
#0 Read value: 4 = 16
#1 Read value: 9 = 81
#1 Read value: 2 = 4
#0 Read value: 9 = 81
#0 Read value: 8 = 64
#1 Read value: 3 = 9
#1 Read value: 7 = 49
#0 Read value: 3 = 9
Cached values: 10
```

콘텍스트 사용

Go를 사용하면 클라이언트를 대신해 요청을 수신하고 자체 고루틴에서 처리하는 서버 앱을 쉽게 만들 수 있다. context 패키지는 표 30-10에서 설명한 메서드를 사용해 요청을 보다 쉽게 관리할 수 있게 해주는 Context 인터페이스를 제공한다.

860

표 30-10 Context 인터페이스가 정의한 메서드

이름	설명
Value(key)	지정한 키와 연결된 값을 반환한다.
Done()	취소 알림을 받을 때 사용할 수 있는 채널을 반환한다.
Deadline()	요청의 데드라인을 나타내는 time.Time과 기한을 지정하지 않은 경우 false가 되는 bool 값을 반환한다.
Err()	Done 채널이 신호를 받은 이유를 나타내는 error를 반환한다. context 패키지는 error를 비교할 때 사용할 수 있는 두 가지 변수를 정의한다. Canceled는 요청을 취소했음을 나타내고 DeadlineExeeded는 데드라인이 지났음을 나타낸다.

context 패키지는 Context 값을 생성하기 위해 표 30-11에서 설명한 함수를 제공한다.

표 30-11 Context 값 생성을 위한 context 패키지 함수

이름	설명
Background()	다른 콘텍스트를 파생하는 디폴트 Context를 반환한다.
WithCancel(ctx)	'요청 취소' 절에서 설명한 것처럼 콘텍스트와 취소 함수를 반환한다.
WithDeadline(ctx, time)	'데드라인 설정' 절에서 설명한 것처럼 time.Time 값을 사용해 나타내는 데드라인이 있는 콘텍스트를 반환한다.
WithTimeout(ctx, duration)	'데드라인 설정' 절에서 설명한 것처럼 time.Duration 값을 사용해 나타내는 데드라인이 있는 콘텍스트를 반환한다.
WithValue(ctx, key, val)	'요청 데이터 제공' 절에서 설명한 것처럼 지정한 키-값 쌍을 포함한 콘텍스트를 반환한다.

이 절을 준비하기 위해 리스트 30-14는 요청 처리를 시뮬레이션하는 함수를 정의한다.

리스트 30-14 coordination 폴더 내 main.go 파일에서 요청 처리 시뮬레이션

```
package main

import (
  "sync"
  "time"
  // "math"
  // "math/rand"
)

func processRequest(wg *sync.WaitGroup, count int) {
  total := 0
  for i := 0; i < count; i++ {
    Printfln("Processing request: %v", total)
    total++
    time.Sleep(time.Millisecond * 250)
  }
```

```
        Printfln("Request processed...%v", total)
        wg.Done()
    }

    func main() {
        waitGroup := sync.WaitGroup {}
        waitGroup.Add(1)
        Printfln("Request dispatched...")
        go processRequest(&waitGroup, 10)
        waitGroup.Wait()
    }
```

processRequest 함수는 모든 것을 느리게 하는 time.Sleep 함수를 호출해 카운터를 증가시켜 요청 처리를 시뮬레이션한다. main 함수는 고루틴을 사용해 클라이언트에서 도착하는 요청을 대신해서 processRequest 함수를 호출한다(실제 요청을 처리하는 예제는 3부를 참조한다. 이 절은 컨텍스트가 동작하는 방식에 관한 것이다). 프로젝트를 컴파일 및 실행하면 다음과 같은 출력을 표시한다.

```
Request dispatched...
Processing request: 0
Processing request: 1
Processing request: 2
Processing request: 3
Processing request: 4
Processing request: 5
Processing request: 6
Processing request: 7
Processing request: 8
Processing request: 9
Request processed...10
```

요청 취소

Context의 첫 번째 용도는 리스트 30-15와 같이 요청을 취소할 때 요청을 처리하는 코드에 알리는 것이다.

리스트 30-15 coordination 폴더 내 main.go 파일에서 요청 취소

```
package main

import (
    "sync"
    "time"
    // "math"
    // "math/rand"
```

```go
    "context"
)

func processRequest(ctx context.Context, wg *sync.WaitGroup, count int) {
  total := 0
  for i := 0; i < count; i++ {
    select {
      case <- ctx.Done():
        Printfln("Stopping processing - request cancelled")
        goto end
      default:
        Printfln("Processing request: %v", total)
        total++
        time.Sleep(time.Millisecond * 250)
    }
  }
  Printfln("Request processed...%v", total)
  end:
  wg.Done()
}

func main() {
  waitGroup := sync.WaitGroup {}
  waitGroup.Add(1)
  Printfln("Request dispatched...")
  ctx, cancel := context.WithCancel(context.Background())
  go processRequest(ctx, &waitGroup, 10)

  time.Sleep(time.Second)
  Printfln("Canceling request")
  cancel()

  waitGroup.Wait()
}
```

Background 함수는 유용한 작업을 수행하지 않지만 표 30-11에 설명한 다른 함수를 사용해 새 Context 값을 파생하기 위한 시작점을 제공하는 디폴트 Context를 반환한다.

WithCancel 함수는 취소할 수 있는 Context와 취소를 하기 위해 호출하는 함수를 반환한다.

```go
  ...
  ctx, cancel := context.WithCancel(context.Background())
  go processRequest(ctx, &waitGroup, 10)
  ...
```

파생 콘텍스트는 processRequest 함수에 전달한다. main 함수는 time.Sleep 함수를 호출해 processRequest 함수가 일부 작업을 수행하도록 변경한 다음 취소 함수를 호출한다.

```
...
time.Sleep(time.Second)
Printfln("Canceling request")
cancel()
...
```

취소 함수를 호출하면 select 문을 사용해 모니터링하는 콘텍스트의 Done 메서드가 반환한 채널로 메시지를 보낸다.

```
...
case <- ctx.Done():
  Printfln("Stopping processing - request cancelled")
  goto end
default:
  Printfln("Processing request: %v", total)
  total++
  time.Sleep(time.Millisecond * 250)
}
...
```

Done 채널은 요청을 취소하지 않은 경우 블록하기 때문에 디폴트 절을 실행해 요청을 처리할 수 있다. 각 작업 단위 후에 채널을 확인하고 WaitGroup에 신호를 보내고 기능을 종료할 수 있도록 goto 문을 사용해 처리 루프를 중단시킨다. 프로젝트를 컴파일 및 실행하면 다음과 같이 시뮬레이션한 요청 처리를 조기에 종료하는 것을 볼 수 있다.

```
Request dispatched...
Processing request: 0
Processing request: 1
Processing request: 2
Processing request: 3
Canceling request
Stopping processing - request cancelled
```

데드라인 설정

요청을 취소할 때와 마찬가지로 Done 채널에서 신호를 전송한 후 데드라인이 있는 콘텍스트를 만들 수 있다. 절대 시간은 time.Time 값을 받는 WithDeadline 함수를 사용해 지정할 수 있다. 또는 리스트 30-16처럼 WithTimeout 함수는 현재 시간에 상대적인 데드라인을 지정하는 time.Duration을 받는다. Context.Deadline 메서드는 요청 처리 중에 데드라인을 확인할 때 사용할 수 있다.

```go
package main

import (
  "sync"
  "time"
  // "math"
  // "math/rand"
  "context"
)

func processRequest(ctx context.Context, wg *sync.WaitGroup, count int) {
  total := 0
  for i := 0; i < count; i++ {
    select {
      case <- ctx.Done():
        if (ctx.Err() == context.Canceled) {
          Printfln("Stopping processing - request cancelled")
        } else {
          Printfln("Stopping processing - deadline reached")
        }
        goto end
      default:
        Printfln("Processing request: %v", total)
        total++
        time.Sleep(time.Millisecond * 250)
    }
  }
  Printfln("Request processed...%v", total)
  end:
  wg.Done()
}

func main() {
  waitGroup := sync.WaitGroup {}
  waitGroup.Add(1)
  Printfln("Request dispatched...")
  ctx, _ := context.WithTimeout(context.Background(), time.Second * 2)
  go processRequest(ctx, &waitGroup, 10)

  // time.Sleep(time.Second)
  // Printfln("Canceling request")
  // cancel()

  waitGroup.Wait()
}
```

WithDeadline 및 WithTimeout 함수는 파생 콘텍스트와 취소 함수를 반환해 데드라인이 만료하기 전에 요청을 취소할 수 있다. 위 예제는 processRequest 함수에 필요한 시간이 데드라인을 초과했다. 이는 Done 채널이 처리를 종료함을 의미한다. 프로젝트를 컴파일 및 실행하면 다음과 유사한 출력을 표시한다.

```
Request dispatched...
Processing request: 0
Processing request: 1
Processing request: 2
Processing request: 3
Processing request: 4
Processing request: 5
Processing request: 6
Processing request: 7
Stopping processing - deadline reached
```

요청 데이터 제공

WithValue 함수는 리스트 30-17처럼 요청 처리 중에 읽을 수 있는 키-값 쌍으로 파생 Context를 생성한다.

리스트 30-17 coordination 폴더 내 main.go 파일에서 요청 데이터 사용

```go
package main

import (
  "sync"
  "time"
  // "math"
  // "math/rand"
  "context"
)

const (
  countKey  = iota
  sleepPeriodKey
)

func processRequest(ctx context.Context, wg *sync.WaitGroup) {
  total := 0
  count := ctx.Value(countKey).(int)
  sleepPeriod := ctx.Value(sleepPeriodKey).(time.Duration)
  for i := 0; i < count; i++ {
    select {
      case <- ctx.Done():
        if (ctx.Err() == context.Canceled) {
          Printfln("Stopping processing - request cancelled")
```

```
        } else {
            Println("Stopping processing - deadline reached")
        }
        goto end
    default:
        Println("Processing request: %v", total)
        total++
        time.Sleep(sleepPeriod)
    }
}
Println("Request processed...%v", total)
end:
wg.Done()
}

func main() {
    waitGroup := sync.WaitGroup {}
    waitGroup.Add(1)
    Println("Request dispatched...")
    ctx, _ := context.WithTimeout(context.Background(), time.Second * 2)
    ctx = context.WithValue(ctx, countKey, 4)
    ctx = context.WithValue(ctx, sleepPeriodKey, time.Millisecond * 250)
    go processRequest(ctx, &waitGroup, 10)

    // time.Sleep(time.Second)
    // Println("Canceling request")
    // cancel()

    waitGroup.Wait()
}
```

WithValue 함수는 단일 키-값 쌍만 허용하지만 표 30-11의 함수를 반복적으로 호출해 필요한 기능 조합을 생성할 수 있다. 리스트 30-17에서 WithTimeout 함수는 데드라인이 있는 Context를 파생시킬 때 사용하고 파생 Context는 두 개의 키-값 쌍을 추가하기 위해 WithValue 함수에 대한 인수로 사용한다. 해당 데이터는 Value 메서드를 통해 액세스할 수 있다. 즉 요청 처리 함수가 필요한 모든 데이터 값에 대한 매개변수를 정의할 필요가 없다. 프로젝트를 컴파일 및 실행하면 다음과 같은 결과를 나타낸다.

```
Request dispatched...
Processing request: 0
Processing request: 1
Processing request: 2
Processing request: 3
Request processed...4
```

단위 테스팅, 벤치마킹, 로깅

31장에서는 단위 테스팅, 벤치마킹, 로깅을 끝으로 가장 유용한 표준 라이브러리 패키지의 설명을 마친다. 로깅 기능은 기본적이지만 괜찮은 기능이다. 로그 메시지를 다른 대상으로 보내기 위해 사용할 수 있는 타사 패키지는 많이 있다. 테스팅 및 벤치마킹 기능은 go 명령어에 통합돼 있지만 여기서는 두 기능을 열광적으로 다루지는 않는다. 표 31-1은 31장을 요약한 것이다.

표 31-1 31장 요약

문제	해결 방법	리스트 참조 번호
단위 테스트를 생성한다.	이름이 _test.go로 끝나는 파일을 추가하고 이름이 Test로 시작하고 뒤에 대문자가 오는 함수를 정의한 다음 testing 패키지에서 제공하는 기능을 사용한다.	4, 6, 7, 10, 11
단위 테스트를 실행한다.	go test 명령어를 사용한다.	5, 8, 9
벤치마크를 생성한다.	이름이 Benchmark로 시작하고 뒤에 대문자가 오는 함수를 정의한다.	12, 14, 15
벤치마크를 실행한다.	-bench 인수와 함께 go test 명령어를 사용한다.	13
데이터를 기록한다.	log 패키지가 제공하는 기능을 사용한다.	16, 17

31장 준비

31장 예제를 준비하기 위해 새 CMD를 열어 편리한 위치로 이동한 다음 tests 폴더를 생성한다. tests 폴더에서 리스트 31-1의 명령어를 실행해 모듈 파일을 생성해보자.

> ■ 팁 ■
> 다음 링크(https://github.com/apress/pro-go)에서 31장 및 책의 다른 모든 장에 대한 예제 프로젝트를 다운로드할 수 있다. 예제를 실행하는 데 문제가 발생한 경우 도움받는 방법은 2장을 참조한다.

```
go mod init tests
```

리스트 31-2의 소스 코드 내용을 담은 main.go 파일을 생성해 tests 폴더에 추가해보자.

리스트 31-2 tests 폴더 내 main.go 파일 소스 코드

```go
package main

import (
  "sort"
  "fmt"
)

func sortAndTotal(vals []int) (sorted []int, total int) {
  sorted = make([]int, len(vals))
  copy(sorted, vals)
  sort.Ints(sorted)
  for _, val := range sorted {
    total += val
    total++
  }
  return
}

func main() {
  nums := []int { 100, 20, 1, 7, 84 }
  sorted, total := sortAndTotal(nums)
  fmt.Println("Sorted Data:", sorted)
  fmt.Println("Total:", total)
}
```

sortAndTotal 함수는 다음 절에서 테스팅 기능을 시연할 때 유용한 의도적인 에러를 포함하고 있다. tests 폴더에서 리스트 31-3의 명령어를 실행해 프로젝트를 컴파일하고 실행해보자.

리스트 31-3 예제 프로젝트 컴파일 및 실행

```
go run .
```

코드를 컴파일 및 실행하면 다음 출력을 생성한다.

```
Sorted Data: [1 7 20 84 100]
Total: 217
```

✦ 테스팅 사용

단위 테스트는 이름이 _test.go로 끝나는 파일에 정의한다. 간단한 테스트를 만들기 위해 리스트 31-4의 내용을 포함한 simple_test.go 파일을 tests 폴더에 추가해보자.

리스트 31-4 tests 폴더 내 simple_test.go 파일 소스 코드

```
package main

import "testing"

func TestSum(t *testing.T) {
  testValues := []int{ 10, 20, 30 }
  _, sum := sortAndTotal(testValues)
  expected := 60
  if (sum != expected) {
    t.Fatalf("Expected %v, Got %v", expected, sum)
  }
}
```

Go 표준 라이브러리는 testing 패키지를 통해 단위 테스트 작성을 지원한다. 단위 테스트는 TestSum과 같이 이름이 Test로 시작하고 그 뒤에 대문자로 시작하는 용어가 오는 함수로 표현한다(대문자는 테스트 도구가 Testsum과 같은 함수 이름을 단위 테스트로 인식하지 않기 때문에 중요하다).

테스트 도구 사용 결정

나는 통합 테스팅 아이디어가 마음에 들지만 Go 테스트 기능을 많이 사용하지 않고 사용하더라도 의도한 대로 사용하지 않는다는 것을 깨달았다.

나는 단위 테스팅을 좋아하지만 복잡한 문제가 있는 코드를 정렬하려고 할 때나 제대로 하기 어려울 것이라는 것을 알고 있는 기능을 작성할 때만 테스트를 작성한다. 이는 내가 테스트에 대해 생각하는 방식일 수도 있고 고전적인 준비(arrange)/실행(act)/검증(assert) 테스트 도구 패턴에 익숙할 수도 있다. 하지만 Go 테스트 도구에 대해 내가 좋아하지 않는 뭔가가 있다.

나는 결국 특정 패키지가 제대로 동작하는지 확인하기 위해 간단한 진입점을 만들 수 있도록 테스트를 사용한다. 하지만 그런 경우에도 패키지 내 인스턴스 타입을 만들 때 사용하는 단일 테스트를 생성하고 주요 기능을 변경하지 않고도 패키지에서 정의한 필드, 함수, 메서드에 액세스할 수 있다. 이러한 테스트 코드는 항상 엉망진창이고 표 31-2에 설명한 메서드 대신 출력에 println 문을 사용한다. 코드가 동작하는 것에 만족하면 테스트 파일을 삭제한다.

내 실패라는 것을 기꺼이 인정하지만 나는 Go 테스트 도구에 대한 열정이 없다. 여러분이 나보다 더 부지런한 테스터이기 때문에 도구가 유용하지 않음을 의미하는 것이 아니다. 그러나 이 절에서 설명한 기능이 테스트를 작성하도록 동기를 부여하지 않는 경우 여러분뿐만 아니라 나도 그렇다는 것을 알아주면 좋겠다.

단위 테스트 함수는 테스트를 관리하고 테스트 결과를 보고하는 메서드를 정의하는 T 구조체 포인터를 받는다. Go 테스트는 단언에 의존하지 않고 일반 코드 문을 사용해 작성한다. 테스트 도구가 관심을 갖는 모든 것은 테스트 실패 여부로 표 31-2에서 설명한 메서드를 사용해 보고한다.

표 31-2 테스트 결과 보고를 위한 T 메서드

이름	설명
Log(…vals)	지정한 값을 테스트 에러 로그에 기록한다.
Logf(template, …vals)	지정한 템플릿과 값을 사용해 테스트 에러 로그에 메시지를 기록한다.
Fail()	해당 메서드를 호출하면 테스트가 실패한 것으로 표시하지만 테스트 실행은 계속한다.
FailNow()	해당 메서드를 호출하면 테스트가 실패한 것으로 표시하지만 테스트 실행을 멈춘다.
Failed()	테스트가 실패하면 true를 반환한다.
Error(…errs)	해당 메서드를 호출하는 것은 Log 메서드를 호출한 다음 Fail 메서드를 호출하는 것과 같다.
Errorf(template, …vals)	해당 메서드를 호출하는 것은 Logf 메서드를 호출한 다음 Fail 메서드를 호출하는 것과 같다.
Fatal(…vals)	해당 메서드를 호출하는 것은 Log 메서드를 호출한 다음 FailNow 메서드를 호출하는 것과 같다.
Fatalf(template, …vals)	해당 메서드를 호출하는 것은 Logf 메서드를 호출한 다음 FailNow 메서드를 호출하는 것과 같다.

리스트 31-4의 테스트는 값 세트로 sumAndTotal 함수를 호출하고 표준 Go 비교 연산자를 사용해 결과를 예상 결과와 비교했다. 결과가 예상 값과 같지 않으면 Fatalf 메서드를 호출해 테스트 실패를 보고하고 단위 테스트의 나머지 문 실행을 중지한다(해당 예제에는 나머지 문이 없다).

테스트 패키지 액세스 이해

리스트 31-4의 테스트 파일은 package 키워드를 사용해 main 패키지를 지정한다. 테스트는 표준 Go로 작성하기 때문에 해당 파일의 테스트는 패키지 외부로 export하지 않는 기능을 포함해 main 패키지에 정의한 모든 기능에 액세스할 수 있다.

export한 기능에만 액세스할 수 있는 테스트를 작성하려면 package 문을 사용해 main_test 패키지를 지정할 수 있다. _test 접미사는 컴파일러 문제를 일으키지 않고 테스트 중인 패키지에서 export한 기능에만 액세스할 수 있는 테스트 작성을 허용한다.

단위 테스트 실행

프로젝트에서 단위 테스트를 검색하고 실행하기 위해 tests 폴더에서 리스트 31-5의 명령어를 실행해보자.

단위 테스트를 위한 모의 객체 작성

단위 테스트를 위한 모의 객체 구현을 만드는 유일한 방법은 테스트에 필요한 결과를 생성하는 사용자 지정 메서드를 정의할 수 있는 인터페이스 구현을 만드는 것이다. 단위 테스트에 모의 객체를 사용하려면 인터페이스 타입을 허용하도록 API를 작성해야 한다.

그러나 모의 객체 사용을 인터페이스로 제한하더라도 테스트할 수 있도록 특정 값을 필드에 할당한 구조체 값을 만드는 것이 일반적으로 가능하다. 때때로 약간 어색할 수 있지만 세부 사항을 파악하기 위해 약간의 끈기가 필요하더라도 대부분의 함수와 메서드는 어떤 식으로든 테스트할 수 있다.

리스트 31-5 단위 테스트 수행

```
go test
```

언급한 바와 같이 리스트 31-2에 정의한 코드에 에러가 있어 단위 테스트가 실패한다.

```
tests > go test
--- FAIL: TestSum (0.00s)
    simple_test.go:10: Expected 60, Got 63
FAIL
exit status 1
FAIL    tests    0.090s
```

테스트의 출력은 에러와 테스트 실행의 전체 결과를 보고한다. 리스트 31-6은 sortAndTotal 함수의 에러를 수정한다.

리스트 31-6 tests 폴더 내 main.go 파일에서 에러 수정

```
...
func sortAndTotal(vals []int) (sorted []int, total int) {
  sorted = make([]int, len(vals))
  copy(sorted, vals)
  sort.Ints(sorted)
  for _, val := range sorted {
    total += val
    //total++
  }
  return
}
...
```

변경 사항을 저장하고 go test 명령어를 실행하면 출력에 테스트 통과를 표시한다.

```
PASS
ok       tests     0.102s
```

테스트 파일에는 자동으로 검색하고 실행할 수 있는 여러 테스트를 포함할 수 있다. 리스트 31-7은 simple_test.go 파일에 두 번째 테스트 함수를 추가했다.

리스트 31-7 tests 폴더 내 simple_test.go 파일에서 테스트 정의

```go
package main

import (
  "testing"
  "sort"
)

func TestSum(t *testing.T) {
  testValues := []int{ 10, 20, 30 }
  _, sum := sortAndTotal(testValues)
  expected := 60
  if (sum != expected) {
    t.Fatalf("Expected %v, Got %v", expected, sum)
  }
}

func TestSort(t *testing.T) {
  testValues := []int{ 1, 279, 48, 12, 3}
  sorted, _ := sortAndTotal(testValues)
  if (!sort.IntsAreSorted(sorted)) {
    t.Fatalf("Unsorted data %v", sorted)
  }
}
```

TestSort 테스트는 sortAndTotal 함수가 데이터를 정렬하는지 확인한다. 단위 테스트에서 Go 표준 라이브러리가 제공하는 기능을 사용할 수 있고 sort.IntsAreSorted 함수를 사용해 테스트를 수행할 수 있다. go test 명령어를 실행하면 다음과 같은 결과를 표시한다.

```
ok tests 0.087s
```

go test 명령어는 기본적으로 세부 정보를 보고하지 않지만 다음을 통해 더 많은 정보를 생성할 수 있다. tests 폴더에서 리스트 31-8의 명령어를 실행해보자.

리스트 31-8 상세 테스트 수행

```
go test -v
```

-v 인수는 각 테스트에 대해 보고하는 자세한 정보 표시 모드를 활성화한다.

```
=== RUN    TestSum
--- PASS: TestSum (0.00s)
=== RUN    TestSort
--- PASS: TestSort (0.00s)
PASS
ok      tests    0.164s
```

특정 테스트 실행

go test 명령어를 사용해 이름으로 선택한 테스트를 실행할 수 있다. tests 폴더에서 리스트 31-9의 명령어를 실행해보자.

리스트 31-9 tests 폴더 내 main.go 파일에서 테스트 선택

```
go test -v -run "um"
```

테스트는 정규식으로 선택할 수 있고 리스트 31-9의 명령어는 함수 이름에 um을 포함한 테스트를 선택한다(함수 이름의 Test 부분을 포함할 필요가 없음). 이름이 식과 일치하는 유일한 테스트는 TestSum이고 위 명령어는 다음 출력을 생성한다.

```
=== RUN    TestSum
--- PASS: TestSum (0.00s)
PASS
ok      tests    0.123s
```

테스트 실행 관리

T 구조체는 또한 표 31-3에서 설명한 대로 테스트 실행을 관리하기 위한 일련의 메서드를 제공한다.

표 31-3 테스트 실행 관리를 위한 T 메서드

이름	설명
Run(name, func)	해당 메서드를 호출하면 지정한 함수를 서브 테스트로 실행한다. 테스트를 자체 고루틴에서 실행하는 동안 메서드를 블록하고 테스트 성공 여부를 나타내는 bool을 반환한다.
SkipNow()	해당 메서드를 호출하면 테스트 실행을 중지하고 건너뛴 것으로 표시한다.
Skip(…args)	Log 메서드를 호출한 다음 SkipNow 메서드를 호출하는 것과 같다.
Skipf(template, …args)	Logf 메서드를 호출한 다음 SkipNow 메서드를 호출하는 것과 같다.
Skipped()	테스트를 스킵(skip)했으면 true를 반환한다.

Run 메서드는 리스트 31-10처럼 단일 함수에서 일련의 관련 테스트를 실행하는 편리한 방법인 서브 테스트를 실행할 때 사용한다.

리스트 31-10 tests 폴더 내 simple_test.go 파일에서 서브 테스트 실행

```go
package main

import (
  "testing"
  "sort"
  "fmt"
)

func TestSum(t *testing.T) {
  testValues := []int{ 10, 20, 30 }
  _, sum := sortAndTotal(testValues)
  expected := 60
  if (sum != expected) {
    t.Fatalf("Expected %v, Got %v", expected, sum)
  }
}

func TestSort(t *testing.T) {
  slices := [][]int {
    { 1, 279, 48, 12, 3 },
    { -10, 0, -10 },
    { 1, 2, 3, 4, 5, 6, 7 },
    { 1 },
  }
  for index, data := range slices {
    t.Run(fmt.Sprintf("Sort #%v", index), func(subT *testing.T) {
      sorted, _ := sortAndTotal(data)
      if (!sort.IntsAreSorted(sorted)) {
        subT.Fatalf("Unsorted data %v", sorted)
      }
    })
  }
}
```

Run 메서드의 인수는 테스트 이름과 T 구조체를 허용하고 테스트를 수행하는 함수다. 리스트 31-10에서 Run 메서드는 서로 다른 int 슬라이스 세트를 올바르게 정렬했는지 테스트하기 위해 사용한다. go test -v 명령어를 사용해 상세 출력으로 테스트를 실행하면 다음 출력을 표시한다.

```
=== RUN   TestSum
--- PASS: TestSum (0.00s)
=== RUN   TestSort
```

```
=== RUN    TestSort/Sort_#0
=== RUN    TestSort/Sort_#1
=== RUN    TestSort/Sort_#2
=== RUN    TestSort/Sort_#3
--- PASS: TestSort (0.00s)
  --- PASS: TestSort/Sort_#0 (0.00s)
  --- PASS: TestSort/Sort_#1 (0.00s)
  --- PASS: TestSort/Sort_#2 (0.00s)
  --- PASS: TestSort/Sort_#3 (0.00s)
PASS
ok      tests   0.112s
```

테스트 스킵

테스트는 표 31-3에서 설명한 메서드를 사용해 스킵할 수 있다. 리스트 31-11처럼 하나의 테스트가 실패해 관련 테스트를 수행할 필요가 거의 없음을 의미할 때 테스트 스킵은 유용할 수 있다.

리스트 31-11 tests 폴더 내 simple_test.go 파일에서 테스트 스킵

```go
package main

import (
  "testing"
  "sort"
  "fmt"
)

type SumTest struct {
  testValues []int
  expectedResult int
}

func TestSum(t *testing.T) {
  testVals := []SumTest {
    { testValues: []int{10, 20, 30}, expectedResult:  10},
    { testValues: []int{ -10, 0, -10 }, expectedResult:  -20},
    { testValues: []int{ -10, 0, -10 }, expectedResult:  -20},
  }
  for index, testVal := range testVals {
    t.Run(fmt.Sprintf("Sum #%v", index), func(subT *testing.T) {
      if (t.Failed()) {
        subT.SkipNow()
      }
      _, sum := sortAndTotal(testVal.testValues)
      if (sum != testVal.expectedResult) {
        subT.Fatalf("Expected %v, Got %v", testVal.expectedResult, sum)
      }
    })
```

```
    }
  }

  func TestSort(t *testing.T) {
    slices := [][]int {
      { 1, 279, 48, 12, 3 },
      { -10, 0, -10 },
      { 1, 2, 3, 4, 5, 6, 7 },
      { 1 },
    }
    for index, data := range slices {
      t.Run(fmt.Sprintf("Sort #%v", index), func(subT *testing.T) {
        sorted, _ := sortAndTotal(data)
        if (!sort.IntsAreSorted(sorted)) {
          subT.Fatalf("Unsorted data %v", sorted)
        }
      })
    }
  }
```

서브 테스트를 실행하기 위해 TestSum 함수를 재작성했다. 서브 테스트를 사용할 때 개별 테스트가 실패하면 전체 테스트도 실패한다. 리스트 31-11에서 전체 테스트에 대해 T 구조체에서 Failed 메서드를 호출하고 SkipNow 메서드를 사용해 실패가 발생한 경우 서브 테스트를 스킵하는 방식으로 테스트 스킵 동작에 의존한다. TestSum에서 수행한 첫 번째 서브 테스트에 대해 정의한 예상 결과가 올바르지 않아 테스트는 실패하고 go test -v 명령어를 사용할 때 다음 출력을 생성한다.

```
=== RUN    TestSum
=== RUN    TestSum/Sum_#0
  simple_test.go:27: Expected 10, Got 60
=== RUN    TestSum/Sum_#1
=== RUN    TestSum/Sum_#2
--- FAIL: TestSum (0.00s)
  --- FAIL: TestSum/Sum_#0 (0.00s)
  --- SKIP: TestSum/Sum_#1 (0.00s)
  --- SKIP: TestSum/Sum_#2 (0.00s)
=== RUN    TestSort
=== RUN    TestSort/Sort_#0
=== RUN    TestSort/Sort_#1
=== RUN    TestSort/Sort_#2
=== RUN    TestSort/Sort_#3
--- PASS: TestSort (0.00s)
  --- PASS: TestSort/Sort_#0 (0.00s)
  --- PASS: TestSort/Sort_#1 (0.00s)
  --- PASS: TestSort/Sort_#2 (0.00s)
  --- PASS: TestSort/Sort_#3 (0.00s)
```

```
FAIL
exit status 1
FAIL    tests    0.138s
```

코드 벤치마킹

이름이 Benchmark로 시작하고 대문자로 시작하는 용어가 뒤따르는 Sort와 같은 함수는 실행 시간이 정해진 벤치마크다. 벤치마크 함수는 표 31-4에서 설명한 필드를 정의하는 testing.B 구조체 포인터를 받는다.

표 31-4 B 구조체가 정의한 필드

이름	설명
N	int 필드는 코드를 실행해야 하는 횟수를 지정하고 벤치마크 함수가 측정한다.

N 값은 벤치마크 함수 내의 for 루프에서 성능을 측정하는 코드를 반복하기 위해 사용한다. 벤치마크 도구는 안정적인 측정을 설정하기 위해 다른 N 값을 사용해 벤치마크 함수를 반복적으로 호출할 수 있다. 리스트 31-12 내용을 포함한 benchmark_test.go 파일을 tests 폴더에 추가해보자.

> **벤치마크 시점 결정**
>
> 성능 튜닝 코드는 자동차의 성능 튜닝과 같다. 재미있을 수 있고 일반적으로 비용이 많이 들고 문제를 해결하는 것보다 거의 항상 더 많은 문제를 일으킨다.
>
> 모든 프로젝트에서 가장 비용이 많이 드는 부분은 초기 개발 단계와 유지 관리 단계 모두에서 소요하는 프로그래머의 시간이다. 성능 조정은 프로젝트를 완료하기 위해 시간을 소요할 뿐만 아니라 이해하기 어려운 코드를 생성하는 경우가 많다. 다른 개발자가 여러분의 영리한 최적화 코드를 이해하려고 시도함에 따라 향후 더 많은 시간을 잡아먹을 것이다.
>
> 특정 성능 요구 사항이 있는 프로젝트가 있다는 점을 기꺼이 인정하지만 여러분의 프로젝트가 그러한 요구 사항 중 하나가 아닐 가능성이 있다. 그러나 내 프로젝트는 해당 요구 사항이 없으므로 걱정할 필요 없다. 일반 프로젝트의 경우 비용이 많이 드는 개발자에게 튜닝을 맡기는 것보다 더 많은 서버 또는 스토리지 용량을 구입하는 것이 더 저렴하다.
>
> 벤치마킹은 교육적일 수 있고 코드를 실행하는 방식을 이해함으로써 프로젝트에 대해 많은 것을 배울 수 있다. 그러나 교육 벤치마킹을 위한 시간은 배포와 첫 번째 결함 보고서 도착 사이의 짧은 기간에 있다. 그렇지 않으면 색상별로 프린터 용지를 구성할 때 시간을 소요한다. 그때까지는 이해하기 쉽고 유지 관리하기 쉬운 코드를 작성하는 것에만 집중할 것을 조언한다.

```
package main

import (
  "testing"
  "math/rand"
  "time"
)

func BenchmarkSort(b *testing.B) {
  rand.Seed(time.Now().UnixNano())
  size := 250
  data := make([]int, size)
  for i := 0; i < b.N; i++ {
    for j := 0; j < size; j++ {
      data[j] = rand.Int()
    }
    sortAndTotal(data)
  }
}
```

BenchmarkSort 함수는 무작위 데이터로 슬라이스를 생성하고 리스트 31-2에서 정의한 sortAndTotal 함수에 전달한다. 벤치마크를 수행하기 위해 tests 폴더에서 리스트 31-13의 명령어를 실행해보자.

리스트 31-13 벤치마크 수행

```
go test -bench . -run notest
```

-bench 인수 다음의 마침표는 go 테스트 도구가 발견한 모든 벤치마크를 수행한다. 특정 벤치마크를 선택하기 위해 마침표를 정규식으로 바꿀 수 있다. 기본적으로 단위 테스트도 수행하지만 리스트 31-12의 TestSum 함수에 의도적인 에러를 도입했기 때문에 -run 인수를 사용해 테스트 함수 이름과 일치하지 않는 값을 지정했고 결과적으로 벤치마크만 수행한다.

리스트 31-13의 명령어는 BenchmarkSort 함수를 찾아 실행하고 시스템에 따라 다양한 다음과 유사한 출력을 생성한다.

```
goos: windows
goarch: amd64
pkg: tests
BenchmarkSort-12            23853              42642 ns/op
PASS
ok      tests   1.577s
```

벤치마크 함수의 이름 뒤에는 CPU 또는 코어 수가 온다. 내 시스템은 12개이지만 코드가 고루틴을 사용하지 않기 때문에 테스트 결과에 영향을 미치지 않는다.

```
...
BenchmarkSort-12                    23853                    42642 ns/op
...
```

다음 필드는 이러한 결과를 생성하기 위해 벤치마크 함수에 전달한 N 값을 보고한다.

```
...
BenchmarkSort-12                    23853                    42642 ns/op
...
```

내 시스템에서 테스트 도구는 23853이라는 N 값으로 BenchmarkSort 함수를 실행했다. 해당 숫자는 테스트마다, 시스템마다 바뀐다. 최종 값은 벤치마크 루프의 각 반복을 수행할 때 걸리는 시간(나노초)을 보고한다.

```
...
BenchmarkSort-12                    23853                    42642 ns/op
...
```

해당 테스트 실행에서 벤치마크를 완료하기 위해 42,642나노초가 걸렸다.

벤치마크 설정 제거

for 루프를 반복할 때마다 BenchmarkSort 함수는 임의의 데이터를 생성해야 하고 해당 데이터를 생성할 때 걸린 시간을 벤치마크 결과에 포함한다. B 구조체는 벤치마킹에 사용하는 타이머 timer를 제어하기 위해 사용하는 표 31-5에서 설명한 메서드를 정의한다.

표 31-5 타이머 제어를 위한 B 메서드

이름	설명
StopTimer()	타이머를 멈춘다.
StartTimer()	타이머를 시작한다.
ResetTimer()	타이머를 리셋한다.

ResetTimer 메서드는 벤치마크에 일부 초기 설정이 필요할 때 유용하고 다른 메서드는 각 벤치마크 활동과 관련한 오버헤드가 있을 때 유용하다. 리스트 31-14는 이러한 메서드를 사용해 벤치마크 결과에서 준비 과정을 제외한다.

리스트 31-14 tests 폴더 내 benchmark_test.go 파일에서 타이머 제어

```
package main

import (
```

```
  "testing"
  "math/rand"
  "time"
)

func BenchmarkSort(b *testing.B) {
  rand.Seed(time.Now().UnixNano())
  size := 250
  data := make([]int, size)
  b.ResetTimer()
  for i := 0; i < b.N; i++ {
    b.StopTimer()
    for j := 0; j < size; j++ {
      data[j] = rand.Int()
    }
    b.StartTimer()
    sortAndTotal(data)
  }
}
```

랜덤 시드를 설정하고 슬라이스를 초기화한 후 타이머를 재설정한다. for 루프 내에서 StopTimer 메서드는 슬라이스를 무작위 데이터로 채우기 전에 타이머를 중지하기 위해 사용하고 StartTimer 메서드는 sortAndTotal 함수를 호출하기 전에 타이머를 시작하기 위해 사용한다. tests 폴더에서 리스트 31-14의 명령어를 실행하면 수정한 벤치마크를 수행시킨다. 내 시스템은 다음과 같은 결과를 생성했다.

```
goos: windows
goarch: amd64
pkg: tests
BenchmarkSort-12              35088              32095 ns/op
PASS
ok      tests   4.133s
```

벤치마크를 준비할 때 필요한 작업을 제외하면 sortAndTotal 함수를 실행할 때 걸리는 시간을 보다 정확하게 평가할 수 있다.

서브 벤치마크 수행

벤치마크 함수는 테스트 함수가 서브 테스트를 실행할 수 있는 것처럼 서브 벤치마크를 수행할 수 있다. 빠른 참조를 위해 표 31-6은 서브 벤치마크를 실행하기 위해 사용하는 메서드를 설명한다.

표 31-6 서브 벤치마크 실행을 위한 B 메서드

이름	설명
Run(name, func)	해당 메서드를 호출하면 지정한 함수를 서브 벤치마크로 실행한다. 벤치마크를 수행하는 동안 메서드는 블록한다.

리스트 31-15는 다양한 배열 크기에 대한 일련의 벤치마크를 수행하도록 BenchmarkSort 함수를 업데이트한다.

리스트 31-15 tests 폴더 내 benchmark_test.go 파일에서 서브 벤치마크 수행

```
package main

import (
  "testing"
  "math/rand"
  "time"
  "fmt"
)

func BenchmarkSort(b *testing.B) {
  rand.Seed(time.Now().UnixNano())
  sizes := []int { 10, 100, 250 }
  for _, size := range sizes {
    b.Run(fmt.Sprintf("Array Size %v", size), func(subB *testing.B) {
      data := make([]int, size)
      subB.ResetTimer()
      for i := 0; i < subB.N; i++ {
        subB.StopTimer()
        for j := 0; j < size; j++ {
          data[j] = rand.Int()
        }
        subB.StartTimer()
        sortAndTotal(data)
      }
    })
  }
}
```

이러한 벤치마크는 완료할 때 다소 시간이 걸릴 수 있다. 다음은 리스트 31-13의 명령어를 사용해 생성한 내 시스템의 결과다.

```
goos: windows
goarch: amd64
pkg: tests
BenchmarkSort/Array_Size_10-12                  753120              1984 ns/op
```

```
BenchmarkSort/Array_Size_100-12              110248          10953 ns/op
BenchmarkSort/Array_Size_250-12               34369          31717 ns/op
PASS
ok      tests   61.453s
```

데이터 로깅

log 패키지는 로그 항목을 생성하고 io.Writer로 보내는 간단한 로깅 API를 제공하기 때문에 애플리케이션이 데이터를 저장하는 위치를 알 필요 없이 로깅 데이터를 생성할 수 있다. 로그 패키지에서 정의한 가장 유용한 함수는 표 31-7에서 설명하고 있다.

표 31-7 유용한 log 함수

이름	설명
Output( )	로그 메시지를 전달할 Writer를 반환한다. 기본적으로 로그 메시지는 표준 출력에 기록한다.
SetOutput(writer)	로깅을 위해 지정한 Writer를 사용한다.
Flags( )	로깅 메시지의 포맷을 지정하기 위해 사용하는 플래그를 반환한다.
SetFlags(flags)	지정한 플래그를 사용해 로깅 메시지의 포맷을 지정한다.
Prefix( )	로깅 메시지에 적용하는 접두사를 반환한다. 기본적으로 접두사는 없다.
SetPrefix(prefix)	지정한 문자열을 로깅 메시지의 접두사로 사용한다.
Output(depth, message)	지정한 호출 깊이(디폴트 2)를 사용해 Output 함수에서 반환한 Writer에 지정한 메시지를 쓴다. 호출 깊이는 코드 파일의 선택을 제어할 때 사용하고 일반적으로 변경하지 않는다.
Print(⋯vals)	fmt.Sprint를 호출하고 결과를 Output 함수에 전달해 로그 메시지를 생성한다.
Printf(template, ⋯vals)	fmt.Sprintf를 호출하고 결과를 Output 함수에 전달해 로그 메시지를 생성한다.
Fatal(⋯vals)	fmt.Sprint를 호출해 로그 메시지를 생성하고 결과를 Output 함수에 전달한 다음 애플리케이션을 종료한다.
Fatalf(template, ⋯vals)	fmt.Sprintf를 호출해 로그 메시지를 생성하고 결과를 Output 함수에 전달한 다음 애플리케이션을 종료한다.
Panic(⋯vals)	fmt.Sprint를 호출해 로그 메시지를 생성하고 결과를 Output 함수에 전달한 다음 panic 함수에 전달한다.
Panicf(tempalte, ⋯vals)	fmt.Sprintf를 호출해 로그 메시지를 생성하고 결과를 Output 함수에 전달한 다음 panic 함수에 전달한다.

로그 메시지의 포맷은 log 패키지가 표 31-8에서 설명한 상수를 정의하는 SetFlags 함수로 제어한다.

표 31-8 log 패키지 상수

이름	설명
Ldate	해당 플래그를 선택하면 로그 출력에 날짜를 포함시킨다.
Ltime	해당 플래그를 선택하면 로그 출력에 시간을 포함시킨다.
Lmicroseconds	해당 플래그를 선택하면 로그 출력에 마이크로초를 포함시킨다.
Llongfile	해당 플래그를 선택하면 디렉터리를 포함한 코드 파일 이름과 메시지를 기록한 줄 번호를 포함시킨다.
Lshortfile	해당 플래그를 선택하면 디렉터리를 제외한 코드 파일 이름과 메시지를 기록한 줄 번호를 포함시킨다.
LUTC	해당 플래그를 선택하면 날짜 및 시간에 현지 시간대 대신 UTC를 사용한다.
Lmsgprefix	해당 플래그를 선택하면 접두사가 디폴트 위치인 로그 메시지 시작 부분에서 Output 함수에 전달한 문자열 직전까지 이동한다.
LstdFlags	해당 상수는 Ldate 및 Ltime을 선택하는 디폴트 포맷을 나타낸다.

리스트 31-16은 간단한 로깅을 수행하기 위해 표 31-7의 함수를 사용한다.

리스트 31-16 tests 폴더 내 main.go 파일에서 메시지 로깅

```
package main

import (
  "sort"
  //"fmt"
  "log"
)

func sortAndTotal(vals []int) (sorted []int, total int) {
  sorted = make([]int, len(vals))
  copy(sorted, vals)
  sort.Ints(sorted)
  for _, val := range sorted {
    total += val
    //total++
  }
  return
}

func main() {
  nums := []int { 100, 20, 1, 7, 84 }
  sorted, total := sortAndTotal(nums)
  log.Print("Sorted Data: ", sorted)
  log.Print("Total: ", total)
}

func init() {
  log.SetFlags(log.Lshortfile | log.Ltime)
}
```

초기화 함수는 SetFlags 함수를 사용해 로깅 출력에 파일 이름과 시간을 포함하는 Lshortfile 및 Ltime 플래그를 선택한다. main 함수 내에서 Print 함수를 사용해 로그 메시지를 생성한다. go run 명령어를 사용해 프로젝트를 컴파일 및 실행해보자. 명령어를 실행하면 다음과 유사한 출력을 표시한다.

```
08:51:25 main.go:26: Sorted Data: [1 7 20 84 100]
08:51:25 main.go:27: Total: 212
```

커스텀 로거 생성

log 패키지를 사용해 애플리케이션의 다른 부분이 다른 대상에 로그 메시지를 쓰거나 다른 포맷 지정 옵션을 사용할 수 있도록 다른 로깅 옵션을 설정할 수 있다. 표 31-9에서 설명한 함수는 사용자 지정 로깅 대상을 만들 때 사용한다.

표 31-9 커스텀 로깅을 위한 log 패키지 함수

이름	설명
New(writer, prefix, flags)	지정한 접두사 및 플래그로 구성한 지정 writer에 메시지를 쓰는 Logger를 반환한다.

New 함수의 결과는 표 31-7에서 설명한 함수에 해당하는 메서드를 정의하는 구조체인 Logger다. 표 31-7의 함수는 단순히 디폴트 로거에서 같은 이름의 메서드를 호출한다. 리스트 31-17은 Logger를 생성하기 위해 New 함수를 사용한다.

리스트 31-17 tests 폴더 내 main.go 파일에서 커스텀 로거 생성

```
package main

import (
  "sort"
  //"fmt"
  "log"
)

func sortAndTotal(vals []int) (sorted []int, total int) {
  var logger = log.New(log.Writer(), "sortAndTotal: ",
    log.Flags() | log.Lmsgprefix)
  logger.Printf("Invoked with %v values", len(vals))
  sorted = make([]int, len(vals))
  copy(sorted, vals)
  sort.Ints(sorted)
  logger.Printf("Sorted data: %v", sorted)
  for _, val := range sorted {
    total += val
    //total++
```

886

```
    }
    logger.Printf("Total: %v", total)
    return
}

func main() {
    nums := []int { 100, 20, 1, 7, 84 }
    sorted, total := sortAndTotal(nums)
    log.Print("Sorted Data: ", sorted)
    log.Print("Total: ", total)
}

func init() {
    log.SetFlags(log.Lshortfile | log.Ltime)
}
```

표 31-7에서 설명한 Output 함수에서 얻은 Writer를 사용해 Lmsgprefix 플래그 외 새로운 접두사를 추가한 Logger 구조체를 생성한다. 결과적으로 로그 메시지를 여전히 동일한 대상에 기록하지만 sortAndTotal 함수의 메시지를 나타내는 추가 접두사가 있다. 프로젝트를 컴파일 및 실행하면 추가 로그 메시지를 표시한다.

```
09:12:37 main.go:11: sortAndTotal: Invoked with 5 values
09:12:37 main.go:15: sortAndTotal: Sorted data: [1 7 20 84 100]
09:12:37 main.go:20: sortAndTotal: Total: 212
09:12:37 main.go:27: Sorted Data: [1 7 20 84 100]
09:12:37 main.go:28: Total: 212
```

⊹ 요약

31장에서 단위 테스팅, 벤치마킹, 로깅을 사용해 가장 유용한 표준 라이브러리 패키지의 설명을 마쳤다. 설명했듯이 테스트 기능은 매력적이지 않고 나는 벤치마킹에 대해 강한 의구심을 갖고 있지만 두 기능 모두 Go 도구에서 잘 통합하고 있기 때문에 여러분의 견해가 나와 일치하지 않는 경우에도 쉽게 사용할 수 있다. 로깅 기능은 논쟁의 여지가 적은 편으로 3부에서 생성할 사용자 지정 웹 애플리케이션 플랫폼에서 계속 사용할 것이다.

Go 적용

웹 플랫폼 생성

32장에서는 사용자 정의 웹 애플리케이션 플랫폼 개발을 시작하고 33장과 34장에서 계속 진행할 것이다. 35~38장에서는 해당 플랫폼을 사용해 SportsStore라는 애플리케이션을 만들고 책의 나머지 부분에서 이 애플리케이션이 등장할 것이다.

3부의 목적은 실제 개발 프로젝트에서 발생하는 종류의 문제를 해결하기 위해 Go를 적용하는 것을 보여주는 것이다. 웹 애플리케이션 플랫폼의 경우 로깅, 세션, HTML 템플릿, 권한 부여 등을 위한 기능 생성을 의미한다. SportsStore 애플리케이션의 경우 제품 데이터베이스 사용, 사용자 제품 선택 추적, 사용자 입력 확인, 매장 체크아웃을 의미한다.

32장의 코드는 책을 위해 특별히 작성한 코드로 33장의 기능이 제대로 동작하는 범위까지만 테스트했음을 명심하길 바란다. 32장에서 만든 기능의 일부 또는 전부를 제공하는 좋은 타사 패키지가 있고 이러한 패키지를 사용해 프로젝트를 시작하는 것이 좋다. 몇 가지 유용한 패키지를 제공하는 Gorilla Web Toolkit(www.gorillatoolkit.org)을 추천한다(34장에서 이러한 패키지 중 하나를 사용할 것이다).

> **■ 주의 ■**
>
> 32장은 고급 기능이고 복잡하기 때문에 표시한 대로 정확하게 예제를 따르는 것이 중요하다. 문제가 발생하면 책의 깃허브 저장소(https://github.com/apress/pro-go)에서 정오표를 확인하는 것부터 시작해야 한다. 책에서 발생하는 모든 문제의 솔루션을 깃허브 저장소에서 나열한다.

╬ 프로젝트 생성

새 CMD를 열어 편리한 위치로 이동한 다음 platform 폴더를 생성한다. platform 폴더에서 리스트 32-1의 명령어를 실행해 모듈 파일을 생성해보자.

리스트 32-1 프로젝트 초기화

```
go mod init platform
```

리스트 32-2의 소스 코드 내용을 담은 main.go 파일을 생성해 platform 폴더에 추가해보자.

리스트 32-2 platform 폴더 내 main.go 파일 소스 코드

```go
package main

import (
  "fmt"
)

func writeMessage() {
  fmt.Println("Hello, Platform")
}

func main() {
  writeMessage()
}
```

platform 폴더에서 리스트 32-3의 명령어를 실행한다.

리스트 32-3 프로젝트 컴파일 및 실행

```
go run .
```

코드를 컴파일 및 실행하면 다음 출력을 생성한다.

```
Hello, Platform
```

⸭ 기본 플랫폼 기능 생성

시작하기 앞서 웹 애플리케이션을 실행하기 위한 기반을 제공할 몇 가지 기본 서비스를 정의
하겠다.

로깅 시스템 생성

구현할 첫 번째 서버 기능은 로깅이다. Go 표준 라이브러리의 log 패키지는 로그 생성을 위한 훌륭한 기본 기능 집합을 제공하지만 세부 정보를 위해 메시지를 필터링하는 몇 가지 추가 기능이 필요하다. platform/logging 폴더를 만들고 리스트 32-4 내용을 포함한 logging.go 파일을 추가해보자.

리스트 32-4 logging 폴더 내 logging.go 파일 소스 코드

```go
package logging

type LogLevel int

const (
    Trace LogLevel = iota
    Debug
    Information
    Warning
    Fatal
    None
)

type Logger interface {

    Trace(string)
    Tracef(string, ...interface{})

    Debug(string)
    Debugf(string, ...interface{})

    Info(string)
    Infof(string, ...interface{})

    Warn(string)
    Warnf(string, ...interface{})

    Panic(string)
    Panicf(string, ...interface{})
}
```

logging.go 파일은 Trace에서 Fatal 범위의 LogLevel 값을 사용해 설정하는 다양한 수준의 심각도로 메시지를 기록하는 방법을 지정하는 Logger 인터페이스를 정의한다. 로깅 출력을 지정하지 않는 None 레벨도 있다. 심각도의 각 레벨에 대해 Logger 인터페이스는 간단한 문자열을 허용하는 메서드와 템플릿 문자열 및 자리 표시자 값을 허용하는 메서드를 정의한다.

플랫폼이 제공하는 모든 기능에 대한 인터페이스를 정의하고 이러한 인터페이스를 사용해 기본 구현을 제공한다. 따라서 필요한 경우 애플리케이션이 기본 구현을 대체할 수 있고 32장의 뒷부분에서 설명하는 기능을 서비스로 애플리케이션에 제공할 수도 있다.

Logger 인터페이스의 기본 구현을 생성하기 위해 리스트 32-5의 내용을 담은 logger_default.go 파일을 logging 폴더에 추가해보자.

리스트 32-5 logging 폴더 내 logger_default.go 파일 소스 코드

```go
package logging

import (
  "log"
  "fmt"
)

type DefaultLogger struct {
  minLevel LogLevel
  loggers map[LogLevel]*log.Logger
  triggerPanic bool
}

func (l *DefaultLogger) MinLogLevel() LogLevel {
  return l.minLevel
}

func (l *DefaultLogger) write(level LogLevel, message string) {
  if (l.minLevel <= level) {
    l.loggers[level].Output(2, message)
  }
}

func (l *DefaultLogger) Trace(msg string) {
  l.write(Trace, msg)
}

func (l *DefaultLogger) Tracef(template string, vals ...interface{}) {
  l.write(Trace, fmt.Sprintf(template, vals...))
}

func (l *DefaultLogger) Debug(msg string) {
  l.write(Debug, msg)
}

func (l *DefaultLogger) Debugf(template string, vals ...interface{}) {
  l.write(Debug, fmt.Sprintf(template, vals...))
}

func (l *DefaultLogger) Info(msg string) {
```

```
    l.write(Information, msg)
}

func (l *DefaultLogger) Infof(template string, vals ...interface{}) {
    l.write(Information, fmt.Sprintf(template, vals...))
}

func (l *DefaultLogger) Warn(msg string) {
    l.write(Warning, msg)
}

func (l *DefaultLogger) Warnf(template string, vals ...interface{}) {
    l.write(Warning, fmt.Sprintf(template, vals...))
}

func (l *DefaultLogger) Panic(msg string) {
    l.write(Fatal, msg)
    if (l.triggerPanic) {
        panic(msg)
    }
}

func (l *DefaultLogger) Panicf(template string, vals ...interface{}) {
    formattedMsg := fmt.Sprintf(template, vals...)
    l.write(Fatal, formattedMsg)
    if (l.triggerPanic) {
        panic(formattedMsg)
    }
}
```

DefaultLogger 구조체는 31장에서 설명한 표준 라이브러리의 log 패키지에서 제공하는 기능을 사용해 Logger 인터페이스를 구현한다. 각 심각도 레벨에는 log.Logger를 할당하기 때문에 메시지를 다른 대상으로 보내거나 다른 방식으로 포매팅할 수 있다. 리스트 32-6 코드를 사용해 default_create.go 파일을 logging 폴더에 추가해보자.

리스트 32-6 logging 폴더 내 default_create.go 파일 소스 코드

```
package logging

import (
    "log"
    "os"
)

func NewDefaultLogger(level LogLevel) Logger {
    flags := log.Lmsgprefix | log.Ltime
    return &DefaultLogger {
        minLevel: level,
```

```
      loggers: map[LogLevel]*log.Logger {
        Trace: log.New(os.Stdout, "TRACE ",  flags),
        Debug: log.New(os.Stdout, "DEBUG ",  flags),
        Information: log.New(os.Stdout, "INFO ",  flags),
        Warning: log.New(os.Stdout, "WARN ",  flags),
        Fatal: log.New(os.Stdout, "FATAL ",  flags),
      },
      triggerPanic: true,
    }
}
```

NewDefaultLogger 함수는 최소 심각도 레벨과 표준 출력에 메시지를 작성하는 log.Loggers로 DefaultLogger를 생성한다. 간단한 테스트로 리스트 32-7은 로깅 기능을 사용해 메시지를 작성하도록 main 함수를 변경한다.

리스트 32-7 platform 폴더 내 main.go 파일에서 로깅 기능 사용

```
package main

import (
  //"fmt"
  "platform/logging"
)

func writeMessage(logger logging.Logger) {
  logger.Info("Hello, Platform")
}

func main() {
  var logger logging.Logger = logging.NewDefaultLogger(logging.Information)
  writeMessage(logger)
}
```

NewDefaultLogger가 생성한 Logger의 최소 심각도 레벨은 Information으로 설정한다. 즉 심각도 레벨이 낮은 메시지(Trace 및 Debug)를 삭제한다. 프로젝트를 컴파일 및 실행하면 타임스탬프는 다르지만 다음과 같은 출력을 나타낸다.

```
18:28:46 INFO Hello, Platform
```

구성 시스템 생성

다음 단계는 코드 파일에서 설정을 정의할 필요가 없도록 애플리케이션을 구성하는 기능을 추가하는 것이다. platform/config 폴더를 만들고 리스트 32-8의 내용을 포함한 config.go 파일을 추가해보자.

```go
package config

type Configuration interface {

    GetString(name string) (configValue string, found bool)
    GetInt(name string) (configValue int, found bool)
    GetBool(name string) (configValue bool, found bool)
    GetFloat(name string) (configValue float64, found bool)

    GetStringDefault(name, defVal string) (configValue string)
    GetIntDefault(name string, defVal int) (configValue int)
    GetBoolDefault(name string, defVal bool) (configValue bool)
    GetFloatDefault(name string, defVal float64) (configValue float64)

    GetSection(sectionName string) (section Configuration, found bool)
}
```

Configuration 인터페이스는 string, int, float64, bool 값을 얻기 위한 지원과 함께 구성 설정을 검색하는 메서드를 정의한다. 디폴트 값을 제공할 수 있는 메서드 집합도 있다. 구성 데이터는 GetSection 메서드를 사용해 얻을 수 있는 중첩 구성 섹션을 허용한다.

구성 파일 정의

내가 사용할 구성 파일의 타입을 볼 수 있으면 구성 시스템의 구현을 이해할 때 유용하다. 리스트 32-9의 내용을 담은 config.json 파일을 platform 폴더에 추가해보자.

리스트 32-9 platform 폴더 내 config.json 파일 소스 코드

```json
{
    "logging" : {
        "level": "debug"
    },
    "main" : {
        "message" : "Hello from the config file"
    }
}
```

해당 구성 파일은 logging 및 main이라는 2개의 구성 섹션을 정의한다. logging 섹션에는 level 이라는 단일 string 구성 설정을 포함한다. main 섹션에는 message라는 단일 string 구성 설정을 포함하고 있다. 플랫폼에 기능을 추가하고 SportsStore 애플리케이션 작업을 시작할 때 구성 설정을 추가하겠지만 해당 파일은 구성 파일이 사용하는 기본 구조를 보여준다. 구성 설정을 추가할 때 따옴표와 쉼표에 세심한 주의를 기울여야 한다. 둘 다 JSON에 필요하지만 생략하기 쉽기 때문이다.

Configuration 인터페이스 구현

Configuration 인터페이스의 구현을 생성하기 위해 리스트 32-10 내용을 포함한 config_default.go 파일을 config 폴더에 추가해보자.

리스트 32-10 config 폴더 내 config_default.go 파일 소스 코드

```go
package config

import "strings"

type DefaultConfig struct {
  configData map[string]interface{}
}

func (c *DefaultConfig) get(name string) (result interface{}, found bool) {
  data := c.configData
  for _, key := range strings.Split(name, ":") {
    result, found = data[key]
    if newSection, ok := result.(map[string]interface{}); ok && found {
      data = newSection
    } else {
      return
    }
  }
  return
}

func (c *DefaultConfig) GetSection(name string) (section Configuration, found bool) {
  value, found := c.get(name)
  if (found) {
    if sectionData, ok := value.(map[string]interface{}) ; ok {
      section = &DefaultConfig { configData: sectionData }
    }
  }
  return
}

func (c *DefaultConfig) GetString(name string) (result string, found bool) {
  value, found := c.get(name)
  if (found) { result = value.(string) }
  return
}

func (c *DefaultConfig) GetInt(name string) (result int, found bool) {
  value, found := c.get(name)
  if (found) { result =  int(value.(float64)) }
  return
}

func (c *DefaultConfig) GetBool(name string) (result bool, found bool) {
```

```
    value, found := c.get(name)
    if (found) { result = value.(bool) }
    return
  }

  func (c *DefaultConfig) GetFloat(name string) (result float64, found bool) {
    value, found := c.get(name)
    if (found) { result = value.(float64) }
    return
  }
```

DefaultConfig 구조체는 맵을 사용해 Configuration 인터페이스를 구현한다. 중첩 구성 섹션도 맵으로 표현한다. 개별 구성 설정은 logging:level과 같이 섹션 이름과 설정 이름을 구분해 요청하거나 logging과 같이 섹션 이름을 사용해 모든 설정을 포함하는 맵을 요청할 수 있다. 디폴트 값을 허용하는 메서드를 정의하기 위해 리스트 32-11 내용을 포함한 config_default_fallback.go 파일을 config 폴더에 추가해보자.

리스트 32-11 config 폴더 내 config_default_fallback.go 파일 소스 코드

```
package config

func (c *DefaultConfig) GetStringDefault(name, val string) (result string) {
  result, ok := c.GetString(name)
  if !ok {
    result = val
  }
  return
}

func (c *DefaultConfig) GetIntDefault(name string, val int) (result int) {
  result, ok := c.GetInt(name)
  if !ok {
    result = val
  }
  return
}

func (c *DefaultConfig) GetBoolDefault(name string, val bool) (result bool) {
  result, ok := c.GetBool(name)
  if !ok {
    result = val
  }
  return
}

func (c *DefaultConfig) GetFloatDefault(name string, val float64) (result float64) {
  result, ok := c.GetFloat(name)
  if !ok {
```

```
      result = val
    }
    return
  }
```

구성 파일에서 데이터를 로드할 함수를 정의하기 위해 리스트 32-12의 내용을 담은 config_
json.go 파일을 config 폴더에 추가해보자.

리스트 32-12 config 폴더 내 config_json.go 파일 소스 코드

```
package config

import (
  "os"
  "strings"
  "encoding/json"
)

func Load(fileName string) (config Configuration,  err error) {
  var data []byte
  data, err = os.ReadFile(fileName)
  if (err == nil) {
    decoder := json.NewDecoder(strings.NewReader(string(data)))
    m := map[string]interface{} {}
    err = decoder.Decode(&m)
    if (err == nil) {
      config = &DefaultConfig{ configData: m }
    }
  }
  return
}
```

Load 함수는 파일의 내용을 읽고 파일에 포함한 JSON을 맵으로 디코딩하고 `DefaultConfig` 값
을 생성하도록 매핑한다.

구성 시스템 사용

구성 시스템에서 로깅 레벨을 얻기 위해 logging 폴더의 default_create.go 파일을 리스트
32-13처럼 변경한다.

리스트 32-13 logging 폴더 내 default_create.go 파일에서 구성 시스템 사용

```
package logging

import (
  "log"
  "os"
  "strings"
```

```
    "platform/config"
)

func NewDefaultLogger(cfg config.Configuration) Logger {

    var level LogLevel = Debug
    if configLevelString, found := cfg.GetString("logging:level"); found {
        level = LogLevelFromString(configLevelString)
    }

    flags := log.Lmsgprefix | log.Ltime
    return &DefaultLogger {
        minLevel: level,
        loggers: map[LogLevel]*log.Logger {
            Trace: log.New(os.Stdout, "TRACE ",  flags),
            Debug: log.New(os.Stdout, "DEBUG ",  flags),
            Information: log.New(os.Stdout, "INFO ",  flags),
            Warning: log.New(os.Stdout, "WARN ",  flags),
            Fatal: log.New(os.Stdout, "FATAL ",  flags),
        },
        triggerPanic: true,
    }
}

func LogLevelFromString(val string) (level LogLevel) {
    switch strings.ToLower(val) {
        case "debug":
            level = Debug
        case "information":
            level = Information
        case "warning":
            level = Warning
        case "fatal":
            level = Fatal
        case "none":
            level = None
        default:
            level = Debug
    }
    return
}
```

JSON에서 iota 값을 나타내는 좋은 방법이 없기 때문에 문자열을 사용하고 LogLevelFromString 함수를 정의해 구성 설정을 LogLevel 값으로 변환했다. 리스트 32-14는 구성 데이터를 로드 및 적용하고 작성하는 메시지를 읽기 위해 구성 시스템을 사용하도록 main 함수를 업데이트 한다.

```go
package main

import (
    //"fmt"
    "platform/config"
    "platform/logging"
)

func writeMessage(logger logging.Logger, cfg config.Configuration) {
    section, ok := cfg.GetSection("main")
    if (ok) {
        message, ok := section.GetString("message")
        if (ok) {
            logger.Info(message)
        } else {
            logger.Panic("Cannot find configuration setting")
        }
    } else {
        logger.Panic("Config section not found")
    }
}

func main() {

    var cfg config.Configuration
    var err error
    cfg, err = config.Load("config.json")
    if (err != nil) {
        panic(err)
    }

    var logger logging.Logger = logging.NewDefaultLogger(cfg)
    writeMessage(logger, cfg)
}
```

구성은 config.json 파일에서 로드하고 Configuration 구현은 로그 수준 설정을 읽을 때 사용하는 NewDefaultLogger 함수에 전달한다.

writeMessage 함수는 구성 요소에 필요한 설정을 제공하는 좋은 방법일 수 있는 구성 섹션의 사용을 보여준다. 특히 여러 객체가 서로 다른 설정이 필요한 경우 각 인스턴스는 자체 섹션에서 정의할 수 있다.

리스트 32-14의 코드를 컴파일 및 실행할 때 다음 출력을 생성한다.

```
18:49:12 INFO Hello from the config file
```

서비스 관리를 위한 의존성 주입

Logger 및 Configuration 인터페이스의 구현을 위해 main 함수의 코드에서 해당 인터페이스를 구현하는 구조체 인스턴스를 만드는 방법을 알아야 한다.

```
...
cfg, err = config.Load("config.json")
...
var logger logging.Logger = logging.NewDefaultLogger(cfg)
...
```

위 코드는 실행 가능한 접근 방식이지만 인터페이스 정의의 목적을 훼손하고 인스턴스를 일관되게 생성하도록 주의해야 한다. 한 인터페이스 구현을 다른 인터페이스 구현으로 바꾸는 프로세스를 복잡하게 만들기도 한다.

내가 선호하는 접근 방식은 의존성 주입^{DI, Dependency Injection}을 사용하는 것이다. 의존성 주입은 인터페이스에 의존하는 코드가 기본 타입을 선택하거나 인스턴스를 직접 만들지 않고도 구현을 얻을 수 있다. 나중에 고급 기능의 기반이 되는 서비스 위치부터 시작해보자.

애플리케이션 시작 중에 애플리케이션에서 정의한 인터페이스는 구현 구조체의 인스턴스를 만드는 팩토리 함수와 함께 레지스터에 추가한다. 예를 들어 platform.logger.Logger 인터페이스를 NewDefaultLogger 함수를 호출하는 팩토리 함수에 등록한다. 인터페이스를 레지스터에 추가하면 이를 서비스라고 한다.

실행 중에 서비스에서 설명하는 기능이 필요한 애플리케이션 구성 요소는 레지스트리로 이동해 원하는 인터페이스를 요청한다. 레지스트리는 팩토리 함수를 호출하고 생성한 구조체를 반환하기 때문에 애플리케이션 구성 요소를 어떤 구현 구조체가 사용할지 또는 생성 방법을 알지 못하거나 지정하지 않고도 인터페이스 기능을 사용할 수 있다. 이해가 되지 않더라도 걱정할 필요 없다. 이해하기 어려운 주제일 수 있지만 일단 실제로 보면 더 쉬울 것이다.

서비스 라이프사이클 정의

새 구조체 값을 생성하기 위해 팩토리 함수를 호출하는 시기를 지정하는 라이프사이클^{lifecycle}에 서비스를 등록한다. 표 32-1에서 설명한 세 가지 서비스 라이프사이클을 사용하겠다.

표 32-1 서비스 라이프사이클

라이프사이클	설명
Transient	해당 라이프사이클 동안 모든 서비스 요청에 대해 팩토리 함수를 호출한다.
Singleton	해당 라이프사이클 동안 팩토리 함수를 한 번 호출하면 모든 서비스 요청은 동일한 구조체 인스턴스를 받는다.
Scoped	해당 라이프사이클 동안 팩토리 함수를 범위 내의 첫 번째 요청에 대해 한 번 호출하면 해당 범위 내의 모든 요청은 동일한 구조체 인스턴스를 받는다.

platform/services 폴더를 만들고 리스트 32-15 내용을 포함한 lifecycles.go 파일을 추가해 보자.

리스트 32-15 services 폴더 내 lifecycles.go 파일 소스 코드

```
package services

type lifecycle int

const (
  Transient lifecycle = iota
  Singleton
  Scoped
)
```

30장에서 설명한 표준 라이브러리의 context 패키지를 사용해 Scoped 라이프사이클을 구현해 보자. 서버에서 수신한 각 HTTP 요청에 대해 자동으로 Context를 생성한다. 요청은 동일한 서비스 집합을 공유할 수 있다. 예를 들어 세션 정보를 제공하는 단일 구조체를 지정한 요청을 처리하는 동안 사용할 수 있다.

콘텍스트 작업을 더 쉽게 하기 위해 리스트 32-16의 내용을 포함한 context.go 파일을 services 폴더에 추가해보자.

리스트 32-16 services 폴더 내 context.go 파일 소스 코드

```
package services

import (
  "context"
  "reflect"
)

const ServiceKey = "services"

type serviceMap map[reflect.Type]reflect.Value

func NewServiceContext(c context.Context) context.Context {
```

904

```
    if (c.Value(ServiceKey) == nil) {
      return context.WithValue(c, ServiceKey, make(serviceMap))
    } else {
      return c
    }
  }
```

NewServiceContext 함수는 WithValue 함수를 사용해 콘텍스트를 파생하고 해결한 서비스를 저장하는 맵을 추가한다. 콘텍스트를 도출할 수 있는 다양한 방법은 30장을 참조하도록 한다.

내부 서비스 함수 정의

나는 팩토리 함수를 검사하고 처리할 인터페이스를 결정하기 위해 해당 결과를 사용해 서비스 등록을 처리할 것이다. 다음은 새 서비스를 등록할 때 사용할 팩토리 함수 타입의 예다.

```
...
func ConfigurationFactory() config.Configuration {
  // TODO - Configuration 인터페이스를 구현하는 구조체 생성
}
...
```

해당 함수의 결과 타입은 config.Configuration이다. 리플렉션을 사용해 함수를 검사하면 결과 타입을 얻고 팩토리인 인터페이스를 결정할 수 있다.

일부 팩토리 함수는 다른 서비스에 의존한다. 다음은 또 다른 예제 팩토리 함수다.

```
...
func Loggerfactory(cfg config.Configuration) logging.Logger {
  // TODO - Logger 인터페이스를 구현하는 구조체 생성
}
...
```

해당 팩토리 함수는 Logger 인터페이스 요청을 해결하지만 Configuration 인터페이스 구현에 따라 달라진다. 즉 Logger 인터페이스를 해석하기 위해 필요한 인수를 제공하기 위해 Configuration 인터페이스를 해석해야 한다. 위 코드는 함수를 호출할 수 있도록 팩토리 함수의 의존성(매개변수)을 해결하는 의존성 주입의 예다.

> ■ 노트 ■
>
> 다른 서비스에 의존하는 팩토리 함수를 정의하면 중첩 서비스의 라이프사이클을 변경할 수 있다. 예를 들어 임시 서비스에 의존하는 싱글톤 서비스를 정의하는 경우 중첩 서비스는 싱글톤을 처음 인스턴스화할 때 한 번만 해결한다. 이는 대부분의 프로젝트에서 문제가 되지 않지만 염두에 둬야 할 사항이다.

리스트 32-17 내용을 포함한 core.go 파일을 services 폴더에 추가해보자.

리스트 32-17 services 폴더 내 core.go 파일 소스 코드

```go
package services

import (
  "reflect"
  "context"
  "fmt"
)

type BindingMap struct {
  factoryFunc reflect.Value
  lifecycle
}

var services = make(map[reflect.Type]BindingMap)

func addService(life lifecycle, factoryFunc interface{}) (err error) {
  factoryFuncType := reflect.TypeOf(factoryFunc)
  if factoryFuncType.Kind() == reflect.Func && factoryFuncType.NumOut() == 1 {
    services[factoryFuncType.Out(0)] = BindingMap{
      factoryFunc: reflect.ValueOf(factoryFunc),
      lifecycle: life,
    }
  } else {
    err = fmt.Errorf("Type cannot be used as service: %v", factoryFuncType)

  }
  return
}
var contextReference = (*context.Context)(nil)
var contextReferenceType = reflect.TypeOf(contextReference).Elem()

func resolveServiceFromValue(c context.Context, val reflect.Value) (err error ){
  serviceType := val.Elem().Type()
  if serviceType == contextReferenceType {
    val.Elem().Set(reflect.ValueOf(c))
  } else if binding, found := services[serviceType]; found {
      if (binding.lifecycle == Scoped) {
        resolveScopedService(c, val, binding)
      } else {
        val.Elem().Set(invokeFunction(c, binding.factoryFunc)[0])
      }
    } else {
      err = fmt.Errorf("Cannot find service %v", serviceType)
  }
  return
}
```

```
func resolveScopedService(c context.Context, val reflect.Value,
      binding BindingMap) (err error) {
  sMap, ok := c.Value(ServiceKey).(serviceMap)
  if (ok) {
    serviceVal, ok := sMap[val.Type()]
    if (!ok) {
      serviceVal = invokeFunction(c, binding.factoryFunc)[0]
      sMap[val.Type()] = serviceVal
    }
    val.Elem().Set(serviceVal)
  } else {
    val.Elem().Set(invokeFunction(c, binding.factoryFunc)[0])
  }
  return
}

func resolveFunctionArguments(c context.Context,  f reflect.Value,
    otherArgs ...interface{}) []reflect.Value {
  params := make([]reflect.Value, f.Type().NumIn())
  i := 0
  if (otherArgs != nil) {
    for ; i < len(otherArgs); i++ {
      params[i] = reflect.ValueOf(otherArgs[i])
    }
  }
  for ; i < len(params); i++ {
    pType := f.Type().In(i)
    pVal := reflect.New(pType)
    err := resolveServiceFromValue(c, pVal)
    if err != nil {
      panic(err)
    }
    params[i] = pVal.Elem()
  }
  return params
}

func invokeFunction(c context.Context, f reflect.Value,
    otherArgs ...interface{}) []reflect.Value {
  return f.Call(resolveFunctionArguments(c, f, otherArgs...))
}
```

BindingMap 구조체는 reflect.Value로 표현하는 팩토리 함수와 라이프사이클의 조합을 나타
낸다. addService 함수는 BindingMap을 생성하고 services 변수에 할당한 맵에 추가해 서비스
를 등록할 때 사용한다.

resolveServiceFromValue 함수는 서비스를 해결하기 위해 호출하고 해당 인수는 Context와 해
결할 인터페이스 타입의 변수 포인터인 Value다(이는 서비스 해결을 실행하는 것을 볼 때 더 의미가

있다). 서비스를 확인하기 위해 getServiceFromValue 함수는 요청한 타입을 키로 사용해 서비스 맵에 BindingMap이 있는지 확인한다. BindingMap이 있으면 해당 팩토리 함수를 호출하고 포인터를 통해 값을 할당한다.

invokeFunction 함수는 팩토리 함수의 호출을 담당하고 resolveFunctionArguments 함수를 사용해 팩토리 함수의 매개변수를 검사하고 각각을 해결한다. 이러한 함수는 서비스와 일반 값 매개변수를 혼합해 함수를 호출하기 위해 사용하는 선택적 추가 인수를 허용한다(이러한 경우 일반 값이 필요한 매개변수를 먼저 정의해야 함).

범위 지정 서비스에는 특별한 처리가 필요하다. resolveScopedService는 Context에 서비스를 확인하기 위한 이전 요청의 값을 포함하고 있는지 확인한다. 그렇지 않은 경우 동일한 범위 내에서 재사용할 수 있도록 서비스를 확인하고 Context에 추가한다.

서비스 등록 함수 정의

리스트 32-17에 정의한 함수는 export하지 않는다. 서비스를 등록하기 위해 애플리케이션의 나머지 부분에서 사용할 함수를 생성하려면 리스트 32-18의 내용을 담은 registration.go 파일을 services 폴더에 추가해보자.

리스트 32-18 services 폴더 내 registration.go 파일 소스 코드

```go
package services

import (
  "reflect"
  "sync"
)

func AddTransient(factoryFunc interface{}) (err error) {
  return addService(Transient, factoryFunc)
}

func AddScoped(factoryFunc interface{}) (err error) {
  return addService(Scoped, factoryFunc)
}

func AddSingleton(factoryFunc interface{}) (err error) {
  factoryFuncVal := reflect.ValueOf(factoryFunc)
  if factoryFuncVal.Kind() == reflect.Func && factoryFuncVal.Type().NumOut() == 1 {
    var results []reflect.Value
    once := sync.Once{}
    wrapper := reflect.MakeFunc(factoryFuncVal.Type(),
      func ([]reflect.Value) []reflect.Value {
        once.Do(func() {
          results = invokeFunction(nil, factoryFuncVal)
```

```
      })
      return results
    })
  err = addService(Singleton, wrapper.Interface())
  }
  return
}
```

AddTransient 및 AddScoped 함수는 단순히 팩토리 함수를 addService 함수로 전달한다. 싱글톤 라이프사이클은 약간의 추가 작업이 필요하다. 서비스를 확인하기 위한 첫 번째 요청에 대해 한 번만 AddSingleton 함수를 실행하도록 팩토리 함수 주위에 래퍼를 만든다. 이렇게 하면 생성한 구현 구조체의 인스턴스가 하나만 있고 처음 필요할 때까지 생성하지 않는다.

서비스 해결 함수 정의

다음 기능 집합은 서비스를 해결할 수 있는 함수를 포함한다. 리스트 32-19의 내용을 담은 resolution.go 파일을 services 폴더에 추가해보자.

리스트 32-19 services 폴더 내 resolution.go 파일 소스 코드

```
package services

import (
  "reflect"
  "errors"
  "context"
)

func GetService(target interface{}) error {
  return GetServiceForContext(context.Background(), target)
}

func GetServiceForContext(c context.Context, target interface{}) (err error) {
  targetValue := reflect.ValueOf(target)
  if targetValue.Kind() == reflect.Ptr &&
      targetValue.Elem().CanSet() {
    err = resolveServiceFromValue(c, targetValue)
  } else {
    err = errors.New("Type cannot be used as target")
  }
  return
}
```

GetServiceForContext는 콘텍스트와 리플렉션을 사용해 설정할 수 있는 값의 포인터를 허용한다. 편의상 GetService 함수는 백그라운드 콘텍스트를 사용해 서비스를 해결한다.

서비스 등록 및 사용

기본 서비스 기능이 갖춰졌으니 서비스를 등록하고 해결할 수 있다. 리스트 32-20의 내용을
담은 services_default.go 파일을 services 폴더에 추가해보자.

리스트 32-20 services 폴더 내 services_default.go 파일 소스 코드

```go
package services

import (
  "platform/logging"
  "platform/config"
)

func RegisterDefaultServices() {

  err := AddSingleton(func() (c config.Configuration) {
    c, loadErr :=  config.Load("config.json")
    if (loadErr != nil) {
      panic(loadErr)
    }
    return
  })
  err = AddSingleton(func(appconfig config.Configuration) logging.Logger {
    return logging.NewDefaultLogger(appconfig)
  })
  if (err != nil) {
    panic(err)
  }
}
```

RegisterDefaultServices는 Configuration 및 Logger 서비스를 생성한다. 이러한 서비스는
AddSingleton 함수를 사용해 생성한다. 즉 각 인터페이스를 구현하는 구조체의 단일 인스턴스
를 전체 애플리케이션에서 공유한다. 리스트 32-21은 구조체를 직접 인스턴스화하는 대신 서
비스를 사용하도록 main 함수를 업데이트한다.

리스트 32-21 platform 폴더 내 main.go 파일에서 서비스 해결

```go
package main

import (
  //"fmt"
  "platform/config"
  "platform/logging"
  "platform/services"
)

func writeMessage(logger logging.Logger, cfg config.Configuration) {
```

```
    section, ok := cfg.GetSection("main")
    if (ok) {
      message, ok := section.GetString("message")
      if (ok) {
        logger.Info(message)
      } else {
        logger.Panic("Cannot find configuration setting")
      }
    } else {
      logger.Panic("Config section not found")
    }
}

func main() {

    services.RegisterDefaultServices()

    var cfg config.Configuration
    services.GetService(&cfg)

    var logger logging.Logger
    services.GetService(&logger)

    writeMessage(logger, cfg)
}
```

타입이 인터페이스인 변수의 포인터를 전달해 서비스를 해결한다. 리스트 32-21에서 GetService 함수는 어떤 구조체 타입을 사용할지, 생성 프로세스 또는 서비스 수명 주기를 알 필요 없이 Repository 및 Logger 인터페이스의 구현을 얻을 때 사용한다.

서비스를 확인하려면 변수를 만들고 포인터를 전달하는 두 단계가 모두 필요하다. 프로젝트를 컴파일 및 실행하면 다음과 같은 결과를 표시한다.

```
19:17:06 INFO Hello from the config file
```

함수 호출을 위한 지원 추가

기본 서비스 기능을 준비하면 서비스 해결을 더 간단하고 쉽게 만드는 개선 사항을 쉽게 만들 수 있다. 함수 실행 지원을 직접 추가하기 위해 리스트 32-22의 내용을 포함한 functions.go 파일을 services 폴더에 추가해보자.

리스트 32-22 services 폴더 내 functions.go 파일 소스 코드

```
package services

import (
```

```go
    "reflect"
    "errors"
    "context"
)

func Call(target interface{}, otherArgs ...interface{}) ([]interface{}, error) {
  return CallForContext(context.Background(), target, otherArgs...)
}

func CallForContext(c context.Context, target interface{}, otherArgs ...interface{})
(results []interface{}, err error) {
  targetValue := reflect.ValueOf(target)
  if (targetValue.Kind() == reflect.Func) {
    resultVals := invokeFunction(c, targetValue, otherArgs...)
    results = make([]interface{}, len(resultVals))
    for i := 0; i < len(resultVals); i++ {
      results[i] = resultVals[i].Interface()
    }
  } else {
    err = errors.New("Only functions can be invoked")
  }
  return
}
```

CallForContext 함수는 함수를 수신하고 서비스를 사용해 함수를 호출하기 위한 인수로 사용하는 값을 생성한다. Call 함수는 Context를 사용할 수 없을 때 사용하는 편의 함수다. 해당 기능의 구현은 리스트 32-22 내 팩토리 함수를 호출할 때 사용하는 코드에 의존한다. 리스트 32-23은 함수를 직접 호출해 서비스 사용을 단순화하는 방법을 보여준다.

리스트 32-23 platform 폴더 내 main.go 파일에서 함수 직접 호출

```go
package main

import (
  //"fmt"
  "platform/config"
  "platform/logging"
  "platform/services"
)

func writeMessage(logger logging.Logger, cfg config.Configuration) {

  section, ok := cfg.GetSection("main")
  if (ok) {
    message, ok := section.GetString("message")
    if (ok) {
      logger.Info(message)
    } else {
```

```
        logger.Panic("Cannot find configuration setting")
      }
    } else {
      logger.Panic("Config section not found")
    }
  }

  func main() {

    services.RegisterDefaultServices()

    // var cfg config.Configuration
    // services.GetService(&cfg)

    // var logger logging.Logger
    // services.GetService(&logger)

    services.Call(writeMessage)
  }
```

함수를 Call에 전달하면 Call은 services를 사용해 해당 매개변수를 검사하고 확인한다(괄호는 함수를 services.Call에 전달하는 대신 함수를 호출하기 때문에 함수 이름을 따르지 않는다). 더 이상 서비스를 직접 요청할 필요가 없고 services 패키지에 의존해 세부 사항을 처리할 수 있다. 코드를 컴파일 및 실행하면 다음과 같은 결과를 표시한다.

```
19:19:08 INFO Hello from the config file
```

구조체 필드 해결을 위한 지원 추가

service 패키지에 추가할 마지막 기능은 구조체 필드 의존성을 해결하는 기능이다. 리스트 32-24 내용을 포함한 structs.go 파일을 services 폴더에 추가해보자.

리스트 32-24 services 폴더 내 structs.go 파일 소스 코드

```
package services

import (
  "reflect"
  "errors"
  "context"
)

func Populate(target interface{}) error {
  return PopulateForContext(context.Background(), target)
}

func PopulateForContext(c context.Context, target interface{}) (err error) {
```

```
    return PopulateForContextWithExtras(c, target,
        make(map[reflect.Type]reflect.Value))
}

func PopulateForContextWithExtras(c context.Context, target interface{},
        extras map[reflect.Type]reflect.Value) (err error) {
    targetValue := reflect.ValueOf(target)
    if targetValue.Kind() == reflect.Ptr &&
            targetValue.Elem().Kind() == reflect.Struct {
        targetValue = targetValue.Elem()
        for i := 0; i < targetValue.Type().NumField(); i++ {
            fieldVal := targetValue.Field(i)
            if fieldVal.CanSet() {
                if extra, ok := extras[fieldVal.Type()]; ok {
                    fieldVal.Set(extra)
                } else {
                    resolveServiceFromValue(c,  fieldVal.Addr() )
                }
            }
        }

    } else {
        err = errors.New("Type cannot be used as target")
    }
    return
}
```

이러한 함수는 구조체가 정의한 필드를 검사하고 정의한 서비스를 사용해 해결을 시도한다. 타입이 인터페이스가 아니거나 서비스가 없는 모든 필드는 스킵한다. `PopulateForContext WithExtras` 함수를 사용하면 구조체 필드에 추가 값을 제공할 수 있다.

리스트 32-25는 서비스에 대한 의존성을 선언하는 필드가 있는 구조체를 정의한다.

리스트 32-25 platform 폴더 내 main.go 파일에서 구조체 의존성 주입

```
package main

import (
    //"fmt"
    "platform/config"
    "platform/logging"
    "platform/services"
)

func writeMessage(logger logging.Logger, cfg config.Configuration) {

    section, ok := cfg.GetSection("main")
    if (ok) {
        message, ok := section.GetString("message")
```

```
    if (ok) {
      logger.Info(message)
    } else {
      logger.Panic("Cannot find configuration setting")
    }
  } else {
    logger.Panic("Config section not found")
  }
}

func main() {

  services.RegisterDefaultServices()

  services.Call(writeMessage)

  val := struct {
    message string
    logging.Logger
  }{
    message: "Hello from the struct",
  }
  services.Populate(&val)
  val.Logger.Debug(val.message)
}
```

main 함수는 익명 구조체를 정의하고 포인터를 Populate 함수에 전달해 필요한 서비스를 해결한다. 그 결과 임베디드 Logger 필드를 서비스를 사용해 채운다. Populate 함수는 메시지 필드를 스킵하지만 구조체를 초기화할 때 값을 정의한다. 프로젝트를 컴파일 및 실행하면 다음과 같은 결과를 표시한다.

```
19:21:43 INFO Hello from the config file
19:21:43 DEBUG Hello from the struct
```

⊹ 요약

32장에서는 사용자 정의 웹 애플리케이션 플랫폼 개발을 시작했다. 로깅 및 구성 기능을 만들고 서비스 및 의존성 주입 지원을 추가했다. 33장에서는 요청 처리 파이프라인과 사용자 지정 템플릿 시스템을 만들어 개발을 계속할 것이다.

미들웨어, 템플릿, 핸들러

33장에서는 32장에서 시작한 웹 애플리케이션 플랫폼 개발을 계속하면서 HTTP 요청 처리 지원을 추가한다.

> **▪ 팁 ▪**
>
> 다음 링크(https://github.com/apress/pro-go)에서 33장 및 책의 다른 모든 장에 대한 예제 프로젝트를 다운로드할 수 있다. 예제를 실행하는 데 문제가 발생한 경우 도움받는 방법은 2장을 참조한다.

✛ 요청 파이프라인 생성

플랫폼 구축의 다음 단계는 브라우저의 HTTP 요청을 처리할 웹 서비스를 만드는 것이다. 준비를 위해 요청을 검사하고 수정할 수 있는 미들웨어 컴포넌트를 포함한 간단한 파이프라인을 생성해보자.

HTTP 요청이 도착하면 파이프라인에 등록한 각 미들웨어 컴포넌트로 전달해 각 컴포넌트가 요청을 처리하고 응답에 기여할 수 있는 기회를 제공한다. 또한 컴포넌트는 요청 처리를 종료해 요청을 파이프라인의 나머지 컴포넌트로 전달하지 않도록 할 수 있다.

요청이 파이프라인 끝에 도달하면 그림 33-1과 같이 컴포넌트가 추가 변경을 수행하거나 추가 작업을 수행할 수 있도록 파이프라인을 따라 다시 동작한다.

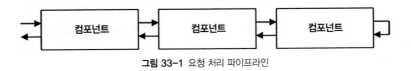

그림 33-1 요청 처리 파이프라인

미들웨어 컴포넌트 인터페이스 정의

platform/pipeline 폴더를 생성하고 리스트 33-1의 내용을 담은 component.go 파일을 추가해보자.

리스트 33-1 pipeline 폴더 내 component.go 파일 소스 코드

```go
package pipeline

import (
  "net/http"
)

type ComponentContext struct {
  *http.Request
  http.ResponseWriter
  error
}

func (mwc *ComponentContext) Error(err error) {
  mwc.error = err
}

func (mwc *ComponentContext) GetError() error {
  return mwc.error
}

type MiddlewareComponent interface {

  Init()

  ProcessRequest(context *ComponentContext, next func(*ComponentContext))
}
```

이름에서 알 수 있듯이 MiddlewareComponent 인터페이스는 미들웨어 컴포넌트에 필요한 기능을 설명한다. Init 메서드는 일회성 설정을 수행할 때 사용하고 ProcessRequest 메서드는 HTTP 요청 처리를 담당한다. ProcessRequest 메서드가 정의한 매개변수는 ComponentContext 구조체 포인터와 파이프라인의 다음 컴포넌트에 요청을 전달하는 함수다.

컴포넌트가 요청을 처리할 때 필요한 모든 것은 http.Request 및 http.ResponseWriter에 액세스할 수 있는 ComponentContext 구조체에서 제공한다. ComponentContext 구조체는 요청 처리 문제를 나타낼 때 사용하고 Error 메서드를 사용해 설정하는 export하지 않는 error 필드도 정의한다.

요청 파이프라인 생성

요청을 처리할 파이프라인을 만들려면 pipeline 폴더에 리스트 33-2의 내용을 담은 pipeline. go 파일을 추가한다.

리스트 33-2 pipeline 폴더 내 pipeline.go 파일 소스 코드

```go
package pipeline

import (
  "net/http"
)

type RequestPipeline func(*ComponentContext)

var emptyPipeline RequestPipeline = func(*ComponentContext) { /* do nothing */ }

func CreatePipeline(components ...MiddlewareComponent) RequestPipeline {
  f := emptyPipeline
  for i := len(components) -1 ; i >= 0; i-- {
    currentComponent := components[i]
    nextFunc := f
    f = func(context *ComponentContext) {
      if (context.error == nil) {
        currentComponent.ProcessRequest(context, nextFunc)
      }
    }
    currentComponent.Init()
  }
  return f
}

func (pl RequestPipeline) ProcessRequest(req *http.Request,
    resp http.ResponseWriter) error {
  ctx := ComponentContext {
    Request: req,
    ResponseWriter: resp,
  }
  pl(&ctx)
  return ctx.error
}
```

CreatePipeline 함수는 일련의 컴포넌트를 허용하고 컴포넌트를 연결해 ComponentContext 구조체 포인터를 허용하는 함수를 생성하기 때문에 가장 중요하다. CreatePipeline 함수는 다음 컴포넌트의 ProcessRequest 메서드를 호출하는 next 인수로 파이프라인에서 첫 번째 컴포넌트의 ProcessRequest 메서드를 호출한다. 이러한 체인은 컴포넌트 중 하나가 Error 메서드를 호출하지 않는 한 차례로 모든 컴포넌트에 ComponentContext 구조체를 전달한다.

ComponentContext 값을 생성하고 요청 처리를 시작하기 위해 사용하는 ProcessRequest 메서드를 사용해 요청을 처리한다.

기본 컴포넌트 생성

컴포넌트 인터페이스 및 파이프라인의 정의는 간단하지만 컴포넌트를 작성할 수 있는 유연한 기반을 제공한다. 애플리케이션은 자체 컴포넌트를 정의하고 선택할 수 있지만 플랫폼의 일부로 포함할 몇 가지 기본 기능이 있다.

서비스 미들웨어 컴포넌트 생성

platform/pipeline/basic 폴더를 만들고 리스트 33-3 내용을 포함한 services.go 파일을 추가해보자.

리스트 33-3 pipeline/basic 폴더 내 services.go 파일 소스 코드

```go
package basic

import (
  "platform/pipeline"
  "platform/services"
)

type ServicesComponent struct {}

func (c *ServicesComponent) Init() {}

func (c *ServicesComponent)  ProcessRequest(ctx *pipeline.ComponentContext,
    next func(*pipeline.ComponentContext))  {
  reqContext := ctx.Request.Context()
  ctx.Request.WithContext(services.NewServiceContext(reqContext))
  next(ctx)
}
```

위 미들웨어 컴포넌트는 요청 처리 중에 콘텍스트 범위 서비스를 사용할 수 있도록 요청과 연결된 Context를 수정한다. http.Request.Context 메서드는 요청으로 생성한 표준 Context를 가져올 때 사용하고 서비스를 위해 준비한 다음 WithContext 메서드를 사용해 업데이트한다.

콘텍스트를 준비하면 요청은 next 매개변수를 통해 수신한 함수를 호출해 파이프라인을 따라 전달한다.

```go
...
next(ctx)
...
```

next 매개변수는 요청 처리에 대한 미들웨어 컴포넌트 제어를 제공하고 후속 컴포넌트가 수신하는 콘텍스트 데이터를 수정할 수 있도록 한다. 또한 컴포넌트가 next 함수를 호출하지 않게 해 요청 처리를 단락시킬 수 있다.

로깅 미들웨어 컴포넌트 생성

다음으로 리스트 33-4의 내용을 담은 logging.go 파일을 basic 폴더에 추가해보자.

리스트 33-4 basic 폴더 내 logging.go 파일 소스 코드

```
package basic

import (
  "net/http"
  "platform/logging"
  "platform/pipeline"
  "platform/services"
)

type LoggingResponseWriter struct {
  statusCode int
  http.ResponseWriter
}

func (w *LoggingResponseWriter) WriteHeader(statusCode int) {
  w.statusCode = statusCode
  w.ResponseWriter.WriteHeader(statusCode)
}

func (w *LoggingResponseWriter) Write(b []byte) (int, error) {
  if (w.statusCode == 0) {
    w.statusCode = http.StatusOK
  }
  return w.ResponseWriter.Write(b)
}

type LoggingComponent struct {}

func (lc *LoggingComponent) Init() {}

func (lc *LoggingComponent) ProcessRequest(ctx *pipeline.ComponentContext,
    next func(*pipeline.ComponentContext))  {

  var logger logging.Logger
  err := services.GetServiceForContext(ctx.Request.Context(), &logger)
  if (err != nil) {
    ctx.Error(err)
    return
  }
```

```
    loggingWriter := LoggingResponseWriter{ 0, ctx.ResponseWriter}
    ctx.ResponseWriter = &loggingWriter

    logger.Infof("REQ --- %v - %v", ctx.Request.Method, ctx.Request.URL)
    next(ctx)
    logger.Infof("RSP %v %v", loggingWriter.statusCode, ctx.Request.URL )
}
```

위 컴포넌트는 32장에서 만든 Logger 서비스를 사용해 요청 및 응답의 기본 세부 정보를 기록
한다. ResponseWriter 인터페이스는 응답으로 전송한 상태 코드에 대한 액세스를 제공하지 않
기 때문에 LoggingResponseWriter를 생성해 파이프라인의 다음 컴포넌트로 전달한다.

해당 컴포넌트는 다음 함수를 호출하기 전과 후에 작업을 수행해 요청을 전달하기 전에 메시
지를 기록하고 요청을 처리한 후 상태 코드를 작성하는 다른 메시지를 기록한다.

컴포넌트는 요청을 처리할 때 Logger 서비스를 얻는다. Logger를 한 번만 얻을 수 있었지만,
Logger를 싱글톤 서비스로 등록했다는 것을 알고 있기 때문에 동작한다. 대신 나는 Logger 라
이프사이클을 가정하지 않는 것을 선호한다. 즉 향후 라이프사이클을 변경하더라도 예기치 않
은 결과를 얻지 않을 것이다.

에러 처리 컴포넌트 생성

요청 파이프라인을 사용하면 에러가 발생할 때 컴포넌트가 처리를 종료할 수 있다. 에러를
처리할 컴포넌트를 정의하려면 리스트 33-5의 내용을 담은 errors.go 파일을 platform/
pipeline/basic 폴더에 추가한다.

리스트 33-5 basic 폴더 내 errors.go 파일 소스 코드

```
package basic

import (
  "fmt"
  "net/http"
  "platform/logging"
  "platform/pipeline"
  "platform/services"
)

type ErrorComponent struct {}

func recoveryFunc (ctx *pipeline.ComponentContext, logger logging.Logger) {
  if arg := recover(); arg != nil {
    logger.Debugf("Error: %v", fmt.Sprint(arg))
    ctx.ResponseWriter.WriteHeader(http.StatusInternalServerError)
  }
```

```
}

func (c *ErrorComponent) Init() {}

func (c *ErrorComponent) ProcessRequest(ctx *pipeline.ComponentContext,
    next func(*pipeline.ComponentContext))  {

  var logger logging.Logger
  services.GetServiceForContext(ctx.Context(), &logger)
  defer recoveryFunc(ctx, logger)
  next(ctx)
  if (ctx.GetError() != nil) {
    logger.Debugf("Error: %v", ctx.GetError())
    ctx.ResponseWriter.WriteHeader(http.StatusInternalServerError)
  }
}
```

위 컴포넌트는 후속 컴포넌트가 요청을 처리하고 예상되는 에러를 처리할 때 발생하는 모든 패닉에서 복구한다. 두 경우 모두 에러를 기록하고 에러를 나타내도록 응답 상태 코드를 설정한다.

정적 파일 컴포넌트 생성

거의 모든 웹 애플리케이션은 CSS 스타일시트에 대한 것일지라도 정적 파일을 제공하기 위한 지원이 필요하다. 표준 라이브러리는 파일 제공에 대한 기본 제공 지원을 포함하고 있고 이는 잠재적인 문제가 있는 작업이기 때문에 유용하다. 그러나 다행스럽게도 표준 라이브러리 기능을 예제 프로젝트의 요청 파이프라인에 통합하는 것은 간단하다. 리스트 33-6의 내용을 포함한 files.go 파일을 basic 폴더에 추가해보자.

리스트 33-6 basic 폴더 내 files.go 파일 소스 코드

```
package basic

import (
  "net/http"
  "platform/config"
  "platform/pipeline"
  "platform/services"
  "strings"
)

type StaticFileComponent struct {
  urlPrefix string
  stdLibHandler http.Handler
}

func (sfc *StaticFileComponent) Init() {
```

```
        var cfg config.Configuration
        services.GetService(&cfg)
        sfc.urlPrefix = cfg.GetStringDefault("files:urlprefix", "/files/")
        path, ok := cfg.GetString("files:path")
        if (ok) {
            sfc.stdLibHandler = http.StripPrefix(sfc.urlPrefix,
                http.FileServer(http.Dir(path)))
        } else {
            panic ("Cannot load file configuration settings")
        }
    }

    func (sfc *StaticFileComponent) ProcessRequest(ctx *pipeline.ComponentContext,
        next func(*pipeline.ComponentContext)) {

        if  !strings.EqualFold(ctx.Request.URL.Path, sfc.urlPrefix) &&
             strings.HasPrefix(ctx.Request.URL.Path, sfc.urlPrefix) {
            sfc.stdLibHandler.ServeHTTP(ctx.ResponseWriter, ctx.Request)
        } else {
            next(ctx)
        }
    }
```

위 핸들러는 Init 메서드를 사용해 파일 요청에 사용되는 접두사 및 파일을 제공할 디렉터리를 지정하는 구성 설정을 읽고 net/http 패키지에서 제공하는 핸들러를 사용해 파일을 제공한다.

플레이스홀더 응답 컴포넌트 생성

프로젝트는 응답을 생성하는 미들웨어 컴포넌트를 포함하고 있지 않기 때문에 애플리케이션의 일부로 정의해야 한다. 그러나 지금은 다른 기능을 개발할 때 간단한 응답을 생성할 플레이스홀더 컴포넌트가 필요하다. platform/placeholder 폴더를 생성하고 리스트 33-7 내용을 포함한 message_middleware.go 파일을 추가해보자.

리스트 33-7 placeholder 폴더 내 message_middleware.go 파일 소스 코드

```
package placeholder

import (
    "io"
    "errors"
    "platform/pipeline"
    "platform/config"
    "platform/services"
)

type SimpleMessageComponent struct {}

func (c *SimpleMessageComponent) Init() {}
```

924

```
func (c *SimpleMessageComponent) ProcessRequest(ctx *pipeline.ComponentContext,
    next func(*pipeline.ComponentContext)) {

  var cfg config.Configuration
  services.GetService(&cfg)
  msg, ok := cfg.GetString("main:message")
  if (ok) {
    io.WriteString(ctx.ResponseWriter, msg)
  } else {
    ctx.Error(errors.New("Cannot find config setting"))
  }
  next(ctx)
}
```

해당 컴포넌트는 파이프라인이 예상대로 동작하는지 확인하기에 충분히 간단한 텍스트 응답을 생성한다. 다음으로 platform/placeholder/files 폴더를 만들고 리스트 33-8의 내용을 담은 hello.json 파일을 추가해보자.

리스트 33-8 placeholder/files 폴더 내 hello.json 파일 소스 코드

```
{
  "message": "Hello from the JSON file"
}
```

정적 파일을 읽을 위치를 설정하기 위해 리스트 33-9에 표시한 설정을 platform 폴더의 config.json 파일에 추가한다.

리스트 33-9 platform 폴더 내 config.json 파일에서 구성 설정 추가

```
{
  "logging" : {
    "level": "debug"
  },
  "main" : {
    "message" : "Hello from the config file"
  },
  "files": {
    "path": "placeholder/files"
  }
}
```

HTTP 서버 생성

HTTP 서버를 만들고 파이프라인을 사용해 수신하는 요청을 처리할 때다. platform/http 폴더를 생성하고 리스트 33-10 내용을 포함한 server.go 파일을 추가해보자.

```go
package http

import (
  "fmt"
  "sync"
  "net/http"
  "platform/config"
  "platform/logging"
  "platform/pipeline"
)

type pipelineAdaptor struct {
  pipeline.RequestPipeline
}

func (p pipelineAdaptor) ServeHTTP(writer http.ResponseWriter,
  request *http.Request) {
    p.ProcessRequest(request, writer)
}

func Serve(pl pipeline.RequestPipeline, cfg config.Configuration, logger logging.
Logger )
*sync.WaitGroup {
  wg := sync.WaitGroup{}

  adaptor := pipelineAdaptor { RequestPipeline: pl }

  enableHttp := cfg.GetBoolDefault("http:enableHttp", true)
  if (enableHttp) {
    httpPort := cfg.GetIntDefault("http:port", 5000)
    logger.Debugf("Starting HTTP server on port %v", httpPort)
    wg.Add(1)
    go func() {
      err := http.ListenAndServe(fmt.Sprintf(":%v", httpPort), adaptor)
      if (err != nil) {
        panic(err)
      }
    }()
  }
  enableHttps := cfg.GetBoolDefault("http:enableHttps", false)
  if (enableHttps) {
    httpsPort := cfg.GetIntDefault("http:httpsPort", 5500)
    certFile, cfok := cfg.GetString("http:httpsCert")
    keyFile, kfok := cfg.GetString("http:httpsKey")
    if cfok && kfok {
      logger.Debugf("Starting HTTPS server on port %v", httpsPort)
      wg.Add(1)
      go func() {
        err := http.ListenAndServeTLS(fmt.Sprintf(":%v", httpsPort),
```

```
        certFile, keyFile, adaptor)
      if (err != nil) {
        panic(err)
      }
    }()
  } else {
    panic("HTTPS certificate settings not found")
  }
  }
  return &wg
}
```

Serve 함수는 Configuration 서비스를 사용해 HTTP 및 HTTPS에 대한 설정을 읽고 표준 라이브러리에서 제공하는 기능을 사용해 요청을 수신하고 처리를 위해 파이프라인으로 전달한다 (배포를 준비할 때 38장에서 HTTPS 지원을 활성화하겠지만 그때까지는 포트 5000에서 HTTP 요청을 수신 대기하는 기본 설정을 사용하겠다).

애플리케이션 구성

마지막 단계는 애플리케이션에 필요한 파이프라인을 구성하고 이를 사용해 HTTP 서버를 구성하고 시작하는 것이다. 이것은 35장에서 개발을 시작하면 애플리케이션이 수행할 작업이다. 그러나 지금은 리스트 33-11의 내용을 담은 startup.go 파일을 placeholder 폴더에 추가한다.

리스트 33-11 placeholder 폴더 내 startup.go 파일 소스 코드

```
package placeholder

import (
  "platform/http"
  "platform/pipeline"
  "platform/pipeline/basic"
  "platform/services"
  "sync"
)

func createPipeline() pipeline.RequestPipeline {
  return pipeline.CreatePipeline(
    &basic.ServicesComponent{},
    &basic.LoggingComponent{},
    &basic.ErrorComponent{},
    &basic.StaticFileComponent{},
    &SimpleMessageComponent{},
  )
}
```

```
func Start() {
  results, err := services.Call(http.Serve, createPipeline())
  if (err == nil) {
    (results[0].(*sync.WaitGroup)).Wait()
  } else {
    panic(err)
  }
}
```

createPipeline 함수는 이전에 생성한 미들웨어 컴포넌트로 파이프라인을 생성한다. Start 함수는 createPipeline을 호출하고 그 결과를 사용해 HTTP 서버를 구성하고 시작한다. 리스트 33-12는 설정을 완료하고 HTTP 서버를 시작하기 위해 main 함수를 사용한다.

리스트 33-12 placeholder 폴더 내 main.go 파일에서 앱 스타트업 완료

```
package main

import (
  "platform/services"
  "platform/placeholder"
)

func main() {
  services.RegisterDefaultServices()
  placeholder.Start()
}
```

프로젝트를 컴파일 및 실행하고 웹 브라우저를 사용해 http://localhost:5000을 요청해보자.

윈도우 방화벽 허용 요청 처리

이전의 장들에서 설명한 것처럼 윈도우는 프로젝트가 go run 명령어로 컴파일할 때마다 방화벽 권한을 묻는 메시지를 표시한다. 이러한 프롬프트를 피하기 위해 go run 명령어 대신 간단한 Powershell 스크립트를 사용할 수 있다. 다음 내용으로 buildandrun.ps1 파일을 생성해보자.

```
$file = "./platform.exe"

&go build -o $file

if ($LASTEXITCODE -eq 0) {
  &$file
}
```

프로젝트를 빌드하고 실행하기 위해 platform 폴더에서 ./buildandrun.ps1 명령어를 사용해보자.

928

HTTP 요청은 서버가 수신하고 파이프라인을 따라 전달해 그림 33-2에 표시한 응답을 생성한다. http://localhost:5000/files/hello.json을 요청하면 그림 33-2와 같이 정적 파일의 내용을 볼 수 있다.

다음과 유사한 출력을 표준 출력에 쓰고 서버가 요청을 수신하고 처리하는 것을 보여준다(브라우저에 따라 /favicon.ico 요청을 표시할 수도 있다).

```
20:10:12 DEBUG Starting HTTP server on port 5000
20:10:23 INFO REQ --- GET - /
20:10:23 INFO RSP 200 /
20:10:33 INFO REQ --- GET - /files/hello.json
20:10:33 INFO RSP 200 /files/hello.json
```

서버는 현재 동일한 방식으로 파일에 대한 것이 아닌 모든 요청에 응답하기 때문에 /favicon.ico 파일에 대한 요청이 200 OK 응답을 생성한다고 로그에 표시한다.

그림 33-2 HTTP 서버 응답 얻기

서비스 해결 간소화

현재 미들웨어 컴포넌트는 필요한 서비스를 직접 해결해야 한다. 그러나 의존성 주입 시스템은 함수를 호출하고 구조체를 채울 수 있기 때문에 약간의 추가 작업으로 컴포넌트가 의존하는 서비스를 선언하고 자동으로 가져올 수 있다. 먼저 리스트 33-13처럼 컴포넌트가 요청을 처리하기 위해 의존성 주입이 필요함을 나타낼 수 있는 인터페이스가 필요하다.

리스트 33-13 pipeline 폴더 내 component.go 파일에서 인터페이스 정의

```go
package pipeline

import (
  "net/http"
)

type ComponentContext struct {
  *http.Request
  http.ResponseWriter
```

```
      error
}

func (mwc *ComponentContext) Error(err error) {
  mwc.error = err
}

func (mwc *ComponentContext) GetError() error {
  return mwc.error
}

type MiddlewareComponent interface {

  Init()
  ProcessRequest(context *ComponentContext, next func(*ComponentContext))
}

type ServicesMiddlwareComponent interface {
  Init()
  ImplementsProcessRequestWithServices()
}
```

컴포넌트는 ImplementsProcessRequestWithServices 메서드를 구현해 서비스가 필요함을 나타
낼 수 있다. 각 컴포넌트는 필요한 서비스에 대해 서로 다른 메서드 서명이 필요하기 때문에
인터페이스에 서비스가 필요한 메서드를 포함할 수 없다. 대신 ServicesMiddlewareComponent
를 감지한 다음 리플렉션을 사용해 컴포넌트가 ProcessRequestWithServices 메서드를 구현하
는지 여부를 결정한다. 해당 메서드의 처음 두 매개변수는 MiddlewareComponent 인터페이스에
서 정의한 ProcessRequest 메서드와 동일하다. 리스트 33-14는 파이프라인을 생성하고 파이
프라인을 준비할 때 컴포넌트 구조체 필드를 서비스로 채우는 기능에 새 기능을 추가한다.

리스트 33-14 pipeline 폴더 내 pipeline.go 파일에서 서비스 지원 추가

```
package pipeline

import (
  "net/http"
  "platform/services"
  "reflect"
)

type RequestPipeline func(*ComponentContext)

var emptyPipeline RequestPipeline = func(*ComponentContext) { /* do nothing */ }

func CreatePipeline(components ...interface{}) RequestPipeline {
  f := emptyPipeline
```

```go
    for i := len(components) -1 ; i >= 0; i-- {
      currentComponent := components[i]
      services.Populate(currentComponent)
      nextFunc := f
      if servComp, ok := currentComponent.(ServicesMiddlwareComponent ); ok {
        f = createServiceDependentFunction(currentComponent, nextFunc)
        servComp.Init()
      } else if stdComp, ok := currentComponent.(MiddlewareComponent ); ok {
        f = func(context *ComponentContext) {
          if (context.error == nil) {
            stdComp.ProcessRequest(context, nextFunc)
          }
        }
        stdComp.Init()
      } else {
        panic("Value is not a middleware component")
      }
    }
    return f
}

func createServiceDependentFunction(component interface{},
    nextFunc RequestPipeline) RequestPipeline {
  method := reflect.ValueOf(component).MethodByName("ProcessRequestWithServices")
  if (method.IsValid()) {
    return  func(context *ComponentContext) {
      if (context.error == nil) {
        _, err := services.CallForContext(context.Request.Context(),
          method.Interface(), context, nextFunc)
        if (err != nil) {
          context.Error(err)
        }
      }
    }
  } else {
    panic("No ProcessRequestWithServices method defined")
  }
}

func (pl RequestPipeline) ProcessRequest(req *http.Request,
    resp http.ResponseWriter) error {
  ctx := ComponentContext {
    Request: req,
    ResponseWriter: resp,
  }
  pl(&ctx)
  return ctx.error
}
```

이러한 변경 사항을 통해 미들웨어 컴포넌트는 의존성 주입을 활용해 리스트 33-15처럼 서비스에 대한 의존성을 매개변수로 선언할 수 있다.

리스트 33-15 pipeline/basic 폴더 내 logging.go 파일에서 의존성 주입 사용

```go
package basic

import (
  "net/http"
  "platform/logging"
  "platform/pipeline"
  //"platform/services"
)

type LoggingResponseWriter struct {
  statusCode int
  http.ResponseWriter
}

func (w *LoggingResponseWriter) WriteHeader(statusCode int) {
  w.statusCode = statusCode
  w.ResponseWriter.WriteHeader(statusCode)
}

func (w *LoggingResponseWriter) Write(b []byte) (int, error) {
  if (w.statusCode == 0) {
    w.statusCode = http.StatusOK
  }
  return w.ResponseWriter.Write(b)
}

type LoggingComponent struct {}

func (lc *LoggingComponent) ImplementsProcessRequestWithServices() {}

func (lc *LoggingComponent) Init() {}

func (lc *LoggingComponent) ProcessRequestWithServices(
  ctx *pipeline.ComponentContext,
  next func(*pipeline.ComponentContext),
  logger logging.Logger)  {

  // var logger logging.Logger
  // err := services.GetServiceForContext(ctx.Request.Context(), &logger)
  // if (err != nil) {
  //   ctx.Error(err)
  //   return
  // }

  loggingWriter := LoggingResponseWriter{ 0, ctx.ResponseWriter}
```

```
    ctx.ResponseWriter = &loggingWriter

    logger.Infof("REQ --- %v - %v", ctx.Request.Method, ctx.Request.URL)
    next(ctx)
    logger.Infof("RSP %v %v", loggingWriter.statusCode, ctx.Request.URL )
}
```

ImplementsProcessRequestWithServices 메서드를 정의하면 의존성 주입이 필요한 Process
RequestWithServices 메서드가 있음을 나타내는 표시로 파이프라인에서 사용하는 인터페이스
를 구현한다. 컴포넌트는 리스트 33-16과 같이 구조체 필드를 통해 해결한 서비스에 의존할
수도 있다.

리스트 33-16 pipeline/basic 폴더 내 files.go 파일에서 의존성 주입 사용

```
package basic

import (
    "net/http"
    "platform/config"
    "platform/pipeline"
    //"platform/services"
    "strings"
)

type StaticFileComponent struct {
    urlPrefix string
    stdLibHandler http.Handler
    Config config.Configuration
}

func (sfc *StaticFileComponent) Init() {
    // var cfg config.Configuration
    // services.GetService(&cfg)
    sfc.urlPrefix = sfc.Config.GetStringDefault("files:urlprefix", "/files/")
    path, ok := sfc.Config.GetString("files:path")
    if (ok) {
        sfc.stdLibHandler = http.StripPrefix(sfc.urlPrefix,
            http.FileServer(http.Dir(path)))
    } else {
        panic ("Cannot load file configuration settings")
    }
}

func (sfc *StaticFileComponent) ProcessRequest(ctx *pipeline.ComponentContext,
    next func(*pipeline.ComponentContext)) {

    if !strings.EqualFold(ctx.Request.URL.Path, sfc.urlPrefix) &&
        strings.HasPrefix(ctx.Request.URL.Path, sfc.urlPrefix) {
```

```
        sfc.stdLibHandler.ServeHTTP(ctx.ResponseWriter, ctx.Request)
    } else {
        next(ctx)
    }
}
```

프로젝트를 컴파일 및 실행하고 브라우저를 사용해 http://localhost:5000 및 http://localhost: 5000/files/hello.json을 요청하면 이전 절과 동일한 결과를 생성한다. 이전 절의 요청 이후로 변경하지 않았기 때문에 JSON 파일을 요청할 때 304 결과를 표시할 수 있다.

⊹ HTML 응답 생성

23장에서 HTML 템플릿 처리 기능에 대해 설명했지만 HTML 콘텐츠를 생각하는 방식으로 동작하지 않는다. 나는 HTML 템플릿을 정의하고 해당 템플릿 내에서 사용할 공유 레이아웃을 지정할 수 있기를 원한다. html/template 패키지에서 취하는 표준 접근 방식과 반대되는 방식이지만 원하는 효과를 얻기 위해 쉽게 디폴트 동작을 사용자 정의할 수 있다.

> ■ 노트 ■
>
> 템플릿을 처리하는 순서를 반대로 하고 있기 때문에 템플릿은 블록 기능을 사용해 다른 템플릿이 재정의한 템플릿에 대한 디폴트 콘텐츠를 제공할 수 없다.

레이아웃 및 템플릿 생성

템플릿의 구조가 무엇인지 알면 템플릿 엔진을 적용하는 프로세스가 더 쉬워진다. 리스트 33-17에 표시한 내용을 담은 simple_message.html 파일을 platform/placeholder 폴더에 추가해보자.

리스트 33-17 placeholder/basic 폴더 내 simple_message.html 파일 소스 코드

```
{{ layout "layout.html" }}

<h3>
    Hello from the template
</h3>
```

위 템플릿은 layout 표현식을 사용해 필요한 레이아웃을 지정하지만 그 외에는 23장에서 설명한 기능을 사용하는 표준 템플릿이다. 템플릿은 데이터 값을 삽입하는 작업을 포함한 콘텐츠를 포함한 h3 요소를 포함하고 있다.

레이아웃을 정의하려면 리스트 33-18의 내용을 담은 layout.html 파일을 placeholder 폴더에 추가해보자.

리스트 33-18 placeholder 폴더 내 layout.html 파일 소스 코드

```html
<!DOCTYPE html>
<html>
<head>
  <meta name="viewport" content="width=device-width" />
  <title>Pro Go</title>
</head>
<body>
  <h2>Hello from the layout</h2>
  {{ body }}
</body>
</html>
```

레이아웃은 HTML 문서를 정의할 때 필요한 요소를 포함하고 있다. 레이아웃은 선택한 템플 릿의 내용을 출력에 삽입하는 **body** 표현식을 포함한 작업을 추가한다.

콘텐츠를 렌더링하기 위해 템플릿을 선택하고 실행하면 콘텐츠를 표시할 레이아웃을 식별 한다. 또한 레이아웃 렌더링하고 템플릿의 콘텐츠와 결합해 완전한 HTML 응답을 생성한다. 이는 내가 선호하는 접근 방식이다. 템플릿을 선택할 때 어떤 레이아웃이 필요한지 알 필요가 없고 다른 언어와 플랫폼에서 익숙하기 때문이다.

템플릿 실행 구현

내장 템플릿 패키지는 우수하고 템플릿이 레이아웃을 지정하는 모델을 쉽게 지원할 수 있다. platform/templates 폴더를 생성하고 리스트 33-19의 내용을 담은 template_executor.go 파일을 추가해보자.

리스트 33-19 templates 폴더 내 template_executor.go 파일 소스 코드

```go
package templates

import "io"

type TemplateExecutor interface {

    ExecTemplate(writer io.Writer, name string, data interface{}) (err error)
}
```

TemplateProcessor 인터페이스는 제공한 데이터 값을 사용해 템플릿을 처리하고 Writer에 콘텐 츠를 쓰는 ExecTemplate 메서드를 정의한다. 인터페이스의 구현을 생성하려면 리스트 33-20의 내용을 담은 layout_executor.go 파일을 templates 폴더에 추가한다.

```go
package templates

import (
  "io"
  "strings"
  "html/template"
)

type LayoutTemplateProcessor struct {}

func (proc *LayoutTemplateProcessor) ExecTemplate(writer io.Writer,
    name string, data interface{}) (err error) {
  var sb strings.Builder
  layoutName := ""
  localTemplates := getTemplates()
  localTemplates.Funcs(map[string]interface{} {
    "body": insertBodyWrapper(&sb),
    "layout": setLayoutWrapper(&layoutName),
  })
  err = localTemplates.ExecuteTemplate(&sb, name, data)
  if (layoutName != "") {
    localTemplates.ExecuteTemplate(writer, layoutName, data)
  } else {
    io.WriteString(writer, sb.String())
  }
  return
}

var getTemplates func() (t *template.Template)

func insertBodyWrapper(body *strings.Builder) func() template.HTML {
  return func() template.HTML {
    return template.HTML(body.String())
  }
}

func setLayoutWrapper(val *string) func(string) string {
  return func(layout string) string {
    *val = layout
    return ""
  }
}
```

ExecTemplate 메서드의 구현은 템플릿을 실행하고 콘텐츠를 strings.Builder에 저장한다. 이전 절에서 설명한 layout 및 body 표현식을 지원하기 위해 다음과 같이 사용자 정의 템플릿 함수를 생성할 수 있다.

```
...
localTemplates.Funcs(map[string]interface{} {
  "body": insertBodyWrapper(&sb),
  "layout": setLayoutWrapper(&layoutName),
})
...
```

내장 템플릿 엔진이 template 표현식을 만나면 setLayoutWrapper가 생성한 함수를 호출한다. 해당 함수는 변수 값을 설정한 다음 지정한 레이아웃 템플릿 작업을 실행할 때 사용한다. 레이아웃을 실행하는 동안 body 표현식은 원래 템플릿에서 생성한 콘텐츠를 레이아웃에서 생성한 출력에 삽입하는 insertBodyWrapper 함수가 생성한 함수를 호출한다. 내장 템플릿 엔진이 HTML 문자를 이스케이프하지 않도록 하기 위해 해당 작업의 결과는 template.HTML 값이 된다.

```
...
func insertBodyWrapper(body *strings.Builder) func() template.HTML {
  return func() template.HTML {
    return template.HTML(body.String())
  }
}
...
```

23장에서 설명한 것처럼 Go 템플릿 시스템은 콘텐츠를 HTML 문서에 안전하게 포함할 수 있도록 자동으로 인코딩한다. 일반적으로 유용한 기능이지만 이러한 경우 레이아웃에 삽입할 때 템플릿에서 콘텐츠를 이스케이프 처리하면 HTML로 해석하지 않는다.

ExecTemplate 메서드는 리스트 33-20에서 변수를 정의하고 있는 getTemplates 함수를 호출해 로드load한 템플릿을 얻는다. 템플릿 로딩 및 getTemplates 변수에 할당한 함수 값 생성을 위한 지원을 추가하려면 리스트 33-21의 내용을 담은 template_loader.go 파일을 templates 폴더에 추가해야 한다.

리스트 33-21 templates 폴더 내 template_loader.go 파일 소스 코드

```
package templates

import (
  "html/template"
  "sync"
  "errors"
  "platform/config"
)

var once = sync.Once{}

func LoadTemplates(c config.Configuration) (err error) {
```

```
      path, ok := c.GetString("templates:path")
      if !ok {
        return errors.New("Cannot load template config")
      }
      reload := c.GetBoolDefault("templates:reload", false)
      once.Do(func() {
        doLoad := func() (t *template.Template) {
          t = template.New("htmlTemplates")
          t.Funcs(map[string]interface{} {
            "body": func() string { return "" },
            "layout": func() string { return "" },
          })
          t, err = t.ParseGlob(path)
          return
        }
        if (reload) {
          getTemplates = doLoad
        } else {
          var templates *template.Template
          templates = doLoad()
          getTemplates = func() *template.Template {
            t, _ := templates.Clone()
            return t
          }
        }
      })
      return
    }
```

LoadTemplates 함수는 구성 파일에서 지정한 위치에서 템플릿을 로드한다. 모든 요청마다 다시 로드할 수 있도록 하는 구성 설정도 있다. 배포한 프로젝트에서 수행해서는 안 되는 작업이지만 애플리케이션을 다시 시작하지 않고도 템플릿 변경 사항을 볼 수 있기 때문에 개발 중에 유용하다. 리스트 33-22는 새 설정을 구성 파일에 추가한다.

리스트 33-22 platform 폴더 내 config.json 파일에서 설정 추가

```
    {
      "logging" : {
        "level": "debug"
      },
      "main" : {
        "message" : "Hello from the config file"
      },
      "files": {
        "path": "placeholder/files"
      },
      "templates": {
        "path": "placeholder/*.html",
```

938

```
        "reload": true
    }
}
```

reload 설정을 통해 받은 값에 따라 getTemplates 변수에 할당한 함수를 결정한다. reload가 true면 getTemplates를 호출할 경우 디스크에서 템플릿을 로드한다. false면 이전에 로드한 템플릿을 복제한다.

사용자 지정 body 및 layout 함수가 올바르게 동작하려면 템플릿을 복제하거나 다시 로드해야 한다. LoadTemplates 함수는 템플릿을 로드할 때 파싱할 수 있도록 플레이스홀더 함수를 정의한다.

템플릿 서비스 생성 및 사용

사용자 지정 템플릿 엔진은 서비스로 사용할 수 있다. 리스트 33-23에 표시한 명령문을 platform/services 폴더의 services_default.go 파일에 추가해보자.

리스트 33-23 services 폴더 내 services_default.go 파일에서 템플릿 서비스 생성

```
package services

import (
  "platform/logging"
  "platform/config"
  "platform/templates"
)

func RegisterDefaultServices() {

  err := AddSingleton(func() (c config.Configuration) {
    c, loadErr :=  config.Load("config.json")
    if (loadErr != nil) {
      panic(loadErr)
    }
    return
  })

  err = AddSingleton(func(appconfig config.Configuration) logging.Logger {
    return logging.NewDefaultLogger(appconfig)
  })
  if (err != nil) {
    panic(err)
  }

  err = AddSingleton(
    func(c config.Configuration) templates.TemplateExecutor {
```

```
        templates.LoadTemplates(c)
        return &templates.LayoutTemplateProcessor{}
    })
    if (err != nil) {
      panic(err)
    }
  }
```

템플릿 엔진이 동작하는지 확인하려면 리스트 33-24처럼 33장의 앞부분에서 만든 플레이스
홀더 미들웨어 컴포넌트를 변경해 간단한 문자열이 아닌 HTML 응답을 반환하도록 한다.

리스트 33-24 placeholder 폴더 내 message_middleware.go 파일에서 템플릿 사용

```
package placeholder

import (
  //"io"
  //"errors"
  "platform/pipeline"
  "platform/config"
  //"platform/services"
  "platform/templates"
)

type SimpleMessageComponent struct {
  Message string
  config.Configuration
}

func (lc *SimpleMessageComponent) ImplementsProcessRequestWithServices() {}

func (c *SimpleMessageComponent) Init() {
  c.Message = c.Configuration.GetStringDefault("main:message",
    "Default Message")
}

func (c *SimpleMessageComponent) ProcessRequestWithServices(
  ctx *pipeline.ComponentContext,
  next func(*pipeline.ComponentContext),
  executor templates.TemplateExecutor) {
  err := executor.ExecTemplate(ctx.ResponseWriter,
    "simple_message.html", c.Message)
  if (err != nil) {
    ctx.Error(err)
  } else {
    next(ctx)
  }
}
```

컴포넌트는 이제 `ProcessRequestWithServices` 메서드를 구현하고 의존성 주입을 통해 서비스를 받는다. 요청 서비스 중 하나는 simple_message.html 템플릿을 표시할 때 사용하는 `TemplateExecutor` 인터페이스의 구현이다. 프로젝트를 컴파일 및 실행한 다음 브라우저를 사용해 http://localhost:5000을 요청하면 그림 33-3과 같은 HTML 응답을 나타낸다.

그림 33-3 HTML 응답 생성

요청 핸들러 소개

다음 단계는 HTTP 요청을 처리하고 생성할 논리를 정의하기 위한 지원을 도입하는 것이다.

너무 많은 코드를 반복할 필요 없이 특정 URL에 응답하는 코드를 작성할 수 있는 적절한 응답이다. 이것이 어떻게 동작하는지 이해하기 위해 가장 좋은 시작은 요청을 처리하는 일련의 메서드가 있는 타입으로 정의할 요청 핸들러의 예제다. 리스트 33-25의 내용을 담은 name_handler.go 파일을 placeholder 폴더에 추가해보자.

리스트 33-25 placeholder 폴더 내 name_handler.go 파일 소스 코드

```
package placeholder

import (
  "fmt"
  "platform/logging"
)

var names = []string{"Alice", "Bob", "Charlie", "Dora"}

type NameHandler struct {
  logging.Logger
}

func (n NameHandler) GetName(i int) string {
  n.Logger.Debugf("GetName method invoked with argument: %v", i)
  if (i < len(names)) {
    return fmt.Sprintf("Name #%v: %v", i, names[i])
  } else {
```

```
      return fmt.Sprintf("Index out of bounds")
    }
  }

  func (n NameHandler) GetNames() string {
    n.Logger.Debug("GetNames method invoked")
    return fmt.Sprintf("Names: %v", names)
  }

  type NewName struct {
    Name string
    InsertAtStart bool
  }

  func (n NameHandler) PostName(new NewName) string {
    n.Logger.Debugf("PostName method invoked with argument %v", new)
    if (new.InsertAtStart) {
      names = append([] string { new.Name}, names... )
    } else {
      names = append(names, new.Name)
    }
    return fmt.Sprintf("Names: %v", names)
  }
```

NameHandler 구조체는 GetName, GetNames, PostName의 세 가지 메서드를 정의한다. 애플리케이션을 시작하면 등록한 핸들러 집합을 검사하고 정의한 메서드의 이름은 HTTP 요청과 일치하는 경로를 만들기 위해 사용한다.

예를 들어 각 메서드 이름의 첫 번째 부분은 GetName 메서드가 GET 요청과 일치하도록 경로가 일치하는 HTTP 메서드를 지정한다. 메서드 이름의 나머지 부분은 경로와 일치하는 URL 경로의 첫 번째 세그먼트로 사용하고 추가 세그먼트는 GET 요청의 매개변수에 추가한다.

표 33-1은 리스트 33-25에 정의한 메서드가 처리할 요청의 세부 사항을 보여준다.

표 33-1 예제 핸들러 메서드와 일치하는 요청

이름	HTTP 메서드	예제 URL
GetName	GET	/name/1
GetNames	GET	/names
PostName	POST	/names

메서드의 경로와 일치하는 요청이 도착하면 매개변수 값은 요청 URL과 쿼리 문자열, 요청 폼(있는 경우)에서 가져온다. 메서드 매개변수의 타입이 구조체인 경우 해당 필드는 동일한 요청 데이터를 사용해 채워진다.

요청을 처리할 때 필요한 서비스는 핸들러 구조체가 정의한 필드로 선언한다. 리스트 33-25에서 NameHandler 구조체는 logging.Logger 서비스에 대한 의존성을 선언하는 필드를 정의한다. 구조체의 새 인스턴스를 생성하고 해당 필드가 채워진 다음 요청을 처리하기 위해 선택한 메서드를 호출한다.

URL 경로 생성

첫 번째 단계는 요청 핸들러 메서드에서 URL 경로를 생성하기 위한 지원을 추가하는 것이다. platform/http/handling 폴더를 생성하고 리스트 33-26의 내용을 담은 route.go 파일을 추가해보자.

리스트 33-26 http/handling 폴더 내 route.go 파일 소스 코드

```go
package handling

import (
  "reflect"
  "regexp"
  "strings"
  "net/http"
)

type HandlerEntry struct {
  Prefix string
  Handler interface{}
}

type Route struct {
  httpMethod string
  prefix string
  handlerName string
  actionName string
  expression regexp.Regexp
  handlerMethod reflect.Method
}

var httpMethods = []string { http.MethodGet, http.MethodPost,
  http.MethodDelete, http.MethodPut }

func generateRoutes(entries ...HandlerEntry) []Route {
  routes := make([]Route, 0, 10)
  for _, entry := range entries {
    handlerType := reflect.TypeOf(entry.Handler)
    promotedMethods := getAnonymousFieldMethods(handlerType)

    for i := 0; i < handlerType.NumMethod(); i++ {
      method := handlerType.Method(i)
      methodName := strings.ToUpper(method.Name)
```

```go
    for _, httpMethod := range httpMethods {
      if strings.Index(methodName, httpMethod) == 0 {
        if (matchesPromotedMethodName(method, promotedMethods)) {
          continue
        }
        route := Route{
          httpMethod: httpMethod,
          prefix: entry.Prefix,
          handlerName: strings.Split(handlerType.Name(), "Handler")[0],
          actionName: strings.Split(methodName, httpMethod)[1],
          handlerMethod: method,
        }
        generateRegularExpression(entry.Prefix, &route)
        routes = append(routes, route)
      }
    }
  }
}
  return routes
}

func matchesPromotedMethodName(method reflect.Method,
    methods []reflect.Method) bool {
  for _, m := range methods {
    if m.Name == method.Name {
      return true
    }
  }
  return false
}

func getAnonymousFieldMethods(target []reflect.Type) reflect.Method {
  methods := []reflect.Method {}
  for i := 0; i < target.NumField(); i++ {
    field := target.Field(i)
    if (field.Anonymous && field.IsExported()) {
      for j := 0; j < field.Type.NumMethod(); j++ {
        method := field.Type.Method(j)
        if (method.IsExported()) {
          methods = append(methods, method)
        }
      }
    }
  }
  return methods
}

func generateRegularExpression(prefix string, route *Route) {
  if (prefix != "" && !strings.HasSuffix(prefix, "/")) {
    prefix += "/"
```

```
  }
  pattern := "(?i)" + "/" + prefix + route.actionName
  if (route.httpMethod == http.MethodGet) {
    for i := 1; i < route.handlerMethod.Type.NumIn(); i++ {
      if route.handlerMethod.Type.In(i).Kind() == reflect.Int {
        pattern += "/([0-9]*)"
      } else {
        pattern += "/([A-z0-9]*)"
      }
    }
  }
  pattern = "^" + pattern + "[/]?$"
  route.expression = *regexp.MustCompile(pattern)
}
```

경로는 선택적인 접두사로 구성하기 때문에 34장에서 액세스 제어를 소개할 때와 같이 애플리케이션의 다른 부분에 대해 고유한 URL을 만들 수 있다. HandlerEntry 구조체는 핸들러와 해당 접두사를 설명한다. Route 구조체는 단일 경로에 대해 처리한 결과를 정의한다. generateRoutes 함수는 URL 경로를 일치시키기 위해 사용할 정규식을 만들고 컴파일하기 위해 generateRegularExpression 함수에 의존해 핸들러가 정의한 메서드 경로 값을 만든다.

> **▪ 노트 ▪**
>
> 28장에서 언급했듯이 익명 임베디드 필드가 승격한 메서드는 구조체에서 리플렉션을 사용할 때 포함한다. 리스트 33-26의 코드는 승격 메서드를 필터링해 이러한 메서드가 http 요청의 대상으로 허용하는 경로 생성을 방지한다.

핸들러 메서드를 위한 매개변수 값 준비

HTTP 요청을 수신하고 경로가 일치하면 핸들러 메서드의 인수로 사용할 수 있도록 요청에서 값을 추출해야 한다. 요청에서 얻을 수 있는 모든 값은 HTTP가 URL이나 양식 데이터에 타입 정보를 포함하는 것을 지원하지 않기 때문에 Go 문자열 타입을 사용해 표현한다. 요청에서 문자열 값을 핸들러 메서드로 전달할 수 있지만 각 핸들러 메서드는 문자열 값을 필요한 타입으로 파싱하는 프로세스를 거쳐야 한다. 대신 코드를 한 번만 정의할 수 있도록 핸들러 메서드 매개변수 타입을 기반으로 값을 자동으로 파싱할 것이다. http/handling/params 폴더를 생성하고 리스트 33-27 내용을 포함한 parser.go 파일을 추가해보자.

리스트 33-27 http/handling/params 폴더 내 parser.go 파일 소스 코드

```
package params

import (
  "reflect"
```

```
    "fmt"
    "strconv"
 )

func parseValueToType(target reflect.Type, val string) (result reflect.Value,
    err error) {
  switch target.Kind() {
    case reflect.String:
      result = reflect.ValueOf(val)
    case reflect.Int:
      iVal, convErr := strconv.Atoi(val)
      if convErr == nil {
        result = reflect.ValueOf(iVal)
      } else {
        return reflect.Value{}, convErr
      }
    case reflect.Float64:
      fVal, convErr := strconv.ParseFloat(val, 64)
      if (convErr == nil) {
        result = reflect.ValueOf(fVal)
      } else {
        return reflect.Value{}, convErr
      }
    case reflect.Bool:
      bVal, convErr := strconv.ParseBool(val)
      if (convErr == nil) {
        result = reflect.ValueOf(bVal)
      } else {
        return reflect.Value{}, convErr
      }
    default:
      err = fmt.Errorf("Cannot use type %v as handler method parameter",
        target.Name())
  }
  return
}
```

parseValueToType 함수는 필요한 타입의 종류를 검사하고 strconv 패키지가 정의한 함수를 사용해 값을 예상 타입으로 파싱한다. 나는 string, float64, int, bool의 네 가지 기본 타입을 지원할 예정이다. 필드가 위 네 가지 타입인 구조체도 지원할 것이다. parseValueToType 함수는 매개변수를 다른 타입으로 정의했거나 요청에서 받은 값을 파싱할 수 없는 경우 에러를 반환한다.

다음 단계는 parseValueToType 함수를 사용해 리스트 33-25가 정의한 GetName 메서드와 같이 지원하는 네 가지 타입의 매개변수를 정의하는 핸들러 메서드를 처리하는 것이다.

```
...
func (n NameHandler) GetName(i int) string {
...
```

위 타입의 매개변수 값은 핸들러를 등록할 때 생성한 정규식에서 가져온다. 리스트 33-28의
내용을 담은 simple_params.go 파일을 http/handling/params 폴더에 추가해보자.

리스트 33-28 http/handling/params 폴더 내 simple_params.go 파일 소스 코드

```
package params

import (
  "reflect"
  "errors"
)

func getParametersFromURLValues(funcType reflect.Type,
      urlVals []string) (params []reflect.Value, err error) {
  if (len(urlVals) == funcType.NumIn() -1) {
    params = make([]reflect.Value, funcType.NumIn() -1)
    for i := 0; i < len(urlVals); i++ {
      params[i], err = parseValueToType(funcType.In(i + 1), urlVals[i])
      if (err != nil) {
        return
      }
    }
  } else {
    err = errors.New("Parameter number mismatch")
  }
  return
}
```

getParametersFromURLValues 함수는 핸들러 메서드가 정의한 매개변수를 검사하고 각각에 대
한 값을 가져오기 위해 parseValueToType 함수를 호출한다. 메서드가 정의한 첫 번째 매개변수
는 건너뛰었다. 28장에서 설명한 것처럼 리플렉션을 사용할 때 첫 번째 매개변수는 메서드를
호출하는 수신자다.

URL 쿼리 문자열 또는 폼 데이터의 값에 액세스해야 하는 핸들러 메서드는 리스트 33-25가
정의한 메서드와 같이 요청 데이터 값의 이름과 일치하는 필드 이름을 갖는 구조체 타입의 매
개변수를 정의한다.

```
...
type NewName struct {
  Name string
  InsertAtStart bool
}

func (n NameHandler) PostName(new NewName) string {
...
```

위 매개변수는 핸들러 메서드가 요청의 name 및 insertAtStart 값이 필요함을 나타낸다. 요청에서 구조체 필드를 채우기 위해 리스트 33-29의 내용을 담은 struct_params.go 파일을 http/handling/params 폴더에 추가해보자.

리스트 33-29 http/handling/params 폴더 내 struct_params.go 파일 소스 코드

```go
package params

import (
  "reflect"
  "encoding/json"
  "io"
  "strings"
)

func populateStructFromForm(structVal reflect.Value,
    formVals map[string][]string) (err error) {
  for i := 0; i < structVal.Elem().Type().NumField(); i++ {
    field := structVal.Elem().Type().Field(i)
    for key, vals := range formVals {
      if strings.EqualFold(key, field.Name) && len(vals) > 0 {
        valField := structVal.Elem().Field(i)
        if (valField.CanSet()) {
          valToSet, convErr := parseValueToType(valField.Type(), vals[0])
          if (convErr == nil) {
            valField.Set(valToSet)
          } else {
            err = convErr
          }
        }
      }
    }
  }
  return
}

func populateStructFromJSON(structVal reflect.Value,
    reader io.ReadCloser) (err error) {
  return json.NewDecoder(reader).Decode(structVal.Interface())
}
```

populateStructFromForm 함수는 구조체가 필요하고 맵에서 구조체 필드 값을 설정하는 모든 핸들러 메서드에서 사용한다. populateStructFromJSON 함수는 JSON 디코더를 사용해 요청 보디를 읽는다. 요청에 JSON 페이로드를 포함한 경우에 populateStructFromJSON 함수를 사용할 수 있다. 이러한 함수를 적용하기 위해 리스트 33-30의 내용을 담은 processor.go 파일을 http/handling/params 폴더에 추가해보자.

```go
package params

import (
  "net/http"
  "reflect"
)

func GetParametersFromRequest(request *http.Request, handlerMethod reflect.Method,
    urlVals []string) (params []reflect.Value, err error) {
  handlerMethodType := handlerMethod.Type
  params = make([]reflect.Value, handlerMethodType.NumIn() -1)
  if (handlerMethodType.NumIn() == 1) {
    return []reflect.Value {}, nil
  } else if handlerMethodType.NumIn() == 2 &&
      handlerMethodType.In(1).Kind() == reflect.Struct {
    structVal := reflect.New(handlerMethodType.In(1))
    err = request.ParseForm()
    if err == nil && getContentType(request) == "application/json" {
      err = populateStructFromJSON(structVal, request.Body)
    }
    if err == nil {
      err = populateStructFromForm(structVal, request.Form)
    }
    return []reflect.Value { structVal.Elem() }, err
  } else {
    return getParametersFromURLValues(handlerMethodType, urlVals)
  }
}

func getContentType(request *http.Request) (contentType string) {
  headerSlice := request.Header["Content-Type"]
  if headerSlice != nil && len(headerSlice) > 0 {
    contentType = headerSlice[0]
  }
  return
}
```

GetParametersFromRequest는 프로젝트의 다른 곳에서 사용하기 위해 export한다. 해당 함수는 요청, 리플렉트한 핸들러 메서드, 경로와 일치하는 값을 포함하는 슬라이스를 받는다. 메서드를 검사해 구조체 매개변수가 필요한지 확인한다. 메서드에 필요한 매개변수는 이전 함수를 사용해 생성한다.

요청 경로 매칭

33장의 마지막 단계는 들어오는 HTTP 요청을 경로와 매칭하고 핸들러 메서드를 실행해 응답을 생성하는 것이다. 리스트 33-31의 내용을 담은 request_dispatch.go 파일을 http/handling 폴더에 추가해보자.

리스트 33-31 http/handling폴더 내 request_dispatch.go 파일 소스 코드

```go
package handling

import (
    "platform/http/handling/params"
    "platform/pipeline"
    "platform/services"
    "net/http"
    "reflect"
    "strings"
    "io"
    "fmt"
)

func NewRouter(handlers ...HandlerEntry) *RouterComponent {
    return &RouterComponent{ generateRoutes(handlers...) }
}

type RouterComponent struct {
    routes []Route
}

func (router *RouterComponent) Init() {}

func (router *RouterComponent) ProcessRequest(context *pipeline.ComponentContext,
        next func(*pipeline.ComponentContext)) {
    for _, route := range router.routes {
        if (strings.EqualFold(context.Request.Method, route.httpMethod)) {
            matches := route.expression.FindAllStringSubmatch(context.URL.Path, -1)
            if len(matches) > 0 {
                rawParamVals := []string {}
                if len(matches[0]) > 1 {
                    rawParamVals = matches[0][1:]
                }
                err := router.invokeHandler(route, rawParamVals, context)
                if (err == nil) {
                    next(context)
                } else {
                    context.Error(err)
                }
            }
        }
    }
}
```

950

```
            return
        }
    }
  }
  context.ResponseWriter.WriteHeader(http.StatusNotFound)
}

func (router *RouterComponent) invokeHandler(route Route, rawParams []string,
        context *pipeline.ComponentContext) error {
    paramVals, err := params.GetParametersFromRequest(context.Request,
        route.handlerMethod, rawParams)
    if (err == nil) {
        structVal := reflect.New(route.handlerMethod.Type.In(0))
        services.PopulateForContext(context.Context(), structVal.Interface())
        paramVals = append([]reflect.Value { structVal.Elem() }, paramVals...)
        result := route.handlerMethod.Func.Call(paramVals)
        io.WriteString(context.ResponseWriter, fmt.Sprint(result[0].Interface()))
    }
    return err
}
```

NewRouter 함수는 일련의 HandlerEntry 값에서 생성하는 경로를 사용해 요청을 처리하는 새로운 미들웨어 컴포넌트를 만들 때 사용한다. RouterComponent 구조체는 MiddlewareComponent 인터페이스를 구현하고 해당 ProcessRequest 메서드는 HTTP 메서드와 URL 경로를 사용해 경로를 매칭한다. 일치하는 경로를 발견하면 invokeHandler 함수를 호출해 핸들러 메서드가 정의한 매개변수의 값을 준비한다.

이러한 미들웨어 컴포넌트는 파이프라인 끝에 적용한다고 가정하고 작성했다. 즉 요청과 일치하는 경로가 없으면 '404 – 찾을 수 없음' 응답을 반환한다.

마지막으로 주목해야 할 점은 핸들러 메서드가 생성한 응답은 다음과 같이 단순히 문자열로 작성한다는 것이다.

```
...
io.WriteString(context.ResponseWriter, fmt.Sprint(result[0].Interface()))
...
```

33장의 앞부분에서 소개한 템플릿에서 한 단계 뒤로 물러난 것이지만 34장에서 이에 대해 설명할 것이다. 리스트 33-32는 새 라우팅 미들웨어 컴포넌트를 사용하도록 플레이스홀더 구성을 변경한다.

```go
package placeholder

import (
  "platform/http"
  "platform/pipeline"
  "platform/pipeline/basic"
  "platform/services"
  "sync"
  "platform/http/handling"
)

func createPipeline() pipeline.RequestPipeline {
  return pipeline.CreatePipeline(
    &basic.ServicesComponent{},
    &basic.LoggingComponent{},
    &basic.ErrorComponent{},
    &basic.StaticFileComponent{},
    //&SimpleMessageComponent{},
    handling.NewRouter(
      handling.HandlerEntry{ "",  NameHandler{}},
    ),
  )
}

func Start() {
  results, err := services.Call(http.Serve, createPipeline())
  if (err == nil) {
    (results[0].(*sync.WaitGroup)).Wait()
  } else {
    panic(err)
  }
}
```

프로젝트를 컴파일 및 실행한 다음 브라우저를 사용해 http://localhost:5000/names를 요청한다. 해당 URL은 플레이스홀더 요청 핸들러가 정의한 GetNames 메서드의 경로와 일치하고 그림 33-4에 표시한 결과를 생성한다.

그림 33-4 응답을 생성하는 요청 핸들러 사용

단순 핸들러 메서드 매개변수 지원을 테스트하려면 브라우저를 사용해 http://localhost:5000/name/0 및 http://localhost:5000/name/100을 요청한다. 그림 33-5에 표시한 응답을 생성하는 것은 이러한 URL에서 names(복수)가 아니라 name(단수)이다.

그림 33-5 간단한 매개변수로 요청 핸드러 메서드 타기팅(targeting)

POST 요청 전송을 테스트하려면 명령 프롬프트에서 리스트 33-33의 명령어를 실행한다.

리스트 33-33 JSON 데이터로 POST 요청 전송

```
curl --header "Content-Type: application/json" --request POST --data '{"name" :
"Edith","insertatstart" : false}' http://localhost:5000/name
```

윈도우를 사용하는 경우 PowerShell 명령 프롬프트에서 리스트 33-34의 명령어를 대신 실행할 수 있다.

리스트 33-34 윈도우에서 JSON 데이터로 POST 요청 전송

```
Invoke-WebRequest http://localhost:5000/name -Method Post -Body `
(@{name="Edith";insertatstart=$false} | ConvertTo-Json) `
-ContentType "application/json"
```

위 명령어는 서버에 동일한 요청을 보내고 그 결과는 그림 33-6과 같이 http://localhost:5000/names를 요청해 확인할 수 있다.

그림 33-6 POST 요청 전송의 결과

⁘ 요약

33장에서는 미들웨어 컴포넌트를 사용해 요청을 처리하는 파이프라인을 생성하고 웹 애플리케이션 플랫폼 개발을 계속했다. 레이아웃을 지정할 수 있는 템플릿 지원을 추가하고 34장에서 빌드할 요청 핸들러를 도입했다.

액션, 세션, 인가

34장에서는 32장에서 시작해 33장에서 계속하고 있는 맞춤형 웹 애플리케이션 플랫폼 개발을 완료한다.

> **■ 팁 ■**
>
> 다음 링크(https://github.com/apress/pro-go)에서 32장 및 책의 다른 모든 장에 대한 예제 프로젝트를 다운로드 할 수 있다. 예제를 실행하는 데 문제가 발생한 경우 도움받는 방법은 2장을 참조한다.

액션 결과 도입

현재 플랫폼은 요청 핸들러가 생성한 응답을 문자열로 작성해 처리한다. 대부분의 응답이 유사하고(대부분 템플릿 렌더링) 매번 동일한 코드를 복제하고 싶지 않기 때문에 각 핸들러 메서드가 응답을 생성하는 방법의 세부 사항을 처리하도록 하고 싶지 않다.

대신 어떤 종류의 응답이 필요한지에 대한 지침인 액션 결과 지원과 이를 생성하기 위해 필요한 추가 정보를 추가할 것이다. 핸들러 메서드가 템플릿을 응답으로 렌더링하면 템플릿을 선택하는 액션 결과를 반환하고 핸들러 메서드가 어떻게 발생하는지 이해할 필요 없이 액션을 수행한다. platform/http/actionresults 폴더를 만들고 리스트 34-1의 내용을 담은 actionresult.go 파일을 추가해보자.

리스트 34-1 http/actionresults 폴더 내 actionresult.go 파일 소스 코드

```
package actionresults

import (
    "context"
    "net/http"
)
```

```
type ActionContext struct {
  context.Context
  http.ResponseWriter
}

type ActionResult interface {

  Execute(*ActionContext) error
}
```

ActionResult 인터페이스는 Context(서비스 획득용) 및 ResponseWriter(응답 생성용)인 ActionContext 구조체가 제공하는 기능을 사용해 응답을 생성할 때 사용하는 Execute 메서드를 정의한다.

리스트 34-2는 핸들러 메서드를 호출하는 코드를 업데이트해 액션 결과를 사용할 때 실행한다.

리스트 34-2 http/handling 폴더 내 request_dispatch.go 파일에서 액션 결과 실행

```
package handling

import (
  "platform/http/handling/params"
  "platform/pipeline"
  "platform/services"
  "net/http"
  "reflect"
  "strings"
  "io"
  "fmt"
  "platform/http/actionresults"
)

// ...간결함을 위해 함수와 타입 생략...

func (router *RouterComponent) invokeHandler(route Route, rawParams []string,
    context *pipeline.ComponentContext) error {
  paramVals, err := params.GetParametersFromRequest(context.Request,
    route.handlerMethod, rawParams)
  if (err == nil) {
    structVal := reflect.New(route.handlerMethod.Type.In(0))
    services.PopulateForContext(context.Context(), structVal.Interface())
    paramVals = append([]reflect.Value { structVal.Elem() }, paramVals...)
    result := route.handlerMethod.Func.Call(paramVals)
    if len(result) > 0 {
      if action, ok := result[0].Interface().(actionresults.ActionResult); ok {
        err = services.PopulateForContext(context.Context(), action)
        if (err == nil) {
          err = action.Execute(&actionresults.ActionContext{
            context.Context(), context.ResponseWriter  })
```

```
        }
    } else {
      io.WriteString(context.ResponseWriter,
        fmt.Sprint(result[0].Interface()))
    }
    }
  }
  return err
}
```

ActionResult 인터페이스를 구현하는 구조체는 services.PopulateForContext 함수에 전달하고
해당 필드를 서비스로 채운 다음 Execute 메서드가 호출해 결과를 생성한다.

공통 액션 결과 정의

가장 일반적인 타입의 응답은 템플릿을 사용해 생성하기 때문에 리스트 34-3의 내용을 담은
templateresult.go 파일을 platform/http/actionresults 폴더로 추가해보자.

리스트 34-3 http/actionresults 폴더 내 templateresult.go 파일 소스 코드

```
package actionresults

import (
  "platform/templates"
)

func NewTemplateAction(name string, data interface{}) ActionResult {
  return &TemplateActionResult{ templateName:  name, data: data }
}

type TemplateActionResult struct {
  templateName string
  data interface{}
  templates.TemplateExecutor
}

func (action *TemplateActionResult) Execute(ctx *ActionContext) error {
  return action.TemplateExecutor.ExecTemplate(ctx.ResponseWriter,
    action.templateName, action.data)
}
```

TemplateActionResult 구조체는 액션을 실행할 때 템플릿을 렌더링하는 액션이다. 해당 필
드는 템플릿 이름, 템플릿 실행기에 전달하는 데이터, 템플릿 실행기 서비스를 지정한다.
NewTemplateAction은 TemplateActionResult 구조체의 새 인스턴스를 만든다.

또 다른 일반적인 결과는 POST 또는 PUT 요청을 처리한 후에 주로 수행하는 리디렉션이다.
해당 타입의 결과를 생성하기 위해 리스트 34-4의 내용을 담은 redirectresult.go 파일을
platform/http/actionresults 폴더에 추가해보자.

리스트 34-4 http/actionresults 폴더 내 redirectresult.go 파일 소스 코드

```go
package actionresults

import "net/http"

func NewRedirectAction(url string) ActionResult {
  return &RedirectActionResult{ url: url}
}

type RedirectActionResult struct {
  url string
}

func (action *RedirectActionResult) Execute(ctx *ActionContext) error {
  ctx.ResponseWriter.Header().Set("Location", action.url)
  ctx.ResponseWriter.WriteHeader(http.StatusSeeOther)
  return nil
}
```

위 액션 결과는 303 기타 보기 응답으로 결과를 생성한다. 새 URL을 지정하고 브라우저가 원
래 요청의 HTTP 메서드 또는 URL을 재사용하지 않도록 하기 위한 리디렉션이다.

이 절에서 정의할 다음 액션 결과는 핸들러 메서드가 JSON 결과를 반환하도록 허용하기 때
문에 38장에서 웹 서비스를 만들 때 유용하다. platform/http/actionresults 폴더에 리스트
34-5의 내용을 담은 jsonresult.go 파일을 생성해보자.

리스트 34-5 http/actionresults 폴더 내 jsonresult.go 파일 소스 코드

```go
package actionresults

import "encoding/json"

func NewJsonAction(data interface{}) ActionResult {
  return &JsonActionResult{ data: data}
}

type JsonActionResult struct {
  data interface{}
}

func (action *JsonActionResult) Execute(ctx *ActionContext) error {
```

```
    ctx.ResponseWriter.Header().Set("Content-Type", "application/json")
    encoder := json.NewEncoder(ctx.ResponseWriter)
    return encoder.Encode(action.data)
}
```

위 액션 결과는 응답에 JSON을 포함하고 있음을 나타내는 Content-Type 헤더를 설정하고
enconding/json 패키지의 인코더를 사용해 데이터를 직렬화하고 클라이언트에 전송한다.

마지막 내장 액션을 사용하면 요청 핸들러는 에러가 발생했고 정상적인 응답을 만들 수 없
음을 나타낼 수 있다. 리스트 34-6의 내용을 담은 errorresult.go 파일을 platform/http/
actionresults 폴더에 추가해보자.

리스트 34-6 http/actionresults 폴더 내 errorresult.go 파일 소스 코드

```
package actionresults

func NewErrorAction(err error) ActionResult {
    return &ErrorActionResult{err}
}

type ErrorActionResult struct {
    error
}

func (action *ErrorActionResult) Execute(*ActionContext) error {
    return action.error
}
```

위 액션 결과는 응답을 생성하지 않고 단순히 요청 핸들러 메서드에서 플랫폼의 나머지 부분
으로 에러를 전달한다.

액션 결과 사용을 위한 플레이스홀더 업데이트

액션 결과가 예상대로 작동하는지 확인하기 위해 리스트 34-7은 플레이스홀더 핸들러 메서드
의 결과를 변경한다.

리스트 34-7 placeholder 폴더 내 name_handler.go 파일에서 액션 결과 사용

```
package placeholder

import (
    "fmt"
    "platform/logging"
    "platform/http/actionresults"
)
```

```go
var names = []string{"Alice", "Bob", "Charlie", "Dora"}

type NameHandler struct {
    logging.Logger
}

func (n NameHandler) GetName(i int) actionresults.ActionResult {
  n.Logger.Debugf("GetName method invoked with argument: %v", i)
  var response string
  if (i < len(names)) {
    response = fmt.Sprintf("Name #%v: %v", i, names[i])
  } else {
    response =  fmt.Sprintf("Index out of bounds")
  }
  return actionresults.NewTemplateAction("simple_message.html", response)
}

func (n NameHandler) GetNames() actionresults.ActionResult {
  n.Logger.Debug("GetNames method invoked")
  return actionresults.NewTemplateAction("simple_message.html", names)
}

type NewName struct {
  Name string
  InsertAtStart bool
}

func (n NameHandler) PostName(new NewName) actionresults.ActionResult {
  n.Logger.Debugf("PostName method invoked with argument %v", new)
  if (new.InsertAtStart) {
    names = append([] string { new.Name}, names... )
  } else {
    names = append(names, new.Name)
  }
  return actionresults.NewRedirectAction("/names")
}

func (n NameHandler) GetJsonData() actionresults.ActionResult {
  return actionresults.NewJsonAction(names)
}
```

이러한 변경 사항은 GetName 및 GetNames 메서드가 템플릿 액션 결과를 반환하고 PostName 메
서드가 GetNames 메서드를 대상으로 하는 리디렉션을 반환하고 새로운 GetJsonData 메서드가
JSON 데이터를 반환함을 의미한다. 마지막 변경은 리스트 34-8과 같이 플레이스홀더 템플릿
에 표현식을 추가하는 것이다.

```
{{ layout "layout.html" }}

<h3>
  {{ . }}
</h3>
```

프로젝트를 컴파일 및 실행하고 브라우저를 사용해 http://localhost:5000/names를 요청해보자. 응답은 이제 그림 34-1과 같이 템플릿을 실행해 생성한 HTML 문서다. http://localhost:5000/jsondata를 요청하면 응답도 그림 34-1과 같이 JSON 데이터일 것이다.

그림 34-1 응답 생성을 위한 액션 결과 사용

템플릿에서 요청 핸들러 호출

이후의 장에서는 다른 핸들러의 출력에 한 핸들러의 템플릿 콘텐츠를 포함하려고 한다. 예를 들면 제품 목록을 표시하는 템플릿의 일부로 장바구니 세부 정보를 표시할 수 있도록 템플릿 출력에 템플릿 콘텐츠를 포함한다. 구현하기 어려운 기능이지만 핸들러는 목적과 직접적으로 관련되지 않은 데이터를 템플릿에 제공할 필요가 없다. 리스트 34-9는 템플릿 서비스에 사용하는 인터페이스를 변경한다.

리스트 34-9 templates 폴더 내 simple_message.html 파일에서 템플릿 업데이트

```
package templates

import "io"

type TemplateExecutor interface {

    ExecTemplate(writer io.Writer, name string, data interface{}) (err error)

    ExecTemplateWithFunc(writer io.Writer, name string,
        data interface{}, handlerFunc InvokeHandlerFunc) (err error)
}
```

```
type InvokeHandlerFunc func(handlerName string, methodName string,
    args ...interface{}) interface{}
```

템플릿 내에서 핸들러 메서드를 호출할 때 사용하는 InvokeHandlerFunc 인수를 허용하는
ExecTemplateWithFunc 메서드를 정의하도록 ExecTemplate 메서드를 수정했다. 새로운 기능을
지원하기 위해 리스트 34-10은 핸들러를 실행할 키워드를 포함할 때 템플릿을 파싱할 수 있
는 새로운 플레이스홀더 함수를 정의한다.

리스트 34-10 templates 폴더 내 template_loader.go 파일에서 플레이스홀더 함수 추가

```
package templates

import (
    "html/template"
    "sync"
    "errors"
    "platform/config"
)

var once = sync.Once{}

func LoadTemplates(c config.Configuration) (err error) {
    path, ok := c.GetString("templates:path")
    if !ok {
        return errors.New("Cannot load template config")
    }
    reload := c.GetBoolDefault("templates:reload", false)
    once.Do(func() {
        doLoad := func() (t *template.Template) {
            t = template.New("htmlTemplates")
            t.Funcs(map[string]interface{} {
                "body": func() string { return "" },
                "layout": func() string { return "" },
                "handler": func() interface{} { return "" },
            })
            t, err = t.ParseGlob(path)
            return
        }
        if (reload) {
            getTemplates = doLoad
        } else {
            var templates *template.Template
            templates = doLoad()
            getTemplates = func() *template.Template {
                t, _ := templates.Clone()
                return t
```

```
                }
            }
        })
        return
    }
```

리스트에서 볼 수 있듯이 handler 키워드를 사용해 템플릿 내에서 핸들러 메서드를 호출할 것이다. 리스트 34-11은 템플릿 실행자를 업데이트해 handler 키워드를 지원한다.

리스트 34-11 templates 폴더 내 layout_executor.go 파일에서 템플릿 실행 업데이트

```go
package templates

import (
  "io"
  "strings"
  "html/template"
)

type LayoutTemplateProcessor struct {}

var emptyFunc = func(handlerName, methodName string,
  args ...interface{}) interface{} { return "" }

func (proc *LayoutTemplateProcessor) ExecTemplate(writer io.Writer,
    name string, data interface{}) (err error) {
  return proc.ExecTemplateWithFunc(writer, name, data, emptyFunc)
}

func (proc *LayoutTemplateProcessor) ExecTemplateWithFunc(writer io.Writer,
    name string, data interface{},
    handlerFunc InvokeHandlerFunc) (err error) {

  var sb strings.Builder
  layoutName := ""
  localTemplates := getTemplates()
  localTemplates.Funcs(map[string]interface{} {
    "body": insertBodyWrapper(&sb),
    "layout": setLayoutWrapper(&layoutName),
    "handler": handlerFunc,
  })
  err = localTemplates.ExecuteTemplate(&sb, name, data)
  if (layoutName != "") {
    localTemplates.ExecuteTemplate(writer, layoutName, data)
  } else {
    io.WriteString(writer, sb.String())
  }
```

```
      return
    }

  var getTemplates func() (t *template.Template)

  func insertBodyWrapper(body *strings.Builder) func() template.HTML {
    return func() template.HTML {
      return template.HTML(body.String())
    }
  }

  func setLayoutWrapper(val *string) func(string) string {
    return func(layout string) string {
      *val = layout
      return ""
    }
  }
}
```

리스트 34-12는 새로운 인수로 ExecTemplate 메서드를 호출하도록 템플릿 액션 결과를 업데이트한다.

리스트 34-12 http/actionresults 폴더 내 templateresult.go 파일에서 인수 추가

```
package actionresults

import (
  "platform/templates"
)

func NewTemplateAction(name string, data interface{}) ActionResult {
  return &TemplateActionResult{ templateName:  name, data: data }
}

type TemplateActionResult struct {
  templateName string
  data interface{}
  templates.TemplateExecutor
  templates.InvokeHandlerFunc
}

func (action *TemplateActionResult) Execute(ctx *ActionContext) error {
  return action.TemplateExecutor.ExecTemplateWithFunc(ctx.ResponseWriter,
    action.templateName, action.data, action.InvokeHandlerFunc)
}
```

Execute 메서드는 서비스 기능을 사용해 InvokeHandlerFunc 값을 가져온 다음 템플릿 실행자에게 전달한다.

964

요청 처리 업데이트

해당 기능을 완료하기 위해 InvokeHandlerFunc 타입 서비스를 생성해야 한다. 리스트 34-13의 내용을 담은 handler_func.go 파일을 platform/http 폴더에 추가해보자.

리스트 34-13 http/handling 폴더 내 handler_func.go 파일 소스 코드

```go
package handling

import (
  "context"
  "fmt"
  "html/template"
  "net/http"
  "platform/http/actionresults"
  "platform/services"
  "platform/templates"
  "reflect"
  "strings"
)

func createInvokehandlerFunc(ctx context.Context,
    routes []Route) templates.InvokeHandlerFunc {
  return func(handlerName, methodName string, args ...interface{}) interface{} {
    var err error
    for _, route := range routes {
      if strings.EqualFold(handlerName, route.handlerName) &&
          strings.EqualFold(methodName, route.handlerMethod.Name) {
        paramVals := make([]reflect.Value, len(args))
        for i := 0; i < len(args); i++ {
          paramVals[i] = reflect.ValueOf(args[i])
        }
        structVal := reflect.New(route.handlerMethod.Type.In(0))
        services.PopulateForContext(ctx, structVal.Interface())
        paramVals = append([]reflect.Value { structVal.Elem() },
          paramVals...)
        result := route.handlerMethod.Func.Call(paramVals)
        if action, ok := result[0].Interface().
            (*actionresults.TemplateActionResult); ok {
          invoker := createInvokehandlerFunc(ctx, routes)
          err = services.PopulateForContextWithExtras(ctx,
          action,
          map[reflect.Type]reflect.Value {
            reflect.TypeOf(invoker): reflect.ValueOf(invoker),
          })
          writer := &stringResponseWriter{ Builder: &strings.Builder{} }
          if err == nil {
            err = action.Execute(&actionresults.ActionContext{
              Context: ctx,
              ResponseWriter: writer,
```

```
            })
            if err == nil {
                return (template.HTML)(writer.Builder.String())
            }
        }
    } else {
        return fmt.Sprint(result[0])
    }
    }
    }
    if err == nil {
        err = fmt.Errorf("No route found for %v %v", handlerName, methodName)
    }
    panic(err)
    }
}

type stringResponseWriter struct {
    *strings.Builder
}
func (sw *stringResponseWriter) Write(data []byte) (int, error) {
    return sw.Builder.Write(data)
}
func (sw *stringResponseWriter) WriteHeader(statusCode int) {}
func (sw *stringResponseWriter) Header() http.Header { return http.Header{}}
```

createInvokehandlerFunc는 일련의 경로를 사용해 핸들러 메서드를 찾고 실행하는 함수를 만든다. 핸들러의 출력은 템플릿에 포함할 수 있는 string이다.

리스트 34-14는 핸들러를 호출할 때 사용할 수 있는 함수를 제공하기 위해 액션 결과를 실행하는 코드를 업데이트한다.

리스트 34-14 http/handling 폴더 내 request_dispatch.go 파일에서 결과 실행 업데이트

```
...
func (router *RouterComponent) invokeHandler(route Route, rawParams []string,
    context *pipeline.ComponentContext) error {
    paramVals, err := params.GetParametersFromRequest(context.Request,
        route.handlerMethod, rawParams)
    if (err == nil) {
        structVal := reflect.New(route.handlerMethod.Type.In(0))
        services.PopulateForContext(context.Context(), structVal.Interface())
        paramVals = append([]reflect.Value { structVal.Elem() }, paramVals...)
        result := route.handlerMethod.Func.Call(paramVals)
        if len(result) > 0 {
            if action, ok := result[0].Interface().(actionresults.ActionResult); ok {
                invoker := createInvokehandlerFunc(context.Context(), router.routes)
                err = services.PopulateForContextWithExtras(context.Context(),
                    action,
```

```
        map[reflect.Type]reflect.Value {
          reflect.TypeOf(invoker): reflect.ValueOf(invoker),
        })
      if (err == nil) {
        err = action.Execute(&actionresults.ActionContext{
          context.Context(), context.ResponseWriter  })
      }
    } else {
      io.WriteString(context.ResponseWriter,
        fmt.Sprint(result[0].Interface()))
    }
  }
 }
 }
 return err
}
...
```

핸들러를 호출하는 함수 서비스를 생성할 수 있었지만 액션이 요청을 처리하는 URL 라우터를 사용해 핸들러를 호출하는 함수를 수신하는지 확인하고 싶었다. 34장의 뒷부분에서 볼 수 있듯이 여러 URL 경로를 사용해 다양한 종류의 요청을 처리할 것이고 한 라우터에서 관리하는 핸들러가 다른 라우터에서 관리하는 핸들러의 메서드를 호출하는 것은 원하지 않는다.

애플리케이션 구성

템플릿이 핸들러 메서드를 호출할 수 있도록 하기 위해 일부 변경이 필요하다. 먼저 리스트 34-15의 내용을 담은 day_handler.go 파일을 placeholder 폴더에 추가해 새 요청 핸들러를 생성해보자.

리스트 34-15 placeholder 폴더 내 day_handler.go 파일 소스 코드

```
package placeholder

import (
  "platform/logging"
  "time"
  "fmt"
)

type DayHandler struct {
  logging.Logger
}

func (dh DayHandler) GetDay() string {
  return  fmt.Sprintf("Day: %v", time.Now().Day())
}
```

다음으로 리스트 34-16와 같이 새 요청 핸들러를 등록한다.

리스트 34-16 placeholder 폴더 내 startup.go 파일에서 새 핸들러 등록

```
...
func createPipeline() pipeline.RequestPipeline {
  return pipeline.CreatePipeline(
    &basic.ServicesComponent{},
    &basic.LoggingComponent{},
    &basic.ErrorComponent{},
    &basic.StaticFileComponent{},
    //&SimpleMessageComponent{},
    handling.NewRouter(
      handling.HandlerEntry{ "",  NameHandler{}},
      handling.HandlerEntry{ "",  DayHandler{}},
    ),
  )
}
...
```

마지막으로 리스트 34-17처럼 리스트 34-15에 정의한 GetDay 메서드를 호출하는 표현식을
추가한다.

리스트 34-17 placeholder 폴더 내 simple_message.go 파일에서 표현식 추가

```
{{ layout "layout.html" }}

<h3>
  {{ . }}
</h3>

{{ handler "day" "getday"}}
```

애플리케이션을 컴파일 및 실행하고 http://localhost:5000/names를 요청해보자. simple_
message.html 템플릿을 렌더링해 생성한 결과는 예제를 실행한 날짜를 반영하는 추가 출력
이 있지만 그림 34-2처럼 GetDay 메서드의 결과를 포함하고 있음을 알 수 있다.

그림 34-2 템플릿에서 핸들러 호출

968

경로에서 URL 생성

브라우저를 리스트 34-7의 새 URL로 리디렉션하고 싶을 때 다음과 같이 URL을 지정해야 한다.

```
...
return actionresults.NewRedirectAction("/names")
...
```

위 코드는 라우팅 구성을 변경하면 하드 코딩한 URL을 손상시킬 수 있기 때문에 이상적이지 않다. 보다 강력한 접근 방식은 핸들러 메서드를 지정하고 연관된 라우팅 구성을 기반으로 URL을 생성하기 위한 지원을 추가하는 것이다. 리스트 34-18의 내용을 담은 url_generation.go 파일을 http/handling 폴더에 추가해보자.

리스트 34-18 http/handling 폴더 내 url_generation.go 파일 소스 코드

```go
package handling

import (
  "fmt"
  "net/http"
  "strings"
  "errors"
  "reflect"
)

type URLGenerator interface {

  GenerateUrl(method interface{}, data ...interface{}) (string, error)

  GenerateURLByName(handlerName, methodName string,
    data ...interface{}) (string, error)

  AddRoutes(routes []Route)
}

type routeUrlGenerator struct {
  routes []Route
}

func (gen *routeUrlGenerator) AddRoutes(routes []Route) {
  if gen.routes == nil {
    gen.routes = routes
  } else {
    gen.routes = append(gen.routes, routes...)
  }
}
```

```go
func (gen *routeUrlGenerator) GenerateUrl(method interface{},
    data ...interface{}) (string, error) {
  methodVal := reflect.ValueOf(method)
  if methodVal.Kind() == reflect.Func &&
      methodVal.Type().In(0).Kind() == reflect.Struct {
    for _, route := range gen.routes {
      if route.handlerMethod.Func.Pointer() == methodVal.Pointer() {
        return generateUrl(route, data...)
      }
    }
  }
  return "", errors.New("No matching route")
}


func (gen *routeUrlGenerator) GenerateURLByName(handlerName, methodName string,
    data ...interface{}) (string, error) {
  for _, route := range gen.routes {
    if strings.EqualFold(route.handlerName, handlerName) &&
        strings.EqualFold(route.httpMethod + route.actionName, methodName) {
      return generateUrl(route, data...)
    }
  }
  return "", errors.New("No matching route")
}

func generateUrl(route Route, data ...interface{}) (url string, err error) {
  url = "/" + route.prefix
  if (!strings.HasPrefix(url, "/")) {
    url = "/" + url
  }
  if (!strings.HasSuffix(url, "/")) {
    url += "/"
  }
  url+= strings.ToLower(route.actionName)
  if len(data) > 0 && !strings.EqualFold(route.httpMethod, http.MethodGet) {
    err = errors.New("Only GET handler can have data values")
  } else if strings.EqualFold(route.httpMethod, http.MethodGet) &&
      len(data) != route.handlerMethod.Type.NumIn() -1 {
    err = errors.New("Number of data values doesn't match method params")
  } else {
    for _, val := range data {
      url = fmt.Sprintf("%v/%v", url, val)
    }
  }
  return
}
```

URLGenerator 인터페이스는 GenerateURL 및 GenerateURLByName 메서드를 정의한다. GenerateURL 메서드는 핸들러 함수를 수신하고 이를 사용해 경로를 찾는 반면 GenerateURLByName 메서드는 문자열 값을 사용해 핸들러 함수를 찾는다. routeUrlGenerator 구조체는 경로를 사용해 URL을 생성하는 URLGenerator 메서드를 구현한다.

URL 생성자 서비스 생성

URLGenerator 인터페이스에 대한 서비스를 만들고 싶지만 33장에 정의한 라우팅 기능을 사용하도록 요청 파이프라인을 구성한 경우에만 사용할 수 있기를 원한다. 리스트 34-19는 라우팅 미들웨어 컴포넌트를 인스턴스화할 때 서비스를 설정한다.

리스트 34-19 http/handling 폴더 내 request_dispatch.go 파일에서 서비스 생성

```
...
func NewRouter(handlers ...HandlerEntry) *RouterComponent {
  routes := generateRoutes(handlers...)

  var urlGen URLGenerator
  services.GetService(&urlGen)
  if urlGen == nil {
    services.AddSingleton(func () URLGenerator {
      return &routeUrlGenerator { routes: routes }
    })
  } else {
    urlGen.AddRoutes(routes)
  }
  return &RouterComponent{ routes: routes }
}
...
```

새 서비스는 리스트 34-20과 같이 프로그래밍 방식으로 URL을 생성할 수 있음을 의미한다.

리스트 34-20 placeholder 폴더 내 name_handler.go 파일에서 URL 생성

```
package placeholder

import (
  "fmt"
  "platform/logging"
  "platform/http/actionresults"
  "platform/http/handling"
)

var names = []string{"Alice", "Bob", "Charlie", "Dora"}

type NameHandler struct {
        logging.Logger
```

```
    handling.URLGenerator
  }

  func (n NameHandler) GetName(i int) actionresults.ActionResult {
    n.Logger.Debugf("GetName method invoked with argument: %v", i)
    var response string
    if (i < len(names)) {
      response = fmt.Sprintf("Name #%v: %v", i, names[i])
    } else {
      response =  fmt.Sprintf("Index out of bounds")
    }
    return actionresults.NewTemplateAction("simple_message.html", response)
  }

  func (n NameHandler) GetNames() actionresults.ActionResult {
    n.Logger.Debug("GetNames method invoked")
    return actionresults.NewTemplateAction("simple_message.html", names)
  }

  type NewName struct {
    Name string
    InsertAtStart bool
  }

  func (n NameHandler) PostName(new NewName) actionresults.ActionResult {
    n.Logger.Debugf("PostName method invoked with argument %v", new)
    if (new.InsertAtStart) {
      names = append([] string { new.Name}, names... )
    } else {
      names = append(names, new.Name)
    }
    return n.redirectOrError(NameHandler.GetNames)
  }

  func (n NameHandler) GetRedirect() actionresults.ActionResult {
    return n.redirectOrError(NameHandler.GetNames)
  }

  func (n NameHandler) GetJsonData() actionresults.ActionResult {
    return actionresults.NewJsonAction(names)
  }

  func (n NameHandler) redirectOrError(handler interface{},
      data ...interface{}) actionresults.ActionResult {
    url, err := n.GenerateUrl(handler)
    if (err == nil) {
      return actionresults.NewRedirectAction(url)
    } else {
      return actionresults.NewErrorAction(err)
    }
  }
```

새로운 서비스를 사용하면 URL을 동적으로 생성할 수 있고 정의한 경로를 반영한다. POST 요청을 테스트하는 것은 어색하기 때문에 리스트 34-20은 GET 요청을 수신하고 GetNames 메 서드를 지정해 생성한 URL로 리디렉션을 수행하는 GetRedirect라는 새 핸들러 메서드를 추가 한다.

```
...
return n.redirectOrError(NameHandler.GetNames)
...
```

핸들러 메서드를 선택할 때 괄호를 사용하지 않는다. URL을 생성하기 위해 필요한 메서드(호 출해서 생성한 결과가 아님)이기 때문이다.

프로젝트를 컴파일 및 실행하고 브라우저를 사용해 http://localhost:5000/redirect를 요청해 보자. 브라우저는 그림 34-3과 같이 GetNames 메서드를 대상으로 하는 URL로 자동으로 리디 렉션한다.

그림 34-3 리디렉션 URL 생성

✦ 별칭 경로 정의

URL 생성 지원은 핸들러에서 직접 생성한 경로 외에도 URL을 핸들러 메서드와 일치시키는 경로를 정의하는 프로세스를 단순화한다. 예를 들어 플레이스홀더 경로에서 지원하는 URL은 격차고 있고 기본 URL인 http://localhost:5000/에 대한 요청이 '404 Not Found' 결과를 생 성함을 의미한다. 이 절에서는 핸들러 구조체 및 메서드에서 직접 파생하지 않은 추가 경로를 정의하는 지원을 추가해 이와 같은 격차를 해결할 수 있도록 할 것이다.

리스트 34-21의 내용을 담은 alias_route.go 파일을 platform/http/handling 폴더에 추가 해보자.

```
package handling

import (
  "platform/http/actionresults"
  "platform/services"
  "net/http"
  "reflect"
  "regexp"
  "fmt"
)

func (rc *RouterComponent) AddMethodAlias(srcUrl string,
    method interface{}, data ...interface{}) *RouterComponent {
  var urlgen URLGenerator
  services.GetService(&urlgen)
  url, err := urlgen.GenerateUrl(method, data...)
  if (err == nil) {
    return rc.AddUrlAlias(srcUrl, url)
  } else {
    panic(err)
  }
}

func (rc *RouterComponent) AddUrlAlias(srcUrl string,
    targetUrl string) *RouterComponent {
  aliasFunc := func(interface{}) actionresults.ActionResult {
    return actionresults.NewRedirectAction(targetUrl)
  }
  alias := Route {
    httpMethod: http.MethodGet,
    handlerName: "Alias",
    actionName: "Redirect",
    expression: *regexp.MustCompile(fmt.Sprintf("^%v[/]?$", srcUrl)),
    handlerMethod: reflect.Method{
      Type: reflect.TypeOf(aliasFunc),
      Func: reflect.ValueOf(aliasFunc),
    },
  }
  rc.routes = append([]Route { alias},  rc.routes... )
  return rc
}
```

위 파일은 RouterComponent 구조체의 추가 메서드를 정의한다. AddUrlAlias 메서드는 경로를
생성하지만 리디렉션 작업 결과를 생성하는 함수를 호출하는 reflect.Method를 생성해 경로를
만든다. reflect 패키지가 정의한 타입은 일반 Go 구조체 및 인터페이스일 뿐이라는 사실을

잊기 쉽지만 Method는 구조체일 뿐이므로 Type 및 Func 필드를 설정해 별칭 함수가 경로를 실행하는 코드에 대한 일반 메서드처럼 보이도록 할 수 있다.

AddMethodAlias 메서드를 사용하면 URL 및 핸들러 메서드를 사용해 경로를 만들 수 있다. URLGenerator 서비스는 AddUrlAlias 메서드가 전달하는 핸들러 메서드의 URL을 생성하기 위해 사용한다.

리스트 34-22는 기본 URL에 대한 요청을 리디렉션해 GetNames 핸들러 메서드가 처리하도록 플레이스홀더 경로 집합에 별칭을 추가한다.

리스트 34-22 placeholder 폴더 내 startup.go 파일에서 별칭 경로 정의

```
package placeholder

import (
  "platform/http"
  "platform/pipeline"
  "platform/pipeline/basic"
  "platform/services"
  "sync"
  "platform/http/handling"
)

func createPipeline() pipeline.RequestPipeline {
  return pipeline.CreatePipeline(
    &basic.ServicesComponent{},
    &basic.LoggingComponent{},
    &basic.ErrorComponent{},
    &basic.StaticFileComponent{},
    //&SimpleMessageComponent{},
    handling.NewRouter(
      handling.HandlerEntry{ "",  NameHandler{}},
      handling.HandlerEntry{ "",  DayHandler{}},
    ).AddMethodAlias("/", NameHandler.GetNames),
  )
}

func Start() {
  results, err := services.Call(http.Serve, createPipeline())
  if (err == nil) {
    (results[0].(*sync.WaitGroup)).Wait()
  } else {
    panic(err)
  }
}
```

프로젝트를 컴파일 및 실행하고 브라우저를 사용해 http://localhost:5000을 요청해보자.

404 응답 대신 그림 34-4와 같이 브라우저로 리디렉션한다.

그림 34-4 별칭 경로 효과

⊹ 요청 데이터 유효성 검사

애플리케이션이 사용자의 데이터를 수락하기 시작하면 유효성 검사가 필요하다. 사용자는 폼 필드form field에 무엇이든 입력할 것이다. 때로는 지침이 명확하지 않기 때문이기도 하지만 가능한 한 빨리 끝내기 위해 프로세스를 진행하고 있기 때문이기도 하다. 유효성 검사를 서비스로 정의하면 개별 핸들러가 구현해야 하는 코드의 양을 최소화할 수 있다.

서비스는 핸들러에 필요한 유효성 검사 요구 사항을 알 수 없기 때문에 핸들러가 처리하는 데이터 타입의 일부로 설명할 방법이 필요하다. 가장 간단한 접근 방식은 일부 기본 유효성 검사 요구 사항을 표현할 수 있는 struct 태그를 사용하는 것이다.

platform/validation 폴더를 생성하고 리스트 34-23의 내용을 담은 validator.go 파일을 추가해보자.

리스트 34-23 validation 폴더 내 validator.go 파일에서 별칭 경로 정의

```go
package validation

type Validator interface {
    Validate(data interface{}) (ok bool, errs []ValidationError)
}

type ValidationError struct {
    FieldName string
    Error error
}

type ValidatorFunc func(fieldName string, value interface{},
    arg string) (bool, error)

func DefaultValidators() map[string]ValidatorFunc {
```

```
    return map[string]ValidatorFunc {
      "required": required,
      "min": min,
    }
  }
```

Validator 인터페이스는 ValidatorFunc 함수가 수행하는 개별 유효성 검사와 함께 유효성 검사를 서비스로 제공하기 위해 사용한다. string 값에 대한 값을 제공하고 int 및 float64 값에 대한 최솟값과 string 값에 대한 최소 길이를 적용하는 2개의 유효성 검사기인 required 및 min을 정의할 것이다. 필요에 따라 추가 유효성 검사기를 정의할 수 있지만 해당 프로젝트는 2개로 충분하다. 유효성 검사기 함수를 정의하기 위해 리스트 34-24의 내용을 담은 validator_functions.go 파일 값을 platform/validation 폴더에 추가해보자.

리스트 34-24 validation 폴더 내 validator_functions.go 파일 소스 코드

```
package validation

import (
  "errors"
  "fmt"
  "strconv"
)

func required(fieldName string, value interface{},
    arg string) (valid bool, err error) {
  if str, ok := value.(string); ok {
    valid = str != ""
    err = fmt.Errorf("A value is required")
  } else {
    err = errors.New("The required validator is for strings")
  }
  return
}

func min(fieldName string, value interface{}, arg string) (valid bool, err error) {
  minVal, err := strconv.Atoi(arg)
  if err != nil {
    panic("Invalid arguments for validator: " + arg)
  }
  err = fmt.Errorf("The minimum value is %v", minVal)
  if iVal, iValOk := value.(int); iValOk {
    valid = iVal >= minVal
  } else if fVal, fValOk := value.(float64); fValOk {
    valid = fVal >= float64(minVal)
  } else if strVal, strValOk := value.(string); strValOk {
    err = fmt.Errorf("The minimum length is %v characters", minVal)
    valid = len(strVal) >= minVal
```

```
  } else {
    err = errors.New("The min validator is for int, float64, and str values")
  }
  return
}
```

유효성 검사를 수행하기 위해 각 함수는 유효성 검사 중인 구조체 필드의 이름, 요청에서 얻은 값, 유효성 검사 프로세스를 구성하는 선택적 인수를 받는다. 서비스를 설정하는 구현 및 함수를 생성하려면 리스트 34-25의 내용을 담은 tag_validator.go 파일을 platform/validation 폴더에 추가해보자.

리스트 34-25 validation 폴더 내 tag_validator.go 파일 소스 코드

```
package validation

import (
  "reflect"
  "strings"
)

func NewDefaultValidator(validators map[string]ValidatorFunc) Validator {
  return &TagValidator{ DefaultValidators() }
}

type TagValidator struct {
  validators map[string]ValidatorFunc
}

func (tv *TagValidator) Validate(data interface{}) (ok bool,
    errs []ValidationError) {
  errs = []ValidationError{}
  dataVal := reflect.ValueOf(data)
  if (dataVal.Kind() == reflect.Ptr) {
    dataVal = dataVal.Elem()
  }
  if (dataVal.Kind() != reflect.Struct) {
    panic("Only structs can be validated")
  }
  for i := 0; i < dataVal.NumField(); i++ {
    fieldType := dataVal.Type().Field(i)
    validationTag, found := fieldType.Tag.Lookup("validation")
    if found {
      for _, v := range strings.Split(validationTag, ",") {
        var name, arg string = "", ""
        if strings.Contains(v, ":") {
          nameAndArgs := strings.SplitN(v, ":", 2)
          name = nameAndArgs[0]
```

```
          arg = nameAndArgs[1]
        } else {
          name = v
        }
        if validator, ok := tv.validators[name]; ok {
          valid, err := validator(fieldType.Name,
            dataVal.Field(i).Interface(), arg )
          if (!valid) {
            errs = append(errs, ValidationError{
              FieldName: fieldType.Name,
              Error: err,
            })
          }
        } else {
          panic("Unknown validator: " + name)
        }
      }
    }
  }
  ok = len(errs) == 0
  return
}
```

TagValidator 구조체는 validation 구조체 태그를 찾고 파싱한 다음 구조체의 각 필드에 필요한 유효성 검사(있는 경우)를 확인해 Validator 인터페이스를 구현한다. 지정한 각 유효성 검사기를 사용하고 Validate 메서드의 결과로 에러를 수집해 반환한다. NewDefaultValidation 함수는 구조체를 인스턴스화하고 리스트 34-26처럼 유효성 검사 서비스를 만들 때 사용한다.

리스트 34-26 services 폴더 내 service_default.go 파일에서 Validation 서비스 등록

```
package services

import (
  "platform/logging"
  "platform/config"
  "platform/templates"
  "platform/validation"
)

func RegisterDefaultServices() {

  // ...간결함을 위해 코드 생략...

  err = AddSingleton(
    func() validation.Validator {
      return validation.NewDefaultValidator(validation.DefaultValidators())
    })
```

```
  if (err != nil) {
    panic(err)
  }
}
```

DefaultValidators 함수가 반환한 유효성 검사기를 사용해 새 서비스를 싱글톤으로 등록했다.

데이터 유효성 검사 수행

데이터 유효성 검사가 동작하는지 확인하려면 약간의 준비가 필요하다. 먼저 리스트 34-27은 새로운 핸들러 메서드를 생성하고 validation 구조체 태그를 플레이스홀더 요청 핸들러에 적용한다.

리스트 34-27 placeholder 폴더 내 name_handler.go 파일에서 유효성 검사 준비

```
package placeholder

import (
  "fmt"
  "platform/logging"
  "platform/http/actionresults"
  "platform/http/handling"
  "platform/validation"
)

var names = []string{"Alice", "Bob", "Charlie", "Dora"}

type NameHandler struct {
        logging.Logger
  handling.URLGenerator
  validation.Validator
}

func (n NameHandler) GetName(i int) actionresults.ActionResult {
  n.Logger.Debugf("GetName method invoked with argument: %v", i)
  var response string
  if (i < len(names)) {
    response = fmt.Sprintf("Name #%v: %v", i, names[i])
  } else {
    response =  fmt.Sprintf("Index out of bounds")
  }
  return actionresults.NewTemplateAction("simple_message.html", response)
}

func (n NameHandler) GetNames() actionresults.ActionResult {
  n.Logger.Debug("GetNames method invoked")
  return actionresults.NewTemplateAction("simple_message.html", names)
```

```
}

type NewName struct {
  Name string `validation:"required,min:3"`
  InsertAtStart bool
}

func (n NameHandler) GetForm() actionresults.ActionResult {
  postUrl, _ := n.URLGenerator.GenerateUrl(NameHandler.PostName)
  return actionresults.NewTemplateAction("name_form.html", postUrl)
}

func (n NameHandler) PostName(new NewName) actionresults.ActionResult {
  n.Logger.Debugf("PostName method invoked with argument %v", new)
  if ok, errs := n.Validator.Validate(&new); !ok {
    return actionresults.NewTemplateAction("validation_errors.html", errs)
  }
  if (new.InsertAtStart) {
    names = append([] string { new.Name}, names... )
  } else {
    names = append(names, new.Name)
  }
  return n.redirectOrError(NameHandler.GetNames)
}

func (n NameHandler) GetRedirect() actionresults.ActionResult {
  return n.redirectOrError(NameHandler.GetNames)
}

func (n NameHandler) GetJsonData() actionresults.ActionResult {
  return actionresults.NewJsonAction(names)
}

func (n NameHandler) redirectOrError(handler interface{},
    data ...interface{}) actionresults.ActionResult {
  url, err := n.GenerateUrl(handler)
  if (err == nil) {
    return actionresults.NewRedirectAction(url)
  } else {
    return actionresults.NewErrorAction(err)
  }
}
```

validation 태그를 Name 필드에 추가하고 required 및 min 유효성 검사기를 적용시켰기 때문에 최소 3자의 값이 필요하다. 유효성 검사를 더 쉽게 테스트할 수 있도록 name_form.html 템플릿을 렌더링하는 GetForm 핸들러 메서드를 추가했다. PostName 메서드에서 데이터를 받으면 서비스를 사용해 유효성을 검사한다. validation_errors.html 템플릿은 유효성 검사 에러가 있는 경우 응답을 생성하기 위해 사용한다.

리스트 34-28의 내용을 담은 name_form.html 파일을 placeholder 폴더에 추가해보자.

리스트 34-28 placeholder 폴더 내 name_form.html 파일 소스 코드

```
{{ layout "layout.html" }}

<form method="POST" action="{{ . }}">
  <div style="padding: 5px;">
    <label>Name:</label>
    <input name="name" />
  </div>
  <div style="padding: 5px;">
    <label>Insert At Front:</label>
    <input name="insertatstart" type="checkbox" value="true" />
  </div>
  <div style="padding: 5px;">
    <button type="submit">Submit</button>
  </div>
</form>
```

위 템플릿은 핸들러 메서드에서 받은 URL로 데이터를 보내는 간단한 HTML 폼을 생성한다. 리스트 34-29의 내용을 담은 validation_errors.html 파일을 placeholder 폴더에 추가해보자.

리스트 34-29 placeholder 폴더 내 validation_errors.html 파일 소스 코드

```
{{ layout "layout.html" }}

<h3>Validation Errors</h3>

<ul>
  {{ range . }}
    <li>{{.FieldName}}: {{ .Error }}</li>
  {{ end }}
</ul>
```

핸들러 메서드에서 받은 유효성 검사 에러 슬라이스를 리스트에 표시했다. 프로젝트를 컴파일 및 실행하고 브라우저를 사용해 http://localhost:5000/form을 요청해보자. Name 필드에 값을 입력하지 않고 Submit 버튼을 클릭하면 그림 34-5와 같이 required 및 min 유효성 검사기 모두에서 에러를 표시한다.

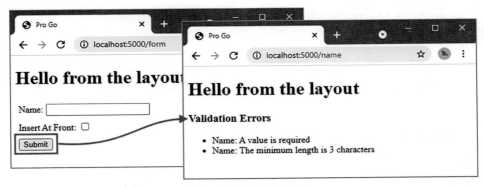

그림 34-5 유효성 검사 에러 표시

3자 미만의 이름을 입력하면 min 유효성 검사기에서만 경고를 표시한다. 3자 이상의 이름을 입력하면 그림 34-6과 같이 이름 리스트에 추가한다.

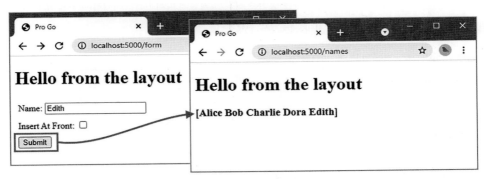

그림 34-6 데이터 유효성 검사 통과

·ᆖ· 세션 추가

세션^{session}은 쿠키를 사용해 관련 HTTP 요청을 식별하기 때문에 한 사용자 액션의 결과를 후속 액션에 반영할 수 있다. Go와 표준 라이브러리를 배우기 위해 자체 플랫폼을 작성하는 것이 좋지만 잘 설계하고 철저하게 테스트한 코드가 필수적인 보안 관련 기능으로 확장시키지 않도록 한다. 쿠키와 세션은 보안과 관련이 없어 보일 수 있지만 자격 증명을 검증한 후 많은 애플리케이션에서 사용자를 식별하는 기반을 형성한다. 부주의하게 작성한 세션 기능을 통해 사용자는 액세스 제어를 우회하거나 다른 사용자의 데이터에 액세스할 수 있다.

32장에서는 Gorilla 웹 툴킷을 자신만의 프레임워크 작성을 하기 위한 대안으로 시작하기 좋은 곳으로 추천했다. Gorilla 툴킷에서 제공하는 패키지 중 하나는 sessions라는 이름으로 세션을 안전하게 생성하고 관리하기 위한 지원을 제공한다. 34장에서 세션 지원을 추가하기 위해 사용할 패키지가 바로 sessions 패키지다. platform 폴더에서 리스트 34-30의 명령어를 실행해 sessions 패키지를 다운로드하고 설치해보자.

리스트 34-30 패키지 설치

```
go get github.com/gorilla/sessions
```

응답 데이터 쓰기 지연

세션에 쿠키를 사용하면 요청을 처리하기 위해 취한 파이프라인 접근 방식에 문제가 있다. 핸들러 메서드를 실행하기 전에 세션을 획득하고 실행 중에 수정한 다음 핸들러 메서드를 완료하면 세션 쿠키를 업데이트한다. 따라서 핸들러가 ResponseWriter에 데이터를 쓴 후 헤더의 쿠키를 업데이트할 수 없는 문제가 발생한다. 리스트 34-31의 내용을 담은 deferredwriter.go 코드 파일을 pipeline 폴더에 추가해보자(위 라이터는 템플릿 내에서 핸들러를 호출하기 위해 만든 것과 유사하다. 가로채는 데이터를 사용하는 방식은 시간이 지남에 따라 바뀔 수 있기 때문에 요청 및 응답 데이터를 가로챌 때 별도의 타입을 정의하는 것을 선호한다).

리스트 34-31 pipeline 폴더 내 deferredwriter.go 파일 소스 코드

```
package pipeline

import (
  "net/http"
  "strings"
)

type DeferredResponseWriter struct {
  http.ResponseWriter
  strings.Builder
  statusCode int
}

func (dw *DeferredResponseWriter) Write(data []byte) (int, error) {
  return dw.Builder.Write(data)
}

func (dw *DeferredResponseWriter) FlushData()  {
  if (dw.statusCode == 0) {
    dw.statusCode = http.StatusOK
  }
  dw.ResponseWriter.WriteHeader(dw.statusCode)
  dw.ResponseWriter.Write([]byte(dw.Builder.String()))
}

func (dw *DeferredResponseWriter) WriteHeader(statusCode int) {
  dw.statusCode = statusCode
}
```

DeferredResponseWriter는 FlushData 메서드를 호출할 때까지 응답을 쓰지 않는 ResponseWriter 주변의 래퍼로, 데이터를 메모리에 보관하는 시간까지다. 리스트 34-32는 미들웨어 컴포넌트에 전달하는 콘텍스트를 생성할 때 DeferredResponseWriter를 사용한다.

리스트 34-32 pipeline 폴더 내 pipeline.go 파일에서 수정한 Writer 사용

```
...
func (pl RequestPipeline) ProcessRequest(req *http.Request,
    resp http.ResponseWriter) error {
  deferredWriter := &DeferredResponseWriter{ ResponseWriter:  resp }
  ctx := ComponentContext {
    Request: req,
    ResponseWriter: deferredWriter,
  }
  pl(&ctx)
  if (ctx.error == nil) {
    deferredWriter.FlushData()
  }
  return ctx.error
}
...
```

위 변경을 통해 요청이 파이프라인을 따라 반환 여행을 할 때 응답 헤더를 설정할 수 있다.

세션 인터페이스, 서비스, 미들웨어 생성

서비스로 세션에 대한 액세스를 제공한다. 플랫폼의 다른 부분이 Gorilla 툴킷 패키지에 직접 의존하지 않도록 인터페이스를 사용해 필요한 경우 다른 세션 패키지를 쉽게 사용할 수 있도록 할 것이다.

platform/sessions 폴더를 생성하고 리스트 34-33의 내용을 담은 session.go 파일을 추가해보자.

리스트 34-33 sessions 폴더 내 sessions.go 파일 소스 코드

```
package sessions

import (
  "context"
  "platform/services"
  gorilla "github.com/gorilla/sessions"
)

const SESSION__CONTEXT_KEY string = "pro_go_session"

func RegisterSessionService() {
```

```go
    err := services.AddScoped(func(c context.Context) Session {
      val := c.Value(SESSION__CONTEXT_KEY)
      if s, ok := val.(*gorilla.Session); ok {
        return &SessionAdaptor{ gSession: s}
      } else {
        panic("Cannot get session from context ")
      }
    })
    if (err != nil) {
      panic(err)
    }
}

type Session interface {
  GetValue(key string) interface{}
  GetValueDefault(key string, defVal interface{}) interface{}
  SetValue(key string, val interface{})
}

type SessionAdaptor struct {
  gSession *gorilla.Session
}

func (adaptor *SessionAdaptor) GetValue(key string) interface{} {
  return adaptor.gSession.Values[key]
}

func (adaptor *SessionAdaptor) GetValueDefault(key string,
    defVal interface{}) interface{} {
  if val, ok := adaptor.gSession.Values[key]; ok {
    return val
  }
  return defVal
}

func (adaptor *SessionAdaptor) SetValue(key string, val interface{}) {
  if val == nil {
    adaptor.gSession.Values[key] = nil
  } else {
    switch typedVal := val.(type) {
      case int, float64, bool, string:
        adaptor.gSession.Values[key] = typedVal
      default:
        panic("Sessions only support int, float64, bool, and string values")
    }
  }
}
```

이름 충돌을 피하기 위해 gorilla라는 이름을 사용해 Gorilla 툴킷 패키지를 import했다. Session 인터페이스는 세션 값을 가져오고 설정하는 방법을 정의한다. SessionAdaptor 구조체의 Gorilla 기능으로 Session 인터페이스를 구현 및 매핑한다. RegisterSessionService 함수는 현재 Context의 Gorilla 패키지에서 세션을 가져와 SessionAdaptor에 래핑하는 싱글톤 서비스를 등록한다.

세션과 관련된 모든 데이터는 쿠키에 저장한다. 구조체 및 슬라이스 문제를 방지하기 위해 SetValue 메서드는 세션에서 값을 제거하기 위한 nil 지원과 함께 int, float64, bool, string 값만 허용한다.

미들웨어 컴포넌트는 요청을 파이프라인을 따라 전달할 때 세션을 생성하고 반환 여정을 만들 때 세션을 저장하는 역할을 한다. 리스트 34-34의 내용을 담은 session_middleware.go 파일을 platform/sessions 폴더에 추가해보자.

> **▪ 노트 ▪**
>
> 여기서는 세션을 저장하는 가장 간단한 옵션을 사용하고 있다. 즉 세션 데이터를 브라우저로 전송하는 응답 쿠키에 저장한다. 이는 세션에 안전하게 저장할 수 있는 데이터 타입의 범위를 제한하고 소량의 데이터를 저장하는 세션에만 적합하다. 데이터베이스에 데이터를 저장하는 가용성 있는 추가 세션 저장소는 이러한 문제를 해결할 수 있다. 가용성 있는 스토리지 패키지 목록은 다음 링크(https://github.com/gorilla/sessions)를 참조할 수 있다.

리스트 34-34 sessions 폴더 내 session_middleware.go 파일 소스 코드

```
package sessions

import (
  "context"
  "time"
  "platform/config"
  "platform/pipeline"
  gorilla "github.com/gorilla/sessions"
)

type SessionComponent struct {
  store *gorilla.CookieStore
  config.Configuration
}

func (sc *SessionComponent) Init() {
  cookiekey, found := sc.Configuration.GetString("sessions:key")
  if !found {
    panic("Session key not found in configuration")
  }
  if sc.GetBoolDefault("sessions:cyclekey", true) {
```

```
        cookiekey += time.Now().String()
    }
    sc.store = gorilla.NewCookieStore([]byte(cookiekey))
}

func (sc *SessionComponent) ProcessRequest(ctx *pipeline.ComponentContext,
        next func(*pipeline.ComponentContext)) {
    session, _ := sc.store.Get(ctx.Request, SESSION_CONTEXT_KEY)
    c := context.WithValue(ctx.Request.Context(), SESSION_CONTEXT_KEY, session)
    ctx.Request = ctx.Request.WithContext(c)
    next(ctx)
    session.Save(ctx.Request, ctx.ResponseWriter)
}
```

Init 메서드는 Gorilla 패키지가 세션 저장을 지원하는 방법 중 하나인 쿠키 저장소를 만든다.
ProcessRequest 메서드는 next 매개변수 함수를 사용해 파이프라인을 따라 요청을 전달하기
전에 저장소에서 세션을 가져온다. 요청이 파이프라인을 따라 돌아가면 세션을 저장소에 저장
한다.

session:cyclekey 구성 설정이 true면 세션 쿠키에 사용하는 이름에 미들웨어 컴포넌트를 초
기화하는 시간을 포함한다. 애플리케이션을 시작할 때마다 세션을 재설정하는 것이기 때문에
개발 중에 유용하다.

세션 사용 핸들러 생성

세션 기능이 동작하는지 간단히 확인하려면 리스트 34-35의 내용을 담은 counter_handler.
go 파일을 placeholder 폴더에 추가해보자.

리스트 34-35 placeholder 폴더 내 counter_handler.go 파일 소스 코드

```
package placeholder

import (
    "fmt"
    "platform/sessions"
)

type CounterHandler struct {
    sessions.Session
}

func (c CounterHandler) GetCounter() string {
    counter := c.Session.GetValueDefault("counter", 0).(int)
    c.Session.SetValue("counter", counter + 1)
    return fmt.Sprintf("Counter: %v", counter)
}
```

핸들러는 요청을 처리하기 위해 구조체를 인스턴스화할 때 채우는 구조체 필드를 정의하고 세션에 대한 의존성을 선언한다. GetCounter 메서드는 세션에서 counter 값을 가져와 값을 증가시키고 값을 응답으로 사용하기 전에 세션을 업데이트한다.

애플리케이션 구성

세션 서비스와 요청 파이프라인을 설정하기 위해 리스트 34-36에 나타낸 변경 사항을 placeholder 폴더 내 startup.go 파일에 적용해보자.

리스트 34-36 placeholder 폴더 내 startup.go 파일에서 세션 구성

```go
package placeholder

import (
  "platform/http"
  "platform/pipeline"
  "platform/pipeline/basic"
  "platform/services"
  "sync"
  "platform/http/handling"
  "platform/sessions"
)

func createPipeline() pipeline.RequestPipeline {
  return pipeline.CreatePipeline(
    &basic.ServicesComponent{},
    &basic.LoggingComponent{},
    &basic.ErrorComponent{},
    &basic.StaticFileComponent{},
    &sessions.SessionComponent{},
    //&SimpleMessageComponent{},
    handling.NewRouter(
      handling.HandlerEntry{ "", NameHandler{}},
      handling.HandlerEntry{ "", DayHandler{}},
      handling.HandlerEntry{ "", CounterHandler{}},
    ).AddMethodAlias("/", NameHandler.GetNames),
  )
}

func Start() {
  sessions.RegisterSessionService()
  results, err := services.Call(http.Serve, createPipeline())
  if (err == nil) {
    (results[0].(*sync.WaitGroup)).Wait()
  } else {
    panic(err)
  }
}
```

마지막으로 리스트 34-37에 나타낸 구성 설정을 config.json 파일에 추가한다. Gorilla 세션 패키지는 키를 사용해 세션 데이터를 보호한다. 실수로 공개 소스 코드 리포지터리에 체크인하지 않도록 프로젝트 폴더 외부에 저장하는 것이 이상적이지만 편의를 위해 구성 파일에 포함했다.

리스트 34-37 platform 폴더 내 config.json 파일에서 세션 키 정의

```
{
  "logging" : {
    "level": "debug"
  },
  "main" : {
    "message" : "Hello from the config file"
  },
  "files": {
    "path": "placeholder/files"
  },
  "templates": {
    "path": "placeholder/*.html",
    "reload": true
  },
  "sessions": {
    "key": "MY_SESSION_KEY",
    "cyclekey": true
  }
}
```

프로젝트를 컴파일 및 실행하고 브라우저를 사용해 http://localhost:5000/counter를 요청해보자. 브라우저를 다시 로드할 때마다 그림 34-7과 같이 세션에 저장한 값이 증가한다.

그림 34-7 세션 사용

✥ 사용자 인가 추가

플랫폼에 필요한 마지막 기능은 URL에 대한 액세스를 특정 사용자로 제한하는 기능과 인가 authorization 지원이다. 이 절에서 사용자를 설명하는 인터페이스를 정의하고 해당 인터페이스를 사용해 액세스를 제어하기 위한 지원을 추가한다.

990

인가를 인증 및 사용자 관리와 혼동하지 않는 것이 중요하다. 인가는 이 절의 주제인 액세스 제어를 시행하는 프로세스다.

인가를 위해 사용자를 식별할 수 있도록 사용자의 자격 증명을 수신하고 유효성을 검사하는 프로세스가 인증이다. 사용자 관리는 암호 및 기타 자격 증명을 포함한 사용자 세부 정보를 관리하는 프로세스다.

여기서는 인증을 위한 플레이스홀더만 만들고 사용자 관리는 전혀 다루지 않는다. 실제 프로젝트에서 인증 및 사용자 관리는 잘 테스트된 서비스를 통해 제공돼야 하고, 그중에는 이용 가능한 서비스가 많다. 이러한 서비스는 HTTP API를 제공하기 때문에 25장에서 HTTP 요청을 만드는 기능을 설명한 Go 표준 라이브러리를 사용해 쉽게 사용할 수 있다.

기본 인가 타입 정의

platform/authorization/identity 폴더를 생성하고 리스트 34-38의 내용을 담은 user.go 파일을 추가해보자.

리스트 34-38 authorization/identity 폴더 내 user.go 파일 소스 코드

```
package identity

type User interface {

    GetID() int

    GetDisplayName() string

    InRole(name string) bool

    IsAuthenticated() bool
}
```

User 인터페이스는 제한된 리소스에 대한 요청을 평가할 수 있도록 인증된 사용자를 나타낸다. 간단한 인가 요구 사항이 있는 애플리케이션에 유용한 User 인터페이스의 기본 구현을 생성하기 위해 리스트 34-39의 내용을 담은 basic_user.go 파일을 authorization/identity 폴더에 추가해보자.

리스트 34-39 authorization/identity 폴더 내 basic_user.go 파일 소스 코드

```
package identity

import "strings"

var UnauthenticatedUser User = &basicUser{}
```

```
func NewBasicUser(id int, name string, roles ...string) User {
  return &basicUser {
    Id: id,
    Name: name,
    Roles: roles,
    Authenticated: true,
  }
}

type basicUser struct {
  Id int
  Name string
  Roles []string
  Authenticated bool
}

func (user *basicUser) GetID() int {
  return user.Id
}

func (user *basicUser) GetDisplayName() string {
  return user.Name
}

func (user *basicUser) InRole(role string) bool {
  for _, r := range user.Roles {
    if strings.EqualFold(r, role) {
      return true
    }
  }
  return false
}

func (user *basicUser) IsAuthenticated() bool {
  return user.Authenticated
}
```

NewBasicUser 함수는 User 인터페이스의 간단한 구현을 만들고 UnauthenticatedUser 변수는 애플리케이션에 로그인하지 않은 사용자를 나타내기 위해 사용한다.

리스트 34-40의 내용을 담은 signin_mgr.go 파일을 platform/authorization/identity 폴더에 추가해보자.

리스트 34-40 authorization/identity 폴더 내 signin_mgr.go 파일 소스 코드

```
package identity

type SignInManager interface {
```

```
    SignIn(user User) error
    SignOut(user User) error
}
```

`SignInManager` 인터페이스는 애플리케이션이 사용자를 로그인 및 로그아웃시킬 때 사용할 서비스를 정의하기 위해 사용한다. 사용자 인증 방법의 세부 정보는 애플리케이션에 남아 있다.

리스트 34-41의 내용을 담은 user_store.go 파일을 platform/authorization/identity 폴더에 추가해보자.

리스트 34-41 authorization/identity 폴더 내 user_store.go 파일 소스 코드

```
package identity

type UserStore interface {

    GetUserByID(id int) (user User, found bool)

    GetUserByName(name string) (user User, found bool)
}
```

사용자 저장소는 ID 또는 이름으로 찾을 수 있는 애플리케이션에 알려진 사용자에 대한 액세스를 제공한다.

다음으로 액세스 제어 요구 사항을 설명할 때 사용할 인터페이스가 필요하다. 리스트 34-42의 내용을 담은 auth_condition.go 파일을 platform/authorization/identity 폴더에 추가해보자.

리스트 34-42 authorization/identity 폴더 내 auth_condition.go 파일 소스 코드

```
package identity

type AuthorizationCondition interface {

    Validate(user User) bool
}
```

`AuthorizationCondition` 인터페이스는 로그인한 사용자가 보호된 URL에 액세스할 수 있는지 여부를 평가하기 위해 사용하고 요청 처리 프로세스의 일부로 사용한다.

플랫폼 인터페이스 구현

다음 단계는 플랫폼이 인가를 위해 제공할 인터페이스를 구현하는 것이다. 리스트 34-43의 내용을 담은 sessionsignin.go 파일을 platform/authorization 폴더로 추가해보자.

```go
package authorization

import (
  "platform/authorization/identity"
  "platform/services"
  "platform/sessions"
  "context"
)

const USER_SESSION_KEY string = "USER"

func RegisterDefaultSignInService() {
  err := services.AddScoped(func(c context.Context) identity.SignInManager {
    return &SessionSignInMgr{ Context : c}
  })
  if (err != nil) {
    panic(err)
  }
}

type SessionSignInMgr struct {
  context.Context
}

func (mgr *SessionSignInMgr) SignIn(user identity.User) (err error) {
  session, err := mgr.getSession()
  if err == nil {
    session.SetValue(USER_SESSION_KEY, user.GetID())
  }
  return
}

func (mgr *SessionSignInMgr) SignOut(user identity.User) (err error) {
  session, err := mgr.getSession()
  if err == nil {
    session.SetValue(USER_SESSION_KEY, nil)
  }
  return
}

func (mgr *SessionSignInMgr) getSession() (s sessions.Session, err error) {
  err = services.GetServiceForContext(mgr.Context, &s)
  return
}
```

SessionSignInMgr 구조체는 로그인한 사용자의 ID를 세션에 저장하고 사용자가 로그아웃하면 제거해 SignInManager 인터페이스를 구현한다. 세션에 의존하면 사용자가 로그아웃하거나 세션이 만료할 때까지 로그인 상태를 유지한다. RegisterDefaultSignInService 함수는 SignInManager 인터페이스에 대한 범위를 지정한 서비스를 만들고 SessionSignInMgr 구조체를 사용해 확인할 수 있다.

로그인한 사용자를 표시하는 서비스를 제공하려면 리스트 34-44의 내용을 담은 user_service.go 파일을 platform/authorization 폴더에 추가해보자.

리스트 34-44 authorization 폴더 내 user_service.go 파일 소스 코드

```go
package authorization

import (
  "platform/services"
  "platform/sessions"
  "platform/authorization/identity"
)

func RegisterDefaultUserService() {
  err := services.AddScoped(func(session sessions.Session,
      store identity.UserStore) identity.User {
    userID, found := session.GetValue(USER_SESSION_KEY).(int)
    if found {
      user, userFound := store.GetUserByID(userID)
      if (userFound) {
        return user
      }
    }
    return identity.UnauthenticatedUser
  })
  if (err != nil) {
    panic(err)
  }
}
```

RegisterDefaultUserService 함수는 User 인터페이스에 대한 범위 지정 서비스를 만든다. 이러한 서비스는 현재 세션에 저장된 값을 읽고 이를 사용한다.

사용자가 역할 내에 있는지 확인하는 간단한 액세스 조건을 만들기 위해 리스트 34-45의 내용을 담은 role_condition.go 파일을 platform/authorization 폴더에 추가해보자.

리스트 34-45 authorization 폴더 내 role_condition.go 파일 소스 코드

```go
package authorization

import ("platform/authorization/identity")

func NewRoleCondition(roles ...string) identity.AuthorizationCondition {
```

```
    return &roleCondition{ allowedRoles: roles}
}

type roleCondition struct {
  allowedRoles []string
}

func (c *roleCondition) Validate(user identity.User) bool {
  for _, allowedRole := range c.allowedRoles {
    if user.InRole(allowedRole) {
      return true
    }
  }
  return false
}
```

NewRoleCondition 함수는 사용자를 역할 중 하나에 할당한 경우 true를 반환하는 조건을 만들기 위해 사용하는 역할 집합을 허용한다.

액세스 제어 구현

다음 단계는 액세스 제한을 정의하고 이를 요청에 적용하기 위한 지원을 추가하는 것이다. 리스트 34-46의 내용을 담은 auth_middleware.go 파일을 platform/authorization 폴더에 추가해보자.

리스트 34-46 authorization 폴더 내 auth_middleware.go 파일 소스 코드

```
package authorization

import (
  "net/http"
  "platform/authorization/identity"
  "platform/config"
  "platform/http/handling"
  "platform/pipeline"
  "strings"
  "regexp"
)

func NewAuthComponent(prefix string, condition identity.AuthorizationCondition,
    requestHandlers ...interface{}) *AuthMiddlewareComponent {

  entries := []handling.HandlerEntry {}
  for _, handler := range requestHandlers {
    entries = append(entries, handling.HandlerEntry{prefix, handler})
  }
  router := handling.NewRouter(entries...)
```

996

```go
    return &AuthMiddlewareComponent{
        prefix: "/" + prefix ,
        condition:  condition,
        RequestPipeline: pipeline.CreatePipeline(router),
        fallbacks: map[*regexp.Regexp]string {},
    }
}

type AuthMiddlewareComponent struct {
    prefix string
    condition identity.AuthorizationCondition
    pipeline.RequestPipeline
    config.Configuration
    authFailURL string
    fallbacks map[*regexp.Regexp]string
}

func (c *AuthMiddlewareComponent) Init() {
    c.authFailURL, _ = c.Configuration.GetString("authorization:failUrl")
}

func (*AuthMiddlewareComponent) ImplementsProcessRequestWithServices() {}

func (c *AuthMiddlewareComponent) ProcessRequestWithServices(
    context *pipeline.ComponentContext,
    next func(*pipeline.ComponentContext),
    user identity.User) {

    if strings.HasPrefix(context.Request.URL.Path, c.prefix) {
        for expr, target := range c.fallbacks {
            if expr.MatchString(context.Request.URL.Path) {
                http.Redirect(context.ResponseWriter, context.Request,
                    target, http.StatusSeeOther)
                    return
            }
        }
        if c.condition.Validate(user) {
            c.RequestPipeline.ProcessRequest(context.Request, context.ResponseWriter)
        } else {
            if c.authFailURL != "" {
                http.Redirect(context.ResponseWriter, context.Request,
                    c.authFailURL, http.StatusSeeOther)
                } else if user.IsAuthenticated() {
                    context.ResponseWriter.WriteHeader(http.StatusForbidden)
                } else {
                    context.ResponseWriter.WriteHeader(http.StatusUnauthorized)
                }
        }
```

```
    } else {
      next(context)
    }
  }

  func (c *AuthMiddlewareComponent) AddFallback(target string,
    patterns ...string) *AuthMiddlewareComponent {
    for _, p := range patterns {
      c.fallbacks[regexp.MustCompile(p)] = target
    }
    return c
  }
```

AuthMiddlewareComponent 구조체는 인가 조건을 충족할 때만 핸들러가 요청을 수신하는 URL 라우터와 함께 요청 파이프라인에 분기를 생성하는 미들웨어 컴포넌트다.

애플리케이션 플레이스홀더 기능 구현

이전 기능에 설정한 패턴에 따라 플랫폼을 사용하는 애플리케이션이 제공할 인가 기능의 기본 구현을 만들 것이다. 리스트 34-47의 내용을 담은 placeholder_store.go 파일을 platform/ placeholder 폴더에 추가해보자.

리스트 34-47 placeholder 폴더 내 placeholder_store.go 파일 소스 코드

```
package placeholder

import (
  "platform/services"
  "platform/authorization/identity"
  "strings"
)

func RegisterPlaceholderUserStore() {
  err := services.AddSingleton(func () identity.UserStore {
    return &PlaceholderUserStore{}
  })
  if (err != nil) {
    panic(err)
  }
}

var users = map[int]identity.User {
  1: identity.NewBasicUser(1, "Alice", "Administrator"),
  2: identity.NewBasicUser(2, "Bob"),
}
```

```
type PlaceholderUserStore struct {}

func (store *PlaceholderUserStore) GetUserByID(id int) (identity.User, bool) {
  user, found := users[id]
  return user, found
}

func (store *PlaceholderUserStore) GetUserByName(name string) (identity.User, bool) {
  for _, user := range users {
    if strings.EqualFold(user.GetDisplayName(), name) {
      return user, true
    }
  }
  return nil, false
}
```

PlaceholderUserStore 구조체는 Alice와 Bob이라는 두 사용자에 대해 정적으로 정의한 데이터로 UserStore 인터페이스를 구현한다. RegisterPlaceholderUserStore 함수에서 싱글톤 서비스를 생성할 때 PlaceholderUserStore 구조체를 사용한다.

인증 핸들러 생성

일부 간단한 인증을 허용하기 위해 리스트 34-48의 내용을 담은 authentication_handler.go 파일을 placeholder 폴더에 추가해보자.

리스트 34-48 placeholder 폴더 내 authentication_handler.go 파일 소스 코드

```
package placeholder

import (
  "platform/http/actionresults"
  "platform/authorization/identity"
  "fmt"
)

type AuthenticationHandler struct {
  identity.User
  identity.SignInManager
  identity.UserStore
}

func (h AuthenticationHandler) GetSignIn() actionresults.ActionResult {
  return actionresults.NewTemplateAction("signin.html",
  fmt.Sprintf("Signed in as: %v", h.User.GetDisplayName()))
}
```

```
type Credentials struct {
  Username string
  Password string
}

func (h AuthenticationHandler) PostSignIn(creds Credentials) actionresults.
    ActionResult {
  if creds.Password == "mysecret" {
    user, ok := h.UserStore.GetUserByName(creds.Username)
    if (ok) {
      h.SignInManager.SignIn(user)
      return actionresults.NewTemplateAction("signin.html",
        fmt.Sprintf("Signed in as: %v", user.GetDisplayName()))
    }
  }
  return actionresults.NewTemplateAction("signin.html", "Access Denied")
}

func (h AuthenticationHandler) PostSignOut() actionresults.ActionResult {
  h.SignInManager.SignOut(h.User)
  return actionresults.NewTemplateAction("signin.html", "Signed out")
}
```

위 요청 핸들러는 모든 사용자에 대한 고정 암호 mysecret이 있다. GetSignIn 메서드는 사용자의 이름과 암호를 수집하는 템플릿을 표시한다. PostSignIn 메서드는 암호를 확인하고 사용자가 애플리케이션에 로그인하기 전에 지정한 이름을 갖는 사용자가 상점에 있는지 확인한다. PostSignOut 메서드는 사용자를 애플리케이션에서 로그아웃시킨다. 핸들러가 사용하는 템플릿을 생성하기 위해 리스트 34-49의 내용을 담은 signin.html 파일을 placeholder 폴더에 추가해보자.

리스트 34-49 placeholder 폴더 내 signin.html 파일 소스 코드

```
{{ layout "layout.html" }}

{{ if ne . "" }}
  <h3 style="padding: 10px;">{{ . }}</h3>
{{ end }}

<form method="POST" action="/signin">
  <div style="padding: 5px;">
    <label>Username:</label>
    <input name="username" />
  </div>
  <div style="padding: 5px;">
    <label>Password:</label>
    <input name="password" />
```

1000

```
      </div>
    <div style="padding: 5px;">
      <button type="submit">Sign In</button>
      <button type="submit" formaction="/signout">Sign Out</button>
    </div>
  </form>
```

템플릿을 렌더링하는 핸들러 메서드에서 제공하는 메시지와 함께 템플릿은 기본 HTML 폼을
표시한다.

애플리케이션 구성

남은 것은 리스트 34-50과 같이 보호된[protected] 핸들러를 생성하고 인가 기능을 설정하도록 애
플리케이션을 구성하는 것이다.

리스트 34-50 placeholder 폴더 내 startup.go 파일에서 애플리케이션 구성

```
package placeholder

import (
  "platform/http"
  "platform/pipeline"
  "platform/pipeline/basic"
  "platform/services"
  "sync"
  "platform/http/handling"
  "platform/sessions"
  "platform/authorization"
)

func createPipeline() pipeline.RequestPipeline {
  return pipeline.CreatePipeline(
    &basic.ServicesComponent{},
    &basic.LoggingComponent{},
    &basic.ErrorComponent{},
    &basic.StaticFileComponent{},
    &sessions.SessionComponent{},
    //&SimpleMessageComponent{},
    authorization.NewAuthComponent(
      "protected",
      authorization.NewRoleCondition("Administrator"),
      CounterHandler{},
    ),
    handling.NewRouter(
      handling.HandlerEntry{ "", NameHandler{}},
      handling.HandlerEntry{ "", DayHandler{}},
      //handling.HandlerEntry{ "", CounterHandler{}},
```

```
        handling.HandlerEntry{ "", AuthenticationHandler{}},
      ).AddMethodAlias("/", NameHandler.GetNames),
    )
}

func Start() {
  sessions.RegisterSessionService()
  authorization.RegisterDefaultSignInService()
  authorization.RegisterDefaultUserService()
  RegisterPlaceholderUserStore()
  results, err := services.Call(http.Serve, createPipeline())
  if (err == nil) {
    (results[0].(*sync.WaitGroup)).Wait()
  } else {
    panic(err)
  }
}
```

변경 사항은 /protected 접두사를 가진 파이프라인 분기를 생성하고 Administrator 역할을 갖는 사용자만이 접근 가능하다. 34장의 앞부분에서 정의한 CounterHandler는 분기의 유일한 핸들러다. 파이프라인의 main 분기에 AuthenticationHandler를 추가한다.

애플리케이션을 컴파일 및 실행하고 브라우저를 사용해 http://localhost:5000/protected/counter를 요청해보자. 보호된 핸들러 메서드이고 로그인한 사용자가 없기 때문에 그림 34-8과 같은 결과를 나타낸다.

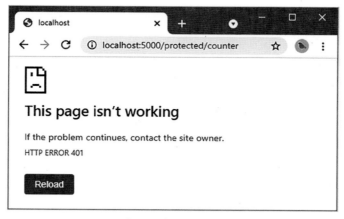

그림 34-8 인증되지 않은 요청

인증되지 않은 사용자가 보호된 리소스를 요청할 때 401 응답을 전송한다. 401 응답은 사용자에게 로그인할 기회를 제공할 때 자주 사용하는 챌린지 응답으로 알려져 있다.

다음으로 그림 34-9와 같이 http://localhost:5000/signin을 요청하고 Username 필드에 bob을 입력하고 Password 필드에 mysecret을 입력한 다음 Sign In을 클릭한다. http://localhost:5000/protected/counter를 요청하면 이미 자격 증명을 제시한 사용자가 보호된protected 리소스에 대한 액세스를 요청할 때 전송하는 403 응답을 받는다.

그림 34-9 인가되지 않은 요청

마지막으로 http://localhost:5000/signin을 요청하고 Username 필드에 alice를, Password 필드에 mysecret을 입력하고 그림 34-10과 같이 Sign In을 클릭한다. http://localhost:5000/protected/counter를 요청하면 Alice가 Administrator 역할이기 때문에 그림 34-10에도 표시한 핸들러로부터 응답을 받는다.

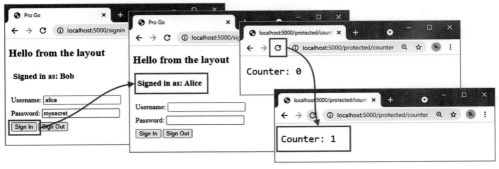

그림 34-10 인가된 요청

✛ 요약

34장에서는 액션 결과, 데이터 유효성 검사, 세션, 인가에 대한 지원을 추가해 맞춤형 웹 애플리케이션 프레임워크 개발을 완료했다. 35장에서는 플랫폼을 사용해 온라인 상점을 만드는 과정을 시작한다.

35장

■■■

SportsStore:
실제 애플리케이션

35장에서는 스포츠 제품 온라인 스토어인 SportsStore라는 애플리케이션 개발을 시작한다. 이 애플리케이션은 내가 많은 책에 포함시킨 예제 프로젝트로 다른 언어와 프레임워크에서 동일한 기능 세트를 구현시키는 방법을 보여준다.

✤ SportsStore 프로젝트 생성

32장에서 34장까지 만든 플랫폼 프로젝트를 사용하지만 자체 프로젝트에 정의한 애플리케이션을 만들 것이다. CMD를 열어 platform 폴더를 포함한 동일한 폴더에 sportsstore라는 폴더를 만든다. sportsstore 폴더로 이동하고 리스트 35-1의 명령어를 실행해보자.

> **■ 팁 ■**
>
> 다음 링크(https://github.com/apress/pro-go)에서 35장 및 책의 다른 모든 장에 대한 예제 프로젝트를 다운로드 할 수 있다. 예제를 실행하는 데 문제가 발생한 경우 도움받는 방법은 2장을 참조한다.

리스트 35-1 프로젝트 초기화

```
go mod init sportsstore
```

위 명령어는 go.mod 파일을 생성한다. 플랫폼 프로젝트에 대한 의존성을 선언하기 위해 sportsstore 폴더에서 리스트 35-2의 명령어를 실행해보자.

리스트 35-2 의존성 생성

```
go mod edit -require="platform@v1.0.0"
go mod edit -replace="platform@v1.0.0"="../platform"
go get -d "platform@v1.0.0"
```

go.mod 파일을 열면 리스트 35-3과 같이 명령어 실행 결과를 볼 수 있다.

리스트 35-3 sportsstore 폴더 내 go.mod 파일에서 go 명령어 결과

```
module sportsstore

go 1.17

require platform v1.0.0

require (
  github.com/gorilla/securecookie v1.1.1 // indirect
  github.com/gorilla/sessions v1.2.1 // indirect
)

replace platform v1.0.0 => ../platform
```

require 지시문은 platform 모듈에 대한 의존성을 선언한다. 실제 프로젝트는 깃허브 URL과 같은 버전 제어 리포지터리의 URL을 지정할 수 있다. 해당 프로젝트는 버전 관리에 전념하지 않기 때문에 platform 이름만 사용했다.

replace 지시문은 platform 모듈을 찾을 수 있는 로컬 경로를 제공한다. Go 도구는 platform 모듈 패키지에 대한 의존성을 확인할 때 sportsstore 폴더와 동일한 수준에 있는 platform 폴더를 사용한다.

platform 프로젝트에는 사용하기 전에 해결해야 하는 타사 패키지에 대한 의존성이 있다. 이는 34장에서 세션을 구현할 때 사용하는 패키지에 대한 간접 의존성을 선언하는 require 지시문을 생성하는 go get 명령어로 수행한다.

애플리케이션 구성

리스트 35-4에 표시한 구성 설정을 정의하기 위해 config.json 파일을 sportsstore 폴더에 추가한다.

리스트 35-4 sportsstore 폴더 내 config.json 파일 소스 코드

```
{
  "logging" : {
    "level": "debug"
  },
  "files": {
    "path": "files"
  },
  "templates": {
    "path": "templates/*.html",
    "reload": true
```

```
    },
    "sessions": {
      "key": "MY_SESSION_KEY",
      "cyclekey": true
    }
  }
```

다음으로, sportsstore 폴더에 리스트 35-5의 내용을 담은 main.go 파일을 추가해보자.

리스트 35-5 sportsstore 폴더 내 main.go 파일 소스 코드

```
package main

import (
  "platform/services"
  "platform/logging"
)

func writeMessage(logger logging.Logger) {
  logger.Info("SportsStore")
}

func main() {
  services.RegisterDefaultServices()
  services.Call(writeMessage)
}
```

sportsstore 폴더에서 리스트 35-6 명령어를 사용해 프로젝트를 컴파일 및 실행한다.

리스트 35-6 프로젝트 컴파일 및 실행

```
go run .
```

main 메서드는 디폴트 platform 서비스를 설정하고 writeMessage를 호출해 다음 출력을 생성한다.

```
07:55:03 INFO SportsStore
```

❖ 데이터 모델 시작

거의 모든 프로젝트는 일종의 데이터 모델이 있고 여기에서 보통 개발을 시작한다. 나는 몇 가지 간단한 데이터 타입으로 시작한 다음 프로젝트의 나머지 부분에서 사용할 수 있도록 작업을 시작하는 것을 선호한다. 애플리케이션에 기능을 추가하면서 데이터 모델로 돌아가서 기능을 확장시킬 수 있다.

sportsstore/models 폴더를 생성하고 리스트 35-7의 내용을 담은 product.go 파일을 추가해보자.

리스트 35-7 models 폴더 내 product.go 파일 소스 코드

```
package models

type Product struct {
  ID int
  Name string
  Description string
  Price float64
  *Category
}
```

나는 관련 생성자 함수 또는 해당 타입과 관련된 메서드와 함께 각 파일에서 하나의 타입을 정의하는 것을 선호한다. 내장 Category 필드에 대한 데이터 타입을 생성하기 위해 리스트 35-8의 내용을 담은 category.go 파일을 models 폴더에 추가해보자.

리스트 35-8 models 폴더 내 category.go 파일 소스 코드

```
package models

type Category struct {
  ID int
  CategoryName string
}
```

내장 필드의 타입을 정의할 경우 필드를 승격시킬 때 유용할 필드 이름을 선택하려고 한다. 위경우 CategoryName 필드의 이름은 독립 실행형 타입에 대해 선택한 이름이 아니더라도 둘러싸는 Product 타입이 정의한 필드와 충돌하지 않도록 선택했다.

리포지터리 인터페이스 정의

나는 애플리케이션의 데이터 소스를 데이터 사용 코드와 분리하는 방법으로 리포지터리를 사용하는 것을 선호한다. 리스트 35-9의 내용을 담은 repository.go 파일을 sportsstore/models 폴더에 추가해보자.

리스트 35-9 models 폴더 내 repository.go 파일 소스 코드

```
package models

type Repository interface {

  GetProduct(id int) Product
```

```
    GetProducts() []Product

    GetCategories() []Category

    Seed()
}
```

애플리케이션에서 사용하는 데이터의 소스를 쉽게 변경하기 위해 Repository 인터페이스 서비스를 생성할 것이다.

리스트 35-9에 정의한 GetProduct, GetProducts, GetCategories 메서드는 포인터를 반환하지 않는 것에 주의해야 한다. 나는 리포지터리에서 관리하는 데이터에 영향을 미치기 때문에 포인터를 통해 데이터를 변경하는 코드를 방지하기 위해 값을 사용하는 것을 선호한다. 이러한 접근 방식은 데이터 값을 복제하지만 공유 참조를 통한 우발적 변경으로 인해 발생하는 이상한 영향이 없음을 보장한다. 즉 나는 리포지터리가 데이터를 사용하는 코드와 참조를 공유하지 않고 데이터에 대한 액세스를 제공하는 것을 원하지 않는다.

(임시) 리포지터리 구현

SportsStore 데이터를 관계형 데이터베이스에 저장할 것이지만 기본 애플리케이션 기능 중 일부를 완료할 때까지 내가 사용하는 리포지터리는 간단한 메모리 기반 구현으로 시작하는 것을 선호한다.

프로젝트를 개발하다 보면 접근 방식의 변화가 불가피하다. 리포지터리용 데이터베이스로 시작하면 내가 작성한 SQL 쿼리를 변경하기가 꺼려진다. 즉 SQL의 제한 사항을 해결하기 위해 애플리케이션 코드를 조정해야 한다. 이러한 작업이 말이 안 된다는 것을 알고 있지만 어쨌든 결국 코드를 조정해야 할 것이다. 여러분은 좀 더 엄격할 수 있지만 내 경우 단순한 메모리 기반 리포지터리로 작업한 다음 데이터의 최종 형태가 무엇인지 이해할 때만 SQL을 작성하는 방식으로 최상의 결과를 얻을 수 있었다.

sportsstore/models/repo 폴더를 만들고 리스트 35-10의 내용을 담은 memory_repo.go 파일을 추가해보자.

리스트 35-10 models/repo 폴더 내 memory_repo.go 파일 소스 코드

```
package repo

import (
    "platform/services"
    "sportsstore/models"
)
```

```
func RegisterMemoryRepoService() {
  services.AddSingleton(func() models.Repository {
    repo := &MemoryRepo{}
    repo.Seed()
    return repo
  })
}

type MemoryRepo struct {
  products []models.Product
  categories []models.Category
}

func (repo *MemoryRepo) GetProduct(id int) (product models.Product) {
  for _, p := range repo.products {
    if (p.ID == id) {
      product = p
      return
    }
  }
  return
}

func (repo *MemoryRepo) GetProducts() (results []models.Product) {
  return repo.products
}

func (repo *MemoryRepo) GetCategories() (results []models.Category) {
  return repo.categories
}
```

MemoryRepo 구조체는 슬라이스에 값을 저장하는 Repository 인터페이스를 구현하기 위해 필요한 대부분의 기능을 정의한다. Seed 메서드를 구현하기 위해 리스트 35-11의 내용을 담은 memory_repo_seed.go 파일을 repo 폴더에 추가해보자.

리스트 35-11 models/repo 폴더 내 memory_repo_seed.go 파일 소스 코드

```
package repo

import (
  "fmt"
  "math/rand"
  "sportsstore/models"
)

func (repo *MemoryRepo) Seed() {
  repo.categories = make([]models.Category, 3)
  for i := 0; i < 3; i++ {
    catName := fmt.Sprintf("Category_%v", i + 1)
```

```
      repo.categories[i]= models.Category{ID: i + 1, CategoryName: catName}
   }

   for i := 0; i < 20; i++ {
      name := fmt.Sprintf("Product_%v", i + 1)
      price := rand.Float64() * float64(rand.Intn(500))
      cat := &repo.categories[rand.Intn(len(repo.categories))]
      repo.products = append(repo.products, models.Product{
         ID: i + 1,
         Name: name, Price: price,
         Description: fmt.Sprintf("%v (%v)", name, cat.CategoryName),
         Category: cat,
      })
   }
}
```

리포지터리에 기능을 추가할 때 시드 코드를 나열하지 않도록 Seed 메서드를 별도로 정의했다.

제품 리스트 표시

콘텐츠를 표시하는 첫 번째 단계는 판매할 제품 리스트를 표시하는 것이다. sportsstore/store 폴더를 만들고 리스트 35-12의 내용을 담은 product_handler.go 파일을 추가해보자.

리스트 35-12 store 폴더 내 product_handler.go 파일 소스 코드

```
package store

import (
   "sportsstore/models"
   "platform/http/actionresults"
)

type ProductHandler struct {
   Repository models.Repository
}

type ProductTemplateContext struct {
   Products []models.Product
}

func (handler ProductHandler) GetProducts() actionresults.ActionResult {
   return actionresults.NewTemplateAction("product_list.html",
      ProductTemplateContext {
         Products: handler.Repository.GetProducts(),
      })
}
```

GetProducts 메서드는 나중에 템플릿에 추가 정보를 제공할 때 사용할 ProductTemplateContext 값을 전달해 product_list.html 템플릿을 렌더링한다.

> **■ 노트 ■**
>
> 실수로 경로를 생성해 요청 핸들러의 내부 작업을 http 요청에 노출시키지 않기 위해 익명의 내장 구조체 필드에서 승격시킨 메서드의 경로를 생성하지 않는다. 그 결과 승격한 메서드와 이름을 공유하는 구조체가 정의한 메서드 역시 제외시킨다. 이러한 이유로 나는 ProductHandler 구조체가 정의한 Products 필드에 이름을 할당했다. 그렇게 하지 않았다면 GetProducts 메서드가 models.Repository 인터페이스에서 정의한 메서드 이름과 일치하기 때문에 경로를 생성할 때 GetProducts 메서드를 사용하지 않았을 것이다.

템플릿 및 레이아웃 생성

템플릿을 정의하기 위해 sportsstore/templates 폴더를 만들고 리스트 35-13의 내용을 담은 product_listl.html 파일을 추가해보자.

리스트 35-13 templates 폴더 내 product_listl.html 파일 소스 코드

```
{{ layout "store_layout.html" }}

{{ range .Products }}
  <div>
    {{.ID}}, {{ .Name }}, {{ printf "$%.2f" .Price }}, {{ .CategoryName }}
  </div>
{{ end }}
```

레이아웃은 Repository 내 각 Product에 대한 div 요소를 생성하기 위해 핸들러가 제공하는 구조체의 제품 필드에 range 표현식을 사용한다.

리스트 35-13에 지정한 레이아웃을 생성하기 위해 리스트 35-14의 내용을 담은 store_layout.html 파일을 sportsstore/templates 폴더에 추가해보자.

리스트 35-14 templates 폴더 내 store_layout.html 파일 소스 코드

```
<!DOCTYPE html>
<html>
<head>
  <meta name="viewport" content="width=device-width" />
  <title>SportsStore</title>
</head>
<body>
  {{ body }}
</body>
</html>
```

애플리케이션 구성

서비스를 등록하고 SportsStore 애플리케이션에 필요한 파이프라인을 생성하기 위해 리스트 35-15에 나타낸 내용으로 main.go 파일의 내용을 교체한다.

리스트 35-15 sportsstore 폴더 내 main.go 파일에서용 교체

```go
package main

import (
  "sync"
  "platform/http"
  "platform/http/handling"
  "platform/services"
  "platform/pipeline"
  "platform/pipeline/basic"
  "sportsstore/store"
  "sportsstore/models/repo"
)

func registerServices() {
  services.RegisterDefaultServices()
  repo.RegisterMemoryRepoService()
}

func createPipeline() pipeline.RequestPipeline {
  return pipeline.CreatePipeline(
    &basic.ServicesComponent{},
    &basic.LoggingComponent{},
    &basic.ErrorComponent{},
    &basic.StaticFileComponent{},
    handling.NewRouter(
      handling.HandlerEntry{ "",  store.ProductHandler{}},
    ).AddMethodAlias("/", store.ProductHandler.GetProducts),
  )
}

func main() {
  registerServices()
  results, err := services.Call(http.Serve, createPipeline())
  if (err == nil) {
    (results[0].(*sync.WaitGroup)).Wait()
  } else {
    panic(err)
  }
}
```

메모리 리포지터리와 함께 디폴트 서비스를 등록한다. 파이프라인은 `ProductHandler`로 설정한 라우터와 함께 34장에서 만든 기본 컴포넌트를 포함하고 있다.

프로젝트를 컴파일 및 실행하고 브라우저를 사용해 http://localhost:5000을 요청하면 그림 35-1에 표시한 응답을 생성한다.

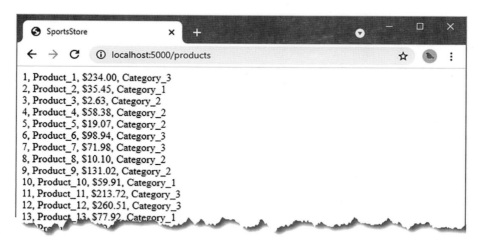

그림 35-1 제품 리스트 표시

윈도우 방화벽 권한 요청 처리

이전의 장들에서 설명한 것처럼 윈도우는 `go run` 명령어로 프로젝트를 컴파일할 때마다 방화벽 권한을 묻는 메시지를 표시한다. 간단한 PowerShell 스크립트를 사용해 메시지를 피할 수 있다. 참고로 buildandrun.ps1로 저장하는 스크립트의 내용은 다음과 같다.

```
$file = "./sportsstore.exe"

&go build -o $file

if ($LASTEXITCODE -eq 0) {
  &$file
}
```

프로젝트를 빌드하고 실행하기 위해 sportsstore 폴더에서 `./buildandrun.ps1` 명령어를 사용해보자.

페이지네이션 추가

그림 35-1의 출력은 리포지터리의 모든 제품을 단일 리스트에 표시하고 있다. 다음 단계는 사용자에게 적은 수의 제품을 표시하고 페이지 사이를 이동할 수 있도록 페이지네이션[1]pagination 지원을 추가하는 것이다. 나는 리포지터리를 변경한 다음 데이터를 표시하는 템플릿에 도달할 때까지 작업하는 것을 선호한다. 리스트 35-16은 Product 값의 페이지를 요청할 수 있도록 Repository 인터페이스에 메서드를 추가한다.

리스트 35-16 models 폴더 내 repository.go 파일에서 메서드 추가

```
package models

type Repository interface {

    GetProduct(id int) Product

    GetProducts() []Product

    GetProductPage(page, pageSize int) (products []Product, totalAvailable int)

    GetCategories() []Category

    Seed()
}
```

GetProductPage 메서드는 Product 슬라이스와 리포지터리에 있는 총 항목 개수를 반환한다. 리스트 35-17은 메모리 리포지터리에서 새로운 메서드를 구현한다.

리스트 35-17 models/repo 폴더 내 memory_repo.go 파일에서 메서드 구현

```
package repo

import (
    "platform/services"
    "sportsstore/models"
    "math"
)

func RegisterMemoryRepoService() {
    services.AddSingleton(func() models.Repository {
        repo := &MemoryRepo{}
        repo.Seed()
        return repo
    })
```

---

1   콘텐츠를 여러 페이지로 나눠 다음 또는 이전 페이지로 이동하거나 특정 페이지로 이동할 수 있는 요소다. – 옮긴이

```
    }

    type MemoryRepo struct {
      products []models.Product
      categories []models.Category
    }

    func (repo *MemoryRepo) GetProduct(id int) (product models.Product) {
      for _, p := range repo.products {
        if (p.ID == id) {
          product = p
          return
        }
      }
      return
    }

    func (repo *MemoryRepo) GetProducts() (results []models.Product) {
      return repo.products
    }

    func (repo *MemoryRepo) GetCategories() (results []models.Category) {
      return repo.categories
    }

    func (repo *MemoryRepo) GetProductPage(page, pageSize int) ([]models.Product, int) {
      return getPage(repo.products, page, pageSize), len(repo.products)
    }

    func getPage(src []models.Product, page, pageSize int) []models.Product {
      start := (page -1) * pageSize
      if page > 0 && len(src) > start {
        end := (int)(math.Min((float64)(len(src)), (float64)(start + pageSize)))
        return src[start : end]
      }
      return []models.Product{}
    }
```

리스트 35-18은 페이지네이션을 지원하기 위해 필요한 추가 구조체 필드와 함께 데이터 페이지를 선택하고 템플릿에 전달할 수 있도록 요청 핸들러를 업데이트한다.

리스트 35-18 store 폴더 내 product_handler.go 파일에서 핸들러 메서드 업데이트

```
package store

import (
  "sportsstore/models"
  "platform/http/actionresults"
```

```go
  "platform/http/handling"
  "math"
)

const pageSize = 4

type ProductHandler struct {
  Repository models.Repository
  URLGenerator handling.URLGenerator
}

type ProductTemplateContext struct {
  Products []models.Product
  Page int
  PageCount int
  PageNumbers []int
  PageUrlFunc func(int) string
}

func (handler ProductHandler) GetProducts(page int) actionresults.ActionResult {
  prods, total := handler.Repository.GetProductPage(page, pageSize)
  pageCount := int(math.Ceil(float64(total) / float64(pageSize)))
  return actionresults.NewTemplateAction("product_list.html",
    ProductTemplateContext {
      Products: prods,
      Page: page,
      PageCount: pageCount,
      PageNumbers: handler.generatePageNumbers(pageCount),
      PageUrlFunc: handler.createPageUrlFunction(),
    })
}

func (handler ProductHandler) createPageUrlFunction() func(int) string {
  return func(page int) string {
    url, _ := handler.URLGenerator.GenerateUrl(ProductHandler.GetProducts, page)
    return url
  }
}

func (handler ProductHandler) generatePageNumbers(pageCount int) (pages []int) {
  pages = make([]int, pageCount)
  for i := 0; i < pageCount; i++ {
    pages[i] = i + 1
  }
  return
}
```

핸들러가 페이지네이션을 지원하기 위해 템플릿에 더 많은 정보를 제공해야 하기 때문에 리스트 35-18은 많은 새로운 명령문을 포함하고 있다. 페이지 데이터를 가져오기 위해 사용하는 매개변수를 허용하도록 GetProducts 메서드를 수정했다. 템플릿에 전달한 구조체가 정의한 추가 필드에는 선택한 페이지, 페이지로 이동하기 위한 URL을 생성하는 함수, 일련의 숫자를 포함한 슬라이스(템플릿은 range를 사용할 수 있지만 콘텐츠를 생성하는 for 루프는 사용할 수 없기 때문에 필요)를 포함한다. 리스트 35-19는 새 정보를 사용할 수 있도록 템플릿을 업데이트한다.

리스트 35-19 templates 폴더 내 product_list.html 파일에서 페이지네이션 지원

```
{{ layout "store_layout.html" }}
{{ $context := . }}

{{ range .Products }}
  <div>
    {{.ID}}, {{ .Name }}, {{ printf "$%.2f" .Price }}, {{ .CategoryName }}
  </div>
{{ end }}

{{ range .PageNumbers}}
  {{ if eq $context.Page .}}
    {{ . }}
  {{ else }}
    <a href="{{ call $context.PageUrlFunc . }}">{{ . }}</a>
  {{ end }}
{{ end }}
```

핸들러 메서드를 통해 템플릿에 전달한 구조체 값에 항상 쉽게 액세스할 수 있도록 $context 변수를 정의했다. 새로운 range 표현식은 페이지 번호 리스트를 열거하고 현재 선택한 페이지를 제외한 모든 번호에 대한 탐색 링크를 표시한다. 콘텍스트 구조체의 PageUrlFunc 필드에 할당한 함수를 호출해 링크의 URL을 생성한다.

다음으로, 리스트 35-20처럼 기본 URL과 /products URL이 모두 제품의 첫 번째 페이지로 리디렉션되도록 라우팅 시스템에 설정한 별칭을 변경해야 한다.

리스트 35-20 sportsstore 폴더 내 main.go 파일에서 별칭 업데이트

```
...
func createPipeline() pipeline.RequestPipeline {
  return pipeline.CreatePipeline(
    &basic.ServicesComponent{},
    &basic.LoggingComponent{},
    &basic.ErrorComponent{},
    &basic.StaticFileComponent{},
    handling.NewRouter(
      handling.HandlerEntry{ "",  store.ProductHandler{}},
```

```
        ).AddMethodAlias("/", store.ProductHandler.GetProducts, 1).
          AddMethodAlias("/products", store.ProductHandler.GetProducts, 1),
      )
  }
  ...
```

프로젝트를 컴파일 및 실행하고 브라우저를 사용해 http://localhost:5000을 요청해보자. 그림 35-2와 같이 다른 페이지를 요청하는 내비게이션 링크와 함께 4개의 페이지가 제품을 표시한다.

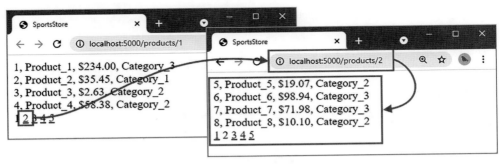

그림 35-2 페이지네이션 지원 추가

템플릿 콘텐츠 스타일링

애플리케이션에 추가 기능을 추가하기 전에 리스트에 있는 제품의 모양을 설명할 것이다. 인기 있는 CSS 프레임워크이자 내가 즐겨 사용하는 부트스트랩을 사용할 것이다. 부트스트랩은 HTML 요소의 클래스 속성을 사용해 스타일을 적용한다. 다음 링크(https://getbootstrap.com)에서 부트스트랩을 자세히 설명하고 있다.

부트스트랩 CSS 파일 설치

Go는 Go 생태계 외부에 패키지를 설치하는 좋은 방법이 없다. CSS 파일을 프로젝트에 추가하기 위해 sportsstore/files 폴더를 만들고 CMD를 사용해 sportsstore 폴더에서 리스트 35-21의 명령어를 실행해보자.

리스트 35-21 CSS 스타일시트 다운로드

```
curl https://cdnjs.cloudflare.com/ajax/libs/bootstrap/5.1.1/css/bootstrap.min.css
--output
files/bootstrap.min.css
```

윈도우를 사용하는 경우 리스트 35-22에 표시한 PowerShell 명령어를 대신 사용해야 한다.

리스트 35-22 윈도우에서 CSS 스타일시트 다운로드

```
Invoke-WebRequest -Uri ` "https://cdnjs.cloudflare.com/ajax/libs/bootstrap/5.1.1/css/
bootstrap.min.css" `
-OutFile "files/bootstrap.min.css"
```

레이아웃 업데이트

리스트 35-23에 표시한 요소를 templates 폴더의 store_layout.html 파일에 추가해보자.

리스트 35-23 templates 폴더 내 store_layout.html 파일에서 부트스트랩 추가

```
<!DOCTYPE html>
<html>
<head>
  <meta name="viewport" content="width=device-width" />
  <title>SportsStore</title>
  <link href="/files/bootstrap.min.css" rel="stylesheet" />
</head>
<body>
  <div class="bg-dark text-white p-2">
    <span class="navbar-brand ml-2">SPORTS STORE</span>
  </div>
  <div class="row m-1 p-1">
    <div id="sidebar" class="col-3">
      {{ template "left_column" . }}
    </div>
    <div class="col-9">
      {{ template "right_column" . }}
    </div>
  </div>
</body>
</html>
```

새 요소는 Bootstrap CSS 파일에 대한 링크 요소를 추가하고 Bootstrap 기능을 사용해 헤더와 2열 레이아웃을 만든다. 열의 내용은 left_column 및 right_column이라는 템플릿에서 가져온다.

템플릿 콘텐츠 스타일링

product_list.html 템플릿의 역할은 리스트 35-24에 표시한 것처럼 레이아웃의 기대치를 따르고 레이아웃의 왼쪽 및 오른쪽 열에 대한 템플릿을 정의하도록 변경해야 한다.

```
{{ layout "store_layout.html" }}

{{ define "left_column" }}
  Put something useful here
{{end}}

{{ define "right_column" }}
  {{ $context := . }}
  {{ range $context.Products }}
    <div class="card card-outline-primary m-1 p-1">
      <div class="bg-faded p-1">
        <h4>
          {{ .Name }}
          <span class="badge rounded-pill bg-primary" style="float:right">
            <small>{{ printf "$%.2f" .Price }}</small>
          </span>
        </h4>
      </div>
      <div class="card-text p-1">{{ .Description }}</div>
    </div>
  {{ end }}
  {{ template "page_buttons.html" $context }}
{{end}}
```

새 구조는 왼쪽 열에 대한 플레이스홀더를 정의하고 오른쪽 열에 스타일을 지정한 제품 리스트를 생성한다.

나는 페이지네이션 버튼에 대해 별도의 템플릿을 정의했다. 리스트 35-25의 내용을 담은 page_buttons.html 파일을 templates 폴더에 추가해보자.

리스트 35-25 templates 폴더 내 page_buttons.html 파일 소스 코드

```
{{ $context := . }}
<div class="btn-group pull-right m-1">
  {{ range .PageNumbers}}
    {{ if eq $context.Page .}}
    <a class="btn btn-primary">{{ . }}</a>
    {{ else }}
      <a href="{{ call $context.PageUrlFunc . }}"
        class="btn btn-outline-primary">{{ . }}</a>
    {{ end }}
  {{ end }}
</div>
```

프로젝트를 컴파일 및 실행하고 http://localhost:5000을 요청해보자. 그림 35-3과 같이 스타일을 지정한 콘텐츠를 표시한다.

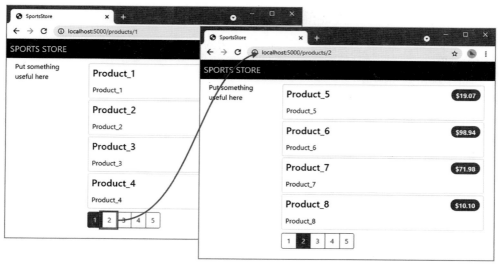

그림 35-3 콘텐츠 스타일링

카테고리 필터링 지원 추가

다음 단계는 왼쪽 열의 플레이스홀더 콘텐츠를 사용자가 리스트에 표시한 제품을 필터링할 카테고리를 선택할 수 있는 버튼으로 바꾸는 것이다. 먼저 Repository 인터페이스에 리스트 35-26에 표시한 메서드를 추가해보자.

리스트 35-26 models 폴더 내 repository.go 파일에서 메서드 추가

```
package models

type Repository interface {

    GetProduct(id int) Product

    GetProducts() []Product

    GetProductPage(page, pageSize int) (products []Product, totalAvailable int)

    GetProductPageCategory(categoryId int, page, pageSize int) (products []Product,
        totalAvailable int)

    GetCategories() []Category

    Seed() }
```

새 메서드를 사용하면 페이지를 요청할 때 카테고리를 지정할 수 있다. 리스트 35-27은 메모리 리포지터리에 새로운 메서드를 구현한다.

```go
package repo

import (
  "platform/services"
  "sportsstore/models"
  "math"
)

func RegisterMemoryRepoService() {
  services.AddSingleton(func() models.Repository {
    repo := &MemoryRepo{}
    repo.Seed()
    return repo
  })
}

type MemoryRepo struct {
  products []models.Product
  categories []models.Category
}

func (repo *MemoryRepo) GetProduct(id int) (product models.Product) {
  for _, p := range repo.products {
    if (p.ID == id) {
      product = p
      return
    }
  }
  return
}

func (repo *MemoryRepo) GetProducts() (results []models.Product) {
  return repo.products
}

func (repo *MemoryRepo) GetCategories() (results []models.Category) {
  return repo.categories
}

func (repo *MemoryRepo) GetProductPage(page, pageSize int) ([]models.Product, int) {
  return getPage(repo.products, page, pageSize), len(repo.products)
}

func (repo *MemoryRepo) GetProductPageCategory(category int, page,
    pageSize int) (products []models.Product, totalAvailable int) {
  if category == 0 {
    return repo.GetProductPage(page, pageSize)
  } else {
    filteredProducts := make([]models.Product, 0, len(repo.products))
```

```
    for _, p := range repo.products {
      if p.Category.ID == category {
        filteredProducts = append(filteredProducts, p)
      }
    }
    return getPage(filteredProducts, page, pageSize), len(filteredProducts)
  }
}

func getPage(src []models.Product, page, pageSize int) []models.Product {
  start := (page -1) * pageSize
  if page > 0 && len(src) > start {
    end := (int)(math.Min((float64)(len(src)), (float64)(start + pageSize)))
    return src[start : end]
  }
  return []models.Product{}
}
```

새 메서드는 제품 데이터를 열거하고 선택한 카테고리를 필터링한 다음 지정한 데이터 페이지를 선택한다.

요청 핸들러 업데이트

다음 단계는 요청 핸들러 메서드를 수정해 카테고리 매개변수를 수신하고 이를 사용해 필터링한 데이터를 얻은 다음 리스트 35-28과 같이 다른 카테고리를 허용하는 내비게이션 버튼을 생성하기 위해 필요한 추가 콘텍스트 데이터와 함께 템플릿에 전달하는 것이다.

리스트 35-28 store 폴더 내 product_handler.go 파일에서 카테고리 필터링 지원 추가

```
package store

import (
  "sportsstore/models"
  "platform/http/actionresults"
  "platform/http/handling"
  "math"
)

const pageSize = 4

type ProductHandler struct {
  Repository models.Repository
  URLGenerator handling.URLGenerator
}

type ProductTemplateContext struct {
  Products []models.Product
  Page int
```

```
    PageCount int
    PageNumbers []int
    PageUrlFunc func(int) string
    SelectedCategory int
}

func (handler ProductHandler) GetProducts(category,
    page int) actionresults.ActionResult {
    prods, total := handler.Repository.GetProductPageCategory(category,
        page, pageSize)
    pageCount := int(math.Ceil(float64(total) / float64(pageSize)))
    return actionresults.NewTemplateAction("product_list.html",
        ProductTemplateContext {
            Products: prods,
            Page: page,
            PageCount: pageCount,
            PageNumbers: handler.generatePageNumbers(pageCount),
            PageUrlFunc: handler.createPageUrlFunction(category),
            SelectedCategory: category,
        })
}

func (handler ProductHandler) createPageUrlFunction(category int) func(int) string {
    return func(page int) string {
        url, _ := handler.URLGenerator.GenerateUrl(ProductHandler.GetProducts,
            category, page)
        return url
    }
}

func (handler ProductHandler) generatePageNumbers(pageCount int) (pages []int) {
    pages = make([]int, pageCount)
    for i := 0; i < pageCount; i++ {
        pages[i] = i + 1
    }
    return
}
```

또한 페이지를 선택하는 URL을 생성하는 기존 기능을 업데이트하고 새 카테고리를 선택하기
위한 URL을 생성하는 기능을 도입해야 했다.

카테고리 핸들러 생성

템플릿에서 핸들러 호출 지원을 추가한 이유는 카테고리 버튼과 같은 자체 포함 콘텐츠를 표시
할 수 있기 때문이다. 리스트 35-29의 내용을 담은 category_handler.go 파일을 sportsstore/
store 폴더에 추가해보자.

```go
package store

import (
  "sportsstore/models"
  "platform/http/actionresults"
  "platform/http/handling"
)

type CategoryHandler struct {
  Repository models.Repository
  URLGenerator handling.URLGenerator
}

type categoryTemplateContext struct {
  Categories []models.Category
  SelectedCategory int
  CategoryUrlFunc func(int) string
}

func (handler CategoryHandler) GetButtons(selected int) actionresults.ActionResult {
  return actionresults.NewTemplateAction("category_buttons.html",
    categoryTemplateContext {
      Categories: handler.Repository.GetCategories(),
      SelectedCategory: selected,
      CategoryUrlFunc: handler.createCategoryFilterFunction(),
    })
}

func (handler CategoryHandler) createCategoryFilterFunction() func(int) string {
  return func(category int) string {
    url, _ := handler.URLGenerator.GenerateUrl(ProductHandler.GetProducts,
      category, 1)
    return url
  }
}
```

핸들러는 리포지터리를 통해 버튼이 필요한 카테고리 세트를 가져오고 서비스로 가져온다. 선택한 카테고리는 핸들러 메서드의 매개변수를 통해 전달받는다.

GetButtons 핸들러 메서드로 렌더링하는 템플릿을 생성하기 위해 리스트 35-30의 내용을 담은 category_buttons.html 파일을 templates 폴더로 추가해보자.

```
{{ $context := . }}

<div class="d-grid gap-2">
    <a
  {{ if eq $context.SelectedCategory 0}}
    class="btn btn-primary"
  {{ else }}
    class="btn btn-outline-primary"
  {{ end }}
    href="{{ call $context.CategoryUrlFunc 0 }}">All</a>
  {{ range $context.Categories }}
      <a
    {{ if eq $context.SelectedCategory .ID}}
      class="btn btn-primary"
    {{ else }}
      class="btn btn-outline-primary"
    {{ end }}
      href="{{ call $context.CategoryUrlFunc .ID }}">{{ .CategoryName }}</a>
  {{ end }}
</div>
```

나는 일반적으로 if/else/end 블록 절에 완전한 요소를 넣는 것을 선호하지만, 위 템플릿에서
볼 수 있듯이 조건을 사용해 다른 요소의 일부만 선택할 수 있다(위 템플릿의 경우 class 속성을 사
용한다). 중복이 적음에도 불구하고 읽기가 더 어렵지만 개인 취향에 맞는 방식으로 템플릿 시
스템을 사용할 수 있다.

제품 리스트 템플릿 내 카테고리 내비게이션 표시

리스트 35-31은 카테고리 필터 기능을 포함하기 위해 제품을 나열하는 템플릿에 필요한 변경
사항을 보여준다.

리스트 35-31 templates 폴더 내 product_list.html 파일에서 카테고리 표시

```
{{ layout "store_layout.html" }}

{{ define "left_column" }}
  {{ $context := . }}
  {{ handler "category" "getbuttons" $context.SelectedCategory}}
{{end}}

{{ define "right_column" }}
  {{ $context := . }}
  {{ range $context.Products }}
    <div class="card card-outline-primary m-1 p-1">
      <div class="bg-faded p-1">
```

```
        <h4>
          {{ .Name }}
          <span class="badge rounded-pill bg-primary" style="float:right">
            <small>{{ printf "$%.2f" .Price }}</small>
          </span>
        </h4>
      </div>
      <div class="card-text p-1">{{ .Description }}</div>
    </div>
  {{ end }}
  {{ template "page_buttons.html" $context }}
{{end}}
```

변경 사항은 플레이스홀더 메시지를 정의한 리스트 35-30의 GetButtons 메서드의 응답으로
바꾼다.

핸들러 등록 및 별칭 업데이트

마지막 변경은 리스트 35-32에 표시한 것처럼 URL을 핸들러 메서드에 매핑하는 별칭을 업데
이트하는 것이다.

리스트 35-32 sportsstore 폴더 내 main.go 파일에서 경로 별칭 업데이트

```
...
func createPipeline() pipeline.RequestPipeline {
  return pipeline.CreatePipeline(
    &basic.ServicesComponent{},
    &basic.LoggingComponent{},
    &basic.ErrorComponent{},
    &basic.StaticFileComponent{},
    handling.NewRouter(
      handling.HandlerEntry{ "",  store.ProductHandler{}},
      handling.HandlerEntry{ "",  store.CategoryHandler{}},
    ).AddMethodAlias("/", store.ProductHandler.GetProducts, 0, 1).
      AddMethodAlias("/products[/]?[A-z0-9]*?",
        store.ProductHandler.GetProducts, 0, 1),
  )
}
...
```

프로젝트를 컴파일 및 실행하고 http://localhost:5000을 요청하면 카테고리 버튼을 표시
한다.

버튼을 클릭하면 그림 35-4와 같이 단일 카테고리에서 제품을 선택할 수 있다.

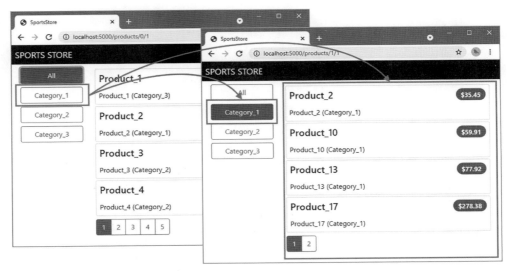

그림 35-4 카테고리별 필터링

요약

35장에서는 32~34장에서 만든 플랫폼을 사용해 SportsStore 애플리케이션 개발을 시작했다. 기본적인 데이터 모델과 리포지터리로 시작해 카테고리별 페이지네이션 및 필터링을 지원하는 제품을 표시하는 핸들러를 만들었다. 36장에서는 SportsStore 애플리케이션의 개발을 계속한다.

36장

■■■

SportsStore:
카트 및 데이터베이스

||||||||||||||||||||||||||||||||||||||||||||||||||||||||||||||||||||||||||||||||||||||||||||||||||||||||||

36장에서는 SportsStore 애플리케이션의 개발을 계속하면서 쇼핑 카트 지원을 추가하고 35장에서 만든 임시 리포지터리를 대체할 데이터베이스를 도입한다.

> ■ **팁** ■
>
> 다음 링크(https://github.com/apress/pro-go)에서 36장 및 책의 다른 모든 장에 대한 예제 프로젝트를 다운로드할 수 있다. 예제를 실행하는 데 문제가 발생한 경우 도움받는 방법은 2장을 참조한다.

✦ 쇼핑 카트 형성

SportsStore 애플리케이션은 순조롭게 진행되고 있지만 사용자가 체크아웃하기 전에 선택한 항목을 함께 모을 수 있는 쇼핑 카트를 구현하지 않으면 어떤 제품도 판매할 수 없다.

카트 모델 및 리포지터리 정의

카트 데이터 타입을 정의하기 위해 sportsstore/store/cart 폴더를 만들고 리스트 36-1의 내용을 담은 cart.go 파일을 추가해보자.

리스트 36-1 store/cart 폴더 내 cart.go 파일 소스 코드

```
package cart

import "sportsstore/models"

type CartLine struct {
  models.Product
  Quantity int
}

func (cl *CartLine) GetLineTotal() float64 {
```

```go
    return cl.Price * float64(cl.Quantity)
}

type Cart interface {
  AddProduct(models.Product)
  GetLines() []*CartLine
  RemoveLineForProduct(id int)
  GetItemCount() int
  GetTotal() float64

  Reset()
}

type BasicCart struct {
  lines []*CartLine
}

func (cart *BasicCart) AddProduct(p models.Product) {
  for _, line := range cart.lines {
    if (line.Product.ID == p.ID) {
      line.Quantity++
      return
    }
  }
  cart.lines = append(cart.lines, &CartLine{
    Product: p, Quantity: 1,
  })
}

func (cart *BasicCart) GetLines() []*CartLine {
  return cart.lines
}

func (cart *BasicCart) RemoveLineForProduct(id int) {
  for index, line := range cart.lines {
    if (line.Product.ID == id) {
      cart.lines = append(cart.lines[0: index], cart.lines[index + 1:]...)
    }
  }
}

func (cart *BasicCart) GetItemCount() (total int) {
  for _, l := range cart.lines {
    total += l.Quantity
  }
  return
}

func (cart *BasicCart) GetTotal() (total float64) {
  for _, line := range cart.lines {
```

```
      total += float64(line.Quantity) * line.Product.Price
  }
  return
}

func (cart *BasicCart) Reset() {
  cart.lines = []*CartLine{}
}
```

Cart 인터페이스는 서비스로 제공할 예정이고 슬라이스를 이용해 Cart 메서드를 구현하는
BasicCart 구조체를 정의했다. 서비스를 정의하기 위해서 리스트 36-2을 담은 cart_service.
go 파일을 sportsstore/store/cart 폴더에 추가해보자.

리스트 36-2 store/cart 폴더 내 cart_service.go 파일 소스 코드

```
package cart

import (
  "platform/services"
  "platform/sessions"
  "sportsstore/models"
  "encoding/json"
  "strings"
)

const CART_KEY string = "cart"

func RegisterCartService() {
  services.AddScoped(func(session sessions.Session) Cart {
    lines := []*CartLine {}
    sessionVal := session.GetValue(CART_KEY)
    if strVal, ok := sessionVal.(string); ok {
      json.NewDecoder(strings.NewReader(strVal)).Decode(&lines)
    }
    return &sessionCart{
      BasicCart: &BasicCart{ lines: lines},
      Session: session,
    }
  })
}

type sessionCart struct {
  *BasicCart
  sessions.Session
}

func (sc *sessionCart) AddProduct(p models.Product) {
```

```go
    sc.BasicCart.AddProduct(p)
    sc.SaveToSession()
}

func (sc *sessionCart) RemoveLineForProduct(id int) {
    sc.BasicCart.RemoveLineForProduct(id)
    sc.SaveToSession()
}

func (sc *sessionCart) SaveToSession() {
    builder := strings.Builder{}
    json.NewEncoder(&builder).Encode(sc.lines)
    sc.Session.SetValue(CART_KEY, builder.String())
}

func (sc *sessionCart) Reset() {
    sc.lines = []*CartLine{}
    sc.SaveToSession()
}
```

sessionCart 구조체는 CartLine 값의 JSON 표현을 세션에 추가해 변경 사항에 응답한다. RegisterCartService 함수는 sessionCart를 생성하고 세션 JSON 데이터에서 해당 라인을 채우는 범위 지정 Cart 서비스를 생성한다.

카트 요청 핸들러 생성

리스트 36-3의 내용을 담은 cart_handler.go 파일을 sportsstore/store 폴더에 추가해보자.

리스트 36-3 sportsstore/store 폴더 내 cart_handler.go 파일 소스 코드

```go
package store

import (
    "platform/http/actionresults"
    "platform/http/handling"
    "sportsstore/models"
    "sportsstore/store/cart"
)

type CartHandler struct {
    models.Repository
    cart.Cart
    handling.URLGenerator
}

type CartTemplateContext struct {
    cart.Cart
```

```
  ProductListUrl string
  CartUrl string
  CheckoutUrl string
  RemoveUrl string
}

func (handler CartHandler) GetCart() actionresults.ActionResult {
  return actionresults.NewTemplateAction("cart.html", CartTemplateContext {
    Cart: handler.Cart,
    ProductListUrl: handler.mustGenerateUrl(ProductHandler.GetProducts, 0, 1),
    RemoveUrl: handler.mustGenerateUrl(CartHandler.PostRemoveFromCart),
  })
}

type CartProductReference struct {
  ID int
}

func (handler CartHandler) PostAddToCart(ref CartProductReference) actionresults.
ActionResult {
  p := handler.Repository.GetProduct(ref.ID)
  handler.Cart.AddProduct(p)
  return actionresults.NewRedirectAction(
    handler.mustGenerateUrl(CartHandler.GetCart))
}

func (handler CartHandler) PostRemoveFromCart(ref CartProductReference)
actionresults.ActionResult {
  handler.Cart.RemoveLineForProduct(ref.ID)
  return actionresults.NewRedirectAction(
    handler.mustGenerateUrl(CartHandler.GetCart))
}

func (handler CartHandler) mustGenerateUrl(method interface{}, data ...interface{}) string {
  url, err := handler.URLGenerator.GenerateUrl(method, data...)
  if (err != nil) {
    panic(err)
  }
  return url
}
```

GetCart 메서드는 사용자 카트의 콘텐츠를 표시하는 템플릿을 렌더링한다. PostAddToCart 메
서드를 호출해 카트에 제품을 추가한 후 브라우저를 GetCart 메서드로 리디렉션한다. GetCart
메서드에서 사용하는 템플릿을 만들기 위해 리스트 36-4의 내용을 담은 cart.html 파일을
templates 폴더에 추가해보자.

```
{{ layout "simple_layout.html" }}
{{ $context := . }}

<div class="p-1">
  <h2>Your cart</h2>
  <table class="table table-bordered table-striped">
    <thead>
      <tr>
        <th>Quantity</th><th>Item</th>
        <th class="text-end">Price</th>
        <th class="text-end">Subtotal</th>
        <th />
      </tr>
    </thead>
    <tbody>
      {{ range $context.Cart.GetLines }}
        <tr>
          <td class="text-start">{{ .Quantity }}</td>
          <td class="text-start">{{ .Name }}</td>
          <td class="text-end">{{ printf "$%.2f" .Price }}</td>
          <td class="text-end">
            {{ printf "$%.2f" .GetLineTotal }}
          </td>
          <td>
            <form method="POST" action="{{ $context.RemoveUrl }}">
              <input type="hidden" name="id" value="{{ .ID }}" />
              <button class="btn btn-sm btn-danger" type="submit">
                Remove
              </button>
            </form>
          </td>
        </tr>

      {{ end }}
    </tbody>
    <tfoot>
      <tr>
        <td colspan="3" class="text-end">Total:</td>
        <td class="text-end">
          {{ printf "$%.2f" $context.Cart.GetTotal }}
        </td>
      </tr>
    </tfoot>
  </table>
  <div class="text-center">
    <a class="btn btn-secondary" href="{{ $context.ProductListUrl }}">
      Continue shopping
    </a>
  </div>
</div>
```

위 템플릿은 사용자가 선택한 각 제품에 대한 행을 포함한 HTML 테이블을 생성한다. 추가 선택을 할 수 있도록 사용자를 제품 리스트로 되돌리는 버튼도 있다. 위 템플릿에서 사용하는 레이아웃을 생성하기 위해 리스트 36-5의 내용을 담은 simple_layout.html 파일을 templates 폴더에 추가해보자.

리스트 36-5 templates 폴더 내 simple_layout.html 파일 소스 코드

```html
<!DOCTYPE html>
<html>
<head>
  <meta name="viewport" content="width=device-width" />
  <title>SportsStore</title>
  <link href="/files/bootstrap.min.css" rel="stylesheet" />
</head>
<body>
  <div class="bg-dark text-white p-2">
    <div class="container-fluid">
      <div class="row">
        <div class="col navbar-brand">SPORTS STORE</div>
      </div>
    </div>
  </div>
  {{ body }}
</body>
</html>
```

위 레이아웃은 SportsStore 헤더를 표시하지만 제품 리스트에 사용하는 열 레이아웃을 적용하지 않는다.

카트에 제품 추가

리스트 36-3에서 생성한 **PostAddToCart** 메서드에 요청을 보내는 **Add To Cart** 버튼과 함께 각 제품을 표시한다. 먼저 버튼과 버튼이 제출하는 폼을 정의하는 리스트 36-6에 나타낸 요소를 추가해보자.

리스트 36-6 templates 폴더 내 product_list.html 파일에서 폼 추가

```html
{{ layout "store_layout.html" }}

{{ define "left_column" }}
  {{ $context := . }}
  {{ handler "category" "getbuttons" $context.SelectedCategory}}
{{end}}

{{ define "right_column" }}
  {{ $context := . }}
```

```
{{ range $context.Products }}
  <div class="card card-outline-primary m-1 p-1">
    <div class="bg-faded p-1">
      <h4>
        {{ .Name }}
        <span class="badge rounded-pill bg-primary" style="float:right">
          <small>{{ printf "$%.2f" .Price }}</small>
        </span>
      </h4>
    </div>
    <div class="card-text p-1">
      <form method="POST" action="{{ $context.AddToCartUrl }}">
        {{ .Description }}
        <input type="hidden" name="id" value="{{.ID}}" />
        <button type="submit"class="btn btn-success btn-sm pull-right"
          style="float:right">
            Add To Cart
        </button>
      </form>
    </div>
  </div>
{{ end }}
{{ template "page_buttons.html" $context }}
{{end}}
```

템플릿에 폼에서 사용한 URL을 제공하기 위해 리스트 36-7에 나타낸 것처럼 핸들러를 변경한다.

리스트 36-7 store 폴더 내 product_handler.go 파일에서 콘텍스트 데이터 추가

```
package store

import (
    "sportsstore/models"
    "platform/http/actionresults"
    "platform/http/handling"
    "math"
)

const pageSize = 4

type ProductHandler struct {
    Repository models.Repository
    URLGenerator handling.URLGenerator
}

type ProductTemplateContext struct {
    Products []models.Product
    Page int
```

```go
    PageCount int
    PageNumbers []int
    PageUrlFunc func(int) string
    SelectedCategory int
    AddToCartUrl string
}

func (handler ProductHandler) GetProducts(category,
    page int) actionresults.ActionResult {
  prods, total := handler.Repository.GetProductPageCategory(category,
    page, pageSize)
  pageCount := int(math.Ceil(float64(total) / float64(pageSize)))
  return actionresults.NewTemplateAction("product_list.html",
    ProductTemplateContext {
      Products: prods,
      Page: page,
      PageCount: pageCount,
      PageNumbers: handler.generatePageNumbers(pageCount),
      PageUrlFunc: handler.createPageUrlFunction(category),
      SelectedCategory: category,
      AddToCartUrl: mustGenerateUrl(handler.URLGenerator,
        CartHandler.PostAddToCart),
  })
}

func (handler ProductHandler) createPageUrlFunction(category int) func(int) string {
  return func(page int) string {
    url, _ := handler.URLGenerator.GenerateUrl(ProductHandler.GetProducts,
      category, page)
    return url
  }
}

func (handler ProductHandler) generatePageNumbers(pageCount int) (pages []int) {
  pages = make([]int, pageCount)
  for i := 0; i < pageCount; i++ {
    pages[i] = i + 1
  }
  return
}

func mustGenerateUrl(generator handling.URLGenerator, target interface{}) string {
  url, err := generator.GenerateUrl(target)
  if (err != nil) {
    panic(err)
  }
  return url;
}
```

변경 사항은 템플릿에 데이터를 전달하기 위해 사용하는 콘텍스트 구조체에 새 속성을 추가해 핸들러가 HTML 폼에서 사용할 수 있는 URL을 제공할 수 있게 한다.

애플리케이션 구성

기본 카트 기능을 동작시키는 마지막 단계는 리스트 36-8과 같이 세션과 카트에 필요한 서비스, 미들웨어, 핸들러를 구성하는 것이다.

리스트 36-8 sportsstore 폴더 내 main.go 파일에서 Cart를 위한 애플리케이션 구성

```go
package main

import (
  "sync"
  "platform/http"
  "platform/http/handling"
  "platform/services"
  "platform/pipeline"
  "platform/pipeline/basic"
  "sportsstore/store"
  "sportsstore/models/repo"
  "platform/sessions"
  "sportsstore/store/cart"
)

func registerServices() {
  services.RegisterDefaultServices()
  repo.RegisterMemoryRepoService()
  sessions.RegisterSessionService()
  cart.RegisterCartService()
}

func createPipeline() pipeline.RequestPipeline {
  return pipeline.CreatePipeline(
    &basic.ServicesComponent{},
    &basic.LoggingComponent{},
    &basic.ErrorComponent{},
    &basic.StaticFileComponent{},
    &sessions.SessionComponent{},
    handling.NewRouter(
      handling.HandlerEntry{ "", store.ProductHandler{}},
      handling.HandlerEntry{ "", store.CategoryHandler{}},
      handling.HandlerEntry{ "", store.CartHandler{}},
      ).AddMethodAlias("/", store.ProductHandler.GetProducts, 0, 1).
      AddMethodAlias("/products[/]?[A-z0-9]*?",
        store.ProductHandler.GetProducts, 0, 1),
    )
}
```

```
func main() {
  registerServices()
  results, err := services.Call(http.Serve, createPipeline())
  if (err == nil) {
    (results[0].(*sync.WaitGroup)).Wait()
  } else {
    panic(err)
  }
}
```

프로젝트를 컴파일 및 실행하고 브라우저를 사용해 http://localhost:5000을 요청해보자. 그림 36-1과 같이 제품을 클릭하면 카트에 제품을 추가하고 카트의 콘텐츠를 표시하도록 브라우저를 리디렉션하는 **Add To Cart** 버튼과 함께 제품을 표시한다.

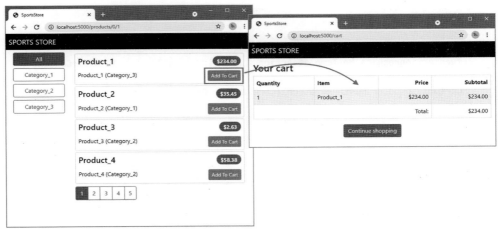

그림 36-1 store cart 생성

카트 요약 위젯 추가

사용자는 사용 가능한 제품 리스트를 탐색할 때 제품 선택에 대한 요약을 보고 싶다. 리스트 36-9에 표시한 메서드를 CartHandler 요청 핸들러에 추가해보자.

리스트 36-9 store 폴더 내 cart_handler.go 파일에서 메서드 추가

```
package store

import (
  "platform/http/actionresults"
  "platform/http/handling"
  "sportsstore/models"
  "sportsstore/store/cart"
)
```

```
type CartHandler struct {
  models.Repository
  cart.Cart
  handling.URLGenerator
}

type CartTemplateContext struct {
  cart.Cart
  ProductListUrl string
  CartUrl string
}

func (handler CartHandler) GetCart() actionresults.ActionResult {
  return actionresults.NewTemplateAction("cart.html", CartTemplateContext {
    Cart: handler.Cart,
    ProductListUrl: handler.mustGenerateUrl(ProductHandler.GetProducts, 0, 1),
  })
}

func (handler CartHandler) GetWidget() actionresults.ActionResult {
  return actionresults.NewTemplateAction("cart_widget.html", CartTemplateContext {
    Cart: handler.Cart,
    CartUrl: handler.mustGenerateUrl(CartHandler.GetCart),
  })
}

// ...간결함을 위해 코드 생략...
```

새 메서드에서 사용하는 템플릿을 정의하기 위해 리스트 36-10의 내용을 담은 cart_widget.
html 파일을 templates 폴더에 추가해보자.

리스트 36-10 templates 폴더 내 cart_widget.html 파일 소스 코드

```
{{ $context := . }}
{{ $count := $context.Cart.GetItemCount }}
  <small class="navbar-text">
    {{ if gt $count 0 }}
      <b>Your cart:</b>
      {{ $count }} item(s)
      {{ printf "$%.2f" $context.Cart.GetTotal }}
    {{ else }}
      <span class="px-2 text-secondary">(empty cart)</span>
    {{ end }}
  </small>
<a href={{ $context.CartUrl }}
    class="btn btn-sm btn-secondary navbar-btn">
  <i class="fa fa-shopping-cart"></i>
</a>
```

핸들러 호출 및 CSS 아이콘 스타일시트 추가

리스트 36-10은 카트 위젯을 레이아웃에 삽입하기 위해 GetWidget 메서드를 호출한다. 카트
위젯 템플릿은 뛰어난 Font Awesome 패키지에서 제공하는 카트 아이콘이 필요하다. 35장에
서는 웹 플랫폼에서 제공하는 정적 파일 기능을 사용해 제공할 수 있도록 Bootstrap CSS 파
일을 복사했지만, Font Awesome 패키지는 여러 파일이 필요하므로 리스트 36-11은 콘텐츠
배포 네트워크를 위해 URL을 포함한 link 요소를 추가한다. 즉 아이콘을 보기 위해 온라인 상
태여야 한다. sportsstore/files 폴더에 설치할 수 있는 파일 다운로드 방법에 대한 자세한 내
용은 다음 링크(https://fontawesome.com)를 참조하도록 한다.

리스트 36-11 templates 폴더 내 store_layout.html 파일에서 스타일시트 링크 추가

```html
<!DOCTYPE html>
<html>
<head>
  <meta name="viewport" content="width=device-width" />
  <title>SportsStore</title>
  <link href="/files/bootstrap.min.css" rel="stylesheet" />
  <link rel="stylesheet"
href="https://cdnjs.cloudflare.com/ajax/libs/font-awesome/5.15.4/css/all.min.css" />
</head>
<body>
  <div class="bg-dark text-white p-2">
    <div class="container-fluid">
      <div class="row">
        <div class="col navbar-brand">SPORTS STORE</div>
        <div class="col-6 navbar-text text-end">
          {{ handler "cart" "getwidget" }}
        </div>
      </div>
    </div>
  </div>
  <div class="row m-1 p-1">
    <div id="sidebar" class="col-3">
      {{ template "left_column" . }}
    </div>
    <div class="col-9">
      {{ template "right_column" . }}
    </div>
  </div>
</body>
</html>
```

프로젝트를 컴파일 및 실행하면 페이지 헤더에 표시한 위젯을 볼 수 있다. 위젯은 카트가 비어
있음을 나타낸다. **Add To Cart** 버튼 중 하나를 클릭한 다음 **Continue Shopping** 버튼을 클릭하
면 그림 36-2와 같이 반영한 제품 선택의 효과를 볼 수 있다.

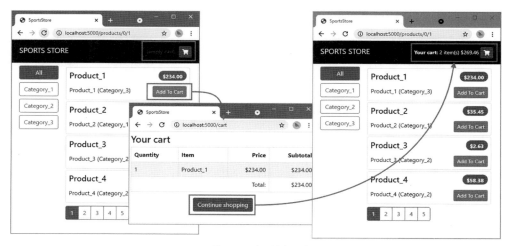

그림 36-2 카트 위젯 표시

데이터베이스 리포지터리 사용

대부분의 기본 기능이 제자리에 있기 때문에 35장에서 만든 임시 리포지터리를 폐기하고 영구 데이터베이스를 사용하는 리포지터리로 교체할 때다. 여기서는 SQLite 데이터베이스를 사용하겠다. CMD를 사용해 sportsstore 폴더에서 리스트 36-12의 명령어를 실행해 SQLite 런타임도 포함하는 SQLite 드라이버를 다운로드하고 설치해보자.

리스트 36-12 SQLite 드라이버 및 데이터베이스 패키지 설치

```
go get modern.org/sqlite
```

리포지터리 타입 생성

SQL 리포지터리의 기본 타입을 정의하는 리스트 36-13의 내용을 담은 sql_repo.go 파일을 models/repo 폴더에 추가해보자.

리스트 36-13 models/repo 폴더 내 sql_repo.go 파일 소스 코드

```
package repo

import (
    "database/sql"
    "platform/config"
    "platform/logging"
    "context"
)

type SqlRepository struct {
```

```
    config.Configuration
    logging.Logger
    Commands SqlCommands
    *sql.DB
    context.Context
}

type SqlCommands struct {
  Init,
  Seed,
  GetProduct,
  GetProducts,
  GetCategories,
  GetPage,
  GetPageCount,
  GetCategoryPage,
  GetCategoryPageCount *sql.Stmt
}
```

SqlRepository 구조체는 Repository 인터페이스를 구현하기 위해 사용하고 애플리케이션의 나머지 부분에 서비스로 제공한다. SqlRepository 구조체는 데이터베이스에 대한 액세스를 제공하는 *sql.DB 필드와 Repository 인터페이스의 기능을 구현하기 위해 필요한 프리페어드 스테이트먼트prepared statement로 채워질 *sql.Stmt 필드 모음인 Commands 필드를 정의한다.

데이터베이스 열기 및 SQL 명령어 로딩

26장에서 SQL 명령어를 Go 문자열로 정의했다. 실제 프로젝트는 에디터가 구문 검사를 수행할 수 있기 때문에 .sql 파일 확장자를 갖는 텍스트 파일에 SQL 명령어를 정의하는 것을 선호한다. 즉 데이터베이스를 연 다음 리스트 36-13에서 정의한 SqlCommands 구조체가 정의한 필드에 해당하는 SQL 파일을 찾아 처리해야 한다. 리스트 36-14의 내용을 담은 sql_loader.go 파일을 models/repo 폴더에 추가해보자.

리스트 36-14 models/repo 폴더 내 sql_loader.go 파일 소스 코드

```
package repo

import (
  "os"
  "database/sql"
  "reflect"
  "platform/config"
  "platform/logging"
  _ "modernc.org/sqlite"
)

func openDB(config config.Configuration, logger logging.Logger) (db *sql.DB,
```

```go
        commands *SqlCommands, needInit bool) {
    driver := config.GetStringDefault("sql:driver_name", "sqlite")
    connectionStr, found := config.GetString("sql:connection_str")
    if !found {
      logger.Panic("Cannot read SQL connection string from config")
      return
    }
    if _, err := os.Stat(connectionStr); os.IsNotExist(err) {
      needInit = true
    }
    var err error
    if db, err = sql.Open(driver, connectionStr); err == nil {
      commands = loadCommands(db, config, logger)
    } else {
      logger.Panic(err.Error())
    }
    return
}

func loadCommands(db *sql.DB, config config.Configuration,
      logger logging.Logger) (commands *SqlCommands)  {
    commands = &SqlCommands {}
    commandVal := reflect.ValueOf(commands).Elem()
    commandType := reflect.TypeOf(commands).Elem()
    for i := 0; i < commandType.NumField(); i++ {
      commandName := commandType.Field(i).Name
      logger.Debugf("Loading SQL command: %v", commandName)
      stmt := prepareCommand(db, commandName, config, logger)
      commandVal.Field(i).Set(reflect.ValueOf(stmt))
    }
    return commands
}

func prepareCommand(db *sql.DB, command string, config config.Configuration,
      logger logging.Logger) *sql.Stmt {
    filename, found := config.GetString("sql:commands:" + command)
    if !found {
      logger.Panicf("Config does not contain location for SQL command: %v",
        command)
    }
    data, err := os.ReadFile(filename)
    if err != nil {
      logger.Panicf("Cannot read SQL command file: %v", filename)
    }
    statement, err := db.Prepare(string(data))
    if (err != nil) {
      logger.Panicf(err.Error())
    }
    return statement
}
```

openDB 함수는 구성 시스템에서 데이터베이스 드라이버 이름과 연결 문자열을 읽고 loadCommands 함수를 호출하기 전에 데이터베이스를 연다. loadCommands 함수는 리플렉션을 사용해 SqlCommands 구조체가 정의한 필드 리스트를 가져오고 각각에 대해 prepareCommand를 호출한다. prepareCommand 함수는 구성 시스템에서 명령어에 대한 SQL을 포함한 파일의 이름을 가져오고, 파일의 내용을 읽고, SqlCommands 필드에 할당한 프리페어드 스테이트먼트를 생성한다.

시드 정의 및 명령문 초기화

Repository 인터페이스가 필요한 각 기능에 대해 쿼리를 포함한 SQL 파일을 정의하고 쿼리를 실행할 Go 메서드를 정의해야 한다. Seed 및 Init 명령어부터 시작해보자. Seed 명령어는 Repository 인터페이스에 필요하지만 Init 함수는 SqlRepository 구조체에 고유하고 데이터베이스 스키마를 생성할 때 사용한다. 리스트 36-15의 내용을 담은 sql_initseed.go 파일을 models/repo 폴더에 추가해보자.

리포지터리에서 사용하는 모든 쿼리는 context.Context 인수(ExecContext, QueryContext 등)를 허용하는 메서드를 사용한다. 32~34장에서 만든 플랫폼은 Context 값을 미들웨어 컴포넌트와 요청 핸들러에 전달하기 때문이다.

리스트 36-15 models/repo 폴더 내 sql_initseed.go 파일 소스 코드

```
package repo

func (repo *SqlRepository) Init() {
  if _, err := repo.Commands.Init.ExecContext(repo.Context); err != nil {
    repo.Logger.Panic("Cannot exec init command")
  }
}

func (repo *SqlRepository) Seed() {
  if _, err := repo.Commands.Seed.ExecContext(repo.Context); err != nil {
    repo.Logger.Panic("Cannot exec seed command")
  }
}
```

위 메서드에서 사용하는 SQL 명령어를 생성하기 위해 리스트 36-16의 내용을 담은 init_db.sql 파일을 새로 생성한 sportsstore/sql 폴더에 추가해보자.

리스트 36-16 sportsstore/sql 폴더 내 init_db.sql 파일 소스 코드

```
DROP TABLE IF EXISTS Products;
DROP TABLE IF EXISTS Categories;
```

```
CREATE TABLE IF NOT EXISTS Categories (
  Id INTEGER NOT NULL PRIMARY KEY,       Name TEXT
);

CREATE TABLE IF NOT EXISTS Products (
  Id INTEGER NOT NULL PRIMARY KEY,
  Name TEXT, Description TEXT,
  Category INTEGER, Price decimal(8, 2),
  CONSTRAINT CatRef FOREIGN KEY(Category) REFERENCES Categories (Id)
);
```

위 파일은 Categories 및 Products 테이블을 삭제하고 다시 만드는 명령문을 포함하고 있다. 리스트 36-17의 내용을 담은 seed_db.sql 파일을 sportsstore/sql 폴더에 추가해보자.

리스트 36-17 sportsstore/sql 폴더 내 seed_db.sql 파일 소스 코드

```
INSERT INTO Categories(Id, Name) VALUES
  (1, "Watersports"), (2, "Soccer"), (3, "Chess");

INSERT INTO Products(Id, Name, Description, Category, Price) VALUES
  (1, "Kayak", "A boat for one person", 1, 275),
  (2, "Lifejacket", "Protective and fashionable", 1, 48.95),
  (3, "Soccer Ball", "FIFA-approved size and weight", 2, 19.50),
  (4, "Corner Flags", "Give your playing field a professional touch", 2, 34.95),
  (5, "Stadium", "Flat-packed 35,000-seat stadium", 2, 79500),
  (6, "Thinking Cap", "Improve brain efficiency by 75%", 3, 16),
  (7, "Unsteady Chair", "Secretly give your opponent a disadvantage", 3, 29.95),
  (8, "Human Chess Board", "A fun game for the family", 3, 75),
  (9, "Bling-Bling King", "Gold-plated, diamond-studded King", 3, 1200);
```

파일에는 내 다른 책을 읽은 사람이라면 누구나 친숙할 값을 사용해 3개의 카테고리와 9개의 제품을 생성하는 INSERT 문을 포함하고 있다.

기본 쿼리 정의

리포지터리를 완성하기 위해서는 Repository 인터페이스에 필요한 메서드를 통해 작업하고 해당 메서드의 Go 구현과 사용할 SQL 쿼리를 정의해야 한다. 리스트 36-18의 내용을 담은 sql_basic_methods.go 파일을 models/repo 폴더에 추가해보자.

리스트 36-18 models/repo 폴더 내 sql_basic_methods.go 파일 소스 코드

```go
package repo

import "sportsstore/models"

func (repo *SqlRepository) GetProduct(id int) (p models.Product) {
```

```go
    row := repo.Commands.GetProduct.QueryRowContext(repo.Context, id)
    if row.Err() == nil {
      var err error
      if p, err = scanProduct(row); err != nil {
        repo.Logger.Panicf("Cannot scan data: %v", err.Error())
      }
    } else {
      repo.Logger.Panicf("Cannot exec GetProduct command: %v", row.Err().Error())
    }
    return
  }

  func (repo *SqlRepository) GetProducts() (results []models.Product) {
    rows, err := repo.Commands.GetProducts.QueryContext(repo.Context)
    if err == nil {
      if results, err = scanProducts(rows); err != nil {
        repo.Logger.Panicf("Cannot scan data: %v", err.Error())
        return
      }
    } else {
      repo.Logger.Panicf("Cannot exec GetProducts command: %v", err)
    }
    return
  }

  func (repo *SqlRepository) GetCategories() []models.Category {
    results := make([]models.Category, 0, 10)
    rows, err := repo.Commands.GetCategories.QueryContext(repo.Context)
    if err == nil {
      for rows.Next() {
        c := models.Category{}
        if err := rows.Scan(&c.ID, &c.CategoryName); err != nil {
          repo.Logger.Panicf("Cannot scan data: %v", err.Error())
        }
        results = append(results, c)
      }
    } else {
      repo.Logger.Panicf("Cannot exec GetCategories command: %v", err)
    }
    return results
  }
```

리스트 36-18은 GetProduct, GetProducts, GetCategories 메서드를 구현한다. SQL 결과에서 Product 값을 스캔하는 함수를 정의하기 위해 리스트 36-19의 내용을 담은 sql_scan.go 파일을 models/repo 폴더에 추가해보자.

```go
package repo

import (
  "database/sql"
  "sportsstore/models"
)

func scanProducts(rows *sql.Rows) (products []models.Product, err error) {
  products = make([]models.Product, 0, 10)
  for rows.Next() {
    p := models.Product{ Category: &models.Category{}}
    err = rows.Scan(&p.ID, &p.Name, &p.Description, &p.Price,
      &p.Category.ID, &p.Category.CategoryName)
    if (err == nil) {
      products = append(products, p)
    } else {
      return
    }
  }
  return
}

func scanProduct(row *sql.Row) (p models.Product, err error) {
  p = models.Product{ Category: &models.Category{}}
  err = row.Scan(&p.ID, &p.Name, &p.Description, &p.Price, &p.Category.ID,
    &p.Category.CategoryName)
  return p, err
}
```

scanProducts 함수는 여러 행이 있을 때 값을 스캔하지만 scanProduct 함수는 단일 행의 결과에 대해서도 동일한 작업을 수행한다.

기본 쿼리 SQL 파일 정의

이제 각 쿼리에 대한 SQL 파일을 정의하는 프로세스를 진행시켜보자. 리스트 36-20의 내용을 담은 get_product.sql 파일을 sportsstore/sql 폴더에 추가해보자.

리스트 36-20 sportsstore/sql 폴더 내 get_product.sql 파일 소스 코드

```sql
SELECT Products.Id, Products.Name, Products.Description, Products.Price,
  Categories.Id, Categories.Name
FROM Products, Categories
WHERE Products.Category = Categories.Id
AND Products.Id = ?
```

위 쿼리는 지정한 Id가 있는 제품에 대한 세부 정보를 포함한 단일 행을 생성한다. 리스트 36-21의 내용을 담은 get_products.sql 파일을 sportsstore/sql 폴더에 추가해보자.

리스트 36-21 sportsstore/sql 폴더 내 get_product.sql 파일 소스 코드

```
SELECT Products.Id, Products.Name, Products.Description, Products.Price,
  Categories.Id, Categories.Name
FROM Products, Categories
WHERE Products.Category = Categories.Id
ORDER BY Products.Id
```

위 쿼리는 데이터베이스의 모든 제품에 대한 행을 생성한다. 다음으로 리스트 36-22의 내용을 담은 get_categories.sql 파일을 sportsstore/sql 폴더에 추가해보자.

리스트 36-22 sportsstore/sql 폴더 내 get_categories.sql 파일 소스 코드

```
SELECT Categories.Id, Categories.Name
FROM Categories ORDER BY Categories.Id
```

위 쿼리는 Categories 폴더에 있는 모든 행을 선택한다.

페이징 쿼리 정의

페이징 데이터에 대한 메서드는 데이터 페이지에 대해 하나의 쿼리를 수행하고 사용 가능한 총 결과 개수를 얻기 위해 하나의 쿼리를 수행해야 하기 때문에 더 복잡하다. 리스트 36-23의 내용을 담은 sql_page_methods.go 파일을 sportsstore/models/repo 폴더에 추가해보자.

리스트 36-23 models/repo 폴더 내 sql_page_methods.go 파일 소스 코드

```go
package repo

import "sportsstore/models"

func (repo *SqlRepository) GetProductPage(page,
    pageSize int) (products []models.Product, totalAvailable int) {
  rows, err := repo.Commands.GetPage.QueryContext(repo.Context,
    pageSize, (pageSize * page) - pageSize)
  if err == nil {
    if products, err = scanProducts(rows); err != nil {
      repo.Logger.Panicf("Cannot scan data: %v", err.Error())
      return
    }
  } else {
    repo.Logger.Panicf("Cannot exec GetProductPage command: %v", err)
    return
  }
```

```go
    row := repo.Commands.GetPageCount.QueryRowContext(repo.Context)
    if row.Err() == nil {
      if err := row.Scan(&totalAvailable); err != nil {
        repo.Logger.Panicf("Cannot scan data: %v", err.Error())
      }
    } else {
      repo.Logger.Panicf("Cannot exec GetPageCount command: %v", row.Err().Error())
    }
    return
  }

  func (repo *SqlRepository) GetProductPageCategory(categoryId int, page,
      pageSize int) (products []models.Product, totalAvailable int) {
    if (categoryId == 0) {
      return repo.GetProductPage(page, pageSize)
    }
    rows, err := repo.Commands.GetCategoryPage.QueryContext(repo.Context, categoryId,
      pageSize, (pageSize * page) - pageSize)
    if err == nil {
      if products, err = scanProducts(rows); err != nil {
        repo.Logger.Panicf("Cannot scan data: %v", err.Error())
        return
      }
    } else {
      repo.Logger.Panicf("Cannot exec GetProductPage command: %v", err)
      return
    }
    row := repo.Commands.GetCategoryPageCount.QueryRowContext(repo.Context,
      categoryId)
    if row.Err() == nil {
      if err := row.Scan(&totalAvailable); err != nil {
        repo.Logger.Panicf("Cannot scan data: %v", err.Error())
      }
    } else {
      repo.Logger.Panicf("Cannot exec GetCategoryPageCount command: %v",
        row.Err().Error())
    }
    return
  }
```

GetProductPage 메서드에서 사용하는 기본 SQL 쿼리를 정의하기 위해 리스트 36-24의 내용을 담은 get_product_page.sql 파일을 sportsstore/sql 폴더에 추가해보자.

리스트 36-24 sql 폴더 내 get_product_page.sql 파일 소스 코드

```sql
SELECT Products.Id, Products.Name, Products.Description, Products.Price,
  Categories.Id, Categories.Name
FROM Products, Categories
```

```
WHERE Products.Category = Categories.Id
ORDER BY Products.Id
LIMIT ? OFFSET ?
```

데이터베이스에 있는 총 제품 개수를 가져올 때 사용하는 쿼리를 정의하기 위해 리스트 36-25의 내용을 담은 get_page_count.sql 파일을 sportsstore/sql 폴더에 추가해보자.

리스트 36-25 sql 폴더 내 get_page_count.sql 파일 소스 코드

```
SELECT COUNT (Products.Id)
FROM Products, Categories
WHERE Products.Category = Categories.Id;
```

GetProductPageCategory 메서드에서 사용하는 기본 쿼리를 정의하기 위해 리스트 36-26의 내용을 담은 get_category_product_page.sql 파일을 sportsstore/sql 폴더에 추가해보자.

리스트 36-26 sql 폴더 내 get_category_product_page.sql 파일 소스 코드

```
SELECT Products.Id, Products.Name, Products.Description, Products.Price,
  Categories.Id, Categories.Name
FROM Products, Categories
WHERE Products.Category = Categories.Id AND        Products.Category = ?
ORDER BY Products.Id
LIMIT ? OFFSET ?
```

특정 카테고리에 있는 제품 개수를 결정하는 쿼리를 정의하기 위해 리스트 36-27의 내용을 담은 get_category_product_page_count.sql 파일을 sportsstore/sql 폴더에 추가해보자.

리스트 36-27 sql 폴더 내 get_category_product_page_count.sql 파일 소스 코드

```
SELECT COUNT (Products.Id)
FROM Products, Categories
WHERE Products.Category = Categories.Id AND Products.Category = ?
```

SQL 리포지터리 서비스 정의

리포지터리 서비스를 등록할 함수를 정의하기 위해 리스트 36-28의 내용을 담은 sql_service.go 파일을 sportssstore/models/repo 폴더에 추가해보자.

리스트 36-28 models/repo 폴더 내 sql_service.go 파일 소스 코드

```
package repo

import (
  "sync"
  "context"
```

```
    "database/sql"
    "platform/services"
    "platform/config"
    "platform/logging"
    "sportsstore/models"
)

func RegisterSqlRepositoryService() {
    var db *sql.DB
    var commands *SqlCommands
    var needInit bool
    loadOnce := sync.Once {}
    resetOnce := sync.Once {}
    services.AddScoped(func (ctx context.Context, config config.Configuration,
        logger logging.Logger) models.Repository {
        loadOnce.Do(func () {
            db, commands, needInit = openDB(config, logger)
        })
        repo := &SqlRepository{
            Configuration: config,
            Logger: logger,
            Commands: *commands,
            DB: db,
            Context: ctx,
        }
        resetOnce.Do(func() {
            if needInit || config.GetBoolDefault("sql:always_reset", true) {
                repo.Init()
                repo.Seed()
            }
        })
        return repo
    })
}
```

명령어를 한 번만 준비할 수 있도록 Repository 인터페이스에 대한 의존성을 처음으로 해결할
때 데이터베이스가 열린다. 구성 설정은 애플리케이션을 시작할 때마다 데이터베이스를 재설
정해야 하는지 여부를 지정하기 때문에 개발 중에 유용하다. 구성 설정은 Init 메서드를 실행
한 다음 Seed 메서드를 실행해 수행한다.

SQL 리포지터리 사용을 위한 애플리케이션 구성

리스트 36-29는 SQL 파일의 위치를 지정하는 구성 설정을 정의한다. 구성 설정 파일을 로드
할 수 없는 경우 이러한 파일을 로드하는 코드가 패닉에 빠지기 때문에 지정 경로가 파일 생성
에 사용한 경로와 일치하는지 확인하는 것이 중요하다.

```json
{
  "logging" : {
    "level": "debug"
  },
  "files": {
    "path": "files"
  },
  "templates": {
    "path": "templates/*.html",
    "reload": true
  },
  "sessions": {
    "key": "MY_SESSION_KEY",
    "cyclekey": true
  },
  "sql": {
    "connection_str": "store.db",
    "always_reset": true,
    "commands": {
      "Init":                 "sql/init_db.sql",
      "Seed":                 "sql/seed_db.sql",
      "GetProduct":           "sql/get_product.sql",
      "GetProducts":          "sql/get_products.sql",
      "GetCategories":        "sql/get_categories.sql",
      "GetPage":              "sql/get_product_page.sql",
      "GetPageCount":         "sql/get_page_count.sql",
      "GetCategoryPage":      "sql/get_category_product_page.sql",
      "GetCategoryPageCount": "sql/get_category_product_page_count.sql"
    }
  }
}
```

마지막 변경은 리스트 36-30과 같이 Repository 인터페이스에 대한 의존성을 해결하고 임시 리포지터리를 등록한 명령문을 주석 처리할 때 사용하도록 SQL 리포지터리를 등록하는 것이다.

리스트 36-30 sportsstore 폴더 내 main.go 파일에서 Repository 서비스 변경

```go
...
func registerServices() {
  services.RegisterDefaultServices()
  //repo.RegisterMemoryRepoService()
  repo.RegisterSqlRepositoryService()
  sessions.RegisterSessionService()
  cart.RegisterCartService()
}
...
```

프로젝트를 컴파일 및 실행하고 브라우저를 사용해 http://localhost:5000을 요청하면 그림 36-3과 같이 데이터베이스에서 읽은 데이터를 확인할 수 있다.

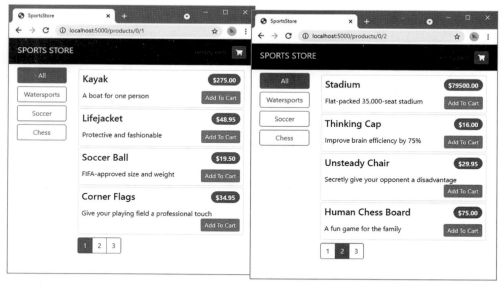

그림 36-3 데이터베이스로부터 데이터 사용

✛ 요약

36장에서는 쇼핑 카트에 대한 지원을 추가하고 임시 리포지터리를 SQL 데이터베이스를 사용하는 리포지터리로 대체해 SportsStore 애플리케이션 개발을 계속했다. 37장에서는 SportsStore 애플리케이션의 개발을 계속한다.

SportsStore:
결제 및 관리

37장에서는 결제 프로세스를 추가하고 관리 기능에 대한 작업을 시작해 SportsStore 애플리케이션 개발을 계속한다.

> **■ 팁 ■**
>
> 다음 링크(https://github.com/apress/pro-go)에서 37장 및 책의 다른 모든 장에 대한 예제 프로젝트를 다운로드할 수 있다. 예제를 실행하는 데 문제가 발생한 경우 도움받는 방법은 2장을 참조한다.

결제 프로세스 생성

상점 경험을 완료하기 위해 사용자가 결제하고 주문을 완료할 수 있도록 해야 한다. 이 절에서는 데이터 모델을 확장해 배송 세부 정보를 설명한다. 그리고 핸들러를 만들어 이러한 세부 정보를 캡처하고 이를 사용해 데이터베이스에 주문을 저장한다. 물론 대부분의 전자상거래 사이트는 단순히 이에 그치지 않지만 나는 신용카드 또는 기타 지불 방법 처리에 대한 지원을 제공하지 않기로 했다. Go에 집중하고 싶기 때문에 간단한 데이터베이스 항목으로 충분할 것이라고 생각한다.

모델 정의

사용자의 배송 세부 정보 및 제품 선택을 나타내는 타입을 정의하기 위해 리스트 37-1의 내용을 담은 order.go 파일을 models 폴더에 추가한다.

리스트 37-1 models 폴더 내 order.go 파일 소스 코드

```
package models

type Order struct {
    ID int
```

```
    ShippingDetails
    Products []ProductSelection
    Shipped bool
}

type ShippingDetails struct {
  Name string `validation:"required"`
  StreetAddr string `validation:"required"`
  City string `validation:"required"`
  State string `validation:"required"`
  Zip string `validation:"required"`
  Country string `validation:"required"`
}

type ProductSelection struct{
  Quantity int
  Product
}
```

Order 타입은 고객의 배송 세부 정보를 나타내기 위해 사용하는 ShippingDetails 필드로 정의한다. ShippingDetails 필드는 플랫폼 유효성 검사 기능에 대한 구조체 태그로 정의한다. 고객이 주문한 제품 및 수량을 저장하기 위해 사용하는 Product 필드도 있다.

리포지터리 확장

다음 단계는 리포지터리를 확장시켜 주문을 저장하고 검색할 때 사용할 수 있도록 하는 것이다. 리스트 37-2에 나타낸 메서드를 sportsstore/models 폴더의 repository.go 파일에 추가해보자.

리스트 37-2 models 폴더 내 repository.go 파일에서 인터페이스 메서드 추가

```
package models

type Repository interface {

  GetProduct(id int) Product

  GetProducts() []Product

  GetProductPage(page, pageSize int) (products []Product, totalAvailable int)

  GetProductPageCategory(categoryId int, page, pageSize int) (products []Product,
      totalAvailable int)

  GetCategories() []Category
```

```
      GetOrder(id int) Order
      GetOrders() []Order
      SaveOrder(*Order)

      Seed()
}
```

리스트 37-3은 주문 데이터를 저장하기 위해 새 테이블을 생성하는 SQL 파일에 필요한 변경 사항을 보여준다.

리스트 37-3 sql 폴더 내 init_db.sql 파일에서 테이블 추가

```sql
DROP TABLE IF EXISTS OrderLines;
DROP TABLE IF EXISTS Orders;
DROP TABLE IF EXISTS Products;
DROP TABLE IF EXISTS Categories;

CREATE TABLE IF NOT EXISTS Categories (
  Id INTEGER NOT NULL PRIMARY KEY,        Name TEXT
);

CREATE TABLE IF NOT EXISTS Products (
  Id INTEGER NOT NULL PRIMARY KEY,
  Name TEXT, Description TEXT,
  Category INTEGER, Price decimal(8, 2),
  CONSTRAINT CatRef FOREIGN KEY(Category) REFERENCES Categories (Id)
);

CREATE TABLE IF NOT EXISTS OrderLines (
  Id INTEGER NOT NULL PRIMARY KEY,
  OrderId INT, ProductId INT, Quantity INT,
  CONSTRAINT OrderRef FOREIGN KEY(ProductId) REFERENCES Products (Id)
  CONSTRAINT OrderRef FOREIGN KEY(OrderId) REFERENCES Orders (Id)
);

CREATE TABLE IF NOT EXISTS Orders (
  Id INTEGER NOT NULL PRIMARY KEY,
  Name TEXT NOT NULL,
  StreetAddr TEXT NOT NULL,
  City TEXT NOT NULL,
  Zip TEXT NOT NULL,
  Country TEXT NOT NULL,
  Shipped BOOLEAN
);
```

일부 시드 데이터를 정의하기 위해 리스트 37-4에 나타낸 명령문을 sportsstore/sql 폴더의 seed_db.sql 파일에 추가해보자.

```
INSERT INTO Categories(Id, Name) VALUES
  (1, "Watersports"), (2, "Soccer"), (3, "Chess");

INSERT INTO Products(Id, Name, Description, Category, Price) VALUES
  (1, "Kayak", "A boat for one person", 1, 275),
  (2, "Lifejacket", "Protective and fashionable", 1, 48.95),
  (3, "Soccer Ball", "FIFA-approved size and weight", 2, 19.50),
  (4, "Corner Flags", "Give your playing field a professional touch", 2, 34.95),
  (5, "Stadium", "Flat-packed 35,000-seat stadium", 2, 79500),
  (6, "Thinking Cap", "Improve brain efficiency by 75%", 3, 16),
  (7, "Unsteady Chair", "Secretly give your opponent a disadvantage", 3, 29.95),
  (8, "Human Chess Board", "A fun game for the family", 3, 75),
  (9, "Bling-Bling King", "Gold-plated, diamond-studded King", 3, 1200);

INSERT INTO Orders(Id, Name, StreetAddr, City, Zip, Country, Shipped) VALUES
  (1, "Alice", "123 Main St", "New Town", "12345", "USA", false),
  (2, "Bob", "The Grange", "Upton", "UP12 6YT", "UK", false);

INSERT INTO OrderLines(Id, OrderId, ProductId, Quantity) VALUES
  (1, 1, 1, 1), (2, 1, 2, 2), (3, 1, 8, 1), (4, 2, 5, 2);
```

임시 리포지터리 비활성화

35장에서 만든 임시 리포지터리는 더 이상 Repository 인터페이스에서 지정한 모든 메서드를
정의하지 않는다. 실제 프로젝트는 일반적으로 주문과 같은 새 기능을 추가할 때 메모리 저장
소로 다시 전환한 다음 필요한 사항을 이해하면서 다시 SQL로 전환한다. 하지만 해당 프로젝
트는 컴파일러 에러가 발생하지 않도록 리스트 37-5와 같이 메모리 기반 서비스를 생성하는
코드를 주석 처리할 것이다.

리스트 37-5 models/repo 폴더 내 memory_repo.go 파일에서 코드 주석 처리

```go
package repo

import (
// "platform/services"
  "sportsstore/models"
  "math"
)

// func RegisterMemoryRepoService() {
//   services.AddSingleton(func() models.Repository {
//     repo := &MemoryRepo{}
//     repo.Seed()
//     return repo
//   })
```

```
// }

type MemoryRepo struct {
  products []models.Product
  categories []models.Category
}

// ...간결함을 위해 코드 생략...
```

리포지터리 메서드 및 명령어 정의

다음 단계는 새로운 리포지터리 메서드와 메서드가 의존할 SQL 파일을 정의하고 구현하는 것이다. 리스트 37-6은 데이터베이스용 SQL 파일을 로드할 때 사용하는 구조체에 새 명령어를 추가한다.

리스트 37-6 models/repo 폴더 내 sql_repo.go 파일에서 명령어 추가

```
package repo

import (
  "database/sql"
  "platform/config"
  "platform/logging"
  "context"
)

type SqlRepository struct {
  config.Configuration
  logging.Logger
  Commands SqlCommands
  *sql.DB
  context.Context
}

type SqlCommands struct {
  Init,
  Seed,
  GetProduct,
  GetProducts,
  GetCategories,
  GetPage,
  GetPageCount,
  GetCategoryPage,
  GetCategoryPageCount,
  GetOrder,
  GetOrderLines,
  GetOrders,
```

```
    GetOrdersLines,
    SaveOrder,
    SaveOrderLine *sql.Stmt
}
```

SQL 파일 정의

리스트 37-7의 내용을 담은 get_order.sql 파일을 sportsstore/sql 폴더에 추가해보자.

리스트 37-7 sql 폴더 내 get_order.sql 파일 소스 코드

```
SELECT Orders.Id, Orders.Name, Orders.StreetAddr, Orders.City, Orders.Zip,
    Orders.Country, Orders.Shipped
FROM Orders
WHERE Orders.Id = ?
```

위 쿼리는 주문 세부 정보를 검색한다. 주문한 제품의 세부 정보를 가져오는 쿼리를 정의하기 위해 리스트 37-8의 내용을 담은 get_order_lines.sql 파일을 sportsstore/sql 폴더에 추가해보자.

리스트 37-8 sql 폴더 내 get_order_lines.sql 파일 소스 코드

```
SELECT OrderLines.Quantity, Products.Id, Products.Name, Products.Description,
    Products.Price, Categories.Id, Categories.Name
FROM Orders, OrderLines, Products, Categories
WHERE Orders.Id = OrderLines.OrderId
    AND OrderLines.ProductId = Products.Id
    AND Products.Category = Categories.Id
    AND Orders.Id = ?
ORDER BY Products.Id
```

데이터베이스의 모든 주문을 가져올 쿼리를 정의하기 위해 리스트 37-9의 내용을 담은 get_orders.sql 파일을 sportsstore/sql 폴더에 추가해보자.

리스트 37-9 sql 폴더 내 get_orders.sql 파일 소스 코드

```
SELECT Orders.Id, Orders.Name, Orders.StreetAddr, Orders.City, Orders.Zip, Orders.Country,
Orders.Shipped
FROM Orders
ORDER BY Orders.Shipped, Orders.Id
```

모든 주문과 관련된 모든 제품 세부 정보를 가져오는 쿼리를 정의하기 위해 리스트 37-10의 내용을 담은 get_orders_lines.sql 파일을 sportsstore/sql 폴더에 추가해보자.

```
SELECT Orders.Id, OrderLines.Quantity, Products.Id, Products.Name,
  Products.Description, Products.Price, Categories.Id, Categories.Name
FROM Orders, OrderLines, Products, Categories
WHERE Orders.Id = OrderLines.OrderId
  AND OrderLines.ProductId = Products.Id
  AND Products.Category = Categories.Id
ORDER BY Orders.Id
```

주문을 저장할 명령문을 정의하기 위해 리스트 37-11의 내용을 담은 save_order.sql 파일을 sportsstore/sql 폴더에 추가해보자.

리스트 37-11 sql 폴더 내 save_order.sql 파일 소스 코드

```
INSERT INTO Orders(Name, StreetAddr, City, Zip, Country, Shipped)
VALUES (?, ?, ?, ?, ?, ?)
```

주문과 관련된 제품 선택의 세부 정보를 저장할 명령문을 정의하기 위해 리스트 37-12의 내용을 담은 save_order_line.sql 파일을 sportsstore/sql 폴더에 추가해보자.

리스트 37-12 sql 폴더 내 save_order_line.sql 파일 소스 코드

```
INSERT INTO OrderLines(OrderId, ProductId, Quantity)
VALUES (?, ?, ?)
```

리스트 37-13은 새 SQL 파일에 대한 구성 설정을 추가한다.

리스트 37-13 sportsstore 폴더 내 파일에서 구성 설정 추가

```
...
"sql": {
  "connection_str": "store.db",
  "always_reset": true,
  "commands": {
    "Init":                  "sql/init_db.sql",
    "Seed":                  "sql/seed_db.sql",
    "GetProduct":            "sql/get_product.sql",
    "GetProducts":           "sql/get_products.sql",
    "GetCategories":         "sql/get_categories.sql",
    "GetPage":               "sql/get_product_page.sql",
    "GetPageCount":          "sql/get_page_count.sql",
    "GetCategoryPage":       "sql/get_category_product_page.sql",
    "GetCategoryPageCount": "sql/get_category_product_page_count.sql",
    "GetOrder": "sql/get_order.sql",
    "GetOrderLines": "sql/get_order_lines.sql",
    "GetOrders": "sql/get_orders.sql",
    "GetOrdersLines": "sql/get_orders_lines.sql",
```

```
      "SaveOrder": "sql/save_order.sql",
      "SaveOrderLine": "sql/save_order_line.sql"
    }
  }
  ...
```

리포지터리 메서드 구현

리스트 37-14의 내용을 담은 sql_orders_one.go 파일을 sportsstore/models/repo 폴더에
추가해보자.

리스트 37-14 models/repo 폴더 내 sql_orders_one.go 파일 소스 코드

```go
package repo

import "sportsstore/models"

func (repo *SqlRepository) GetOrder(id int) (order models.Order) {
  order = models.Order { Products: []models.ProductSelection {}}
  row := repo.Commands.GetOrder.QueryRowContext(repo.Context, id)
  if row.Err() == nil {
    err := row.Scan(&order.ID, &order.Name, &order.StreetAddr, &order.City,
      &order.Zip, &order.Country, &order.Shipped)
    if (err != nil) {
      repo.Logger.Panicf("Cannot scan order data: %v", err.Error())
      return
    }
    lineRows, err := repo.Commands.GetOrderLines.QueryContext(repo.Context, id)
    if (err == nil) {
      for lineRows.Next() {
          ps := models.ProductSelection {
            Product: models.Product{ Category: &models.Category{}},
          }
          err = lineRows.Scan(&ps.Quantity, &ps.Product.ID, &ps.Product.Name,
            &ps.Product.Description,&ps.Product.Price,
             &ps.Product.Category.ID, &ps.Product.Category.CategoryName)
          if err == nil {
            order.Products = append(order.Products, ps)
          } else {
            repo.Logger.Panicf("Cannot scan order line data: %v",
              err.Error())
          }
      }
    } else {
      repo.Logger.Panicf("Cannot exec GetOrderLines command: %v", err.Error())
    }
  } else {
    repo.Logger.Panicf("Cannot exec GetOrder command: %v", row.Err().Error())
```

```
    }
    return
}
```

위 메서드는 데이터베이스에서 주문을 쿼리한 다음 해당 주문과 관련된 제품 선택의 세부 정보를 다시 쿼리한다. 다음으로 sportsstore/models/repo 폴더에 리스트 37-15의 내용을 담은 sql_orders_all.go 파일을 추가해보자.

리스트 37-15 models/repo 폴더 내 sql_orders_all.go 파일 소스 코드

```go
package repo

import "sportsstore/models"

func (repo *SqlRepository) GetOrders() []models.Order {
  orderMap := make(map[int]*models.Order, 10)
  orderRows, err := repo.Commands.GetOrders.QueryContext(repo.Context)
  if err != nil {
    repo.Logger.Panicf("Cannot exec GetOrders command: %v", err.Error())
  }
  for orderRows.Next() {
    order := models.Order { Products: []models.ProductSelection {}}
    err := orderRows.Scan(&order.ID, &order.Name, &order.StreetAddr, &order.City,
      &order.Zip, &order.Country, &order.Shipped)
    if (err != nil) {
      repo.Logger.Panicf("Cannot scan order data: %v", err.Error())
      return  []models.Order {}
    }
    orderMap[order.ID] = &order
  }
  lineRows, err := repo.Commands.GetOrdersLines.QueryContext(repo.Context)
  if (err != nil) {
    repo.Logger.Panicf("Cannot exec GetOrdersLines command: %v", err.Error())
  }
  for lineRows.Next() {
    var order_id int
    ps := models.ProductSelection {
      Product: models.Product{ Category: &models.Category{} },
    }
    err = lineRows.Scan(&order_id, &ps.Quantity, &ps.Product.ID,
      &ps.Product.Name, &ps.Product.Description, &ps.Product.Price,
      &ps.Product.Category.ID, &ps.Product.Category.CategoryName)
    if err == nil {
      orderMap[order_id].Products = append(orderMap[order_id].Products, ps)
    } else {
      repo.Logger.Panicf("Cannot scan order line data: %v", err.Error())
    }
  }
  orders := make([]models.Order, 0, len(orderMap))
```

```
  for _, o := range orderMap {
    orders = append(orders, *o)
  }
  return orders
}
```

위 메서드는 모든 주문 및 관련 제품 선택에 대해 데이터베이스를 쿼리한다. 마지막 메서드
를 구현하기 위해 리스트 37-16의 내용을 담은 sql_orders_save.go 파일을 sportsstore/
models/repo 폴더에 추가해보자.

리스트 37-16 models/repo 폴더 내 sql_orders_save.go 파일 소스 코드

```
package repo

import "sportsstore/models"

func (repo *SqlRepository) SaveOrder(order *models.Order) {
  tx, err := repo.DB.Begin()
  if err != nil {
    repo.Logger.Panicf("Cannot create transaction: %v", err.Error())
    return
  }
  result, err :=  tx.StmtContext(repo.Context,
    repo.Commands.SaveOrder).Exec(order.Name, order.StreetAddr, order.City,
      order.Zip, order.Country, order.Shipped)
  if err != nil {
    repo.Logger.Panicf("Cannot exec SaveOrder command: %v", err.Error())
    tx.Rollback()
    return
  }
  id, err := result.LastInsertId()
  if err != nil {
    repo.Logger.Panicf("Cannot get inserted ID: %v", err.Error())
    tx.Rollback()
    return
  }
  statement := tx.StmtContext(repo.Context, repo.Commands.SaveOrderLine)
  for _, sel := range order.Products {
    _, err := statement.Exec(id, sel.Product.ID, sel.Quantity)
    if err != nil {
      repo.Logger.Panicf("Cannot exec SaveOrderLine command: %v", err.Error())
      tx.Rollback()
      return
    }
  }
  err = tx.Commit()
  if err != nil {
    repo.Logger.Panicf("Transaction cannot be committed: %v", err.Error())
    err = tx.Rollback()
```

```
    if err != nil {
        repo.Logger.Panicf("Transaction cannot be rolled back: %v", err.Error())
    }
}
order.ID = int(id)
}
```

위 메서드는 트랜잭션을 사용해 새 주문 및 관련 제품 선택이 데이터베이스에 추가되도록한다. 트랜잭션이 실패하면 변경 사항을 롤백한다.

요청 핸들러 및 템플릿 생성

다음 단계는 사용자가 배송 세부 정보를 제공하고 결제할 수 있는 요청 핸들러를 정의하는 것이다.

37장의 시작 부분에서 언급한 것처럼 주문을 저장하면 결제 프로세스를 완료하지만 실제 온라인 상점은 사용자에게 결제를 제공하라는 메시지를 표시한다. 리스트 37-17의 내용을 담은 order_handler.go 파일을 sportsstore/store 폴더에 추가해보자.

리스트 37-17 store 폴더 내 order_handler.go 파일 소스 코드

```
package store

import (
    "encoding/json"
    "platform/http/actionresults"
    "platform/http/handling"
    "platform/sessions"
    "platform/validation"
    "sportsstore/models"
    "sportsstore/store/cart"
    "strings"
)

type OrderHandler struct {
    cart.Cart
    sessions.Session
    Repository models.Repository
    URLGenerator handling.URLGenerator
    validation.Validator
}

type OrderTemplateContext struct {
    models.ShippingDetails
    ValidationErrors [][]string
    CancelUrl string
```

```
}

func (handler OrderHandler) GetCheckout() actionresults.ActionResult {
  context := OrderTemplateContext {}
  jsonData := handler.Session.GetValueDefault("checkout_details", "")
  if jsonData != nil {
    json.NewDecoder(strings.NewReader(jsonData.(string))).Decode(&context)
  }
  context.CancelUrl = mustGenerateUrl(handler.URLGenerator, CartHandler.GetCart)
  return actionresults.NewTemplateAction("checkout.html", context)
}

func (handler OrderHandler) PostCheckout(details models.ShippingDetails)
        actionresults.
ActionResult {
  valid, errors := handler.Validator.Validate(details)
  if (!valid) {
    ctx := OrderTemplateContext {
      ShippingDetails: details,
      ValidationErrors: [][]string {},
    }
    for _, err := range errors {
      ctx.ValidationErrors = append(ctx.ValidationErrors,
        []string { err.FieldName, err.Error.Error()})
    }

    builder := strings.Builder{}
    json.NewEncoder(&builder).Encode(ctx)
    handler.Session.SetValue("checkout_details", builder.String())
    redirectUrl := mustGenerateUrl(handler.URLGenerator,
      OrderHandler.GetCheckout)
    return actionresults.NewRedirectAction(redirectUrl)
  } else {
    handler.Session.SetValue("checkout_details", "")
  }
  order := models.Order {
    ShippingDetails: details,
    Products: []models.ProductSelection {},
  }
  for _, cl := range handler.Cart.GetLines() {
    order.Products = append(order.Products, models.ProductSelection {
      Quantity: cl.Quantity,
      Product: cl.Product,
    })
  }
  handler.Repository.SaveOrder(&order)
  handler.Cart.Reset()
  targetUrl, _ := handler.URLGenerator.GenerateUrl(OrderHandler.GetSummary,
    order.ID)
```

```
    return actionresults.NewRedirectAction(targetUrl)
}

func (handler OrderHandler) GetSummary(id int) actionresults.ActionResult {
    targetUrl, _ := handler.URLGenerator.GenerateUrl(ProductHandler.GetProducts,
        0, 1)
    return actionresults.NewTemplateAction("checkout_summary.html", struct {
        ID int
        TargetUrl string
    }{ ID: id, TargetUrl: targetUrl})
}
```

위 핸들러는 세 가지 메서드를 정의한다. GetCheckout 메서드는 사용자가 배송 세부 정보를 입력할 수 있는 HTML 폼을 표시하고 이전 결제 시도에서 발생한 유효성 검사 에러를 표시한다.

PostCheckout 메서드는 GetCheckout 메서드가 렌더링하는 폼의 대상이다. PostCheckout 메서드는 사용자가 제공한 데이터의 유효성을 검사하고 에러가 있는 경우 브라우저를 다시 GetCheckout 메서드로 리디렉션한다. 세션을 사용해 PostCheckout 메서드에서 GetCheckout 메서드로 데이터를 전달하고 데이터를 JSON으로 인코딩 및 디코딩해 세션 쿠키에 저장할 수 있다.

유효성 검사 에러가 없는 경우 PostCheckout 메서드는 사용자가 제공한 배송 세부 정보와 핸들러가 서비스로 얻은 Cart에서 가져온 제품 세부 정보를 사용해 Order을 생성한다. Order는 리포지터리를 사용해 저장한다. 브라우저는 요약을 표시하는 템플릿을 렌더링하는 GetSummary 메서드로 리디렉션된다.

배송 세부 정보에 대한 템플릿을 만들기 위해 리스트 37-18의 내용을 담은 checkout.html 파일을 sportsstore/templates 폴더에 추가해보자.

리스트 37-18 templates 폴더 내 checkout.html 파일 소스 코드

```
{{ layout "simple_layout.html" }}
{{ $context := .}}
{{ $details := .ShippingDetails }}

<div class="p-2">
    <h2>Check out now</h2>
    Please enter your details, and we'll ship your goods right away!
</div>

{{ if gt (len $context.ValidationErrors) 0}}
    <ul class="text-danger mt-3">
        {{ range $context.ValidationErrors }}
            <li>
```

```
            {{ index . 0 }}: {{ index . 1 }}
          </li>
      {{ end }}
    </ul>
{{ end }}

<form method="POST" class="p-2">
  <h3>Ship to</h3>
  <div class="form-group">
    <label class="form-label">Name:</label>
    <input name="name" class="form-control" value="{{ $details.Name }}" />
  </div>
  <div class="form-group">
    <label>Street Address:</label>
    <input name="streetaddr" class="form-control"
      value="{{ $details.StreetAddr }}" />
  </div>
  <div class="form-group">
    <label>City:</label>
    <input name="city" class="form-control" value="{{ $details.City }}" />
  </div>
  <div class="form-group">
    <label>State:</label>
    <input name="state" class="form-control" value="{{ $details.State }}" />
  </div>
  <div class="form-group">
    <label>Zip:</label>
    <input name="zip" class="form-control" value="{{ $details.Zip }}" />
  </div>
  <div class="form-group">
    <label>Country:</label>
    <input name="country" class="form-control" value="{{ $details.Country }}" />
  </div>
  <div class="text-center py-1">
    <a class="btn btn-secondary m-1" href="{{ $context.CancelUrl }}">Cancel</a>
    <button class="btn btn-primary m-1" type="submit">Submit</button>
  </div>
</form>
```

결제 프로세스가 끝날 때 표시하는 템플릿을 만들기 위해 리스트 37-19의 내용을 담은 checkout_summary.html 파일을 sportsstore/templates 폴더에 추가해보자.

리스트 37-19 templates 폴더 내 checkout_summary.html 파일 소스 코드

```
{{ layout "simple_layout.html" }}
{{ $context := . }}

<div class="text-center m-3">
```

```
<h2>Thanks!</h2>
<p>Thanks for placing order #{{ $context.ID }} </p>
<p>We'll ship your goods as soon as possible.</p>
<a class="btn btn-primary" href="{{ $context.TargetUrl }}">
  Return to Store
</a>
</div>
```

위 템플릿은 사용자를 제품 리스트로 돌아가게 하는 링크를 포함하고 있다. PostCheckout 메서드는 사용자 카트를 재설정해 사용자가 쇼핑 프로세스를 다시 시작할 수 있도록 한다.

결제 프로세스 통합

사용자가 카트 요약에서 결제 프로세스를 시작할 수 있도록 하기 위해 리스트 37-20처럼 변경해보자.

리스트 37-20 store 폴더 내 cart_handler.go 파일에서 콘텍스트 속성 추가

```
...
func (handler CartHandler) GetCart() actionresults.ActionResult {
  return actionresults.NewTemplateAction("cart.html", CartTemplateContext {
    Cart: handler.Cart,
    ProductListUrl: handler.mustGenerateUrl(ProductHandler.GetProducts, 0, 1),
    RemoveUrl: handler.mustGenerateUrl(CartHandler.PostRemoveFromCart),
    CheckoutUrl: handler.mustGenerateUrl(OrderHandler.GetCheckout),
  })
}
...
```

위 변경은 context 속성의 값을 설정해 결제 핸들러를 타기팅^{targeting}하는 URL을 템플릿에 제공한다.

리스트 37-21은 URL을 사용하는 링크를 추가한다.

리스트 37-21 templates 폴더 내 cart.html 파일에서 요소 추가

```
...
<div class="text-center">
  <a class="btn btn-primary" href="{{ $context.ProductListUrl }}">
    Continue shopping
  </a>
  <a class="btn btn-danger" href="{{ $context.CheckoutUrl }}">Checkout</a>
</div>
...
```

요청 핸들러 등록

리스트 37-22는 요청을 받을 수 있도록 요청 핸들러를 등록한다.

리스트 37-22 sportsstore 폴더 내 main.go 파일에서 새 핸들러 등록

```
...
func createPipeline() pipeline.RequestPipeline {
  return pipeline.CreatePipeline(
    &basic.ServicesComponent{},
    &basic.LoggingComponent{},
    &basic.ErrorComponent{},
    &basic.StaticFileComponent{},
    &sessions.SessionComponent{},
    handling.NewRouter(
      handling.HandlerEntry{ "", store.ProductHandler{}},
      handling.HandlerEntry{ "", store.CategoryHandler{}},
      handling.HandlerEntry{ "", store.CartHandler{}},
      handling.HandlerEntry{ "", store.OrderHandler{}},
    ).AddMethodAlias("/", store.ProductHandler.GetProducts, 0, 1).
      AddMethodAlias("/products[/]?[A-z0-9]*?",
        store.ProductHandler.GetProducts, 0, 1),
  )
}
...
```

프로젝트를 컴파일 및 실행하고 브라우저를 사용해 http://localhost:5000을 요청해보자. 제품을 카트에 추가하고 **Checkout** 버튼을 클릭하면 그림 37-1과 같은 양식을 표시한다.

그림 37-1 결제 프로세스

관리 기능 생성

SportsStore 애플리케이션은 기본 제품 리스트 및 결제 프로세스가 있고 이제 관리 기능을 만들 차례다. 플레이스홀더 콘텐츠를 생성하는 몇 가지 기본 템플릿과 핸들러부터 시작해보자.

sportsstore/admin 폴더를 만들고 리스트 37-23의 내용을 담은 main_handler.go 파일을 추가해보자.

리스트 37-23 admin 폴더 내 main_handler.go 파일 소스 코드

```go
package admin

import (
  "platform/http/actionresults"
  "platform/http/handling"
)

var sectionNames = []string { "Products", "Categories", "Orders", "Database"}

type AdminHandler struct {
  handling.URLGenerator
}

type AdminTemplateContext struct {
  Sections []string
  ActiveSection string
  SectionUrlFunc func(string) string
}

func (handler AdminHandler) GetSection(section string) actionresults.ActionResult {
  return actionresults.NewTemplateAction("admin.html", AdminTemplateContext {
    Sections: sectionNames,
    ActiveSection: section,
    SectionUrlFunc: func(sec string) string {
      sectionUrl, _ := handler.GenerateUrl(AdminHandler.GetSection, sec)
      return sectionUrl
    },
  })
}
```

위 핸들러의 목적은 기능의 다른 섹션 간에 이동하는 버튼과 함께 전체 관리 기능에 대한 템플릿을 표시하는 것이다. 리스트 37-24의 내용을 담은 admin.html 파일을 sportsstore/templates 폴더에 추가해보자.

리스트 37-24 templates 폴더 내 admin.html 파일 소스 코드

```html
{{ $context := . }}
<!DOCTYPE html>
<html>
```

```
<head>
  <meta name="viewport" content="width=device-width" />
  <title>SportsStore</title>
  <link href="/files/bootstrap.min.css" rel="stylesheet" />
</head>
<body>
  <div class="bg-info text-white p-2">
    <div class="container-fluid">
      <div class="row">
        <div class="col navbar-brand">SPORTS STORE Administration</div>
      </div>
    </div>
  </div>
  <div class="row m-1 p-1">
    <div id="sidebar" class="col-3">
      <div class="d-grid gap-2">
        {{ range $context.Sections }}
          <a href="{{ call $context.SectionUrlFunc . }}"
            {{ if eq . $context.ActiveSection }}
              class="btn btn-info">
            {{ else }}
              class="btn btn-outline-info">
            {{ end }}
            {{ . }}
          </a>
        {{ end }}
      </div>
    </div>
    <div class="col-9">
      {{ if eq $context.ActiveSection ""}}
        <h6 class="p-2">
          Welcome to the SportsStore Administration Features
        </h6>
      {{ else }}
        {{ handler $context.ActiveSection "getdata" }}
      {{ end }}
    </div>
  </div>
</body>
</html>
```

위 템플릿은 다른 색 구성표를 사용해 관리 기능을 표시하고 한쪽에는 섹션 버튼이 있고 다른 쪽에는 선택한 관리 함수가 있는 2열 레이아웃을 표시한다. 선택한 기능은 handler 함수를 사용해 표시한다.

리스트 37-25의 내용을 담은 products_handler.go 파일을 sportsstore/admin 폴더에 추가해보자.

1074

리스트 37-25 admin 폴더 내 products_handler.go 파일 소스 코드

```
package admin

type ProductsHandler struct {}

func (handler ProductsHandler) GetData() string {
  return "This is the products handler"
}
```

리스트 37-26의 내용을 담은 category_handler.go 파일을 sportsstore/admin 폴더에 추가
해보자.

리스트 37-26 admin 폴더 내 category_handler.go 파일 소스 코드

```
package admin

type CategoriesHandler struct {}

func (handler CategoriesHandler) GetData() string {
  return "This is the categories handler"
}
```

리스트 37-27의 내용을 담은 orders_handler.go 파일을 sportsstore/admin 폴더에 추가해
보자.

리스트 37-27 admin 폴더 내 orders_handler.go 파일 소스 코드

```
package admin

type OrdersHandler struct {}

func (handler OrdersHandler) GetData() string {
  return "This is the orders handler"
}
```

핸들러 세트를 완료하기 위해 sportsstore/admin에 리스트 37-28의 내용을 담은 database_
handler.go 파일을 추가해보자.

리스트 37-28 admin 폴더 내 database_handler.go 파일 소스 코드

```
package admin

type DatabaseHandler struct {}

func (handler DatabaseHandler) GetData() string {
  return "This is the database handler"
}
```

38장에서 관리 기능에 대한 액세스 제어를 추가하겠지만 지금은 리스트 37-29와 같이 누구나 액세스할 수 있도록 새 핸들러를 등록하겠다.

리스트 37-29 admin 폴더 내 main.go 파일에서 관리 핸들러 등록

```
package main

import (
  "sync"
  "platform/http"
  "platform/http/handling"
  "platform/services"
  "platform/pipeline"
  "platform/pipeline/basic"
  "sportsstore/store"
  "sportsstore/models/repo"
  "platform/sessions"
  "sportsstore/store/cart"
  "sportsstore/admin"
)

func registerServices() {
  services.RegisterDefaultServices()
  //repo.RegisterMemoryRepoService()
  repo.RegisterSqlRepositoryService()
  sessions.RegisterSessionService()
  cart.RegisterCartService()
}

func createPipeline() pipeline.RequestPipeline {
  return pipeline.CreatePipeline(
    &basic.ServicesComponent{},
    &basic.LoggingComponent{},
    &basic.ErrorComponent{},
    &basic.StaticFileComponent{},
    &sessions.SessionComponent{},
    handling.NewRouter(
      handling.HandlerEntry{ "", store.ProductHandler{}},
      handling.HandlerEntry{ "", store.CategoryHandler{}},
      handling.HandlerEntry{ "", store.CartHandler{}},
      handling.HandlerEntry{ "", store.OrderHandler{}},
      handling.HandlerEntry{ "admin", admin.AdminHandler{}},
      handling.HandlerEntry{ "admin", admin.ProductsHandler{}},
      handling.HandlerEntry{ "admin", admin.CategoriesHandler{}},
      handling.HandlerEntry{ "admin", admin.OrdersHandler{}},
      handling.HandlerEntry{ "admin", admin.DatabaseHandler{}},
      ).AddMethodAlias("/", store.ProductHandler.GetProducts, 0, 1).
  AddMethodAlias("/products[/]?[A-z0-9]*?", store.ProductHandler.GetProducts, 0, 1).
        AddMethodAlias("/admin[/]?", admin.AdminHandler.GetSection, ""),
  )
```

```
  }

  func main() {
    registerServices()
    results, err := services.Call(http.Serve, createPipeline())
    if (err == nil) {
      (results[0].(*sync.WaitGroup)).Wait()
    } else {
      panic(err)
    }
  }
```

프로젝트를 컴파일 및 실행하고 브라우저를 사용해 http://localhost:5000/admin을 요청하면 그림 37-2의 응답을 생성한다. 왼쪽 열의 탐색 버튼을 클릭하면 오른쪽 열의 다른 핸들러를 호출한다.

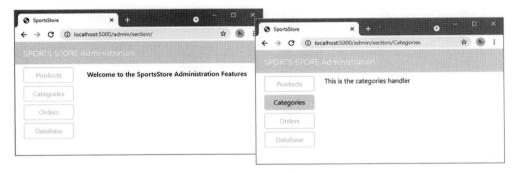

그림 37-2 관리 기능 작업 시작

제품 관리 기능 생성

제품 관리 기능을 통해 새 제품을 상점에 추가하고 기존 제품을 수정할 수 있다. 단순화를 위해 테이블 간의 외래 키 관계로 생성한 데이터베이스에서 제품을 삭제하는 것을 허용하지 않는다.

리포지터리 확장

첫 번째 단계는 데이터베이스를 변경할 수 있도록 리포지터리를 확장하는 것이다. 리스트 37-30은 Repository 인터페이스에 새로운 메서드를 추가한다.

리스트 37-30 models 폴더 내 repository.go 파일에서 메서드 정의

```
package models

type Repository interface {

  GetProduct(id int) Product
  GetProducts() []Product
```

```
    SaveProduct(*Product)

    GetProductPage(page, pageSize int) (products []Product, totalAvailable int)

    GetProductPageCategory(categoryId int, page, pageSize int) (products []Product,
        totalAvailable int)

    GetCategories() []Category

    GetOrder(id int) Order
    GetOrders() []Order
    SaveOrder(*Order)

    Seed()
}
```

새 제품을 저장할 때 사용할 SQL을 정의하기 위해 리스트 37-31의 내용을 담은 save_product.sql 파일을 sportsstore/sql 폴더에 추가해보자.

리스트 37-31 sql 폴더 내 save_product.sql 파일 소스 코드

```
INSERT INTO Products(Name, Description, Category, Price)
VALUES (?, ?, ?, ?)
```

기존 제품을 수정할 때 사용할 SQL을 정의하기 위해 리스트 37-32의 내용을 담은 update_product.sql 파일을 sportsstore/sql 폴더에 추가해보자.

리스트 37-32 sql 폴더 내 update_product.sql 파일 소스 코드

```
UPDATE Products
SET Name = ?, Description = ?, Category = ?, Price =?
WHERE Id == ?
```

리스트 37-33은 제품 데이터를 수정하기 위해 SQL 파일에 대한 액세스를 제공할 새 명령어를 추가한다.

리스트 37-33 models/repo 폴더 내 sql_repo.go 파일에서 명령어 추가

```
package repo

import (
    "database/sql"
    "platform/config"
    "platform/logging"
    "context"
)
```

```
type SqlRepository struct {
  config.Configuration
  logging.Logger
  Commands SqlCommands
  *sql.DB
  context.Context
}

type SqlCommands struct {
  Init,
  Seed,
  GetProduct,
  GetProducts,
  GetCategories,
  GetPage,
  GetPageCount,
  GetCategoryPage,
  GetCategoryPageCount,
  GetOrder,
  GetOrderLines,
  GetOrders,
  GetOrdersLines,
  SaveOrder,
  SaveOrderLine,
  SaveProduct,
  UpdateProduct *sql.Stmt
}
```

리스트 37-34는 새 명령어에 대한 SQL 파일의 위치를 지정하는 구성 설정을 추가한다.

리스트 37-34 sportsstore 폴더 내 config.json 파일에서 구성 설정 추가

```
  ...
  "sql": {
    "connection_str": "store.db",
    "always_reset": true,
    "commands": {
      "Init":                 "sql/init_db.sql",
      "Seed":                 "sql/seed_db.sql",
      "GetProduct":           "sql/get_product.sql",
      "GetProducts":          "sql/get_products.sql",
      "GetCategories":        "sql/get_categories.sql",
      "GetPage":              "sql/get_product_page.sql",
      "GetPageCount":         "sql/get_page_count.sql",
      "GetCategoryPage":      "sql/get_category_product_page.sql",
      "GetCategoryPageCount": "sql/get_category_product_page_count.sql",
      "GetOrder":             "sql/get_order.sql",
      "GetOrderLines":        "sql/get_order_lines.sql",
      "GetOrders":            "sql/get_orders.sql",
      "GetOrdersLines":       "sql/get_orders_lines.sql",
```

```
        "SaveOrder":             "sql/save_order.sql",
        "SaveOrderLine":         "sql/save_order_line.sql"
        "SaveProduct":           "sql/save_product.sql",
        "UpdateProduct":         "sql/update_product.sql",
    }
  }
  ...
```

SQL 명령어를 사용해 리포지터리 메서드를 구현하기 위해 리스트 37-35의 내용을 담은 sql_
products_save.go 파일을 sportsstore/models/repo 폴더에 추가해보자.

리스트 37-35 models/repo 폴더 내 sql_products_save.go 파일 소스 코드

```go
package repo

import "sportsstore/models"

func (repo *SqlRepository) SaveProduct(p *models.Product) {

  if (p.ID == 0) {
    result, err := repo.Commands.SaveProduct.ExecContext(repo.Context, p.Name,
      p.Description, p.Category.ID, p.Price)
    if err == nil {
      id, err := result.LastInsertId()
      if err == nil {
        p.ID = int(id)
        return
      } else {
        repo.Logger.Panicf("Cannot get inserted ID: %v", err.Error())
      }
    } else {
      repo.Logger.Panicf("Cannot exec SaveProduct command: %v", err.Error())
    }
  } else {
    result, err := repo.Commands.UpdateProduct.ExecContext(repo.Context, p.Name,
      p.Description, p.Category.ID, p.Price, p.ID)
    if err == nil {
      affected, err := result.RowsAffected()
      if err == nil && affected != 1 {
        repo.Logger.Panicf("Got unexpected rows affected: %v", affected)
      } else if err != nil {
        repo.Logger.Panicf("Cannot get rows affected: %v", err)
      }
    } else {
      repo.Logger.Panicf("Cannot exec Update command: %v", err.Error())
    }
  }
}
```

위 메서드로 받은 제품의 ID 속성이 0이면 데이터를 데이터베이스에 추가하고 그렇지 않으면 업데이트를 수행한다.

제품 요청 핸들러 구현

다음 단계는 요청 핸들러에 플레이스홀더 응답을 제거하고 관리자가 Product 데이터를 보고 편집할 수 있는 실제 기능을 추가하는 것이다. sportsstore/admin 폴더에 있는 products_handler.go 파일의 내용을 리스트 37-36 내용으로 교체해보자(store 폴더에 있는 비슷한 이름의 파일이 아니라 admin 폴더에 있는 파일을 편집해야 한다).

리스트 37-36 admin 폴더 내 products_handler.go 파일에서 기능 추가

```go
package admin

import (
  "sportsstore/models"
  "platform/http/actionresults"
  "platform/http/handling"
  "platform/sessions"
)

type ProductsHandler struct {
  models.Repository
  handling.URLGenerator
  sessions.Session
}

type ProductTemplateContext struct {
  Products []models.Product
  EditId int
  EditUrl string
  SaveUrl string
}

const PRODUCT_EDIT_KEY string = "product_edit"

func (handler ProductsHandler) GetData() actionresults.ActionResult {
  return actionresults.NewTemplateAction("admin_products.html",
      ProductTemplateContext {
    Products: handler.GetProducts(),
    EditId: handler.Session.GetValueDefault(PRODUCT_EDIT_KEY, 0).(int),
    EditUrl: mustGenerateUrl(handler.URLGenerator,
      ProductsHandler.PostProductEdit),
    SaveUrl: mustGenerateUrl(handler.URLGenerator,
      ProductsHandler.PostProductSave),
  })
}
```

```
type EditReference struct {
  ID int
}

func (handler ProductsHandler) PostProductEdit(ref EditReference) actionresults.
    ActionResult {
  handler.Session.SetValue(PRODUCT_EDIT_KEY, ref.ID)
  return actionresults.NewRedirectAction(mustGenerateUrl(handler.URLGenerator,
    AdminHandler.GetSection, "Products"))
}

type ProductSaveReference struct {
  Id int
  Name, Description string
  Category int
  Price float64
}

func (handler ProductsHandler) PostProductSave(
    p ProductSaveReference) actionresults.ActionResult {

  handler.Repository.SaveProduct(&models.Product{
    ID: p.Id, Name: p.Name, Description: p.Description,
    Category: &models.Category{ ID: p.Category },
    Price: p.Price,
  })
  handler.Session.SetValue(PRODUCT_EDIT_KEY, 0)
  return actionresults.NewRedirectAction(mustGenerateUrl(handler.URLGenerator,
    AdminHandler.GetSection, "Products"))
}

func mustGenerateUrl(gen handling.URLGenerator, target interface{},
    data ...interface{}) string {
  url, err := gen.GenerateUrl(target, data...)
  if (err != nil) {
    panic(err)
  }
  return url
}
```

GetData 메서드는 데이터베이스의 Product 값, 사용자가 편집하려는 제품의 ID를 나타낼 때 사용하는 int 값, 탐색에 사용하는 URL을 포함하는 콘텍스트 데이터와 함께 admin_products.html 템플릿을 렌더링한다. 템플릿을 생성하기 위해 리스트 37-37의 내용을 담은 admin_products.html 파일을 sportsstore/templates 폴더에 추가해보자.

```
{{ $context := . }}
<table class="table table-sm table-striped table-bordered">
  <thead>
    <tr>
      <th>ID</th><th>Name</th><th>Description</th>
      <th>Category</th><th class="text-end">Price</th><th></th>
    </tr>
  </thead>
  <tbody>
    {{ range $context.Products }}
      {{ if ne $context.EditId .ID}}
        <tr>
          <td>{{ .ID }}</td>
          <td>{{ .Name }}</td>
          <td>
            <span class="d-inline-block text-truncate"
              style="max-width: 200px;">
                {{ .Description }}
            </span>
          </td>
          <td>{{ .CategoryName }}</td>
          <td class="text-end">{{ printf "$%.2f" .Price }}</td>
          <td class="text-center">
            <form method="POST" action="{{ $context.EditUrl }}">
              <input type="hidden" name="id" value="{{ .ID }}" />
              <button class="btn btn-sm btn-warning" type="submit">
                Edit
              </button>
            </form>
          </td>
        </tr>
      {{ else }}
        <tr>
          <form method="POST" action="{{ $context.SaveUrl }}" >
            <input type="hidden" name="id" value="{{ .ID }}" />
            <td><input class="form-control" disabled value="{{.ID}}"
              size="3"/>
            </td>
            <td><input name="name" class="form-control" size=12
              value="{{ .Name }}" /></td>
            <td><input name="description" class="form-control"
              size=15 value="{{ .Description }}" /></td>
            <td>{{ handler "categories" "getselect" .Category.ID }}</td>
            <td><input name="price" class="form-control text-end"
              size=7 value="{{ .Price }}"/></td>
            <td>
              <button class="btn btn-sm btn-danger" type="submit">
                Save
              </button>
```

```
          </td>
        </form>
      </tr>
    {{ end }}
  {{ end }}
</tbody>
{{ if eq $context.EditId 0}}
  <tfoot>
    <tr><td colspan="6" class="text-center">Add New Product</td></tr>
    <tr>
      <form method="POST" action="{{ $context.SaveUrl }}" >
        <td>-</td>
        <td><input name="name" class="form-control" size=12 /></td>
        <td><input name="description" class="form-control"
          size=15 /></td>
        <td>{{ handler "categories" "getselect" 0 }}</td>
        <td><input name="price" class="form-control" size=7 /></td>
        <td>
          <button class="btn btn-sm btn-danger" type="submit">
            Save
          </button>
        </td>
      </form>
    </tr>
  </tfoot>
{{ end }}
</table>
```

이 템플릿은 기존 제품을 수정하기 위한 인라인 에디터와 새 제품을 만들기 위한 다른 에디터와 함께 모든 제품을 포함하는 HTML 템플릿을 생성한다. 두 작업 모두 사용자가 CategoriesHandler가 정의한 메서드를 호출해 생성하는 카테고리를 선택할 수 있도록 하는 선택 요소가 필요하다. 리스트 37-38은 위 메서드를 요청 핸들러에 추가한다.

리스트 37-38 admin 폴더 내 category_handler.go 파일에서 선택 요소 지원 추가

```go
package admin

import (
  "platform/http/actionresults"
  "sportsstore/models"
)

type CategoriesHandler struct {
  models.Repository
}

func (handler CategoriesHandler) GetData() string {
  return "This is the categories handler"
```

```
}

func (handler CategoriesHandler) GetSelect(current int) actionresults.ActionResult {
  return actionresults.NewTemplateAction("select_category.html", struct {
    Current int
    Categories []models.Category
  }{ Current: current, Categories: handler.GetCategories()})
}
```

GetSelect 메서드에서 사용하는 템플릿을 정의하기 위해 리스트 37-39의 내용을 담은 select_category.html 파일을 sportsstore/templates 폴더에 추가해보자.

리스트 37-39 templates 폴더 내 select_category.html 파일 소스 코드

```
{{ $context := . }}

<select class="form-select" name="category" value="{{ $context.Current }}">
  <option value="0">Select a category</option>
  {{ range $context.Categories }}
    <option value="{{.ID}}" {{ if eq $context.Current .ID }}selected{{end}}>
      {{.CategoryName}}
    </option>
  {{ end }}
</select>
```

프로젝트를 컴파일 및 실행하고 브라우저를 사용해 http://localhost:5000/admin을 요청하고 **Products** 버튼을 클릭해보자. 데이터베이스에서 읽은 제품 리스트를 표시한다. **Edit** 버튼 중 하나를 클릭해 편집할 제품을 선택하고 양식 필드에 새 값을 입력한 다음 **Submit** 버튼을 클릭해 변경 사항을 데이터베이스에 저장한다(그림 37-3 참조).

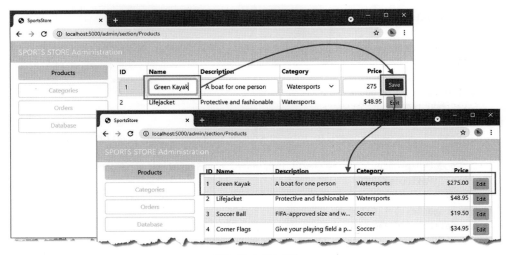

그림 37-3 제품 수정

편집할 제품을 선택하지 않은 경우 그림 37-4와 같이 테이블 하단에 있는 양식을 사용해 데이터베이스에 새 제품을 만들 수 있다.

그림 37-4 제품 추가

카테고리 관리 기능 생성

다른 관리 기능을 구현하기 위해 이전 절에서 설정한 기본 패턴을 적용할 것이다.

리포지터리 확장

리스트 37-40은 Category를 저장할 Repository 인터페이스에 메서드를 추가한다.

리스트 37-40 models 폴더 내 repository.go 파일에서 메서드 추가

```
package models

type Repository interface {

    GetProduct(id int) Product
    GetProducts() []Product
    SaveProduct(*Product)

    GetProductPage(page, pageSize int) (products []Product, totalAvailable int)

    GetProductPageCategory(categoryId int, page, pageSize int) (products []Product,
      totalAvailable int)

    GetCategories() []Category
    SaveCategory(*Category)
```

```
    GetOrder(id int) Order
    GetOrders() []Order
    SaveOrder(*Order)

    Seed()
}
```

데이터베이스에 새 카테고리를 저장할 때 사용할 SQL을 정의하기 위해 리스트 37-41의 내용을 담은 save_category.sql 파일을 sportsstore/sql 폴더에 추가해보자.

리스트 37-41 sql 폴더 내 save_category.sql 파일 소스 코드

```
INSERT INTO Categories(Name) VALUES (?)
```

기존 카테고리를 수정할 때 사용할 SQL을 정의하기 위해 리스트 37-42의 내용을 담은 update_category.sql 파일을 sportsstore/sql 폴더에 추가해보자.

리스트 37-42 sql 폴더 내 update_category.sql 파일 소스 코드

```
UPDATE Categories SET Name = ? WHERE Id == ?
```

리스트 37-43은 SQL 파일에 대한 액세스를 제공할 새 명령어를 추가한다.

리스트 37-43 models/repo 폴더 내 sql_repo.go 파일에서 명령어 추가

```
...
type SqlCommands struct {
  Init,
  Seed,
  GetProduct,
  GetProducts,
  GetCategories,
  GetPage,
  GetPageCount,
  GetCategoryPage,
  GetCategoryPageCount,
  GetOrder,
  GetOrderLines,
  GetOrders,
  GetOrdersLines,
  SaveOrder,
  SaveOrderLine,
  SaveProduct,
  UpdateProduct,
  SaveCategory,
  UpdateCategory *sql.Stmt
}
...
```

리스트 37-44는 새 명령어에 대한 SQL 파일의 위치를 지정하는 구성 설정을 추가한다.

리스트 37-44 sportsstore 폴더 내 config.json 파일에서 구성 설정 추가

```
...
"sql": {
  "connection_str": "store.db",
  "always_reset": true,
  "commands": {
    "Init":                    "sql/init_db.sql",
    "Seed":                    "sql/seed_db.sql",
    "GetProduct":              "sql/get_product.sql",
    "GetProducts":             "sql/get_products.sql",
    "GetCategories":           "sql/get_categories.sql",
    "GetPage":                 "sql/get_product_page.sql",
    "GetPageCount":            "sql/get_page_count.sql",
    "GetCategoryPage":         "sql/get_category_product_page.sql",
    "GetCategoryPageCount":    "sql/get_category_product_page_count.sql",
    "GetOrder":                "sql/get_order.sql",
    "GetOrderLines":           "sql/get_order_lines.sql",
    "GetOrders":               "sql/get_orders.sql",
    "GetOrdersLines":          "sql/get_orders_lines.sql",
    "SaveOrder":               "sql/save_order.sql",
    "SaveOrderLine":           "sql/save_order_line.sql"
    "SaveProduct":             "sql/save_product.sql",
    "UpdateProduct":           "sql/update_product.sql",
    "SaveCategory":            "sql/save_category.sql",
    "UpdateCategory":          "sql/update_category.sql",
  }
}
...
```

새 인터페이스 메서드를 구현하기 위해 리스트 37-45의 내용을 담은 sql_category_save.go 파일을 sportsstore/models/repo 폴더에 추가해보자.

리스트 37-45 models/repo 폴더 내 sql_category_save.go 파일 소스 코드

```
package repo

import "sportsstore/models"

func (repo *SqlRepository) SaveCategory(c *models.Category) {
  if (c.ID == 0) {
    result, err := repo.Commands.SaveCategory.ExecContext(repo.Context,
      c.CategoryName)
    if err == nil {
      id, err := result.LastInsertId()
      if err == nil {
```

1088

```
            c.ID = int(id)
            return
        } else {
            repo.Logger.Panicf("Cannot get inserted ID: %v", err.Error())
        }
    } else {
        repo.Logger.Panicf("Cannot exec SaveCategory command: %v", err.Error())
    }
} else {
    result, err := repo.Commands.UpdateCategory.ExecContext(repo.Context,
        c.CategoryName, c.ID)
    if err == nil {
        affected, err := result.RowsAffected()
        if err == nil && affected != 1 {
            repo.Logger.Panicf("Got unexpected rows affected: %v", affected)
        } else if err != nil {
            repo.Logger.Panicf("Cannot get rows affected: %v", err)
        }
    } else {
        repo.Logger.Panicf("Cannot exec UpdateCategory command: %v", err.Error())
    }
}
}
```

위 메서드로 받은 Category의 ID 속성이 0이면 데이터를 데이터베이스에 추가하고 그렇지 않으면 업데이트를 수행한다.

카테고리 요청 핸들러 구현

sportsstore/admin 폴더에 있는 category_handler.go 파일의 내용을 리스트 37-46의 코드로 교체해보자.

리스트 37-46 admin 폴더 내 category_handler.go 파일 소스 코드 교체

```
package admin

import (
    "sportsstore/models"
    "platform/http/actionresults"
    "platform/http/handling"
    "platform/sessions"
)

type CategoriesHandler struct {
    models.Repository
    handling.URLGenerator
    sessions.Session
```

```
}

type CategoryTemplateContext struct {
  Categories []models.Category
  EditId int
  EditUrl string
  SaveUrl string
}

const CATEGORY_EDIT_KEY string = "category_edit"

func (handler CategoriesHandler) GetData() actionresults.ActionResult {
  return actionresults.NewTemplateAction("admin_categories.html",
    CategoryTemplateContext {
      Categories: handler.Repository.GetCategories(),
      EditId: handler.Session.GetValueDefault(CATEGORY_EDIT_KEY, 0).(int),
      EditUrl: mustGenerateUrl(handler.URLGenerator,
        CategoriesHandler.PostCategoryEdit),
      SaveUrl: mustGenerateUrl(handler.URLGenerator,
        CategoriesHandler.PostCategorySave),
    })
}

func (handler CategoriesHandler) PostCategoryEdit(ref EditReference) actionresults.
ActionResult {
  handler.Session.SetValue(CATEGORY_EDIT_KEY, ref.ID)
  return actionresults.NewRedirectAction(mustGenerateUrl(handler.URLGenerator,
    AdminHandler.GetSection, "Categories"))
}

func (handler CategoriesHandler) PostCategorySave(
    c models.Category) actionresults.ActionResult {
  handler.Repository.SaveCategory(&c)
  handler.Session.SetValue(CATEGORY_EDIT_KEY, 0)
  return actionresults.NewRedirectAction(mustGenerateUrl(handler.URLGenerator,
    AdminHandler.GetSection, "Categories"))
}

func (handler CategoriesHandler) GetSelect(current int) actionresults.ActionResult {
  return actionresults.NewTemplateAction("select_category.html", struct {
    Current int
    Categories []models.Category
  }{ Current: current, Categories: handler.GetCategories()})
}
```

위 핸들러에서 사용하는 템플릿을 정의하기 위해 리스트 37-47의 내용을 담은 admin_
categories.html 파일을 sportsstore/templates 폴더에 추가해보자.

```
{{ $context := . }}
<table class="table table-sm table-striped table-bordered">
  <thead><tr><th>ID</th><th>Name</th><th></th></tr></thead>
  <tbody>
    {{ range $context.Categories }}
      {{ if ne $context.EditId .ID}}
        <tr>
          <td>{{ .ID }}</td>
          <td>{{ .CategoryName }}</td>
          <td class="text-center">
            <form method="POST" action="{{ $context.EditUrl }}">
              <input type="hidden" name="id" value="{{ .ID }}" />
              <button class="btn btn-sm btn-warning" type="submit">
                Edit
              </button>
            </form>
          </td>
        </tr>
      {{ else }}
        <tr>
          <form method="POST" action="{{ $context.SaveUrl }}" >
            <input type="hidden" name="id" value="{{ .ID }}" />
            <td>
              <input class="form-control" disabled
                value="{{.ID}}" size="3"/>
            </td>
            <td><input name="categoryname" class="form-control" size=12
              value="{{ .CategoryName }}" /></td>
          <td class="text-center">
            <button class="btn btn-sm btn-danger" type="submit">
              Save
            </button>
          </td>
          </form>
        </tr>
      {{end }}
    {{ end }}
  </tbody>
  {{ if eq $context.EditId 0}}
    <tfoot>
      <tr><td colspan="6" class="text-center">Add New Category</td></tr>
      <tr>
        <form method="POST" action="{{ $context.SaveUrl }}" >
          <td>-</td>
          <td><input name="categoryname" class="form-control"
            size=12 /></td>
          <td class="text-center">
            <button class="btn btn-sm btn-danger" type="submit">
              Save
```

```
            </button>
          </td>
        </form>
      </tr>
    </tfoot>
  {{ end }}
</table>
```

프로젝트를 컴파일 및 실행하고 브라우저를 사용해 http://localhost:5000/admin을 요청하고 **Categories** 버튼을 클릭해보자. 그림 37–5와 같이 데이터베이스에서 읽은 카테고리 리스트를 볼 수 있고 카테고리를 편집하고 만들 수도 있다.

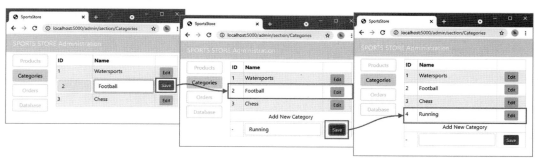

그림 37–5 카테고리 관리

✤ 요약

37장에서는 결제 프로세스를 추가하고 관리 기능에 대한 작업을 시작해 SportsStore 애플리케이션 개발을 계속했다. 38장에서는 이러한 기능을 완료하고 액세스 제어 지원을 추가하고 애플리케이션 배포를 준비한다.

SportsStore: 마무리 및 배포

38장에서는 SportsStore 애플리케이션의 개발을 완료하고 배포 준비를 한다.

> **■ 팁 ■**
>
> 다음 링크(https://github.com/apress/pro-go)에서 38장 및 책의 다른 모든 장에 대한 예제 프로젝트를 다운로드
> 할 수 있다. 예제를 실행하는 데 문제가 발생한 경우 도움받는 방법은 2장을 참조한다.

관리 기능 완성

37장에서 정의한 4개의 관리 관련 절 중 2개는 아직 구현하지 않았다. 제품 및 카테고리 기능보다 단순하다는 점을 반영해 나머지 두 기능을 이번 절에서 동시에 정의한다.

리포지터리 확장

리스트 38-1에 표시한 것처럼 관리 기능을 완료하기 위해 두 가지 새로운 리포지터리 메서드가 필요하다.

리스트 38-1 models 폴더 내 repository.go 파일에서 인터페이스 추가

```
package models

type Repository interface {

    GetProduct(id int) Product
    GetProducts() []Product
    SaveProduct(*Product)

    GetProductPage(page, pageSize int) (products []Product, totalAvailable int)
    GetProductPageCategory(categoryId int, page, pageSize int) (products []Product,
        totalAvailable int)
```

```
    GetCategories() []Category
    SaveCategory(*Category)

    GetOrder(id int) []Order
    GetOrders() Order
    SaveOrder(*Order)
    SetOrderShipped(*Order)

    Seed()
    Init()
}
```

SetOrderShipped 메서드는 배송 시점을 나타내도록 기존 주문을 업데이트할 때 사용한다. Init 메서드는 인터페이스의 SQL 구현이 이미 정의한 메서드 이름에 해당하고 관리자가 데이터베이스를 배포한 후 처음 사용할 수 있도록 준비할 때 사용한다.

기존 주문을 업데이트할 때 사용할 SQL을 정의하기 위해 리스트 38-2의 내용을 담은 update_order.sql 파일을 sportsstore/sql 폴더에 추가해보자.

리스트 38-2 sql 폴더 내 update_order.sql 파일 소스 코드

```
UPDATE Orders SET Shipped = ? WHERE Id == ?
```

리스트 38-3은 리스트 38-2에 정의한 SQL이 다른 SQL 문과 동일한 방식으로 액세스할 수 있도록 새 명령어를 추가한다.

리스트 38-3 models/repo 폴더 내 sql_repo.go 파일에서 명령어 추가

```
...
type SqlCommands struct {
    Init,
    Seed,
    GetProduct,
    GetProducts,
    GetCategories,
    GetPage,
    GetPageCount,
    GetCategoryPage,
    GetCategoryPageCount,
    GetOrder,
    GetOrderLines,
    GetOrders,
    GetOrdersLines,
    SaveOrder,
    SaveOrderLine,
    UpdateOrder,
    SaveProduct,
```

```
        UpdateProduct,
        SaveCategory,
        UpdateCategory *sql.Stmt
    }
    ...
```

리스트 38-4는 새 명령어에 필요한 SQL의 위치를 지정하는 구성 설정을 추가한다.

리스트 38-4 sportsstore 폴더 내 config.json 파일에서 구성 설정 추가

```
    ...
    "sql": {
        "connection_str": "store.db",
        "always_reset": true,
        "commands": {
            "Init": "sql/init_db.sql",
            "Seed": "sql/seed_db.sql",
            "GetProduct": "sql/get_product.sql",
            "GetProducts": "sql/get_products.sql",
            "GetCategories": "sql/get_categories.sql",
            "GetPage": "sql/get_product_page.sql",
            "GetPageCount": "sql/get_page_count.sql",
            "GetCategoryPage": "sql/get_category_product_page.sql",
            "GetCategoryPageCount": "sql/get_category_product_page_count.sql",
            "GetOrder": "sql/get_order.sql",
            "GetOrderLines": "sql/get_order_lines.sql",
            "GetOrders": "sql/get_orders.sql",
            "GetOrdersLines": "sql/get_orders_lines.sql",
            "SaveOrder": "sql/save_order.sql",
            "SaveOrderLine": "sql/save_order_line.sql"
            "SaveProduct":         "sql/save_product.sql",
            "UpdateProduct":       "sql/update_product.sql",
            "SaveCategory":        "sql/save_category.sql",
            "UpdateCategory":      "sql/update_category.sql",
            "UpdateOrder":         "sql/update_order.sql",
        }
    }
    ...
```

리포지터리 메서드를 구현하기 위해 sportsstore/models/repo 폴더에 리스트 38-5의 내용을 담은 sql_order_update.go 파일을 추가해보자.

리스트 38-5 models/repo 폴더 내 sql_order_update.go 파일 소스 코드

```
package repo

import "sportsstore/models"

func (repo *SqlRepository) SetOrderShipped(o *models.Order) {
```

```
    result, err := repo.Commands.UpdateOrder.ExecContext(repo.Context,
        o.Shipped, o.ID)
    if err == nil {
        rows, err :=result.RowsAffected()
        if err != nil {
            repo.Logger.Panicf("Cannot get updated ID: %v", err.Error())
        } else if rows != 1 {
            repo.Logger.Panicf("Got unexpected rows affected: %v", rows)
        }
    } else {
        repo.Logger.Panicf("Cannot exec UpdateOrder command: %v", err.Error())
    }
}
```

요청 핸들러 구현

주문 관리 지원을 추가하기 위해 sportsstore/admin 폴더에서 리스트 38-6의 내용을 담은
orders_handler.go 파일의 내용을 교체해보자.

리스트 38-6 admin 폴더 내 orders_handler.go 파일의 새로운 소스 코드

```
package admin

import (
    "platform/http/actionresults"
    "platform/http/handling"
    "sportsstore/models"
)

type OrdersHandler struct {
    models.Repository
    handling.URLGenerator
}

func (handler OrdersHandler) GetData() actionresults.ActionResult {
    return actionresults.NewTemplateAction("admin_orders.html", struct {
        Orders []models.Order
        CallbackUrl string
    }{
        Orders: handler.Repository.GetOrders(),
        CallbackUrl: mustGenerateUrl(handler.URLGenerator,
            OrdersHandler.PostOrderToggle),
    })
}

func (handler OrdersHandler) PostOrderToggle(ref EditReference) actionresults.
ActionResult {
    order := handler.Repository.GetOrder(ref.ID)
    order.Shipped = !order.Shipped
```

```
    handler.Repository.SetOrderShipped(&order)
    return actionresults.NewRedirectAction(mustGenerateUrl(handler.URLGenerator,
        AdminHandler.GetSection, "Orders"))
}
```

주문에서 허용하는 유일한 변경 사항은 주문을 발송했음을 나타내는 Shipped 필드의 값을 변경하는 것이다. database_handler.go 파일의 내용을 리스트 38-7의 내용으로 교체해보자.

리스트 38-7 admin 폴더 내 database_handler.go 파일의 새로운 소스 코드

```go
package admin

import (
    "platform/http/actionresults"
    "platform/http/handling"
    "sportsstore/models"
)

type DatabaseHandler struct {
    models.Repository
    handling.URLGenerator
}

func (handler DatabaseHandler) GetData() actionresults.ActionResult {
    return actionresults.NewTemplateAction("admin_database.html", struct {
        InitUrl, SeedUrl string
    }{
        InitUrl: mustGenerateUrl(handler.URLGenerator,
            DatabaseHandler.PostDatabaseInit),
        SeedUrl: mustGenerateUrl(handler.URLGenerator,
            DatabaseHandler.PostDatabaseSeed),
    })
}

func (handler DatabaseHandler) PostDatabaseInit() actionresults.ActionResult {
    handler.Repository.Init()
    return actionresults.NewRedirectAction(mustGenerateUrl(handler.URLGenerator,
        AdminHandler.GetSection, "Database"))
}

func (handler DatabaseHandler) PostDatabaseSeed() actionresults.ActionResult {
    handler.Repository.Seed()
    return actionresults.NewRedirectAction(mustGenerateUrl(handler.URLGenerator,
        AdminHandler.GetSection, "Database"))
}
```

데이터베이스에서 수행할 수 있는 각 작업에 대한 핸들러 메서드가 있다. 38장의 뒷부분에서 애플리케이션을 배포할 준비를 한 후 관리자는 애플리케이션을 바로 시작할 수 있다.

템플릿 생성

주문 관리에 사용하는 템플릿을 만들기 위해 리스트 38-8의 내용을 담은 admin_orders.html 파일을 sportsstore/templates 폴더에 추가해보자.

리스트 38-8 templates 폴더 내 admin_orders.html 파일 소스 코드

```
{{ $context := .}}

<table class="table table-sm table-striped table-bordered">
  <tr><th>ID</th><th>Name</th><th>Address</th><th/></tr>
  <tbody>
    {{ range $context.Orders }}
      <tr>
        <td>{{ .ID }}</td>
        <td>{{ .Name }}</td>
        <td>{{ .StreetAddr }}, {{ .City }}, {{ .State }},
          {{ .Country }}, {{ .Zip }}</td>
        <td>
          <form method="POST" action="{{$context.CallbackUrl}}">
            <input type="hidden" name="id" value="{{.ID}}" />
            {{ if .Shipped }}
              <button class="btn-btn-sm btn-warning" type="submit">
                Ship Order
              </button>
            {{ else }}
              <button class="btn-btn-sm btn-danger" type="submit">
                Mark Unshipped
              </button>
            {{ end }}
          </form>
        </td>
      </tr>
      <tr><th colspan="2"/><th>Quantity</th><th>Product</th></tr>
      {{ range .Products }}
        <tr>
          <td colspan="2"/>
          <td>{{ .Quantity }}</td>
          <td>{{ .Product.Name }}</td>
        </tr>
      {{ end }}
    {{ end }}
  </tbody>
</table>
```

템플릿은 각 주문을 포함한 제품의 세부 정보와 함께 테이블에 주문을 표시한다. 데이터베이스 관리에 사용하는 템플릿을 생성하기 위해 리스트 38-9의 내용을 담은 admin_database. html 파일을 sportsstore/templates 폴더에 추가해보자.

```
{{ $context := . }}

<form method="POST">
  <button class="btn btn-danger m-3 p-2" type="submit"
      formaction="{{ $context.InitUrl}}">
    Initialize Database
  </button>
  <button class="btn btn-warning m-3 p-2" type="submit"
      formaction="{{ $context.SeedUrl}}">
    Seed Database
  </button>
</form>
```

프로젝트를 컴파일 및 실행하고 브라우저를 사용해 http://localhost:5000/admin을 요청한다. 그리고 Orders 버튼을 클릭해 그림 38-1과 같이 데이터베이스의 주문을 확인하고 배송 상태를 변경한다. Database 버튼을 클릭하면 그림 38-1과 같이 데이터베이스를 재설정하고 시드할 수 있다.

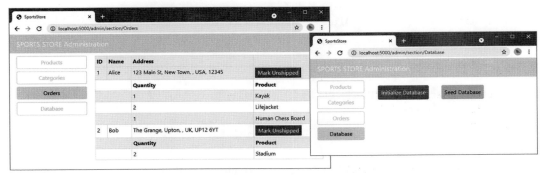

그림 38-1 관리 기능 완료

관리 기능 접근 제한

관리 기능에 대한 공개 액세스 권한을 부여하면 개발을 간소화할 수 있지만 프로덕션 환경에서는 허용하지 않는다. 이제 관리 기능을 완성했으므로 인증된 사용자만 사용할 수 있도록 해야 한다.

사용자 스토어 및 요청 핸들러 생성

앞에서 설명한 것처럼 실제 인증 시스템을 구현하지 않는 이유는 보안이 어렵고 이 책의 범위를 벗어나기 때문이다. 대신 플랫폼 프로젝트에서 취한 것과 유사한 접근 방식을 따르고 하드와이어^{hardwired1} 자격 증명을 사용해 사용자를 인증할 것이다. sportsstore/admin/auth 폴더를 생성하고 리스트 38-10의 내용을 담은 user_store.go 파일을 추가해보자.

리스트 38-10 admin/auth 폴더 내 user_store.go 파일 소스 코드

```go
package auth

import (
  "platform/services"
  "platform/authorization/identity"
  "strings"
)

func RegisterUserStoreService() {
  err := services.AddSingleton(func () identity.UserStore {
    return &userStore{}
  })
  if (err != nil) {
    panic(err)
  }
}

var users = map[int]identity.User {
  1: identity.NewBasicUser(1, "Alice", "Administrator"),
}

type userStore struct {}

func (store *userStore) GetUserByID(id int) (identity.User, bool) {
  user, found := users[id]
  return user, found
}

func (store *userStore) GetUserByName(name string) (identity.User, bool) {
  for _, user := range users {
    if strings.EqualFold(user.GetDisplayName(), name) {
      return user, true
    }
  }
  return nil, false
}
```

인증 요청에 대한 핸들러를 생성하기 위해 리스트 38-11의 내용을 담은 auth_handler.go 파일을 sportsstore/admin 폴더에 추가해보자.

---

1 역할과 목적을 처음부터 결정하고 만들어짐을 의미한다. - 옮긴이

```go
package admin

import (
  "platform/authorization/identity"
  "platform/http/actionresults"
  "platform/http/handling"
  "platform/sessions"
)

type AuthenticationHandler struct {
  identity.User
  identity.SignInManager
  identity.UserStore
  sessions.Session
  handling.URLGenerator
}

const SIGNIN_MSG_KEY string = "signin_message"

func (handler AuthenticationHandler) GetSignIn() actionresults.ActionResult {
  message := handler.Session.GetValueDefault(SIGNIN_MSG_KEY, "").(string)
  return actionresults.NewTemplateAction("signin.html", message)
}

type Credentials struct {
  Username string
  Password string
}

func (handler AuthenticationHandler) PostSignIn(creds Credentials) actionresults.
ActionResult {
  if creds.Password == "mysecret" {
    user, ok := handler.UserStore.GetUserByName(creds.Username)
    if (ok) {
      handler.Session.SetValue(SIGNIN_MSG_KEY, "")
      handler.SignInManager.SignIn(user)
      return actionresults.NewRedirectAction("/admin/section/")
    }
  }
  handler.Session.SetValue(SIGNIN_MSG_KEY, "Access Denied")
  return actionresults.NewRedirectAction(mustGenerateUrl(handler.URLGenerator,
    AuthenticationHandler.GetSignIn))
}

func (handler AuthenticationHandler) PostSignOut(creds Credentials) actionresults.
ActionResult {
    handler.SignInManager.SignOut(handler.User)
  return actionresults.NewRedirectAction("/")
}
```

GetSignIn 메서드는 사용자에게 자격 증명을 묻는 템플릿을 렌더링하고 세션에 저장한 메시지를 표시한다. PostSignIn 메서드는 양식에서 자격 증명을 받고 사용자를 애플리케이션에 서명하거나 세션에 메시지를 추가하고 사용자가 다시 시도할 수 있도록 브라우저를 리디렉션한다.

사용자가 애플리케이션에 로그인할 수 있는 템플릿을 만들기 위해 리스트 38-12의 내용을 담은 signin.html 파일을 sportsstore/templates 폴더에 추가해보자.

리스트 38-12 templates 폴더 내 signin.html 파일 소스 코드

```
{{ layout "simple_layout.html" }}

{{ if ne . "" }}
  <h3 class="text-danger p-2">{{ . }}</h3>
{{ end }}

<form method="POST" class="m-2">
  <div class="form-group">
    <label>Username:</label>
    <input class="form-control"  name="username" />
  </div>
  <div class="form-group">
    <label>Password:</label>
    <input class="form-control" name="password" type="password" />
  </div>
  <div class="my-2">
    <button class="btn btn-secondary" type="submit">Sign In</button>
  </div>
</form>
```

위 템플릿은 요청 핸들러에 다시 게시하기 위해 계정 이름과 암호를 사용자에게 묻는다.

사용자가 애플리케이션에서 로그아웃할 수 있도록 하기 위해 리스트 38-13의 내용을 담은 signout_handler.go 파일을 sportsstore/admin 폴더에 추가해보자.

리스트 38-13 admin 폴더 내 signout_handler.go 파일 소스 코드

```
package admin

import (
    "platform/authorization/identity"
    "platform/http/actionresults"
  "platform/http/handling"
)

type SignOutHandler struct {
  identity.User
  handling.URLGenerator
}
```

```
func (handler SignOutHandler) GetUserWidget() actionresults.ActionResult {
  return actionresults.NewTemplateAction("user_widget.html", struct {
    identity.User
    SignoutUrl string}{
      handler.User,
      mustGenerateUrl(handler.URLGenerator,
        AuthenticationHandler.PostSignOut),
    })
}
```

사용자가 로그아웃할 수 있는 템플릿을 만들기 위해 리스트 38-14의 내용을 담은 user_
widget.html 파일을 sportsstore/templates 폴더에 추가해보자.

리스트 38-14 templates 폴더 내 user_widget.html 파일 소스 코드

```
{{ $context := . }}

{{ if $context.User.IsAuthenticated }}
  <form method="POST" action="{{$context.SignoutUrl}}">
    <button class="btn btn-sm btn-outline-secondary text-white" type="submit">
      Sign Out
    </button>
  </form>
{{ end }}
```

리스트 38-15는 관리 기능에 사용하는 레이아웃에 사용자 위젯을 추가한다.

리스트 38-15 templates 폴더 내 admin.html 파일에서 위젯 추가

```
...
<div class="bg-info text-white p-2">
  <div class="container-fluid">
    <div class="row">
      <div class="col navbar-brand">SPORTS STORE Administration</div>
      <div class="col-6 navbar-text text-end">
        {{ handler "signout" "getuserwidget" }}
      </div>
    </div>
  </div>
</div>
...
```

애플리케이션 구성

리스트 38-16은 제한시킨 URL에 대한 요청이 있을 때 사용할 URL을 지정하는 구성 설정을
추가하기 때문에 상태 코드를 반환하는 것보다 더 유용한 대안을 제공할 수 있다.

```json
{
  "logging" : {
    "level": "debug"
  },
  "files": {
    "path": "files"
  },
  "templates": {
    "path": "templates/*.html",
    "reload": true
  },
  "sessions": {
    "key": "MY_SESSION_KEY",
    "cyclekey": true
  },
  "sql": {
    // ...간결함을 위해 설정 생략...

  },
  "authorization": {
    "failUrl": "/signin"
  }
}
```

지정한 URL은 사용자에게 자격 증명을 묻는 메시지를 표시한다. 리스트 38-17은 관리 기능
을 보호하도록 요청 파이프라인을 재구성한다.

리스트 38-17 sportssotre 폴더 내 main.go 파일에서 애플리케이션 구성

```go
package main

import (
  "sync"
  "platform/http"
  "platform/http/handling"
  "platform/services"
  "platform/pipeline"
  "platform/pipeline/basic"
  "sportsstore/store"
  "sportsstore/models/repo"
  "platform/sessions"
  "sportsstore/store/cart"
  "sportsstore/admin"
  "platform/authorization"
  "sportsstore/admin/auth"
)

func registerServices() {
```

```
    services.RegisterDefaultServices()
    //repo.RegisterMemoryRepoService()
    repo.RegisterSqlRepositoryService()
    sessions.RegisterSessionService()
    cart.RegisterCartService()
    authorization.RegisterDefaultSignInService()
    authorization.RegisterDefaultUserService()
    auth.RegisterUserStoreService()
}

func createPipeline() pipeline.RequestPipeline {
    return pipeline.CreatePipeline(
        &basic.ServicesComponent{},
        &basic.LoggingComponent{},
        &basic.ErrorComponent{},
        &basic.StaticFileComponent{},
        &sessions.SessionComponent{},
        authorization.NewAuthComponent(
            "admin",
            authorization.NewRoleCondition("Administrator"),
            admin.AdminHandler{},
            admin.ProductsHandler{},
            admin.CategoriesHandler{},
            admin.OrdersHandler{},
            admin.DatabaseHandler{},
            admin.SignOutHandler{},
        ).AddFallback("/admin/section/", "^/admin[/]?$"),

        handling.NewRouter(
            handling.HandlerEntry{ "", store.ProductHandler{}},
            handling.HandlerEntry{ "", store.CategoryHandler{}},
            handling.HandlerEntry{ "", store.CartHandler{}},
            handling.HandlerEntry{ "", store.OrderHandler{}},
            // handling.HandlerEntry{ "admin", admin.AdminHandler{}},
            // handling.HandlerEntry{ "admin", admin.ProductsHandler{}},
            // handling.HandlerEntry{ "admin", admin.CategoriesHandler{}},
            // handling.HandlerEntry{ "admin", admin.OrdersHandler{}},
            // handling.HandlerEntry{ "admin", admin.DatabaseHandler{}},
            handling.HandlerEntry{ "", admin.AuthenticationHandler{}},
        ).AddMethodAlias("/", store.ProductHandler.GetProducts, 0, 1).
            AddMethodAlias("/products[/]?[A-z0-9]*?",
                store.ProductHandler.GetProducts, 0, 1), )
}

func main() {
    registerServices()
    results, err := services.Call(http.Serve, createPipeline())
    if (err == nil) {
        (results[0].(*sync.WaitGroup)).Wait()
    } else {
```

```
    panic(err)
  }
}
```

애플리케이션을 컴파일 및 실행하고 브라우저를 사용해 http://localhost:5000/admin을 요청해보자. 메시지를 표시하면 암호 mysecret을 사용해 사용자 alice로 인증하고 그림 38-2와 같이 관리 기능에 대한 액세스 권한을 부여한다.

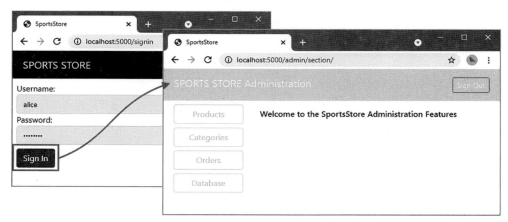

그림 38-2 애플리케이션 Sign In

ꞏꞏꞏ 웹 서비스 생성

마지막으로 추가할 기능은 간단한 웹 서비스로 어떻게 수행할 수 있는지 보여준다. 액세스가 필요할 것으로 예상하는 클라이언트 타입에 따라 복잡한 프로세스가 될 수 있는 웹 서비스를 보호하기 위해 권한 부여를 사용하지 않을 것이다. 즉 모든 사용자가 데이터베이스를 수정할 수 있다. 실제 웹 서비스를 배포하는 경우 해당 예제에서 수행한 것과 거의 동일한 방식으로 쿠키를 사용할 수 있다. 클라이언트가 쿠키를 지원하지 않는 경우 다음 링크(https://jwt.io)에 설명한 것처럼 JSON 웹 토큰^{JWT, JSON Web Token}을 사용할 수 있다.

웹 서비스를 생성하기 위해 리스트 38-18의 내용을 담은 rest_handler.go 파일을 sportsstore/ store 폴더에 추가해보자.

리스트 38-18 store 폴더 내 rest_handler.go 파일 소스 코드

```
package store

import (
  "sportsstore/models"
  "platform/http/actionresults"
```

```go
    "net/http"
)

type StatusCodeResult struct {
  code int
}

func (action *StatusCodeResult) Execute(ctx *actionresults.ActionContext) error {
  ctx.ResponseWriter.WriteHeader(action.code)
  return nil
}

type RestHandler struct {
  Repository models.Repository
}

func (h RestHandler) GetProduct(id int) actionresults.ActionResult {
  return actionresults.NewJsonAction(h.Repository.GetProduct(id))
}

func (h RestHandler) GetProducts() actionresults.ActionResult {
  return actionresults.NewJsonAction(h.Repository.GetProducts())
}

type ProductReference struct {
  models.Product
  CategoryID int
}

func (h RestHandler) PostProduct(p ProductReference) actionresults.ActionResult {
  if p.ID == 0 {
    return actionresults.NewJsonAction(h.processData(p))
  } else {
    return &StatusCodeResult{ http.StatusBadRequest }
  }
}

func (h RestHandler) PutProduct(p ProductReference) actionresults.ActionResult {
  if p.ID > 0 {
    return actionresults.NewJsonAction(h.processData(p))
  } else {
    return &StatusCodeResult{ http.StatusBadRequest }
  }
}

func (h RestHandler) processData(p ProductReference) models.Product {
  product := p.Product
  product.Category = &models.Category {
    ID: p.CategoryID,
  }
```

```
    h.Repository.SaveProduct(&product)
    return h.Repository.GetProduct(product.ID)
  }
```

StatusCodeResult 구조체는 웹 서비스에 유용한 HTTP 상태 코드를 보내는 액션 결과다. 요청
핸들러는 GET 요청을 사용해 하나의 제품과 모든 제품을 검색하고, POST 요청을 사용해 새
제품을 만들고, PUT 요청을 사용해 기존 제품을 수정할 수 있는 메서드를 정의한다. 리스트
38-19는 /api 접두사를 사용해 새 핸들러를 등록한다.

리스트 38-19 sportsstore 폴더 내 main.go 파일에서 핸들러 등록

```
...
handling.NewRouter(
  handling.HandlerEntry{ "", store.ProductHandler{}},
  handling.HandlerEntry{ "", store.CategoryHandler{}},
  handling.HandlerEntry{ "", store.CartHandler{}},
  handling.HandlerEntry{ "", store.OrderHandler{}},
  handling.HandlerEntry{ "", admin.AuthenticationHandler{}},
  handling.HandlerEntry{ "api", store.RestHandler{}},
).AddMethodAlias("/", store.ProductHandler.GetProducts, 0, 1).
  AddMethodAlias("/products[/]?[A-z0-9]*?",
  store.ProductHandler.GetProducts, 0, 1),
...
```

프로젝트를 컴파일하고 실행해보자. 새 CMD를 열어 리스트 38-20의 명령어를 실행시켜 새
제품을 데이터베이스에 추가해보자.

리스트 38-20 새 제품 추가

```
curl --header "Content-Type: application/json" --request POST --data '{"name" : "Jet
Engine","description": "Paddling is hard work", "price":650, "categoryid":1}' http://
localhost:5000/api/product
```

윈도우를 사용하는 경우 새 PowerShell 창을 열고 리스트 38-21의 명령어를 실행한다.

리스트 38-21 윈도우 내 새 제품 추가

```
Invoke-RestMethod http://localhost:5000/api/product -Method POST -Body  (@{ Name="Jet
Engine"; Description="Paddling is hard work"; Price=650; CategoryId=1 } | ConvertTo-Json)
-ContentType "application/json"
```

변경 효과를 보기 위해 리스트 38-22의 명령어를 실행해보자.

리스트 38-22 데이터 요청

```
curl http://localhost:5000/api/product/10
```

윈도우를 사용하는 경우 PowerShell 창에서 리스트 38-23의 명령어를 실행한다.

리스트 38-23 윈도우 내 데이터 요청

```
Invoke-RestMethod http://localhost:5000/api/product/10
```

브라우저를 사용해 변경 효과를 확인할 수도 있다. http://localhost:5000/admin을 요청해 보자. 암호 mysecret을 사용해 사용자 alice로 인증하고 Products 버튼을 클릭한다. 마지막 테이블 행에는 그림 38-3과 같이 웹 서비스를 사용해 만든 제품을 포함하고 있다.

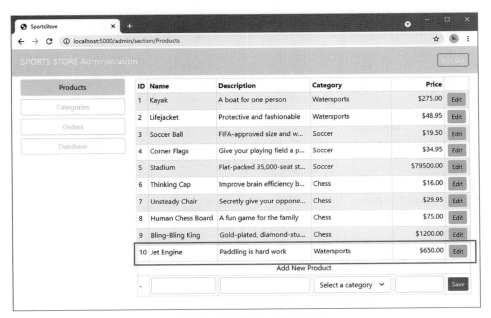

그림 38-3 데이터베이스 변경 효과 확인

배포 준비

이 절은 SportsStore 애플리케이션을 준비하고 프로덕션에 배포할 수 있는 컨테이너를 생성한다. 이는 Go 애플리케이션을 배포할 수 있는 유일한 방법은 아니지만 널리 사용하고 웹 애플리케이션에 적합하기 때문에 도커 컨테이너를 선택했다. 배포에 대한 완전한 가이드는 아니지만 애플리케이션을 준비하는 프로세스 감각을 제공한다.

인증서 설치

첫 번째 단계는 HTTPS에 사용할 인증서를 추가하는 것이다. 24장에서 설명한 것처럼 실제 인증서가 없는 경우 자체 서명 인증서를 만들거나 이 책의 깃허브 리포지터리에 있는 인증서 파일을 사용할 수 있다(내가 만든 자체 서명 인증서 포함).

애플리케이션 구성

가장 중요한 변경 사항은 리스트 38-24와 같이 HTTPS를 활성화할 뿐만 아니라 개발 중에는 편리하지만 배포 시 사용하면 안 되는 기능을 비활성화하도록 애플리케이션 구성을 변경하는 것이다.

리스트 38-24 sportsstore 폴더 내 config.json 파일에서 설정 변경

```
{
  "logging" : {
    "level": "information"
  },
  "files": {
    "path": "files"
  },
  "templates": {
    "path": "templates/*.html",
    "reload": false
  },
  "sessions": {
    "key": "MY_SESSION_KEY",
    "cyclekey": false
  },
  "sql": {
    "connection_str": "store.db",
    "always_reset": false,
    "commands": {
      "Init": "sql/init_db.sql",
      "Seed": "sql/seed_db.sql",
      "GetProduct": "sql/get_product.sql",
      "GetProducts": "sql/get_products.sql",
      "GetCategories": "sql/get_categories.sql",
      "GetPage": "sql/get_product_page.sql",
      "GetPageCount": "sql/get_page_count.sql",
      "GetCategoryPage": "sql/get_category_product_page.sql",
      "GetCategoryPageCount": "sql/get_category_product_page_count.sql",
      "GetOrder": "sql/get_order.sql",
      "GetOrderLines": "sql/get_order_lines.sql",
      "GetOrders": "sql/get_orders.sql",
      "GetOrdersLines": "sql/get_orders_lines.sql",
      "SaveOrder": "sql/save_order.sql",
      "SaveOrderLine": "sql/save_order_line.sql"
      "SaveProduct":          "sql/save_product.sql",
      "UpdateProduct":        "sql/update_product.sql",
      "SaveCategory":         "sql/save_category.sql",
      "UpdateCategory":       "sql/update_category.sql",
      "UpdateOrder":          "sql/update_order.sql",
```

```
    }
  },
  "authorization": {
    "failUrl": "/signin"
  },
  "http": {
    "enableHttp": false,
    "enableHttps": true,
    "httpsPort": 5500,
    "httpsCert": "certificate.cer",
    "httpsKey": "certificate.key"
  }
}
```

httpsCert 및 httpsKey 속성에 지정한 값이 당신의 인증서 파일 이름과 일치하는지 그리고 인증서 파일이 sportsstore 폴더에 있는지 확인해보자.

애플리케이션 빌드

도커 컨테이너는 리눅스를 실행한다. 윈도우를 실행 중인 경우 PowerShell 창에서 리스트 38-25의 명령어를 실행해 빌드 대상으로 리눅스를 선택하고 Go 빌드 도구를 구성해야 한다. 리눅스를 실행 중인 경우에는 필요하지 않다.

리스트 38-25 빌드 대상 리눅스 설정

```
$Env:GOOS = "linux"; $Env:GOARCH = "amd64"
```

애플리케이션을 빌드하기 위해 sportsstore 폴더에서 리스트 38-26의 명령어를 실행해보자.

리스트 38-26 애플리케이션 빌드

```
go build
```

> ■ **노트** ■
>
> 윈도우 사용자인 경우 다음 명령어를 사용해 일반 윈도우 빌드로 돌아갈 수 있다. $Env:GOOS = "windows"; $Env:GOARCH = "amd64". 그러나 배포 프로세스를 완료할 때까지 해당 명령어를 실행하지 않는다.

도커 데스크톱 설치

docker.com으로 이동해 도커 데스크톱Docker Desktop 패키지를 다운로드하고 설치해보자. 설치 프로세스를 따르고 머신을 재부팅한 다음 리스트 38-27의 명령어를 실행해 도커를 설치했고 경로에 있는지 확인한다(도커 설치 프로세스는 자주 바뀌기 때문에 프로세스에 대해 더 구체적으로 설명하지 않도록 한다).

리스트 38-27 도커 데스크톱 설치 확인

```
docker --version
```

도커 구성 파일 생성

애플리케이션에 대한 도커 구성을 생성하기 위해 리스트 38-28의 내용을 담은 `Dockerfile` 파일을 sportsstore 폴더에 생성해보자.

리스트 38-28 sportsstore 폴더 내 Dockerfile 파일 소스 코드

```
FROM alpine:latest

COPY sportsstore /app/
COPY templates /app/templates
COPY sql/* /app/sql/
COPY files/* /app/files/
COPY config.json /app/
COPY certificate.* /app/

EXPOSE 5500
WORKDIR /app
ENTRYPOINT ["./sportsstore"]
```

위 파일의 내용은 애플리케이션과 해당 지원 파일을 도커 이미지에 복사하고 실행을 구성한다. 다음 단계는 리스트 38-28 명령어를 사용해 이미지를 만드는 것이다. sportsstore 폴더에서 리스트 38-29의 명령어를 실행해 도커 이미지를 생성해보자.

리스트 38-29 이미지 생성

```
docker build --tag go_sportsstore .
```

애플리케이션의 다른 모든 인스턴스를 중지했는지 확인하고 리스트 38-30의 명령어를 실행해 이미지에서 새 컨테이너를 만들고 실행해보자.

리스트 38-30 컨테이너 생성 및 시작

```
docker run -p 5500:5500 go_sportsstore
```

컨테이너를 시작할 시간을 준 다음 브라우저를 사용해 https://localhost:5500을 요청하면 그림 38-4에 표시한 응답을 생성한다. 자체 서명 인증서를 사용한 경우 보안 경고를 통과해야할 수 있다.

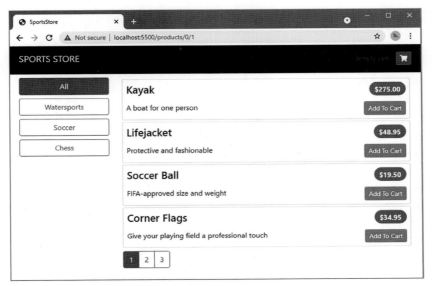

그림 38-4 컨테이너 내 애플리케이션 실행

이제 애플리케이션을 배포할 준비를 완료했다. 컨테이너(실행 중인 다른 모든 컨테이너)를 중지하기 위해 리스트 38-31의 명령어를 실행해보자.

리스트 38-31 컨테이너 중지

```
docker kill $(docker ps -q)
```

⊹ 요약

38장에서는 도커 컨테이너를 사용해 애플리케이션을 배포할 준비를 하기 전에 관리 기능을 완료하고 인증을 구성하고 기본 웹 서비스를 생성해 SportsStore 애플리케이션을 완성했다.

38장을 끝으로 Go에 대해 가르쳐야 할 전부를 소개했다. 내가 책을 쓰는 것이 즐거웠던 만큼 여러분도 책을 즐겁게 읽었기를 바란다. 여러분의 Go 프로젝트가 항상 성공할 수 있기를 기원한다.

찾아보기

ㄱ

가변 매개변수 226, 805
값 전달 116
개행 문자 492
결제 프로세스 1067, 1071
결제 핸들러 1071
고루틴 376, 377
공백 식별자 181, 225, 239
공백 트리밍 637
교착 상태 553, 854
구조체 267
구조체 디코딩 592
구조체 타입 278
구조체 태그 271, 809, 980
구조체 포인터 284
깊은 복사 293

ㄴ

난수 생성 499
내장 자료형 44
내장 템플릿 엔진 937
내장 함수 36, 37
논리 연산자 126

ㄷ

다중 초기화 함수 349
다차원 배열 177
단언 752
단위 테스트 871, 872, 873, 874
대괄호 37
대기 그룹 845, 868
데드라인 864
데이터베이스 드라이버 723

ㄷ

데이터 소스 44
데이터 유효성 검사 980
도커 57, 1112
도커 데스크톱 1111
도커 컨테이너 1109
등호 37
디버거 65

ㄹ

라벨 문 170
라이터 852
래퍼 392
래핑 120
랜덤 시드 882
로그 메시지 884, 887
로깅 미들웨어 컴포넌트 921
룬 129
리더 852
리시버 301, 303, 380
리터럴 값 44, 94, 98
리터럴 구문 707
리터럴 상수 값 148
리터럴 함수 253
리플렉션 57, 578, 748, 753
린터 77
린터 패키지 77

ㅁ

매퍼 824
매핑 183
맵 204
메서드 오버로딩 303
명시적 변환 142, 203, 215, 216
명시적 타입 변환 129

모의 객체 873
문자열 트리밍 455
뮤텍스 851
뮤텍스 함정 852
미들웨어 컴포넌트 917

ㅂ

바이트 슬라이스 217, 768
방화벽 액세스 권한 697
배송 세부 정보 1058
배열 리터럴 176
배열 타입 176, 177
배열 포인터 179
백업 배열 185
백틱 579
벤치마크 시점 879
벤치마크 함수 879
변수 99, 102
별표 37
보호된 핸들러 메서드 1002
복구 가능한 에러 422
복제 함정 847
블로킹 393
비교 연산자 123
빈 문자열 176
빈 식별자 106
빈 인터페이스 589

ㅅ

사용자 인가 990
사용자 정의 자료형 35, 36, 269
산술 연산자 119
상수 96
상호 배제 849
생성자 함수 288, 289, 357
서브 벤치마크 882
서비스 등록 함수 908
서비스 라이프사이클 903
서비스 미들웨어 컴포넌트 920
서비스 해결 함수 909
성공적인 파싱 133

세미콜론 69, 168
세션 983
세션 서비스 989
쇼핑 카트 1031
숫자 타입 변환 131
쉼표 확인 208
스니핑 679
스레드 57
스왑 783
슬라이스 182
슬라이스 정렬 201
승격 361, 365
실패한 파싱 133
심각도 레벨 895
쓰기 잠금 854

ㅇ

얕은 복사 293
에러 처리 컴포넌트 922
오버플로 120, 780, 782
요청 핸들러 941
요청 핸들러 메서드 1024
윈도우 방화벽 허용 요청 928
유니코드 215
유로화 기호 213, 217
유효성 검사 976, 1069
유효성 검사기 함수 977
유효성 검사 에러 슬라이스 982
의존성 주입 903, 929, 932, 933, 941
이중 중괄호 38
익명 구조체 915
익명 구조체 타입 279
익명 함수 253
인클로징 타입 361
인터리빙 858
읽기 잠금 854
임계 값 257
임베디드 데이터베이스 723
임베디드 필드 274, 275

ㅈ

자격 증명 1100
잠금 해제 850
정적 파일 컴포넌트 923
제로 타입 272
종결문 156, 157
주문 관리 지원 1096
주문 세부 정보 1062
중괄호 35
중첩 구조체 807, 815
증가 및 감소 연산자 122
증분 연산자 849
지역 변수 43
짧은 변수 선언 103
짧은 변수 선언 구문 253

ㅊ

참조 전달 116
채널 타입 836
청크 인코딩 704
체크섬 352
초기화 37, 349
초기화 문 152, 157, 168
최소 버전 선택 353

ㅋ

카테고리 매개변수 1024
카트 위젯 템플릿 1043
코드 에디터 33
콘텐츠 배포 네트워크 1043
크로스 플랫폼 57
클로저 256, 258, 262, 264

ㅌ

타입 단언 322, 374
타입 별칭 250, 379
타입 없는 상수 96, 97, 124
타입 있는 상수 95
타입 자동 변환 96

타입 축소 322
타입 합성 359
테스트 스킵 877
테스트 패키지 액세스 872
트랜잭션 746

ㅍ

파싱 132, 138
파이프라인 917
패닉 429
패닉 상태 426
패딩 485
패키지 선언 67
패키지 의존성 42
팩토리 함수 259, 905
페이지네이션 1015
페이징 데이터 1051
편의 함수 138, 142, 427
폐쇄 지표 401
포매터 87
포인터 107
포인터 산술 108
포인터 역참조 110, 126
포인터 체인 114
포인터 포매팅 488
폴딩 444
폴스루 163, 165
폼 포스팅 703
폼 필드 976
표준 라이브러리 91
표준 인덱스 표기법 45
프론트 엔드 개발 58
프리페어드 스테이트먼트 743
플레이스홀더 38
플레이스홀더 응답 컴포넌트 924
필드 승격 361

ㅎ

함수 서명 245
핸들러 메서드 945, 982
흐름 제어 59, 145

A

alias 태그 810
anonymous function 253
assertion 752
assign 분석기 85

B

backtick 579
blocking 393
bool 포매팅 488
Bootstrap CSS 파일 1020
Bytes 메서드 768

C

Call 메서드 821
CanSet 메서드 771
CDN 38
checksum 352
chunked encoding 704
Client 구조체 704
Close 메서드 720, 729
closed indicator 401
closure 256
code editor 33
Columns 메서드 748
contains 함수 776
Content-Length 헤더 704
Context 인터페이스 730
convert 함수 780
CookieJar 인터페이스 710
createMap 함수 803
cross-platform 57
CSS 프레임워크 38

D

DB 구조체 729, 730
deep copy 293
DeepEqual 함수 778
DefaultClient 변수 705

defer 키워드 720
Delve 72
DI(Dependency Injection) 903
Docker 57
Docker Desktop 1111
Done 채널 866

E

Elem 메서드 766
else 키워드 149
embedded field 274
enclosing type 361
Err 메서드 740
Exec 메서드 741

F

factory function 259
fall through 163
findAndSplit 함수 795
fmt 패키지 92
folding 444
for 루프 760
for 키워드 154
formatter 87
form field 976
FuncOf 함수 823

G

getFieldValues 함수 813
Go 드라이버 727
Go 리플렉션 751
Go 린팅 65
go 명령어 869
Go 코드 753
Go 테스트 도구 871
go doc 명령어 80
go fmt 명령어 86
Golang 57
Gorilla Web Toolkit 891
goroutine 376

go vet 명령어   83

H

HTML 폼   53, 702
HTTP 서버   700
HTTP 요청   693
HTTPS 인증서   670

I

if 키워드   147
Index 메서드   770
Index 필드   808
inspectTags 함수   810
int 슬라이스   808
Interface 메서드   770
interleaving   858

J

JSON 웹 토큰   1106
JSON(JavaScript Object Notation)   571
JWT(JSON Web Token)   1106

K

Kind 메서드   763, 765

L

Len 메서드   793
linter   77
literal 값   44
Lock 메서드   852

M

MapOf 함수   802
mapper   824
mapper 함수   826
mapping   183

mapSlice 함수   822
math/rand 패키지   92
mime/multipart 패키지   717
mutex   851
mutual exclusion   849

N

Name 필드   759
net/http 패키지   705
NewRequest 함수   707
NumField 메서드   760

O

Open 메서드   730
Open 함수   729
overflow   120
overloading   303

P

padding   485
pagination   1015
panic   429
Person 타입   810
placeholder   38
POST 요청   702
PostForm 함수   703
PowerShell 명령어   1020
Price 필드   807
Println 함수   73
promotion   361
PtrTo 함수   786

Q

Query 메서드   731
QueryRow 메서드   739, 740

R

ReadCloser   699

reader   852

reflect 패키지   758

reflection   57, 578

Response 구조체   699

RLock 메서드   852

Row 구조체   731, 740

rune   129, 215

S

Scan 메서드   732

session   983

Set 메서드   771

setAll 함수   775

setMap 함수   802

setValue 함수   792

shallow copy   293

signature   245

Slice 메서드   794

Sniffing   679

SportsStore 애플리케이션   891, 1013

SQL 문   730

SQLite 데이터베이스   723

standard library   91

Stmt 구조체   743

String 메서드   765

string 타입   787

StructField.Tag 필드   809

swap   783

T

Tag 필드   809

thread   57

threshold   257

Total 필드   806

Tx 구조체   746

Type 인터페이스   759

type assertion   322

type narrowing   322

TypeOf 함수   767

U

Unicode   215

useMapper 함수   826

V

Value 인터페이스   760, 828

VSCode   33

W

wrapper   392

wrapping   120

writer   852

기타

% 연산자   121

404 Not Found   666, 973

PRO GO
Golang을 이용한 안정적이고 효율적인 소프트웨어 프로그래밍

발 행 | 2024년 1월 30일

지은이 | 애덤 프리먼
옮긴이 | 김 지 원

펴낸이 | 권 성 준
편집장 | 황 영 주
편 집 | 김 진 아
　　　　임 지 원
디자인 | 윤 서 빈

에이콘출판주식회사
서울특별시 양천구 국회대로 287 (목동)
전화 02-2653-7600, 팩스 02-2653-0433
www.acornpub.co.kr / editor@acornpub.co.kr

한국어판 ⓒ 에이콘출판주식회사, 2024, Printed in Korea.
ISBN 979-11-6175-816-9
http://www.acornpub.co.kr/book/pro-go

책값은 뒤표지에 있습니다.